Début d'une série de documents
en couleur

LE PREMIER SIÈCLE

DE

L'INSTITUT DE FRANCE

25 OCTOBRE 1795 — 25 OCTOBRE 1895

PAR

LE COMTE DE FRANQUEVILLE

Membre de l'Institut

TOME PREMIER

HISTOIRE — ORGANISATION — PERSONNEL

NOTICES BIOGRAPHIQUES ET BIBLIOGRAPHIQUES SUR LES ACADÉMICIENS TITULAIRES

PARIS

J. ROTHSCHILD, ÉDITEUR

13, RUE DES SAINTS-PÈRES, 13

1895

PUBLICATIONS DE LUXE — SCIENCES, ARTS ET SPORT

Le Gouvernement et le Parlement britanniques, par le Comte DE FRANQUEVILLE (*Membre de l'Institut, ancien Maître des Requêtes au Conseil d'État*). — Tome Ier. Le Gouvernement. — Tome II. La Constitution du Parlement. — Tome III. La Procédure parlementaire. — 3 volumes grand in-8 formant 1768 pages. Prix...................... **30 fr.**

Le Système judiciaire de la Grande Bretagne. — Tome Ier. Organisation judiciaire. — Tome II. La procédure civile et criminelle, par le Comte DE FRANQUEVILLE. — 2 volumes in-8. Prix....................... **30 fr.**

Les Ministres dans les principaux pays d'Europe et d'Amérique. — (Angleterre, Belgique, Italie, Prusse, Empire d'Allemagne, États-Unis d'Amérique, Suisse, France), par L. DUPRIEZ (*Professeur à l'Université de Louvain, Avocat à la Cour d'appel de Bruxelles*). **Ouvrage couronné par l'Académie des Sciences morales et politiques**; précédé du Rapport par le Comte DE FRANQUEVILLE. 2 vol. Prix. **20 fr.**

L'Exposition universelle internationale de 1889, à Paris. — Rapport général publié sous la direction du Ministre du Commerce et de l'Industrie, par Alfred PICARD (*Président au Conseil d'État, Commissaire général de l'Exposition de 1900*). — 10 volumes grand in-8, avec 105 planches sur cuivre et 4 plans. — Prix de l'ouvrage complet. **125 fr.**

L'Exposition universelle internationale de 1889, à Paris. — Les Palais, les Jardins et les Constructions diverses. — Rapport officiel technique et administratif des Travaux. — Publié sous la direction du MINISTÈRE DU COMMERCE ET DE L'INDUSTRIE par M. ALPHAND (*Membre de l'Institut, Inspecteur général des Ponts et Chaussées, Directeur des Travaux de la Ville de Paris, Directeur général des travaux de l'Exposition de 1889*). Achevé sous la direction de M. Alfred PICARD (*Inspecteur général des Ponts et Chaussées, Président au Conseil d'État*). Avec 43 chromo, 176 planches en noir et sur cuivre et nombreuses illustrations dans le texte. — Publié en 2 volumes d'atlas et 2 volumes de texte in-folio. Prix. **500 fr.**

Les Méthodes d'essai des Matériaux de Construction. — Rapport de la *Commission d'unification des Méthodes d'essai*, sous la présidence de M. A. PICARD (*Président de section au Conseil d'État*), instituée au *Ministère des Travaux publics*. — Ouvrage grand in-folio formant 4 volumes avec 62 planches, et de nombreuses figures dans le texte. Prix......................... **50 fr.**
> Tome Ier. — Rapport général sur les métaux et sur les matériaux d'agrégation des maçonneries.
> Tomes II et III. — Rapports particuliers sur les métaux.
> Tome IV. — Rapports particuliers sur les ciments, chaux, mortiers, plâtres, pouzzolanes, sables, etc.

Traité des Eaux. — Droit et administration. Tomes I, II, III et V, par Alfred PICARD (*Président au Conseil d'État*). — Tome IV, par C. COLSON (*Ingénieur en chef des Ponts et Chaussées, ancien Directeur des Chemins de fer*).
> Tome Ier. Eaux pluviales; Eaux souterraines et sources; Cours d'eau non navigables ni flottables (1re partie). — 1 volume, 524 pages.
> Tome II. Cours d'eau non navigables ni flottables (suite); Cours d'eau flottables à bûches perdues. — 1 volume, 582 p.
> Tome III. Cours d'eau navigables ou flottables; Canaux de navigation. — 1 volume, 720 pages.
> Tome IV. Irrigations; Dessèchements; Alimentation des communes; Assainissement des villes — 1 vol., 590 pages.
> Tome V. Rivages de la mer; Ports maritimes de commerce; Éclairage et balisage des côtes; Index alphabétique des 5 volumes. — 1 volume, 522 pages.
> 5 volumes grand in-8. Prix....................... **75 fr.**

Les Travaux publics de l'Amérique du Nord. — Ponts et viaducs, Chemins de fer, Navigation intérieure, Ports de mer, Travaux des villes, etc., aux États-Unis et au Canada. — Ouvrage publié à la suite d'une mission du Ministère des Travaux publics, par L. LE ROND (*Ingénieur des Ponts et Chaussées*). — Avec une Introduction par G. BOUSCAREN (*Ingénieur-conseil à Cincinnati*). — Ouvrage in-folio, avec 100 planches et 1 volume de texte, orné d'un millier de vignettes (sous presse). Prix par livraison... **30 fr.**

Les Travaux publics et les Mines dans les traditions et les superstitions de tous les pays. Routes, Ponts, Chemins de fer,

Digues, Canaux, Hydraulique, Ports de mer, Phares, Mines, par Paul SÉBILLOT (*Ancien Chef du Cabinet au Ministère des Travaux publics*). — Un volume grand in-8 avec 8 planches et 128 illustrations. Prix..................... **40 fr.**

L'Algérie. — Organisation politique et administrative. Justice, Sécurité. Instruction publique, Travaux publics, Colonisation française et européenne, Agriculture et Forêts, Propriété et État civil chez les indigènes, par Henri PENSA (*Secrétaire de la Délégation sénatoriale présidée par Jules FERRY*). — Préface par E. COMBES (*Vice-Président du Sénat*). — Avec carte........................... **10 fr.**

Rome. Autour du Concile. — Croquis et Souvenirs d'un artiste à Rome, par Charles YRIARTE. — Un beau volume avec 90 eaux-fortes et illustrations, par HÉBERTH, DETAILLE, GODEFROY-DURAND, LIX, BOCOURT, WALLET, de LIPHART, Charles YRIARTE. — Prix, 8 fr.; relié........... **10 fr.**

Paris. — Histoire, la Ville, la voie publique, les Promenades et Monuments, etc. l'Instruction publique, les Arts, l'Industrie, le Commerce, le dessous de Paris, les Administrations, etc. — Avec eaux-fortes, chromos et illustrations par MM. DIDIER, DARDOIZE, ALLONGÉ, WEBER, GRANDSIRE, FRANÇAIS, DAUBIGNY, GOENEUTTE, GILBERT, DETAILLE, GIRON, RENOUARD, BENOIT, DELAUNAY, etc. — Ouvrage de luxe in-folio (Sous presse).

L'Art ornemental au Japon. — Avec 200 chromolithographies, phototypies, gardes japonaises, reproduisant des dessins et sujets japonais, etc., et environ 250 vignettes dans le texte, par G. ASHDOWN AUDSLEY. — Publié sous la direction de Charles YRIARTE. — Prix................... **400 fr.**
> Tirage sur japon à 100 exempl. (Sous presse). **800 fr.**

Les Portraits, par INGRES. Texte par DUPLESSIS (*Membre de l'Institut, conservateur des estampes à la Bibliothèque nationale*). — 1 volume grand in-folio, avec 20 photogravures et planches sur cuivre montées sur bristol bleuté. **75 fr.**
> Édition sur japon, avec 20 pl. en deux états. Prix. **125 fr.**

Le Trésor de Pétrossa. — Historique, description, étude comparée sur l'orfèvrerie antique, par A. ODOBESCO (*Professeur d'archéologie à l'Université de Bucharest*). — Ouvrage publié sous les auspices du Gouvernement royal de Roumanie. — Publication in-folio avec 40 chromo-lithographies, des planches et plus de 500 gravures (Sous presse).

Charles-Quint et son Temps. — Étude historique et iconographique comprenant les ascendants depuis l'empereur Frédéric III et leurs catholiques, par Alois HEISS. — Publication in-folio avec chromo, planches sur cuivre et environ 1,000 illustrations (Sous presse).

Les Tapisseries de Raphaël. — Étude historique et critique accompagnée de la reproduction intégrale des dessins, cartons et tentures de haute lice. — Ouvrage in-folio avec 9 planches sur cuivre et nombreuses illustrations dans le texte, par Eugène MÜNTZ (*Membre de l'Institut*). — Ouvrage imprimé à 300 exemplaires numérotés. Prix 60 fr. Sur japon : **100 fr.**

Les Missels Vénitiens. — Leur description, illustration et bibliographie. Étude sur l'art de la gravure sur bois à Venise de 1481 à 1600, par le Duc de Rivoli. — Ouvrage in-folio orné de cinq héliogravures et de plus de 350 gravures. Tirage à 300 exemplaires numérotés à la presse. Prix.... **250 fr.**
> Relié en cuir plein. 300 fr. — Sur papier du japon, impression à 10 exemplaires. Prix.................. **400 fr.**

Les Médailleurs de la Renaissance. — Histoire, description des médailles, biographies des personnages historiques, Illustrations d'après les monuments du temps, reproduction des dessins de maîtres et de médailles, par Alois HEISS. — Publication achevée, in-folio, publiée en monographies séparées, imprimées à 200 exemplaires numérotés à la presse. Plusieurs monographies sont épuisées. — Nous ne possédons plus que quatre exemplaires de l'ouvrage complet en 9 volumes. Prix........................ **1,000 fr.**

L'Armorial de la Vénerie. — Les Grands Veneurs de France, par le Baron de VAUX. Précédé des *Chasses du Roi Jean*, par Son Altesse Monseigneur le Duc D'AUMALE. — Introduction du Comte de CHABOT. — Lettre de la Duchesse d'Uzès. — Tome Ier avec 20 aquarelles, par O. de PENNE, et nombreuses illustrations dans le texte. — 1 volume in-folio oblong, dans un carton de luxe........ **200 fr.**

Fin d'une série de documents
en couleur

LE PREMIER SIÈCLE

DE L'INSTITUT DE FRANCE

25 OCTOBRE 1795 — 25 OCTOBRE 1895

TOME PREMIER

Jared Sylvestre, delineaut et sc. 1670.

Cam Privilewe Regis.

VUE DU PALAIS DE L'INSTITUT. — D'APRÈS UNE ANCIENNE ESTAMPE.

Original en couleur

NF Z 43-120-8

LE PREMIER SIÈCLE

DE

L'INSTITUT DE FRANCE

25 OCTOBRE 1795 — 25 OCTOBRE 1895

PAR

LE COMTE DE FRANQUEVILLE

Membre de l'Institut

TOME PREMIER

HISTOIRE — ORGANISATION — PERSONNEL

NOTICES BIOGRAPHIQUES ET BIBLIOGRAPHIQUES SUR LES ACADÉMICIENS TITULAIRES

PARIS

J. ROTHSCHILD, ÉDITEUR

13, RUE DES SAINTS-PÈRES, 13

1895

LE PREMIER SIÈCLE DE L'INSTITUT DE FRANCE

n'a été imprimé qu'à 700 Exemplaires.

———

Cet Exemplaire n'est pas destiné à la Vente.

———

PRÉFACE

NOUS *vous proposons de créer un Institut national, qui puisse offrir, dans son ensemble, le plus haut degré de la science humaine. Il faut que cet établissement honore non la France seule, mais l'humanité tout entière, en l'étonnant par le spectacle de sa puissance et le développement de sa force... Il doit fixer le résultat des plus belles conceptions de l'esprit humain. Là se retrouveront ces conférences journalières entre les hommes habiles et versés dans les mêmes sciences, dont le résultat doit être d'accroître les richesses de l'imagination et de l'esprit et de diriger le vol du génie vers le but le plus utile et le plus sûr. Vous encouragerez ces travaux communs, desquels jailliront, avec une force doublement active, tous les rayons qui doivent éclairer le monde.* »

Tels sont les termes dans lesquels la Commission chargée de préparer la Constitution de 1795, proposait à la Convention nationale la création de l'Institut de France. Deux mois plus tard, la loi du 25 octobre, rendue en exécution de l'article 298 de la Constitution, organisait l'Institut. « Ce sera, disait l'exposé des motifs, l'abrégé du monde savant, le corps représentatif de la république des lettres, l'honorable but de toutes les ambitions de la science et du talent, la plus magnifique récompense des grands efforts et des grands succès; ce sera, en quelque sorte, un temple national, dont les portes, toujours fermées à l'intrigue, ne s'ouvriront qu'au

I.   1

bruit d'une juste renommée... Là se verront, s'animeront et se comprendront les uns les autres, les hommes les plus dignes d'être ensemble; ils se trouveront réunis comme les représentants de tous les genres de gloire littéraire. »

Qu'est devenue, pendant le siècle qui s'est écoulé depuis lors, cette grande institution nationale? Comment a-t-elle répondu aux espérances de ses auteurs, quelle gloire a-t-elle donnée à la France, quels services a-t-elle rendus à l'humanité? Pour le dire, un long discours n'est pas nécessaire : il suffit de montrer, d'une part, les noms des hommes qui ont successivement siégé dans les cinq académies, de l'autre, la liste des œuvres dont les membres de l'Institut ont enrichi le domaine des lettres, des sciences et des arts. Tel est le simple, mais éloquent exposé que j'ai voulu présenter : aucun commentaire ne l'accompagne, car, en essayant de raconter la vie de chacun de mes confrères passés ou présents, il eût été difficile d'éviter toute critique et tout éloge. Le blâme eût été inconvenant, et la louange est sans valeur lorsqu'elle est seule permise.

C'est, d'ailleurs, à la postérité qu'il appartient de porter un jugement définitif sur ce premier siècle de l'Institut. Ceux qui ont eu l'honneur d'appartenir à cette illustre compagnie sont mal placés pour prévenir cet arrêt, mais ils n'ont pas lieu de le craindre, et ils peuvent, en l'attendant, former, dans l'intérêt de la civilisation et de la patrie, le vœu qu'Horace jadis adressait au Ciel :

Alterum in lustrum meliusque semper
Proroget ævum!

LE PREMIER SIÈCLE DE L'INSTITUT

CHAPITRE PREMIER

LES ANCIENNES ACADÉMIES

I. — L'ACADÉMIE DES VALOIS

BIEN que l'origine de l'Institut ne remonte pas au delà de l'année 1795, celle des Académies est beaucoup plus ancienne. Dès la seconde moitié du XVIᵉ siècle, en 1570, le poète Antoine de Baïf conçut l'idée de former une société de littérateurs et de musiciens « dressée à la manière des anciens » et portant le nom d'Académie. Les statuts de cette compagnie furent soumis à Charles IX, qui autorisa, par des lettres patentes datées du mois de novembre 1570[1], la fondation de l'*Académie de poésie et de musique* et qui accepta le titre de Protecteur. L'enregistrement des lettres royales et des statuts souleva de graves difficultés, au Parlement, et

1. — Voici les principaux passages de ce document, dont le texte est conservé à la bibliothèque de l'Arsenal : « Comme nous avons toujours eu en singulière recommandation, à l'exemple de très bonne et louable mémoire le Roy François notre ayeul, de voir partout cestuy nostre royaume les lettres et la science florir... et ayant vu la requeste présentée par... contenant que, depuis trois ans en ça, ils avoyent, avec grande estude et labeur assiduel, unanimement travaillé pour l'avancement du langage français à remettre sus, tant la façon de la poésie que la mesure et le règlement de la musique anciennement usitée par les Grecs et les Romains, au temps que ces deux nations estoient plus florissantes... Savoir faisons que Nous... avons permis et accordé audit de Baïf et de Courville ce qui ensuit : Premièrement qu'ils puissent dresser leur Académie... et à ce que, à Nostre intention, ladite Académie soit suivie et honorée des plus grans, Nous avons libéralement accepté et acceptons le surnom de Protecteur, parce que Nous voulons et entendons que tous les exercices qui s'y feront soyent à l'honneur et accroissement de Nostre Estat et à l'ornement du nom du Peuple francais. »

l'Université de Paris se montra nettement hostile à la nouvelle institution. Pour vaincre cette opposition, il fallut presque un lit de justice, et le Roi dut octroyer de nouvelles lettres, par lesquelles « il défendait que qui que ce fust apportât aucun obstacle au fonctionnement de l'Académie, et il évoquait à son conseil tous les différents nés ou à naistre sur ce sujet[1] ». Les premiers *académiques*, c'est ainsi qu'on les désignait alors, furent choisis parmi les poètes qui appartenaient à la Pléiade : Dorat, Ronsard, Jamyn, Jodelle, Belleau et Ponthus de Thiard. Quant à l'objet de leurs travaux, il se trouve résumé dans un compte rendu en vers adressé au Roi, par Baïf :

> . . . . . Sire, je vous en ren compte
> Du temps de vostre absence, et du long, vous raconte
> Que c'est que nous faisions. Je di premierement
> En vostre académie, on œuvre incessamment
> Pour, des Grecs et Latins, imitant l'excellence,
> De vers et chants reglez décorer vostre France.

L'Académie, d'ailleurs, ne cessa pas d'être en butte à de rudes attaques, et Baïf dut, maintes fois, réclamer l'appui du Roi[2].

Les dernières années du règne de Charles IX furent malheureusement signalées par de tristes événements, et le Monarque, absorbé par d'autres soucis, cessa de s'intéresser aussi vivement aux travaux académiques; mais, dès l'avènement de Henri III, Guy de Pibrac, qui était non seulement un homme d'État, mais aussi un philosophe et un poète, plaida chaudement la cause de l'Académie. En même temps, il proposa d'ajouter à l'étude de la musique et de la poésie celle des sciences morales et politiques, de la grammaire et de la philologie. Le Roi entra dans ces vues et se déclara le protecteur de la compagnie; il décida qu'elle se réunirait dorénavant au Louvre, et il lui donna le titre d'*Académie du palais*.

Il n'existe aucun document qui permette d'apprécier le rôle, ni même de connaître exactement le personnel de « cette noble institution, qui promettait des choses merveilleuses, soit pour les sciences, soit pour notre langue[3] ». On sait cependant que le Roi assistait habituellement aux séances, et Ronsard nous apprend que Henri III avait lui-même proposé la question qui fut traitée à la séance d'ouverture, « à scavoir si les vertus morales sont plus louables, plus nécessaires et plus excellentes que les intellectuelles ». Toutefois, l'hostilité contre l'Académie subsistait toujours; la compagnie fut souvent attaquée directement ou

1. — Sainte-Beuve : *Tableau de la poésie française au XVIe siècle*; Gouget : *Bibliothèque française*, t. XIII; Cuvier : *Histoire de l'université de Paris*, t. VI.

2. — Voici en quels termes le poète s'adresse à Charles IX :

> Les chiens s'entregrondans, ce sont mes envieux
> Qui jettent devant vous des abbois ennuieux
> À vostre Majesté contre mon entreprise
> Qu'en vostre sauvegarde, ô bon prince, avez prise
> Le baston avez pris, le baston vous prendrez
> Et, contre le malin, la vertu deffendrez
> Aussi nos envieux, car vous pouvez le faire,
> Ferez taire tout coy, quand les menasserez!
>   (*Poésies* de Baïf, p. 52 : Au Roi.)

3. — Colletet: *Vie d'Amadis Jamyn*. Le *livre d'Institution* de l'Académie, qui contenait tous ces renseignements, fut vendu, comme vieux parchemin, par le fils naturel de Desportes; quelques feuillets seulement en furent retrouvés par Colletet, chez un pâtissier du faubourg Saint-Marcel.

indirectement, et, à la mort de Pibrac, en 1584, elle cessa de se réunir. « Elle prit fin, dit Colletet, avec le roi Henri III, et dans les troubles et confusions des guerres civiles de ce royaume [1]. »

II. — L'ANCIENNE ACADÉMIE FRANÇAISE

C E fut seulement un demi-siècle plus tard, que la France se trouva, de nouveau, dotée d'une Académie [2]. Dès 1629, quelques hommes ayant le culte des lettres avaient pris l'habitude de se réunir périodiquement chez l'un d'entre eux, Conrart, qui habitait un quartier alors central, la rue Saint-Martin. Leur cercle, d'abord assez restreint, s'élargit peu à peu, et, en 1634, l'un des derniers venus, M. de Boisrobert, ayant fait connaître à Richelieu l'existence de ces réunions, le Cardinal demanda « si ces personnes ne voudraient point faire un corps et s'assembler régulièrement et sous une autorité publique [3] ». Non sans hésitation, ni sans regrets, il fut arrêté que M. de Boisrobert serait prié de remercier M. le Cardinal, et de l'assurer que l'on suivrait ses volontés : l'on songea, dès lors, à l'établissement d'une compagnie ayant le caractère d'une institution d'État. On résolut d'abord de nommer un directeur, un chancelier et un secrétaire perpétuel, et l'on décida que la compagnie prendrait le titre d'*Académie française;* enfin l'on écrivit officiellement au Cardinal de Richelieu, pour solliciter sa protection. A cette lettre, datée du 22 mars 1634, était joint un discours destiné à faire connaître le but des travaux de l'Académie. Il y était dit que « de tout temps, le pays que nous habitons avait porté de très vaillants hommes, mais que leur valeur était demeurée sans réputation, au prix de celle des Romains et des Grecs, parce qu'ils n'avaient pas possédé l'art de la rendre illustre par leurs écrits...; que notre langue, plus parfaite déjà que pas une des autres vivantes, pourrait bien enfin succéder à la latine, comme la latine à la grecque, si on prenait plus de soin qu'on n'avait fait jusqu'ici de l'élocution ».

Les statuts ayant été définitivement arrêtés, le Roi sanctionna formellement, par des lettres patentes en date du mois de janvier 1635, la formation de l'Académie [4]. Mais, cette fois encore, comme au siècle précédent, on eut à lutter contre l'hostilité du Parlement : il fallut que Louis XIII lui adressât trois lettres de cachet, et ce fut seulement le 10 juillet 1637 que l'enregistrement fut ordonné, avec la clause suivante : « A la charge que ceux de la dite

1. — Voir l'*Académie des derniers Valois*, par Édouard Frémy. On trouve, dans cet ouvrage, quantité de détails intéressants.

2. — On peut cependant mentionner l'Académie de musique, fondée en 1589, par Mauduit, les réunions organisées par Marguerite de Valois et les conférences académiques dont parle le chancelier Bacon.

3. — Pellisson : *Histoire de l'Académie française*, ch. 1. — D'autres auteurs ont vu l'origine de l'Académie dans les réunions qui se tenaient chez Mlle de Gournay, dans celles qui avaient lieu chez le graveur Chauveau, ou dans celles qu'avait organisées Colletet, dans son logis du faubourg Saint-Victor, déjà illustré par les réunions des amis de Ronsard.

4. — Louis... Aussitôt que Dieu Nous eut appelé à la conduite de cet État, Nous eûmes pour but de l'enrichir de tous les ornements convenables à la plus illustre et la plus ancienne de toutes les monarchies qui soient aujourd'hui dans le monde... A ces causes, Nous avons, de Notre grâce spéciale, pleine puissance et autorité royale, permis, approuvé et autorisé, par ces présentes signées de Notre main, les dites assemblées et conférences; voulons qu'elles se continuent désormais en notre bonne ville de Paris, sous le nom de l'Académie française..., que le nombre en soit limité à quarante personnes... Car tel est Notre plaisir.

assemblée et Académie ne connoitront que de l'ornement, embellissement et augmentation de la langue française, et des livres qui seront par eux faits et par autres personnes qui le désireront et voudront [1]. »

L'Académie se composait de quarante membres, qui prirent, en vertu d'une délibération du 12 février 1635, le titre d'académiciens ; elle se réunit d'abord chez Conrart, puis, à partir de 1643, elle s'assembla chez le chancelier Séguier. En 1672, à la mort de ce dernier, qui avait succédé à Richelieu en qualité de protecteur de l'Académie, Louis XIV fit savoir qu'il prendrait lui-même le titre de protecteur, et il décida que les séances se tiendraient dorénavant au Louvre.

Deux grands principes avaient été posés dès l'origine : celui de l'égalité absolue des académiciens et celui de leur indépendance. L'égalité était, pour les littérateurs, une inestimable conquête : les princes, les prélats, les maréchaux, les plus hauts personnages de l'État allaient s'asseoir parmi eux, sans aucun honneur distinctif. Quand l'Académie crut devoir remercier Colbert des précieuses faveurs dont il avait été le principal inspirateur, l'illustre ministre demanda qu'on lui donnât le titre de *Monsieur* et non de *Monseigneur ;* plus tard, en 1713, le Roi fit placer, dans la salle des séances, quarante fauteuils, qui devinrent le symbole de l'égalité, en même temps que de la dignité académique. Sous le règne suivant, un prince du sang, le comte de Clermont, petit-fils du grand Condé, ayant exprimé le désir d'être élu, on le prévint à l'avance que l'ordre de préséance entre les académiciens était exclusivement réglé par la date de leur réception, et, un membre ayant proposé de remplacer l'élection par l'acclamation, l'Académie refusa de s'écarter des règles ordinaires [2].

« L'Académie est libre, disait Voltaire. Le cardinal de Richelieu l'a créée avec cette liberté, comme Dieu créa l'homme. » Ce fut elle-même qui rédigea ses statuts, et, dès l'origine, son premier protecteur voulut que tous les membres fussent élus par le libre choix de leurs confrères. Il est vrai que l'article premier du règlement portait que « personne

Médaille frappée en 1672.
L'Académie française installée au Louvre.

Médaille frappée en 1673.
Louis XIV
Protecteur de l'Académie.

---

1. — Il n'est pas sans intérêt, au point de vue historique, de faire ressortir à quel point le pouvoir royal, que l'on représente comme si absolu, était cependant parfois tenu en échec. En janvier 1635, le Roi « ordonne et mande de procéder à l'enregistrement » ; le 6 décembre suivant, le cardinal de Richelieu adresse au premier président une lettre pressante ; le 30 décembre, le Roi écrit lui-même aux principaux membres du parlement, et néanmoins l'enregistrement n'eut lieu, et encore sous réserves, qu'au mois de juillet 1637.

2. — Le prince ayant essayé d'éluder cette règle, Duclos répondit fermement : « Nous ne nous persuaderons jamais que nous ayons eu tort de compter sur sa parole... Nous ne lui aurions jamais donné nos voix, si nous avions pu supposer que nous nous prêtions à notre dégradation... L'Académie obéirait, en gémissant, aux ordres du Roi, mais elle ne verrait plus que son oppresseur dans un prince qu'elle réclame pour juge. » Tel est, dit M. Mesnard, le libre langage que nos pères faisaient entendre aux princes, sous le gouvernement absolu de l'ancienne monarchie. Le comte de Clermont céda et répondit qu'il entrerait comme simple académicien.

ne sera reçu à l'Académie qui ne soit agréable à Monsieur le Protecteur ». Mais Richelieu respecta constamment les choix de la compagnie, lors même qu'ils lui déplurent, et Louis XIV n'abusa pas davantage de son titre de protecteur, pour peser sur les élections académiques. Lorsqu'en 1693, Pontchartrain sollicita et obtint la nomination de son secrétaire, La Loubère, le Roi fit écrire à l'Académie, par le président Rose, pour engager la compagnie à « savoir désormais rester plus libre dans ses choix [1] », et, quand le duc du Maine manifesta le désir d'être admis, Louis XIV déclara que le prince était trop jeune pour être académicien. Ce fut cependant sur le désir du Roi que Boileau fut élu avant La Fontaine [2], et ce fut également à l'intervention royale que M. de Clermont-Tonnerre dut son élection ; l'abbé Caumartin, qui le reçut, ne laissa d'ailleurs pas ignorer le fait [3]. Plus tard encore, la volonté de Louis XIV empêcha la nomination de Chaulieu [4], dont la Muse était trop libre.

Un fait plus grave se produisit, sous

Gravure tirée du Recueil des harangues prononcées par MM. de l'Académie française, publié en 1714.

1. — Mesnard : *Histoire de l'Académie française*, — A propos de l'élection de Goibaud-Dubois, en 1693, le secrétaire du Roi écrivait : « Je ne dois pas vous laisser ignorer une circonstance, qui me semble mériter une sérieuse réflexion pour l'avenir, c'est la joie que le Roi a témoignée d'apprendre que nos suffrages ont été libres et sans mélange de la moindre cabale, ni recommandation étrangère. »

2. — Le Roi avait été fort mécontent de la publication des contes licencieux de La Fontaine. Lorsque Boileau fut élu, Louis XIV répondit : « Le choix m'est très agréable et sera généralement approuvé. Vous pouvez maintenant recevoir La Fontaine : il a promis d'être sage. »

3. — « Quel bonheur pour l'Académie de pouvoir, en même temps, satisfaire à la justice, à son inclination et à la volonté de son auguste protecteur. Il a voulu que vous fussiez de cette compagnie, et nous avons répondu à ses désirs par un consentement unanime. Il sait mieux que personne ce que vous valez, il vous connaît à fond, il aime à vous entretenir et, lorsqu'il vous a parlé, une joie se répand sur son visage, dont tout le monde s'aperçoit. » Cette sanglante ironie rappelle le mot de Mme de Sévigné, qui écrivait le 10 décembre 1694, en parlant de ce prélat : « La Cour a toujours besoin d'un pareil amusement. »

4. — M. de Lamoignon, que le Roi avait fait indirectement désigner, fut élu, mais il n'accepta point. « exemple unique, dit M. Mesnard, d'un refus qu'un homme honoré du choix de l'Académie lui ait fait éprouver. »

le règne suivant. L'abbé de Saint-Pierre, ayant attaqué le Roi, dans sa Polysinodie, fut exclu, en vertu de l'article du règlement, aux termes duquel « un académicien qui offense l'honneur de ses confrères doit perdre sa place irrémissiblement », mais le Régent trouva la mesure excessive, et le fauteuil ne fut donné qu'après la mort du membre exclu [1]. Toutefois, l'intervention du duc d'Orléans avait été purement officieuse, car le titre de protecteur ne lui fut pas conféré : il appartenait à Louis XV, qui vint lui-même siéger à l'Académie, le 22 juillet 1719.

Quelques années plus tard, en 1727, lorsque Montesquieu se présenta aux suffrages de l'Académie, le cardinal Fleury fit savoir que le Roi ne donnerait pas son agrément à cette nomination, mais le maréchal d'Estrées, qui exerçait alors les fonctions de directeur, défendit avec ardeur la liberté des élections, et l'opposition fut levée. Toutefois, les querelles théologiques amenèrent directement ou indirectement plusieurs exclusions [2]. La compagnie, pour éviter les avertissements officieux, qui entravaient ses choix, abolit la règle qui exigeait deux scrutins ; mais le Roi crut alors nécessaire d'établir plus fermement son autorité, et il édicta, le 30 mai 1752, un nouveau règlement donnant au protecteur le droit de *veto* [3]. Ce droit, il faut le dire, fut rarement exercé et, la plupart du temps, la volonté royale fléchit devant celle de l'Académie [4].

Si Voltaire, malgré plusieurs lettres *rassurantes* adressées de divers côtés [5], ne put obtenir le fauteuil du cardinal Fleury, il fut élu, en 1746, à la place du président Roulier. A partir de ce moment, la philosophie força les portes de l'Académie française : d'Alembert fut reçu, en 1754, sans avoir rien à sacrifier de son indépendance, et la plupart des rédacteurs de l'Encyclopédie y entrèrent à sa suite.

Ce ne fut pas, d'ailleurs, sans susciter de vives colères que l'Académie lutta pour maintenir le principe de la liberté de ses choix et de l'indépendance de parole de ses membres. Elle fut gravement menacée par Maupeou et, plus tard, par Maurepas et par le comte de Provence, mais ce ne fut pas du côté de la Cour que devait se trouver pour elle le plus grave danger ; ce fut de son sein même que partit le premier coup qui l'ébranla, et le premier réquisitoire dressé contre elle, au moment de la Révolution, fut rédigé par Chamfort. Le 5 août 1793, l'Académie française se réunit pour la dernière fois ; quelques jours plus tard, elle avait cessé d'exister : on verra plus loin dans quelles circonstances.

1. — Il n'y avait encore eu, à l'Académie, que deux exclusions : celle de Garnier, qu'une action déshonorante avait fait rejeter par ses confrères, et celle de Furetière, qui, dans l'affaire du dictionnaire, avait donné tant de scandale, par ses factums. Mais ici le cas était différent, l'abbé de Saint-Pierre n'ayant forfait ni à l'honneur ni à ses devoirs envers la compagnie. (Voir Mesnard : *Histoire de l'Académie*.)

2. — C'est ainsi que le cardinal Fleury fit écarter Louis Racine et Rollin. En 1743, l'abbé de la Bletterie ayant été élu, le Roi refusa de l'agréer.

3. — Art. 11 : « Si notre approbation et notre consentement ne confirment pas l'élection, elle sera et demeurera nulle. »

4. — Piron et Diderot ne purent être admis, mais Suard et Delille, dont la première élection n'avait pas été confirmée, furent élus une seconde fois et, cette fois, le Roi donna son approbation.

5. — « Mes sentiments véritables sur ce qui peut regarder l'État et la religion étaient bien connus de M. le cardinal de Fleury... J'aurais fait voir combien j'aime cette religion qu'il a soutenue... ce serait un hommage solennel rendu à des vérités que j'adore et un gage de ma soumission aux sentiments de ceux qui nous préparent, dans le Dauphin, un prince digne de son père ; » écrivait-il à l'abbé de Rothelin, et plus tard, à l'évêque de Mirepoix : « Je peux dire devant Dieu que je suis bon citoyen et vrai catholique, » et au P. de la Tour : « Je veux vivre et mourir tranquille, dans le sein de l'Église catholique et romaine. Si jamais on a imprimé, sous mon nom, une page qui puisse scandaliser seulement le sacristain de la paroisse, je suis prêt à la déchirer. »

III. — L'ACADÉMIE ROYALE DES INSCRIPTIONS ET BELLES-LETTRES

L ouıs XIV, particulièrement jaloux de transmettre à la postérité le souvenir de sa gloire, ne se contentait pas de faire ériger, en son honneur, des édifices et des statues; il attachait une grande importance aux inscriptions qui devaient figurer sur les nouveaux monuments ou sur les médailles destinées à rappeler les principaux événements de son règne. C'est pourquoi, en 1663, il choisit quatre membres de l'Académie française, pour former une sorte de commission chargée de rédiger chacune des inscriptions, devises ou légendes [1]. Cette compagnie, comme on disait alors, s'assemblait chez Colbert, qui lui transmettait les ordres du Roi : on lui donna le surnom de *Petite Académie*.

Plus tard, Louvois, désirant confier aux académiciens des travaux plus importants, fit porter à huit le nombre des fauteuils. Bientôt la compagnie prit officiellement le titre d'*Académie des Inscriptions et Médailles* et, sous l'impulsion de Pontchartrain et de l'abbé Bignon son neveu, elle tendit à devenir une véritable Académie d'histoire et de belles-lettres. Le 16 juillet 1701, parut un nouveau règlement, qui fixait le nombre des membres à quarante, dont dix hono-

Médaille frappée à l'occasion de l'institution de l'Académie des Inscriptions et Belles-Lettres.

Médaille frappée à l'occasion de l'institution de l'Académie des Inscriptions et Belles-Lettres.

raires, dix pensionnaires, dix associés et dix élèves. Le recrutement des membres honoraires, des pensionnaires et des associés avait lieu par voie d'élection : l'Académie désignait, pour chaque place, deux candidats, entre lesquels le Roi avait le choix; toutefois les pensionnaires ne pouvaient être pris que parmi les associés et les élèves; quant à ces derniers, ils étaient à la désignation individuelle des pensionnaires : chacun avait le sien, mais les choix devaient être agréés par l'Académie et par le Roi.

1. — Ces origines sont rappelées dans les Lettres patentes données à Marly, au mois de février 1713: « Louis... Nous choisîmes, en 1663, parmi ceux qui composaient l'Académie française, un petit nombre de savants les plus versés, pour travailler aux inscriptions, aux devises, aux médailles, et pour répandre, sur tous les monuments de ce genre, le goût et la noble simplicité qui en font le prix. Tournant ensuite nos vues du côté des sciences et des arts, nous formâmes, en 1666, une académie des sciences, composée des personnes les plus habiles dans toutes les parties des mathématiques et de la physique... L'estime et la réputation que ces compagnies ont acquises, depuis ce temps-là, nous engagent de plus en plus à donner une forme stable et solide à des établissements si avantageux. A ces causes, Nous avons permis, approuvé et autorisé les assemblées et conférences des membres qui composent les dites deux académies, comme, par ces présentes, nous les instituons et établissons : l'une sous le titre d'Académie royale des Inscriptions et Médailles, et l'autre sous celui d'Académie royale des Sciences... Voulons pareillement qu'elles continuent de tenir leurs assemblées dans les appartements que Nous leur avons assignés, au Louvre. » Ces lettres ont été enregistrées, au Parlement, le 3 mai 1713 et, à la Chambre des comptes, le 30 mai 1713.

I. 2

Une ordonnance royale avait désigné les premiers membres : elle maintenait, dans la classe des pensionnaires, les académiciens qui faisaient déjà partie de la compagnie; elle conférait le titre de membre honoraire à des hommes connus par leur goût pour les lettres savantes et celui d'associé à des érudits éminents que d'autres occupations empêchaient de se livrer exclusivement à l'étude. Le 16 juillet 1701, l'Académie royale des Inscriptions et Médailles commença ses travaux; elle devint dès lors complètement indépendante de l'Académie française et siégea, au Louvre, dans un local spécialement affecté à son usage.

Le domaine que le règlement de 1701 assignait à la compagnie était très vaste : il ne comprenait plus seulement les monnaies et médailles, mais encore les antiquités et monuments de la France et la connaissance de l'antiquité grecque et latine [1]. Cette dernière espèce d'érudition, qui était indiquée comme un des objets les plus dignes de l'application des académiciens, allait devenir le principal objet de leurs travaux.

Au mois de février 1713, des lettres patentes enregistrées au Parlement, le 13 mai suivant, confirmèrent l'établissement de l'Académie, et, trois ans plus tard, sur l'initiative du Régent, l'ancien titre fut modifié par un arrêt du Conseil d'État du 4 janvier 1716, portant que la compagnie serait dénommée, à l'avenir : *Académie des Inscriptions et Belles-Lettres.* En même temps, les dix places d'élèves furent supprimées, et le nombre des associés fut porté de dix à vingt, dont quatre pouvaient être choisis parmi les étrangers.

En examinant la quantité considérable de sujets qui ont occupé, pendant le xviiie siècle, l'attention de l'Académie, on est frappé tout ensemble de leur importance et de leur variété. Ils embrassent non seulement l'antiquité classique et les antiquités nationales, mais encore les religions et les législations anciennes, les doctrines philosophiques, la chronologie, l'épigraphie, la géographie, la linguistique, l'histoire littéraire, l'étude de l'hébreu, de l'arabe, du persan et du chinois, les antiquités de l'Inde, de la Phénicie et de l'Égypte, enfin les littératures étrangères.

En dehors de ses travaux ordinaires, l'Académie entreprenait de vastes publications, telles que la collection des ordonnances des rois de France, et les notices et extraits des manuscrits de la bibliothèque du Roi ; elle encourageait les admirables travaux des bénédictins : la *Gallia Christiana,* le *Recueil des historiens des Gaules et de la France,* l'*Histoire littéraire de la France;* enfin, par ses concours, elle provoquait des études sérieuses sur une quantité de sujets.

Son personnel, moins brillant que celui de l'Académie française, se composait surtout de prêtres, de religieux et de savants d'une condition modeste ; seuls, les membres honoraires appartenaient à la noblesse. Toutefois, son autorité était considérable, non seulement

---

1. — « L'Académie s'appliquera à faire des médailles sur les principaux événements de l'histoire de France : elle travaillera à l'explication de toutes les médailles, médaillons, pierres et autres raretés antiques et modernes, comme aussi à la description de toutes les antiquités et monuments de la France... Elle veillera à ce qui peut contribuer à la perfection des inscriptions et légendes, des dessins de monuments et décorations, sur lesquels elle aura à statuer, comme aussi à la description de tous ces ouvrages faits ou à faire et à l'explication historique des sujets, par rapport auxquels ils auront été faits et, comme la connaissance de l'antiquité grecque et latine et des auteurs de ces deux langues est ce qui dispose le mieux à réussir dans ce genre de travaux, les académiciens se proposeront tout ce que renferme cette espèce d'érudition, comme un des objets les plus dignes de leur application. »

en France, mais encore à l'étranger ; elle grandissait sans cesse, et les académiciens se montraient de plus en plus jaloux du recrutement de leur compagnie. Tandis qu'à l'origine, tous les membres avaient été exclusivement choisis parmi ceux de l'Académie française, l'Académie des Inscriptions se préoccupa, chaque jour davantage, de faire des choix indépendants, et elle finit par exiger de tout candidat l'engagement formel de ne se présenter jamais au choix de l'autre compagnie.

La constitution de l'Académie des Inscriptions subit, en 1785, une dernière modification : le Roi créa une classe nouvelle, celle des associés libres résidants, composée de huit membres, et le nombre des pensionnaires fut porté de dix à quinze. Enfin, un nouveau règlement, en date du 22 décembre 1786, fixa comme il suit la composition de l'Académie : dix académiciens honoraires, quinze pensionnaires et quinze associés, plus vingt associés libres. Pour les places d'honoraire et d'associé, l'Académie présentait un seul candidat à l'agrément du Roi ; pour les fauteuils de pensionnaire, elle lui soumettait les noms de deux associés.

Au moment où intervint cette mesure, les jours de la compagnie étaient comptés ; cependant, malgré les menaces suspendues sur leur tête, les membres continuaient à s'assembler régulièrement, et, le 2 août 1793, au milieu de la Terreur, ils entendirent une lecture de Sainte-Croix sur les assemblées amphictyoniques : ce fut leur dernière séance ; six jours plus tard, la loi du 8 août mettait fin à l'existence de l'Académie [1].

IV. — L'ACADÉMIE ROYALE DES SCIENCES

Médaille frappée à l'occasion de la fondation de l'Académie des sciences.

Au moment où naissait la *petite Académie*, la France possédait déjà une sorte d'Académie des sciences, mais cette compagnie n'avait aucun caractère officiel. C'était une réunion de savants, qui, depuis trente ans environ, s'assemblaient, chaque semaine, soit chez le maître des requêtes Montmort, soit chez Melchisédec Thévenot. Descartes, Pascal, Gassendi, pour ne citer que les plus illustres, faisaient partie de cette réunion. Dans le domaine des sciences, comme dans celui de la littérature, l'initiative individuelle avait devancé l'action gouvernementale.

Colbert, informé de l'existence de cette société, proposa au Roi de la transformer en institution d'État : ainsi fut établie l'Académie royale des sciences. Sa première séance fut tenue, le 22 décembre 1666, dans une des salles de la bibliothèque du Roi. Les débuts furent, d'ailleurs, modestes et, dans les dernières années du xviie siècle, l'Académie était tombée, dit Fontenelle, « dans une sorte de langueur, dont elle ne pouvait sortir que par une réorganisation ». Pontchartrain résolut d'entreprendre cette grande œuvre et de donner à l'Académie une

---

1. — M. Alfred Maury a écrit l'histoire de l'ancienne Académie des Inscriptions et Belles-Lettres.

nouvelle splendeur. De concert avec l'abbé Bignon, son neveu, il prépara un règlement, que Louis XIV revêtit de sa signature, le 26 janvier 1699.

L'Académie des sciences comprenait désormais dix membres honoraires, vingt pensionnaires, vingt associés, dont huit pouvaient être étrangers, vingt élèves et quatre associés libres. Les membres honoraires devaient, aux termes du règlement, « être recommandables par leur intelligence dans les mathématiques et la physique »; ces places étaient réservées à de grands personnages. Les pensionnaires étaient les véritables académiciens : ils comprenaient trois géomètres, trois astronomes, trois mécaniciens, trois anatomistes, trois chimistes, trois botanistes, plus un secrétaire et un trésorier; chacun d'eux avait un élève.

Toutefois l'Académie des sciences n'avait pas une liberté égale à celle de l'Académie française. Pour remplir les places d'honoraire, la compagnie devait présenter un seul nom

Médaille frappée en souvenir de l'installation de l'Académie des Sciences au Louvre.

à l'agrément du Roi, mais, pour celles de pensionnaire, elle devait proposer trois candidats, dont deux au moins choisis parmi les associés et les élèves, et, pour les associés, elle soumettait au Roi deux noms, dont l'un, au moins, devait être celui d'un élève. Le Roi s'était réservé la nomination du président et du vice-président, qui, en fait, étaient toujours choisis parmi les membres honoraires ; il s'était même attribué le droit de désigner, parmi les pensionnaires, le directeur et le sous-directeur annuels, qui avaient la présidence effective des séances ordinaires.

Cependant, la compagnie ainsi reconstituée était devenue trop nombreuse pour siéger dans le local qui lui avait été jusqu'alors affecté : Louis XIV lui donna les appartements que lui-même avait naguère occupés dans le vieux Louvre. A partir de cette époque, l'Académie déploya une remarquable activité ; elle se mit en rapports réguliers avec les savants de la France et de l'étranger, et elle fit accorder, par le Roi, un certain nombre de missions scientifiques. Jalouse de maintenir la haute situation qu'elle avait promptement acquise, elle eut soin d'attirer tous les hommes qui s'étaient fait un nom dans la science et, tandis que l'Académie française préférait trop souvent des grands seigneurs ou des hommes de cour à des littérateurs, on peut dire que l'Académie des sciences ne négligea de recevoir aucun des savants dont le nom avait quelque illustration.

La constitution de la compagnie demeura intacte jusqu'aux dernières années du règne de Louis XVI ; elle fut modifiée par une ordonnance royale du 23 avril 1785. L'Académie fut désormais divisée en deux classes : celle des sciences mathématiques et celle des sciences physiques. Chaque classe comprenait quatre sections respectivement composées de trois pensionnaires et de trois associés [1]. Il y avait, en outre de ces quarante-huit membres, douze associés libres et huit associés étrangers.

De longues pages seraient nécessaires pour résumer l'œuvre de cette illustre compagnie, pour énumérer les découvertes qu'elle a provoquées, les admirables travaux de ses membres, les publications qu'elle a faites ou encouragées, les progrès dus à son initiative, aussi bien dans le domaine théorique que dans l'application pratique des sciences. Ces grands services rendus à la patrie et à l'humanité ne lui firent cependant pas trouver grâce devant la Convention.

Sa fin fut aussi noble que l'avait été sa vie. Fourcroy ayant proposé, le 25 août 1792, de rayer de la liste de l'Académie les membres émigrés ou connus pour leur incivisme, la motion fut rejetée, à l'unanimité. Le 28 novembre suivant, Lalande annonça que la Convention faisait défense aux Académies d'élire de nouveaux membres. Il est vrai que l'arrêté fut rapporté, le 17 mai 1793, en ce qui concerne spécialement l'Académie des sciences ; mais la haine qu'inspiraient tous les corps constitués [2] l'emporta sur la sympathie et l'admiration que les représentants éprouvaient pour l'Académie des sciences : la loi du 8 août 1793 frappa toutes les Académies, sans exception. Ce fut vainement que, le 14 du même mois, Lakanal fit voter une résolution portant que « les membres de la ci-devant Académie des sciences continueront de s'assembler pour s'occuper spécialement des objets qui leur auront été ou pourront leur être renvoyés par la Convention nationale ». L'Académie n'existait plus [3], et ses membres étaient déjà dispersés ; l'échafaud attendait les uns, l'indigence les autres, mais tous avaient le droit de dire avec Lavoisier : « Nous pouvons regarder avec confiance et notre vie passée et le jugement qu'on en portera, peut-être avant quelques mois. »

---

1. — *Sciences mathématiques* : 1° géométrie, 2° mécanique, 3° astronomie, 4° physique générale. — *Sciences physiques* : 1° anatomie, 2° chimie et métallurgie, 3° botanique et agriculture, 4° minéralogie et histoire naturelle.

2. — « Non seulement, dit M. Jules Simon, la Convention de 1793 ne voulait plus de corps privilégiés, mais elle ne voulait plus de corps. Elle chassait l'Académie française avec colère, et l'Académie des sciences avec respect ; la première parce qu'elle était l'Académie française et la seconde parce qu'elle était une Académie. Et, de même que l'Assemblée constituante avait pris soin de déclarer que plusieurs des congrégations religieuses qu'elle supprimait avaient bien mérité de la patrie, comme pour mieux marquer qu'elle obéissait à un principe, la Convention plaça côte à côte, dans le même décret, la suppression et l'éloge de l'Académie des sciences. (*Une Académie sous le directoire*, ch. I.)

3. — Voir pour l'histoire de l'Académie : *l'Ancienne Académie des Sciences*, par Alfred Maury, et *l'Académie des Sciences*, par J. Bertrand. La liste complète du personnel de l'Académie est reproduite dans une autre partie de cet ouvrage.

V. — L'ACADÉMIE ROYALE DE PEINTURE ET DE SCULPTURE

En dehors des trois grandes Académies, dont le nom, les attributions et l'organisation rappellent ceux des compagnies actuellement existantes, il en était une qui présentait un caractère assez différent.

Depuis longtemps, la corporation de Saint-Luc, établie en 1391, exerçait une véritable persécution contre les artistes indépendants, et même contre les peintres et les sculpteurs ayant un brevet du Roi. Ses exigences étaient devenues si exorbitantes que Charles Lebrun résolut d'en affranchir ses confrères, en fondant une Académie de peinture et de sculpture. Lesueur, La Hyre, Sarrazin et Bourdon se joignirent à lui et, le 27 janvier 1648,

Médaille frappée à l'occasion de la fondation de l'Académie de peinture et de sculpture.

M. de Charmois, qui avait chaudement embrassé leur cause, présenta leur requête au Conseil de régence. Le vœu des artistes fut immédiatement exaucé, et il ne resta plus qu'à rédiger les statuts de la nouvelle Académie. La compagnie devait comprendre un chef, M. de Charmois, deux syndics, qui furent bientôt supprimés, un secrétaire archiviste, et douze *anciens*, que l'on qualifia ensuite du nom de *professeurs*.

Ces règlements furent complétés par une ordonnance royale du 24 décembre 1654, et un brevet du Roi, enregistré au Parlement le 23 juin 1655, accorda à l'Académie l'exemption des lettres de maîtrise, un logement au Collège de France[1] et quelques-uns des privilèges dont jouissait l'Académie française[2]. On peut ajouter que, malgré l'éclatante protection dont Colbert couvrit la compagnie, malgré plusieurs arrêts du Parlement, l'Académie de Saint-Luc ne se tint pas pour battue, et la lutte ne cessa définitivement qu'après la déclaration de Louis XVI, en date du 15 mars 1777[3].

Le Statut qui accompagnait cette déclaration modifiait les anciens règlements. Désormais, l'Académie était administrée par un corps de dignitaires, comprenant un directeur, un chancelier, quatre recteurs, deux adjoints à recteur, seize honoraires, dont huit amateurs et huit associés libres, douze professeurs, six adjoints à professeur, huit conseillers, un tréso-

---

1. — En 1692, l'Académie fut installée au Louvre.

2. — Cependant le titre de protecteur n'était pas porté par le Roi. Les protecteurs de l'Académie ont été successivement : le chancelier Séguier (1648), Mazarin (1655), Colbert (1672), Louvois (1683), Mansard (1699), le marquis d'Antin (1708), et le cardinal Fleury (1737).

3. — « Louis, etc. Les arts de peinture et de sculpture, qui font partie des arts libéraux, ont été destinés, dans tous les temps, chez les peuples éclairés, à concourir à la gloire nationale, par des monuments qui conservent la mémoire des actions vertueuses, des travaux utiles et des hommes célèbres : c'est par ces motifs que, transportés d'Italie en France par François Iᵉʳ, ils ont été depuis chéris, et particulièrement protégés par la plupart des rois nos prédécesseurs, etc., etc. Ces avantages auraient dû assurer à la peinture et à la sculpture une distinction particulière, et faire jouir ceux qui les exercent des mêmes droits dont jouissent ceux qui font profession des arts libéraux ; c'est pourquoi, par Notre édit du mois d'août dernier, portant nouvelle création de communautés d'arts et métiers, nous avions déjà fait connaître que les arts de peinture et sculpture ne doivent point être confondus avec les arts mécaniques, et Nous leur avions rendu cette liberté dont ils eussent dû jouir dans tous les temps. Néanmoins, l'intérêt que Nous prenons à tout ce qui peut honorer et encourager des arts aussi estimables

rier et un secrétaire perpétuel. Il y avait, en outre, des académiciens honoraires. Tous ces titres étaient conférés par l'élection.

Dans cette organisation, comme dans celle qui l'avait précédée, le nombre des académiciens était illimité, les femmes mêmes étaient admises[1]. Enfin, il y avait des agrégés, dont chacun était tenu de présenter un morceau de réception, pour devenir académicien. L'agrégé qui, après trois années, négligeait de solliciter son admission, était déchu de tout droit, mais cet article des règlements fut observé si peu sérieusement qu'en 1790, sur quarante-quatre agrégés, sept seulement s'étaient fait recevoir académiciens, et quelques-uns promettaient, depuis trente-huit ans, leur morceau de réception.

En fait, l'Académie de peinture et de sculpture avait un caractère mixte : elle était une école, en même temps qu'une compagnie. Elle différait profondément des trois autres Académies, puisqu'elle n'était pas un corps absolument fermé et limité et que l'accès en était relativement aisé[2]. Quoi qu'il en soit, elle ne put échapper au sort commun. Attaquée non seulement par ses envieux, mais encore par l'un des siens, David, elle disparut pendant la tourmente révolutionnaire.

VI. — L'ACADÉMIE D'ARCHITECTURE

Médaille frappée à l'occasion de la fondation de l'Académie d'architecture.

Le tableau des institutions antérieures à la Révolution française sera complet, lorsque j'aurai parlé de l'Académie royale d'architecture. On considère que cette compagnie doit son origine à la création d'un Conseil des Bâtiments, nommé, en 1665, par Colbert, pour examiner les projets d'achèvement du Louvre présentés par Perrault[3]. Quoi qu'il en soit, l'Académie fut établie,

et aussi utiles nous a fait juger digne de notre attention de manifester plus expressément notre volonté sur ce sujet, et d'accorder à ces arts des distinctions particulières et des encouragements propres à les diriger vers leur but et leur perfection. Nous avons jugé à propos d'établir, dans cette déclaration, toutes nos vues sur ce sujet et de donner la forme la plus utile à notre Académie royale de peinture et de sculpture. A ces causes, et autres à ce Nous mouvant, de notre certaine science, pleine puissance et autorité royale, avons dit, déclaré et ordonné, etc. — Art. Ier. Les arts de peinture et de sculpture seront et continueront d'être libres, tant dans notre bonne ville de Paris que dans toute l'étendue du royaume, lorsqu'ils seront exercés d'une manière entièrement libérale... Voulons qu'à cet égard ils soient parfaitement assimilés avec les lettres, les sciences et les autres arts libéraux, spécialement l'Architecture, en sorte que ceux qui voudront exercer de cette manière les susdits arts, ne puissent, sous quelque prétexte que ce soit, être troublés ni inquiétés par aucun corps de communauté ou maîtrise. »

1. — Comme on le peut constater d'après la liste reproduite plus loin, leur nombre ne fut jamais bien considérable. En 1783, on en avait fixé le maximum à quatre.

2. — Déjà, en 1684, Louvois recommandait à l'Académie « de ne recevoir aucune personne qui ne soit d'un très grand mérite et digne d'entrer dans la compagnie ». En fait, le nombre des académiciens a toujours été trop considérable.

3. — Charles Perrault, dans ses *Mémoires*, nous apprend quelle fut l'origine de ce Conseil. « Quelque connaissance, dit-il, qu'eût M. Colbert de la capacité de mon frère dans l'architecture, je m'aperçus qu'il hésitait à faire exécuter son dessin, et qu'il lui semblait étrange de préférer les pensées d'un médecin, en fait d'architecture, aux desseins du plus célèbre des architectes. L'envie des maîtres du métier, à Paris, ne manqua pas de s'élever

quelques années plus tard, et elle tint sa première séance, le 31 décembre 1671, au Palais-Royal, sous la présidence de Colbert. Toutefois, ce fut seulement au mois de février 1717 que le duc d'Antin fit donner à l'Académie les lettres patentes qui lui manquaient et des statuts ou règlements[1]. Le nombre des fauteuils fut alors porté de huit à vingt-quatre ; les académiciens étaient répartis en deux classes : la première comprenait dix architectes, un professeur et un secrétaire, la seconde douze architectes. Tous devaient séjourner à Paris, et ceux de la première classe, qui seuls portaient le titre d'architectes du Roi, ne pouvaient être entrepreneurs, ce qui était permis aux membres de la seconde classe, mais seulement pour les bâtiments royaux. Quand il y avait lieu de remplir une vacance dans la première classe, l'Académie présentait trois membres de la seconde classe, parmi lesquels le Roi choisissait le titulaire du fauteuil. Les membres de la seconde classe étaient, de même, nommés par le Roi, sur une liste de trois candidats proposés par l'Académie. Le nombre des académiciens fut porté de douze à vingt, au mois de juillet 1728, puis réduit à seize, en 1756.

Les statuts primitifs furent modifiés par des lettres patentes de novembre 1775. L'Académie fut dès lors composée : 1° d'académiciens architectes divisés en deux classes ayant chacune seize membres, plus un directeur appartenant à la première; 2° d'honoraires associés libres, au nombre de six; 3° de correspondants ou associés étrangers et régnicoles, au nombre de douze. Le premier architecte du Roi était toujours directeur de l'Académie; il présidait, en l'absence du surintendant des Bâtiments.

Les fonctions de l'Académie n'étaient pas seulement pratiques ; en dehors des monuments dont on leur soumettait les plans ou dont on leur confiait la surveillance, les membres se livraient aux études théoriques les plus sérieuses.

La politique avait toujours été étrangère à ces hommes de labeur et de science, auxquels la France doit quelques-uns de ses plus beaux monuments. L'Académie d'architecture n'en subit pas moins le sort commun, et, le 5 août 1793, elle s'assembla pour la dernière fois.

VII. — LA SUPPRESSION DES ACADÉMIES

JE n'entreprendrai pas de recommencer le récit, déjà fait maintes fois[2], des circonstances qui, pendant l'une des plus sombres et des plus honteuses époques de notre histoire, amenèrent la dissolution des cinq Académies. Je rappellerai seulement que ces illustres compagnies furent vivement attaquées, dès le début de la Révolution française. Toutefois, malgré la fièvre de destruction qui régnait alors,

contre cette résolution, et de faire de mauvaises plaisanteries, en disant que l'architecture devait être bien malade, puisqu'on la mettait entre les mains des médecins. Pour lever toutes les difficultés au sujet de l'exécution du dessin de mon frère, je donnai un mémoire à M. Colbert, où je lui proposai de former un Conseil des Bâtiments. »

1. — On lit dans ce document : « Comme l'architecture doit avoir la prééminence sur les autres ouvrages, qui ne servent pour ainsi dire d'ornements que dans les différentes parties des édifices, nous avons résolu de confirmer l'établissement de l'Académie d'architecture, qui a été projeté et résolu, dès l'année 1671, *ad instar* des autres Académies. »

2. — Voir notamment : *Une Académie sous le Directoire*, par M. Jules Simon, ch. I, et le mémoire lu par M. Aucoc à une séance trimestrielle de l'Institut et publié sous le titre de : *l'Institut et les anciennes Académies*.

on hésita quelque temps, avant de porter la main sur ces grandes institutions, et l'on s'y reprit à plusieurs fois, avant de se résoudre à les détruire. On parla d'abord de les réformer, puis de les remplacer. Enfin, le premier coup fut porté en 1792 : un décret, daté du 13 novembre, interdit aux Académies de procéder à de nouvelles élections. L'année suivante, on osa plus : la loi du 8 août 1793, rendue sur le rapport de l'abbé Grégoire, prononça la suppression de toutes les Académies.

L'idée de cette destruction absolue n'avait pu trouver accès que dans la Convention et, dans la Convention, sous la Terreur; encore sembla-t-il que l'Assemblée n'osât pas accomplir, sans réserves, son œuvre de vandalisme. Le Comité de l'instruction publique lui avait présenté un décret, qui posait le principe d'une future résurrection des sociétés savantes : cette dernière disposition ne fut pas absolument repoussée, on se contenta de l'ajourner.

Cependant, la Convention n'avait pas seulement anéanti les institutions : non contente de déclarer que la littérature était inutile et que la République n'avait pas besoin de savants, elle avait frappé ou dispersé la plupart des hommes dont le nom était la gloire de a France. Lavoisier, Bailly, Bochard de Sarron, Malesherbes, Dietrich, Nicolaï, Lefèvre d'Ormesson, Sandricourt, de Saint-Simon, furent guillotinés ; le duc de la Rochefoucauld massacré par les soldats de Santerre ; Condorcet et Chamfort, d'autres encore, dit-on, mirent fin à leurs jours pour éviter une mort plus cruelle ; Loménie de Brienne mourut en prison ; le maréchal de Beauvau, Lemierre, Vicq-d'Azir et Dionis du Séjour périrent de douleur, d'effroi ou de misère ; le duc de Nivernais, l'abbé Barthélemy, La Harpe, Roquelaure, le doux Florian lui-même étaient emprisonnés ; les cardinaux de Bernis et de Rohan, le duc d'Harcourt, Boisgelin de Cucé, Choiseul-Gouffier, Maury, Boufflers, Montesquiou avaient dû fuir à l'étranger ; d'Aguesseau et Marmontel s'étaient cachés pour laisser passer l'orage. Ainsi avaient fini les Académies, par le martyre, la prison et l'exil.

Après un intervalle de deux années, la Convention, enfin délivrée de la faction qui la dominait en la décimant, remplaça les Académies par l'Institut.

CHAPITRE II

ORIGINE ET TRANSFORMATIONS DE L'INSTITUT

LE 22 août 1795, la Constitution que la Convention nationale venait d'adopter fut officiellement promulguée. Son article 298 était ainsi conçu : « Il y a, pour toute la République, un Institut national chargé de recueillir les découvertes, de perfectionner les arts et les sciences. » Deux mois plus tard, la loi du 25 octobre 1795 (3 brumaire an IV) organisait l'Institut.

La nouvelle institution, dont la première République dotait la France, a été plusieurs fois modifiée, entre ce jour et celui où la troisième République en célèbre le centenaire. Son histoire se divise naturellement en quatre périodes d'inégale étendue, qui finissent respectivement le 23 janvier 1803, le 21 mars 1816, le 26 octobre 1832, et le 25 octobre 1895.

I. — PREMIÈRE PÉRIODE (1795-1803)

Aux termes de la loi de 1795, l'Institut se composait de trois classes, divisées en sections : il y avait, en tout, vingt-quatre sections, comprenant chacune six membres, ce qui donnait un total de cent quarante-quatre fauteuils.

En outre, chaque classe avait huit associés étrangers et des associés non résidants en nombre égal à celui des membres titulaires. La répartition avait été ainsi établie :

PREMIÈRE CLASSE

SCIENCES PHYSIQUES ET MATHÉMA-TIQUES

60 membres, 8 associés étrangers, 60 associés non résidants.

1. Mathématiques.
2. Arts mécaniques.
3. Astronomie.
4. Physique expérimentale.
5. Chimie.
6. Histoire naturelle et Minéralogie.
7. Botanique et Physique végétale.
8. Anatomie et Zoologie.
9. Médecine et Chirurgie.
10. Économie rurale et Art vétérinaire.

DEUXIÈME CLASSE SCIENCES MORALES ET POLITIQUES 36 membres, 8 associés étrangers, 36 associés non résidants.	1. Analyse des sensations et des idées. 2. Morale. 3. Science sociale et Législation. 4. Économie politique. 5. Histoire. 6. Géographie.	TROISIÈME CLASSE LITTÉRATURE ET BEAUX-ARTS 48 membres, 8 associés étrangers, 48 associés non résidants.	1. Grammaire. 2. Langues anciennes. 3. Poésie. 4. Antiquités et Monuments. 5. Peinture. 6. Sculpture. 7. Architecture. 8. Musique et Déclamation.

Cette organisation différait très profondément, tout au moins quant à la forme, de celle des anciennes Académies supprimées en 1793.

Le premier et le plus frappant caractère de la nouvelle institution, c'était l'unité. L'idée de réunir, en un faisceau, les sciences, les lettres et les arts n'était pas absolument nouvelle, et, dès 1666, Colbert avait songé à établir une Académie générale, composée, dit Fontenelle[1], « de tout ce qu'il y aurait de gens les plus habiles en toutes sortes de littérature. Les savants en histoire, les grammairiens, les mathématiciens, les philosophes, les poètes, les orateurs, devaient être également de ce grand corps, où se réunissaient et se conciliaient tous les talents les plus opposés... Sur quelle matière ces États généraux n'eussent-ils pas été prêts à répondre ? » Le projet fut abandonné ; la Convention le reprit en le complétant, et elle attacha une grande importance à maintenir fermement le principe de l'unité des diverses classes. « On ne peut calculer, lit-on dans le rapport, les heureux résultats d'un système qui doit tenir les sciences et les arts dans un éternel rapprochement et les soumettre à une réaction habituellement réciproque de progrès et d'utilité. »

Les conséquences furent poussées très loin, et non seulement le règlement stipula que les membres des trois classes auraient le même titre, les mêmes droits, les mêmes fonctions, les mêmes honneurs, le même costume et la même indemnité, mais encore il fut établi que nul ne pourrait faire partie de deux classes, et que tout académicien aurait le droit de siéger dans chacune des classes et d'y prendre la parole. En outre, les élections devaient être faites, non par celle des classes où se produisait une vacance, mais par l'Institut tout entier[2]. Enfin, il devait y avoir, une fois au moins par mois, une séance commune, dans laquelle seraient portées les affaires intéressant tout l'Institut et les commu-

---

1. — *Histoire de l'Académie royale des Sciences.*
2. — Voici comment l'on procédait : La section dans laquelle la vacance s'était produite présentait à la classe une liste de cinq candidats, au moins. Si deux membres de la classe demandaient qu'un ou plusieurs candidats fussent ajoutés à la liste, la classe délibérait, par la voie du scrutin, séparément sur chacun des candidats. La liste étant ainsi formée, chaque membre de la classe portait, sur son bulletin de vote, les noms compris dans cette liste, suivant l'ordre de mérite qu'il leur attribuait, en écrivant, vis-à-vis du nom de celui qu'il entendait placer au premier rang, un chiffre égal au nombre des candidats, vis-à-vis du second le chiffre immédiatement inférieur et ainsi de suite jusqu'au nom de celui qu'il classait en dernier, vis-à-vis duquel il écrivait le chiffre un. Les secrétaires faisaient la somme de tous ces nombres et les noms des candidats qui réunissaient les plus grandes sommes composaient la liste de présentation. L'Institut, en assemblée générale, procédait à l'élection, sur cette liste, au moyen du même mode de scrutin. Ainsi, la section présentait cinq candidats à la classe, qui réduisait cette liste à trois et l'Institut choisissait entre ces derniers ; il ne pouvait élire en dehors de la liste, mais il pouvait choisir le dernier présenté.

nications qui, dans chaque classe, auraient paru de nature à mériter l'attention du monde savant.

On peut ajouter que l'Institut n'eut pas, comme les anciennes Académies, de secrétaire perpétuel; chaque classe eut un président élu pour six mois, et deux secrétaires annuels, mais élus à six mois de distance, de façon que chacun d'eux eût successivement deux collègues pendant la durée de ses fonctions. Chacune des classes avait, à tour de rôle, la présidence de l'Institut, pendant un mois. Le président et les secrétaires n'avaient d'ailleurs aucune attribution administrative, tous les employés étaient nommés par l'Institut qui les dirigeait par voie de scrutin. Il fut attribué, à chacun des membres, un traitement de quinze cents francs [1], que la loi déclara insaisissable et non soumis aux lois sur le cumul. Les classes décidèrent que le cinquième de cette somme formerait une masse destinée à être distribuée sous forme de jetons de présence, dont la valeur devait varier en raison de l'assiduité aux séances.

L'Institut fut installé au Louvre. La première classe occupa l'ancien local de l'Académie des sciences; la seconde, ceux de l'Académie française; la troisième, ceux de l'Académie des Inscriptions; les séances publiques se tinrent dans la salle des Cariatides.

Il est à peine besoin de dire que le titre de *Protecteur* avait disparu avec la Monarchie [2]; il en était de même du nom d'*Académie,* et là ne s'arrêtaient pas les différences entre l'ancienne et la nouvelle organisation. Si la première classe correspondait, à peu près, à l'ancienne Académie des sciences, la création de la classe des sciences morales et politiques était une innovation, et la troisième classe se trouvait représenter, à la fois, l'Académie française, l'Académie des inscriptions et belles-lettres, l'Académie de peinture et de sculpture, l'Académie d'architecture, et quelque chose de plus encore, puisqu'elle contenait une section composée de musiciens et d'artistes dramatiques.

Enfin, l'Institut avait un caractère national. Il existait autrefois des académies en province; désormais il n'y avait, pour toute la France, qu'une seule compagnie comprenant un nombre égal de membres titulaires habitant Paris et d'associés résidant dans les départements.

Les quarante-huit premiers membres titulaires (deux pour chacune des sections) furent

---

1. — Lorsque, en 1796, le gouvernement demandait au Conseil des Cinq-Cents d'accorder aux membres de l'Institut une indemnité de 2,000 francs, il disait : « Le premier véhicule du talent est l'absence du besoin et, s'il est vrai que le luxe et les richesses étouffent souvent le génie en l'amollissant, il ne l'est pas moins que la nécessité de se procurer l'existence par un travail particulier étouffe les grandes conceptions et resserre tout à la fois le génie et le sentiment. » Et le rapporteur du Conseil des Cinq-Cents ajoutait : « Les richesses sont en opposition avec le génie, comme la vertu avec la beauté, c'est-à-dire presque toujours en guerre. Il ne s'agit donc pas d'opulence pour les membres de l'Institut, mais de leur donner un traitement qui les attache encore davantage aux sciences, s'il est possible. Il ne suffit pas que l'homme de lettres soit environné de cette considération qui encourage les talents, il faut encore qu'il ne soit pas obligé de chercher, dans des occupations qui lui sont étrangères, des ressources pour son existence, il faut que celui qui épie la marche de la nature soit au-dessus des besoins de la vie. » Le chiffre de l'indemnité fut fixé à 1,500 francs ; l'exposé des motifs ajoutait : « Dans des temps plus heureux, il sera possible de verser, avec plus d'abondance, la munificence nationale. » Depuis un siècle cependant, le chiffre n'a jamais varié, quoique la somme de 1,500 francs représente actuellement une valeur infiniment moindre qu'il y a cent ans.

2. — Bonaparte, qui avait été élu membre de l'Académie des sciences, en remplacement de Carnot, signait : « Bonaparte, membre de l'Institut, général en chef. » Étant premier consul, il siégeait parmi ses confrères et touchait, comme eux, le jeton de présence.

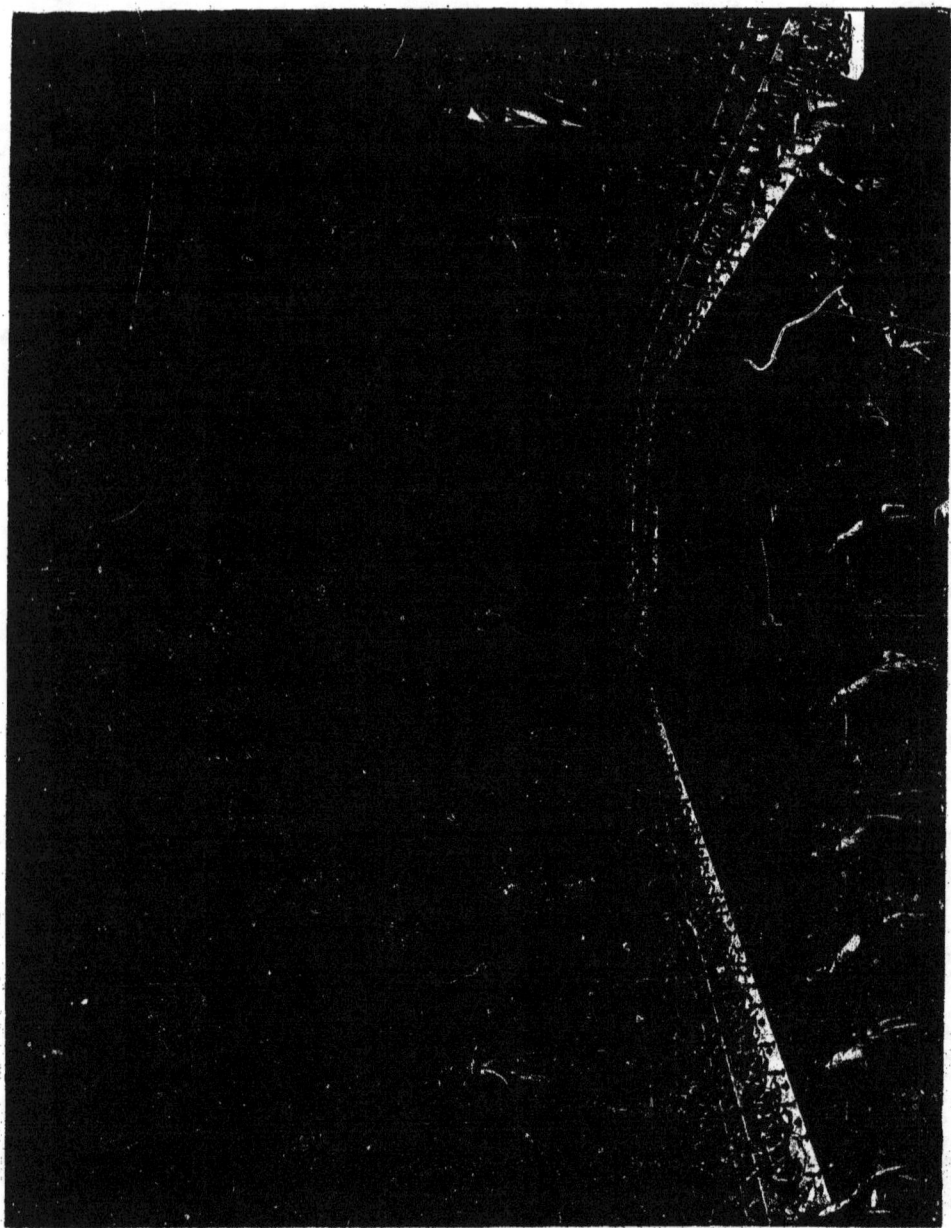

Séance d'inauguration de l'Institut, tenue au Louvre le 4 Avril 1796.
(D'après une Gravure conservée au Cabinet des Estampes.)

nommés, au mois de novembre 1795, par un arrêté du Directoire, que précède le préambule suivant : « Le Directoire exécutif, considérant qu'il est de son devoir d'ouvrir avec célérité toutes les sources de la prospérité publique ; profondément convaincu que le bonheur du peuple français est inséparable de la perfection des sciences et des arts et de l'accroissement de toutes les connaissances humaines ; que leur puissance peut seule entretenir le feu sacré de la liberté qu'elle a allumé, maintenir dans toute sa pureté l'égalité qu'elle a révélée aux nations, forger de nouvelles foudres pour la victoire, couvrir les champs, mieux cultivés, de productions plus abondantes et plus utiles, seconder l'industrie, vivifier le commerce, donner, en épurant les mœurs, de nouveaux garants à la félicité domestique, diriger le zèle de l'administrateur, éclairer la conscience du juge et dévoiler à la prudence du législateur les destinées futures des peuples, dans le tableau de leurs vertus et même de leurs erreurs passées ; voulant manifester solennellement à la France et à toutes les nations civilisées sa ferme résolution de concourir, de tout son pouvoir, au progrès des lumières et fournir une nouvelle preuve de son respect pour la constitution, en lui donnant, sans délai, le complément qu'elle a déterminé elle-même et qui doit assurer à jamais au talent son éclat, au génie son immortalité, aux inventions leur durée, aux connaissances humaines leur perfectionnement, au peuple français sa gloire, et aux vertus leur plus digne récompense ; arrête, etc. »

Le 6 décembre 1795, les membres qui venaient d'être nommés s'assemblèrent au Louvre, dans la salle des séances de l'ancienne Académie des sciences, sous la présidence de Daubenton, leur doyen d'âge. Le ministre de l'Intérieur, qui procédait à leur installation, leur adressa quelques paroles : « Nos législateurs, disait-il, ont voulu prouver aux détracteurs de la France qu'après six ans de révolutions, de guerres et de tourments politiques, après deux ans surtout, qui ont été deux siècles de barbarie, c'est encore en France que se trouvent les noms les plus célèbres dans les sciences et dans les arts. »

Trois séances furent tenues, les 9, 10 et 12 décembre, pour procéder à l'élection du second tiers de l'Institut ; enfin les quatre-vingt-seize membres déjà nommés ou élus complétèrent la liste, dans trois réunions qui eurent lieu les 13, 14 et 15 décembre. On verra ci-après quelle place fut faite aux membres encore vivants des anciennes Académies.

Le 22 décembre 1795, eut lieu la première séance générale, dans laquelle on nomma une commission de douze membres chargée de préparer le règlement. Ce travail fut promptement terminé, et, le 21 janvier 1796, l'Institut se présenta au Conseil des Cinq-Cents, pour déposer le projet qu'il avait adopté. Après que les artistes du Conservatoire, dirigés par Chérubini, eurent salué son entrée, par l'hymne : *Veillons au salut de l'empire*, Treilhard, qui présidait la séance, souhaita la bienvenue aux membres des trois classes, et Lacépède, qui lui répondit, termina sa harangue par ces mots : « Trop longtemps, les sciences et les arts, naturellement fiers et indépendants, ont porté le joug monarchique, dont le génie n'a pu les préserver ; aujourd'hui la liberté protège les lumières, et les lumières font chérir la liberté : *Nous jurons haine à la royauté.* » Après quoi, les deux futurs sénateurs et comtes de l'empire se donnèrent l'accolade et, sur la motion de Chénier, chacun des membres de l'Institut vint prêter le même serment, suivi de la même accolade.

Le règlement fut bientôt approuvé par les deux Conseils, et la loi qui le confirmait fut promulguée, le 4 avril 1796. Le même jour, eut lieu la séance solennelle d'inauguration ; elle se tint au Louvre, dans la salle des Cariatides [1]. A la suite des allocutions du président du Directoire et du président de l'Institut, Daunou, membre de la classe des sciences morales et politiques, prononça le discours d'ouverture. Après avoir rappelé les tristes événements, dont le souvenir était encore si récent, il ajoutait : « Au règne de la barbarie, qui a duré près de deux ans, succédera un grand siècle, comme un beau jour succède à une nuit d'orage », et il précisait, en ces termes, le rôle de l'Institut : « Nous gardons l'émotion de la bataille, avec cette espèce d'héroïsme sauvage qu'elle fait naître dans les âmes ; et maintenant, en pleine possession de la liberté, la République nous appelle pour rassembler et raccorder toutes les branches de l'instruction, reculer les limites des connaissances, rendre leurs éléments moins obscurs et plus accessibles, provoquer les efforts des talents, récompenser leurs succès, recueillir et manifester les découvertes, recevoir, renvoyer, répandre toutes les lumières de la pensée, tous les trésors du génie. Tels sont les devoirs que la loi impose à l'Institut. »

A partir de cette époque, chacune des classes tint régulièrement ses séances hebdomadaires, et l'Institut, en dehors de ses réunions mensuelles, s'assembla, au commencement de chaque trimestre, en séance publique, pour entendre la lecture de mémoires sur divers sujets [2].

Bien que le gouvernement se soit abstenu d'entraver la liberté de l'Institut, on ne peut oublier qu'une fois au moins, il porta gravement atteinte à la dignité et à l'indépendance de la compagnie. A la séance générale du 26 septembre 1797, il fut donné lecture d'une lettre, par laquelle le ministre de l'Intérieur signifiait que, la loi de déportation du 5 septembre 1797 (19 fructidor, an V) ayant frappé Carnot, Pastoret, Sicard et Fontanes, il y avait lieu de pourvoir à leur remplacement. Un seul membre, Delisle de Sales, osa proposer de laisser les fauteuils vacants ; l'Institut se soumit docilement et procéda à de nouvelles élections, dont la première fit entrer Bonaparte dans la section de mécanique. Lorsque les exilés furent autorisés à revenir en France, l'Institut les fit prier d'assister aux séances publiques et particulières, mais ceux-ci répondirent, le 18 mai 1800, que « n'ayant jamais perdu leurs droits, ils ne pouvaient consentir à les reprendre diminués ». En fait, on les nomma, par acclamation, aux premiers fauteuils qui devinrent vacants.

Ce ne fut pas seulement à ce point de vue que le gouvernement intervint dans les travaux de l'Institut. Le rapport sur la loi de 1796, qui avait approuvé le règlement, disait : « Rien ne doit gêner la liberté entière de la pensée, la liberté absolue des opinions, le choix illimité des travaux... Les classes sont des sociétés essentiellement libres et nulles si elles ne l'étaient pas. » Il est certain cependant que les ministres abusèrent de la disposition légis-

---

1. — Les cinq directeurs, dont deux faisaient partie de l'Institut, étaient revêtus de leur grand costume . habit bleu et manteau nacarat, tout couverts de broderies d'or, avec la ceinture de soie, le baudrier et le chapeau à panache. Ils étaient accompagnés du corps diplomatique et des représentants de tous les corps constitués. Quinze cents spectateurs étaient entassés dans les tribunes, sans parler des chœurs et des instrumentistes. En dehors des trois discours dont il est question ci-dessus, on donna lecture de quinze mémoires, et la séance dura plus de quatre heures.

2. — Les séances étaient très longues : elles duraient plus de quatre heures, et les sujets traités étaient parfois bizarrement choisis. Par exemple, Fourcroy lut, le 15 germinal an V, un mémoire intitulé : « Comparaison de l'urine humaine et de celle des animaux herbivores, particulièrement du cheval, » et, le 15 vendémiaire an VI, une étude sur les calculs de la vessie. Dupont de Nemours traitait de la sociabilité des chats, des renards et des loups, etc., etc.

lative qui destinait l'Institut « à suivre, conformément aux lois et arrêtés du Directoire exécutif, les travaux scientifiques et littéraires qui auraient pour objet l'utilité générale et la gloire de la République ». En fait, pendant cette période, le Gouvernement ne se fit pas scrupule de réclamer le concours de la compagnie et de lui demander une quantité de travaux et de rapports sur les sujets les plus divers.

II. — DEUXIÈME PÉRIODE (1803-1816)

Médaille de l'Institut, gravée par Dumarest.

L'année 1802 avait vu rétablir, sous la forme de consulat à vie, une véritable monarchie; les idées avaient singulièrement changé, en France, et l'amour de l'ordre avait remplacé celui de la liberté. Le goût des lettres renaissait et, dans la famille même de Bonaparte, on parlait de reconstituer l'Académie française. Le premier Consul déclara que toute société de ce genre qui voudrait se former, en dehors de l'Institut, serait dissoute, mais il reconnut que l'heure était venue de rendre aux lettres, à l'érudition et aux arts, une place moins étroite que celle qui leur était faite dans l'organisation de 1795 [1]. « Pour connaître les vices de l'organisation de l'Institut, disait le ministre de l'Intérieur, dans le rapport que lui avait demandé le premier Consul, nous avons comparé les classes aux anciennes Académies, dont la France s'honorait depuis plus d'un siècle et qui étaient devenues le modèle des institutions savantes et littéraires formées successivement dans tous les États de l'Europe. Malgré l'imposant assemblage de toutes les connaissances humaines dans l'Institut, nous y avons reconnu des associations forcées entre des sciences presque étrangères l'une à l'autre... A ces premiers défauts se joignent le vice des élections faites en commun, le vice plus intolérable encore d'une association d'acteurs et de comédiens placés à côté des physiciens, des géomètres, des magistrats, des poètes... De pareils écarts n'avaient pas lieu dans les anciennes Académies. Les vices de l'Institut tiennent principalement aux différences qui l'éloignent du régime académique; il faut donc y introduire ce que celui-ci avait de bon, ce qu'une durée et l'expérience de cent années y avaient perfectionné et consolidé. »

Toutes les conclusions du rapport de Chaptal ne furent pas approuvées. Le ministre avait proposé de rétablir les Académies avec leurs anciens noms [2]; le Conseil d'État s'y opposa formellement, mais il ne combattit pas la suppression de la Classe des sciences

---

1. — Voir Thiers, *Histoire du Consulat et de l'Empire*, vol. IV, livre XVI.
2. — On lit dans le rapport : « Au lieu des trois classes anciennes de l'Institut, nous proposons de le partager en quatre Académies et, en reprenant cette illustre dénomination, nous avons rétabli, pour chacune d'elles, le titre qui les distinguait et auquel était attaché plus d'un siècle de gloire. » Quoi qu'en aient dit la plupart des auteurs, ce fut le Conseil d'État, et non pas Bonaparte, qui refusa de laisser reprendre les anciens noms.

morales et politiques, la trouvant sans doute inutile, en un temps où, comme l'a dit M. de Rémusat, « on avait peur de penser ».

En résumé, l'arrêté des consuls du 23 janvier 1803 porta de trois à quatre le nombre des classes : la première, celle des Sciences, ne subit aucun changement, mais elle fut augmentée de la section de géographie empruntée à la Classe des Sciences morales, qui disparaissait et dont les membres furent répartis entre les autres compagnies. Quant à la Classe de Littérature et Beaux-Arts, elle fut remplacée par trois classes : la seconde, dite de la Langue et de la Littérature françaises, la troisième, dite d'Histoire et de Littérature ancienne, et la quatrième dite des Beaux-Arts : on maintenait, dans cette dernière, une section de musique réduite à trois membres, et l'on faisait disparaître les fauteuils attribués aux artistes dramatiques.

Le nombre total des membres se trouvait ainsi porté de cent quarante-quatre à cent soixante-quatorze. Le chiffre des associés étrangers n'était pas modifié, mais les cent quarante-quatre associés non résidants étaient désormais remplacés par cent quatre-vingt-seize correspondants, qui pouvaient être choisis non seulement parmi les Français habitant les départements, mais encore parmi les étrangers. Enfin, l'institution des secrétaires perpétuels était rétablie : il y en eut deux pour la classe des sciences et un pour chacune des autres classes.

Le tableau ci-dessous résume la nouvelle organisation de l'Institut.

PREMIÈRE CLASSE SCIENCES PHYSIQUES ET MATHÉMATIQUES 65 membres, 8 associés étrangers, 100 correspondants.	1. Géométrie..... 6 2. Mécanique..... 6 3. Astronomie.... 6 4. Géographie et Navigation..... 3 5. Physique générale...... 6 6. Chimie....... 6 7. Minéralogie.... 6 8. Botanique..... 6 9. Économie rurale et Art vétérinaire 6 10. Anatomie et Zoologie...... 6 11. Médecine et Chirurgie...... 6 Secrétaires perpétuels..... 2	DEUXIÈME CLASSE LANGUE ET LITTÉRATURE FRANÇAISES	Cette classe n'est pas divisée en sections ; elle comprend quarante membres et n'a ni associés ni correspondants.
		TROISIÈME CLASSE HISTOIRE ET LITTÉRATURE ANCIENNE	Cette classe n'est pas divisée en sections ; elle comprend 40 membres, 8 associés étrangers et 60 correspondants.
		QUATRIÈME CLASSE BEAUX-ARTS 29 membres, 8 associés étrangers, 36 correspondants.	1. Peinture...... 10 2. Sculpture..... 6 3. Architecture.... 6 4. Gravure...... 3 5. Musique (composition)...... 3 Secrétaire perpétuel....... 1

Un arrêté des consuls, en date du 28 janvier 1803, répartit les membres titulaires et les associés entre les quatre classes, mais, au lieu de laisser à l'Institut le soin de se compléter, le Gouvernement nomma d'office les titulaires des fauteuils nouvellement créés. Quant aux associés non résidants, ils furent nommés correspondants.

En réalité, on avait à peu près reconstitué, sans leur rendre leur nom, les anciennes Académies. Désormais, chaque classe avait son autonomie et procédait, seule, aux élections destinées à pourvoir aux vacances qui se produisaient dans son sein ; en outre, il était permis

à un membre de faire partie de deux classes. Toutefois, si l'on avait relâché le lien qui existait antérieurement entre les classes, on n'en avait pas moins maintenu le principe de l'unité
de l'Institut. Tout académicien avait le droit d'assister à chacune des séances des quatre
classes et d'y faire des lectures. Les séances générales étaient conservées ; le titre, le costume,
le traitement étaient identiques, la bibliothèque et l'administration communes, et lorsque, en
1805, l'Institut, qui se trouvait trop à l'étroit au Louvre, fut doté du Palais des Quatre-
Nations, qu'il possède encore aujourd'hui, les mêmes locaux furent affectés aux réunions des
quatre classes.

Le titre de Protecteur n'avait pas reparu dans la nouvelle organisation. Bonaparte ne se
l'était pas attribué, Napoléon ne le prit pas davantage, mais il fit inscrire son nom en tête de
la liste des membres de la première classe [1].

L'organisation de l'Institut ne subit aucun changement, pendant la durée de l'empire ;
Napoléon n'intervint d'ailleurs que rarement dans les affaires académiques, et il faut avouer
que les occasions dans lesquelles il le fit étaient assez mal choisies [2].

Lors de la première Restauration, le gouvernement avait résolu de modifier le régime de
l'Institut : le Roi avait même rendu, le 5 mars 1815, une ordonnance qui consacrait ces
réformes ; mais, avant que cet acte fût publié au *Moniteur*, Napoléon était rentré aux Tuileries, et, dès le 24 mars, il abrogeait l'ordonnance royale. Quelques jours plus tard, une lettre
signée du ministre de l'Intérieur, comte de l'Empire, Carnot, et datée du 10 avril 1815, faisait
savoir que « l'Empereur ayant reconnu l'inconvénient qu'il y a de laisser sa place vacante,
il convient de lui donner, dans les listes, le titre de Protecteur de l'Institut, et de procéder à
son remplacement. »

On peut ajouter que, pendant les Cent-Jours, le gouvernement crut devoir porter de
vingt-neuf à quarante le nombre des fauteuils de la classe des Beaux-Arts, mais, dès le
2 août suivant, le Roi décida que, jusqu'à nouvel ordre, les nouveaux membres ne devraient
pas se considérer comme faisant partie de l'Institut, et les choses restèrent en suspens, jusqu'au moment où intervint la réforme de 1816.

III. — TROISIÈME PÉRIODE (1816-1832)

L'ORDONNANCE royale du 21 mars 1816, qui a réorganisé l'Institut, rendit aux
quatre classes tout ensemble le titre d'*académie* et les noms des anciennes compagnies « afin de rattacher leur gloire passée à celle qu'elles ont acquise ».
Elle décida, en outre, que les académies prendraient rang d'après l'ordre de
leur fondation, savoir : l'Académie française, l'Académie des Inscriptions et Belles-Lettres,
l'Académie des Sciences, l'Académie des Beaux-Arts. Les liens qui unissaient antérieure-

---

1. — Il figure ainsi sur l'annuaire de l'Institut : « Sa Majesté l'Empereur et Roi, nommé membre de cette classe,
section de mécanique, le 5 nivôse an VI. » La place de Napoléon est restée vacante jusqu'en 1815.

2. — Ce fut notamment pour faire considérer comme démissionnaire La Revellière-Lépeaux, qui avait refusé
de lui prêter serment, puis pour obliger la seconde classe à donner au cardinal Maury, le jour où il fut reçu,
le titre de Monseigneur, enfin pour interdire la lecture du discours de réception de Chateaubriand.

ment les classes étaient d'ailleurs maintenus, et le Roi prenait le titre de Protecteur, qui a été porté, depuis cette époque jusqu'en 1870, par tous les souverains de la France.

Le nombre des membres titulaires ne fut pas modifié, et, si l'on supprima la nouvelle section ajoutée, pendant les Cent-Jours, à la quatrième classe, on attribua définitivement à l'Académie des Beaux-Arts le nombre de fauteuils porté dans le décret du 27 avril 1815.

Médaille frappée à l'occasion du Rétablissement des Académies.

L'Institut comptait donc désormais cent quatre-vingt-six membres titulaires. En outre, il était créé, dans chaque compagnie, sauf dans l'Académie française, dix places de membre libre.

L'ensemble de l'organisation nouvelle se présentait de la façon suivante :

1· Académie Française.	N'est pas divisée en sections.— Quarante membres.	2· Académie des Inscriptions et Belles-Lettres.	N'est pas divisée en sections. 40 membres titulaires, 10 membres libres, 8 associés, 30 correspondants.
3· Académie des Sciences. — 65 membres titulaires, 10 membres libres, 8 associés, 100 correspondants.	Onze sections et deux secrétaires perpétuels, exactement comme la première classe de l'organisation de 1803. (Voir ci-dessus, p. 25.)	4· Académie des Beaux-Arts. — 41 membres titulaires, 10 membres libres, 10 associés, 40 correspondants.	Peinture . . . . 14 Sculpture. . . . . . . 8 Architecture. . . . . 8 Gravure. . . . . 4 Composition musicale. . . . . 6 Secrétaire perpétuel 1

L'ordonnance de 1816 ne se borna pas à modifier l organisation de l'Institut : conformément au précédent de 1797, le Gouvernement raya de la liste plusieurs hommes politiques[1]. Le nombre des exclusions fut exactement de vingt-deux, onze à l'Académie française :

1. — Il est assez piquant de constater que, parmi les victimes de l'ordonnance de 1816, se trouvaient Grégoire, le rapporteur de la loi de 1793, qui avait supprimé les Académies, et David, qui avait si violemment attaqué ces compagnies. Il faut enfin remarquer que plusieurs des membres exclus étaient entrés à l'Institut par suite d'une nomination et non d'une élection.

Garat, Cambacérès, Merlin, Siéyès, Roederer, Arnault, Maury, le duc de Bassano, Lucien Bonaparte, Étienne, et Regnaud Saint-Jean-d'Angely ; cinq à l'Académie des Inscriptions : Joseph Bonaparte, Lakanal, Lebreton, Grégoire et Mongez ; deux à l'Académie des Sciences : Monge et Carnot ; enfin quatre à l'Académie des Beaux-Arts : David, Berton, Castellan et Thibault. Toutes n'étaient pas basées sur les mêmes motifs : Cambacérès, Merlin, Siéyès, Lakanal, Carnot, Grégoire et David avaient été exilés de France comme régicides ; le duc de Bassano, Roederer, le cardinal Maury et Regnaud Saint-Jean-d'Angély l'avaient été également, quoique n'ayant pas voté la mort du Roi ; les deux frères de Napoléon étaient virtuelle-ment bannis. Garat avait, comme ministre de la Justice, fait exécuter l'infortuné Louis XVI. Arnault, Étienne et Mongez étaient gravement compromis par leurs opinions, et Lebreton avait protesté si violemment contre la conduite des alliés, que le Gouvernement crut devoir le sacrifier. Enfin, quant à Berton, Castellan et Thibault, qui avaient été élus en 1815, en vertu du décret portant augmentation du nombre des membres de la quatrième classe, leur nomination fut plutôt suspendue qu'annulée, et ils rentrèrent successivement à l'Académie des Beaux-Arts.

Pour combler les vides que laissaient ces éliminations, on agit de la même façon qu'en 1803, c'est-à-dire que le Gouvernement nomma, d'office, les titulaires de la plupart des fau-teuils vacants. La liberté des académies ne reçut, d'ailleurs, pas de nouvelle atteinte pen-dant toute la durée de la Restauration, et l'on ne peut citer qu'une occasion dans laquelle le Roi ait refusé de ratifier une élection [1]. Bien plus, Mongez, Étienne et Arnault, qui avaient été exclus en 1816, ayant été réélus, dans la suite, le Roi ne fit aucune objection contre leur admission.

Si l'on rappelle qu'une ordonnance royale, rendue le 1er octobre 1823, mais formelle-ment abrogée en 1828, avait réduit le nombre des membres de l'Académie des Inscriptions et Belles-Lettres, on aura signalé les seuls faits importants qui marquent cette période.

IV. — QUATRIÈME PÉRIODE (1832-1895)

LE 26 octobre 1832, une ordonnance royale, rendue sur le rapport de M. Guizot, a restitué à l'Institut « la plénitude des droits qui lui furent attribués à l'époque de sa création », en rétablissant, sous le titre d'Académie des Sciences morales et politiques, la deuxième classe supprimée en 1803. « Les sciences morales et politiques, disait l'illustre homme d'État, ont exercé, de tout temps, un grand attrait sur les esprits et une grande influence sur les peuples ; mais, à aucune époque, chez aucune nation, elles ne sont parvenues au degré d'importance, de publicité, que de nos jours elles ont atteint dans notre pays. Elles influent directement, parmi nous, sur le sort de la société, elles modifient rapidement les lois et les mœurs... Cependant le Consulat abolit la seconde

---

1 — Il s'agissait de Pierre Hachette, élu, le 10 novembre 1823, dans la section de mécanique de l'Académie des sciences. Il fut réélu, le 17 octobre 1831 et, cette fois, il fut admis sans difficulté.

classe de l'Institut, et la Restauration ne la rétablit point. L'institution leur était suspecte par ses mérites mêmes... L'ordre politique qui s'est élevé, en France, est à l'abri de telles inquiétudes : c'est le privilège des gouvernements libres de résister aux épreuves dont s'effraie le pouvoir absolu. »

Aux termes de l'ordonnance royale, le nombre des académiciens était fixé à trente, y compris le secrétaire perpétuel, et celui des sections à cinq. Il y avait, en outre, cinq membres libres, cinq associés étrangers, et quarante correspondants.

Depuis cette époque, l'organisation des cinq académies n'a subi que de légères modifications, et leur liberté n'a connu que peu d'entraves : tout au plus pourrait-on signaler comme un acte, sinon de malveillance, du moins de défiance à l'égard de l'Académie des Sciences morales et politiques, l'addition qui a été imposée à cette compagnie, par le décret du 14 avril 1855, dont les effets ont été, d'ailleurs, rapidement effacés. Quant aux mesures de détail qui sont intervenues dans le cours de cette dernière période, elles seront mentionnées à propos de celles des académies qu'elles concernent.

Le tableau ci-dessous rappelle la composition de l'Institut, à chacune des principales phases de son histoire :

	25 OCTOBRE 1795	23 JANVIER 1803	21 MARS 1816	26 OCTOBRE 1832	25 OCTOBRE 1895
Classes.	3	4	»	»	»
Académies.	»	»	4	5	5
Membres titulaires.	144	176	186	216	229
Membres libres	»	»	30	35	40
Associés étrangers.	24	24	26	31	32
Associés non résidants	144	»	»	»	»
Correspondants	»	196	170	210	248

Voici comment le personnel mentionné à la dernière colonne est actuellement réparti entre les cinq académies :

	MEMBRES TITULAIRES	MEMBRES LIBRES	ASSOCIÉS ÉTRANGERS	CORRESPON- DANTS
Académie française	40	»	»	»
Académie des Inscriptions et Belles-Lettres.	40	10	8	50
Académie des Sciences.	68	10	8	100
Académie des Beaux-Arts	41	10	10	50
Académie des Sciences morales et politiques..	40	10	6	48
Total.	229	40	32	248

CHAPITRE III

ORGANISATION DE L'INSTITUT

I. — LES RÈGLEMENTS

OUT en retraçant, dans les pages qui précèdent, les phases principales de l'histoire de l'Institut, je n'ai entrepris ni de reproduire, ni même d'analyser la série des actes qui ont été successivement rendus pour régler son organisation. Le recueil de tous ces documents a été récemment publié par M. Aucoc, et cet ouvrage, préparé avec la méthode et le soin consciencieux que l'on trouve dans tous les travaux de mon honorable confrère, est absolument complet [1]. C'est avec son aide que je me propose de résumer brièvement les principaux traits de la constitution de cette grande république des sciences, des lettres et des arts.

L'Institut se compose de cinq académies, qui sont, aux termes de l'ordonnance de 1816, rangées selon l'ordre de leur fondation, savoir : l'Académie française (1635), l'Académie des Inscriptions et Belles-Lettres (1663), l'Académie des Sciences (1666), l'Académie des Beaux-Arts (1795) et l'Académie des Sciences morales et politiques (1795).

L'Institut a une existence propre et des biens distincts, dont le principal, dû à la princière libéralité d'un membre de trois académies, M. le duc d'Aumale, consiste dans le domaine de Chantilly, avec sa magnifique collection d'œuvres d'art et son incomparable bibliothèque.

L'administration et le fonctionnement de l'Institut sont régis par divers règlements, dont le plus ancien, en date du 4 août 1796, a été complété par ceux des 9 mai 1803, 17 septembre 1841 et 19 juillet 1848.

La présidence de l'Institut appartient alternativement à chacune des académies, qui l'exerce pendant un an, c'est-à-dire, par exemple, que, le bureau de l'Académie des Beaux-

---

1. — *L'Institut de France, lois, statuts et règlements.* — Un vol. in-8, Imprimerie Nationale, 1889.

Arts étant, en 1895, celui de l'Institut, le bureau de l'Académie des Sciences morales et politiques le sera en 1896, celui de l'Académie française en 1897 et ainsi de suite. L'administration est confiée à une commission centrale, composée des six secrétaires perpétuels et de deux membres de chaque académie, élus pour un an et toujours rééligibles.

L'Institut nomme, en séance générale, le bibliothécaire, les sous-bibliothécaires, ainsi que le chef du secrétariat et agent spécial. Ce dernier dirige, sous les ordres de la commission centrale administrative, le personnel attaché aux divers services, et il est chargé de la comptabilité.

Le budget de l'Institut est voté, chaque année, par les Chambres. Lorsque, par un message du 17 juillet 1796, le Directoire demanda au conseil des Cinq-Cents l'ouverture d'un crédit, il disait : « La République ne fera pas moins, pour l'Institut, que les rois n'avaient fait pour les ci-devant académies. On peut évaluer à plus de quatre cent mille livres les pensions plus ou moins fortes, les rétributions et les diverses dépenses qui leur étaient affectées. » L'Assemblée ne crut pas pouvoir aller jusque-là, mais le rapporteur ajoutait : « Dans des temps plus heureux, il sera possible de verser, dans cet établissement, avec plus d'abondance, la munificence nationale. »

Depuis lors, en effet, le budget de l'Institut a été augmenté, sans d'ailleurs que « la munificence nationale » ait jamais eu rien d'exagéré. Il s'élève actuellement à 700,000 francs environ [1]. Sur cette somme, il est attribué une indemnité de six mille francs à chacun des secrétaires perpétuels et de quinze cents francs à chaque membre titulaire ; le surplus est affecté au traitement des agents et fonctionnaires, à la bibliothèque, aux publications et aux prix à décerner.

Diverses lois ont conféré à l'Institut un droit de présentation aux chaires du Collège de France, du Muséum d'histoire naturelle, de l'École des langues orientales vivantes, du Conservatoire des arts et métiers, aux places du Bureau des longitudes, des observatoires de Paris et de Marseille, etc. La loi du 19 mars 1873 lui attribue le droit de nommer cinq de ses membres choisis en assemblée générale, dans chacune des académies, pour faire partie du Conseil supérieur de l'instruction publique. On verra également que certaines académies exercent une haute surveillance sur divers établissements d'instruction supérieure.

L'Institut s'assemble, en séance plénière non publique, une fois, au moins, par trimestre ; il tient, en outre, une séance publique annuelle, dont la date, plusieurs fois modifiée [2], est actuellement fixée au 25 octobre, jour anniversaire de la fondation.

Ainsi qu'on l'a vu, l'arrêté des consuls du 23 janvier 1803, a donné à chacune des Classes une existence propre, que l'ordonnance de 1816 a conservée aux Académies. Chaque compagnie a des règlements particuliers, qu'elle peut modifier à son gré et qui déterminent l'ordre

---

1. — Le budget de l'Institut pour 1895 s'élève exactement à la somme de 697,000 francs, ainsi répartie : Académie française, 89,500 fr.; Académie des inscriptions et belles-lettres, 141,100 fr.; Académie des sciences, 176,500 fr ; Académie des beaux-arts, 89,500 fr. ; Académie des sciences morales et politiques, 94,000 fr. — Prix biennal : 10,000 fr.; bibliothèque, 31,000 fr.; secrétariat, 45,400 fr.

2. — Sous la première République et sous l'Empire, il y avait quatre séances ; l'ordonnance de 1816 n'en maintint qu'une, dont le jour fut fixé au 26 avril, date anniversaire de la rentrée du Roi. En 1848, on prit le 25 octobre; sous l'Empire, ce fut le 15 août, jour de la Saint-Napoléon. Depuis 1871, on est revenu à la date du 25 octobre.

de ses travaux, la procédure des élections, le mode de jugement des concours et d'attribution des prix et récompenses. Ces règles étant à peu près uniformes sur les points essentiels, il est inutile de les indiquer séparément pour chaque académie. En voici la substance :

Outre les secrétaires perpétuels, le bureau comprend : à l'Académie française, un directeur et un chancelier élus pour trois mois; dans les quatre autres compagnies, un président et un vice-président élus pour une année. L'administration des propriétés et fonds particuliers de chaque académie est confiée à une commission spéciale composée du bureau et de deux membres élus annuellement.

Chaque académie s'assemble, une fois, au moins, par semaine, sans qu'il y ait, dans le cours de l'année, aucune vacance ou interruption des travaux. Elle tient, en outre, pendant le dernier trimestre de l'année, une séance publique annuelle. Tout membre de l'Institut a le droit d'assister à chaque séance des cinq académies; les correspondants ont entrée aux réunions de la compagnie à laquelle ils appartiennent [1]. Le public est admis aux séances hebdomadaires de l'Académie des Inscriptions, de l'Académie des Sciences et de l'Académie des Sciences morales et politiques, excepté pendant les comités secrets; il ne peut assister aux réunions des deux autres compagnies. Les élections ne peuvent avoir lieu qu'un mois après la notification de la vacance d'un fauteuil. Sauf à l'Académie française, où cette formalité n'est pas observée, la compagnie doit préalablement décider s'il y a lieu de procéder à une élection; dans le cas où la question est résolue négativement, elle doit être posée de nouveau après six mois, et ainsi de suite.

Dans les trois académies divisées en sections, les membres de la section dans laquelle s'est produite la vacance, dressent une liste de présentation comprenant, au moins, trois noms et, au plus, cinq; à la séance suivante, l'Académie procède à la discussion des titres et, huit jours après, sur convocation spéciale, on passe à l'élection.

Les membres titulaires sont seuls admis à voter, mais les règlements varient au sujet du nombre dont la présence est nécessaire : à l'Académie française, le minimum est de vingt; aux Académies des Sciences et des Beaux-Arts, il est des deux tiers; à l'Académie des Sciences morales, de moitié plus un; à l'Académie des Inscriptions, aucun chiffre n'est indiqué.

Les mêmes règles s'appliquent à la nomination des membres libres, sauf que la liste de présentation est dressée par une commission spéciale et que les membres libres peuvent prendre part au vote.

Les membres titulaires de chaque compagnie peuvent toujours être élus dans une autre Académie [2], mais nul membre libre ne peut devenir académicien titulaire de la compagnie à laquelle il appartient; il ne peut se présenter qu'après avoir préalablement donné sa démis-

1. — A l'Académie des beaux-arts, les correspondants ne peuvent assister aux séances pendant lesquelles ont lieu les élections.
2. — Aux termes de l'arrêté du 28 janvier 1803, le nombre des membres d'une classe pouvant être choisis parmi ceux des autres classes était limité comme suit : six pour la première classe, douze pour la seconde, neuf pour la troisième, six pour la quatrième. L'article 9 de l'ordonnance royale du 21 mars 1816 n'a pas reproduit ces restrictions; elle porte simplement : les membres de chaque académie pourront être élus aux trois autres académies.

sion : ce cas s'est d'ailleurs produit à plusieurs reprises, et l'on trouve, sur les listes, le nom d'un certain nombre d'académiciens libres devenus titulaires.

Les citoyens français résidant à Paris peuvent seuls être nommés académiciens titulaires ; cette condition de domicile n'est pas exigée des membres libres.

Aucune élection ne devient définitive qu'après avoir été ratifiée par un décret du Chef de l'État. En fait, cette approbation n'est plus guère qu'une formalité ; le droit de veto gouvernemental est tombé en désuétude et n'a plus été exercé, depuis 1823.

Les membres titulaires jouissent de la plénitude des droits académiques ; l'ordre de préséance est déterminé, entre eux, uniquement par la date de leur élection [1]. Ils sont reçus en séance solennelle à l'Académie française ; en séance publique aux Académies des Inscriptions, des Sciences et des Sciences morales et politiques ; en séance privée à l'Académie des Beaux-Arts. Sauf dans le cas dont il a été parlé ci-dessus, les membres libres ne peuvent prendre part aux élections, mais ils sont admis à voter, dans certaines circonstances prévues par les règlements, lorsqu'il s'agit des travaux de l'Académie. Ils ne peuvent jamais faire partie du bureau.

Les associés et les correspondants sont élus au scrutin secret, en la forme ordinaire, mais ils n'ont pas le droit de vote. Les correspondants qui viennent se fixer à Paris perdent, *ipso facto*, leur titre ; cette disposition n'est pas, il faut c dire, très rigoureusement appliquée.

Les membres titulaires, les membres libres et les associés ont seuls le droit de porter le costume de l'Institut, dont le modèle, dessiné par David, a été adopté le 12 mai 1801 ; ils reçoivent la médaille officielle, portant d'un côté la tête de Minerve et, de l'autre, leur nom entouré de lauriers. Les correspondants n'ont droit ni au costume ni au titre de membre de l'Institut.

Chaque académie détermine la répartition de la somme de 1,500 francs affectée au traitement des membres titulaires. La plupart des différences qui ont jadis existé, sur ce point, ont aujourd'hui disparu : seule, l'Académie française a maintenu le système des pensions [2] ; dans les quatre autres compagnies, tout membre reçoit, chaque mois, 100 francs ; le surplus est destiné à former un fonds spécial, qui est réparti sous forme de jetons de présence, dont la valeur dépend du nombre des assistants. Les membres libres n'ont pas de traitement, mais ils touchent des jetons de présence, dont le maximum annuel est de 300 francs ; les associés et les correspondants n'y ont pas droit. Lorsqu'un membre titulaire fait partie de plusieurs académies, il n'est pas admis à cumuler, et il ne reçoit que le simple traitement de 1,200 francs, mais il a droit aux jetons de présence dans chacune des compagnies auxquelles il appartient.

Les usages relatifs aux honneurs à rendre aux académiciens décédés ne sont pas identiques dans toutes les compagnies. Chaque académie, lorsqu'elle est informée du décès de

1. — Le principe de l'égalité académique, qui date de l'ancien régime, a toujours été fermement maintenu. Les princes du sang, les cardinaux ou évêques ne reçoivent, comme tous leurs confrères, que le titre de *Monsieur*. On a vu que la seule exception a été faite, par ordre de Napoléon, pour le cardinal Maury ; encore a-t-on fait beaucoup de difficultés pour consentir à lui donner le titre de *Monseigneur*.

2. — A l'Académie française, on ne distribue ainsi que 1,000 francs au lieu de 1,200 francs ; les 8,000 francs qui restent ainsi disponibles constituent huit pensions de 1,000 francs chacune, destinées à doubler le traitement des quatre membres les plus anciens et des quatre membres les plus âgés.

l'un de ses membres, lève la séance en signe de deuil ; une députation assiste, en costume, à la cérémonie des obsèques, et tous les membres de l'Institut y sont officiellement conviés. Un discours est prononcé : à l'Académie des Beaux-Arts, par le secrétaire perpétuel ; à l'Académie des Sciences, par l'un des membres de la section à laquelle appartenait le défunt ; dans les autres compagnies, par le président. A l'Académie française, l'éloge de chaque membre est lu, par son successeur, dans la séance publique de réception ; à l'Académie des Beaux-Arts et à celle des Sciences morales et politiques, tout académicien nouvellement élu doit, en vertu d'un usage assez récent, donner lecture d'une notice sur la vie et les œuvres de son prédécesseur ; dans les deux autres compagnies, les secrétaires perpétuels prononcent, dans la séance publique annuelle, l'éloge d'un de leurs confrères défunts, mais, comme il y a presque toujours plus d'un décès par année, il en résulte qu'aucun honneur n'est accordé à la mémoire d'un nombre assez considérable d'académiciens [1].

J'ajoute que le gouvernement fait exécuter, chaque année, les bustes d'un certain nombre d'académiciens ; le mérite de ces œuvres d'art est malheureusement fort inégal, et leur nombre est devenu si considérable que la place fait défaut et qu'il a fallu en placer une notable partie dans des locaux où elles sont invisibles.

II. — LES FONDATIONS ET LES PRIX

PENDANT longtemps, l'Institut n'a eu, pour encourager les lettres et les sciences, d'autres ressources que les allocations très peu importantes du budget de l'État. L'initiative privée est heureusement intervenue et, de même qu'elle avait été sous l'ancien régime la véritable créatrice des Académies, elle a été, au XIXᵉ siècle, la principale bienfaitrice des littérateurs, des artistes et des savants. Non seulement elle a suppléé à l'action gouvernementale, mais encore elle a élargi le cercle des attributions propres de l'Institut. En 1819, un homme de bien, dont toute la vie a été une longue suite de nobles et généreuses actions, M. de Montyon, eut l'idée d'offrir à l'Académie française les moyens de récompenser non seulement les écrits utiles aux mœurs, mais aussi les citoyens pauvres qui se signaleraient par des actions vertueuses. La compagnie ne refusa pas la tâche si honorable qui lui était, en quelque sorte, imposée : mise en possession, au mois de juillet 1821, des libéralités de M. de Montyon, elle s'occupa désormais de décerner ce que l'on nomme des *prix de vertu*. L'exemple du grand philanthrope n'a pas été suivi tout d'abord et, pendant un demi-siècle, il est demeuré unique ; un imitateur, M. de Leidersdorf, est venu, en 1853 ; M. Souriau, dix ans plus tard, et, depuis lors, les donations se sont multipliées : non seulement l'Académie française, mais encore l'Académie des Sciences morales a reçu les moyens d'encourager les nobles et vertueuses actions.

Toutes les académies ont bénéficié particulièrement, depuis trente ans, de nombreux dons et legs, qui leur ont permis de distribuer, chaque année, des récompenses sans cesse

---

1. — J'ai pris soin d'indiquer, à la suite des notices biographiques, les éloges ou notices lus dans les diverses Académies ; on verra que les lacunes sont nombreuses.

plus nombreuses : les unes sont décernées aux auteurs d'ouvrages de toute nature déjà imprimés et publiés, les autres sont attribuées aux concurrents qui ont envoyé les meilleurs mémoires sur un sujet mis au concours. Celles-ci encouragent les travaux d'un savant pauvre, celles-là viennent en aide à de jeunes artistes, au début de leur carrière. Tel prix

Bâtiments des Salles des Séances ordinaires, du Secrétariat et de la Bibliothèque.

est annuel, tel autre biennal ou triennal ; quelquefois la totalité de la somme doit être intégralement remise à l'auteur d'une grande découverte[1].

Il n'est pas possible d'oublier, dans un ouvrage qui retrace l'histoire du premier siècle de l'Institut, les bienfaiteurs qui se sont associés, d'une façon si utile, à l'œuvre des académies. Leurs noms doivent figurer ici avec l'expression du témoignage de gratitude qui leur est dû, et l'on en trouvera plus loin une liste complète.

1. — Il est naturellement impossible de donner une liste complète des lauréats de l'Institut, dont le nombre s'élève, chaque année, à plusieurs centaines ; mais il est intéressant d'indiquer exceptionnellement comment a été décerné le grand prix biennal, qui constitue la plus haute des récompenses :
1861. M. Thiers (choix de l'Académie française). — 1863. M. Oppert (choix de l'Académie des inscriptions et

A ces libéralités, il est juste d'ajouter le grand prix biennal, que le Gouvernement a fondé par le décret du 11 août 1859, modifié, sur la demande de l'Institut, par celui du 22 décembre 1860. Cette récompense consiste en une somme de 20,000 francs, qui doit être « attribuée tour à tour à l'œuvre ou à la découverte la plus propre à honorer ou à servir le pays, qui se sera produite pendant les dix dernières années, dans l'ordre spécial des travaux que repré-

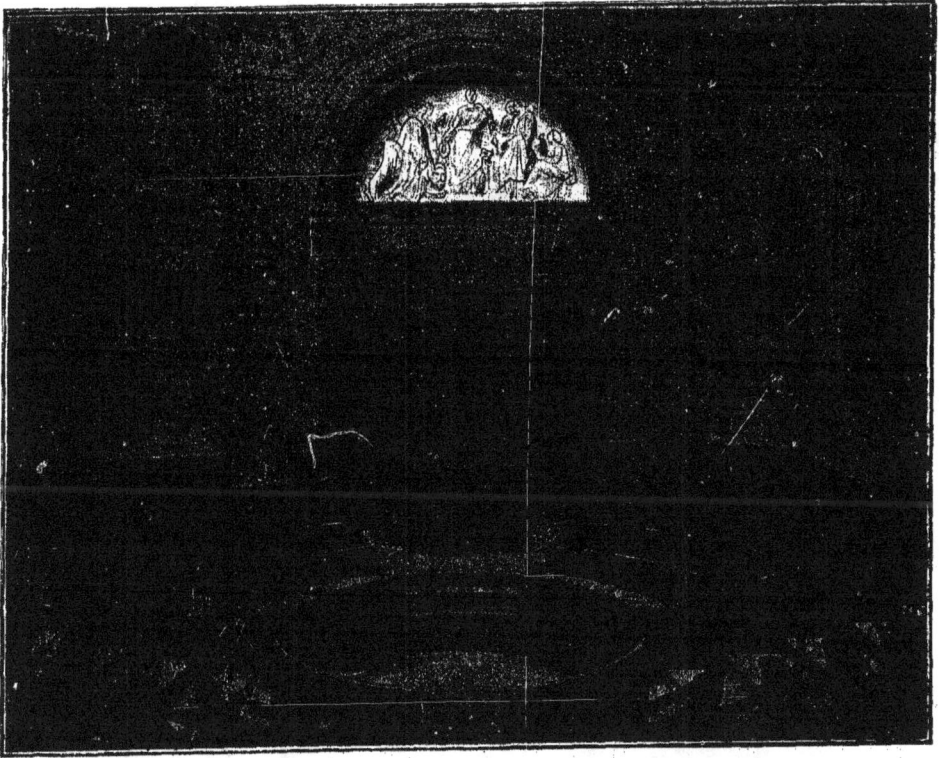

Grande Salle des Séances publiques (Ancienne Chapelle).

sente chacune des cinq académies de l'Institut de France ». Ce prix est décerné sur la désignation successive de chacune des compagnies, sanctionnée par la majorité des suffrages des cinq académies réunies.

belles-lettres). — 1865. M. Wurtz (choix de l'Académie des sciences). — 1867. M. Félicien David (choix de l'Académie des beaux-arts). — 1869. M. Henri Martin (choix de l'Académie des sciences morales et politiques). — 1871. M. Guizot (Académie française). — 1873. M. Mariette (Inscriptions et belles-lettres). — 1875. M. Paul Bert (Sciences). — 1877. M. Chapu (Beaux-Arts). — 1879. M. Demolombe (Sciences morales). — 1881. M. Désiré Nisard (Académie française). — 1883. M. Paul Meyer (Inscriptions et belles-lettres). — 1885. M. Brown-Séquard (Sciences). — 1887. M. Antonin Mercié (Beaux-Arts). — 1889. Mme veuve Caro, pour l'ensemble des œuvres de son mari (Sciences mo-

III. — L'INSTALLATION

N a vu que l'Institut avait été primitivement installé au Louvre. Un décret impérial du 1ᵉʳ mars 1805 lui attribua le palais Mazarin, et, le 4 octobre 1806, les quatre classes s'assemblèrent, pour la première fois, dans l'ancienne chapelle qui occupe le centre de l'édifice du collège des Quatre-Nations, convertie par Vaudoyer en un amphithéâtre de médiocre dimension. C'est là que, depuis quatre-vingt-dix ans, se

Galerie précédant les Salles des Séances des Académies.

tiennent les séances publiques de l'Institut, les réunions annuelles de chacune des académies et les séances de réception de l'Académie française. Cette enceinte, « où se sont succédé tant d'orateurs ou d'auditeurs illustres, emprunte, de son histoire même, des souve-

rales et politiques). — 1891. Mᵐᵉ veuve Fustel de Coulanges, pour l'ensemble des œuvres de son mari (Académie française). — 1893. M. James Darmesteter (Inscriptions et belles-lettres).

nirs qu'elle évoque et des traditions qu'elle perpétue, une certaine majesté sereine, dont nulle part ailleurs on ne saurait trouver l'équivalent [1] ».

Quant aux séances ordinaires des académies, elles se tinrent, pendant quarante années, dans une salle du bâtiment construit en façade sur la rue Mazarine. Ce fut seulement sous la monarchie de Juillet, que l'on construisit un nouvel édifice, dans la par-

Salle des Séances de l'Académie des Inscriptions, de l'Académie des Sciences et de l'Académie des Beaux-Arts.

tie de la grande cour limitée par les maisons élevées sur l'ancien emplacement de la tour de Nesles et de l'enceinte de Philippe-Auguste. Les travaux furent entrepris, en 1842, sous la direction de Hippolyte Le Bas, et l'Institut prit possession du nouveau local, au mois de mai 1846.

L'entrée, située à l'angle gauche de la cour, donne accès à un escalier double, précédé d'un vestibule orné de plusieurs bustes d'académiciens. A l'entresol, se trouvent les salles de commissions, les cabinets des secrétaires perpétuels et le secrétariat. Au premier étage,

1. — Comte H. Delaborde, *le Palais de l'Institut.*

on pénètre d'abord dans une sorte d'antichambre desservant à la fois la bibliothèque et les salles des séances.

Ces dernières sont précédées d'une galerie ornée de la statue de Chateaubriand par Duret, et d'une série de bustes en marbre des membres des cinq académies ; elles sont au nombre de deux : la première et la plus grande est affectée aux séances non publiques des

Salle des Séances de l'Académie française et de l'Académie des Sciences morales et politiques.

cinq Académies et aux réunions hebdomadaires des Académies des Inscriptions et Belles-Lettres, des Sciences et des Beaux-Arts ; la deuxième, de moindre dimension, est occupée par l'Académie française et l'Académie des Sciences morales et politiques.

La grande salle contient cinq statues en pied, dix-huit portraits peints en forme de médaillons et enchâssés dans les moulures des boiseries, et dix-neuf bustes de membres des anciennes académies ou de l'Institut [1].

1. — Les statues sont celles de Corneille par Laitié, Molière par Duret, Pierre Puget par Desprez, Poussin par Auguste Dumont, Racine par Lemaire et La Fontaine par Seurre aîné. Parmi les bustes, se trouve celui de Bonaparte en costume de membre de l'Institut.

La petite salle, au fond de laquelle est le portrait du cardinal de Richelieu, d'après Philippe de Champagne, contient les bustes de quatorze personnages ayant appartenu à l'Académie française ou à l'Académie des Sciences morales et politiques. Les classiques fauteuils
sont, en réalité, des banquettes dans la salle des séances solennelles, des chaises dans les
autres salles.

Grande Salle de la Bibliothèque de l'Institut.

La bibliothèque, qui est commune aux cinq académies, est située dans les anciens bâtiments ; elle se compose d'une vaste salle de travail, dont les murs sont garnis de livres, tandis que le centre est occupé par une série de longues tables ; il y a, en outre, deux petites
pièces réservées aux académiciens. Comme dans le reste de l'édifice, tout y est d'une
austère simplicité. De vastes locaux adjacents sont destinés à l'emmagasinement des livres.
A l'origine de l'Institut, la bibliothèque se composait de quelques milliers de volumes, provenant des collections formées par les anciennes académies, et de celles de la ville de Paris.
Elle s'est augmentée successivement des fonds rapportés de l'étranger, après les campagnes
de 1796 et 1797, et d'une série d'ouvrages offerts soit par l'État, soit par les auteurs, ou

acquis au moyen des ressources du budget annuel. Des donations considérables, telles que celles des papiers de d'Alembert, de Condorcet, de Lagrange, de Lacroix, de Charles, de Percier, de Letarouilly et de tant d'autres écrivains ou artistes, ont notablement accru ces richesses.

La bibliothèque contient aujourd'hui plus de deux cent vingt mille livres ou manuscrits, et, comme ce nombre s'augmente incessamment, la place fait défaut, et l'installation actuelle devient très insuffisante.

La grande salle de la bibliothèque n'est pas seulement destinée au travail; elle sert fréquemment de lieu de réunion, avant les séances solennelles ou avant le départ pour les cérémonies auxquelles est conviée une députation de l'Institut. Les membres de plusieurs Académies ont coutume de s'y rendre, soit avant, soit après les réunions hebdomadaires; elle devient ainsi, dit le comte H. Delaborde, dans son intéressante monographie du palais Mazarin, « un salon où les conversations, engagées au hasard des rencontres, ont pour effet de resserrer les liens établis par les statuts entre les membres et d'entretenir, même en dehors des travaux communs, cet esprit de confraternité académique, qui fait, d'un corps essentiellement aristocratique en soi, une société égalitaire par excellence et, de tous ceux qui la composent, une seule famille ».

CHAPITRE IV

LE PERSONNEL DE L'INSTITUT

I. — LES ACADÉMICIENS TITULAIRES

N récapitulant le nombre des membres nommés ou élus depuis 1795, dans les diverses Classes ou Académies, on arrive à un chiffre de 1,134, qui se répartit de la façon suivante[1] :

Académie française 221
— des Inscriptions et Belles-Lettres . . . 191
— des Sciences. 327
— des Beaux-Arts. 223
— des Sciences morales et politiques . . 172

Il faut cependant remarquer que le nombre des académiciens a été, en réalité, moins considérable ; en effet, quatre d'entre eux, MM. de Pastoret, Dacier, Guizot et Lebreton, ont occupé trois fauteuils, tandis que soixante-dix-neuf autres ont fait partie de deux académies, ce qui amène une réduction de quatre-vingt-sept, savoir :

Quatre membres ont fait partie de trois académies, soit à déduire 8
Ont été membres titulaires :
De l'Académie française et de l'Académie des Sciences morales. . . . 3o
De l'Académie des Inscriptions et de l'Académie des Sciences morales . . 24

A reporter. . . . 62

---

1. — Dans les chiffres ci-dessus, on comprend : pour l'Académie française, les membres ayant siégé dans la section de grammaire et dans celle de poésie de la troisième classe de l'Institut, entre 1795 et 1803, et ceux qui ont fait partie de la classe de la langue et de la littérature françaises entre 1803 et 1816 ; — pour l'Académie des inscriptions, les membres nommés ou élus dans la section de langues anciennes et dans celle d'antiquités et monuments de la troisième classe entre 1795 et 1803 et ceux de la classe d'histoire et de littérature ancienne (1803-1816) ; — pour l'Académie des sciences, les membres de la première classe de l'Institut de 1795 à 1816 ; — pour l'Académie des beaux-arts, les membres ayant fait partie des sections de peinture, de sculpture, d'architecture et de musique de la troisième classe, entre 1795 et 1803, et ceux de la quatrième classe entre 1803 et 1816 ; — enfin, pour l'Académie des sciences morales, les membres de la deuxième classe de l'Institut entre 1795 et 1803.

Report.	. . .	62
De l'Académie française et de l'Académie des Sciences.	. . . . . .	10
De l'Académie française et de l'Académie des Inscriptions.	. . . . .	7
De l'Académie des Sciences et de l'Académie des Sciences morales	. . .	4
De l'Académie des Inscriptions et de l'Académie des Beaux-Arts.	. . . :	4
TOTAL A DÉDUIRE.	. . . . .	87

Le nombre total des membres se trouve ainsi ramené à mille quarante-sept; on trouvera leurs noms sur la liste chronologique publiée dans une autre partie de cet ouvrage.

Si l'on recherche leur origine, on constate que soixante-douze d'entre eux étaient nés aux colonies ou à l'étranger, trois cent quatre-vingt-dix-neuf étaient originaires de Paris ou de sa banlieue (Seine et Seine-et-Oise), enfin cinq cent soixante-seize des autres parties de la France. Deux départements seulement, l'Allier et les Hautes-Alpes, n'ont donné naissance à aucun académicien; les Basses-Alpes et la Haute-Loire n'en peuvent revendiquer plus d'un; soixante-trois départements en ont produit de deux à neuf, dix-sept en ont eu de dix à vingt; trois seulement, la Côte-d'Or, les Bouches-du-Rhône et le Rhône, présentent un chiffre supérieur [1].

En examinant, à un autre point de vue, cette question d'origine, on reconnaît que la plupart des membres de l'Institut appartenaient à des familles modestes et, même parmi ceux dont les noms sont accompagnés d'un titre nobiliaire, plus de la moitié ont personnellement gagné cette distinction et ont été leurs propres ancêtres.

Nul livre ne serait plus admirable ni plus émouvant que celui dans lequel on raconterait l'histoire de la plupart de ces hommes. Combien d'efforts acharnés et de luttes héroïques! et quelle salutaire leçon ressortirait du contraste entre la société française du xixe siècle, où l'amour du luxe, la soif du bien-être et l'habitude de la futilité d'esprit font chaque jour de nouveaux progrès, et ce monde des savants, où règnent la passion du travail, la curiosité du vrai, le dédain des richesses, le culte des choses de l'intelligence!

Pour compléter ce tableau, il serait piquant de montrer sous quelle forme et dans quelle mesure les divers gouvernements qui se sont succédé, en France, depuis un siècle, ont honoré les littérateurs, les savants et les artistes. Si l'on examine la liste des quatre-vingts membres de l'Institut qui ont reçu des titres de noblesse, on est forcé de constater que ces distinctions ont été plus souvent motivées par des services politiques que par des titres académiques. L'on en pourrait dire autant à propos de l'ordre de la Légion d'honneur, qui a été, sous tous les régimes, le principal moyen de récompenser le mérite. On constate ceci : cinquante-un membres de l'Institut ont été élevés à la dignité de grand-croix et soixante-dix à celle de grand officier, cent cinquante-cinq ont obtenu le grade de commandeur et trois cent dix celui d'officier, enfin trois cent vingt-un ont été seulement chevaliers, tandis que cent trente-neuf académiciens n'ont pas fait partie de l'ordre.

Il convient d'ailleurs de remarquer que plusieurs membres de l'Institut étaient morts

---

1. — Les chiffres sont de vingt-deux pour les Bouches-du-Rhône, vingt-trois pour la Côte-d'Or et vingt-huit pour le Rhône. Si l'on tient compte du fait que la population du Rhône (806,000 habitants) est plus que double de celle de la Côte-d'Or (376,000 habitants), on voit que ce dernier département peut être facilement mis en tête.

avant l'institution de la Légion d'honneur, que d'autres, faits chevaliers à l'origine, ont trop peu vécu pour obtenir une promotion et qu'enfin, parmi les académiciens actuellement vivants et qui forment le quart de la liste, il en est beaucoup qui s'élèveront vraisemblablement plus haut. Mais, en tenant compte de tout cela et aussi de la situation particulière de certains hommes, auxquels leurs opinions politiques n'auraient permis d'accepter aucune faveur du pouvoir, on est malheureusement forcé de constater que les récompenses accordées sont bien peu en rapport avec les mérites respectifs de ceux qui les ont reçues. Ce sont souvent les hasards de la politique, parfois seulement ceux de la longévité, qui ont élevé si haut les uns et qui ont fait écarter les autres [1] et, parmi les savants qui ont illustré la France, en ce siècle, beaucoup auraient pu, comme Montalembert, inscrire sur la porte de leur demeure cette belle et fière devise : *Plus d'honneur que d'honneurs.*

Quoi qu'il en soit, il est, pour les esprits supérieurs, un bien plus précieux que tout autre : c'est le travail, que le savant digne de ce nom aime d'amour, comme on aime une dame, le travail qui porte avec soi tout ensemble la plus enviable récompense et le plus solide bonheur, alors même qu'il ne donne pas la gloire et n'assure pas l'immortalité. Le reste importe peu : « Les futiles hochets de la vanité, les faveurs trompeuses de la fortune, disait jadis Cuvier, voilà ce que la science nous défend impérieusement de poursuivre. Peut-être nous ordonne-t-elle encore de sacrifier les plus belles louanges du monde à la véritable gloire, dont le grand nombre est si rarement digne d'être juge [2]. »

S'il est vrai que la science, le talent, le génie même ne conduisent pas infailliblement aux honneurs, encore moins peut-on dire qu'ils mènent à la fortune ; à cet égard encore, la vie d'un très grand nombre de membres de l'Institut offre de nobles exemples. En un temps où l'improbité et la nullité étalent à l'envi leur faste insolent, maint homme de grande valeur a été condamné à vivre dans la gêne la plus étroite [3].

A cette leçon, on peut en joindre une autre d'un caractère plus consolant ; c'est que le travail prolonge l'existence humaine, bien loin de l'abréger. Si l'Institut n'a pas vu d'autre

---

1. — Pour n'en citer qu'un petit nombre d'exemples : on trouve, pour l'Académie française, que Lamartine, Alfred de Musset, Royer-Collard, Tocqueville, Rémusat et Taine étaient seulement chevaliers, et Victor Hugo officier, tandis que la dignité de grand-croix avait été conférée à Lacuée, Reinhard, Cambacérès, Maret, Daru, Dupin et Sainte-Aulaire, etc. — A l'Académie des Sciences, Lalande n'a pas été décoré ; Delambre, Montgolfier, Ampère, Cauchy, Bréguet, Fresnel n'ont été que chevaliers, mais Lacépède, Chaptal, Roussin, Paris, Jurien la Gravière, etc., ont eu le grand cordon. Aux Beaux-Arts, dans la section de musique, Ambroise Thomas est grand-croix, tandis que Grétry, Monsigny et Boïeldieu n'ont pas dépassé le grade de chevalier. On pourrait multiplier à l'infini la liste de ces anomalies.

2. — Éloge d'Adanson.

3. — Il y aurait mille traits admirables à citer, dans la vie de ces hommes sans fortune, sans famille, sans appui, réduits à la plus noire misère, aux plus dures privations, qui se trouvent heureux de parvenir, après de longues années du plus rude labeur, à une situation très modeste. Adanson est peut-être le seul qui, recevant, à l'âge de cinquante-huit ans, l'avis de sa nomination à l'Académie des sciences, fut forcé de répondre qu'il ne pourrait se rendre à la séance, parce qu'il n'avait pas de souliers ; mais combien d'autres n'étaient pas beaucoup plus riches ! On en trouvera la preuve dans la lettre que le président de l'Institut adressait, le 22 mars 1800, à Bonaparte : « L'Institut national représente au premier Consul qu'un très grand nombre de ses membres n'a pour subsister que les indemnités modiques qui leur sont attribuées, et que ces indemnités sont arriérées de onze mois. Ce retard en a réduit plusieurs à la plus grande détresse et à des expédients désespérés. L'Institut prie le premier magistrat de la République de prendre en considération les besoins de ces vétérans des sciences et de leur assurer régulièrement, tant pour le passé que pour l'avenir, une rétribution à laquelle l'existence d'un grand nombre d'entre eux est attachée. »

membre centenaire que M. Chevreul, il a compté plusieurs nonagénaires, et le nombre des octogénaires y a toujours été considérable. Parmi ceux qu'une locution populaire qualifie d'*Immortels*, la longévité est assurément remarquable [1].

En peut-on dire autant de l'hérédité ? On trouve, sur la liste des académiciens, quatre-vingt-dix noms plusieurs fois répétés, mais il faut prendre garde que souvent ceux qui les portent n'appartiennent pas à la même famille [2], ou ne se tiennent que par un degré éloigné de parenté [3]. On constate vingt-six fois le cas d'un père et d'un fils, et onze fois celui de deux frères ayant fait partie de l'Institut ; une seule famille, celle de Becquerel, a eu l'honneur d'y voir trois générations représentées ; une seule lui a donné trois frères : Napoléon Ier, le Roi Joseph et Lucien Bonaparte [4].

L'examen de la liste des membres titulaires peut provoquer encore une observation. Il serait à la fois injuste et inexact de dire que l'on y trouve tous les noms célèbres dans la littérature, les sciences et les arts, mais il faut reconnaître que le nombre de ceux qui manquent n'est pas considérable. Pour quelques-uns des absents, les motifs sont faciles à trouver : les académies, jusqu'à ce jour, du moins, n'ont pas été considérées comme de simples réunions de gens de lettres, de savants ou d'artistes, dans lesquelles le talent ou la notoriété suffisent à donner accès, mais comme des *compagnies*, fermées aux hommes qui, par leur tenue ou par l'inconvenance de leurs œuvres, se sont, en quelque sorte, exclus eux-mêmes de toute société décente et sérieuse. Pour d'autres, le temps a manqué [5]. Le nombre des fauteuils étant limité, il arrive souvent que, pendant de longues années, aucune vacance ne vient à se produire. Pour ne citer qu'un exemple, on sait qu'aucun fauteuil n'a été disponible, de 1841 à 1874, c'est-à-dire pendant trente-trois ans, dans la section d'histoire de l'Académie des Sciences morales et politiques [6].

Il faut l'avouer enfin, quelques exclusions ne se peuvent expliquer que par l'effet d'animosités personnelles ou par l'existence de certains préjugés. Les doctrines ont été quelquefois visées plutôt que les hommes, et peut-être, quelquefois aussi, les académies ont poussé trop loin l'esprit de réaction contre les abus que l'on avait, non sans raison, reprochés aux compagnies du siècle dernier. L'ancienne Académie française avait fait à l'Église une place que l'on peut trouver exagérée, puisque quatre-vingt-quatorze de ses membres avaient appartenu au Sacré Collège, à l'épiscopat ou au bas clergé ; la nouvelle académie n'a-t-elle pas trop penché en sens contraire ? Sur les treize ecclésiastiques qui, depuis un siècle, y ont

1. — Sur les huit cent trente-deux membres décédés, on compte un centenaire, trente nonagénaires, cent quatre-vingt-un octogénaires et deux cent soixante-quinze septuagénaires, c'est-à-dire que la proportion des membres ayant dépassé l'âge de soixante-dix ans atteint presque soixante pour cent. Il faut ajouter que, parmi les 215 membres vivants, le nombre des octogénaires et des septuagénaires est actuellement de soixante-onze.

2. — Par exemple, le nom de Garnier se trouve cinq fois, sans qu'il y ait aucune parenté entre ceux qui l'ont porté ; il en est de même pour les noms de David et de Le Sueur, qui se retrouvent chacun trois fois, etc.

3. — C'est ainsi que les trois de Wailly sont de la même famille, mais non proches parents.

4. — Ce qui est plus remarquable encore, c'est que le grand-père, le fils et le petit-fils ont siégé dans la même section de l'Académie des sciences.

5. — Faut-il, par exemple, rappeler que Balzac et le général Foy sont morts à cinquante ans, Millevoye à trente-quatre ans, Benjamin Constant l'année même où il s'était présenté pour la première fois ?

6. — Cette section se composait de MM. Mignet, Guizot et Naudet, élus en 1832, Michelet élu en 1838, Thiers élu en 1840 et A. Thierry élu en 1841. Le premier décès s'est produit en 1874.

occupé un fauteuil, sept seulement ont été librement élus par la compagnie[1]. La même observation peut s'appliquer à l'Académie des Inscriptions et Belles-Lettres, au sein de laquelle le clergé avait tenu, au siècle dernier, une place si importante et, à plus forte raison encore, à l'Académie des Sciences morales et politiques, où jamais n'a pénétré un homme d'Église.

Sainte-Beuve, qui cependant trouve trop considérable encore la part faite au clergé, se plaignait, en revanche, que la politique eût trop influé sur les élections : « Aucun homme politique du second empire, quelque talent de parole ou de plume qu'il ait montré, n'a été, dit-il, nommé membre de l'Académie[2]. » Peut-être pourrait-on signaler, en sens inverse, plusieurs élections dans lesquelles les opinions ou la situation officielle du candidat ont eu plus de poids que son mérite. Quoi qu'il en soit de la valeur de ces critiques, elles ne comportent qu'une conclusion : en reprochant aux académiciens de n'être pas absolument exempts de passion, on constate simplement qu'ils sont des hommes.

II. — LES MEMBRES LIBRES

'INSTITUTION des membres libres ne remonte, on le sait, qu'à l'année 1816 ; on a vu également qu'elle existe seulement dans quatre académies. Le nombre des membres libres est très inférieur à celui des académiciens titulaires : il s'élève seulement à cent quatre-vingt-quatorze, savoir :

Académie des Inscriptions et Belles-Lettres	58
— des Sciences.	56
— des Beaux-Arts.	47
— des Sciences morales et politiques.	33
TOTAL.	194

Un seul membre libre, le duc de Blacas, a fait partie, en cette qualité, de deux Académies, mais vingt-trois autres sont devenus académiciens titulaires, de sorte que la liste du personnel de l'Institut n'a été augmentée, en fait, que de cent soixante-dix noms. En ajoutant ce chiffre à celui des académiciens titulaires, on trouve que le nombre des membres de l'Institut a été de douze cent dix-sept.

La liste des académiciens libres, qui se trouve reproduite à la fin de cet ouvrage, offre un caractère différent de celle des académiciens titulaires. Les membres libres, en effet, ne se recrutent pas de même façon. Aux termes du règlement de l'Académie des Inscriptions, ils doivent être « connus par la culture et le goût éclairé des études historiques ou philolo-

---

1. — Depuis 1795 jusqu'en 1895, la Classe de littérature et l'Académie française ont compté huit évêques et six prêtres ou religieux, mais trois prélats et un prêtre (de Roquelaure, de Boisgelin, Maury et Morellet) y sont entrés en qualité de membres de l'ancienne Académie ; Sicard, de Bausset et de Montesquiou ont été non pas élus, mais nommés : le premier en 1795, les deux autres en 1816. Il y a donc eu, en tout, quatre évêques élus (MM. de Quélen, de Frayssinous, Dupanloup et Perraud), un prêtre (M. de Féletz), et deux religieux (les abbés Lacordaire et Gratry).

2. Nouveaux Lundis, vol. XII.

giques »; d'après celui de l'Académie des Beaux-Arts, ils sont « choisis parmi les hommes distingués soit par leur rang et leur goût, soit par leurs connaissances théoriques et pratiques dans les beaux-arts ou qui auraient publié, sur ce sujet, des écrits remarquables ». En fait, ils doivent, dans la pensée des auteurs de l'ordonnance de 1816, représenter les membres honoraires des anciennes Académies. On voit que la moitié d'entre eux portent des titres de noblesse, les uns anciens, les autres modernes. Plusieurs ont joui d'une haute situation sociale, plusieurs aussi ont joué un rôle politique important, ont occupé les plus hautes fonctions et ont été élevés aux grades les plus élevés de l'ordre de la Légion d'honneur [1].

III. — LES ASSOCIÉS ÉTRANGERS

L'EXISTENCE des associés étrangers est aussi ancienne que celle de l'Institut; seule, l'Académie française n'en possède pas. Leur nombre est peu considérable, puisque trente-deux fauteuils seulement leur sont réservés. Ils sont élus par les académies, sans qu'aucun règlement restreigne la liberté des choix; en fait, la très grande majorité ('es associés est choisie parmi les correspondants de l'Institut; mais, dans certains cas aussi, les suffrages se sont portés directement sur des personnages qui n'avaient jamais porté ce dernier titre.

Le nombre total des associés étrangers élus depuis 1795, dans les quatre académies, s'élève au chiffre de deux cent cinq : les trois quarts d'entre eux ont été choisis en Allemagne, en Grande-Bretagne et en Italie : l'Allemagne en a fourni le plus grand nombre aux Académies des Inscriptions et des Sciences, la Grande-Bretagne à l'Académie des Sciences morales et politiques, l'Italie à l'Académie des Beaux-Arts. J'ai résumé, dans le tableau ci-après, leur répartition exacte par académie et par nationalité.

	INSCRIPTIONS	SCIENCES	BEAUX-ARTS	SCIENCES MORALES	TOTAL
Allemagne du Nord, Hanovre, Saxe, etc.	26	22	14	9	71
Grande-Bretagne et Irlande.	8	21	4	12	45
Italie, États de l'Église, Deux-Siciles, etc.	8	4	24	4	40
États-Unis d'Amérique	»	1	2	5	8
Autriche-Hongrie et Bavière.	4	»	2	2	8
Suisse.	1	4	1	2	8
Suède, Norvège et Danemark	2	3	2	»	7
Belgique	1	1	2	2	6
Russie.	1	1	2	»	4
Espagne et Portugal	»	»	3	1	4
Pays-Bas	1	»	1	»	2
Amérique du Sud.	»	1	»	1	2
Total	52	58	57	38	205

1. — Sur les cent soixante-dix membres libres, dix-huit ont été grand-croix de la Légion d'honneur, quatorze grands officiers, vingt-quatre commandeurs et quarante-huit officiers.

IV. — LES ASSOCIÉS NON RÉSIDANTS ET LES CORRESPONDANTS

DANS l'organisation primitive de l'Institut, on avait songé à corriger le principe de la centralisation si nettement établi par la Constitution de l'an III, en créant, au profit des Français non domiciliés à Paris, une catégorie d'associés non résidants, dont le nombre égalait celui des membres titulaires. On abandonna ce système, en 1803. « Dans le nouveau projet d'organisation, dit le rapport qui précède l'arrêté consulaire du 23 janvier 1803, on a cru devoir modifier l'état des associés ; cette dénomination a trompé sur la véritable nature de ces places. En les considérant, à tort, comme membres de l'Institut, on a trop multiplié ce titre pour en faire estimer tout le prix, et l'on a méconnu les fonctions de simple correspondance, auxquelles les associés devaient être appelés. Il fallait aussi faire cesser l'abus des associés résidant à Paris, tandis qu'ils devaient habiter les départements. Désormais, ils porteront le titre de correspondants. Il pourra en être pris chez l'étranger ; ils perdront ce titre, lorsqu'ils auront fixé leur résidence à Paris. Ils ne porteront pas le titre de membres, ni l'habit de l'Institut. »

Les correspondants, dont le nombre a varié plusieurs fois depuis cette époque, peuvent être choisis indifféremment parmi les Français et les étrangers : la proportion respective entre ces deux catégories n'est pas fixée, sauf à l'Académie des Inscriptions et Belles-Lettres, où le nombre des étrangers est limité à trente, celui des nationaux à vingt.

Le nombre total des associés non résidants et des correspondants, depuis l'origine de l'Institut jusqu'à ce jour, s'élève au chiffre total de quatorze cent soixante deux, ainsi répartis entre les cinq académies :

Académie française [1] 15
— des Inscriptions et Belles-Lettres. 302
— des Sciences. 608
— des Beaux-Arts. 293
— des Sciences morales et politiques 244
                         TOTAL. 1,462

De ce nombre, il y a lieu de déduire les 149 correspondants étrangers devenus associés, et les 106 correspondants français élus académiciens, soit 255 noms, savoir :

	ACADÉMIE FRANÇAISE	INSCRIPTIONS	SCIENCES	BEAUX-ARTS	SCIENCES MORALES	TOTAL
Devenus associés.	»	39	49	37	24	149
Devenus académiciens titulaires.	2	12	36	11	15	76
Devenus membres libres	»	14	9	4	3	30
TOTAL . . .	2	65	94	52	42	255

1. — On a classé ici les quinze associés non résidants des sections de grammaire et de poésie de la troisième classe qui, entre 1795 et 1803, représentaient l'Académie française.

En outre, quarante correspondants ont été inscrits dans deux académies, par suite notamment des modifications apportées, en 1803, à la constitution de l'Institut; le chiffre de quatorze cent soixante-deux se trouve donc réduit à onze cent soixante-sept; il se décompose en six cent soixante-treize correspondants étrangers et quatre cent quatre-vingt-quatorze correspondants français.

En ce qui concerne les premiers, leur répartition entre les diverses nationalités est indiquée par le tableau ci-dessous.

	INSCRIPTIONS	SCIENCES	BEAUX-ARTS	SCIENCES MORALES	TOTAL
Allemagne du Nord, Hanovre, Saxe, etc.	34	63	26	20	143
Grande-Bretagne, Irlande et colonies.	19	81	12	29	141
Italie, États de l'Église, Deux-Siciles, etc.	18	30	45	12	105
Suède, Norvège et Danemark.	6	27	8	6	47
Suisse	6	25	6	6	43
Belgique.	5	5	24	6	40
Autriche-Hongrie et Bavière	8	12	8	8	36
Russie.	4	14	10	7	35
Espagne et Portugal	6	9	7	6	28
Pays-Bas.	5	8	4	4	21
Etats-Unis d'Amérique	1	11	1	7	20
Turquie	3	1	»	2	6
Grèce.	4	»	2	»	6
Etats de l'Amérique du Sud.	»	1	»	1	2
TOTAL	119	287	153	114	673

Quant aux correspondants français, ils sont très inégalement répartis entre les départements. L'Aube, les Côtes-du-Nord, Eure-et-Loir, la Loire, la Lozère et la Haute-Savoie n'en ont aucun; treize départements en ont un seul, tandis que le Rhône, qui vient en tête de la liste, n'en compte pas moins de trente-cinq, et neuf autres départements ont un chiffre supérieur à dix.

CHAPITRE V

LES ACADÉMIES

O N a envisagé, dans le précédent chapitre, l'ensemble de l'Institut; il convient de compléter cette étude par quelques indications sur chacune des cinq académies considérées isolément. Je me propose donc de préciser leurs rôles respectifs, et de rappeler brièvement les phases principales de leur existence, en même temps que les modifications qu'a subies l'organisation de ces compagnies, depuis leur origine jusqu'au jour du premier centenaire.

I. — L'ACADÉMIE FRANÇAISE

A QUELLE époque convient-il de faire remonter l'origine de l'Académie française ? Dans l'organisation résultant de la loi de 1795, la troisième classe de l'Institut était composée de huit sections, dont deux seulement pouvaient être considérées comme représentant l'ancienne Académie française : c'étaient celle de grammaire et celle de poésie, comprenant chacune six membres.

L'arrêté du 23 janvier 1803, qui réorganisa l'Institut, créa une deuxième classe dite de la langue et de la littérature françaises, composée de quarante membres; mais ce fut seulement après la seconde Restauration, que l'ordonnance du 21 mars 1816 rétablit, avec son ancien nom et son ancien rang, l'Académie française. Il est donc possible d'hésiter entre les trois dates de 1795, de 1803 et de 1816; la meilleure solution paraît être celle qui consiste à choisir la première et à considérer comme ayant fait partie de l'Académie française : 1° les membres qui ont occupé, de 1795 à 1803, les douze fauteuils des sections de grammaire et de poésie de la troisième classe de l'Institut; 2° les membres qui ont fait partie, entre 1803 et 1816, de la deuxième classe, et 3° les membres de l'Académie française nommés ou élus depuis la réorganisation de 1816. Ce point établi, voyons comment s'est opéré le recrutement.

L'arrêté du 20 novembre 1795, qui désignait les quarante-huit premiers membres de l'Institut, avait nommé, pour la section de grammaire, l'abbé Sicard et Joseph Garat; mais ce dernier, ayant opté pour la classe des sciences morales et politiques, fut remplacé par Andrieux. Les deux fauteuils de la section de poésie avaient été attribués à Marie-Joseph Chénier et à Écouchard Lebrun.

Le scrutin du 10 décembre 1795 appela l'évêque constitutionnel Villar et Louvet de Couvray dans la section de grammaire, Delille et Ducis dans celle de poésie. Les 14 et 15 du même mois, la première de ces sections fut complétée par l'élection de Domergue et de Noël de Wailly, la seconde par celles de Colin d'Harleville et de Fontanes.

Entre 1795 et 1803, six membres furent appelés à remplir les fauteuils vacants; or, parmi les dix-huit personnages ainsi nommés ou élus de 1795 à 1803, deux seulement, Delille et Ducis, avaient fait partie de l'ancienne Académie française.

L'arrêté des consuls, du 28 janvier 1803, nomma les quarante membres de la classe de la langue et de la littérature françaises. Cette liste comprenait d'abord : onze membres de la classe des sciences morales et politiques désormais supprimée, puis les six membres de la section de grammaire et les six membres de la section de poésie de la troisième classe, ainsi que deux académiciens qui en avaient été exclus, l'un, Fontanes, par un motif politique, l'autre, Delille, pour non résidence à Paris. Dix fauteuils furent attribués à un nombre égal de titulaires de l'ancienne Académie française[1], et la liste fut complétée par cinq noms nouveaux. En fait donc, sur les quarante membres de la deuxième classe de l'Institut, douze seulement avaient siégé dans l'ancienne Académie française[2]. Qu'étaient devenus les autres membres de cette compagnie? Tout d'abord, huit fauteuils se trouvaient vacants, au moment de la dissolution, car on avait depuis quelque temps négligé de procéder à des élections, puis dix-sept académiciens étaient morts, quelques-uns d'une façon tragique[3]; deux autres, Gaillard et Choiseul-Gouffier, avaient été placés dans la classe d'histoire et de littérature ancienne; enfin le cardinal Maury, qui restait seul en dehors de l'Institut, rentra par voie d'élection, en 1806.

L'ordonnance de 1816, qui rétablit l'Académie française, maintint vingt-neuf titulaires des fauteuils de la deuxième classe de l'Institut; en outre, un membre de la troisième classe ayant fait partie de l'ancienne Académie française, Choiseul-Gouffier, fut rappelé dans la compagnie. La liste comprenait enfin huit noms nouveaux[4]; les deux autres sièges furent

---

1. — Les dix membres de l'ancienne Académie que l'arrêté de 1803 appela dans la classe de la langue et de la littérature françaises (outre Delille et Ducis nommés en 1795) étaient : La Harpe, Suard, Target, Morellet, Bouffiers, de Bissy, Saint-Lambert, de Roquelaure, de Cucé et d'Aguesseau.

2. — Ceci montre à quel point sont fantaisistes les prétendues chronologies des fauteuils, que l'on a souvent publiées, notamment à l'époque des élections académiques. Il n'y a en réalité que douze fauteuils pour lesquels on puisse rattacher exactement la période antérieure à 1793 avec celle postérieure à 1803.

3. — Les dix-sept académiciens morts entre 1793 et 1803 étaient: Bailly (1793), Lamoignon de Malesherbes (1794), le cardinal de Bernis (1794), Loménie de Brienne (1794), de Chamfort (1794), Condorcet (1794), Florian (1794), Vicq d'Azir (1794), de Nicolay (1794), l'abbé Barthélemy (1795), de Bréquigny (1795), Sédaine (1797), le marquis de Montesquiou-Fezensac (1798), le duc de Nivernois (1798), Marmontel (1799), le duc d'Harcourt (1802) et le cardinal de Rohan (1803).

4. — C'étaient: le cardinal de Bausset, le comte Ferrand, le duc de Lévis, le duc de Richelieu, de Bonald, Lally-Tollendal, l'abbé de Montesquiou et Lainé. Ces deux derniers n'osèrent pas refuser l'honneur que leur faisait le Roi; mais ils s'abstinrent de paraître à l'Académie. Cependant, la compagnie ayant, plus tard, par un vote unanime, choisi M. Lainé pour directeur, celui-ci répondit : « Cette fois, je suis de l'Académie, » et il vint siéger.

pourvus, par voie d'élection, le 11 avril suivant. On a vu précédemment que onze membres de la deuxième classe de l'Institut se trouvèrent implicitement exclus de la nouvelle compagnie.

Depuis lors, la constitution de l'Académie française n'a subi aucune modification. Les explications précédemment données me dispensent d'en fournir ici l'analyse ; on a vu qu'elle est à peu près identique à celle des autres compagnies. Je rappelle seulement que l'Académie française n'a ni membres libres, ni associés étrangers, ni correspondants. Dans l'organisation première de l'Institut, les deux sections de grammaire et de poésie de la troisième classe avaient, comme les autres, des associés non résidants ; mais, lorsque ce titre a disparu, en 1803, la classe de la langue et de la littérature françaises n'a pas été dotée de correspondants.

Il me reste à indiquer la mission spéciale de la compagnie. Aux termes de ses statuts du 21 juin 1816, l'Académie française « a pour objet de travailler à épurer et à fixer la langue, à en éclaircir les difficultés et à en maintenir le caractère et les principes ; elle s'occupera dans ses séances particulières de tout ce qui peut concourir à ce but ; des discussions sur tout ce qui tient à la grammaire, à la rhétorique, à la poétique, des observations critiques sur les beautés et les défauts de nos écrivains à l'effet de préparer des éditions de nos auteurs classiques, et particulièrement la composition d'un nouveau dictionnaire de la langue, seront l'objet de ses travaux habituels ».

L'Académie s'est, en effet, occupée de reviser le dictionnaire de la langue française publié pour la première fois en 1694 ; elle en a donné une cinquième édition en 1799, une sixième en 1835 et une septième en 1878. En outre de ce livre, que l'on nomme le dictionnaire de l'usage, la compagnie a entrepris la rédaction d'un vaste dictionnaire historique, dont les quatre premiers volumes ont seuls paru jusqu'à ce jour. Elle n'a, en dehors de cela, publié d'autre ouvrage que la collection complète des discours prononcés aux séances de réception et des rapports annuels sur les concours et sur les prix de vertu.

Le règlement de 1816 n'avait pas prévu ce qui est devenu, en fait, la principale occupation de la compagnie. L'article 8 portait que l'Académie décernerait chaque année, un prix de 1,500 francs. Tout a changé depuis lors. Ainsi qu'on l'a vu, dès 1821, l'Académie était mise en possession d'un prix annuel fondé par M. de Montyon, pour récompenser les livres les plus utiles aux mœurs, et, en 1835, le legs du baron Gobert mettait à sa disposition un revenu de plus de 10,000 francs à donner en prix « au morceau le plus éloquent d'histoire de France ». Depuis lors, les fondations Marcellin-Guérin, Archon-Despérouses et Bordin lui ont offert de nouveaux moyens d'encourager les œuvres littéraires ; l'histoire et le théâtre ont été spécialement dotés par les legs Thérouanne et Toirac, et le nombre des libéralités de ce genre n'a cessé d'augmenter. A côté des prix qui lui sont spéciaux, l'Académie a sa part dans la répartition des récompenses mises à la disposition de l'Institut tout entier. Enfin c'est principalement à elle qu'incombe la tâche délicate de distribuer ce que l'on nomme « les prix de vertu ».

Chaque année, les commissions nommées à cet effet sont appelées à examiner, outre plusieurs centaines de volumes, plusieurs centaines de dossiers venus de tous les points de la France et signalant des actes de vertu et souvent d'héroïsme. L'Académie consacre de nombreuses séances à entendre et, au besoin, à discuter ces rapports et, pendant une partie de l'année, elle se réunit deux fois par semaine, afin de suffire à ce travail. Le résultat de ses jugements est proclamé, chaque année, en séance publique ; le secrétaire perpétuel rend compte des concours littéraires, et le président donne lecture du rapport sur les prix de vertu.

II. — L'ACADÉMIE DES INSCRIPTIONS ET BELLES-LETTRES

LES observations qui ont été présentées, relativement à l'origine de l'Académie française, s'appliquent exactement à l'Académie des Inscriptions et Belles-Lettres. Dans l'organisation de 1795, le domaine de l'érudition avait été singulièrement rétréci ; il était renfermé dans deux sections de la troisième classe, l'une dite des langues anciennes, l'autre des antiquités et monuments, ce qui représentait un personnel de douze membres.

Quelle part avait été faite aux souvenirs du passé, et comment l'Institut était-il relié à l'ancienne Académie ? Au moment où elle fut supprimée, l'Académie royale des Inscriptions et Belles-Lettres comptait, en fait, neuf membres honoraires, quatorze pensionnaires et treize associés. Parmi les honoraires, trois étaient morts avant le mois de décembre 1795 ; des six qui vivaient encore, aucun ne rentra à l'Institut. En ce qui concerne les pensionnaires, le nombre des survivants était de onze ; trois d'entre eux, La Porte du Theil, Ameilhon et Leroy, furent nommés membres de la classe de littérature et beaux-arts ; trois autres, Bouchaud, Dacier et Gaillard, entrèrent dans la classe des sciences morales et politiques ; enfin quatre académiciens ne firent pas partie de l'Institut [1], mais deux d'entre eux reçurent le titre d'associés non résidants.

En ce qui concerne les associés, quatre entrèrent, dès 1795, dans la classe de littérature et beaux-arts (Dusaulx, S. de Sacy, Leblond et Dupuis). Larcher fut élu en 1796, trois furent nommés membres de la classe des sciences morales et politiques (de Pastoret, Gosselin et Levesque), et, parmi les quatre qui restèrent en dehors, l'un reçut le titre d'associé non résidant [2], et un autre, Choiseul-Gouffier, fut compris dans la réorganisation de 1803.

En fait donc, sur les douze membres qui composaient, en 1795, les sections des langues anciennes et des monuments, de la troisième classe, sept avaient appartenu à l'ancienne Académie des Inscriptions et Belles-Lettres, trois autres avaient été associés libres de la même compagnie ; deux seulement, Langlès et Sélis, lui étaient étrangers [3]. Si l'on ajoute que Larcher et Ansse de Villoison rentrèrent avant 1803, on voit que le lien entre le passé et le présent avait été très fermement maintenu.

Lorsque l'Institut fut réorganisé, en 1803, on y créa une classe d'histoire et de littérature ancienne, composée de quarante membres titulaires, de huit associés étrangers et de

1. — Les trois pensionnaires morts entre 1795 et 1803 étaient : de Bréquigny, Barthélemy et Dupuy ; ceux qui ne furent pas nommés membres de l'Institut étaient : de Guigne, l'abbé Garnier et Gaultier de Sibert ; ces deux derniers furent élus associés non résidants, l'abbé Garnier fut nommé, en 1803, membre de la troisième classe.

2. — Houard fut nommé associé non résidant ; de Vauvilliers, Belin de Ballu et Guenée ne rentrèrent pas.

3. — Bitaubé avait été associé libre étranger, Mongez et Camus avaient été associés libres.

soixante correspondants. Cette troisième classe, qui n'était pas divisée en sections, représentait, en réalité, l'ancienne Académie des Inscriptions et Belles-Lettres. Pour la former, on
attribua les fauteuils : d'abord à vingt-trois membres de la classe des sciences morales et
politiques désormais supprimée et aux douze membres de la section des langues anciennes
et de la section des antiquités et monuments de la troisième classe, puis à un membre de
cette même classe qui avait donné sa démission en 1796, enfin à trois pensionnaires ou
associés de l'ancienne Académie des Inscriptions et Belles-Lettres [1]. Quant aux huit associés
étrangers, on avait maintenu ceux qui faisaient alors partie des deuxième et troisième
classes. On a vu que, dans cette nouvelle organisation, les associés non résidants avaient
disparu : ils étaient remplacés par des correspondants. Sur les soixante correspondants, les
deux tiers avaient été pris parmi les associés non résidants ; les autres étaient des savants
français ou étrangers.

L'ordonnance royale du 21 mars 1816, qui rendit à l'Académie des Inscriptions et Belles-
Lettres son nom et le second rang qui lui était dû en raison de la date de sa fondation,
n'apporta aucune modification essentielle à l'organisation de la troisième classe ; elle créa
seulement dix places de membre libre. Quant au personnel, il fut atteint moins gravement
que celui de l'Académie française. Le gouvernement n'exclut que cinq membres : Joseph
Bonaparte, Lebreton, Lakanal, Grégoire et Mongez ; il ne pourvut d'office qu'à la vacance
de deux fauteuils, laissant à l'Académie le soin de se compléter, et il ne nomma aucun des
membres libres dont il avait augmenté le personnel de la compagnie. Quant aux correspondants, dont un règlement adopté par l'Académie, le 10 mai 1816, avait réduit de moitié le
nombre, il fut décidé que l'on procéderait par voie d'extinction, en faisant seulement une
élection sur deux vacances.

En 1823, une ordonnance royale, datée du 1er octobre, avait décidé que le nombre des
fauteuils de l'Académie serait réduit de quarante à trente, mais cette mesure, rapportée par
une autre ordonnance du 24 décembre 1828, ne produisit d'autre effet que de retarder un
certain nombre d'élections. Il faut ajouter, pour ne rien omettre, que le nombre des correspondants a été successivement porté de trente à quarante en 1830, et de quarante à cinquante en 1839.

Le tableau suivant résume les diverses modifications apportées à la constitution de la
compagnie.

	MEMBRES TITULAIRES	MEMBRES LIBRES	ASSOCIÉS ÉTRANGERS	ASSOCIÉS NON RÉSIDANTS	CORRESPON- DANTS
25 octobre 1795	12	»	3	12	»
23 janvier 1803	40	»	8	»	60
21 mars 1816	40	10	8	»	30
1er octobre 1823	30	10	8	»	30
24 décembre 1828	40	10	8	»	30
16 mai 1830	40	10	8	»	40
6 février 1839	40	10	8	»	50

1. — Anquetil-Duperron avait été pensionnaire, Sainte-Croix associé libre, et Garnier associé non résidant.

Aucun changement n'est à signaler, depuis l'année 1839, et l'Académie se compose actuellement de quarante membres titulaires, dont un secrétaire perpétuel, dix membres libres, huit associés étrangers, vingt correspondants français et trente correspondants étrangers.

Le règlement de l'Académie des Inscriptions et Belles-Lettres a été approuvé par un décret du 16 mars 1830; il a subi, depuis lors, peu de modifications, et il est, dans la plupart de ses dispositions essentielles, conforme à celui des autres compagnies, dont j'ai précédemment donné le résumé.

En ce qui concerne le domaine propre de la compagnie, l'article 42 s'exprime ainsi : « L'objet principal des travaux de l'Académie étant l'histoire, c'est-à-dire la connaissance des hommes et des événements, des époques et des lieux, des mœurs et des usages, des institutions et des lois, des opinions religieuses et philosophiques, l'Académie s'attachera à l'étude de la chronologie et de la géographie, des médailles, inscriptions et monuments de toute espèce, qui concernent et peuvent éclairer l'histoire ancienne, ainsi que celle du moyen âge et des temps modernes, à l'étude critique et philologique des langues anciennes, des langues orientales et des idiomes du moyen âge, à l'explication des titres, diplômes et antiquités de la France et des autres pays, particulièrement de ceux dont les intérêts sont ou ont été mêlés avec ceux de la France. »

Pour la préparation de ses travaux et pour la continuation des publications qu'elle a entreprises, l'Académie nomme, chaque année, une série de commissions, savoir celle de l'histoire littéraire de la France, celle du *Corpus inscriptionum Semiticarum*, celle des antiquités de la France, celle des études du nord de l'Afrique. Il y a, en outre, deux commissions permanentes, celle des inscriptions et médailles et celle des travaux littéraires ; cette dernière est chargée de surveiller la continuation des notices et extraits des manuscrits de la Bibliothèque nationale, du recueil des historiens des Gaules et de la France et des historiens des Croisades.

Enfin, l'Académie exerce un haut patronage sur plusieurs grandes écoles savantes. C'est ainsi que les membres du Conseil de perfectionnement de l'École des Chartes sont nommés par l'Académie, et que la compagnie est chargée de la direction scientifique de l'École française d'Athènes et de l'École de Rome, dont les membres doivent lui adresser leurs travaux, mémoires et comptes rendus de découvertes et de fouilles.

Moins richement dotée que l'Académie française, l'Académie des Inscriptions dispose cependant du revenu d'un certain nombre de fondations. Elle décerne, chaque année, le prix Gobert d'une valeur actuelle de 10,000 francs « au travail le plus savant ou le plus profond sur l'histoire de France et les études qui s'y rattachent », et plusieurs autres récompenses de moindre importance, aux auteurs de certains ouvrages ou aux lauréats des concours dont elle fixe le sujet. A ces récompenses, elle joint le droit de décerner, à tour de rôle, les prix résultant de fondations communes à toutes les académies.

III. — L'ACADÉMIE DES SCIENCES

ES cinq compagnies qui composent l'Institut, l'Académie des Sciences est celle dont la constitution a le moins varié. Entre la première classe, dite des sciences physiques et mathématiques, instituée en 1795 et l'Académie des sciences organisée en 1816, les différences sont, en réalité, peu importantes.

D'après la loi du 25 octobre 1795, la première classe comprenait soixante membres, huit associés étrangers et soixante associés dans les départements; elle était divisée en dix sections de six membres chacune. Cette organisation était à peu près identique à celle de l'ancienne Académie des Sciences, sauf que l'on y ajoutait une section de médecine et chirurgie [1]. Son personnel même avait été, en grande partie, recruté parmi les anciens académiciens. C'est ainsi que, sur les vingt membres nommés par l'arrêté du Directoire du 20 novembre 1795, quatorze avaient fait partie de l'Académie royale, et, sur les quarante fauteuils laissés à l'élection, vingt-cinq furent donnés à des pensionnaires ou associés de cette ancienne compagnie. Si l'on ajoute que trois autres académiciens rentrèrent à l'Institut, avant 1803, que deux de leurs confrères furent placés, en 1795, dans la classe des sciences morales et politiques, à laquelle appartenait alors la section de géographie, enfin que deux autres furent compris sur la liste des associés non résidants, on constate ce fait que tous les membres de l'Académie royale des Sciences, encore vivants en 1795, sauf cinq exceptions, firent partie de l'Institut [2].

---

1. — Dans l'ancienne Académie, chaque classe (ce que l'on nommait section dans l'organisation nouvelle) comprenait trois pensionnaires et trois associés, soit six membres. Il y avait neuf classes, qui furent conservées, sauf quelques changements de nom ; celle de *géométrie* devint la section de mathématiques, celle de *mécanique* fut dite des arts mécaniques, celle de *physique générale* fut dénommée de physique expérimentale, celle de *chimie et métallurgie* devint celle de chimie, celle de *botanique et agriculture* fut dédoublée et forma les sections de botanique et physique végétale et d'économie rurale et art vétérinaire. A celle d'anatomie, on ajouta la zoologie ; enfin celle d'histoire naturelle et minéralogie fut remplacée par celle de médecine. Quant à la classe d'astronomie, elle fut maintenue sous le même titre.

2. — Au moment où elle cessa d'exister, l'Académie des sciences comprenait six membres honoraires, trois vétérans, vingt-quatre pensionnaires, un secrétaire, un trésorier, six associés libres, deux associés vétérans et vingt-deux associés ordinaires, soit, en tout, soixante-cinq membres. Des six membres honoraires, deux furent guillotinés (Malesherbes et Bochard de Saron), et trois autres moururent en 1794 (Machault, Amelot et Loménie de Brienne). Le dernier, Laluzerne, qui mourut en 1799 seulement, ne rentra pas à l'Institut. Sur les trois pensionnaires vétérans, Petit était mort en 1794, Lagrange fut nommé membre de l'Institut, et Lemonnier associé non résidant.

Sur les vingt-quatre pensionnaires, un avait péri sur l'échafaud (Bailly), dix-neuf furent nommés membres titulaires, et un (Baumé) associé non résidant, en 1795 ; deux autres furent élus entre 1796 et 1801 ; un seul, Cadet de Gassicourt, ne fut pas appelé à siéger dans l'Institut.

Le secrétaire (Condorcet) et le trésorier (Lavoisier) étaient morts, on sait, hélas ! de quelle façon. Des six associés libres, Perronet était mort, Pingré fut nommé membre de la première classe, Bougainville entra dans la deuxième classe, Bory fut élu en 1796, Barthez fut nommé associé non résidant, Poissonier seul ne fit pas partie de l'Institut. L'un des deux associés vétérans, Demours, était décédé en 1793 ; l'autre, le duc de Lauraguais, ne rentra qu'en 1816, comme membre libre de l'Académie des sciences.

Enfin, sur les vingt-deux associés ordinaires, dix-huit furent nommés ou élus membres de la première classe, en 1795 ; un autre (Buache) siégeait dans la seconde classe ; les trois derniers (Meusnier, Dionis du Séjour et Vicq d'Azyr) ne vivaient plus.

En résumé donc, sur les soixante-cinq membres de l'ancienne Académie des sciences, cinquante-deux étaient

Lors de la réorganisation de 1803, on ajouta à la première classe de l'Institut la section de géographie et navigation [1], qui faisait antérieurement partie de la Classe des sciences morales et politiques ; mais on réduisit de six à trois le nombre de ses membres. En outre, on créa deux secrétaires perpétuels, l'un pour les sciences mathématiques, l'autre pour les sciences physiques, tous deux choisis en dehors des sections ; le nombre total des fauteuils se trouva donc porté à soixante-cinq. Quant aux associés non résidants, ils furent remplacés par des correspondants, que la Classe eut la liberté de choisir, soit parmi les nationaux, soit parmi les étrangers, et dont le chiffre fut porté à cent.

Le Gouvernement n'eut pas l'occasion de modifier ni de compléter le personnel de la première classe ; tous les membres en possession actuelle d'un fauteuil furent maintenus, et toutes les élections destinées à pourvoir aux vacances furent régulièrement faites, en la forme habituelle.

On a vu que l'ordonnance de 1816 rétablit, avec son ancien titre, l'Académie des sciences, à laquelle l'époque de sa fondation assigna le troisième rang, au lieu du premier. En même temps, furent créées dix places de membres libres. Enfin, le Gouvernement crut devoir rayer, de la liste de la section de mécanique, Monge et Carnot [2], qu'il remplaça d'office par Cauchy et Bréguet ; mais là se bornèrent les innovations et, si l'on excepte l'addition de trois membres à la section de géographie et de navigation, en vertu du décret du 3 janvier 1866, la constitution de l'Académie des sciences n'a subi aucune modification. Voici quelle est son organisation actuelle :

SECTIONS SCIENCES MATHÉMATIQUES	MEMBRES TITULAIRES	MEMBRES LIBRES	ASSOCIÉS ÉTRANGERS	CORRESPON-DANTS
1. — Géométrie.	6	»	»	6
2. — Mécanique.	6	»	»	6
3. — Astronomie.	6	»	»	10
4. — Géographie et navigation	6	»	»	8
5. — Physique générale	6	»	»	9
Secrétaire perpétuel	1	»	»	»
A Reporter.	31	»	»	45

encore vivants en 1795 ; sur ce nombre, trente-neuf entrèrent immédiatement dans la première classe, trois autres furent élus avant 1803, deux, placés dans la deuxième classe, rentrèrent en 1803 dans la première ; trois furent nommés associés non résidants. Il faut ajouter que l'un des cinq qui ne firent pas alors partie de l'Institut, y rentra en 1816.

Dans son histoire de l'ancienne Académie des sciences, M. Alfred Maury dit que, dans les quatre années qui s'écoulèrent entre le commencement de 1792 et la fin de 1795, l'Académie avait perdu la moitié de ses membres. Cette assertion est contredite par les faits : on voit par l'exposé ci-dessus que, sur soixante-cinq membres, treize seulement, parmi lesquels cinq honoraires, avaient cessé de vivre pendant cette période.

1. — On peut également noter quelques changements dans la dénomination des sections : celle de mathématiques fut nommée de géométrie, celle d'arts mécaniques fut dite de mécanique, celle de physique expérimentale devint celle de physique générale, celle d'histoire naturelle et minéralogie devint simplement celle de minéralogie, celle de botanique et physique végétale fut dite de botanique. L'ordre respectif des sections fut aussi modifié ; il n'a plus été changé depuis lors.

2. — Monge était ministre au moment où fut exécuté Louis XVI, et Carnot, pendant les Cent-Jours, avait accepté le ministère de l'Intérieur et le titre de comte. On peut remarquer, à ce propos, que Monge était entré à l'Institut, en vertu d'une nomination du gouvernement et non d'une élection. Quant à Carnot, il avait été, une première fois, exclu de l'Institut, en 1797, et remplacé par Bonaparte.

SCIENCES PHYSIQUES	MEMBRES TITULAIRES	MEMBRES LIBRES	ASSOCIÉS ÉTRANGERS	CORRES- PONDANTS
Report.	31	»	»	45
6. — Chimie	6	»	»	9
7. — Minéralogie	6	»	»	8
8. — Botanique.	6	»	»	10
9. — Économie rurale	6	»	»	10
10. — Anatomie et zoologie.	6	»	»	10
11. —, Médecine et chirurgie.	6	»	»	8
Secrétaire perpétuel.	1	»	»	»
TOTAL	68	10	8	100

Le règlement de l'Académie des sciences adopté en 1816, et approuvé par une ordonnance royale du 5 mai de la même année, est plus laconique et plus simple que celui des autres compagnies ; il ne contient que treize articles, et l'on n'y trouve rien qui diffère essentiellement de ce qui a été exposé ci-dessus ; on peut seulement rappeler que l'Académie a deux secrétaires perpétuels, l'un pour les sciences physiques, l'autre pour les sciences mathématiques, et que le président doit être alternativement choisi dans les sections mathématiques et dans les sections physiques. Le but même des travaux de l'Académie n'est pas indiqué par le règlement, mais le domaine de la science est à la fois si vaste et si nettement délimité qu'il n'a pas semblé nécessaire de le définir. Il n'est pas, depuis l'origine du monde, un siècle dont les découvertes scientifiques puissent se comparer avec celles qui se sont si rapidement succédé depuis cent ans ; la France n'a pas été la seule à préparer cet admirable mouvement, mais, pour voir combien sa part a été grande et belle, il suffit de parcourir cette liste glorieuse, en tête de laquelle sont écrits les noms de Lagrange et de Laplace, et qui se termine par celui de Pasteur, le seul vivant que j'ose ici nommer, parce qu'il est déjà entré dans l'immortalité.

Pour encourager les travaux scientifiques, l'Académie possède d'importantes ressources. Sans parler de la part qui lui revient dans les prix alternativement décernés par les cinq compagnies de l'Institut, elle est dotée de plus de cinquante fondations. Les revenus dont elle dispose lui permettent donc de récompenser largement et d'encourager d'une manière efficace les auteurs de travaux et de découvertes de tout genre.

IV. — L'ACADÉMIE DES BEAUX-ARTS

N a déjà vu que, dans l'organisation primitive de l'Institut, les beaux-arts avaient été confondus, dans la troisième classe, avec la littérature et l'érudition. On leur avait attribué vingt-quatre fauteuils, répartis également entre quatre sections respectivement dénommées : de peinture, de sculpture, d'architecture, enfin de musique et déclamation. Il y avait, en outre, un nombre d'associés résidants égal à celui des membres titulaires.

Tous les fauteuils des sections de peinture et de sculpture furent donnés à des anciens

membres de l'Académie royale de peinture et de sculpture [1], tous ceux de la section d'architecture à des anciens membres de l'Académie royale d'architecture [2]; ceux de la section de
musique et déclamation furent conférés à trois compositeurs et à trois célèbres sociétaires
de la Comédie-Française.

Sous le régime établi en 1803, la quatrième classe de l'Institut portait le titre de Classe
des beaux-arts. Elle était divisée en cinq sections: celle de peinture avec dix fauteuils, celles
de sculpture et d'architecture ayant chacune six fauteuils, celles de gravure et de composition musicale en ayant chacune trois : il y avait, en outre, un secrétaire perpétuel, pris en
dehors des sections, ce qui portait à vingt-neuf le nombre des membres titulaires. Il existait
enfin, comme dans les autres classes, huit associés étrangers et des correspondants nationaux ou étrangers, au nombre de trente-six. La principale innovation consistait donc dans la
création d'une section de gravure et dans la modification du titre de la dernière section :
il n'était plus question de déclamation, et l'on renonçait à faire une place aux acteurs, si éminent que pût être leur mérite [3].

La liste annexée à l'arrêté du 28 janvier 1803 reproduisait exactement celle des membres
des quatre sections de l'ancienne troisième classe : elle contenait la désignation, d'office, des
titulaires des trois fauteuils de la section de gravure et des deux fauteuils nouveaux de la
section de peinture [4].

On a vu que, pendant les Cent-Jours, un décret du 27 avril 1815 porta de vingt-neuf à
quarante-un le nombre des membres titulaires de la quatrième classe; il fixa à douze, au lieu
de dix, le nombre des fauteuils de la section de peinture, à huit au lieu de six ceux de la section d'architecture; en outre, il rendit à la section de musique les trois places supprimées en
1803, enfin il créa une nouvelle section, dite d'histoire et théorie des beaux-arts. La Classe
procéda aux élections nécessaires pour remplir les nouveaux fauteuils, mais, après la chute
de Napoléon, le ministre de l'Intérieur fit signifier que, jusqu'à nouvel ordre, les membres
ainsi élus ne devaient point se considérer comme faisant partie de l'Institut.

L'ordonnance du 21 mars 1816, qui a reconstitué l'Académie des beaux-arts, avec son
titre et sa forme actuels, lui a laissé le nombre de membres prévus par le décret de 1815,

---

1. — L'Académie royale de peinture et de sculpture était ainsi composée, au moment où elle fut dissoute : un
directeur, six recteurs et adjoints à recteur, six honoraires amateurs, quatre honoraires associés libres, quatorze professeurs et six professeurs adjoints, huit conseillers, un secrétaire et historiographe, cinquante-neuf
académiciens et quarante-sept agréés non reçus. Plusieurs femmes figuraient sur la liste, qui comprenait ainsi
plus de deux cent cinquante noms. Sur ce nombre, douze furent nommés membres de l'Institut et cinq associés
non résidants, lors de l'organisation de 1795. Sept autres rentrèrent dans la classe des beaux-arts, entre 1803 et
1816, et deux de leurs confrères furent nommés correspondants, pendant cette période. Parmi ceux qui ne furent
jamais appelés à siéger à l'Institut, beaucoup sont ignorés, mais quelques-uns ont laissé un nom dans l'histoire
de l'art, et l'on est surpris de trouver, parmi les exclus, des artistes tels que Greuze, Allegrain, Lagrenée, Valenciennes, Fragonard, Clodion, Julien et Demarne.

2. — Cette Académie comptait, en 1793, dix-sept membres de première classe, quinze membres de seconde
classe, quatre honoraires associés libres et onze correspondants. En dehors des six membres qui entrèrent à l'Institut, en 1795, deux autres furent élus entre 1795 et 1799; aucun de leurs confrères n'a figuré sur les listes de l'Institut.

3. — On a vu, ci-dessus (p. 24), dans quels termes violents le ministre de l'Intérieur, dans son rapport au premier Consul, critiquait la présence des comédiens à l'Institut. On procéda, d'ailleurs, par voie d'extinction: Molé
était mort, et Préville avait donné sa démission ; quant à Monvel et à Grandménil, ils siégèrent jusqu'à leur mort.

4. — La section de peinture se trouvait ainsi portée à huit membres; les deux derniers fauteuils ne devaient être
donnés qu'au fur et à mesure des extinctions produites dans la section de musique, dont trois sièges étaient supprimés.

mais elle en a réglé autrement la distribution. Elle a donné quatorze fauteuils à la section de peinture, huit à celles de sculpture et d'architecture, quatre à celle de gravure ; elle en a laissé six à la section de composition musicale, mais elle a supprimé la section d'histoire et théorie des beaux-arts, qui s'est d'ailleurs trouvée remplacée, en grande partie, par la création de dix sièges de membres libres ; enfin elle a porté de huit à dix le nombre des associés étrangers, et de trente-six à quarante celui des correspondants. En ce qui concerne le personnel, les exclusions se bornaient à David, qui était remplacé d'office, dans la section de peinture, par Le Barbier, membre de l'ancienne Académie royale, et à Lebreton, secrétaire perpétuel, dont on laissait à l'Académie le soin de désigner le successeur. Quant aux douze membres élus en 1815, et dont l'élection avait été suspendue, neuf furent définitivement nommés par l'ordonnance organique ; les trois derniers rentrèrent promptement à l'Académie [1].

La composition de l'Académie des beaux-arts n'a subi, depuis 1816, qu'une seule modification : le chiffre des correspondants a été élevé de quarante à cinquante, par le décret du 25 avril 1863.

Le tableau ci-après résume les différentes modifications qui ont été précédemment signalées ; la dernière colonne, celle de 1863, indique exactement l'organisation actuelle de l'Académie. On peut ajouter que, sur les cinquante correspondants, quarante sont répartis entre les sections, de telle sorte que leur nombre égale exactement celui des membres titulaires ; les dix autres sont nommés correspondants libres.

		1795	1803	1815	1816	1863
	Peinture	6	10	12	14	14
	Sculpture	6	6	6	8	8
	Architecture	6	6	8	8	8
SECTIONS	Gravure	»	3	3	4	4
	Musique et déclamation	6	»	»	»	»
	Musique (composition)	»	3	6	6	6
	Histoire et théorie des Beaux-Arts	»	»	5	»	»
	Secrétaire perpétuel	»	1	1	1	1
	Membres libres	»	»	»	10	10
	Associés étrangers	4	8	8	10	10
	Associés non résidants	24	»	»	»	»
	Correspondants	»	36	36	40	50

V. — L'ACADÉMIE DES SCIENCES MORALES ET POLITIQUES

A Classe des sciences morales et politiques, fondée à l'origine de l'Institut, n'a eu tout d'abord qu'une existence éphémère. Elle comprenait trente-six membres, répartis également dans six sections ainsi dénommées : 1° analyse des sensations et des idées ; 2° morale ; 3° science sociale et législation ; 4° économie politique ; 5° histoire ; 6° géographie. Il y avait, en dehors des membres titulaires,

1. — Tous les membres élus en 1815 furent nommés membres titulaires, à l'exception de Castellan, qui fut seulement élu membre libre, le 6 avril 1816.

huit associés étrangers, et trente-six associés nationaux, mais non résidants à Paris.

Comment avait été recrutée cette compagnie, qui n'avait eu, avant 1789, aucun équivalent ? Sept fauteuils avaient été attribués à des membres de l'ancienne Académie des inscriptions et belles-lettres[1], deux autres à des membres de l'ancienne Académie des sciences[2]. Les vingt-sept autres académiciens furent choisis parmi des hommes connus par leur mérite ou par leur situation politique.

Lorsque Bonaparte, « l'un des plus grands adversaires que la liberté ait jamais rencontrés dans le monde, » comme l'a dit Tocqueville, résolut de modifier l'organisation de l'Institut, son premier soin fut de supprimer la Classe des sciences morales. Il la fit rentrer, écrit M. Thiers[3], « dans la classe qui était vouée aux belles-lettres, disant que leur objet était commun, que la philosophie, la politique, la morale, l'observation de la nature humaine étaient le fond de toute littérature, que l'art d'écrire n'en était que la forme, qu'il ne fallait pas séparer ce qui devait rester uni, que la classe consacrée aux belles-lettres serait bien futile, la classe consacrée aux sciences morales et politiques bien pédantesque, si elles étaient à bon droit séparées ; que des écrivains qui ne seraient pas des penseurs et des penseurs qui ne seraient pas des écrivains ne seraient ni l'un ni l'autre... Ces idées vraies ou fausses étaient plutôt un prétexte qu'une raison ». En fait, la philosophie fut frappée, « elle périt, comme c'était son droit, avec la liberté et pour elle[4]. »

Les trente-six membres occupant alors les fauteuils de la deuxième classe furent ainsi répartis entre les trois premières classes de la nouvelle organisation : trois membres de la section de géographie furent appelés dans la classe des sciences ; on fit entrer dans la classe de la langue et de la littérature françaises trois membres de chacune des sections d'analyse des sensations, de législation et d'économie politique et deux membres de la section de morale ; les vingt-deux autres titulaires de fauteuils furent placés dans la classe d'histoire et de littérature ancienne.

Lorsque, en 1816, la Restauration reconstitua l'Institut, elle demeura fidèle aux souvenirs du passé, et elle n'eut garde de rétablir une institution qui datait seulement de 1795. Il était réservé à la monarchie de Juillet de faire revivre l'ancienne compagnie. M. Guizot, « convaincu que c'est, pour le gouvernement, un intérêt éminent de se montrer, non seulement exempt de toute crainte, mais bienveillant et protecteur pour les travaux de l'esprit humain, aussi bien dans les sciences morales et politiques que dans les autres[5] », proposa au Roi de rétablir, en lui donnant le nom d'Académie, l'ancienne Classe des sciences morales et politiques.

L'ordonnance royale qui consacrait cette mesure fut signée le 26 octobre 1832. Elle reconstituait, sous des noms un peu différents, les cinq premières sections : celle d'analyse des sensations et des idées devenait celle de philosophie ; celle de science sociale et législa-

---

1. — Bouchaud, Dacier et Gaillard avaient été pensionnaires, de Pastoret, Levêque et Gosselin associés, Poirier associé libre.
2. — Buache et Bougainville.
3. — *Histoire du Consulat et de l'Empire*, livre XVI.
4. — Jules Simon, *Une Académie sous le Directoire*.
5. — Guizot, *Mémoires*, ch. xix.

tion était dite de législation, droit public et jurisprudence ; à celle d'économie politique on ajoutait la statistique ; enfin, on caractérisait celle d'histoire par l'addition des mots *générale et philosophique.* Quant à la section de géographie, elle restait attachée à l'Académie des sciences. Chacune des sections ayant six membres, le nombre total des fauteuils était fixé à trente, y compris celui du secrétaire perpétuel, qui continuait à faire partie de l'une des sections. Il y eut, en outre, cinq académiciens libres, cinq associés étrangers et quarante correspondants.

Comment serait composée la nouvelle Académie ? « J'étais bien décidé, dit M. Guizot, à ne faire faire, par ordonnance du Roi, aucune nomination académique ; l'élection est de l'essence des sociétés savantes ; on n'y entre dignement que par le choix de ses pairs. » En conséquence, on chargea les dix survivants de l'ancienne deuxième classe de l'Institut et les deux associés non résidants devenus membres des autres Académies[1], de s'adjoindre quatre confrères choisis parmi les membres de l'Institut, et ces seize académiciens se complétèrent par l'élection de sept nouveaux confrères. Ces vingt-trois membres procédèrent à la désignation des titulaires des sept derniers fauteuils. La première séance de la compagnie, définitivement constituée, se tint le 4 janvier 1833.

L'organisation de l'Académie fut sérieusement modifiée, sous le second Empire ; on n'osa pas aller jusqu'à la supprimer, mais on chercha à peser sur elle. Les *considérant* qui précèdent le décret impérial du 14 avril 1855 ont, d'ailleurs, une valeur à peu près égale à celle des motifs que donnait Bonaparte, en 1803 ; ils portent que « les lois organiques ayant établi, entre les académies, une solidarité qu'il importe de maintenir », et que, l'Académie des sciences morales et politiques ayant un nombre de membres inférieur à celui des autres compagnies, il y a lieu de porter à quarante le nombre des fauteuils, ce qui permettra « de faire représenter, dans une section nouvelle, les sciences politiques, administratives et financières, dont la culture est l'un des principaux objets de l'institution de cette Académie ». Mais, au lieu de se conformer au précédent de 1832 et de respecter, comme l'avait fait le Gouvernement de Juillet, le principe de la liberté des élections, le décret désignait directement les dix nouveaux membres, par ce motif ou plutôt sous ce prétexte très vain qu' « aucune présentation ne pouvait être faite en section, pour la première nomination des membres d'une section nouvelle ».

La section de politique, administration et finances, n'a pas eu longue vie. Elle a été supprimée par un décret rendu, sur le rapport de M. Duruy, le 9 mai 1866, et ses membres ont été répartis entre les cinq autres sections, dans chacune desquelles le nombre de fauteuils a été porté de six à huit. En même temps, le mot de *finances* a été ajouté au titre de la quatrième section.

Si l'on ajoute que le nombre des membres libres a été successivement élevé de cinq à

---

1. — Ces dix membres étaient : Dacier, Daunou, Garat, Lacuée, Roederer, Merlin, Siéyès, Talleyrand, Pastoret et Reinhardt. Les deux associés étaient M. de Tracy, devenu membre de l'Académie française, et M. Degérando, élu à l'Académie des inscriptions. M. Guizot raconte, dans ses Mémoires, que l'on ignorait l'existence de Lakanal. Ce dernier, qui était devenu cultivateur, au fond le plus reculé de l'Amérique, ayant appris le rétablissement de l'Académie, réclama son droit à siéger parmi ses anciens collègues ; on l'admit sans élection au fauteuil laissé vacant par la mort de Garat, et il revint en France, pour reprendre son siège qu'il occupa jusqu'à sa mort.

six (décret du 7 janvier 1857), puis à dix (décret du 20 janvier 1887), celui des associés étrangers de cinq à six (décret du 28 mars 1857) et celui des correspondants de quarante à quarante-huit (décret du 17 janvier 1888), on aura épuisé la liste des modifications apportées à la constitution de l'Académie. Voici quelle est son organisation présente :

SECTIONS	MEMBRES TITULAIRES	MEMBRES LIBRES	ASSOCIÉS ÉTRANGERS	CORRES-PONDANTS
Philosophie	8	"	"	9
Morale	8	"	"	9
Législation, droit public et jurisprudence	8	"	»	9
Économie politique, statistique et finances.	8	"	"	12
Histoire générale et philosophique.	8	"	"	9
TOTAL.	40	10	6	48

Le règlement qui régit actuellement l'Académie a été approuvé par un décret du 17 janvier 1888. Il ne précise pas la nature des travaux de la compagnie ; aussi bien ce domaine est-il assez clairement défini par les noms mêmes des cinq sections. Dans les premiers projets d'organisation de l'Institut, et notamment dans celui de Mirabeau, la première classe devait porter le nom de section philosophique ; on a cru devoir modifier ce titre, en 1795, pour lui substituer celui de classe des sciences morales et politiques [1], qui est à la fois plus long et moins exact et que l'on a conservé en 1832. Quoi qu'il en soit, les limites sont nettement tracées ; sur le seul point qui pût être douteux, celui de l'histoire, il est entendu que les études de l'Académie des inscriptions et belles-lettres s'arrêtent à la fin du moyen âge, tandis que celles de l'Académie des sciences morales commencent avec les temps modernes ; c'est ainsi que la collection des ordonnances des Rois de France a été publiée par l'Académie des inscriptions, jusqu'à l'année 1515 ; l'Académie des sciences morales est chargée de la continuer, à partir du règne de François Ier.

En dehors de cette grande publication qu'elle dirige, l'Académie encourage, par ses missions et par ses concours, une série de travaux sur les questions les plus variées ; c'est ainsi qu'elle a successivement chargé plusieurs de ses membres d'étudier, soit en France, soit à l'étranger, le régime du travail, la condition des ouvriers et celle des populations agricoles. En outre, elle propose chaque année, pour l'obtention des prix qu'elle est appelée à décerner, des sujets très divers, et elle provoque ainsi de nombreux et intéressants mémoires, dont beaucoup constituent des ouvrages de grande valeur.

---

1. — « La Convention les appelle d'un nom qui n'est pas leur nom véritable, mais c'est la philosophie elle-même, d'abord la philosophie sous sa forme propre, la philosophie dans son essence, ou la science des premiers principes, puis la morale qui est l'application à la conduite de l'homme, des doctrines philosophiques et la législation qui est l'application de ces mêmes doctrines à la conduite des peuples. L'économie qui est la science des intérêts et de leur lutte indépendante et l'histoire générale et philosophique, qui donne à l'homme le spectacle et le secret de ses fautes et de sa grandeur, complètent admirablement cet ensemble où tout se tient. La classe des sciences morales et politiques est déjà dans le projet de Mirabeau ; elle y est à son rang, le premier rang et sous son nom, le nom de section philosophique. » (Jules Simon : *Une Académie sous le Directoire*.)

Depuis quelques années enfin, plusieurs donations ont mis à la disposition de l'Académie des sciences morales le moyen de récompenser, non plus seulement des livres, mais encore les actes de vertu et les services rendus à la société et à l'humanité.

J'ai cherché à résumer, dans leurs traits principaux, l'histoire et la constitution de l'Institut de France et des cinq académies qui le composent : la suite du présent ouvrage est destinée à faire connaître les noms, la carrière et les œuvres des hommes qui ont eu l'honneur de lui appartenir, pendant le premier siècle de son existence.

NOTICES

BIOGRAPHIQUES ET BIBLIOGRAPHIQUES

25 OCTOBRE 1795 — 25 OCTOBRE 1895

NOTICES BIOGRAPHIQUES

ET BIBLIOGRAPHIQUES

N a divisé la série des notices biographiques et bibliographiques en quatre parties, respectivement consacrées : 1° aux académiciens titulaires ; 2° aux membres libres ; 3° aux associés étrangers ; 4° aux associés non résidants et aux correspondants. Dans chacune d'elles, les noms sont donnés d'après l'ordre absolu résultant de la première nomination ou élection, sans distinction de classe ou d'académie.

Toute notice indique d'abord les noms et prénoms, avec les grades dans l'ordre de la Légion d'honneur ; elle fait ensuite connaître la date de l'élection ou de la nomination, elle mentionne enfin les exclusions, les démissions, les élections multiples en la même qualité [1] et les changements survenus lors des réorganisations de 1803 et de 1816. Ces divers renseignements sont donnés d'après les actes officiels, les registres matricules et les annuaires de l'Institut [2].

Le paragraphe consacré à la biographie indique la date de la naissance et, s'il y a lieu, celle du décès, ainsi que les diverses fonctions successivement remplies [3]. Ces renseignements ont été obtenus par de longues et consciencieuses recherches personnelles, et rien n'a été négligé pour en assurer l'exactitude. MM. les Ministres de la Guerre et de la Marine m'ont autorisé à consulter les dossiers des membres de l'Institut qui ont appartenu à l'armée ou à la marine, et j'ai fait relever, aux archives des Affaires étrangères, les états de service des académiciens qui ont été attachés à ce département. Mes honorables confrères les doyens des quatre facultés de Paris, les administrateurs du Collège de France, de la Bibliothèque nationale et de la Comédie-Française, les directeurs de l'Observatoire, du Conservatoire des arts et métiers, du Muséum d'histoire naturelle, de l'École des Chartes, ont bien voulu me fournir les renseignements que j'ai respectivement demandés à chacun d'eux. Enfin les chefs de diverses administrations, et notamment M. le Garde général des

1. — *En ce qui concerne les académiciens titulaires, on ne mentionne que leur nomination en cette qualité ; lorsque l'un d'eux a été antérieurement membre libre ou correspondant, cette indication est donnée dans le paragraphe consacré à la biographie ; de même, pour les membres libres ou les associés qui ont été correspondants, ce dernier titre est rappelé dans le paragraphe des indications biographiques.*

2. — *J'ai eu également recours, pour la période antérieure à 1868, au consciencieux livre de M. Poliquet, « l'Institut national de France ». La plupart des biographies, notices, recueils ou dictionnaires donnent souvent des dates à peu près. Quelquefois même, les intéressés auxquels je me suis adressé m'ont fourni des indications inexactes sur leur carrière ; j'ai donc contrôlé tous les renseignements sur les pièces authentiques, chaque fois que cela m'a été possible.*

3. — *Pour simplifier les choses, j'ai indiqué les noms des départements, même pour les naissances antérieures à l'établissement de ces divisions du territoire ; de même, j'ai donné à la plupart des établissements publics tels que le jardin du Roi, les Écoles centrales, etc., les noms de Muséum d'histoire naturelle, d'École normale, etc., sous lesquels ils sont connus depuis près d'un siècle.*

archives nationales, M. le Directeur des Bâtiments civils, M. le Directeur des études de l'École Polytechnique, M. le Secrétaire du Bureau des Longitudes, m'ont également donné d'utiles indications. La collection de l'Almanach national, impérial et royal, le Moniteur universel, le Journal officiel, le Bulletin des lois, les annuaires des divers ministères, les notices et éloges académiques, les discours funéraires, l'ouvrage de M. Aucoc sur le personnel du Conseil d'État, celui de M. de Raynal sur la Cour de cassation, la collection de notices naguère publiée par l'Académie des sciences morales et politiques, ont été mis à contribution. J'ajoute que beaucoup d'académiciens vivants ont bien voulu m'assister de leurs souvenirs, en ce qui concerne leur propre notice, ou même celles de certains de leurs confrères, dont la vie ou les travaux leur étaient particulièrement connus. Des recherches faites hors de France et notamment dans les bibliothèques de Londres, m'ont permis de rédiger les notices relatives aux associés et aux correspondants étrangers. Malgré tout cela, on remarquera de nombreuses lacunes : tout ce que je puis affirmer, c'est que je n'ai rien négligé pour en réduire l'importance et le nombre [1].

La partie bibliographique a été puisée en partie aux mêmes sources, en partie dans les recueils de Quérard, de Bourquelot, de Lorenz, de Brunet, dans les biographies et dictionnaires, les catalogues des bibliothèques, etc. Afin de ne pas la surcharger de répétitions inutiles, j'ai cru ne devoir mentionner que la première édition de chaque ouvrage, et que la date portée sur le tome premier. A moins d'indications contraires, le lieu de la publication est Paris [2], le format est in-octavo, et l'ouvrage se compose d'un seul volume. Si considérable que soit le nombre des œuvres mentionnées, il existe dans cette énumération une sérieuse lacune, je veux parler des travaux que beaucoup de membres de l'Académie des Inscriptions et Belles-Lettres et surtout de l'Académie des sciences ont publiés dans le Recueil des mémoires ou des comptes rendus de ces compagnies : pour n'en citer qu'un exemple, c'est là seulement que l'on trouve l'exposé de la plupart des immortelles découvertes de Pasteur. Je n'ai pas cru pouvoir aller jusqu'à donner l'indication de ces travaux : il eût fallu, pour cela, reproduire les tables analytiques des recueils précités, c'est-à-dire la matière de plusieurs volumes; je n'ai fait d'exception que pour les mémoires publiés à part et formant, par conséquent, un ouvrage distinct.

Les notices consacrées aux correspondants sont nécessairement plus brèves, les renseignements étant plus rares et plus difficiles à réunir : je me suis efforcé de signaler les plus importantes situations occupées par chacun d'eux et celles de leurs œuvres qui ont particulièrement appelé l'attention des académies.

---

1. — On ne saurait imaginer combien de lacunes présentent les archives de certaines administrations, y compris celles de l'Institut, notamment pour la fin du siècle dernier et pour la première moitié du nôtre; dans certains établissements, ces lacunes vont jusqu'au néant.

2. — Ceci, bien entendu, ne s'applique pas aux ouvrages des associés ou des correspondants étrangers.

ACADÉMICIENS TITULAIRES

1. — LAGRANGE (Le Comte Giuseppe, Luigi), G. O. ✳

Nommé, par l'arrêté du 20 novembre 1795, membre de la Classe des Sciences physiques et mathématiques. Maintenu, par l'arrêté du 28 janvier 1803, dans la même Classe (section de Géométrie).

Né à Turin (Italie), le 25 janvier 1736. — 1755. Professeur de mathématiques à l'École d'artillerie de Turin. — 1766 à 1787. Directeur de l'Académie des Sciences physico-mathématiques de Berlin. — 1772. Associé étranger de l'Académie des Sciences de Paris. — 1792. Membre de la Commission des Monnaies à Paris. — 1794-1795. Professeur de mathématiques à l'École Normale. — 1794 à 1799. Professeur d'analyse et de mécanique à l'École Polytechnique. — 1795. Membre du Bureau des Longitudes. — 1799. Sénateur. — 1808. Comte. — Mort à Paris, le 10 avril 1813.

Ouvrages. — 1788. Mécanique analytique, 2 vol. in-4. — 1796. Essai d'arithmétique politique. — 1797. Théorie des fonctions analytiques, in-4. — 1798. Traité de la résolution des équations numériques de tous degrés, in-4. — 1798. Résolution des fonctions numériques, in-4. — 1800. Leçons d'arithmétique et d'algèbre. — 1806. Leçons sur le calcul des fonctions, ou cours d'analyse. — Œuvres complètes publiées par MM. Serret et Darboux, 14 vol. in-4. 1867-92 (t. I à V : Mémoires extraits des recueils de l'Académie de Turin et de l'Académie de Berlin ; VI : Mémoires extraits du recueil de l'Académie royale des sciences et de la classe des sciences physiques et mathématiques de l'Institut ; VII : Pièces diverses non publiées dans les recueils académiques ; VIII : Traité de la résolution des équations numériques ; IX : Théorie des fonctions analytiques ; X : Leçons sur le calcul des fonctions ; XI et XII : Mécanique analytique ; XIII et XIV : Correspondance).

Une notice sur sa vie a été lue par Delambre, dans la séance de la Classe des Sciences physiques et mathématiques du 3 janvier 1814.

2. — LAPLACE (Le Marquis Pierre, Louis, Simon de), G. C. ✳

Nommé, par l'arrêté du 20 novembre 1795, membre de la Classe des Sciences physiques et mathématiques. Maintenu, par l'arrêté du 28 janvier 1803, dans la même Classe. Nommé, par l'ordonnance royale du 21 mars 1816, membre de l'Académie des Sciences (section de Géométrie). Élu, le 11 avril 1816, membre de l'Académie française.

Né à Beaumont-en-Auge (Calvados), le 23 mars 1749. — 1772. Professeur à l'École militaire de Beaumont. — 1773. Professeur de mathématiques à l'École militaire de Paris. — 1773. Membre de l'Académie royale des Sciences. — 1794-1795. Professeur de mathématiques à l'École Normale. — 1796. Membre du Bureau des Longitudes. — 1799 à 1814. Sénateur. — 1799. Ministre de l'Intérieur. — 1808. Comte. — 1815. Pair de France. — 1817. Marquis. — Mort à Paris, le 5 mars 1827.

Ouvrages. — 1784. Théorie du mouvement et de la figure elliptique des planètes, in-4. — 1785. Théorie des attractions des sphéroïdes, in-4. — 1795. Leçons d'analyse. — 1796. Exposition du système du monde, 2 vol. —

1799-1825. Traité de mécanique céleste, 5 vol. in-4. — 1812. Théorie analytique des probabilités, in-4. — 1814. Essai philosophique sur les probabilités, in-4. — 1821. Précis de l'histoire de l'astronomie. — Œuvres complètes, publiées sous les auspices de l'Académie des sciences, 13 vol. in-4. 1878-91 (vol. I à V : Traité de mécanique céleste ; VI : Exposition du système du monde ; VII : Théorie analytique des probabilités ; VIII à XIII : Mémoires extraits des recueils de l'Académie des sciences).

Son éloge a été prononcé par Royer-Collard, dans la séance de l'Académie française du 13 novembre 1827 et par le comte Fourier, dans la séance de l'Académie des Sciences du 15 juin 1829.

---

3. — MONGE de PELUSE (Le Comte Gaspard), G. O. ✳

Nommé, par l'arrêté du 20 novembre 1795, membre de la Classe des Sciences physiques et mathématiques. Maintenu, par l'arrêté du 28 janvier 1803, dans la même Classe (section de Mécanique). Exclu de l'Institut, par l'ordonnance royale du 21 mars 1816.

Né à Beaune (Côte-d'Or), le 10 mai 1746. — 1772. Professeur à l'École du Génie de Mézières. — 1780. Membre de l'Académie royale des Sciences. — 1783. Examinateur de la marine. — 1790. Professeur de stéréotomie à l'École Centrale. — 1792-1793. Ministre de la Marine. — 1794-1795. Professeur de géométrie descriptive à l'École Normale. — 1795-1809. Professeur de géométrie descriptive à l'École Polytechnique. — 1798. Président de l'Institut du Caire. — 1799 à 1814. Sénateur. — 1808. Comte de Peluse. — Mort à Paris, le 28 juillet 1818.

Ouvrages. — 1786. Traité élémentaire de statique. — 1793-1822. Dictionnaire de physique, 5 vol. in-4. — 1794. Avis sur la fabrication de l'acier, in-4. — 1794. Description de l'art de fabriquer les canons, in-4. — 1799. Géométrie descriptive, in-4. — 1805. Précis des leçons sur le calorique et l'électricité. — 1805. Traité des surfaces du premier et second degré, in-4. — 1807. Application de l'analyse à la géométrie, in-4. — 1813. Application de l'algèbre à la géométrie. — Mémoires insérés dans les recueils de l'Académie des sciences et de l'Académie de Turin.

Son éloge a été prononcé par Arago, dans la séance de l'Académie des Sciences du 11 mai 1846, et par M. le baron Ch. Dupin, dans celle du 2 septembre 1849.

---

4. — PRONY (Le Baron Gaspard, Clair, François, Marie RICHE de), C. ✳

Nommé, par l'arrêté du 20 novembre 1795, membre de la Classe des Sciences physiques et mathématiques. Maintenu, par l'arrêté du 28 janvier 1803, dans la même Classe. Nommé, par l'ordonnance royale du 21 mars 1816, membre de l'Académie des Sciences (section de Mécanique).

Né à Chamelet (Rhône), le 22 juillet 1755. — 1780. Sous-ingénieur des Ponts et Chaussées. — 1791. Ingénieur en chef. — 1791. Directeur du Cadastre. — 1794 à 1814. Professeur d'analyse et de mécanique à l'École Polytechnique. — 1798 à 1839. Directeur de l'École des Ponts et Chaussées. — 1805. Inspecteur général des Ponts et Chaussées. — 1817. Membre du Bureau des Longitudes. — 1828. Baron. — 1835. Pair de France. — Mort à Paris, le 28 juillet 1839.

Ouvrages. — 1783. Mémoire sur la poussée des voûtes, in-4. — 1790. Exposition d'une méthode pour construire les équations indéterminées, in-4. — 1790-96. Architecture hydraulique, 2 vol. in-4. — 1795. Plan d'instruction des élèves de l'École des ponts et chaussées. — 1797. Essai sur les lois de la dilatabilité des fluides, in-4. — 1800. Mécanique philosophique, in-4. — 1801. Analyse raisonnée des cours de mécanique, in-4. — 1801. Analyse de l'exposition du système du monde par La Place. — 1802. Instruction pour déterminer les dimensions des murs de revêtement, in-4. — 1802. Recherches sur la poussée des terres, in-4. — 1804. Recherches physico-mécaniques sur la théorie des eaux courantes, in-4. — 1806. Mémoire sur le calcul des longitudes et des latitudes, in-4. — 1806. Mémoires sur les variations de la pente de la Seine dans la traversée de Paris. — 1809. Sommaire des leçons sur le mouvement des corps solides, in-4. — 1810. Leçons de mécanique analytique, 2 vol. in-4. — 1815. Leçons de mécanique analytique concernant les corps solides, 2 vol. in-4. — 1821. Instruction sur le thermomètre métallique de Bréguet, in-4. — 1822. Nouvelle méthode de nivellement trigonométrique, in-4. — 1823. Description des marais pontins, in-4. — 1824. Notices sur les grandes tables logarithmiques et trigonométriques, in-4. — 1825. Résumé de la théorie et des formules relatives au mouvement de l'eau dans les tuyaux, in-4. — 1831. Examen des projets de barrages sur la Seine. — 1832. Instruction sur les moyens de calculer les intervalles musicaux, in-4. — 1835. Formules pour calculer les hauteurs des remous dans les eaux courantes. — 1839. Du moyen de convertir les mouvements circulaires continus en mouvements rectilignes, in-4. — Mémoires insérés dans le Journal de la Société philomatique, le Journal de l'École polytechnique, les Annales des mines, la Connaissance des temps, la Biographie universelle, les Annales des ponts et chaussées et les Mémoires de l'Académie des sciences (t. I, II, III, V de la 1ʳᵉ série et II de la 2ᵉ série).

---

5. — LALANDE (Joseph, Jérôme LE FRANÇOIS, dit de).

Nommé, par l'arrêté du 20 novembre 1795, membre de la Classe des Sciences physiques et mathématiques (section d'Astronomie). Maintenu, par l'arrêté du 28 janvier 1803, dans la même Classe.

Né à Bourg (Ain), le 11 juillet 1732. — 1753. Avocat à Bourg. — 1753. Membre de l'Académie royale des Sciences. — 1760 à 1807. Professeur de mathématiques, puis d'astronomie au Collège de France. — 1795. Membre du Bureau des Longitudes. — 1795 à 1807. Astronome, puis Directeur de l'Observatoire de Paris. — Mort à Paris, le 4 avril 1807.

Ouvrages. — 1760. Éloge du maréchal de Saxe. — 1760. L'art de faire le maroquin, in-fol. — 1762. Exposition du calcul astronomique, in-12. — 1763. L'art du cartonnier, in-fol. — 1763. L'art du chamoiseur, in-fol. — 1764. Traité d'astronomie, 2 vol. in-4. — 1764. L'art du tanneur, in-fol. — 1765. L'art du mégissier, in-fol. — 1766. L'art de l'hongroyeur, in-fol. — 1767. L'art du corroyeur, in-fol. — 1769. Voyage d'un Français en Italie en 1765-66, 8 vol. in-12. — 1770. De la cause de l'élévation des liqueurs dans les tubes capillaires. — 1771. Tables astronomiques, in-4. — 1772. Mémoire sur le passage de Vénus, in-4. — 1772. L'art de faire le parchemin, in-fol. — 1773. Lettre sur l'anneau de Saturne. — 1773. Réflexions sur les comètes qui peuvent approcher de la terre, in-4. — 1773. L'art de faire le papier. — 1775-1800. Éphémérides des mouvements célestes, 3 vol. in-4. — 1778. Des canaux de navigation, in-fol. — 1781-1802. Bibliographie astronomique, in-4. — 1781. Traité du flux et du reflux de la mer, in-4. — 1793. Abrégé de navigation historique, théorique et pratique, in-4. — 1794. Éloge de Bailly. — 1795. Mémoire sur l'intérieur de l'Afrique. — 1795. Astronomie des dames, in-12. — 1800. Almanach des physiciens, in-12. — 1800. Dictionnaire des athées anciens et modernes. — 1801. Histoire céleste française, in-4. — 1802. Tables de logarithmes, in-12. — Mémoires très nombreux insérés dans le recueil de l'ancienne Académie des sciences et de la Classe des sciences (t. I, II, V, VI et VIII).

Son éloge a été prononcé par Delambre, dans la séance de la première Classe de l'Institut du 4 janvier 1808.

---

6. — MÉCHAIN (Pierre, François, André).

Nommé, par l'arrêté du 20 novembre 1795, membre de la Classe des Sciences physiques et mathématiques (section d'Astronomie). Maintenu, par l'arrêté du 28 janvier 1803, dans la même Classe.

Né à Laon (Aisne), le 16 août 1744. — 1775. Astronome hydrographe au dépôt des cartes de la marine. — 1782. Membre de l'Académie royale des Sciences. — 1795. Membre du Bureau des Longitudes. — 1795 à 1804. Astronome à l'Observatoire de Paris. — Mort à Castellon de la Plana (Espagne), le 20 septembre 1804.

Ouvrages. — 1782. Recherches sur les comètes de 1532 et de 1661. — 1791. Description de la sphère armillaire, in-4. — 1791. Exposé des opérations faites en France pour la jonction des opérations de Paris et de Greenwich, in-4. — 1800. Mesure de la méridienne, 2 vol. in-4. — 1806. Base du système métrique décimal (en collaboration avec Delambre), 3 vol. in-4. — Publication de la Connaissance des temps, pour les années 1786 à 1794. — Mémoires insérés dans le recueil de l'Académie des sciences (t. VI).

Son éloge a été prononcé par Delambre, dans la séance de la Classe des Sciences physiques et mathématiques du 25 juin 1805.

7. — CHARLES (Jacques, Alexandre, César).

Nommé, par l'arrêté du 20 novembre 1795, membre de la Classe des Sciences physiques et mathématiques. Maintenu, par l'arrêté du 28 janvier 1803, dans la même Classe. Nommé, par l'ordonnance du 21 mars 1816, membre de l'Académie des Sciences (section de Physique générale).

Né à Beaugency (Loiret), le 12 novembre 1746. — 1785. Membre de l'Académie royale des Sciences. — 1795. Professeur au Conservatoire des Arts et Métiers. — 1808 à 1823. Bibliothécaire de l'Institut. — Mort à Paris, le 7 avril 1823.

Ouvrages. — Mémoires insérés dans le recueil des savants étrangers de l'Académie des sciences. — Travaux sur les aérostats.

Son éloge a été prononcé par le comte Fourier, dans la séance de l'Académie des Sciences du 16 juillet 1828.

----

8. — COUSIN (Jacques, Antoine, Joseph).

Nommé, par l'arrêté du 20 novembre 1795, membre de la Classe des Sciences physiques et mathématiques (section de Physique expérimentale).

Né à Paris, le 28 janvier 1739. — 1766 à 1800. Professeur de physique au Collège de France. — 1769 à 1789. Professeur de mathématiques à l'École Militaire. — 1772. Membre de l'Académie royale des Sciences. — 1794. Président de l'Administration du département de la Seine. — 1799. Membre du Conseil des Anciens. — 1799. Sénateur. — Mort à Paris, le 29 décembre 1800.

Ouvrages. — 1777. Leçons de calcul différentiel et de calcul intégral, 2 vol. — 1787. Introduction à l'étude de l'astronomie physique, in-4. — 1795. Traité élémentaire de physique. — 1798. Traité élémentaire de l'analyse mathématique. — Mémoires insérés dans les recueils de l'Académie royale des sciences, de 1781 à 1787 et de la Classe des sciences (t. IV).

----

9. — GUYTON de MORVEAU (Le Baron Louis, Bernard), O. ✳

Nommé, par l'arrêté du 20 novembre 1795, membre de la Classe des Sciences physiques et mathématiques (section de Chimie). Maintenu, par l'arrêté du 28 janvier 1803, dans la même Classe.

Né à Dijon (Côte-d'Or), le 4 janvier 1737. — 1755 à 1782. Avocat général au Parlement de Bourgogne. — 1790. Procureur syndic de la Côte-d'Or. — 1791. Député à l'Assemblée Législative. — 1792. Président de l'Assemblée Législative. — 1792. Député à la Convention Nationale. — 1794. Commissaire à l'armée du Nord. — 1794 à 1815. Professeur de chimie à l'École Polytechnique. — 1795 à 1797. Membre du Conseil des Cinq-Cents. — 1796. Directeur de l'École Polytechnique. — 1800 à 1814. Administrateur des Monnaies. — 1811. Baron. — Mort à Paris, le 2 janvier 1816.

Ouvrages. — 1763. Le rat iconoclaste ou le jésuite croqué, poème, in-12. — 1764. Mémoire sur l'éducation publique, in-12. — 1766. Éloge du président Jeannin. — 1766. Plaidoyer pour le général de l'ordre de Cîteaux, in-4. — 1767. Éloge de Charles V. — 1768. Discours sur l'état actuel de la jurisprudence. — 1770. Discours sur les mœurs, in-12. — 1772. Digressions académiques, in-12, Dijon. — 1772. Défense de la volatilité du phlogistique, in-12. — 1773. Nouveau moyen de purifier une masse d'air infecté, in-12, Dijon. — 1775-82. Discours publics et éloges, 3 vol. in-12, Dijon. — 1776-77. Éléments de chimie théorique et pratique, 3 vol. in-12, Dijon. — 1782. Mémoires sur les dénominations chimiques. — 1784. Description de l'aérostat de l'Académie de Dijon. — 1785. Plaidoyers sur plusieurs questions de droit, in-4, Dijon. — 1786. Dictionnaire de chimie, in-4. — 1787. Méthode d'une nomenclature chimique. — 1793. Opinion dans l'affaire de Louis XVI. — 1801. Traité des moyens de désinfecter l'air. — 1802. Rapport sur la restauration de la Vierge de Foligno, de Raphaël, in-4. — Mémoires et rapports insérés dans le recueil de la Classe des sciences physiques et mathématiques de l'Institut (t. II à XII de la 1re série).

10. — BERTHOLLET (Le Comte Claude, Louis), G. O. ✳

Nommé, par l'arrêté du 20 novembre 1795, membre de la Classe des Sciences physiques et mathématiques. Maintenu, par l'arrêté du 28 janvier 1803, dans la même Classe. Nommé, par l'ordonnance royale du 21 mars 1816, membre de l'Académie des Sciences (section de Chimie).

Né à Talloire (Savoie), le 9 décembre 1748. — 1780. Membre de l'Académie royale des Sciences. — 1784. Directeur de la manufacture des Gobelins. — 1794 à 1795. Professeur de chimie à l'École Normale. — 1794 à 1810. Professeur de chimie à l'École Polytechnique. — 1799. Administrateur des Monnaies. — 1799 à 1814. Sénateur. — 1808. Comte. — 1814. Pair de France. — Mort à Arcueil (Seine), le 6 novembre 1822.

Ouvrages. — 1776. Observations sur l'air, in-12. — 1779. Prospectus d'un cours de matière médicale. — 1789. Précis d'une théorie sur la nature de l'air. — 1791. Éléments de l'art de la teinture, 2 vol. — 1795. Description du blanchiment des toiles et des fils par l'acide muriatique oxygéné. — 1795. Instruction sur la conservation et les usages des pommes de terre. — 1803. Essai de statique chimique, 2 vol. — 1806. Recherches et nouvelles recherches sur les lois des affinités chimiques. — 1812. Exposition des faits concernant les effets de la vaccination, in-4. — Nombreux mémoires insérés dans les recueils de l'Académie de Turin et de l'Institut d'Égypte, les Annales de chimie, le Journal de l'École polytechnique et le Recueil de la classe des Sciences (t. II à XIII de la 1ʳᵉ série et VIII de la 2ᵉ série).

Son éloge a été prononcé par Cuvier, dans la séance de l'Académie des Sciences du 7 juin 1824.

---

11. — DARCET (Jean).

Nommé, par l'arrêté du 20 novembre 1795, membre de la Classe des Sciences physiques et mathématiques (section d'Histoire naturelle et Minéralogie).

Né à Douazit (Landes), le 7 septembre 1725. — 1774 à 1801. Professeur de chimie et d'histoire naturelle au Collège de France. — 17 . Directeur de la manufacture de Sèvres. — 17 . Inspecteur des Monnaies. — 1799. Sénateur. — Mort à Paris, le 13 février 1801.

Ouvrages. — 1766. Mémoires sur l'action d'un feu égal sur un grand nombre de terres, in-4. — 1771. Mémoire sur le diamant et autres pierres précieuses traitées au feu. — 1772. Lettres sur l'anti-vénérien d'Ogirari. — 1776. Discours sur l'état actuel des Pyrénées. — 1783. Rapport sur l'électricité dans les maladies nerveuses. — Mémoires insérés dans le Recueil de la classe des Sciences (t. II, III et IV), le Journal de médecine et le Journal des mines.

Son éloge a été prononcé par Cuvier, dans la séance de l'Institut du 5 janvier 1802.

---

12. — HAÜY (L'Abbé René, Just), O. ✳

Nommé, par l'arrêté du 20 novembre 1795, membre de la Classe des Sciences physiques et mathématiques. Maintenu, par l'arrêté du 28 janvier 1803, dans la même Classe. Nommé, par l'ordonnance royale du 21 mars 1816, membre de l'Académie des Sciences (section de Minéralogie).

Né à Saint-Just (Oise), le 28 février 1743. — 1770. Prêtre. — 1772. Régent au Collège de Navarre. — 1775 à 1784. Professeur au Collège du Cardinal-Lemoine. — 1783. Membre de l'Académie royale des Sciences. — 1794 à 1796. Professeur de physique à l'École Normale. — 1795 à 1802. Professeur de minéralogie et de géologie à l'École des Mines. — 1800 à 1822. Professeur à la Faculté des Sciences de Paris. — 1802. Professeur de minéralogie au Muséum d'histoire naturelle. — 1815. Chanoine honoraire de Paris. — Mort à Paris, le 1ᵉʳ juin 1822.

Ouvrages. — 1784. Essai d'une théorie sur la structure des cristaux. — 1787. Exposition de la théorie de l'électricité et du magnétisme. — 1793. Exposition de la théorie de la structure des cristaux. — 1793. De la Structure considérée comme caractère distinctif des minéraux. — 1794. Instruction sur les mesures déduites de la grandeur de la terre. — 1801. Traité de minéralogie, 4 vol. et atlas in-4. — 1804. Traité élémentaire de physique, 2 vol. in-12. — 1809. Tableau comparatif des résultats de la cristallographie et de l'analyse chimique, relativement à la classification des minéraux. — 1817. Traité des caractères physiques des pierres précieuses. — 1822. Traité de cristallographie, 2 vol. et atlas in-4. — Mémoires insérés dans le Journal de physique, les Annales de chimie, le Bulletin de la Société des Sciences philomatiques, le Journal des mines, les Annales du Muséum d'histoire naturelle, le Journal des savants, les Mémoires de l'Académie des sciences (t. I et VIII), le Magasin encyclopédique, et collaboration à l'Encyclopédie méthodique, au Dictionnaire d'histoire naturelle, aux Voyages de Vaillant, etc.

Son éloge a été prononcé par Cuvier, dans la séance de l'Académie des Sciences du 2 juin 1823.

---

13. — LAMARCK (Le Chevalier Jean, Baptiste, Pierre, Antoine de MONET de), ✳

Nommé, par l'arrêté du 20 novembre 1795, membre de la Classe des Sciences physiques et mathématiques. Maintenu, par l'arrêté du 28 janvier 1803, dans la même Classe. Nommé, par l'ordonnance royale du 21 mars 1816, membre de l'Académie des Sciences (section de Botanique).

Né à Bazentin (Somme), le 1er août 1744. — 1761. Sous-lieutenant. — 1762 à 1764. Lieutenant. — 1779. Membre de l'Académie royale des Sciences. — 1793 à 1829. Professeur de zoologie au Muséum d'histoire naturelle. — Mort à Paris, le 28 décembre 1829.

Ouvrages. — 1776. Mémoires sur les vapeurs de l'atmosphère. — 1778. La flore française, 3 vol. — 1791-1823. Tableau encyclopédique et méthodique de la botanique, 3 vol. in-4. — 1794. Recherches sur les causes des principaux faits physiques, 2 vol. — 1796. Réfutation de la théorie pneumatique. — 1798. Mémoires de physique de l'histoire naturelle établis sur des bases de raisonnement indépendantes de toutes séries. — 1798. Mémoires présentant les bases d'une nouvelle théorie physique et chimique. — 1800. Mémoire sur la matière du son. — 1800-1812. Annuaire météorologique pour les années 1799 à 1810, 11 vol. — 1801. Système des animaux sans vertèbres. — 1802. Histoire naturelle des végétaux classés par familles, 15 vol. in-12. — 1802. Recherches sur l'organisation des corps vivants. — 1802-1806. Description des coquilles fossiles des environs de Paris. — 1802. Hydrogéologie. — 1804. Sur les variations de l'état du ciel dans les latitudes moyennes, in-4. — 1809. Philosophie zoologique, 2 vol. — 1812. Extrait du cours de zoologie du Muséum d'histoire naturelle. — 1815-22. Histoire naturelle des animaux sans vertèbres, 7 vol. — 1820. Système analytique des connaissances positives de l'homme. — 1823. Recueil de planches des coquilles fossiles des environs de Paris, in-4. — Mémoires publiés dans le recueil de l'Académie des Sciences (t. XIII), le Journal de physique, le Magasin encyclopédique, les Annales du Muséum, l'Encyclopédie méthodique, et le Dictionnaire d'histoire naturelle.

Son éloge a été prononcé par Cuvier, dans la séance de l'Académie des Sciences du 26 novembre 1832.

---

14. — DESFONTAINES (René LOUICHE), O. ✳

Nommé, par l'arrêté du 20 novembre 1795, membre de la Classe des Sciences physiques et mathématiques. Maintenu, par l'arrêté du 28 janvier 1803, dans la même Classe. Nommé, par l'ordonnance royale du 21 mars 1816, membre de l'Académie des Sciences (section de Botanique).

Né à Tremblay (Ille-et-Vilaine), le 14 février 1750. — 1783. Membre de l'Académie royale des Sciences. — 1786 à 1833. Professeur de botanique au Jardin des Plantes, puis au Muséum. — 1801. Directeur du Muséum d'histoire naturelle. — Mort à Paris, le 16 novembre 1833.

Ouvrages. — 1778. Flora Atlantica, 2 vol. in-4. — 1792. Manuel du cristallographe. — 1808. Choix des plantes du corollaire des instituts de Tournefort, in-4. — 1809. Histoire des arbres et des arbrisseaux qui peuvent être cultivés en pleine terre sur le sol de la France, 2 vol. — 1815. Tableau de l'École de Botanique du Muséum d'histoire naturelle. — 1829. Catalogus horti Parisiensis, cum adnotationibus de plantis novis aut minus cognitis. — Mémoires insérés dans le Journal des savants, le Recueil de l'ancienne Académie des sciences, les Mémoires de la classe des sciences (t. Ier, VI et XVI), les Annales du Muséum d'histoire naturelle, l'Encyclopédie méthodique, le Dictionnaire des sciences naturelles, le Journal des sciences médicales et le Journal de physique.

Son éloge a été prononcé par M. Flourens, dans la séance de l'Académie des Sciences du 11 septembre 1837.

15. — DAUBENTON (Louis, Jean, Marie).

Nommé, par l'arrêté du 20 novembre 1795, membre de la Classe des Sciences physiques et mathématiques (section d'Anatomie et Zoologie).

Né à Montbard (Côte-d'Or), le 29 mai 1716. — 1745 à 1767. Garde du Cabinet d'histoire naturelle. — 1778 à 1800. Professeur d'Histoire naturelle au Collège de France. — 1793 à 1800. Professeur de minéralogie au Muséum d'histoire naturelle. — 1794 à 1796. Professeur d'histoire naturelle à l'École Normale. — 1799. Sénateur. — Mort à Paris, le 1er janvier 1800.

Ouvrages. — 1782. Instructions pour les bergers et les amateurs de troupeaux. — 1784. Mémoire sur le premier drap de laine superfine du cru de la France. — 1784. Tableau méthodique des minéraux suivant leurs différentes natures. — 1785. Mémoire sur les indigestions, qui commencent à être plus fréquentes, pour la plupart des hommes, à l'âge de quarante à quarante-cinq ans. — 1810. Catéchisme des bergers. — Collaboration à l'Histoire naturelle de Buffon et à l'Encyclopédie méthodique. — Mémoires insérés dans le Recueil de l'Académie royale des sciences de 1750 à 1790, le Journal des mines, le Journal des savants, la Collection académique de Dijon, et le Recueil de la classe des sciences physiques et mathématiques (t. I et III).

Son éloge a été prononcé par Cuvier, dans la séance de la Classe des Sciences physiques et mathématiques du 5 avril 1800.

16. — LACÉPÈDE (Le Comte Bernard, Germain, Étienne de LA VILLE SUR ILON de), G. C. ✳

Nommé, par l'arrêté du 20 novembre 1795, membre de la Classe des Sciences physiques et mathématiques. Maintenu, par l'arrêté du 28 janvier 1803, dans la même Classe. Nommé, par l'ordonnance royale du 21 mars 1816, membre de l'Académie des Sciences (section d'Anatomie et Zoologie).

Né à Agen (Lot-et-Garonne), le 26 décembre 1756. — 1784. Garde du Cabinet d'Histoire naturelle. — 1789. Député à l'Assemblée constituante. — 1791. Député à l'Assemblée législative. — 1791. Président de l'Assemblée législative. — 1794 à 1825. Professeur d'histoire naturelle des reptiles et poissons au Muséum d'histoire naturelle. — 1799. Sénateur. — 1801. Président du Sénat. — 1803 à 1814 et 1815 (Cent-Jours). Grand chancelier de la Légion d'honneur. — 1804. Ministre d'État. — 1814 à 1815 et 1819 à 1825. Pair de France. — Mort à Epinay (Seine), le 6 octobre 1825.

Ouvrages. — 1781. Essai sur l'électricité naturelle et artificielle, 2 vol. — 1782-84. Physique générale et particulière, 2 vol. — 1785. Poétique de la musique, 2 vol. — 1788-89. Histoire des quadrupèdes ovipares et des serpents, 2 vol. in-4. — 1789. Histoire naturelle des reptiles, in-4. — 1790. Vues sur l'enseignement public. — 1798-1803. Histoire naturelle des poissons, 6 vol. in-4. — 1798-1801. Discours d'ouverture et de clôture des cours d'histoire naturelle, 4 vol. in-4. — 1801. La ménagerie du Muséum d'histoire naturelle, in-fol. — 1804. Histoire des cétacés, in-4. — 1816. Ellival et Caroline, 2 vol. in-12. — 1817. Charles d'Ellival et Alphonsine de Florentino, 3 vol. in-12. — 1819. Vue générale des progrès des sciences naturelles depuis la mort de Buffon. — 1826. Histoire générale, physique et civile de l'Europe, 18 vol. — 1826. Œuvres complètes publiées par Desmarets, 11 vol. (t. I : Discours ; II : Histoire naturelle des cétacés ; III : Histoire naturelle des quadrupèdes ovipares ; IV : Histoire naturelle des serpents ; VI à XI : Histoire naturelle des poissons). — 1827. Histoire naturelle de l'homme, publiée par Cuvier. — 1830. Les âges de la nature et l'histoire de l'espèce humaine, 2 vol. — Articles et mémoires dans la Décade philosophique, le Magasin encyclopédique, le Recueil des mémoires de la classe des sciences (t. I à VII de la première série et VIII de la seconde série), les Annales du Muséum d'histoire naturelle, le Dictionnaire des sciences naturelles, la Revue encyclopédique, etc.

Son éloge a été prononcé par Cuvier, dans la séance de l'Académie des Sciences du 5 juin 1826.

17. — DES ESSARTZ (Jean, Charles).

Nommé, par l'arrêté du 20 novembre 1795, membre de la Classe des Sciences physiques et mathématiques (section de Médecine et de Chirurgie). Maintenu, par l'arrêté du 28 janvier 1803, dans la même Classe.

Né à Bragelonne (Aube), le 26 octobre 1729. — 1769. Docteur en médecine. — 1770. Professeur à la Faculté de Médecine de Paris. — 1776 à 1779. Doyen de la Faculté de Médecine de Paris. — Mort à Paris, le 12 avril 1811.

Ouvrages. — 1760. Traité de l'Éducation corporelle des enfants en bas âge. — 1768. Dissertatio de hydrope, in-4. — 1779. Exposé des jugements portés par la Faculté, in-4. — 1779. Eloges de Hazon, Malouin et Michel, 3 vol. in-4. — 1798. Notice sur les maladies de l'an VI. — 1800. Observation sur les maladies qui ont régné en France, en l'an VIII. — 1801. Réflexions sur la musique considérée comme moyen curatif. — 1803. Sur les effets de la musique. 1807. Mémoire sur le croup. — S. d. Discours sur les inhumations précipitées. — Annonces sur les moyens de se prémunir contre la petite vérole. — Sur les préparations mercurielles dans la petite vérole. — 1811. Recueil de discours, mémoires et observations de médecine clinique. — Mémoires insérés dans les recueils de l'Institut (t. I, II, III et XII) et de la Société de médecine.

Son éloge a été prononcé par Cuvier, dans la séance de la première Classe de l'Institut, du 6 janvier 1812.

---

18. — SABATIER (Raphaël, Bienvenu), ✳

Nommé, par l'arrêté du 20 novembre 1795, membre de la Classe des Sciences physiques et mathématiques (section de Médecine et de Chirurgie). Maintenu, par l'arrêté du 28 janvier 1803, dans la même Classe.

Né à Paris, le 11 octobre 1732. — 1752. Membre du Collège des chirurgiens. — 1764 à 1785. Professeur d'anatomie au Collège royal de Chirurgie. — 1773. Membre adjoint de l'Académie royale de Chirurgie. — 1773. Chirurgien-major de l'Hôtel des Invalides. — 1773. Censeur royal. — 1773. Membre de l'Académie royale des Sciences. — 17 . Inspecteur général du Service de santé des armées. — 1795. Professeur de médecine opératoire à la Faculté de Paris. — 1805. Chirurgien de l'Empereur. — Mort à Paris, le 19 juillet 1811.

Ouvrages. — 1748. De bronchotomia, in-4. — 1759. Dissertatio de variis cataractam extrahendi modis, in-4. — 1775. Traité complet d'anatomie, 3 vol. — 1796-98. De la médecine opératoire, 3 vol. — Mémoires insérés dans les recueils de l'Académie royale des sciences et de l'Institut (t. I, II, III, V et VIII).

---

19. — THOUIN (André), ✳

Nommé, par l'arrêté du 20 novembre 1795, membre de la Classe des Sciences physiques et mathématiques. Maintenu, par l'arrêté du 28 janvier 1803, dans la même Classe. Nommé, par l'ordonnance royale du 21 mars 1816, membre de l'Académie des Sciences (section d'Économie rurale).

Né à Paris, le 10 février 1747. — 1765. Directeur des cultures au Jardin des Plantes. — 1786. Membre de l'Académie royale des Sciences. — 1793 à 1824. Professeur de culture au Muséum d'histoire naturelle. — 1794 à 1796. Professeur d'agriculture à l'École Normale. — Mort à Paris, le 27 octobre 1824.

Ouvrages. — 1787-1816. Dictionnaire d'Agriculture et d'économie rurale, 6 vol. in-4. — 1805. Essai sur l'exposition et la division méthodique de l'économie rurale, in-4. — 1814. Description de l'École d'agriculture pratique du Muséum d'histoire naturelle, in-4. — 1819. Plans raisonnés de toutes les espèces de jardins, in-fol. — 1821. Monographie des greffes, in-4. — 1827. Cours de culture et de naturalisation des végétaux, 3 vol. — 1841. Voyage dans la Belgique, la Hollande et l'Italie, 2 vol. — S. d. Mémoire sur la manière d'étudier l'économie rurale. —

Mémoires insérés dans le recueil de la Société d'agriculture de Paris, de l'Académie des sciences (t. VII) et dans les Annales du Muséum d'histoire naturelle. — Articles dans le Dictionnaire des sciences naturelles, le Nouveau Cours d'agriculture, le Nouveau Dictionnaire d'histoire naturelle, et le Cours complet d'agriculture.

Son éloge a été prononcé par Cuvier, dans la séance de l'Académie des Sciences du 20 juin 1825.

20. — GILBERT (François, Hilaire).

Nommé, par l'arrêté du 20 novembre 1795, membre de la Classe des Sciences physiques et mathématiques (section d'Économie rurale et Art vétérinaire).

Né à Châtellerault (Vienne), le 18 mars 1757. — 17 . Directeur des Établissements agricoles de Sceaux, de Versailles et de Rambouillet — 17 . Professeur et directeur adjoint à l'École vétérinaire d'Alfort. — 1799. Membre du Corps législatif. — Mort à Seigneuroliano (Espagne), le 6 septembre 1800.

Ouvrages. — 1790. Traité des prairies artificielles. — 1795. Recherches sur les causes des maladies charbonneuses. — 1795. Instruction sur le vertige abdominal ou indigestion des chevaux. — 1796. Instruction sur les claveaux des moutons. — 1797. Instruction sur la propagation des bêtes à laine de race d'Espagne. — 1797. Mémoire sur la tonte du troupeau national de Rambouillet, in-4. — 1802. Instruction sur les effets des inondations et débordements des rivières. — Articles insérés dans la Décade, le Magasin encyclopédique, la Feuille du cultivateur et les Annales de l'agriculture française.

Son éloge a été prononcé par Cuvier, dans la séance de la première Classe de l'Institut du 7 octobre 1801.

21. — VOLNEY (Le Comte Constantin, François, CHASSEBŒUF, dit BOISGIRAIS de), C. ✱

Nommé, par l'arrêté du 20 novembre 1795, membre de la Classe des Sciences morales et politiques (section de l'Analyse des sensations) et, par l'arrêté du 28 janvier 1803, membre de la Classe de la Langue et de la Littérature françaises. Nommé, par l'ordonnance royale du 21 mars 1816, membre de l'Académie française.

Né à Craon (Mayenne), le 3 février 1757. — 1788. Directeur général de l'agriculture et du commerce en Corse. — 1789. Député de l'Anjou, aux États généraux. — 1794-1795. Professeur d'histoire à l'École Normale. — 1799 à 1814. Sénateur. — 1808. Comte. — 1814. Pair de France. — Mort à Paris, le 20 avril 1820.

Ouvrages. — 1781. Mémoire sur la chronologie d'Hérodote, in-4. — 1783-85. Voyage en Égypte et en Syrie, 2 vol. — 1788. Chronologie des douze siècles antérieurs au passage de Xerxès en Grèce. — 1788. Considérations sur les guerres des Turcs et de la Russie. Londres. — 1791. Les ruines. Genève. — 1793. La loi naturelle ou catéchisme du citoyen français, in-16. — 1795. Leçons d'histoire prononcées à l'École normale. — 1803. Tableau des climats et du sol des États-Unis d'Amérique, 2 vol. — 1808-14. Recherches nouvelles sur l'histoire ancienne, 3 vol. — 1813. Questions de statistique à l'usage des voyageurs. — 1818. Histoire de Samuel, inventeur du sacre des rois. — 1819. L'alphabet européen appliqué aux langues asiatiques. — 1820. L'hébreu simplifié.

Ses œuvres complètes ont été publiées en 8 vol., 1820-28. (t. I : Les ruines. La loi naturelle ; II et III : État physique et politique de l'Égypte et de la Syrie. Considérations sur la guerre des Turcs ; IV et V : Recherches nouvelles sur l'histoire ancienne ; VI : Leçons d'histoire ; VII : Tableau des climats et du sol des États-Unis ; VIII : Travaux sur les langues orientales.)

Son éloge a été prononcé par le marquis de Pastoret, dans la séance de l'Académie française du 24 août 1820.

22. — SAINT-PIERRE (Jacques, Henri, Bernardin de), ✳

Nommé, par l'arrêté du 20 novembre 1795, membre de la Classe des Sciences morales et politiques (section de Morale) et, par l'arrêté du 28 janvier 1803, membre de la Classe de la Langue et de la Littérature françaises.

Né au Havre (Seine-Inférieure), le 19 janvier 1737. — 1760 à 1769. Officier-ingénieur. — 1792. Intendant du Jardin des Plantes et du Cabinet d'histoire naturelle. — 1794-1795. Professeur de morale à l'École Normale. — Mort à Eragny (Seine-et-Oise), le 21 janvier 1814.

Ouvrages. — 1773. Voyage à l'Ile de France, à l'Ile Bourbon et au cap de Bonne-Espérance, 2 vol. — 1781. L'Arcadie, in-12. Angers. — 1784. Études de la nature, 3 vol. in-12. — 1787. Paul et Virginie, in-12. — 1789. Vœux d'un solitaire, in-12. — 1790. La chaumière indienne. — 1792. De la nécessité de joindre une ménagerie au Jardin des Plantes, in-12. — 1798. De la nature de la morale, in-12. — 1807. Voyage en Sibérie, in-12. — 1808. La mort de Socrate, drame, in-12. — 1815. Harmonies de la nature, 3 vol. — 1820-21. Œuvres complètes publiées par M. Aimé Martin, 12 vol. (t. I et II : Voyage à l'Ile de France. Conseils et entretiens. Observations sur divers pays ; III à V : Études de la nature ; VI : Paul et Virginie. La chaumière indienne. Mélanges ; VII : L'Arcadie. Fragments de l'Amazone. Nature de la morale ; VIII à X : Les harmonies de la nature ; XI : Les vœux d'un solitaire. Fragments ; XII : Mélanges.) — 1826. Correspondance et supplément aux mémoires de sa vie, 3 vol. — 1833-1836. Œuvres posthumes, 2 vol. — 1834. Romans, contes et opuscules, 2 vol. in-12.

Son éloge a été prononcé par M. Aignan, dans la séance de la Classe de la langue et de la littérature françaises du 18 mai 1815.

23. — MERCIER (Louis, Sébastien).

Nommé, par l'arrêté du 20 novembre 1795, membre de la Classe des Sciences morales et politiques (section de Morale) et, par l'arrêté du 26 janvier 1803, membre de la Classe d'Histoire et de Littérature ancienne.

Né à Paris, le 6 juin 1740. — 17 . Professeur de rhétorique au collège de Bordeaux. — 1789. à 1795. Député de Seine-et-Oise. — 1794. Professeur d'histoire à l'École Normale. — 1795. Membre du Conseil des Cinq-Cents. — Mort à Paris, le 25 avril 1814.

Ouvrages. — I. *Œuvres diverses.* — 1764. Lettre de Saint-Preux à Wolmar. — 1766. Histoire d'Izerbus, in-12. — 1767. La sympathie, histoire morale; in-12. — 1768. Songes et visions philosophiques, in-12. — 1769. Contes moraux, 2 vol. in-12. — 1769. Zambadin, histoire orientale, in-12. — 1770. Vues sur la composition originale. — 1770. L'an 2440 ou rêve s'il en fût jamais. Amsterdam. — 1770. Songes d'un ermite, 2 vol. in-12. — 1776. Eloges et discours philosophiques. Amsterdam. — 1776. Jezennemours, roman, 2 vol. in-12. — 1777. Mémoire pour deux femmes enceintes, in-4. — 1778. De la littérature et des littérateurs. — 1779. Mémoire contre les comédiens français, in-4. — 1781. Tableau de Paris, 2 vol. Hambourg. — 1781. Le philosophe du Port au Blé, in-4. — 1784. Mon bonnet de nuit, 4 vol. Neuchâtel. — 1784. Les hospices. — 1785. Portraits des rois de France. 4 vol. Neuchâtel. — 1786. Les entretiens du Palais-Royal de Paris. — 1787. Wallheck, conte arabe. — 1787. Notions claires sur les gouvernements, 2 vol. — 1787. Mon bonnet du matin, 4 vol. in-12. — 1789. Songes et visions philosophiques, 2 vol. in-12. — 1789. Alcibiade enfant, 4 vol. — 1791. Adresse de l'agriculture à Messieurs de l'Assemblée nationale. — 1792. Réflexions d'un patriote sur les assignats. — 1792. Fictions morales, 3 vol. — 1793. Fragments de politique, d'histoire et de morale, 3 vol. — 1797. Le nouveau Paris, 6 vol. — 1801. Néologie ou vocabulaire de mots nouveaux, 2 vol. — 1802. Histoire de France de Clovis à Louis XVI, 6 vol. — 1805. Charité, 1 vol. in-12. — 1806. De l'impossibilité du système astronomique de Copernic et de Newton. — 1808. Satires contre Racine et Boileau. — 1810. Correspondance dramatique. — 1811. Recueils de contes intéressants, in-12. — S. d. De la comédie et du rire. — Conflagration de toutes les bibliothèques de l'Univers, in-12. — Du pied et de la main de l'homme. — Les rêves de l'anti-papiste. — Les six anges aux ailes bleues et blanches, in-12. — Les trois infortunés, 2 vol. in-12. — De la sottise des commentateurs d'Aristote.

II. *Poésies.* — 1760. Hécube à Pyrrhus. — 1762. Canacée à Macarée. — 1762. Hypermnestre à Lyncée. — 1763. Médée à Jason. — 1763. Philoctète à Pœan. — 1763. Sénèque mourant. — 1763. Héloïse à Abélard. — 1763. Criséas et Zelmide. — 1764. Les hospices. — 1764. Elégies et idylles. — 1764. Calas sur l'échafaud. — 1765. Héroïdes et autres pièces de poésie. — 1766. Le génie, le goût et l'esprit. — 1767. Les amours de Chérale. — 1793. Philidor et Prothumie, in-12.

III. *Théâtre.* — 1769. Jenneval. — 1770. Le déserteur.— 1771. Olinde et Sophronie. — 1772. Le faux ami. — 1772. Jean Hennuyer. — 1774. Childéric. — 1774. Le juge. — 1775. Natalie. — 1775. La brouette du vinaigrier. — 1776. Molière. — 1779. La campagnarde. — 1780. La demande imprévue. — 1780. L'homme de ma connaissance. — 1781. Le charlatan. — 1781. Le gentillâtre. — 1782. L'habitant de la Guadeloupe. — 1782. La destruction de la Ligue. — 1784. L'indigent. — La Maison de Molière. — 1784. Montesquieu. — 1785. Les tombeaux de Vérone. — 1785. Zoé. — 1785. Philippe II. — 1787. Louis XI. — 1789. Charles II. — 1790. Le nouveau doyen. — 1792. Le vieillard et ses trois filles. — 1795. Timon d'Athènes. — 1797. Le libérateur. — 1797. Hortense et d'Artamon. — S. d. Les comédiens. — Théâtre, 4 vol. in-8.

---

24. — DAUNOU (Pierre, Claude, François), O. ✳

Nommé, par l'arrêté du 20 novembre 1795, membre de la Classe des Sciences morales et politiques (section de Législation). Nommé, par l'arrêté du 28 janvier 1803, membre de la Classe d'Histoire et de Littérature ancienne et, par l'ordonnance royale du 21 mars 1816, membre de l'Académie des Inscriptions et Belles-Lettres. Élu, le 16 mars 1838, secrétaire perpétuel de l'Académie des Inscriptions et Belles-Lettres. Nommé, par l'ordonnance royale du 26 octobre 1832, membre de l'Académie des Sciences morales et politiques (section de Législation).

Né à Boulogne (Pas-de-Calais, le 18 août 1761. — 1785. Prêtre de la congrégation de l'Oratoire. — 1786. Professeur de philosophie au collège de Troyes. — 1792 à 1795. Député du Pas-de-Calais. — 1795 à 1799. Membre du Conseil des Cinq-Cents. — 1796 à 1798. Président du Conseil des Cinq-Cents. — 1797. Commissaire chargé d'organiser la République romaine. — 1800 à 1802. Membre du Tribunat. — 1802. Conservateur de la bibliothèque du Panthéon. — 1804 à 1816. Garde des Archives de l'Empire. — 1819 à 1823 et 1827 à 1830. Député du Finistère. — 1819 à 1830. Professeur d'histoire et de morale au Collège de France. — 1830. Garde général des Archives du Royaume. — 1839. Pair de France. — Mort à Paris, le 20 juillet 1840.

Ouvrages. — 1787. De l'influence de Boileau sur la littérature française. — 1788. Mémoire sur l'origine, l'étendue et les limites de l'autorité paternelle, in-4, Berlin. — 1792. Trois discours sur le procès de Louis XVI. — 1793. Essai sur l'instruction publique. — 1793. Essai sur la constitution, 3 vol. — 1795. Rapport sur les moyens de donner plus d'intensité au gouvernement. — 1798. Éloge du général Hoche. — 1801. Analyse des opinions sur l'origine de l'imprimerie. — 1803. Mémoire sur les élections au scrutin, in-4. — 1810. Essai historique sur la puissance temporelle des papes. — 1819. Essai sur les garanties que réclame l'état actuel de la société. — 1819-22. Cours d'histoire, 2 vol. — 1828. Observations sur l'histoire de Bretagne. — *Ouvrage posthume :* Cours d'études historiques, 20 vol., 1842 et suiv. — Mémoires et articles insérés dans le Journal encyclopédique, la Clef du cabinet des souverains, la Sentinelle, le Conservateur, la Biographie universelle, l'Histoire littéraire de la France, et le Journal des savants. — Rapports et discours à la Convention nationale et au Tribunat.

Des notices sur sa vie ont été lues par M. Walckenaer, dans la séance de l'Académie des Inscriptions et Belles-Lettres du 31 juillet 1841 et, par M. Mignet, dans la séance de l'Académie des Sciences morales et politiques du 27 mai 1843.

---

25. — CAMBACÉRÈS, Duc de PARME (le Prince Jean, Jacques, Régis de), G. C. ✳

Nommé, par l'arrêté du 20 novembre 1795, membre de la Classe des Sciences morales et politiques (section de Science sociale et de législation) et, par l'arrêté du 28 janvier 1803, membre de la Classe de la Langue et de la Littérature françaises. Exclu de l'Institut, par l'ordonnance royale du 21 mars 1816.

Né à Montpellier (Hérault), le 18 octobre 1757. — 1771. Conseiller en la Cour des comptes et aides de Montpellier. — 1791. Président du Tribunal criminel de l'Hérault. — 1792. Député à la

Convention Nationale. — 1794. Président de la Convention. — 1795. Président du Comité de Salut public. — 1797. Membre et président du Conseil des Cinq-Cents. — 1799. Ministre de la Justice. — 1799 à 1804. — Deuxième Consul de la République. — 1804 à 1814. Archichancelier de l'Empire et président du Sénat. — 1815 (Cent-Jours). Archichancelier et Ministre de la Justice. — 1815 à 1818. Exilé de France. — Mort à Paris, le 8 mars 1824.

Ouvrages. — 1796. Discours préliminaire du projet de code civil. — 1798. Constitution de la République française avec les lois y relatives, 5 vol. in-12. — 1801. Discours sur la science sociale, in-4.

---

26. — SIEYÈS (l'Abbé Emmanuel, Joseph, Comte), G. O. ✻.

Nommé, par l'arrêté du 20 novembre 1795, membre de la Classe des Sciences morales et politiques (section d'Économie politique) et, par l'arrêté du 28 janvier 1803, membre de la Classe de la Langue et de la Littérature françaises. Exclu de l'Institut par l'ordonnance royale du 21 mars 1816. Nommé, par l'ordonnance royale du 26 octobre 1832, membre de l'Académie des Sciences morales et politiques (section d'Économie politique).

Né à Fréjus (Var), le 3 mai 1748. — 1770. Ordonné prêtre. — 1775. Chanoine de Tréguier. — 1780. Vicaire général de Chartres. — 1787. Conseiller-Commissaire à la Chambre du clergé de France. — 1789. Député de Paris aux États généraux. Rédacteur du serment du Jeu de Paume. — 1790. Président de l'Assemblée Nationale. — 1791. Administrateur et membre du Directoire du département de la Seine. — 1792. Député de la Sarthe à la Convention Nationale. — 1793. Dépose ses lettres de prêtrise. — 1795. Membre du Comité de Salut public. — 1795. Président de la Convention. — 1796. Membre du Conseil des Cinq-Cents. — 1797. Président du Conseil des Cinq-Cents. — 1798. Ambassadeur à Berlin. — 1799. Directeur et président du Directoire de la République. 1799. Consul de la République. — 1799 à 1814. Sénateur. — 1814. Pair de France. — 1815 à 1830. Exilé de France. — Mort à Paris, le 20 juin 1836.

Ouvrages. — 1789. Vues sur les moyens d'exécution dont les représentants de la France pourront disposer. — 1789. Essai sur les privilèges. — 1789. Observations sur le rapport du comité de constitution. — 1789. Observations sur les biens ecclésiastiques. — 1789. Qu'est-ce que le Tiers État? — 1789. Dire sur la question du veto royal. — 1789. Reconnaissance et exposition des droits de l'homme et du citoyen. — 1789. Quelques idées de constitutions applicables à la ville de Paris. — 1789. Préliminaires de la Constitution. — 1790. Projet de loi contre les délits qui peuvent se commettre par la voie de l'impression. — 1790. Projet d'un décret provisoire sur le clergé. — 1790. Aperçu d'une nouvelle organisation de la police et de la justice en France. — 1795. Opinion sur la Constitution de 1795. — 1795. Opinion sur le jury constitutionnaire. — 1796. Collection des écrits de Sieyès publiés par Cramer. — S. d. Renonciation à la dignité cléricale. — Œuvre posthume : Mémoires inédits publiés par Boulay de la Meurthe, 1836.

Une notice sur sa vie a été lue par M. Mignet, dans la séance de l'Académie des Sciences morales et politiques du 28 décembre 1836.

---

27. — CREUZÉ DE LATOUCHE (Jacques, Antoine).

Nommé, par l'arrêté du 20 novembre 1795, membre de la Classe des Sciences morales et politiques (section d'Économie politique).

Né à Châtellerault (Vienne), le 18 septembre 1749. — 1761. Avocat à Paris. — 17 . Lieutenant de la sénéchaussée de Châtellerault. — 1789. Député à l'Assemblée Constituante. — 1792. Député à la Convention. — 1795. Membre du Conseil des Cinq-Cents. — 1797. Membre du Conseil des Anciens. — 1799. Sénateur. — Mort à Vaux (Vienne), le 23 octobre 1800.

Ouvrages. — 1783. De l'union de la vertu et de la science. — 1790. Description topographique du district de Châtellerault. — 1791. Lettre aux municipalités et aux habitants du département de la Vienne. — 1793. Sur les subsistances. — 1797. De la tolérance philosophique et de l'intolérance religieuse. — S. d. Réflexions sur la vie champêtre. — Rapports parlementaires.

Une notice historique sur sa vie et ses œuvres a été lue par M. Champagne, dans la séance de la Classe des Sciences morales et politiques du 5 avril 1802.

---

28. — LEVESQUE (Pierre, Charles), ✻

Nommé, par l'arrêté du 20 novembre 1795, membre de la Classe des Sciences morales et politiques (section d'Histoire) et, par l'arrêté du 28 janvier 1803, membre de la Classe d'Histoire et de Littérature ancienne.

Né à Paris le 28 mars 1736. — 1773. Professeur des cadets nobles à Saint-Pétersbourg. — 1789. Membre associé de l'Académie royale des Inscriptions et Belles-Lettres. — 1791 à 1812. Professeur d'histoire et de morale au Collège de France. — 1809 à 1812. Professeur d'histoire et de géographie anciennes à la Faculté des Lettres de Paris. — Mort à Paris, le 12 mars 1812.

Ouvrages. — 1756. La gloire, poème, in-12. — 1761. Les rêves d'Aristobule, in-12. — 1779. L'homme pensant, in-12. — 1782-83. Histoire de Russie, 6 vol. in-12, Yverdun. — 1783. Histoire des différents peuples soumis à la domination des Russes, 2 vol. in-12. — 1784. L'homme moral ou les principes des devoirs, in-12. — 1787. Éloge historique de l'abbé de Mably. — 1788. Histoire de la France sous les cinq premiers Valois, 4 vol. in-12. — 1796. Proverbes et apophtegmes chinois, in-12. — 1807. Histoire critique de la République romaine, 3 vol. — 1811. Étude de l'histoire ancienne et de celle de la Grèce, 5 vol. — S. d. Spectacle historique divisé par périodes de 25 ans, in-fol.

---

29. — DELISLE DE SALES (l'Abbé Jean, Claude, IZOUARD, dit).

Nommé, par l'arrêté du 20 novembre 1795, membre de la Classe des Sciences morales et politiques (section d'Histoire) et, par l'arrêté du 28 janvier 1803, membre de la Classe d'Histoire et de Littérature ancienne. Nommé, par l'ordonnance royale du 21 mars 1816, membre de l'Académie des Inscriptions et Belles-Lettres.

Né à Lyon (Rhône), le 29 avril 1741. — 1775. Prêtre de la congrégation de l'Oratoire. — Mort à Paris, le 22 septembre 1816.

Ouvrages. — 1765. La Bardinade, ou les Noces de la stupidité. — 1766. Parallèle entre Descartes et Newton. — 1769. Dictionnaire théorique et pratique de chasse et de pêche, 2 vol. — 1769. La philosophie de la nature, 10 vol. — 1771. Lettre de Brutus sur les chars anciens. — 1772. Essai sur la tragédie. — 1775. Paradoxes par un citoyen. — 1776. Lettre de l'inquisiteur de Goa à M. Dodelay d'Achères. — 1777. Mélanges de poésie et de prose, in-12. — 1779. Histoire philosophique du monde primitif, 7 vol. — 1781. Histoire des hommes ou Histoire de tous les peuples (continuée par Mercier), 52 vol. in-12. — 1788. Égérie, anecdote grecque, in-12. — 1791. Ma république, 12 vol. in-12. — 1792. Théâtre d'un poète de Sybaris, 3 vol. in-12. — 1794. Défense de l'auteur de la philosophie de la nature. — 1794. La République du philosophe. — 1796. La philosophie du bonheur, 2 vol. — 1799. Le Vieux de la Montagne. — 1800. Lettre au gouvernement provisoire. — 1800. Recueil de mémoires adressés à l'Institut sur les destitutions des citoyens Carnot, Barthélemy, Pastoret, Sicard et Fontanes. — 1800. Mémoire pour les Académies. — 1801. Vie littéraire de Forbonnais. — 1801. Éloge du général Montalembert, in-4. — 1801. La fin de la Révolution française. — 1801. La paix de l'Europe et ses bases. — 1802. Mémoire en faveur de Dieu. — 1802. Mémoire de Candide sur la liberté de la presse. — 1803. Défense d'un homme atteint du crime d'avoir défendu Dieu. — 1803. Malesherbes, ou Mémoires sur la vie de ce grand homme. — 1804. Examen des Paradoxes d'un célèbre astronome. — 1805. Lettre d'un bâtard d'amour à un bâtard de la littérature. — 1808. Histoire d'Homère et d'Orphée. — 1809. Œuvres dramatiques et littéraires, 6 vol. — 1811. Essai sur le journalisme, de 1735 à 1800.

---

30. — BUACHE (Jean, Nicolas), ✱

Nommé, par l'arrêté du 20 novembre 1795, membre de la Classe des Sciences morales et politiques (section de Géographie) et, par l'arrêté du 28 janvier 1803, membre de la Classe des Sciences physiques et mathématiques. Nommé, par l'ordonnance royale du 21 mars 1816, membre de l'Académie des Sciences (section de Géographie et Navigation).

Né à La Neuville-au-Pont (Marne), le 15 février 1741. — 1773. Attaché au Dépôt des cartes et plans de la marine. — 1780. Sous-garde du Dépôt. — 1782. Premier géographe du Roi. — 1789. Ingénieur hydrographe. — 1792 à 1825. Garde, puis conservateur du Dépôt des cartes et plans de la marine. — 1794-1796. Professeur de géographie à l'École Normale. — 1798. Membre du Bureau des Longitudes. — 1814 à 1825. Ingénieur hydrographe en chef de la marine. — Mort à Paris, le 21 novembre 1825.

Ouvrages. — 1769-72. Traité de géographie ancienne et moderne, 2 vol. in-12. — 1781. Mémoire sur la terre des Arsacides. — 1782. Mémoire sur Trébizonde, Erzeroum et quelques autres villes de l'Asie occidentale. — 1804. Observation sur la carte romaine de Peutinger. — Mémoires insérés dans le recueil de l'Académie royale des sciences, et dans ceux de la première classe de l'Institut (t. VI).

31. — MENTELLE (Edme), ✱

Nommé, par l'arrêté du 20 novembre 1795, membre de la Classe des sciences morales et politiques, (section de Géographie) et, par l'arrêté du 28 janvier 1803, membre de la classe d'Histoire et de Littérature ancienne.

Né à Paris, le 11 octobre 1730. — 1755. Commis à l'administration des Finances. — 1760 à 1792. Professeur d'histoire et de géographie à l'École Militaire. — 1794 à 1795. Professeur de géographie à l'École Normale. — Mort à Paris, le 28 décembre 1815.

Ouvrages. — 1757. Lettre à un seigneur étranger sur les ouvrages périodiques, in-12 — 1758. L'amour libérateur, comédie. — 1761. Manuel géographique, in-12. — 1766. Éléments de l'histoire romaine, in-12. — 1772. Géographie de la Grèce ancienne. — 1773. Anecdotes orientales, 2 vol. — 1773-74. Éléments de l'histoire romaine, 2 vol. in-12. — 1774. Raton aux enfers. — 1778. Traité de la sphère, in-12. — 1778. Géographie comparée, 7 vol. — 1781. Cosmographie élémentaire. — 1783. Choix de lectures géographiques et historiques, 6 vol. — 1783. Éléments de géographie. — 1784-89. Dictionnaire de géographie moderne, 3 vol. in-4. — 1787-92. Dictionnaire de géographie ancienne, 3 vol. in-4. — 1791. Méthode pour apprendre aisément la nouvelle géographie de la France. — 1792. Tableaux élémentaires de géographie. — 1795. La géographie enseignée par une nouvelle méthode. — 1796. Précis de l'histoire des Hébreux jusqu'à la prise de Jérusalem, in-12. — 1797. Considérations nouvelles sur l'instruction publique. — 1800. Précis de l'histoire de France jusqu'à l'an IX de la république. — 1801. Cours complet de cosmographie, chronologie, géographie et histoire, 4 vol. — 1801. Précis de l'histoire universelle pendant les dix premiers siècles, in-12. — 1802. Cours d'histoire. — 1803. Géographie universelle, 16 vol. — 1804. Abrégé élémentaire de géographie ancienne et moderne, 2 vol. — 1804. Tableau synchronique des principaux événements de l'histoire ancienne. — 1808. Les contes des fées, poème. — 1808. Cours complet de cosmographie, 4 vol. — 1809. Études convenables aux demoiselles, 2 vol. — 1810. Exercices chronologiques et historiques, in-12. — 1813. Géographie classique, in-12. — S. d. L'intendant supposé, comédie. — Plusieurs atlas géographiques et mémoires insérés dans le recueil de l'Institut.

Une notice sur sa vie a été lue par Dacier, dans la séance de l'Académie des Inscriptions et Belles-Lettres du 15 juillet 1819.

32. — SICARD (l'Abbé Ambroise, CUCURRON, dit), ✱

Nommé, par l'arrêté du 20 novembre 1795, membre de la Classe de Littérature et Beaux-Arts (section de Grammaire). Condamné à la déportation et exclu de l'Institut en 1797. Élu, le 24 juin 1801, dans la même Classe. Nommé, par l'arrêté du 28 janvier 1803, membre de la Classe de la Langue et de la Littérature françaises. Nommé, par l'ordonnance royale du 21 mars 1816, membre de l'Académie française.

Né à Fousseret (Haute-Garonne), le 20 septembre 1742. — 1765. Frère de la Doctrine chrétienne. — 1770. Prêtre. — 1786. Chanoine de Bordeaux. — 1790. Directeur de l'Institution des Sourds-Muets de Paris. — 1794 à 1795. Professeur d'art de la parole à l'École Normale. — 1815. Administrateur de l'hospice des Quinze-Vingts et de l'institution des Jeunes Aveugles. — 1815. Chanoine honoraire de Paris. — Mort à Paris, le 10 mai 1822.

Ouvrages. — 1789. Mémoires sur l'art d'instruire les sourds-muets de naissance, 2 vol. Bordeaux — 1795. Catéchisme à l'usage des sourds-muets. — 1798. Manuel de l'enfance, in-12. — 1799. Éléments de grammaire générale appliqués à la langue française, 2 vol. — 1800. Cours d'instruction d'un sourd-muet de naissance, in-8. — 1805. Journée chrétienne d'un sourd-muet, in-12. — 1806. Relation historique sur les journées des 2 et 3 septembre 1792. — 1808-23. Théorie des signes pour l'instruction des sourds-muets, 2 vol. — 1811. Rapport sur le Génie du christianisme de Chateaubriand. — 1816. Opinion sur l'ouvrage ayant pour titre : les Images. — Articles et mémoires insérés dans les Annales religieuses, politiques et littéraires, le Magasin encyclopédique, etc.

Son éloge a été prononcé par M. de Frayssinous, évêque d'Hermopolis, dans la séance de l'Académie française du 28 novembre 1822.

---

33. — DUSAULX (Jean).

Nommé, par l'arrêté du 20 novembre 1795, membre de la Classe de Littérature et Beaux-Arts (section des Langues anciennes).

Né à Chartres (Eure-et-Loir), le 28 novembre 1728. — 1755 à 1776. Commissaire de la gendarmerie. — 1773. Membre associé de l'Académie royale des Inscriptions et Belles-Lettres. — 1792 à 1795. Député de Paris à la Convention. — 1795 à 1798. Membre et président du Conseil des Anciens. — Mort à Paris, le 17 mars 1799.

Ouvrages. — 1775. Lettres et réflexions sur la fureur du jeu. — 1779. De la passion du jeu dans les différents siècles. — 1784. Vie de l'abbé Blanchet. — 1790. L'insurrection parisienne et la prise de la Bastille. — 1794. Les douze représentants détenus à Port-Libre à leurs collègues. — 1796. De mes rapports avec J.-J. Rousseau et de notre correspondance. — 1796. Voyage à Barèges et dans les Hautes-Pyrénées. — 1796. Lettre au citoyen Fréron.

---

34. — BITAUBÉ (Paulus, Jérémias), ✳

Nommé, par l'arrêté du 20 novembre 1795, membre de la Classe de Littérature et Beaux-Arts (section des Langues anciennes) et, par l'arrêté du 28 janvier 1803, membre de la Classe d'Histoire et de Littérature ancienne.

Né à Kœnigsberg (Prusse), le 24 novembre 1732. — Fixé en France en 1778. — 1760. Pasteur protestant. — Mort à Paris, le 22 novembre 1808.

Ouvrages. — 1763. Examen de la profession de foi du Vicaire savoyard. Berlin. — 1767. De l'influence des belles-lettres sur la philosophie. Berlin. — 1769. Éloge de Pierre Corneille. Berlin. — 1786. Joseph, poème. — 1797. Les Bataves, poème. — 1804. Œuvres complètes, 9 vol. in-8 (vol. I à III : l'Iliade d'Homère; IV à VI, l'Odyssée d'Homère; VII : Joseph; VIII : les Bataves; IX : Hermann et Dorothée de Gœthe et mémoires divers. — S. d. Lettres sur les talents de La Bruyère, in-12. — Divers mémoires insérés dans le recueil de l'Académie de Berlin.

Une notice sur sa vie a été lue par Dacier, dans la séance de la Classe d'histoire et de littérature ancienne du 7 juillet 1810.

35. — CHÉNIER (Marie, Joseph, de), ✳

Nommé, par l'arrêté du 20 novembre 1795, membre de la Classe de Littérature et Beaux-Arts (section de Poésie) et, par l'arrêté du 28 janvier 1803, membre de la Classe de la Langue et de la Littérature françaises.

Né à Constantinople (Turquie), de parents français, le 28 août 1764. — 1781 à 1783. Officier de cavalerie. — 1792. Membre et président de la Convention nationale. — 1795. Membre et président du Conseil des Cinq-Cents. — 1801 à 1807. Membre du Tribunat. — 1803 à 1806. Inspecteur général de l'Instruction publique. — 1806 à 1807. Professeur à l'Athénée. — 1807 à 1811. Chef de la Section historique aux Archives impériales. — Mort à Paris, le 10 janvier 1811.

Ouvrages. — I. *Théâtre.* — 1784. Edgar ou le page supposé. — 1787. Azémire (trag.). — 1790. Charles IX (trag.). — 1791. Henri VIII (trag.). — 1791. Jean Calas (drame). — 1793. Caïus Gracchus (trag.). — 1793. Le camp de Grand-Pré. — 1793. Fénelon. — 1795. Timoléon. — 1804. Cyrus.
Œuvres posthumes : Brutus et Cassius. — Philippe II. — Tibère. — Œdipe-Roi. — Œdipe à Colonne. — Électre. — Nathan le Sage. — Les portraits de famille. — Ninon. — Théâtre complet, 3 vol. Paris, 1818.
II. *Poésies.* — 1787. Odes. — 1787. L'assemblée des notables. — 1788. Épîtres et satires. — 1791. Ode sur la mort de Mirabeau. — 1792. Chants nationaux. — 1794. Le chant du départ. — 1794. Hymnes et odes. — 1797. Le chant du retour. — 1797. Épîtres sur la calomnie. — 1797. Satires. — 1798. Petits poèmes. — 1798. Le vieillard d'Ancenis. 1800. Les nouveaux saints. — 1801. Poésies lyriques. — 1802. Les miracles. — 1803. Les deux missionnaires. — 1806. Épître à Voltaire. — 1818. Poésies diverses. — Œuvres posthumes : La Bataviade. — Œuvres diverses.
III. *Ouvrages divers.* — 1788. Dialogue du public et de l'anonyme, in-12. — 1788. Le ministre et l'homme de lettres, dialogue. — 1789. Courtes réflexions sur l'état civil des comédiens. — 1789. Dénonciation des inquisiteurs de la pensée. — 1789. Lettre à M. le comte de Mirabeau sur les dispositions des officiers. — 1789. De la liberté du théâtre en France. — 1792. Opinion sur le procès du Roi. — 1798. Pie VI et Louis XVIII. — 1802. Les miracles, conte dévot. — 1816. Tableau historique de l'état et des progrès de la littérature française depuis 1789. — 1818. Fragments du cours de littérature fait à l'Athénée. — S. d. Tableau historique de la littérature française jusqu'à la fin du règne de Louis XII. — Rapport sur les prix décennaux. — Œuvres complètes, 8 vol. in-8, Paris, 1823-26, précédées de notices biographiques par MM. Daunou et Dacier (t. I et II : Théâtre ; III : Poésies ; IV : Mélanges littéraires ; V : Politique ; VI et VII : Œuvres posthumes, tragédies et comédies, discours et poèmes ; VIII : Tableau de la littérature).

36. — LEBRUN (Ponce, Denis, ÉCOUCHARD), ✳

Nommé, par l'arrêté du 20 novembre 1795, membre de la Classe de Littérature et Beaux-Arts (section de Poésie) et, par l'arrêté du 28 janvier 1803, membre de la Classe de la Langue et de la Littérature françaises.

Né à Paris, le 11 août 1729. — 1760 à 1776. Secrétaire des Commandements du Prince de Conti. — Mort à Paris, le 31 août 1807.

Ouvrages. — Ses poésies, publiées successivement, par feuilles séparées, n'ont été réunies qu'après sa mort. — Œuvres complètes, publiées par Ginguené, 4 vol., Paris, 1811. — I : Odes ; II : Élégies et épîtres. Les veillées du Parnasse, poème. La nature, poème ; III : Épigrammes et poésies diverses ; IV : Correspondance et mélanges, en prose.

Son éloge a été prononcé par M. Raynouard, dans la séance de la Classe de la langue et de la littérature françaises du 24 novembre 1807.

37. — MONGEZ (l'Abbé Antoine).

Nommé, par l'arrêté du 20 novembre 1795, membre de la Classe de Littérature et Beaux-Arts (section des Antiquités et Monuments) et, par l'arrêté du 28 janvier 1803, membre de la Classe d'Histoire et de Littérature ancienne. Exclu de l'Institut par l'ordonnance royale du 21 mars 1816. Élu, le 29 mai 1818, membre de l'Académie des Inscriptions et Belles-Lettres.

Né à Lyon (Rhône), le 29 janvier 1747. — 1770 à 1792. Chanoine régulier de Sainte-Geneviève. — 1785. Associé libre résidant de l'Académie royale des Inscriptions et Belles-Lettres. — 1792. Commissaire du Gouvernement près l'Administration des Monnaies. — 1801. Membre du Tribunat. — 1804 à 1814. Administrateur des Monnaies. — Mort à Paris, le 31 juillet 1835.

Ouvrages. — 1777. Histoire de Marguerite de Valois. — 1780. Mémoires sur différents sujets de littérature. — — 1783. Des noms et des attributions des divinités infernales. — 1783. Mémoires sur les cygnes qui chantent. — 1786-94. Dictionnaire d'antiquités, 7 vol. in-4. — 1787 à 1821. Explication des tableaux de la galerie de Florence, 4 vol. in-fol. — 1789. Vie privée du cardinal Dubois, 2 vol. Londres. — 1789. Algèbre, 3 vol. in-12. — 1789. Arithmétique, 2 vol. in-12. — 1796. Considérations sur les monnaies. — 1800. Réflexions sur l'abus des figures allégoriques employées en peinture. — 1812-29. Iconographie romaine (suite de Visconti), 3 vol. in-4 et 3 vol. in-fol.

Une notice sur sa vie a été lue par M. Walckenaer, dans la séance de l'Académie des Inscriptions et Belles-Lettres du 17 août 1849.

---

38. — DUPUIS (Charles, François).

Nommé, par l'arrêté du 20 novembre 1795, membre de la Classe de Littérature et Beaux-Arts (section des Antiquités et Monuments) et, par l'arrêté du 28 janvier 1803, membre de la Classe d'Histoire et de Littérature ancienne.

Né à Trye-le-Château (Oise), le 26 octobre 1742. — 1766. Professeur de rhétorique au collège de Lisieux. — 1770. Avocat. — 1787 à 1809. Professeur d'éloquence latine au Collège de France. — 1788. Membre associé de l'Académie royale des Inscriptions et Belles-Lettres. — 1790 à 1795. Député de Seine-et-Oise. — 1795 à 1797. Membre du Conseil des Cinq-Cents. — 1799 à 1802. Membre du Corps législatif. — Mort à Is-sur-Tille (Côte-d'Or), le 29 septembre 1809.

Ouvrages. — 1781. Laudatio funebris Aug. Mariæ Theresiæ Austriacæ, in-4. — 1781. De l'origine des constellations et de l'explication de la fable par le moyen de l'astronomie, in-4. — 1795. L'origine de tous les cultes ou la religion universelle, 4 vol. in-4. — 1806. Mémoire explicatif du zodiaque chronologique et mythologique, in-4. — 1820. Abrégé de l'origine de tous les cultes. — 1822. Dissertation sur le zodiaque de Denderah, in-12. — Mémoires insérés dans le recueil de l'Institut.

---

39. — DAVID (Jacques, Louis), C. ✳.

Nommé, par l'arrêté du 20 novembre 1795, membre de la Classe de Littérature et Beaux-Arts (section de Peinture) et, par l'arrêté du 25 janvier 1803, membre de la Classe des Beaux-Arts. Exclu de l'Institut par l'ordonnance royale du 21 mars 1816.

Né à Paris, le 30 août 1748. — 1775. Grand prix de Rome. — 1783. Membre de l'Académie royale de Peinture. — 1792. Député de Paris, à la Convention nationale. — 1804. Premier peintre de l'Empereur. — 1816. Banni de France. — Mort à Bruxelles, le 29 décembre 1825.

Œuvres principales. — 1771. Combat entre Minerve et Mars (Louvre). — 1772. Apollon et Diane. — 1773. La mort de Sénèque. — 1774. Érasistrate. — 1778. La peste de Saint-Roch. — 1781. Bélisaire (Louvre). — 1781. La mort d'Hector. — 1783. Andromaque. Saint Jérôme. Les funérailles de Patrocle. — 1785. Serment des Horaces (Louvre). — 1787. La mort de Socrate. Les licteurs rapportant à Brutus les corps de ses fils (Louvre). Pâris et Hélène (Louvre). — 1788. Les amours de Pâris et d'Hélène. — 1789. Brutus. — 1791. Le serment du Jeu de Paume. — 1800. Bonaparte franchissant le Saint-Bernard (Versailles). — 1805. Pie VII. — 1808. Les Sabines (Louvre). — 1808. Le couronnement de Napoléon (Louvre). — 1808. Napoléon Ier. — 1809. Sapho et Phaon. Eucharis et Télémaque. — 1810. La distribution des aigles à l'armée (Versailles). — 1814. Léonidas aux Thermopyles (Louvre). — S. d. L'assassinat de Michel Le Pelletier. Charlotte Corday tuant Marat. La mort de Barra. L'amour et Psyché. Les adieux de Télémaque et d'Eucharis. La colère d'Achille (Louvre). Mars désarmé par Vénus. Bohémienne. Une vestale. Le Christ. Portraits de Mme Récamier, Mongez, Mme Vigée Lebrun, le comte Potocki, Mme Daru, le cardinal Caprara, le général Gérard, Siéyès, Lavoisier, etc. Peintures du salon de Mlle Guimard (Chaussée-d'Antin).

Ouvrages. — Discours et rapports à la Convention nationale. Mémoires publiés par Miette de Villars, 1850.

40. — SPAENDONCK (Gérard, Van), ✳.

Nommé, par l'arrêté du 20 novembre 1795, membre de la Classe de Littérature et Beaux-Arts (section de Peinture) et, par l'arrêté du 28 janvier 1803, membre de la Classe des Beaux-Arts. Nommé, par l'ordonnance royale du 21 mars 1816, membre de l'Académie des Beaux-Arts.

Né à Tilbourg (Pays-Bas), le 23 mars 1746. — 1774. Peintre en miniatures du Roi. — 1781. Membre de l'Académie royale de Peinture. — 1793 à 1822. Professeur d'iconographie naturelle au Muséum d'histoire naturelle. — Mort à Paris, le 11 mai 1822.

Œuvres principales. — 1777. Fleurs dans un vase d'agathe. — 1779. Fleurs dans un vase de marbre blanc. — 1781. Vase sculpté rempli de fleurs. — 1783. Étude de pêches posées sur une pierre. — 1785. Piédestal d'albâtre avec des fleurs et plusieurs autres tableaux de fleurs.

Souvenirs de Van Spaendonck ou recueil de fleurs lithographiées d'après les dessins de ce célèbre professeur, publié par M. Chalon d'Argé, in-4, 1826. Paris.

Son éloge a été prononcé par M. Quatremère de Quincy, dans la séance de l'Académie des Beaux-Arts du 5 octobre 1822.

---

41. — PAJOU (Augustin), ✳.

Nommé, par l'arrêté du 20 novembre 1795, membre de la Classe de Littérature et Beaux-Arts (section de Sculpture) et, par l'arrêté du 25 janvier 1803, membre de la Classe des Beaux-Arts.

Né à Paris, le 19 septembre 1730. — 1748. Grand prix de Rome. — 1760. Membre de l'Académie royale de Peinture et de Sculpture. — 1766 à 1809. Professeur à l'École des Beaux-Arts. — 1781. Garde des Antiques du Roi. — 1792. Recteur de l'Académie royale de Peinture et de Sculpture. — Mort à Paris, le 8 mai 1809.

Œuvres principales. — I. *Groupes et statues.* — 1759. La paix. — 1759. Pluton tenant Cerbère enchaîné (Louvre). — 1759. La princesse de Hesse-Hambourg sous la figure de Minerve (bas-relief). — 1761. Saint Augustin (Invalides). — 1761. Un fleuve. — 1763. La peinture. — 1763. Un amour. — 1765. Saint François de Sales (église Saint-Roch). — 1765. Bacchante. — 1769. La reine de France. — 1769. L'amour dominateur des éléments. — 1769. Mars, la Prudence, la Libéralité et Apollon (façade du Palais-Royal). — 1771. Vénus. — 1771. Hébé. — 1773. Femme tenant une corne d'abondance. — 1777. Mercure. — 1777. Descartes. — 1780. Bossuet (Institut). — 1781. Pascal. — 1783. Turenne. — 1783. L'amitié chasse la mort. Fénelon. — 1785. Psyché (Louvre). — 1787. Vénus recevant la pomme. — S. d. L'Impératrice Élisabeth de Russie décorant la princesse de Hesse-Hombourg.

II. *Bustes.* — 1765. Maréchal de Clermont-Tonnerre, marquis de Mirabeau. — 1767. Le dauphin, le comte de Provence, le comte d'Artois. — 1771. Mme du Barry. — 1773. Buffon. — 1777. Louis XV. — 1779. Trudaine. — 1779. Ducis. — 1781. Grétry. — 1783. Mme Vigée-Lebrun. — 1789. Le Moyne. — 1802. César. Louis XVI.

III. — Bas-reliefs du foyer de la salle de spectacle à Versailles. Fronton de la cour du Palais-Royal. Naïades de la fontaine des Innocents à Paris. L'amour dominant les éléments.

Une notice sur sa vie a été lue par J. Le Breton, dans la séance de la Classe des Beaux-Arts du 16 octobre 1810.

---

42. — HOUDON (Jean, Antoine), ✳

Nommé, par l'arrêté du 20 novembre 1795, membre de la Classe de Littérature et Beaux-Arts (section de Sculpture) et, par l'arrêté du 28 janvier 1803, membre de la Classe des Beaux-Arts. — Nommé, par l'ordonnance royale du 21 mars 1816, membre de l'Académie des Beaux-Arts.

Né à Versailles (Seine-et-Oise), le 20 mars 1741. — 1761. Grand prix de Rome. — 1777. Membre de l'Académie royale de Peinture et de Sculpture. — 1792. Adjoint à professeur. — 1805 à 1823. Professeur à l'École des Beaux-Arts. — Mort à Paris, le 15 juillet 1828.

Œuvres principales. — I. *Groupes et statues.* — 1765. Saint-Bruno (Rome). — 1773. Monuments du prince Michailowitsch et du prince Galitzin. — 1773. Bélisaire. — 1777. Morphée. — 1777. Vestale. — 1781. Tourville. — 1781. Voltaire (Théâtre-Français). — 1783. Diane (Louvre). — 1783. La Frileuse. — 1793. Washington. — 1804. Cicéron. — 1812. Joubert. Médaillon de Minerve. Homme écorché. Grive suspendue par la patte (bas-relief). — La Philosophie.

II. *Bustes.* — 1771. M. Bignon, Diderot. — 1773. Catherine II de Russie, Frédéric III, le duc de Saxe-Gotha, la duchesse de Saxe-Meiningen. — 1775. Miromesnil, Turgot, Mᵐᵉˢ de Cayla, Mˡˡᵉ Arnoult, Gluck. — 1777. Monsieur, Madame, Mᵐᵉ Adélaïde, Mᵐᵉ Victoire, Diane, Charles IX. — 1779. M. de Nicolaï, M. de Caumartin, Molière, Jean-Jacques-Rousseau, Franklin, Voltaire, le duc de Praslin, Quesnay. — 1783. Alexandre le Grand, La Fontaine, Buffon, la princesse Achkow, le prince et la princesse de Mecklembourg. — 1785. Le roi de Suède, le prince Henri de Prusse. — 1786. Louis XVI, Suffren, Bouillé, La Fayette, Vestale, Washington, Boufflers, Pilastre de Rosier, J.-J. Rousseau, Buffon, Diderot, Voltaire, Bailly, Necker. — 1795. Barthélemy. — 1796. Pastoret. — 1802. D'Alembert, la margrave d'Anspach, Mentelle. — 1804. Ney, Fulton. — 1806. Napoléon, Joséphine, Colin d'Harleville. — 1812. Boissy d'Anglas. — 1814. L'empereur Alexandre, Dumouriez, le duc de Nivernais.

Son éloge a été prononcé par Quatremère de Quincy, dans la séance de l'Académie des Beaux-Arts du 3 octobre 1829.

43. — GONDOIN (Jacques), ✳

Nommé, par l'arrêté du 20 novembre 1795, membre de la Classe de Littérature et Beaux-Arts (section d'Architecture) et, par l'arrêté du 28 janvier 1803, membre de la classe des Beaux-Arts. Nommé, par l'ordonnance royale du 21 mars 1816, membre de l'Académie des Beaux-Arts.

Né à Saint-Ouen (Seine), le 1ᵉʳ octobre 1737. — 1774. Membre de l'Académie d'Architecture. — 1798 à 1800. Membre du Conseil des Bâtiments civils. — Mort à Paris, le 29 décembre 1818.

Œuvres. — 1769 à 1786. École de médecine de Paris. — 1805. Fontaine de la place de l'École de médecine (Esculape). — 1808. Colonne de la place Vendôme à Paris.

Ouvrage. — 1780. Description des écoles de chirurgie, in-fol.

Une notice sur sa vie a été lue par Quatremère de Quincy, dans la séance de l'Académie des Beaux-Arts du 6 octobre 1821.

44. — WAILLY (Charles, de).

Nommé, par l'arrêté du 20 novembre 1795, membre de la Classe de Littérature et Beaux-Arts (section d'Architecture).

Né à Paris, le 9 novembre 1729. — 1752. Grand prix de Rome. — 1767. Membre de l'Académie d'Architecture. — 1771. Membre de l'Académie de Peinture. — Mort à Paris, le 2 novembre 1798.

Œuvres. — 1779 à 1782. Théâtre de l'Odéon à Paris. — 1787. Hôtel de Voyer d'Argenson à Paris (rue des Bons-Enfants). Château des Ormes. Salons du palais Spinola, à Gênes. — 1787. Restauration de la salle des Italiens (ancien Opéra-Comique). Chapelle basse de l'église Saint-Leu, à Paris. Chapelle de la Vierge, à l'église Saint-Sulpice. Théâtre de Bruxelles. — Nombreux plans et dessins, dont plusieurs gravés dans l'Encyclopédie et dans la Description de la France, par Delaborde.

Une notice sur sa vie a été lue par Andrieux, à la séance de l'Institut du 4 avril 1799.

45. — MÉHUL (Étienne, Nicolas), ✳

Nommé, par l'arrêté du 20 novembre 1795, membre de la Classe de Littérature et Beaux-Arts (section de Musique et Déclamation) et, par l'arrêté du 28 janvier 1803, membre de la Classe des Beaux-Arts. Nommé, par l'ordonnance royale du 21 mars 1816, membre de l'Académie des Beaux-Arts (section de Composition musicale).

Né à Givet (Ardennes), le 24 juin 1763. — 1795. Inspecteur du Conservatoire de musique. — Mort à Paris, le 18 octobre 1817.

Œuvres. — 1790. Euphrosine et Coradin. — 1791. Alonzo et Cora. — 1792. Stratonice. — 1793. Le jugement de Paris. — 1793. Le jeune sage et le vieux fou. — 1794. Horatius Coclès, chœurs de Timoléon (de Chénier). — 1794. Phrosine et Mélidor. — 1795. La caverne. — 1796. Doria — 1797. Le pont de Lodi. — 1797. La toupie et le papillon. — 1797. Le jeune Henri. — 1799. Adrien. — 1799. Ariodant. — 1800. Bion. — 1800. Épicure. — 1801. L'Irato. — 1802. Le trésor supposé. — 1802. Joanna. — 1802. L'heureux malgré lui. — 1803. Une folie. — 1803. Héléna. — 1803. Le baiser et la quittance. — 1804. Les Hussites. — 1806. Gabrielle d'Estrée. — 1806. Les deux aveugles de Tolède. — 1806. Uthal. — 1807. Joseph. — 1809. Le retour d'Ulysse. — 1810. Persée et Andromède. — 1812. Les amazones. — 1813. Le prince troubadour. — 1814. L'oriflamme. — 1816. La journée aux aventures. — 1822. Valentine de Milan.

Œuvres non représentées. — 1787. Hypsile. — 1794. Arménius. — 1795. Scipion, Tancrède et Clorinde, Sésostris, Agar.

Chœurs d'Œdipe roi. Hymne à la Raison, chant des victoires. La mort de Ferrand. Hymne des Vingt-Deux. Chant du retour. Hymne pour la fête des époux. Chant pour le 9 Thermidor. Symphonies et sonates.

Une notice sur sa vie a été lue par Quatremère de Quincy, dans la séance de l'Académie des Beaux-Arts du 2 octobre 1819.

----

46. — MOLÉ (François, René).

Nommé, par l'arrêté du 20 novembre 1795, membre de la Classe de Littérature et Beaux-Arts (section de Musique et Déclamation).

Né à Paris, le 24 novembre 1734. — 1760 à 1802. Sociétaire de la Comédie française. — 1799. Doyen de la Comédie française. — Mort à Paris, le 11 décembre 1802.

Ouvrages. — 1793. Éloge de Mme Dangeville. — 1795. Éloge de Préville. — 1802. Notice sur les mémoires de Le Kain.

----

47. — ANDRIEUX (François, Guillaume, Jean, Stanislas), O. ✳

Nommé, par l'arrêté du 6 décembre 1795, membre de la Classe de Littérature et Beaux-Arts (section de Grammaire) et, par l'arrêté du 28 janvier 1803, membre de la Classe de la Langue et de la Littérature françaises. Nommé, par l'ordonnance royale du 21 mars 1816, membre de l'Académie française. Élu, le 22 janvier 1824, secrétaire perpétuel de la même Académie.

Né à Strasbourg (Bas-Rhin), le 6 mai 1759. — 1781. Avocat au Parlement de Paris. — 1791. Chef de bureau à l'Administration des Finances. — 1792. Chef de division. — 1795. Juge au Tribunal de Cassation. — 1798. Membre du Conseil des Cinq-Cents. — 1800 à 1802. Membre du Tribunat. — 1801. Président du Tribunat. — 1804. — Bibliothécaire du Sénat. — 1804 à 1816. Professeur de grammaire et belles lettres à l'École Polytechnique. — 1814 à 1833. Professeur de littérature française au Collège de France. — Mort à Paris, le 10 mai 1833.

Ouvrages. — *Théâtre.* — 1783. Anaximandre. — 1788. Les étourdis. — 1790. Louis IX en Égypte. — 1794. L'enfance de J.-J. Rousseau. — 1802. Helvétius ou la vengeance d'un sage. — 1803. La suite du menteur. — 1804. Le trésor. — 1804. Molière avec ses amis. — 1810. Le vieux fat. — 1811. Le portrait. — 1816. La comédienne. — 1826. Le rêve du mari. Le jeune créole. Lénore. — 1830. Lucius Julius Brutus.

Œuvres diverses. — 1795. Saint Roch et saint Thomas. — 1800. Contes et opuscules en vers et en prose. — 1807. Cours de grammaire et belles-lettres, 2 vol. in-4. — 1817-22. Œuvres, 4 vol. in-8 (I à III : Théâtre; IV : Notice et œuvres diverses). — 1824. Observations sur la tragédie grecque et la tragédie française.

Son éloge a été prononcé par M. Thiers, dans la séance de l'Académie française du 13 décembre 1834.

----

48. — BORDA (le chevalier Jean, Charles de).

Élu, le 9 décembre 1795, membre de la Classe des Sciences physiques et mathématiques (section de Mathématiques).

Né à Dax (Landes), le 4 mai 1733. — 1756. Officier du génie. — 1767. Officier de port à Brest. 1768. Membre de l'Académie royale des Sciences. — 1775. Lieutenant de vaisseau. — 1779. Capitaine de vaisseau, major d'escadre. — 1786. Chef de division, inspecteur de l'École des élèves ingénieurs de Paris. — 1798. Membre du Bureau des Longitudes. — Mort à Paris, le 20 février 1799.

Ouvrages. — 1778. Voyage fait, en 1771 et 1772, pour vérifier l'utilité de méthodes servant à déterminer la latitude et la longitude du vaisseau et des côtes, 2 vol. in-4. — 1778. Description et usage du cercle de réflexion, in-4. — 1804. Tables trigonométriques décimales, ou tables des logarithmes, des sinus, sécantes et tangentes, in-4. Mémoires insérés dans le recueil de l'ancienne Académie des sciences et dans le Journal des mines.

Une notice sur sa vie a été lue par Lefèvre-Gineau, dans la séance de l'Institut du 5 janvier 1800.

---

49. — BOSSUT (l'Abbé Charles), ✱

Élu, le 9 décembre 1795, membre de la Classe des Sciences physiques et mathématiques. Maintenu par l'arrêté du 28 janvier 1803, dans la même Classe (section de Géométrie).

Né à Tartas (Landes), le 11 août 1730. — 1752. Examinateur pour l'École du Génie de Mézières. — 1760. Professeur d'hydrodynamique au Louvre. — 1770. Membre de l'Académie royale des Sciences. — Mort à Paris, le 14 janvier 1814.

Ouvrages. — 1763. Traité élémentaire de mécanique et de dynamique. — 1764. Recherches sur la construction la plus avantageuse des digues, in-4. — 1766. Des altérations que la résistance de l'éther peut produire dans les planètes, in-4. — 1767-75. Traité élémentaire de géométrie. — 1771. Traité élémentaire d'hydrodynamique, 2 vol. — 1772. Traité élémentaire de mécanique statique. — 1777. Nouvelles expériences sur la résistance des fluides. — 1780. Cours complet de mathématiques à l'usage du génie, 7 vol. — 1781. Discours sur la vie et les ouvrages de Pascal. — 1792. Traité de mécanique. — 1798. Traité de calcul différentiel et intégral, 2 vol. — 1802. Essai sur l'histoire des mathématiques, 2 vol. — 1808. Arithmétique et algèbre. — 1810. Histoire générale des mathématiques, 2 vol. — 1812. Mémoires concernant la navigation, l'astronomie, la physique et l'histoire, in-12. Articles et mémoires insérés dans le Dictionnaire des mathématiques, les recueils de l'ancienne Académie des sciences et de l'Institut (t. II et III de la 1re série et I de la 2e série).

Une notice sur sa vie a été lue par Delambre, dans la séance de la Classe des Sciences physiques et mathématiques du 9 janvier 1815.

---

50. — LE ROY (Jean, Baptiste).

Élu, le 9 décembre 1795, membre de la Classe des Sciences physiques et mathématiques (section des Arts mécaniques).

Né à Paris, en 1719. — 1766. Membre de l'Académie royale des Sciences. — 1794 à 1800. Démonstrateur au Conservatoire des Arts et Métiers, administrateur du Conservatoire. — Mort à Paris, le 21 janvier 1800.

Le Roy n'a publié aucun ouvrage, mais il a fait insérer dans le recueil de l'Académie royale des sciences, de 1753 à 1780, un grand nombre de mémoires ou de dissertations, principalement sur l'électricité. Il a écrit l'histoire de l'Académie des sciences pour les années 1757 à 1760.

---

51. — PÉRIER (Jacques, Constantin).

Élu, le 9 décembre 1795, membre de la Classe des Sciences physiques et mathématiques. Maintenu, par l'arrêté du 28 janvier 1803, dans la même Classe. Nommé, par l'ordonnance royale du 21 mars 1816, membre de l'Académie des Sciences (section de Mécanique).

Né à Paris, le 2 novembre 1742. — 1785. Membre de l'Académie royale des Sciences. — Mort à Paris, le 16 août 1818.

Périer n'a publié aucun ouvrage. Il a construit un grand nombre de modèles qui figurent au Conservatoire des arts et métiers et les deux pompes à feu de Chaillot.

Une notice sur sa vie a été lue par Delambre, dans la séance de l'Académie des Sciences du 22 mars 1819.

---

52. — LE MONNIER (Pierre, Charles).

Élu, le 9 décembre 1795, membre de la Classe des Sciences physiques et mathématiques (section d'Astronomie).

Né à Paris, le 20 novembre 1715. — 1741. Membre de l'Académie royale des Sciences. — 1749 à 1793. Professeur de physique au Collège de France. — Mort à Hérils (Calvados), le 3 avril 1799.

Ouvrages. — 1741. Histoire céleste. — 1743. Théorie des comètes. — 1746. Institutions astronomiques, in-4. — 1751-75. Observations de la lune, du soleil et des étoiles fixes, 4 vol. in-fol. — 1754. Lettre sur la théorie des vents. — 1755. Nouveau zodiaque réduit à l'année 1755. — 1757. Premières observations pour la mesure du degré entre Paris et Amiens. — 1761. Observations du passage de Vénus, in-4. — 1771. Astronomie nautique lunaire. — 1772. Exposition des moyens de résoudre plusieurs questions dans l'art de la navigation. — 1774. Essai sur les marées et leurs effets aux grèves du Mont Saint-Michel. — 1774. Description et usage des principaux instruments d'astronomie, in-fol. — 1776-79. Les lois du magnétisme, 2 vol. — 1781-84. Mémoires concernant diverses questions d'astronomie et de physique, in-4. — 1790. De la correction introduite pour accourcir la ligne sèche du lock. Mémoires insérés dans le recueil de l'Académie royale des sciences de 1747 à 1790; traduction et édition de divers ouvrages.

---

53. — PINGRÉ (l'Abbé Alexandre, Guy).

Élu, le 9 décembre 1795, membre de la Classe des Sciences physiques et mathématiques (section d'Astronomie).

Né à Paris, le 14 septembre 1711. — 1733. Religieux de l'ordre des Génovéfains. — 1735. Professeur de théologie. — 1750. Chancelier de l'Université. — 1754. Bibliothécaire de Sainte-Geneviève. — 1756. Associé libre de l'Académie royale des Sciences. — Mort à Paris, le 2 mai 1796.

Ouvrages. — 1754-57. État du ciel pour les années 1754 à 1757, 4 vol. — 1756. Projet d'une histoire astronomique du XVIIIe siècle, in-4. — 1764. Mémoire sur la colonne de la Halle au blé. — 1767. Mémoire sur l'observation du passage de Vénus en 1769, in-4. — 1779. Voyage fait, par ordre du Roi, dans diverses parties de l'Europe. — 1783. Cométographie ou traité historique et théorique des comètes, 2 vol. in-4. — Articles et mémoires insérés dans le Journal de Trévoux, le recueil de l'Académie des sciences, et l'Art de vérifier les dates.

Une notice sur sa vie a été lue par Prony, dans la séance de l'Institut du 3 juillet 1796.

54. — BRISSON (Mathurin, Jacques).

Élu, le 9 décembre 1795, membre de la Classe des Sciences physiques et mathématiques. Maintenu, par l'arrêté du 28 janvier 1803, dans la même Classe (section de Physique générale).

Né à Fontenay-le-Comte (Vendée), le 3 avril 1723. — 17 . Maître de physique et d'histoire naturelle des Enfants de France. — 1759. Professeur de physique au collège de Navarre. — 1779. Membre de l'Académie royale des Sciences. — 1780. Censeur royal. — 1796. Professeur aux Écoles centrales. — 1801. Professeur au lycée Bonaparte. — Mort à Croissy (Seine-et-Oise), le 23 juin 1806.

Ouvrages. — 1756. Le règne animal divisé en neuf classes, in-4. — 1760. Ornithologie, 6 vol. in-4. — 1769. Lettres de deux Espagnols sur les manufactures, etc., in-12. — 1771. Instruction sur le blanchissage des toiles de chanvre et de lin. — 1781. Dictionnaire raisonné de physique, 4 vol. in-4. — 1784. Observations sur les découvertes aérostatiques et la direction des ballons, in-4. — 1787. Pesanteur spécifique des corps, in-4. — 1797. Principes élémentaires de l'histoire naturelle. — 1799. Instruction sur les nouveaux poids et mesures, in-12. — 1803. Traité ou principes de physique, 4 vol. Mémoires insérés dans le recueil de l'Académie des sciences et le Journal de l'École polytechnique.

Une notice sur sa vie a été lue par Delambre, dans la séance de la Classe des Sciences physiques et mathématiques du 5 janvier 1807.

55. — COULOMB (Charles, Augustin de), ✳

Élu, le 9 décembre 1795, membre de la Classe des Sciences physiques et mathématiques. Maintenu, par l'arrêté du 28 janvier 1803, dans la même Classe (section de Physique générale).

Né à Angoulême (Charente), le 14 juin 1736. — 1758. Sous-lieutenant du génie. — 17 . Capitaine. — 17 . Lieutenant-colonel du génie. — 1784. Membre de l'Académie royale des Sciences. — 1784 à 1792. Intendant général des eaux et fontaines de France. — 1802. Inspecteur général de l'Instruction publique. — Mort à Paris, le 23 août 1806.

Ouvrages. — 1779. Recherches sur les moyens d'exécuter, sous l'eau, toutes sortes de travaux hydrauliques, sans employer aucun épuisement. — 1820. Théorie des machines simples, in-4. Mémoires insérés dans le recueil de l'Académie des sciences, de 1776 à 1788, et dans celui de la classe des sciences (t. II à VII).

Une notice sur sa vie a été lue par Delambre, dans la séance de la Classe des Sciences physiques et mathématiques du 5 janvier 1807.

56. — FOURCROY (Le Comte Antoine, François de), C. ✳

Élu, le 9 décembre 1795, membre de la Classe des Sciences physiques et mathématiques. Maintenu, par l'arrêté du 28 janvier 1803, dans la même Classe (section de Chimie).

Né à Paris, le 15 juin 1755. — 1780. Docteur en médecine. — 1784 à 1809. Professeur de chimie générale au Jardin du Roi, puis au Muséum d'histoire naturelle. — 1792. Député suppléant de Paris à la Convention nationale. — 1793. Député et membre du Comité de Salut public. — 1795 à 1798. Membre du Conseil des Anciens. — 1795. Professeur de chimie médicale à la Faculté de médecine de Paris. — 1796 à 1809. Professeur de chimie à l'École Polytechnique. — 1800. Conseiller d'État chargé des affaires de l'Instruction publique. — 1808. Comte. — Mort à Paris, le 16 décembre 1809.

Ouvrages. — 1781. Leçons d'histoire naturelle et de chimie, 6 vol. — 1784. Mémoires et observations pour servir de suite aux éléments de chimie. — 1785. L'art de connaître et d'employer les médicaments, 2 vol. — 1785. Entomologia Parisiensis, 2 vol. in-12. — 1788. Analyse de l'eau sulfureuse d'Enghien. — 1788. Essai sur le phlogistique et les acides. — 1788. Principes de chimie à l'usage de l'École vétérinaire, in-12. — 1791. La médecine éclairée par les sciences physiques, 4 vol. — 1792. La philosophie chimique. — 1895. Procédé pour extraire la soude du sel marin, in-4. — 1800. Tableaux synoptiques de chimie, in-fol. — 1801. Système des connaissances chimiques, 6 vol. in-4. Mémoires et articles dans les recueils de l'Académie royale des sciences, de la première Classe de l'Institut (t. II à IX et XI), de la Société de médecine, de la Société d'agriculture et dans le Journal de physique, les Annales de chimie, le Journal des mines, le Bulletin de la Société philomatique et la Décade philosophique. — Rapports parlementaires.

Une notice sur sa vie a été lue par Cuvier, dans la séance de la Classe des Sciences physiques et mathématiques du 7 janvier 1811.

57. — BAYEN (Pierre).

Élu, le 9 décembre 1795, membre de la Classe des Sciences physiques et mathématiques (section de Chimie).

Né à Châlons (Marne), le 7 février 1725. — 1756. Apothicaire en chef de l'armée. — 1766. Apothicaire major des camps et armées. — 1781. Apothicaire major des hôpitaux militaires. — Mort à Paris, le 15 février 1798.

Ouvrages. — 1764. Analyse chimique des eaux de Passy. — 1765. Analyse des eaux de Bagnères et de Luchon. — 1778. Moyens d'analyser les suspensions, porphyres, ophites, granits, etc. — 1781. Recherches chimiques sur l'étain. — 1798. Opuscules chimiques, 2 vol. — Deux mémoires insérés dans le recueil des savants étrangers de l'Académie des sciences (1780 et 1785) et articles dans le Journal des mines.

Une notice sur sa vie a été lue par M. Lassus, dans la séance de la Classe des Sciences physiques et mathématiques du 4 avril 1798.

58. — DESMAREST (Nicolas).

Élu, le 9 décembre 1795, membre de la Classe des Sciences physiques et mathématiques. Maintenu, par l'arrêté du 28 janvier 1803, dans la même Classe (section de Minéralogie).

Né à Soulaines (Aube), le 16 septembre 1725. — 1757 à 1792. Inspecteur général des manufactures. — 1773. Membre de l'Académie royale des Sciences. — 1794. Professeur d'histoire naturelle aux Écoles centrales. — Mort à Paris, le 28 septembre 1815.

Ouvrages. — 1753. Dissertation sur l'ancienne jonction de l'Angleterre à la France, in-12. — 1756. Conjectures physico-mécaniques sur la propagation des secousses dans les tremblements de terre, in-12. — 1765. Ephémérides de la généralité de Limoges, in-12. — 1774. Mémoires sur les manipulations en usage dans les papeteries de la Hollande, in-4. — 1787-88. Atlas encyclopédique de géographie, in-4. — 1789. L'art de la papeterie, in-4. — 1798. Dictionnaire de géographie physique, 4 vol. in-4. — Mémoires et articles insérés dans la grande Encyclopédie, le Recueil de l'Académie royale des sciences (1760 à 1774) et le Recueil de la classe des sciences physiques et mathématiques de l'Institut (t. IV à IX).

Une notice sur sa vie a été lue par Cuvier, dans la séance de l'Académie des Sciences du 16 mars 1818.

59. — DOLOMIEU (le Chevalier Déodat, Guy, Sylvain, Tancrède, GRATET, de).

Élu le 9 décembre 1795, membre de la Classe des Sciences physiques et mathématiques (section d'Histoire naturelle et Minéralogie).

Né à Dolomieu (Isère), le 24 juin 1750. — 1800. Professeur de minéralogie au Muséum d'Histoire naturelle. — Mort à Châteauneuf (Côte-d'Or), le 26 novembre 1801.

Ouvrages. — 1775. Recherches sur la pesanteur des corps. — 1783. Mémoire sur le tremblement de terre de la Calabre, Rome. — 1783. Voyage aux îles de Lipari ou Notice sur les îles Éoliennes. — 1788. Mémoire sur les îles Ponce. — 1802. Journal d'un voyage dans les Alpes. — 1802. Sur la philosophie minéralogique et sur l'espèce minérale. — Mémoires insérés dans le Journal de physique, le Journal des mines, le recueil de l'Académie royale des sciences et de la classe des sciences de l'Institut (t. III et VII) et la Nouvelle Encyclopédie.

Une notice sur sa vie a été lue par Lacépède, dans la séance de l'Institut du 6 juillet 1802.

60. — ADANSON (Michel), ✻

Élu, le 9 décembre 1795, membre de la Classe des Sciences physiques et mathématiques. Maintenu, par l'arrêté du 28 janvier 1803, dans la même Classe (section de Botanique).

Né à Aix (Bouches-du-Rhône) le 7 avril 1727. — 1759. Censeur royal. — 1773. Membre de l'Académie royale des Sciences. — Mort à Paris, le 3 août 1806.

Ouvrages. — 1757. Histoire naturelle du Sénégal, in-4. — 1763. Méthode pour apprendre à connaître les différentes familles des plantes, 2 vol. — 1845. Cours d'histoire naturelle publié par son neveu, 2 vol. in-12. — Mémoires insérés dans le recueil de l'Académie royale des sciences, l'Encyclopédie et grande quantité de manuscrits non publiés.

Une notice sur sa vie a été lue par Cuvier, dans la séance de la Classe des Sciences physiques et mathématiques du 5 janvier 1807.

61. — JUSSIEU (Antoine, Laurent de), ✻

Élu, le 9 décembre 1795, membre de la Classe des Sciences physiques et mathématiques. Maintenu, par l'arrêté du 28 janvier 1803, dans la même Classe. Nommé, par l'ordonnance royale du 21 mars 1816, membre de l'Académie des Sciences (section de Botanique).

Né à Lyon (Rhône), le 12 avril 1748. — 1770. Docteur en médecine. — 1772. Démonstrateur de botanique au Jardin des Plantes. — 1775. Professeur de botanique au Jardin des Plantes. — 1782. Membre de l'Académie royale des Sciences. — 1790-1792. Chargé de l'administration des hôpitaux et hospices de Paris. — 1793 à 1826. Professeur de botanique dans la campagne, au Muséum d'Histoire naturelle. — 1796 à 1822. Professeur de matière médicale à la Faculté de Médecine de Paris. — 1808 à 1815. Membre du Conseil de l'Université. — Mort à Paris, le 17 septembre 1836.

Ouvrages. — 1781. Détails et expériences pour déterminer les effets de la racine dentelaire, dans le traitement de la gale, in-4. — 1784. Rapport sur le magnétisme, in-4. — 1789. Genera plantarum secundum ordines naturales. — 1798. Tableau synoptique de la méthode de botanique. — 1800. Tableau de l'École botanique du Jardin des Plantes. — Mémoires et articles insérés dans le Recueil de l'Institut, les Annales du Muséum et le Dictionnaire des sciences naturelles.

Une notice sur sa vie a été lue par M. Flourens, dans la séance de l'Académie des Sciences du 13 août 1838.

62. — TENON (Jacques, René), ✻

Élu, le 9 décembre 1795, membre de la Classe des Sciences physiques et mathématiques. Maintenu, par l'arrêté du 28 janvier 1803, dans la même classe (section d'Anatomie et Zoologie).

Né à Sépeaux (Yonne), le 21 février 1724. — 1745. Chirurgien militaire. — 1749. Chirurgien principal à la Salpêtrière. — 1760. Membre de l'Académie royale des Sciences. — 1761 à 1771. Professeur adjoint de pathologie au Collège de Chirurgie. — 1771 à 1793. Professeur titulaire au même

Collège. — 1791. Député de Seine-et-Oise à l'Assemblée législative. — Mort à Paris, le 15 janvier 1816.

Ouvrages. — 1757. De cataracta, in-4. — 1785. Observations sur les obstacles qui s'opposent aux progrès de l'anatomie, in-4. — 1788. Mémoire sur les hôpitaux de Paris, in-4. — 1806. Mémoires sur l'anatomie, la pathologie et la chirurgie. — 1813. Offrande aux vieillards de quelques moyens pour prolonger leur vie, in-12. — Mémoires insérés dans les recueils de l'Académie des sciences (1757 à 1780) et de la classe des sciences physiques et mathématiques (t. I, VI et VII de la 1ʳᵉ série et I de la 2ᵉ série).

Une notice sur sa vie a été lue par Cuvier, dans la séance de l'Académie des Sciences du 17 mars 1817.

63. — BROUSSONET (Pierre, Marie, Auguste).

Élu, le 9 décembre 1795, membre de la Classe des Sciences physiques et mathématiques. Démissionnaire, le 18 février 1796. Réélu, le 7 juillet 1796. Maintenu, par l'arrêté du 28 janvier 1803, dans la même Classe (section d'Anatomie et Zoologie).

Né à Montpellier (Hérault), le 28 février 1761. — 17 . Professeur suppléant au Collège de France. — 1785. Membre de l'Académie royale des Sciences. — 1789. Député aux États généraux. — 17 . Consul de France au Maroc. — 1796. *Associé non résidant de l'Institut.* — 1801. Professeur de botanique à la Faculté de Médecine de Montpellier. — 1805. Membre du Corps Législatif. — Mort à Montpellier, le 27 juillet 1807.

Ouvrages. — 1778. Variæ positiones circa respirationem, in-4. — 1782. Ichtyologiæ sistens piscium descriptiones et icones decas prima, in-4. — 1785. Instruction sur la culture des navets. — 1787. L'année rurale, 2 vol. in-12. — 1805. Elenchus plantarum horti Montispeliensis. Montpellier. — Mémoires insérés dans le recueil de la Société royale d'agriculture, la Feuille du cultivateur, le recueil de l'Académie royale des sciences, le Journal de physique et le recueil de la classe des sciences physiques et mathématiques (t. V et VIII).

Une notice sur sa vie a été lue par Cuvier, dans la séance de la Classe des Sciences physiques et mathématiques du 4 janvier 1808.

64. — PORTAL (le Baron Antoine), C. ✳

Élu, le 9 décembre 1795, membre de la Classe des Sciences physiques et mathématiques. Maintenu, par l'arrêté du 28 janvier 1803, dans la même Classe. Nommé, par l'ordonnance royale du 21 mars 1816, membre de l'Académie des Sciences (section de Médecine et Chirurgie).

· Né à Gaillac (Tarn), le 5 janvier 1742. — 1764. Docteur en médecine. — 1769 à 1802. Professeur de médecine, puis d'anatomie au Collège de France. — 1772. Professeur d'anatomie du Dauphin. — 1775. Lecteur du Roi. — 1778 à 1832. Professeur d'anatomie au Jardin des Plantes, puis au Muséum d'Histoire naturelle. — 1815. Médecin du Roi Louis XVIII. — 1820. Président à vie de l'Académie de Médecine. — 1824. Premier médecin du Roi Charles X. — 1824. Baron. — Mort à Paris, le 23 juillet 1832.

Ouvrages. — 1764. Dissertatio medico-chirurgica generales luxationum complectens rationes, in-4, Montpellier. — 1768. Précis de chirurgie pratique, 2 vol. — 1770-73. Histoire de l'anatomie et de la chirurgie, 7 vol. — 1774. Des effets des vapeurs méphitiques, in-12. — 1779. Observations sur la nature et le traitement de la rage, in-12. — 1787. Avis sur le traitement des nouveau-nés. — 1791. Observations sur les effets des vapeurs méphitiques dans l'homme. — 1796. Instructions sur le traitement des asphyxiés. — 1797. Observations sur la nature et le traitement du rachitisme. — 1799. Observations sur la petite vérole. — 1801-25. Mémoires sur la nature et le traitement de plusieurs maladies, 5 vol. — 1803. Cours d'anatomie médicale, 5 vol. — 1808. Observations sur la nature et le traitement des maladies héréditaires. — 1809. Observations sur la nature et le traitement de la phtisie pulmonaire, 2 vol. — 1811. Observations sur la nature et le traitement de l'apoplexie. — 1813. Observations sur la nature et le traitement des maladies du foie, in-4. — 1814. Considérations sur les maladies héréditaires. — 1824. Observations sur la nature et le traitement de l'hydropisie, 2 vol. — 1827. Observations sur la nature et le traitement de l'épilepsie. — Mémoires insérés dans le Journal de médecine, les recueils de l'Académie royale des sciences, de la classe des sciences physiques et mathématiques et de l'Académie des sciences (t. II, IV et V de la 1re série, et V, IX et XII de la 2e série).

65. — HALLÉ (le Chevalier Jean, Noël), ✳

Élu, le 9 décembre 1795, membre de la Classe des Sciences physiques et mathématiques. Maintenu, par l'arrêté du 28 janvier 1803, dans la même Classe. Nommé, par l'ordonnance royale du 21 mars 1816, membre de l'Académie des Sciences (section de Médecine et Chirurgie).

Né à Paris, le 6 janvier 1754. — 1776. Docteur-régent. — 1795. Professeur de physique médicale et d'hygiène à l'École de Santé. — 1795. Professeur d'hygiène à la Faculté de Médecine de Paris. — 1796 à 1822. Professeur de médecine au Collège de France. — 1806. Médecin ordinaire de l'Empereur. — 1814. Premier médecin de Monsieur. — Mort à Paris, le 11 février 1822.

Ouvrages. — 1785. Recherches sur la nature du méphitisme des fosses d'aisance. — 1810. Rapport sur les effets d'un remède proposé pour le traitement de la goutte. — 1818. Codex medicamentis Parisiensis. — Articles et mémoires insérés dans les recueils de la classe et de l'Académie des sciences (t. I, V, VIII et XIII de la 1re série, et IX de la 2e série), et de la Société royale de médecine, et dans l'Encyclopédie méthodique et le Dictionnaire des sciences médicales, etc.

Une notice sur sa vie a été lue par Cuvier, dans la séance de l'Académie des Sciences du 11 juin 1827.

66. — TESSIER (Henri-Alexandre), ✳

Élu, le 10 décembre 1795, membre de la Classe des Sciences physiques et mathématiques. Maintenu, par l'arrêté du 28 janvier 1803, dans la même Classe. Nommé, par l'ordonnance royale du 21 mars 1816, membre de l'Académie des Sciences (section d'Économie rurale).

Né à Angerville (Seine-et-Oise), le 16 octobre 1741. — 1770. Docteur-régent de la Faculté de médecine de Paris. — 1775. Censeur royal. — 17 . Directeur de l'École d'Agriculture de Rambouillet. — 1785. Membre de l'Académie royale des Sciences. — 1794. Professeur d'agriculture et de commerce aux Écoles centrales. — 1796. Inspecteur général des Bergeries nationales. — Mort à Paris, le 11 décembre 1837.

Ouvrages. — 1777. Examen de l'eau fondante, in-4. — 1779. Mémoire sur l'importation du girofier des Moluques. — 1782. Observations sur plusieurs maladies des bestiaux. — 1783. Traité des maladies des grains. — 1786. Moyens de préserver les froments de la carie, in-12. — 1787-1816. Dictionnaire d'agriculture et d'économie rurale, 6 vol. in-4. — 1791. Avis sur la culture du tabac. — 1791. Journal d'Agriculture. — 1791. Mémoires sur les plantations des terrains vagues. — 1791. L'usage des domaines congéables est-il utile aux progrès de l'agriculture ? — 1802. Instruction sur les moyens de détruire les rats des champs. — 1808. Instruction sur la culture du coton en France. — 1810-11. Instruction sur les bêtes à laine. — 1811. Instruction sur la manière de cultiver la betterave, in-8. — 1814. Observations sur la question de l'exportation des mérinos. — 1819. Mémoire sur l'importation des chèvres à duvet. — 1822. Instruction sur la nourriture des bêtes à laine, in-12. — 1822. Notice sur les chèvres asiatiques, dites du Thibet. — 1838. Histoire de l'introduction et de la propagation des mérinos en France. — Articles insérés dans le Journal des savants, les mémoires de la Société de médecine et de la Société d'agriculture, les Annales de l'agriculture française, le Journal de la Société philomatique, le Théâtre d'agriculture, le Dictionnaire des sciences naturelles, le Cours d'agriculture de Rogier et les mémoires de l'Académie des sciences (t. I et II).

67. — HUZARD (Jean, Baptiste), ✻

Élu, le 10 décembre 1795, membre de la Classe des Sciences physiques et mathématiques. Maintenu, par l'arrêté du 28 janvier 1803, dans la même Classe. Nommé, par l'ordonnance royale du 21 mars 1816, membre de l'Académie des Sciences (section d'Économie rurale).

Né à Paris, le 3 novembre 1755. — 1772 à 1775. Professeur à l'École vétérinaire d'Alfort. — 1792. Membre du Conseil des remontes de l'administration de la guerre. — 1797. Inspecteur général des Écoles vétérinaires. — Mort à Paris, le 1er décembre 1838.

Ouvrages. — 1782. Almanach vétérinaire, in-12. — 1784. Essai sur les eaux, aux jambes des chevaux. — 1785. Instruction sur les moyens de s'assurer de l'existence de la morve. — 1794. Instruction sur les soins à donner aux chevaux pour les conserver en santé. — 1794. Essai sur les maladies des vaches laitières. — 1797. Instruction et rapports sur la maladie des bêtes à cornes, 2 vol. — Observation sur l'écoulement spermatique involontaire du cheval. — 1800. Mémoire sur la péripneumonie chronique des vaches laitières, in-8. — 1801. Compte rendu de la vente des laines du troupeau de Rambouillet. — 1802. Instruction sur l'amélioration des chevaux en France, in-8. — 1812. Instructions et observations sur les maladies des animaux domestiques, 6 vol. — 1822. Instruction sur la maladie des bêtes à laine, appelée pourriture. — 1827. Conjectures sur l'origine de la maladie connue dans les chevaux sous le nom de fourbure. — 1835. Notes bibliographiques sur l'ouvrage de Laudo : Sermoni funebri nella morte di diversi animali. — 1835. Notes sur les ouvrages de Nardo sur la vénerie et la fauconnerie. — Articles insérés dans le Nouveau Cours d'agriculture, le Nouveau Dictionnaire d'histoire naturelle, les mémoires de la Société médicale de Paris et de la Société centrale d'agriculture, les Annales de l'agriculture française et les mémoires de la Classe des sciences (t. II).

68. — GARAT (le Comte Joseph, Dominique), C. ✻

Élu, le 10 décembre 1795, membre de la Classe des Sciences morales et politiques (section de Morale). Nommé, par l'arrêté du 28 janvier 1803, membre de la Classe de la Langue et de la Littérature françaises. Exclu de l'Institut par l'ordonnance royale du 21 mars 1816. Nommé, par l'ordonnance royale du 26 octobre 1832, membre de l'Académie des Sciences morales et politiques (section de Morale).

Né à Bayonne (Basses-Pyrénées), le 8 septembre 1749. — 17 . Avocat au Parlement de Bordeaux. — 1785. Professeur d'histoire à l'Athénée. — 1789. Membre de l'Assemblée constituante. — 1792-1793. Ministre de la Justice (Exécution du roi Louis XVI). — 1793. Ministre de l'Intérieur. — 1793. Secrétaire du Conseil exécutif. — 1794 à 1796. Professeur d'analyse de l'entendement à l'École Normale. — 1796. Membre du Conseil des Anciens. — 1797. Ambassadeur à Naples. — 1798. — Président du Conseil des Anciens. — 1799. Sénateur. — 1808. Comte. — 1815. Membre de la Chambre des représentants. — Mort à Ustaritz (Basses-Pyrénées), le 9 décembre 1833.

Ouvrages. — 1779-1884. Éloges de L'Hôpital, de Suger, de Montausier et de Fontenelle. — 1787. Précis historique de la vie de M. de Bonnard. — 1789. Discours préliminaire de la cinquième édition du dictionnaire de l'Académie française. — 1790. Opinions sur l'organisation judiciaire. — 1791. Garat à Condorcet. — 1792. Considérations sur la Révolution française. — 1794. Mémoire sur la Révolution ou exposé de ma conduite. — 1799. Éloge funèbre de Joubert. — 1801. Éloge funèbre des généraux Kleber et Desaix. — 1805. Mémoire sur la Hollande. — 1814. Éloge de Moreau. — 1820. Mémoires historiques sur la vie de M. Suard et sur le XVIIIe siècle, 2 vol. — Articles et mémoires insérés dans le Mercure, la Clef du cabinet des souverains, et les Archives littéraires de l'Europe.

Une notice sur sa vie a été lue par M. Ch. Comte, dans la séance de l'Académie des Sciences morales et politiques du 25 avril 1835.

69. — GINGUENÉ (Pierre, Louis).

Élu, le 10 décembre 1795, membre de la Classe des Sciences morales et politiques (section d'Analyse des sensations et des idées). Nommé, par l'arrêté du 28 janvier 1803, membre de la Classe d'His-

toire et de Littérature ancienne et, par l'ordonnance royale du 21 mars 1816, membre de l'Académie des Inscriptions et Belles-Lettres.

Né à Rennes (Ille-et-Vilaine), le 25 avril 1748. — 1780. Commis au contrôle général des Finances. — 1792. Membre de la Commission exécutive de l'Instruction publique. — 1795-1797. Directeur de l'Instruction publique au Ministère de l'Intérieur. — 1797. Ministre plénipotentiaire à Turin. — 1799-1800. Membre du Tribunat. — 1802 à 1806. Professeur à l'Athénée de Paris. — Mort à Paris, le 16 novembre 1816.

Ouvrages. — 1777. Pomponin ou le tuteur mystifié. — 1778. La satire des satires, poésie. — 1787. Léopold poème. — 1788. Éloge de Louis XII, père du peuple. — 1791. De l'autorité de Rabelais dans la révolution présente, in-12. — 1791. Lettres sur les confessions de J.-J. Rousseau. — 1797. De M. Necker et de son livre intitulé : de la Révolution française. — 1800. Notice sur la vie et les ouvrages de Piccini. — 1802. Coup d'œil sur le génie du christianisme. — 1807-13. Rapports sur les travaux de la classe d'histoire et de littérature anciennes, in-4. — 1809. Lettre sur la vie d'Alfieri. — 1810. Fables nouvelles, in-18. — 1811-24. Histoire littéraire d'Italie, 9 vol. — 1812. Noces de Thétis et de Pelée, in-12. — 1814. Fables inédites, in-12. — Articles insérés dans les Tableaux de la Révolution française, la Revue philosophique, le Mercure, l'Encyclopédie méthodique, et la Biographie universelle. — Poésies dans l'Almanach des Muses. — Rédaction d'une partie des tomes XII à XV de l'Histoire littéraire de la France.

Une notice sur sa vie a été lue par Dacier, dans la séance de l'Académie des Inscriptions et Belles-Lettres du 17 juillet 1818.

---

70. — GRÉGOIRE (l'Abbé Henri, Comte), C. ✳

Élu, le 10 décembre 1795, membre de la Classe des Sciences morales et politiques (section de Morale). Nommé, par l'arrêté du 28 janvier 1803, membre de la Classe d'Histoire et de Littérature ancienne, Exclu de l'Institut, par l'ordonnance royale du 21 mars 1816.

Né à Veho (Meurthe), le 4 décembre 1750. — 1775. Prêtre. — 1776. Professeur au collège de Pont-à-Mousson. — 1780. Curé d'Embermesnil. — 1789. Député de la Meurthe aux États généraux. — 1791. Évêque constitutionnel de Loir-et-Cher. — 1795 à 1798. Membre du Conseil des Cinq-Cents. — 1798 à 1801. Membre du Corps législatif. — 1800. Président du Corps législatif. — 1801 à 1814. Sénateur. — 1808. Comte. — Mort à Paris, le 28 mai 1831.

Ouvrages. — 1773. Éloge de la poésie. — 1788. Essai sur la régénération physique et morale des Juifs. — 1790. Mémoire sur la dotation des curés en fonds territoriaux. — 1791. De la légitimité du serment civique, 2 vol. — 1791. Lettre sur le départ du roi. — 1793. Développement sur l'amélioration de l'agriculture par l'établissement de maisons d'économie rurale. — 1794. Trois rapports sur les destructions opérées par le vandalisme. — 1794. Discours sur la liberté des cultes. — 1794. Essai historique et patriotique sur les arbres de la liberté. — 1794. Système de dénominations topographiques des places, rues, quais. — 1797. Compte rendu au concile national des travaux des évêques réunis à Paris. — 1801. Conférences publiques sur le schisme de France, in-8. — 1801. Discours pour l'ouverture du concile national de France. — 1807-9. Observations sur les Juifs, 2 vol. — 1808. De la littérature des nègres. — 1814. De la domesticité chez les peuples anciens et modernes. — 1815. De la traite et de l'esclavage des noirs et des blancs. — 1819. De la constitution française de l'an IV. — 1821. De l'Influence du christianisme sur la condition des femmes. — 1822. Des catéchismes qui recommandent le paiement de la dîme. — 1823. Considérations sur le mariage et le divorce, in-12. — 1824. Histoire des confesseurs des empereurs, des rois et d'autres princes. — 1826. De la noblesse de la peau et du préjugé des blancs. — 1826. Essai sur les libertés de l'Église gallicane. — 1826. Histoire du mariage des prêtres en France. — 1828. Histoire des sectes religieuses, 6 vol. — S. d. Des peines infamantes à infliger aux négriers. — S. d. Du dessèchement des marais. — S. d. Détails sur l'ouvrage « De rege, lege et grege ». — S. d. Réflexions sur le duel. Lettres, opinions, discours, oraisons funèbres, mandements, instructions pastorales, rapports parlementaires, etc. Mémoires insérés dans le recueil de l'Institut.

71. — LA REVELLIÈRE-LÉPEAUX (Louis, Marie de La REVELLIÈRE, dit).

Élu, le 10 décembre 1795, membre de la Classe des Sciences morales et politiques (section de Morale). Nommé, par l'arrêté du 28 janvier 1803, membre de la Classe d'Histoire et de Littérature ancienne. Démissionnaire, le 2 juin 1804, pour refus de serment.

Né à Montaigu (Vendée), le 25 août 1753. — 1775. Avocat à Paris. — 17 . Professeur de botanique à Angers. — 1789. Député de Maine-et-Loire à la Constituante et à la Convention. — 1795. Membre du Conseil des Anciens. — 1795. Président du Conseil des Anciens. — 1795. L'un des directeurs de la République. — Mort à Paris, le 27 mars 1824.

Ouvrages. — 1796. Réflexions sur le culte, sur les cérémonies civiles et sur les fêtes nationales. — 1798. Essai sur les moyens de faire assister l'universalité des spectateurs à ce qui se pratique dans les fêtes nationales. — 1798. Du Panthéon et d'un théâtre national. — 1799. Réponse aux dénonciations portées au corps législatif. — Opuscules moraux. — Notices imprimées dans les mémoires de l'Académie celtique, et mémoires insérés dans les Annales du Muséum d'histoire naturelle. — 1895. Mémoires publiés par son fils, 3 vol.

72. — MERLIN de DOUAI (le Comte Philippe, Antoine), G. O. ✻

Élu, le 10 décembre 1795, membre de la Classe des Sciences morales et politiques (section de Science sociale). Nommé, par l'arrêté du 28 janvier 1803, membre de la Classe de la Langue et de la Littérature françaises. Exclu de l'Institut, par l'ordonnance royale du 21 mars 1816. Nommé, par l'ordonnance royale du 26 octobre 1832, membre de l'Académie des Sciences morales et politiques (section de Législation).

Né à Arleux (Nord), le 30 octobre 1754. — 1775. Avocat au Parlement de Flandre. — 17 . Secrétaire du Roi. — 1789. Député de Douai aux États généraux. — 1791. Président du Tribunal criminel de Douai. — 1792. Député à la Convention nationale. — 1794. Président de la Convention. — 1794. Membre du Comité de Salut public, chargé du département des affaires extérieures. — 1795. Membre du Conseil des Anciens. — 1795. Ministre de la Justice. — 1796. Ministre de la Police générale. — 1797 à 1799. L'un des directeurs de la République. — 1800. Substitut du commissaire du gouvernement près le Tribunal de cassation. — 1801 à 1814. Procureur général à la Cour de cassation. — 1806 à 1814. Conseiller d'État à vie. — 1809. Comte. — 1815 (Cent-Jours). Membre de la Chambre des Représentants et ministre d'État. — 1815 à 1830. Exilé de France. — Mort à Paris, le 25 décembre 1838.

Ouvrages. — 1777. Répertoire universel et raisonné de jurisprudence, 18 vol. in-4. — 1786 à 1788. Traité des droits, fonctions, franchises, prérogatives et privilèges annexés à chaque dignité, office ou état, 4 vol. — 1790. Opinion sur la nécessité de rendre le tribunal de cassation sédentaire. — 1795. Rapport sur les événements du 14 vendémiaire. — 1804-10. Recueil alphabétique des questions de droit, qui se présentent le plus fréquemment devant les tribunaux, 13 vol. in-4. — Articles insérés dans le Répertoire de jurisprudence, le Bulletin de la cour de cassation et l'Encyclopédie moderne.

Une notice sur sa vie a été lue par M. Mignet, dans la séance de l'Académie des Sciences morales et politiques du 15 mai 1841.

73. — PASTORET (le Marquis Claude, Emmanuel, Joseph, Pierre de), G. C. ✻

Élu, le 10 décembre 1795, membre de la Classe des Sciences morales et politiques (section de Science sociale). Exclu de l'Institut, en exécution de la loi de déportation du 5 septembre 1797. Nommé, par l'arrêté du 28 janvier 1803, membre de la Classe d'Histoire et de Littérature ancienne et, par l'ordonnance royale du 21 mars 1816, membre de l'Académie des Inscriptions et Belles-Lettres.

Élu, le 8 juin 1820, membre de l'Académie française. Nommé, par l'ordonnance royale du 26 octobre 1832, membre de l'Académie des Sciences morales et politiques (section d'Histoire).

Né à Marseille (Bouches-du-Rhône), le 6 octobre 1756. — 1781. Conseiller à la Cour des aides de Paris. — 1788. Maître des requêtes. — 1791. Procureur général syndic du département de la Seine. — 1791. Député de Paris à l'Assemblée législative et président de l'Assemblée. — 1795. Député du Var au Conseil des Cinq-Cents. — 1797 à 1799. Exilé de France. — 1802 à 1821. Professeur du droit de la nature et des gens, au Collège de France. — 1809. Professeur de philosophie à la Faculté des Lettres de Paris, et doyen de la Faculté. — 1809. Sénateur. — 1809. Comte. — 1814. Pair de France. — 1817. Vice-président de la Chambre des Pairs. — 1817. Marquis. — 1826. Ministre d'État et membre du Conseil Privé. — 1829 à 1830. Chancelier de France. — 1834. Tuteur des enfants du duc de Berry. — Mort à Paris, le 28 septembre 1840.

Ouvrages. — 1779. Éloge de Voltaire. — 1782. Tributs offerts à l'Académie de Marseille. — 1783. Discours en vers sur l'union entre la magistrature, la philosophie et les lettres. — 1783. Traduction en vers des élégies de Tibulle. — 1784. De l'influence des lois maritimes des Rhodiens sur la marine des Grecs et des Romains. — 1787. Zoroastre, Confucius et Mahomet comparés. — 1788. Moïse considéré comme législateur et comme moraliste. — 1790. Des lois pénales, 2 vol. — 1816. Rapport sur l'état des hôpitaux, des hospices et des secours à domicile, à Paris. — 1817-37. Histoire de la législation, 11 vol. — Articles insérés dans le Journal de la société de 1789, les Archives littéraires de l'Europe, et le Recueil de l'Académie des inscriptions et belles-lettres (t. III, V, VII et XII). Collaboration au recueil des ordonnances des rois de France (t. XV à XVIII). Discours et rapports parlementaires.

Son éloge a été prononcé par M. le comte de Sainte-Aulaire, dans la séance de l'Académie française du 8 juillet 1841, et par M. Walckenaër, dans la séance de l'Académie des Inscriptions et Belles-Lettres du 30 juillet 1847.

---

74. — DUPONT de NEMOURS (Pierre, Samuel), ✳

Élu, le 10 décembre 1795, membre de la Classe des Sciences morales et politiques (section de Science sociale). Nommé, par l'arrêté du 28 janvier 1803, membre de la Classe d'Histoire et de Littérature ancienne et, par l'ordonnance royale du 21 mars 1816, membre de l'Académie des Inscriptions et Belles-Lettres.

Né à Paris, le 14 décembre 1739. — 17 . Secrétaire du Conseil de l'Instruction publique en Pologne. — 1774. Secrétaire de Turgot. — 1780. Commissaire général du Commerce. — 1789 à 1795. Député de Nemours aux Assemblées constituante et législative. — 1795 à 1799. Membre du Conseil des Anciens. — 1814. Secrétaire du gouvernement provisoire. — 1814 à 1815. Conseiller d'État. — Mort à Eleutherian-Mills (États-Unis), le 6 août 1817.

Ouvrages. — 1763. Réflexions sur l'écrit intitulé : Richesse de l'État, 2 vol. — 1764. De l'exportation et de l'importation des grains. Soissons. — 1764. De la cherté des blés en Guyenne, in-12. — 1764. De la différence entre la grande et la petite culture, in-12. — 1767. De l'origine et des progrès d'une science nouvelle. — 1767. De l'administration des chemins. — 1768. Physiocratie ou constitution naturelle du gouvernement le plus avantageux au genre humain, 2 vol. — 1769. Objections et réponses sur le commerce des grains, in-12. — 1770. Du commerce et de la compagnie des Indes. — 1770. Observations sur les effets de la liberté du commerce des grains. — 1775. Tableau synoptique des principes de l'économie politique. — 1781. Essai de traduction, en vers, du Roland furieux de l'Arioste. — 1782. Mémoires sur la vie et les ouvrages de Turgot, 2 vol. — 1786. Idées sur les secours à donner aux pauvres malades dans une grande ville. — 1786. Notice sur la vie de M. Poivre. — 1788. Des administrations provinciales, suivi des observations d'un républicain. Lausanne. — 1788. Lettre sur le traité de commerce avec l'Angleterre. — 1789. Tableau comparatif des demandes contenues dans les cahiers des trois ordres. — 1789. Analyse historique de la législation des grains depuis 1692. — 1789. Procès-verbal de l'assemblée baillive de Nemours, 2 vol. — 1790. Effet des assignats sur le prix du pain. — 1790. Le pacte de famille entre la France et l'Espagne. — 1794. Plaidoyer de Lysias contre les membres des comités de Salut public. — 1795. Du pouvoir législatif et du pouvoir exécutif convenables à la République. — 1796. L'historien, 17 vol. — 1796. Philosophie de l'univers. — 1797. Tableau raisonné d'économie politique. — 1797. Vues sur l'éducation nationale. — 1804. Rapport sur le droit de marquer des cuirs. — 1806. Sur la Banque de France. — 1806. Sur l'instinct de la mémoire. — 1807.

Mémoires sur divers sujets d'histoire naturelle. — 1808. Irénée Bonfils, sur la religion de ses pères et de nos pères. — 1812. Sur l'éducation nationale dans les États-Unis d'Amérique. — 1813. Quelques mémoires sur différents sujets. — Articles insérés dans le Journal d'agriculture, les Éphémérides du citoyen, les Nouvelles politiques, le Publiciste, la Revue philosophique et les Archives littéraires de l'Europe.

Une notice sur sa vie a été lue par Dacier, dans la séance de l'Académie des Inscriptions et Belles-Lettres du 28 juillet 1820.

---

75. — LACUÉE de CESSAC (le Comte Jean, Gérard), G. C. ✻

Élu, le 10 décembre 1795, membre de la Classe des Sciences morales et politiques (section d'Économie politique). Nommé, par l'arrêté du 28 janvier 1803, membre de la Classe de la Langue et de la Littérature françaises et, par l'ordonnance royale du 21 mars 1816, membre de l'Académie française. Nommé, par l'ordonnance royale du 26 octobre 1832, membre de l'Académie des Sciences morales et politiques (section de Morale).

Né à Saint-Just (Lot-et-Garonne), le 3 octobre 1753. — 1770. Soldat. — 1770. Sous-officier dans le régiment d'infanterie du Dauphin. — 1772. Sous-lieutenant. — 1777. Lieutenant. — 1783. Capitaine. — 1790. Commissaire du Roi pour l'organisation du département de Lot-et-Garonne. — 1791. Député à l'Assemblée législative. — 1792. Adjudant-général, colonel. — 1792. Président de l'Assemblée législative. — 1793. Maréchal de camp. — 1793 à 1795. En réforme. — 1796. Membre du Conseil des Anciens. — 1799. Membre du Conseil des Cinq-Cents. — 1800-1802. Conseiller d'État. — 1800. Ministre de la Guerre par intérim. — 1801. Général de division. — 1802 à 1810. Président de la section de la Guerre au Conseil d'État. — 1804. Gouverneur de l'École Polytechnique. — 1806. Directeur général des revues et de la conscription. — 1808. Comte de Cessac. — 1810 à 1813. Ministre directeur de l'administration de la Guerre. — 1814 à 1815. Inspecteur général de l'infanterie. — 1831. Pair de France. — Mort à Paris, le 14 juin 1841.

Ouvrages. — 1786. Guide de l'officier en campagne, 2 vol. — 1789. Projet de constitution pour l'armée des Français. — 1789. Un militaire aux Français. — S. D. Opinions et rapports faits aux différentes assemblées nationales sur l'administration générale de l'État. — Collaboration au Dictionnaire de l'art militaire. Mémoires insérés dans le Recueil de l'Institut.

Son éloge a été prononcé par M. de Tocqueville, dans la séance de l'Académie française du 21 avril 1842.

---

76. — RAYNAL (l'Abbé Guillaume, Thomas).

Élu, le 10 décembre 1795, membre de la Classe des Sciences morales et politiques (section d'Histoire). Démissionnaire, le 18 janvier 1796.

Né à Lapanouse (Aveyron), le 12 avril 1713. — 1738. Prêtre. — 1747. Membre de la Société de Jésus. — Mort à Paris, le 6 mars 1796.

Ouvrages. — 1745. Histoire du stathoudérat, in-12. La Haye. — 1748. Histoire du parlement d'Angleterre, in-12. Londres. — 1750. Anecdotes littéraires, 2 vol. in-12. La Haye. — 1753. Anecdotes historiques, militaires et politiques de l'Europe, 3 vol. in-12. Amsterdam. — 1754. Mémoires politiques de l'Europe, 3 vol. — 1761. Querelles littéraires, depuis Homère jusqu'à nos jours, 4 vol. in-12. — 1762. École militaire, 3 vol. in-12. — 1766. Histoire du divorce de Henri VIII, in-12. — 1770. Histoire des établissements des Européens dans les deux Indes, 4 vol. — 1772. Mémoires historiques de l'Europe. — 1781. Lettre à l'auteur de la Nymphe de Spa. — 1781. Tableau et révolutions des colonies anglaises de l'Amérique septentrionale, 2 vol. in-12. — 1784. Histoire philosophique et politique des îles françaises dans les Indes occidentales. Lausanne. — 1785. Essai sur l'administration de Saint-Domingue. — 1786. Introduction à l'histoire du Portugal. — 1791. Adresse au président de l'Assemblée nationale. — 1820. Histoire des établissements européens dans l'Afrique septentrionale, 2 vol. — Articles insérés dans le Mercure, le Conservateur et le Mémorial de Paris.

Une notice sur sa vie a été lue par Le Breton, dans la séance de la Classe des Sciences morales et politiques du 4 avril 1796.

---

77. — ANQUETIL (l'Abbé Louis, Pierre).

Élu, le 10 décembre 1795, membre de la Classe des Sciences morales et politiques (section d'Histoire). Nommé, par l'arrêté du 25 janvier 1803, membre de la Classe d'Histoire et de Littérature ancienne.

Né à Paris, le 22 février 1723. — 1753. Chanoine régulier de Sainte-Geneviève. — 17 . Directeur du séminaire de Reims. — 1759. Prieur de l'abbaye de La Roi. — 1799. Curé de la Villette près Paris. — Mort à Paris, le 6 septembre 1806.

Ouvrages. — 1756. Histoire civile et pratique de la ville de Reims, 3 vol. in-12. — 1767. L'esprit de la ligue. 3 vol. in-12. — 1780. L'intrigue du cabinet sous Henri IV et Louis XIII, 4 vol. in-12. — 1784. Vie du maréchal de Villars. — 1789. Louis XIV, sa cour et le Régent, 4 vol. in-12. — 1792. Œuvres, 15 vol. in-12. — 1797. Précis de l'histoire universelle, 9 vol. in-12. — 1797. Motifs des guerres et des traités de paix de la France pendant les règnes de Louis XIV, Louis XV et Louis XVI. — 1807. Histoire de France, depuis les Gaulois jusqu'à la fin de la monarchie, 14 vol. in-12.

Une notice sur sa vie a été lue par Dacier, dans la séance de la Classe d'Histoire et de Littérature ancienne du 5 juillet 1809.

---

78. — REINHARD (le Comte Carl, Friedrich), G. C. ✳

Élu, le 10 décembre 1795, membre de la Classe des Sciences morales et politiques (section de Géographie). Nommé, par l'arrêté du 28 janvier 1803, membre de la Classe d'Histoire et de Littérature ancienne et, par l'ordonnance royale du 21 mars 1816, membre de l'Académie des Inscriptions et Belles-Lettres. Nommé, par l'ordonnance royale du 26 octobre 1832, membre de l'Académie des Sciences morales et politiques (section d'Histoire).

Né à Schorndorf (Wurtemberg), le 2 octobre 1761 (a reçu des Lettres de grande naturalisation, le 6 mars 1803). — 1792. Premier secrétaire de légation à Londres. — 1793. Premier secrétaire d'ambassade à Naples. — 1794. Chef de division au ministère des Relations extérieures. — 1795. Ministre plénipotentiaire près les villes anséatiques. — 1797-1799. Ministre plénipotentiaire en Toscane. — 1799. Ministre plénipotentiaire en Suisse. — 1799. Ministre des Relations extérieures. — 1800 à 1802. Ministre plénipotentiaire en Suisse. — 1802. Ministre plénipotentiaire près le cercle de Basse-Saxe. — 1806. Résident et Consul général en Moldavie. — 1808. Baron. — 1808 à 1814. Ministre plénipotentiaire en Westphalie. 1814 à 1829. Directeur de la Chancellerie du ministère des Affaires étrangères. — 1814-1816. Conseiller d'État. — 1815. Comte. — 1830 à 1832. Ministre plénipotentiaire en Saxe. — 1832. Pair de France. — Mort à Paris, le 25 décembre 1837.

Ouvrages. — Correspondance avec Gœthe, publiée en Allemagne.

Une notice sur sa vie a été lue par Talleyrand, dans la séance de l'Académie des Sciences morales et politiques du 3 mars 1838.

---

79. — FLEURIEU (le Comte Charles, Pierre, CLARET de), G. O. ✳

Élu, le 10 décembre 1795, membre de la Classe des Sciences morales et politiques (section de Géographie). Nommé, par l'arrêté du 28 janvier 1803, membre de la Classe des Sciences physiques et mathématiques (section de Géographie et Navigation).

Né à Lyon (Rhône), le 2 juillet 1738. — 1775. Capitaine de vaisseau. — 1776. Directeur général des ports et arsenaux. — 1790-91. Ministre de la Marine. — 1792. Gouverneur du Dauphin. — 1797. Membre du Conseil des Anciens. — 1798. Membre du Bureau des Longitudes. — 1799. Conseiller d'État. — 1801 à 1806. Président de la Section de la Marine au Conseil d'État. — 1805. Intendant général de la maison de l'Empereur. — 1805. Sénateur. — 1808. Gouverneur du Palais des Tuileries. — 1808. Comte. — Mort à Paris, le 18 août 1810.

Ouvrages. — S. d. Mémoires sur la construction des navires. — 1767. Examen d'un mémoire sur l'épreuve des horloges propres à déterminer les longitudes en mer. — 1773. Voyage fait en différentes parties du monde, 2 vol. in-4. — 1790. Découverte des Français en 1768 et 1769, dans le sud-est de la Nouvelle-Guinée, in-4. — 1791. Précis de l'affaire relative à la dénonciation de Fleurieu. — 1798. Voyage autour du monde, 4 vol. in-4. — 1809. Neptune du Cattégat et de la Baltique, in-4. — S. d. Notes géographiques et historiques sur le voyage de La Pérouse, in-4.

Une notice sur sa vie a été lue par Delambre, dans la séance de l'Académie des Sciences, du 6 janvier 1812.

---

80. — VILLAR (l'Abbé, Gabriel, Luce), ✳

Élu, le 10 décembre 1795, membre de la Classe de Littérature et Beaux-Arts (section de Grammaire). Nommé, par l'arrêté du 28 janvier 1803, membre de la Classe de la Langue et de la Littérature françaises et, par l'ordonnance royale du 21 mars 1816, membre de l'Académie française.

Né à Toulouse (Haute-Garonne), le 13 décembre 1748. — 1773. Membre de la Congrégation des PP. de la Doctrine chrétienne. — 1780. Professeur de rhétorique au collège de Toulouse. — 1786. Recteur du collège de La Flèche. — 1791 à 1797. Évêque constitutionnel de la Mayenne. — 1792. Député de la Mayenne à la Convention nationale. — 1795 à 1799. Membre du Conseil des Cinq-Cents. — 1800 à 1814. Inspecteur général de l'Instruction publique. — Mort à Paris, le 28 août 1826.

Ouvrages. — Rapports et notices lus à l'Institut. — Poésies diverses, traduction du livre XVI de l'Iliade. — Notice sur la vie et les œuvres de Louvet et de Boulé.

Son éloge a été prononcé par M. de Feletz, dans la séance de l'Académie française du 17 avril 1827.

---

81. — LOUVET DE COUVRAY (Jean, Baptiste).

Élu, le 10 décembre 1795, membre de la Classe de Littérature et Beaux-Arts (section de Grammaire).

Né à Paris, le 12 juin 1760. — 1792. Député du Loiret à la Convention nationale. — 1795. Président de la Convention. — 1796. Membre du Conseil des Cinq-Cents. — Mort à Paris, le 25 août 1797.

Ouvrages. — 1788. Aventures du chevalier de Faublas, 13 vol. in-12. — 1790. Paris justifié. — 1791. Émilie de Varlmont ou le Divorce nécessaire, 3 vol. in-12. — 1792. A Robespierre et à ses royalistes. — 1792. Accusation contre Robespierre. — 1793. A la Convention nationale ; sur la conspiration du 10 mars 1793. — 1793. De la conspiration du 10 mars et de la faction d'Orléans. — 1793. Observations sur le rapport de Saint-Just. — 1793. Quelques notices pour l'histoire et récit de mes dangers. — 1797. Plaidoyer contre I. Langlois. — 1822. Mémoires sur la journée du 31 mai, etc., 2 vol. in-12. — S. d. Comédies : La grande revue des armées noire et blanche ; l'Élection du grand lama Sipsi ; l'Annobli conspirateur. — Articles insérés dans le Journal des Débats et dans la Sentinelle.

Une notice sur sa vie a été lue par Villar, dans la séance de la Classe de Littérature et Beaux-Arts du 6 octobre 1797.

82. — SACY (le Baron Antoine, Isaac, Silvestre, de) C. ✳.

Élu, le 12 décembre 1795, membre de la Classe de Littérature et Beaux-Arts (section des Langues anciennes). Démissionnaire, le 18 janvier 1796. Nommé, par l'arrêté du 28 janvier 1803, membre de la Classe d'Histoire et de Littérature ancienne et, par l'ordonnance royale du 21 mars 1816, membre de l'Académie des Inscriptions et Belles-Lettres. Élu, le 1er mars 1833, secrétaire perpétuel de la même Académie.

Né à Paris, le 20 septembre 1758. — 1781 à 1791. Conseiller à la Cour des Monnaies. — 1791-92. Commissaire des Monnaies. — 1792. Associé ordinaire de l'Académie royale des Inscriptions. — 1795. Professeur d'arabe à l'École des Langues orientales. — 1806 à 1838. Professeur de persan au Collège de France. — 1808 à 1815. Député de la Seine. — 1813. Baron. — 1814. Censeur royal. — 1815. Recteur de l'Université de Paris. — 1823 à 1838. Administrateur du Collège de France. — 1824. Administrateur de l'École spéciale des Langues orientales. — 1832. Pair de France. — 1832. Conservateur des manuscrits orientaux de la Bibliothèque royale. — Mort à Paris, le 21 février 1838.

Ouvrages. — 1793. Mémoires sur diverses antiquités de la Perse, in-4. — 1799. Principes de grammaire générale, in-12. — 1806-27. Chrestomatie arabe, 3 vol. — 1810. Grammaire arabe, 2 vol. — 1817. Lettre sur l'ouvrage : Les Juifs au xixᵉ siècle. — 1818. Mémoires d'histoire et de littérature orientale, in-4. — 1826. Discours, opinions et rapports sur divers sujets. — 1827. Où allons-nous et que voulons-nous ? — 1829. Anthologie grammaticale arabe. — 1832. De la retenue exercée sur les traitements et appointements des fonctionnaires publics. — 1838. Exposé de la religion des Druses, 2 vol. — Traduction de plusieurs ouvrages arabes et persans. — Notices et éloges funèbres. — Articles insérés dans le Recueil de l'Académie des inscriptions et belles-lettres (t. I à IV). — Articles insérés dans le Journal asiatique, le Magasin encyclopédique, les Annales des voyages, les notices et extraits des manuscrits de la Bibliothèque du roi, le Moniteur, la Bibliothèque française et la Biographie universelle.

83. — LA PORTE DU THEIL (François, Jean, Gabriel, de) ✳

Élu, le 12 décembre 1795, membre de la Classe de Littérature et Beaux-Arts (section des Langues anciennes). Nommé, par l'arrêté du 28 janvier 1803, membre de la Classe d'Histoire et de Littérature ancienne.

Né à Paris, le 16 juillet 1742. — 1762 à 1770. Officier des Gardes françaises. — 1796 à 1815. Conservateur au département des manuscrits de la Bibliothèque royale. — Mort à Paris, le 28 mai 1815.

Ouvrages. — 1781. Diplomata, chartæ, epistolæ et alia documenta ad res Franciscas spectantia, 3 vol. in-fol. — Liber ignium ad comburendos hostes, in-4. — Mémoires et articles insérés dans le Journal des savants, le Recueil de l'Académie des inscriptions (t. IV et V) et le Magasin encyclopédique. — Traduction de plusieurs ouvrages d'auteurs grecs.

Une notice sur sa vie a été lue par Dacier, dans la séance de l'Académie des Inscriptions et Belles-Lettres du 19 juillet 1816.

84. — DELILLE (Jacques, MONTANIER, dit).

Élu, le 12 décembre 1795, membre de la Classe de Littérature et Beaux-Arts (section de Poésie). Exclu de l'Institut, le 24 janvier 1799, pour non-résidence à Paris. Nommé, par l'arrêté du 28 janvier 1803, membre de la Classe de la Langue et de la Littérature françaises.

Né à Aigueperse (Puy-de-Dôme), le 22 juin 1738. — 1759. Maître élémentaire à Beauvais. — 1765. Professeur au collège de la Marche à Paris. — 1772 à 1813. Professeur de poésie latine au Collège de France. — 1774. Membre de l'Académie française. — 1809 à 1813. Professeur d'histoire littéraire et de poésie française à la Faculté des lettres de Paris. — Mort à Paris, le 1er mai 1813.

Ouvrages. — 1770. Les Géorgiques de Virgile. — 1782. Les jardins. — 1799. Bagatelles jetées au vent. — 1802. Malheur et pitié. — 1802. L'homme des champs. — 1805. L'Énéide de Virgile. — 1805. Le Paradis perdu de Milton. — 1806. L'imagination. — 1807. Poésies fugitives, in-4. — 1808. Les trois règnes de la nature. — 1812. La conversation, poème, in-12. — 1812. Dithyrambe sur l'immortalité de l'âme. — 1816. Le départ de l'Éden, poème, in-12. — 1820. Œuvres posthumes. — 1821. Essai sur l'homme. Poésies diverses. — Ses œuvres complètes précédées d'une notice biographique ont été publiées en 16 vol. Paris, 1824 (t. I : Poésies fugitives ; II : Géorgiques ; III à VI : Énéide ; VII : Les jardins ; VIII et IX : L'imagination ; X et XI : Les trois règnes de la nature ; XII : Le malheur et la pitié, La conversation ; XIII à XV : Le paradis perdu ; XVI : Œuvres posthumes).

Son éloge a été prononcé par Campenon, dans la séance de l'Académie française du 16 novembre 1814.

---

85. — DUCIS (Jean, François).

Élu, le 12 décembre 1795, membre de la Classe de Littérature et Beaux-Arts (section de Poésie). Nommé, par l'arrêté du 28 janvier 1803, membre de la Classe de la Langue et de la Littérature françaises et, par l'ordonnance royale du 21 mars 1816, membre de l'Académie française.

Né à Versailles (Seine-et-Oise), le 22 août 1733. — 1755 à 1770. Commis au Ministère de la Guerre. — 1779. Membre de l'Académie française. — 1798. Membre du Conseil des Anciens (non acceptant). — 1799. Nommé sénateur (non acceptant). — Mort à Versailles, le 1er avril 1816.

Ouvrages. — *Théâtre.* — S. d. Amélise. — 1769. Hamlet. — 1772. Roméo et Juliette. — 1778. Œdipe chez Admète. — 1783. Le roi Lear. — 1784. Macbeth. — 1791. Jean sans Terre. — 1792. Othello. — 1795. Abufard ou la Famille arabe. — 1797. Œdipe à Colonne. — 1801. Phédor et Waldamir.
Poèmes. — 1771. Le banquet de l'amitié. — 1809. Mélanges. — 1813. Épîtres et poésies diverses. — 1826. Œuvres posthumes publiées par Campenon.

Son éloge a été prononcé par M. de Sèze, dans la séance de l'Académie française du 25 août 1816.

---

86. — LE BLOND (l'Abbé Gaspard, Michel, dit).

Élu, le 12 décembre 1795, membre de la Classe de Littérature et Beaux-Arts (section des Antiquités et Monuments). Nommé, par l'arrêté du 28 janvier 1803, membre de la Classe d'Histoire et de Littérature ancienne.

Né à Caen (Calvados), le 24 novembre 1738. — 1763. Prêtre. — 1772. Bibliothécaire adjoint au collège Mazarin. — 1772. Membre associé de l'Académie royale des Inscriptions et Belles-Lettres. — 1791. Conservateur de la Bibliothèque Mazarine. — 1799 à 1802. Membre du Corps législatif. — Mort à Laigle (Orne), le 17 juin 1809.

Ouvrages. — 1771. Observations sur les médailles du cabinet de M. Pellerin, in-4. — 1780. Description des pierres gravées du cabinet du duc d'Orléans, 2 vol. in-fol. — 1781. Mémoires pour servir à l'histoire de la révolution opérée dans la musique par Gluck. — 1790. Lettre d'un amateur sur le Saint-Alype de Caffieri. — 1790. Observations présentées au comité des monnaies de l'Assemblée nationale. — Collaboration à l'origine de tous les cultes, de Dupuis.

---

87. — LE ROY (Julien, David).

Élu, le 12 décembre 1795, membre de la Classe de Littérature et Beaux-Arts (section des Antiquités et Monuments).

Né à Paris, le 6 mai 1724. — 1757. Membre et historiographe de l'Académie royale d'Architecture. — 1786. Membre pensionnaire de l'Académie royale des Inscriptions et Belles-Lettres. — Mort à Paris, le 28 janvier 1803.

Ouvrages. — 1758. Ruines des plus célèbres monuments de la Grèce, in-fol. — 1764. Histoire de la disposition et des formes différentes que les chrétiens ont données à leurs temples. — 1767. Observations sur les édifices des anciens peuples. — 1773. Mémoire sur les travaux qui ont rapport à l'exploitation de la mâture. — 1777. La marine des anciens peuples expliquée. — 1783. Les navires des anciens considérés par rapport à leurs voiles. — 1786. Recherches sur le vaisseau long des anciens. — 1790. Lettre à M. Franklin sur la marine. — 1791. Canaux de la Manche à Paris pour en faire une ville maritime. — 1799. Mémoires sur le lac Mœris. — 1800. Nouvelle voiture proposée pour les vaisseaux de toutes les grandeurs. — 1801. Précis d'une dissertation sur les mesures des anciens. — 1802. Des navires employés par les anciens et de l'usage que l'on en pourrait faire dans notre marine. — Mémoires insérés dans le Recueil de l'Académie des inscriptions (t. I, II et III).

Une notice sur sa vie a été lue par Dacier, dans la séance de la Classe d'Histoire et de Littérature ancienne du 23 mars 1804.

---

88. — VIEN (le Comte Joseph, Marie), C. ✳

Élu, le 12 décembre 1795, membre de la Classe de Littérature et Beaux-Arts. Nommé, par l'arrêté du du 28 janvier 1803, membre de la Classe des Beaux-Arts (section de Peinture).

Né à Montpellier (Hérault), le 18 juin 1716. — 1743. Grand prix de Rome. — 1754. Membre de l'Académie royale de Peinture. — 1759. Professeur à l'Académie royale (École des Beaux-Arts). — 1775 à 1781. Directeur de l'Académie de France à Rome. — 1781. Recteur de l'Académie royale. — 1789. Premier peintre du Roi. — 1799. Sénateur. — 1808. Comte. — Mort à Paris, le 27 mars 1809.

Œuvres principales. — 1743. David résigné. L'ermite endormi. — 1750. Vie de sainte Marthe. — 1753. Le centenier aux pieds de Jésus. Les saintes Maries arrivant en Provence. La sainte Vierge servie par les anges. Ermite dormant (Louvre). — 1755. Saint Germain et saint Vincent. Dédale et Icare. — 1757. La présentation au Temple. La résurrection de Lazare. La musique. — 1759. La guérison du paralytique. Les disciples d'Emmaüs. La pêche miraculeuse. — 1761. Saint Germain et sainte Geneviève. L'amour et Psyché. Jeune Grecque. Hébé. — 1762. Proserpine et Pluton. — 1763. La marchande à la toilette. Glycère. Offrande à Vénus. Une prêtresse. — 1765. Marc-Aurèle distribuant des aliments au peuple. — 1767. La prédication de saint Denis (église Saint-Roch). Saint Jérôme. Vénus sortant de la mer. Nymphe de Diane. Flore. Zéphyr. Saint Grégoire le Grand. César à Cadix. — 1769. Inauguration de la statue équestre du Roi. — 1773. Saint Louis confie la régence à sa mère. Diane et ses nymphes. Deux jeunes Grecques. — 1775. Saint Thibault et saint Louis. Vénus blessée par Diomède. Sainte Madeleine. — 1779. La toilette d'une mariée. Hector entraîne Pâris. — 1781. Briséis enlevée à Achille. — 1783. Priam allant réclamer le corps de son fils. — 1785. Retour de Priam. — 1787. Adieux d'Hector et d'Andromaque. Femme grecque couronnant sa fille. Glycère cueillant des fleurs. Sapho. — 1789. L'amour fuyant l'esclavage. Offrande à Minerve. — 1793. Hélène poursuivie par Énée. — S. d. Amour jouant avec des fleurs (Louvre). Moïse apportant les tables de la loi (musée de Douai). Loth et ses filles (musée du Havre). Jésus guérissant un malade (musée de Marseille). Saint Jean dans le désert (musée de Montpellier). Vieillard endormi. La religieuse (musée de Nancy). Le Christ en croix (musée de Nîmes). Ermite endormi (musée d'Orléans). Résurrection de Jésus. Colère d'Achille (musée de Rouen). Portrait de Frion. — 1791. Les vicissitudes de la guerre et le bonheur de la vie, suite de dessins.

Ouvrages. — 1748. Caravane du sultan à la Mecque, in-8. — 1798. Rapport sur des vases trouvés dans un tombeau près de Genève, in-4.

Une notice sur sa vie a été lue par J. Le Breton, dans la séance de la Classe des Beaux-Arts du 7 octobre 1809.

---

89. — VINCENT (François, André), ✳

Élu, le 12 décembre 1795, membre de la Classe de Littérature et Beaux-Arts. Nommé, par l'arrêté du 28 janvier 1803, membre de la Classe des Beaux-Arts et, par l'ordonnance royale du 21 mars 1816, membre de l'Académie des Beaux-Arts (section de Peinture).

Né à Paris, le 30 décembre 1747. — 1768. Grand prix de Rome. — 1782. Membre de l'Académie royale de Peinture. — 1792. Professeur à l'Académie royale (École des Beaux-Arts). — 1808. Professeur à l'École Polytechnique. — Mort à Paris, le 3 août 1816.

I.

14

Œuvres principales. — 1768. Germanicus apaisant une sédition. — 1777. Saint Jérôme (musée de Montpellier). Alcibiade (id.). Un nain. Les pèlerins d'Emmaüs. La leçon de dessin. Plusieurs portraits d'homme. — 1777. Bélisaire — 1779. Le président Molé arrêté par des factieux. Le Christ guérissant un aveugle. La guérison du paralytique. — 1781. Combat des Romains et des Sabins. Saint Jean dans le désert. — 1782. Enlèvement d'Orythée par Borée (Louvre). — 1783. Achille combat le Xante et le Simoïs. — 1785. Arrie et Poetus (musée d'Amiens). Sully blessé et Henri IV (id.). — 1787. Renaud et Armide. Clémence d'Auguste. — 1788. Pyrrhus et Glaucius. — 1789. Zeuxis choisissant deux modèles (Louvre). — 1791. Enfant jouant aux cartes. — 1792. La leçon de labourage. — 1795. Guillaume Tell et Gessler (musée de Toulouse). L'amour et l'innocence. Démocrite chez les Abdéritains. Pyrrhus à la cour de Glaucius. — 1798. L'agriculture. Portrait de Roland. — 1801. Portrait d'Arnault. La Mélancolie. — Nombreux dessins, portraits et gravures.

Une notice sur sa vie a été lue par Quatremère de Quincy, dans la séance de l'Académie des Beaux-Arts du 4 octobre 1817.

---

90. — JULIEN (Pierre), ✳

Élu, le 12 décembre 1795, membre de la Classe de Littérature et Beaux-Arts. Nommé, par l'arrêté du 28 janvier 1803, membre de la Classe des Beaux-Arts (section de Sculpture).

Né à Saint-Paulien (Haute-Loire), le 20 juin 1731. — 1765. Grand prix de Rome. — 1779. Membre de l'Académie royale de Peinture et de Sculpture. — 1790 à 1804. Professeur à l'Académie royale (École des Beaux-Arts). — Mort à Paris, le 17 décembre 1804.

Œuvres principales. — 1779. Gladiateur mourant (Louvre). Nymphe coupant les ailes de l'amour (bas-relief). Femme voilée. — 1781. Erigone (statue). Tête de vestale. — 1783. Statue de La Fontaine. Berger tenant un serpent. Camille jeune. — 1785. Ganymède (Louvre). L'amour silencieux. — 1789. Statue de N. Poussin. L'Idée. L'étude. La baigneuse. — 1791. Jeune fille à la chèvre (Louvre). — 1793. La tendresse maternelle. Narcisse. Echo fuyant Narcisse. L'amour soulevant son bandeau. — 1799. L'étude (statue). Le temps fuyant. Fronton de l'église Sainte-Geneviève (Panthéon).

Une notice sur sa vie a été lue par J. Le Breton, dans la séance de l'Académie des Beaux-Arts du 28 septembre 1805.

---

91. — MOITTE (Jean, Guillaume), ✳

Élu, le 12 décembre 1795, membre de la Classe de Littérature et Beaux-Arts. Nommé, par l'arrêté du 28 janvier 1803, membre de la Classe des Beaux-Arts (section de Sculpture).

Né à Paris, le 10 novembre 1746. — 1768. Grand prix de Rome. — 1809. Professeur à l'École des Beaux-Arts. — Mort à Paris, le 2 mai 1810.

Œuvres principales. — 1768. David portant la tête de Goliath. — 1779. Bacchante endormie (bas-relief). — 1783. Un sacrificateur (statue). Oreste. — 1785. Combat d'Ulysse et d'Ajax. Vestale. — 1787. Statue du Commerce. La Bretagne et la Normandie (Barrière des Bonshommes). — 1789. Statue de Cassini. — 1794. Statue de J.-J. Rousseau. — 1798. La France appelant ses enfants à sa défense (Luxembourg). Statue équestre de Bonaparte. Tombeau du général Leclerc. Bas-reliefs de la colonne de Boulogne. — 1809. Statues du général Custine et du général d'Hautpoul. — S. d. L'amour et l'amitié (musée de Besançon). Un sacrificateur. Vestale jetant l'eau lustrale. Fronton du Panthéon. Fronton de la cour du vieux Louvre. — Nombreux dessins, esquisses et modèles en plâtre.

Une notice sur sa vie a été lue par J. Le Breton, dans la séance de la Classe des Beaux-Arts du 3 octobre 1812.

---

92. — PARIS (Pierre, Adrien).

Élu, le 12 décembre 1795, membre de la Classe de Littérature et Beaux-Arts (section d'Architecture). Démissionnaire, le 18 janvier 1796.

Né à Besançon (Doubs), le 25 octobre 1745. — 1778. Dessinateur du cabinet du Roi et architecte des économats, chargé des fêtes de Versailles, Marly et Trianon. — 1781. Membre de l'Académie royale d'Architecture. — 1796. *Associé non résidant de l'Institut.* — Mort à Besançon, le 1ᵉʳ août 1819.

Œuvres principales. — Portail de la cathédrale d'Orléans. Hôtel de ville de Neufchâtel. Hôpital de Bourg.
Ouvrages. — Recueil de dessins et études d'architecture, 9 vol. in-fol. Examen des édifices antiques et modernes de Rome, in-fol. Restauration de l'amphithéâtre Flavien, appelé Colysée, in-fol. Aquarelles et dessins publiés dans le voyage à Naples, de Saint-Non, et les tableaux de la Suisse de Delaborde.

93. — BOULLÉE (Étienne, Louis).

Élu, le 12 décembre 1795, membre de la Classe de Littérature et Beaux-Arts
(section d'Architecture).

Né à Paris, le 12 février 1728. — 1762. Membre de l'Académie royale d'Architecture. — Mort à Paris, le 5 février 1799.

Œuvres principales. — Hôtel de la Compagnie des Indes à Paris. Hôtel de Baujou et de Monville, aux Champs-Élysées. Château de Tassé, à Chaville. Château de Chauvi, à Montmorency. Château de Perreux. Prison de la Force.
Ouvrages. — 1785. Mémoire sur les moyens de procurer à la bibliothèque du Roi les avantages que ce monument exige, in-fol.

Une notice sur sa vie a été lue par N.-G. Villar, dans la séance de la Classe de Littérature et Beaux-Arts du 3 juillet 1799.

94. — GOSSEC (François, Joseph, GOSSI, dit), ✳.

Élu, le 12 décembre 1795, membre de la Classe de Littérature et Beaux-Arts. Nommé, par l'arrêté
du 28 janvier 1803, membre de la Classe des Beaux-Arts et, par l'ordonnance royale du 21 mars
1816, membre de l'Académie des Beaux-Arts (section de Composition musicale).

Né à Vergnies (Belgique), le 17 janvier 1733. — 1770. Fondateur du Concert des amateurs. — 1773 à 1776. Directeur du Concert spirituel. — 1784. Fondateur et directeur de l'École royale de Chant. — 1789. Chef de la musique de la Garde nationale. — 1795 à 1814. Inspecteur du Conservatoire et professeur de composition. — Mort à Passy près Paris, le 16 février 1829.

Œuvres. — *Opéras.* — 1764. Le faux lord. — 1766. Les pêcheurs. — 1767. Le double déguisement. — 1767. Toinon et Toinette. — 1774. Sabinus. — 1775. Alexis et Daphné. — 1775. Philémon et Baucis. — 1776. Hylas et Sylvie. — 1778. La fête du village. — 1782. Thésée. — 1786. Rosine. — 1793. Le camp de Grandpré. — 1794. La reprise de Toulon.
Œuvres diverses. — 1754. Symphonies. — 1759. Quatuors. Messe des morts. Te Deum. La nativité (oratorio). — 1782. O salutaris. — 1785. Chœurs d'Athalie. — 1790. Chant du 14 juillet. — 1791. Hymne à Voltaire. — 1792. Ronde du champ de Grandpré. Chant martial. Hymne à l'Être suprême. Hymne à la liberté. Hymnes diverses. Chants funèbres. Serment républicain. Apothéoses de Voltaire et de Rousseau. Musique pour les funérailles de Mirabeau. 29 symphonies, 18 quatuors ; duos, sérénades, etc., etc.
Ouvrages. — 1800. Exposition des principes de la musique, 2 vol. in-fol. — 1814. Méthode de chant, in-4.

Une notice sur sa vie a été lue par Quatremère de Quincy, à l'Académie des Beaux-Arts.

95. — PRÉVILLE (Pierre, Louis du BUS, dit).

Élu, le 12 décembre 1795, membre de la Classe de Littérature et Beaux-Arts (section de Musique
et Déclamation). Démissionnaire, le 18 janvier 1796.

Né à Paris, le 19 septembre 1721. — 1756 à 1786, Sociétaire de la Comédie-Française. — 1796. *Associé non résidant de l'Institut.* — Mort à Beauvais (Oise), le 18 décembre 1799.

Ouvrage. — 1812. Mémoires sur l'art dramatique, 1 vol. in-8.

---

96. — LEGENDRE (Adrien, Marie), O. ✳

Élu, le 13 décembre 1795, membre de la Classe des Sciences physiques et mathématiques. Maintenu, par l'arrêté du 28 janvier 1803, dans la même Classe. Nommé, par l'ordonnance royale du 21 mars 1816, membre de l'Académie des Sciences (section de Géométrie).

Né à Paris, le 18 septembre 1752. — 1775 à 1780. Professeur de mathématiques à l'École militaire de Paris. — 1785. Membre de l'Académie royale des Sciences. — 1808. Conseiller de l'Université. — 1816. Membre du Bureau des Longitudes. — Mort à Paris, le 9 janvier 1833.

Ouvrages. — 1782. Dissertation sur une question de balistique, in-4. — 1789. Exposé des observations faites en 1787 pour la jonction des observations de Paris et de Greenwich, in-4. — 1794. Éléments de géométrie. — 1794. Mémoire sur les transcendantes elliptiques, in-4. — 1798. Méthode analytique pour la détermination d'un arc du méridien, in-4. — 1803. Nouvelle théorie des parallèles. — 1805. Méthode nouvelle pour la détermination des orbites des comètes, in-4. — 1811. Exercices de calcul intégral sur divers ordres de transcendantes et sur les quadratures, 3 vol. in-4. — 1827. Traité des fonctions elliptiques et des intégrales eulériennes, 3 vol. in-4. — 1830. Théorie des nombres, 2 vol. in-4. — Mémoires insérés dans le Recueil de l'Académie des sciences (t. II, VI, X et XI de la 1ʳᵉ série ; XI, XII et XXII de la 2ᵉ série).

Son éloge a été prononcé par M. Élie de Beaumont, dans la séance de l'Académie des Sciences du 25 mars 1861.

---

97. — DELAMBRE (Jean, Baptiste, Joseph), ✳

Élu, le 13 décembre 1795, membre de la Classe des Sciences physiques et mathématiques. Maintenu, par l'arrêté du 28 janvier 1803, dans la même Classe (section de Géométrie). Élu, le 31 janvier 1803, secrétaire perpétuel de la Classe des Sciences physiques et mathématiques. Nommé, par l'ordonnance royale du 21 mars 1816, secrétaire perpétuel de l'Académie des Sciences, pour les sciences mathématiques.

Né à Amiens (Somme), le 19 septembre 1749. — 1792. Membre de l'Académie royale des Sciences. — 1797. Membre du Bureau des Longitudes. — 1799. Inspecteur général des Études. — 1807 à 1822. Professeur d'astronomie au Collège de France. — 1808 à 1815. Trésorier de l'Université impériale. — Mort à Paris, le 18 août 1822.

Ouvrages. — 1789. Tables de Jupiter et de Saturne, in-4. — 1792. Tables du Soleil, de Jupiter, de Saturne, d'Uranus, et des Satellites de Jupiter, in-4. — 1799. Méthodes analytiques pour la détermination d'un arc du méridien, in-4. — 1801. Tables trigonométriques décimales, in-4. — 1806. Tables du Soleil, in-4. — 1806-10. Bases du système métrique décimal, 3 vol. in-4. — 1810. Rapport sur les progrès des sciences mathématiques de 1789 à 1810, in-4. — 1813. Abrégé d'astronomie. — 1813-24. Analyse des travaux de la classe des sciences de l'Institut, in-4. — 1814. Astronomie théorique et pratique, 3 vol. in-4. — 1817. Tables écliptiques des satellites de Jupiter, in-4. — 1817. Histoire de l'astronomie ancienne, 2 vol. in-4. — 1818. Histoire de l'astronomie du moyen âge, in-4. — 1821. Histoire de l'astronomie moderne, 2 vol. in-4. — 1821. Rapport sur les mémoires relatifs à l'origine commune des sphères des anciens peuples. — 1827. Histoire de l'astronomie au xviiiᵉ siècle, publiée par M. Mathieu, in-4. — Mémoires et articles insérés dans le Recueil de l'Académie des sciences, dans la Biographie universelle, et dans les Mémoires des Académies de Berlin, de Turin et de Stockholm.

Son éloge a été prononcé par M. le baron Fourier, dans la séance de l'Académie des Sciences du 2 juillet 1823.

98. — VANDERMONDE (Alexandre, Théophile).

Élu, le 13 décembre 1795, membre de la Classe des Sciences physiques et mathématiques (section des Arts mécaniques).

Né à Paris, le 28 février 1735. — 1771. Membre de l'Académie royale des Sciences. — 1795 à 1796. Démonstrateur et directeur du Conservatoire des arts et métiers. — 1794-1795. Professeur d'économie politique à l'École normale. — Mort à Paris, le 1er janvier 1796.

Ouvrages. — 1781. Mémoire sur un nouveau système d'harmonie applicable à l'état actuel de la musique, in-4. — Mémoires insérés dans le Recueil de l'Académie royale des sciences.

Une notice sur sa vie a été lue par Lacépède, dans la séance de la Classe des Sciences physiques et mathématiques du 4 avril 1796.

99. — BERTHOUD (Ferdinand), ✻

Élu, le 13 décembre 1795, membre de la Classe des Sciences physiques et mathématiques. Maintenu, par l'arrêté du 28 janvier 1803, dans la même Classe (section de Mécanique).

Né à Plancemont (Suisse), le 19 mars 1727. — 1760. Horloger mécanicien de la marine. — Mort à Groslay (Seine-et-Oise), le 20 juin 1807.

Ouvrages. — 1759. L'art de conduire et de régler les pendules et les montres, in-12. — 1763. Essais sur l'horlogerie, 2 vol. in-4. — 1773. Traité des horloges marines, in-4. — 1773. Éclaircissements sur les nouvelles machines pour la détermination des longitudes en mer, in-4. — 1775. Les longitudes par les mesures du temps, in-4. — 1782. La mesure du temps appliquée à la navigation, in-4. — 1787. De la mesure du temps, in-4. — 1792. Traité des montres à longitude, 2 vol. in-4. — 1802. Histoire de la mesure du temps par les horloges, 2 vol. in-4. — 1807. Supplément au traité des montres à longitude. — S. d. Avis pour régler les montres.

Une notice sur sa vie a été lue par Delambre, dans la séance de la Classe des Sciences physiques et mathématiques du 4 janvier 1809.

100. — MESSIER (Charles), ✻

Élu, le 13 décembre 1795, membre de la Classe des Sciences physiques et mathématiques. Maintenu, par l'arrêté du 28 janvier 1803, dans la même Classe. Nommé, par l'ordonnance royale du 21 mars 1816, membre de l'Académie des Sciences (section d'Astronomie).

Né à Badonvilliers (Meuse), le 26 juin 1730. — 1755. Commis de la Marine. — 1760. Astronome de la marine. — 1782. Membre de l'Académie royale des Sciences. — 1798. Membre du Bureau des Longitudes. — Mort à Paris, le 12 avril 1817.

Ouvrages. — 1808. Grande comète qui a paru à la naissance de Napoléon le Grand, in-4. — Mémoires sur des observations astronomiques et météorologiques insérés dans le Journal des savants, la Connaissance du temps et le Recueil de l'Académie des sciences (t. II à VIII de la 1re série et II de la 2e série).

Une notice sur sa vie a été lue par Delambre, dans la séance de l'Académie des Sciences du 16 mars 1818.

101. — CASSINI (le Comte Jean, Dominique), ✻

Élu, le 13 décembre 1795, membre de la Classe des Sciences physiques et mathématiques. Démissionnaire, le 18 janvier 1796. Réélu le 24 juillet 1799. Maintenu, par l'arrêté du 28 janvier 1803, dans la même Classe. Nommé, par l'ordonnance royale du 21 mars 1816, membre de l'Académie des Sciences (section d'Astronomie).

Né à Paris, le 3o juin 1748. — 1785. Membre de l'Académie royale des Sciences. — 1785. Directeur de l'Observatoire de Paris. — 1798-1799. *Associé non résidant de l'Institut.* — Mort à Thury (Oise), le 18 octobre 1845.

Ouvrages. — 1770. Voyage fait, en 1768 et 1769, pour éprouver les montres marines. in-4. — 1778. Manuel de l'étranger qui voyage en Italie, in-12. — 1791. De l'influence de l'équinoxe et du solstice sur les variations de l'aiguille aimantée, in-4. — 1791. Déclinaisons de l'aiguille aimantée, in-4. — 1792. Extraits des observations faites à l'Observatoire, de 1791 à 1792, in-4. — 1794. Exposé des opérations faites pour la jonction des opérations de Paris et de Greenwich, in-4. — 1810. Mémoires pour servir à l'histoire des sciences et à celle de l'Observatoire de Paris. — S. d. Quelques idées sur l'instruction publique. — Observation sur quelques articles du code rural. — Lettre d'un maire à son préfet. — La Révolution française en février 1791. — Lettre aux associés pour la confection de la carte générale de la France. — Les déjeuners de M. Richard. — Achèvement de la carte de France entreprise par son père. — Mémoires insérés dans le Recueil de l'Académie des sciences (t. IV et V).

102. — ROCHON (Alexis, Marie), ✻

Élu, le 13 décembre 1795, membre de la Classe des Sciences physiques et mathématiques. Maintenu, par l'arrêté du 28 janvier 1803, dans la même Classe. Nommé, par l'ordonnance royale du 21 mars 1816, membre de l'Académie des Sciences (section de Physique générale).

Né à Brest (Finistère), le 21 février 1741. — 1765. Bibliothécaire de l'Académie royale de marine à Brest. — 1766. Astronome de la marine. — 1770. Garde du Cabinet de physique du Roi, à La Muette. — 1779. Membre de l'Académie royale des Sciences. — 1787 à 1790. Astronome-opticien de la Marine. — 1796. Directeur de l'observatoire de Brest. — Mort à Paris, le 5 avril 1817.

Ouvrages. — 1768. Opuscules mathématiques. — 1781. Essai sur les monnaies anciennes et modernes. — 1783. Recueil de mémoires sur la mécanique et sur la physique. — 1783. Examen des projets de navigation intérieure, in-4. — 1783. Nouveau voyage dans la mer du Sud. — 1791. Voyage à Madagascar et aux Indes orientales. — 1791. Compte rendu des expériences qui ont été faites sur la monnaie coulée et moulée. — 1791. Aperçu des avantages qui peuvent résulter de la conversion du métal des cloches en monnaie moulée, 2 vol. — 1792. Essai sur les monnaies anciennes et modernes. — 1803. Projet d'un canal de navigation intérieure entre Brest et la Loire. — S. d. Dissertations qui peuvent être utiles ou nécessaires aux voyageurs. — Mémoires insérés dans le Recueil de l'Académie des sciences (t. II) et dans le Journal de physique.

Une notice sur sa vie a été lue par Delambre, dans la séance de l'Académie des Sciences du 16 mars 1818.

103. — LEFÈVRE-GINEAU (le Chevalier Louis d'AINELLE), ✻

Élu, le 13 décembre 1795, membre de la Classe des Sciences physiques et mathématiques. Maintenu, par l'arrêté du 28 janvier 1803, dans la même Classe. Nommé, par l'ordonnance royale du 21 mars 1816, membre de l'Académie des Sciences (section de Physique générale).

Né à Authe (Ardennes), le 7 mars 1751. — 1775. Attaché à la Bibliothèque royale. — 1788 à 1823. Professeur de physique expérimentale au Collège de France. — 1800 à 1823. Administrateur du Collège de France. — 1807 à 1814 et 1820 à 1823. Député des Ardennes. — Mort à Paris, le 3 février 1829.

Ouvrages. — Articles et mémoires insérés dans le Moniteur universel, la Nouvelle Encyclopédie et le Journal des mines. — Rapports parlementaires.

104. — PELLETIER (Bertrand).

Élu, le 13 décembre 1795, membre de la Classe des Sciences physiques et mathématiques
(section de Chimie).

Né à Bayonne (Basses-Pyrénées), le 30 juillet 1761. — 1778. Préparateur au Collège de France. — 1783. Maître en pharmacie. — 1785. Inspecteur des Hôpitaux. — 1792. Membre de l'Académie royale des Sciences. — 1793. Commissaire des poudres et salpêtres. — 1795. Professeur de chimie à l'École Polytechnique. — Mort à Paris, le 21 juillet 1797.

Ouvrages. — 1794. Instruction sur l'art de séparer le cuivre du métal des cloches, in-4. — 1798. Mémoires et observations de chimie publiés par Ch. Pelletier et Sédillot, 2 vol. — Articles et mémoires insérés dans les Annales de chimie, le Journal d'histoire naturelle et les mémoires de la classe des sciences (t. I et II).

Une notice sur sa vie a été lue par Lassus, dans la séance de la Classe des Sciences physiques et mathématiques du 5 mars 1798.

105. — VAUQUELIN (Nicolas, Louis), ✣

Élu, le 13 décembre 1795, membre de la Classe des Sciences physiques et mathématiques. Maintenu, par l'arrêté du 28 janvier 1803, dans la même Classe. Nommé, par l'ordonnance royale du 21 mars 1816, membre de l'Académie des Sciences (section de Chimie).

Né à Saint-André-d'Hébertot (Calvados), le 16 mai 1763. — 1785. Pharmacien à Paris. — 1790. Inspecteur des Mines. — 1793. Pharmacien à l'Hôpital militaire de Melun. — 1794 à 1801. Professeur de docimasie à l'École des mines. — 1795. Professeur de chimie à l'École Polytechnique. — 1801 à 1804. Professeur de chimie au Collège de France. — 1802. Essayeur des matières d'or et d'argent à la Monnaie. — 1803. Directeur de l'École de pharmacie. — 1804 à 1820. Professeur d'art chimique au Muséum d'Histoire naturelle. — 1811 à 1823. Professeur de chimie médicale à la Faculté de médecine de Paris. — 1815. Inspecteur général de la Monnaie. — 1827. Député du Calvados. — Mort à Saint-André-d'Hébertot, le 14 novembre 1829.

Ouvrages. — 1794 à 1803. Instruction sur la combustion des végétaux et sur la manière de saturer les eaux salpêtrées, in-4. Tours. — 1796. Mémoire sur la nature de l'alun du commerce. — 1798. Expériences sur la sève des végétaux. — 1811. Analyse de la matière cérébrale, in-4. — 1812. Manuel de l'essayeur. — 1815. Dictionnaire de chimie et de métallurgie, 6 vol. in-4. — 1820. Des opérations chimiques et pharmaceutiques, in-4. Rouen. — 1825. Note sur le diabète sucré. — Articles et mémoires dans le Journal de physique, le Journal des mines, le Journal de l'École polytechnique, les Annales de chimie, le Bulletin de la Société philomatique, les Annales du Muséum d'histoire naturelle, le Journal universel des sciences médicales et les mémoires de l'Académie des sciences (t. II à XII).

Son éloge a été prononcé par Cuvier, dans la séance de l'Académie des Sciences du 20 juillet 1831.

106. — DUHAMEL (Jean, Pierre, François, GUILLOT).

Élu, le 13 décembre 1795, membre de la Classe des Sciences physiques et mathématiques. Maintenu, par l'arrêté du 28 janvier 1803, dans la même Classe (section de Minéralogie).

Né à Nicorps (Manche), le 31 août 1730. — 1775. Commissaire-inspecteur des forges et fourneaux. — 1783 à 1813. Professeur de métallurgie et d'exploitation des mines à l'École des mines. — 1786. Membre de l'Académie royale des Sciences. — 1789. Inspecteur vétéran au corps royal des Mines. — 1810 à 1811. Inspecteur général des mines. — Mort à Paris, le 19 février 1816.

Ouvrages. — 1774-81. Voyage métallurgique, 3 vol. — 1788. Géométrie souterraine théorique et pratique, in-4. — 1800. Dictionnaire français-allemand contenant les mots relatifs à l'art d'exploiter les mines. — Articles insérés dans les mémoires de l'Académie des sciences (t. III de la 1ʳ série et VI de la 2ᵉ série), le Journal des mines et le Dictionnaire métallurgique de l'Encyclopédie méthodique.

Son éloge a été prononcé par Cuvier, dans la séance de l'Académie des Sciences du 8 avril 1822.

---

107. — LELIÈVRE (Claude, Hugues), ✻

Élu, le 13 décembre 1795, membre de la Classe des Sciences physiques et mathématiques. Maintenu, par l'arrêté du 28 janvier 1803, dans la même Classe. Nommé, par l'ordonnance royale du 21 mars 1816, membre de l'Académie des Sciences (section de Minéralogie).

Né à Paris, le 28 juin 1752. — 1784. Ingénieur des mines. — 1789. Vérificateur à la Monnaie. — 1794. Inspecteur des mines. — 1796 à 1810. Membre du Conseil des mines. — 1810 à 1832. Inspecteur général des mines. — 1813 à 1832. Vice-président du Conseil général des mines. — Mort à Neuilly (Seine), le 19 octobre 1835.

Ouvrages. — 1795. Description de divers procédés pour extraire la soude du sel marin, in-4. — Articles insérés dans le Journal des mines et dans les mémoires de l'Académie des sciences (t. V, VIII et XI).

---

108. — L'HÉRITIER de BRUTELLE (Charles, Louis).

Élu, 13 décembre 1795, membre de la Classe des Sciences physiques et mathématiques (section de Botanique et Physique végétale).

Né à Paris, le 15 juin 1746. — 1772. Procureur du Roi à la maîtrise des eaux et forêts de la généralité de Paris. — 1775. Conseiller à la Cour des aides. — 1790. Commis au Ministère de la Justice. — 1790. Membre de l'Académie royale des Sciences. — 1795. Juge au Tribunal civil de la Seine. — 1798. Membre du Tribunal d'appel. — Assassiné à Paris, le 16 août 1800.

Ouvrages. — 1784-85. Stirpes novæ aut minus cognitæ, descriptionibus et iconibus illustratæ, in-fol. — 1787. Geraniologia, seu crodii, pelagonii, geranii, historia icon., in-fol. — 1788. Cornus specimen botanicum, sistens, descriptiones et icones specierum corni minus cognitarum, in-fol. — 1788. Sertum Anglicum, seu plantæ rariores, quæ in hortis juxta Londinum excoluntur, in-fol. — Hymenopappus, Oxybaphus, Virgilia, Michauxia, Buchozia, in-fol. — Articles insérés dans les mémoires de la classe des sciences (t. I et IV).

Une notice sur sa vie a été lue par Cuvier, dans la séance de la Classe des Sciences physiques et mathématiques du 5 avril 1801.

---

109. — VENTENAT (l'Abbé Étienne, Pierre).

Élu, le 13 décembre 1795, membre de la Classe des Sciences physiques et mathématiques. Maintenu, par l'arrêté du 28 janvier 1803, dans la même Classe (section de Botanique).

Né à Limoges (Haute-Vienne), le 1ᵉʳ mars 1757. — 1787. Chanoine régulier de Sainte-Geneviève. — 1796. Conservateur de la Bibliothèque du Panthéon. — 1797. Professeur de botanique au Lycée Républicain. — Mort à Paris, le 13 août 1808.

Ouvrages. — 1794. Principes élémentaires de botanique. — 1794. Tableau du règne végétal, 4 vol. — 1795. Du meilleur moyen de distinguer le calice de la corolle. — 1797. Principes de botanique. — 1800. Description des plantes cultivées dans le jardin de M. Cels, gr. in-4. — 1803. Le jardin de la Malmaison, 2 vol. gr. in-fol. — 1803. Le botaniste voyageur aux environs de Paris, in-12. — 1803. Choix de plantes, la plupart cultivées dans le jardin de M. Cels, 3 vol. in-fol. — 1808. Decus generum novorum, in-fol. — Articles insérés dans les mémoires de la Classe des sciences (t. I à IX).

Son éloge a été prononcé par Cuvier, dans la séance de la Classe des Sciences physiques et mathématiques du 2 janvier 1809.

---

110. — CUVIER (le Baron Jean, Léopold, Nicolas, Frédéric, dit Georges), G. O. ✳

Élu, le 13 décembre 1795, membre de la Classe des Sciences physiques et mathématiques (section d'Anatomie et Zoologie). Maintenu, par l'arrêté du 28 janvier 1803, dans la même Classe. Élu, le 31 janvier 1803, secrétaire perpétuel de la Classe des Sciences physiques et mathématiques. Nommé, par l'ordonnance royale du 21 mars 1816, secrétaire perpétuel de l'Académie des Sciences pour les Sciences physiques. Élu, le 4 juin 1818, membre de l'Académie française.

Né à Montbéliard (Doubs), le 23 août 1769. — 1790 à 1794. Précepteur. — 1795. Professeur à l'École centrale du Panthéon. — 1795 à 1802. Professeur suppléant au Muséum. — 1798. Inspecteur général de l'Instruction publique. — 1800 à 1832. Professeur d'histoire naturelle au Collège de France. — 1802 à 1832. Professeur d'anatomie comparée au Muséum d'Histoire naturelle. — 1808. Conseiller à vie de l'Université. — 1813. Maître des requêtes au Conseil d'État. — 1814 à 1815 et 1815 à 1819. Conseiller d'État. — 1819 à 1832. Président du Comité de l'Intérieur du Conseil d'État. — 1830. *Membre libre de l'Académie des Inscriptions et Belles-Lettres.* — 1831. Pair de France. — Mort à Paris, le 13 mai 1832.

Ouvrages. — 1798. Tableau élémentaire de l'histoire naturelle des animaux. — 1800 à 1805. Leçons d'anatomie comparée, 5 vol. — 1807. Recherches anatomiques sur les reptiles, in-4. — 1808. Rapport sur les sciences naturelles depuis 1789, in-4. — 1811-26. Analyse des travaux de l'Académie des sciences de 1811 à 1826, in-4. — 1816. Le règne animal distribué d'après son organisation, 4 vol. — 1816. Mémoire pour servir à l'histoire et à l'anatomie des mollusques, in-4. — 1819-27. Éloges historiques des membres de l'Académie des sciences, 3 vol. — 1821. Recherches sur les ossements fossiles des quadrupèdes, précédées d'un discours sur les révolutions du globe, 7 vol. in-4. — 1822. Description géologique des environs de Paris, in-4. — 1828. Histoire naturelle des poissons. — Articles et mémoires insérés dans la Décade philosophique, le Bulletin de la Société philomatique, les Annales et les mémoires du Muséum d'histoire naturelle, le Journal de physique, la Biographie universelle, le Dictionnaire des sciences médicales, le Dictionnaire des sciences naturelles, le Journal des savants, le Bulletin universel des sciences et les mémoires de l'Académie des sciences (t. II à XIV de la 1ʳᵉ série et I à X de la 2ᵉ série).

Son éloge a été prononcé par M. Dupin, dans la séance de l'Académie française du 30 août 1832 et par M. Flourens, dans la séance de l'Académie des Sciences du 29 décembre 1834.

---

111. — RICHARD (Louis, Claude, Marie), ✳

Élu, le 13 décembre 1795, membre de la Classe des Sciences physiques et mathématiques. Maintenu, par l'arrêté du 28 janvier 1803, dans la même Classe. Nommé, par l'ordonnance royale du 21 mars 1816, membre de l'Académie des Sciences (section d'Anatomie et Zoologie).

Né à Auteuil (Seine), le 19 septembre 1754. — 1795. Professeur d'histoire naturelle médicale à la Faculté de Médecine de Paris. — Mort à Paris, le 6 juin 1821.

Ouvrages. — 1776. Tableaux de Linné. — 1798. Dictionnaire de botanique. — 1808. Démonstrations botaniques ou analyse du fruit. — 1826. Commentatio botanica de coniferis et cycadeis, in-4, Stuttgart. — 1831. De musaciis. Breslau. — Tableau explicatif du système sexuel de Linné, in-fol. — Mémoires et articles insérés dans le Journal de physique, les Annales et les mémoires du Muséum, le Nouveau Dictionnaire d'histoire naturelle, les Éphémérides médicales, la Revue médicale et les mémoires de l'Académie des sciences (t. II, VII et XII).

Son éloge a été prononcé par Cuvier, dans la séance de l'Académie des Sciences du 20 juin 1825.

---

112. — PELLETAN (Philippe, Jean), ✻

Élu, le 13 décembre 1795, membre de la Classe des Sciences physiques et mathématiques. Maintenu, par l'arrêté du 28 janvier 1803, dans la même Classe. Nommé, par l'ordonnance royale du 21 mars 1816, membre de l'Académie des Sciences (section de Médecine et Chirurgie).

Né à Paris, le 4 mai 1747. — 1775. Professeur de clinique à l'Hospice de Perfectionnement. — 17 . Chirurgien-major à l'armée des Pyrénées. — 1793. Membre du Conseil de Santé des armées. — 1795 à 1823. Professeur de clinique externe, puis (1815) de médecine opératoire à la Faculté de Médecine de Paris. — 1804. Chirurgien en chef de l'Hôtel-Dieu. — 1805. Chirurgien consultant de l'Empereur. — Mort à Paris, le 26 septembre 1829.

Ouvrages. — Éphémérides pour servir à l'histoire de l'art de guérir. — 1810. Clinique chirurgicale, 3 vol. — 1815. Observations sur un ostéo-sarcôme de l'humérus. — 1815. Utilité de la médecine démontrée. — 1821. Observations sur une académie des sciences chirurgicales. — 1832. Coup d'œil sur la migraine et ses divers traitements. — Collaboration au Dictionnaire des sciences médicales.

---

113. — LASSUS (Pierre).

Élu, le 13 décembre 1795, membre de la Classe des Sciences physiques et mathématiques. Maintenu, par l'arrêté du 28 janvier 1803, dans la même Classe (section de Médecine et Chirurgie).

Né à Paris, le 11 avril 1741. — 1765. Maître en chirurgie. — 1779. Inspecteur des écoles et trésorier du Collège de l'Académie de Chirurgie. — 1781. Professeur d'opérations chirurgicales au Collège royal de Chirurgie de Paris. — 1794. Professeur d'histoire de la médecine aux Écoles de santé. — 1795. Professeur de pathologie externe à la Faculté de Paris. — 1804. Chirurgien consultant de l'Empereur. — Mort à Paris, le 16 mars 1807.

Ouvrages. — 1774. Dissertation sur la lymphe. — 1783. Essai sur les découvertes faites en anatomie par les anciens et les modernes. — 1790. Éphémérides de toutes les parties de l'art de guérir. — 1794. De la médecine opératoire, 2 vol. — 1805-06. Pathologie chirurgicale, 2 vol. — Articles insérés dans les mémoires de l'Académie royale de chirurgie, le Journal de médecine et les mémoires de la classe des sciences (t. I, II et IV). — Traduction de l'ouvrage de Pott sur les luxations, de celui de Turner sur les maladies vénériennes et de celui d'Alanson sur les amputations.

Son éloge a été prononcé par Cuvier, dans la séance de la Classe des Sciences physiques et mathématiques du 2 janvier 1809.

---

114. — CELS (Jacques, Philippe, Martin).

Élu, le 13 décembre 1795, membre de la Classe des Sciences physiques et mathématiques. Maintenu, par l'arrêté du 28 janvier 1803, dans la même Classe (section d'Économie rurale).

Né à Versailles (Seine-et-Oise) le 16 juin 1740. — 1797. Membre du Conseil d'Agriculture au Ministère de l'Intérieur. — Mort à Montrouge (Seine), le 15 mai 1806.

Ouvrages. — 1773. Coup d'œil éclairé d'une bibliothèque. — 1799. Avis sur les récoltes de grains. — 1802. Instruction sur les effets des inondations. — Articles insérés dans le Nouveau Dictionnaire d'histoire naturelle, les Mémoires de la Société d'agriculture de la Seine, les Annales de l'agriculture française et les Mémoires de la classe des sciences (t. I, V et VII). — Notes pour les œuvres d'Olivier de Serres et le nouveau Laquintinie.

Son éloge a été prononcé par Cuvier, dans la séance de l'Académie des Sciences du 7 juillet 1806.

115. — PARMENTIER (Antoine, Augustin), ✳

*Élu, le 13 décembre 1795, membre de la Classe des Sciences physiques et mathématiques. Maintenu,
par l'arrêté du 28 janvier 1803, dans la même Classe (section d'Économie rurale).*

Né à Montdidier (Somme), le 17 avril 1737. — 1757. Pharmacien militaire. — 1763. Apothicaire major de l'Hôtel des Invalides. — 1775. Censeur royal. — 1794. Professeur d'économie rurale
et d'agriculture aux Écoles centrales. — 1803. Inspecteur général du Service de Santé et premier
pharmacien des armées. — Mort à Paris, le 17 décembre 1813.

Ouvrages. — 1773. Examen chimique des pommes de terre, in-12. — 1776. Examen de l'analyse du bled.
— 1777. Avis aux bonnes ménagères sur la meilleure manière de faire leur pain. — 1777. Traité complet sur la
fabrication et le commerce du pain. — 1778. Observations sur les lieux d'aisance. — 1779. Manière de faire le
pain de pommes de terre. — 1780. Traité de la châtaigne, 2 vol. — 1781. Recherches sur les végétaux nourris-
sants qui peuvent remplacer les aliments ordinaires. — 1784. Recueil de pièces concernant les exhumations
faites dans l'église Saint-Eloi de Dunkerque. — 1784. Méthode facile de conserver, à peu de frais, les
grains et les farines. — 1785. Instruction sur les moyens de suppléer à la disette des fourrages. — 1787. Avis
sur la manière de traiter les grains et d'en faire du pain, in-4. — 1787. Dissertation sur la nature des eaux de la
Seine. — 1788. Avis aux cultivateurs dont les récoltes sont ravagées par la grêle. — 1789. Traité sur la culture
des pommes de terre, de la patate et du topinambour. — 1789. Mémoire sur les avantages que le royaume peut
retirer de ses grains, in-4. — 1790. Économie rurale et domestique, 8 vol. in-12. — 1791. Des altérations du sang
dans les maladies inflammatoires, in-4. — 1793. Formulaire pharmaceutique à l'usage des hôpitaux militaires. —
1795. Avis sur la prépation du biscuit de mer. — 1799. Expériences et observations sur les différentes espèces de
lait ; Strasbourg. — 1801. L'art de faire les eaux-de-vie et vinaigres. — 1802. Code pharmaceutique à l'usage des
hôpitaux et des prisons. — 1804. Rapport sur les soupes de légumes. — 1810. Traité sur l'art de fabriquer les
sirops et conserves de raisins. — 1812. Instruction pratique sur les soupes aux légumes. — 1812. Le maïs appré-
cié sous tous ses rapports. — 1813. Aperçu des résultats obtenus de la fabrication des sirops. — Articles et
mémoires insérés dans le Cours d'agriculture de Rozier, les Mémoires de la Société d'agriculture de la Seine,
l'Encyclopédie méthodique, le Journal de physique, les Annales de chimie, le Bulletin de la Société Philomatique,
le Nouveau Dictionnaire d'histoire naturelle, le Cours d'agriculture et les Mémoires de la classe des sciences
(t. IV et VII.)

116. — DELEYRE (l'Abbé Alexandre).

*Élu, le 14 décembre 1795, membre de la Classe des Sciences morales et politiques
(section d'Analyse des sensations et des idées).*

Né à Portets (Gironde), le 10 janvier 1726. — 1755. Prêtre. — 1793. Membre de la Convention
nationale. — 1794 à 1796. Délégué de la Convention auprès de l'École Normale. — 1795. Membre
du Conseil des Anciens. — Mort à Paris, le 13 mars 1797.

Ouvrages. — 1755. Analyse de la philosophie de Bacon, 3 vol. in-12. — 1756. La revue des feuilles de M. Fréron,
in-12. — 1758. Le génie de Montesquieu, in-12, Amsterdam. — 1758. Supplément aux journaux des savants et de
Trévoux, in-12. — 1761. Esprit de Saint-Evremont, in-12. — 1774. Tableau de l'Europe. — 1777. Éloge de Roux,
docteur régent à la faculté de Paris, in-12. — 1792. Essai sur la vie et les ouvrages de Thomas, in-12. — Articles
et mémoires insérés dans le Journal des savants, le Journal étranger et l'Encyclopédie universelle. — Collaboration
au journal des voyages de Prévost. — Romances ; traduction du père de famille, comédie de Goldoni.

Une notice sur sa vie a été lue par J. Le Breton, dans la séance de la Classe des Sciences
morales et politiques du 4 avril 1797.

117. — LE BRETON (Joachim), ✳

*Élu, le 14 décembre 1795, membre de la Classe des Sciences morales et politiques (section d'analyse
des sensations et des idées). Nommé, par l'arrêté du 28 janvier 1803, membre de la Classe d'His-*

toire et de Littérature ancienne. Élu , 5 février 1803, secrétaire perpétuel de la Classe des Beaux-Arts. Exclu de l'Institut par l'ordonnance royale du 21 mars 1816.

Né à Saint-Méen (Ille-et-Vilaine), le 7 avril 1760. — 1790. Procureur-syndic du district de Fougères. — 1791-1795. Député d'Ille-et-Vilaine. 1795 à 1798. Membre du Conseil des Anciens. — Mort à Rio-Janeiro (Brésil), le 9 juin 1819.

Ouvrages. — 1789. La logique adaptée à la rhétorique. — 1810. Rapport sur l'état des beaux-arts, in-4. — Notices des travaux de la classe des Beaux-Arts de l'Institut, in-4. — Articles insérés dans la Décade philosophique et dans plusieurs journaux.

---

118. — LAKANAL (Joseph).

Élu, le 14 décembre 1795, membre de la Classe des Sciences morales et politiques (section de Morale). Nommé, par l'arrêté du 28 janvier 1803, membre de la Classe d'Histoire et de Littérature ancienne. Exclu de l'Institut, par l'ordonnance royale du 21 mars 1816. Élu, le 22 mars 1834, membre de l'Académie des Sciences morales et politiques (section de Morale).

Né à Serres (Ariège), le 14 juillet 1762. — 1782 à 1784. Professeur à Lectoure, à Moissac, à Gémont, et à Castelnaudary. — 1784. Docteur ès arts de l'Université d'Angers. — 1784. Régent de rhétorique à Périgueux et à Bourges. — 1785. Professeur de philosophie à Moulins. — 1789 à 1795. Député de l'Ariège. — 1795 à 1797. Membre du Conseil des Cinq-Cents et Président du Comité de l'Instruction publique. — 1798. Député de Seine-et-Oise au Corps législatif. — 1799. Professeur de langues anciennes à l'École centrale. — 1804 à 1809. Économe du lycée Bonaparte. — 1809 à 1814. Inspecteur général des poids et mesures. — 1815 à 1825. Président de l'Institut de la Louisiane (États-Unis). — Mort à Paris, le 14 février 1845.

Ouvrages. — 1794. Rapport sur les langues orientales, in-4. — 1838. Exposé sommaire des travaux de J. Lakanal, pour sauver, durant la révolution, les sciences, les lettres et ceux qui les honoraient par leurs travaux. — 1840. Suum cuique, in-4. — Réponse à la note sur la création de l'Institut, in-4.

Une notice sur sa vie a été lue par M. Mignet, dans la séance de l'Académie des Sciences morales et politiques du 2 mai 1857.

---

119. — NAIGEON (Jacques, André), ✳

Élu, le 14 décembre 1795, membre de la Classe des Sciences morales et politiques (section de Morale). Nommé, par l'arrêté du 28 janvier 1803, membre de la Classe de la Langue et de la Littérature françaises.

Né à Paris, le 15 juillet 1738. — Mort à Paris, le 28 février 1810.

Ouvrages. — 1756. Les Chinois, comédie. — 1768. Le militaire philosophe, in-12, Londres et Amsterdam. — 1775. Éloge de La Fontaine. — 1790. Adresse à l'Assemblée nationale sur la liberté des opinions. — 1791-94. Dictionnaire de la philosophie ancienne et moderne, 3 vol. in-4.

Son éloge a été prononcé par M. N. Lemercier, dans la séance de la Classe de la Langue et de la Littérature françaises du 5 septembre 1810.

---

120. — GARRAN-COULON (le Comte Jean, Philippe), G. O. ✳

Élu, le 14 décembre 1795, membre de la Classe des Sciences morales et politiques (section de Science sociale et Législation). Nommé, par l'arrêté du 28 janvier 1803, membre de la Classe d'Histoire et de Littérature ancienne et, par l'ordonnance royale du 21 mars 1816, membre de l'Académie des Inscriptions et Belles-Lettres.

Né à Saint-Maixent (Deux-Sèvres), le 19 avril 1749. — 1771. Avocat à Paris. — 1791 à 1795. Député du Loiret. — 1791. Juge au Tribunal de Cassation. — 1792. Procureur général de la Nation près la Cour nationale d'Orléans. — 1795 à 1798. Membre du Conseil des Cinq-Cents. — 1798. Substitut du commissaire du Gouvernement près le Tribunal de Cassation. — 1799 à 1814. Sénateur. — 1808. Comte. — Mort à Paris, le 19 décembre 1816.

Ouvrages. — 1789. Rapport sur la conspiration des mois de mai, juin et juillet. — 1790. Consultation pour M. Guignard Saint-Priest. — 1791. Rapport sur l'insurrection des nègres de Saint-Domingue. — 1795. Recherches politiques sur l'état ancien et moderne de la Pologne appliquées à la dernière révolution. — 1796. Considérations de droit public sur la réunion de la Belgique à la France. — 1798-99. Rapport sur les troubles de Saint-Domingue, 4 vol. — Collaboration au répertoire de jurisprudence de Guyot.

---

121. — BAUDIN des ARDENNES (Pierre, Charles, Louis).

Élu, le 14 décembre 1795, membre de la Classe des Sciences morales et politiques (section de Science sociale et Législation).

Né à Sedan (Ardennes), le 18 décembre 1748. — 1783. Directeur des postes à Sedan. — 1790. Maire de Sedan. — 1791. Député des Ardennes. — 1795. Président de la Convention. — 1796. Membre du Conseil des Anciens. — 1796. Président du Conseil des Anciens. — Mort à Paris, le 14 octobre 1799.

Ouvrages. — 1794. Réponse à l'écrit de la Harpe, que je n'ai point lu. — 1794. Anecdotes et réflexions générales sur la constitution. — 1795. Éclaircissement sur l'article 355 de la constitution. — 1795. Du fanatisme et des cultes. — Articles insérés dans la Sentinelle, le Journal des savants et les Mémoires de la classe des sciences morales et politiques (vol. I à III).

Une notice sur sa vie a été lue par Champagne, dans la séance de la Classe des Sciences morales et politiques du 5 janvier 1800.

---

122. — TALLEYRAND-PÉRIGORD, Duc de BÉNÉVENT (le Prince Charles, Maurice de), G. C. ✳

Élu, le 14 décembre 1795, membre de la Classe des Sciences morales et politiques. Nommé, par l'arrêté du 28 janvier 1803, membre de la Classe d'Histoire et de Littérature ancienne et, par l'ordonnance royale du 21 mars 1816, membre de l'Académie des Inscriptions et Belles-Lettres. Nommé, par l'ordonnance royale du 26 octobre 1832, membre de l'Académie des Sciences morales et politiques (section d'Économie politique).

Né à Paris, le 2 février 1754. — 1775. Prêtre et abbé de Saint-Denis (Marne). — 1778. Vicaire général de Reims. — 1780 à 1785. Agent général du Clergé de France. — 1788 à 1791. Évêque d'Autun. — 1789. Député du Clergé aux États généraux. — 1790. Membre du Directoire du département de la Seine. — 1797 à juillet 1799 et novembre 1799 à 1807. Ministre des Relations extérieures. — 1806. Duc de Bénévent. — 1806 à 1809. Grand chambellan de l'Empereur. — 1807. Prince, vice-grand électeur de l'Empire. — 1808. Archi-chancelier d'État. — 1814. Président du Gouvernement provisoire. — 1814. Pair de France. — 1814 à mars 1815 et juillet à septembre 1815. Ministre des Affaires étrangères. — 1815 à 1830. Grand chambellan du Roi. — 1830 à 1834. Ambassadeur en Angleterre. — Mort à Paris, le 17 mai 1838.

Ouvrages. — 1789. Adresse aux Français. — 1789. Des loteries. — 1789. Motion sur la proposition d'un emprunt. — 1789. Motion sur les biens ecclésiastiques. — 1789. Opinion sur les banques. — 1790. Opinion sur les assignats forcés. — 1790. Proposition sur les poids et mesures. — 1791. Opinion sur la vente des biens nationaux. — 1791. Rapport sur l'instruction publique. — 1799. Éclaircissements donnés à mes concitoyens. — 1814. Discours au Roi en lui présentant le Sénat. — 1821. Opinion contre le renouvellement de la censure. — 1821. Discours à l'occasion du décès de l'évêque d'Evreux. — 1822. Discours sur les délits de presse. — 1823. Opinion sur l'adresse au Roi. — 1823. Motion sur les mandats impériatifs. — 1891. Mémoires publiés par le duc de Broglie, 5 vol. — Mémoires insérés dans le recueil de l'Institut. — Éloge de Reinhard.

Une notice sur sa vie a été lue par M. Mignet, dans la séance de l'Académie des Sciences morales et politique du 11 mai 1839.

123. — RŒDERER (le Comte Pierre, Louis), G.O. ✻

Élu, le 14 décembre 1795, membre de la Classe des Sciences morales et politiques (section d'Économie politique). Nommé, par l'arrêté du 28 janvier 1803, membre de la Classe de la Langue et de la Littérature françaises. Exclu de l'Institut par l'ordonnance royale du 21 mars 1816. Nommé, par l'ordonance royale du 26 octobre 1832, membre de l'Académie des Sciences morales et politiques (section de Morale).

Né à Metz (Moselle), le 15 février 1754. — 1780. Conseiller au Parlement de Metz. — 1789. Député aux États généraux. — 1791. Procureur général syndic du département de la Seine. — 1796. Professeur d'Économie politique aux Écoles centrales. — 1799. Conseiller d'État. — 1800 à 1802. Président de la section de l'Intérieur au Conseil d'État. — 1802. Directeur des théâtres et de l'Instruction publique. — 1802. Sénateur. — 1806. Ministre des Finances du royaume de Naples. — 1808. Comte. — 1810. Chargé de l'administration du grand-duché de Berg. — 1814 à 1815. Pair de France. — 1830. Pair de France — Mort à Paris, le 18 décembre 1835.

Ouvrages. — 1783. Dialogue concernant le colportage des marchandises, in-8. — 1787. En quoi consiste la prospérité d'un pays. — 1788. De la députation aux états généraux. — 1795. Des institutions funéraires convenables à une république. — 1795. Journal d'économie publique, de morale et de politique, 5 vol. — 1795. De l'intérêt des comités de la Convention, dans l'affaire des députés détenus. — 1795. Mémoires sur l'administration du département de Paris. — 1799. Mémoires d'économie publique, de morale et de politique, 2 vol. — 1799. De la philosophie moderne. — 1800-1804. Opuscules de littérature et de philosophie, 3 vol. — 1802. La première et la deuxième années du consulat de Bonaparte. — 1803. Petits écrits concernant de grands écrivains. — 1819. De la propriété considérée dans ses rapports avec les droits politiques. — 1820. Louis XII. — 1825. François Ier. — 1827-1830. Comédies historiques, de Louis XII à la mort de Henri IV, 3 vol. (I : Le marguillier de Saint-Eustache, le fouet de nos pères, le diamant de Charles Quint; II : La Saint-Barthélémy; III : Le Budget de Henri III). — 1830. Nouvelles bases d'élections. — 1830. Conséquences du système de Cour établi sous François Ier. — 1831. Esprit de la révolution de 1789. — 1832. Chronique de cinquante jours (20 juin au 10 août 1792). — 1835. Adresse d'un constitutionnel aux constitutionnels. — 1835. Mémoires pour servir à l'histoire de la société polie en France. — Ses œuvres complètes ont été publiées par son fils, en 8 vol. 1853-1859.

Son éloge a été proncé par M. Mignet, dans la séance de l'Académie des Sciences morales et politiques du 27 décembre 1837.

124. — DACIER (le Baron Bon, Joseph), O. ✻

Élu, le 14 décembre 1795, membre de la Classe des Sciences morales et politiques (section d'Histoire). Nommé, par l'arrêté du 28 janvier 1803, membre de la Classe d'Histoire et de Littérature ancienne. Élu, le 14 février 1803, secrétaire perpétuel de la Classe d'Histoire et de Littérature ancienne. Nommé, par l'ordonnance royale du 21 mars 1816, membre et secrétaire perpétuel de l'Académie des Inscriptions et Belles-Lettres. Élu, le 27 juin 1822, membre de l'Académie française. Nommé, par l'ordonnance royale du 26 octobre 1832, membre de l'Académie des Sciences morales et politiques (section de Morale).

Né à Valognes (Manche), le 1er avril 1742. — 1792. Membre pensionnaire de l'Académie royale des Inscriptions et Belles-Lettres. — 1800 à 1833. Conservateur des manuscrits de la Bibliothèque nationale. — 1802 à 1807. Membre du Tribunat. — 1830. Baron. — Mort à Paris, le 4 février 1833.

Ouvrages. — 1810. Rapport sur les progrès de l'histoire et de la littérature ancienne depuis 1789. in-4. — Iconographie grecque et romaine de Visconti. — Traductions des histoires d'Élien (1772) et de la Cyropédie de Xénophon (1777). — Mémoires et Notices sur les membres décédés, insérés dans le recueil de l'Académie des inscriptions et belles-lettres (t. XXXVIII à L).

Son éloge a été prononcé par M. Tissot, dans la séance de l'Académie française du 9 août 1833, et une notice sur sa vie a été lue par S. de Sacy, dans la séance de l'Académie des Inscriptions et Belles-Lettres du 25 juillet 1834.

125. — GOSSELLIN (Paschal, François, Joseph), O. ✻

Élu, le 14 décembre 1795, membre de la Classe des Sciences morales et politiques (section de Géographie). Nommé, par l'arrêté du 28 janvier 1803, membre de la Classe d'Histoire et de Littérature ancienne et, par l'ordonnance royale du 21 mars 1816, membre de l'Académie des Inscriptions et Belles-Lettres.

Né à Lille (Nord), le 6 décembre 1751. — 1781. Conservateur-administrateur de la Bibliothèque du Roi. — 1791. Membre associé de l'Académie royale des Inscriptions et Belles-Lettres. — 1800 à 1830. Conservateur du département des Médailles de la Bibliothèque nationale. — Mort à Paris, le 7 février 1830.

Ouvrages. — 1777. Géographie de la Chersonèse d'or. — 1788. Catalogue des médailles du cabinet de M. d'Ennery, in-4. — 1790. Les systèmes géographiques d'Eratosthène, de Strabon et de Ptolémée. — 1798-1813. Recherches sur la géographie systématique et positive des anciens, 4 vol. in-4. — 1798. Système géographique de Marin de Tyr. — 1806. Observations sur les anciennes stades itinéraires, in-4. — 1813. De l'évaluation et de l'emploi des mesures itinéraires grecques et romaines. — Mémoires insérés dans le recueil de l'Académie des Inscriptions (t. I, VI, IX, XLVII et XLIX).

Une notice sur sa vie a été lue par Dacier, dans la séance de l'Académie des Inscriptions et Belles-Lettres du 21 juillet 1830.

126. — BOUGAINVILLE (le Comte Louis, Antoine, de), G. O. ✻

Élu, le 14 décembre 1795, membre de la Classe des Sciences morales et politiques (section de Géographie). Nommé, par l'arrêté du 28 janvier 1803, membre de la Classe des Sciences physiques et mathématiques (section de Géographie et Navigation).

Né à Paris, le 12 novembre 1729. — 1750. Avocat. — 1754. Secrétaire d'ambassade à Londres. — 1755. Lieutenant de dragons. — 1756. Capitaine. — 1757. Aide-maréchal des logis. — 1759. Colonel. — 1763. Capitaine de vaisseau. — 1769. Brigadier d'infanterie. — 1780. Maréchal de camp. — 1787. Associé libre de l'Académie royale des Sciences. — 1798. Membre du Bureau des Longitudes. — 1799. Sénateur. — 1808. Comte. — Mort à Paris, le 18 août 1810.

Ouvrages. — 1754-56. Traité du calcul intégral, 2 vol. in-4. — 1771. Voyage autour du monde, in-4. — Mémoires insérés dans le recueil de la classe des sciences morales et politiques (t. III).

Une notice sur sa vie a été lue par Delambre, dans la séance de la Classe des Sciences physiques et mathématiques du 4 janvier 1813.

127. — DOMERGUE (François, Urbain).

Élu, le 14 décembre 1795, membre de la Classe de Littérature et Beaux-Arts (section de Grammaire). Nommé, par l'arrêté du 28 janvier 1803, membre de la Classe de la Langue et de la Littérature françaises.

Né à Aubagne (Bouches-du-Rhône), le 24 mars 1745. — 1775. Professeur de grammaire générale à l'École des Quatre-Nations. — 1799. Professeur d'humanités au Lycée Charlemagne. — Mort à Paris, le 28 mai 1810.

Ouvrages. — 1771. Éléazar, poème. — 1778. Grammaire française simplifiée. — 1790. Mémorial du jeune orthographiste. — 1792. Décisions revisées du Journal de la langue française. — 1797. Prononciation française déterminée par des signes invariables. — 1799. Grammaire générale analytique. — 1805. Manuel des étrangers amateurs de la langue française. — 1808. Solutions grammaticales. — 1810. Exercices orthographiques. — S. d. Notions orthographiques. — Traité complet de la proposition grammaticale.

Son éloge a été prononcé par M. de Saint-Ange, dans la séance de la Classe de la Langue de la Littérature françaises du 5 septembre 1810.

---

128. — WAILLY (Noël, François, de).

Élu, le 14 décembre 1795, membre de la Classe de Littérature et Beaux-Arts (section de Grammaire).

Né à Amiens (Somme), le 30 juillet 1724. Mort à Paris, le 7 avril 1801.

Ouvrages. — 1754. Principes généraux et particuliers de la langue française, in-12. — 1759. Abrégé de la grammaire française, in-12. — 1771. De l'orthographe, in-12. — 1782. L'orthographe des dames, in-12. — 1801. Nouveau vocabulaire ou abrégé du dictionnaire de l'Académie. — Traductions des œuvres de plusieurs auteurs latins, et édition de divers ouvrages.

Une notice sur sa vie a été lue par l'abbé Sicard, dans la séance de la troisième Classe de l'Institut du 12 octobre 1802.

---

129. — CABANIS (Pierre, Jean, Georges), C. ✻

Élu, le 15 décembre 1795, membre de la Classe des Sciences morales et politiques (section d'Analyse des sensations et des idées). Nommé, par l'arrêté du 28 janvier 1803, membre de la Classe de la Langue et de la Littérature françaises.

Né à Cosnac (Corrèze), le 5 juin 1757. — 1783. Docteur en médecine. — 1796. Membre du Conseil des Cinq-Cents. — 1797 à 1808. Professeur de clinique interne, puis (1799) d'histoire de la médecine, à la Faculté de Médecine de Paris. — 1799. Sénateur. — Mort à Rueil (Seine-et-Oise), le 5 mai 1808.

Ouvrages. — 1789. Observations sur les hôpitaux. — 1791. Journal de la maladie et de la mort de Mirabeau. — 1797. Du degré de la certitude de la médecine. — 1799. Quelque considérations sur l'organisation sociale, in-12. — 1799. Rapport sur l'organisation des écoles de médecine. — 1802. Rapports du physique et du moral de l'homme. — 1804. Coup d'œil sur les révolutions et les réformes de la médecine. — 1813. Observations sur les affections catarrhales et particulièrement sur les rhumes de cerveau. — S. d. Lettres sur les causes premières. — Ses œuvres complètes ont été publiées par M. Thurot, en 5 vol. 1823-25 (t. I : Révolutions et réformes de médecine ; II : Mort de Mirabeau, Affections catarrhales, La guillotine, Les hôpitaux, L'apoplexie ; III et IV : Rapports du physique et du moral de l'homme ; V : Œuvres posthumes et Mélanges). — Articles publiés dans le Magasin encyclopédique.

Son éloge a été prononcé par M. le comte de Tracy, dans la séance de la Classe de la Langue et de la Littérature françaises du 21 décembre 1808, et une notice sur sa vie a été lue par M. Mignet, dans la séance de l'Académie des Sciences morales et politiques du 15 juin 1850.

130. — LANGLÈS (Louis, Mathieu), ✳

Élu, le 15 décembre 1795, membre de la Classe de Littérature et Beaux-Arts (section des Langues anciennes). Nommé, par l'arrêté du 28 janvier 1803, membre de la Classe d'Histoire et de Littérature ancienne et, par l'ordonnance royale du 21 mars 1816, membre de l'Académie des Inscriptions et Belles-Lettres.

Né à Welles-Pérennes (Somme), le 22 août 1763. — 1785. Officier près le Tribunal des maréchaux de France. — 1795. Administrateur de l'École des Langues orientales vivantes. — 1795. Professeur de langue persane à la même École. — 1796 à 1824. Conservateur des manuscrits de la Bibliothèque nationale. — Mort à Paris, le 28 janvier 1824.

Ouvrages. — 1787. Alphabet tartare-mandchou, in-4. — 1788. Contes, fables et sentences tirés d'auteurs arabes et persans, in-12. — 1789. Dictionnaire tartare-mandchou-français, 3 vol. in-4. — 1790. Fables et contes indiens. in-12. — 1790. De l'importance des langues orientales. — 1797. Notice sur les manuscrits rapportés d'Égypte par Bonaparte. — 1799. Voyage pittoresque de la Syrie, de la Phénicie et de la Palestine. — 1800. Notices des ouvrages sur la langue chinoise que possède la Bibliothèque nationale. — 1802. Notices et éclaircissements sur les voyages de Norden, in-4. — 1804. Recherches sur la découverte de l'essence de rose, in-12. — 1805. Observations sur les relations de l'Angleterre et de la France avec la Chine. — 1806. Note sur les monnaies de Crimée. — 1807. Catalogue des manuscrits de la Bibliothèque impériale. — 1812-21. Monuments anciens et modernes de l'Indoustan, 2 vol. in-fol. — 1817. Notice des travaux des missionnaires anglais dans l'Inde. — 1822. Des castes de l'Inde, ou lettres sur les Indous. — 1824. Analyse des mémoires contenus dans les Asiatic Researches, in-4. — Dissertation sur le papier-monnaie des Orientaux. — Traduction et édition de divers ouvrages. Articles insérés dans les mémoires de l'Académie des inscriptions (t. IV et XII).

131. — SELIS (Nicolas, Joseph).

Élu, le 15 décembre 1795, membre de la Classe de Littérature et Beaux-Arts (section des Langues anciennes).

Né à Paris, le 29 avril 1737. — 1760. Professeur au collège d'Amiens. — 1780. Professeur de rhétorique au collège Louis-le-Grand. — 1795. Professeur de belles-lettres à l'École centrale. — 1795 à 1802. Professeur de poésie latine au Collège de France. — Mort à Paris, le 18 février 1802.

Ouvrages. — 1760. — L'armée romaine sauvée par les prières de l'armée fulminante. — 1761. L'inoculation du bon sens, in-12, *Londres*. — 1776. Épîtres en vers sur différents sujets, in-8. — 1781. Relation de la maladie, de la confession et de la mort de Voltaire, in-12, *Genève*. — 1783. Dissertation sur la Perse. — 1788. Bien né, nouvelles et anecdotes. — 1789. Lettre à un père de famille sur les petits spectacles de Paris. — 1790. Lettres écrites de la Trappe, par un novice, in-12. — 1792. Lettres à La Harpe sur le Collège de France. — Traduction des œuvres de Perse.

132. — COLLIN. d'HARLEVILLE (Jean, François, COLLIN, dit), ✳

Élu, le 15 décembre 1795, membre de la Classe de Littérature et Beaux-Arts (section de Poésie). Nommé, par l'arrêté du 28 janvier 1803, membre de la Classe de la Langue et de la Littérature françaises.

Né à Mévoisins (Eure-et-Loir), le 30 mai 1755. — Mort à Paris, le 24 février 1806.

Ouvrages. — 1799. Melpomène et Thalie (poème). — 1799. Pièces de vers lues à l'Institut.

Théâtre. — 1786. L'inconstant. — 1788. L'optimiste. — 1789. Les châteaux en Espagne. — 1793. Malice pour malice. Le vieux célibataire. Les riches. La défense de la petite ville. Les deux voisins. Le casque et les colombes. — 1794. Rose et Picard. — 1797. Les artistes. — 1800. Les mœurs du jour. — 1803. M. de Crac. — 1804. Il veut tout faire. Le vieillard et les jeunes gens. — 1808. Les querelles de deux frères. Ses œuvres ont été publiées, sous le titre de : Théâtre et poésies fugitives, 4 vol. Paris, 1805.

I.

Son éloge a été prononcé par M. le comte Daru, dans la séance de la Classe de la Langue et de la Littérature françaises du 13 août 1806.

---

133. — FONTANES (le Marquis Jean, Pierre, Louis de), G. C. ✳

Élu, le 15 décembre 1795, membre de la Classe de Littérature et Beaux-Arts (section de Poésie). Exclu de l'Institut, en vertu de la loi de déportation du 5 septembre 1797. Nommé, par l'arrêté du 28 janvier 1803, membre de la Classe de la Langue et de la Littérature françaises et, par l'ordonnance royale du 21 mars 1816, membre de l'Académie française.

Né à Niort (Deux-Sèvres), le 6 mars 1757. — 1796. Professeur de littérature au collège des Quatre-Nations. — 1802. Membre du Corps législatif. — 1804. Président du Corps législatif. — 1808. Comte. — 1808 à 1815. Grand-maître de l'Université. — 1810. Sénateur. — 1814. Pair de France. — 1815. Membre du Conseil privé. — 1817. Marquis. — Mort à Paris, le 17 mars 1821.

Ouvrages. — 1778 à 1790. Poésies diverses. — 1783. Traduction en vers de l'Essai sur l'homme, de Pope. — 1788. Le verger, poème. — 1789. Poème sur l'édit en faveur des non-catholiques. — 1789. Poème séculaire sur la fédération de 1790. — 1800. Éloge de Washington. — 1817. Les tombeaux de Saint-Denis, in-4. — 1821. Discours publiés par A. Fayot. — 1823. Le jour des morts dans une campagne.

Ses œuvres ont été publiées, en 1839, par Sainte-Beuve, en 2 vol. comprenant un poème posthume : la Grèce délivrée, des stances et odes, ainsi que divers rapports et discours.

Son éloge a été prononcé par M. Villemain, dans la séance de l'Académie française du 28 juin 1821.

---

134. — AMEILHON (Hubert, Paschal), ✳

Élu, le 15 décembre 1795, membre de la Classe de Littérature et Beaux-Arts (section des Antiquités et Monuments). Nommé, par l'arrêté du 28 janvier 1803, membre de la Classe d'Histoire et de Littérature ancienne.

Né à Paris, le 7 avril 1730. — Mort à Paris, le 13 novembre 1811.

Ouvrages. — 1766. Histoire du commerce et de la navigation des Égyptiens sous les Ptolémées. — 1803. Éclaircissement sur une inscription trouvée à Rosette, in-4. — 1803. Histoire du Bas-Empire (Continuation de Lebeau). Articles insérés dans le Journal d'Agriculture, le Journal des Savants, le Journal de Verdun et les Mémoires de la classe d'histoire et de littérature ancienne (t. II, V et XXXI à XLIX).

Une notice sur sa vie a été lue par Dacier, dans la séance de la Classe d'Histoire et de Littérature ancienne du 2 juillet 1813.

---

135. — CAMUS (Armand, Gaston).

Élu, le 15 décembre 1795, membre de la Classe de Littérature et Beaux-Arts (section des Antiquités et Monuments). Nommé, par l'arrêté du 28 janvier 1803, membre de la Classe d'Histoire et Littérature ancienne.

Né à Paris, le 2 avril 1740. — 1775. Avocat du clergé de France. — 1789 à 1791. Député de Paris. — 1789 à 1793. Archiviste à l'Assemblée nationale. — 1791. Député de la Haute-Loire. — 1793 à 1800. Archiviste de la République. — 1796 à 1797. Membre du Conseil des Cinq-Cents. — 1800. Garde des Archives nationales. — Mort à Paris, le 2 novembre 1804.

Ouvrages. — 1770. Code matrimonial, 2 vol. in-4. — 1772. Lettres sur la profession d'avocat, in-12. — 1776. Commentaire sur l'édit de mai 1768. — 1791. Observations sur les brefs du pape. — 1792. Code judiciaire. — 1792.

Code des pensions. — 1792. Opinions dans le procès de Louis XVI. — 1796. Mes pensées, ou ma déclaration sur la religion. — 1799. Notice sur un livre imprimé à Bamberg en 1642. — 1802. Mémoire sur la collection des grands et petits voyages, in-4. Histoire et procédés du polytypage et du stéréotypage. — 1803. Voyage dans les départements nouvellement réunis, 2 vol, in-12. — Articles insérés dans le Journal des savants et la Bibliothèque historique de France.

Une notice sur sa vie a été lue par Dacier, dans la séance de la troisième Classe de l'Institut du 3 juillet 1807.

---

136. — REGNAULT (le Baron Jean-Baptiste), ✻

Élu, le 15 décembre 1795, membre de la Classe de Littérature et Beaux-Arts. Nommé, par l'arrêté du 28 janvier 1803, membre de la Classe des Beaux-Arts et, par l'ordonnance royale du 21 mars 1816, membre de l'Académie des Beaux-Arts (section de Peinture).

Né à Paris, le 17 octobre 1754. — 1776. Grand prix de Rome. — 1783. Membre de l'Académie royale de Peinture. — 1805 à 1829. Professeur à l'École des Beaux-Arts. — 1816 à 1822. Professeur de dessin à l'École Polytechnique. — 1819. Baron. — Mort à Paris, le 11 novembre 1829.

Œuvres principales. — 1782. Andromède et Persée. — 1783. L'éducation d'Achille. Mariage de Persée et d'Andromède. L'Aurore et Céphale. — 1785. — Mort de Priam (musée d'Amiens). Pygmalion (Fontainebleau). Psyché et l'amour. Deux bacchantes. — 1787. La reconnaissance d'Oreste et d'Iphigénie (musée de Marseille). Mars désarmé par Vénus. Iphigénie en Tauride. — 1789. Descente de croix (Louvre). Le Déluge (Compiègne). — 1791. Socrate et Alcibiade. — 1795. La liberté ou la mort. Mars et Vénus désarmés par les Grâces. Renaud et Armide. Fiez-vous-y ou ne vous y fiez pas. Hébé et Jupiter. Io et Danaé. — 1799. La Mort de Cléopâtre. Les trois Grâces. Hercule et Alceste. — 1809. Portrait de Montalivet. — S. d. Les trois Grâces (Louvre). L'origine de la peinture (Fontainebleau). Mariage de Jérôme-Bonaparte (Versailles). Mort de Desaix. Le Sénat recevant les drapeaux pris sur les Autrichiens en 1806. Portrait de jeune fille (musée d'Orléans). Tête de vieillard (musée de Montpellier). — Esquisses, dessins, trois estampes à l'eau-forte et cent quarante dessins pour les métamorphoses d'Ovide.

Une notice sur sa vie a été lue par Quatremère de Quincy, dans la séance de l'Académie des Beaux-Arts du 11 octobre 1834.

---

137. — TAUNAY (Nicolas, Antoine), ✻

Élu, le 15 décembre 1795, membre de la Classe de Littérature et Beaux-Arts. Nommé, par l'arrêté du 28 janvier 1803, membre de la Classe des Beaux-Arts et, par l'ordonnance royale du 21 mars 1816, membre de l'Académie des Beaux-Arts (section de Peinture).

Né à Paris, le 10 février 1755. — 1784. Agréé à l'Académie royale de Peinture. — 1810 à 1824. Directeur de l'Académie des Beaux-Arts du Brésil. — Mort à Paris, le 20 mars 1830.

Œuvres principales. — 1787. Naufrage d'une chaloupe. Le contempleur. Marche de troupes. La bénédiction des drapeaux à Rome. La rosière. L'ermite. Le retour de Tobie. — 1789. La messe de Saint-Roch. Henri IV et Sully (musée de Nantes). Paysage d'Italie. Vue de Suisse. Un port de mer. — 1791. Vue d'Italie. La Cananéenne. Paysage. Vue d'un camp. — 1793. Prise d'une ville (Louvre). Bataille de Nazareth (Versailles). Jésus parmi les docteurs. Booz et Ruth. Abraham et les trois anges. Enlèvement des blessés après une bataille. La lecture au village. — 1797. Bonaparte recevant des prisonniers (Versailles). Portrait de Van Spaendonck. — 1799. Jésus guérit un malade. Marine. — 1801. Passage du Saint-Bernard (Versailles). Halte dans les Alpes. Bonaparte recevant des prisonniers. Chartreux secourant un voyageur. — 1802. Vue de Port-Léon. Jeune fille. Le voyage du musicien interrompu. Le cheval échappé. — 1804. Dispute de bergers. Henri IV et le paysan. Un charlatan. Scène de carnaval. — 1806. Ermite prêchant. La Grande-Chartreuse. Présents de noce. Le départ de l'enfant prodigue. — 1808. Entrée de Napoléon à Munich (Versailles). Le Cimabue et Giotto. Les jarretières de la mariée. Salle de billard. Vue d'un port. L'impératrice en voyage. — 1810. Bataille d'Ebersberg (Versailles). Bonaparte à Lodi. Les Bergers d'Arcadie. Entrée de la garde impériale à Paris (Versailles). Hommage à Virgile. Halte de chariots militaires. Troupes en marche. Port de mer. Le lac de Némi. Herminie parmi les bergers. — 1812. Passage de la Cuadarama. Combat de Cassario. Ermites recevant des soldats. Une procession. — 1814. Œuvre de charité. Halte de soldats. Le lendemain de noce. Jacob. Samson. Incendie d'un port de mer. — 1819. Plusieurs paysages du Brésil.

La fortune et les enfants. Berger offrant du lait à un ermite. — 1824. Éliézer. La bergère des Alpes. Henri IV et le paysan. Vue de Franche-Comté. Le sacrifice de l'agneau. Suzanne et les vieillards. — 1827. Moïse sauvé des eaux. Éliézer et Rebecca. — La femme adultère (musée de Grenoble). Le jeu de boules (musée de Montpellier). Les oies du frère Philippe. — S. d. Attaque du château de Cassario (Versailles). Prédication de saint Jean (Louvre). Pierre l'Ermite prêchant la croisade (Louvre). Henri de Bourbon acclamé roi de Portugal. Clorinde chez les pasteurs. Le lion d'Androclès.

Une notice sur sa vie a été lue par Quatremère de Quincy, à l'Académie des Beaux-Arts.

138. — ROLAND (Philippe, Laurent).

Élu, le 15 décembre 1795, membre de la Classe de Littérature et Beaux-Arts. Nommé, par l'arrêté du 28 janvier 1803, membre de la Classe des Beaux-Arts et, par l'ordonnance royale du 21 mars 1816, membre de l'Académie des Beaux-Arts (section de Sculpture).

Né à Marcq (Nord), le 13 août 1746. — 1782. Agréé à l'Académie royale de Sculpture et de Peinture. — 1809 à 1816. Professeur à l'École des Beaux-Arts. — Mort à Paris, le 11 juillet 1816.

Œuvres principales. — *Groupes, statues et bas-reliefs.* — 1783. Sacrifice des anciens (bas-relief). L'astronomie et la géométrie (bas-reliefs). — 1784. Caton d'Utique mourant. — 1784. Philibert Delorme. — 1785. Le grand Condé (Versailles). — 1786. Bas-reliefs du palais de Versailles. — 1789. Cariatides du théâtre Feydeau. — 1793. Paris. — 1795. Samson. Bacchante. — 1798. Le serment d'amour. — 1804. Solon. — 1806. Napoléon. — 1810. Cambacérès (Versailles). — 1812. Bacchante. Tronchet (Versailles). Homère (Louvre). — 1814. Jeune dormeur. Les neuf muses (Fontainebleau). Le peuple terrassant le fédéralisme (Panthéon). Minerve (Palais-Bourbon). Lamoignon (Palais de Justice). La loi. Malesherbes (Palais de Justice).
Bustes et médaillons. — 1783. M. Lenoir. Philibert Delorme. — 1787. M. Legrand. — 1789. M. Suvée (Louvre). Mlle Potain. Deux enfants. — 1791. Louis XVI. — 1800. Pajou. — 1801. L'amiral Ruyter (Versailles). — 1802. Chaptal. — 1806. Lesueur. Tronchet. — 1814. Jeune fille. Le général Dupuy.

Une notice sur sa vie a été lue par Quatremère de Quincy, dans la séance de l'Académie des Beaux-Arts du 2 octobre 1819.

139. — DEJOUX (Claude), ✳

Élu, le 15 décembre 1795, membre de la Classe de Littérature et Beaux-Arts. Nommé, par l'arrêté du 28 janvier 1803, membre de la Classe des Beaux-Arts et, par l'ordonnance royale du 21 mars 1816, membre de l'Académie des Beaux-Arts (section de Sculpture).

Né à Vadans (Jura), le 8 mai 1736. — 1779. Membre de l'Académie royale des Beaux-Arts. — 1792. Professeur adjoint. — 1809 à 1816. Professeur à l'École des Beaux-Arts. — Mort à Paris, le 18 octobre 1816.

Œuvres principales. — *Groupes et statues.* — 1779. Saint Sébastien mourant. — 1783. Catinat (Versailles). — 1785. Achille. Philopœmen. — 1787. Ajax enlevant Cassandre. Phrixus dans les airs. — 1795. Figure colossale de la Renommée. — 1800. La France accompagnée de la Victoire (bas-relief). — 1810. Desaix. Minerve distribuant des couronnes (bas-relief).
Bustes. — 1779. Esculape. Hygis. — 1781. Jeune faune. — 1785. La princesse de Monaco. — 1787. Paris du Vernay. — 1804. Alexandre.

Une notice sur sa vie a été lue par Quatremère de Quincy, dans la séance de l'Académie des Beaux-Arts du 3 octobre 1818.

140. — PEYRE (Antoine, François), ✳

Élu, le 15 décembre 1795, membre de la Classe de Littérature et Beaux-Arts. Nommé, par l'arrêté du 28 janvier 1803, membre de la Classe des Beaux-Arts et, par l'ordonnance royale du 21 mars 1816, membre de l'Académie des Beaux-Arts (section d'Architecture).

Né à Paris, le 5 avril 1739. — 1762. Grand prix de Rome. — 1768. — Contrôleur des Bâtiments du roi à Fontainebleau et à Saint-Germain. — 1777. Membre de l'Académie royale d'Architecture. — 1795 à 1800. Inspecteur des Bâtiments civils. — 1800 à 1816. Membre du Conseil général des Bâtiments civils. — Mort à Paris, le 6 mars 1823.

Œuvre principale. — 1779. Château de Coblenz.

Ouvrages. — 1799. Restauration du Panthéon français, in-4. — 1806. Observations sur la restauration des piliers du dôme de Sainte-Geneviève, in-4. — 1812. Projets d'architecture, in-fol. — 1815. Considération sur le rétablissement de l'académie d'architecture, in-4. — 1819. Lettre sur la reconstruction de l'Odéon, in-fol. — 1819-1820. Œuvres d'architecture, 80 pl. in-fol. et texte. — Dessins et projets de restauration d'édifices.

Une notice sur sa vie a été lue par Cartellier, dans la séance de l'Académie des Beaux-Arts du 4 octobre 1823.

---

141. — RAYMOND (Jean, Arnaud).

Élu, le 15 décembre 1795, membre de la Classe de Littérature et Beaux-Arts (section d'Architecture). Nommé, par l'arrêté du 25 janvier 1803, membre de la Classe des Beaux-Arts.

Né à Toulouse (Haute-Garonne), le 9 avril 1742. — 1767. Grand prix de Rome. — 1784. Architecte du Gouvernement. — 1784. Membre de l'Académie royale d'Architecture. — 1798 à 1811. Membre du Conseil des Bâtiments civils. — Mort à Paris, le 28 janvier 1811.

Ouvrages. — 1812. Projet d'un arc de triomphe pour la place de l'Étoile, in-fol. Projet de restauration de l'ancien Louvre. Mémoire sur la construction du dôme de la Madonna della Salute, à Venise.

Une notice sur sa vie a été lue par J. Le Breton, dans la séance de la Classe des Beaux-Arts du 3 octobre 1812.

---

142. — GRÉTRY (André, Ernest, Modeste), ✻

Élu, le 15 décembre 1795, membre de la Classe de Littérature et Beaux-Arts. Nommé, par l'arrêté du 25 janvier 1803, membre de la Classe des Beaux-Arts (section de Composition musicale).

Né à Liège (Belgique), le 6 février 1741. — 1795. Inspecteur du Conservatoire. — Mort à Montmorency (Seine-et-Oise), le 24 septembre 1813.

Œuvres. — *Opéras et opéras-comiques.* — 1765. Les vendangeurs. — 1767. Isabelle et Gertrude. — 1769. Le Huron. Lucile. Le tableau parlant. — 1770. Sylvain. Les deux avares. — 1771. L'amitié à l'épreuve. Zémire et Azor. — 1772. L'ami de la maison. — 1773. Le magnifique. Céphale et Procris. — 1774. La rosière de Salency. — 1775. La fausse magie. — 1776. Les mariages samnites. — 1778. Matrico. Le jugement de Midas. Les trois âges de l'opéra. — 1779. Les événements imprévus. — 1780. Aucassin et Nicolette. Les filles pauvres. Andromaque. — 1781. Émilie. — 1782. La double épreuve. L'embarras des richesses. — 1783. La caravane du Caire. Thalie au Nouveau Théâtre. Théodore et Paulin ou l'Épreuve villageoise. Richard Cœur de Lion. — 1785. Panurge. — 1786. Les méprises par ressemblance. — 1787. Le comte d'Albert. Le prisonnier anglais. — 1788. Le rival confident. Amphitryon. — 1789. Aspasie. Raoul Barbe-Bleue. — 1790. Pierre le Grand. — 1791. Guillaume Tell. — 1792. Basile. — 1793. Les deux couvents. — 1794. Denys le Tyran. Joseph Barra. Calias. — 1797. Anacréon chez Polycrate. Lisbeth. — 1799. Elisca. Le barbier du village. — 1801. Le casque et les colombes. — 1803. Delphis et Mopsa. *Œuvres diverses.* — 1759. Messe à quatre voix. — 1762. Confiteor à quatre voix. — 1763. Six motets. De profundis. — 1767. Six symphonies pour orchestre. — 1768. Deux quatuors pour clavecin, etc. Six sonates pour clavecin, etc. — 1769. Six quatuors. — 1777. Divertissements de : Amour pour amour. Momus sur la terre. En manuscrit (non joués) : Alcendor et Zaïde. Ziméo. Zelmar. Électre. Diogène et Alexandre.

Ouvrages. — 1797. Mémoire ou essai sur la musique, 3 vol. — 1802. Méthode pour apprendre à préluder. — 1802. La vérité, 3 vol.

Une notice sur [...] lue par J. Le Breton, dans la séance de la Classe des Beaux-Arts du 1ᵉʳ octobre 181[...]

143. — MONVEL (Jacques, Marie, BOUTET, dit).

Nommé, le 15 décembre 1795, membre de la Classe de Littérature et Beaux-Arts (section de Musique et de Déclamation). Nommé, par l'arrêté du 25 janvier 1803, membre de la Classe des Beaux-Arts.

Né à Nancy (Meurthe), le 5 mars 1745. — 1772 à 1780. Sociétaire de la Comédie française. — 1780. Fondateur du théâtre français de Stockholm et lecteur du Roi.— 1791. Acteur au théâtre de la République. — 1799 à 1806. Sociétaire de la Comédie-Française. — 1800. Professeur de déclamation au Conservatoire de Musique. — Mort à Paris, le 13 février 1812.

Ouvrages. — *Théâtre.* — 1772. Julie. Philippe et Georgette. — 1773. Jérôme — Le stratagème découvert. L'erreur d'un moment — 1777. AEIOU (comédie). L'amant bourru. Les trois fermiers. — 1780. Clémentine et Desormes — 1783. Le chevalier français. Les amours de Bayard. Blaise et Babet. Sargine. — 1785. Alexis et Justine. Jérôme et Fanchonnette. — 1787. Les deux mères. Les deux nièces. — 1789. Raoul de Créquy. – 1790. Le chêne patriotique. L'heureuse indiscrétion.— 1791. Le potier de terre. Le secret révélé. Les victimes cloîtrées. Agnès et Olivier. — 1792. Roméo et Juliette. Urgande et Merlin. — 1793. Le deuil prématuré. Ambroise. — 1794. Rixblen. — 1796. Tancrède et Mélezinde. — 1798. La jeunesse de Richelieu. — 1799. Mathilde. Le général Suédois. **Œuvres diverses.** — 1775. Frédégonde et Brunchaut, 1 vol. — 1793. Discours prononcé à Saint-Roch, le jour de la fête de la Raison.

144. — CARNOT (le Comte Lazare, Nicolas, Marguerite), ✳

Élu, le 1er août 1796, membre de la Classe des Sciences physiques et mathématiques. Exclu de l'Institut, en vertu de la loi de déportation du 5 septembre 1797. Réélu, dans la même Classe, le 20 mars 1800. Nommé, par l'arrêté du 28 janvier 1803, membre de la Classe des Sciences physiques et mathématiques (section de Mécanique). Exclu de l'Institut par l'ordonnance royale du 21 mars 1816.

Né à Nolay (Côte-d'Or), le 13 mai 1753. — 1771. Lieutenant élève à l'École du génie. — 1773. Lieutenant en premier.— 1783. Capitaine.— 1791-1792. Député du Pas-de-Calais à l'Assemblée législative et à la Convention. — 1793. Membre du Comité de Salut public chargé de l'Administration de la Guerre. — 1794. Président de la Convention. — 1795. Membre du Conseil des Anciens. — 1795. Chef de bataillon. — 1795 à 1797. Membre du Directoire de la République. — 1796. Président du Directoire. — 1797 à 1799. Déporté. — 1800. Inspecteur général aux revues. — 1800 (avril-octobre). Ministre de la Guerre. — 1802 à 1807. Membre du Tribunat. — 1814. Gouverneur d'Anvers. — 1814. Lieutenant-colonel, colonel, général de brigade et général de division. — 1815 (Cent-Jours). Ministre de l'Intérieur. — 1815. Pair de France. — 1815. Comte. — 1816. Exilé de France. — Mort à Magdebourg (Prusse), le 2 août 1823.

Ouvrages. — 1784. Éloge de Vauban, *Dijon.* — 1784. Essai sur les machines en général. — 1789. Mémoire au sujet des places fortes qui doivent être démolies. — 1789. Réclamation adressée à l'Assemblée nationale contre le régime oppressif sous lequel est gouverné le corps royal du génie. — 1796. Œuvres mathématiques. — 1796. Exploits des Français depuis le 22 fructidor an I jusqu'au 15 pluviôse an III de la république. — 1797. Réflexions sur la métaphysique du calcul infinitésimal. — 1797. Œuvres mathématiques, *Bâle.* — 1798. Réponse au rapport de Bailleul sur la conspiration du 18 fructidor. — 1801. Lettre sur la Trigonométrie. De la corrélation des figures. de géométrie. — 1803. Principes fondamentaux de l'équilibre et du mouvement. — 1803. Géométrie de position.— 1804. Discours contre l'hérédité de la souveraineté en France. — 1806. Mémoire sur la relation qui existe entre les distances respectives de cinq points pris dans l'espace. — 1812. De la défense des places fortes, in-4. — 1814. Mémoire adressé au Roi. — 1815. Exposé de la situation de l'Empire. — 1815. Exposé de la conduite politique du général Carnot depuis le 1er juillet 1814. — 1819. Correspondance de Carnot avec Napoléon. — 1820. Opuscules poétiques du général Carnot. — 1820. Don Quichotte, poème héroï-comique. — 1823. Mémoire sur la fortification primitive pour servir de suite à la défense des places — 1861-63. Mémoires sur Carnot publiés par son fils, 2 vol.

Une notice sur sa vie a été lue par Arago, dans la séance de l'Académie des Sciences du 21 août 1837.

145. — BORY (Gabriel de).

Élu, le 1ᵉʳ août 1796, membre de la Classe des Sciences physiques et mathématiques (section d'Astronomie).

Né à Paris, le 11 mars 1720. — 1751. Garde de la marine. — 1761-1762. Gouverneur général de Saint-Domingue et des Iles-sous-le-Vent. — Associé libre de l'Académie royale des Sciences. — Mort à Paris, le 8 octobre 1801.

Ouvrages. — 1787. Mémoire sur la possibilité d'agrandir Paris sans en reculer les limites. — 1789. Mémoires sur l'administration de la marine et des colonies.

Mémoires insérés dans le tome III des Savants étrangers de l'Académie royale des sciences.

---

146. — LARCHER (Pierre, Henri), ✳

Élu, 1ᵉʳ août 1796, membre de la Classe de Littérature et Beaux-Arts (section des Langues anciennes). Nommé, par l'arrêté du 28 janvier 1803, membre de la Classe d'histoire et de Littérature ancienne.

Né à Dijon (Côte-d'Or), le 12 octobre 1726. — 1778. Membre associé de l'Académie royale des Inscriptions et Belles-Lettres. — 1809. Professeur de littérature grecque à la Faculté des Lettres de Paris. — Mort à Paris, le 22 décembre 1812.

Ouvrages. — 1767. Supplément à la philosophie de l'histoire de Voltaire. — 1767. Réponse à la défense de mon oncle. — 1775. Mémoire sur Vénus, son culte et ses attributions, in-12. — 1791. Remarques critiques sur les Ethiopiques d'Héliodore, in-12. — Mémoires insérés dans le recueil de l'Académie royale des inscriptions (t. I, II, IV, XII et XLIII à XLVIII) et dans le Journal des savants. — Traduction des œuvres de Xénophon, Hérodote, Euripide, Pope, Home, Chariton et Chapman.

Une notice sur sa vie a été lue par Dacier, dans la séance de l'Académie des Inscriptions et Belles-Lettres du 25 juillet 1817.

---

147. — DUFOURNY (Léon).

Élu, le 1ᵉʳ août 1796, membre de la Classe de Littérature et Beaux-Arts. Nommé, par l'arrêté du 28 janvier 1803, membre de la Classe des Beaux-Arts et, par l'ordonnance royale du 21 mars 1816, membre de l'Académie des Beaux-Arts (section d'Architecture).

Né à Paris, le 5 mars 1754. — 1784. Conservateur du musée du Louvre. — 1804 à 1816. Professeur d'architecture à l'École des Beaux-Arts. — Mort à Paris, le 16 septembre 1818.

Œuvre. — 1760. École de botanique de Palerme.

Une notice sur sa vie a été lue par Quatremère de Quincy, dans la séance de l'Académie des Beaux-Arts du 5 octobre 1822.

---

148. — GRAND-MÉNIL (Jean, Baptiste, FAUCHARD de).

Élu, le 1ᵉʳ août 1796, membre de la Classe de Littérature et Beaux-Arts (section de Musique et de Déclamation). Nommé, par l'arrêté du 28 janvier 1803, membre de la Classe des Beaux-Arts et, par l'ordonnance royale du 21 mars 1816, membre de l'Académie des Beaux-Arts.

Né à Paris, le 19 mars 1737. — 1758 à 1771. Avocat au Parlement de Paris. — 1790. Acteur au théâtre de la République. — 1799 à 1811. Sociétaire de la Comédie-Française. — 1800. Professeur de déclamation au Conservatoire. — Mort à Paris, le 24 mai 1816.

Ouvrage. — 1759. Le savetier joyeux.

---

149. — JEAURAT (Edme, Sébastien).

Élu, le 25 décembre 1796, membre de la Classe des Sciences physiques et mathématiques. Maintenu, par l'arrêté du 28 janvier 1803, dans la même Classe (section d'Astronomie).

Né à Paris, le 14 septembre 1725. — 1749. Ingénieur géographe de la Carte de France — 1753. Professeur de mathématiques à l'École militaire. — 1763. Membre de l'Académie royale des Sciences. — Mort à Paris, le 7 mars 1803.

Ouvrages. — 1750. Traité de perspective, in-4. — 1760. Tables de Jupiter pour la longitude géométrique. — 1775. Description des globes et sphères construits par Lalande, in-12. — 1776-87. Connaissance des temps pour les années 1776 à 1787, 12 vol. — Mémoires insérés dans le recueil des savants étrangers de l'Académie royale des sciences, de 1757 à 1788.

150. — BOUCHAUD (Mathieu, Antoine).

Élu, le 23 juillet 1797, membre de la Classe des Sciences morales et politiques (section d'Histoire). Nommé, par l'arrêté du 28 janvier 1803, membre de la Classe d'Histoire et de Littérature ancienne.

Né à Paris, le 16 avril 1719. — 1747. Agrégé de la Faculté de droit de Paris. — 1762. Professeur à la Faculté de droit de Paris. — 1773 à 1796. Professeur de droit de la nature des gens au Collège de France. — 1785 à 1790. Conseiller d'État. — Mort à Paris, le 1er février 1804.

Ouvrages. — 1763. Essai sur la poésie rythmique. — 1766. Essai sur l'impôt sur les successions et sur les marchandises chez les Romains. — 1773. Théorie des traités de commerce entre les nations, in-12. — 1784. Recherches historiques sur la police des Romains, concernant les grands chemins, les rues et les marchés. — 1787. Commentaire sur la loi des Douze Tables, in-4. — 1799. Antiquités poétiques. — Mémoires insérés dans le recueil de la classe d'histoire et de littérature ancienne (t. IV et XXXVII à XLXV), et dans l'Encyclopédie universelle. — Collaboration au Dictionnaire universel et raisonné de justice naturelle et civile et aux Principes de métaphysique et de morale.

Une notice sur sa vie a été lue par Dacier, dans la séance de la troisième Classe de l'Institut du 22 mars 1805.

151. — TOULONGEON (le Vicomte François, Emmanuel de), ✳

Élu, le 23 juillet 1797, membre de la Classe des Sciences morales et politiques (section d'Analyse des sensations et des idées). Nommé, par l'arrêté du 28 janvier 1803, membre de la Classe d'Histoire et de Littérature ancienne.

Né à Champlitte (Haute-Saône), le 3 décembre 1748. — 1766. Sous-lieutenant de la légion de Soubise. — 1768. Lieutenant. — 1769. Capitaine de cavalerie. — 1779. Lieutenant-colonel des chasseurs à cheval de Franche-Comté. — 1784 à 1792. Mestre de camp. — 1789. Député de la noblesse aux États généraux. — 1792. Maréchal de camp. — 1792. Retraité. — 1802 à 1812. Député de la Nièvre au Corps législatif. — Mort à Paris, le 23 décembre 1812.

Ouvrages. — 1788. Principes naturels et constitutifs des assemblées nationales, *Besançon.* — 1790. Éloge véridique de F.-A. de Guibert. — 1796. Manuel révolutionnaire, ou pensées morales. Sur l'État politique des peuples en révolution, in-12. — 1797. L'esprit public. — 1801-10. Histoire de France depuis la Révolution de 1789, 7 vol. — 1801. Rapport relatif aux cérémonies funéraires, in-4. — 1802-08. Manuel du Muséum français, 9 livraisons. — 1806. Éloge historique de C.-A. Camus. — 1807. Recherches philosophiques sur l'amour et sur le plaisir, poème.

Une notice sur sa vie a été lue par Dacier, dans la séance de la Classe d'Histoire et de Littérature ancienne du 1er juillet 1814.

152. — DEYEUX (Nicolas), ✻

Élu, le 25 novembre 1797, membre de la Classe des Sciences physiques et mathématiques. Maintenu, par l'arrêté du 28 janvier 1803, dans la même Classe. Nommé, par l'ordonnance royale du 21 mars 1816, membre de l'Académie des Sciences (section de Chimie).

Né à Paris, le 21 mars 1745. — 1770. Pharmacien. — 1797. Professeur de pharmacologie à la Faculté de Médecine de Paris. — 1803 à 1822. Professeur à l'École de Pharmacie. — 1804. Pharmacien de l'Empereur. — Mort à Paris, le 27 avril 1837.

Ouvrages. — 1800. Précis d'expériences et d'observations sur les différentes espèces de lait. — 1804. Considérations chimiques et médicales sur le sang des ictériques, in-4. — Articles insérés dans la Bibliothèque physico-économique, le Journal de physique, le Journal des mines, le Journal de la Société des pharmaciens, les Annales de chimie, le Journal des arts et manufactures, la Statistique de la France et les Mémoires de la classe des sciences (t. I et V).

153. — CHAMPAGNE (Jean, François), ✻

Élu, le 25 novembre 1797, membre de la Classe des Sciences morales et politiques (section de Législation). Nommé, par l'arrêté du 28 janvier 1803, membre de la Classe d'Histoire et de Littérature ancienne.

Né à Semur-en-Auxois (Côte-d'Or), le 1er juillet 1751. — 1781. Professeur au collège Louis-le-Grand. — 1791 à 1810. Principal, puis proviseur du collège Louis-le-Grand. — Mort à Paris, le 14 septembre 1813.

Ouvrages. — 1802. Sur l'éducation nationale. — 1805. La mer libre et la mer fermée, d'après Grotius. — 1808. Vues sur l'organisation de l'instruction publique. — Traduction d'ouvrages d'Aristote.

Une notice sur sa vie a été lue par Dacier, dans la séance de la Classe d'Histoire et de Littérature ancienne du 15 juillet 1815.

154. — BONAPARTE (Napoléon), G. C. ✻

Élu, le 25 décembre 1797, membre de la Classe des Sciences physiques et mathématiques. Maintenu, par l'arrêté du 28 janvier 1803, dans la même Classe (section de Mécanique). Remplacé, le 8 mai 1815.

Né à Ajaccio (Corse), le 15 août 1769. — 1785. Sous-lieutenant d'artillerie. — 1793. Capitaine. — 1793. Adjudant général. — 1793. Général de brigade. — 1795. Général de division. — 1796. Commandant en chef de l'armée d'Italie. — 1799. Premier consul. — 1802. Consul à vie. — 1804. Empereur. — 1805. Roi d'Italie. — 1806. Protecteur de la confédération du Rhin. — 1814. Exilé à l'île d'Elbe. — 1815 (Cent-Jours). Empereur. — 1815 à 1821. Prisonnier de l'Angleterre. — Mort à Longwood (île de Sainte-Hélène), le 5 mai 1821.

Ouvrages. — 1788. Règlement de la calotte du régiment de La Fère, in-12, Grenoble. — 1789. Histoire de la Corse, Dôle. — 1790. Lettres à Matheo Buttafuoco, député de la Corse. — 1793. Le souper de Beaucaire, Avignon. — 1799. Correspondance interceptée de Bonaparte et de l'armée d'Égypte. — 1808-1813. Collection de lettres, proclamations, discours, messages, 2 vol. — 1819-20. Correspondance inédite avec les cours étrangères, 7 vol. — 1820. De l'éducation des princes du sang de France. — 1820. De l'importance des places fortes. — 1821. Monuments d'éloquence militaire ou collection de proclamations. — 1821. Bulletins officiels de la grande armée, 2 vol. — 1823. OEuvres, 6 vol. — 1823. Mémoires écrits par les généraux Gourgaud et Montholon. — 1823. Le mémorial de Sainte-Hélène, 8 vol. — 1825. Quarante lettres inédites recueillies par L. F. — 1826. Discours sur les vérités et les sentiments qu'il importe le plus d'inculquer aux hommes pour leur bonheur. — 1833. Lettres authentiques de Napo-

I.

léon et de Joséphine, 2 vol. — 1836. Précis des guerres de Jules César, écrit sous la dictée de Napoléon. — 1841. Position politique et militaire de la Corse, au 1ᵉʳ juin 1793. — 1847. Campagnes d'Égypte et de Syrie, 2 vol. — 1855. Correspondance, 32 vol. in-4. — Rapports lus, en 1795, à l'Institut et insérés dans le recueil des mémoires (t. IX).

---

155. — FRANÇOIS de NEUFCHATEAU (le Comte Nicolas, FRANÇOIS, dit), G. O. ✳

Élu, le 25 novembre 1797, membre de la Classe de Littérature et Beaux-Arts (section de Grammaire). Nommé, par l'arrêté du 28 janvier 1803, membre de la Classe de la Langue et de la Littérature françaises et, par l'ordonnance royale du 21 mars 1816, membre de l'Académie française.

Né à Saffais (Meurthe), le 17 avril 1750. — 1783 à 1788. Procureur général au Conseil supérieur de Saint-Domingue. — 1790. Administrateur du département des Vosges. — 1791. Député à l'Assemblée législative. — 1791. Président de l'Assemblée législative. — 1794. Membre du Tribunal de cassation. — 1796. Commissaire du Directoire dans le département des Vosges. — 1796. *Associé non résidant de l'Institut.* — 1797. Ministre de l'Intérieur. — 1797 à 1798. Membre du Directoire de la République française. — 1798 à 1799. Ministre de l'Intérieur. — 1800 à 1814. Sénateur. — 1804 à 1806. Président du Sénat. — 1808. Comte. — Mort à Paris, le 10 janvier 1828.

Ouvrages. — 1765. Poésies diverses, in-12. — 1766. Pièces fugitives, in-12. — 1771. Odes sur les parlements. — 1774. Le mois d'Auguste, épître à Voltaire. — 1778. Le désintéressement de Phocion, dialogue en vers. — 1781. Nouveaux contes moraux en vers, in-12. — 1784. Recueil authentique des anciennes ordonnances de Lorraine, 2 vol. Anthologie morale, ou choix de quatrains et distiques, in-12. — 1787. Les études du magistrat. — 1790. Les lectures du citoyen. — 1791. L'origine ancienne des principes modernes. — 1795. Dix épis de blé au lieu d'un. Paméla, comédie en vers. — 1796. Épître sur un voyage de Paris à Neufchâteau. Les Vosges (poème). — 1797. Des améliorations dont la paix doit être l'époque. — 1798. L'institution des enfants ou conseils d'un père à son fils. — 1799. Méthode pratique de lecture. Discours sur la manière de lire les vers. — 1800. Le conservateur ou recueil de morceaux inédits, 2 vol. Recueil de lettres, circulaires, instructions et discours de F. de N., ministre de l'Intérieur, 7 vol. in-4. — 1801. Rapport sur le perfectionnement des charrues. — 1802. Essai sur la nécessité et les moyens de faire entrer dans l'instruction publique l'enseignement de l'agriculture. — 1804. Tableau des vues que se propose la politique anglaise dans toutes les parties du monde. — 1805. Histoire de l'occupation de la Bavière par les Autrichiens. — 1806. Voyage agronomique dans la sénatorerie de Dijon. — 1809. L'art de multiplier les grains, 2 vol. in-12. — 1814. Fables et contes en vers, 2 vol. in-12. — 1817. Supplément ou mémoire de Parmentier sur le maïs. Les tropes ou les figures des mots (poème), in-12. — 1818. Le jubilé académique. Rapport sur l'agriculture et la civilisation du ban de la Roche. — 1819. Esprit du grand Corneille. Les trois nuits d'un goutteux (poème). — 1821. Épître à M. Viennet et au comte de Rochefort. — 1827. Mémoire sur la manière d'étudier et d'enseigner l'architecture.

Articles insérés dans la nécrologie des hommes célèbres de France, le Journal littéraire de Nancy, les Annales de l'agriculture française et le Dictionnaire d'agriculture pratique. Traduction de Virgile.

Son éloge a été prononcé par Pierre Lebrun, dans la séance de l'Académie française du 22 mai 1828.

---

156. — CAILHAVA (Jean, François).

Élu, le 24 janvier 1798, membre de la Classe de Littérature et Beaux-Arts (section de Grammaire). Nommé, par l'arrêté du 28 janvier 1803, membre de la Classe de la Langue et de la Littérature françaises.

Né à Estaudoux (Haute-Garonne), le 28 avril 1730. — Mort à Sceaux (Seine), le 20 juin 1813.

Œuvres diverses. — 1762. Le remède contre l'amour, poème. — 1766. Le pucelage nageur, conte. — 1772. Le soupir, ouvrage moral. — 1773. L'art de la comédie, 4 vol. — 1779. Discours prononcé par Molière pour sa réception à l'Académie française. — 1789. Les causes de la décadence du théâtre. — 1797. Contes en vers et en prose de feu l'abbé de Colibri, 2 vol. — 1798. Œuvres badines, in-12. — 1799. Essai sur la tradition théâtrale. — 1801. Le dépit amoureux rétabli en 5 actes. — 1802. Études sur Molière. — 1803. Hommage à Molière.

Théâtre. — 1757. L'allégresse champêtre. — 1763. La présomption à la mode. — 1765. Le tuteur dupé. La maison à deux portes. — 1767. Les étrennes de l'amour. — 1769. Le jeune présomptueux. Le nouveau débarqué. Le mariage interrompu. — 1770. Le nouveau marié. Le cabriolet volant. — 1771. Arlequin cru fou. Sultane et Mahomet. La bonne fille. — 1777. L'égoïsme. — 1791. Des ménechmes grecs. — 1795. Le journaliste anglais. — 1797. Athènes pacifiée. Le zist et le zest. — 1799. L'enlèvement de Ragotin. La fille supposée. Crispin gouvernante. — 1802. Théâtre complet, 5 vol.

157. — LEBLANC de GUILLET (l'Abbé Antoine BLANC, dit).

Élu, le 25 mars 1798, membre de la Classe de Littérature et Beaux-Arts (section de Poésie).

Né à Marseille (Bouches-du-Rhône), le 2 mars 1730. — 1746 à 1750. Prêtre de la congrégation de l'Oratoire. — 1796. Professeur de langues anciennes à l'École Centrale. — Mort à Paris, le 2 juillet 1799.

Ouvrages. — 1761. Les mémoires du comte de Guines, roman. — 1765. Ode sur le rétablissement de la Bibliothèque Saint-Victor. — 1783. Discours sur la nécessité du dramatique et du pathétique. — 1788. De la nature des choses (de Lucrèce), traduction en vers, 2 vol. — Articles insérés dans le Conservateur.

Théâtre. — 1763. Manco-Capac. L'heureux événement. — 1772. Les Druides. — 1774. Le lit de justice. — 1775. Albert Ier ou Adeline. — 1786. Virginie. — 1791. Le clergé dévoilé. — 1794. Tarquin ou la royauté abolie.

Une notice sur sa vie a été lue par Collin d'Harleville, dans la séance de la Classe d'histoire et de littérature ancienne du 5 avril 1801.

158. — CHAPTAL de CHANTELOUP (le Comte Jean, Antoine), G. C. ✳

Élu, le 24 mai 1798, membre de la Classe des Sciences physiques et mathématiques. Maintenu, par l'arrêté du 28 janvier 1803, dans la même Classe. Nommé, par l'ordonnance royale du 21 mars 1816, membre de l'Académie des Sciences (section de Chimie).

Né à Nogaret (Lozère), le 4 juin 1756. — 1777. Docteur en médecine. — 1781. Professeur de chimie à l'École de Médecine de Montpellier. — 1793. Directeur des ateliers de salpêtre de Grenelle. — 1794-97. Professeur de chimie à l'École de Médecine de Paris. — 1796. *Associé non résidant de l'Institut.* — 1799-1800. Conseiller d'État chargé de l'administration de l'Instruction publique. — 1800 à 1805. Ministre de l'Intérieur. — 1805. Sénateur. — 1809. Comte. — 1814 à 1815. Pair de France. — 1815 (Cent-Jours). Directeur du commerce et des manufactures. — 1819. Pair de France. Mort à Paris, le 29 juillet 1832.

Ouvrages. — 1777. *Conspectus physiologicus de fontibus differentiarum relat. ad scientas.* Montpellier, in-4. — 1781. Mémoires de chimie. — 1787. Observations sur l'avantage à tirer des terres o儿cuses, in-4. — 1796. Traité des salpêtres et goudrons. — 1798. Tableau des principaux sels terreux. — 1800. Essai sur le perfectionnement des arts chimiques en France. Essai sur le blanchiment. — 1801-1802. Analyse des procès-verbaux des conseils généraux, 2 vol. in-4. — 1803. Éléments de chimie, 3 vol. — 1806. Traité de la culture de la vigne, 2 vol. — 1806. Traité de la chimie appliquée aux arts, 4 vol. — 1807. L'art de la teinture du coton. — 1808. Principes sur l'art du dégraisseur. — 1818. L'industrie française. — 1819. L'art de gouverner les vins. — Réflexions sur l'industrie en général. — 1821. Mémoire sur le sucre de betteraves. — 1823. Traité de chimie appliquée à l'agriculture, 2 vol. — 1823. Souvenirs publiés par son petit-fils. — Mémoires insérés dans le Recueil de l'Académie des sciences (t. I à IX de la 1re série, et I et XV de la 2e série). Articles insérés dans les Annales de chimie, le Nouveau Dictionnaire d'agriculture et la Revue encyclopédique.

159. — LE GRAND d'AUSSY (l'Abbé Pierre, Jean-Baptiste).

Élu, le 24 mai 1798, membre de la Classe des Sciences morales et politiques (section d'Histoire).

Né à Amiens (Somme), le 3 juin 1737. — 1767. Membre de la Société de Jésus. — 1768. Professeur au collège de Caen. — 1770. Secrétaire de la direction des études à l'École Militaire. — 1759 à 1800. Conservateur au département des manuscrits de la Bibliothèque nationale. — Mort à Paris, le 6 décembre 1800.

Ouvrages. — 1779. Fabliaux ou contes des XIIe et XIIIe siècles, 3 vol. — 1781. Contes dévots, fables et romans anciens. — 1782. Observations sur les troubadours. — 1783. Histoire de la vie privée des Français depuis l'origine de la nation jusqu'à nos jours, 3 vol. — 1788. Voyages dans la haute et basse Auvergne. — 1807. Vie d'Apollonius de Tyane, 2 vol. — 1824. Des sépultures nationales et particulièrement de celles des rois de France. — Articles insérés dans la Bibliothèque universelle des romans, les notices et extraits des manuscrits de la Bibliothèque royale et les Mémoires de l'Institut.

Une notice sur sa vie a été lue par Levesque, dans la séance de la Classe des Sciences morales et politiques du 4 juillet 1802.

160. — CHALGRIN (Jean, François, Thérèse).

Élu, le 24 janvier 1799, membre de la Classe de Littérature et Beaux-Arts. Nommé, par l'arrêté du 28 janvier 1803, membre de la Classe des Beaux-Arts (section d'Architecture).

Né à Paris, le 20 octobre 1739. — 1758. Grand prix de Rome. — 1770. Membre de l'Académie royale d'Architecture. — 1784. Premier architecte et intendant des bâtiments de Monsieur (Louis XVIII). — 1795 à 1811. Membre du Conseil des Bâtiments civils. — Mort à Paris, le 21 janvier 1811.

Œuvres principales. — 1769-84. Église Saint-Philippe-du-Roule, à Paris. — 1777. Achèvement de l'église Saint-Sulpice, à Paris. — 1809. Arc de triomphe de l'Étoile, à Paris. — Hôtel de la Vrillière, rue Saint-Florentin, à Paris. — Restauration du palais du Luxembourg.

Une notice sur sa vie a été lue par M. Quatremère de Quincy, dans la séance de l'Académie des Beaux-Arts du 5 octobre 1816.

161. — LEGOUVÉ (Gabriel, Marie, Jean, Baptiste), ✳

Élu, le 26 mars 1799, membre de la Classe de Littérature et Beaux-Arts (section de Poésie). Nommé, par l'arrêté du 28 janvier 1803, membre de la Classe de la Langue et de la Littérature françaises.

Né à Paris, le 23 juin 1764. — 1796. *Associé non résidant de l'Institut.* — 1806. Professeur suppléant de poésie latine au Collège de France. — Mort à Montmartre (Seine), le 1er septembre 1812.

Ouvrages. — 1798 à 1800. Élégies : la sépulture, les souvenirs, la mélancolie. — 1800. Le mérite des femmes, in-12.

Théâtre. — 1784. Polyxène. — 1786. Essai de deux amis. — 1792. La mort d'Abel. — 1793. Épicaris et Néron. — 1795. Quintus Fabius. Laurence. — 1800. Etéocle. — 1801. Christophe Morin. — 1806. La mort de Henri IV. — M. de Bièvre. — Œuvres publiées, en 1826, par MM. Bouilly et Ch. Malo, en 3 vol. (I : Théâtre; II : Poèmes, discours et nouvelles; III : L'Enéide sauvée, Polixène, Laurence et Orzano). — Extraits du cours de poésie latine. Le XVIIe siècle, poème.

Son éloge a été prononcé par M. A. Duval, dans la séance de la Classe de la Langue et de la Littérature françaises du 15 avril 1813.

162. — ANTOINE (Jacques, Denis).

Élu, le 24 avril 1799, membre de la Classe de Littérature et Beaux-Arts (section d'Architecture).

Né à Paris, le 5 août 1733. — 1776. Membre de l'Académie royale d'Architecture. — Mort à Paris, le 25 août 1801.

Œuvres principales. — 1768-75. Hôtel de la Monnaie, à Paris. Grand escalier et archives du Palais de Justice de Paris. Hôtel de Bervicq, à Madrid. Hôtel des Monnaies, à Berne. Église de la Visitation, à Nancy. Hôtel de Jaucourt, rue de Varenne. Maison des Feuillants, rue Saint-Honoré.

Ouvrages. — 1826. Plan des divers étages et coupe de l'hôtel des Monnaies, in-fol.

Une notice sur sa vie a été lue par J. Le Breton, dans la séance de la Classe des Beaux-Arts du 1er octobre 1803.

163. — POUGENS (le Chevalier Marie, Charles, Joseph de).

Élu, le 24 mai 1799, membre de la Classe de Littérature et Beaux-Arts (section des Langues anciennes). Nommé, par l'arrêté du 28 janvier 1803, membre de la Classe d'Histoire et de Littérature ancienne et, par l'ordonnance du 21 mars 1816, membre de l'Académie des Inscriptions et Belles-Lettres.

Né à Paris, le 15 août 1775 (aveugle à 24 ans). Mort à Vauxbuin (Aisne), le 19 décembre 1833.

Ouvrages. — 1784. Récréations de philosophie et de morale, in-12 (Yverdun). — 1791. Traité curieux sur les cataclysmes ou déluges, les révolutions du globe, le principe sexuel et la génération des minéraux (Saint-Germain-en-Laye). — 1792. Julie ou la religieuse de Nîmes, drame. — 1793. Essais sur divers sujets de physique, de botanique et de minéralogie. Maximes et pensées adressées à Gorani. — 1794. Vocabulaire de nouveaux privatifs français, in-8. — 1797. Essai sur les antiquités du Nord et les anciennes langues septentrionales. — 1800. Lettre sur un dictionnaire étymologique de la langue française, in-12. — 1810. Doutes et conjectures sur la mythologie des peuples septentrionaux. — 1819. Trésors des origines et dictionnaire grammatical raisonné de la langue française. — 1819. Les quatre âges, poème, in-12. — 1820. Lettre d'un chartreux, in-12 (Soissons). Abel ou les trois frères, in-12. — 1821. Contes du vieil ermite de la vallée de Vauxbuin, 3 vol. in-12. — 1821-25. Archéologie française ou vocabulaire des mots anciens tombés en désuétude, 2 vol. — 1822. Lettres de Sosthènes à Sophie, in-12. — 1824. Jocko, lettres sur l'instinct des animaux, in-12. — 1826. Lettres philosophiques sur divers sujets, in-12. — 1827. Contes en vers et poésies, in-12. Galerie de Lesueur, avec sommaires et notices, in-4. Albéric et Sélénie ou comme le temps passe, in-12. — 1828. Contes en vers et poésies fugitives, in-12. — 1834. Mémoires et souvenirs publiés par Mme Louise M. — Traductions et éditions de plusieurs ouvrages.

Une notice sur sa vie a été lue par S. de Sacy, dans la séance de l'Académie des Inscriptions et Belles-Lettres du 4 août 1837.

164. — LACROIX (Sylvestre, François de), O. ✳

Élu, le 24 mai 1799, membre de la Classe des Sciences physiques et mathématiques. Maintenu, par l'arrêté du 28 janvier 1803, dans la même Classe. Nommé, par l'ordonnance du 21 mars 1816, membre de l'Académie des Sciences (section de Géométrie).

Né à Paris, le 28 avril 1765. — 1782. Professeur à l'École des gardes de marine à Rochefort. — 1787. Professeur à l'École royale Militaire. — 1788. Professeur à l'École d'Artillerie de Besançon. — 1794. Professeur à l'École Centrale. — 1794. Chef de bureau à la Commission de l'Instruction publique. — 1799 à 1804. Professeur d'analyse à l'École Polytechnique. — 1810. Professeur de calcul différentiel et intégral à la Faculté des Sciences de Paris. — 1810. Doyen de la Faculté des Sciences de Paris. — 1815 à 1843. Professeur de mathématiques au Collège de France. — Mort à Paris, le 24 mai 1843.

Ouvrages. — 1797. Traité élémentaire d'arithmétique. — 1798. Traité de trigonométrie rectiligne et sphérique. — 1799. Éléments d'algèbre, 2 vol. — Éléments de géométrie, 2 vol. — 1800. Traité des différences et des séries. Éloge de Ch. Borda. — 1801. Traité de calcul différentiel et de calcul intégral. — 1802. Discours sur l'instruction publique. — 1805. Essai sur l'enseignement en général. — 1811. Introduction à la géographie mathématique et critique. — 1816. Traité du calcul des probabilités. — 1825. Manuel d'arpentage, in-12. — 1828. Introduction à la connaissance de la sphère, in-12. — Mémoires insérés dans le Dictionnaire des sciences naturelles et la Biographie universelle.

165. — ARNAULT (Antoine, Vincent), ✱

Élu, le 27 septembre 1799, membre de la Classe de Littérature et Beaux-Arts (section de Poésie). Nommé, par l'arrêté du 28 janvier 1803, membre de la Classe de la Langue et de la Littérature françaises. Exclu de l'Institut par l'ordonnance royale du 21 mars 1816. Élu, le 5 février 1829, membre de l'Académie française et, le 23 mai 1833, secrétaire perpétuel de la même Académie.

Né à Paris, le 1er janvier 1766. — 1798. Gouverneur des îles Ioniennes. — 1802. Conseiller de l'Université. — 1815 (Cent-Jours). Membre du Corps législatif. — Mort à Goderville (Seine-Inférieure), le 16 septembre 1834.

Ouvrages. — 1801. De l'administration des établissements d'instruction publique. — 1813. Fables. — 1820-25. Nouvelle biographie des contemporains, 20 vol. (en collaboration). — 1822. Vie politique et militaire de Napoléon Ier, 3 vol. in-fol. — 1823. Les loisirs d'un banni, 2 vol. — 1826. Fables et poésies, 2 vol. in-12. — 1833. Souvenirs d'un sexagénaire, 4 vol. — Mélanges académiques. Poésies diverses.

Théâtre. — 1791. Marius à Minturne. — 1792. Lucrèce. — 1793. Horatius Coclès. Quintus Cincinnatus. — 1796. Oscar fils d'Ossian. — 1798. Mélidor et Phrosine. — 1799. Les Vénitiens. Blanche et Moncassin. — 1802. Le roi et le laboureur. — 1804. Scipion consul. — 1814. La rançon de Duguesclin. — 1816. Germanicus. — 1826. Guillaume de Nassau. Les gens à deux visages.

Œuvres complètes. — 1824. 8 vol. (t. I à III : Théâtre ; IV : Fables et poésies diverses ; V : Mélanges académiques ; VI et VII : Critiques philosophiques et littéraires ; VIII : Notices biographiques).

Son éloge a été prononcé par M. Scribe, dans la séance de l'Académie française du 28 janvier 1836.

---

166. — BIGOT de PRÉAMENEU (le Comte Félix, Julien, Jean), G. O. ✱

Élu, le 26 décembre 1799, membre de la Classe des Sciences morales et politiques (section de Législation). Nommé, par l'arrêté du 28 janvier 1803, membre de la Classe de la Langue et de la Littérature françaises et, par l'ordonnance royale du 21 mars 1816, membre de l'Académie française.

Né à Rennes (Ille-et-Vilaine), le 26 mars 1747. — 1788. Avocat au Parlement de Paris. — 1790. Juge au IVe arrondissement de Paris. — 1791. Député de Paris à l'Assemblée législative. — 1792. Président de l'Assemblée législative. — 1796. *Associé non résidant de l'Institut.* — 1800. Commissaire du gouvernement près le Tribunal de cassation. — 1801. Conseiller d'État. — 1802 à 1808. Président de la section de Législation du Conseil d'État. — 1804. Sénateur. — 1808. Comte. — 1808 à 1815. Ministre des Cultes. — 1815 (Cent-Jours). Pair de France. — 1815 (Cent-Jours). Directeur général des cultes. — Mort à Paris, le 31 juillet 1825.

M. Bigot de Préameneu n'a publié aucun ouvrage ; il a pris une part importante à la rédaction du Code civil.

Son éloge a été prononcé par le duc Mathieu de Montmorency, dans la séance de l'Académie française du 9 février 1826.

---

167. — OLIVIER (Guillaume, Antoine).

Élu, le 26 mars 1800, membre de la Classe des Sciences physiques et mathématiques. Maintenu, par l'arrêté du 28 janvier 1803, dans la même Classe (section d'Anatomie et Zoologie).

Né aux Arcs (Var), le 19 janvier 1756. — 1774. Docteur en médecine. — 1790. Professeur de zoologie à l'École vétérinaire d'Alfort. — 1799. *Associé non résidant de l'Institut.* — Mort à Lyon (Rhône), le 1er octobre 1814.

Ouvrages. — 1789-1808. Entomologie ou histoire naturelle des insectes coléoptères, 6 vol. in-4. — 1789-1825. Dictionnaire d'histoire naturelle des insectes, papillons, crustacés, etc., 8 vol. in-4. — 1801-1807. Voyage dans l'Empire ottoman, l'Égypte et la Perse, 6 vol. — Articles insérés dans le Journal de Physique, le Journal de la Société d'agriculture de la Seine, le Journal d'histoire naturelle, la Feuille du cultivateur et les Actes de la Société d'histoire naturelle de Paris.

---

168. — LA BILLARDIÈRE (Jacques, Julien, HOUTON de), ✳

Élu, le 26 novembre 1800, membre de la Classe des Sciences physiques et mathématiques. Maintenu, par l'arrêté du 28 janvier 1803, dans la même Classe. Nommé, par l'ordonnance royale du 21 mars 1816, membre de l'Académie des Sciences (section de Botanique).

Né à Alençon (Orne), le 23 octobre 1755. — 1780. Docteur en médecine. — Mort à Paris, le 8 janvier 1834.

Ouvrages. — 1791. *Icones plantarum Syriæ rariarum descriptionibus et observationibus illustratæ*, in-4. — 1800. Relation du voyage à la recherche de La Pérouse, 2 vol. — 1804-06. *Novæ Hollandiæ plantarum specimen*, 2 vol. in-4. — 1824-25. *Sertum Austro-Caledonicum*, 2 vol. in-4. — Articles insérés dans les Mémoires du Muséum et le recueil de l'Académie des sciences (t. I, IV, VIII et IX de la 1ʳᵉ série, II et XVI de la 2ᵉ série).

Son éloge a été prononcé par M. Flourens, dans la séance de l'Académie des Sciences du 11 septembre 1837.

---

169. — LE BRUN, duc de PLAISANCE (le Prince Charles, François), G. C. ✳

Élu, le 25 janvier 1801, membre de la Classe des Sciences morales et politiques (section de Législation). Nommé, par l'arrêté du 28 janvier 1803, membre de la Classe d'Histoire et de Littérature ancienne et, par l'ordonnance royale du 21 mars 1816, membre de l'Académie des Inscriptions et Belles-Lettres.

Né à Saint-Sauveur-Landelin (Manche), le 19 mars 1739. — 1761. Avocat à Paris. — 1766. Censeur royal. — 1768-1774. Payeur des rentes et inspecteur général des domaines de la Couronne. — 1789 à 1791. Député à l'Assemblée nationale et à l'Assemblée législative. — 1791. Président du Directoire de Seine-et-Oise. — 1799. Membre du Conseil des Anciens. — 1799. Troisième consul de la République. — 1804. Prince architrésorier. — 1805. Gouverneur général de la Ligurie. — 1808. Duc de Plaisance. — 1810 à 1814. Lieutenant général de l'Empereur en Hollande. — 1814 à 1815. Pair de France. — 1815 (Cent-Jours). Grand maître de l'Université. — 1819. Pair de France. — Mort à Sainte-Mesme (Seine-et-Oise), le 16 juin 1824.

Ouvrages. — 1781. Éloge de l'abbé Terray. — 1789. La voix du citoyen. — 1790. Utilité de régler la théorie de l'impôt par les lois constitutionnelles. — 1791. Lettres sur les finances. Nouveau code français, 2 vol. — 1792. Mémoire sur les moyens de soutenir la valeur des assignats. — 1828. Opinions, rapports et choix d'écrits politiques. — Traduction de l'Iliade, de l'Odyssée et de la Jérusalem délivrée.

---

170. — POIRIER (Dom Germain).

Élu, le 24 février 1801, membre de la Classe des Sciences morales et politiques (section d'Histoire). Nommé, par l'arrêté du 25 janvier 1803, membre de la Classe d'Histoire et de Littérature ancienne.

Né à Paris, le 8 janvier 1724. — 1740. Religieux de l'ordre de Saint-Benoît. — 1745 à 1765. Garde des Archives de l'abbaye de Saint-Denis. — 1767. Archiviste de l'abbaye de Saint-Germain-des-Prés. — 1796. Sous-bibliothécaire de l'Arsenal. — Mort à Paris, le 3 février 1803.

Ouvrages. — 1794. Instruction sur la manière d'inventorier et de conserver les objets qui peuvent servir aux arts, aux sciences et à l'enseignement, in-4. — Collaboration au XIᵉ volume de l'Histoire des Gaules, au Recueil de chartes et diplômes du royaume et à l'Art de vérifier les dates.

Une notice sur sa vie a été lue par Dacier, dans la séance de la Classe d'Histoire et de Littérature ancienne du 23 mars 1804.

171. — LEVÊQUE (Pierre), ✲

Élu, le 26 mars 1801, membre de la Classe des Sciences physiques et mathématiques. Maintenu, par l'arrêté du 28 janvier 1803, dans la même Classe (section de Physique générale).

Né à Nantes (Loire-Inférieure), le 3 septembre 1746. — 1770. Professeur de mathématiques au collège de Mortagne. — 1775. Professeur d'hydrographie à Nantes. — 1786. Examinateur de la marine. — 1795. Député de la Loire-Inférieure. — 1796. *Associé non résidant de l'Institut.* — 1798 à 1806. Examinateur d'admission à l'École Polytechnique. — Mort au Havre (Seine-Inférieure), le 16 octobre 1814.

Ouvrages. — 1776. Tables générales de la hauteur et de la longitude du nonagésime, 2 vol., *Avignon.* — 1779. Le guide du navigateur. *Nantes.* — 1782. Traité de la mécanique appliquée à la construction des vaisseaux, 2 vol. in-4, *Nantes.* — 1803. Description nautique des côtes de la Grande-Bretagne. — 1804. Mémoire sur les observations qu'il est important de faire sur les marées, in-4. — Mémoires insérés dans le recueil de la classe des sciences (t. I, IV, V et VII).

Une notice sur sa vie a été lue par Delambre, dans la séance de la Classe des Sciences physiques et mathématiques du 8 janvier 1816.

172. — SAGE (Balthazar, Georges).

Élu, le 25 avril 1801, membre de la Classe des Sciences physiques et mathématiques. Maintenu, par l'arrêté du 28 janvier 1803, dans la même Classe. Nommé, par l'ordonnance royale du 21 mars 1816, membre de l'Académie des Sciences (section de Minéralogie).

Né à Paris, le 7 mars 1740. — 1770. Apothicaire major de l'Hôtel des Invalides. — 1770. Censeur royal. — 1771. Membre pensionnaire de l'Académie royale des Sciences. — 1778. Professeur de minéralogie docimasique à la Monnaie de Paris. — 1783 à 1790. Professeur de minéralogie et de géologie à l'École des mines et directeur de l'École. — 1796. *Associé non résidant de l'Institut.* — Mort à Paris, le 9 septembre 1824.

Ouvrages. — 1772. Éléments de minéralogie docimasique, 2 vol. — 1773. Mémoires de chimie. — 1776. Analyse des blés. — 1777. L'art de fabriquer le salin et la potasse. — 1778. Expériences sur les effets de l'alcali dans les asphyxies. — 1778. L'art d'imiter les pierres précieuses. — 1780. L'art d'essayer l'or et l'argent. — 1786. Analyse chimique et concordance des trois règnes de la nature, 3 vol. — 1808. Examen chimique de différentes substances minérales, in-12. — 1809. Théorie de l'origine des montagnes. Expériences sur la chaux vive et sur son emploi. — 1811. Institutions de physique, 3 vol. — 1813. Opuscules de physique, in-4. — 1814. Traité des pierres précieuses. — 1815. Vérités physiques et fondamentales. — 1816. But de la nature dans la formation du sel de la mer. Probabilités physiques. — 1817. Des propriétés de l'eau de mer distillée. Mémoires historiques et physiques. Analyse de l'eau de mer. — 1818. Opuscules physico-chimiques. — 1819. Énumérations des découvertes minérales faites pendant soixante ans. — 1820. Analyse du lait de vache. — 1821. Propriétés du tabac. — 1822. Analyse comparée de la marcassite et de la pyrite. Époque de la fondation de l'École royale des mines. — 1823. Théorie de la vitalité. — 1823. Examen de l'analyse des œufs de poules. — S. d. Examen sur la nature de divers poisons et moyens de les préparer. — Expériences sur la non-innocuité de l'eau de mer.

173. — HEURTIER (Jean, François).

Élu, le 26 novembre 1801, membre de la Classe de Littérature et Beaux-Arts. Nommé, par l'arrêté du 28 janvier 1803, membre de la Classe des Beaux-Arts et, par l'ordonnance royale du 21 mars 1816, membre de l'Académie des Beaux-Arts (section d'Architecture).

Né à Paris, le 6 mars 1739. — 1765. Grand prix de Rome. — 1770. Architecte du Roi et inspecteur des Bâtiments à Versailles. — 1776. Membre de l'Académie royale d'Architecture. — 1796. *Associé non résidant de l'Institut.* — 1800. Membre du Conseil des Bâtiments civils. — 1819. Président du Conseil des Bâtiments civils. — Mort à Versailles (Seine-et-Oise), le 16 avril 1822.

Œuvres principales. — 1781-83. Théâtre Favart à Paris (ancien Opéra-Comique). — Restauration du château et du parc de Versailles.

Une notice sur sa vie a été lue par Quatremère de Quincy, dans la séance de l'Académie des Beaux-Arts du 2 octobre 1824.

---

174. — LE FRANÇOIS de LALANDE (Michel, Jean, Gérôme), ✳

Élu, le 26 décembre 1801, membre de la Classe des Sciences physiques et mathématiques. Maintenu, par l'arrêté du 28 janvier 1803, dans la même Classe. Nommé, par l'ordonnance royale du 21 mars 1816, membre de l'Académie des Sciences (section d'Astronomie).

Né à Courcy (Manche), le 21 avril 1766. — 1798. Directeur de l'Observatoire de l'École militaire. — 1809. Membre du Bureau des Longitudes. — Mort à Paris, le 8 avril 1839.

Ouvrages. — Notes et observations insérées dans la Connaissance des temps. — Mémoires insérés dans le Recueil de l'Académie des sciences (t. VI).

---

175. — RAMOND (le Baron Louis, François, Élisabeth), C. ✳

Élu, le 24 février 1802, membre de la Classe des Sciences physiques et mathématiques. Maintenu, par l'arrêté du 28 janvier 1803, dans la même Classe. Nommé, par l'ordonnance royale du 21 mars 1816, membre de l'Académie des Sciences (section de Minéralogie).

Né à Strasbourg (Bas-Rhin), le 4 janvier 1755. — 17 . Docteur en médecine. — 1791 à 1795. Député de Paris à l'Assemblée législative. — 1796. Professeur d'histoire naturelle du département des Hautes-Pyrénées. — 1796. *Associé non résidant de la Classe des Sciences morales et politiques.* — 1800 à 1806. Membre du Corps législatif. — 1807 à 1813. Préfet du Puy-de-Dôme. — 1811. Baron. — 1815 à 1819. Maître des requêtes au Conseil d'État. — 1819 à 1822. Conseiller d'État. — Mort à Paris, le 14 mai 1827.

Ouvrages. — 1780. La guerre d'Alsace, drame, *Bâle.* — 1789. Observations faites dans les Pyrénées. — 1791. — Opinions sur les lois constitutionnelles, etc. — 1801. Naturel et légitime. — 1801. Voyage au Mont-Perdu et dans les Hautes-Pyrénées. — 1804. Légitime et nécessaire. — 1811. Mémoires sur la formule barométrique de la mécanique, in-4. — 1834. Coup d'œil comparatif sur les Alpes et les Pyrénées, *Toulouse.* — Lettres à M. de Chateaubriand sur le Génie du christianisme. — Articles insérés dans le Dictionnaire des sciences naturelles, les Annales du Muséum d'histoire naturelle et les Mémoires de l'Académie des sciences (t. V à XIV de la 1re série, et VI et IX de la 2e série).

Une notice sur sa vie a été lue par Cuvier, à l'Académie des Sciences, en 1826.

---

176. — ANSSE de VILLOISON (Jean, Baptiste, Gaspard, d'), ✳

Élu, le 24 avril 1802, membre de la Classe de Littérature et Beaux-Arts (section des Langues anciennes). Nommé, par l'arrêté du 28 janvier 1803, membre de la Classe d'Histoire et de Littérature ancienne.

Né à Corbeil (Seine-et-Oise), le 5 mars 1750. — 1798. Professeur de grec moderne à l'École des Langues orientales vivantes. — 1804. Professeur de langue grecque ancienne et moderne au Collège de France. — Mort à Paris, le 26 avril 1805.

I.

18

Ouvrages. — 1781. Anecdota græca e regia Parisiensi et e Veneta S. Marci bibliotheca deprompta, 2 vol. in-4. — 1784. Epistolæ Vinarienses, in-4. — 1803. Trois lettres à Akerblad, sur l'inscription grecque de Rosette. — Mémoires insérés dans le Recueil de l'Académie des inscriptions (t. 2, 38 et 47). Collaboration au Dictionnaire étymologique des mots français dérivés du grec de Morin. Éditions et traductions d'ouvrages classiques grecs.

Une notice sur sa vie a été lue par Dacier, dans la séance de la Classe d'Histoire et de Littérature ancienne du 11 avril 1806.

177. — LA HARPE (Jean, François de).

Nommé, par l'arrêté du 28 janvier 1803, membre de la Classe de la Langue et de la Littérature françaises.

Né à Paris, le 20 novembre 1739. — 1776. Membre de l'Académie française. — 1786. Professeur au Lycée. — 1794 à 1795. Professeur de littérature à l'École Normale. — Mort à Paris, le 11 février 1803.

Ouvrages. — 1758. L'alétophile ou l'ami de la vérité, in-12. — 1759. Héroïdes. — 1762. Héroïdes et poésies fugitives. — 1763. Warwick, tragédie. — 1765. Mélanges littéraires ou épîtres philosophiques, in-12. — 1770. Éloge de Henri IV. — 1771. Éloge de Fénelon. — 1772. Éloge de Racine. — 1775. Éloge de Catinat. — 1780. Éloge de Voltaire. — 1780. Tangu et Filine, poème érotique. — 1780. Abrégé de l'histoire générale des voyages, 32 vol. — 1784. Correspondance littéraire adressée au grand-duc de Russie, 4 vol. — 1795. Réfutation du livre de l'Esprit d'Helvétius. — 1796. De la guerre déclarée par nos nouveaux tyrans à la raison, à la morale, aux lettres et aux arts. — 1797. Du fanatisme de la langue. — 1799. Le lycée, ou cours de littérature, 18 vol. — 1805. Philosophie du xviiie siècle, 2 vol. — 1807. Commentaires sur le théâtre de Racine, 7 vol. — 1810. Mélanges inédits de littérature. — 1813. Commentaires sur le théâtre de Voltaire. — 1814. Le triomphe de la religion ou le roi martyr, épopée. — 1818. Nouveau supplément au cours de littérature publié par Barbier. — 1820. Leçons de littérature prononcées à l'École normale.

Théâtre. — 1764. Le comte de Warwick. Timoléon. — 1770. Mélanie. — 1778. Les Barmécides. — 1779. Les muses rivales. — 1781. Menziecoff. — 1781. Philoctète. — 1782. Molière à la nouvelle salle. — 1783. Jérôme de Naples. — 1784. Coriolan. — 1793. Virginie.

Œuvres, 16 vol. in-8 (t. I et II : Théâtre ; III : Poésies ; IV : Éloges ; V : Discours et mélanges ; VI et VII : Les douze Césars de Suétone ; VIII : La Lusiade de Camoëns, la Jérusalem délivrée du Tasse, la Pharsale de Lucain ; IX : Le psautier français ; X à XIII : Correspondance littéraire ; XIV et XV : Littérature et critique ; XVI : Apologie de la religion). — Discours académiques et politiques. Poésies diverses, épîtres, odes. Traduction de Suétone, de Camoëns et du Tasse.

Son éloge a été prononcé par M. de Lacretelle aîné, dans la séance de la Classe de la Langue et de la Littérature françaises du 5 mars 1804.

178. — SUARD (Jean, Baptiste, Antoine), O. ✳

Nommé, par l'arrêté du 28 janvier 1803, membre de la Classe de la Langue et de la Littérature françaises. Élu, le 2 février 1803, secrétaire perpétuel de la même Classe. Nommé, par l'ordonnance royale du 21 mars 1816, membre et secrétaire perpétuel de l'Académie française.

Né à Besançon (Doubs), le 16 janvier 1733. — 1774. Membre de l'Académie française. — 1774 à 1790. Censeur des pièces de théâtre. — 1795. Professeur de grammaire générale aux Écoles centrales. — Mort à Paris, le 20 juillet 1817.

Ouvrages. — 1754. Lettre écrite de l'autre monde par l'abbé A. D. P. — 1758. Lettres critiques sur les ouvrages périodiques de France, in-12. — 1764-68. Gazette littéraire de l'Europe, 8 vol. — 1768. Variétés littéraires ou recueil de pièces tant originales que traduites, 4 vol. in-12. — 1778. Notice sur La Rochefoucauld. — 1781. Notice sur la vie et les ouvrages de Labruyère. — 1803-1805. Mélanges de littérature, 5 vol. — 1806. Notice sur la vie et les écrits de Vauvenargues. — 1814. Notice sur le baron Malouet. — 1814. De la liberté de la presse. — 1830. Encore quelques mots sur la censure des théâtres. — Articles insérés dans le Journal étranger, la Gazette de France, la Gazette littéraire de l'Europe, les Mémoires pour servir à l'histoire de la musique, les Nouvelles politiques nationales et étrangères et les Archives littéraires de l'Europe. Traduction et édition de plusieurs ouvrages.

Son éloge a été prononcé par M. Roger, dans la séance de l'Académie française du 30 novembre 1817.

---

179. — TARGET (Guy, Jean, Baptiste), ✳

Nommé, par l'arrêté du 28 janvier 1803, membre de la Classe de la Langue et de la Littérature françaises.

Né à Paris, le 6 décembre 1733. — 1752. Avocat au Parlement de Paris. — 1785. Membre de l'Académie française. — 1789. Député de Paris aux États généraux. — 1790. Président de l'Assemblée constituante. — 1792. Juge, puis président du Tribunal civil de Paris. — 1798. Juge au Tribunal de cassation. — 1800. Président de la section civile à la Cour de cassation. — Mort aux Molières (Seine-et-Oise), le 9 septembre 1806.

Ouvrages. — 1771. Lettre d'un homme à un autre homme sur l'extinction de l'ancien parlement, in-12. — 1775. Lettre sur la censure. — 1776. Observations sur le commerce des grains, in-12, *Amsterdam et Paris*. — 1787. Mémoire sur l'état des protestants en France. — 1788. Mémoire sur l'amélioration des domaines et bois du Roi. — 1788. Ma pétition, ou cahier du bailliage de X. — 1789. Cahiers du tiers état de la ville de Paris. — 1789. Les états généraux convoqués par Louis XVI. — 1789. Esprit des cahiers présentés aux états généraux, 2 vol. — 1789. Projet de déclaration des droits de l'homme en société, *Versailles*. — 1790. Rapport fait au comité de constitution. — 1792. Observations sur le procès de Louis XVI. — 1826. Œuvres judiciaires publiées par S. Dumon. — Discours politiques.

Son éloge a été prononcé par le cardinal Maury, dans la séance de la Classe de la Langue et de la Littérature françaises du 6 mai 1807.

---

180. — MORELLET (l'Abbé André), O. ✳

Nommé, par l'arrêté du 28 janvier 1803, membre de la Classe de la Langue et de la Littérature françaises et, par l'ordonnance royale du 21 mars 1816, membre de l'Académie française.

Né à Lyon (Rhône), le 7 mars 1727. — 1785. Membre de l'Académie française. — 1795. Professeur d'économie politique et de législation aux Écoles centrales. — 1807 à 1814. Membre du Corps législatif. — Mort à Paris, le 12 janvier 1819.

Ouvrages. — 1758. Réflexions sur la libre fabrication des toiles peintes, in-12, *Genève*. — 1760. Préface de la comédie des philosophes. — 1760. Remarques sur la prière universelle de Pope. — 1760. Le si et les pourquoi, in-12. — 1762. Les manuels des inquisiteurs, in-12. — 1763. Mémoire des fabricants de Lorraine. — 1764. Lettre sur la police des grains. — 1765. Réflexions sur les préjugés qui s'opposent aux progrès de l'inoculation, in-12. — 1769. Mémoire sur la situation de la Compagnie des Indes, in-4. — 1770. Réfutation de l'ouvrage de Galiani sur le commerce des blés. — 1771. Analyse de l'ouvrage de Necker sur le commerce des grains. — 1775. Réflexions sur les avantages de la liberté d'écrire, in-8. — 1776. Théorie du paradoxe, in-12. — 1788. Observations sur le projet de former une assemblée nationale. — 1788. Projet de réponse au Mémoire des Princes. — 1789. Lettre à la noblesse de Bretagne. Réflexions sur l'arrêté relatif aux biens ecclésiastiques. Lettre sur le gouvernement de l'Angleterre, in-12. — 1791. De l'Académie française, réponse à M. Chamfort. — 1795. Pensées libres sur la liberté de la presse. Le cri des familles. La cause des pères des émigrés. — 1799. Observations sur la loi des otages. — 1800. Dictionnaire universel de géographie commerçante, 5 vol. in-4. — 1801. Observations sur le roman intitulé : Atala. — 1805. Éloge de Marmontel. — 1812. Éloge de Mme Geoffrin. — 1818. Mélanges de littérature et de philosophie du XVIIIe siècle, 4 vol. — 1821. Mémoires sur le XVIIIe siècle et sur la Révolution publiés par V. Leclerc, 2 vol. — 1822. Lettres inédites sur l'histoire politique et littéraire. — Traduction de plusieurs ouvrages étrangers.

Son éloge a été prononcé par M. Lémontey, dans la séance de l'Académie française du 17 juin 1819.

181. — BOUFFLERS (le Marquis Stanislas, Jean de), ✳

Nommé, par l'arrêté du 28 janvier 1803, membre de la Classe de la Langue et de la Littérature françaises.

Né à Nancy (Meurthe), le 31 mai 1738. — 1765. Capitaine commandant des Gardes du corps du roi de Pologne. — 1766. Maistre de camp. — 1780. Brigadier. — 1784. Maréchal de camp. — 1785. Gouverneur du Sénégal. — 1786. Membre de l'Académie française. — 1789. Député aux États généraux. — Mort à Paris, le 18 janvier 1815.

Ouvrages. — 1761. Aline, reine de Golconde, conte. — 1763. Les cœurs, poèmes érotiques, in-12. — 1770. Lettres à ma mère sur un voyage en Suisse. — 1782. Poésies et pièces fugitives. — 1786. Œuvres, in-12, *Londres.* — 1808. Traité du libre arbitre, 2 vol. — 1810. Le Derviche ; Tamara ; Ah ! si ! contes, 2 vol. in-12. — 1813. Œuvres complètes, 2 vol. — 1815. Œuvres posthumes, in-12.

182. — BISSY (le Comte Claude, THIARD de).

Nommé, par l'arrêté du 28 janvier 1803, membre de la Classe de la Langue et de la Littérature françaises.

Né à Paris, le 13 octobre 1721. — 1736. Mousquetaire. — 1738. Capitaine de cavalerie. — 1743. Cornette et maistre de camp. — 1746. Brigadier. — 1750. Membre de l'Académie française. — 1751. Premier cornette. — 1754. Premier enseigne. — 1757. Colonel. — 1759. Maréchal de camp. — 1762. Lieutenant général. — 1771 à 1780. Lieutenant général du Languedoc. — Mort à Pierre (Saône-et-Loire), le 26 septembre 1810.

Ouvrages. — 1750. Lettre sur l'esprit de patriotisme, *Londres.* — 1752. Histoire d'Ema ou de l'âme, 2 vol. in-12. — Œuvres posthumes (comédies, poèmes, ballets, héroïques, etc.), publiés par Maton, 2 vol. in-12.

Son éloge a été prononcé par Esménard, dans la séance de la Classe de la Langue et de la Littérature françaises du 26 décembre 1810.

183. — SAINT-LAMBERT (le Marquis Jean, François de).

Nommé, par l'arrêté du 28 janvier 1803, membre de la Classe de la Langue et de la Littérature françaises.

Né à Nancy (Meurthe), le 26 décembre 1716. — 1740. Exempt des Gardes du roi Stanislas. — 1756 à 1758. Colonel au service de la France. — 1770. Membre de l'Académie française. — Mort à Paris, le 8 février 1803.

Ouvrages. — 1732. Ode sur l'eucharistie, in-12. — 1756. Les fêtes de l'amour et de l'hymen. — 1759. Recueil de poésies fugitives. — 1764. Essai sur le luxe, in-12. — 1765. Sara Th., nouvelle. — 1769. Abenaki, Sara et Ziméo, contes en prose. — 1769. Les saisons, poèmes. — 1770. Idylle tirée du poème des saisons. — 1770. Les deux amis, conte iroquois. — 1772. Fables orientales, in-12. — 1798. Principes des mœurs chez toutes les nations, 3 vol. — 1801. Œuvres philosophiques, 5 vol. — 1829. Contes et fables, in-12. — S. d. Essai sur la vie et les ouvrages d'Helvétius.

184. — ROQUELAURE (l'Abbé Jean, Armand de BESSUÉJOULS, Comte de), O. ✳

Nommé, par l'arrêté du 28 janvier 1803, membre de la Classe de la Langue et de la Littérature françaises et, par l'ordonnance royale du 21 mars 1816, membre de l'Académie française.

Né à Roquelaure (Aveyron), le 24 février 1721. — 1745. Prêtre. — 1747. Docteur en théologie. — 1750. Vicaire général d'Arras. — 1754 à 1801. Évêque de Senlis. — 1764. Premier aumônier du roi. — 1767. Conseiller d'État ordinaire. — 1768. Abbé de Saint-Germer. — 1771. Membre de l'Académie française. — 1802. Archevêque de Malines. — 1808. Chanoine de Saint-Denis. — Mort à Paris, le 24 avril 1818.

Ouvrages. — 1761. Oraison funèbre de la reine d'Espagne, in-4. — 1771. Discours pour la prise de voile de Marie-Louise Marie de France, in-4. — 1771. Discours prononcé devant l'Académie française. — 1774. Oraison funèbre de Louis XV, in-4. — Mandements et lettres au clergé.

Son éloge a été prononcé par Cuvier, dans la séance de l'Académie française du 27 août 1818.

---

185. — BOISGELIN (le Cardinal Jean-de-Dieu Raymond de CUCÉ, de).

Nommé, par l'arrêté du 28 janvier 1803, membre de la Classe de la Langue et de la Littérature françaises.

Né à Rennes (Ille-et-Vilaine), le 27 février 1732. — 1757. Prêtre. — 1765. Évêque de Lavaur. — 1770. Archevêque d'Aix. — 1770. Président des États de Provence. — 1776. Membre de l'Académie française. — 1789. Député du clergé d'Aix aux États généraux. — 1790. Président de l'Assemblée du clergé. — 1802. Archevêque de Tours. — 1802. Cardinal. — Mort à Angervilliers (Seine-et-Oise), le 23 août 1804.

Ouvrages. — 1765. Oraison funèbre du dauphin fils de Louis XV. — 1766. Oraison funèbre de Stanislas, roi de Pologne. — 1769. Oraison funèbre de la dauphine. — 1783. Recueil de pièces en vers. — 1785. Mémoire pour le clergé de France, au sujet de la prestation de foi et hommage. — 1786. Traduction en vers des Héroïdes d'Ovide. — 1786. Précis des conférences des commissaires du clergé avec les commissaires du conseil, in-4. — 1789. l'Art de juger par l'analyse des idées. — 1791. Considérations sur la paix publique. — 1792. Exposition des principes sur la constitution du clergé. — 1799. Le psalmiste, traduction des psaumes en vers, *Londres.* — 1802. Discours à la cérémonie de prestation de serment des archevêques et évêques, in-4. — S. d. Le temple de Gnide. — Discours du sacre de Louis XVI à Reims. Discours sur le rétablissement de la religion, prononcé à Notre-Dame. — Ses œuvres complètes ont été publiées à Paris en 1818, 1 vol.

Son éloge a été prononcé par M. Dureau de la Malle, dans la séance de la Classe de la Langue et de la Littérature françaises du 1er mai 1805.

---

186. — AGUESSEAU (le Marquis Henri, Cardin, Jean-Baptiste d'), C. ✳

Nommé, par l'arrêté du 28 janvier 1803, membre de la Classe de la Langue et de la Littérature françaises et, par l'ordonnance royale du 21 mars 1816, membre de l'Académie française.

Né à Fresnes (Seine-et-Marne), le 24 août 1752. — 1778. Conseiller d'État. — 1779. Avocat général au Parlement de Paris. — 1782. Maître des cérémonies. — 1788. Membre de l'Académie française. — 1789. Député de Meaux aux États généraux. — 1799. Président de la Cour d'appel de Paris. — 1802. Ministre plénipotentiaire en Danemark. — 1805. Sénateur. — 1814. Pair de France. — Mort à Fresnes, le 22 janvier 1826.

Ouvrages. — 1774. Histoire de la campagne du prince de Condé en Flandre, en 1764, in-fol.

Son éloge a été prononcé par M. Brifaut, dans la séance de l'Académie française du 28 juillet 1826.

---

187. — BONAPARTE, prince de Canino (Lucien), G. C. ✳

Nommé, par l'arrêté du 28 janvier 1803, membre de la Classe de la Langue et de la Littérature françaises. Exclu de l'Institut par l'ordonnance royale du 21 mars 1816.

Né à Ajaccio (Corse), le 21 mars 1775. — 1792. Garde-magasin des vivres à Saint-Maximin. — 1794. Inspecteur des vivres, à Saint-Chamans. — 1795. Commissaire des guerres à l'armée du Nord. — 1798. Membre du Conseil des Cinq-Cents. — 1799. Ministre de l'Intérieur. — 1800 à 1802. Ambassadeur en Espagne. — 1802. Membre du Tribunat. — 1802. Sénateur. — 1805. Prince de Canino. — 1815 (Cent-Jours). Pair de France. — Mort à Viterbe (États de l'Église), le 29 juin 1840.

Ouvrages. — 1799. La tribu indienne, ou Édouard et Stellina, roman, 2 vol. in-12. — 1814. Charlemagne ou l'Église sauvée, poème, 2 vol. in-4, Londres. — 1819. La Cyrnéide ou la Corse sauvée, poème. — 1830. Mémoires (t. I). — 1834. Aux citoyens français, in-4, Le Mans. — 1835. La vérité sur les Cent-Jours. — 1836. Mémoires sur les vases étrusques. — 1845. Mémoires (t. II), publiés par sa veuve.

188. — DEVAISNE (Jean).

Nommé, par l'arrêté du 28 janvier 1803, membre de la Classe de la Langue et de la Littérature françaises.

Né à Paris, en 1735. — 1768. Directeur des Domaines à Limoges. — 1771 à 1774. Directeur des Domaines pour la Bretagne. — 1774. Premier commis des Finances. — 1775. Lecteur de la chambre du roi. — 1781 à 1790. Receveur général des Finances. — 1791 à 1793. Commissaire de la Trésorerie. — 1800 à 1803. Conseiller d'État. — Mort à Paris, le 16 mars 1803.

Ouvrages. — 1789. Des états généraux et de l'esprit qu'on y doit apporter. — 1790. Des moyens d'assurer le succès et la durée de la Constitution. — 1790. Recueil de quelques articles tirés de différents ouvrages périodiques, in-4. — Opuscules imprimés dans les mélanges de Suard, et dans la correspondance de La Harpe.

Son éloge a été prononcé par Parny, dans la séance de la Langue et de la Littérature françaises du 26 décembre 1803.

189. — SÉGUR (le Comte Louis, Philippe de), G. C. ✳

Nommé, par l'arrêté du 28 janvier 1803, membre de la Classe de la Langue et de la Littérature françaises et, par l'ordonnance royale du 21 mars 1816, membre de l'Académie française.

Né à Paris, le 10 décembre 1753. — 1769. Sous-lieutenant de cavalerie. — 1772. Capitaine. — 1776. Maistre de camp. — 1776. Colonel du régiment d'Orléans. — 1783. Colonel des dragons de Ségur. — 1784 à 1789. Ambassadeur en Russie. — 1791. Ambassadeur à Rome. — 1791. Maréchal de camp. — 1792. Ambassadeur en Prusse. — 1801. Député de la Seine au Corps législatif. — 1801. Conseiller d'État. — 1804 à 1814. Grand maître des cérémonies. — 1813. Sénateur. — 1814 à 1815. Pair de France. — 1815 (Cent-Jours). Grand maître des cérémonies. — 1819. Pair de France. — Mort à Paris, le 27 août 1830.

Ouvrages. — 1795. Pensées politiques. — 1801. Tableau historique et politique de l'Europe (1786-1796), 3 vol. — 1801. Politique des cabinets de l'Europe sous Louis XV et Louis XVI, 3 vol. — 1801. Contes, fables et chansons en vers. — 1816. Galerie morale et politique, 3 vol. — 1817. Abrégé de l'histoire universelle, 44 vol. in-16. — 1819. Les quatre âges de la vie. — 1819. Romances et chansons. — 1822. Pensées, maximes et réflexions, in-12. — 1822. Notice sur le chancelier d'Aguesseau. — 1824-1830. Histoire de France, 9 vol. — 1825. Mémoires ou souvenirs et anecdotes, 3 vol. — 1826. Recueil de famille. — 1827. Histoire des Juifs, in-12.

Théâtre. — 1781. Les deux génies. L'enlèvement. — 1787. Coriolan. Crispin, duègne. — 1790. Le Trésor. — 1795. Les Détenus. — 1798. L'Oracle. Les revenants. Le sourd et le bègue. — Théâtre de l'Ermitage, 2 vol. — 1800. Adèle. Le Gondolier. l'Homme inconsidéré. La naissance du vaudeville. — 1820. Le premier jour de l'an.

Œuvres complètes, 34 vol. (I à III: Mémoires ou souvenirs et anecdotes; IV à VI : Décade historique; VII à IX : Politique des cabinets de l'Europe; X à XII: Histoire ancienne; XIII à XIV : Histoire romaine; XV à XIX : Histoire du Bas-Empire; XX à XXVI: Histoire de France; XXVII à XXIX: Galerie morale et politique; XXX: Mélanges politiques et littéraires; XXXI à XXXIV: Fin de l'Histoire de France).

Son éloge a été prononcé par M. Viennet, dans la séance de l'Académie française du 5 mai 1831.

190. — PORTALIS (Jean, Étienne, Marie), G. C. ✳

Nommé, par l'arrêté du 28 janvier 1803, membre de la Classe de la Langue et de la Littérature françaises.

Né à Bausset (Var), le 1ᵉʳ avril 1746. — 1765. Avocat au Parlement d'Aix. — 1778 à 1781. Assesseur d'Aix. — 1794. Avocat à Paris. — 1795. Membre du Conseil des Anciens. — 1798. Commissaire du gouvernement près le Conseil des prises. — 1800 à 1804. Conseiller d'État. — 1801. Directeur de l'Administration des Cultes. — 1804. Ministre des Cultes et de l'Intérieur. — Mort à Paris, le 25 août 1807.

Ouvrages. — 1766. Sur la distinction des deux puissances. — 1770. De la validité des mariages des protestants en France. — 1788. Examen impartial des édits du 8 mai 1788. — 1806. Éloge d'Ant. Séguier. — 1820. De l'usage et de l'abus de l'esprit philosophique au XVIIIᵉ siècle, 2 vol. — 1844. Discours, rapports et travaux sur le code civil, 1 vol. — 1845. Discours, rapports et travaux sur le concordat de 1801. — Plaidoyers pour Mirabeau et autres.

Son éloge a été prononcé par M. Laujon, dans la séance de la Classe de la Langue et de la Littérature françaises du 24 novembre 1807.

---

191. — REGNAUD de SAINT-JEAN-d'ANGÉLY (le Comte Michel, Louis, Étienne REGNAUD, dit), G. C. ✳

Nommé, par l'arrêté du 28 janvier 1803, membre de la Classe de la Langue et de la Littérature françaises. Exclu de l'Institut par l'ordonnance royale du 21 mars 1816.

Né à Saint-Farjeau (Yonne), le 9 novembre 1760. — 1785. Lieutenant de la prévôté de la marine à Rochefort. — 1789. Député aux États généraux. — 1795. Administrateur des hôpitaux de l'armée d'Italie. — 1798. Commissaire du Directoire à Malte. — 1799. Conseiller d'État. — 1802 à 1814. Président de la section de l'Intérieur au Conseil d'État. — 1804. Procureur général près la Haute-Cour. — 1807. Ministre secrétaire d'État de la famille impériale. — 1808. Comte. — 1814. Commandant d'une légion de garde nationale. — 1815 (Cent-Jours). Député et ministre d'État. — Mort à Paris, le 11 mars 1819.

Publications. — Articles insérés dans le Journal de Versailles, le Journal de Paris, l'Ami des patriotes. Rapports et discours parlementaires. Discours académiques.

---

192. — GARNIER (Jean, Jacques).

Nommé, par l'arrêté du 28 janvier 1803, membre de la Classe d'Histoire et de Littérature ancienne.

Né à Gorron (Mayenne), le 18 mars 1729. — 1760 à 1769. Professeur adjoint d'hébreu au Collège de France. — 1761. Membre de l'Académie royale des Inscriptions et Belles-Lettres. — 1769 à 1792. Professeur d'histoire au Collège de France. — 1796. *Associé non résidant de l'Institut.* — Mort à Bougival (Seine-et-Oise), le 21 février 1805.

Ouvrages. — 1756. Le commerce mis à sa place, in-12. — 1757. Le bâtard légitimé, in-12. — 1764. L'homme de lettres, in-12. — 1765. De l'éducation civile, in-12. Traité de l'origine du gouvernement français, in-12. — 1765-85. Histoire de France de Louis XI à Charles IX. — 1789. Éclaircissements sur le Collège de France, in-12. — Mémoires insérés dans le Recueil de l'Académie royale des inscriptions et belles-lettres de 1768 à 1793.

Une notice sur sa vie a été lue par Dacier, dans la séance de la Classe d'histoire et de littérature ancienne du 11 avril 1806.

193. — ANQUETIL-DUPERRON (Abraham, Hyacinthe).

Nommé, par l'arrêté du 28 janvier 1803, membre de la Classe d'Histoire et de Littérature ancienne. Démissionnaire, le 2 juin 1804.

Né à Paris, le 7 juin 1731. — 1785. Membre de l'Académie royale des Inscriptions et Belles-Lettres. — Mort à Paris, le 18 janvier 1805.

Ouvrages. — 1771. Le Zend Avesta, 3 vol. — 1778. Législation orientale, in-4. — 1786. Recherches historiques et géographiques sur l'Inde, 2 vol. in-4. — 1789. La dignité du commerce, et de l'état du commerçant. — 1790. L'Inde en rapports avec l'Europe, 2 vol. — 1804. Oupnek'hat ou Oupanichad (théologie des Védas), 2 vol. in-4.

Une notice sur sa vie a été lue par Dacier, dans la séance de la Classe d'Histoire et de Littérature ancienne du 1er juillet 1808.

194. — SAINTE-CROIX (le Baron Guillaume-Emmanuel, Joseph, Guilhem de CLERMONT-LODÈVE, de).

Nommé, par l'arrêté du 28 janvier 1803, membre de la Classe d'Histoire et de Littérature ancienne.

Né à Mormoiron (Vaucluse), le 25 janvier 1746. — 1761-1770. Capitaine de cavalerie. — Mort à Paris, le 11 mars 1809.

Ouvrages. — 1775. Examen critique des anciens historiens d'Alexandre le Grand, in-4. — 1778. L'Ezouk-Vedam, 2 vol. in-12, *Avignon.* — 1779. De l'état et du sort des colonies des anciens peuples. — 1780. Observations sur le traité de paix de 1763, in-12, *Yverdun.* — 1783. Histoire des progrès de la puissance navale de l'Angleterre, 2 vol. in-12. — 1786. Mémoire pour servir à l'histoire de la religion secrète des anciens peuples. — 1797. Mémoire sur les pays situés entre la mer Noire et la mer Caspienne, in-4. — 1798. Réfutation d'un paradoxe littéraire. — 1798. Des anciens gouvernements fédératifs et de la législation de la Crète. — 1802. Observations sur le temple d'Éleusis. — 1817. Recherches historiques et critiques sur les mystères du paganisme (éd. par S. de Sacy), 2 vol. — Articles insérés dans les Mémoires de l'Académie des inscriptions (t. II et XLII à L), le Journal des savants, les Annales religieuses, philosophiques et littéraires et les Archives littéraires de l'Europe. Édition de plusieurs ouvrages.

Une notice sur sa vie a été lue par Dacier, dans la séance de la Classe d'Histoire et de Littérature ancienne du 5 juillet 1811.

195. — GAILLARD (Gabriel-Henri).

Nommé, par l'arrêté du 28 janvier 1803, membre de la Classe d'Histoire et de Littérature ancienne.

Né à Ostel (Aisne), le 26 mars 1726. — 1771. Membre de l'Académie française. — 1780. Membre pensionnaire de l'Académie royale des Inscriptions et Belles-Lettres. — 1796. *Associé non résidant de la Classe des Sciences morales et politiques.* — Mort à Saint-Firmin (Oise), le 13 février 1806.

Ouvrages. — 1745. Essai de rhétorique française à l'usage des jeunes demoiselles. — 1749. Poétique française à l'usage des dames, 2 vol. in-12. — 1750. Parallèle d'Électre, de Sophocle, d'Euripide, de M. de Crébillon et de M. de Voltaire. — 1756-57. Mélanges littéraires en vers et en prose, 4 vol. — 1757. Histoire de Marie de Bourgogne. 1760. Histoire de François Ier dit le grand roi et le père des lettres, 7 vol. in-12. — 1764. La nécessité d'aimer, poème. — 1765. Éloge de Descartes. — 1767. Éloge de Charles V, roi de France. Les avantages de la paix. — 1768. Éloge de P. Corneille. — 1769. Éloge de Henri IV. — 1771. Histoire de la rivalité de la France et de l'Angleterre, 11 vol. in-12. — 1775. Éloge de La Fontaine. — 1777. Histoire des grandes querelles entre Charles V et François Ier, 2 vol. — 1782. Histoire de Charlemagne, 4 vol. in-12. — 1789-1804. Dictionnaire historique, 6 vol. in-4. — 1801. Histoire de la rivalité de la France et de l'Espagne, 8 vol. in-12. — 1806. Vie et éloge historique de M. de Malesherbes, suivi de la vie du premier président Lamoignon. Observations sur l'histoire de France, 4 vol. in-12. — 1807. Mélanges académiques, 4 vol. — 1822. Rhétorique française, in-12. — Articles insérés dans les Mémoires de l'Académie des inscriptions (t. XXX à XLIX), le Journal des savants, le Mercure et la collection des notices et manuscrits. Édition des œuvres de de Belloi.

Une notice sur sa vie a été lue par Dacier, dans la séance de la Classe d'Histoire et de Littérature ancienne du 7 juillet 1809.

196. — CHOISEUL-GOUFFIER (le Comte Marie, Gabriel, Florent, Auguste, de), ✳

Nommé, par l'arrêté du 28 janvier 1803, membre de la Classe d'Histoire et de Littérature ancienne et, par l'ordonnance royale du 21 mars 1816, membre de l'Académie française et membre de l'Académie des Inscriptions et Belles-Lettres.

Né à Paris, le 27 septembre 1752. — 1780. Membre de l'Académie royale des Inscriptions et Belles-Lettres. — 1784. Membre de l'Académie française. — 1785 à 1790. Ambassadeur en Turquie. — 1792. Conseiller privé de l'Empereur de Russie. — 1793. Directeur de l'Académie des Beaux-Arts de Russie. — 1814. Ministre d'État. — 1814. Pair de France. — 1816. *Membre libre de l'Académie des Beaux-Arts.* — Mort à Aix-la-Chapelle (Prusse), le 22 juin 1817.

Ouvrages. — 1782-1809. Voyage pittoresque en Grèce, 3 vol. in-fol. — Mémoires insérés dans le Recueil de l'Académie des inscriptions (t. II et XLIX).

Son éloge a été prononcé par Laya, dans la séance de l'Académie française du 30 novembre 1817, et une notice sur sa vie a été lue par Dacier, dans la séance de l'Académie des Inscriptions et Belles-Lettres du 23 juillet 1819.

---

197. — DENON (le Baron Dominique, Vivant), O. ✳

Nommé, par l'arrêté du 28 janvier 1803, membre de la Classe des Beaux-Arts et, par l'ordonnance royale du 21 mars 1816, membre de l'Académie des Beaux-Arts (section de Peinture).

Né à Châlon (Saône-et-Loire), le 4 janvier 1747. — 17... Gentilhomme ordinaire du Roi. — 1785. Attaché à la légation de France en Russie. — 1787. Secrétaire d'ambassade à Naples. — 1787. Membre de l'Académie royale de Peinture. — 1804 à 1815. Directeur général des Musées et de la Monnaie des médailles. — 1813. Baron. — Mort à Paris, le 27 avril 1825.

Œuvres principales. — 1787. Descente de croix. L'adoration des bergers. Une nuit. — 1791. Animaux. — 1795. La Samaritaine. La Nativité. L'ange et Tobie. Joseph et Putiphar. — 1796. Jeune taureau. Nativité. — S. d. L'adoration des bergers. Le repos en Égypte. La présentation au Temple. Le Sauveur sur les genoux de sa mère. Saint Jérôme. Le départ pour le Sabbat. La chasse aux sangliers. Taureau. Lion. La calomnie. Catilina. Femmes jouant aux échecs. Paysages et nombreux portraits.

Ouvrages. — 1769. Julie ou le bon père, in-12. — 1788. Voyage en Sicile et à Malte. — 1802. Voyage dans la basse et la haute Égypte, 2 vol. in-fol. — 1812. Point de lendemain, conte, in-12. — Monuments des arts du dessin chez les peuples anciens et modernes, publiés par Amaury Duval, 4 vol. in-fol.

---

198. — VISCONTI (Ennius, Quirinus), ✳

Nommé, par l'arrêté du 28 janvier 1803, membre de la Classe des Beaux-Arts. Élu, le 20 juillet 1804, membre de la Classe d'Histoire et de Littérature ancienne. Nommé, par l'ordonnance royale du 21 mars 1816, membre de l'Académie des Inscriptions et Belles-Lettres et membre de l'Académie des Beaux-Arts (section de Peinture).

Né à Rome (États de l'Église), le 30 octobre 1751 ; naturalisé Français, le 13 décembre 1814. — 1771. Camérier du Pape et sous-bibliothécaire du Vatican. — 1784. Conservateur du musée du Capitole. — 1797. Ministre de l'Intérieur des États romains. — 1798. Consul de la République romaine. — 1799. Surveillant du Musée des antiques et des tableaux du Louvre. — 1800. Professeur d'archéologie au Louvre. — 1803. Conservateur des antiques. — Mort à Paris, le 7 février 1818.

Ouvrages. — 1765. *Ecuba, di Euripide, tradotta in versi*, Rome, in-4. — 1778. Lettres sur la Sicile, in-12. — 1780. *Monumenti degli Scipioni.* — 1782-96. *Museo Pio-Clementino*, 7 vol. in-fol. — 1794. *Iscrizioni greche Triopee ora Borghesiane*, in-fol. — 1797. *Monumenti gabini della villa Pinciana.* — 1801. Notice des statues, bustes et bas-reliefs de la galerie des antiques du musée du Louvre, in-12. — 1802. Description des vases peints du musée in-12. — 1803. Explication de la tapisserie de la reine Mathilde, in-12. — 1803. Iconographie ancienne, ou recueil des portraits authentiques des empereurs, rois et hommes illustres de l'antiquité, 5 vol. in-fol. — 1816. Sur les marbres de lord Elgin. — 1818. Mémoires sur les sculptures du Parthénon et de quelques édifices de l'Acropole, à Athènes. — 1821. *Illustrazioni di monumenti scelti Borghesiani.* — 1822. Monuments du musée Chiaramonti. — 1828-1830. Œuvres complètes, 12 vol. in-4 et 3 vol. in-8, Milan. — Articles et mémoires insérés dans le Magasin encyclopédique, la Biographie universelle, le Journal des savants, le Musée français et le Recueil de l'Académie des inscriptions (t. I, III et XV).

Une notice sur sa vie a été lue par Dacier, dans la séance de l'Académie des Inscriptions et Belles-Lettres du 28 juillet 1820. Une autre notice a été lue par Quatremère de Quincy, dans la séance de l'Académie des Beaux-Arts du 7 octobre 1820.

199. — BERVIC (Charles, Clément, BALVAY, dit Jean-Guillaume), ✳

Nommé, par l'arrêté du 28 janvier 1803, membre de la Classe des Beaux-Arts et, par l'ordonnance royale du 21 mars 1816, membre de l'Académie des Beaux-Arts (section de Gravure).

Né à Paris, le 23 mai 1756. — 1784. Agréé à l'Académie de Peinture et Sculpture. — Mort à Paris, le 23 mars 1822.

Œuvres principales. — 1785. Le repos (de Lépicié). L'accordée. Le village (de Lépicié). — 1791. Portrait de Louis XVI (de Callet). — 1798. L'éducation d'Achille (de Regnault). L'enlèvement de Déjanire (du Guide). — S. d. Laocoon. Portrait de Letellier. Le petit Turc. Portrait de Louis XVIII. Le testament d'Eudamidas.

Une notice sur sa vie a été lue par Quatremère de Quincy, dans la séance de l'Académie des Beaux-Arts du 4 octobre 1823.

200. — DUMAREST (Rambert).

Nommé, par l'arrêté du 28 janvier 1803, membre de la Classe des Beaux-Arts (section de Gravure).

Né à Saint-Étienne (Loire), le 17 septembre 1750. — Mort à Paris, le 5 avril 1806.

Œuvres principales. — Médailles de J.-J. Rousseau. Voltaire. Brutus. Le Poussin. Apollon. Médaille de l'Institut (Minerve), de l'Académie de médecine (Esculape) et du Conservatoire de musique. La Paix d'Amiens.

201. — JEUFFROY (Romain, Vincent), ✳

Nommé, par l'arrêté du 28 janvier 1803, membre de la Classe des Beaux-Arts et, par l'ordonnance royale du 21 mars 1816, membre de l'Académie des Beaux-Arts (section de Gravure).

Né à Rouen (Seine-Inférieure), le 16 juillet 1749. — Mort à Louveciennes (Seine-et-Oise), le 2 août 1826.

Œuvres principales. — *Gravures en pierres fines.* — Tête de Jupiter. Louis XVI. Marie-Antoinette. Piété militaire. Amour voguant sur son carquois. Tête de Régulus. Ange en adoration. Méduse. Le génie de Bacchus. Vainqueur buvant dans une coupe. Bacchante.
Médailles. — Le Dauphin. Fourcroy. Mme d'Eprémesnil. Mirabeau. Dancarville. Mme Regnault de Saint-Jean-d'Angély. Mme Cosway. La conquête du Hanovre. La paix d'Amiens. Le couronnement de Napoléon. Bonaparte armé. Capitulation de Spandau et de Magdebourg. Mort de Louis XVII. Avènement de Louis XVIII, le 20 mars. Pétrarque. Têtes des trois consuls. Vénus de Médicis. La prison du Temple. Médaille du Corps législatif. Sceau de la Légion d'honneur.

202. — LACRETELLE (Pierre, Louis).

Élu, le 23 mars 1803, membre de la Classe de la Langue et de la Littérature françaises. Nommé, par l'ordonnance royale du 21 mars 1816, membre de l'Académie française.

Né à Metz (Moselle), le 9 novembre 1751. — 1775. Avocat au Parlement de Nancy. — 1778. Avocat à Paris. — 1789. Membre de la première commune de Paris. — 1789. Député suppléant aux États généraux. — 1791. Député de Paris à l'Assemblée législative. — 1801 à 1802. Membre du Corps législatif. — Mort à Paris, le 5 septembre 1824.

Ouvrages. — 1772. Essai sur l'éloquence du barreau. — 1774. Les causes des crimes et les moyens de les rendre plus rares, *Nancy*. — 1775. Plaidoyers, *Nancy*. — 1778. De la multiplicité des lois. — 1779. Mélanges de jurisprudence. — 1781. Éloge du duc de Montlausier. — 1782. Notice sur M. Legouvé. — 1784. Lettre sur la réparation due aux accusés innocents. Du préjugé des peines infamantes, *Metz*. — 1786-91. Logique, métaphysique et morale, 4 vol. in-4. — 1789. Mémoire sur l'institution des bureaux de finances. — 1791. De l'établissement des connaissances humaines et de l'instruction publique. — 1797. Du système de gouvernement et de l'affermissement de la constitution. — 1799. Le dix-huit brumaire. — 1800. Nécessité, objet et avantage de l'instruction. — 1802-1807. Mélanges de philosophie et de littérature, 5 vol. — 1817. Fragments politiques et littéraires. — 1819. Des partis et des factions de la prétendue aristocratie. — 1820. Panorama. — 1824. Charles-Artaud Malherbe ou le fils naturel, roman théâtral. — 1824. Œuvres complètes, 6 vol. (vol. I à III : Éloquence judiciaire et philosophie législative; IV : Malherbe ou le fils naturel; V et VI : Portraits et tableaux).

Son éloge a été prononcé par M. Droz, dans la séance de l'Académie française du 7 juillet 1825.

---

203. — MARET de BASSANO (le Duc Hugues, Bernard), G. C. ✻

Élu, le 23 mars 1803, membre de la Classe de la Langue et de la Littérature françaises. — Exclu de l'Institut par l'ordonnance royale du 21 mars 1816. — Élu, le 8 décembre 1832, membre de l'Académie des Sciences morales et politiques (section de Législation).

Né à Dijon (Côte-d'Or), le 22 juillet 1763. — 1791. Chef de division au Ministère des Relations extérieures. — 1793. Ambassadeur à Naples. — 1798. Secrétaire de Bonaparte. — 1799. Secrétaire général des Consuls. — 1799. Secrétaire d'État. — 1801. Chef du cabinet de l'Empereur. — 1804. Ministre secrétaire d'État. — 1808. Comte. — 1809. Duc de Bassano. — 1811 à 1813. Ministre des Relations extérieures. — 1813 à 1814. Ministre secrétaire d'État. — 1815 (Cent-Jours). Ministre secrétaire d'État et Pair de France. — 1831. Pair de France. — 1834 (10 au 18 novembre). Président du Conseil et Ministre de l'Intérieur. — Mort à Paris, le 13 mai 1839.

Le duc de Bassano n'a publié aucun ouvrage; il a édité le Bulletin de l'Assemblée nationale du 12 septembre 1789 au 6 juillet 1790, 10 vol.

---

204. — BIOT (Jean, Baptiste), C. ✻

Élu, le 11 avril 1803, membre de la Classe des Sciences physiques et mathématiques. Nommé, par l'ordonnance royale du 21 mars 1816, membre de l'Académie des Sciences (section de Géométrie). Élu, le 10 avril 1856, membre de l'Académie française.

Né à Paris, le 21 avril 1774. — 1792 à 1793. Engagé volontaire. — 1794 à 1795. Élève des Ponts et Chaussées. — 1797. Professeur à l'École centrale de Beauvais. — 1800. *Correspondant de l'Institut.* — 1801 à 1862. Professeur de physique générale au Collège de France. — 1809 à 1849. Professeur d'astronomie à la Faculté des Sciences de Paris. — 1829. Membre du Bureau des Longitudes. — 1840 à 1849. Doyen de la Faculté des Sciences de Paris. — 1841. *Membre libre de l'Académie des Inscriptions et Belles-Lettres.* — Mort à Paris, le 3 février 1862.

Ouvrages. — 1801. Analyse du traité de mécanique céleste de Laplace. — 1802. Traité analytique des courbes et des surfaces du second degré. — 1803. Essai sur l'histoire générale des sciences pendant la Révolution française. Relation d'un voyage fait dans le département de l'Orne, in-4. — 1805. Traité élémentaire d'astronomie physique, 2 vol. — 1810. Recherches sur les réfractions qui ont lieu près de l'horizon, in-4. — 1811. Tables barométriques portatives. — 1812. Montaigne, discours. — 1814. Recherches sur les mouvements des molécules de la lumière autour de leur centre de gravité, in-4. — 1816. Traité de physique expérimentale et mathématique, 4 vol.

— 1821. Recueil d'observations pour déterminer la variation de la pesanteur et des degrés terrestres sur le prolongement du méridien de Paris, in-4. — 1821. Notice historique sur Petit, in-4. — 1823. Précis élémentaire de physique expérimentale, 2 vol. — 1823. Recherches sur plusieurs points de l'astronomie égyptienne. — 1826. Essai de géométrie analytique appliquée aux courbes. — 1829. Notions élémentaires de statique. — 1835. Lettres sur l'approvisionnement de Paris et le commerce des grains. — 1858. Mélanges scientifiques et littéraires, 3 vol. — 1862. Études sur l'astronomie indienne et l'astronomie chinoise. Nombreux mémoires et articles insérés dans les Mémoires de l'Académie des sciences (t. I à XIV de la 1re série et I à XXVII de la 2e série), le Cours d'agriculture théorique et pratique, les Mémoires de la Société d'Arcueil, le Mercure, la Biographie universelle, le Journal des savants, le Nouveau dictionnaire d'histoire naturelle, les Nouvelles annales du Muséum, le Journal de la Société philomathique, le Journal de l'École polytechnique, la Connaissance des temps et les Annales de chimie et de physique.

Son éloge a été prononcé par M. le comte de Carné, dans la séance de l'Académie française du 4 février 1864.

------

205. — PINEL (Philippe), ✻

Élu, le 11 avril 1803, membre de la Classe des Sciences physiques et mathématiques. Nommé, par l'ordonnance royale du 21 mars 1816, membre de l'Académie des Sciences (section d'Anatomie et Zoologie).

Né à Saint-André d'Alayrac (Tarn), le 20 avril 1745. — 1773. Docteur en médecine. — 1793. Médecin en chef de l'hospice de Bicêtre. — 1795. Médecin en chef de la Salpêtrière. — 1795 à 1822. Professeur de physique médicale, puis de pathologie interne à la Faculté de Médecine de Paris. — Mort à Paris, le 25 octobre 1826.

Ouvrages. — 1791. Traité médico-philosophique de l'aliénation mentale. — 1798. La nosographie philosophique, 2 vol. — 1802. La Médecine clinique, rendue plus précise et plus exacte par l'application de l'analyse. — Articles insérés dans la Gazette de santé, le Recueil de la Société médicale d'émulation, le Journal de physique, le Dictionnaire des sciences médicales, le Journal universel des sciences médicales et les Mémoires de l'Académie des sciences (t. III et IX).

------

206. — BONAPARTE (Nabulione, dit Joseph), G. C. ✻

Élu, le 15 avril 1803, membre de la Classe d'Histoire et de Littérature ancienne. Exclu de l'Institut par l'ordonnance royale du 21 mars 1816.

Né à Corte (Corse), le 7 janvier 1768. — 1794. Commissaire provisoire des guerres. — 1796 à 1799. Député de la Corse au Conseil des Cinq-Cents. — 1797 à 1798. Ambassadeur à Parme, puis à Rome. — 1799. Conseiller d'État. — 1802. Prince impérial. — 1804. Grand Électeur. — 1804. Colonel du 4e régiment de ligne. — 1806 à 1808. Roi de Naples. — 1808 à 1813. Roi d'Espagne. — 1814. Lieutenant général de l'Empire. — Mort à Florence, le 28 juillet 1844.

Ouvrages. — 1799. Moïna ou la villageoise du Mont-Cenis, in-12. — 1853-54. Mémoires et correspondance publiés par Ducasse, 10 vol. — 1855. Histoire des négociations diplomatiques relatives aux traités de Mortfontaine, de Lunéville et d'Amiens, publiés par Du Casse, 3 vol.

------

207. — PARNY (le Vicomte Evariste, Désiré, de FORGES, de).

Élu, le 20 avril 1803, membre de la Classe de la Langue et de la Littérature françaises.

Né à l'île Bourbon, le 6 février 1753. — 1785 à 1786. Aide de camp du Gouverneur des Indes. — 1795 à 1797. Employé au Ministère de l'Intérieur. — 1804 à 1810. Commis dans l'administration des droits réunis. — Mort le 5 décembre 1814.

Ouvrages. — 1776. Voyage de Bourgogne. — 1777. Épître aux insurgents de Boston. — 1778. Poésies érotiques, *île Bourbon.* — 1779. Opuscules poétiques, *Amsterdam.* — 1787. Chansons madécasses et poésies fugitives, in-12. — 1799. La guerre des dieux, in-12. — 1804. — Goddam, poème. — 1805. Le portefeuille volé (le paradis perdu, les déguisements de Vénus et les galanteries de la Bible), in-12. — 1806. Le voyage de Céline, in-12. — 1808. Les Rose-Croix. — 1826. Poésies inédites, publiées par Tissot, 1808. — Œuvres complètes, 5 vol. in-12 (I et II : Poésies mêlées ; III : Le portefeuille volé ; IV : Les Rose-Croix ; V : La guerre des dieux).

208. — BOUVARD (Alexis), O. ✻

Élu, le 25 avril 1803, membre de la Classe des Sciences physiques et mathématiques. Nommé, par l'ordonnance royale du 21 mars 1816, membre de l'Académie des Sciences (section d'Astronomie).

Né à Hoches (Savoie), le 27 juin 1767. — 1795. Astronome adjoint à l'Observatoire. — 1804. Membre du Bureau des Longitudes. — Mort à Paris, le 7 juin 1843.

Ouvrages. — 1808. Nouvelles tables des planètes Jupiter et Saturne. — Mémoires insérés dans le Recueil de l'Académie des sciences (t. I, II et VIII).

209. — QUATREMÈRE de QUINCY (Antoine, Chrysostome), O. ✻

Élu, le 16 février 1804, membre de la Classe d'Histoire et de Littérature ancienne. Nommé, par l'ordonnance royale du 21 mars 1816, membre de l'Académie des Inscriptions et Belles-Lettres. Élu, le 30 mars 1816, secrétaire perpétuel de l'Académie des Beaux-Arts. Démissionnaire de ces dernières fonctions, le 1er juin 1839, et élu secrétaire perpétuel honoraire.

Né à Paris, le 28 octobre 1755. — 1791. Député de Paris à l'Assemblée législative. — 1791 à 1799. Député de la Seine au Conseil des Cinq-Cents. — 1800. Secrétaire général du département de la Seine. — 1814. Censeur royal. — 1815. Intendant des arts et des monuments publics. — 1820 à 1821. Député. — Mort à Paris, le 28 décembre 1849.

Ouvrages. — 1790. Considérations sur les arts du dessin en France. — 1795-1825. Dictionnaire de l'architecture, 3 vol. in-4. — 1796. Lettre sur le préjudice qu'occasionnerait le déplacement des monuments d'art de l'Italie. — 1803. L'architecture égyptienne, in-4. — 1814. Quelques considérations sur la liberté de la presse. — 1815. Considérations sur la destination des ouvrages de l'art. Le Jupiter Olympien. — 1819. Recueil de dissertations sur différents sujets d'antiquité. — 1821. Sur la Vénus de Milo. — 1823. Essai sur l'imitation dans les arts. — 1824. Histoire de la vie et des ouvrages de Raphaël. — 1827. Monuments et ouvrages d'art antique restitués d'après la description des écrivains, 2 vol. in-4. — 1830. Histoire de la vie et des ouvrages des plus célèbres architectes du XIe siècle à la fin du XVIIIe siècle, 2 vol. in-4. — 1833. Dictionnaire historique d'architecture, 2 vol. in-4. — 1834. Canova et ses ouvrages. Recueil de notices lues dans les séances de l'Académie des beaux-arts, 2 vol. — 1835. Histoire de la vie et des ouvrages de Michel-Ange. — 1836. Recueil de dissertations archéologiques. — 1837. Essai sur l'idéal dans des applications pratiques aux œuvres d'imitation. — Articles insérés dans les Archives littéraires de l'Europe, les Mémoires de l'Institut, le Journal des savants, la Biographie universelle et le Journal de la Société des belles-lettres.

Une notice sur sa vie a été lue par M. Guigniaut, dans la séance de l'Académie des Inscriptions et Belles-Lettres du 5 août 1864.

210. — BOISSY d'ANGLAS (le Comte François, Antoine), G. O. ✻

Élu, le 3 août 1804, membre de la Classe d'Histoire et de Littérature ancienne. Nommé, par l'ordonnance royale du 21 mars 1816, membre de l'Académie des Inscriptions et Belles-Lettres.

Né à Saint-Jean-Chambre (Ardèche), le 8 décembre 1756. — 17... — Avocat au Parlement. — 1789 à 1795. Député de l'Ardèche. — 1791. Procureur syndic de l'Ardèche. — 1792. Secrétaire de la la Convention et membre du Comité de Salut public. — 1795 à 1800. Membre du Conseil des Cinq-

Cents. — 1801. Membre du Tribunat. — 1802. Président du Tribunat. — 1803. *Correspondant de l'Institut.* — 1804. Sénateur. — 1808. Comte. — 1814 à 1815 et 1816 à 1826. Pair de France. — Mort à Paris, le 20 octobre 1826.

Ouvrages. — 1790. A mes concitoyens. — 1791. Deux mots sur une question jugée. — 1791. Observations sur l'ouvrage de M. de Calonne, intitulé : De l'état de la France. — 1792. Quelques idées sur la liberté, la révolution et le gouvernement républicain. — 1792. Boissy-d'Anglas à T. Raynal. — 1793. Lettre au citoyen Dumonts. — 1794. Essai sur les fêtes nationales. — 1795. Des limites futures de la République française. Discours préliminaire au projet de constitution pour la République française, *Bâle.* — 1817. Opinion sur le projet de loi sur la liberté individuelle. — 1817. Recueil de discours sur la liberté de la presse. — 1817-21. Essai sur la vie et les écrits de M. de Malesherbes. 2 vol. — 1820. Deux discours sur la liberté individuelle et la liberté de la presse. — 1822. Réclamations contre l'existence des maisons de jeux de hasard. — 1825. Les études littéraires et poétiques d'un vieillard, 6 vol. — 1826. Carrye ou le commissionnaire de Saint-Lazare.

Une notice sur sa vie a été lue par Dacier, dans la séance de l'Académie des Inscriptions et Belles-Lettres du 27 juillet 1827.

---

211. — DUREAU de la MALLE (Jean, Baptiste, Joseph, René).

Élu, le 3 octobre 1804, membre de la Classe de la Langue et de la Littérature françaises.

Né à Saint-Domingue (Antilles), le 22 novembre 1742. — 1802. Membre du Corps législatif. — Mort à Landres (Orne), le 19 septembre 1807.

Ouvrages. — 1790. Du principe et des causes de la Révolution. Tourville, tragédie en prose. — Traductions des œuvres de Tacite, de Sénèque, de Salluste et de Tite-Live.

Son éloge a été prononcé par M. Picard, dans la séance de la Classe de la Langue et de la Littérature françaises du 24 novembre 1807.

---

212. — MILLIN de GRANDMAISON (Aubin, Louis), ✳

Élu, le 23 novembre 1804, membre de la Classe d'Histoire et de Littérature ancienne. Nommé, par l'ordonnance royale du 21 mars 1816, membre de l'Académie des Inscriptions et Belles-Lettres.

Né à Paris, le 18 juillet 1759. — 17... Employé surnuméraire à la Bibliothèque du Roi. — 1791. Chef de division au Comité de l'Instruction publique. — 1794 à 1818. Conservateur du cabinet des antiques et des médailles de la Bibliothèque nationale. — Mort à Paris, le 14 août 1818.

Ouvrages. — 1789. Un empereur romain et un roi des Gaules. — 1789. Abrégé des transactions philosophiques. — 1790. Discours sur l'origine et les progrès de l'histoire naturelle en France, in-4. — 1790. Minéralogie homérique. — 1790-96. Antiquités nationales ou recueil de monuments pour servir à l'histoire de l'Empire français, 5 vol. in-4. — 1792. Actes de la Société d'histoire naturelle de Paris, in-fol. — 1793. Annuaire du républicain, ou légende physico-économique. — 1794. Éléments d'histoire naturelle. — 1796. Introduction à l'étude des médailles. — 1797. Introduction à l'étude des pierres gravées. — 1797. La mythologie mise à la portée de tout le monde. — 1798. Description des statues du jardin des Tuileries, in-12. — 1802-04. Monuments antiques inédits ou nouvellement expliqués, 2 vol. in-4. — 1806. Nouveau dictionnaire des beaux-arts, 3 vol. — 1806. Histoire métallique de la Révolution française, in-4. — 1807-11. Voyage dans les départements du midi de la France, 5 vol. — 1808-10. Peintures des vases antiques vulgairement appelés étrusques, 2 vol. in-fol. — 1809. Exposé d'un cours de mythologie. — 1810. Cours d'histoire héroïque. — 1811. Introduction à l'étude des vases peints. — 1811. Galerie mythologique ou recueil de monuments, 2 vol. — 1813. Description des tombeaux découverts à Pompéi. — 1816. Égyptiaques, monuments inédits, in-4. — 1816. Voyage en Savoie, en Piémont, à Nice et à Gênes, 2 vol. Voyage dans le Milanais, 2 vol. — 1817-25. Pierres gravées inédites. — 1819. Histoire métallique de Napoléon Ier, in-4. — 1826. Introduction à l'étude de l'archéologie des pierres gravées et des médailles. — Articles insérés dans le Journal de physique, la Chronique de Paris, le Journal d'histoire naturelle, la Décade littéraire et le Magasin encyclopédique. Traduction et édition de plusieurs ouvrages.

---

213. — BURCKHARDT (Johann, Karl).

Élu, le 12 décembre 1804, membre de la Classe des Sciences physiques et mathématiques. Nommé, par l'ordonnance royale du 21 mars 1816, membre de l'Académie des Sciences (section d'Astronomie).

Né à Leipzig (Saxe), le 30 avril 1773 ; naturalisé Français, le 10 décembre 1799. — 1799. Astronome adjoint au Bureau des Longitudes. — 1801. Astronome à l'Observatoire de l'École militaire. — 1821. Membre du Bureau des Longitudes. — Mort à Paris, le 21 juin 1825.

Ouvrages. — 1812. Tables de la lune, in-4. — 1817. Tables des diviseurs pour tous les nombres, in-4. — Mémoires insérés dans le Recueil de l'Académie des sciences (t. I, VI, VII, IX et X).

---

214. — CHAUDET (Antoine, Denis).

Élu, le 12 janvier 1805, membre de la Classe des Beaux-Arts (section de Sculpture).

Né à Paris, le 3 mars 1763. — 1784. Grand prix de Rome. — 1789. Agréé à l'Académie royale de Peinture et de Sculpture. — 1810. Professeur à l'École des Beaux-Arts. — Mort à Paris, le 19 avril 1810.

Œuvres principales. — 1789. La sensibilité. Soldat vaincu. Vieillard au temple d'Égine. L'émulation de la gloire. — 1791. L'amitié enchaînant l'amour. — 1793. Le dévouement à la patrie. Cyparisse pleurant son faon. — 1795. L'Instruction publique. Paul et Virginie. — 1810. Orphée (Conservatoire). Amphion (Conservatoire). — 1814. Napoléon (colonne Vendôme). Bélisaire. Le nid d'amour. Joseph vendu par ses frères. Œdipe enfant. Cincinnatus (Sénat). Amour offrant une rose à un papillon. La surprise. Dugommier (Versailles). La paix (Tuileries). Bas-reliefs du Louvre. Fronton du palais du Corps législatif.

Bustes. — 1789. Ménageot. — 1802. L'amour. — 1810. Bourdon. Fourcroy (Versailles).

Tableaux. — 1798. Énée et Anchise. — 1793. Archimède à Syracuse. — *Gravures :* Britannicus. Esther. Athalie. — *Dessins :* 1796. La sensitive. L'amitié en pleurs. Honneurs rendus à Psyché.

Une notice sur sa vie a été lue par J. Le Breton, dans la séance de la Classe des Beaux-Arts du 5 octobre 1811.

---

215. — GÉRANDO de RAMTZHAUSEN (le Baron Joseph, Marie, de), G. O. ✱

Élu, le 5 avril 1805, membre de la Classe d'Histoire et de Littérature ancienne. Nommé, par l'ordonnance royale du 21 mars 1816, membre de l'Académie des Inscriptions et Belles-Lettres. Nommé, par l'ordonnance royale du 26 octobre 1832, membre de l'Académie des Sciences morales et politiques (section de Philosophie).

Né à Lyon (Rhône), le 29 février 1772. — 1797. Engagé volontaire. — 1799. Membre du Conseil des arts et du commerce. — 1800. Associé non résidant de l'Institut. — 1804. Secrétaire général du Ministère de l'Intérieur. — 1808. — Maître des requêtes au Conseil d'État. — 1811 à 1812. Conseiller d'État. — 1811. Baron de Ramtzhausen. — 1813. Intendant de la Haute Catalogne. — 1814 à 1815 et 1815 à 1832. Conseiller d'État. — 1819 à 1821. Professeur de droit administratif à la Faculté de Droit de Paris. — 1832 à 1842. Vice-président du Comité de législation et du Contentieux du Conseil d'État. — 1837. Pair de France. — Mort à Paris, le 10 novembre 1842.

Ouvrages. — 1800. Des signes et de l'art de penser, considérés dans leurs rapports naturels, 4 vol. — 1801. Considérations sur les méthodes à suivre dans l'observation des peuples sauvages, in-4. Vie du général Caffarelli du Falga. — 1802. De la génération des connaissances humaines. — 1804. Histoire complète des systèmes de philosophie, 3 vol. — 1805. Éloge de Dumarsais. — 1819. Des lectures populaires. — 1820. Programme d'un cours de droit public positif et administratif. — 1822. De la procédure administrative. — 1823. De la coopération des jeunes gens aux établissements d'humanité. — 1824. Tableau des sociétés et des institutions religieuses charitables de Londres, in-12. — 1825. Du perfectionnement moral ou de l'éducation de soi-même, 2 vol. — 1826. Éloge du duc Mathieu de Montmorency, in-8. — Le visiteur du pauvre. — 1827. De l'éducation des sourds-muets de naissance, 2 vol. — 1829-45. Institutes de droit administratif français, 4 vol. — 1838. Cours normal des instituteurs primaires. — 1839. De la bienfaisance publique, 4 vol. — 1845. Des progrès de l'industrie, dans leurs rapports avec le bien-être de la classe ouvrière. — Articles insérés dans les Mémoires de l'Académie de Turin, les Archives littéraires, la Biographie universelle, la Revue encyclopédique, le Journal asiatique et le Dictionnaire technologique.

Une notice sur sa vie a été lue par M. Mignet, dans la séance de l'Académie des Sciences morales et politiques du 16 décembre 1854.

216. — BRIAL (dom Michel, Jean, Joseph), ✳

Élu, le 17 mai 1805, membre de la Classe d'Histoire et de Littérature ancienne. Nommé, par l'ordonnance royale du 21 mars 1816, membre de l'Académie des Inscriptions et Belles-Lettres.

Né à Perpignan (Pyrénées-Orientales), le 26 mai 1743. — 17... Religieux bénédictin de la congrégation de Saint-Maur. — Mort à Paris, le 23 mai 1828.

Ouvrages. — 1803. Éloge historique de dom Labat. — 1818. Notice relative à la découverte d'un tombeau, à l'abbaye de Saint-Denis. — Édition du supplément aux œuvres de La Berthonie, des vol. XII à XVIII du Recueil des historiens des Gaules et de la France, et des vol. XII à XVI de l'Histoire littéraire de la France.

Une notice sur sa vie a été lue par Dacier, dans la séance de l'Académie des Inscriptions et Belles-Lettres du 31 juillet 1829.

217. — DARU (le Comte Pierre, Antoine, Noël, Bruno), G. C. ✳

Élu, le 26 mars 1806, membre de la Classe de la Langue et de la Littérature françaises. Nommé, par l'ordonnance royale du 21 mars 1816, membre de l'Académie française.

Né à Montpellier (Hérault), le 12 janvier 1767. — 1784. Commissaire provincial des guerres. — 1784. Lieutenant de canonniers. — 1791. Commissaire ordonnateur des guerres. — 1800. Chef de division au Ministère de la Guerre. — 1800. Inspecteur aux revues. — 1801. Secrétaire général du Ministère de la Guerre. — 1803. Membre du Tribunat. — 1805 à 1808. Conseiller d'État. — 1805. Intendant général de la maison de l'Empereur. — 1806. Intendant général de la grande armée. — 1807. Ministre plénipotentiaire en Prusse. — 1809 à 1812. Conseiller d'État. — 1811. Ministre Secrétaire d'État. — 1813 à 1814. Ministre de l'administration de la guerre. — 1815 (Cent-Jours). Conseiller d'État. — 1819. Pair de France. — 1828. *Membre libre de l'Académie des Sciences.* — Mort à Bécheville (Seine-et-Oise), le 5 septembre 1829.

Ouvrages. — 1796. Traduction en vers des œuvres d'Horace. — 1800. La Cléopédie ou théorie des réputations littéraires. — 1801. Épître à J. Delille, avec notes. — 1802. Sur la population générale. — 1819. Histoire de la République de Venise, 7 vol. — 1824. Épître sur les progrès de la civilisation. — 1824. Discours en vers sur les facultés de l'homme, in-12. — 1826. Histoire de Bretagne, 3 vol. — 1827. Notions statistiques sur la librairie, in-4. — 1830. L'astronomie, poème. — Éloge de Sully. Notice sur Volney. Rapport sur le Génie du Christianisme.

218. — PETIT-RADEL (Louis, Charles, François), ✳

Élu, le 18 avril 1806, membre de la Classe d'Histoire et de Littérature ancienne. Nommé, par l'ordonnance royale du 21 mars 1806, membre de l'Académie des Inscriptions et Belles-Lettres.

Né à Paris, le 26 novembre 1756. — 1770. Architecte expert. — 1798 à 1812. Inspecteur général des bâtiments civils. — Mort à Paris, le 27 juin 1836.

Ouvrages. — 1799. Projet pour la restauration du Panthéon français, in-4. — Recueil de ruines d'architecture. Mémoires insérés dans le Recueil de l'Académie des inscriptions (t. II, V, VI et XII).

219. — DUVIVIER (Pierre, Simon, Benjamin)

Élu, le 10 mai 1806, membre de la Classe des Beaux-Arts. Nommé, par l'ordonnance royale du 21 mars 1816, membre de l'Académie des Beaux-Arts (section de Gravure).

Né à Paris, le 5 novembre 1730. — Mort à Paris, le 10 juin 1819.

Œuvres principales. — *Médailles.* — 1765. La ville de Paris. Le rétablissement du commerce. Louis XV. La France éplorée demande la guérison du Roi. Réception, par le Roi, de l'ambassadeur turc. La princesse Troubetzkoï. — 1769. La cathédrale d'Orléans. L'école militaire. Henri IV. — 1775. Mariage du comte d'Artois. La compagnie d'Afrique. Louis XVI. Le sacre du Roi. Le retour du Parlement. — 1777. Sceau de l'Académie. Alliance avec la Suisse. Le Roi et la Reine. Mort de Louis XV. Retour du parlement de Toulouse. Le duc de Villars. — 1781. Marie-Antoinette. Le duc de Chartres. Le cardinal de La Rochefoucault. Le prince de Rohan. Médaille des États-Unis et de la ville de Paris. — 1785. Naissance du Dauphin. La réception du Roi à l'hôtel de ville. Construction du canal de Bourgogne. Le duc de Normandie. Le génie du dessin. — 1789. Pont de la Concorde. Rade de Cherbourg. Necker. Bailly. Washington. — 1793. La Liberté foulant aux pieds la Royauté. Mariage du dauphin. L'impératrice d'Autriche. Le prince de Condé. Le prince de Saxe-Gotha. Le comte de Provence. — 1798. Bonaparte présente au continent l'olivier de la paix. L'abbé Barthélemy.

Une notice sur sa vie a été lue par Quatremère de Quincy, dans la séance de l'Académie des Beaux-Arts du 6 octobre 1821.

220. — SILVESTRE (le Baron Augustin, François), ✻

Élu, le 28 juillet 1806, membre de la Classe des Sciences physiques et mathématiques. Nommé, par l'ordonnance royale du 21 mars 1816, membre de l'Académie des Sciences (section d'Économie rurale).

Né à Versailles (Seine-et-Oise), le 7 décembre 1762. — 1782. Lecteur et Bibliothécaire de Monsieur (Louis XVIII). — 1793-98. Professeur d'économie rurale au Lycée républicain. — 1798. Secrétaire perpétuel de la Société d'Agriculture. — 1802. Chef du Bureau de l'agriculture au Ministère de l'Intérieur. — 1814. Bibliothécaire et Lecteur du Roi. — 1826. Baron. — Mort à Paris, le 4 août 1851.

Ouvrages. — 1788-1800. Rapports généraux de la Société philomathique, 4 vol. — 1801. Essai sur les moyens de perfectionner les arts économiques en France. — 1819. Considérations sur l'ordre des connaissances qui doivent être données à la jeunesse. — Notices sur la vie et les ouvrages de quelques membres de la Société philomathique — Collaboration au Théâtre d'agriculture d'O. de Serres et au Nouveau Cours d'agriculture.

221. — BOSC (Louis, Augustin, Guillaume), ✻

Élu, le 11 août 1806, membre de la Classe des Sciences physiques et mathématiques. Nommé, par l'ordonnance royale du 21 mars 1816, membre de l'Académie des Sciences (section d'Économie rurale).

Né à Paris, le 29 janvier 1759. — 1777. Commis au contrôle général des Finances. — 1792-93. Administrateur des postes. — 1797. Vice-Consul à Wilmington. — 1798. Consul à New-York. — 1803. Inspecteur des jardins et pépinières de Versailles. — 1805. Inspecteur général des pépinières. — 1825 à 1828. Professeur de culture au Muséum d'Histoire naturelle. — Mort à Paris, le 10 juillet 1828.

Ouvrages. — 1809. Dictionnaire raisonné et universel d'agriculture. — 1822. Rapport relatif aux effets de la gelée sur les oliviers. — 1823. Rapport sur l'emploi du plâtre en agriculture. — 1824. Histoire naturelle des coquilles, 5 vol. in-2. — 1825. Histoire des vers et des crustacés, 5 vol. in-12. — Articles insérés dans le Journal de physique, le Journal d'histoire naturelle, le Journal des mines, le Bulletin de la Société philomathique, le Nouveau Dictionnaire d'histoire naturelle, le Dictionnaire d'agriculture et les Mémoires de l'Académie des Sciences, (t. VI à XI).

Son éloge a été prononcé par Cuvier, dans la séance de l'Académie des Sciences du 15 juin 1829.

I.

222. — MAURY (le Cardinal Jean, Sifrein, Comte), ✳

Élu, le 22 octobre 1806, membre de la Classe de la Langue et de la Littérature françaises. Exclu de l'Institut par l'ordonnance royale du 21 mars 1816.

Né à Valréas (Vaucluse), le 26 juin 1746. — 1770. Prêtre. — 1780. Vicaire général de Lombez. — 1785. Membre de l'Académie française. — 1786. Prieur de Lions-en-Santerre. — 1789. Député aux États généraux. — 1792. Archevêque de Nicée, *in partibus*. — 1794. Cardinal. — 1774. Évêque de Montefiascone et Corneto. — 1810. Comte. — 1810-1814. Archevêque de Paris (non préconisé par le Saint-Siège). — 1814. Expulsé de France. — Mort à Rome, le 11 mai 1817.

Ouvrages. — Éloges du Dauphin (1760), du roi Stanislas (1766), de Charles V (1767), de Fénelon (1771), de saint Louis (1772), de saint Augustin (1777). — 1772. Réflexions sur les sermons de Bossuet, in-12. — 1773. Panégyrique de saint Louis. — 1777. Discours sur divers sujets de religion et de littérature, in-12. — 1781-82. Lettres secrètes sur l'état de la religion et du clergé, in-12. — 1782. Principes d'éloquence pour la chaire et le barreau. — 1810. Essai sur l'éloquence de la chaire, 2 vol. — 1814. Mémoire pour le cardinal Maury, in-12. — 1827. Panégyrique de S. V. de Paul. — Opinions, rapports et discours prononcés à l'Assemblée nationale. — 1842. OEuvres choisies, 5 vol. in-8.

---

223. — BARBIÉ du BOCAGE (Jean, Denis, BARBIÉ dit), ✳

Élu, le 7 novembre 1806, membre de la Classe d'Histoire et de Littérature ancienne. Nommé, par l'ordonnance royale du 21 mars 1816, membre de l'Académie des Inscriptions et Belles-Lettres.

Né à Paris, le 28 avril 1760. — 17.. à 1789. Attaché au Ministère des Affaires étrangères. — 17.. à 1789. Attaché au Cabinet des médailles. — 1802. Attaché au Dépôt de la guerre. — 1803. Géographe du Ministère des Affaires étrangères. — 1809. Professeur de géographie à la Faculté des Lettres de Paris. — 1815 à 1825. Doyen de la Faculté des Lettres de Paris. — Mort à Paris, le 28 décembre 1825.

Ouvrages. — 1799. Recueil de cartes, plans, vues et médailles de l'ancienne Grèce, in-fol. — 1802. Notice sur d'Anville, premier géographe du Roi, in-8. — Nombreuses cartes et mémoires géographiques insérés dans divers ouvrages.

---

224. — PALISOT de BEAUVOIS (le Baron, Ambroise, Marie, François, Joseph), ✳

Élu, le 17 novembre 1806, membre de la Classe des Sciences physiques et mathématiques. Nommé, par l'ordonnance royale du 21 mars 1816, membre de l'Académie des Sciences (section de Botanique).

Né à Arras (Pas-de-Calais), le 27 juillet 1752. — 1770. Mousquetaire. — 1772. Avocat au Parlement de Paris. — 1772 à 1777. Receveur général des domaines et bois aux généralités de Picardie, Flandre et Artois. — 1790. Membre du Conseil supérieur de Saint-Domingue. — 1796. *Associé non résidant de l'Institut.* — 1815. Conseiller de l'Université. — Mort à Paris, le 21 janvier 1820.

Ouvrages. — 1804. Mémoire sur un nouveau genre d'insectes trouvés à Oware. — 1804-1821. Flore d'Oware et de Bénin, 2 vol. in-fol. — 1805-1821. Insectes recueillis en Afrique et en Amérique, in-fol. — 1805. Prodrome des cinquième et sixième familles de l'athéogamie, les mousses, les lycopodes. — 1811. Éloge de M. Fourcroy, in-4. — 1812. Essai d'une nouvelle agrostographie ou nouveau genre de graminées, in-4. — 1812. Muscologie ou traité sur les mousses. — 1814. Réfutation d'un écrit sur la traite des nègres. — S. d. Le railleur (comédie). Articles insérés dans l'Encyclopédie méthodique, le Dictionnaire des sciences naturelles, les Éphémérides des sciences médicales, la Revue encyclopédique, le Bulletin de la Société philomathique, le Journal de physique et les Annales du Muséum d'histoire naturelle.

Son éloge a été prononcé par Cuvier, dans la séance de l'Académie des Sciences du 27 mars 1820.

225. — GAY-LUSSAC (Joseph, Louis), C. ✳

Élu, le 8 décembre 1806, membre de la Classe des Sciences physiques et mathématiques. Nommé, par l'ordonnance royale du 21 mars 1816, membre de l'Académie des Sciences (section de Physique générale).

Né à Saint-Léonard (Haute-Vienne), le 6 décembre 1778. — 1800. Ingénieur des Ponts et Chaussées. — 1802. Répétiteur à l'École polytechnique. — 1804 à 1840. Professeur de chimie à la même école. — 1818 à 1832. Professeur de physique à la Faculté des Sciences de Paris. — 1822 à 1850. Professeur de chimie générale au Muséum d'Histoire naturelle. — 1831 à 1839. Député de la Haute-Vienne. — 1839 à 1848. Pair de France. — Mort à Paris, le 9 mai 1850.

Ouvrages. — 1804. Mémoire sur l'analyse de l'air atmosphérique. — 1811. Recherches physico-chimiques, 2 vol. — 1816. Mémoire sur l'iode. — 1816-1840. Annales de chimie et de physique (avec Arago), 75 vol. — 1824. Instruction pour l'usage de l'alcoomètre centésimal, in-12. — 1824. Instruction sur l'essai du chlorure de chaux, in-12. — 1827. Cours de physique, 2 vol. — 1828. Cours de chimie professé à la Faculté des sciences de Paris, 2 vol. — 1833. Instruction sur l'essai des matières d'argent par la voie humide, in-4. — Articles insérés dans les Mémoires de physique et de chimie, les Annales de chimie, le Bulletin de la Société philomathique, les Annales de chimie et de physique, le Journal des mines, le Journal des savants, les Annales des ponts et chaussées et les Mémoires de l'Académie des sciences (t. II, XI, XIII).

226. — MONTGOLFIER (Joseph, Michel), ✳

Élu, le 16 février 1807, membre de la Classe des Sciences physiques et mathématiques (section de Physique générale).

Né à Vidalon (Ardèche), le 26 août 1740. — 1794 à 1810. Démonstrateur au Conservatoire des Arts et Métiers. — Mort à Balaruc (Hérault), le 26 juin 1810.

Ouvrages. — 1783. Discours sur l'aérostat. — 1784. Mémoire sur la machine aérostatique, *Berne.* Ballon aérostatique, *Berne.* — 1785. Les voyageurs aériens. — 1803. Note sur le bélier hydraulique. — Articles insérés dans le Journal des mines, le Journal de l'École polytechnique et les Mémoires de l'Académie des sciences (t. XI).

Une notice sur sa vie a été lue par Delambre, dans la séance de la Classe des Sciences physiques et mathématiques du 7 janvier 1811.

227. — PERCY (le Baron Pierre, François), C. ✳

Élu, le 4 mai 1807, membre de la Classe des Sciences physiques et mathématiques. Nommé, par l'ordonnance royale du 21 mars 1816, membre de l'Académie des Sciences (section de Médecine et Chirurgie).

Né à Montagney-Bezuches (Haute-Saône), le 24 octobre 1754. — 1775. Docteur en médecine. — 1782. Chirurgien du régiment de Berri-Cavalerie. — 1795. Professeur de pathologie externe à la Faculté de Médecine de Paris. — 1796. *Correspondant de l'Institut.* — 1803. Inspecteur général du Service de santé. — 1809. Baron. — 1815 (Cent-Jours). Député du Doubs. — Mort à Paris, le 18 février 1825.

Ouvrages. — 1785. Mémoire sur les ciseaux à incision, in-4. — 1792. Manuel du chirurgien d'armée, in-12. — 1794. Pyrotechnie chirurgicale pratique. — 1795. Réponse aux questions épuratoires proposées par la commission de santé, in-12. — 1826. Opuscules, recueils d'articles. — Mémoires insérés dans le Recueil de l'Académie des sciences (vol. XIII de la 2ᵉ série).

Son éloge a été prononcé par M. Flourens, dans la séance de l'Académie des Sciences du 18 novembre 1833.

228. — SANÉ (le Baron Jacques, Noël), G. O. ✻

Élu, le 10 août 1807, membre de la Classe des Sciences physiques et mathématiques. Nommé, par l'ordonnance royale du 21 mars 1816, membre de l'Académie des Sciences (section de Mécanique).

Né à Brest (Finistère), le 18 février 1740. — 1758. Élève constructeur à l'arsenal de Brest. — 1766. Sous-ingénieur. — 1774. Ingénieur ordinaire. — 1789. Sous-directeur. — 1792. Chef de Travaux. — 1793. Ordonnateur de la marine à Brest. — 1794. Ingénieur en chef. — 1796. *Associé non résidant de l'Institut.* — 1798. Inspecteur des constructions navales. — 1800 à 1817. Inspecteur général du génie maritime. — 1811. Baron — 1817. Inspecteur général honoraire. — Mort à Paris, le 22 août 1831.

Le baron Sané a construit un grand nombre de vaisseaux, mais il n'a publié aucun ouvrage.

---

229. — GEOFFROY SAINT-HILAIRE (Étienne), O. ✻

Élu, le 14 septembre 1807, membre de la Classe des Sciences physiques et mathématiques. Nommé, par l'ordonnance royale du 21 mars 1816, membre de l'Académie des Sciences (section d'Anatomie et Zoologie).

Né à Étampes (Seine-et-Oise), le 15 avril 1772. — 1793 à 1840. Professeur de zoologie, puis d'histoire naturelle des mammifères et des oiseaux au Muséum d'Histoire naturelle. — 1798 à 1801. Membre de l'Institut d'Égypte. — 1808. Professeur de zoologie à la Faculté des Sciences de Paris. — 1815 (Cent-Jours). Député de Seine-et-Oise. — Mort à Paris, le 19 juin 1844.

Ouvrages. — 1801 à 1812. La ménagerie du Muséum d'histoire naturelle, in-fol. — 1809 à 1829. Description de l'Égypte par la commission des sciences, 10 vol. in-fol. — 1813. Catalogue des mammifères du Muséum d'histoire naturelle. — 1818. Philosophie anatomique : des organes respiratoires. — 1819. Histoire naturelle des mammifères (avec Cuvier). — 1820-42. Histoire naturelle des mammifères, 4 vol. in-fol. — 1822. Philosophie anatomique des monstruosités humaines. — 1824. Système dentaire des mammifères et des oiseaux. — 1827. Sur la girafe. — 1828. Sur le principe de l'unité de composition organique. — 1829. Cours de l'histoire naturelle des mammifères. — 1830. Principes de philosophie zoologique. — 1831. Recherches sur de grands sauriens déterminés sous le nom de téléosaurus et de steneosaurus. — 1832. Fragments biographiques. — 1834. De la structure et des usages des glandes mammaires des cétacés. — 1835. Études progressives d'un naturaliste, in-4°. — 1838. Fragments biographiques, 2° série. — 1838. Notions synthétiques, historiques et physiologiques de philosophie naturelle. — Articles insérés dans la Décade philosophique, le Magasin encyclopédique, les Mémoires de la Société d'histoire naturelle, les Annales et les Mémoires du Muséum d'histoire naturelle, les Annales des sciences physiques, le Dictionnaire des sciences naturelles, le Dictionnaire d'histoire naturelle et les Mémoires de l'Académie des sciences (t. II, XII et XXIII, 2° série).

Son éloge a été prononcé par M. Flourens, dans la séance de l'Académie des Sciences du 22 mars 1852.

---

230. — LAUJON (Pierre)

Élu, le 7 octobre 1807, membre de la Classe de la Langue et de la Littérature françaises.

Né à Paris, le 3 janvier 1827. — 1750. Secrétaire général du Gouvernement de Champagne et de Brie. — 1771 à 1789. Secrétaire des commandements du duc de Bourbon. — Mort à Paris, le 13 juillet 1811.

Ouvrages. — *Théâtre.* — 1745. Thésée. La femme. La fille et la veuve. — 1747. Daphnis et Chloé. — 1748. Églé. — 1749. Le matin, ou la toilette de Vénus. Sylvie. — 1750. La journée galante. — 1754. Zéphyre et Flourette. — 1762. Armide. — 1763. Ismène. Isménias. La répétition. — 1765. Les rencontres heureuses. — 1771. L'amoureux de quinze ans. — 1772. Le fermier cru sourd. — 1773. Deux fêtes au lieu d'une. — 1777. Matrocco. L'inconséquente. Divertissements d'amour pour amour. — 1781. Divertissement villageois. — 1782. Le poète supposé. — 1790. Le couvent. — 1806. Le juif bienfaisant. — S. d. Les amours de Corneille. Léandre et Héro. L'école de l'amitié. Epaphus et Memphis. Léonore Petrocori. L'éducation de l'amour. Armide. — 1778-1783. A propos de société. Recueil de chansons, 3 vol. in-8. — 1811. OEuvres choisies, 4 vol.

Son éloge a été prononcé par M. Étienne, dans la séance de la Classe de la Langue et de la Littérature françaises du 7 novembre 1811.

231. — RAYNOUARD (François, Just, Marie), O. ✻

Élu, le 7 octobre 1807, membre de la Classe de la Langue et de la Littérature françaises. Nommé, par l'ordonnance royale du 21 mars 1816, membre de l'Académie française. Élu, le 25 octobre 1816, membre de l'Académie des Inscriptions et Belles-Lettres. Élu, le 7 août 1817, secrétaire perpétuel de l'Académie française.

Né à Brignoles (Var), le 18 septembre 1761. — 1784. Avocat à Draguignan. — 1806-1813. Membre du Corps législatif.— Mort à Passy (Seine), le 27 octobre 1836.

Ouvrages. — 1813. Monuments relatifs à la condamnation des Templiers. — 1816. Éléments de la grammaire romane. —1816-1821. Choix de poésies originales des troubadours, 6 vol. — 1817. Fragments d'un poème sur Boëce. — 1817. Des troubadours et des cours d'amour. — 1821. Grammaire comparée des langues de l'Europe latine, dans leurs rapports avec la langue des troubadours. — 1829. Observations philosophiques sur le roman du rou. — 1829. Histoire du droit municipal en France, 2 vol. — 1835. Influence de la langue romane sur les langues de l'Europe latine. — 1838-44. Lexique roman ou dictionnaire de la langue des troubadours, 6 vol.

Odes et poèmes. — 1802. Socrate au temple d'Aglaure. — 1819. Camoëns. — 1822. Le dévouement de Malesherbes.

Théâtre. — 1794. Caton d'Utique. Éléonore de Bavière. — 1805. Les Templiers. — 1810. Les États de Blois.— Scipion. Don Carlos. Charles Ier. Debora. Jeanne d'Arc à Orléans.

Son éloge a été prononcé par M. Mignet, dans la séance de l'Académie française du 25 mai 1837, et une notice sur sa vie a été lue par M. Walckenaër, dans la séance de l'Académie des Inscriptions et Belles-Lettres du 22 août 1851.

232. — PICARD (Louis, Benoist), ✻

Élu, le 28 octobre 1807, membre de la Classe de la Langue et de la Littérature françaises. Nommé, par l'ordonnance royale du 21 mars 1816, membre de l'Académie française.

Né à Paris, le 19 juillet 1769. — 1790. Avocat. — 1797. Acteur. — 1801. Directeur du théâtre Louvois. — 1804 à 1807. Directeur du théâtre de l'Impératrice. — 1807 à 1816. Directeur de l'Opéra. — 1816 à 1821. Directeur du théâtre de l'Odéon. — Mort à Paris, le 31 décembre 1828.

Ouvrages. — *Théâtre.* — 1789. Le badinage dangereux. — 1790. Encore des ménechmes. — 1791. Le passé, le présent et l'avenir. — 1792. Les Visitandines. — 1793. La vraie bravoure. Le conteur. Les cousins de tout le monde. — 1794. La prise de Toulon. Rose et Aurélie. L'écolier en vacances. La moitié du chemin. — 1795. La perruque blonde. Les conjectures. Les amis de collège. — 1796. Les suspects. — 1797. Médiocre et rampant. — 1798. Le voyage interrompu. Les comédiens ambulants. — 1799. L'entrée dans le monde. Les voisins. Le collatéral. — 1800. Les trois maris. La Saint-Pierre. — 1801. La petite ville. Duhautcours. — 1802. Les provinciaux à Paris. Le mari ambitieux. La Saint-Jean. — 1803. Le vieux comédien. M. Musard. Les tracasseries. — 1804. L'acte de naissance. Le susceptible. — 1805. Bertrand et Raton. La noce sans mariage. Les filles à marier. — 1806. Les marionnettes. Un jeu de fortune. — La manie de briller. — 1807. Les ricochets. — 1807. Le jeune médecin. Le mariage des grenadiers. L'influence des perruques. La jeune prude. L'ami de tout le monde. — 1808. Le cousin de tout le monde. — 1809. Lantara. Les capitulations de conscience. — 1810. Les deux lions. Les oisifs. — 1811. La vieille tante. Un lendemain de fortune. Le café du printemps. — 1812. Les prometteurs. — 1815. M. de Boulanville. Les deux Philibert. — 1817. Une matinée de Henri IV. Vanglas. La maison en loterie. — 1820. L'intrigant maladroit. La Saint-Jean. Les charlatans et les compères. — 1821. Un jeu de bourse. — 1822. Les deux ménages. — 1823. L'absence. L'album. — 1824. L'enfant trouvé. Ervand le bûcheron. La fête de Corneille. — 1825. Le landau. Le pensionnat de jeunes demoiselles. Le conteur. — 1826. Les surfaces. L'agiotage. La demoiselle de compagnie. Héritage et mariage. — 1827. Riche et pauvre. Les trois quartiers. Lambert Sinnel. — 1828. Les Éphémères. — 1829. Le bon garçon. — 1812-1821. Théâtre, 6 vol. in-8.

Romans. — 1813. Les aventures d'Eug. de Senneville et de Guill. Delorme, 4 vol. in-12. — 1813. L'exalté, 4 vol. in-12. — 1822. Les mémoires de Jacques Fauvel, 4 vol. in-12. — 1825. Le Gil-Blas de la révolution, 5 vol. in-12. — 1825. L'honnête homme ou le niais, 3 vol. in-12. — 1826. Les gens comme il faut et les petites gens, 2 vol. in-12. — 1827. Les sept mariages d'Éloi Galaud, 3 vol. in-12. — 1832. Théâtre républicain.

Son éloge a été prononcé par Arnault, dans la séance de l'Académie française du 24 décembre 1829.

---

233. — TRACY (le Comte Antoine, Louis, Claude, DESTUTT de), C. ✻

Élu, le 15 juin 1808, membre de la Classe de la Langue et de la Littérature françaises. Nommé, par l'ordonnance royale du 21 mars 1816, membre de l'Académie française. Nommé, par l'ordonnance royale du 26 octobre 1832, membre de l'Académie des Sciences morales et politiques (section de Philosophie).

Né à Paris, le 20 juillet 1754. — 1769. Mousquetaire de la maison du Roi. — 1772. Capitaine dans le régiment de Bourgogne-Cavalerie. — 1779. Capitaine commandant. — 1780. Maître de camp du régiment Royal-Cavalerie. — 1789. Député de la noblesse aux États généraux. — 1792. Maréchal de camp. — 1792. Quitte l'armée. — 1796. *Associé non résidant de la Classe des Sciences morales et politiques.* — 1800. Sénateur. — 1814. Pair de France. — Mort à Paris, le 9 mars 1836.

Ouvrages. — 1798. Quels sont les moyens de fonder la morale chez un peuple. — 1801. Observations sur le système de l'Instruction publique, in-12. — 1801. Projet d'éléments d'idéologie. — 1803. Grammaire générale. — 1804. Analyse raisonnée de l'origine de tous les cultes. — 1805. Logique. — 1815. Traité de la volonté et de ses effets. — 1817. Principes logiques ou recueil de faits relatifs à l'intelligence humaine. — 1817. Éléments d'idéologie, 4 vol. — 1817. Commentaire sur l'Esprit des lois. — Articles publiés dans le Mercure de France.

Son éloge a été prononcé par M. Guizot, dans la séance de l'Académie française du 22 décembre 1836, et une notice sur sa vie a été lue par M. Mignet, dans la séance de l'Académie des Sciences morales et politiques du 28 mai 1842.

---

234. — MIRBEL (Charles, François, BRISSEAU de), C. ✻

Élu, le 31 octobre 1808, membre de la Classe des Sciences physiques et mathématiques. Nommé, par l'ordonnance royale du 21 mars 1816, membre de l'Académie des Sciences (section de Botanique).

Né à Paris, le 27 mars 1776. — 1800. Professeur de botanique à l'Athénée. — 1803. Intendant des jardins de la Malmaison. — 1806. Conseiller d'État du royaume de Hollande. — 1807. *Correspondant de l'Institut.* — 1808. Professeur adjoint à la Faculté des Sciences de Paris. — 1817. Secrétaire général du Ministère de la police générale. — 1818 à 1820. Secrétaire général du Ministère de l'Intérieur. — 1828 à 1850. Professeur de culture au Muséum d'Histoire naturelle. — 1851. Professeur de botanique à la Faculté des Sciences de Paris. — Mort à Champerret (Seine), le 12 septembre 1854.

Ouvrages. — 1801. De l'influence de l'histoire naturelle sur la civilisation. — 1802. Traité d'anatomie et de physiologie végétale, 2 vol. — 1802-26. Histoire générale et particulière des plantes, 18 vol. — 1808. Exposition de la théorie de l'organisation végétale. — 1815. Éléments de botanique et de physiologie végétale, 2 vol. Articles insérés dans les Mémoires du Muséum d'histoire naturelle, le Journal de physique, le Bulletin de la Société philomathique, le Dictionnaire des sciences naturelles et les Mémoires de l'Académie des sciences (t. IX à XI de la 1re série et VIII à XXII de la 2e série).

235. — LANJUINAIS (le Comte Jean, Denis), C. ✻

Élu, le 16 décembre 1808, membre de la Classe d'Histoire et de Littérature ancienne. Nommé, par l'ordonnance royale du 21 mars 1816, membre de l'Académie des Inscriptions et Belles-Lettres.

Né à Rennes (Ille-et-Vilaine), le 12 mars 1753. — 1772. Avocat à Rennes. — 1775. Professeur de droit ecclésiastique. — 1789 à 1795. Député de Bretagne. — 1795 à 1797. Membre du Conseil des Anciens. — 1797. Professeur de législation à l'École centrale de Rennes. — 1800. Sénateur. — 1808. Comte. — 1814. Pair de France. — 1815 (Cent-Jours). Président du Corps législatif. — 1815. Pair de France. — Mort à Paris, le 13 janvier 1827.

Ouvrages. — 1786. Mémoires sur les dîmes et sur leur origine. — 1791. Rapport sur la nécessité d'établir une forme purement civile pour constater l'état des personnes. — 1808. Notice sur l'ouvrage de l'évêque et sénateur Grégoire sur la littérature des nègres. — 1809. Christophe Colomb. — 1815. Mémoire justificatif. Opinion sur les mesures de sûreté contre les inculpés d'attentats politiques. — 1816. De l'initiative des Chambres. — 1817. Appréciation du projet de loi relatif aux trois concordats. — 1817. Du Conseil d'État et de sa compétence sur les droits politiques des citoyens. Notice d'une dissertation sur l'usure. — 1818. Des dépenses de l'État et du crédit public. —1819. Constitution de la nation française, 2 vol. — 1819. La Charte, la liste civile et les Majorats. — 1820. Contre les privilèges de suréance légale au paiement des dettes privées. — 1821. Vues politiques sur les changements à faire à la Constitution d'Espagne. Histoire abrégée de l'inquisition religieuse en France. Mémoires sur la religion : Des officialités anciennes et nouvelles. De l'organisation municipale en France. Vues sur les changements à faire à la Constitution d'Espagne afin de la consolider. — 1822. Contre le projet de loi sur les délits de presse. — 1823. Études biographiques et littéraires. La religion des Indous selon les Vedah. — 1824. Tableau général de l'état politique intérieur de la France depuis 1814 et de l'Angleterre depuis 1716. — 1825. Examen du chapitre de contrat social sur la religion civile. Contre le rétablissement des péchés de sacrilège dans le Code criminel. La bastonnade et la flagellation pénales, chez les peuples anciens et modernes. — 1826. Les Jésuites en miniature ou le Livre du jésuitisme. Discours, rapports, opinions. — 1832. Œuvres complètes, 4 vol. — Articles insérés dans les Mémoires de l'Académie celtique, le Magasin encyclopédique et l'Encyclopedie moderne.

Une notice sur sa vie a été lue par Dacier, dans la séance de l'Académie des Inscriptions et Belles-Lettres du 25 juillet 1828.

---

236. — CAUSSIN DE PERCEVAL (Jean, Jacques, Antoine), ✻

Élu, le 14 avril 1809, membre de la Classe d'Histoire et de Littérature ancienne. Nommé, par l'ordonnance royale du 21 mars 1816, membre de l'Académie des Inscriptions et Belles-Lettres.

Né à Montdidier (Somme), le 24 juin 1759. — 1784 à 1833. Professeur d'arabe au Collège de France. — 1787 à 1792. Garde des manuscrits orientaux de la Bibliothèque du Roi. — Mort à Paris, le 29 juillet 1835.

Ouvrages. — Traduction de l'Expédition des Argonautes, d'Apollonius de Rhodes, de l'Histoire de la Sicile, de Novairi et des Mille et une nuits. — Travaux insérés dans les Mémoires de l'Académie des inscriptions et belles-lettres (t. XVIII et XX).

---

237. — MÉNAGEOT (François, Guillaume), ✻

Élu, le 22 avril 1809, membre de la Classe des Beaux-Arts. Nommé, par l'ordonnance royale du 21 mars 1816, membre de l'Académie des Beaux-Arts (section de Peinture).

Né de parents français, à Londres, le 9 juillet 1744. — 1766. Grand prix de Rome. — 1780. Membre de l'Académie royale de Peinture et de Sculpture. — 1787 à 1793. Directeur de l'Académie de France à Rome. — 1807 à 1816. Professeur à l'École des Beaux-Arts. — Mort à Paris, le 4 octobre 1816.

Œuvres principales. — 1766. La reine Tamyrès. — 1777. Les adieux de Polixène à Hécube. Gladiateur. Vieillard écrivant. — 1779. La justification de Suzanne. La peste de David. — 1780. Le temps arrêté par l'étude.

—1781. Léonard de Vinci mourant dans les bras de François Ier. — 1783. Cléopâtre au tombeau d'Antoine. Astyanax arraché des bras d'Andromaque. Charité romaine. — 1785. Alceste rendue à son mari par Hercule. La paix de 1783-1790. Méléagre. — 1806. La supercherie de Vénus. L'envie veut arracher les ailes de la renommée. — S. d. Astyanax cherchant Adonis. Dagobert ordonnant de construire l'église de Saint-Denis. Mars et Vénus. La nativité. La vierge aux anges. Mariage d'Eugène de Beauharnais.

---

238. — LEMOT (le Baron, François, Frédéric), O. ✼

Élu, le 3 juin 1809, membre de la Classe des Beaux-Arts. Nommé, par l'ordonnance royale du 21 mars 1816, membre de l'Académie des Beaux-Arts (section de Sculpture).

Né à Lyon (Rhône), le 4 novembre 1772. — 1790. Grand prix de Rome. — 1810 à 1827. Professeur à l'École des Beaux-Arts. — 1827. Baron. — Mort à Paris, le 6 mai 1827.

Œuvres principales. — 1795. Statue colossale du peuple français. — 1801. Bacchante. Le jugement de Salomon (bas-relief). Numa Pompilius. Cicéron. Léonidas aux Thermopyles. Brutus. Lycurgue. — 1804. Jean-Bart. — 1808. Fronton du Louvre. — 1810. Murat. — 1812. La rêverie. — 1812. Hébé versant le nectar à Jupiter. Femme couchée. — 1814. Henri IV (Pont-Neuf). — 1826. Louis XIV (place Bellecour à Lyon). La renommée, bas-relief du vestibule du Luxembourg. Char de l'arc de triomphe du Carrousel. Grand fronton de la colonnade du Louvre (Napoléon sur un char de triomphe). Sculpture de l'arc de triomphe du pont de Châlons-sur-Marne. La religion soutenant Marie-Antoinette (chapelle expiatoire). Le général Corbineau.
Ouvrage. — 1817. Notice historique sur la ville et le château de Clisson, 1 vol. in-4.

Une notice sur sa vie a été lue par Quatremère de Quincy, dans la séance de l'Académie des Beaux-Arts du 4 octobre 1828.

---

239. — GAIL (Jean, Baptiste), ✼

Élu, le 21 juillet 1809, membre de la Classe d'Histoire et de Littérature ancienne. Nommé, par l'ordonnance royale du 21 mars 1816, membre de l'Académie des Inscriptions et Belles-Lettres.

Né à Paris, le 3 juillet 1755. — 17... Répétiteur au Collège d'Harcourt. — 1791. Professeur suppléant au Collège de France. — 1791 à 1829. Professeur de littérature grecque au Collège de France. — 1815. Conservateur des manuscrits de la Bibliothèque Royale. — Mort à Paris, le 5 février 1829.

Ouvrages. — 1797. Cours de langue grecque. — 1798. Grammaire grecque, française, latine. Promenade savante des Tuileries. — 1799. Nouvelle grammaire grecque. — 1801. Anthologie poétique grecque. — 1805. Observations littéraires sur les idylles de Théocrite et les églogues de Virgile. — 1808. Essai sur les désinences grecques, latines et françaises. — 1809. Observations sur le Traité de la chasse de Xénophon. — 1812. Examen du Philoctète de La Harpe rapproché du Philoctète de Sophocle. — 1813. Notes sur Isocrate à Démonique, in-12. — 1814. Recherches sur Apollon. — 1814. Dissertation sur le duel des Grecs, etc. — 1814-28. Le philologue, ou recherches historiques, militaires, géographiques, grammaticales, lexicologiques, 24 vol. — 1818. Tableaux chronologiques des principaux faits de l'histoire ancienne, in-4. — 1819. La bataille de Platée, d'après Hérodote et Plutarque. — 1819. La bataille de Cannes, d'après Polybe. — 1821. Essai sur les prépositions grecques. — 1822. Tableaux chronologiques des principaux faits de l'histoire, depuis l'ère vulgaire, 2 vol. — 1823. Géographie d'Hérodote appuyée sur un examen grammatical, 2 vol. — 1823. Recherches sur les Hiéron d'Égypte. — 1825. Recueil des spécimens de manuscrits sur Hérodote, Thucydide et Xénophon, in-4. — 1827. Repos et délassements de J.-B. Gail, après cinquante années de travaux. — S. d. Observations sur Théocrite et Virgile. Traduction des œuvres d'Esope, Phèdre, Thucydide, Homère, Xénophon, Théocrite, Bion, Moschus, Sophocle, Lucien, et Anacréon. — Articles insérés dans le Mercure français, les Annales des faits et des sciences militaires, et les Mémoires de l'Académie des inscriptions (t. V et VIII).

Une notice sur sa vie a été lue par Dacier, dans la séance de l'Académie des Inscriptions et Belles-Lettres du 10 juillet 1830.

---

240. — ARAGO (Dominique, François, Jean), G. O. ✻

Élu, le 18 septembre 1809, membre de la Classe des Sciences physiques et mathématiques. Nommé, par l'ordonnance royale du 21 mars 1816, membre de l'Académie des Sciences (section d'Astronomie). Élu, le 7 juin 1830, secrétaire perpétuel de l'Académie des Sciences, pour les Sciences mathématiques.

Né à Estagel (Pyrénées-Orientales), le 28 février 1786. — 1810 à 1816. Professeur suppléant à l'École Polytechnique. — 1816. Professeur de géodésie à l'École Polytechnique. — 1826. Membre du Bureau des Longitudes. — 1830 à 1848. Député des Pyrénées-Orientales. — 1848. Membre du gouvernement provisoire. — 1848. Ministre de la Marine. — 1848 (février-juin). Député de la Seine. — 1849 à 1851. Député des Pyrénées-Orientales. — Mort à Paris, le 2 octobre 1853.

Ouvrages. — La plupart des travaux d'Arago ont paru originairement dans les Mémoires de l'Institut et n'ont été réunis en volumes qu'au moment de la publication de ses œuvres complètes. — 1854. OEuvres complètes publiées par J.-A. Barral, 17 vol. (vol. I à III : Notices biographiques [Fresnel, Volta, Young, Fourier, Watt, Carnot, Ampère, Condorcet, Bailly, Monge, Poisson, Gay-Lussac, Malus et les principaux astronomes] ; IV à VIII : Notices scientifiques [le tonnerre, électro-magnétisme, électricité animale, magnétisme terrestre, aurores boréales, les machines à vapeur, les chemins de fer, les mortiers, la navigation, les phares, les fortifications, les puits forés, filtration des eaux, les brevets d'invention, la scintillation, constitution physique du soleil et des étoiles, les éclipses, la polarisation de la lumière, le daguerréotype, l'action calorique de la lumière, les théories de l'émission et des ondes, la prédiction du temps, l'influence de la lune, le rayonnement de la chaleur, la formation de la glace, l'état thermométrique du globe terrestre] ; IX : Voyages scientifiques, maritimes et aéronautiques ; des phénomènes de la mer ; X et XI : Mélanges scientifiques [polarisation, phénomènes d'optique, photométrie, vitesse du son, force de l'air et de la vapeur, longitudes et latitudes géodésiques, attraction des montagnes, le micromètre, la planète Mars, les taches solaires, les comètes, les étoiles filantes, l'électricité, les pouvoirs dispersifs] ; XII : Mélanges. Rapports divers sur les hygromètres, sur les vents, les ouragans et les trombes, sur la pression atmosphérique, sur la pluie, sur la grêle, sur l'École polytechnique, sur l'enseignement ; XIII à XVI : Astronomie populaire ; XVII : Tables complètes).

Une notice sur sa vie a été lue par M. Jamin, dans la séance de l'Académie des Sciences du 23 février 1885.

241. — CLAVIER (Étienne), ✻

Élu, le 3 novembre 1809, membre de la Classe d'Histoire et de Littérature ancienne. Nommé, par l'ordonnance royale du 21 mars 1816, membre de l'Académie des Inscriptions et Belles-lettres.

Né à Lyon (Rhône), le 26 décembre 1762. — 1788. Conseiller au Chatelet de Paris. — 1795 à 1811. Juge à la cour de justice criminelle du département de la Seine. — 1812 à 1817. Professeur d'histoire et de morale au Collège de France. — Mort à Paris, le 18 novembre 1817.

Ouvrages. — 1809. Histoire des premiers temps de la Grèce, 2 vol. — 1818. Mémoire sur les oracles des anciens. — Articles insérés dans les Mémoires de l'Académie des inscriptions (t. III et IV) et dans la Biographie universelle. Édition des œuvres de Plutarque et de Longus.

Une notice sur sa vie a été lue par Dacier, dans la séance de l'Académie des Inscriptions et Belles-Lettres du 23 juillet 1819.

242. — THÉNARD (le Baron Louis, Jacques), G.O. ✻

Élu, le 29 janvier 1810, membre de la Classe des Sciences physiques et mathématiques. Nommé, par l'ordonnance royale du 20 mars 1816, membre de l'Académie des Sciences (section de Chimie).

Né à La Louptière (Aube), le 4 mai 1777. — 1798. Répétiteur à l'École Polytechnique. — 1804 à 1845. Professeur de chimie au Collège de France. — 1809. Professeur à la Faculté des Sciences de

I.   21

Paris. — 1810 à 1837. Professeur de chimie à l'École Polytechnique. — 1822. Doyen de la Faculté des Sciences de Paris. — 1825. Baron. — 1827 à 1830. Député de l'Yonne. — 1832 à 1848. Pair de France. — 1838 à 1840. Administrateur du Collège de France. — Mort à Paris, le 21 juin 1857.

Ouvrages. — 1809. Recherches physiques et chimiques faites à l'occasion de la grande batterie voltaïque donnée à l'École polytechnique, 2 vol. — 1811. Recherches physico-chimiques faites sur la pile, sur les propriétés du potassium et du sodium, 2 vol. — 1813-16. Traité de Chimie théorique et pratique, 4 vol. — Articles insérés dans les Annales de chimie, les Annales de physique et de chimie et les Mémoires de l'Académie des sciences (t. II, VI et XI de la 1re série, t. III, V et XXXII de la 2e série).

Son éloge a été prononcé par M. Flourens, dans la séance de l'Académie des Sciences du 30 janvier 1860.

---

243. — LEMERCIER (Népomucène, Louis).

Élu, le 11 avril 1810, membre de la Classe de la Langue et de la Littérature françaises. Nommé, par l'ordonnance royale du 21 mars 1816, membre de l'Académie française.

Né à Paris, le 20 avril 1771. — 1796. Professeur de littérature à l'Athénée. — Mort à Paris, le 7 juin 1840.

Ouvrages. — *Théâtre.* — 1786. Méléagre. — 1795. Le tartufe révolutionnaire. Agamemnon. — 1796. Le lévite d'Ephraïm. — 1798. Ophis. — 1799. Pinto. — 1801. Ismaël au désert. — 1803. Isule et Orovise. — 1808. Baudoin. Plaute. — 1809. Christophe Colomb. — 1816. Le frère et la sœur jumeaux. Charlemagne. — 1817. Le complot domestique. Le faux bonhomme. — 1820. Clovis. La démence de Charles VI. — 1821. Frédegonde et Brunehaut. Louis IX en Égypte. — 1822. Le corrupteur. — 1824. Richard III. — 1825. Les martyrs de Souly. — 1826. Camille. Dame Censure. — 1827. Les deux filles spectres. — 1828. Comédies historiques, in-8. — 1829. Caïn. — 1830. Les serfs polonais. — S. d. Clarisse Harlowe. La Prude. Le faux bonhomme. Jeanne Shore. Richelieu. L'héroïne de Montpellier.

Poésies. — 1799. Les quatre métamorphoses. — 1801. Homère et Alexandre. Les trois fanatiques. Un de mes songes. — 1803. Les âges français. — 1804. Hérologues ou chants du poète-roi. — 1807. Épître à Talma. — 1810. Hymne à l'hymen. — 1812. L'Atlantiade ou la théogonie newtonienne. — 1813. Le bonheur de la vertu. — 1814. Épître à Bonaparte. — 1818. La Méroveide. Saint Louis. — 1819. Panhypocrisiade, ou la comédie infernale du xvie siècle. — 1823. Moïse. — 1824. Le chant héroïque des matelots grecs. — S. d. L'homme renouvelé. Agar et Ismaël. Almanty ou le mariage sacrilège, roman.

Œuvres diverses. — 1815. Réflexions d'un Français sur une partie factieuse de l'armée française. — 1817. Cours de littérature générale professé à l'Athénée de Paris, 4 vol. — 1818. Du second Théâtre-Français. — 1821. Chant pythique sur l'alliance européenne universelle. — 1825. Remarques sur les bonnes et les mauvaises innovations dramatiques. — 1826. Principes et développements sur la nature de la propriété littéraire, in-4. — 1827. Notice sur Talma. — 1830. M. Lemercier à ses concitoyens, sur la grande semaine. — 1831. Vœu d'un membre du comité polonais.

Son éloge a été prononcé par Victor Hugo, dans la séance de l'Académie française du 3 juin 1841.

---

244. — CARTELLIER (Pierre). ✳

Élu, le 19 mai 1810, membre de la Classe des Beaux-Arts. Nommé, par l'ordonnance royale du 21 mars 1816, membre de l'Académie des Beaux-Arts (section de Sculpture).

Né à Paris, le 12 décembre 1757. — 1816 à 1831. Professeur à l'École des Beaux-Arts. — Mort à Paris, le 12 juin 1831.

Œuvres principales. — 1796. L'amitié. — 1800. La Guerre. — La Pudeur. — 1810. Louis Bonaparte (Versailles). — 1814. Walhubert (Avranches). — 1819. Minerve faisant naître l'olivier (Versailles). — 1819. L'Impératrice Joséphine (église de Rueil) Pichegru. — Mgr de Juigné (cathédrale de Paris). Denon (Père-Lachaise). Louis XIV à cheval (cour du palais de Versailles). La Force. La Victoire. La Nature. La Vigilance. Vergniaud. Aristide le Juste. Bonaparte consul. Napoléon Ier (Versailles). Lannes. La Gloire distribuant des couronnes (Louvre). La capitulation d'Ulm (arc de triomphe du Carrousel). Louis XIV (portail des Invalides). Louis XV (Reims).

Une notice sur sa vie a été lue par Quatremère de Quincy, dans la séance de l'Académie des Beaux-Arts du 13 octobre 1832.

245. — LE COMTE (Félix).

Élu, le 16 juin 1810, membre de la Classe des Beaux-Arts. Nommé, par l'ordonnance royale du 21 mars 1816, membre de l'Académie des Beaux-Arts (section de Sculpture).

Né à Paris, le 16 janvier 1737. — 1758. Grand prix de Rome. — 1771. Membre de l'Académie royale de Peinture et de Sculpture. — 1792 à 1817. Professeur à l'École des Beaux-Arts. — Mort à Paris, le 11 février 1817.

Œuvres principales. — *Groupes et statues.* — 1769. Esclave pleurant. La confirmation. Le repos de la Vierge en Égypte. Offrande à Pan. — 1771. Œdipe. Les sept sacrements (bas-relief). — 1773. Jeune fille tenant une corne d'abondance. La Justice. La Paix (Monnaie). Condé (École militaire). Enfant qui pleure son oiseau. L'Égalité. Bacchante. — 1775. La Vierge et l'enfant Jésus (cathédrale de Rouen). Les trois Marie (Rouen). Bacchus et l'Amour (bas-relief). — 1777. Fénelon (Institut). — 1781. La Justice. La Prudence (palais de justice de Paris). Groupe d'enfants. — 1787. Rollin. Le lecteur mécontent. — 1791. Une femme. — 1793. La Paix. — S. d. Phorbas. Piété. *Bustes.* — 1775. D'Alembert. — 1781. Le cardinal de La Rochefoucault. La Force. Minerve. — 1783. Marie-Antoinette (Versailles). Daubenton. — 1789. Mme Sorbet. L'abbé de Radonvilliers. D'Holbach. — S. d. Le général La Harpe (Versailles).

Une notice sur sa vie a été lue par Quatremère de Quincy, dans la séance de l'Académie des Beaux Arts du 3 octobre 1818.

246. — SAINT-ANGE (Ange, François FARIAU, dit de).

Élu, le 4 juillet 1810, membre de la Classe de la Langue et de la Littérature françaises.

Né à Blois (Loir-et-Cher), le 13 octobre 1747. — 1795. Commis à l'agence d'habillement des troupes. — 1796. Professeur de grammaire générale à l'École Centrale (Collège Charlemagne). — 1809. Professeur d'éloquence latine à la Faculté des Lettres de Paris. — Mort à Paris, le 8 décembre 1810.

Ouvrages. — Traduction en vers des œuvres d'Ovide avec remarques d'érudition de critique et de littérature fleurie. — 1778-89. Les Métamorphoses, 4 vol. — 1804. Les fastes, 2 vol. — 1807. L'art d'aimer, in-12. — 1811. Le remède d'amour, in-12. Autres traductions en vers. — 1775. L'homme sensible. — 1775. L'homme du monde. — 1776. Partie de l'Iliade. — 1778. Épître à Daphné. — 1782. L'École des pères, comédie. — 1787. Épître à un philosophe. 1802. Mélanges de poésie, in-12. — 1823. Œuvres complètes, 9 vol. in-12. — Articles publiés dans le Journal encyclopédique, le Mercure de France et le Journal des Muses.

Son éloge a été prononcé par Parseval de Grandmaison, dans la séance de la Classe de la Langue et de la Littérature françaises du 10 avril 1811.

247. — MALUS (Étienne, Louis), ✳

Élu, le 13 août 1810, membre de la Classe des Sciences physiques et mathématiques (section de Physique générale).

Né à Paris, le 23 juillet 1775. — 1793. Engagé volontaire. — 1796. Sous-lieutenant du génie. — 1796. Capitaine. — 1798. Membre de l'Institut d'Égypte. — 1799. Chef de bataillon. — 1810. Major du génie. — 1810. Examinateur à l'École Polytechnique. — 1811. Commandant en second et Directeur des études de l'École Polytechnique. — Mort à Paris, le 24 février 1812.

Malus, « dont une immortelle découverte (théorie mathématique de la double réfraction) fera retentir le nom, tant que les sciences physiques seront en honneur parmi les hommes », a dit Arago, n'a pas publié d'ouvrages, il a seulement inséré plusieurs mémoires sur la lumière, sur l'optique analytique, sur le pouvoir réfrigérant des corps opaques, etc., dans le Recueil de l'Académie des sciences (t. II, XI et XIII), la Décade égyptienne et le Journal de l'École polytechnique.

Deux notices sur sa vie ont été lues, savoir : par Delambre, dans la séance de la Classe des Sciences physiques et mathématiques du 3 janvier 1814, et par Arago, dans la séance de l'Académie des Sciences du 8 janvier 1855.

248. — BEAUTEMPS-BEAUPRÉ (Charles, François), G.O. ✻

Élu, le 24 décembre 1810, membre de la Classe des Sciences physiques et mathématiques. Nommé, par l'ordonnance royale du 21 mars 1816, membre de l'Académie des Sciences (section de Géographie et Navigation).

Né à la Neuville-au-Pont (Marne), le 6 août 1766. — 1783 à 1785. Élève surnuméraire. — 1785. Ingénieur hydrographe de la Marine. — 1797. Ingénieur hydrographe de première classe et sous-conservateur du Dépôt de la Marine. — 1814. Second Ingénieur hydrographe en chef. — 1820. Premier hydrographe en chef. — 1829. Membre du Bureau des Longitudes. — 1830 à 1848. Conservateur du Dépôt des cartes et plans de la Marine. — Mort à Paris, le 16 mars 1854.

Ouvrages. — 1796. Le Neptune de la mer Baltique, in-fol. — 1798. Atlas du voyage de d'Entrecasteaux à la recherche de La Pérouse, in-fol. — 1800. Description de la mer du Nord, de Calais à Ostende, in-fol. — 1808. Méthode pour le levé et la construction des cartes et plans hydrographiques, in-4. — 1826. Avis aux navigateurs sur l'embouchure de la Gironde. — 1844. Le Pilote français, 6 vol. gr. in-fol.

Une notice sur sa vie a été lue par Élie de Beaumont, dans la séance de l'Académie des Sciences du 14 mars 1859.

249. — ESMÉNARD (Joseph, Étienne).

Élu, le 7 novembre 1810, membre de la Classe de la Langue et de la Littérature françaises.

Né à Pélissanne (Bouches-du-Rhône), le 7 novembre 1767. — 1797. Secrétaire du gouverneur de Saint-Domingue. — 1800. Commis au Ministère de l'Intérieur. — 1803 à 1805. Consul de France à Saint-Thomas (Antilles). — 1806. Censeur des théâtres et de la librairie. — 1808. Chef de division à la police générale. — Mort à Fondi (Royaume de Naples), le 25 juin 1811.

Ouvrages. — 1787. Les Incas. — 1805. La navigation, poème. — 1806. Intermède pour le retour de l'empereur. — 1807. Le triomphe de Trajan. — 1809. Fernand Cortez (op., musique de Spontini). — Articles insérés dans la Biographie universelle.

Son éloge a été prononcé par Lacretelle, dans la séance de la Classe de la langue et de la Littérature françaises du 7 novembre 1811.

250. — PARSEVAL-GRANDMAISON (François, Auguste), ✻

Élu, le 16 janvier 1811, membre de la Classe de la Langue et de la Littérature françaises. Nommé, par l'ordonnance royale du 21 mars 1816, membre de l'Académie française.

Né à Paris, le 7 mai 1759. — 1800 à 1814. Membre du Conseil des prises maritimes. — Mort à Paris, le 7 décembre 1834.

Ouvrages. — 1804. Les amours épiques, poème. — 1804. La garantie. — 1819. Le mariage de Napoléon, in-4. — 1811. La naissance du roi de Rome, in-4. — 1825. Philippe-Auguste, poème héroïque. — Articles insérés dans la Décade égyptienne.

Son éloge a été prononcé par M. de Salvandy, dans la séance de l'Académie française du 21 avril 1836.

251. — PERCIER (Charles), O. ✻

Élu, le 16 février 1811, membre de la Classe des Beaux-Arts. Nommé, par l'ordonnance royale du 21 mars 1816, membre de l'Académie des Beaux-Arts (section d'Architecture).

Né à Paris, le 22 août 1764. — 1786. Grand prix de Rome. — 1802. Architecte de la Malmaison, du Louvre et des Tuileries. — 1812 à 1836. Membre honoraire du Conseil des Bâtiments civils. — Mort à Paris, le 5 septembre 1838.

Œuvres principales. — Arc de triomphe du Carrousel, à Paris. Restauration de la Malmaison. Salle de spectacle du palais des Tuileries. Restaurations au Louvre et aux Tuileries (côté du quai et Colonnade). Tombeau de la comtesse d'Albany (à Santa-Croce de Florence). Aquarelles et dessins nombreux.

Ouvrages. — 1798-1830. Palais et édifices modernes dessinés à Rome. — 1811. Description des fêtes du mariage de Napoléon avec Marie-Louise, in-fol. — 1812-13. Choix des plus célèbres maisons de plaisance de Rome et des environs, in-fol. — 1812-27. Recueil de décorations intérieures, in-fol. — 1814. Sacre de l'empereur Napoléon à Notre-Dame, in-fol. — 1833. Résidences des souverains de France, d'Allemagne, de Russie, etc., etc. in-4. — 1858. Galerie de Diane à Fontainebleau (dessins), in-fol. — Dessins des Œuvres d'Horace et de La Fontaine, de l'édition Didot, dite du Louvre.

252. — CHATEAUBRIAND (le Vicomte François, René de), O. ✻

Élu, le 20 février 1811, membre de la Section de la Langue et de la Littérature françaises. Nommé, par l'ordonnance royale du 21 mars 1816, membre de l'Académie française.

Né à Saint-Malo (Ille-et-Vilaine), le 4 septembre 1768. — 1786. Sous-Lieutenant au régiment de Navarre-infanterie. — 1787. Capitaine. — 1792 à 1800. Émigré. — 1803. Secrétaire de légation à Rome. — 1803 à 1804. Ministre de France près la République du Valais. — 1814. Ministre plénipotentiaire en Suède. — 1815 à 1816. Ministre d'État. — 1815 à 1830. Pair de France. — 1820. Ambassadeur en Prusse. — 1822. Ambassadeur en Angleterre. — 1822. Plénipotentiaire au Congrès de Vérone. — 1822 à 1824. Ministre des Affaires étrangères. — 1828 à 1830. Ambassadeur à Rome. — Mort à Paris, le 4 juillet 1848.

Ouvrages. — 1797. Essai historique, politique et moral sur les révolutions, *Londres.* — 1801. Atala. — 1802. René. — 1802. Le génie du christianisme, 5 vol. — 1809. Les martyrs, 2 vol. — 1811. Itinéraire de Paris à Jérusalem, 3 vol. — 1814. Réflexions politiques sur quelques écrits du jour. — 1814. De Buonaparte et des Bourbons. — 1816. Mélanges de politique, 2 vol. De la monarchie selon la charte. — 1820. Mémoires, lettres et pièces sur la mort du duc de Berry. — 1821. Aventures du dernier des Abencérages. — 1825. Les Natchez. — 1826-31. Œuvres complètes, 31 vol. — 1831. De la restauration de la monarchie élective. Œuvres romantiques, 5 vol. in-12. Études ou discours historiques sur la chute de l'empire romain, 4 vol. — 1831. De la proposition relative au bannissement de Charles X. Aux électeurs de Paris. — 1833. Mémoire sur la captivité de la duchesse de Berry. — 1834. Voyage en Amérique, en France et en Italie, 2 vol. — 1836. Essai sur la littérature anglaise, 2 vol. — 1836. Le paradis perdu (traduit de Milton), 2 vol. in-18. — 1838. Le congrès de Vérone, 2 vol. — 1844. Vie de l'abbé de Rancé. — 1849. Les mémoires d'outre-tombe, 12 vol. in-12.

Son éloge a été prononcé par le duc de Noailles, dans la séance de l'Académie française du 6 décembre 1849.

253. — FONTAINE (Pierre, François, Léonard), C. ✻

Élu, le 9 mars 1811, membre de la Classe des Beaux-Arts. Nommé, par l'ordonnance royale du 21 mars 1816, membre de l'Académie des Beaux-Arts (section d'Architecture).

Né à Pontoise (Seine-et-Oise), le 20 septembre 1762. — 1812. Premier architecte de l'Empereur. — 1815 à 1848. Premier architecte du Roi. — 1848 à 1853. Président honoraire du Conseil général des Bâtiments civils. — Mort à Paris, le 10 octobre 1853.

Œuvres principales. — 1802. Chapelle des Tuileries. — 1807. Arc de triomphe du Carrousel (avec Percier). — 1808. Salle de spectacle des Tuileries. — S. d. Achèvement du Louvre et des Tuileries. Restauration des châteaux de Compiègne et de Rambouillet. Galerie d'Orléans au Palais-Royal. Restauration des châteaux de Neuilly et d'Eu. Organisation du musée de Versailles. Dessins, aquarelles, et tableaux d'architecture.

Ouvrages. — 1798. Palais, maisons et édifices de Rome, in-fol. — 1810. Description des fêtes du mariage de Napoléon avec Marie-Louise, in-fol. — 1812. Recueil de décorations intérieures pour l'ameublement, in-fol.

• 254. — CORVISART (le Baron Jean, Nicolas de), O. ✳

Élu, le 20 mars 1811, membre de la Classe des Sciences physiques et mathématiques. Nommé, par l'ordonnance royale du 21 mars 1816, membre de l'Académie des Sciences (section de Médecine et Chirurgie).

Né à Dricourt (Ardennes), le 15 février 1755. — 1780. Docteur en médecine. — 1788. Médecin de l'hôpital de la Charité. — 1795 à 1805. Professeur de chimie interne à la Faculté de Médecine de Paris. — 1796 à 1804. Professeur de médecine au Collège de France. — 1808. Baron. — 1805. Premier médecin de l'Empereur. — Mort à Paris, le 18 septembre 1821.

Ouvrages. — 1802. Notice sur Bichat. — 1808. Essais sur les maladies du cœur et des gros vaisseaux. — 1808. Nouvelle méthode pour connaître les maladies internes de poitrine. — Édition du cours de matières médicales de Desbois de Rochefort, et des aphorismes de Boerhave. — Articles insérés dans le Journal de médecine.

---

255. — LACRETELLE (Jean, Charles, Dominique), C. ✳

Élu, le 22 août 1811, membre de la Classe de la Langue et de la Littérature françaises. Nommé, par l'ordonnance royale du 25 mars 1816, membre de l'Académie française.

Né à Metz (Moselle), le 3 septembre 1766. — 1784. Avocat à Metz. — 1793 à 1794. Officier au 20° dragons. — 1800. Membre du Bureau de la Presse. — 1809. Professeur adjoint à la Faculté des Lettres de Paris. — 1810 à 1814. Censeur impérial. — 1812 à 1853. Professeur d'histoire ancienne à la Faculté des Lettres de Paris. — 1814 à 1827. Censeur royal. — Mort à Mâcon (Saône-et-Loire), le 26 mars 1855.

Ouvrages. — 1801-1806. Précis historique de la Révolution française, 5 vol. in-12. — 1807. Leçons élémentaires de l'histoire de France, in-12. — 1808. Histoire de France pendant le XVIII° siècle, 6 vol. — 1814-16. Histoire de France pendant les guerres de religion, 4 vol. — 1820-22. Cours d'histoire moderne, 2 vol. — 1821. Histoire de l'Assemblée constituante, 2 vol. — 1824. L'Assemblée législative. — 1824-25. La Convention nationale, 3 vol. — 1825. Considérations sur la cause des Grecs. — 1829-35. Histoire de France depuis la Restauration, 4 vol. — 1840. Testament philosophique et littéraire, 2 vol. — 1842. Dix années d'épreuves pendant la Révolution. — 1846. Histoire du Consulat et de l'Empire, 6 vol. — Articles insérés dans le Journal des Débats, les Nouvelles politiques, le Précurseur, le Publiciste et le Spectateur politique et littéraire.

Son éloge a été prononcé par M. Biot, dans la séance de l'Académie française du 5 février 1857.

---

256. — ÉTIENNE (Charles, Guillaume), O. ✳

Élu, le 22 août 1811, membre de la Classe de la Langue et de la Littérature françaises. Exclu de l'Institut par l'ordonnance royale du 21 mars 1816. Élu, le 2 avril 1829, membre de l'Académie française.

Né à Chamouilley (Haute-Marne), le 5 janvier 1777. — 1810. Censeur du Journal de l'Empire. — 1811 à 1814. Chef de Division au ministère de la police et censeur général des Journaux. — 1822 à 1893. Député de la Meuse. — 1839. Pair de France. — Mort à Paris, le 13 mars 1845.

Ouvrages. — *Théâtre.* — 1799. Le rêve. — 1800. L'Apollon du Belvédère. Les dieux à Tivoli. Pygmalion à Saint-Maur. — 1801. La vente après décès. — 1801. La lettre sans adresse. — 1802. Les deux mères. Le pacha de Suresnes. — 1803. La petite école des pères. Les maris en bonne fortune. — 1804. Une heure de mariage. Isabelle de Portugal. — 1805. Gulistan. — 1806. Le nouveau réveil d'Épiménide. — 1807. Le carnaval de Beaugency. Brueys et Palaprat. — 1808. Un jour à Paris. — 1810. Cendrillon. Les deux gendres. — 1811. La fête du village. — 1813. L'intrigante. — 1814. L'oriflamme. Joconde. Jeannot et Colin. — 1816. Racine et Cavois. L'un pour l'autre. Les deux maris. — 1817. Le rossignol. — 1818. Zéloïde. — 1822. Aladin. Les plaideurs sans procès. — 1831. Le dey d'Alger. — 1834. La jeune femme colère. — 1837. Une heure de mariage.

Œuvres diverses. — 1801. La confession du Vaudeville, in-12. — 1802. Histoire du théâtre français, depuis la Révolution, 4 vol. in-12. — 1803. Vie de Molé, comédien et membre de l'Institut. — 1820. Lettres sur Paris, 2 vol. Odes et poèmes, opinions et discours politiques. — 1846. Œuvres complètes, 4 vol. — Articles insérés dans le Journal de l'Empire, la Minerve, le Constitutionnel et le Nain Jaune.

Son éloge a été prononcé par Alfred de Vigny, dans la séance de l'Académie française du 29 janvier 1846.

---

257. — DESCHAMPS (Joseph, François, Louis), ✻

Élu, le 26 août 1811, membre de la Classe des Sciences physiques et mathématiques. Nommé, par l'ordonnance royale du 21 mars 1816, membre de l'Académie des Sciences (section de Médecine et Chirurgie).

Né à Chartres (Eure-et-Loir), le 14 mars 1740. — 1762. Docteur en médecine. — 1765. Chirurgien consultant principal de l'hôpital de la Charité. — 1811. Chirurgien de l'Empereur. — Mort à Paris, le 8 décembre 1824.

Ouvrages. — 1796-97. Traité historique et dogmatique de l'opération de la taille, 4 vol. — 1798. Mémoires sur les extraits, à l'occasion des dépôts qui s'y forment. — 1803. Traité des maladies des fosses nasales et de leurs sinus. Traduction de divers ouvrages de médecine et de chirurgie. Mémoires insérés dans le Recueil de la Société de médecine.

---

258. — ROSSEL (Élisabeth, Paul, Édouard de), ✻

Élu, le 28 octobre 1811, membre de la Classe des Sciences physiques et mathématiques. Nommé, par l'ordonnance royale du 20 mars 1816, membre de l'Académie des sciences (section de Géographie et Navigation).

Né à Sens (Yonne), le 11 septembre 1765. — 1780. Garde de la marine. — 1789. Lieutenant de vaisseau. — 1792. Capitaine de vaisseau. — 1793. Destitué comme noble. — 1812. Membre du Bureau des Longitudes. — 1814. Directeur adjoint du Dépôt des cartes et plans de la marine. — 1822. Contre-amiral honoraire. — 1826. Directeur général du Dépôt des cartes et plans de la marine. — Mort à Paris, le 22 novembre 1829.

Ouvrages. — 1809. Voyage de d'Entrecasteaux, à la recherche de La Pérouse, 2 vol. in-4. — 1811. Traité d'astronomie nautique. — 1829. Rapport sur la navigation de l'Astrolabe. Édition du traité de navigation de Bezout. Articles insérés dans la Biographie universelle et le Dictionnaire d'histoire naturelle.

---

259. — DUVAL (Charles, Alexandre, Amaury PINEUX, dit), ✻

Élu, le 13 décembre 1811, membre de la Classe d'Histoire et de Littérature ancienne. Nommé, par l'ordonnance royale du 21 mars 1816, membre de l'Académie des Inscriptions et Belles-Lettres.

Né à Rennes (Ille-et-Vilaine), le 28 janvier 1760. — 1780. Avocat à Rennes. — 1785. Secrétaire de légation à Naples. — 1790. Secrétaire de légation à Rome. — 1794 à 1812. Chef du Bureau des Sciences et Beaux-Arts au Ministère de l'Intérieur. — 1812 à 1815. Inspecteur des Beaux-Arts. — Mort à Paris, le 12 novembre 1838.

Ouvrages. — 1793. Relation de l'insurrection de Rome, en 1793. Naples, in-4. — 1796. Observations sur les théâtres. — 1801. Des sépultures chez les anciens et chez les modernes. — 1803. Paris et ses monuments, in-fol. — 1804. La nouvelle méthode d'éducation de Pestalozzi. — 1813. Les fontaines de Paris, anciennes et nouvelles, in-fol. — 1814. Le nouvel Élysée, ou projet de monument à Louis XVI. — 1820. Exposé des motifs de la cession de Parga. — 1824. Notice sur la comtesse Orloff. — 1829. Monuments des arts du dessin chez les peuples tant anciens que modernes. 4 vol. in-fol. — Lettres écrites de Rome sur l'étude de la science des antiquités. — Traduction du voyage dans les deux Siciles de Spallanzani. — Articles insérés dans l'Atheneum, la Statistique de la France, la Décade, le Mercure de France, le Mercure étranger et la Revue encyclopédique.

260. — GÉRARD (le Baron, François, Paschal, Simon), O. ✳

Élu, le 7 mars 1812, membre de la Classe des Beaux-Arts. Nommé, par l'ordonnance royale du 21 mars 1816, membre de l'Académie des Beaux-Arts (section de Peinture).

Né à Rome (États de l'Église) de parents français, le 11 mars 1770. — 1811 à 1837. Professeur à l'École des Beaux-Arts. — 1817. Premier peintre du Roi. — 1819. Baron. — Mort à Paris, le 11 janvier 1837.

Œuvres principales. — 1789. Joseph reconnu par ses frères (m. d'Angers). — 1791. La charité romaine. — 1793. Le jugement de la chaste Suzanne. — 1795. Bélisaire. — 1796. Portrait d'Isabey (Louvre). Les amours de Psyché. — 1798. Psyché et l'Amour (Louvre). — 1808. Bataille d'Austerlitz. Les trois âges. L'impératrice Joséphine. La reine de Hollande. La reine de Naples. Talleyrand. Regnault de Saint-Jean d'Angély. Le prince Guillaume de Prusse. Le général Sebastiani. Corvisart. Ducis. Canova. — 1810. Bataille d'Austerlitz (Versailles). Le roi de Saxe. La princesse de Ponté-Corvo. La vice-reine d'Italie. La grande-duchesse de Bade. Le maréchal Lannes. Le général Colbert. Le roi de Naples. Le prince de Ponté-Corvo. Le prince Borghèse. Le général Lagrange. Le duc de Bassano. — 1812. L'impératrice Marie-Louise. Le roi de Rome. — 1814. Louis XVIII. — 1817. Entrée d'Henri IV à Paris (Louvre). Le duc de Berry. Le duc d'Orléans. — 1819. La duchesse d'Orléans. Le duc de Chartres. — 1822. La duchesse de Berry. Le duc de Bordeaux. Corinne au cap Misène (m. de Lyon). — 1824. Charles X. Philippe V. Le maréchal de Lauriston. — Le maréchal Soult. Mme Pasta. — 1827. Sacre de Charles X (Versailles). — 1837. Jésus descendant de la terre (m. d'Orléans). Daphnis et Chloé (Louvre). La Victoire et la Renommée (Louvre). L'histoire et la poésie (Louvre). Louis XVIII dans son cabinet de travail (Versailles). La Reveillère-Lepeaux (m. d'Angers). Le duc de Bassano (m. de Dijon). — Nombreux portraits, dessins et esquisses.

Une notice sur sa vie a été lue par Quatremère de Quincy, dans la séance de l'Académie des Beaux-Arts du 20 octobre 1838.

261. — POISSON (Siméon, Denis), C. ✳

Élu, le 23 mars 1812, membre de la Classe des Sciences physiques et mathématiques. Nommé, par l'ordonnance royale du 21 mars 1816, membre de l'Académie des Sciences (section de Physique générale).

Né à Pithiviers (Loiret), le 21 juin 1781. — 1800. Répétiteur à l'École Polytechnique. — 1802 à 1814. Professeur d'analyse et de mécanique à l'École Polytechnique. — 1809. Professeur de mécanique rationnelle à la Faculté des Sciences de Paris. — 1815 à 1838. Examinateur de sortie à l'École Polytechnique. — 1820. Conseiller de l'Université. — 1825. Membre du Bureau des Longitudes. — 1837. Pair de France. — Mort à Sceaux (Seine), le 25 avril 1840.

Ouvrages. — 1811. Traité de mécanique, 2 vol. — 1826. Formules relatives aux effets du tir d'un canon. — 1831. Nouvelle théorie de l'action capillaire, 1 vol. in-4. — 1835. Théorie mathématique de la chaleur, 2 vol. in-4. — 1837. Recherches sur la probabilité des jugements en matière civile et en matière criminelle, 1 vol. in-4. — 1839.

Mémoire sur le mouvement des projectiles dans l'air, in-4. — S. d. Mémoire sur les déviations de la boussole, produites par le fer des vaisseaux. — De l'invariabilité des mouvements moyens des grands axes planétaires. — Mémoires et articles insérés dans le Bulletin de la Société philomathique, le Journal de l'École polytechnique et le Recueil de l'Académie des sçiences (t. XII et XIII de la 1ʳᵉ série, et I et XIX de la 2ᵉ série).

262. — BERNARDI (Joseph, Éléazar, Dominique), ✳

Élu, le 3 avril 1812, membre de la Classe d'Histoire et de Littérature ancienne. Nommé, par l'ordonnance royale du 21 mars 1816, membre de l'Académie des Inscriptions et Belles-Lettres.

Né à Montjeu (Vaucluse), le 15 février 1751. — 1780. Lieutenant général au siège du Comté de Sault. — 1795. Membre du Conseil des Cinq-Cents. — 1801 à 1818. Chef de division des Affaires civiles au Ministère de la Justice. — Mort à Monieux (Vaucluse), le 25 octobre 1824.

Ouvrages. — 1770. Éloge de Cujas, in-12. — 1780 Discours sur la justice criminelle. — 1783. Essai sur les révolutions du droit français. — 1787. Lettre sur la justice criminelle de la France. — 1788. Principes des lois criminelles. — 1800. Institution au droit français, civil et criminel. — 1800. De l'influence de la philosophie sur les forfaits de la Révolution. — 1802. Nouvelle théorie des lois civiles. — 1803-1805. Cours complet de droit civil français, 4 vol. — 1804. Commentaire de la loi sur les donations et testaments. — 1805. Commentaire sur la loi relative au contrat de mariage. — 1807. Essai sur la vie et les écrits de L'Hôpital. — 1814. Observations sur l'ancienne constitution française. — 1817. De l'origine et du progrès de la législation française. — 1819. Observations sur les quatre Concordats.

Une notice sur sa vie a été lue par Dacier, dans la séance de l'Académie des Inscriptions et Belles-Lettres du 29 juillet 1825.

263. — DUVAL (Alexandre, Vincent, PINEUX, dit), O. ✳

Élu, le 8 octobre 1812, membre de la Classe de la Langue et de la Littérature françaises. Nommé, par l'ordonnance royale du 21 mars 1816, membre de l'Académie française.

Né à Rennes (Ille-et-Vilaine), le 6 avril 1767. — 1784. Volontaire dans la marine royale. — 1788. Élève ingénieur des ponts et chaussées. — 1790 à 1804. Acteur. — 1808. Directeur du théâtre Louvois. — 1831. Administrateur de la Bibliothèque de l'Arsenal. — Mort à Paris, le 9 janvier 1842.

Ouvrages. — 1805. A l'ombre de Prascovia. — 1816. Affaire de l'Odéon, mémoire. — 1820. Réflexions sur l'art de la comédie. — 1826. Observations sur la question de la propriété littéraire. — 1832. Le misanthrope du marais ou la jeune Bretonne, historiette. — 1833. De la littérature romantique. — 1834. Le théâtre français, depuis cinquante ans.

Théâtre. — 1791. Le maire. 1792. — Le dîner des peuples. — 1793. La vraie bravoure. — 1794. La reprise de Toulon. Andros et Almona. — 1795. Les suspects. Le défenseur officieux. Bella. La manie d'être quelque chose. Le souper imprévu. — 1796. Les héritiers. La jeunesse du duc de Richelieu. — 1797. Montoni. — 1798. Le vieux château. Le prisonnier. L'oncle valet. Les projets de mariage. — 1799. Les tuteurs vengés. Le trente et quarante. 1800. Beniowsky. La maison du marais. Maison à vendre. — 1802. Une aventure de Saint-Foix. Édouard en Écosse. — 1804. Shakspeare amoureux. Les Hussites. — 1805. Le tyran domestique. Le menuisier de Livonie. La méprise volontaire. — 1806. La jeunesse de Henri V. — 1807. Joseph. Les artistes par occasion. — 1808. Le vieil amateur. La tapisserie. — 1809. Le faux Stanislas. Le chevalier d'industrie. — 1810. Le retour d'un croisé. 1813. Le prince troubadour. — 1816. La manie des grandeurs. — 1817. Les projets de mariage. — 1818. La fille d'honneur. — 1819. L'officier enlevé. — 1820. Le chevalier d'industrie. Les héritiers. — 1821. Le maître de chapelle. Le faux bonhomme. Le jeune homme en loterie. — 1827. Le Tasse. — 1828. Charles II. — 1836. Le testament.

1822-1825. Œuvres complètes contenant douze pièces non publiées à part : Christine, le Capitole sauvé, Marie, les Courtisans, la Maison du marais, Struensée, Guillaume le Conquérant, la Femme misanthrope, l'Enfant prodigue, l'Orateur anglais, la Princesse des Ursins et le Complot de famille, 9 vol.

Son éloge a été prononcé par M. Ballanche, dans la séance de l'Académie française du 28 avril 1842.

264. — BOISSONNADE de FONTARABIE (Jean, François), O. ✳

Élu, le 15 janvier 1813, membre de la Classe d'Histoire et de Littérature ancienne. Nommé, par l'ordonnance royale du 21 mars 1816, membre de l'Académie des Inscriptions et Belles-Lettres.

Né à Paris, le 12 août 1774. — 1792-94. Attaché au Ministère des Relations extérieures. — 1801. Secrétaire général de la préfecture de la Haute-Marne. — 1809. Professeur suppléant de littérature grecque à la Faculté des Lettres de Paris. — 1812 à 1855. Professeur titulaire de la même chaire. — 1829 à 1855. Professeur de littérature grecque au Collège de France. — Mort à Passy (Seine), le 8 septembre 1857.

M. Boissonnade n'a fait paraître aucun ouvrage, mais il a publié un certain nombre de traductions et de textes. Il a, en outre, collaboré au Mercure, au Journal des Débats, à la Biographie universelle, au Journal des savants, aux Notices et Extraits des manuscrits de la Bibliothèque nationale, et il a publié divers mémoires dans le Recueil de l'Académie des inscriptions (t. XVIII et XX).

Une notice sur sa vie a été lue par M. Naudet, dans la séance de l'Académie des Inscriptions et Belles-Lettres du 12 novembre 1858.

265. — LABORDE (le Comte Alexandre, Louis, Joseph de), C. ✳

Élu, le 29 janvier 1813, membre de la Classe d'Histoire et de Littérature ancienne. Nommé, par l'ordonnance royale du 21 mars 1816, membre de l'Académie des Inscriptions et Belles-Lettres. Élu, le 27 octobre 1832, membre de l'Académie des Sciences morales et politiques (section d'Économie politique).

Né à Paris, le 17 septembre 1773. — 1793 à 1797. Officier dans l'armée autrichienne. — 1800 à 1801. Attaché à l'ambassade de France en Espagne. — 1808. Auditeur au Conseil d'État. — 1809 à 1814. Maître des requêtes. — 1811. Directeur des Ponts et Chaussées du département de la Seine. — 1814. Adjudant-major de la Garde nationale. — 1818 à 1824. Maître des requêtes. — 1822 à 1824 et 1827 à 1830. Député de la Seine. — 1830. Préfet de la Seine. — 1830. Général de la Garde nationale et aide de camp du Roi. — 1831 à 1837. Député de la Seine. — 1837. Député de Seine-et-Oise. — Mort à Paris, le 20 octobre 1842.

Ouvrages. — 1802. Description d'un pavé en mosaïque découvert dans l'ancienne ville d'Italica, in-fol. — 1803-1815. Description des nouveaux jardins de la France et de ses anciens châteaux, in-fol. — 1806. Lettres sur les sons harmoniques de la harpe, in-12. — 1807. Voyage historique et pittoresque en Espagne, 4 vol. in-fol. — 1808. Discours sur la vie de la campagne. — 1809. Itinéraire descriptif de l'Espagne, 5 vol. — 1809. Voyage pittoresque en Autriche, 3 vol. in-fol. — 1814. Des aristocraties représentatives. — 1815. De la représentation véritable de la communauté. — 1816-1826. Les monuments de la France, classés chronologiquement, in-fol. — 1816. Projets d'embellissement de Paris, in-fol. Quarante-huit heures de garde aux Tuileries, en 1815, in-4. — 1818. De l'esprit d'association dans tous les intérêts de la communauté. — 1819. Plan d'éducation pour les enfants pauvres· — 1823. Aperçu de la situation financière de l'Espagne. — 1823. Précis historique de la guerre entre la France et l'Autriche. — 1824-28. Collection de vases grecs expliquée, 2 vol. in-fol. — 1830. Au roi et aux chambres, sur la question d'Alger. — 1833. Paris municipe ou tableau de l'administration de la ville de Paris. — 1830-40. Versailles, ancien et moderne. — Collaboration à l'Univers pittoresque (Espagne et Portugal). — Articles insérés dans la Revue des Deux Mondes et le Livre des Cent-Un.

Une notice sur sa vie a été lue par M. Guigniaut, dans la séance de l'Académie des Inscriptions et Belles-Lettres du 7 décembre 1860.

266. — POINSOT (Louis), G. O. ✳

Élu, le 31 mai 1813, membre de la Classe des Sciences physiques et mathématiques. Nommé, par l'ordonnance royale du 21 mars 1816, membre de l'Académie des Sciences (section de Géométrie).

Né à Paris, le 3 janvier 1777. — 1797. Ingénieur des Ponts et Chaussées. — 1804. Professeur de mathématiques au Lycée Bonaparte. — 1806. Inspecteur général de l'Université. — 1809 à 1812. Professeur d'analyse à l'École Polytechnique. — 1816 à 1826. Examinateur d'admission à l'École Polytechnique. — 1846 à 1848. Pair de France. — 1847. Membre du Bureau des Longitudes. — 1852. Sénateur. — Mort à Paris, le 5 décembre 1859.

Ouvrages. — 1804. Éléments de statique. — 1825. Recherches sur l'analyse des sections angulaires, in-4. — 1834. Théorie nouvelle de la rotation des corps. — 1845. Réflexions sur les principes fondamentaux de la théorie des nombres, in-4.

Une notice sur sa vie a été lue par M. Bertrand, dans la séance de l'Académie des Sciences du 29 décembre 1890.

267. — CAMPENON (François, Nicolas, Vincent), O. ✳

Élu, le 10 juin 1813, membre de la Classe de la Langue et de la Littérature françaises. Nommé, par l'ordonnance royale du 21 mars 1816, membre de l'Académie française.

Né à la Guadeloupe (Antilles), le 29 mars 1772. — 1800. Chef du Bureau des théâtres au Ministère de l'Intérieur. — 1805. Commissaire impérial près l'Opéra-Comique. — 1815 à 1823. Censeur royal. — Mort à Villecresne (Seine-et-Oise), le 24 novembre 1843.

Ouvrages. — 1795. Voyage de Grenoble à Chambéry. — 1798. Œuvres de Léonard, 3 vol. in-4. — 1800. Épître aux femmes. — 1806. La maison des champs, poème. — 1810. L'enfant prodigue, poème. — 1811. Requête des rosières de Salancy à l'impératrice. — 1823. Poésies et opuscules, 2 vol. in-18. — 1824. Essai sur la vie, le caractère et les écrits de Ducis. — 1844. Œuvres poétiques publiées par Mennechet, in-12. — Traductions diverses en prose et édition de plusieurs ouvrages. — Collaboration au Spectateur politique et littéraire.

Son éloge a été prononcé par M. Saint-Marc Girardin, dans la séance de l'Académie française du 16 janvier 1845.

268. — MICHAUD (Joseph, François), O. ✳

Élu, le 5 août 1813, membre de la Classe de la Langue et de la Littérature françaises. Nommé, par l'ordonnance royale du 21 mars 1816, membre de l'Académie française.

Né à Albens (Savoie), le 19 juin 1767. — 1814 à 1830. Lecteur du Roi. — 1815. Député de l'Ain. — 1816. Censeur général des Journaux. — 1837. *Membre libre de l'Académie des Inscriptions et Belles-Lettres.* — Mort à Passy (Seine), le 30 septembre 1839.

Ouvrages. — 1787. Voyage littéraire au Mont-Blanc. — 1789. Origine poétique des mines d'or et d'argent. — 1790. Ermenonville, ou le tombeau de Jean-Jacques, poème. — 1792. La déclaration des droits de l'homme, poème. — 1794. L'immortalité de l'âme, poème. — 1795. Les adieux à Madame. — 1796. Petite dispute entre deux grands hommes. — 1799. Les adieux à Bonaparte. — 1801. Histoire de l'empire de Mysore, 2 vol. — 1803. Le printemps d'un proscrit, poème, 2 vol. in-12. — 1806. Biographie moderne ou dictionnaire des hommes qui se sont fait un nom en Europe, depuis 1789, *Leipzig.* — 1810. Le mariage d'Énée et de Lavinie, poème. — 1811. Stances sur la naissance du roi de Rome. — 1815. Histoire des quinze semaines ou le dernier règne de Bonaparte. — 1825-29. Histoire des croisades, 6 vol. — 1829. Bibliothèque des croisades, 4 vol. — 1830-35. Correspondance d'Orient, 7 vol. — 1837. Notice sur Jeanne d'Arc. — S. d. Lettres sur la pitié. L'enlèvement de Proserpine. — Publication de la Nouvelle collection des mémoires pour servir à l'histoire de France, 32 vol., et de la Biographie universelle.

Son éloge a été prononcé par M. Flourens, dans la séance de l'Académie française du 3 décembre 1840.

269. — WALCKENAER (le Baron Charles, Athanase), O. ✳

Élu, le 8 octobre 1813, membre de la Classe d'Histoire et de Littérature ancienne. Nommé, par l'ordonnance royale du 21 mars 1816, membre de l'Académie des Inscriptions et Belles-Lettres. Élu, le 18 décembre 1840, secrétaire perpétuel de l'Académie des Inscriptions et Belles-Lettres.

Né à Paris, le 25 décembre 1771. — 1793 à 1794. Inspecteur général des transports militaires. — 1816. Secrétaire général de la Préfecture de la Seine. — 1823. Baron. — 1826. Préfet de la Nièvre. — 1828 à 1830. Préfet de l'Aisne. — 1831 à 1852. Conservateur adjoint des cartes et plans de la Bibliothèque royale. — Mort à Paris, le 27 avril 1852.

Ouvrages. — 1798. Essai sur l'histoire de l'espèce humaine. — 1799. L'Ile de Wight, ou Charles et Angélina. — 1803. Histoire d'Eugénie, in-12. — 1805. Faune parisienne, 2 vol. — 1805. Histoire naturelle des aranéides, in-12. — 1810. Les anciens peuples de la Gaule. — 1815. Cosmologie ou description de la terre. — 1817. Mémoires pour servir à l'histoire naturelle des abeilles solitaires. — 1818. Le monde maritime ou tableau de l'archipel d'Orient. — 1820. Histoire de la vie et des ouvrages de La Fontaine. — 1821. Recherches sur l'intérieur de l'Afrique septentrionale. — 1821. Recherches statistiques sur la ville de Paris. — 1822-23. Recherches sur la géographie ancienne et celle du moyen âge. Recueil de mémoires lus à l'Académie. — 1826. Lettres sur les contes de fées attribués à Perrault, in-12. — 1826-31. Histoire générale des voyages, 21 vol. — 1830. Vie de plusieurs personnages célèbres des temps anciens et modernes, 2 vol. — 1835. Recherches sur l'histoire de la régence d'Alger sous la domination romaine. — 1836-44. Histoire naturelle des insectes, 3 vol. — 1839. Géographie ancienne des Gaules cisalpine et transalpine, 3 vol. — 1840. Histoire de la vie et des poésies d'Horace. — 1842-52. Mémoires touchant la vie et les écrits de Mme de Sévigné, 5 vol. in-12. — 1850. Recueil de notices sur la vie et les ouvrages de membres de l'Académie des inscriptions et belles-lettres. — Itinéraire de l'Égypte ancienne, in-4. — Itinéraire des Gaules cisalpine et transalpine, in-4. — Notices et mémoires insérés dans le Recueil de l'Académie des inscriptions (t. V à XX).

Une notice sur sa vie a été lue par M. Naudet, dans la séance de l'Académie des Inscriptions et Belles-Lettres du 12 novembre 1852.

---

270. — MONSIGNY (Pierre, Alexandre de), ✳

Élu, le 16 octobre 1813, membre de la Classe des Beaux-Arts. Nommé, par l'ordonnance royale du 21 mars 1816, membre de l'Académie des Beaux-Arts (section de Composition musicale).

Né à Fauquemberghe (Pas-de-Calais), le 17 octobre 1729. — 1768 à 1789. Maître d'hôtel du duc d'Orléans. — 1800. Inspecteur des études au Conservatoire. — Mort à Paris, le 14 janvier 1817.

Œuvres. — 1759. Les aveux indiscrets. — 1760. Le maître en droit. Le cadi dupé. — 1761. On ne s'avise jamais de tout. — 1762. Le roi et le fermier. — 1763. L'île sonnante. — 1764. Rose et Colas. — 1766. Aline reine de Golconde. — 1769. Le déserteur. — 1770. Pagamin de Monègue. — 1771. Philémon et Baucis. — 1772. Le faucon. — 1775. La belle Arsène. — 1776. Le rendez-vous bien employé. — 1777. Félix ou l'enfant de la forêt.

Une notice sur sa vie a été lue par Quatremère de Quincy, dans la séance de l'Académie des Beaux-Arts du 3 octobre 1818.

---

271. — YVART (Jean, Augustin, Victor), ✳

Élu, le 21 février 1814, membre de la Classe des Sciences physiques et mathématiques. Nommé, par l'ordonnance royale du 21 mars 1816, membre de l'Académie des Sciences (section d'Économie rurale).

Né à Boulogne (Pas-de-Calais), le 3 mars 1763. — 1809. Correspondant de l'Institut. — 1810. Professeur d'Économie rurale à l'école d'Alfort. — Mort à Paris, le 19 juin 1831.

Ouvrages. — 1805. Aperçu des efforts faits pour l'amélioration de l'agriculture. — 1807. Coup d'œil sur le sol, le climat et l'agriculture de la France. — 1816. Objet d'intérêt public recommandé à l'attention du Gouvernement. — 1819. Excursion agronomique en Auvergne. — 1821. Notice historique sur l'origine et les progrès des assolements raisonnés. — 1822. Considérations générales et particulières sur la jachère. — Voyages agricoles en France et en Angleterre. — Collaboration au théâtre d'Agriculture d'O. de Serres, au Cours complet d'agriculture théorique et pratique, au Nouveau Dictionnaire d'histoire naturelle et au Journal de médecine vétérinaire.

272. — AIGNAN (Étienne).

Élu, le 3 mars 1814, membre de la Classe de la Langue et de la Littérature françaises. Nommé, par l'ordonnance royale du 21 mars 1816, membre de l'Académie française.

Né à Beaugency (Loiret), le 9 avril 1773. — 1805. Aide des cérémonies, secrétaire à l'introduction des Ambassadeurs. — Mort à Paris, le 21 juin 1824.

Ouvrages. — 1795. Aux mânes des victimes d'Orléans. — 1798. Abrégé du voyage de S. Mungo-Park en Afrique, in-12. — 1817. De la justice et de la police. — 1818. L'état des protestants en France depuis le xvi⁰ siècle. — 1819. Des coups d'État dans la monarchie constitutionnelle. — 1822. Histoire du jury. — 1823-28. Bibliothèque étrangère d'histoire et de littérature, 3 vol. — 1825. Extrait des Mémoires relatifs à l'histoire de France depuis 1757, 2 vol.

Théâtre. — 1793. La mort de Louis XVI. — 1802. Le connétable de Clisson. — 1804. Arthur de Bretagne. — 1804. Polyxène. — 1806. Nephtali. — 1810. Brunehaut. — *Traduction en vers:* L'Iliade et l'Odyssée. — *Traductions en prose:* L'essai sur la critique de Pope et le vicaire de Wakefield.

Son éloge a été prononcé par A. Soumet, dans la séance de l'Académie française du 25 novembre 1824.

---

273. — VANDERBOURG (le Vicomte Martin, Marie, Charles de BOUDENS de), ✳

Élu, le 20 mai 1814, membre de la Classe d'Histoire et de Littérature ancienne. Nommé, par l'ordonnance royale du 21 mars 1816, membre de l'Académie des Inscriptions et Belles-Lettres.

Né à Saintes (Charente-Inférieure), le 8 juillet 1765. — 1782. Sous-lieutenant d'infanterie. — 1788 à 1790. Lieutenant de vaisseau. — 1815. Censeur royal. — Mort à Paris, le 16 novembre 1827.

Ouvrages. — Notice sur la philosophie de Kant. — Observations sur les fables attribuées à Phèdre. — Traduction et édition de plusieurs ouvrages. — Articles de philologie insérés dans les Archives littéraires de l'Europe, le Publiciste, le Journal des savants et les Annales de la littérature et des arts.

Une notice sur sa vie a été lue par Daunou, dans la séance de l'Académie des Inscriptions et Belles-Lettres du 2 août 1839.

---

274. — LATREILLE (l'abbé Pierre, André), ✳

Élu, le 21 novembre 1814, membre de la Classe des Sciences physiques et mathématiques. Nommé, par l'ordonnance royale du 21 mars 1816, membre de l'Académie des Sciences (section d'Anatomie et Zoologie).

Né à Brive (Corrèze), le 29 novembre 1762. — 1786. Prêtre. — 1796. *Correspondant de l'Institut.* — 1830. Professeur d'histoire naturelle des crustacés, des arachnides et des insectes au Muséum d'histoire naturelle. — Mort à Paris, le 6 février 1833.

Ouvrages. — 1796. Précis des caractères génériques des insectes, *Brive.* — 1798. Essai sur l'histoire des fourmis de la France, in-12. — 1800. Histoire naturelle des salamandres de France. — 1801. Histoire naturelle des singes, 2 vol. — 1802. Histoire naturelle des fourmis et autres insectes. Histoire naturelle des reptiles, 4 vol. in-12. — 1802-05. Histoire naturelle des crustacés et insectes, 14 vol. — 1806-09. Genera crustaceorum et insectorum, 4 vol. — 1810. Considérations sur l'ordre naturel des crustacés, arachnides et insectes, in-8. — 1811. Description des insectes de l'Amérique équinoxiale. — 1816. Le règne animal distribué d'après son organisation, 4 vol. (en collaboration avec Cuvier). — 1817. Observations sur le système métrique des peuples anciens. — 1819. Mémoires sur divers sujets d'histoire naturelle, de géographie ancienne et de chronologie. — 1820. Passage des animaux invertébrés aux vertébrés. — 1820. De la formation des ailes des insectes. — 1821. Recherches sur les zodiaques égyptiens. — 1822. Histoire naturelle et iconographie des coléoptères d'Europe. — 1824. Esquisse d'une distribution générale du règne animal. — 1824. Recherches géographiques sur l'Afrique centrale. — 1825.

Familles naturelles du règne animal exposées succinctement. — 1831. Cours d'entomologie. — S. d. Tableaux méthodiques des reptiles, des poissons, des mollusques, etc. — Articles insérés dans le Journal de la Société d'histoire naturelle, le Bulletin de la Société philomathique, le Magasin encyclopédique et les Mémoires du Muséum d'histoire naturelle. — Collaboration au Dictionnaire d'histoire naturelle, aux Voyages de Humboldt et à l'Encyclopédie méthodique.

275. — AMPÈRE (André, Marie), ✳

Élu, le 28 novembre 1814, membre de la Classe des Sciences physiques et mathématiques. Nommé, par l'ordonnance royale du 21 mars 1816, membre de l'Académie des Sciences (section de Géométrie).

Né à Lyon (Rhône), le 22 janvier 1775. — 1801. Professeur à l'École centrale de Bourg. — 1802. Professeur au Lycée de Lyon. — 1805. Répétiteur à l'École Polytechnique. — 1807 à 1822. Professeur d'analyse à l'École Polytechnique. — 1808. Inspecteur général de l'Université. — 1824 à 1836. Professeur de physique générale et expérimentale au Collège de France. — Mort à Marseille (Bouches-du-Rhône), le 10 juin 1836.

Ouvrages. — 1802. Considérations sur la théorie mathématique du jeu, in-4. — 1805. Recherches sur l'application des formules générales du calcul des variations, in-4. — 1816. Essai d'une classification naturelle pour les corps simples. — 1819. Mémoire contenant l'application de la théorie exposée dans le XVIIᵉ cahier du journal de l'École polytechnique. — 1821. Mémoire sur l'action mutuelle de deux courants électriques. — 1822. Recueil d'observations électro-dynamiques. — 1822. Exposé des nouvelles découvertes sur l'électricité et le magnétisme. — 1823. Exposé méthodique des phénomènes électro-dynamiques. — 1823. Mémoires sur quelques nouvelles propriétés des axes permanents de rotation des corps et des plans directeurs de ces axes, in-4. — 1824-26. Description d'un appareil électro-dynamique. — 1824. Précis de la théorie des phénomènes électro-dynamiques. — 1825. Mémoire sur une nouvelle expérience électro-dynamique. — 1825. Précis d'un mémoire sur l'électro-dynamique. — 1826. Théorie des phénomènes électro-dynamiques, in-4. — S. d. Traité de calcul différentiel et de calcul intégral. Journal publié par Mᵐᵉ X, 2 vol. in-12.

276. — JOUY (Victor, Joseph, ÉTIENNE, dit de), ✳

Élu, le 11 janvier 1815, membre de la Classe de la Langue et de la Littérature françaises. Nommé, par l'ordonnance royale du 21 mars 1816, membre de l'Académie française.

Né à Jouy-en-Josas (Seine-et-Oise), le 19 octobre 1764. — 1782. Engagé volontaire. — 1784. Sous-lieutenant d'artillerie. — 1790. Capitaine. — 1792. Adjudant-commandant. — 1797. Admis à la retraite. — 1790 à 1800. Chef de Division à la Préfecture de la Dyle (Bruxelles). — 1815 (Cent-Jours). Commissaire impérial près le théâtre Feydeau. — 1831. Bibliothécaire en chef de la Bibliothèque du Louvre. — Mort à Saint-Germain-en-Laye (Seine-et-Oise), le 4 septembre 1846.

Ouvrages. — 1791. Le paquebot ou rencontre des ouvriers de Londres et de Paris, in-4. — 1799. La galerie des femmes nouvelles, 2 vol. in-12, *Hambourg.* — 1804. Jeux de cartes instructives, quatorze étuis, *Lille.* — 1812-1814. L'hermite de la Chaussée-d'Antin, ou observations sur les mœurs et les caractères français au commencement du XIXᵉ siècle, 5 vol. — 1816. L'hermite de la Guyane, 3 vol. — 1817. Le franc parleur, 2 vol. in-12. — 1818 et suiv. L'hermite en province, 14 vol. — 1820. Maurice ou l'île de France, situation de cette colonie. — 1821. État actuel de l'industrie française. — 1821-22. Description des côtes de la France, in-fol. — 1822. La morale appliquée à la politique, 2 vol. in-12. — 1822. Salon d'Horace Vernet. — 1823. Les hermites en prison, ou consolation de Sainte-Pélagie. — 1824. Les hermites en liberté, 2 vol. — 1827. Cécile ou les passions, 5 vol. in-12. — 1833. Le centenaire, roman historique, 2 vol. in-8.

Théâtre. — 1798. La paix et l'amour. — 1799. L'arbitre. Le carrosse espagnol. Comment faire ? L'intrigue dans les caves. La prisonnière. — 1800. Le tableau des Sabines. Le vaudeville au Caire. Le faux frère. — 1801. Dans quel siècle sommes-nous ? — 1805. Milton (Op. de Spontini). — 1807. L'avide héritier. — M. Beaufils. La Vestale (Op. de Spontini). — 1808. La marchande de modes. L'homme aux convenances. — 1809. Fernand Cortez (Op. de Spontini). Le mariage par imprudence. — 1810. Les bayadères. — 1812. Les amazones. Les aubergistes de qualité. — 1813. Les abencérages. — 1813. Tippo-Saïb. — 1814. Pélage. — 1818. Bélisaire. Zirphile. Fleur de myrthe. — 1820. L'amant et le mari. — 1822. Sylla. — 1827. Julien dans les Gaules. Moïse (Op. de Rossini). — 1829. Guillaume Tell (Op. de Rossini). — 1839. Marie Stuart. — 1841. La conjuration d'Amboise.

Œuvres complètes en 27 vol. — I à III. L'hermite de la Chaussée-d'Antin; IV et V : Le franc parleur ; VI et VII. L'hermite de la Guyane; VIII à XIII, XXV et XXVI : L'hermite en province ; XIV : La morale appliquée à la politique ; XV : L'hermite en prison ; XVI à XXII : Mélanges ; XXIII et XXIV : Cécile ou les passions; XXVII : Table générale. — Collaboration à la Gazette de France, à la Minerve française, à la Renommée, au Courrier français, au Journal des Arts, au Mémoire des spectacles, au Mercure, au Journal général et à la France chrétienne.

Son éloge a été prononcé par M. Empis, dans la séance de l'Académie française du 23 décembre 1847.

277. — BAOUR LORMIAN (Pierre, Marie. François, Louis), ✳

Élu, le 29 mars 1815, membre de la Classe de la Langue et de la Littérature françaises. Nommé, par l'ordonnance royale du 21 mars 1816, membre de l'Académie française.

Né à Toulouse (Haute-Garonne), le 24 mars 1770. — Mort à Batignolles (Seine), le 18 décembre 1854.

Ouvrages. — 1822. Contes d'un philosophe grec, 2 vol. in-12.
Poésies. — 1799. Les trois mots (satires-poésies). Calédoniennes. — 1802. Le rétablissement du culte. — 1803. Recueil de poésies diverses. — 1810. Les fêtes de l'hymen. — 1812. L'Atlantide. — 1819. Les veillées poétiques et morales, in-12. — 1825. Le retour à la religion. Le classique et le romantique (satires), in-8. — S. d. Rustan. Les trente-huit songes. Hommages poétiques.
Théâtre. — 1807. Omasis. — 1811. Mahomet II. — 1813. La Jérusalem délivrée. — 1814. L'oriflamme. Alexandre à Babylone.

Son éloge a été prononcé par F. Ponsard, dans la séance de l'Académie française du 4 décembre 1856.

278. — MOLARD (Claude, Pierre), ✳

Élu, le 8 mai 1815, membre de la Classe des Sciences physiques et mathématiques. Nommé, par l'ordonnance royale du 21 mars 1816, membre de l'Académie des Sciences (section de Mécanique).

Né aux Cernoises (Jura), le 29 juin 1759. — 1800 à 1817. Administrateur du Conservatoire des Arts et Métiers. — Mort à Paris, le 13 février 1837.

Ouvrages. — 1812. Description des machines et des procédés spécifiés dans les brevets d'invention, dont la durée est expirée, in-4. — 1823. Notice sur les inventions de Droz, relatives à l'art du monnayage, in-4, Versailles.

279. — GIRODET-TRIOSON (Anne, Louis), O. ✳

Élu, le 20 mai 1815, membre de la Classe des Beaux-Arts. Suspendu par décision gouvernementale du 2 août 1815. Nommé, par l'ordonnance royale du 21 mars 1816, membre de l'Académie des Beaux-Arts (section de Peinture).

Né à Montargis (Loiret), le 5 janvier 1767. — 1789. Grand prix de Rome. — 1816 à 1825. Professeur à l'École des Beaux-Arts. — Mort à Paris, le 9 décembre 1824.

Œuvres principales. — 1787. Assassinat de Tatius. — 1789. Joseph reconnu par ses frères. — 1791. Le sommeil d'Endymion (Louvre). — 1793. Antiochus et Stratonice. — 1794. Hippocrate refusant les présents des Perses. — 1795. Danaé. — 1798. Vues de Rome. Danaé et l'aurore. — 1799. Les quatre saisons. Nymphe au bain. Mlle Lange. — 1800. Larrey. Mme Cabanis. Mme de Briant. — 1802. Ossian recevant les ombres des héros français, Le père de Napoléon. — M. Trioson. — 1804. Paul et Virginie. — 1806. Le déluge. — 1808. Funérailles d'Atala (Louvre). Napoléon recevant les clés de Vienne (Versailles). Chateaubriand. De Sèze. — 1809. Becquerel. Mme Louis Bonaparte.

Mlle Larrey. — 1810. La révolte du Caire (Versailles). — 1812. Vierge. — 1814. Une scène du déluge (Louvre). — 1817. L'hymen et la fécondité. Un officier de Mamelucks (Compiègne). — 1818. Minerve (Compiègne). Apollon :(Compiègne). Mercure (Compiègne). Bacchus (Compiègne). Titan et l'Aurore (Compiègne). La danse des Grecs et la danse des nymphes (Compiègne). — 1819. Pygmalion et sa statue. — 1822. La force, l'éloquence, la justice et la valeur (Compiègne). — S. d. Cathelineau. Bonchamp. — Très nombreux portraits et esquisses, 54 dessins pour les œuvres d'Anacréon, 16 pour les œuvres de Sapho, 16 pour la guerre de dieux de Parny, 160 pour les œuvres de Virgile, 50 pour les œuvres de Racine.

Ouvrages. — 1829. Œuvres posthumes publiées par S.-A. Coupin, 2 vol.

Une notice sur sa vie a été lue par Quatremère de Quincy, dans la séance de l'Académie des Beaux-Arts du 1er octobre 1825.

---

280. — RONDELET (Jean), ✳

Élu, le 20 mai 1815, membre de la Classe des Beaux-Arts. Suspendu par décision gouvernementale du 2 août 1815. Nommé, par l'ordonnance royale du 21 mars 1816, membre de l'Académie des Beaux-Arts (section d'Architecture).

Né à Lyon (Rhône), le 4 juin 1743. — 1794. Membre de la Commission exécutive des travaux publics. — 1795 à 1822. Membre du Conseil des Bâtiments civils. — 1800 à 1812. Président du Conseil des Bâtiments civils. — 1804. Professeur de stéréotomie à l'École des Beaux-Arts. — Mort à Paris, le 26 septembre 1829.

Œuvre principale. — 1781. Achèvement du Panthéon.

Ouvrages. — 1770. Doutes raisonnables sur la coupole de Sainte-Geneviève, in-12. — 1790. Mémoire sur l'architecture considérée généralement. — 1797. Mémoire sur le dôme du Panthéon, in-4. — 1802-1817. Traité théorique et pratique de l'art de bâtir, 5 vol. in-4. — 1802-1822. Traduction des commentaires de Frontin sur les aqueducs de Rome, in-4. — 1803-1822. Mémoire sur la reconstruction de la halle aux blés de Paris, in-4. — 1817. Nouvelle méthode de mesurer les ouvrages de bâtiment, in-4. — 1820. Mémoire sur la marine des anciens, in-4.

Une notice sur sa vie a été lue par Quatremère de Quincy, à l'Académie des Beaux-Arts.

---

281. — CHERUBINI (Luigi, Carlo, Zanobi, Salvadore, Maria), C. ✳

Élu, le 20 mai 1815, membre de la Classe des Beaux-Arts. Suspendu par décision gouvernementale du 2 août 1815. Nommé, par l'ordonnance royale du 21 mars 1816, membre de l'Académie des Beaux-Arts (section de Composition musicale).

Né à Florence (Toscane), le 18 septembre 1760. — 1795. Inspecteur des études au Conservatoire. — 1816 à 1830. Surintendant de la musique du Roi. — 1816 à 1822. Professeur de composition au Conservatoire. — 1822 à 1842. Directeur du Conservatoire. — Mort à Paris, le 15 mars 1842.

Œuvres. — *Opéras.* — 1780. Quinto Fabio. — 1782. Armida. Il Messenzio. Adriano in Syria. — 1783. Lo spozo di tre femine. — 1784. L'Idalide. Alessandro nelle Indie. — 1785. Demetrio. La Finta Principessa. — 1786. Giulio sabino. — 1787. Ifigenia. — 1788. Démophon. — 1803. Anacréon. — 1806. Faniska. — 1813. Les Abencérages. — 1821. Blanche de Provence. — 1833. Ali-Baba. — *Morceaux ajoutés aux opéras de :* 1786. Il marchese di tulipano. — 1788. Ifigenia in Aulide. — 1789. L'Italiana in Londra. — 1790. I viaggiatori felici. *Opéras-comiques.* — 1791. Lodoïska. — 1798. Kou-Kourgi. — 1794. Elisa. — 1797. Médée. — 1797. La mort de Hoche. — 1798. L'hôtellerie portugaise. — 1799. La punition. La prisonnière. — 1800. Épicure. Les deux journées. — 1809. Pimmaglione. — 1810. Le crescendo. — 1814. Bayard à Mézières. — *Ballet :* 1804. Achille à Scyros. *Odes.* — 1791-94. Anniversaire du 10 août. Le salpêtre républicain. Hymne à la fraternité. Le 18 fructidor. Fête de la Jeunesse. Fête de la Reconnaissance. — *Musique religieuse :* Quatre messes solennelles. Messe du sacre de Charles X, messe de requiem de Louis XVI, offertoire, motets. — *Musique instrumentale :* Symphonie en ré. Ouverture en sol. Sonates, fantaisies et quatuors. Nocturnes. Cantates.

Ouvrage — 1835. Méthode de contre-point et de fugue.

Une notice sur sa vie a été lue par Raoul Rochette, dans la séance de l'Académie des Beaux-Arts du 7 octobre 1843.

282. — CASTELLAN (Antoine, Laurent).

Élu, le 20 mai 1815, Membre de la Classe des Beaux-Arts (section d'Histoire et Théorie des Beaux-Arts). Exclu de l'Institut par l'ordonnance royale du 21 mars 1816.

Né à Montpellier (Hérault), le 1ᵉʳ février 1772. — 1815. *Correspondant de l'Institut.* — 1816. *Membre libre de l'Académie des Beaux-Arts.* — Mort à Paris, le 2 avril 1838.

Ouvrages. — 1808. Lettre sur la Morée et les îles de Cérigo, Hydra et Zante. — 1811. Description d'une machine à puiser l'eau. — 1811. Lettres sur Constantinople. — 1812. Mœurs, usages et coutumes des Ottomans, 6 vol. in-12. — 1819. Lettres sur l'Italie, 3 vol. — 1840. Études sur le château de Fontainebleau, in-8. — Collaboration au Moniteur et à la Biographie universelle.

283. — GROS (le Baron Antoine, Jean), O. ✳

Élu, le 27 mai 1815, membre de la Classe des Beaux-Arts. Suspendu par décision gouvernementale du 2 août 1815. Nommé, par l'ordonnance royale du 21 mars 1816, membre de l'Académie des Beaux-Arts (section de Peinture).

Né à Paris, le 16 mars 1771. — 1798-99. Commissaire aux revues. — 1816 à 1835. Professeur à l'École des Beaux-Arts. — 1824. Baron. — Son corps a été retrouvé dans l'étang de Meudon (Seine-et-Oise), le 26 juin 1835.

Œuvres principales. — 1798. Portrait de Berthier. — 1801. Bonaparte à Arcole. Sapho à Leucate. — 1804. Bonaparte visite les pestiférés de Jaffa (Louvre). — 1806. Murat à la bataille d'Aboukir (Versailles). — 1808. Le champ de bataille d'Eylau (Louvre). — Le roi de Westphalie. Le général Lassalle. — 1810. Prise de Madrid (Versailles). Bonaparte aux Pyramides (Versailles). Bataille de Wagram. — 1812. Entrevue de Napoléon et de l'empereur d'Autriche (Versailles). François Iᵉʳ et Charles Quint à Saint-Denis (Louvre). Le roi de Naples. Le maréchal Victor. — 1815. La duchesse d'Angoulême s'embarquant à Pouillac. — 1817. Louis XVIII quittant les Tuileries en 1815 (Versailles). Portraits de Louis XVIII et de la duchesse d'Angoulême. — 1822. David devant Saül. Ariane consolée par Bacchus. — 1824. Chaptal. — 1827. Charles X. — 1833. L'amour se plaint à Vénus. — 1835. Hercule et Diomède. Acis et Galatée. — Plafond de la salle du musée de Charles X, au Louvre. Coupole du Panthéon. — Croquis, dessins, esquisses, très nombreux portraits.

Une notice sur sa vie a été lue par Quatremère de Quincy, dans la séance de l'Académie des Beaux-Arts du 8 octobre 1836.

284. — GUÉRIN (le Baron Pierre, Narcisse), O. ✳

Élu, le 27 mai 1815, membre de la Classe des Beaux-Arts. Suspendu par décision gouvernementale du 2 août 1815. Nommé, par l'ordonnance royale du 21 mars 1816, membre de l'Académie des Beaux-Arts (section de Peinture).

Né à Paris, le 13 mars 1774. — 1797. Grand prix de Rome. — 1816 à 1833. Professeur à l'École des Beaux-Arts. — 1822 à 1828. Directeur de l'Académie de France à Rome. — 1829. Baron. — Mort à Rome, le 16 juillet 1833.

Œuvres principales. — 1795. L'assassinat de Géta. — 1799. Le retour de Marcus Sextus (Louvre). La séduction. — 1802. Phèdre et Hippolyte (Louvre). L'offrande à Esculape (Louvre). Orphée au tombeau d'Eurydice. — 1808. Bonaparte pardonnant aux révoltés du Caire (Versailles). Les bergers au tombeau d'Amyntas. — 1810. Andromaque et Pyrrhus (Louvre). L'aurore et Céphale. — 1817. Clytemnestre (Louvre). Énée et Didon (Louvre). La Rochejacquelein. — S. d. La mort de Priam (m. d'Angers). Saint Louis sous le chêne de Vincennes. La mort du maréchal Lannes (m. de Valenciennes). — Portraits, esquisses, dessins et croquis.

Une notice sur sa vie a été lue par Quatremère de Quincy, dans la séance de l'Académie des Beaux-Arts du 12 octobre 1833.

285. — BONNARD (Jacques, Charles).

Élu, le 27 mai 1815, membre de la Classe des Beaux-Arts. Suspendu par décision gouvernementale du 2 août 1815. Nommé, par l'ordonnance royale du 21 mars 1816, membre de l'Académie des Beaux-Arts (section d'Architecture).

Né à Paris, le 30 janvier 1765. — 1788. Grand prix de Rome. — Mort à Bordeaux (Gironde), le 28 octobre 1818.

Œuvres principales. — Restauration des Tuileries. Palais du Conseil d'État, Quai d'Orsay.

Une notice sur sa vie a été lue par Quatremère de Quincy, dans la séance de l'Académie des Beaux-Arts du 7 octobre 1826.

---

286. — LESUEUR (Jean, François), ✻

Élu, le 27 mai 1815, membre de la Classe des Beaux-Arts. Suspendu par décision gouvernementale du 2 août 1815. Nommé, par l'ordonnance royale du 25 mars 1816, membre de l'Académie des Beaux-Arts (section de Composition musicale).

Né à Plessiel (Somme), le 15 février 1760. — 1781. Maître de chant à la cathédrale de Dijon. — 1781 à 1888. Maître de la musique à Notre-Dame de Paris. — 1795 à 1802. Inspecteur des études au Conservatoire. — 1804. Maître de chapelle de l'Empereur. — 1814 à 1830. Surintendant de la musique du Roi. — 1818. Professeur de composition au Conservatoire. — Mort à Paris, le 7 octobre 1837.

Œuvres. — *Opéras.* — 1794. Tyrtée. — 1801. Artaxerce. — 1804. Les bardes. — 1807. Le temple de la Victoire. — 1808. Le triomphe de Trajan. — 1809. La mort d'Adam. — 1823. Alexandre à Babylone.
Opéras-comiques. — 1793. La caverne. — 1794. Paul et Virginie. — 1796. Télémaque.
Œuvres diverses. — *Musique religieuse.* — 1826. Messe de Noël. — 1827 et 1831. Messes solennelles. — *Oratorios :* 1828. Débora. — 1829. La Passion. — 1833. Super flumina. Rachel. Ruth et Booz. Messes, motets. — 1791-93. Hymnes à la liberté, hymne du 9 thermidor, fête de l'agriculture, fête de la vieillesse. — 1804. Marche du couronnement de l'empereur.
Ouvrages. — Notices sur la mélopée, la rhytmopée et la musique ancienne. — 1801. Projet d'un plan général de l'instruction musicale en France. — 1816. Notice sur Paësiello.

Une notice sur sa vie a été lue par Raoul Rochette, dans la séance de l'Académie des Beaux-Arts du 5 octobre 1839.

---

287. — THIBAULT (Jean, Thomas).

Élu, le 27 mai 1815, membre de la Classe des Beaux-Arts (section d'Histoire et de Théorie des Beaux-Arts). Exclu de l'Institut par l'ordonnance royale du 21 mars 1816. Élu, le 31 octobre 1818, membre de l'Académie des Beaux-Arts (section d'Architecture).

Né à Montier-en-Der (Haute-Marne), le 20 novembre 1757. — 1700. Grand prix de Rome. — 1807. *Correspondant de l'Institut.* — 1800. Architecte des châteaux de Neuilly, de la Malmaison et de l'Élysée. — 1819. Membre du Conseil des Bâtiments civils. — 1809 à 1816. Professeur de perspective à l'École des Beaux-Arts. — Mort à Paris, le 27 juin 1826.

Œuvres principales. — Restauration du palais royal de La Haye. Restauration de l'hôtel de ville d'Amsterdam.
Ouvrage. — 1827. Application de la perspective linéaire aux arts du dessin, in-4.

288. — MEYNIER (Charles), O. ✻

Élu, le 3 juin 1815, membre de la Classe des Beaux-Arts. Suspendu par décision gouvernementale du 2 août 1815. Nommé, par l'ordonnance royale du 21 mars 1816, membre de l'Académie des Beaux-Arts (section de Peinture).

Né à Paris, le 24 novembre 1768. — 1789. Grand prix de Rome. — 1819 à 1832. Professeur à l'École des Beaux-Arts. — Mort à Paris, le 6 septembre 1832.

Œuvres principales. — 1795. Le lion d'Androclès. L'Amour pleure Psyché. — 1797. Réveil d'une bacchante. Milon de Crotone dévoré par un lion. Bacchante éveillée par un fauve. — 1798. La muse Calliope. La muse Cléo. Apollon. — 1800. Adieux de Télémaque à Calypso. Polymnie. Erato (m. de Bordeaux). — 1801. Télémaque quitte Eucharis. — 1807. Le 76ᵉ de ligne retrouvant son drapeau à Inspruck (Versailles). — 1808. Erato et l'Amour. — 1810. La Sagesse préservant l'Adolescence des traits de l'Amour. — 1811. Entrée des Français à Berlin (Versailles). — 1812. Rentrée de l'empereur dans l'île de Lobau (Versailles). — 1813. Dédicace de l'église Saint-Denis. — 1814. Naissance de Louis XIV. Bataille d'Austerlitz. La Sagesse préservant l'Adolescence. Phorbas présentant Œdipe à Piribé. — 1817. Saint Louis recevant le viatique. — 1819. Une femme de Mégare ensevelissant Phocion. — 1822. Coupole de la salle d'Apollon au Louvre. Plafond de la salle des bronzes égyptiens, de la salle des bijoux et de la salle des antiquités grecques et romaines au Louvre. — 1824. Saint Vincent de Paul prêchant pour les enfants trouvés. — S. d. Portrait du cardinal Fesch (Versailles). Timoléon (m. de Montpellier). — Peintures en grisaille de la grande salle de la Bourse à Paris (côté droit).

Son éloge a été prononcé par Quatremère de Quincy, à l'Académie des Beaux-Arts.

289. — VERNET (Antoine, Charles, Horace, dit CARLE), ✻

Élu, le 3 juin 1815, membre de la Classe des Beaux-Arts. Suspendu par décision gouvernementale du 2 août 1815. Nommé, par l'ordonnance royale du 21 mars 1816, membre de l'Académie des Beaux-Arts (section de Peinture).

Né à Bordeaux (Gironde), le 14 août 1758. — 1782. Grand prix de Rome. — 1789. Agréé à l'Académie royale de Peinture et de Sculpture. — Mort à Paris, le 27 novembre 1836.

Œuvres principales. — 1779. Abigaïl apaise David. — 1782. L'enfant prodigue. — 1789. Triomphe de Paul-Émile. Cavalier terrassant un lion. — 1793. Une chasse. Les courses de chars aux funérailles de Patrocle. — 1798. Cheval effrayé par la foudre. Un cheval après la course. Un cheval fuyant des bêtes féroces. Hussard. Combat de cavalerie. — 1799. Batailles de Millesimo, de Mondovi, de Lodi et de Saint-Georges. Passage du Pô. Suite de dessins. Hussard français. — 1800. La mort d'Hippolyte (dessin). Le vainqueur de la course de chars. — 1802. Départ pour la chasse. Charge de Mameloucks. — 1804. Combat d'un hussard et d'un Mamelouck. Train d'artillerie légère. Chasseur au tir. Le colonel des guides. — 1806. Bataille de Marengo. Marche de Mamelouks. — 1808. Napoléon à Austerlitz (Versailles). L'Empereur à cheval. Calèche attelée. Course de chevaux. Cheval de chasse. Les exercices de Franconi. — 1810. Bombardement de Madrid. Bataille de Rivoli. Mamelouck montant à cheval. Napoléon partant pour la chasse. Rendez-vous de chasse. — 1812. Calèche sortant d'un parc. L'empereur chassant au bois de Boulogne. Sortie de cavalerie contre les Mameloucks. Chevaux dans un haras. Troupes traversant les montagnes par un temps de neige. — 1814. Le duc de Berry en uniforme de lancier. Chasse. Cheval effrayé par des lions. Départ pour la chasse. — 1819. Chasse du duc de Berry. Sobieski délivre Vienne. Bivouac de Cosaques. Un jardin à Sèvres. Rencontre d'officiers anglais. Retour des champs. Route de marché. Marchande de poisson. — 1824. Prise de Pampelune. Étalons anglais, arabe et prussien. — 1827. Chasse au daim (Louvre). — 1831. Retour de chasse. Un four à plâtre. — 1836. Les murs de Rome. Vingt-huit dessins pour les campagnes de Bonaparte en Italie. Nombreux dessins. Portraits à cheval. Fantaisies.

Une notice sur sa vie a été lue par Quatremère de Quincy, à l'Académie des Beaux-Arts, en 1837.

290. — BERTON (Henri, Montan), O. ✻

Élu, le 3 juin 1815, membre de la Classe des Beaux-Arts. Exclu de l'Institut par l'ordonnance royale du 21 mars 1816. Élu, le 27 juillet 1816, membre de l'Académie des Beaux-Arts (section de Composition musicale).

Né à Paris, le 17 septembre 1766. — 1782. Violon à l'Opéra. — 1795. Inspecteur des Études au Conservatoire. — 1807 à 1809. Directeur du Théâtre Italien. — 1809. Chef de chant à l'Opéra. — 1818. Professeur de composition au Conservatoire. — Mort à Paris, le 22 avril 1844.

Œuvres. — *Opéras.* — 1789. Cora. — 1793. Tyrtée. — 1799. La nouvelle au camp. — 1814. L'oriflamme. — 1817. Roger de Sicile. — 1821. Blanche de Provence. — 1823. Virginie. — 1825. Pharamond. Charles II.

Opéras-comiques. — 1786. Le premier navigateur. — 1787. La promesse de mariage. La dame invisible. — 1789. Les brouilleries. — 1790. Les deux sentinelles. L'amour bizarre. Les rigueurs du cloître. — 1791. Le nouveau d'Assas. — 1792. Eugène. — 1793. Le congrès des rois. — 1794. Viala agricola. — 1796. Le souper de famille. — 1797. Ponce de Léon. — 1798. Le dénouement inattendu. — 1799. Montano et Stéphanie. L'amour bizarre. Le délire. — 1801. Le grand deuil. — 1802. Le concert interrompu. — 1803. Aline, reine de Golconde. — 1804. La romance. — 1805. Le vaisseau amiral. — 1806. Délia et Verdikan. — 1806. Les maris garçons. — 1807. Le chevalier de Sénanges. — 1808. Ninon chez Mme de Sévigné. — 1809. François de Foix. — 1811. Le charme de la voix. La victime des arts. — 1813. Valentin. Le laboureur chinois. — 1814. Les deux rivaux. — 1816. Féodor. — 1820. Corisandre. — 1824. Les mousquetaires. La mère et la fille. — 1826. Les créoles. — 1827. Les petits appartements. — S. d. Les deux sous-lieutenants.

Ballets. — 1811. L'enlèvement des Sabines. — 1812. L'enfant prodigue. — 1814. L'heureux retour. — 1823. Aline, reine de Golconde.

Oratorios. — Absalon. Jephté. David. Les bergers de Bethléem. La gloire de Sion. — *Cantates :* 1786. Marie de Seymour. — 1788. Orphée dans les bois. — 1804. Thésée. — 1805. Le chant du retour.

Ouvrages. — 1815. Système général d'harmonie, 4 vol. in-4. — 1822. De la musique mécanique et de la musique philosophique. — 1859. Épître à un célèbre compositeur français (Boieldieu).

---

291. — GIRARD (Pierre, Simon), O. ✳

Élu, le 12 juin 1815, membre de la Classe des Sciences physiques et mathématiques. Nommé, par l'ordonnance royale du 21 mars 1816, membre de l'Académie des Sciences (section de Physique générale).

Né à Caen (Calvados), le 4 novembre 1765. — 1789. Ingénieur des Ponts et Chaussées. — 1798. Sous-directeur des Ponts et Chaussées en Égypte. — 1798. Membre de l'Institut d'Égypte. — 1805. Directeur des eaux de Paris. — 1815. Inspecteur divisionnaire des Ponts et Chaussées. — Mort à Paris, le 30 novembre 1836.

Ouvrages. — 1798. Traité analytique de la résistance des solides, in-4. — 1803. Rapport sur le projet général du canal de l'Ourcq, in-4. — 1804. Essai sur le mouvement des eaux courantes et sur la figure qu'il convient de donner aux canaux qui les conduisent, in-4. — 1806. Devis général du canal de l'Ourcq, 2 vol. in-4. — 1808. Devis des ponts à bascule à construire sur le canal de l'Ourcq, in-4. — 1810. Description générale des ouvrages à exécuter pour la distribution des eaux du canal de l'Ourcq dans Paris. — 1811. Sur la résistance de la fonte. — 1812. Recherches sur les eaux de Paris, in-4. — 1820. Devis général du canal Saint-Martin, in-4. — 1821. Nouvelles observations sur le canal Saint-Martin, in-4. — 1822. Renseignements relatifs à l'embouchure du canal du duc d'Angoulême, à Saint-Valéry-sur-Somme, 3 vol. — 1824. Considérations sur les avantages des divers moyens de transport. Mémoire sur le canal de Soissons, in-4. — Considérations sur les canaux et sur le mode de leur concession. Du desséchement général de Paris et de son assainissement, in-4. — 1827. Recherches sur les grandes routes, les canaux de navigation et les chemins de fer. — 1831-33. Mémoire sur le canal de l'Ourcq et la distribution des eaux, 2 vol. grand in-4. — 1831. Exposé de l'état actuel des voies publiques dans Paris, in-8. — 1831-32. Œuvres, 3 vol. in-4. — Articles insérés dans la Décade égyptienne, le Journal des mines, les Annales des ponts et chaussées et la Biographie universelle.

---

292. — QUATREMÈRE (Étienne, Marc), ✳

Élu, le 23 juin 1815, membre de la Classe d'Histoire et de Littérature ancienne. Nommé, par l'ordonnance royale du 21 mars 1816, membre de l'Académie des Inscriptions et Belles-Lettres.

Né à Paris, le 12 juillet 1782. — 1807. Employé au département des manuscrits de la Bibliothèque impériale. — 1809. Professeur de littérature grecque à la Faculté des Lettres de Rouen. — 1819 à 1857.

Professeur d'hébreu, chaldéen et syriaque au Collège de France. — 1827. Professeur de persan à l'École orientale des langues vivantes. — Mort à Paris, le 18 septembre 1857.

Ouvrages. — 1808. Recherches historiques et critiques sur la littérature d'Égypte. — 1810. Mémoires géographiques et historiques sur l'Égypte, 2 vol. — 1812. Observations sur quelques points de la géographie d'Égypte. — 1835. Mémoires sur les Nabatéens. — 1836. Histoire des Mongols de la Perse, in-fol. — 1837. Histoire des sultans mameloucks, 2 vol. in-4. — 1842. Chrestomathie en turk oriental. — Collaboration aux extraits des manuscrits de la Bibliothèque royale, au Journal des savants et aux Annales de philosophie chrétienne. Mémoires insérés dans le Recueil de l'Académie des inscriptions (t. XII à XX).

Une notice sur sa vie a été lue par M. Guigniaut, dans la séance de l'Académie des inscriptions et Belles-Lettres du 28 juillet 1865.

293. — BRONGNIART (Alexandre), C. ✳

Élu, le 20 novembre 1815, membre de la Classe des Sciences physiques et mathématiques. Nommé par l'ordonnance royale du 21 mars 1816, membre de l'Académie des Sciences (section de Minéralogie).

Né à Paris, le 5 février 1770. — 1795. Médecin militaire. — 1801. Directeur de la manufacture de Sèvres. — 1807. *Correspondant de l'Institut.* — 1822 à 1847. Professeur de minéralogie au Muséum d'Histoire naturelle. — Mort à Paris, le 7 octobre 1847.

Ouvrages. — 1807. Traité élémentaire de minéralogie, 2 vol. — 1810. Essai sur la géographie minéralogique des environs de Paris. — 1819. Histoire naturelle de l'eau. — 1821. Description géologique des environs de Paris, in-4. — 1822. Histoire naturelle des crustacés, in-4. — 1823. Des lignites et leurs gisements. Mémoire sur les terrains de sédiment du Vicentin, in-4. — 1824-26. Introduction à la minéralogie. — 1827. Classification et caractères minéralogiques des roches. — 1828. Tableau de la distribution méthodique des espèces minérales. — 1829. Tableau des terrains qui composent l'écorce du globe. Mémoire sur la peinture sur verre. — 1844. Traité des arts céramiques et des poteries, 2 vol. avec atlas. — Collaboration au Journal d'histoire naturelle au Bulletin de la Société philomathique, aux Annales de chimie, au Journal des mines, aux Annales du Muséum d'histoire naturelle, aux Annales des sciences naturelles, au Dictionnaire des sciences naturelles et au Dictionnaire technologique.

Une notice sur sa vie a été lue par M. Dumas, dans la séance de l'Académie des Sciences du 23 avril 1877.

294. — ROCHETTE (Désiré, Raoul), O. ✳

Élu, le 19 janvier 1816, membre de la Classe d'histoire et de littérature ancienne. Nommé par l'ordonnance royale du 21 mars 1816, membre de l'Académie des Inscriptions et Belles-Lettres. Élu, le 29 juin 1839, secrétaire perpétuel de l'Académie des Beaux-Arts.

Né à Saint-Amand (Cher), le 9 mars 1789. — 1813. Professeur d'histoire au Lycée Louis-le-Grand. — 1815. Professeur suppléant d'histoire moderne à la Faculté des Lettres de Paris. — 1815 à 1818. Maître de conférences d'histoire à l'École normale. — 1818 à 1848. Conservateur des médailles et des antiques à la Bibliothèque royale. — 1820 à 1824. Censeur royal. — 1828 à 1854. Professeur d'archéologie à la Bibliothèque royale. — Mort à Paris, le 5 juillet 1854.

Ouvrages. — 1815. Histoire critique de l'établissement des colonies grecques, 4 vol. — 1820-25. Lettres sur la Suisse, 3 vol. — 1821. Considérations préliminaires sur l'histoire. — 1822. Les antiquités grecques du Bosphore Cimmérien. — 1822. Choix de médailles antiques d'Olbiopolis. — 1823. Histoire de la révolution helvétique de 1783 à 1803, 3 vol. — 1828. Monuments inédits d'antiquités grecques étrusques et romaines, in-fol. — 1828. Cours d'archéologie professé à la Bibliothèque du roi. — 1828-30. Pompéi ; choix d'édifices inédits, in-fol. — 1829. De quelques voyages récents dans la Grèce. — 1834. Notes et extraits d'un journal de voyage en Italie et en Sicile. — 1835. Antiquités asiatiques. — 1835. Mémoire sur les représentations figurées du personnage d'Atlas. — 1836. Peintures antiques inédites, in-4. — 1837. Tableau des catacombes de Rome, in-12. — 1839. Sur les antiquités chrétiennes des catacombes. — 1840. Lettres archéologiques sur la peinture des Grecs. — 1840. Mémoires de numismatique et d'antiquités, in-4. — 1844-48. Choix de peintures de Pompéi, 5 liv. in-fol. — S. d. Mémoire sur la croix ansée. Mémoires d'archéologie comparée, asiatique et étrusque, in-4. — Notices historiques et mémoires insérés dans le Recueil de l'Académie des inscriptions (t. V à XVIII).

---

295. — PROUST (Joseph, Louis), ✻

Élu, le 12 *février* 1816, *membre de la Classe des Sciences physiques et mathématiques. Nommé, par l'ordonnance royale du* 21 *mars* 1816, *membre de l'Académie des Sciences (section de Chimie).*

Né à Angers (Maine-et-Loire), le 26 septembre 1754. — 1780. Pharmacien en chef de l'hôpital de la Salpêtrière. — 1785. Professeur à l'École d'artillerie de Segovie (Espagne). — 1804. *Correspondant de l'Institut.* — 1805 à 1808. Professeur à l'École militaire de Madrid. — Mort à Angers, le 5 juillet 1826.

Ouvrages. — 1803. Indagaciones sobre el estanado del cobre, la vaxilla de estano y el vidriado, *Madrid*, in-4. — 1808. Mémoire sur le sucre de raisin. — 1824. Essai sur une des causes qui peuvent amener la formation du calcul, 1 vol. in-4, *Angers*. Mémoires insérés dans les Annales du Muséum d'histoire naturelle.

---

296. — DUMÉRIL (André, Marie, Constant), O. ✻

Élu, le 26 *février* 1816, *membre de la Classe des Sciences physiques et mathématiques. Nommé, par l'ordonnance royale du* 21 *mars* 1816, *membre de l'Académie des Sciences (section d'Anatomie et Zoologie).*

Né à Amiens (Somme), le 1er janvier 1774. — 1793. Préparateur à l'École anatomique de Rouen. — 1794. Prosecteur à la Faculté de Médecine de Paris. — 1801. Professeur d'anatomie puis de pathologie à la Faculté de Médecine de Paris. — 1820. Professeur suppléant au Muséum d'Histoire naturelle. — 1825 à 1857. Professeur d'histoire naturelle des reptiles et poissons, au Muséum d'Histoire naturelle. — Mort à Paris, le 14 août 1860.

Ouvrages. — 1801. Leçons d'anatomie comparée, d'après Cuvier, 2 vol. — 1803. Essai sur les moyens de perfectionner l'art de l'anatomiste, in-4. Traité élémentaire d'histoire naturelle. — 1804. Éléments des sciences naturelles, 2 vol. — 1806. Zoologie analytique. — 1811-13. Recueil de 440 formules proposées dans les jurys de médecine des départements, in-4. — 1823. Considérations générales sur la classe des insectes. — 1835. Erpétologie générale ou histoire naturelle des reptiles, 9 vol. — 1835. L'histoire naturelle des poissons, in-12. — Mémoires insérés dans le Recueil de l'Académie des Sciences (t. XVII, XXXI, XXXIII et XXXV). — Collaboration au Magasin encyclopédique, aux Annales de la Société philomathique et au Dictionnaire des sciences naturelles.

Une notice sur sa vie a été lue par M. Flourens, dans la séance de l'Académie des Sciences du 28 décembre 1863.

---

297. — BAUSSET (le Cardinal Louis, François, duc de).

Nommé membre de l'Académie française, par l'ordonnance royale du 21 *mars* 1816.

Né à Pondichéry (Indes), le 14 décembre 1748. — 1768. Prêtre. — 1770. Vicaire général d'Aix. — 1778. Vicaire général de Digne. — 1784 à 1790. Évêque d'Alais. — 1806. Chanoine du Chapitre de Saint-Denis. — 1808. Membre du Conseil de l'Université. — 1815. Pair de France. — 1817. Cardinal. — 1817. Duc. — 1818. Ministre d'État. — Mort à Paris, le 21 juin 1824.

Ouvrages. — 1790. Lettre sur la constitution civile du clergé. — 1796. Réflexions sur la déclaration exigée des ministres du culte. Exposé des principes sur le serment de liberté et d'égalité. — 1806. Notice sur le cardinal de Boisgelin, in-12. — 1808. Histoire de Fénelon, 3 vol. — 1814. Histoire de Bossuet, 4 vol. — 1820. Notice sur' l'abbé Legris-Duval. — 1821. Notice sur Mgr de Talleyrand, archevêque de Paris. — 1822. Notice sur M. le duc de Richelieu.

Son éloge a été prononcé par M. le comte de Quélen, archevêque de Paris, dans la séance de l'Académie française du 25 novembre 1824.

---

298. — BONALD (le Vicomte Louis, Gabriel, Ambroise de), O. ✳

Nommé, par l'ordonnance royale du 21 mars 1816, membre de l'Académie française.

Né au Monnat (Aveyron), le 2 octobre 1754. — 1775. Officier. — 1808. Conseiller titulaire de l'Université. — 1815 à 1823. Député de l'Aveyron. — 1822. Ministre d'État. — 1823 à 1830. Pair de France. — Mort au Monnat, le 23 novembre 1840.

Ouvrages. — 1796. Théorie du pouvoir politique et religieux, 3 vol., *Constance.* — 1801. Du traité de Westphalie et de celui de Campo-Formio. — 1815. Réflexions sur l'intérêt général de l'Europe. — 1817. Pensées sur divers sujets et discours politiques, 2 vol. — 1817. Essai analytique sur les lois naturelles de l'ordre social. — 1818. Du divorce au xixe siècle. — 1818. Recherches philosophiques sur les premiers objets des connaissances morales, 2 vol. — 1818. Observations sur un ouvrage de Mme de Staël sur la Révolution. — 1818. Mélanges littéraires, politiques et philosophiques, 2 vol. — 1821. Opinion sur la loi relative à la censure des journaux, in-12. — 1821. Législation primitive considérée par les lumières de la raison, 3 vol. — 1825. De la chrétienté et du christianisme. — 1826. De la famille agricole et de la famille industrielle. — 1830. Démonstration philosophique du principe constitutif de la Société. — 1817-1843. Œuvres complètes, 16 vol. (I : Essai sur les lois sociales ; II à IV : Législation primitive ; V : Du divorce ; VI et VII : Pensées et discours ; VIII et IX : Recherches philosophiques ; X à XII : Mélanges ; XIII à XV : Théorie du pouvoir politique ; XVI : Écrits divers).

Son éloge a été prononcé par M. Ancelot, dans la séance de l'Académie française du 15 juillet 1841.

---

299. — FERRAND (le Comte Antoine, François, Claude), C. ✳

Nommé, par l'ordonnance royale du 21 mars 1816, membre de l'Académie française.

Né à Paris, le 4 juillet 1751. — 1769. Conseiller aux enquêtes au Parlement de Paris. — 1793. Membre du Conseil de régence du Prince de Condé. — 1814 à 1815. Ministre d'État et directeur général des Postes. — 1814. Comte. — 1815. Pair de France. — 1815. Membre du Conseil privé. — Mort à Paris, le 17 janvier 1825.

Ouvrages. — 1789. Accord des principes et des lois sur les évocations, commissions et cassations, in-12. — Essais d'un citoyen. — Nullité et despotisme de l'assemblée prétendue nationale. — 1790. Les conspirateurs démasqués, in-8, *Turin.* — État actuel de la France. — Les Français à l'Assemblée nationale. — Adresse d'un citoyen très actif aux états généraux du manège, vulgairement appelés Assemblée nationale. — Douze lettres d'un commerçant à un cultivateur sur les affaires du temps. — Le dernier coup de la Ligue. — 1791. Réponse au post-scriptum de M. Lally-Tollendal, à M. Burke. — 1792. Le rétablissement de la monarchie française, *Nice.* — 1793. De la révolution sociale. Lettre d'un ministre d'une cour étrangère, sur l'état actuel de la France. — 1794. Considérations sur la révolution sociale, *Neuchatel.* — 1795. Éloge funèbre de Mme Élisabeth, sœur de Louis XVI. — 1802. L'esprit de l'histoire, 4 vol. — 1817. Œuvres dramatiques (Le siège de Rhodes, Zoari, Philoctète, Alfred). — 1818. Théorie des révolutions rapprochée des principaux événements qui en ont été l'origine, le développement ou la suite, 4 vol. — 1820. Histoire des trois démembrements de la Pologne, 3 vol. — 1821. Vues d'un pair de France, sur la session de 1821. — 1823. Réflexions sur le renouvellement intégral de la Chambre des députés. — 1830. Testament politique.

Son éloge a été prononcé par Casimir Delavigne, dans la séance de l'Académie française du 7 juillet 1825.

300. — LALLY-TOLLENDAL (le Marquis Trophime, Gérard de), G. O. ✷

Nommé, par l'ordonnance royale du 21 mars 1816, membre de l'Académie française.

Né à Paris, le 5 mars 1751. — 1771. Capitaine de cuirassiers. — 1779. Grand bailli d'Étampes. — 1789. Député de la noblesse de Paris aux États généraux. — 1814. Membre du Conseil privé du Roi. — 1815. Pair de France. — 1817. Ministre d'État. — 1817. Marquis. — Mort à Paris, le 11 mars 1830.

Ouvrages. — 1779. Mémoires et plaidoyers pour la mémoire du général Thomas Arthur, comte de Lally, *Rouen*, in-4. — 1787. Essai sur quelques changements qu'on pourrait faire dans les lois criminelles de la France, par un honnête homme qui, depuis qu'il les connaît, n'est pas bien sûr de n'être pas pendu un jour. — 1789, Mémoire apologétique de Lally-Tollendal (son père). Observations sur la lettre de M. de Mirabeau, contre M. de Saint-Priest. Rapport sur le Gouvernement qui convient à la France. — 1789-90. Lettres à des commettants, 2 vol. — 1790. Quintus Capitolinus aux Romains. — 1791-92. Lettres à Burke, 3 vol. — 1793. Songe d'un Anglais fidèle à sa patrie et à son roi. Plaidoyer pour Louis XVI. — ? 95. Le comte de Strafford (tragédie), *Londres*. Essai sur la vie de Th. Wentworth, comte de Strafford, *Londres*. Mémoire au roi de Prusse, pour réclamer la liberté de La Fayette. — 1797. Défense des émigrés français, adressée au peuple français, 2 vol. — 1802. Lettre au rédacteur du Courrier de Londres, *Londres*. — 1804. Mémoire concernant Marie-Antoinette, 3 vol., *Londres*. — 1815. Du 30 janvier 1649 et du 21 janvier 1793. — 1815. Examen des observations sur la déclaration du congrès de Vienne. — 1826. Observation sur la nature de la propriété littéraire, in-4. — 1828. La Dame Blanche de Black-nels, divertissement. — Opinions, rapports et discours politiques. — Poésies, odes, chansons.

Son éloge a été prononcé par M. de Pongerville, dans la séance de l'Académie française du 29 juin 1830.

---

301. — LÉVIS (le Duc Gaston, Pierre, Marc de).

Nommé, par l'ordonnance royale du 21 mars 1816, membre de l'Académie française.

Né à Paris, le 7 mars 1764. — 1790. Député de Senlis à l'Assemblée constituante. — 1815. Membre du Conseil privé du Roi. — 1815. Pair de France. — Mort à Paris, le 15 février 1830.

Ouvrages. — 1808. Maximes et réflexions sur différents sujets, in-12. — Voyage de Kang-Hi, ou nouvelles lettres chinoises, 2 vol. in-12. — 1812. Suite des quatre Fiercadins. — 1814. Souvenirs et portraits. — 1814. L'An-gleterre au commencement du xixe siècle. — 1816. Considérations morales sur les finances. — 1818. Des emprunts. — 1819. De l'autorité des chambres sur leurs membres. — 1824. Considérations sur la situation financière de la France. — 1828. La conspiration de 1821 ou les jumeaux de Chevreuse, 2 vol. — 1829. Lettre sur là méthode Jacotot.

Son éloge a été prononcé par le comte Ph. de Ségur, dans la séance de l'Académie française du 29 juin 1830.

---

302. — RICHELIEU (le Duc Armand, Emmanuel, Sophie, Septimanie DUPLESSIS de), O. ✷

Nommé, par l'ordonnance royale du 21 mars 1816, membre de l'Académie française.

Né à Paris, le 25 septembre 1766. — 1787. Premier gentilhomme de la Chambre. — 1790. Lieute-nant général dans l'armée russe. — 1803. Gouverneur d'Odessa. — 1805. Gouverneur de la Nouvelle Russie. — 1814 à 1820. Premier gentilhomme de la Chambre. — 1815 à 1818. Président du Conseil et Ministre des Affaires étrangères. — 1817. *Membre libre de l'Académie des Beaux-Arts.* — 1819. Ministre d'État. — 1820. Grand Veneur. — 1820 à 1821. Président du Conseil. — Mort à Paris, le 17 mai 1822.

M. le duc de Richelieu n'a publié aucun ouvrage.

Son éloge a été prononcé par M. Dacier, dans la séance de l'Académie française du 28 novembre 1822.

---

303. — MONTESQUIOU-FEZENSAC (l'Abbé François, Xavier, Marc, Antoine, duc de).

Nommé, par l'ordonnance royale du 21 mars 1816, membre de l'Académie française.

Né à Marsan (Gers), le 13 août 1756. — 1778. Prêtre. — 1782. Abbé de Beaulieu. — 1785. Agent général du clergé. — 1789. Député du clergé de Paris aux États généraux. — 1814. Membre du gouvernement provisoire. — 1814. Ministre de l'Intérieur. — 1815. Ministre d'État. — 1815 à 1832. Pair de France. — 1816. *Membre libre de l'Académie des Inscriptions et Belles-Lettres.* — 1817. Comte. — 1821. Duc. — Mort à Cirey-sur-Blaise (Haute-Marne), le 5 février 1832.

Ouvrage. — 1789. Adresse aux Provinces, ou examen des opérations de l'Assemblée nationale.

Son éloge a été prononcé par M. Jay, dans la séance de l'Académie française du 19 juin 1832.

---

304. — LAINÉ (le Vicomte Joseph, Louis, Joachim), ✳

Nommé, par l'ordonnance royale du 21 mars 1816, membre de l'Académie française.

Né à Bordeaux (Gironde), le 11 novembre 1767. — 1789. Avocat. — 1793. Administrateur du district de la Réole. — 1795. Membre de l'Administration départementale de la Gironde. — 1795. Rentré au barreau. — 1808. Membre du Corps législatif. — 1814. Président de la Chambre des députés. — 1815 à 1823. Député. — 1815. Président de la Chambre des députés. — 1816 à 1818. Ministre de l'Intérieur. — 1820. Président du Conseil royal de l'Instruction publique. — 1820 à 1821. Ministre Secrétaire d'État (sans portefeuille). — 1823 à 1835. Pair de France. — 1827. Vicomte. — Mort à Paris, le 17 décembre 1835.

M. Lainé n'a publié aucun ouvrage; on a seulement de lui des Discours parlementaires.

Son éloge a été prononcé par M. Dupaty, dans la séance de l'Académie française du 10 novembre 1836.

---

305. — LETRONNE (Antoine, Jean), O. ✳

Nommé, par l'ordonnance royale du 21 mars 1816, membre de l'Académie des Inscriptions et Belles-Lettres.

Né à Paris, le 25 janvier 1787. — 1817. Directeur de l'École des Chartes. — 1819 à 1832. Inspecteur général des études. — 1831 à 1837. Professeur suppléant d'histoire et de morale au Collège de France. — 1832 à 1840. Directeur, président de l'Administration de la Bibliothèque royale et conservateur des médailles. — 1837 à 1848. Professeur d'archéologie au Collège de France. — 1840 à 1848. Administrateur du Collège de France. — 1840 à 1848. Garde général des archives du royaume. — Mort à Paris, le 14 décembre 1848.

Ouvrages. — 1813. Essai critique sur la topographie de Syracuse au v⁰ siècle. — 1814. Recherches géographiques et critiques sur le livre *De mensurâ orbis terræ.* — 1817. Considérations générales sur l'évaluation des monnaies grecques, in-4. — 1823. Recherches pour servir à l'histoire de l'Égypte, pendant la domination des Grecs et des Romains. — 1824. Observations critiques et archéologiques sur l'objet des représentations zodiacales qui nous restent de l'antiquité. — 1825. Éclaircissements historiques faisant suite aux œuvres de Rollin. — 1826. *Tabulæ octo nummorum, ponderum, mensurarum apud Romanos et Græcos.* — 1827. Analyse critique du recueil d'Inscriptions de M. de Vidua. — 1832. Cours élémentaire de géographie ancienne et moderne, in-12. — 1833. Matériaux pour l'histoire du christianisme, in-4. — 1834. La statue vocale de Memnon, in-4. — 1835. Observations sur les noms des vases grecs, in-4. — 1837. Lettre sur l'emploi de la peinture murale dans la décoration des édifices chez les Grecs et chez les Romains. — 1840. Fragments du poème de Scymnus de Chio et du faux Dicéarque. — 1841. Inscription grecque de Rosette. — 1842-48. — Recueil des Inscriptions grecques et latines de l'Égypte, 2 vol. in-4 — 1843. Examen critique de la découverte du prétendu cœur de saint Louis. — 1844. Diplômes et chartes de l'époque mérovingienne, in-fol. — 1846. Cours élémentaire de géographie ancienne et moderne, in-12. — 1849.

Mémoires et documents publiés dans la Revue archéologique. — 1851. Recherches sur les fragments d'Héron d'Alexandrie ou du système métrique égyptien. — Collaboration aux Annales des voyages, à la Revue des Deux Mondes, au Journal des savants, à la Revue archéologique, aux Annales de l'Institut archéologique de Rome et à la Biographie universelle. — Mémoires insérés dans le Recueil de l'Académie des inscriptions (t. VI à XXIV).

Une notice sur sa vie a été lue par M. Walckenaër, dans la séance de l'Académie des Inscriptions et Belles-Lettres du 12 novembre 1852.

---

306. — MOLLEVAUT (Charles, Louis).

Nommé, par l'ordonnance royale du 21 mars 1816, membre de l'Académie des Inscriptions et Belles-Lettres.

Né à Nancy (Meurthe), le 26 septembre 1776. — 1796. Professeur aux Écoles centrales de Nancy. — 1806. Professeur au Lycée de Nancy. — 1807. *Correspondant de l'Institut.* — 1809. Professeur de rhétorique au Lycée de Metz. — 1811. Professeur émérite. — Mort à Paris, le 13 novembre 1844.

Ouvrages. — 1809. La bataille d'Iéna, poème. — 1812. Éloge de Goffin. — 1814. La Paix, élégie. — 1815. Élégies. — 1816. Le mariage du duc de Berry, ode. — 1818. La restauration de la statue de Henri IV, ode. — 1819. Les fleurs, poème. — 1820. Cent fables, in-12. — 1821. Louis XIII, ou la légitimité. — 1832. Chants sacrés, in-12. — 1833. Pensées, en vers, in-12. — 1834. La Postérité, ode. — 1836. Soixante fables nouvelles, in-12. — 1843. Cinquante sonnets. — S. d. Jephté, poème. — Traduction en vers des Géorgiques et de l'Énéide de Virgile, des élégies de Tibulle et de Catulle, des Amours d'Ovide, des odes d'Anacréon et de l'Art poétique d'Horace. — Traduction en prose de l'Énéide, de Salluste, de Tacite, de Caton, d'Aristote, de Pétrarque, de Thompson et de Gessner.

---

307. — CAUCHY (le Baron Augustin, Louis), ✳

Nommé, par l'ordonnance royale du 21 mars 1816, membre de l'Académie des Sciences (section de Mécanique).

Né à Paris, le 21 août 1789. — 1812. Ingénieur des Ponts et Chaussées. — 1816 à 1828. Professeur de mécanique à l'École Polytechnique. — 1830. Baron. — 1830 à 1838. Professeur de physique mathématique à l'Université de Turin. — 1849 à 1857. Professeur d'astronomie mathématique à la Faculté des Sciences de Paris. — Mort à Sceaux (Seine), le 23 mai 1857.

Ouvrages. — 1812. Méthode pour déterminer à priori le nombre des racines réelles négatives d'une équation d'un degré quelconque. — 1813. Méthode pour déterminer à priori le nombre des racines réelles positives et des racines réelles négatives d'une extraction d'un degré quelconque. — 1821. Cours d'analyse, de l'École polytechnique. — 1823. Des intégrales définies entre des limites imaginaires. — 1824. Mémoire sur l'analogie des puissances et des différences, in-4. — 1825. Mémoire sur les intégrales définies, prises entre des limites imaginaires, in-4. — 1826. Leçons sur le calcul différentiel. — 1826-27. Exercices de mathématiques, 2 vol. in-4. — 1827. De l'application du calcul des résidus à la solution des problèmes de physique mathématique. — 1828. Leçons sur les applications du calcul infinitésimal à la géométrie, 2 vol. in-4. — 1829. Mémoire sur la résolution d'équations numériques et sur la théorie de l'élimination. — 1830. Mémoire sur la théorie des nombres. — 1831. Mémoire sur la dispersion de la lumière, *Prague.* — 1834. Éducation de l'enfant de l'Europe (le duc de Bordeaux). — 1839. Exercices d'analyse et de physique mathématique. — 1844. Considérations sur les ordres religieux. — 1845. Quelques réflexions sur la liberté d'enseignement. — 1846. Considérations sur les moyens de prévenir les crimes, et de réformer les criminels.

1884-94. OEuvres complètes publiées sous la direction de l'Académie des sciences. — *I*re *série* : t. I : Mémoires extraits des mémoires présentés par divers savants à l'Académie des sciences ; t. II et III : Mémoires extraits des mémoires de l'Académie des sciences ; t. IV à XI : Notes et articles extraits des comptes rendus hebdomadaires des séances de l'Académie des sciences. — *II*e *série* : t. I : Mémoires extraits du Journal de l'École polytechnique ; t. II : Mémoires extraits de divers recueils : Journal de Liouville, Bulletin de Férussac, Bulletin de la Société philomatique, Annales de Gergonne, Correspondance de l'École polytechnique ; t. III : Cours d'analyse de l'École polytechnique ; t. IV : Résumé des leçons données à l'École polytechnique sur le calcul infinitésimal. Leçons sur le calcul différentiel ; t. V : Leçons sur les applications du calcul infinitésimal à la géométrie ; t. VI à IX : Anciens exercices de mathématiques ; t. X : Résumés analytiques de Turin. Nouveaux exercices de mathématiques, de Prague ; t. XI à XIV : Nouveaux exercices d'analyse et de physique ; t. XV : Mémoires séparés.

308. — BRÉGUET (Abraham, Louis), ✻

Nommé, par l'ordonnance royale du 21 mars 1816, membre de l'Académie des Sciences
(section de Mécanique).

Né à Neuchâtel (Suisse), le 10 janvier 1747, établi en France en 1762. — 1799. Horloger de la marine. — 1817. Membre adjoint du Bureau des Longitudes. — Mort à Paris, le 17 septembre 1823.

Ouvrages. — 1811. Essai sur la force animale et sur le principe du mouvement volontaire. — S. d. Horlogerie pour l'usage civil, in-4.

Une notice sur sa vie a été lue par M. Fourier, dans la séance de l'Académie des Sciences du 5 juin 1826.

309. — LE BARBIER (Jean, Jacques, François).

Nommé, par l'ordonnance royale du 21 mars 1816, membre de l'Académie des Beaux-Arts
(section de Peinture).

Né à Rouen (Seine-Inférieure), le 11 novembre 1738. — 1785. Membre de l'Académie royale de Peinture et de Sculpture. — Mort à Paris, le 7 mai 1826.

Œuvres principales. — 1781. Le siège de Beauvais. Un Canadien et sa femme. Crillon recevant un billet de Henri IV. Le marquis d'Estampes au siège de Cassel. — 1783. Henri IV et Sully. Le jeu d'osselets. Étude de prétresse. — 1785. Jupiter endormi. Bain public à Constantinople. — 1787. Le courage des femmes de Sparte. — 1789. Ulysse quittant Sparte. Pausanias. Coriolan chez les Volsques. — 1790. Acte héroïque de Désiles à Nancy. La jeunesse et l'enfance. Virginie. — 1791. Lycurgue présente son neveu aux Spartiates. — 1796. Éducation des jeunes Spartiates. — 1801. Adam et Ève. Hélène et Pâris. — 1804. Le comte Mielzynski. — 1806. Une Lacédémonienne armant son fils. Vierge. L'Amour lançant ses traits. — 1808. Antigone. Agrippine quittant Germanicus. Bacchante. — 1810. La chasse aux papillons. Madame Élisabeth. — 1812. Saint Louis recevant l'oriflamme. — 1814. Henri IV et la marquise de Verneuil. Scène de Virgile. Les noces d'or. — 1817. Médias assassinant Matias. Phyllidas tuant Léontiade. Les bords de l'Eurotas. Adieux d'Abradate et de Panthée. Panthée expirant. Jeanne Hachette. Le siège de Nancy. Dessins pour les œuvres de Gessner, de J.-J. Rousseau et de Delille, les Amours de Daphnis, et les Métamorphoses d'Ovide.

Ouvrages. — 1801. Des causes physiques et morales qui ont influé sur les progrès des arts chez les Grecs — 1801. Principes élémentaires de dessin.

310. — BOSIO (le Baron François, Joseph), O. ✻

Nommé, par l'ordonnance royale du 21 mars 1816, membre de l'Académie des Beaux-Arts
(section de Sculpture).

Né à Monaco, le 19 mars 1768. — 1816. Premier sculpteur du Roi. — 1817 à 1845. Professeur à l'École des Beaux-Arts. — 1828. Baron. — Mort à Paris, le 29 juillet 1845.

Œuvres principales. — *Groupes et statues.* — 1808. L'Amour lançant des traits. Bas-reliefs de la colonne Vendôme. Statue de Napoléon pour la colonne de la grande armée à Boulogne. — 1810. Napoléon. Le roi et la reine de Westphalie. L'Amour séduisant l'Innocence. — 1812. Aristée. — 1814. Hercule combattant Achelaüs (Tuileries). — 1817. Hyacinthe jouant au palet (Louvre). Le duc d'Enghien (Versailles). — 1819. La nymphe Salmacis (Louvre). — 1822. Louis XIV (place des Victoires). — 1824. Henri IV enfant (château de Pau). Vierge. La mort de Louis XVI (chapelle Expiatoire). — 1826. La France et la Fidélité (palais de justice). — 1835. La nymphe Io. Vénus sur son char. Vierge. Charles X. — 1839. La reine Marie-Amélie (Versailles). — 1840. Sainte Adélaïde (à la Madeleine). Flora. —

1843. Tête de vierge. — 1844. — L'histoire et les arts consacrant les gloires de la France. — 1845. Jeune Indienne ajustant à ses jambes une bandelette. Quadrige de l'arc de triomphe du Carrousel.

Bustes. — 1810. La reine Hortense. L'impératrice Joséphine. La princesse Pauline. Talleyrand. Denon. — 1812. Napoléon. Le roi de Rome. La reine de Westphalie. — 1814. Louis XVIII. — 1819. Le comte Decazes. M. Bertin. Charette. — 1824. Le duc de Berry. Mme Élisabeth. Tête de nymphe. — 1843. Tête de vierge. Le prince d'Eckmühl (Versailles).

Ouvrage. — 1802. Traité élémentaire des règles du dessin, in-12.

311. — DUPATY (Louis, Charles, Marie, Henri, MERCIER-), O. ✻

Nommé, par l'ordonnance royale du 21 mars 1816, membre de l'Académie des Beaux-Arts (section de Sculpture).

Né à Bordeaux (Gironde), le 29 septembre 1771. — 1790. Avocat. — 1795 à 1798. Ingénieur géographe. — 1799. Grand prix de Rome. — 1823. Professeur à l'École des Beaux-Arts. — 1823. Conservateur adjoint du musée du Luxembourg. — Mort à Paris, le 12 novembre 1825.

Œuvres principales. — *Groupes et statues.* — 1799. Périclès visitant Anaxagore. — 1810. Philoctète blessé. — 1813. Vénus genitrix. Statue du général Leclère (Versailles). — 1814. Oreste tourmenté par une Euménide. — 1817. Ajax bravant les dieux. — 1819. Vénus devant Pâris (Versailles). Cadmus terrassant le serpent (Tuileries). Biblis changée en source (Louvre). — 1822. Modèle de la statue de Louis XIII (place Royale). — 1823. La France pleurant le duc de Berry. — 1824. Naissance du duc de Bordeaux. — S. d. Desaix. L'Amour offrant des fleurs et cachant des fers. Tête de Pomone. Ajax poursuivi par Neptune. Madame mère de l'empereur. Vierge (église Saint-Germain-des-Prés). Un jeune berger avec son chevreau.

Bustes. — 1812. Pomone, Mlle La Rue. — 1817. Louis XVIII. — S. d. Napoléon. Lucien Bonaparte. M. de Vaublanc. Mlle de Montholon. Mme Pasta. Le Thiere. Le général Lemarrois.

Une notice sur sa vie a été lue par Quatremère de Quincy, dans la séance de l'Académie des Beaux-Arts du 6 octobre 1827.

312. — DESNOYERS (le Baron Auguste, Gaspard, Louis, BOUCHER-), O. ✻

Nommé, par l'ordonnance royale du 21 mars 1816, membre de l'Académie des Beaux-Arts (section de Gravure).

Né à Paris, le 20 décembre 1779. — 1825. Premier graveur du Roi. — 1828. Baron. — Mort à Paris, le 16 février 1857.

Œuvres principales. — 1796. Bacchante au cou d'un Terme (Grevedon). Léda (Lethière). Héro et Léandre (Harriette). Dédale et Icare (Landon). Héloïse et Abélard (Lefèvre). — 1799. Vénus désarmant l'Amour (Lefèvre). — 1801. L'Espérance (Caraffa). Portrait de Jefferson. — 1802. Les pénibles adieux (Ledru). Bonaparte (Lefèvre). — 1804. La belle jardinière (Raphaël). Psyché et l'Amour (Ingres). Moïse sauvé des eaux (Poussin). Ptolémée Philadelphe (Ingres). — 1806. Bélisaire (Gérard). — L'Amour grec (Ingres). L'Amour et Psyché (Ingres). M. de Humboldt (Gérard). — 1808. Napoléon (Gérard). Marie-Louise. — 1810. La vierge de Foligno (Raphaël). — 1812. La vierge aux roches (L. de Vinci). — 1814. La vierge au linge (Raphaël). La vierge à la chaise (Raphaël). Talleyrand (Gérard). — 1817. François Ier et Marguerite de Navarre (Richard). — 1819. Eliézer et Rebecca (Poussin). — 1822. La vierge au poisson (Raphaël). — 1824. La visitation (Raphaël). Sainte Catherine d'Alexandrie (Raphaël). — 1827. La vierge d'Albe (Raphaël). — 1831. La vierge au berceau (Raphaël). Les Muses (Périno del Vaga). — 1840. La transfiguration (Raphaël). — 1841. La belle jardinière (Raphaël). — 1846. La vierge de Saint-Sixte (Raphaël). — S.d. La vierge du palais Tempi (Raphaël). Sainte Marguerite (Raphaël). La Foi, l'Espérance et la Charité (Corrège). Sainte Madeleine (L. de Vinci). La Cène (Guérin). Phèdre et Hippolyte.

Une notice sur sa vie a été lue par Halévy, dans la séance de l'Académie des Beaux-Arts du 6 octobre 1860.

313. — RÉMUSAT (Pierre, Jean, Abel), ✻

Élu, le 5 avril 1816, membre de l'Académie des Inscriptions et Belles-Lettres.

Né à Paris, le 5 septembre 1788. — 1810. Médecin. — 1813. Chirurgien aide-major. — 1814 à 1832. Professeur de langue et littérature chinoises au Collège de France. — 1824 à 1832. Conservateur des manuscrits de la Bibliothèque royale. — Mort à Paris, le 3 juin 1832.

Ouvrages. — 1810. Essai sur la langue et la littérature chinoises. — 1811. De l'étude des langues étrangères chez les Chinois. — 1812. *Dissertatio de glossosemeiotice.* — 1813. Recherches historiques sur la médecine des Chinois. — 1816. Le livre des récompenses et des peines, tr. du chinois, in-4. — 1817. Description du groupe des îles Bonin, colonie japonaise, in-4. — 1818. Mémoire sur les livres chinois de la Bibliothèque royale. — 1822. Lettre sur l'état et les progrès de la littérature chinoise en Europe. — 1824. Recherches chronologiques sur l'origine de la hiérarchie lamaïque, in-4. — 1825. Mémoire sur la géographie de l'Afrique centrale, in-4. Mélanges asiatiques, 2 vol. — 1826. Iu-Kiao-li, ou les deux cousines, roman, 4 vol. in-12. — 1828. Nouveaux mélanges asiatiques, 2 vol. — 1832. Observations sur l'histoire des Mongols orientaux. — 1843. Mélanges posthumes d'histoire et de littérature. — Collaboration à l'Art de vérifier les dates, aux Notices et extraits des manuscrits de la Bibliothèque royale, au Journal des savants, au Journal asiatique, aux Mémoires de l'Orient et à la Biographie universelle. — Mémoires insérés dans le Recueil de l'Académie des inscriptions (t. VI à XVIII).

Une notice sur sa vie a été lue par S. de Sacy, dans la séance de l'Académie des Inscriptions et Belles-Lettres du 25 juillet 1834.

---

314. — BROCHANT de VILLIERS (André, Jean, Marie), O. ✳

Élu, le 8 avril 1816, membre de l'Académie des Sciences (section de Minéralogie).

Né à Villiers (Seine-et-Oise), le 6 août 1772. — 1794. Élève ingénieur des mines. — 1800. Ingénieur ordinaire. — 1802 à 1835. Professeur de minéralogie à l'École des mines. — 1809. Ingénieur en chef. — 1824. Inspecteur divisionnaire. — 1832. Inspecteur général des mines. — Mort à Paris, le 16 mai 1840.

Ouvrages. — 1801. Traité élémentaire de minéralogie, 2 vol. — 1818. De la cristallisation considérée géométriquement et physiquement. Carte géologique de la France, avec texte explicatif, 3 vol. in-4. — Articles et mémoires insérés dans le Journal des mines.

---

315. — AUGER (Louis, Simon), ✳

Élu, le 11 avril 1816, membre de l'Académie française, et, le 20 juillet 1826, secrétaire perpétuel de la même Académie.

Né à Paris, le 29 juillet 1772. — 1793. Commis dans l'Administration des vivres de l'armée. — 1799 à 1812. Commis au Ministère de l'Intérieur. — Disparu le 2 février 1829. — Son corps a été retrouvé dans la Seine, à Meudon (Seine-et-Oise), le 15 février 1829.

Ouvrages. — 1800. Arlequin odalisque, comédie. — 1805. Éloge de Boileau-Despréaux. — 1807. Éloge de Corneille. — 1808. Abrégé de géographie physique et politique, in-12. — 1825. Essai sur la vie et les ouvrages de Cervantes. — 1826. Observations sur la nature de la propriété littéraire. — Collaboration à la Décade philosophique, au Mercure, au Journal des Débats, au Journal général de France, au Spectateur politique et littéraire et à la Biographie universelle. — Édition, avec notices et notes, de nombreux ouvrages.

Son éloge a été prononcé par M. Étienne, dans la séance de l'Académie française du 24 décembre 1829.

---

316. — CHÉZY (Antoine, Léonard de), ✳

Élu, le 12 avril 1816, membre de l'Académie des Inscriptions et Belles-Lettres.

Né à Neuilly (Seine), le 15 janvier 1773. — 1798. Attaché au Ministère des Relations extérieures. — 1799. Attaché à la Bibliothèque nationale. — 1814 à 1832. Professeur de langue et littérature

sanscrites au Collège de France. — 1824 à 1832. Conservateur adjoint au Département des manuscrits de la Bibliothèque royale. — Mort à Paris, le 31 août 1832.

Ouvrages. — 1805. Extrait du livre des merveilles de la nature, in-8. — 1807. Medjoun et Leila, poème persan,
2 vol. in-12. — 1826. Yadnadatta-Badha, ou la mort d'Yadnadatta, in-8. — 1827. Théorie du Sloka ou mètre
héroïque sanscrit. — 1830. La reconnaissance de Sacountala, in-4. — 1831. Anthologie érotique d'Amarou. — Collaboration au Journal des savants.

Une notice sur sa vie a été lue par M. S. de Sacy, dans la séance de l'Académie des Inscriptions
et Belles-Lettres du 14 aout 1835.

---

317. — ÉMÉRIC DAVID (Toussaint, Bernard, ÉMÉRIC, dit), ✻

Élu, le 12 avril 1816, membre de l'Académie des Inscriptions et Belles-Lettres.

Né à Aix (Bouches-du-Rhône), le 25 août 1755. — 1780. Avocat. — 1791. Maire d'Aix. — 1809.
Membre du Corps législatif. — 1814. Député. — Mort à Paris, le 2 avril 1839.

Ouvrages. — 1791. Recherches sur la répartition des contributions foncière et mobilière, Aix, in-4. — 1796.
Musée olympique de l'École vivante des beaux-arts. — 1800. Recherches sur l'art statuaire chez les anciens et
chez les modernes. — 1807. Discours historique sur la peinture moderne. — 1809. Discours historique sur la
gravure en taille douce. — 1818-20. Suite d'études dessinées d'après Raphaël, in-8. — 1833. Jupiter : recherches
sur son culte. — 1837. Vulcain : recherches sur son culte. — 1839. Neptune : recherches sur son culte. — 1842.
Histoire de la peinture au moyen âge, in-12. — 1853. Vie des artistes anciens et modernes, in-12. — Essai historique sur la sculpture française. — Collaboration à la Biographie universelle et à l'Histoire littéraire de la France
(t. XVI à XX).

Une notice sur sa vie a été lue par Walckenaër, dans la séance de l'Académie des Inscriptions
et Belles-Lettres du 1er août 1845.

---

318. — DESÈZE (le Comte Raymond), G. O. ✻

Élu, le 22 mai 1816, membre de l'Académie française.

Né à Bordeaux (Gironde), le 26 septembre 1748. — 1767. Avocat à Bordeaux. — 1783 à 1792.
Avocat à Paris. — 1792. Défenseur de Louis XVI. — 1815 à 1828. Premier président de la Cour de
cassation. — 1815. Pair de France. — 1817. Comte. — Mort à Paris, le 2 mai 1828.

Ouvrages. — 1789. Essai sur les maximes et sur les lois fondamentales de la monarchie française. Les
vœux d'un citoyen adressés au tiers état de Bordeaux. — 1790. Observations sur le danger de l'établissement
d'un tribunal de cassation dans les colonies, in-4. — Plaidoyer pour le baron de Besenval — 1792. Défense du roi
Louis XVI, prononcée à la barre de la Convention. — 1817. La nation française justifiée d'avoir pris part au
crime de la mort de Louis XVI. — 1818. Requête au Roi pour la marquise C. de Douhault, in-4.

Son éloge a été prononcé par M. de Barante, dans la séance de l'Académie française du 20 novembre 1828.

---

319. — RAMEY (Claude), ✻

Élu, le 24 août 1816, membre de l'Académie des Beaux-Arts (section de Sculpture).

Né à Dijon (Côte-d'Or), le 29 octobre 1754. — 1782. Grand prix de Rome. — Mort à Paris, le
4 juin 1838.

Œuvres principales. — *Groupes et statues*. — 1793. Athlète phrygien. Mort de Cléopâtre. — 1796. L'amour nouvellement éclos. Sapho appuyée sur sa lyre. — 1801. Sapho assise. — 1810. Le prince Eugène (Versailles) — 1817.
Richelieu (Versailles). — 1824. Pascal (Clermont). — Naïade (fontaine du Luxembourg), La Prudence (Banque de

France). L'entrevue d'Austerlitz (arc de triomphe du Carrousel). Kléber (Sénat). Napoléon (Versailles). Victoire tenant des couronnes (Sénat). Le génie des vertus (coupole du Panthéon).

Bustes. — 1801. Scipion l'Africain. — 1827. M. Lavaudale. — Cérès. Cousin. Durazzo. Praslin.

---

320. — PRUD'HON (Pierre, Paul), ✳

Élu, le 21 septembre 1816, membre de l'Académie des Beaux-Arts (section de Peinture).

Né à Cluny (Saône-e-Loire), le 4 avril 1758. — 1796. Associé non résidant de l'Institut. — Mort à Paris, le 16 février 1823.

Œuvres principales. — 1793. L'union de l'Amour et de l'Amitié. — 1794. Jeune femme avec un enfant. — 1799. La Sagesse et la Vérité descendant sur la terre. — 1801. La Paix. — 1802. Tableau de famille. — 1808. La Justice poursuivant le crime (Louvre). Psyché enlevée par les Zéphyrs. — 1812. Tête de Vierge. — 1812. Vénus et Adonis. Le roi de Rome. — 1814. Zéphyr se balançant au-dessus de l'eau. Le sommeil de Psyché. — 1817. Andromaque. — 1819. L'Assomption (Louvre). — 1822. Une famille désolée. — 1823. La Vierge et sainte Madeleine au pied de la croix (Louvre). L'Amour riant des pleurs de l'Innocence. L'Innocence préférant l'Amour à la Richesse.

Une notice sur sa vie a été lue par Quatremère de Quincy, dans la séance de l'Académie des Beaux-Arts du 2 octobre 1824.

---

321. — LESUEUR (Jacques, Philippe), ✳

Élu, le 7 décembre 1816, membre de l'Académie des Beaux-Arts (section de Sculpture).

Né à Paris, le 24 mars 1757. — Mort à Paris, le 4 décembre 1830.

Œuvres principales. — *Groupes et statues.* — 1791. Tombeau de J.-J. Rousseau. Vestale condamnée. — 1793. Œdipe et Antigone. — 1795. Sapho. L'Humanité, la Justice et la Paix (bas-reliefs). — 1797. L'Amour et Psyché. — 1800. Jeune femme endormie. — 1810. La paix de Presbourg (arc de triomphe du Carrousel). Couronnement de l'empereur (corps législatif). — 1814. L'Espérance. Minerve. Thalie. — 1817. Le bailli de Suffren (Versailles). — 1822. Montaigne (Libourne). Fronton de la cour du Louvre (la France récompensant les sciences et les arts).

Bustes. — 1817. Orfila. — 1822. Corvisart. Eustache Lesueur.

Une notice sur sa vie a été lue par Raoul Rochette, dans la séance de l'Académie des Beaux-Arts du 5 octobre 1839.

---

322. — TOCHON d'ANNECY (Joseph, François, TOCHON dit).

Élu, le 13 décembre 1816, membre de l'Académie des Inscriptions et Belles-Lettres.

Né à Annecy (Haute-Savoie), le 4 novembre 1772. — 1790 à 1797. Officier d'Infanterie. — 1815 (août-novembre). Député du Mont-Blanc. — Mort à Paris, le 19 août 1820.

Ouvrages. — 1815. Dissertation sur l'époque de la mort d'Antiochus, roi de Syrie, in-4. — 1816. Notice sur une médaille de M. Visconti, duc de Milan, in-4. Dissertation sur les pierres antiques qui servaient de cachet aux médecins oculistes. — 1817. Mémoires sur les médailles de Marinus frappées à Philippopolis, in-4. — 1822. Recherches sur les médailles des nomes ou préfectures de l'Égypte, in-4. — Collaboration à la Biographie universelle.

Une notice sur sa vie a été lue par Dacier, dans la séance de l'Académie des Inscriptions et Belles-Lettres du 26 juillet 1822.

---

323. — GARNIER (Étienne, Barthélemy), ✳

Élu, le 28 décembre 1816, membre de l'Académie des Beaux-Arts (section de Peinture).

Né à Paris, le 24 août 1759. — 1788. Grand prix de Rome. — Mort à Paris, le 15 novembre 1849.

Œuvres principales. — 1787. Mort de Sédécias. — 1788. Assassinat de Tatius. — L'empereur Maurice détrôné par Phocas. Ajax bravant la tempête. — 1793. Guerrier se sauvant d'un naufrage. Dédale et Icare. Saint Jérôme. Diogène. Hippolyte fuyant Phèdre. Socrate et Alcibiade. — 1795. Ulysse et Nausicaa. — 1800. La famille de Priam. — 1801. La charité romaine. Diane apparaissant à Hercule. — 1802. Enfant jetant du grain aux oiseaux. — 1803. Napoléon Iᵉʳ. — 1804. Le repos des nymphes. — 1808. Napoléon méditant. — 1810. Eponine et Sabinus. — 1810. Mariage de Napoléon avec Marie-Louise (Versailles). — 1812. La mort d'Eurydice. — Enterrement du roi Dagobert. — 1814. Orphée et Eurydice. — 1819. Les galeries du Louvre bâties par Henri IV. — 1827. Réception du duc d'Angoulême à Chartres. Saint Louis arbitre entre Henri III et ses barons. Mater dolorosa. Entrevue du duc et de la duchesse d'Angoulême à Chartres. — 1828. Procession de Saint Charles Borromée à Milan. — 1831. Jésus guérissant un sourd-muet. — 1837. Napoléon Iᵉʳ. — 1838. Le cardinal Maury, Avignon. — 1848. Jésus tombe sous le poids de la croix. — S. d. La dévotion aux âmes du purgatoire. Saint Vincent de Paul et Richelieu.

324. — CATEL (Pierre, Simon), ✳

Élu, le 1ᵉʳ mars 1817, membre de l'Académie des Beaux-Arts (section de Composition musicale).

Né à Laigle (Orne), le 10 juin 1773. — 1787. Accompagnateur et professeur adjoint à l'École royale de chant et de déclamation. — 1790 à 1802. Accompagnateur à l'Opéra. — 1790. Chef adjoint de musique de la Garde nationale. — 1795. Professeur d'harmonie au Conservatoire. — 1804 à 1814. Inspecteur du Conservatoire. — Mort à Paris, le 29 novembre 1830.

Œuvres. — Opéras. — 1802. Sémiramis. — 1810. Les bayadères. — 1818. Zirphile et fleur de myrthe. — Opéras comiques : 1807. L'auberge de Bagnères. — 1807. Les artistes par occasion. — 1812. Les aubergistes de qualité. — 1814. Le premier en date. Le siège de Mézières. — 1817. Wallace. — 1819. L'officier enlevé — Ballets : 1808. Alexandre chez Appelles. — Morceaux divers : 1791. Hymne à l'égalité. La reprise de Toulon. Hymne à l'Être suprême. Ode sur le Vengeur. La fête de la souveraineté du peuple. — 1794. Hymne à la victoire. — S. d. Six quintettes, trois quatuors et six sonates.
Ouvrage. — 1802. Traité d'harmonie.

Une notice sur sa vie a été lue par Quatremère de Quincy, à l'Académie des Beaux-Arts.

325. — STOUF (Jean-Baptiste).

Élu, le 5 avril 1817, membre de l'Académie des Beaux-Arts (section de Sculpture).

Né à Paris, le 5 janvier 1743. — 1785. Membre de l'Académie royale de Peinture et de Sculpture. — 1810 à 1826. Professeur à l'École des Beaux-Arts. — Mort à Charenton (Seine), le 30 juin 1826.

Œuvres principales. — Groupes et statues. — 1785. Abel tué par Caïn. Bélisaire. Hercule combattant les centaures. — 1787. Saint Vincent de Paul. — 1789. Androclès pansant un lion blessé. — 1791. Funérailles d'Hector. — 1795. La Vérité découvre l'Innocence opprimée. La fidèle amitié. — 1798. Femme effrayée d'un coup de tonnerre. — 1800. Montaigne. — 1801. L'Amour et l'Amitié. — 1804. L'amour paternel. Le général Jobert (Versailles). — 1817. Suger (Versailles). Travaux d'Hercule. Combat de centaures. — 1819. Le dévouement. — 1819. L'amour paternel.
Bustes. — 1789. Jeune fille pleurant. — 1791. La Tristesse. Tête de vieillard. — 1801. Lavoisier. — 1814. L'Affliction.

326. — FOURIER (le Comte Jean, Joseph), ✳

Élu, le 12 mai 1817, membre de l'Académie des Sciences et, le 18 novembre 1822, secrétaire perpétuel de la même Académie, pour les Sciences mathématiques. Élu, le 14 décembre 1826, membre de l'Académie française.

Né à Auxerre (Yonne), le 21 mars 1768. — 1790. Professeur de mathématiques à l'École militaire d'Auxerre. — 1793 à 1798. Professeur d'analyse et de mécanique à l'École Polytechnique. —

1798. Secrétaire perpétuel de l'Institut d'Égypte. — 1803 à 1815. Préfet de l'Isère. — 1808. Baron. — 1815 (Cent-Jours). Préfet du Rhône. — 1815. Comte. — 1816. Élu membre libre de l'Académie des Sciences (élection non approuvée par le Roi). — 1827. Président du Conseil de perfectionnement de l'École Polytechnique. — Mort à Paris, le 17 mai 1830.

Ouvrages. — 1821. Rapport sur les établissements appelés tontines, in-4. — 1822. Théorie analytique de la chaleur, in-4. — 1831. Analyse des équations déterminées, in-4. — S. d. Discours préliminaire de la description de l'Égypte. — Collaboration au Journal de l'École polytechnique et à la Description de l'Égypte. — Mémoires insérés dans le Recueil de l'Académie des sciences (t. IV à XIV, 2ᵉ série).

Son éloge a été prononcé par M. Cousin, dans la séance de l'Académie française du 5 mai 1831.

327. — MATHIEU (Claude, Louis), C. ✳

Élu, le 27 mai 1817, membre de l'Académie des Sciences (section d'Astronomie).

Né à Mâcon (Saône-et-Loire), le 25 novembre 1784. — 1805. Ingénieur des Ponts et Chaussées. — 1806. Secrétaire du Bureau des Longitudes. — 1807. Professeur suppléant au Collège de France. — 1828 à 1838. Professeur d'analyse à l'École Polytechnique. — 1834 à 1849. Député de Saône-et-Loire. — 1849. Membre du Bureau des Longitudes. — Mort à Paris, le 5 mars 1875.

Ouvrages. — Collaboration à la Connaissance des temps et à l'Annuaire du Bureau des Longitudes. — Publication de l'histoire de l'Astronomie au XVIIIᵉ siècle, de Delambre.

328. — LAYA (Jean, Louis), ✳

Élu, le 7 août 1817, membre de l'Académie française.

Né à Paris, le 4 décembre 1761. — 1805. Professeur au lycée Charlemagne. — 1809. Professeur au Lycée Napoléon. — 1815 à 1833. Professeur d'histoire littéraire et de poésie française à la Faculté des Lettres de Paris. — Mort à Bellevue (Seine-et-Oise), le 25 août 1833.

Ouvrages. — 1786. Essai de deux amis. — 1789. Voltaire aux Français, sur leur constitution. — 1789. La régénération des comédiens en France. — 1790. Les dangers de l'opinion, drame. — 1791. Jean Calas, tragédie. — 1793. L'ami des lois, comédie. — 1795. Rapport sur les papiers trouvés chez Robespierre et ses complices. — 1799. Épître d'un jeune cultivateur élu député. — 1799. Une journée du jeune Néron (non imprimé). — 1799. Les derniers moments de la présidente de Toursel. — 1801. Essai sur la satire. — 1807. Eusèbe, héroïde. — 1819. Un mot à M. le directeur de l'Imprimerie. — 1821. Falkland ou la conscience, drame. — Poésies insérées dans l'Almanach des Muses, les Veillées des Muses, l'Observateur des spectacles et la Nouvelle Bibliothèque des romans. — Collaboration au Moniteur universel.

Son éloge a été prononcé par M. Ch. Nodier, dans la séance de l'Académie française du 26 décembre 1833.

329. — NAUDET (Joseph), C. ✳

Élu, le 22 août 1817, membre de l'Académie des Inscriptions et Belles-Lettres. Élu, le 25 juin 1852, secrétaire perpétuel de la même Académie. Démissionnaire de ces dernières fonctions et élu secrétaire perpétuel honoraire, le 24 août 1860. Élu, le 27 octobre 1832, membre de l'Académie des Sciences morales et politiques (section d'Histoire).

Né à Paris, le 8 décembre 1786. — 1809. Professeur au lycée Napoléon. — 1816 à 1822. Maître de conférences de littérature à l'École Normale. — 1817. Professeur suppléant de droit des gens au Collège de France. — 1830 à 1840. Inspecteur général de l'Instruction publique. — 1840 à 1847. Conservateur du Département des imprimés et directeur de la Bibliothèque royale. — 1847 à 1858. Administrateur général de la Bibliothèque impériale. — Mort à Paris, le 12 août 1878.

I.

25

Ouvrages. — 1811. Histoire de l'établissement, des progrès et de la décadence de la Monarchie des Goths en Italie. — 1813. Essai de rhétorique, in-12. — 1815. La conjuration de Marcel contre l'autorité royale. — 1817. Des changements opérés dans toutes les parties de l'Administration de l'empire romain sous Dioclétien et Constantin, 2 vol. — 1819. De la responsabilité graduelle des agents du pouvoir exécutif. — 1831. *Conciones, sive orationes ex Sallustii, T. Livii, Taciti, historiis collectæ*, in-12. — De l'état des personnes en France sous les rois de la première race, in-4. — Traduction des œuvres de Plaute, Sénèque, Tacite et Horace. — Collaboration aux tomes XIX et XX des Historiens des Gaules, au Journal des savants, à l'Encyclopédie des gens du monde et à l'Histoire des villes de France.

Une notice sur sa vie a été lue par M. Wallon, dans la séance de l'Académie des Inscriptions et Belles-Lettres du 21 novembre 1879.

330. — ROGER (Jean, François), O. ✻

Élu, le 28 août 1817, membre de l'Académie française.

Né à Langres (Haute-Marne), le 17 avril 1776. — 1796. Commis au Ministère de l'Intérieur. — 1798. Avocat à Paris. — 1805. Membre de la Commission d'instruction publique. — 1807 à 1814. Député de la Haute-Marne. — 1809. Conseiller de l'Université. — 1814. Inspecteur général des études. — 1816. Secrétaire général de l'administration des postes. — 1824 à 1827. Député de la Haute-Marne. — 1830. Député de la Corse. — Mort à Paris, le 1er mars 1842.

Ouvrages. — *Théâtre.* — 1798. L'épreuve délicate. — 1799. La dupe de soi-même. — 1800. Le valet de deux maîtres. Caroline. — 1805. L'avocat. — 1809. La revanche. — 1811. Le billet de loterie. Le magicien sans magie. — 1820. L'amant et le mari. — 1821. Le grand Lama. — S. d. La lecture de Clarisse. — La pièce en répétition. Le trompeur malgré lui.

1809. Vie du prince Henri de Prusse, frère de Frédéric II. — 1834. OEuvres diverses, éditées par Ch. Nodier, 2 vol.

Son éloge a été prononcé par M. Patin, dans la séance de l'Académie française du 5 janvier 1843.

331. — CHOISEUL-DAILLECOURT (le Comte André, Urbain, Maxime), ✻

Élu, le 29 août 1817, membre de l'Académie des Inscriptions et Belles-Lettres.

Né à Paris, le 21 octobre 1782. — 1810. Auditeur au Conseil d'État. — 1813. *Correspondant de l'Institut.* — 1814 à 1823. Préfet de l'Eure, de la Côte-d'Or, de l'Oise et du Loiret. — Mort à Paris, le 11 avril 1854.

Ouvrages. — 1809. De l'influence des croisades sur l'état des peuples de l'Europe. — 1843. **1688** et **1830** ou parallèle historique des révolutions d'Angleterre et de France. — Collaboration à la Biographie universelle.

332. — BOÏELDIEU (François, Adrien), ✻

Élu, le 29 novembre 1817, membre de l'Académie des Beaux-Arts (section de Composition musicale).

Né à Rouen (Seine-Inférieure), le 15 décembre 1775. — 1798 à 1809. Professeur de piano au Conservatoire. — 1803 à 1811. Maître de chapelle de l'Empereur de Russie. — 1820 à 1829. Professeur de composition au Conservatoire. — Mort à Jarcy (Seine-et-Oise), le 8 octobre 1834.

OEuvres. — 1795. La dot de Suzette. — 1796. La famille suisse. — 1797. Monbreuil et Merville. L'heureuse nouvelle. — 1798. Zoraïme et Zulnare. Les méprises espagnoles. — 1799. Beniowski. — 1800. La calife de Bagdad. 1803. Ma tante Aurore. — 1812. Rien de trop. La jeune femme colère. Amour et mystère. Jean de Paris. — 1813. Le nouveau seigneur de village. — 1814. Le Béarnais. — 1815. Angéla. — 1816. Charles de France (op.). La fête du village voisin. — 1818. Le chaperon rouge. — 1820. Les voitures versées. — 1821. Blanche de Provence (op.). —

1824. Pharamond (op.). — 1825. La dame blanche. — 1829. Les deux nuits. — S. d. Abderkhan. Calypso. Aline, reine de Golconde. Un tour de soubrette.

Son éloge a été prononcé par Quatremère de Quincy, à l'Académie des Beaux-Arts.

---

333. — LE THIÈRE (Guillaume, GUILLON, dit), ✳

Élu, le 28 mars 1818, membre de l'Académie des Beaux-Arts (section de Peinture).

Né à la Guadeloupe, le 10 janvier 1760. — 1786. Grand prix de Rome. — 1807. *Correspondant de l'Institut.* — 1808 à 1816. Directeur de l'Académie de France à Rome. — 1809 à 1832. Professeur à l'École des Beaux-Arts. — Mort à Paris, le 21 avril 1832.

Œuvres principales. — 1790. Néron fait enlever Junie. — 1793. Œdipe sauvé par un berger. Orphée et Eurydice. — 1795. Caton d'Utique. Herminie chez les bergers. L'Amour et les Grâces dérobent la ceinture de Vénus. — 1798. Philoctète à Lemnos. Le sommeil de Vénus. Baigneuses jouant avec un cygne. — 1799. Femme jouant de la harpe. — 1801. Brutus faisant exécuter ses fils (Louvre). — 1806. Traité de Léoben (Versailles). — 1817. Vue de Rome, prise du Mont-Mario. Vue de Saint-Pierre. La villa Médicis. — 1819. Vue du château de Genazano, Énée et Didon (m. d'Amiens). Vénus sur les ondes. — 1822. Saint Louis visitant les pestiférés à Carthage. Esculape allaité par une chèvre. Romulus et Remus enfants. Les côtes d'Angleterre près de Brighton. Une felouque en danger. — 1824. François Ier fonde le Collège de France. — 1827. Saint Louis à Damiette. — 1830. Le passage du pont de Vienne. — 1831. Virginius poignardant sa fille (Louvre). — S. d. Philoctète à Lemnos. Sainte Madeleine aux pieds de Jésus-Christ (Saint-Roch). Homère chantant ses poèmes. Le jugement de Pâris. Phorbas et Œdipe enfant. La messe dans les catacombes. Départ d'Adonis. Mort d'Adonis. Archimède. Sainte Hélène découvrant la vraie croix. La mort de César. Défaite de Maxime par Constantin. L'impératrice Joséphine (Versailles). Élisa Bonaparte (Versailles).

Une notice sur sa vie a été lue par Quatremère de Quincy, à l'Académie des Beaux-Arts.

---

334. — LE PRÉVOST d'IRAY (le Vicomte Chrétien, Siméon), ✳

Élu, le 3 juillet 1818, membre de l'Académie des Inscriptions et Belles-Lettres.

Né à Iray (Orne), le 13 juin 1768. — 1794. Professeur d'histoire à l'École centrale. — 1799. Censeur des études au Lycée Louis-le-Grand. — 1805. Inspecteur général de l'Université. — 1815. Gentilhomme ordinaire de la chambre du Roi. — Mort à Iray, le 15 septembre 1849.

Ouvrages. — 1802-05. Tableaux comparatifs de l'histoire ancienne et de l'histoire moderne, in-fol. — 1816. Histoire de l'Égypte sous le gouvernement des Romains. — 1817. L'Hercule thébain. — 1824. La Vendée, poème, in-12. — 1825. Poésies fugitives, in-18. — 1825. Vision d'Ézéchiel. — 1827. La guerre sacrée ou hommage aux Grecs. — 1827. Souvenirs poétiques, in-12. — 1829. Avis aux propagateurs des nouvelles doctrines littéraires. — 1835. Essai sur les prophéties d'Isaïe. — 1838. Influence de la Grèce sur les arts de l'Étrurie et de Rome. — 1838. La pierre de Rosette, ode. — 1843. Vertu et repentir, poème. — 1844. Boileau mis à l'index ou le nouvel art poétique. — 1849. Le dévoûment de Mgr Affre, poème.

Théâtre. — 1795. La Clubomanie. — 1796. Maître Adam. — 1797. Les troubadours. — 1798. Alphonse et Léonore. 1798. Manlius Torquatus. — 1799. Le quart d'heure de Rabelais. — 1801. Gentil Bernard. — 1806. Carlin débutant à Bergame. Jean La Fontaine. — Odes, poésies, etc. Mémoires insérés dans le Recueil de l'Académie des inscriptions (t. VII, XIV, XVI et XVIII).

---

335. — DUPIN (le Baron Pierre, Charles, François), G. O. ✳

Élu, le 28 septembre 1818, membre de l'Académie des Sciences (section de Mécanique). Élu, le 8 décembre 1832, membre de l'Académie des Sciences morales et politiques (section d'Économie politique).

Né à Varzy (Nièvre), le 6 octobre 1784. — 1803. Ingénieur du génie maritime. — 1807 à 1811. Secrétaire de l'Académie des îles Ioniennes. — 1811. *Correspondant de l'Institut.* — 1819 à 1873. Professeur de géométrie appliquée aux arts, au Conservatoire des arts et métiers. — 1824. Baron. — 1828 à 1830. Député du Tarn. — 1830 à 1838. Député de la Seine. — 1830 à 1847. Conseiller d'État. — 1831 à 1851. Membre du Conseil d'amirauté. — 1834 (10 au 18 novembre). Ministre de la Marine. — 1838. Pair de France. — 1848 à 1851. Député de la Seine-Inférieure. — 1852 à 1870. Sénateur. — Mort à Paris, le 18 janvier 1873.

Ouvrages. — 1813. Développements et applications de géométrie et de mécanique à la marine, in-4. — 1814. Lois fondamentales de la France, *Toulouse*. Essai sur Démosthènes et sur son éloquence. — 1815. Tableau de l'architecture navale militaire aux xviiie et xixe siècles, in-4. — 1816. Du rétablissement de l'Académie de marine. — 1818. Lettre sur Racine et Shakspeare. — 1818. Mémoires sur la marine et les ponts et chaussées de France et d'Angleterre. — 1819. Essai historique sur les travaux de Monge, in-4. — 1820. Monuments des victoires et conquêtes des Français, in-4. — 1820-24. Voyages dans la Grande-Bretagne de 1816 à 1821, 6 vol. in-4. — 1822. Considérations générales sur les applications de la géométrie. — 1823. Observations sur la puissance de l'Angleterre et sur celle de la Russie. — 1823. Système de l'administration britannique en 1822. — 1824. Du commerce et des travaux publics en Angleterre et en France. — 1825. Discours et leçons sur l'industrie, le commerce, la marine et les sciences appliquées aux arts, 2 vol. Considérations sur les avantages des concessions perpétuelles des travaux publics à l'industrie, in-4. — 1825-26. Géométrie et mécanique des arts et métiers et des beaux-arts, 3 vol. — 1826. Tableau des Arts et Métiers et des Beaux-Arts. Force commerciale de la Grande-Bretagne, 2 vol. in-4. — 1827. Forces productives et commerciales de la France, 2 vol. in-4. Conclusions des recherches sur les rapports de l'instruction publique avec la mortalité. — 1827-28. Le petit producteur français, 5 vol. in-12. — 1834. Essai sur l'organisation progressive de la marine et des colonies. — 1836-37. Rapports sur les produits de l'industrie française exposés en 1834, 3 vol. — 1840-47. Du travail des enfants qu'emploient les ateliers, les usines et les manufactures, 2 vol. — 1841. Bien-être et concorde des classes du peuple français, in-16. — 1844. Constitution, histoire et avenir des Caisses d'épargne en France, in-12. — 1844. Mémoire sur la situation des colonies françaises en 1844, in-fol. — 1849. Des comices agricoles et des institutions d'agriculture, in-12. — 1851. Force productive des nations depuis 1800 jusqu'à 1851, 4 vol. — 1857-58. Rapport sur le canal maritime de Suez. — Collaboration au Moniteur industriel, au Mémorial du commerce et de l'industrie, à l'Encyclopédie du xixe siècle, à la Revue britannique, à la Maison rustique, et au Dictionnaire de la conversation.

Une notice sur sa vie a été lue par M. Bertrand, dans la séance de l'Académie des Sciences du 2 avril 1883.

---

336. — JOMARD (Edme, François), O. ✳

Élu, le 2 octobre 1818, membre de l'Académie des Inscriptions et Belles-Lettres.

Né à Versailles (Seine-et-Oise), le 17 novembre 1777. — 1797. Ingénieur attaché à l'expédition d'Égypte. — 1798. Membre de l'Institut du Caire. — 1809. Commissaire impérial pour la publication de l'ouvrage sur l'Égypte. — 1828 à 1862. Conservateur du Département de la géographie et des cartes à la Bibliothèque royale. — Mort à Paris, le 23 septembre 1862.

Ouvrages. — 1819. Voyage à l'oasis de Syouah. — 1820. Arithmétique élémentaire. — 1821. Des fosses propres à la conservation des grains, in-4. — 1822-28. Remarques sur les rapports de l'Éthiopie et de l'Égypte. — 1823. Les voyages de Caillaud en Nubie. — 1824-27. Aperçus et coups d'œil sur les nouvelles découvertes dans l'Afrique centrale. — 1825. Notice historique et géographique sur le Nedj. — 1827. Du nombre des délits criminels comparés à l'état de l'instruction primaire. — 1828. Tableau de l'état et des besoins de l'instruction primaire dans le département de la Seine. — 1830. Recueil d'observations et de mémoires sur l'Égypte ancienne et moderne, 4 vol. — 1833. Rapport sur l'enseignement primaire en France et à l'étranger. — 1834. Géographie de la France, in-12. — 1837. Notice sur la vie et les œuvres de René Caillié. — 1843. Études géographiques et historiques sur l'Arabie. — 1842. Discours sur la vie et les travaux de L.-N. Wilhelm. — 1845. Observations sur le voyage du Darfour. — 1859. Coup d'œil sur l'Amérique centrale et ses monuments. — Les monuments de la géographie ou Recueil d'anciennes cartes. — S. d. Mémoire sur le système métrique des Égyptiens, in-fol. Du progrès des écoles d'enseignement mutuel, en France et à l'étranger. — Articles insérés dans le Bulletin de la Société géographique, l'Encyclopédie des gens du monde, la Revue africaine. — Collaboration aux Monuments anciens et modernes. — Mémoires publiés dans le Recueil de l'Académie des inscriptions (t. XII, XVI, XVIII et XX).

337. — DUREAU de la MALLE (Adolphe, Jules, César, Auguste), O. ✳

Élu, le 16 octobre 1818, membre de l'Académie des Inscriptions et Belles-Lettres.

Né à Paris, le 3 mars 1777. — 1815. *Correspondant de l'Institut.* — Mort à Paris, le 17 mai 1857.

Ouvrages. — 1807. Géographie de la mer Noire, de l'Afrique et de la Méditerranée. — 1808. Les Pyrénées, poème. — 1811. Traduction en vers de l'Argonautique de Valérius Flaccus, 2 vol. — 1818. La Poliorcétique des anciens, avec atlas. — 1823. Bayard ou la conquête du Milanais, poème. — 1823. Description du Bocage percheron. — 1827. Mémoire sur la population de la France au XIVᵉ siècle. — 1835. Topographie de Carthage. — 1837. Recherches sur l'histoire de la régence d'Alger. — 1837. La province de Constantine. — 1838. Voyage dans les régences de Tunis et d'Alger, 2 vol. — 1840. Économie politique des Romains, 2 vol. — 1847. Histoire de Carthage jusqu'au commencement de la deuxième guerre punique. — 1849. Climatologie comparée de l'Italie et de l'Andalousie ancienne et moderne. — 1852. L'Algérie, histoire des guerres des Romains, des Byzantins et des Vandales, in-12. — Collaboration à l'Univers pittoresque (Histoire de Carthage). — Traduction des œuvres de Tacite. — Mémoires insérés dans le Recueil de l'Académie des inscriptions (t. X à XVIII).

338. — POYET (Bernard).

Élu, le 19 décembre 1818, membre de l'Académie des Beaux-Arts (section d'Architecture).

Né à Dijon (Côte-d'Or), le 3 mai 1742. — 1765. Grand prix de Rome. — 1801. Architecte de la ville de Paris. — 1805. Architecte du Corps législatif. — 1812. Membre honoraire du Conseil des Bâtiments civils. — Mort à Paris, le 6 décembre 1824.

Œuvres principales. — Restauration de la fontaine des Innocents. Fronton du palais du Corps législatif.

Ouvrages. — 1785-86. Mémoire sur la nécessité de transférer l'Hôtel-Dieu. — 1792. Projet de cirque national et de fêtes annuelles. — 1800. Plan et vue d'une colonne à ériger sur le Pont-Neuf. — 1800. Projet de places et édifices à ériger pour la gloire de la République, in-fol. — 1806. Projet d'un monument à élever à la gloire de Napoléon, in-4. — 1814. Appel aux bons Français pour le rétablissement de la statue de Henri IV sur le Pont-Neuf, in-4 — 1818. Mémoire au sujet de la guerre que les ingénieurs font aux architectes. — 1820. Projet d'élever un monument au duc de Berry. — 1820-22. Nouveau système de ponts en bois et en fer, in-4 et in-fol.

339. — HURTAULT (Maximilien, Joseph).

Élu, le 13 février 1819, membre de l'Académie des Beaux-Arts (section d'Architecture).

Né à Huningue (Haut-Rhin), le 8 juin 1765. — 1797. Grand prix de Rome. — 1819. Inspecteur général et membre du Conseil des Bâtiments civils. — 1820. Architecte du Roi. — Mort à Paris, le 2 mai 1824.

Œuvre principale. — Restauration du palais de Fontainebleau.

Une notice sur sa vie a été lue par Quatremère de Quincy, dans la séance de l'Académie des Beaux-Arts du 7 octobre 1826.

340. — LÉMONTEY (Pierre, Édouard), ✳

Élu, le 25 février 1819, membre de l'Académie française.

Né à Lyon (Rhône), le 14 janvier 1762. — 1782. Avocat. — 1789. Procureur de la commune de Lyon. — 1791. Député de Rhône et Loire à l'Assemblée législative. — 1791. Président de l'Assemblée législative. — 1795 à 1797. Administrateur du district de Lyon. — 1798. Administrateur des droits réunis. — 1801. Chef du bureau de l'imprimerie et de la librairie. — 1815. Censeur des ouvrages dramatiques. — Mort à Paris, le 26 juin 1826.

Ouvrages. — 1789. Du droit des non-catholiques aux États généraux, *Lyon.* — 1792. Éloge de Jacques Cook. — 1799. Palma, opéra. — 1801. Raison, folie, chacun son mot. — 1802. Récit exact de ce qui s'est passé à la Société des observateurs de la femme. — 1805. Irons-nous à Paris, ou la famille du Jura, roman plein de vérité, in-12. — 1806. La vie du soldat français composée par un conscrit. — 1811. Thibaut, ou la naissance d'un comte de Champagne, poème. — 1816. L'enfant de l'Europe, ou le dîner des libéraux à Paris, en 1814, 2 vol. — 1817. Raison, folie, cours de morale, 2 vol. — 1818. Essai sur l'établissement monarchique de Louis XIV. — 1819. Des bons effets de la caisse d'épargne et de prévoyance. — 1821. De la peste de Marseille en 1720-21. — 1822. Notices sur Mᵐᵉ de La Fayette, Mᵐᵉ et Mˡˡᵉ Deshoulières. — 1823. Notice sur C. A. Helvétius. — 1823. Notice sur Mˡˡᵉ Clairon. Étude littéraire sur la partie historique de Paul et Virginie. — 1824. De la précision dans le style, la langue et la pantomime. — 1832. Histoire de la régence et de la minorité de Louis XV jusqu'au ministère du cardinal de Fleury, 2 vol. — S. d. La nourriture d'un prince ou le danger des coutumes étrangères. — Le pêcheur du Danube. Le jardinier de Samos ou le père du Sénat. — Œuvres complètes, augmentées de plusieurs notices, 5 vol. (t. I et II : Raison, folie ; III : Éloges historiques et notices ; IV : Nouveaux mémoires de Dangeau ; V : Essai sur l'établissement de la Monarchie de Louis XIV).

Son éloge a été prononcé par M. Fourier, dans la séance de l'Académie française du 17 avril 1827.

341. — GALLE (André), ✳

Élu, le 4 septembre 1819, membre de l'Académie des Beaux-Arts (section de Gravure).

Né à Saint-Étienne (Loire), le 15 mars 1761. — Mort à Paris, le 21 décembre 1844.

Œuvres principales. — *Médailles.* — 1792. La liberté. Le peuple français terrassant les abus. — 1804. Sceaux de l'empire. — 1805. Prise de Vienne. Prise de Presbourg. Les maires de Paris à Schœnbrunn. — 1806. Bataille d'Iéna. Conquête de l'Égypte. — 1806. Débarquement de Bonaparte à Fréjus. — 1807. Bataille de Friedland. — 1808. Napoléon empereur et roi. — 1809. Bataille de Wagram. Mariage de l'empereur Napoléon. Joséphine. La princesse Élisa. Le roi de Rome. — 1812. Retraite de Russie. — 1814. Retour de Louis XVIII. Sceaux d'État. — 1816. Mariage du duc de Berry. — 1819. Mort de Louis XVI. Malesherbes. Louis XVIII. — 1821. Le baptême du duc de Bordeaux. — 1822. L'Industrie fécondée par la Science. — 1839. Conquête d'Alger. Louis-Philippe. Dupin. Watt. — S. d. Couronnement de Napoléon. Charles X. David. Bichat. Alexandre Iᵉʳ. La duchesse d'Angoulème. Gros. Canning. Watt. Bolton. Dupin aîné. Jean Goujon, Philibert Delorme. Descartes. Grattan.

342. — DU PETIT-THOUARS (le Chevalier Louis, Marie, AUBERT), ✳

Élu, le 10 avril 1820, membre de l'Académie des Sciences (section de Botanique).

Né à Beaumois (Maine-et-Loire), le 5 novembre 1758. — 1778 à 1792. Sous-lieutenant. — 1792. Capitaine. — 1807 à 1827. Directeur de la pépinière du Roule. — Mort à Paris, le 12 mai 1831.

Ouvrages. — 1788. Dissertation sur l'enchaînement des êtres. — 1804. Histoire des végétaux recueillis dans les îles de France, de Bourbon et de Madagascar, 4 vol. in-4. — 1808. Essai sur la végétation considérée dans le développement des bourgeons. — 1809. Mélanges de botanique et de voyages. — 1815. Cours de botanique appliquée aux productions végétales. — 1815. Recueil de rapports et de mémoires sur la culture des arbres fruitiers. — 1817. Le verger français. — 1819. Revue générale des matériaux de botanique et autres. — 1820. Cours de phytologie ou de botanique générale. — 1824. Flore des îles australes de l'Afrique. — 1824. Sur la formation des arbres naturelle ou artificielle. — 1825. Notice sur la pépinière du roi, au Nouveau Roule.

Une notice sur sa vie a été lue par M. Flourens, dans la séance de l'Académie des Sciences du 10 mars 1845.

343. — SAINT-MARTIN (Antoine, Jean), ✳

Élu, le 22 septembre 1820, membre de l'Académie des Inscriptions et Belles-lettres.

Né à Paris, le 17 janvier 1791. — 1824 à 1830. Conservateur de la bibliothèque de l'Arsenal. — 1824 à 1830. Inspecteur de l'Imprimerie royale. — Mort à Paris, le 10 juillet 1832.

Ouvrages. — 1796. *Ecce homo*, in-12. — 1796. Le nouvel homme. — 1801. Le cimetière d'Amboise. — 1811. Notice sur l'Égypte, sous les Pharaons. — 1818. Mémoires historiques et géographiques sur l'Arménie, 2 vol. — 1820. Recherches sur l'époque de la mort d'Alexandre et sur la chronologie des Ptolémées. — 1822. Notice sur le Zodiaque de Denderah. — 1827. Traité sur le calendrier. — 1828. Notices et explications des inscriptions turques de Bolghari. — 1839. Recherches sur l'histoire et la géographie de la Misène et de la Choracène. Traduction de plusieurs ouvrages orientaux. Collaboration à la Biographie universelle et au Journal des savants. Mémoires insérés dans le Recueil de l'Académie des inscriptions (t. XII à XX).

344. — VILLEMAIN (Abel, François), G. O. ✳

Élu, le 26 avril 1821, membre de l'Académie française, et, le 11 décembre 1834, secrétaire perpétuel de la même Académie. Élu, le 12 février 1841, membre de l'Académie des Inscriptions et Belles-Lettres.

Né à Paris, le 9 juin 1790. — 1808. Professeur de rhétorique au Lycée Charlemagne. — 1810 à 1816. Maître de conférences de littérature à l'École Normale. — 1814. Professeur suppléant d'histoire moderne à la Faculté des Lettres de Paris. — 1815 à 1820. Chef de la Division de la librairie au Ministère de l'Intérieur. — 1815 à 1852. Professeur d'éloquence française à la Faculté des Lettres de Paris. — 1818. Auditeur au Conseil d'État. — 1820 à 1827. Maître des requêtes. — 1828 à 1839. Conseiller d'État. — 1830. Député de l'Eure. — 1832 à 1848. — Pair de France. — 1839 à février 1840 et octobre 1840 à 1845. Ministre de l'Instruction publique. — Mort à Paris, le 8 mai 1870.

Ouvrages. — 1811. Discours sur les avantages et les inconvénients de la critique, in-4. — 1812. Éloge de Montaigne. — 1816. Le roi, la charte et la monarchie. — 1816. Éloge de Montesquieu, in-4. — 1819. Histoire de Cromwell, 2 vol. — 1823. La République de Cicéron, accompagnée de dissertations, 2 vol. — 1824. Discours et mélanges littéraires, in-12. — 1825. Lascaris ou les Grecs du xvᵉ siècle. — 1827. Nouveaux mélanges historiques et littéraires. — 1828-46. Cours de littérature française, 6 vol. — 1835. Considérations sur la langue française. — 1841, Tableau de l'état de l'instruction primaire en France, in-12. — 1845. Études de littérature ancienne et étrangère. — 1846. Discours et mélanges littéraires. — 1847. Études d'histoire moderne. — 1849. Tableau de l'éloquence chrétienne au ivᵉ siècle. — 1853. Souvenirs contemporains d'histoire et de littérature. — 1855. Les Cent-Jours. — 1856. M. Desmousseaux de Givré. — 1857. La Tribune moderne : M. de Chateaubriand. — 1858. Choix d'études sur la littérature contemporaine. — 1859. Essai sur le génie de Pindare et sur la poésie lyrique. — 1860. La France, l'Empire et la Papauté. — Collaboration à la Revue des Deux Mondes, au Journal d'éducation et d'instruction, à la Revue contemporaine, à la Galerie française et au Journal des savants.

Son éloge a été prononcé par M. Littré, dans la séance de l'Académie française du 5 juin 1873.

345. — SAVIGNY (Marie, Jules, César LELORGNE de), O. ✳

Élu, le 30 juillet 1821, membre de l'Académie des Sciences (section d'Anatomie et Zoologie).

Né à Provins (Seine-et-Marne), le 5 avril 1777. — Mort à Versailles, le 5 octobre 1851.

Ouvrages. — 1780. Histoire naturelle des Dorades de la Chine, in-fol. — 1805. Histoire naturelle et mythologique de l'ibis. — 1816. Mémoire sur les animaux sans vertèbres.

346. — MAGENDIE (François), C. ✳

Élu, le 19 novembre 1821, membre de l'Académie des Sciences (section de Médecine et Chirurgie).

Né à Bordeaux (Gironde), le 15 octobre 1783. — 1804. Prosecteur à la Faculté de Médecine. — 1830 à 1855. Professeur de médecine au Collège de France. — 1815. Médecin de l'hôpital de la Salpêtrière. — 1830. Médecin de l'Hôtel-Dieu. — Mort à Sannois (Seine-et-Oise), le 7 octobre 1855.

Ouvrages. — 1808. Sur les usages du voile du palais et la fracture des côtes, in-4. — 1809. Examen de l'action de quelques végétaux sur la moelle épinière. — 1810. Mémoire sur les organes qui exercent l'absorption, chez l'homme et chez les mammifères. — 1811. Expériences pour servir à l'histoire de la transpiration pulmonaire, in-4. — 1812. Mémoire sur l'usage de l'épiglotte dans la déglutition. — 1813. Mémoire sur les images qui se forment au fond de l'œil. Mémoire sur l'œsophage et ses fonctions. De l'influence de l'émétique sur l'homme et sur les animaux. — 1814. Mémoire sur la déglutition de l'air atmosphérique. — 1816. Mémoire sur les propriétés nutritives des substances non azotées. — 1816. Précis élémentaire de physiologie, 2 vol. — 1817. Recherches sur l'ipécacuanha. — 1818. Recherches sur les symptômes et le traitement de la gravelle. — 1819. Recherches sur l'emploi de l'acide prussique dans le traitement des maladies de poitrine. — 1820. Mémoire sur les vaisseaux lymphatiques des oiseaux. — 1821. Formulaire pour l'emploi de plusieurs nouveaux médicaments. — 1823. Mémoire sur quelques découvertes relatives aux fonctions du système nerveux. — 1828. Mémoire physiologique sur le cerveau, in-4. — 1828. Recherches sur les causes et le traitement de la gravelle. — 1832. Leçons sur le choléra-morbus. — 1836-42. Leçons sur les phénomènes physiques de la vie, 4 vol. — 1839. Leçons sur les fonctions et les maladies du système nerveux, 2 vol. — 1842. Recherches sur le liquide céphalo-rachidien, in 4. — S. d. Mémoire sur les gaz contenus dans l'estomac de l'homme. — Collaboration au Journal de physiologie expérimentale, au Dictionnaire de méd cine et de chirurgie pratique et à l'Encyclopédie des gens du monde. — Mémoires insérés dans le Recueil de l'Académie des sciences (t. XIV et XXII, 2ᵉ série).

Une notice sur sa vie a été lue par Flourens, dans la séance de l'Académie des sciences du 8 février 1858.

---

347. — TARDIEU (Pierre, Alexandre), ✳

Élu, le 4 mai 1822, membre de l'Académie des Beaux-Arts (section de Gravure).

Né à Paris, le 2 mars 1756. — Mort à Paris, le 3 août 1844.

Œuvres principales. — 1797. Arundel (Van Dyck). — 1805. Alexandre Iᵉʳ. — 1806. Saint-Michel (Raphaël). — 1808. Napoléon (Isabey). — 1812. Napoléon (Menneret). - - 1814. Ney (Gérard). Marie-Antoinette (Vigée Lebrun). Montesquieu (David). — 1822. La communion de saint Jérôme (Dominiquin). Judith (Allori). Ruth et Booz (Hersent). — 1831. Barras. — S. d. Henri IV. Voltaire. Charles XII. Stanislas. Psyché abandonnée (Gérard). Marie de Médicis. Louis XIII enfant.

---

348. — CHAUSSIER (François), ✳

Élu, le 6 mai 1822, membre de l'Académie des Sciences (section de Médecine et Chirurgie).

Né à Dijon (Côte-d'Or), le 2 juillet 1746. — 1770. Docteur en médecine. — 1795 à 1823. Professeur d'anatomie et physiologie à la Faculté de Médecine de Paris. — 1796. *Associé non résidant de l'Institut.* — 1804. Médecin en chef de la Maternité. — Mort à Paris, le 19 juin 1828.

Ouvrages. — 1784. Description de l'aérostat de l'Académie de Dijon, in-4, *Dijon.* — 1785. Méthode de traiter les morsures des animaux enragés, in-12, *Dijon.* — 1786. Observations sur la manière de transporter les mûriers blancs, *Dijon.* — 1789. Exposition sommaire des muscles du corps humain, in-4. — 1789. Mémoire sur les abus de la constitution des collèges de chirurgiens, *Dijon.* — 1789-90. Opuscules de médecine légale, *Dijon.* — 1790. Observations sur un point important de la jurisprudence criminelle, *Dijon.* — 1792. Instruction sur les remèdes que le département de la Côte-d'Or envoie dans les campagnes. — 1797. Tableau synoptique des muscles de l'homme, in-4. — 1799. Tables synoptiques des phénomènes de la force vitale. — 1801. Découverte de la vaccine et de l'inoculation. — 1805-13. Discours prononcés aux séances publiques de la Maternité. — 1807. Exposition de structure de l'encéphale ou cerveau. — 1809-11. Programme des opérations exécutées aux jurys médicaux de 1809 à 1810. — 1811. Tableau synoptique des divisions et sous-divisions d'anatomie, 19 pl. in-fol. — 1819. Médecine légale ou considérations sur l'infanticide. — 1820. Recueil anatomique à l'usage des jeunes gens, in-4. — 1824. Considérations sur les convulsions des femmes enceintes. — 1825. Recueil de mémoires sur des objets de médecine légale. — 1826. Rapport sur le nouveau moyen de détruire la pierre dans la vessie. — 1827. Mémoire sur la viabilité de l'enfant naissant. — S. d. Tables synoptiques des blessures, de l'ouverture des cadavres et des phénomènes cadavériques. — Collaboration au Journal de physique, aux Mémoires de l'Académie de Dijon, à la Biographie universelle, au Dictionnaire des sciences médicales, au Journal de l'École polytechnique et au Dictionnaire de chimie.

349. — HUYOT (Jean, Nicolas), ✻

Élu, le 1ᵉʳ juin 1822, membre de l'Académie des Beaux-Arts (section d'Architecture).

Né à Paris, le 27 décembre 1780. — 1807. Grand prix de Rome. — 1817 à 1830. Sous-inspecteur des travaux du Gouvernement. — 1819 à 1840. Professeur d'histoire de l'architecture à l'École des Beaux-Arts. — Mort à Paris, le 2 août 1840.

Œuvres principales. — Achèvement de l'arc de triomphe de l'Étoile. Calvaire du Mont-Valérien. Nombreuses études, dessins et projets.

350. — FRAYSSINOUS (l'Abbé Denis, Antoine, Luc, comte de), ✻

Élu, le 27 juin 1822, membre de l'Académie française.

Né à La Vayssière (Aveyron), le 9 mai 1765. — 1789. Prêtre. — 1803. Chanoine honoraire de Paris. — 1809. Inspecteur d'Académie à Paris. — 1815. Vicaire général de Paris. — 1821. Premier aumônier du Roi. — 1822 à 1830. Pair de France. — 1822. Évêque d'Hermopolis *in partibus.* — 1822. Comte. — 1822. Grand maître de l'Université. — 1824 à 1829. Ministre des Affaires ecclésiastiques et de l'Instruction publique. — 1833 à 1838. Précepteur du duc de Bordeaux. — Mort à Saint-Geniez (Aveyron), le 12 décembre 1841.

Ouvrages. — 1817. Les vrais principes de l'Église gallicane sur la puissance ecclésiastique. — 1825. Défense du christianisme, 4 vol. — Oraisons funèbres : du prince de Condé (1818), du cardinal de Talleyrand (1821), de Louis XVIII (1824). — Œuvres posthumes : Conférences et discours inédits. — Discours à la Chambre des pairs et à la Chambre des députés.

Son éloge a été prononcé par M. le duc (alors baron) Pasquier, dans la séance de l'Académie française du 8 décembre 1842.

351. — HERSENT (Louis), O. ✻

Élu, le 29 juin 1822, membre de l'Académie des Beaux-Arts (section de Peinture).

Né à Paris, le 10 mars 1777. — 1825 à 1860. Professeur à l'École des Beaux-Arts. — Mort à Paris, le 2 octobre 1860.

Œuvres principales. — 1802. Narcisse changé en fleur. — 1804. Achille livrant Briséis. — 1806. Atala et Chactas. Le tombeau aérien. — 1810. Fénelon ramenant une vache égarée. Passage du pont de Landshut. — 1814. Las-Cases soigné par des sauvages. Nicaise apportant un tapis. — 1817. Mort de Bichat. Daphnis et Chloé. Louis XVI secourant les pauvres (Versailles). — 1819. L'abdication de Gustave Wasa. — 1822. Ruth et Booz. Le marquis de Clermont-Tonnerre. Le marquis de Rivière. Joseph Périer. Casimir Périer. — 1824. Les religieux du Saint-Gothard. Le prince de Carignan. Le duc de Richelieu. — 1827. L'évêque de Beauvais. Henri IV. — 1831. Louis-Philippe. Marie-Amélie. Le duc de Montpensier. — S. d. Comment l'esprit vient aux filles. Mᵐᵉ de Girardin. Mᵐᵉ Hersent. Le duc d'Angoulême. Spontini. Mᵐᵉ Didot.

352. — CORDIER (Pierre, Louis, Antoine), G. O. ✻

Élu, le 8 juillet 1822, membre de l'Académie des Sciences (section de Minéralogie).

Né à Abbeville (Somme), le 31 mars 1777. — 1797. Ingénieur surnuméraire des mines. — 1801. Ingénieur ordinaire. — 1808. *Correspondant de l'Institut.* — 1810. Ingénieur en chef. — 1810. Inspecteur divisionnaire. — 1814 à 1861. Professeur de géologie au Muséum d'Histoire naturelle. — 1824. Administrateur du Muséum d'Histoire naturelle. — 1830 à 1838. Maître des requêtes au Conseil d'État. — 1832. Inspecteur général des mines. — 1838 à 1848. Conseiller d'État. — 1847. Vice-président du Conseil général des mines. — 1839 à 1848. Pair de France. — Mort à Paris, le 30 mars 1861.

M. Cordier n'a publié aucun ouvrage, mais il a fait insérer de nombreux articles dans le Journal des mines et dans les Annales des mines.

353. — DULONG (Pierre, Louis), O. ✳

Élu, le 27 janvier 1823, membre de l'Académie des Sciences (section de Physique générale). Élu, le 9 juillet 1832, secrétaire perpétuel pour les sciences physiques ; démissionnaire de ces dernières fonctions, le 15 juillet 1833.

Né à Rouen (Seine-Inférieure), le 13 février 1785. — 1810. Docteur en médecine. — 1811 à 1822. Maître de conférences à l'École Normale. — 1814 à 1820. Examinateur de sortie à l'École Polytechnique. — 1820 à 1830. Professeur de physique à l'École Polytechnique (a perdu un œil et une main en faisant des expériences dans son laboratoire). — 1830 à 1838. Directeur des études à l'École Polytechnique. — 1832. Professeur de physique à la Faculté des Sciences de Paris. — Mort à Paris, le 19 juillet 1838.

Collaboration aux Annales des mines, aux Annales de physique et de chimie et au Journal de l'École polytechnique. Mémoires insérés dans le Recueil de l'Académie des sciences (t. V à XVIII de la 2ᵉ série).

354. — DARCET (Jean, Pierre, Joseph), ✳

Élu, le 3 février 1823, membre de l'Académie des Sciences (section de Chimie).

Né à Paris, le 1ᵉʳ septembre 1777. — 1830. Inspecteur et contrôleur général des Essais à la Monnaie de Paris. — Mort à Paris, le 2 août 1844.

Ouvrages. —, 1818. Mémoire sur l'art de dorer le bronze, in-12. — 1819. Description des appareils à fumigation, in-4. — 1821. Mémoire sur les soufroirs. — 1822. Mémoire sur la construction des latrines publiques. — 1823. Description d'un fourneau de cuisine. — 1824. Précis sur les mines de sel de l'Europe. — 1825. Lettre relative à l'usage alimentaire de la gélatine. —1827. Description d'une salle de bains, in-4. — 1828. De l'incendie des salles de spectacles. — 1838. Description d'une magnanerie salubre, in-4. — 1844. Amélioration du régime alimentaire des hôpitaux et des pauvres. — Collaboration aux Annales d'hygiène publique et de médecine légale, au Dictionnaire des arts et manufactures, au Dictionnaire de l'industrie manufacturière, au Bulletin universel des sciences, au Journal des connaissances utiles et à plusieurs ouvrages scientifiques.

355. — BIDAULT (Jean, Joseph, Xavier), ✳

Élu, le 12 avril 1823, membre de l'Académie des Beaux-Arts (section de Peinture).

Né à Carpentras (Vaucluse), le 11 avril 1758. — Mort à Montmorency (Seine-et-Oise), le 20 octobre 1846.

Œuvres principales. — 1791. Chute d'eau. Les bords du Teverone. — 1793. Vue de Grotta Ferrata. Vue d'Avezzano. Couvent de Chartreux. — 1796. Œdipe sauvé par les bergers. — 1798. Orphée. Environs de Montmorency. — 1799. Vue de Frascati. — 1804. Les Glézins. San Cosimato. Naples. — 1806. Vallée de Costalet. — 1808. Vallée d'Allevard. Isola di Sora. — 1810. Grenoble, paysage de l'Isère. Le mont Cassin. Bracciano. Civita Castellana. — 1812. Berger jouant de la flûte. La fontaine de Vaucluse. Ermenonville. Frascati. — 1814. San Germano. Village de Pomiers. Temple de Tivoli. Campagne de Rome. — 1817. Vallée de Ronciglione. Prêtre portant le viatique. Bergers abreuvant leurs troupeaux. — 1819. Psyché et Pan. Le petit Mont-Louis. Pont de Tivoli. Bayard partant pour Ravenne. — 1822. La plaine d'Ivry. — 1824. Chloé rendue à Daphnis. Environs de Clisson. Bords de l'Isère. Vue de Rocca Giovine. Le château de Neuilly. Le parc de Neuilly. Le phare de Gênes. — 1827. La fontaine de Vaucluse. Environs du lac de Celano. L'étang d'Ermenonville. — 1831. Montagnes de l'Apennin. Vue de San

Cosimato.— 1833. Le lac de Bracciano. Daphnis et Chloé. — 1834. L'enfant et le dauphin. Vue de Fontainebleau. — 1835. Bianca Capello arrivant à Florence. — 1836. Vue de Montecavo. J.-J. Rousseau faisant danser des paysannes. — 1837. Cascatelles d'Isola di Sora. — 1839. Entrée de la forêt des pins, à Fontainebleau. — Le laboureur de Virgile. — 1840. Bayard partant de Brescia. Environs de Vietri. — 1842. Mycènes et Argos. Cascade de San Cosimato. Vue de Tivoli. — 1843. Le val d'Enfer à Subiaco. Vue d'Entragues. Le pont de Narni. — 1844. Couvent de Grotta Ferrata.

Une notice sur sa vie a été lue par Raoul Rochette, dans la séance de l'Académie des Beaux-Arts du 6 octobre 1849.

356. — VAUDOYER (Antoine, Laurent, Thomas), ✳

Élu, le 3 mai 1823, membre de l'Académie des Beaux-Arts (section d'Architecture).

Né à Paris, le 21 décembre 1756. — 1783. Grand prix de Rome. — 1804. Architecte du palais de l'Institut. — 1819-1846. Membre honoraire du Conseil des Bâtiments civils. — 1835. Architecte du Conservatoire des Arts et Métiers. — 1853. Inspecteur général des édifices diocésains. — Mort à Paris, le 27 mai 1846.

Œuvres principales. — 1804. Installation de l'Institut dans le palais des Quatre-Nations. — S. d. Monument de N. Poussin, dans l'église de S. Lorenzo in Lucina, à Rome. Agrandissement du Collège de France. Restauration de la Sorbonne. Restauration du château de La Grange. Cathédrale de Marseille.

Ouvrages. — 1791. Idées d'un citoyen français sur le lieu destiné à la sépulture des hommes illustres de France, in-12. — 1798. Restauration des piliers du Panthéon français, in-4. — 1802. Grands prix d'architecture et autres productions de cet art, 4 vol. in-fol. — 1811. Plans, coupes et élévation de l'Institut de France. — 1812. Description du théâtre de Marcellus, à Rome, in-4. — S. d. Études d'architecture en France. Architecture civile de l'Orléanais. Histoire de l'architecture en France.

357. — FRESNEL (Augustin, Jean), ✳

Élu, le 12 mai 1823, membre de l'Académie des Sciences (section de Physique générale).

Né à Broglie (Eure), le 10 mai 1788. — 1812. Ingénieur des Ponts et Chaussées. — 1815. Destitué pour refus de servir Napoléon pendant les Cent-Jours. — 1815. Ingénieur du pavé de Paris. — 1818. Secrétaire de la Commission des phares. — 1821 à 1825. Examinateur de sortie à l'École Polytechnique. — Mort à Ville-d'Avray (Seine-et-Oise), le 14 juillet 1827.

Œuvres. — Fresnel n'a publié, de son vivant, aucun ouvrage, mais il a fait insérer divers articles dans le Bulletin de la Société philomathique et dans les Mémoires de l'Académie des sciences (t. V, VII, XI et XX). Ses œuvres ont été publiées par les soins du Ministre de l'instruction publique, 3 vol. in-4, 1866-70 (t. I : Théorie de la lumière ; II : Notes et extraits, Rapports académiques, Correspondance scientifique ; III : Phares et appareils d'éclairage).

358. — NAVIER (Claude, Louis, Marie, Henry), O. ✳

Élu, le 26 janvier 1824, membre de l'Académie des Sciences (section de Mécanique).

Né à Dijon (Côte-d'Or), le 10 février 1785. — 1808. Ingénieur des Ponts et Chaussées. — 1819. Professeur suppléant à l'École des Ponts et Chaussées. — 1822. Ingénieur en chef. — 1830 à 1837. Professeur de mécanique à l'École Polytechnique. — 1831. Professeur de mécanique appliquée à l'École des Ponts et Chaussées. — Mort à Paris, le 21 août 1836.

Œuvres principales. — Construction du pont de Choisy, sur la Seine. Construction du pont d'Asnières, sur la Seine. Construction du pont d'Argenteuil, sur la Seine. Construction de la passerelle de la Cité, à Paris.

Ouvrages. — 1811. Projet pour l'établissement d'une gare à Choisy, in-4. — 1819. Examen de la tontine perpétuelle d'amortissement. — 1824. Mémoire sur les ponts suspendus, in-4. — 1826. De l'établissement d'un chemin de fer de Paris au Havre. — 1826-38. Leçons sur l'application de la mécanique à l'établissement des constructions et des machines. — 1827. De l'entreprise du pont des Invalides. — 1832. De l'exécution des travaux publics et particulièrement des concessions. — 1835. Avantages respectifs de diverses lignes de chemin de fer, in-12. — 1835. De la police du roulage et des travaux d'entretien des routes. — 1840. Résumé des leçons d'analyse données à l'École polytechnique, 2 vol. — 1841. Résumé des leçons de mécanique données à l'École polytechnique. — Collaboration aux Annales de chimie et au Bulletin de la Société philomathique. — Mémoires insérés dans le Recueil de l'Académie des sciences (t. VI à XI, 2ᵉ série).

359. — DELESPINE (Pierre, Jules).

Élu, le 26 juin 1824, membre de l'Académie des Beaux-Arts (section d'Architecture).

Né à Paris, le 31 octobre 1756. — 1819. Membre honoraire du Conseil des Bâtiments civils. — Mort à Paris, le 16 septembre 1825.

Œuvres principales. — Marché des Blancs-Manteaux à Paris. Plusieurs maisons de la rue de Rivoli.
Ouvrage. — 1818. Le marché des Blancs-Manteaux, in-fol.

360. — SOUMET (Alexandre, Louis, Antoine), ✳

Élu, le 29 juin 1824, membre de l'Académie française.

Né à Castelnaudary (Aude), le 8 février 1786. — 1810 à 1814. Auditeur au Conseil d'État. — 1822. Bibliothécaire du Palais de Saint-Cloud. — 1824. Bibliothécaire du château de Rambouillet. — 1830. Bibliothécaire du château de Compiègne. — Mort à Paris, le 30 mars 1845.

Ouvrages. — 1814. Les scrupules littéraires de Mᵐᵉ de Staël. — 1841. Une soirée au Théâtre-Français, in-12.
Poèmes. — 1808. Le fanatisme. — 1810. L'incrédulité. — 1811. Mᵐᵉ de Lavallière. — 1812. Les embellissements de Paris. — 1814. La pauvre fille. — 1815. La découverte de la vaccine. Les derniers moments de Bayard. — 1824. La guerre d'Espagne. — 1825. Ode à P. P. Riquet. — 1840. La divine épopée, 2 vol.
Théâtre. — 1822. Clytemnestre. Saül. — 1824. Cléopâtre. — 1825. Pharamond. Jeanne d'Arc. — 1826. Le siège de Corinthe. — 1827. Les Macchabées. Emilia. — 1828. Élisabeth de France. — 1829. Une fête de Néron. — 1831. Norma. — 1841. Le gladiateur. Le chêne du roi. — 1844. Jane Grey. — 1846. David (op.).

Son éloge a été prononcé par M. Vitet, dans la séance de l'Académie française du 26 mars 1846.

361. — QUÉLEN (l'Abbé Hyacinthe, Louis, comte de), ✳

Élu, le 29 juillet 1824, membre de l'Académie française.

Né à Paris, le 8 octobre 1778. — 1807. Prêtre. — 1809. Vicaire général de Saint-Brieuc. — 1811. Secrétaire du cardinal Fesch. — 1815. Vicaire général de la grande aumônerie. — 1817. Évêque de Samosate, *in partibus.* — 1819. Archevêque de Trajanople, *in partibus,* et coadjuteur de Paris. — 1821. Archevêque de Paris. — 1822. Pair de France. — Mort à Paris, le 31 décembre 1839.

Ouvrages. — 1814. Oraison funèbre de Louis XVI. — 1820. Oraison funèbre du duc de Berri. — Discours, mandements, lettres pastorales.

Son éloge a été prononcé par M. le Comte Molé, dans la séance de l'Académie française du 30 décembre 1840.

362. — BEUDANT (François, Sulpice), O. ✳

Élu, le 15 novembre 1824, membre de l'Académie des Sciences (section de Minéralogie).

Né à Paris, le 5 septembre 1787. — 1811. Professeur au lycée d'Avignon. — 1813. Professeur au lycée de Marseille. — 1822. Professeur de minéralogie à la Faculté des Sciences de Paris. — 1838. Inspecteur général de l'Instruction publique. — Mort à Paris, le 9 décembre 1850.

Ouvrages. — 1822. Voyage minéralogique et géologique en Hongrie, 3 vol. in-4. — 1824. Essai d'un cours élémentaire et général des sciences physiques. — 1825. Traité élémentaire de minéralogie. — 1828. Traité élémentaire de physique. — 1841. Nouveaux éléments de grammaire française, in-12. — 1842. Cours élémentaire de minéralogie et de géologie, in-12. — Collaboration aux Annales des mines, aux Annales du Muséum d'histoire naturelle et au Journal de physique.

363. — DROZ (François, Xavier, Joseph), O. ✳

Élu, le 2 décembre 1824, membre de l'Académie française. Élu le 29 décembre 1832, membre de l'Académie des Sciences morales et politiques (section de Morale).

Né à Besançon (Doubs), le 31 octobre 1773. — 1793 à 1796. Capitaine à l'armée du Rhin. — 1796. Professeur de Belles-Lettres à l'École centrale de Besançon. — 1810 à 1814. Commis dans l'administration des droits réunis. — Mort à Paris, le 9 novembre 1850.

Ouvrages. — 1796. Extraits de divers moralistes anciens et modernes, in-12. — 1799. Essai sur l'art oratoire. — 1801. Observations sur les maîtrises, les règlements, les privilèges et les prohibitions. — 1802. Discours sur le droit public, *Besançon.* — 1804. Lina, roman. — 1806. Essai sur l'art d'être heureux. — 1811. Éloge de Montaigne. — 1815. Études sur le beau dans les arts. — 1823. Les mémoires de Jacques Fauvel. — 1824. De la philosophie morale ou des différents systèmes sur la science de la vie. — 1825. Application de la morale à la politique. — 1826. Œuvres complètes, 2 vol. — 1829. L'Économie politique ou principes de la science des richesses. — 1839-1842. Histoire du règne de Louis XVI, pendant les années où l'on pouvait prévenir ou diriger la Révolution française, 3 vol. — 1842-1844. Pensées sur le christianisme, preuves de sa vérité. — 1849. Aveux d'un philosophe chrétien.

Son éloge a été prononcé par le comte de Montalembert, dans la séance de l'Académie française du 5 février 1852, et une notice sur sa vie a été lue par M. Mignet, dans la séance de l'Académie des Sciences morales et politiques du 3 avril 1852.

364. — HASE (Carl, Benedikt), C. ✳

Élu, le 3 décembre 1824, membre de l'Académie des Inscriptions et Belles-Lettres.

Né à Sulza (Saxe-Weimar), le 11 mai 1780 (admis à domicile le 26 juillet 1814, mais non naturalisé). — 1805. Employé au département des manuscrits de la Bibliothèque impériale. — 1816. Professeur de paléographie grecque à l'École des Langues orientales vivantes. — 1832 à 1864. Conservateur des manuscrits à la Bibliothèque royale. — 1852 à 1864. Professeur de grammaire comparée à la Faculté des Lettres de Paris. — Mort à Paris, le 21 mars 1864.

Ouvrages. — 1810. Recueil de mémoires sur différents manuscrits grecs de la Bibliothèque impériale, in-4. Commentarius de J. L. Philadelphino Lydo ejusque scriptis. — Articles insérés dans les notices et extraits des manuscrits de la Bibliothèque royale, la Revue archéologique, le Journal des savants, l'Art de vérifier les dates et le Bulletin universel des sciences. — Publication de textes anciens. — Édition du Thesaurus linguæ Grecæ de H. Estienne.

Une notice sur sa vie a été lue par M. Guigniaut, dans la séance de l'Académie des Inscriptions et Belles-Lettres du 2 août 1867.

365. — MOREL-VINDÉ (le Vicomte Charles, Gibert de), O. ✳

Élu, le 13 décembre 1824, membre de l'Académie des Sciences (section d'Économie rurale).

Né à Paris, le 20 janvier 1759. — 1778. Conseiller au Parlement de Paris. — 1790-1791. Président du Tribunal du quartier des Tuileries. — 1808. *Correspondant de l'Institut.* — 1815. Pair de France. — 1817. Baron. — 1819. Vicomte. — Mort à Paris, le 19 décembre 1842.

Ouvrages. — 1790. La déclaration des droits de l'homme et du citoyen. — 1791. Étrennes d'un père à ses enfants, in 12. — 1794. Essai sur les mœurs de la fin du xviiiᵉ siècle, in-12, La Haye. — 1797. Les révolutions du globe. Primerose, 2 vol. in-12. — 1798. Clémence de Lautrec, roman, 2 vol. in-12. — 1800. Zélomir, roman, in-12. — 1806. Notice sur les béliers mérinos. — 1807. Mémoire sur les laines mérinos de France et d'Espagne. — 1808. Mémoire et instruction sur les troupeaux de progression. — 1810. Spécifique aussi rapide qu'infaillible pour la guérison du piétain des moutons. — 1811. Conjectures sur l'existence de quelques animaux microscopiques. — 1812. Plan d'une bergerie. — 1813. Observations sur la monte et l'agnelage. — 1815. Assolement de la Celle-Saint-Cloud. — 1817. Notice sur la guérison du chancre contagieux de la bouche des bêtes à laine. — 1822. Mémoire sur la théorie des assolements. — 1823. Instruction sur la culture du fraisier des Alpes. — 1824. Essai sur les constructions rurales domestiques, in-fol. — 1826. Considérations sur le morcellement de la propriété en France. — 1828. La morale de l'enfance. — 1829. Sur la théorie de la population. — Lettre sur la mendicité.

366. — DEBRET (François), ✻

Élu, le 22 janvier 1825, membre de l'Académie des Beaux-Arts (section d'Architecture).

Né à Paris, le 21 juin 1777. — 1841. Inspecteur général et membre du Conseil des Bâtiments civils. — Mort à Saint-Cloud (Seine-et-Oise), le 19 février 1850.

Œuvres principales. — Salle de l'Opéra, rue Le Pelletier. Théâtre du Vaudeville, place de la Bourse. Restauration de l'ancien Opéra, rue Richelieu. Travaux de restauration à la basilique de Saint-Denis.
Ouvrages. — Collaboration à l'Encyclopédie moderne de Courtin.

367. — THÉVENIN (Charles), ✻

Élu, le 12 février 1825, membre de l'Académie des Beaux-Arts (section de Peinture).

Né à Paris, le 12 juillet 1764. — 1791. Grand Prix de Rome. — 1816. *Correspondant de l'Institut.* — 1817 à 1822. Directeur de l'Académie de France à Rome. — 1829. Conservateur du cabinet des estampes, à la Bibliothèque royale. — Mort à Paris, le 21 février 1838.

Œuvres principales. — 1793. Prise de la Bastille. Lambesc aux Tuileries. — 1796. Echo et Narcisse. Clytie éprise du Soleil. La partie d'échecs. — 1798. Augereau au pont d'Arcole. Œdipe et Antigone. — 1800. Prise de Gaëte par le général Rey. — 1804. Le général Duchesne attaque les Autrichiens. Une baigneuse. — 1806. L'armée française traverse le Saint-Bernard (Versailles). — 1808. Les apprêts du passage du Saint-Bernard. — 1810. La bataille d'Iéna. La filature de M. Richard. Prise de Ratisbonne (Versailles). — 1812. L'ancien couvent de Trainel. Portrait de Monsigny. — 1824. Reddition de Barcelone. — 1827. Henri IV recevant les professeurs du Collège de France. Martyre de saint Étienne (église Saint-Étienne-du-Mont). — 1833. La reddition d'Ulm (Versailles). — S. d. Saint Louis en prière (Trianon). Joseph reconnu par ses frères (m. d'Angers). La justification de Suzanne (m. de Douai).

368. — BOYER (le Baron Alexis), ✻

Élu, le 21 février 1825, membre de l'Académie des Sciences (section de Médecine et Chirurgie).

Né à Uzerche (Corrèze), le 1ᵉʳ mars 1757. — 1787. Gagnant maîtrise en chirurgie. — 1792. Chirurgien de l'hôpital de la Charité. — 1795. Chirurgien de l'Hôtel-Dieu. — 1800. Professeur de médecine opératoire à la Faculté de médecine de Paris. — 1807. Premier chirurgien de l'Empereur. — 1809. Baron. — 1823 à 1830. Chirurgien consultant du Roi. — 1825. Chirurgien en chef de la Charité. — Mort à Paris, le 25 novembre 1833.

Ouvrages. — 1797-99. Traité complet d'anatomie, 4 vol. — 1803. Leçons sur les maladies des os, 2 vol. — 1814-26. Traité des maladies chirurgicales, 11 vol.

369. — DELAVIGNE (Jean, François, Casimir), O. ✳

Élu, le 24 février 1825, membre de l'Académie française.

Né au Havre (Seine-Inférieure), le 4 avril 1793. — 1818 à 1823. Bibliothécaire de la Chancellerie. — Mort à Lyon (Rhône), le 11 décembre 1843.

Ouvrages. — *Poésies.*— 1811. La naissance du roi de Rome.— 1813. Charles XII à la Narva. La mort de Delille. — 1815. La découverte de la vaccine. — 1817. Épître à l'Académie française. — 1818. Messéniennes. — 1822. Nouvelles messéniennes. — 1823. Poésies diverses. — 1824. Épître à Lamartine. — 1845. Derniers chants, poèmes et ballades.

Théâtre. — 1819. Les vêpres siciliennes (trag.). — Les comédiens (com.). — 1821. Le paria (trag.). — 1824. L'école des vieillards (com.). — 1828. La princesse Aurélie (com.). — 1829. Marino Faliero (trag.). — 1832. Louis XI (trag.). — 1833. Les enfants d'Édouard (trag.). — 1835. Don Juan d'Autriche (com.). — 1836. Une famille au temps de Luther (trag.). — 1838. La popularité (com.). — 1840. La fille du Cid (trag.).— 1841. Le conseiller rapporteur (com.). — 1842. Charles VI (op.).

1845. Œuvres complètes, 6 vol. (I : Derniers chants, poèmes et ballades ; II : Les Messéniennes ; III à VI : Théâtre).

Son éloge a été prononcé par Sainte-Beuve, dans la séance de l'Académie française du 27 février 1845.

370. — DUPUYTREN (le Baron Guillaume), O. ✳

Élu, le 4 avril 1825, membre de l'Académie des Sciences (section de Médecine et Chirurgie).

Né à Pierre-Buffière (Haute-Vienne), le 6 octobre 1777. — 1795. Prosecteur à l'École de santé de Paris. — 1801. Chef des travaux anatomiques. — 1803. Docteur en médecine. — 1808. Chirurgien à l'Hôtel-Dieu. — 1812. Professeur de médecine opératoire, puis (1815) de clinique chirurgicale à la Faculté de Paris. — 1815. Chirurgien en chef de l'Hôtel-Dieu. — 1820. Baron. — 1824 à 1830. Premier chirurgien du Roi. — Mort à Paris, le 8 février 1835.

Ouvrages. — 1804. Proposition sur quelques points d'anatomie. — 1812. La lithotomie, in-4. — 1820. Déposition à la Chambre des Pairs sur les événements du 13 au 14 février. — 1826. Notice sur Ph. Pinel, in-4. — 1832. Sur les étranglements des hernies. — 1832. Lettre et leçon sur le choléra-morbus. — 1839. Leçons de clinique chirurgicale de l'Hôtel-Dieu, 6 vol. — Collaboration à l'Annuaire médico-chirurgical des hôpitaux.

371. — INGRES (Jean, Auguste, Dominique), G. O. ✳

Élu, le 25 juin 1825, membre de l'Académie des Beaux-Arts (section de Peinture).

Né à Montauban (Tarn-et-Garonne), le 29 août 1780. — 1801. Grand prix de Rome. — 1823. *Correspondant de l'Institut.* — 1829 à 1864. Professeur à l'École des Beaux-Arts. — 1834 à 1840. Directeur de l'Académie de France à Rome. — 1862. Sénateur. — Mort à Paris, le 13 janvier 1867.

Ouvrages. — *Tableaux.* — 1800. Antiochus envoyant des ambassadeurs à Scipion l'Africain. — 1801. Les ambassadeurs d'Agamemnon devant Achille. — 1806. Vénus blessée. — 1808. Œdipe et le Sphinx (Louvre). Baigneuse. — 1811. Jupiter et Thétis. — 1812. Songe d'Ossian (m. de Montauban). Romulus vainqueur d'Acron. Virgile lisant l'Énéide. — 1813. Fiançailles de Raphaël. — 1814. La chapelle Sixtine. Raphaël et la Fornarina. Don Pedro baisant l'épée de Henri IV. — 1815. Le duc d'Albe à Sainte-Gudule. — 1816. Arétin et l'envoyé de Charles Quint. — 1817. Henri IV et ses enfants. — 1818. Mort de Léonard de Vinci. Philippe V donnant la toison d'or à Berwick. — 1819. Roger délivrant Angélique (Louvre). — Françoise de Rimini (m. d'Angers). La grande odalisque. 1821. Entrée de Charles V à Paris. — 1827. Apothéose d'Homère (Louvre). — 1834. Le vœu de Louis XIII. Jésus-Christ. La Sainte Vierge. Martyre de saint Symphorien (cath. d'Autun). Antiochus et Stratonice (Chantilly). — 1837. Jésus donnant les clés à saint Pierre (Louvre). — 1839. La petite odalisque. — 1840. La vierge à l'hostie (palais de Saint-Pétersbourg). — 1842. Jésus au milieu des docteurs. — 1848. Vénus Anadyomède. — 1851. Jupiter et Antiope. — 1853. Apothéose de Napoléon. — 1854. Jeanne d'Arc au sacre de Charles VII. — 1856. La source

(Louvre). La vierge de l'adoption. Louis XIV et Molière (Théâtre-Français). — 1859. La vierge couronnée. La vierge aux enfants. La B. Germaine Cousin (Montauban). Naissance des Muses. Homère et son guide (palais royal de Bruxelles). Le bain turc.

Têtes d'étude. — Saint Mathieu. Saint Philippe. Saint Paul. Jupiter. Ulysse. César. Prêtre antique. Guérrier. Jeune fille. Jeune femme.

Portraits. — 1804. Ingres à vingt-quatre ans. — 1805. Bonaparte premier consul. — 1806. Napoléon empereur. — 1811. M. de Norvins. — 1813. La reine Caroline. — 1815. Cortot. — 1827. Marquis de Pastoret. — 1829. Charles X. — 1832. M. Bertin. — 1834. Le comte Molé. — 1841. Chérubini. — 1842. Le duc d'Orléans. — 1845. La comtesse d'Haussonville. — 1853. La duchesse de Broglie. — 1855. Le prince Jérôme Napoléon. — 1857. Ingres à soixante-dix-neuf ans. — S. d. Louis XVIII. Granet. Mgr de Bonald.

Dessins. — Deux cent soixante-quatre dessins sont énumérés dans l'ouvrage de M. le comte H. Delaborde.

Une notice sur sa vie a été lue par M. Beulé, dans la séance de l'Académie des Beaux-Arts du 14 décembre 1867.

372. — DAMOISEAU (le Baron Marie, Charles, Théodore de), ✳

Élu, le 1ᵉʳ août 1825, membre de l'Académie des Sciences (section d'Astronomie).

Né à Besançon (Doubs), le 9 avril 1768. — 1785. Lieutenant. — 1792. Capitaine. — 1795. Lieutenant au service du roi de Sardaigne. — 1796 à 1806. Capitaine au service du roi de Portugal. — 1809. Rentré au service français. — 1810. Chef de bataillon. — 1813. Lieutenant-colonel d'artillerie. — 1818. Admis à la retraite. — 1820. Astronome à l'Observatoire de Paris. — 1846. Membre du Bureau des Longitudes. — Mort à Issy (Seine), le 6 août 1846.

Ouvrages. — 1824. Théorie et tables de la lune, d'après le seul principe de l'attraction, in-4. — 1836. Tables écliptiques des satellites de Jupiter, in-4. Mémoire sur le retour de la comète de 1759. — Collaboration à l'Annuaire du Bureau des longitudes. Mémoires insérés dans le Recueil de l'Académie des sciences (t. I et VIII, 2ᵉ série).

373. — MONTMORENCY (le duc Mathieu, Jean Félicité de Laval, MATHIEU de), ✳

Élu, le 3 novembre 1825, membre de l'Académie française.

Né à Paris, le 10 juillet 1767. — 1783. Sous-Lieutenant. — 1785. Capitaine (démissionnaire en 1792). — 1789 à 1791. Député aux États généraux et à l'Assemblée nationale. — 1814. Maréchal de camp. — 1815. Mis en non-activité. — 1815. Pair de France. — 1817. Vicomte. — 1821-22. Ministre des Affaires étrangères et Président du Conseil. — 1822. Ministre d'État et membre du Conseil privé. — 1822. Duc. — 1825. Gouverneur du duc de Bordeaux. — Mort à Paris, le 24 mars 1826.

Ouvrages. — 1802. Rapports et comptes rendus du Comité central des soupes économiques. — 1818. Observations sur la marche suivie dans l'affaire du concordat.

Son éloge a été prononcé par M. Guiraud, dans la séance de l'Académie française du 18 juillet 1826.

374. — LE BAS (Louis, Hippolyte), O. ✳

Élu, le 5 novembre 1825, membre de l'Académie des Beaux-Arts (section d'Architecture).

Né à Paris, le 30 mars 1782. — 1840 à 1863. Professeur à l'École des Beaux-Arts. — 1840 à 1854. — Membre du Conseil des Bâtiments civils. — Mort à Paris, le 12 juin 1867.

Œuvres principales. — Salle des séances de l'Institut. — 1822. Monument de Malesherbes, au Palais de justice de Paris. — 1824. Église Notre-Dame-de-Lorette à Paris. — 1826. Prison de la Roquette pour les jeunes détenus. — 1832. Salle des séances de l'Académie de médecine.

Ouvrages. — Commencement de la publication des œuvres de Vignole. Dessins et projets de monuments.

Une notice sur sa vie a été lue par M. Vaudoyer, dans la séance de l'Académie des Beaux-Arts du 6 mars 1869.

375. — BLAINVILLE (Henry, Marie, DUCROTAY de), ✱

Élu, le 21 novembre 1825, membre de l'Académie des Sciences (section d'Anatomie et Zoologie).

Né à Arques (Seine-Inférieure), le 17 février 1777. — 1808. Docteur en médecine. — 1825. Professeur suppléant au Collège de France. — 1830 à 1850. Professeur d'histoire naturelle des mollusques, des vers et des zoophytes, puis (1832) d'anatomie comparée, au Muséum d'Histoire naturelle. — 1844. Professeur de physiologie et d'anatomie à la Faculté des Sciences de Paris. — Mort à Paris, le 1er mai 1850.

Ouvrages. — 1812. Dissertation sur la place que la famille des ornithorynques et des échidnés doit occuper dans les séries naturelles, in-4. — 1816. Prodrome d'une nouvelle distribution du règne animal. — 1821-30. Faune française, 29 livraisons. — 1822. De l'organisation des animaux, ou principes d'anatomie comparée. — 1825-27. Manuel de malacologie et de conchyologiologie, *Strasbourg.* — 1827. Mémoire sur les bélemnites, in-4. — 1833. Cours de physiologie générale et comparée, 3 vol. — 1839. Ostéographie ou description du squelette des animaux vertébrés récents et fossiles, in-4. — 1845. Histoire des sciences naturelles au moyen âge. — Collaboration au Dictionnaire d'histoire naturelle, au Bulletin de la Société philomathique, au Journal de physique et aux Annales des mines. Mémoires insérés dans le Recueil de l'Académie des sciences (t. VIII et XXVII de la 2e série).

Une notice sur sa vie a été lue par Flourens, dans la séance de l'Académie des Sciences du 30 janvier 1854.

376. — CORTOT (Jean, Pierre), O. ✱

Élu, le 24 décembre 1825, membre de l'Académie des Beaux-Arts (section de Sculpture).

Né à Paris, le 20 août 1787. — 1809. Grand prix de Rome. — 1826 à 1843. Professeur à l'École des Beaux-Arts. — Mort à Paris, le 12 août 1843.

Œuvres principales. — 1806. Philoctète blessé quitte Lemnos. — 1809. Marius sur les ruines de Carthage. — 1819. Pandore (m. de Lyon). Narcisse (m. d'Angers). — 1819. Ecce Homo (église Saint-Gervais). — 1822. Pierre Corneille (Rouen). Daphnis et Chloé (Louvre). Sainte-Catherine (église Saint-Gervais). — 1824. Bas-relief de l'arc de triomphe du Carrousel. Charles X. La vierge et l'enfant Jésus (cathédrale d'Arras). La Paix et l'Abondance (bas-relief dans la cour du Louvre). — 1827. Vierge (Marseille). — 1831. Le maréchal Lannes (Lectoure). — 1834. Le soldat de Marathon (Tuileries). — 1840. La Piété (Notre-Dame-de-Lorette). — S. d. Phaéton et sa mère. Jeune pêcheur. Hyacinthe mourant. Napoléon. Louis XVIII. Sainte Catherine. La vierge et l'enfant Jésus. La Justice (Bourse de Paris). Monument de Casimir Perier (Père-Lachaise). Louis XVI au Temple (bas-relief). Louis XIII (place Royale). Le philosophe. Marie-Antoinette soutenue par la religion (chapelle Expiatoire). Villes de Brest et de Rouen (place de la Concorde). Triomphe de Napoléon (arc de triomphe de l'Étoile). Bas-relief du fronton de la Chambre des députés. La résurrection de Notre-Seigneur. Louis XVI visité par ses défenseurs (palais de justice). Louis XV (Versailles). Louis XVI (Versailles). Louis-Philippe (Tuileries). L'Immortalité. La France et la Ville de Paris. — *Bustes :* Eustache de Saint-Pierre. Le maréchal de Guébriant.

Une notice sur sa vie a été lue par Raoul Rochette, dans la séance de l'Académie des Beaux-Arts du 4 octobre 1845.

377. — FREYCINET (Louis, Claude, de SAULCE de), C. ✱

Élu, le 9 janvier 1826, membre de l'Académie des Sciences (section de Géographie et Navigation).

Né à Montélimar (Drôme), le 7 août 1779. — 1794. Aspirant de marine. — 1797. Enseigne de vaisseau. — 1803. Lieutenant de vaisseau. — 1811. Capitaine de frégate. — 1813. *Correspondant de*

I.

27

l'Institut. — 1820. Capitaine de vaisseau. — 1833. Admis à la retraite. — 1833. Membre du Bureau des Longitudes. — Mort à Freycinet (Drôme), le 18 août 1842.

Ouvrages. — 1807. Voyage de découvertes aux terres australes, sur les corvettes le Géographe, le Naturaliste et la goëlette la Casuarina, 2 vol. in-4. — 1819. Mémoire sur la géographie de l'Ile-de-France, in-4. — 1824. Voyage autour du monde, sur les corvettes de S. M. l'Uranie et la Physicienne, 9 vol. in-4.

---

378. — BRIFAUT (Charles), ✻

Élu, le 13 avril 1826, membre de l'Académie française.

Né à Dijon (Côte-d'Or), le 15 février 1781. — Mort à Paris, le 5 juin 1857.

Ouvrages. — 1810. La journée de l'hymen, ode. — 1811. Ode sur la naissance du roi de Rome, in-4. — 1813. Rosamonde, poème, in-12. — 1824. Dialogues et contes, 2 vol. — 1829. Le droit de vie et de mort, poème.

Théâtre. — 1807. Jeanne Gray. — 1813. Ninus II (trag.). — 1816. Les deux rivaux (ballet). — 1817. Aurélien (trag.). — 1818. Cyrus et Artaxerce (trag.). — 1820. Olympia (trag.). Charles de Navarre (trag.). Alexis IV (trag.). Lamech ou les descendants de Caïn (trag.). — 1823. Le protecteur (com.). — 1829. Les déguisements ou une folie de grands hommes (com.).— 1837. François Ier à Madrid (drame). Théodore (trag.). Ivar ou les Scandinaves (trag.). — 1838. Sigismond (trag.). L'amour et l'opinion (com.).

1859. Œuvres publiées par Rives et Bignan, 6 vol. (I : Discours ; du religionisme moderne, notices, récits d'un parrain ; II et III : Passe-temps d'un reclus, nouvelles ; IV : Tragédies ; V : Drames, comédies et poèmes ; VI : Variétés, contes, souvenirs et dialogues).

Son éloge a été prononcé par Jules Sandeau, dans la séance de l'Académie française du 26 mai 1859.

---

379. — GUIRAUD (le Baron Pierre, Marie, Jeanne, Alexandre, Thérèse), ✻

Élu, le 11 mai 1826, membre de l'Académie française.

Né à Limoux (Aude), le 24 décembre 1788. — 1827. Baron. — Mort à Paris, le 24 février 1847.

Ouvrages. — 1834. De la vérité dans le système représentatif. — 1835. Flavien ou Rome au désert, 3 vol. — 1839-41. Philosophie catholique de l'histoire, 3 vol.

Théâtre. — 1822. Les Machabées (trag.). — 1823. Le comte Julien (trag.). — 1825. Pharamond (op.). — 1827. Virginie (trag.). — S. d. Frédegonde et Brunehaut. Myrrha. Pélage.

Poésies. — 1822. Élégies savoyardes. — 1823. Cadix où la délivrance de l'Espagne. — 1824. Chants hellènes, Poèmes et chants élégiaques. — 1826. Le prêtre. — 1830. Césaire, révélation. — 1832. La communion du duc de Bordeaux. Les deux princes. — 1836. Poésies dédiées à la jeunesse. — 1843. Le cloître de Villemartin.

1845. Œuvres complètes, 4 vol. (I et II : Flavien ; III : Césaire, mélanges ; IV : Théâtre et poésies).

Son éloge a été prononcé par M. Ampère, dans la séance de l'Académie française du 18 mai 1848.

---

380. — VERNET (Émile, Jean, Horace), G. O. ✻

Élu, le 24 juin 1826, membre de l'Académie des Beaux-Arts (section de Peinture).

Né à Paris, le 30 juin 1789. — 1828 à 1834. Directeur de l'Académie de France à Rome. — 1835 à 1863. Professeur à l'École des Beaux-Arts. — Mort à Paris, le 17 janvier 1863.

Œuvres principales. — 1812. Prise du camp de Glatz. Écurie cosaque. Écurie polonaise. — 1817. Bataille de Toloza (Versailles). Une halte. Surprise d'avant-poste. Mort de Poniatowski. Bataille. — 1819. Massacre des Mamelucks (m. d'Amiens). Ismayl et Morgam. Guérillas embusqués dans les montagnes. Combat entre des Français et des Espagnols. Le duc d'Orléans passant une revue. L'hospice du Saint-Gothard. Grenadiers sur le champ de bataille. Étable à vaches. Marine. Une druidesse. La folle par amour. Revue des grenadiers de la garde. Molière consultant sa servante.

1822. Joseph Vernet attaché au mât d'un vaisseau pendant une tempête. Bataille de Jemmapes. Défense de la barrière Clichy. La jeune druidesse. La folle de Bedlam. Marine grecque. Vue du Vésuve. L'hospice du Saint-Gothard. Odalisque. Madeleine pénitente. Le soldat laboureur. Le soldat de Waterloo. Le 2ᵉ régiment de grenadiers. Camoëns sauvant des manuscrits d'un naufrage. Scènes de Molière. La route de Kabram. Défense d'Huningue. Le duc d'Orléans. Lanciers polonais. Vue de Boulogne-sur-Mer. Fanatisme espagnol. Massacre des Mamelucks. Capucin en méditation. Environs de Gênes. Soleil couchant sur la mer. Le bateau des pilotes. Un page. M. Dupin. M. Delessert. L'atelier d'Horace Vernet. — 1824. Le duc d'Angoulême. Le maréchal Gouvion Saint-Cyr. Rendez-vous de chasse. — 1825. Mazeppa. — 1827. Dernière chasse de Louis XVI à Fontainebleau. Bataille d'Hastings. — 1830. Bataille de Valmy. Bataille de Jemmapes. Arrestation de Condé. Léon XII porté dans Saint-Pierre (Versailles). Judith et Holopherne. Vittoria d'Albano. Vue d'Aricia. Confession d'un brigand. Combat entre les dragons du Pape et des brigands. La chasse dans les Marais Pontins. Cavalcatore conduisant des bœufs.

1833. Raphaël au Vatican. Le duc d'Orléans à l'hôtel de ville (Versailles). Louis-Philippe. Le maréchal Molitor (Versailles). Les trois amis. — 1834. Arrivée du duc d'Orléans au palais royal. Scènes d'Arabes. — 1835. Prise de Bône. Rebecca à la fontaine. — 1836. Bataille de Fontenoy (Versailles). Bataille de Friedland (Versailles). Bataille de Wagram (Versailles). Chasse dans le Sahara. Bataille d'Iéna. — 1839. Siège de Constantine (Versailles). La Moricière à Constantine (Versailles). Agar chassée par Abraham (m. de Nantes). Chasse aux lions.

1842. Le Carrousel. La prise de Vola. — 1843. Juda et Thamar. — 1844. Le chancelier Pasquier. Traîneau russe. Voyage dans le désert. — 1845. Prise de la Smalah d'Abd-el-Kader (Versailles). Le comte Molé. Le frère Philippe. — 1846. Bataille d'Isly (Versailles). — 1847. Judith. — 1848. Le bon Samaritain. — 1849. Le général Cavaignac. — 1850. Louis-Napoléon.

1852. Siège de Rome (Versailles). — 1855. Napoléon à Hanau. Épisode de la campagne de France. Campagne de Kabylie. Le choléra à bord de la Melpomène. Chasse en Afrique. Le Maréchal Vaillant. — 1857. Bataille de l'Alma. Portrait équestre de Napoléon III. Le maréchal Bosquet (Versailles). Le maréchal Randon (Versailles). Le maréchal Canrobert (Versailles). Le zouave trappiste.

S. d. — Jules II avec Raphaël et Michel-Ange (Louvre). Revue passée par Charles X (Versailles). La flotte française forçant l'entrée du Tage. Entrée de l'armée française en Belgique. Occupation d'Ancône. Attaque de la citadelle d'Anvers (Versailles). Prise de Bougie (Versailles). Combat de l'Habrah (Versailles). Combat de la Sikak (Versailles). Combat de Samah (Versailles). Prise du fort de Saint-Jean d'Ulloa. (Versailles). Combat de l'Affroun (Versailles). L'armée française à Mouzaia (Versailles). Bataille de Bouvines (Versailles). Le maréchal de Mac-Mahon (Versailles). Le général Drouot (Nancy). Les morts vont vite (m. de Nantes). Bataille de Hanau. Bataille de Montmirail. Les adieux de Fontainebleau. Tombeau de Napoléon à Sainte-Hélène. Le chien du trompette. Le chien du régiment. Moulin sur les côtes de Gênes. Soleil couchant sur la mer. Le bateau des pilotes. Route de Kabrunn. La dernière cartouche.

Ouvrages. — 1857. Lettres sur l'Orient et la Russie, in-4. — 1869. Légendes d'atelier.

381. — LA BARRE (Étienne, Éloi), ✲

Élu, le 29 juillet 1826, membre de l'Académie des Beaux-Arts (section d'Architecture).

Né à Ourscamps (Oise), le 17 août 1764. — Mort à Vitry-sur-Seine, le 20 mai 1833.

Œuvres principales. — Colonne de la grande armée à Boulogne-sur-Mer. Salle de théâtre à Boulogne-sur-Mer. Palais de la Bourse, à Paris.
Ouvrage. — 1798. Mémoire et projet sur la restauration du Panthéon français.

Une notice sur sa vie a été lue par Quatremère de Quincy, dans la séance de l'Académie des Beaux-Arts du 11 octobre 1834.

382. — DAVID d'ANGERS (Pierre, Jean DAVID, dit), ✲

Élu, le 5 août 1826, membre de l'Académie des Beaux-Arts (section de Sculpture).

Né à Angers (Maine-et-Loire), le 12 mars 1789. — 1811. Grand prix de Rome. — 1826 à 1856. Professeur à l'École des Beaux-Arts. — 1848 à 1851. Député de Maine-et-Loire. — Mort à Paris, le 6 janvier 1856.

Œuvres principales. — *Bas-reliefs*. — 1806. La Virilité. Mort d'Épaminondas. — 1815. Néréïde. Hymne à l'amour. — 1822. Le génie de l'architecture militaire. — 1823. Marches militaires. Sainte Geneviève. Batailles de

Fleurus et d'Héliopolis (arc de triomphe de Marseille). La navigation et le commerce (douane de Rouen). — 1824. L'Innocence implore la Justice. — 1825. La Religion. — 1826. Monument de Frotté (Alençon). — 1827. Retour du duc d'Angoulême (arc de triomphe du Carrousel). Frise représentant les poètes (Fontainebleau). — 1828. Saint Louis recevant le plan de la Sainte-Chapelle. — S. d. Trophée d'armes turques. Le Cid (Béziers).

Grands médaillons. — 1818. Abel de Pujol. Pajou. — 1824. Casimir Perier. Baraguey d'Hilliers. — 1825. Dupré. — 1826. Lameth. Manuel. Ingres. — 1827. Rouget de l'Isle. Gohier. Condorcet. — S. d. Maréchal Lefebvre, Grenier. Mme d'Abrantès. Lemercier. Daunou. Dulong-Wilhem. Geoffroy Saint-Hilaire. Manuel. Kératry. Aristophane. Sophocle, Corneille. Molière. Monge.

Bustes. — 1811. La Douleur. — 1813. Omphale. — 1814. Ulysse. — 1817. Lethière. — 1819. Visconti. Moncey, Ambroise Paré. — 1821. François Ier. — 1822. C. Jordan. Béranger. Merlin de Douai. Volney. — 1824. Desgenettes. Lacépède. Percy. Portal. La Revellière-Lepeaux. Louis XVI. Racine. — 1825. Mlle Mars. Le roi René. — 1826. Henri II. — 1827. Bentham. Hahnemann. Ad. Mickciewicz. Fenimore Cooper. Raoul Rochette. Fox. Fénelon. Montesquieu. Suchet. Béclard. Casimir Delavigne. — 1831. Gœthe. Lady Morgan. — 1833. Boulay de la Meurthe. Dumont. Baron Gérard. René d'Anjou. Ch. Nodier. A. Carrel. — 1834. Cuvier. Paganini. — 1839. Grégoire. Lamennais. Arago. De Tracy. — 1849. Saint-Just. — S. d. Fresnel. Lafayette. Le Général O'Connor. Couthon. Barrère. Le Général Hulin. Balzac. Annibal enfant. Washington. Chateaubriand. Lamartine. Victor Hugo. A. de Laborde. Rossini. De Jussieu. Daunou. Sieyès. Lakanal. M.-J. Chénier. A. Chénier. Humboldt. Caumartin. Cazenave. Carnot. Kératry. Rauch. Hauréau. Le Thière. De Briqueville. Billaud. J. Rouvet. Berzélius.

Statues. — 1815. Jeune berger. — 1817. Le grand Condé (Versailles). — 1822. Le roi René (Aix). Racine (La Ferté-Milon). Sainte Cécile (cathédrale d'Angers). Bonchamps. — 1826. Fénelon (cathédrale de Cambrai). — 1827. Talma (Comédie-Française). — 1837. Talma méditant (Tuileries). — 1839. J. Barra. — S. d. Le cardinal de Belmas (Cambrai). La liberté (m. de Nantes). Corneille (Rouen). Cuvier (Muséum). A. Paré (Laval). Riquet (Béziers). Bichat (Bourg). Jean Bart (Dunkerque). Jefferson (Philadelphie). C. Delavigne (Le Havre). Philopœmen (Tuileries). La Navigation (Rouen). Le Commerce (Rouen). Les douze apôtres (chapelle de Vincennes). Jeune berger. Bernardin de Saint-Pierre (Le Havre). Montgazon (Angers). M. de Dombasle (Nancy). Statues des douze apôtres (Fontainebleau).

Monuments. — 1819. Duchesse de Brissac. — 1823. Comte de Bourke (Père-Lachaise). — 1826. Maréchal Lefebvre (Père-Lachaise). — 1827. Général Foy (Père-Lachaise). Botzaris (Missolonghi). — S. d. Gouvion Saint-Cyr (Père-Lachaise). Maréchal Suchet (Père-Lachaise). Général Gobert (Père-Lachaise). Larrey (Val-de-Grâce). Garnier-Pagès (Père-Lachaise). Armand Carrel (Saint-Mandé). Gutenberg (Strasbourg). Le roi René (Angers). Le page Gerbert (Aurillac). Général Drouot (Nancy). Arc de triomphe de la porte d'Aix à Marseille. Fronton du Panthéon.

Groupes. — 1810. Othoriades écrivant sur son bouclier. — 1821. Calvaire de la cathédrale d'Angers. — S. d. L'enfant à la grappe. Vie et mort de Bichat (Bourg). Le Christ, la Vierge et saint Jean (cathédrale d'Angers).

Ouvrages. — 1847. Roland et ses ouvrages. — S. d. Notice sur J.-L. David.

Une notice sur sa vie a été lue par Halévy, dans la séance de l'Académie des Beaux-Arts du 3 octobre 1857.

383. — CHEVREUL (Michel, Eugène), G. C. ✳

Élu, le 7 août 1826, membre de l'Académie des Sciences (section de Chimie).

Né à Angers (Maine-et-Loire), le 1er septembre 1786. — 1810. Aide naturaliste au Muséum d'Histoire naturelle. — 1815 à 1830. Professeur au Collège Charlemagne. — 1820. Examinateur à l'École Polytechnique. — 1824. Directeur des teintures et professeur de chimie aux Gobelins. — 1830 à 1889. Professeur d'arts chimiques, puis (1850) de chimie appliquée aux corps organiques, au Muséum d'Histoire naturelle. — 1863 à 1879. Directeur du Muséum. — Mort à Paris, le 15 avril 1889, à l'âge de cent deux ans.

Ouvrages. — 1823. Recherches chimiques sur les corps gras d'origine animale. — 1824. Considérations générales sur l'analyse organique et sur ses applications. — 1831. Leçons de chimie appliquée à la teinture, 2 vol. — 1839. De la loi du contraste simultané des couleurs, 1 vol. — 1854. De la baguette divinatoire, du pendule explorateur et des tables tournantes. — 1856. Lettres sur la méthode en général, in-12. — 1864. Des couleurs et de leurs applications aux arts industriels, in-4. — 1865. Considérations sur l'histoire de la médecine relative à la prescription des remèdes, in-4. — 1866. Histoire des connaissances chimiques. — 1870. De la méthode *a posteriori* expérimentale, in-12. — Collaboration aux Annales et aux Mémoires du Muséum, aux Annales de chimie et au Journal des savants. Mémoires insérés dans le Recueil de l'Académie des sciences (t. XI à XXXIX de la 2e série).

384. — RICHOMME (Joseph, Théodore), ✻

Élu, le 16 septembre 1826, membre de l'Académie des Beaux-Arts (section de Gravure).

Né à Paris, le 28 mai 1785. — 1806. Grand prix de Rome. — Mort à Paris, le 22 septembre 1849.

Œuvres principales. — 1814. Portrait de Louis XVIII. La duchesse d'Angoulême. La vierge de Lorette (Raphaël). Adam et Ève (Raphaël). — 1819. Neptune et Amphitrite. (J. Romain). Les cinq saints (Raphaël). Vénus au bain (antique). — 1822. Triomphe de Galatée (Raphaël). La sainte famille (Raphaël). — 1824. Andromaque (Guérin). — 1827. Thétis (Gérard). — 1833. Daphnis et Chloé (Gérard). — 1835. Henri IV et ses enfants (Ingres). — 1836. Bonaparte après son retour d'Égypte (Gérard). — 1837. La vierge au livre (Raphaël). — 1840. Le sommeil de l'enfant Jésus (Raphaël). — 1841. La vierge au silence (Carrache). Marc-Antoine Raymondi (Raphaël). — Nombreux portraits.

385. — CUVIER (Georges, Frédéric), C. ✻

Élu, le 4 décembre 1826, membre de l'Académie des Sciences (section d'Anatomie et Zoologie).

Né à Montbéliard (Doubs), le 28 juin 1773. — 1810. Inspecteur de l'Académie de Paris. — 1831. Inspecteur général de l'Université. — 1837. Professeur de physiologie comparée au Muséum d'Histoire naturelle. — Mort à Strasbourg (Bas-Rhin), le 24 juillet 1838.

Ouvrages. — 1818-1837. Histoire naturelle des mammifères, 70 liv. in-fol. — 1825. Des dents des mammifères considérées comme caractère zoologique. — 1836. Histoire naturelle des cétacés. — 1838. Observations sur l'enseignement de l'histoire naturelle dans les collèges. — Collaboration aux Mémoires du Muséum, au Bulletin de la Société philomathique et au Mercure de France.

Une notice sur sa vie a été lue par Flourens, dans la séance de l'Académie des Sciences du 13 juillet 1840.

386. — FELETZ (l'Abbé Charles, Marie, DORIMONT de), O. ✻

Élu, le 4 décembre 1826, membre de l'Académie française.

Né à Gumont (Corrèze), le 3 janvier 1767. — 1791. Prêtre. — 1809. Conservateur de la Bibliothèque Mazarine. — 1820. Inspecteur de l'Académie de Paris. — Mort à Paris, le 11 février 1850.

Ouvrages. — 1828. Mélanges de philosophie et de littérature, 6 vol. — Traduction des œuvres d'Horace. — Collaboration à l'Encyclopédie des gens du monde et au Plutarque français.

Son éloge a été prononcé par M. Nisard, dans la séance de l'Académie française du 22 mai 1851.

387. — POUQUEVILLE (François, Charles, Hugues, Laurent), ✻

Élu, le 16 février 1827, membre de l'Académie des Inscriptions et Belles-Lettres.

Né à Merlerault (Orne), le 4 novembre 1770. — 1798 à 1799. Membre adjoint de l'expédition d'Égypte. — 1801. Docteur en médecine. — 1806 à 1814. Consul de France à Janina. — 1816 à 1822. Consul à Patras. — 1819. *Correspondant de l'Institut.* — Mort à Paris, le 20 décembre 1838.

Ouvrages. — 1801. *De febro adeno nervoso, seu de peste orientali.* — 1805. Voyage en Morée, à Constantinople et en Albanie, 3 vol. — 1820-22. Voyage en Grèce, 5 vol. — 1824. Histoire de la régénération de la Grèce, 4 vol. — 1835. Histoire et description de la Grèce (Univers pittoresque).

388. — ROYER-COLLARD (Pierre, Paul), ✳

Élu, le 19 *avril* 1827, *membre de l'Académie française.*

Né à Sompuis (Marne), le 21 juin 1763. — 1787. Avocat. — 1789. Député de Paris aux États généraux. — 1790-92. Secrétaire greffier de la municipalité de Paris. — 1797. Membre du Conseil des Cinq-Cents. — 1810 à 1845. Professeur d'histoire de la philosophie, à la Faculté des Lettres de Paris.— 1810 à 1815. Doyen de la Faculté des Lettres de Paris.— 1814 à 1815. Directeur de l'imprimerie et de la librairie. — 1814 à 1820. Conseiller d'État. — 1815 à 1842. Député de la Marne. — 1827 à 1830. Président de la Chambre des députés. — Mort à Châteauvieux (Loir-et-Cher), le 4 septembre 1845.

Ouvrages. — 1861. Discours parlementaires publiés par M. de Barante.

Son éloge a été prononcé par M. Ch. de Rémusat, dans la séance de l'Académie française du 7 janvier 1847.

389. — PRADIER (Jean, Jacques, dit James), O. ✳

Élu, le 23 *juin* 1827, *membre de l'Académie des Beaux-Arts (section de Sculpture).*

Né à Genève (Suisse) de parents français, le 23 mai 1790. — 1813. Grand prix de Rome.— 1828 à 1852. Professeur à l'École des Beaux-Arts. — Mort à Bougival (Seine-et-Oise), le 4 juin 1852.

Œuvres principales. — *Groupes et statues.* — 1813. Ulysse et Néoptolème à Lemnos. Tête d'Orphée. — 1819. Nymphe. Centaure et Bacchante (m. de Rouen). — 1822. Buste d'homme. Niobé (Louvre). Ch. Bonnet. — 1824. Psyché (Louvre). — 1827. Vénus (m. d'Orléans). Prométhée (Tuileries). Phidias. — 1831. Les trois Grâces (Versailles). — 1832. Jeune chasseresse. Cyparisse et son cerf. — 1834. Le Satyre et la Bacchante. — 1836. Vénus et l'Amour (Saint-Pétersbourg). — 1837. Le baron Gérard (Versailles). Vierge (cathédrale d'Avignon). — 1839. Le comte de Beaujolais (Versailles). Le général de Danrémont (Versailles). — 1841. Odalisque. — 1843. Cassandre (m. d'Avignon). Sismondi. — 1845. Phryné. — 1846. Le duc d'Orléans (Versailles). La poésie légère. Anacréon et l'Amour. La Sagesse repoussant l'Amour. Jouffroy (Besançon). — 1847. Piété. Le duc de Penthièvre (Dreux). Mlle de Montpensier. — 1848. Nyssia (m. de Montpellier). Sapho. M. Debelleyme. — 1849. Le Printemps. — 1850. M. Barbier. La toilette d'Atalante (Louvre). Médée (Londres). Pandore (Londres). — 1852. Sapho (Louvre). — S. d. Renommées (arc de l'Étoile). Lille et Strasbourg (place de la Concorde). Saint Pierre (église Saint-Sulpice). L'Industrie (Bourse). Saint André et saint Augustin (église Saint-Roch). Mort du duc de Berry (Auxerre). Le duc de Berry mourant (Versailles). Vénus (m. d'Aix). J.-J. Rousseau (Genève). Les douze Victoires (tombeau de Napoléon). La comédie gaie et la comédie sérieuse (monument de Molière). Fronton et statues du cirque des Champs-Élysées. Nymphe blessée (Palais-Royal). Vénus (Luxembourg). Mariage de la Vierge (la Madeleine). Fontaine de Nîmes. Statue de Rousseau (Genève). Robert comte d'Artois (Versailles). Maréchal Soult (Versailles). L'amiral Duperré (Versailles). Le connétable de Montmorency (Versailles). Duhesme (Versailles). De Candolle (Genève). L'empereur Don Pedro. Christ en croix (Saint-Pétersbourg). J.-B. de France, duc d'Orléans (Versailles). Le duc de Vendôme (Versailles). Henri IV (m. d'Aix).

Bustes. — 1824. Louis XVIII. — 1827. Charles X. — 1834. Louis-Philippe. Cuvier. — 1843. Pierre Erard. — 1845. Louis-Philippe. — 1846. Paillet. — 1847. Salvandy. Auber. Le Verrier. — S. d. Granet (Louvre). Percier (Louvre). Candolle (Genève).

Une notice sur sa vie a été lue par Raoul Rochette, à l'Académie des Beaux-Arts.

390. — BERTHIER (Pierre), C. ✳

Élu, le 16 *juillet* 1827, *membre de l'Académie des Sciences (section de Minéralogie).*

Né à Nemours (Seine-et-Marne), le 3 juillet 1782. — 1805. Ingénieur des mines. — 1816. Professeur de docimasie à l'École des Mines. — 1823. Ingénieur en chef. — 1836 à 1848. Inspecteur général des mines. — Mort à Paris, le 24 août 1861.

Ouvrages. — 1824-1839. Mémoires et notices chimiques, minéralogiques et géologiques, 4 vol. — 1834. Traité des essais par la voie sèche, 2 vol. — Mémoires publiés dans le Journal des mines, les Annales des mines, et le Journal de chimie.

391. — SAVART (Félix), ✳

Élu, le 5 novembre 1827, membre de l'Académie des Sciences (section de Physique générale).

Né à Mézières (Ardennes), le 30 juin 1791. — 1810 à 1814. Chirurgien militaire. — 1816. Docteur en médecine. — 1836 à 1841. Professeur de physique générale et expérimentale au Collège de France. — Mort à Paris, le 16 mars 1841.

Ouvrages. — 1816. Dissertation sur le Cirsocèle, in-4. — 1819. Mémoires sur les instruments à cordes et à archets. — Collaboration aux Annales de physique et de chimie.

392. — LEBRUN (Pierre, Antoine), G. O. ✳

Élu, le 21 février 1828, membre de l'Académie française.

Né à Paris, le 29 novembre 1785. — 1808 à 1814. Receveur principal des droits réunis, au Havre. — 1831 à 1848. Directeur de l'Imprimerie royale. — 1832 à 1839. Maître des requêtes. — 1839 à 1840. Conseiller d'État. — 1839 à 1848. Pair de France. — 1853 à 1870. Sénateur. — Mort à Paris, le 27 mai 1873.

Ouvrages. — *Poésies.* — 1799. La plantation de l'arbre de la liberté. L'âne et le singe. — 1802. Les souvenirs. — 1805. Ode à la grande armée. — 1806. Ode sur la guerre de Prusse. — 1807. La colère d'Apollon. La mort d'Écouchard Lebrun. La campagne de 1807. — 1818. Le bonheur de l'étude. — 1822. Au vaisseau de l'Angleterre. Olympie. Jeanne d'Arc. Super flumina. La mort de Napoléon. — 1828. Le voyage en Grèce.
Théâtre. — 1815. Ulysse. — 1820. Marie Stuart. — 1822. Pallas fils d'Évandre. — 1844. Œuvres, 2 vol.

Son éloge a été prononcé par M. Alexandre Dumas, dans la séance de l'Académie française du 11 février 1875.

393. — BARANTE (le Baron Amable, Guillaume, Prosper, BRUGIÈRE, de), G. C. ✳

Élu, le 19 juin 1828, membre de l'Académie française.

Né à Riom (Puy-de-Dôme), le 10 juin 1782. — 1802. Surnuméraire au Ministère de l'Intérieur. — 1806 à 1811. Auditeur au Conseil d'État. — 1808. Sous-préfet de Bressuire. — 1809. Préfet de la Vendée. — 1809. Baron. — 1813. Préfet de la Loire-Inférieure. — 1815. Secrétaire général du Ministère de l'Intérieur. — 1815. Député du Puy-de-Dôme. — 1816. Directeur général des contributions indirectes. — 1817 à 1820. Conseiller d'État. — 1819 à 1848. Pair de France. — 1830. Ministre de France en Piémont. — 1835 à 1848. Ambassadeur de France en Russie. — Mort à Barante (Puy-de-Dôme), le 22 novembre 1866.

Ouvrages. — 1808. Tableau de la littérature française au XVIIIe siècle. — 1824-28. Histoire des ducs de Bourgogne, 12 vol. — 1828. Du commerce et de l'aristocratie. — 1828. Notice sur Mme de Duras. — 1834. Mélanges historiques et littéraires, 3 vol. — 1849. Questions constitutionnelles. — 1851-56. Histoire de la Convention nationale, 6 vol. — 1855. Histoire du Directoire de la République française, 3 vol. — 1856. Notice sur M. le comte de Sainte-Aulaire. — 1857. Études historiques et biographiques, 2 vol. — 1858. Études littéraires et historiques, 2 vol. — 1859. Histoire de Jeanne d'Arc, in-12. — 1859. Le Parlement et la Fronde. — 1861. La vie politique de Royer-Collard, 2 vol. — 1865. De la décentralisation, in-12.

Son éloge a été prononcé par M. l'abbé Gratry, dans la séance de l'Académie française du 26 mars 1868.

394. — SERRES (Étienne, Renaud, Augustin), C. ✳

Élu, le 8 juin 1828, membre de l'Académie des Sciences (section de Médecine et Chirurgie).

Né à Clairac (Lot-et-Garonne), le 12 septembre 1786. — 1810. Docteur en médecine. — 1814. Chef des Travaux anatomiques à la Faculté de Médecine. — 1822. Médecin en chef de l'hôpital de la Pitié. — 1839 à 1868. Professeur d'anatomie au Muséum d'Histoire naturelle. — Mort à Paris, le 22 janvier 1868.

Ouvrages. — 1813. Traité de la fièvre entéro-mésentérique. — 1815. Des lois de l'ostéogénie, in-fol. — 1817. Essai sur l'anatomie et la physiologie des dents. — 1824-26. Anatomie comparée du cerveau dans les quatre classes des animaux vertébrés, 2 vol. et atlas. — 1825. Anatomie comparée des monstruosités, in-fol. — 1828. Traité des maladies organiques de l'axe cérébro-spinal du système nerveux, in-fol. — 1832. Recherches d'anatomie transcendante et pathologique, in-4. — 1832. Théorie des formations et des déformations organiques, in-4. — 1842. Précis d'anatomie transcendante appliquée à la physiologie.

395. — RAMEY (Étienne, Jules), O. ✳

Élu, le 6 septembre 1828, membre de l'Académie des Beaux-Arts (section de Sculpture).

Né à Paris, le 24 mai 1796. — 1815. Grand prix de Rome. — Mort à Paris, le 29 octobre 1852.

Œuvres principales. — 1815. Ulysse reconnu par son chien. — 1816. Hector soulevant un rocher (m. de Dijon). — 1820. Vénus Anadyomède (m. de Dijon). — 1821. L'Innocence pleurant la mort d'un serpent. — 1822. Christ à la Colonne (église de la Sorbonne). — 1823. Thésée combattant le Minotaure (Tuileries). — 1824. La Tragédie et la Gloire (bas-reliefs de la cour du Louvre). — 1827. La Gloire et la Paix (bas-reliefs de la cour du Louvre). La Religion entourée des Vertus (église de Saint-Germain-en-Laye). — S. d. Saint Luc (Madeleine). Saint Pierre (S.-V. de Paul). Saint Paul (S.-V. de Paul). Artillerie et train. Buste de Ramey.

396. — PUISSANT (Louis), O. ✳

Élu, le 3 novembre 1828, membre de l'Académie des Sciences (section de Géométrie).

Né à la Gastellerie (Seine-et-Marne), le 22 septembre 1769. — 1793 à 1797. Ingénieur géographe au Dépôt de la guerre. — 1802. Ingénieur géographe capitaine. — 1803. Chef d'escadron. — 1803. Professeur à l'École militaire de Fontainebleau. — 1809. Professeur à l'École du Génie. — 1831. Lieutenant-colonel d'état-major. — 1831. Colonel. — 1832. Admis à la retraite. — Mort à Paris, le 10 janvier 1843.

Ouvrages. — 1801. Recueil des propositions de géométrie démontrées par l'analyse algébrique. — 1805. Traité de géodésie, in-4. — 1807. Traité de topographie, d'arpentage et de nivellement. — 1809. Trigonométrie appliquée au lever des plans. — 1821. Instruction sur l'usage des tables de projection, in-4. — 1823. Méthode générale pour obtenir le résultat moyen dans les observations astronomiques, in-4. — 1824. Recueil de diverses propositions de géométrie. — 1826. Principes du figuré du terrain sur les plans et les cartes. — 1827. Tables pour faciliter le calcul des différences de niveau, 2 vol. in-4. — 1832. Cours de mathématiques. — 1834. Nouvelles comparaisons des mesures géodésiques et astronomiques de France, in-4. — 1835. Nouvelle détermination de la distance méridienne de Montjouy à Formentera, in-4. — 1839. Nouvelles comparaisons des mesures géodésiques et astronomiques de France, in-4. — Mémoire sur l'application du calcul des probabilités aux mesures. — Collaboration au Mémorial topographique militaire, au Bulletin de la Société philomathique, à la Connaissance des temps, au Journal de l'École polytechnique et au Dictionnaire des sciences mathématiques.

Une notice sur sa vie a été lue par M. Élie de Beaumont, dans la séance de l'Académie des Sciences du 14 juin 1869.

397. — FLOURENS (Marie, Jean, Pierre), G. O. ✳

Élu, le 1ᵉʳ décembre 1828, membre de l'Académie des Sciences, et, le 12 août 1833, secrétaire perpétuel pour les Sciences physiques. Élu, le 20 février 1840, membre de l'Académie française.

Né à Maureilhan (Hérault), le 13 avril 1794.— 1813. Docteur en médecine. — 1821. Professeur à l'Athénée. — 1832 à 1867. Professeur d'anatomie humaine, puis (1838) de physiologie comparée, au Muséum d'Histoire naturelle. — 1838. Député de l'Hérault. — 1846 à 1848. Pair de France. — 1855 à 1867. Professeur d'Histoire naturelle des corps organisés, au Collège de France. — Mort à Montgeron (Seine-et-Oise), le 6 décembre 1867.

Ouvrages. — 1821. De la délimitation de l'effet croisé dans le système nerveux. — 1822. Fonctions spéciales des diverses parties qui composent la masse cérébrale. — 1823. Recherches sur les propriétés et les fonctions du grand sympathique. Recherches sur les effets de la coexistence de la réplétion de l'estomac avec les blessures de l'encéphale. Recherches touchant l'action de certaines substances sur certaines parties du cerveau. — 1824. Recherches sur les diverses causes de la surdité. Recherches sur les propriétés et les fonctions du système nerveux dans les animaux vertébrés. — 1825. Expériences sur le système nerveux. — 1836. Cours sur la génération, l'ovologie et l'embryologie. — 1840. Analyse raisonnée des travaux de G. Cuvier, in-12. — 1841. De l'instinct et de l'intelligence des animaux, in-12. — 1842. Recherches sur le développement des os et des dents. Examen de la phrénologie, in-12. — 1843. Anatomie générale de la peau et des membranes muqueuses, gr. in-4. — 1844. Buffon, histoire de ses idées et de ses travaux, in-12. — 1845. Mémoires d'anatomie et de physiologie comparées, in-4. — 1847. Théorie expérimentale de la formation des os. — 1848. Fontenelle ou de la philosophie moderne relativement aux sciences physiques, in-12. — 1854. Histoire de la découverte de la circulation du sang, in-12. De la longévité humaine et de la quantité de vie sur le globe, in-12. — 1855. Cours de physiologie comparée. — 1856-62. Éloges historiques lus à l'Académie des sciences, 3 vol. in-12. — 1857. Histoire des travaux de G. Cuvier, in-12. — 1858. De la vie et de l'intelligence, in-12. — 1859. Des manuscrits de Buffon, in-12. — 1860. De la raison, du génie et de la folie, in-12. — 1863. De la phrénologie et des études vraies sur le cerveau, in-12. — 1864. Examen du livre de M. Darwin sur l'origine des espèces, in-12. Ontologie naturelle ou étude philosophique des êtres, in-12. Psychologie comparée, in-12. — 1865. De l'unité de composition, in-12.

Son éloge a été prononcé par Claude Bernard, dans la séance de l'Académie française du 27 mai 1869, et une notice sur sa vie a été lue par M. Vulpian, dans la séance de l'Académie des Sciences du 27 décembre 1880.

398. — PARDESSUS (Jean, Marie), O. ✳

Élu, le 27 mars 1829, membre de l'Académie des Inscriptions et Belles-Lettres.

Né à Blois (Loir-et-Cher), le 11 août 1772. — 1795. Avocat à Blois. — 1804. Juge suppléant à la Cour criminelle de Loir-et-Cher. — 1806. Maire de Blois. — 1807 à 1811. Membre du Corps législatif. — 1809 à 1820. Professeur de droit commercial à la Faculté de Paris. — 1815 à 1820. Député de Loir-et-Cher. — 1820 à 1830. Député des Bouches-du-Rhône. — 1821 à 1830. Conseiller à la Cour de cassation. — Mort à Pimpeneau (Loir-et-Cher), le 27 mai 1853.

Ouvrages. — 1806. Traité des servitudes. — 1809. Traité du contrat et des lettres de change, 2 vol. — 1812. Éléments de jurisprudence commerciale. — 1813-17. Cours de droit commercial, 4 vol. in-4. — 1828-45. Collection des lois maritimes antérieures au xviiiᵉ siècle, 6 vol. in-4. — 1834. Tableau du commerce avant la découverte de l'Amérique, in-4. — 1838. Sur l'origine du droit coutumier en France, in-4. — 1839. Sur les différents rapports sous lesquels l'âge était considéré dans la législation romaine, in-4. — 1843. Loi salique ou recueil contenant les anciens textes, avec notes et dissertations, in-4. — 1843-49. Volumes I et II des *Diplomata, chartæ, epistolæ, ad res gallas spectantia*. — 1846. Us et coutumes de la mer, 2 vol. in-4. — 1847. Tome XXI et table chronologique des ordonnances des rois de France. — 1851. Essai historique sur l'organisation judiciaire et l'administration depuis Hugues Capet jusqu'à Louis XII, in-12. — Collaboration à la bibliothèque de l'École des chartes et au Journal des savants. Mémoires insérés dans le Recueil de l'Académie des inscriptions (t. X à XVI).

Une notice sur sa vie a été lue par M. Naudet, dans la séance de l'Académie des Inscriptions et Belles-Lettres du 10 août 1855.

399. — AUBER (Daniel, François, Esprit), G. O. ✳

Élu, le 11 avril 1829, membre de l'Académie des Beaux-Arts (section de Composition musicale).

Né à Caen (Calvados), le 29 janvier 1782. — 1830. Directeur des concerts de la Cour. — 1842 à 1871. Directeur du Conservatoire de musique. — 1852 à 1870. Directeur de la musique de la Chapelle et de la Chambre de l'Empereur. — Mort à Paris, le 11 mai 1871.

Œuvres. — *Opéras.* — 1823. Vendôme en Espagne. — 1824. Les trois genres. — 1828. La muette de Portici. — 1830. Le dieu et la bayadère. — 1831. Le philtre. — 1832. Le serment. — 1833. Gustave III. — 1835. Le cheval de bronze. — 1839. Le lac des fées. — 1850. L'enfant prodigue. — 1851. Zerline. — 1857. Marco Spada (ballet). *Opéras-comiques.* — 1813. Le séjour militaire. — 1819. Le testament et les billets doux. — 1820. La bergère châtelaine. — 1821. Emma. — 1823. Leicester. La neige. — 1824. Les trois genres. Le concert à la cour. Léocadie. — 1825. Le maçon. — 1826. Le timide. Fiorella. — 1829. La fiancée. — 1830. Fra Diavolo. — 1831. La marquise de Brinvilliers. — 1834. Lestocq. Actéon. — 1836. Le chaperon blanc. L'ambassadrice. — 1837. Le domino noir. — 1840. Zanetta. — 1841. Les diamants de la couronne. — 1842. Le duc d'Olonne. — 1843. La part du diable. — 1844. La sirène. — 1845. La barcarolle. — 1847. Haydée. — 1852. Marco Spada. — 1855. Jenny Bell. — 1856. Manon Lescaut. — 1861. La Circassienne. — 1864. La fiancée du roi de Garbe. — 1868. Le premier jour de bonheur. — 1869. Un rêve d'amour. Messes, motets, concertos, quatuors, etc.

Une notice sur sa vie a été lue par M. le comte Delaborde, dans la séance de l'Académie des Beaux-Arts du 30 octobre 1875.

400. — BECQUEREL (Antoine, César), C. ✳

Élu, le 20 avril 1829, membre de l'Académie des Sciences (section de Physique générale).

Né à Châtillon-sur-Loing (Loiret), le 7 mars 1788. — 1808. Sous-lieutenant du Génie. — 1810. Lieutenant. — 1812. Capitaine. — 1813. Inspecteur des études à l'École Polytechnique. — 1815. Chef de bataillon. — 1815. Admis à la retraite. — 1838. Professeur de physique au Muséum d'Histoire naturelle. — Mort à Paris, le 18 janvier 1878.

Ouvrages. — 1834-40. Traité de l'électricité et du magnétisme, 7 vol. avec atlas. — 1842. Traité de physique considérée dans ses rapports avec la chimie et avec les sciences naturelles, 2 vol. — 1843. Éléments d'électrochimie, 1 vol. — 1847. Éléments de physique terrestre et de météorologie. — 1848. Traité des engrais inorganiques, in-12. — 1853. Des climats et de l'influence des sols boisés et déboisés. — 1858. Résumé de l'histoire de l'électricité et du magnétisme. — Collaboration au Journal de physique et aux Annales de chimie. Mémoires insérés dans le Recueil de l'Académie des sciences (t. IX à XL, 2e série).

401. — LAMARTINE (Alphonse, Marie, Louis de), ✳

Élu, le 5 novembre 1829, membre de l'Académie française.

Né à Mâcon (Saône-et-Loire), le 21 octobre 1790. — 1814-1815. Garde du corps. — 1820. Attaché de légation à Naples. — 1825. Secrétaire de légation à Florence. — 1826. Secrétaire d'ambassade à Londres. — 1828. Chargé d'affaires en Toscane. — 1829. Ministre plénipotentiaire en Grèce. — 1834. Député du Nord. — 1839 à 1848. Député de Saône-et-Loire. — 1848. Ministre des Affaires étrangères. — 1848. Député de la Seine à l'Assemblée constituante. — 1848. Membre de la Commission exécutive. — 1849 à 1851. Député du Loiret. — Mort à Paris, le 28 février 1869.

Ouvrages. — 1820. Méditations poétiques. — 1822. Nouvelles méditations poétiques. — 1823. La mort de Socrate. — 1824. Lettre à Casimir Delavigne, in-12. — 1825. Le dernier chant du pèlerinage d'Harold. — 1826. Épîtres. Le chant du sacre, ou la veillée des armes. — 1829. Cantates pour les établissements de Saint-Joseph et de Saint-Nicolas. — 1830. Harmonies poétiques et religieuses, 2 vol. Contre la peine de mort, au peuple de 1830. —

1831. Sur la politique rationnelle. — 1834. Des destinées de la poésie. — 1835. Voyage en Orient, 4 vol. — 1836. Jocelyn, 2 vol. — 1838. La chute d'un ange, 2 vol. — 1839. Recueillements poétiques, in-12. Mélanges poétiques et discours, in-12. — 1840. Vues, discours et articles sur la question d'Orient. — 1845. Le bien public. — 1847. Histoire des Girondins, 8 vol. — 1848. Trois mois au pouvoir. — 1849. Raphaël, pages de la 20ᵉ année. Histoire de la Révolution de 1848, 2 vol. Les confidences. — 1850. Toussaint Louverture, poème dramatique. — 1851. Les nouvelles confidences. Geneviève, mémoires d'une servante. Le tailleur de pierre de Saint-Point. Histoire de la Restauration, 8 vol. — 1852. Graziella. Visions. — 1853. L'enfance, in-12. Nouveau voyage en Orient, 2 vol. Fénelon, in-12. La jeunesse, in-12. Nelson, in-12. Les visions, in-12. Gutenberg, in-12. — 1854. Histoire de Turquie, 8 vol. Héloïse et Abélard, in-12. — 1854-55. Histoire des Constituants, 4 vol. — 1855. Histoire de la Russie, 2 vol. — 1856. Histoire de César, in-12. — 1859. Vie d'Alexandre le Grand, 2 vol. — 1862. Christophe Colomb, in-12. — 1863. Fior d'Aliza. Antar, in-12. Régina, in-12. Rustem, in-12. Jeanne d'Arc, in-12. Guillaume Tell. Bernard de Palissy, in-12. Homère et Socrate. — 1864. Jacquard, in-12. Madame de Sévigné. Portraits et biographies. Shakespeare et ses œuvres. Cromwell, in-12. Bossuet, in-12. Cicéron, in-12. — 1865. Balzac et ses œuvres, in-12. Benvenuto Cellini, in-12. Civilisateurs et conquérants, 2 vol. La France parlementaire : Œuvres oratoires et écrits politiques, 6 vol. Les grands hommes de l'Orient. Les hommes de la Révolution. Vie de César. — 1866. Vie du Tasse, in-12. Les foyers du peuple. J.-J. Rousseau et le contrat social, in-12. — 1867. Antoniella. — 1870. Mémoires inédits. — 1871. Le manuscrit de ma mère. — 1871-72. Souvenirs et portraits, in-12. — 1873-75. — Correspondance, 6 vol. — 1873. Poésies inédites. — 1860-1863. Œuvres complètes, 40 vol. in-8. — Collaboration à la Revue des Deux Mondes. Publication des revues : le Conseiller du peuple (1849-50), le Civilisateur (1851), Cours familier de littérature (1856 et suiv.).

Son éloge, écrit par M. Émile Ollivier, n'a pas été prononcé en séance publique, mais il a été inséré dans le Recueil des discours de l'Académie française.

---

402. — MOLINOS (Jacques), ✳

Élu, le 14 novembre 1829, membre de l'Académie des Beaux-Arts (section d'Architecture).

Né à Lyon (Rhône), le 18 janvier 1750. — Mort à Paris, le 19 février 1831.

Œuvres principales. — Marché Saint-Honoré à Paris. Marché Popincourt à Paris. Achèvement de la halle au blé de Paris.

Son éloge a été prononcé par Quatremère de Quincy, à l'Académie des Beaux-Arts.

---

403. — LARREY (le Baron Dominique, Jean), C. ✳

Élu, le 16 novembre 1829, membre de l'Académie des Sciences (section de Médecine et Chirurgie).

Né à Beaudéan (Hautes-Pyrénées), le 8 juillet 1766. — 1787. Chirurgien major auxiliaire de la marine. — 1792. Chirurgien aide-major principal de l'armée. — 1794. Chirurgien en chef. -- 1796. Professeur à l'École du Val-de-Grâce. — 1804. Chirurgien inspecteur général de la garde impériale. — 1809. Baron. — 1812. Chirurgien inspecteur général de la grande armée. — 1814. Inspecteur général, chirurgien en chef de l'Hôpital de la maison du Roi. — 1815. Inspecteur général, chirurgien en chef de l'Hôpital militaire de la garde royale. — 1832. Chirurgien en chef de l'Hôtel des Invalides. — Mort à Lyon (Rhône), le 25 juillet 1842.

Ouvrages. — 1797. Mémoire sur les amputations des membres à la suite des coups de feu. — 1803. Relation chirurgicale de l'expédition de l'armée d'Orient en Égypte et en Syrie. — 1812-17. Mémoires de médecine et de chirurgie militaire, 4 vol. — 1821. Considérations sur la fièvre jaune. — 1822. Recueil de mémoires de chirurgie. — 1825. Nouvelle manière de traiter les fractures des membres compliquées de plaies. — 1829-36. Clinique chirurgicale exercée de 1792 à 1836, 5 vol. — 1835. Mémoire sur le choléra-morbus indien, in-4. — 1841. Relation médicale de campagnes et voyages de 1815 à 1840. — Mémoires insérés dans le Recueil de l'Académie des sciences (t. II, XII, XIV, XVI et XVIII, 2ᵉ série) et dans celui de l'Académie de médecine. Collaboration au Dictionnaire de la conversation.

404. — HEIM (François, Joseph), O. ✳

Élu, le 19 décembre 1829, membre de l'Académie des Beaux-Arts (section de Peinture).

Né à Belfort (Haut-Rhin), le 16 décembre 1787. — 1807. Grand prix de Rome. — 1832 à 1863. Professeur à l'École des Beaux-Arts. — Mort à Paris, le 29 septembre 1865.

Œuvres principales. — 1806. Retour de l'enfant prodigue. — 1807. Thésée vainqueur du Minotaure. — 1812. Arrivée de Jacob en Mésopotamie (m. de Bordeaux). — 1814. Saint Jean. — 1817. Ptolémée Philopator (m. d'Amiens). La robe de Joseph apportée à Jacob (m. de Lyon). — 1818. Résurrection de Lazare. Vespasien faisant distribuer des aumônes (Trianon). — 1819. Martyre de saint Cyr et de sainte Juliette (église Saint-Gervais). — 1822. Rétablissement des sépultures royales à Saint-Denis. Martyre de saint Hippolyte (Notre-Dame de Paris). Saint Arnould lavant les pieds d'un pèlerin. — 1824. Délivrance du roi d'Espagne. Sainte Adélaïde et saint Arnould. Prise de Jérusalem par les Romains (Luxembourg). — 1827. Saint Hyacinthe ressuscite un jeune homme (Notre-Dame de Paris). Charles X distribuant les récompenses à l'exposition des beaux-arts (Luxembourg). Saint Germain distribuant des aumônes. — 1833. Richelieu recevant les premiers académiciens. — 1834. Louis-Philippe recevant les députés qui lui offrent la couronne (Versailles). — 1847. Le champ de mai de 1815 (Versailles). Une lecture d'Andrieux aux Français. — 1853. Victoire de Marius sur les Cimbres. — 1855. Victoire de Judas Macchabée. — S. d. Titus pardonnant à des criminels (Trianon). Bataille de Rocroi (Versailles). Défense de Burgos (Versailles). La Chambre des Pairs offrant la couronne au duc d'Orléans (Versailles). L'Ascension (cathédrale de Strasbourg). Épisode de la vie de sainte Adélaïde (m. de Dreux). Berger buvant à une fontaine (m. de Strasbourg). La renaissance des arts en France (Louvre). Le Vésuve recevant le feu de Jupiter (plafond du Louvre). Fresques des chapelles de Notre-Dame de Lorette, de Saint-Sulpice, de Saint-Séverin, de la salle des conférences de la Chambre des députés. — Portraits de : Daru, Cuvier, S. de Sacy, Guérin, Frayssinous, Geoffroy Saint-Hilaire, A. de Laborde, Berton, Arnault, Serres, Droz, Michaud, Parseval-Grandmaison, Andrieux, Mme Hersent, le marquis de Chamilly (Versailles), le marquis de la Ferté (Versailles), le général Beurnonville (Versailles). Portraits de soixante-quatre membres de l'Institut (dessins).

405. — SERULLAS (Georges, Simon), ✳

Élu, le 28 décembre 1829, membre de l'Académie des Sciences (section de Chimie).

Né à Poncin (Ain), le 2 novembre 1774. — 1793. Pharmacien militaire. — 1794. Pharmacien major. — 1812. Pharmacien en chef. — 1815. Professeur à l'hôpital militaire de Metz. — 1820. Professeur au Val-de-Grâce. — Mort à Paris, le 25 mai 1832.

Ouvrages. — 1810. Du perfectionnement des moyens d'obtenir la matière sucrée des végétaux indigènes. — 1820. Charbon fulminant au carbure de potassium et d'antimoine. — 1821. Observations physico-chimiques sur les alliages du potassium et du sodium avec d'autres métaux, 2 vol., Metz. — 1822. Moyen d'enflammer la poudre sous l'eau, Metz. Notes sur l'hydriodate de potasse et l'acide hydriodique, Metz. — 1823. Sur l'iodure de carbone. — Nouveau composé d'iode et de carbone. — 1827. Nouveaux composés de brome-éther hydrobromique et cyanure de brome. — Collaboration au Journal de la Société d'agriculture de la Seine, au Journal de la Société de pharmacie de Paris, aux Mémoires de médecine militaire et aux Annales de physique. Mémoires insérés dans le Recueil de l'Académie des sciences (t. XI de la 2e série).

406. — ROUSSIN (le Baron Albin, Reine), G. C. ✳

Élu, le 25 janvier 1830, membre de l'Académie des Sciences (section de Géographie et Navigation).

Né à Dijon (Côte-d'Or), le 21 avril 1781. — 1793. Mousse. — 1798. Aspirant de marine. — 1803. Enseigne. — 1808. Lieutenant de vaisseau. — 1810. Capitaine de frégate. — 1814. Capitaine de vaisseau. — 1820. Baron. — 1822. Contre-amiral. — 1829. Gentilhomme honoraire de la Chambre du Roi. — 1830. Préfet maritime à Brest. — 1831. Vice-amiral. — 1832. Pair de France. — 1832 à 1839. Ambassadeur de France en Turquie. — 1836. Membre du Bureau des Longitudes. — 1840 (mars-octobre) et 1843 (février-juillet). Ministre de la Marine et des Colonies. — 1840. Amiral de France. — 1852. Sénateur. — Mort à Paris, le 21 février 1854.

Ouvrages. — 1826. Le pilote du Brésil. — 1826. Réflexions sur l'éducation des élèves de la marine royale. — 1841. Opinion sur les fortifications de Paris. — 1848. Extrait des mémoires inédits d'un vieux marin. — Collaboration à la Revue du Midi.

407. — SAINT-HILAIRE (Augustin, François, César, PROUVENSAL de), ✳

Élu, le 8 mars 1830, membre de l'Académie des Sciences (section de Botanique).

Né à Orléans (Loiret), le 4 octobre 1779. — 1819. *Correspondant de l'Institut.* — 1834. Professeur de botanique à la Faculté des Sciences de Paris. — Mort à La Tupinière (Loiret), le 30 septembre 1853.

Ouvrages. — 1824. Plantes usuelles des Brésiliens, in-4. — 1824-26. Histoire des plantes les plus remarquables du Brésil et du Paraguay, in-4. — 1825. *Flora Brasiliæ meridionalis*, 3 vol. gr. in-4. — 1830. Voyage dans les provinces de Rio-de-Janiero et Minas Geraes, 2 vol. — 1833. Voyage dans le district des diamants et sur le littoral du Brésil, 2 vol. — 1837. Sur les résidacées, in-4. — 1838. Du système d'agriculture adopté par les Brésiliens. — 1840. Leçons de botanique. — 1841. La morphologie végétale expliquée par des figures. — 1847. Voyage aux sources du rio de San Francisco, 2 vol. — 1849. L'agriculture et l'étude du bétail dans les Campos-Geraes. — Collaboration au Bulletin de la Société des sciences d'Orléans, aux Mémoires du Muséum, à la Revue des Deux Mondes et aux Annales nouvelles des voyages.

408. — VAN PRAËT (Joseph, Basile, Bernard), ✳

Élu, le 19 mars 1830, membre de l'Académie des Inscriptions et Belles-Lettres.

Né à Bruges (Belgique), le 27 juillet 1754 ; naturalisé Français, le 6 novembre 1817. — 1783. Employé à la Bibliothèque royale. — 1796 à 1837. Conservateur des imprimés à la Bibliothèque nationale. — Mort à Paris, le 5 février 1837.

Ouvrages. — 1813. Catalogue des livres imprimés sur vélin, avec date de 1457 à 1472, in-fol. — 1822-28. Catalogue des livres imprimés sur vélin de la Bibliothèque du roi, 5 vol. — 1824-28. Catalogue des livres imprimés sur vélin, qui se trouvent dans les bibliothèques publiques ou particulières, 4 vol. — 1829. Notice sur Colard Mansion. — 1831. Recherches sur Louis de Bruges. — 1836. Inventaire du catalogue des livres de la Bibliothèque du Louvre sous Charles V.

Une notice sur sa vie a été lue par Daunou, dans la séance de l'Académie des Inscriptions et Belles-Lettres du 9 août 1839.

409. — SÉGUR (le Comte Philippe, Paul de), G. C. ✳

Élu, le 25 mars 1830, membre de l'Académie française.

Né à Paris, le 4 novembre 1780. — 1800. Engagé volontaire. — 1801. Sous-lieutenant. — 1802. Lieutenant. — 1804. Capitaine. — 1806. Chef d'escadron. — 1808. Major. — 1808. Adjudant-commandant. — 1809. Colonel. — 1812. Général de brigade. — 1813. Général-colonel inspecteur. — 1815. Mis en non-activité. — 1831. Lieutenant général (retraité en 1845). — 1831 à 1848. Pair de France. — Mort à Paris, le 25 février 1873.

Ouvrages. — 1802. La campagne du général Macdonald dans les Grisons. — 1824. Histoire de Napoléon et de la grande armée pendant l'année 1812, 2 vol. — 1829. Histoire de la Russie et de Pierre le Grand. — 1834. Histoire de Charles VIII, roi de France, 2 vol. — 1839. Éloge du maréchal Lobau. — 1840. La vertu en exemple, in-12. — 1845. Le bon nègre, in-12. — 1846. Le collier de perles, in-12. — 1862. Les congrégations religieuses et le peuple. — 1865. L'orpheline du marin, in-12. — 1873. Histoires et mémoires, 7 vol. Mélanges. — Collaboration au Journal des sciences militaires et au Dictionnaire de la conversation.

Son éloge a été prononcé par M. le baron de Vieil-Castel, dans la séance de l'Académie française du 27 novembre 1873.

410. — PONGERVILLE (Jean, Baptiste, Antoine, Aimé, SANSON de), C. ✻

Élu, le 29 avril 1830, membre de l'Académie française.

Né à Abbeville (Somme), le 3 mars 1782. — 1846. Conservateur de la Bibliothèque Sainte-Geneviève. — 1851 à 1870. Conservateur adjoint des imprimés, puis (1854) des cartes à la Bibliothèque nationale. — Mort à Paris, le 22 janvier 1870.

Ouvrages. — 1823. Traduction des œuvres de Lucrèce en vers, 2 vol. — 1827. Les amours mythologiques, in-18. — Épîtres et poèmes divers. Traduction en prose des œuvres de Lucrèce, de Catulle, de Virgile et de Milton. Collaboration à la Revue encyclopédique.

Son éloge a été prononcé par M. X. Marmier, dans la séance de l'Académie française du 7 décembre 1871.

411. — THUROT (Jean, François), ✻

Élu, le 7 mai 1830, membre de l'Académie des Inscriptions et Belles-Lettres.

Né à Issoudun (Indre), le 24 mars 1768. — 1789 à 1792. Sous-lieutenant des pompiers de Paris. — 1802. Directeur de l'École des Sciences et Belles-Lettres. — 1811 à 1823. Professeur adjoint de philosophie à la Faculté des Lettres de Paris. — 1814 à 1832. Professeur de langue et philosophie grecques au Collège de France. — Mort à Paris, le 16 juillet 1832.

Ouvrages. — 1819. Qu'est-ce que la philosophie ? in-4. — 1827. Notice sur la vie et les œuvres de Cabanis. — 1830. De l'entendement et de la raison, 2 vol. — 1837. Leçons de grammaire et de logique. — Traduction et édition de nombreux ouvrages.

412. — CHAMPOLLION (Jean, François), ✻

Élu, le 7 mai 1830, membre de l'Académie des Inscriptions et Belles-Lettres.

Né à Figeac (Lot), le 23 décembre 1791. — 1819. Professeur d'histoire à la Faculté des Lettres de Grenoble. — 1828. Conservateur du musée égyptien du Louvre. — 1828. Professeur d'archéologie égyptienne au Louvre. — 1831. Professeur d'archéologie égyptienne au Collège de France. — Mort à Paris, le 4 mars 1832.

Ouvrages. — 1814. L'Égypte sous les Pharaons, 2 vol. — 1822. Lettre à M. Dacier. — 1823. Panthéon égyptien, collection des personnages mythologiques de l'ancienne Égypte, 2 vol. in-4. — 1824. Précis du système hiéroglyphique des anciens Égyptiens, in-4. Lettre au duc de Blacas sur le musée égyptien de Turin. — 1825. Catalogue des papyrus égyptiens de la Bibliothèque vaticane, in-4. — 1827. Aperçu des résultats historiques de la découverte de l'alphabet hiéroglyphique. — 1828. Catalogue de la collection égyptienne du Louvre, in-12. — 1829. L'obélisque égyptien de Louqsor, à Paris. — 1830. Grammaire égyptienne. — 1831-45. Les monuments de l'Égypte et de la Nubie, dans leurs rapports avec l'histoire, la religion, etc. — 1833. Lettres écrites d'Égypte et de Nubie. — 1835-1845. Les monuments de l'Égypte et de la Nubie, d'après les dessins de Champollion, 4 vol. in-fol. — 1841. Mémoire sur les signes employés par les Égyptiens, dans leurs trois systèmes graphiques, à la notation des divisions du temps. — 1842. Dictionnaire hiéroglyphique. — S. d. Sur l'écriture hiératique et sur l'écriture démotique. Mémoires et notices insérés dans le Recueil de l'Académie des inscriptions (t. XIV et XV).

413. — LAJARD (Jean, Baptiste, Félix), ✻

Élu, le 7 mai 1830, membre de l'Académie des Inscriptions et Belles-Lettres.

Né à Lyon (Rhône), le 30 mars 1783. — 1808 à 1814. Secrétaire de légation en Perse, en Saxe et à Varsovie. — 1815. Percepteur des finances à Marseille. — 1825 à 1830. Receveur particulier des finances à Saint-Denis (Seine). — Mort à Tours (Indre-et-Loire), le 19 septembre 1858.

Ouvrages. — 1828. Observations sur le bas-relief de la collection Borghèse, in-4. — 1837-47. Recherches sur le culte de Vénus en Orient et en Occident, in-4. — 1839. Mémoire sur les bas-reliefs mithriaques découverts en Transylvanie, in-4. — 1847-48. Recherches sur le culte et les mystères de Mithra, 2 vol. in-4. — Collaboration au Journal asiatique et à la rédaction des tomes XX et XXI de l'Histoire littéraire de France. Mémoires insérés dans le Recueil de l'Académie des sciences (t. XII, XIV, XV, XVII et XX).

414. — MIONNET (Théodore, Edme), ✻

Élu, le 7 mai 1830, membre de l'Académie des Inscriptions et Belles-Lettres.

Né à Paris, le 2 septembre 1770. — 1789. Avocat. — 1829 à 1842. Conservateur adjoint du Cabinet des médailles à la Bibliothèque royale. — Mort à Paris, le 5 mai 1842.

Ouvrages. — 1800. Catalogue d'une collection d'empreintes de médailles grecques et romaines.— 1806-33. Description des médailles antiques, grecques et romaines, 14 vol. — 1815. De la rareté et du prix des médailles romaines, 2 vol. — 1839. Poids des médailles grecques du cabinet royal de France.

Une notice sur sa vie a été lue par M. Walckenaer, dans la séance de l'Académie des Inscriptions et Belles-Lettres du 21 août 1846.

415. — THIERRY (Jacques, Nicolas, Augustin), C. ✻

Élu, le 7 mai 1830, membre de l'Académie des Inscriptions et Belles-Lettres.

Né à Blois (Loir-et-Cher), le 10 mai 1795. — 1813-1814. Régent de cinquième au collège de Compiègne. — 1826. Frappé de cécité. — 1835 à 1848. Bibliothécaire du Palais-Royal. — Mort à Paris, le 22 mai 1856.

Ouvrages. — 1814. De la réorganisation de la société européenc. — 1815. Opinions sur les mesures à prendre contre la coalition de 1815. — 1816. Des nations et de leurs rapports matériels. — 1817. L'industrie littéraire et scientifique. Principes pour les élections de 1817. Vues des révolutions d'Angleterre. — 1825. Histoire de la conquête de l'Angleterre par les Normands, 3 vol. — 1827-28. Lettres sur l'histoire de France, in-8. — 1834. Dix ans d'études historiques. — 1840. Récits des temps mérovingiens, 2 vol. — 1849-56. Recueil de monuments pour l'histoire du tiers état, 3 vol. in-4. — 1853. Essai sur l'histoire de la formation du tiers état. — 1856-57. Œuvres complètes, 10 vol. — Collaboration au Courrier européen, au Courrier français, à la Revue encyclopédique, à la Revue des Deux Mondes et à la Revue de Paris.

Une notice sur sa vie a été lue par M. Naudet, dans la séance de l'Académie des Inscriptions et Belles-Lettres du 1er août 1862.

416. — JAUBERT (Pierre, Amédée, Émilien, Probe), O. ✻

Élu, le 7 mai 1830, membre de l'Académie des Inscriptions et Belles-Lettres.

Né à Aix (Bouches-du-Rhône), le 3 juin 1779. — 1799. Interprète de l'expédition d'Égypte. — 1800. Secrétaire interprète du gouvernement. — 1801. Professeur de turc à l'École orientale des langues vivantes. — 1814-1815. Maître des requêtes au Conseil d'État. — 1815. Chargé d'affaires à Constantinople. — 1838 à 1847. Professeur de langue persane au Collège de France. — 1841. Pair de France. — Mort à Gillevoisin (Seine-et-Oise), le 18 janvier 1847.

Ouvrages. — 1821. Voyage en Arménie et en Perse. — 1824-34. Éléments de la grammaire turque, in-4. — 1834. Mémoire sur l'ancien cours de l'Oxus. — 1836. Géographie d'Edrisi, traduite de l'arabe, 2 vol. in-4. — Collaboration au Journal des savants et au Journal asiatique.

417. — GRANET (François, Marius), O. ✳

Élu, le 8 mai 1830, membre de l'Académie des Beaux-Arts (section de Peinture).

Né à Aix (Bouches-du-Rhône), le 17 décembre 1775. — 1830. Conservateur des tableaux du Louvre. — 1823. *Correspondant de l'Institut.* — 1839 à 1848. Conservateur du musée de Versailles. — Mort à Aix, le 21 novembre 1849.

Œuvres principales. — 1799. Intérieur d'un cloître. — 1800. Trois intérieurs d'églises souterraines. — 1801. La cuisine d'un peintre. — 1806. Intérieur du Colisée (Louvre). Église San Martino in Monte. Intérieur d'un ancien monastère. Une prison de Rome. Maison de Michel-Ange à Rome. Henri IV égaré dans une forêt. — 1808. Cloître à Rome. Santa Maria in via lata. Cloître de Jésus et Marie. Santo Stefano rotundo. — 1810. Stella dans la prison. — 1819. Intérieur de l'église des Capucins, à Rome. Église du couvent de Saint-Benoît. — 1822. Basilique d'Assise (Louvre). Pierre Rosquier, dominicain, en prison. — 1824. Intérieur d'une boulangerie. — 1825. Une prise d'habit chez les clarisses. La villa Belvédère à Frascati. Rachat d'esclaves par des religieux. Le Dominiquin à la villa Aldobrandini. — 1826. Le mariage forcé. — 1827. Saint Louis à Damiette (m. d'Amiens). Cloître de Saint-Sauveur, à Aix. Bénédiction des fruits de la terre. B. Strozzi, religieux génois. — 1829. Atelier de l'auteur. 1831. Une justice de paix en Italie. Religieuse malade. Messe à un autel privilégié. Cloître de Saint-Trophime, à Arles. — 1833. Les Pères de la Rédemption rachetant des esclaves à Tunis (Louvre). Réfectoire des religieux récollets. Saint Dominique chez les franciscains. Vue de Provence. — 1834. Mort de Poussin. Captivité de Vert-Vert. — 1835. Savonarole allant au supplice. — 1836. Les chrétiens aux catacombes. La chartreuse de Rome. — 1837. Hernani et Charles Quint. — 1838. Couvent de Saint-Sixte, à Rome. Abélard lisant une lettre d'Héloïse. — 1839. Funérailles des victimes de l'attentat de Fieschi. Mort d'un cardinal. Le P. Pozzo. 1840. Godefroy de Bouillon à l'église du Saint-Sépulcre. Moines bénédictins à l'obédience. — 1841. Honorius III bénissant la règle des templiers. Le P. Grillo et le Tasse. La garde des restes mortels. — 1843. Baptême du duc de Chartres. J. de Molay reçu dans l'ordre des templiers. La fête de l'abbesse de Santa Chiara, à Rome. Le pharmacien du couvent. Solitaire bâtissant une chapelle. — 1845. Chapitre des templiers. — 1846. Interrogatoire de Savonarole. La messe à l'autel de Notre-Dame de Bon Secours. Saint François renonçant au monde. La confession. Religieuse instruisant des jeunes filles. Saint Luc peignant la Vierge. Moine peignant. Religieux au travail. — 1847. Eudore dans les catacombes de Rome. Nostradamus reçoit des malades. Les premiers chrétiens ensevelissant un martyr (m. d'Aix). Un quart d'heure avant l'office. Une messe pendant la Terreur (m. d'Aix). Le vendredi saint (m. d'Aix). Cloître de Saint-Sauveur (m. d'Aix). — 1848. Capucin écrivant. La récolte des citrouilles en Provence (m. d'Aix).

S. d. Saint Pierre baptisant des chrétiens. Saint Paul prêchant aux prisonniers. Le chœur des chartreux à Rome. Le Tasse en prison. Les enfants trouvés. Couvent de Subiaco. Cachot de l'Inquisition. Béatrice Cenci allant au supplice. Sodoma porté à l'hôpital (Louvre). Le portier du couvent. Un religieux rapportant des provisions. Dessins, etc.

418. — COUSIN (Victor), C. ✳

Élu, le 18 novembre 1830, membre de l'Académie française. Élu, le 27 octobre 1832, membre de l'Académie des Sciences morales et politiques (section de Philosophie),

Né à Paris, le 28 novembre 1792. — 1812. Répétiteur à l'École Normale. — 1814. Professeur au Lycée Napoléon. — 1815 à 1822. Maître de conférences à l'École Normale. — 1815 à 1821. Professeur suppléant de philosophie à la Faculté des Lettres de Paris. — 1828 à 1830. Professeur adjoint de philosophie à la même Faculté. — 1830 à 1852. Professeur d'histoire de la philosophie à la Faculté des Lettres de Paris. — 1831 à 1839. Conseiller d'État. — 1832 à 1848. Pair de France. 1835 à 1840. Directeur de l'École Normale. — 1840 (mars à octobre). Ministre de l'Instruction publique. — Mort à Cannes (Alpes-Maritimes), le 14 janvier 1867.

Ouvrages. — 1820-27. *Procli philosophi Platonici opera,* 6 vol. — 1826. Fragments philosophiques. — 1827. Eunape, pour servir à l'histoire de la philosophie d'Alexandrie. — 1828. Nouveaux fragments philosophiques. Cours de l'histoire de la philosophie, 3 vol. — 1829. Histoire de la philosophie au xviiie siècle, 2 vol. — 1833. De l'instruction publique en Allemagne, et notamment en Prusse, 2 vol. — 1835. De la métaphysique d'Aristote. — 1837. De l'instruction publique en Hollande. — 1840. Cours de philosophie morale. Philosophie scolastique. — 1841. Cours d'histoire de la philosophie moderne. Recueil des actes du ministère de l'Instruction

publique du 1ᵉʳ mars au 28 octobre 1840. — Cours d'histoire de la philosophie morale au xviiiᵉ siècle, 5 vol.
— 1842. Leçons sur la philosophie de Kant. Des pensées de Pascal. — 1843. Introduction aux œuvres du Père
André. Fragments littéraires. — 1844. Du scepticisme de Pascal. Défense de l'université et de la philosophie. —
1845. Jacqueline Pascal. — 1846. Fragments de philosophie cartésienne. — 1848. Justice et charité, in-12. — 1846.
Philosophie populaire, in-12. — 1850. De l'enseignement et de l'exercice de la médecine et de la pharmacie, in-12.
— 1852. La jeunesse de Mᵐᵉ de Longueville. — 1853. Mᵐᵉ de Longueville pendant la Fronde. — 1854. Mᵐᵉ de Sablé. —
1855. Premiers essais de philosophie. — 1856. Mᵐᵉ de Chevreuse. Mᵐᵉ de Hautefort. — 1857. Fragments et souvenirs littéraires. — 1858. Du vrai, du beau et du bien. — 1859. La société française au xviiᵉ siècle, d'après le grand
Cyrus, 2 vol. — 1861. Philosophie de Locke. — 1862. Philosophie écossaise. — 1863. Philosophie sensualiste au
xviiiᵉ siècle. — 1865. La jeunesse de Mazarin. — Traduction des œuvres de Platon et de Tennemann. Édition
des œuvres d'Abélard, de Descartes, de Maine de Biran, du Père André.

Son éloge a été prononcé par M. Jules Favre, dans la séance de l'Académie française du
23 avril 1868, et une notice sur sa vie a été lue par M. Mignet, dans la séance de l'Académie des
Sciences morales et politiques du 16 janvier 1869.

419. — VIENNET (Jean, Pons, Guillaume), C. ✳

Élu, le 18 novembre 1830, membre de l'Académie française.

Né à Béziers (Hérault), le 18 novembre 1777. — 1796. Lieutenant d'artillerie de marine. — 1808.
Capitaine. — 1821. Chef de bataillon. — 1827 à 1837. Député de l'Hérault. — 1834. Lieutenant-colonel. — 1839 à 1848. Pair de France. — Mort au Val-Saint-Germain (Seine-et-Oise), le 10 juillet 1868.

Ouvrages. — 1803. Essais de poésie et d'éloquence, *Lorient.* — 1805. Éloge de Boileau. — 1808. L'Austerlide.
— 1813. Épître, in-12. — 1815. Lettre d'un Français à l'empereur sur la Constitution. Opinion d'un homme libre sur
la Constitution. Épître à l'empereur Alexandre. — 1816. Lettre d'un vrai royaliste à M. de Chateaubriand. —
1820. Parga, poème. — 1823. Dialogues des morts. — 1824. Promenade philosophique au Père-Lachaise. Épître
à mes amis sur le premier jour de l'an. — 1825. Le siège de Damas, poème. — 1826. Sidim ou les nègres, poème.
— 1826. Histoire des guerres de la Révolution, in-12. — 1827. Œuvres, 2 vol. in-18. — 1828. La philippide, poème,
2 vol. in-12. — 1833. La tour de Monthléry, roman, 2 vol. — 1834. Le château Saint-Ange, roman, 2 vol. — 1842.
Fables, in-18. — 1845. Épîtres et satires, in-12. — 1851. Épître à tout le monde. — 1853. Mélanges de poésie, in-12.
— 1862. La franc-maçonnerie, in-12. — 1863. La Franciade, poème, in-18. — 1866. Histoire de la puissance pontificale, 2 vol.

Théâtre. — 1820. Clovis (trag.). — Aspasie et Périclès (op.). — 1823. Sardanapale (op.). — 1825. Sigismond de
Bourgogne (trag.). — 1829. Les serments (com.). — 1842. Arbogaste (trag.). — 1846. Michel Brémont (drame). —
1847. La course à l'héritage (com.). — 1849. La tour de Monthléry (drame). — 1859. Selma (drame). — S. d. Les deux
pupilles (com.). Louis le Grand (trag.). — Collaboration à la Revue contemporaine, au Livre des cent-un et au
Plutarque français.

Son éloge a été prononcé par M. le Comte d'Haussonville, dans la séance de l'Académie française du 31 mars 1870.

420. — PAËR (Ferdinando, Francesco, PAR, dit), ✳

Élu, le 29 janvier 1831, membre de l'Académie des Beaux-Arts (section de Composition musicale).

Né à Parme (Italie), le 1ᵉʳ juillet 1771 ; naturalisé Français, le 20 février 1817. — 1801. Directeur de la musique du roi de Saxe. — 1807. Directeur de la musique des concerts et du théâtre de
l'Empereur. — 1812 à 1827. Directeur du théâtre italien. — 1814 à 1830. Compositeur de la Chambre
du Roi. — 1832 à 1839. Directeur de la musique de la chapelle royale. — Mort à Paris, le
3 mai 1839.

Ouvrages. — *Opéras.* — 1789. La locanda de vagabondi. — 1790. I pretendenti burlati. — 1791. Circé. — 1792.
Saïd. — 1793. L'ora fa tutto. I molinari. Laodicea. — 1794. Il tempo fa giustizia a tutti. Idomeneo. Una in bene
ed una in male. Il matrimonio improviso. — 1795. L'amanti servitore. Tamerlano. La Rossana. L'orfana riconos-
ciuta. Ero e Leandro. — 1796. I due Sardi. Sofonisba. Griselda. L'intrigo amoroso. La testa riscaldata. — 1797.

I. 29

Cinna. Il principe di Tarento. Il nuovo Figaro. La somnanbula. — 1798. Achille. Sargino. Il fanatico in Berlina. — 1799. Il morto vivo. — 1800. La donna cambiata. — 1801. Camilla. — 1802. Ginevra degli Almeri. — 1803. Il sargino. — 1804. Tutto il male vien dal buco. Le astuzie amorose. — 1805. In maniscalco. Léonora. — 1806. Achille. — 1808. Numa Pompilio. — 1810. Cléopatra. Didone. — 1811. I baccanti. Agnese. — 1816. L'eroïsmo in amore. — 1821. Le maître de chapelle. — 1834. Un caprice de femme. Olinde et Sofronie (inachevé).

Oratorios. — 1803. Il san sepulcro. — 1804. Il trionfo della chiesa. — 1810. La passione di Jesu-Christo. — Cantates, sérénades, duos, ariettes, cavatines, romances, chants d'église, valses, marches militaires, fantaisies, sonates, etc. Symphonie bacchante à grand orchestre.

---

421. — ROMAN (Jean, Baptiste, Louis), ✳

Élu, le 5 mars 1831, membre de l'Académie des Beaux-Arts (section de Sculpture).

Né à Paris, le 31 octobre 1792. — 1816. Grand prix de Rome. — Mort à Paris, le 11 février 1835.

Œuvres principales. — 1812. Aristée pleurant ses abeilles. — 1816. Ulysse et Ajax envoyés vers Achille. — 1824. Saint Victor (église Saint-Sulpice). Sainte Flore (Saint-Germain-des-Prés). Entrée du duc d'Angoulême à Paris. La terre et l'eau (bas-relief pour la cour du Louvre). — 1827. Mort d'Euryale et de Nissus (Louvre). Buste de Girodet-Trioson (Louvre). La Prudence (Bourse). Une baigneuse. L'Innocence (Louvre). — S. d. Jeune vierge (Trianon). La pêche et la chasse (bas-relief pour la cour du Louvre). Les arts et les sciences (bas-relief pour la Sorbonne). L'état-major de l'armée d'Espagne (bas-relief). La Garonne. Monument de Desèze. Monument des victimes de Quiberon. Caton d'Utique (Louvre).

---

422. — LE CLÈRE (Achille, René, François), ✳

Élu, le 2 avril 1831, membre de l'Académie des Beaux-Arts (section d'Architecture).

Né à Paris, le 29 octobre 1785. — 1808. Grand prix de Rome. — 1838 à 1853. Inspecteur général des Bâtiments civils. — Mort à Paris, le 23 décembre 1853.

Œuvres principales. — Tombeau de Casimir Périer (au Père-Lachaise). Monument de Bonchamps, à Saint-Florent. Château de Mareuil. Château de Villebois. Restauration des chapelles du couvent du Sacré-Cœur.

Ouvrages. — 1815. Projet soumis au Corps législatif pour élever un monument aux victimes de la Révolution. Projet de restauration du Panthéon d'Agrippa.

---

423. — NANTEUIL (Charles, François LEBŒUF, dit), O. ✳

Élu, le 30 juillet 1831, membre de l'Académie des Beaux-Arts (section de Sculpture).

Né à Paris, le 9 août 1792. — 1817. Grand prix de Rome. — 1843 à 1863. Professeur à l'École des Beaux-Arts. — Mort à Paris, le 1er novembre 1865.

Œuvres principales. — *Groupes et statues.* — 1817. Mort d'Agis, roi de Sparte. — 1824. Eurydice piquée par un serpent (Louvre). Sainte Marguerite. — 1826. Saint Jean et saint Luc (église Saint-Gervais). — 1827. Fronton de l'église Notre-Dame de Lorette. — 1837. Bas-reliefs du péristyle du Panthéon. — 1848. Fronton de l'église Saint-Vincent-de-Paul à Paris. — S. d. Naïade (Saint-Cloud). Le maréchal Macdonald (Versailles). Montesquieu (Versailles). Charlemagne (Versailles). Mathieu Molé (Versailles). Les trois vertus théologales. La vierge.

Bustes. — 1824. M. Thévenin. Prudhon (Louvre). — 1850. Quatremère de Quincy (Institut). — 1852. Desnoyers (Institut). Charles le Téméraire (Versailles). Le général Reuss-Costrat (Versailles).

---

424. — JUSSIEU (Adrien, Henri, Laurent de), O. ✳

Élu, le 8 août 1831, membre de l'Académie des Sciences (section de Botanique).

Né à Paris, le 23 décembre 1797. — 1824. Docteur en médecine. — 1826. Professeur de botanique rurale au Muséum d'Histoire naturelle. — 1834. Directeur du Muséum d'Histoire naturelle. —

1850. Professeur de physique végétale à la Faculté des Sciences de Paris. — Mort à Paris, le 29 juin 1853.

Ouvrages. — 1824. *De Euphorbiacearum generibus.* — 1825. Monographie générale des rutacées. — 1830. Monographie générale des méliacées. — 1843. Monographie générale des malpighiacées. — 1844. Mémoire sur les embryons monocotylédonés. — 1845. Mémoire sur les tiges de diverses lianes. — 1846. Taxonomie, coup d'œil sur les classifications botaniques. Cours élémentaire de botanique. — Collaboration au Dictionnaire d'histoire naturelle de d'Orbigny, aux Annales des sciences naturelles, à la Revue botanique et aux Annales du Muséum d'histoire naturelle.

425. — DU TROCHET (Le Marquis René, Joachim, Henri de NÉONS), ✳

Élu, le 26 septembre 1831, membre de l'Académie des Sciences (section d'Économie rurale).

Né à Néons (Indre), le 14 novembre 1776. — 1806. Docteur en médecine. — 1808 à 1809. Médecin militaire. — 1819. *Correspondant de l'Institut.* — Mort à Paris, le 4 février 1847.

Ouvrages. — 1806. Mémoire sur une nouvelle théorie de la voix, in-4. — 1810. Mémoire sur une nouvelle théorie de l'harmonie. — 1811. Nouvelle théorie de l'habitude et des sympathies. — 1821. Recherches sur l'accroissement et la reproduction des végétaux, in-4. — 1822. Mémoire sur les directions spéciales qu'affectent certaines parties des végétaux. — 1824. Recherches sur la structure intime des animaux et des végétaux et sur leur mobilité, in-4. — 1828. Nouvelles recherches sur l'endosmose et l'exosmose. — 1837. Mémoires pour servir à l'histoire anatomique et physiologique des végétaux et des animaux, 2 vol. — 1842. Recherches physiques sur la force épipolique. — Collaboration aux Annales du Muséum, au Journal de physique, et à la Revue agricole. Mémoires insérés dans le Recueil de l'Académie des sciences (t. XIV à XVIII et XXVII de la 2ᵉ série).

Son éloge a été prononcé par M. Coste, dans la séance de l'Académie des Sciences du 5 mars 1866.

426. — HACHETTE (Jean, Nicolas, Pierre), ✳

Élu, le 17 octobre 1831, membre de l'Académie des Sciences (section de Mécanique).

Né à Mézières (Ardennes), le 6 mai 1769. — 1792. Professeur à Collioure. — 1793. Professeur suppléant à l'École d'artillerie de Mézières. — 1794. Professeur adjoint à l'École Polytechnique. — 1804 à 1816. Professeur de géométrie descriptive à l'École Polytechnique. — 1808. Professeur à l'École des Pages. — 1810. Professeur adjoint à la Faculté des Sciences de Paris. — 1823. Élu membre de l'Académie des Sciences (élection non confirmée par le Roi). — Mort à Paris, le 16 janvier 1834.

Ouvrages. — 1804-16. Correspondance sur l'École polytechnique, 3 vol. — 1808. Essai sur la composition des machines, in-4. — 1809. Programme d'un cours de physique. — 1811-18. Suppléments à la géographie descriptive de Monge, in-4. — 1811. Traité élémentaire des machines, in-4. — 1813. Application de l'algèbre à la géométrie. — 1817. Collection d'épreuves de géométrie. — 1818. Éléments de géométrie à trois dimensions. — 1821. Traité de géométrie descriptive, in-4. — 1830. Histoire des machines à vapeur.

427. — JAY (Antoine), O. ✳

Élu, le 15 mars 1832, membre de l'Académie française.

Né à Guitres (Gironde), le 20 octobre 1770. — 1790. Avocat à Toulouse. — 1802. Précepteur. — 1810. Avocat à Paris. — 1815. Député de la Gironde. — Mort à Chaberville (Gironde), le 9 avril 1854.

Ouvrages. — 1808. Éloge de Corneille. — 1810. Tableau littéraire de la France pendant le XVIIIᵉ siècle. — 1812. Éloge de Montaigne. — 1812. Le glaneur ou essais de Freeman. — 1814. Les États-Unis et l'Angleterre. — 1815. Histoire du ministère du cardinal de Richelieu, 2 vol. — 1816. Histoire moderne. — 1818. Tableau littéraire du

XVIII° siècle. — 1820. Considérations sur l'état politique de l'Europe. — 1812. Précis historique sur la vie de l'abbé Raynal. — 1822. Le salon d'Horace Vernet. — 1823. Les hermites en prison, 2 vol. — 1824. Les hermites en liberté, 2 vol. — 1826. Essai sur l'éloquence politique. — 1827. Du ministère et de la censure. — 1830. La conversion d'un romantique, manuscrit de J. Delorme. — 1831. Œuvres littéraires, 4 vol. — Collaboration au Journal de Paris, à l'Abeille et à la Biographie des contemporains.

Son éloge a été prononcé par M. Silvestre de Sacy, dans la séance de l'Académie française du 28 juin 1855.

428. — BURNOUF (Eugène), O. ✷

Élu, le 27 avril 1832, membre de l'Académie des Inscriptions et Belles-Lettres, et, le 14 mai 1852, secrétaire perpétuel de la même Académie.

Né à Paris, le 8 août 1801. — 1822. Avocat. — 1829 à 1833. Professeur de grammaire générale et comparée à l'École Normale. — 1832 à 1852. Professeur de langue et littérature sanscrites au Collège de France. — Mort à Paris, le 28 mai 1852.

Ouvrages. — 1826. Essai sur le pali, ou langue sacrée de la presqu'île au delà du Gange. — 1827. Observations grammaticales sur l'essai sur le pali. — 1827-35. L'Inde française, collection de dessins, in-fol. — 1829-32. Vendidad Sadé, de Zoroastre, in-fol, — 1832. Commentaires sur le Yacna, livre liturgique des Perses. — 1836. Mémoire sur deux inscriptions cunéiformes, in-4. — 1840-47. Le Bhagavata, ou histoire poétique de Krichna, 3 vol. in-fol. — 1845. Introduction à l'histoire du bouddhisme, 2 vol. in-4. — 1850. Études sur la langue et les textes zends. — 1852. Le lotus de la bonne loi, trad. du sanscrit, in-4. — Collaboration au Journal de la Société asiatique et au Journal des savants.

Une notice sur sa vie a été lue par M. Naudet, dans la séance de l'Académie des Inscriptions et Belles-Lettres du 18 août 1854.

429. — BLONDEL (Merry, Joseph), ✷

Élu, le 2 juin 1832, membre de l'Académie des Beaux-Arts (section de Peinture).

Né à Paris, le 25 juillet 1781. — 1803. Grand prix de Rome. — 1832 à 1853. Professeur à l'École des Beaux-Arts. — Mort à Paris, le 11 juin 1853.

Œuvres principales. — *Tableaux.* — 1803. Énée portant son père Anchise. — 1808. Prométhée sur le Caucase. — 1812. Homère à Athènes. Zénobie. — 1814. L'évanouissement d'Hécube (Dijon). — 1815. Louis XII mourant (m. de Toulouse). — 1819. Philippe-Auguste à Bouvines. L'assomption de la Vierge. Le Christ au tombeau. La chute d'Icare. Éole déchaînant les vents (Louvre). — 1822. La Paix et la Guerre. Plafond de la salle de Henri II au Louvre. Femme grecque pleurant son époux. Dispute de Minerve et de Neptune. — 1824. Sainte Élisabeth déposant sa couronne (église Sainte-Élisabeth). Assomption (Rodez). La visitation. La duchesse d'Angoulême à Marseille. — 1827. Peintures de la grande salle du Conseil d'État, quai d'Orsay. — 1828. La France victorieuse à Bouvines. Dix-neuf compartiments et vingt-un tableaux du salon et de la galerie de Diane, à Fontainebleau. Lycurgue et Solon (Amiens). Fresques de la grande salle du tribunal de commerce à la Bourse. — 1830. La révolution de Juillet. — 1831. Michel-Ange, aveugle. — 1834. Triomphe de la foi sur l'athéisme (Le Puy). Napoléon au Palais-Royal. — 1835. Jean II pardonne à Charles le Mauvais (Trianon). — 1841. Philippe-Auguste à Ptolemaïs. Ptolemaïs remise à Philippe-Auguste (Versailles). — 1843. Judith en prière. — 1844. Ecce Homo. Chapelle des morts de l'église Notre-Dame de Lorette. Coupole et fresques des chapelles de l'église Saint-Thomas d'Aquin.

Portraits. — 1823. Hurtault. — 1839. Percier. — 1843. M. de Gisors. — 1844. M. Husson. — S. d. Robert Guiscard (Versailles). Roger I⁰ʳ de Sicile (Versailles). Raymond IV de Toulouse (Versailles). Bohémond d'Antioche (Versailles). Eudes I⁰ʳ de Bourgogne (Versailles). Baudoin I⁰ʳ de Jérusalem (Versailles). Tancrède prince de Tibériade (Versailles). Richard Cœur de Lion (Versailles). Robert le Pieux (Versailles). Henri I⁰ʳ de France (Versailles). Louis VI (Versailles). Jean Stuart (Versailles). Le Maréchal de Montmorency (Versailles). Lhopital. Le sire de Joinville. Le maréchal de la Tour d'Auvergne. Le duc de Bouillon. Le duc de Lorges. Le comte de Valence.

430. — DUPIN (André, Marie, Jean, Jacques), G. C. ✷

Élu, le 21 juin 1832, membre de l'Académie française. Élu, le 27 octobre 1832, membre de l'Académie des Sciences morales et politiques (section de Législation).

Né à Varzy (Nièvre), le 1er février 1783. — 1800. Avocat à Paris. — 1806. Premier docteur en droit, depuis l'organisation des écoles de droit. — 1811. Bibliothécaire de l'Ordre des avocats. — 1815 et 1827 à 1848. Député de la Nièvre. — 1829. Bâtonnier de l'Ordre des avocats près la Cour de Paris. — 1830. Ministre sans portefeuille. — 1830 à 1852. Procureur général à la Cour de cassation. — 1832 à 1838. Président de la Chambre des Députés. — 1848. Membre de l'Assemblée constituante. — 1849. Membre de l'Assemblée législative. — 1849 à 1851. Président de l'Assemblée législative. — 1857 à 1865. Procureur général impérial à la Cour de cassation. — 1857. Sénateur. — Mort à Paris, le 10 novembre 1865.

Ouvrages. — 1804. Traité des successions ab intestat, in-12. — 1806. Principia juris civilis, 5 vol. in-12. — 1807. Réflexions sur l'enseignement de l'étude du droit. — 1809. Précis historique du droit romain, depuis Romulus jusqu'à nos jours, in-12. — 1810. Dissertations sur les rapports des cohéritiers, in-12. Heineccii recitationes et elementa juris civilis, 2 vol. — 1811. Tronchet, Ferey et Poirier, dialogue, in-12. Dissertation sur le domaine des mers, et la contrebande. — 1812. Dictionnaire des arrêts modernes, 2 vol. in-4. — 1814. De la nécessité de reviser et de classer les lois promulguées depuis 1789. Des magistrats d'autrefois, des magistrats de la Révolution, des magistrats à venir. Dictionnaire des arrêts modernes, 2 vol. in-4. — 1815. De la libre défense des accusés. — 1817. Code du commerce des bois et charbons, 2 vol. — 1818. Lettres sur la profession d'avocat, 2 vol. Discussion sur les apanages. — 1820. Prolegomena juris, in-12. — 1821. Précis historique de l'administration et de la comptabilité des revenus communaux. Du droit d'aînesse. Notices historiques et critiques sur plusieurs livres de jurisprudence. — 1821. Bibliothèque choisie à l'usage des étudiants en droit, in-12. Observations sur plusieurs points de notre législation criminelle. Histoire de l'administration des secours publics. — 1822. De la jurisprudence des arrêts à l'usage de ceux qui les font et de ceux qui les citent, in-12. — 1823. Choix de plaidoyers en matière politique et civile, 2 vol. in-12. Legum leges, sive Baconii tractatus de fontibus universi juris, in-18. Pièces relatives au procès du duc d'Enghien. Lois des communes, avec introduction historique, 2 vol. — 1824. Les libertés de l'Église gallicane, in-12. — 1825. Manuel des étudiants en droit et des jeunes avocats, in-12. — 1826. Précis historique du droit français, in-12. — 1827. Notions élémentaires sur la justice, le droit et les lois, in-12. — 1828. Le procès du Christ, Jésus devant Caïphe et Pilate. — 1830. Mémoires et plaidoyers de 1806 à 1830, 20 vol. in-4. — 1831. Trois lettres sur l'aristocratie, le clergé et la pairie. — 1832. Recueil de pièces concernant l'exercice de la profession d'avocat, 2 vol. — 1834. La révolution de 1830, son caractère légal et politique in-12. — 1835. Des apanages en général et de l'apanage d'Orléans en particulier, in-12. — 1836-74. Réquisitoires, plaidoyers et discours de rentrée, 14 vol. — 1844. Réfutation du manifeste catholique de M. de Montalembert, in-12. — 1849. Des comices agricoles. — 1852. Le Morvan, topographie, mœurs des habitants. — 1853. Présidence de l'Assemblée législative, in-12. — 1855-57. Mémoires, souvenirs du barreau, 4 vol. — 1857. Règles générales de droit et de morale tirées de l'Écriture sainte. — 1862. Travaux académiques, discours et rapports. — 1865. Opinion sur le luxe effréné des femmes. Manuel du droit ecclésiastique français. Lois de compétence des fonctionnaires publics de toutes les hiérarchies, 4 vol. Réquisitoires, mercuriales et discours de rentrée de 1830 à 1852, 11 vol. — Collaboration aux Annales du barreau français, à l'Encyclopédie des gens du monde, au Dictionnaire universel de droit français, au Dictionnaire encyclopédique de droit et de jurisprudence, et au Livre des Cent-Un.

Son éloge a été prononcé par M. Cuvillier-Fleury, dans la séance de l'Académie française du 11 avril 1867, et une notice sur sa vie a été lue par M. Giraud, dans la séance publique de l'Académie des Sciences morales et politiques du 29 avril 1876.

---

431. — DUMAS (Jean, Baptiste), G. C. ✳

Élu, le 6 août 1832, membre de l'Académie des Sciences (section de Chimie), et, le 20 janvier 1868, secrétaire perpétuel pour les Sciences physiques. Élu, le 16 décembre 1875, membre de l'Académie française.

Né à Alais (Gard), le 15 juillet 1800. — 1820. Élève en pharmacie. — 1823. Répétiteur à l'École Polytechnique. — 1832. Professeur adjoint à la Faculté des Sciences. — 1837 à 1839. Professeur de chimie à l'École Polytechnique. — 1838. Professeur de chimie organique à la Faculté de Médecine. — 1841. Professeur de chimie à la Faculté des Sciences de Paris. — 1849 à 1851. Député du Nord. — 1849 à 1851. Ministre de l'Instruction publique. — 1852 à 1870. Sénateur. — Mort à Cannes (Alpes-Maritimes), le 11 avril 1884.

Ouvrages. — 1823. Phénomènes qui accompagnent la contraction de la fibre musculaire. — 1828-43. Traité de chimie appliquée aux arts, 6 vol. — 1837. Leçons sur la philosophie chimique. — 1838. De l'action du calorique sur les corps organiques, in-4. — 1841. Essai sur la statique chimique des êtres organisés. — 1843. Mémoires de chimie. — 1884-85. Discours et éloges académiques, 2 vol. — 1885. Du sucrage des vins. — Collaboration aux Annales de l'industrie, aux Annales des sciences naturelles, au Journal de chimie médicale et aux Annales de physique et de chimie.

Son éloge a été prononcé par M. J. Bertrand, dans la séance de l'Académie française du 10 décembre 1885.

---

432. — DOUBLE (François, Joseph), ✼

Élu, le 29 octobre 1832, membre de l'Académie des Sciences (section de Médecine et Chirurgie).

Né à Verdun-sur-Garonne (Tarn-et-Garonne), le 11 mars 1777. — 1799. Docteur en médecine. — Mort à Paris, le 12 juin 1842.

Ouvrages. — 1798. Considérations sur l'imminence des maladies en général. — 1811. Séméiologie générale ou traité des signes dans les maladies. — 1812. Traité du croup. — Collaboration à l'Encyclopédie des sciences médicales et aux Annales de l'Académie de médecine.

---

433. — DELAROCHE (Hippolyte, dit Paul), O. ✼

Élu, le 3 novembre 1832, membre de l'Académie des Beaux-Arts (section de Peinture).

Né à Paris, le 17 juillet 1797. — 1833 à 1856. Professeur à l'École des Beaux-Arts. — Mort à Paris, le 4 novembre 1856.

Œuvres principales. — 1819. Nephtali au désert. — 1822. Joas sauvé par Josabeth (Louvre). — 1823. Descente de croix. — 1824. Saint Vincent de Paul prêchant. Interrogatoire de Jeanne d'Arc. Saint Sébastien secouru par Irène. Filippo Lippi. — 1826. Mort d'A. Carrache. Charles-Édouard après Culloden. Mort d'Élisabeth d'Angleterre (Louvre). Scène de la Saint-Barthélemy. — 1827. Prise du Trocadéro (Versailles). Le jeune Caumont-Laforce sauvé (m. de Kœnigsberg). Mort du président Duranti (conseil d'État). Le duc d'Angoulême. La suite d'un duel. — 1831. Les enfants d'Édouard (Luxembourg). Richelieu sur le Rhône. Mazarin mourant. Une leçon de lecture. Mlle Sontag. — 1832. Cromwell contemplant le cadavre de Charles Ier (m. de Nîmes). — 1834. Jane Gray. Sainte Amélie. Galilée. — 1835. La mort du duc de Guise (Chantilly). — 1837. Charles Ier insulté par des soldats. Strafford marchant au supplice. Sainte Cécile. — 1838. M. Guizot. — 1839. Napoléon. — 1841. Hémicycle de l'École des beaux-arts. — 1851. Marie-Antoinette après sa condamnation.

S. d. Le songe d'Athalie. Enfants surpris par l'orage. Philosophe entouré de ses livres. Tête d'ange (Mlle Vernet). Le marquis de Pastoret. Épisode d'un naufrage. Tête de Christ. M. Guizot. Napoléon dans son cabinet. Le duc de Fitz-James. Les vainqueurs de la Bastille devant l'hôtel de ville. Jeune fille à la balançoire (m. de Nantes). Hérodiade (m. de Gand). Pierre le Grand. Le général Bertrand. Pic de la Mirandole (m. de Nantes). La vierge à la vigne. Les joies d'une mère. Jeune fille dans une vasque. Grégoire XVI. Les pèlerins sur la place Saint-Pierre de Rome. Le petit mendiant. Femme italienne avec son enfant. Marie dans le désert. M. de Salvandy. Abdication de Napoléon (m. de Leipzig). M. de Rémusat. Le duc de Noailles. Le Christ. Gethsemani. Bonaparte franchissant les Alpes. Marie-Antoinette après sa condamnation. La tentation du Christ. Charlemagne traversant les Alpes (Versailles). Le Christ en croix. Communion de Marie Stuart. Dernière prière des enfants d'Édouard. Napoléon à Sainte-Hélène. Le Christ au jardin des Oliviers. Offrande au dieu Pan. La Vierge au pied de la croix (m. de Liège). Moïse exposé sur le Nil. Ensevelissement du Christ. Mère italienne portant son enfant. La Cenci marchant au supplice. Une martyre chrétienne. Dernier adieu des Girondins. Une mère et ses enfants dans une église. La Vierge chez les saintes femmes. Le Christ, soutien des affligés. M. Thiers. Le retour du Golgotha. La Vierge contemplant la couronne d'épines. L'évanouissement de la Vierge. La famille du forgeron. Une leçon de chant. — Dessins, aquarelles et esquisses.

Une notice sur sa vie a été lue par Halévy, dans la séance de l'Académie des Beaux-Arts du 2 octobre 1858.

434. — BEUGNOT (Le Comte Auguste, Arthur), O. ✻

Élu, le 7 novembre 1832, membre de l'Académie des Inscriptions et Belles-Lettres.

Né à Bar-sur-Aube (Aube), le 18 mars 1797. — 1818. Avocat à la Cour de Paris. — 1841 à 1848. Pair de France. — 1849 à 1851. Député de la Haute-Marne. — Mort à Paris, le 15 mars 1865.

Ouvrages. — 1821. Essai sur les institutions de Saint-Louis. — 1824. Les juifs d'Occident pendant le moyen âge. — 1823. Les conquêtes de Philippe-Auguste. Des moyens de civiliser les populations israélites de l'Alsace. — 1829. Des banques publiques, des prêts sur gage et de leurs inconvénients. — 1835. Histoire de la destruction du paganisme en Occident, 2 vol. — 1840. Les Olim, ou registres des arrêts rendus par la cour du Roi, in-4. — 1841. Assises de Jérusalem, 2 vol. in-fol. — 1845. L'état théologien, in-12. — 1849. Réflexions sur les doctrines antisociales et leurs conséquences. — 1850. Avis aux honnêtes gens. — 1852. Vie de M. Becquey. — 1854. Du régime des terres dans les principautés de Syrie, au temps des croisades.

Une notice sur sa vie a été lue par M. Wallon, dans la séance de l'Académie des Inscriptions et Belles-Lettres du 7 novembre 1873.

435. — REINAUD (Joseph, Toussaint), O. ✻

Élu, le 16 novembre 1832, membre de l'Académie des Inscriptions et Belles-Lettres.

Né à Lambesc (Bouches-du-Rhône), le 4 décembre 1795. — 1824. Attaché à la Bibliothèque royale. — 1832. Conservateur adjoint des manuscrits. — 1838. Professeur d'arabe à l'École des langues orientales. — 1854 à 1867. Conservateur des manuscrits à la Bibliothèque impériale. — Mort à Paris, le 14 mai 1867.

Ouvrages. — 1824. Notice sur la vie de Saladin, sultan d'Égypte. — 1826. Histoire de la sixième croisade. — 1824. Description des monuments musulmans du cabinet du duc de Blacas, 2 vol. Monuments arabes, persans et turcs considérés et décrits, 2 vol. — 1869. Extraits des historiens arabes, relatifs aux croisades. — 1836. Invasions des Sarrazins en France et de France en Savoie, en Piémont et en Suisse pendant les VIIIᵉ, IXᵉ et Xᵉ siècles. — 1840. Texte arabe de la géographie d'Aboulféda, in-4. — 1845. Histoire de l'artillerie, traitant du feu grégeois, etc. — 1845. Fragments arabes et persans inédits relatifs à l'Inde. Du feu grégeois, des feux de guerre et de l'origine de la poudre à canon. — 1846. Relations des voyages faits par les Arabes et les Persans dans l'Inde et la Chine, 2 vol. in-12. — 1848. Géographie d'Aboulféda, trad. en français, 2 vol. in-4. De l'art militaire chez les Arabes au moyen âge. — 1849. Mémoire de l'Inde, in-4. — 1856. Description d'un fusil oriental. — De l'état de la littérature chez les populations chrétiennes de la Syrie. — 1857. Rapport sur la châsse arabe de Chinon. — 1860. Notice sur Mahomet. — 1861. Notice sur le catalogue des manuscrits orientaux de la bibliothèque impériale. Notice sur les dictionnaires géographiques arabes. — 1862. Mémoire sur le commencement et la fin du royaume de la Mésène et de la Kharacène. — 1863. Relations politiques et commerciales de l'empire romain avec l'Asie orientale. Collaboration au Journal de la Société asiatique, à l'Encyclopédie des gens du monde et à la publication des historiens orientaux des croisades. Mémoires insérés dans le Recueil de l'Académie des inscriptions (t. XII à XX).

436. — LAROMIGUIÈRE (Pierre), ✻

Élu, le 8 décembre 1832, membre de l'Académie des Sciences morales et politiques (section de Philosophie).

Né à Lévignac-le-Haut (Aveyron), le 3 novembre 1756. — 1777. Prêtre de la congrégation des doctrinaires. — 1777. Professeur de philosophie au collège de Carcassonne. — 1780 à 1783. Professeur à l'École militaire de La Flèche. — 1784 à 1790. Professeur de philosophie au collège de Toulouse. — 1795. Professeur de logique aux écoles centrales de Paris. — 1796. *Associé non résidant de l'Institut.* — 1799 à 1802. Membre du Tribunat. — 1809 à 1837. Professeur de philosophie à la Faculté des Lettres de Paris. — 1825. Conservateur de la Bibliothèque de l'Université. — Mort à Paris, le 12 août 1837.

Ouvrages. — 1793. Projets d'éléments de métaphysique, *Toulouse.* — 1805. Paradoxes de Condillac ou réflexions sur la langue des calculs. — 1815. Leçons de philosophie sur les principes de l'intelligence, 2 vol. in-12. — Discours sur le raisonnement, 3 br. Collaboration au Journal grammatical, littéraire et philosophique de la langue française.

Une notice sur sa vie a été lue par M. Mignet, dans la séance de l'Académie des Sciences morales et politiques du 5 janvier 1856.

---

437. — DUNOYER (Barthélemy, Charles, Pierre, Joseph), O. ✻

Élu, le 8 décembre 1832, membre de l'Académie des Sciences morales et politiques (section de Morale).

Né à Carennac (Lot), le 20 mai 1786. — 1830 à 1833. Préfet de l'Allier. — 1833 à 1837. Préfet de la Somme. — 1838 à 1851. Conseiller d'État. — 1839 (février à décembre). Administrateur général de la Bibliothèque royale. — Mort à Paris, le 4 décembre 1862.

Ouvrages. — 1824. Du droit de pétition. — 1825. L'industrie et la morale considérées dans leurs rapports avec la liberté. — 1830. Nouveau traité d'économie sociale, 2 vol. — 1840. Esprit et méthode comparés de l'Angleterre et de la France dans les entreprises de travaux publics et en particulier des chemins de fer. — 1844. De la liberté de l'enseignement. — 1845. De la liberté du travail, 3 vol. — 1849. La révolution du 24 février 1848. — 1861. Le second Empire et une nouvelle restauration, 2 vol., *Londres.* — Collaboration au Censeur européen et à la Revue nationale.

Une notice sur sa vie a été lue par M. Mignet, dans la séance de l'Académie des Sciences morales et politiques du 3 mai 1873.

---

438. — BÉRENGER (Alphonse, Marie, Marcellin, Thomas), G. O. ✻

Élu, le 8 décembre 1832, membre de l'Académie des Sciences morales et politiques (section de Législation).

Né à Valence (Drôme), le 31 mai 1785. — 1808. Conseiller auditeur à la Cour impériale de Grenoble. — 1811. Avocat général à la Cour impériale de Grenoble. — 1815 et 1827. Député de la Drôme. — 1831 à 1849. Conseiller à la Cour de cassation. — 1839 à 1848. Pair de France. — 1849 à 1860. Président de la Chambre civile à la Cour de cassation. — 1860. Président honoraire. — Mort à Paris, le 9 mars 1866.

Ouvrages. — 1810-11. Traduction des Novelles de Justinien, 2 vol, in-4. — 1814. De la religion dans ses rapports avec l'éloquence, *Grenoble.* — 1818. De la justice criminelle en France. — 1836. Des moyens propres à généraliser en France le système pénitentiaire. — 1838. Rapport à la cour de cassation sur la question des duels. — 1843. Notice historique sur Barnave. — 1855. De la répression pénale, de ses formes et de ses effets, 2 vol.

Une notice sur sa vie a été lue par M. Giraud, dans la séance de l'Académie des Sciences morales et politiques du 6 avril 1878.

---

439. — BIGNON (Le Baron Louis, Pierre, Edouard), C. ✻

Élu, le 8 décembre 1832, membre de l'Académie des Sciences morales et politiques (section d'Histoire).

Né à la Meilleraye (Seine-Inférieure), le 3 janvier 1771. — 1797 à 1799. Secrétaire de légation à Berne et à Milan. — 1799 à 1803. Premier secrétaire de légation à Berlin. — 1803 à 1808. Ministre plénipotentiaire à Cassel. — 1808. Ministre plénipotentiaire à Bade. — 1808. Baron. — 1809. Ministre plénipotentiaire à Carlsruhe. — 1809. Administrateur général de l'Autriche. — 1810. Ministre plénipotentiaire près le grand-duché de Varsovie. — 1815 (Cent-Jours). Sous-secrétaire d'État des Affaires étrangères. — 1815. Député de la Seine-Inférieure. — 1815 (juin-juillet). Ministre des Affaires étrangères. — 1817 à 1820. Député de l'Eure. — 1820 à 1824. Député du Haut-Rhin. — 1826. Député de la Seine-Inférieure. — 1827 à 1837. Député de l'Eure. — 1830 (juillet). Commissaire provisoire chargé du département des Affaires étrangères. — 1837. Pair de France. — Mort à Paris, le 6 janvier 1841.

Ouvrages. — 1799. Du système suivi par le Directoire exécutif relativement à la république cisalpine. — 1814. Exposé comparatif de l'état financier militaire, politique et moral de la France et des principales puissances de l'Europe. — 1815. Précis de la situation politique de la France, de mars 1814 à juin 181.. — 1818. Coup d'œil sur les démêlés des cours de Bavière et de Bade. — 1819. Des proscriptions. — 1820. La conspiration des barbes. — 1821. Lettres sur les différends de la maison d'Anhalt avec la Prusse. Du congrès de Troppau. — 1822. Des cabinets et des peuples depuis 1815 jusqu'à la fin de 1822. — 1829-30. Histoire de France depuis le 18 brumaire jusqu'à la paix de Tilsitt, 6 vol. — 1838. Histoire de France depuis la paix de Tilsitt jusqu'en 1812, 4 vol. — Discours parlementaires.

Une notice sur sa vie a été lue par M. Mignet, dans la séance de l'Académie des Sciences morales et politiques du 23 août 1848.

440. — GUIZOT (François, Pierre, Guillaume), G. C. ✳

Élu, le 8 décembre 1832, membre de l'Académie des Sciences morales et politiques (section d'Histoire). Élu, le 12 avril 1833, membre de l'Académie des Inscriptions et Belles-Lettres. Élu, le 28 avril 1836, membre de l'Académie française.

Né à Nîmes (Gard), le 4 octobre 1787. — 1812. Professeur adjoint d'histoire et de géographie anciennes à la Faculté des Lettres de Paris. — 1812 à 1848. Professeur d'histoire moderne à la même Faculté. — 1814 à 1815. Secrétaire général du Ministère de l'Intérieur. — 1815 à 1816. Secrétaire général du Ministère de la Justice. — 1815 à 1817. Maître des requêtes. — 1817 à 1820. Conseiller d'État. — 1819 à 1820. Directeur général de l'Administration départementale et communale. — 1830 à 1848. Député du Calvados. — 1830. Ministre de l'Intérieur. — 1832 à 1836. Ministre de l'Instruction publique. — 1839. Ambassadeur en Angleterre. — 1840 à 1848. Ministre des Affaires étrangères. — 1847-48. Président du Conseil. — Mort au Val-Richer (Calvados), le 12 septembre 1874.

Ouvrages. — 1809. Dictionnaire des synonymes de la langue française. — 1810. De l'état des beaux-arts en France. — 1811-15. Annales de l'éducation, 6 vol. — 1813. Vies des poètes français du siècle de Louis XIV. — 1814. Quelques idées sur la liberté de la presse. — 1816. Du gouvernement représentatif et de l'état actuel de la France. — 1817. Essai sur l'état actuel de l'instruction publique en France. — 1820. Du gouvernement de la France depuis la Restauration. Des conspirations et de la justice politique. — 1821. Des moyens de gouvernement et d'opposition dans l'état actuel de la France. Du gouvernement de la France et du ministère actuel. Histoire du gouvernement représentatif en Europe, 2 vol. — 1822. De la peine de mort en matière politique. — 1823. Essai sur l'histoire de France du vᵉ au xᵉ siècle. — 1827. Histoire de Charles Iᵉʳ, 2 vol. — 1828. Histoire générale de la civilisation en Europe. — 1830. Histoire de la civilisation en France, 4 vol. — 1831. Le presbytère au bord de la mer. — 1832. Rome et ses papes. — 1833. Le ministère de la réforme et le parlement réformé. — 1836. Essais sur l'histoire de France. — 1837. Monk, étude historique. — 1838. De la religion dans les sociétés modernes. — 1839-40. Vie, correspondance et écrits de Washington, 6 vol. — 1841. Washington. in-12. — 1842. Madame de Rumfort. — 1845. Des conspirations et de la justice politiques, in-12. — 1846. Des moyens de gouvernement et d'opposition dans l'état actuel de la France, in-12. — 1849. M. Guizot à ses amis. De la démocratie en France, in-12. — 1850. Pourquoi la révolution d'Angleterre a-t-elle réussi ? Discours sur l'histoire de la révolution d'Angleterre. — 1851. Études biographiques sur la révolution d'Angleterre. Études sur les beaux-arts en général. — 1852. Shakespeare et son temps. Corneille et son temps. — 1853. Abélard et Héloïse. — 1854. Édouard III et les bourgeois de Calais, in-12. — 1855. Histoire de la république d'Angleterre, 2 vol. Sir Robert Peel. — 1856. Histoire du protectorat de Cromwell et du rétablissement des Stuarts, 2 vol. — 1858-67. Mémoires pour servir à l'histoire de mon temps, 8 vol. — 1860. L'amour dans le mariage, in-12. — 1861. L'Église et la société chrétienne en 1861. Discours académiques. — 1862. Un projet de mariage royal, in-12. — 1863. Histoire parlementaire de France, recueil de discours, 5 vol. Trois générations, in-12. — 1864. Méditations sur l'essence de la religion chrétienne. — 1865. Guillaume le Conquérant, in-12. — 1866. Méditations sur l'état actuel de la religion chrétienne. — 1868. La France et la Prusse responsables devant l'Europe, in-12. — 1868. Méditations sur la religion chrétienne dans ses rapports avec l'état actuel des sociétés et des esprits. Mélanges biographiques et littéraires. — 1869. Mélanges politiques et historiques. — 1870-75. L'histoire de France depuis les temps les plus reculés jusqu'en 1789, 5 vol. — 1872. Le duc de Broglie, in-12. — 1873. Les vies de quatre grands chrétiens français. — 1877-78. L'histoire d'Angleterre depuis les temps les plus reculés jusqu'à l'avènement de la reine Victoria, 2 vol. — 1879-80. L'histoire de France depuis 1789 jusqu'à 1848, 2 vol. — 1883. Méditations et études morales, in-12. — 1884. Lettres à sa famille et à des amis, in-12. — 1887. Le temps passé. Mélanges de critiques et de morale, 2 vol. Nos craintes et nos espérances.

Traductions des œuvres de Gibbon, Shakespeare et Hallam. — Publication des mémoires relatifs à la révolution d'Angleterre, 26 vol., et de la collection des mémoires relatifs à l'histoire de France, 31 vol. — Collaboration au Publiciste, au Musée français, au Moniteur de Gand, aux Archives philosophiques, à la Revue encyclopédique, au Bulletin des sciences, à l'Encyclopédie progressive et à la Revue française.

Son éloge a été prononcé par J.-B. Dumas, dans la séance de l'Académie française du 1ᵉʳ juin 1876, et une notice sur sa vie a été lue par M. Jules Simon, dans la séance de l'Académie des Sciences morales et politiques du 10 novembre 1883.

---

441. — SAVARY (Félix), ✳

Élu, le 24 décembre 1832, membre de l'Académie des Sciences (section d'Astronomie).

Né à Paris, le 4 octobre 1797. — 1830 à 1842. Professeur d'astronomie, de géodésie et de machines, à l'École Polytechnique. — 1836. Membre du Bureau des Longitudes. — Mort à Estagel (Pyrénées-Orientales), le 15 juillet 1841.

Ouvrages. — 1823. Mémoire sur l'application du calcul aux phénomènes électro-dynamiques, in-4. — 1827. Sur la détermination des orbites que décrivent, autour de leur centre de gravité, deux étoiles rapprochées l'une de l'autre. — Collaboration au Journal de physique, aux Annales de physique et de chimie et à la Connaissance des temps.

---

442. — EDWARDS (William, Frederick), ✳

Élu, le 29 décembre 1832, membre de l'Académie des Sciences morales et politiques (section de Philosophie).

Né à la Jamaïque (Antilles), le 14 avril 1777 ; naturalisé Français, le 7 décembre 1828. — 1805. Docteur en médecine. — Mort à Paris, le 23 juillet 1842.

Ouvrages. — 1824. De l'influence des agents physiques sur la vie. — 1829. Des caractères physiologiques des races humaines. — 1844. Recherches sur les langues celtiques. — 1845. De l'influence réciproque des races sur le caractère national. — Collaboration aux Annales de chimie et de physique.

---

443. — BROUSSAIS (François, Joseph, Victor), O. ✳

Élu, le 29 décembre 1832, membre de l'Académie des Sciences morales et politiques (section de Philosophie).

Né à Saint-Malo (Ille-et-Vilaine), le 17 décembre 1772. — 1792. Engagé volontaire. — 1805. Médecin militaire. — 1808. Médecin principal. — 1814. Professeur au Val-de-Grâce. — 1820. Médecin en chef de l'hôpital du Val-de-Grâce. — 1831 à 1838. Professeur de pathologie et de thérapeutique générale à la Faculté de Médecine de Paris. — 1832. Inspecteur général du service de santé des armées. — Mort à Vitry (Seine), le 17 novembre 1838.

Ouvrages. — 1803. Recherches sur la fièvre hectique. — 1808. Histoire des phlegmasies chroniques, 3 vol. — 1811. Lettre sur le service de santé intérieur, in-4. — 1816. Examen de la doctrine médicale généralement adoptée. — 1824. Le catéchisme de la médecine physiologique. — 1826. De la théorie médicale dite pathologique. — 1828. De l'irritation et de la folie. — 1829. Commentaires des propositions de pathologie consignées dans l'examen des doc-trines médicales, 2 vol. — 1832. Lettre sur le choléra-morbus. De la meilleure méthode de philosopher en méde-cine. — 1833. Le choléra-morbus épidémique. — 1834. Traité de physiologie appliquée à la pathologie, 2 vol. Annales de la médecine physiologique, in-4. — 1834-35. Cours de pathologie et de thérapeutique générale, 5 vol. 1836. Cours de phrénologie. — Collaboration aux Mémoires de la Société médicale d'émulation et au Journal des sciences médicales.

Une notice sur sa vie a été lue par M. Mignet, dans la séance de l'Académie des Sciences morales et politiques du 27 juin 1840.

444. — SIMÉON (le Comte Joseph, Jérôme), G. C. ✳

Élu, le 29 décembre 1832, membre de l'Académie des Sciences morales et politiques
(section de Législation).

Né à Aix (Bouches-du-Rhône), le 30 septembre 1749. — 1769. Avocat à Aix. — 1778. Profes-seur de droit à l'Université d'Aix. — 1778. Assesseur de Provence. — 1792. Procureur général, syn-dic du département des Bouches-du-Rhône. — 1795. Membre du Conseil des Cinq-Cents. — 1797. Président du Conseil des Cinq-Cents. — 1800. Substitut du commissaire du gouvernement près le Tribunal de Cassation. — 1800. Membre du Tribunat. — 1804 à 1808. Conseiller d'État. — Ministre de l'Intérieur et de la Justice du royaume de Westphalie. — 1808. Baron. — 1814. Préfet du Nord. — 1815 (Cent-Jours). Député des Bouches-du-Rhône. — 1815. Député du Var. — 1815 à 1820. Conseiller d'État. — 1815. Comte. — 1819. Inspecteur général des écoles de droit. — 1819. Sous-Secrétaire d'État de la Justice. — 1820-1821. Ministre de l'Intérieur. — 1821 à 1842. Pair de France. — 1821. Ministre d'État et membre du Conseil privé. — 1837. Premier Président de la Cour des comptes. — 1839. Premier Président honoraire. — Mort à Paris, le 19 janvier 1842.

Ouvrages. — 1769. Éloge de Henri IV. — 1824. Choix de discours et d'opinions. — 1829. Sur l'omnipotence du jury — 1844. Traduction en vers des œuvres d'Horace, 3 vol.

Une notice sur sa vie a été lue par M. Mignet, dans la séance de l'Académie des Sciences morales et politiques du 25 mai 1844.

445. — VILLERMÉ (Louis, René), O. ✳

Élu, le 29 décembre 1832, membre de l'Académie des Sciences morales et politiques
(section de Morale).

Né à Paris, le 10 mai 1782. — 1802 à 1806. Chirurgien sous-aide. — 1804. Docteur en médecine. — 1806 à 1813. Chirurgien aide-major. — 1814. Chirurgien major à la grande armée. Licencié en 1814. — Mort à Paris, le 16 novembre 1863.

Ouvrages. — 1820. Des prisons telles qu'elles sont et telles qu'elles devraient être. — 1828. Mémoire sur la mortalité dans les prisons. — 1829. De la distribution, par mois, des conceptions et des naissances de l'homme. — 1837. Mémoire sur la distribution de la population française par sexe et par état civil. — 1840. Tableau de l'état physique et moral des ouvriers employés dans les manufactures de coton, de laine et de soie, 2 vol. — 1848. Des associations ouvrières. Du droit au travail et du droit à l'assistance. — 1849. Coup d'œil historique sur le papier-monnaie. — 1850. Les cités ouvrières. — 1851. Des accidents produits dans les ateliers industriels par les appareils mécaniques. — Collaboration aux Annales d'hygiène publique et de médecine légale, au Grand Diction-naire technologique et au Journal des économistes.

446. — COMTE (François, Charles, Louis).

Élu, le 29 décembre 1832, membre de l'Académie des Sciences morales et politiques (section d'Éco-nomie politique), et, le 1er juin 1833, secrétaire perpétuel de la même Académie.

Né à Sainte-Enimie (Lozère), le 25 août 1782. — 1814 à 1821. Avocat à la cour de Paris. — 1821 à 1823. Professeur de droit naturel à Lausanne. — 1830. Procureur du roi près le Tribunal de la Seine. — 1831 à 1837. Député de la Sarthe. — Mort à Paris, le 13 avril 1837.

Ouvrages. — 1814-15. Le censeur ou examen des actes et des ouvrages qui tendent à consolider la constitution de l'État, 7 vol. — 1814. Observations sur divers actes de l'autorité. — 1815. De l'impossibilité d'établir un gouvernement constitutionnel sous un chef militaire. — 1817. Du nouveau projet de loi sur la presse. — 1818-19. Le censeur européen ou examen de diverses questions de droit public, 12 vol. — 1820. Des garanties offertes aux capitaux et aux autres genres de propriété dans les entreprises industrielles. — 1826. Traité de législation ou exposé des lois générales suivant lesquelles les peuples prospèrent, périssent ou restent stationnaires, 4 vol. — 1827. Histoire de la garde nationale de Paris. — 1828. Des pouvoirs et des obligations des jurys. — 1834. Traité de la propriété, 2 vol. — Mémoires et consultations. Collaboration au Monde commercial et au Dictionnaire de la conversation.

Une notice sur sa vie a été lue par M. Mignet, dans la séance de l'Académie des Sciences morales et politiques du 30 mai 1846.

447. — MIGNET (François, Auguste, Alexis), G. C. ✳

Élu le 29 décembre 1832, membre de l'Académie des Sciences morales et politiques (section d'Histoire). Élu, le 29 décembre 1836, membre de l'Académie française. Élu, le 8 mai 1837, secrétaire perpétuel de l'Académie des Sciences morales et politiques. Démissionnaire de ces dernières fonctions, le 28 octobre 1882.

Né à Aix (Bouches-du-Rhône), le 8 mai 1796. — 1818. Avocat à Aix. — 1828-29. Professeur à l'Athénée. — 1830 à 1848. Conseiller d'État. — 1830 à 1848. Directeur des Archives et de la Chancellerie au Ministère des Affaires étrangères. — Mort à Paris, le 24 mars 1884.

Ouvrages. — 1822. De la féodalité et des institutions de saint Louis. — 1824. Histoire de la Révolution française, 2 vol. — 1836-42. Négociations relatives à la succession d'Espagne sous Louis XIV, 4 vol. — 1843. Notices et mémoires historiques, 2 vol. — 1845. Antonio Perez et Philippe II. — 1848. Vie de Franklin, in-12. — 1851. Histoire de Marie Stuart, 2 vol. — 1854. Mémoires historiques, in-12. — 1855. Charles-Quint, son abdication et sa mort. — 1863. Éloges historiques. — 1875. Rivalité de François Iᵉʳ et de Charles-Quint, 2 vol. — 1877. Nouveaux éloges historiques. — Collaboration à la Revue des Deux Mondes et au National.

Son éloge a été prononcé par M. Duruy, dans la séance de l'Académie française du 18 juin 1885, et une notice sur sa vie a été lue par M. Jules Simon, dans la séance de l'Académie des Sciences morales et politiques du 7 novembre 1885.

448. — ROBIQUET (Pierre, Jean), ✳

Élu, le 14 janvier 1833, membre de l'Académie des Sciences (section de Chimie).

Né à Rennes (Ille-et-Vilaine), le 13 janvier 1780. — 1799. Pharmacien militaire. — 1812. Professeur à l'École de pharmacie. — Mort à Paris, le 29 avril 1840.

Ouvrages. — 1826. De l'emploi du carbonate de soude dans le traitement des calculs urinaires. — 1830. Expériences sur les amandes amères. — 1831. Expériences sur la semence de moutarde. — Collaboration au Journal de pharmacie et au Dictionnaire technologique.

449. — GUÉRARD (Benjamin, Edme, Charles), O. ✳

Né à Montbard (Côte-d'Or), le 15 mars 1797. — 1817. Professeur au collège de Noyers. — 1825. Attaché au département des manuscrits de la Bibliothèque royale. — 1831. Professeur à l'École des Chartes. — 1833. Conservateur adjoint, puis (1852) Conservateur des manuscrits de la Bibliothèque royale. — 1848. Directeur de l'École des Chartes. — Mort à Paris, le 10 mars 1854.

Ouvrages. — 1842. La vie et les ouvrages du président de Thou. — 1832. Essai sur le système des divisions territoriales de la Gaule. — 1835. Des causes principales de la popularité du clergé en France. — 1836. Provinces et pays de France, in-12. — 1837. Du système monétaire des Francs sous les deux premières races. — 1840. Cartulaire de l'abbaye de Saint-Père de Chartres, 2 vol. in-4. — 1841. Cartulaire de l'abbaye de Saint-Bertin, in-4. — 1844. Polyptique de l'abbé Irminon, 3 vol. in-4. — 1853. Polyptique de l'abbaye de Saint-Remi de Reims, in-4. — 1853. Explication du capitulaire de Willis. — 1854. Cartulaire de l'abbaye de Saint-Victor de Marseille, 2 vol. in-4. — Collaboration à l'Art de vérifier les dates, à la Revue des Deux Mondes et à la Bibliothèque de l'École des Chartes.

Une notice sur sa vie a été lue par M. Naudet, dans la séance de l'Académie des Inscriptions et Belles-Lettres du 7 août 1857.

450. — TISSOT (Pierre, François), ✳

Élu, le 7 mars 1833, membre de l'Académie française.

Né à Versailles (Seine-et-Oise), le 10 mars 1768. — 1790-93. Commis à l'administration départementale de la Seine. — 1793. Secrétaire général de la Commission des subsistances. — 1795. Ouvrier. — 1797. Employé à la police. — 1798. Député de la Seine. — 1806. Commis dans l'administration des finances. — 1810. Professeur suppléant au Collège de France. — 1813 à 1854. Professeur de poésie au Collège de France. — Mort à Paris, le 7 avril 1854.

Ouvrages. — 1799. Souvenirs du 1er prairial an III, in-12. — 1800. Les Bucoliques de Virgile, en vers. — 1804. Les trois conjurés irlandais ou l'ombre d'Emmet. — 1811. Cantate en l'honneur du roi de Rome. — 1812. L'unique et parfait tuileur pour les trente-trois grades de la maçonnerie écossaise. — 1818. Trophées des armées françaises, de 1792 à 1815, 6 vol. — 1819. Les fastes de la gloire, 2 vol. — 1820-21. Précis des guerres de la Révolution, 2 vol. — 1821. De la poésie latine. — 1823. Joséphine, ode. — 1824. De l'allégorie. Mémoires historiques et militaires sur Carnot. — 1825-30. Études sur Virgile comparé avec les poètes épiques, anciens et modernes, 4 vol. — 1826. Poésies érotiques, 2 vol. in-12. Souvenirs sur la vie et la mort de Talma. — 1833-36. Histoire complète de la Révolution française, 6 vol. — 1833. Histoire de Napoléon, 2 vol. — 1835. Leçons et modèles de littérature française, 2 vol. — 1837. Histoire de France, de Pharamond à Louis-Philippe, in-12. — 1838. Chefs-d'œuvre des fabulistes français, in-4. — 1841. Précis d'histoire universelle, in-12. — Collaboration au Constitutionnel, à la Minerve, au Pilote, au Mercure du xixe siècle, à l'Abeille française, au Dictionnaire de la conversation, aux Fastes civils de la France et à l'Encyclopédie moderne.

Son éloge a été prononcé par M. Dupanloup, évêque d'Orléans, dans la séance de l'Académie française du 9 novembre 1854.

451. — JULIEN (Aignan, Stanislas), C. ✳

Élu, le 15 mars 1833, membre de l'Académie des Inscriptions et Belles-Lettres.

Né à Paris, le 21 septembre 1799. — 1821. Professeur suppléant au Collège de France. — 1827. Sous-Bibliothécaire de l'Institut. — 1832 à 1873. Professeur de langue et littérature chinoise et tartare-mandchou au Collège de France. — 1839 à 1873. Conservateur adjoint des manuscrits à la Bibliothèque impériale. — 1854 à 1873. Administrateur du Collège de France. — Mort à Paris, le 14 février 1873.

Ouvrages. — 1824. La lyre patriotique de la Grèce, in-12. — 1825. Meng-Tseu-vel Mencium, etc. — 1829. L'Enlèvement d'Hélène, poème de Coluthus. — 1832. Hoei lan ki ou l'histoire du cercle de craie, drame. — 1833. Tchao-chi-Kou-eul, ou l'orphelin de la Chine, drame. — 1834. Blanche et bleue, ou les deux couleuvres-fées. — 1835. Le livre des récompenses et des peines, avec quatre cents légendes. — 1837. Résumé des traités chinois sur la culture des mûriers. — 1840. Discussions grammaticales sur certaines règles de position, en chinois. — 1841. Lao-tseu-tao-te-King, le livre de la voie et de la vertu. — 1842. Exercices pratiques de syntaxe et de lexicographie chinoise. — 1851. Histoire de la vie d'Hiouen-Thsang, in-4. — 1856. Histoire et fabrication de la porcelaine chinoise. — 1857-58. Mémoires sur les contrées occidentales, 2 vol. — 1859. Les Avadanas, contes indiens, 3 vol. in-12. Contes et apologues indiens, 2 vol. in-12. Nouvelles chinoises, in-12. — 1860. Les deux jeunes filles lettrées, 2 vol. in-12. — 1861. Méthode pour déchiffrer et traduire les noms sanscrits. — 1863.

Ji tch'ang Kéou téou hou, dialogues chinois. — 1863. Thsien-tseu-wen, le Livre des mille mots. Yu-Kiao-li ou les deux cousines, 2 vol. in-12. — 1864. San-Tseu-King. — 1865. Mélanges de géographie asiatique et de philologie sinéco-indienne. — 1869. Industries anciennes et modernes de l'empire chinois. — 1870. Syntaxe nouvelle de la langue chinoise. — S. d. Résumé des procédés industriels des Chinois qui se rapportent à la chimie.

Une notice sur sa vie a été lue par M. Wallon, dans la séance de l'Académie des Inscriptions et Belles-Lettres du 5 novembre 1875.

---

452. — LIBRI CARUCCI DALLA SOMMAIA (le Comte Guglielmo, Brutus, Icilius, Timoleone), ✳

Élu, le 18 mars 1833, membre de l'Académie des Sciences (section de Géométrie.) Exclu de l'Institut par un décret du 1ᵉʳ septembre 1850.

Né à Florence (Toscane), le 2 janvier 1803; naturalisé Français, le 19 février 1833. — 1823. Professeur de physique mathématique à l'Université de Pise. — 1832. *Correspondant de l'Institut.* — 1832. Professeur suppléant au Collège de France. — 1833. Inspecteur général des Bibliothèques. — 1834. Professeur de calcul des probabilités à la Faculté des Sciences de Paris. — 1843 à 1848. Professeur de mathématiques au Collège de France. — 1850. Réfugié en Angleterre. — Mort à Florence, le 4 octobre 1869.

Ouvrages. — 1823. Mémoires sur divers points d'analyse, in-4. — 1827. Mémoires de mathématiques et de physique, in-4, 2 vol., *Pise.* — 1838. Histoire des sciences mathématiques en Italie, 4 vol. — 1841. Notice des manuscrits de quelques bibliothèques des départements, in-4. — 1842. Souvenirs de la jeunesse de Napoléon. — 1843. Découvertes d'un bibliophile. — 1844. Lettres sur le clergé et sur la liberté de l'enseignement. Lettres relatives à son procès et aux accusations portées contre lui. — Collaboration à la Revue des Deux Mondes, au Journal des Débats, à la Biographie universelle et au Journal des savants. — Mémoires insérés dans le Recueil de l'Académie des sciences (t. V et XIV de la 2ᵉ série).

---

453. — JOUFFROY (Théodore, Simon), O. ✳

Élu, le 6 avril 1833, membre de l'Académie des Sciences morales et politiques (section de Philosophie).

Né à Pontets (Doubs), le 6 juillet 1796. — 1817 à 1823. Répétiteur à l'École Normale. — 1820 à 1837. Professeur adjoint à la Faculté des Lettres de Paris, — 1830 à 1832. Maître de conférences de philosophie à l'École Normale. — 1831 à 1842. Député du Doubs. — 1832 à 1837. Professeur de philosophie grecque et latine au Collège de France. — 1837 à 1842. Professeur de philosophie à la Faculté des Lettres de Paris. — 1838. Bibliothécaire de l'Université. — Mort à Paris, le 1ᵉʳ mars 1842.

Ouvrages. — 1826. Préface aux esquisses de philosophie morale de Dugald-Stewart. — 1831. Cours d'histoire de la philosophie moderne. — 1832. Mélanges philosophiques. — 1833. Considérations sur le Portugal. — 1835. Préface aux œuvres de Thomas Reid. — 1836. Cours de droit naturel, 2 vol. — 1842. Nouveaux mélanges de philosophie. — 1843. Cours d'esthétique.
Traduction des œuvres de Th. Reid et de Dugald-Stewart. Discours politiques et rapports parlementaires. Collaboration au Globe, à la Revue des Deux Mondes et au Livre des Cent-Un.

Une notice sur sa vie a été lue par M. Mignet, dans la séance de l'Académie des Sciences morales et politiques du 25 juin 1853.

---

454. — GEOFFROY-SAINT-HILAIRE (Isidore), O. ✳

Élu, le 15 avril 1833, membre de l'Académie des Sciences (section d'Anatomie et Zoologie).

ACADÉMICIENS TITULAIRES — ANNÉE 1833   239</>

Né à Paris, le 16 décembre 1805. — 1824. Aide naturaliste au Muséum. — 1829. Docteur en médecine. — 1830. Professeur suppléant au Muséum. — 1830 à 1833. Professeur à l'Athénée royal. — 1837. Professeur suppléant à la Faculté des Sciences de Paris. — 1840. Inspecteur de l'Académie de Paris. — 1841. Professeur d'histoire naturelle des mammifères et des oiseaux, au Muséum d'Histoire naturelle. — 1844 à 1850. Inspecteur général de l'Université. — 1850. Professeur d'anatomie et physiologie comparée, à la Faculté des Sciences de Paris. — Mort à Paris, le 10 novembre 1861.

Ouvrages. — 1826. Considérations générales sur les animaux mammifères, in-12. — 1829. Sur la classification par séries parallèles. — 1823-36. Histoire des anomalies de l'organisation chez l'homme et les animaux, 3 vol. — 1840. Essais de zoologie générale. — 1841. Histoire naturelle des insectes et des mollusques, in-12. — 1843. Description des mammifères nouveaux de la collection du Muséum, in-4. — 1852-57. Histoire naturelle générale des règnes organiques, 4 vol. in-4. — 1854. Domestication et naturalisation des animaux utiles, in-12. — 1856. Lettres sur les substances alimentaires et sur la viande de cheval, in-12. — Collaboration aux Annales des sciences naturelles, aux Mémoires du Muséum, à la Revue des Deux Mondes et au Dictionnaire d'histoire naturelle de d'Orbigny.

Une notice sur sa vie a été lue par J.-B. Dumas, dans la séance de l'Académie des Sciences du 25 novembre 1872.

----

455. — THIERS (Louis, Adolphe), G. C. ✻

Élu, le 20 juin 1833, membre de l'Académie française. Élu, le 26 décembre 1840, membre de l'Académie des Sciences morales et politiques (section d'Histoire).

Né à Marseille (Bouches-du-Rhône), le 15 avril 1797. — 1818. Avocat à Aix. — 1830. Conseiller d'État. — 1830. Sous-Secrétaire d'État des finances. — 1830 à 1848. Député des Bouches-du-Rhône. — 1832. Ministre de l'Intérieur. — 1832. Ministre du Commerce et des Travaux publics. — 1834. Ministre de l'Intérieur. — 1836 (février à août) et 1840 (mars à octobre). Ministre des Affaires étrangères et président du Conseil. — 1848 à 1852. Député de la Seine-Inférieure. — 1863 à 1870. Député de la Seine. — 1871. Député de la Seine. — 1871. Chef du pouvoir exécutif. — 1871 à 1873. Président de la République française. — 1876. Député de la Seine. — Mort à Saint-Germain-en-Laye (Seine-et-Oise), le 3 septembre 1877.

Ouvrages. — 1822. Salon de 1822. Notice sur la vie de Mlle Bellamy, in-12. — 1823. Les Pyrénées ou le midi de la France. — 1823-27. Histoire de la Révolution française, 10 vol. — 1826. Law et son système de finances. — 1831. La monarchie de 1830. — 1843-69. Histoire du Consulat et de l'Empire, 21 vol. — 1848. De la propriété, in-12. — 1863. Le Congrès de Vienne, in-12. — 1879-83. Discours parlementaires, 16 vol. — 1882. Histoire de la révolution du 4 septembre, in-12.

Son éloge a été prononcé par M. Henri Martin, dans la séance de l'Académie française du 13 novembre 1879, et une notice sur sa vie a été lue par M. Jules Simon, dans la séance de l'Académie des Sciences morales et politiques du 8 novembre 1884.

----

456. — GUÉNEPIN (Auguste, Jean, Marie), ✻

Élu, le 29 juin 1833, membre de l'Académie des Beaux-Arts (section d'Architecture).

Né à Paris, le 17 juin 1780. — 1805. Grand prix de Rome. — Mort à Paris, le 5 mars 1842.

Œuvres principales. — Église de Noisy-le-Sec. Maître autel de l'église Saint-Thomas-d'Aquin. Mairie du XIIe arrondissement de Paris.

----

457. — DRÖLLING (Michel, Martin), ✻

Élu, le 31 août 1833, membre de l'Académie des Beaux-Arts (section de Peinture).

Né à Paris, le 7 mars 1786. — 1810. Grand prix de Rome. — 1837 à 1851. Professeur à l'École des Beaux-Arts. — Mort à Paris, le 9 janvier 1851.

Œuvres principales. — 1800. Le traité de Marengo. — 1810. La colère d'Achille. — 1817. La mort d'Abel. Orphée perdant Eurydice. La dernière communion de Marie-Antoinette. — 1822. La séparation d'Hécube et de Polixène. Le bon Samaritain (m. de Lyon). — 1827. Saint Surin évêque (Bordeaux). Plafond de la salle des dessins au Louvre. — 1829. Louis XII proclamé Père du peuple (Louvre). — 1831. Richelieu offrant son palais à Louis XIII. — 1836. Jésus au milieu des docteurs (Notre-Dame de Lorette). — S. d. La Force et la Prudence (Versailles). Peintures de la chapelle Saint-Paul dans l'église Saint-Sulpice.

458. — NODIER (Jean, Charles, Emmanuel), O. ✳

Élu, le 24 octobre 1833, membre de l'Académie française.

Né à Besançon (Doubs), le 29 avril 1780. — 1797 à 1800. Bibliothécaire adjoint de la Bibliothèque de Besançon. — 1810 à 1813. Bibliothécaire à Laybach. — 1823 à 1844. Bibliothécaire à la Bibliothèque de l'Arsenal. — Mort à Paris, le 27 janvier 1844.

Ouvrages. — 1798. Dissertation sur l'usage des antennes dans les insectes, *Besançon*, in-4. — 1800. Pensées de Shakespeare extraites de ses ouvrages. — 1801. Bibliographie entomologique, ou catalogue des ouvrages relatifs aux insectes, *Paris*. — 1802. Les proscrits, roman, in-12. — 1803. Le dernier chapitre de mon roman, in-12. Le peintre de Saltzbourg, journal des émotions d'un cœur souffrant, *Paris*, in-12. — 1804. Prophétie contre Albion. Les essais d'un jeune barde, in-12. — 1806. Les tristes, ou mélanges tirés des tablettes d'un suicidé. — 1807. Apothéoses et imprécations de Pythagore. — 1808. Stella ou les proscrits, suivi d'autres nouvelles, in-12. Dictionnaire raisonné des onomatopées françaises. — 1810. Archéologie ou système universel des langues. — 1811. Questions de littérature légale. — 1813. Dictionnaire de la langue écrite. — 1814. La Napoléone, in-4. — 1815. Histoire des sociétés secrètes dans l'armée. Napoléon et ses constitutions. — 1816. Le vingt et un janvier. — 1818. Jean Sbogar, *Paris*. — 1819. Thérèse Aubert, in-12. — 1820. Adèle, roman, in-12. Lord Rutheven, ou les vampires, in-12. Le vampire, mélodrame. Mélanges de littérature et de critique, 2 vol. Voyages pittoresques et romantiques dans l'ancienne France, in-fol. Romans, nouvelles et mélanges, 4 vol. in-12. — 1821. Bertram, ou le château de Saint-Aldobrand, tragédie. Promenade de Dieppe aux montagnes d'Écosse, in-12. Smarra, ou les démons de la nuit, in-12. Le délateur, drame. Bertram, comédie. — 1822. Trilby, ou le lutin d'Argail, in-12. — 1823. Essai sur le gaz hydrogène et les divers modes d'éclairage artificiel. — 1824. Dictionnaire universel de la langue française, 2 vol. — 1826. Bibliothèque sacrée grecque-latine de Moïse à saint Thomas d'Aquin. — 1827. Poésies diverses, in-4. — 1828. Faust, drame. — 1829. Mélanges tirés d'une petite bibliothèque. — 1830. Histoire du roi de Bohème et de ses sept châteaux. — 1831. Souvenirs, épisodes et portraits pour servir à l'histoire de la Révolution et de l'empire, 2 vol. — 1832. La fée aux miettes, in-12. Mademoiselle de Marsan. Souvenirs de jeunesse, in-12. Rêveries littéraires, morales et fantastiques. — 1833. Le dernier banquet des Girondins. — 1833-35. Souvenirs et portraits, 2 vol. — 1834. Notions élémentaires de linguistique. — 1835. La péninsule, tableau pittoresque. Contes en prose et en vers. — 1835-36. La Saône et ses bords. — 1836-37. La Seine et ses bords. — 1836-37. Veillées des familles, 2 vol. — 1837. Inès de las Sierras. — 1837-40. Paris historique, 3 vol. — 1838. Les quatre talismans et la légende de sœur Béatrix. — 1839. La neuvaine de la chandeleur et Lydie. — 1841. Souvenirs et portraits de la Révolution, in-12. — 1842. Nouvelles, vieilles et nouvelles, in-12. — 1843. Description d'une jolie collection de livres. — 1844. Trésor des fèves et fleur des pois. Le génie Bonhomme. Le chien de Brisquet. Journal de l'expédition des portes de fer. Franciscus Columna, in-12.

1832-34. Œuvres, 12 vol. in 8. — Collaboration au Bulletin du bibliophile, à la Revue de Paris, aux Veillées des familles, à l'Italie pittoresque, au Journal des Débats, à l'Artiste, au Dictionnaire de la conversation et au Moniteur des familles, etc.

Son éloge a été prononcé par Prosper Mérimée, dans la séance de l'Académie française du 6 février 1845.

459. — TURPIN (Pierre, Jean, François), ✳

Élu, le 16 décembre 1833, membre de l'Académie des Sciences (section d'Économie rurale).

Né à Vire (Calvados), le 11 mars 1775. — 1793. Engagé volontaire. — 1796. Sous-lieutenant. — Mort à Paris, le 1er mai 1840.

Ouvrages. — 1803-13. Flore parisienne, in-4. — 1814-20. Flore médicale, 8 vol. — 1819. Leçons de flore, cours complet de botanique, 3 vol. in-4. — 1820. Essai d'une iconographie des végétaux. — 1820-21. *Icones selectæ plantarum quas descripsit A.-P. de Candolle*, in-4. — 1827. Observations sur quelques végétaux microscopiques, in-4. — 1828. Mémoire sur l'organisation intérieure et extérieure des tubercules, in-4. — 1841. Iconographie végétale ou organisation des végétaux. — Collaboration aux Annales du Muséum, aux Mémoires du Muséum d'histoire naturelle et au Dictionnaire des sciences naturelles.

460. — BRONGNIART (Adolphe, Théodore), C. ✳

Élu, le 20 janvier 1834, membre de l'Académie des Sciences (section de Botanique).

Né à Paris, le 14 juin 1801. — 1826. Docteur en médecine. — 1833. Professeur de Botanique au Muséum d'Histoire naturelle. — Mort à Paris, le 18 février 1876.

Ouvrages. — 1825. Essai d'une classification naturelle des champignons, *Strasbourg*. — 1826. Mémoire sur la famille des Rhamnées, in-4. — 1828. Histoire des végétaux fossiles, 2 vol. in-4. — 1829. Prodrome d'une histoire des végétaux fossiles. — 1831. Mémoire sur la structure et les fonctions des feuilles, in-4. — 1838. Nature des végétaux qui ont couvert la surface de la terre aux diverses époques de sa formation, in-4. — 1843. Énumération des plantes cultivées au Muséum d'histoire naturelle, in-12. — Collaboration aux Annales des sciences naturelles.

Une notice sur sa vie a été lue par J.-B. Dumas, dans la séance de l'Académie des Sciences du 23 avril 1877.

461. — LE CLERC (Joseph, Victor), C. ✳

Élu, le 7 février 1834, membre de l'Académie des Inscriptions et Belles-Lettres.

Né à Paris, le 2 décembre 1789. — 1807. Maître d'Études au lycée Napoléon. — 1810. Professeur de troisième au même lycée. — 1815. Professeur de rhétorique au lycée Charlemagne. — 1821-1822. Maître de conférences de littérature latine à l'École Normale. — 1824 à 1865. Professeur d'éloquence latine à la Faculté des Lettres de Paris. — 1832 à 1865. Doyen de la Faculté des Lettres de Paris. — Mort à Paris, le 12 novembre 1865.

Ouvrages. — 1812. Éloge de Montaigne. — 1814. Lysis, poème. — 1823. Nouvelle rhétorique française, in-12. — 1827. Chrestomathie grecque. — 1838. Des journaux chez les Romains. — 1865. Histoire littéraire de la France au XIVᵉ siècle, 2 vol. — Collaboration au Lycée français, à la Revue encyclopédique, à la Biographie universelle et au Journal des Débats.

Une notice sur sa vie a été lue par M. Guigniaut, dans la séance de l'Académie des Inscriptions et Belles-Lettres du 3 août 1866.

462. — ROUX (Philibert, Joseph), O. ✳

Élu, le 10 février 1834, membre de l'Académie des Sciences (section de Médecine et Chirurgie).

Né à Auxerre (Yonne), le 26 avril 1780. — 1796. Officier de santé à l'armée de Sambre-et-Meuse. — 1803. Docteur en médecine. — 1807. Chirurgien à l'hôpital Beaujon. — 1810. Chirurgien à l'hôpital de la Charité. — 1820. Professeur de pathologie externe, puis (1830) de clinique chirurgicale à la Faculté de Médecine de Paris. — 1835. Chirurgien de l'Hôtel-Dieu. — Mort à Paris, le 23 mars 1854.

Ouvrages. — 1803. Coup d'œil physiologique sur les sécrétions. — 1809. Mélanges de chirurgie et de physiologie. — 1812. De la résection des portions d'os malades, in-4. — 1813. Éléments de médecine opératoire, 2 vol. — 1814. Mémoire sur les avantages de la réunion immédiate après les amputations. Sur le strabisme divergent de l'œil droit. — 1815. Parallèle de la chirurgie anglaise avec la chirurgie française. — 1820. Cours complet des maladies des yeux. — 1825. Mémoire sur la staphyloraphie. — 1826. Mémoire sur la résection du périnée chez les femmes. — 1830. Considérations sur les blessés traités pendant les journées de juillet. — 1850. Sur l'anévrisme artérioso-nerveux du pli du coude. — 1854. Quarante années de pratique chirurgicale, 4 vol.

463. — RICHARD (Achille), O. ✳

Élu, le 24 février 1834, membre de l'Académie des Sciences (section de Botanique).

Né à Paris, le 23 avril 1794. — 1817. Aide démonstrateur de botanique à la Faculté de Médecine de Paris. — 1820. Docteur en médecine. — 1827. Aide naturaliste au Muséum d'Histoire naturelle. — 1831. Professeur d'histoire naturelle médicale à la Faculté de Médecine de Paris. — Mort à Paris, le 5 octobre 1852.

Ouvrages. — 1819. Éléments de botanique et de physiologie végétale. — 1820. Histoire naturelle et médicale des diverses espèces d'ipécacuanhas, in-4. — 1821. Monographie du genre hydrocotyle de la famille des ombellifères. — 1823. Botanique médicale, 2 vol. — 1824. Monographie des éléagnées, in-4. — 1826. Dictionnaire des drogues simples et composées. — 1828. Les orchidées de l'île de France et de l'île Bourbon, in-4. — 1829. Monographie des rubiacées, in-4. — 1830. Sur le caoutchouc ou résine élastique. — 1831. Éléments d'histoire naturelle médicale, 2 vol. — 1832. Essai d'une flore de la Nouvelle-Zélande. — 1833. *Sertum astrolabianum.* — 1834. Formulaire de poche ou formules usitées dans la pratique médicale, in-12. — 1835. Précis élémentaire de minéralogie. — 1840. Descriptions de plusieurs plantes nouvelles d'Abyssinie. — 1841. Monographie des orchidées, in-4. — 1842. Iconographie végétale ou organisation des végétaux. — 1844. Les orchidées du Mexique, in-4, *Bruxelles.* — 1851. Précis d'agriculture théorique et pratique. — 1852. Précis de botanique et de physiologie végétale, in-12. — Collaboration aux Mémoires de la Société philomathique, aux Annales des sciences naturelles, aux Mémoires de la Société d'histoire naturelle et au Dictionnaire d'histoire naturelle de d'Orbigny.

---

464. — PONCELET (Jean, Victor), G. O. ✳

Élu, le 17 mars 1834, membre de l'Académie des Sciences (section de Mécanique).

Né à Metz (Moselle), le 1er juillet 1788. — 1810. Sous-lieutenant du génie. — 1812. Lieutenant. — 1813. Capitaine. — 1824. Professeur de mécanique à l'école de Metz. — 1838 à 1849. Professeur de mécanique physique et expérimentale à la Faculté des Sciences de Paris. — 1831. Chef de bataillon. — 1841. Lieutenant-Colonel. — 1845. Colonel. — 1848. Général de brigade. — 1848 à 1850. Commandant de l'École Polytechnique. — 1848. Député de la Moselle. — 1850. Admis à la retraite. — Mort à Paris, le 23 décembre 1867.

Ouvrages. — 1822. Traité des propriétés projectives des figures, in-4. — 1824. Aperçu sur l'état des arts dans la ville de Metz. — 1825. Mémoire sur les roues hydrauliques à aubes, in-4. — 1826. Cours de mécanique appliquée aux machines, *Metz*, in-fol. — 1827-29. Cours de mécanique industrielle, 3 parties. — 1832. Hydraulique expérimentale, in-4. — 1840. Introduction à la mécanique industrielle. — 1852. Examen des principales théories concernant l'équilibre des voûtes, in-4. — 1862-64. Applications d'analyse et de géométrie qui ont servi de principal fondement au traité des propriétés projectives des figures, 2 vol. Expériences hydrauliques sur les lois de l'écoulement de l'eau à travers les orifices rectangulaires, in-4. Du frottement des engrenages.

Collaboration au Bulletin de la Société d'encouragement, aux Annales de mathématiques, aux Annales de physique et de chimie, aux rapports du jury international de l'exposition universelle de Londres en 1851, aux Annales des ponts et chaussées et au Mémorial de l'officier du génie. Mémoires insérés dans le Recueil de l'Académie des sciences (t. III, VI, XV et XVIII de la 2e série).

Une notice sur sa vie a été lue par M. Bertrand, dans la séance de l'Académie des Sciences du 27 décembre 1875.

---

465. — SCRIBE (Augustin, Eugène), C. ✳

Élu, le 27 novembre 1834, membre de l'Académie française.

Né à Paris, le 24 décembre 1791. — Mort à Paris, le 20 février 1861.

Ouvrages. — *Comédies.* — 1816. Le valet de son rival. — 1821. Le parrain. — 1823. Valérie. — 1828. Le mariage d'argent. — 1830. Les inconsolables. — 1833. Bertrand et Raton. — 1834. L'ambitieux. La passion secrète.

— 1837. La camaraderie. — 1838. Les indépendants. — 1840. La calomnie. La grand'mère. Japhet. Le verre d'eau. — 1841. Une chaîne. Le veau d'or. — 1842. Le fils de Cromwell. Oscar. — 1844. La tutrice. — 1849. Adrienne Lecouvreur. — 1850. Les contes de la reine de Navarre. — 1851. Bataille de dames. — 1858. Les doigts de fée. Feu Lionel. Les trois Maupin. — 1860. La fille de trente ans. La frileuse.

Drames et mélodrames. — 1813. Koulikan. — 1819. Les frères invisibles. — 1823. Rodolphe. — 1828. Avant, pendant et après. — 1829. La bohémienne. — 1832. Dix ans de la vie d'une femme. — 1836. Marie Seymour. — 1855. La czarine.

Vaudevilles. — 1811. Les dervis. — 1812. L'auberge. — 1813. Thibault, comte de Champagne. — 1815. Le bachelier de Salamanque. Une nuit de la garde nationale. La mort et le bucheron. La pompe funèbre — 1816. Flore et Zéphire. La jarretière de la mariée. Farinelli. Les montagnes russes. Guzman d'Alfarache. Encore une nuit de la garde nationale. — 1817. La barrière du Mont-Parnasse. Le café des Variétés. Le combat des montagnes. Les comices d'Athènes. Encore un Pourceaugnac. Le petit dragon. La princesse de Tarare. Les deux précepteurs. Le solliciteur. Tous les vaudevilles. — 1818. Les dehors trompeurs. La fête du mari. L'hôtel des Quatre Nations. L'école du village. Le nouveau Nicaise. Une visite à Bedlam. La volière du frère Philippe. — 1819. Les deux maris. Caroline. Le fou de Péronne. — 1820. Le boulevard Bonne-Nouvelle. L'ennui. L'homme noir. Marie Jobard. L'ours et le pacha. Le mystificateur. Le spleen. Le témoin. Le vampire. — 1821. L'amant bossu. L'amour platonique. L'artiste. Le beau Narcisse. Le colonel Frontin. Le gastronome sans argent. L'intérieur de l'étude. Le mariage enfantin. Le ménage de garçon. Michel et Christine. La petite sœur. Le secrétaire et le cuisinier. La somnambule. — 1822. Le bon papa. La demoiselle et la dame. Les eaux du Mont-d'Or. L'écarté. La nouvelle Clary. La petite folle. Philibert marié. Le prince charmant. La veuve du Malabar. Le vieux garçon et la petite fille. — 1823. L'avare en goguette. Les grisettes. L'intérieur d'un bureau. La loge du portier. La maîtresse du logis. Le marchand d'amour. Le menteur véridique. Partie et revanche. La pension bourgeoise. Le plan de campagne. Le retour. La rosière de Rosny. Rossini à Paris. Trilby. Un dernier jour de fortune. Une heure à Port-Sainte-Marie. La vérité dans le vin. — 1824. Les adieux au comptoir. Le baiser au porteur. Le bal champêtre. Le château de la Poularde. Le coiffeur et le perruquier. Coraly. Le dîner sur l'herbe. Le fondé de pouvoirs La haine d'une femme. L'héritière. Le Leicester du faubourg. La mansarde des artistes. Monsieur Tardif. Le parlementaire. Les trois genres. — 1825. La charge à payer. Le charlatanisme. Les empiriques d'autrefois. Les inséparables. Le mauvais sujet. Le plus beau jour de la vie. Les premières amours. La quarantaine. Vatel. — 1826. L'ambassadeur. La belle-mère. Le confident. La demoiselle à marier. La lune de miel. Le mariage de raison. Le médecin des dames. Mémoires d'un colonel de hussards. Les manteaux. L'oncle d'Amérique. Simple histoire. — 1827. Le diplomate. Les élèves du Conservatoire. Madame de Saint-Agnès. La marraine. Le baron de Trenck. Le mal du pays. Malvina. La manie des places. Les moralistes. Le vieux mari. Yelva. — 1829. Les actionnaires. Aventures du petit Jones. La famille du baron. Les héritiers de Crac. Louise ou la réparation. Théobald. — 1830. La cour d'assises. Le foyer du Gymnase. Jeune et vieille. Les nouveaux jeux de l'amour et du hasard. La seconde année. Philippe. Une faute. — 1831. Zoé. Le budget d'un jeune ménage. Le comte de Saint-Ronan. La favorite. La famille Riquebourg. Le luthier de Lisbonne. Le quaker et la danseuse. Le soprano. Le suisse de l'hôtel. Les trois maîtresses. — 1832. Camille. L'Apollon du reverbère. Le chaperon. La grande aventure. Le moulin de Javelle. Le savant Schahabaham II. Toujours. Une monomanie. La vengeance italienne. — 1833. Dugazon. Le gardien. Les malheurs d'un amant heureux. Un trait de Paul Ier. Les vieux péchés. — 1834. La chanoinesse. Estelle. La frontière de Savoie. Le lorgnon. Salvoisy. — 1835. Être aimé ou mourir. La pensionnaire mariée. Une chaumière et son cœur. — 1836. Chut! Le fils d'un agent de change. Sir Hugues de Guilfort. Valentine. — 1837. Avis aux coquettes. César. La chatte métamorphosée en femme. L'étudiant et la grande dame. — 1838. Clermont. — 1840. Japhet. — 1841. Cécily. — 1842. Le diable à l'école. Le fils de Cromwell. — 1844. Les surprises. — 1845. Rebecca. Babiole et Joblot. L'image. — 1846. La loi salique. Geneviève. La charbonnière. — 1847. Irène. Maître Jean. La protégée sans le savoir. Daranda. Une femme qui se jette par la fenêtre. — 1848. O amitié! — 1849. Les filles du docteur. — 1850. Héloïse et Abélard.

Opéras. — 1827. La somnambule. — 1828. Le comte Ory. La muette de Portici. — 1829. La belle au bois dormant. — 1830. Le dieu et la bayadère. Manon Lescaut. — 1831. L'orgie. Le philtre. Robert le diable. — 1832. Le serment. — 1835. Ali-Baba. Gustave III. La juive. — 1836. Les huguenots. — 1838. Guido et Ginevra. — 1839. La Xacarilla. — 1840. Le drapier. Les martyrs. — 1841. Carmagnola. Une chaîne. — 1843. Don Sébastien. 1848. Jeanne la folle. — 1849. Le prophète. — 1850. L'enfant prodigue. — 1851. Les vêpres siciliennes. Zerline. — 1852. Le juif errant. — 1854. La nonne sanglante. — 1857. Le cheval de bronze. — 1865. L'africaine.

Opéras-comiques. — 1813. La chambre à coucher. — 1821. La meunière. — 1822. Le paradis de Mahomet. La petite lampe merveilleuse. — 1823. Leicester. La neige. Le valet de chambre. — 1824. Le concert à la cour. Léocadie. — 1825. La dame blanche. Le maçon. — 1826. Le timide. Fiorella. La vieille. — 1827. Le loup garou. 1829. Les deux nuits. La fiancée. — 1830. Fra Diavolo. — 1831. La marquise de Brinvilliers. — 1832. La médecine sans médecin. — 1833. La prison d'Édimbourg. — 1834. Le chalet. Lestocq. Le fils du prince. — 1835. Le cheval de bronze. Le portefaix. — 1836. Actéon. Les chaperons blancs. Le mauvais œil. — 1837. L'ambassadrice. Le domino noir. Le remplaçant. — 1838. Marguerite. — 1839. Régine. Le shériff. L'opéra à la cour. Zanetta. — 1841. La main de fer. Le guitarrero. Les diamants de la couronne. — 1842. Le code noir. Le diable à l'école. Le duc d'Oloman. Le kiosque. — 1843. Lambert Simnel. La part du diable. Le puits d'amour. — 1844. La dame blanche. La sirène. Cagliostro. — 1845. Rebecca. La barcarolle. — 1846. La charbonnière. — 1847. Ne touchez pas à la reine. — 1848. Haydée. — 1849. La fée aux roses. — 1850. La chanteuse voilée. Giralda. — 1851. Mosquita la sorcière. La dame de pique. — 1852. Les mystères d'Udolphe. — 1853. Le nabab. — 1854. L'étoile du nord. La fiancée du diable. — 1855. Jenny Bell. — 1856. Manon Lescaut. — 1858. La chatte métamorphosée en femme. Bros-Kovand. — 1859. Les trois Nicolas. — 1860. Yvonne. — 1861. La Circassienne. — 1864. La fiancée du roi de Garbe.

Romans. — 1840. Carlo Broschi, 2 vol. Proverbes et nouvelles. — 1841. La maîtresse anonyme. — 1847. Piquillo Alliaga, 2 vol. — 1852. Nouvelles, in-12. — 1856. Historiettes et proverbes, in-12. — 1858. Le filleul d'Amadis, 3 vol. — 1859. Les yeux de ma tante, 6 vol. — 1861. Fleurette la bouquetière, 6 vol. — 1862. Noélie, 4 vol. — S. d. Le roi de carreau. Potemkin. Le jeune docteur. Le prix de la vie. Judith.

1874. *Œuvres complètes*, in-12. — 1re série (9 vol.): Comédies et drames; 2e série (33 vol.): Comédies, vaude-villes; 3e série (6 vol.): Opéras et ballets; 4e série (20 vol.): Opéras-comiques; 5e série (8 vol.): Proverbes, nouvelles, romans.

Son éloge a été prononcé par Octave Feuillet, dans la séance de l'Académie française du 26 mars 1863.

---

466. — SALVANDY-LAGRAVÈRE (le Comte Narcisse de), G. C. ✳

Élu, le 19 février 1835, membre de l'Académie française.

Né à Condom (Gers), le 11 juin 1795. — 1813. Brigadier des gardes d'honneur. — 1814. Sous-lieutenant. — 1815. Capitaine d'état-major. — 1819 à 1824. Maître des requêtes. — 1828 à 1837. Conseiller d'État. — 1830 à 1831. Député de la Sarthe. — 1833 à 1842. Député de l'Eure. — 1837 à 1839. Ministre de l'Instruction publique. — 1839. Député d'Eure-et-Loir. — 1841. Comte. — 1841. Ambassadeur en Espagne. — 1842. Député du Gers. — 1843. Ambassadeur en Piémont. — 1845 à 1848. Ministre de l'Instruction publique. — Mort à Graveron (Eure), le 15 décembre 1856.

Ouvrages. — 1815. Mémoire à l'empereur sur les griefs et les vœux du peuple français. Observations critiques sur le Champ-de-Mai. Opinion d'un Français sur l'acte additionnel. Sur la nécessité de se rallier au roi. — 1816. La coalition et la France. — 1819. Vues politiques et dangers de la situation présente. — 1824. Du parti à prendre envers l'Espagne. Le nouveau règne et l'ancien ministère. Le Ministère et la France. Don Alonso ou l'Espagne, 2 vol. Islaor, ou le barde chrétien, in-12. Des funérailles de Louis XVIII. — 1825. Discussion de la loi du sacrilège. De l'émancipation de Saint-Domingue. — 1826. La vérité sur les marchés d'Ouvrard. — 1827. Les amis de la liberté de la presse. Les insolences de la censure. Deux lettres d'un provincial sur le voyage de Saint-Omer. — 1827-29. Histoire de Pologne avant et sous le roi Sobieski, 3 vol. Lettres au Journal des Débats sur les affaires publiques. Que feront-ils? ou examen des questions du moment. — 1828. Clémentine. — 1831. Seize mois, ou la révolution de 1830. — 1832. Paris, Nantes et la session. — 1833. Natalie, roman. Barnave. — 1834. Un mot sur nos affaires. Lettres de la girafe au pacha d'Égypte. — 1835. Corisandre de Mauléon, 2 vol. — 1844. Histoire du roi Jean Sobieski, in-12. — S. d. Jacques le Bataillard, 2 vol. — Rapports et discours parlementaires. — Collaboration au Dictionnaire de la Conversation, au Livre des Cent-Un, au Courrier français, au Journal des Débats, au Journal des jeunes personnes, au Keepsake des hommes utiles et à la Revue contemporaine.

Son éloge a été prononcé par Émile Augier, dans la séance de l'Académie française du 28 janvier 1865.

---

467. — PETITOT (Louis, Messidor, Lebon), O. ✳

Élu, le 14 mars 1835, membre de l'Académie des Beaux-Arts (section de Sculpture).

Né à Paris, le 22 juin 1794. — 1814. Grand prix de Rome. — 1845 à 1862. Professeur à l'École des Beaux-Arts. — Mort à Paris, le 1er juin 1862.

Œuvres principales. — *Groupes et statues.* — 1815. Ulysse lançant le disque. — 1816. La musique et la poésie (cour du Louvre). — 1819. Jeune chasseur blessé par un serpent (Luxembourg). Ulysse chez Alcinoüs (Fontainebleau). — 1822. Saint Jean l'évangéliste (église Saint-Sulpice). — 1827. Mort de saint Maurice (église Saint-Sulpice). Louis XIV (Caen). La capitulation de Campillo (bas-relief de l'arc du Carrousel). L'abondance (Bourse). — 1830. Génie foulant au pied la tyrannie. — 1831. Louis-Philippe distribuant les drapeaux (Chambre des députés). Louis XIV (cour du château de Versailles). Une fille de Niobé. Guerrier défendant l'autel de la patrie. — 1835. Pèlerin priant la Vierge (Luxembourg). — 1836. Louis XIV (cour de Versailles). — 1840. Quatre statues du pont du Carrousel. — 1847. Pèlerin calabrais (Luxembourg). — S. d. Apollon et Minerve. Bas-relief du grand escalier du Louvre. Monument de Louis Bonaparte (chapelle Saint-Leu). Le duc d'Angoulême arrivant aux Tuileries.

    Bustes. — 1839. Percier (Institut). Cartellier (Institut). — 1842. Montlosier (Clermont). — 1842. Emeric David (m. d'Aix). — S. d. Fontaine (Versailles). Haüy (Versailles). Moncey (Versailles). A. Legrand (École des Ponts et Chaussées). Claude de Forbin (m. de Marine). Le duc de Rohan.

---

468. — BRESCHET (Gilbert), O. ✻

Élu, le 6 avril 1835, membre de l'Académie des Sciences (section de Médecine et Chirurgie).

Né à Clermont-Ferrand (Puy-de-Dôme), le 7 juillet 1784. — 1812. Docteur en médecine. — 1818. Chef des travaux anatomiques à la Faculté de Paris. — 1827. Chirurgien de l'Hôtel-Dieu. — 1836. Professeur d'anatomie à la Faculté de Médecine de Paris. — Mort à Paris, le 10 mai 1845.

    Ouvrages. — 1812. Dissertation sur les hydropisies. — 1819. Essai sur les veines du rachis. — 1826. Répertoire d'anatomie et de physiologie pathologique, 8 vol. in-4. — 1827. Recherches sur le système veineux, in-fol. — 1829. Histoire des phlegmasies des vaisseaux. — 1833. Traité d'anatomie humaine. — 1834. Mémoires chirurgicaux sur différentes espèces d'anévrismes. — 1835. Nouvelles recherches sur la structure de la peau. — 1836. Le système lymphatique. Histoire d'un organe vasculaire découvert dans les cétacés. Recherches sur l'organe de l'audition chez les oiseaux. Recherches sur l'organe de l'ouïe dans l'homme et chez les animaux vertébrés, in-4. Mémoire sur la conservation des matières animales. — 1838. Recherches sur l'organe de l'ouïe des poissons, in-4. — Traduction d'ouvrages médicaux de Meckel, Hodgson et Scudamore. Collaboration au Dictionnaire des sciences médicales, à l'Encyclopédie méthodique, au Journal universel des sciences médicales et au Bulletin de la Faculté de Paris.

---

469. — REICHA (Anton, Joseph), ✻

Élu, le 23 mai 1835, membre de l'Académie des Beaux-Arts (section de Composition musicale).

Né à Prague (Bohême), le 27 février 1770 ; naturalisé Français, le 26 mars 1829. — 1818. Professeur de contrepoint et de fugue au Conservatoire de musique. — Mort à Paris, le 28 mai 1836.

    Ouvrages. — 1800. Études ou théorie pour le piano-forte. — 1814. Traité de mélodie, in-4. — 1818. Cours de composition musicale, in-4. — 1824. Traité de haute composition musicale, 2 parties, in-4. — 1831. Réflexions sur les titres d'admission dans la section de musique de l'Académie des beaux-arts. — 1833. Art du compositeur dramatique, in-4. — S. d. Petit traité d'harmonie pratique, in-4.

    Œuvres. — *Opéras.* — 1794. Godefroid de Montfort. — 1810. Cagliostro. — 1816. Natalie. — 1822. Sapho. — *Musique instrumentale :* Symphonies à grand orchestre. Ouverture à grand orchestre. Octuor. Quintettes. Quatuors. Trios. Duos. Sonates. Études, fugues et variations. Collaboration à l'Encyclopédie des gens du monde.

---

470. — ABEL DE PUJOL (Alexandre, Denis, ABEL, dit), O. ✻

Élu, le 8 août 1835, membre de l'Académie des Beaux-Arts (section de Peinture).

Né à Valenciennes (Nord), le 20 janvier 1785. — 1811. Grand prix de Rome. — Mort à Paris, le 28 septembre 1861.

    Œuvres principales. — 1808. Clémence de César (m. de Valenciennes). — 1810. Jacob bénissant les enfants de Joseph. — 1811. Vue de Saint-Sauveur. — 1814. Mort de Britannicus (m. de Dijon). — 1817. Saint Étienne prêchant l'évangile (Saint-Étienne du Mont). — 1819. La Vierge au tombeau (N.-D. de Paris). César se rendant au sénat. Sisyphe aux enfers. — 1822. Peinture de la chapelle de Saint-Roch, à Saint-Sulpice. Joseph expliquant les songes de Pharaon (m. de Lille). — 1824. Prise du Trocadéro. Ixion dans le Tartare. Baptême de Clovis (cathédrale de Reims). Germanicus. — 1827. Saint Pierre ressuscitant Thabita (église de Douai). — 1830. Germanicus retrouvant l'aigle de ses légions. — 1843. Achille de Harlay aux barricades (Versailles). L'épreuve par l'eau bouillante (m. d'Amiens). Les Danaïdes (m. de Valenciennes). — 1848. Saint Philippe baptisant un eunuque. — 1852. La fin du monde. — 1855. La ville de Valenciennes encourageant les arts. — 1827 à 1843. Plafond du grand escalier du Louvre (La renaissance des arts). Trois dessus de portes pour le palais de Versailles. Vingt-deux tableaux de la galerie de Diane à Fontainebleau. Quatorze tableaux pour la chapelle du couvent du Sacré-Cœur à Paris. Grisailles de la Bourse de Paris. Plafond du musée du Louvre (l'Égypte sauvée par Joseph). La Bienfaisance (hospice de Saint-Mandé). Cartons des vitraux de l'église Sainte-Élisabeth. Peintures murales de la Madeleine. Plafond du grand escalier de l'École des mines. Salle de la Chambre des pairs au Luxembourg. Plafond de la Chambre des députés. La Foi, l'Espérance et la Charité (église Sainte-Élisabeth). La transfiguration (église Sainte-Élisabeth). Crucifiement (église Saint-Roch). Hémicycle et coupole de l'église Saint-Denis du Saint-Sacrement. Hémicycle de Notre-Dame de Bonne-Nouvelle. Ruth et Noémi (m. de Rennes).

---

471. — LANGLOIS (Simon, Alexandre), ✳

Élu, le 6 novembre 1835, membre de l'Académie des Inscriptions et Belles-Lettres.

Né à Paris, le 4 août 1788. — 1830. Professeur de rhétorique au Collège Charlemagne. — 1842. Inspecteur de l'Académie de Paris. — Mort à Nogent-sur-Marne (Seine), le 11 août 1854.

Ouvrages. — 1827. Monuments littéraires de l'Inde. — 1828. Chefs-d'œuvre du théâtre indien, 2 vol. — 1834-1836. Harivansa ou histoire de la famille de Hari, trad. du sanscrit, 2 vol. in-4. — 1835. Traité élémentaire de ponctuation, in-12. — 1841. Souvenirs d'Autun. — 1849-50. Rig-Veda, ou livre des hymnes, trad. du sanscrit, 4 vol.

---

472. — ÉLIE DE BEAUMONT (Jean, Baptiste, Armand, Louis, Léonce), G. O. ✳

Élu, le 21 décembre 1835, membre de l'Académie des Sciences (section de Minéralogie). Élu, le 19 décembre 1853, secrétaire perpétuel pour les Sciences mathématiques.

Né à Canon (Calvados), le 25 septembre 1798. — 1824. Ingénieur des Mines. — 1832 à 1874. Professeur d'histoire naturelle des corps inorganiques au Collège de France. — 1833. Ingénieur en chef. — 1835 à 1874. Professeur de géologie à l'École des Mines. — 1848. Inspecteur divisionnaire. — 1851. Inspecteur général de 1re classe. — 1852. Sénateur. — Mort à Canon, le 21 septembre 1874.

Ouvrages. — 1824. Coup d'œil sur les mines. — 1829. Observations géologiques sur les formations du système des Vosges. — 1835. Extrait d'une série de recherches sur les révolutions de la surface du globe. — 1837-39. Voyage métallurgique en Angleterre (avec Dufrénoy), 2 vol. avec atlas. — 1847 et suiv. Leçons de géologie, 3 vol. — 1852. Notice sur le système des montagnes, 3 vol. in-12. — 1869. Rapport sur les progrès de la statigraphie. — 1872. Géologie des Alpes et du tunnel des Alpes, in-12. — Collaboration aux Annales des sciences naturelles, au Bulletin de la Société philomathique, aux Annales des mines et au Dictionnaire d'histoire naturelle.

Une notice sur sa vie a été lue par M. Bertrand, dans la séance de l'Académie des sciences du 21 juin 1875.

---

473. — DUPATY (Louis, Emmanuel, Félicité, Charles, MERCIER-), O. ✳

Élu, le 18 février 1836, membre de l'Académie française.

Né à Bordeaux (Gironde), le 30 juillet 1775. — 1792. Engagé dans la marine. — 1794. Aspirant. — 1843 à 1851. Conservateur adjoint des imprimés de la Bibliothèque royale. — Mort à Paris, le 19 juillet 1851.

Ouvrages. — *Théâtre.* — 1798. Arlequin, journaliste. Arlequin sentinelle. — 1799. La sortie des Italiens. Le chapitre second. Arlequin tout seul. — 1800. Le buste de Préville. — 1802. Sophie. D'auberge en auberge. — 1803.

La prison militaire. Le portrait de Juliette. — 1804. Les vélocifères. La jeune prude. Ossian cadet. — 1805. Le jaloux malade. Les femmes colères. — 1806. La jeune mère. L'amant par vanité. Le lendemain de la pièce tombée. — 1807. Le séducteur en voyage. — 1808. Ninon chez Mme de Sévigné. L'antichambre ou Picaros et Diego. Mademoiselle de Guise. — 1809. La leçon de botanique. — 1810. Cagliostro. La fête de Meudon. — 1811. Le triomphe du mois de mars. Le poète et le musicien. — 1812. La petite revue lyonnaise. — 1813. Avis aux mères. Le camp de Sobieski. — 1814. Bayard à Mézières. — 1815. Le troubadour. Félicie. — 1823. Un dernier jour de fortune.

Autres ouvrages. — 1819. Les délateurs ou trois années du XIXe siècle. — 1823. L'art poétique ou lettres sur la poésie.

Son éloge a été prononcé par Alfred de Musset, dans la séance de l'Académie française du 27 mai 1852.

---

474. — BURNOUF (Jean, Louis), O. ✻

Élu, le 11 mars 1836, membre de l'Académie des Inscriptions et Belles-Lettres.

Né à Urville (Manche), le 14 septembre 1775. — 1808. Professeur suppléant au lycée Charlemagne. — 1810 à 1826. Professeur de rhétorique au lycée Louis-le-Grand. — 1810 à 1822. Maître de conférences de grec et de latin à l'École Normale. — 1817 à 1844. Professeur d'éloquence latine au Collège de France. — 1826. Inspecteur de l'Académie de Paris. — 1830 à 1842. Inspecteur général des études. — 1836. Bibliothécaire de l'Université. — Mort à Paris, le 8 mai 1844.

Ouvrages. — 1812. Méthode pour étudier la langue grecque. — 1824. Examen du système perfectionné de conjugaison des verbes grecs. — 1844. Méthode pour étudier la langue latine. — 1844. Premiers principes de la grammaire latine. — Traductions de Cicéron, de Tacite et de Pline le Jeune.

---

475. — LUCAS (Charles, Jean, Marie), C. ✻

Élu, le 19 mars 1836, membre de l'Académie des Sciences morales et politiques (section de Morale).

Né à Saint-Brieuc (Côtes-du-Nord), le 9 mai 1803. — 1825. Avocat à la Cour de Paris. — 1833. Inspecteur général des prisons. — Mort à Paris, le 20 décembre 1889.

Ouvrages. — 1826-30. Du système pénitentiaire en Europe et aux États-Unis, 3 vol. — 1827. Du système pénal en général et de la peine de mort en particulier. — 1830. Recueil des débats législatifs sur la peine de mort. — 1831. Dissertation sur l'usure. — 1836-38. De la réforme des prisons ou de la théorie de l'emprisonnement, 3 vol. — 1838. Appendice à la théorie de l'emprisonnement. — 1844. Exposé de l'état de la question pénitentiaire en Europe et aux États-Unis. — 1848. Des moyens et des conditions d'une réforme pénitentiaire en France. — 1849. De la ratification donnée par l'Assemblée nationale au décret d'abolition de la peine de mort. — 1853. Observations sur l'établissement en Angleterre de la déportation. — 1873. Le droit de légitime défense dans la pénalité et dans la guerre. — 1874. La conférence de Bruxelles sur les lois de la guerre. — 1875. La peine de mort et l'unification italienne. — 1885. De l'état anormal de la répression en matière de crimes. — Collaboration à la Presse, à l'Encyclopédie des gens du monde et à la Gazette médicale.

Des notices sur sa vie ont été lues à l'Académie des Sciences morales et politiques par M. Bérenger dans les séances des 19 et 26 novembre 1892, et par M. Jules Simon dans la séance du 1er décembre 1894.

---

476. — HALÉVY (Jacques, Fromental, LÉVI, dit), C. ✻

Élu, le 2 juillet 1836, membre de l'Académie des Beaux-Arts (section de Composition musicale).
Élu, le 29 juillet 1854, secrétaire perpétuel de la même Académie.

Né à Paris, le 26 mai 1799. — 1819. Grand prix de Rome. — 1828. Professeur de solfège, puis (1829) d'harmonie et (1833) de contrepoint et de fugue au Conservatoire. — Mort à Nice (Alpes-Maritimes), le 17 mars 1862.

Œuvres. — *Opéras.* — 1819. Les Bohémiennes. — 1823. Pygmalion. — 1829. Clari. — 1835. La Juive. — 1838. Guido et Ginevra. — 1840. Le drapier. — 1841. La reine de Chypre. — 1843. Charles VI. — 1844. Le lazzarone. — 1851. La tempesta. — 1852. Le Juif errant. — 1858. La magicienne.

Ballets. — 1830. Manon Lescaut. — 1832. La tentation.

Opéras-comiques. — 1824. Les deux pavillons. — 1827. L'artisan. — 1828. Le roi et le batelier. — 1829. Le dilettante d'Avignon. — 1830. Yella. — 1831. La langue musicale. — 1834. Ludovic. Les souvenirs de Lafleur. — 1835. L'éclair. — 1839. Les treize. — 1839. Le schérif. — 1841. Le guitarrero. — 1846. Les mousquetaires de la reine. — 1848. Le val d'Andorre. — 1849. La fée aux roses. — 1850. La dame de pique. — 1853. Le nabab. — 1855. Jaguarita l'Indienne. — 1856. Valentine d'Andigny.

Œuvres diverses. — 1819. Herminie, cantate. — 1849. Prométhée enchaîné. Les plages du Nil, romance. Nocturnes, etc.

Ouvrages. — 1857. Leçons de lecture musicale. — 1860. Souvenirs et portraits, études sur les beaux-arts, in-12. — 1863. Derniers souvenirs et portraits.

477. — FAURIEL (Claude, Charles), ✻

Élu, le 25 novembre 1836, membre de l'Académie des Inscriptions et Belles-Lettres.

Né à Saint-Étienne (Loire), le 21 octobre 1772. — 1793 à 1794. Sous-lieutenant d'Infanterie. — 1798 à 1802. Secrétaire du ministre de la Police. — 1830 à 1844. Professeur de littérature étrangère à la Faculté des Lettres de Paris. — 1832 à 1844. Conservateur adjoint des manuscrits à la Bibliothèque royale. — Mort à Paris, le 15 juillet 1844.

Ouvrages. — 1824-25. Les chants populaires de la Grèce moderne, 2 vol. — 1836. Histoire de la Gaule méridionale sous les conquérants germains, 4 vol. — 1837. Histoire de la croisade contre les hérétiques albigeois, in-4. — 1846. Histoire de la poésie provençale, 3 vol. — 1852. Dante et les origines de la langue et de la littérature italiennes, 2 vol. — Collaboration à la Décade philosophique, à la Revue des Deux Mondes, à l'Histoire littéraire de la France et à la Bibliothèque de l'École des Chartes.

478. — STURM (Jacques, Charles, François), O. ✻

Élu, le 5 décembre 1836, membre de l'Académie des Sciences (section de Géométrie).

Né à Genève (Suisse), le 29 septembre 1803; naturalisé Français, le 9 mars 1833. — 1830. Professeur de mathématiques spéciales au collège Rollin. — 1840 à 1850. Professeur de mécanique à l'École Polytechnique. — 1840. Professeur de mécanique à la Faculté des Sciences de Paris. — Mort à Paris, le 18 décembre 1855.

Ouvrages. — 1837. Mémoire sur la compression des liquides, in-4. — 1848. Note sur l'emploi de la vapeur pour éteindre les incendies dans les usines. — 1857. Cours d'analyse, publié par E. Prouhet, 2 vol. — 1861. Cours de mécanique, publié par E. Prouhet, 2 vol. — Collaboration au Journal des mathématiques pures et appliquées.

479. — CORIOLIS (Gaspard, Gustave), ✻

Élu, le 12 décembre 1836, membre de l'Académie des Sciences (section de Mécanique).

Né à Paris, le 21 mai 1792. — 1815. Ingénieur des Ponts et Chaussées. — 1816. Répétiteur à l'École Polytechnique. — 1839 à 1844. Directeur des études à l'École Polytechnique. — 1840. Ingénieur en chef. — Mort à Paris, 19 septembre 1843.

Ouvrages. — 1829. Le calcul de l'effet des machines, in-4. — 1835. Théorie mathématique des effets du jeu de billard. — 1844. Traité de mécanique des corps solides, in-4. — Collaboration au Dictionnaire de l'industrie manufacturière, aux Annales des ponts et chaussées et au Journal de l'École polytechnique.

480. — DAMIRON (Jean, Philibert), ✻

Élu, le 17 décembre 1836, membre de l'Académie des Sciences morales et politiques
(section de Philosophie).

Né à Belleville (Rhône), le 7 avril 1794. — 1816. Régent de seconde au collège de Falaise. — 1819. Professeur de philosophie au collège d'Angers. — 1821. Professeur de philosophie au collège Bourbon. — 1830 à 1831. Professeur suppléant à la Faculté des Lettres de Paris. — 1831 à 1839. Maître de conférences à l'École Normale. — 1842 à 1856. Professeur de philosophie, puis d'histoire de la philosophie à la Faculté des Lettres de Paris. — Mort à Paris, le 11 janvier 1862.

Ouvrages. — 1816. L'éloge académique, in-4. — 1817. Le principe de la substance, in-4. — 1831. Cours de philosophie, 4 vol. — 1834. Essai sur l'histoire de la philosophie en France au xixe siècle, 2 vol. — 1837-45. Discours prononcés à la Faculté des lettres, 9 br. — 1846. Essai sur l'histoire de la philosophie en France, au xviie siècle, 2 vol. — 1849. De la Providence, in-12. — 1858-64. Mémoires pour servir à l'histoire de la philosophie au xviiie siècle, 3 vol. — 1859. Souvenirs de vingt ans d'enseignement à la Faculté des lettres de Paris. — 1861. Conseils et allocutions adressés à des enfants, in-12.

481. — ROSSI (Pellegrino, Luigi, Edoardo), G. O. ✻

Élu, le 17 décembre 1836, membre de l'Académie des Sciences morales et politiques
(section d'Économie politique).

Né à Carrare (Italie), le 3 juillet 1787; naturalisé Français, le 13 août 1834. — 1807 à 1809. Secrétaire du parquet près la Cour d'appel de Bologne. — 1809. Avocat. — 1813. Professeur à la Faculté de Droit de Bologne. — 1819 à 1832. Professeur de droit romain à Genève. — 1820 à 1832. Membre du Conseil représentatif de Genève. — 1834 à 1840. Professeur d'économie politique au Collège de France. — 1834 à 1848. Professeur de droit constitutionnel à la Faculté de Droit de Paris. — 1839. Pair de France. — 1843. Doyen de la Faculté de Droit de Paris. — 1845 à 1848. Ministre plénipotentiaire à Rome. — 1848. Député de Bologne (États romains). — 1848. Ministre de l'Intérieur des États romains. — Assassiné à Rome, le 15 novembre 1848.

Ouvrages. — 1825. Traité de droit pénal, 3 vol. — 1839. Cours d'économie politique, 2 vol. — 1845. Préface au traité de Malthus sur la population. — 1857. Mélanges d'économie politique, d'histoire et de philosophie, 2 vol. — 1859. Traité du droit constitutionnel français, 2 vol. — 1866-1867. Cours de droit constitutionnel publié par A. Porée, 4 vol. — S. d. Annales de législation et de jurisprudence, 5 vol., *Genève.* — Collaboration au Journal des économistes, à l'Encyclopédie du droit et à la Revue des Deux Mondes.

Une notice sur sa vie a été lue par M. Mignet, dans la séance de l'Académie des Sciences morales et politiques du 24 novembre 1849.

482. — PICOT (François, Édouard), O. ✻

Élu, le 31 décembre 1836, membre de l'Académie des Beaux-Arts (section de Peinture).

Né à Paris, le 17 octobre 1786. — Mort à Paris, le 15 mars 1868.

Œuvres principales. — 1813. Mort de Jacob. — 1819. Mort de Saphira (Saint-Sulpice). L'Amour et Psyché. — 1822. Saint Jean-Baptiste et le Christ. Oreste endormi (Louvre). Raphaël et la Fornarina. Le duc d'Orléans et sa famille. — 1824. Le duc d'Angoulême à Chiclana. La délivrance de saint Pierre. Céphale et Procris (m. d'Amiens). — 1827. Annonciation. Le Génie dévoilant l'Égypte à la Grèce (Louvre). — 1833. Cybèle (Louvre). — 1835. Le maréchal de Boucicaut (Versailles). — 1838. Prise de Calais (Versailles). — 1839. Épisode de la peste de Florence (m. de Grenoble). — S. d. Talma (Versailles). Plafonds de la salle de 1830 et de la galerie des Batailles au musée de Versailles (Versailles). Le couronnement de la Vierge (N.-D. de Lorette). Peintures du chœur de l'église Saint-Vincent-de-Paul à Paris. Peintures de l'église Sainte-Clotilde à Paris. Chapelles de l'église Saint-Denis, du Saint-Sacrement. Sainte Geneviève faisant vœu de chasteté (église Saint-Merry). Plusieurs plafonds des salles du Louvre.

I.

32

Une notice sur sa vie a été lue par M. Pils, dans la séance de l'Académie des Beaux-Arts du 24 juillet 1869.

483. — GAUDICHAUD (Charles), ✻

Élu, le 16 janvier 1837, membre de l'Académie des Sciences (section de Botanique).

Né à Angoulême (Charente), le 4 septembre 1789. — 1810 à 1813. Pharmacien auxiliaire de la Marine. — 1828. *Correspondant de l'Institut.* — 1833. Pharmacien professeur. — 1848. Pharmacien en chef de la Marine. — 1852. Admis à la retraite. — Mort à Paris, le 16 janvier 1854.

Ouvrages. — 1824. Flore des Îles Malouines. — 1825. Mémoires sur l'organisation des fougères. — 1826. Mémoires sur les Cycadées. Notice sur le genre Oriana. — 1841-43. Recherches sur l'organographie, la physiogénie et l'organogénie des végétaux, in-4. — 1842-47. Recherches générales sur la physiologie des végétaux, in-4. — 1846. Aperçu sur la chimie physiologique. — 1847. Recherches sur l'accroissement en hauteur des végétaux. Note sur la multiplication des plantes bulbeuses. — 1848. Des sucs vénéneux acides et des excrétions alcalines. — 1852. Note sur la chute des feuilles. — 1853. Recherches sur la sève ascendante et sur la sève descendante.

484. — SCHNETZ (Jean, Victor), C. ✻

Élu, le 25 février 1837, membre de l'Académie des Beaux-Arts (section de Peinture).

Né à Versailles (Seine-et-Oise), le 14 avril 1787. — 1840 à 1847 et 1852 à 1865. Directeur de l'Académie de France à Rome. — Mort à Paris, le 15 mars 1870.

Œuvres principales. — 1808. Valeur d'un soldat français. — 1810. Mort du général Colbert (m. de Douai). — 1812. Christ en croix. L'Amitié secourant l'homme pendant sa vie. — 1819. Voleur de raisin. Le bon Samaritain. Jérémie pleurant sur Jérusalem. — 1822. Condé à la bataille de Senef (Versailles). Sainte Geneviève (église Bonne-Nouvelle). Campagne de Rome. Une femme de brigand. Un ermite et une jeune fille. — 1824. Condé à Rocroi (Versailles). Sainte Geneviève distribuant des vivres. Saint Martin coupant son manteau (cathédrale de Tours). Pâtre dans la campagne de Rome. Diseuse de bonne aventure. Une femme assassinée. Une femme endormie. — 1827. Un soldat blessé raconte ses malheurs à une jeune fille. Costumes de Nettuno. Villageoises des environs de Rome. Capucin recueillant une femme et son enfant. La prière à la madone. — 1830. Soldat français plumant une oie au Capitole. Combat près de la Trebia. Jeunes filles se baignant dans le lac de Nemi. Pèlerin et son fils endormi. — 1831. Des malheureux priant la Vierge (Saint-Étienne du Mont). Famille de contadini fuyant l'inondation (Luxembourg). Paysanne de Naples. Jeune fille assassinée par son amant. Jeunes filles se parant de fleurs. Jeunes filles jouant du tambourin. Moissonneuse écoutant un berger. Paysanne romaine effrayée par un taureau. — 1833. Bianca Capello. — 1834. Combat de l'hôtel de ville. Jeanne d'Arc revêtant ses armes (Luxembourg). — 1835. Sac de Rome par le connétable de Bourbon. — 1836. Mort du connétable de Montmorency. Funérailles d'un enfant. — 1837. Le comte Eudes de Paris fait lever le siège de Paris (Versailles). Bataille de Cérisoles (Versailles). Esther et Mardochée (m. d'Arras). — 1840. Religieux instruisant de jeunes pâtres. — 1841. Procession des croisés autour de Jérusalem (Versailles). Le bon Samaritain moderne. Jeune Grec. — 1845. Aquilée saccagée par Attila. Une messe. Jeune femme pleurant près du corps de son mari. Deux jeunes filles sortant du bain. Paysans écoutant un pifferaro. — 1848. Bataille d'Ascalon. Funérailles d'une martyre (m. de Nantes). Baigneuse. — 1849. Repos en Égypte. La mort et le bûcheron. — 1855. Laissez venir à moi les petits enfants. — 1861. Scène dans la campagne de Rome. Une paysanne en prière. — 1863. Le capucin médecin. La leçon du pifferaro. Saint ressuscitant un enfant. — 1865. Marie-Madeleine. — 1867. La fiancée du chevrier. La vendangeuse endormie. — S. d. Le maréchal Fabert (Versailles). Le maréchal d'Harcourt (Versailles). Le maréchal de Matignon (Versailles). Le maréchal de Mailly (Versailles). Plafond d'une des salles du Louvre (Charlemagne recevant Alcuin) et du Conseil d'État (Mazarin mourant). Chapelles de la Madeleine et de Notre-Dame de Lorette.

Une notice sur sa vie a été lue par P. Baudry, dans la séance de l'Académie des Beaux-Arts du 22 août 1874.

485. — GUIGNIAUT (Joseph, Daniel), C. ✻

Élu, le 14 avril 1837, membre de l'Académie des Inscriptions et Belles-Lettres. Élu, le 10 août 1860, secrétaire perpétuel de la même Académie.

Né à Paray-le-Monial (Saône-et-Loire), le 15 mai 1794. — 1810 à 1817. Professeur au lycée Charlemagne. — 1818 à 1822 et 1826 à 1835. Maître de conférences d'histoire, puis de langue et de littérature grecques à l'École Normale. — 1828 à 1830. Professeur suppléant de littérature grecque à la Faculté des Lettres de Paris. — 1829 à 1830. Directeur des études à l'École Normale. — 1830 à 1835. Directeur de l'École Normale. — 1835 à 1862. Professeur de géographie à la Faculté des Lettres de Paris. — 1857 à 1862. Professeur d'histoire et de morale au Collège de France. — Mort à Paris, le 12 mars 1876.

Ouvrages. — 1825. Description des peintures d'une caisse de momie égyptienne. — 1826-28. Dissertations sur la Vénus de Paphos et sur le Dieu Sérapis. — 1827. La Vénus de Paphos et son île. — 1828. Le Dieu Sérapis et son origine. — 1829. Œschyli Prometheus vinctus, in-12. — 1829-1851. Les religions de l'antiquité, 10 vol. — 1835. De Mercurii mythologia. — 1835. La théogonie d'Hésiode. — 1836. De l'étude de la géographie en général. — 1851. Nouvelle galerie mythologique, 2 vol. — 1868. Progrès des études relatives à l'Égypte et à l'Orient.

Une notice sur sa vie a été lue par M. Wallon, dans la séance de l'Académie des Inscriptions et Belles-Lettres du 3 novembre 1876.

486. — GAMBEY (Henri, Prudence), ✻

Élu, le 17 avril 1837, membre de l'Académie des Sciences (section de Mécanique).

Né à Troyes (Aube), le 8 octobre 1787. — 1810. Ingénieur en instruments de navigation de la Marine. — 1848. Membre du Bureau des Longitudes. — Mort à Paris, le 28 janvier 1847.

M. Gambey n'a publié aucun ouvrage.

487. — PARIS (Alexis, Paulin), O. ✻

Élu, le 2 juin 1837, membre de l'Académie des Inscriptions et Belles-Lettres.

Né à Avenay (Marne), le 25 mars 1800. — 1829. Attaché à la Bibliothèque royale. — 1839 à 1872. Conservateur adjoint des Manuscrits. — 1853 à 1872. Professeur de langue et littérature françaises du moyen âge au Collège de France. — Mort à Paris, le 13 février 1881.

Ouvrages. — 1824. Apologie de l'école romantique. — 1833. Notice sur la relation originale du voyage de Marco Polo. — 1833-35. Le roman de Garin le Lohérain, 2 vol. in-12. — 1834. Brunehaut. — 1835. Clovis. — 1836. Le roman de Berthe aux grands piés, in-12. — 1836-48. Les manuscrits français de la Bibliothèque du roi, 7 vol. — 1844. Mémoire sur le cœur de saint Louis. — 1846. De la bibliothèque royale et de la nécessité de publier son catalogue. — 1847. Essai d'un dictionnaire historique de la langue française, in-4. — 1848. La chanson d'Antioche, 2 vol. — 1857-58. Des historiens des croisades. — 1861. Les aventures de maître Renart et d'Ysingrin son compère, in-12. — 1862. De la particule nobiliaire. — 1865-67. Les romans de la table ronde, 5 vol. in-12. — 1885. Études sur François Ier, roi de France, 2 vol. — Collaboration à l'histoire littéraire de la France, aux Mémoires de la Société des antiquaires et au Bulletin du Bibliophile. — Édition des grandes chroniques de France, des œuvres de Villehardouin, Henri de Valenciennes et Tallemant des Réaux. Mémoires insérés dans le Recueil de l'Académie des Inscriptions (t. IV à XIII).

Une notice sur sa vie a été lue par M. Wallon, dans la séance de l'Académie des Inscriptions et Belles-Lettres du 17 novembre 1882.

488. — PELOUZE (Théophile, Jules), C. ✻

Élu, le 19 juin 1837, membre de l'Académie des Sciences (section de Chimie).

Né à Valognes (Manche), le 26 février 1807. — 1827. Interne en pharmacie. — 1830. Professeur de chimie au Collège de Lille. — 1831. Professeur suppléant au Collège de France. — 1833. Essayeur de la Monnaie. — 1839 à 1846. Professeur de chimie à l'École Polytechnique. — 1845 à 1850. Professeur de chimie minérale au Collège de France. — 1848. Président de la Commission des Monnaies. — Mort à Bellevue (Seine-et-Oise), le 31 mai 1867.

Ouvrages. — 1848. Abrégé de chimie, 3 vol. in-12. — 1853-56. Traité de chimie, 6 vol. — 1853. Notions générales de chimie. — 1862. Mémoire sur la poudre-coton. — Collaboration au Dictionnaire d'histoire naturelle.

Une notice sur sa vie a été lue par J.-B. Dumas, dans la séance de l'Académie des Sciences du 11 juillet 1870.

489. — POUILLET (Claude, Servais, Mathias), O. ✻

Élu, le 13 juillet 1837, membre de l'Académie des Sciences (section de Physique générale).

Né à Cuisance (Doubs), le 16 février 1790. — 1812 à 1822. Maître de conférences de physique à l'École Normale. — 1816. Professeur de physique au collège Bourbon. — 1826. Professeur suppléant à la Faculté des Sciences de Paris. — 1829 à 1852. Professeur de physique appliquée aux arts, au Conservatoire des Arts et Métiers. — 1829 à 1849. Administrateur du Conservatoire des Arts et Métiers. — 1830 à 1832. Professeur de physique à l'École Polytechnique. — 1838. Professeur de physique à la Faculté des Sciences de Paris. — 1837 à 1848. Député du Jura. — Mort à Paris, le 13 juin 1868.

Ouvrages. — 1827. Éléments de physique expérimentale et de météorologie, 2 vol. — 1834. Portefeuille industriel du Conservatoire des arts et métiers, 3 vol. — 1838. Mémoire sur la chaleur solaire, in-4. — 1849. Le Conservatoire des arts et métiers pendant la journée du 13 juin 1849. — 1850. Notions générales de physique, in-12. — 1859. Mémoire sur la densité de l'alcool, in-4. — 1863. Nouvelle méthode pour graduer les aréomètres à degrés égaux, in-4. — 1867. Instructions sur les paratonnerres des magasins à poudre, in-4.

490. — CARAFA de COLOBRANO (le Baron Enrico, Francisco, Aloys, Vincenzo, Paolo), O. ✻

Élu, le 18 novembre 1837, membre de l'Académie de Beaux-Arts (section de Composition musicale).

Né à Naples (Italie), le 8 novembre 1787 ; naturalisé Français, le 28 décembre 1834. — 1806. Lieutenant de hussards. — 1808. Aide de camp du roi Murat. — 1808. Capitaine. — 1812. Baron. — 1812 à 1815. Chef d'escadron. — 1840 à 1870. Professeur de composition au Conservatoire. — Mort à Paris, le 27 juillet 1872.

Œuvres. — 1814. Il fantasmo. Il vascello d'occidente. — 1815. La gelosia corretta. — 1816. Gabrielle di Vergi. — 1817. Ifigenia in Tauride. Adele di Lusignano. — 1818. Berenice in Syria. Elisabetta in Derbyshire. — 1819. Il sacrifizio d'Epito. — 1820. Gli due figari. — 1821. Jeanne d'Arc. — 1822. Tamerlano. La Capriciosa ed il soldato. Le solitaire. — 1823. Eufemio di Messina. Le valet de chambre. Abufar. — 1824. L'auberge supposée. — 1825. La belle au bois dormant. Il somnanbulo. — 1826. Il paria. — 1827. Sangarido. Masaniello. — 1828. La violette. — 1829. Jenny. — 1829. Le nozze di Lamermoor. — 1830. Le livre de l'ermite. L'auberge d'Auray. — 1831. L'orgie. — 1833. La prison d'Edimbourg. La maison du rempart. Une journée de la Fronde. — 1335. La grande duchesse. — 1838. Thérèse. — 1847. Les premiers pas.

Une notice sur sa vie a été lue par M. Bazin, dans la séance de l'Académie des Beaux-Arts du 5 novembre 1873.

491. — AUDOUIN (Jean, Victor), ✻

Élu, le 5 février 1838, membre de l'Académie des Sciences (section d'Économie rurale).

Né à Paris, le 27 avril 1797. — 1825. Professeur suppléant au Muséum d'Histoire naturelle. — 1826. Docteur en médecine. — 1820. Sous-Bibliothécaire de l'Institut. — 1833. Professeur d'histoire naturelle des crustacés et des insectes au Muséum d'Histoire naturelle. — Mort à Saint-Mandé (Seine), le 9 novembre 1841.

Ouvrages. — 1826. Prodrome d'une histoire naturelle des cantharides. — 1828-1829. Résumé d'entomologie, ou d'histoire naturelle des animaux articulés, 2 vol. in-16. — 1830. Recherches pour servir à l'histoire naturelle du littoral de la France, 2 vol. — 1834. Histoire naturelle des insectes. — 1837. Notice sur les ravages causés par la pyrale de la vigne. — 1842. Histoire des insectes nuisibles à la vigne, in-4.

492. — LE BAS (Philippe), O. ✳

Élu, le 9 février 1838, membre de l'Académie des Inscriptions et Belles-Lettres.

Né à Paris, le 18 juin 1794. — 1812. Engagé dans la marine. — 1814. Maréchal des logis de la garde impériale. — 1818. Sous-Chef de bureau à la préfecture de la Seine. — 1820 à 1827. Précepteur du prince Louis-Napoléon (Napoléon III). — 1829. Professeur au collège Saint-Louis. — 1830 à 1860. Maître de conférences d'histoire ancienne, puis de langue et de littérature grecques à l'École Normale. — 1846. Administrateur de la Bibliothèque de l'Université. — Mort à Paris, le 16 mai 1860.

Ouvrages. — 1830-33. Cours complet de langue allemande, 7 vol. in-12. — 1835-37. Explication des inscriptions recueillies en Grèce par la commission de Morée. — 1835. Chrestomathie polyglotte. — 1836. Explication des inscriptions latines trouvées par l'armée d'Afrique. — 1837. Antiquités grecques et romaines ou tableau de l'organisation politique et de la vie privée des Romains, in-12. — 1838. Suède et Norvège (Univers pittoresque). Allemagne (Univers pittoresque), 2 vol. Précis de l'histoire romaine, 2 vol. in-12. Précis de l'histoire du moyen âge, 2 vol. in-12. — 1839. Histoire de France, 2 vol, in-12 — 1840. Commentaires sur Tite-Live. Restitution des Inscriptions de la grotte de la vipère de Cagliari. — 1841. Précis de l'histoire moderne, 2 vol. in-12. — 1842. Autriche, Bohême, Hongrie (Univers pittoresque). États de la confédération germanique (Univers pittoresque), 1 vol. — 1842. Précis de l'histoire ancienne, 2 vol. in-12. — 1847 et suiv. Voyage archéologique en Grèce et en Asie Mineure (avec E. Landron.), 11 vol. in-4 et in-fol. — S. d. Asie Mineure (Univers pittoresque). France : Annales historiques et Dictionnaire encyclopédique de l'histoire de France (Univers pittoresque), 12 vol. — Collaboration à la Bibliothèque de l'École des chartes.

493. — MICHELET (Jules), ✳

Élu, le 24 mars 1838, membre de l'Académie des Sciences morales et politiques (section d'Histoire).

Né à Paris, le 22 août 1798. — 1821. Professeur suppléant au collège Charlemagne. — 1827 à 1837. Maître de conférences d'histoire et de philosophie à l'École Normale. — 1830 à 1852. Chef de la section historique aux Archives du Royaume. — 1833 à 1835. Professeur suppléant d'histoire moderne à la Faculté des Lettres de Paris. — 1838 à 1852. Professeur d'histoire et de morale au Collège de France. — Mort à Hyères (Alpes-Maritimes), le 9 février 1874.

Ouvrages. — 1825. Tableau chronologique de l'histoire moderne de 1453 à 1789. — 1826. Tableaux synchroniques de l'histoire moderne, in-4. — 1827. Précis de l'histoire moderne, in-4. — 1831. Histoire romaine : La République, 2 vol. — 1833. Précis de l'histoire de France jusqu'à la Révolution française. — 1833-46. Histoire de France, 17 vol. — 1834. Introduction à l'histoire universelle. — 1837. Origines du droit français cherchées dans les formules et les symboles du droit universel. — 1841-51. Le procès des templiers, 2 vol. in-4. — 1843. Des jésuites. — 1844. Du prêtre, de la femme et de la famille. — 1846. Le peuple. — 1847-48. Cours professé au Collège de France. — 1847-53. Histoire de la Révolution française, 7 vol. — 1851. Pologne et Russie, légende de Kosciusko, in-12. — 1853. Jeanne d'Arc, in-12. Principautés danubiennes, Mme Rosetti, in-4. — 1854. Légendes démocratiques du Nord, in-12. Pologne et Russie, les martyrs de la Russie, in-4. Les femmes de la Révolution, in-12. — 1856. Louis XI et Charles le Téméraire, in-12. L'oiseau, in-12. — 1857. L'insecte, in-12. — 1858. L'amour, in-12. — 1859. La femme, in-12. — 1861. La mer, in-12. — 1862. La sorcière, in-12. — 1863. La Pologne martyre, in-12. — — 1864. Bible de l'humanité, in-12. — 1868. La montagne, in-12. — 1869. Nos fils, in-12. — 1875. Histoire du XIXe siècle, 3 vol. — 1879. Le banquet, papiers intimes. — 1880. François Ier et Charles Quint, in-12. — 1884. Ma jeunesse, in-12. — S. d. Vico. Luther, mémoires. La France devant l'Europe. Les soldats de la Révolution. Lettres inédites à Mlle Mialaret (Mme Michelet). — 1894. Œuvres complètes, 40 vol. in-8. — Collaboration à la Revue des Deux Mondes.

Une notice sur sa vie a été lue par M. Jules Simon, dans la séance de l'Académie des Sciences morales et politiques du 4 décembre 1886.

494. — TOCQUEVILLE (le Vicomte Alexis, Charles, Henri, CLÉREL de), ✳

Élu, le 6 janvier 1838, membre de l'Académie des Sciences morales et politiques (section de Morale).
Élu, le 23 décembre 1841, membre de l'Académie française.

Né à Paris, le 29 juillet 1805. — 1826. Avocat à Paris. — 1827 à 1832. Juge auditeur au tribunal de Versailles. — 1839 à 1852. Député de la Manche. — 1849 (juin-octobre). Ministre des Affaires étrangères. — Mort à Cannes (Alpes-Maritimes), le 16 avril 1859.

Ouvrages. — 1832. Du système pénitentiaire aux États-Unis. — 1835-40. De la démocratie en Amérique, 4 vol. — 1846. Histoire philosophique du règne de Louis XV, 2 vol. — 1850. Coup d'œil philosophique sur le règne de Louis XVI. — 1856. L'ancien régime et la révolution. — 1860-65. Œuvres complètes 9 vol. (t. I à III : De la démocratie en Amérique ; IV : L'ancien régime et la révolution ; V et VI : Œuvres et correspondances inédites ; VII : Nouvelle correspondance ; VIII : Mélanges et fragments historiques ; IX : Études économiques, politiques et littéraires). — 1893. Souvenirs.

Son éloge a été prononcé par le R. P. Lacordaire dans la séance de l'Académie française du 24 janvier 1861, et une notice sur sa vie a été lue par M. Mignet dans la séance de l'Académie des Sciences morales et politiques du 14 juillet 1866.

495. — LANGLOIS (Jérôme, Martin), ✻

Élu, le 7 avril 1838, membre de l'Académie de Beaux-Arts (section de Peinture).

Né à Paris, le 11 mars 1779. — 1809. Grand prix de Rome. — Mort à Paris, le 28 décembre 1838.

Œuvres principales. — 1806. Jeune fille demandant l'aumône. Une leçon de sourds-muets. — 1809. Priame aux pieds d'Achille. — 1812. L'abbé Sicard instruisant les sourds-muets. — 1816. Cassandre priant Minerve (Louvre). — 1817. Ajax sur le rocher. Nessus enlève Déjanire (m. d'Angers). Alexandre cédant Campaspe à Apelle (m. de Toulouse). — 1819. Diane et Endymion (Louvre). — 1822. Saint Hilaire écrivant contre les ariens (cathédrale de Bordeaux). — 1824. Belzunce (m. de Marseille). — 1827. Mort d'Hyrnétho, reine d'Épidaure. Portrait de David. — 1833. Le maréchal Ney. — S. d. Au musée de Versailles : portraits de Bellegarde, de Matignon, du duc d'Estrées et du marquis de Brézé. — Nombreux portraits exposés aux salons de 1808 à 1837.

496. — BLANQUI (Jérome, Adolphe), O. ✻

Élu, le 2 juin 1838, membre de l'Academie des Sciences morales et politiques (section d'Économie politique).

Né à Nice (alors Piémont), le 21 novembre 1798 ; naturalisé Français, le 19 décembre 1834. — 1838. Répétiteur à l'institution Massin. — 1825. Professeur à l'Athénée. — 1830. Directeur de l'École spéciale du commerce. — 1834 à 1854. Professeur d'économie industrielle et de statistique au Conservatoire des Arts et Métiers. — 1846 à 1848. Député de la Gironde. — Mort à Paris, le 29 janvier 1854.

Ouvrages. — 1824. Voyage d'un jeune Français en Angleterre et en Écosse. — 1825. De l'Amérique méridionale dans ses rapports avec le continent européen. — 1826. Voyage à Madrid. — 1826. Résumé de l'histoire du commerce et de l'industrie. Précis élémentaire d'économie politique, in-12. — 1827. Histoire de l'exposition des produits de l'industrie en 1827. — 1837-42. Histoire de l'économie politique en Europe, depuis les anciens jusqu'à nos jours, 5 vol. — 1838. Rapport sur la Corse. — 1839. Cours d'économie industrielle fait au Conservatoire des arts et métiers. — 1840. Rapport sur l'Algérie. — 1841. Considérations sur l'état social de la Turquie d'Europe. — 1842. Rapport sur l'état social des populations de la Turquie d'Europe. — 1843. Voyage en Bulgarie, in-12. — 1846. Du déboisement des campagnes, in-12. — 1846-47. De la liberté du commerce et de la protection de l'industrie. — 1849. Des classes ouvrières en France, pendant l'année 1848, 2 vol. — 1851. Rapport sur l'exposition universelle de 1851, à Londres. Lettres sur l'exposition universelle de Londres, in-12. — 1857. Précis élémentaire d'économie politique, in-12. — Collaboration au Producteur, à la Revue encyclopédique et au Journal des économistes.

497. — PASSY (Hippolyte, Philibert), C. ✳

Élu, le 7 juillet 1838, membre de l'Académie des Sciences morales et politiques (section d'Économie politique).

Né à Garches (Seine-et-Oise), le 15 octobre 1793. — 1812-1815. Lieutenant de hussards. — 1830 à 1843. Député de l'Eure. — 1833. *Correspondant de l'Institut.* — 1834 (10 au 18 novembre). Ministre des Finances. — 1836 (février à septembre). Ministre des Travaux publics et du Commerce. — 1839-40. Ministre des Finances. — 1843 à 1848. Pair de France. — 1848-49. Ministre des Finances. — 1849 à 1851. Député de l'Eure. — Mort à Paris, le 1er juin 1880.

Ouvrages. — 1826. De l'aristocratie dans ses rapports avec les progrès de la civilisation. — 1846. Des systèmes de culture. — 1848. Des causes de l'inégalité des richesses, in-12. — 1872. Des formes de gouvernement et des lois qui les régissent. — 1879. L'histoire et les sciences sociales et politiques.

498. — DUMONT (Auguste, Alexandre), C. ✳

Élu, le 21 juillet 1838, membre de l'Académie des Beaux-Arts (section de Sculpture).

Né à Paris, le 4 août 1801. — 1823. Grand-prix de Rome. — 1852 à 1863. Professeur à l'École des Beaux-Arts. — Mort à Paris, le 28 janvier 1884.

Œuvres principales. — *Groupes et statues.* — 1823. Évandre sur le corps de Pallas. — 1827. L'Amour tourmentant l'âme (m. d'Amiens). —1831. Leucothoë et Bacchus enfant. — 1833. La Justice (chambre des députés). — 1836. Le Poussin (Institut). Le génie de la Liberté (colonne de la place de la Bastille). François Ier (Versailles). — 1838. Louis-Philippe (Versailles). — 1839. Vierge (N.-D. de Lorette). — 1844. Jeune femme. — 1855. Le maréchal Bugeaud (Alger). Buffon (Montbard). — 1857. Suchet (Lyon). — 1863. Napoléon Ier en César (colonne Vendôme). Le prince Eugène. — S. d. Sainte Cécile (la Madeleine). Saint-Louis (Luxembourg). Philippe-Auguste (Barrière du Trône). Blanche de Castille (Luxembourg). L'Harmonie couronnant Chérubini (Père-Lachaise). Le prince Louis de Condé (Versailles). Le prince de Joinville à Sainte-Hélène. Le commerce (Bourse de Paris). Sculptures du pavillon Lesdiguières au Louvre. La sagesse (Père-Lachaise). La Bourdonnais. Le général Carreira (Santiago). La Prudence et la Vérité (bas-reliefs au palais de justice). Humboldt (Versailles). Urbain V (Mende). Le duc Decazes (Decazeville). Le maréchal Davoust (Auxerre).

Bustes et Médaillons. —1831. Guérin (Institut). Dumont. Dupré. Van Praët. Nourrit. Mme Paul Delaroche. Cambacérès. Mme Élisabeth (Versailles). M. Schneider. Jean D'Aumont (Versailles). Louis de Bourbon (Versailles). Flore. Le marquis de Pastoret. Jeune fille romaine. Ducis (Institut). Le prince Charles Bonaparte. Le marquis de Brignolle Sale. La duchesse de Galliera. A. Lenoir (École des beaux-arts). A. Labrousse (Sainte Barbe). — Grand nombre de modèles en plâtre au musée de Semur (Côte-d'Or).

Une notice sur sa vie a été lue par M. Barrias, dans la séance de l'Académie des Beaux-Arts du 9 mai 1885.

499. — GARCIN de TASSY (Joseph, Héliodore, Sagesse, Vertu), ✳

Élu, le 3 août 1838, membre de l'Académie des Inscriptions et Belles-Lettres.

Né à Marseille (Bouches-du-Rhône), le 20 janvier 1794. — 1827. Professeur d'hindoustani à l'École des Langues orientales vivantes. — Mort à Paris, le 2 septembre 1878.

Ouvrages. — 1822. Coup d'œil sur la littérature orientale. — 1829. Rudiments de la langue hindoustani, in-4. — 1831-32. Des particularités de la religion musulmane dans l'Inde. — 1834. Les aventures de Kamrup, trad. de l'hindoustani. — 1839-47. Manuel de l'auditeur des cours d'hindoustani. — 1839-47. Histoire de la littérature hindoue hindoustani, 2 vol. —1840. Doctrines et devoirs de la religion musulmane, in-12. —1845. Grammaire persane, in-12. — 1847. Rudiments de la langue hindoue. — 1849. Chrestomathie hindoue. —1854. Mémoires sur les noms propres et les titres musulmans, 2 vol. — 1855. Les auteurs hindoustani et leurs ouvrages. — 1861. Description des monuments de Delhi. — 1864. Les animaux, extrait du Tuhfat-Ikhwan-Ussafa. — 1865. La philosophie chez les Persans. — 1869. Des particularités de la religion musulmane dans l'Inde. — 1873. Rhétorique et prosodie des langues de l'Orient musulman. — 1874. L'islamisme d'après le Coran. — 1877. Allégories, récits poétiques et chants populaires, trad. de l'arabe. — 1878. Bag-o-Bahar. Le jardin et le printemps. — S. d. La rhétorique des musulmans. Traduction du Coran et des œuvres de Wali.

500. — MILNE-EDWARDS (Henri), G. O. ✳

Élu, le 5 novembre 1838, membre de l'Académie des Sciences (section d'Anatomie).

Né à Bruges (Belgique), le 23 octobre 1800 ; naturalisé Français, le 28 février 1831. — 1825. Docteur en médecine. — 1832. Professeur d'histoire naturelle au collège Henri-IV. — 1841. Professeur d'histoire naturelle des crustacés et des insectes au Muséum d'Histoire naturelle. — 1844. Professeur de zoologie, d'anatomie et de physiologie à la Faculté des Sciences de Paris. — 1849. Doyen de la Faculté des Sciences de Paris. — 1862. Professeur d'histoire naturelle des mammifères et des oiseaux, au Muséum. — 1864 à 1876. Directeur adjoint du Muséum. — Mort à Paris, le 29 juillet 1885.

Ouvrages. — 1825. Manuel de matière médicale, in-12. — 1826. Manuel d'anatomie chirurgicale, in-12. — 1832. Nouveau formulaire pratique des hôpitaux. — 1832-34. Recherches pour servir à l'histoire naturelle du littoral de la France, 2 vol. — 1833-38. Cahiers d'histoire naturelle, 7 vol. in-12. — 1834-41. Histoire naturelle des crustacés, 3 vol. — 1834-37. Éléments de zoologie, 4 vol. — 1840. — Cours élémentaire de zoologie, in-12. — 1841. Observations sur les ascidées composées des côtés de la Manche, in-4. — 1842. Recherches sur les polypes. — 1845. Recherches anatomiques et zoologiques en Sicile et en France, 3 vol. in-4. — 1851. Introduction à la zoologie générale, in-12. — 1855-57. Leçons sur la physiologie et l'anatomie comparée de l'homme et des animaux, 11 vol. — 1858-60. Histoire naturelle des coralliaires ou polypes proprement dits, 3 vol. — 1860. Histoire des crustacés podophthalmaires fossiles, in-4. — 1866-73. Recherches sur la forme ornithologique des îles Mascareignes et de Madagascar, in-4. — 1867-72. Recherches anatomiques et paléontologiques pour servir à l'histoire des oiseaux fossiles de la France, 2 vol. in-4. — 1880. Nouvelles causeries scientifiques.

Une notice sur sa vie a été lue par M. Berthelot, dans la séance de l'Académie des Sciences du 21 décembre 1891.

501. — HUVÉ (Jean, Jacques, Marie), O. ✳

Élu, le 10 novembre 1838, membre de l'Académie des Beaux-Arts (section d'Architecture).

Né à Versailles (Seine-et-Oise), le 28 avril 1783. — 1841 à 1852. Membre honoraire du Conseil général des Bâtiments civils. — Mort à Paris, le 23 novembre 1852.

Œuvres principales. — 1817. Achèvement de la Madeleine à Paris. — 1819. Achèvement du château de Saint-Ouen. — 1827. Salle Ventadour (théâtre Italien).

502. — MAGNIN (Charles), O. ✳

Élu, le 30 novembre 1838, membre de l'Académie des Inscriptions et Belles-Lettres.

Né à Paris, le 4 novembre 1793. — 1813. Attaché à la Bibliothèque impériale. — 1831-32. Professeur suppléant à l'École Normale. — 1832 à 1862. Conservateur des imprimés à la Bibliothèque royale. — 1834 à 1836. Professeur suppléant de littérature étrangère à la Faculté des Lettres de Paris. — Mort à Paris, le 8 octobre 1862.

Ouvrages. — 1815. Les derniers moments de Bayard, poésie. — 1826. Racine ou la troisième représentation des plaideurs, comédie. — 1835. Les origines du théâtre moderne. — 1842. Causeries et méditations historiques et littéraires, 2 vol. — 1852. Histoire des marionnettes en Europe, depuis l'antiquité jusqu'à nos jours. — Collaboration à la Revue des Deux Mondes, au Journal des savants et à la Bibliothèque de l'École des Chartes.

Une notice sur sa vie a été lue par M. Wallon, dans la séance de l'Académie des Inscriptions et Belles-Lettres du 27 novembre 1874.

503. — LENORMANT (Charles), ✽

Élu, le 25 janvier 1839, membre de l'Académie des Inscriptions et Belles-Lettres.

Né à Paris, le 1ᵉʳ juin 1802. — 1825. Inspecteur des Beaux-Arts. — 1830. Chef de la section des Beaux-Arts au Ministère de l'Intérieur. — 1830. Conservateur à la Bibliothèque de l'Arsenal. — 1832. Conservateur adjoint à la Bibliothèque royale. — 1835 à 1845. Professeur suppléant d'histoire moderne à la Faculté des Lettres de Paris. — 1837. Conservateur des imprimés à la Bibliothèque royale. — 1841 à 1859. Conservateur du cabinet des antiques. — 1849 à 1859. Professeur d'archéologie au Collège de France. — Mort à Athènes (Grèce), le 22 novembre 1859.

Ouvrages. — 1833. Les artistes contemporains, 2 vol. —. 1834-50. Trésor de numismatique et de glyptique. 20 vol. in-fol. — 1835-42. Musée des antiquités égyptiennes, in-fol. — 1837. Cours d'histoire ancienne. — 1837-57. Élite des monuments céramographiques, 3 vol. in-4. — 1838. Introduction à l'histoire orientale. — 1838. Recherches sur les hiéroglyphiques d'Horapollon, in-4. — 1839. Éclaircissements sur le cercueil du roi Mycérinus, in-4. — 1840. Rabelais et l'architecture de la Renaissance. — 1842. Musée des antiquités égyptiennes, in-fol. — 1844. Des associations religieuses dans le catholicisme. — 1844-45. Cours d'histoire moderne. — 1845. Questions historiques, 2 vol. — 1846. Introduction à l'étude des vases peints, in-4. — 1847. François Gérard, peintre d'histoire, in-12. — 1857. Les arts et l'industrie. — 1858. Ary Scheffer. — 1859. Les catacombes de Rome en 1858. — 1861. Beaux-arts et voyages, 2 vol. — 1862. Commentaire sur le Cratyle de Platon. — 1864. Mémoire sur les peintures de Polygnote, dans le Lesché de Delphes. — 1869. De la divinité du christianisme dans ses rapports avec l'histoire. — 1873. Essai sur l'instruction publique. — Collaboration à la Revue de numismatique et aux Annales de l'Institut de correspondance archéologique.

Une notice sur sa vie a été lue par M. Wallon, dans la séance de l'Académie des Inscriptions et Belles-Lettres du 6 décembre 1878.

---

504. — BOUSSINGAULT (Jean-Baptiste, Joseph, Dieudonné), G. O. ✽

Élu, le 28 janvier 1839, membre de l'Académie des Sciences (section d'Économie rurale).

Né à Paris, le 2 février 1802. — 1823. Aide de camp du général Bolivar, en Bolivie. — 1835. Professeur de chimie à la Faculté des Sciences de Lyon. — 1835. Doyen de la Faculté des Sciences de Lyon. — 1845 à 1887. Professeur de chimie agricole et d'analyse chimique au Conservatoire des Arts et Métiers. — 1848. Député à l'Assemblée constituante. — 1849 à 1851. Conseiller d'État. — Mort à Paris, le 11 mai 1887.

Ouvrages. — 1844. Économie rurale, 2 vol. — 1845. Essai de statistique chimique des êtres organisés. — 1860-84. Agronomie, chimie agricole et physiologie, 7 vol. — 1875. Analyses comparées du biscuit de gluten et de quelques aliments féculents. — 1876. Études sur la transformation du fer en acier. — Collaboration aux Annales de physique et de chimie.

---

505. — COUDER (Louis, Charles, Auguste), O. ✽

Élu, le 9 février 1839, membre de l'Académie des Beaux-Arts (section de Peinture).

Né à Paris, le 1ᵉʳ avril 1790. — Mort à Paris, le 21 juillet 1873.

Œuvres principales. — 1814. Mort du général Moreau. — 1815. Amour, tu perdis Troie. — 1817. Mort de Masaccio. — 1818. Le lévite d'Ephraïm (m. du Luxembourg). — 1819. Michel-Ange. L'adoration des mages. Une leçon de géographie. Coupole de la salle d'Apollon, au Louvre. Le soldat de Marathon. — 1822. Adam et Ève endormis (Louvre). François Iᵉʳ (Versailles). — 1824. Les adieux de Léonidas (Louvre). — 1827. La duchesse d'Angoulême à Quiberon (Vannes). Tanneguy Duchâtel sauvant le dauphin. — 1829. Saint Ambroise repoussant Théodose (église Saint-Gervais). Calpurnia cherchant à retenir César. Apelle et Phryné. Mort de Virgile. — 1831. Adoration des mages (m. d'Avignon). Frédégonde et Chilpéric. Le serment du roi (Lisieux). — 1833. Scènes tirées de Notre-Dame de Paris. Le général Rampon (Versailles). — 1834. Mater dolorosa. Le maréchal de Saxe (Versailles). — 1835. Le maréchal Luckner (Versailles). — 1836. Bataille de Laufeld (Versailles). — 1837. Prise de York-Town par Rocham-

I. 33

beau (Versailles). — 1838. Prise de Lérida (Versailles). — 1840. L'assemblée des états généraux (Versailles). — 1844. La fête de la fédération (Versailles). — 1848. Le serment du jeu de paume (Versailles). — S. d. Jeune femme pleurant son mari (m. de Cherbourg). Coupole de la galerie d'Apollon au Louvre (la Terre, Hercule et Antée, l'Eau, Achille, le Feu, Vénus). A *Versailles :* Louis-Philippe recevant la reine d'Angleterre à Eu. Prise de Philipsbourg. Mort de Marceau. Prise de Prague. Installation du conseil d'État. Portraits de Henri-Clément II, de Jean de Rieux, du maréchal de Montejan, du prince de Melphe, du maréchal de Clérambault, du maréchal de Boufflers, du comte de Saxe, du comte de Lowendal, du maréchal de Richelieu, de Jouvenet, de Picard, du duc de Richelieu, de Ferdinand IV, de Marie-Caroline, reine des Deux-Siciles, de Méhémet-Ali et de Bailly.

Ouvrages. — 1867. Considérations sur le but moral des beaux-arts, in-12.

---

506. — PORTALIS (le Comte Joseph, Marie), G. C. ✳

Élu, le 9 février 1839, membre de l'Académie des Sciences morales et politiques (section de Législation).

Né à Aix (Bouches-du-Rhône), le 19 février 1778. — 1799. Surnuméraire au Ministère des Relations extérieures. — 1800. Secrétaire d'ambassade en Saxe. — 1802. Premier Secrétaire d'ambassade en Angleterre. — 1804 à 1806. Ministre plénipotentiaire près la Diète germanique. — 1806. Secrétaire général du Ministère de la Justice. — 1806 à 1808. Maître des requêtes au Conseil d'État. — 1807 à 1808. Ministre des Cultes. — 1808 à 1810. Conseiller d'État. — 1809. Comte. — 1810 à 1811. Directeur général de l'imprimerie et de la librairie. — 1813 à 1815. Premier Président de la Cour impériale d'Angers. — 1815. Conseiller à la Cour de cassation. — 1815 à 1820. Conseiller d'État. — 1818. Ministre plénipotentiaire près le Saint-Siège. — 1819. Pair de France. — 1820 à 1821. Sous-Secrétaire d'État au Ministère de la Justice. — 1820 à 1823. Vice-Président du Comité de législation du Conseil d'État. — 1824. Président de Chambre à la Cour de cassation. — 1825 à 1828. Conseiller d'État. — 1828 à 1829. Garde des sceaux, Ministre de la Justice. — 1829. Ministre d'État et membre du Conseil privé. — 1829 (mai-août). Ministre des Affaires étrangères. — 1829 à 1852. Premier Président de la Cour de cassation. — 1837. *Membre libre de l'Académie de Sciences morales et politiques.* — 1852. Sénateur. — 1852. Premier Président honoraire de la Cour de cassation. — Mort à Passy (Seine), le 5 août 1858.

Ouvrages. — 1800. Du devoir de l'historien. — 1842. Code civil du royaume de Sardaigne. — 1843. Éloge de M. le baron Mounier. — 1844. Discours, rapports et travaux sur le code civil. — 1845. Discours, rapports et travaux sur le concordat de 1801 et les articles organiques. — S. d. Observations sur l'organisation judiciaire. — L'homme et la société.

Une notice sur sa vie a été lue par M. Mignet, dans la séance de l'Académie des Sciences morales et politiques du 26 mai 1860.

---

507. — LITTRÉ (Maximilien, Paul, Emile).

Élu, le 22 février 1839, membre de l'Académie des Inscriptions et Belles-Lettres. Élu, le 30 décembre 1871, membre de l'Académie française.

Né à Paris, le 1er février 1801. — 1825. Interne des hôpitaux. — 1871. Député de la Seine. — 1875. Sénateur inamovible. — Mort à Paris, le 2 juin 1881.

Ouvrages. — 1832. Traité du choléra oriental. — 1845. De la philosophie positive. — 1849. Application de la philosophie positive au gouvernement des sociétés. — 1852. Conservation, révolution et positivisme, in-12. — 1859. Paroles de philosophie positive. — 1862. Histoire de la langue française, 2 vol. — 1863-77. Dictionnaire de la langue française, 5 vol. in-4. — 1863. Auguste Comte et la philosophie positive. — 1865. La vérité sur la mort d'Alexandre le Grand, in-12. — 1867. Études sur les Barbares et le moyen âge. — 1871. Médecine et médecins. — 1872. Sur le génie militaire de Bonaparte, in-12. — 1873. Restauration de la légitimité et de ses ralliés. — 1875. Littérature et histoire. — 1876. Fragments de philosophie positive et de sociologie contemporaine. — 1877. Études sur les progrès du positivisme. — 1879. Comment les sémites entrèrent en compétition avec les aryens, in-12. — 1879. Par quelle conduite la République peut-elle se consolider? — 1880. De l'établissement de la troisième République. — 1880. Études et glanures pour faire suite à l'histoire de la langue française. — Traduction des œuvres d'Hippocrate et de l'Histoire naturelle de Pline. Collaboration au Journal hebdomadaire de médecine, au Dictionnaire de médecine, à la Revue des Deux Mondes, à l'Histoire littéraire de la France, au National et à la l'philosophie positive.

Son éloge a été prononcé par M. Pasteur, dans la séance de l'Académie française du 27 avril 1882.

508. — BARTHÉLEMY SAINT-HILAIRE (Jules), ✳

Élu, le 23 mars 1839, membre de l'Académie des Sciences morales et politiques (section de Philosophie).

Né à Paris, le 19 août 1805. — 1825 à 1838. Aspirant surnuméraire, surnuméraire et expéditionnaire au Ministère des Finances. — 1834 à 1848. Répétiteur à l'École Polytechnique. — 1838 à 1852. Professeur de philosophie grecque et latine au Collège de France. — 1848 à 1852. Administrateur du Collège de France. — 1848. Secrétaire du Gouvernement provisoire et de la Commission du pouvoir exécutif. — 1848 à 1851 et 1869 à 1870. Député de Seine-et-Oise. — 1871 à 1873. Secrétaire général de la présidence de la République. — 1871 à 1875. Député à l'Assemblée nationale. — 1875. Sénateur inamovible. — 1880. Vice-Président du Sénat. — 1880 à 1881. Ministre des Affaires étrangères. — *Actuellement Doyen de l'Institut.*

Ouvrages. — 1845. De l'école d'Alexandrie. — 1849. De la vraie démocratie, in-12. — 1854. Des Védas. — 1855. Du bouddhisme. — 1856. Lettres sur l'Égypte. — 1858. Le Bouddha et sa religion. — 1865. Mahomet et le Coran, — 1866. Philosophie des deux Ampère. — 1868. L'Iliade d'Homère traduit en vers français, 2 vol. — 1874. De la démocratie française, in-12. — 1880. Le christianisme et le bouddhisme. — 1882. Fragments pour servir à l'histoire de la diplomatie française du 23 janvier 1880 au 14 novembre 1881. — 1887. L'Inde anglaise, son état actuel, son avenir. — 1889. La philosophie dans ses rapports avec les sciences et la religion. — 1890. Étude sur François Bacon. — 1891. Eugène Burnouf, ses travaux et sa correspondance. — 1895. M. Victor Cousin, sa vie et sa correspondance, 3 vol.

1837-1892. Traduction des œuvres d'Aristote. — (1837. Politique, 2 vol. — 1844. Logique, 4 vol. — 1846-47. Psychologie, 2 vol. — 1856. Morale, 3 vol. — 1858. Poétique, 1 vol. — 1862. Physique, 2 vol. — 1863. Météorologie, 1 vol. — 1866. Traité de la production et de la destruction des choses, 1 vol. — 1870. Rhétorique, 2 vol. — 1879. Métaphysique, 3 vol. — 1883. Histoire des animaux, 3 vol. — 1885. Traité des parties des animaux, 2 vol. — 1887. Traité de la génération des animaux, 2 vol. — 1891. Les problèmes, 2 vol.) — 1876. Traduction des pensées de Marc-Aurèle. — Collaboration au Globe, au National, à la Revue des Deux Mondes, au Courrier français, au Journal des savants et au Magasin pittoresque.

509. — BERGER de XIVREY (Jules), ✳

Élu, le 22 mai 1839, membre de l'Académie des Inscriptions et Belles-Lettres.

Né à Versailles (Seine-et-Oise), le 16 juin 1801. — 1852. Conservateur adjoint des manuscrits à la Bibliothèque impériale. — Mort à Saint-Sauveur-le-Bray (Seine-et-Marne), le 29 juillet 1863.

Ouvrages. — 1823. La Batrachomyomachie d'Homère, traduite en vers français, in-12. — 1828. Traité de la prononciation grecque moderne, in-12. — 1829. Recherches sur les sources antiques de la littérature française. — 1836. Traditions tératologiques ou récits de l'antiquité et du moyen âge en Occident. — 1837. Essais d'appréciations historiques, 2 vol. — 1838. Traces de l'histoire dans l'Algérie, in-12. — 1844. Sur la polémique relative au cœur de saint Louis. — 1846. Preuves de la découverte du cœur de saint Louis. — 1847. Recherches historiques sur l'abbaye de Breuil-Benoît. — 1856. Études sur le texte et le style du nouveau testament. — 1860. Lien des questions d'Orient et d'Italie. — 1861. Tradition française d'une confédération de l'Italie. — 1843-53. Publication des lettres missives de Henri IV. — Collaboration aux notices et extraits des manuscrits de la Bibliothèque royale, au Journal des Débats, à la Revue de Paris, à la Revue française et à la Bibliothèque de l'École des chartes.

510. — LIOUVILLE (Joseph), C. ✳

Élu, le 3 juin 1839, membre de l'Académie des Sciences (section d'Astronomie).

Né à Saint-Omer (Pas-de-Calais), le 24 mars 1809. — 1827. Ingénieur des Ponts et Chaussées. — 1831. Professeur à l'École Polytechnique. — 1844. Membre du Bureau des Longitudes. — 1848 à 1849. Député de la Meurthe à l'Assemblée constituante. — 1851 à 1882. Professeur de mathématiques au Collège de France. — 1857. Professeur de mécanique rationnelle à la Faculté des Sciences de Paris. — Mort à Paris, le 8 septembre 1882.

Ouvrages. — Publication des œuvres mathématiques de Galois, de la géographie de Monge, des leçons de Navier, etc. Collaboration à l'Encyclopédie du XIXᵉ siècle, au Journal des mathématiques pures et appliquées et au Journal de l'École polytechnique. Mémoires insérés dans le Recueil de l'Académie des sciences (t. V de la 2ᵉ série).

511. — SPONTINI de SAN'T ANDREA (le Comte Gaspar, Luigi, Pacifico), O. ✳

Élu, le 15 juin 1839, membre de l'Académie des Beaux-Arts (section de Composition musicale).

Né à Majolati (États de l'Église), le 14 novembre 1774 ; naturalisé Français, le 19 novembre 1817. — 1810 à 1812. Directeur de l'Opéra italien à Paris. — 1820 à 1840. Surintendant de la musique du Roi de Prusse et Directeur de l'Opéra de Berlin. — 1830. Comte. — 1831. *Correspondant de l'Institut.* — Mort à Majolati, le 24 janvier 1851.

Œuvres. — 1796. I Puntigli delle donne. — 1797. Gli amanti in cimento. — 1797. L'eroïsmo ridicolo. Il finto pittore. — 1798. Chi piu guarda men vede. L'Isola desabitata. Teseo riconosciuto. — 1799. La finta filosofia. — 1800. L'amor secreto. La fuga in maschera. I Quadri parlanti. — 1801. Gli Elisi delusi. Il geloso e l'audace. La principessa d'Amalfi. — 1802. Le metarmofosi di Pasquale. — 1804. La petite maison. Milton. Julie ou le pot de fleurs. — 1806. L'eccelsa Gara. — 1807. La vestale. — 1809. Fernand Cortez. — 1814. Pélage. — 1815. Les deux rivaux. — 1816. La colère d'Achille. — 1817. Bacchanale des Danaïdes. Louis IX en Égypte. — 1819. Olympie. Artaxerce. — 1821. Nurmahal. — 1822. Les Athéniennes. — 1825. Alcidor. — 1837. Agnès de Hohenstaufen. — S. d. Bérénice.

Une notice sur sa vie a été lue par Raoul Rochette, dans la séance de l'Académie des Beaux-Arts du 2 octobre 1852.

512. — BERRIAT-SAINT-PRIX (Jacques, Saint-Prix, BERRIAT, dit), ✳

Élu, le 25 janvier 1840, membre de l'Académie des Sciences morales et politiques (section de Législation).

Né à Grenoble (Isère), le 23 septembre 1769. — 1788. Avocat à Orange. — 1791 à 1795. Défenseur officieux au tribunal du district de Grenoble. — 1793. Capitaine et commandant de compagnies franches. — 1795. Commissaire des guerres. — 1796. Professeur de législation à l'École centrale de l'Isère. — 1805. Professeur à la Faculté de Droit de Grenoble. — 1819 à 1845. Professeur à la Faculté de Droit de Paris. — Mort à Paris, le 4 octobre 1845.

Ouvrages. — 1801. L'amour et la philosophie, 5 vol. in-12. — 1803-04. Cours de législation, 2 vol., *Grenoble.* — 1805. Recherches sur la législation criminelle au temps des dauphins. — 1806. Éloge historique de M. Mounier, *Grenoble.* — 1807. Observations sur les traductions des lois romaines, *Grenoble.* — 1807. Discours sur les vices du langage judiciaire. — 1808-10. Cours de procédure civile et criminelle, 2 vol., *Grenoble.* — 1809. Précis d'un cours sur les préliminaires du droit, *Grenoble.* — 1811. Notices sur diverses contrées du département de l'Isère, *Grenoble.* — 1817. Cours de droit criminel. — 1818. Jeanne d'Arc. — 1821. Histoire du droit romain, suivie de l'histoire de Cujas. — 1833. Observations sur le divorce et l'adoption. — 1839. Observations sur les citations des auteurs profanes dans les lois romaines. — 1839. Recherches sur les divers modes de publication des lois. — 1839. Histoire de l'ancienne université de Grenoble. — 1842. Recherches sur la législation et la tenue des actes de l'état civil. — 1861. Napoléon Iᵉʳ à Grenoble en 1815. — Collaboration aux Mémoires de la Société des antiquaires, à la Thémis, au Journal des avoués, à la Revue de législation et de jurisprudence, aux Annales de l'agriculture française, aux Annales statistiques et au Magasin encyclopédique.

513. — BABINET (Jacques), ✱

Élu, le 17 février 1840, membre de l'Académie des Sciences (section de Physique générale).

Né à Lusignan (Var), le 5 mars 1794. — 1817. Lieutenant d'artillerie. — 1820. Professeur de mathématiques à Fontenay-le-Comte et à Poitiers. — 1824. Professeur de physique au collège Saint-Louis. — 1825 à 1828. Professeur de météorologie à l'Athénée. — 1838. Professeur suppléant au Collège de France. — 1843. Astronome adjoint du Bureau des Longitudes. — Mort à Paris, le 21 octobre 1872.

Ouvrages. — 1825. Résumé complet de la physique des corps impondérables et des corps pondérables, 2 vol. in-16. — 1835. Expériences sur la vibration des métaux échauffés. — 1850. Éléments de géométrie descriptive. — 1855-65. Études et lectures sur les sciences d'observation, 8 vol. in-12. — 1857. Calculs pratiques appliqués aux sciences d'observation. — 1861. De la télégraphie électrique. — 1864. Sur la paragénie, ou propagation latérale de la lumière. — Collaboration aux Annales de physique et de chimie, à la Revue des Deux Mondes et au Journal des Débats.

514. — MOLÉ (le Comte Mathieu, Louis), G. C. ✱

Élu, le 20 février 1840, membre de l'Académie française.

Né à Paris, le 24 janvier 1781. — 1806. Auditeur au Conseil d'État. — 1806 à 1807. Maître des requêtes. — 1807. Préfet de la Côte-d'Or. — 1809 à 1813. Conseiller d'État. — 1809. Directeur général des Ponts et Chaussées. — 1809. Comte. — 1813 à 1814. Grand-Juge, Ministre de la Justice. — 1815 à 1848. Pair de France. — 1817. Conseiller d'État. — 1817 à 1818. Ministre de la Marine. — 1818. Membre du Conseil privé. — 1830 (août-novembre) et 1836 à 1839. Ministre des Affaires étrangères. — 1837 à 1839. Président du Conseil. — 1848 à 1851. Député de la Gironde. — Mort à Champlâtreux (Seine-et-Oise), le 23 novembre 1855.

Ouvrages. — 1805. Essais de morale et de politique. — 1809. Éloge de Mathieu Molé. — 1839. Discours prononcés pendant les sessions 1837 à 1839. — 1844. Mémoire sur la fondation d'une caisse générale de retraite pour les classes laborieuses.

Son éloge a été prononcé par M. le comte de Falloux, dans la séance de l'Académie française du 26 mars 1857.

515. — PIOBERT (Guillaume), G. O. ✱

Élu, le 30 mars 1840, membre de l'Académie des Sciences (section de Mécanique).

Né à La Guillotière (Rhône), le 29 novembre 1793. — 1815. Sous-Lieutenant d'artillerie. — 1818. Lieutenant d'artillerie. — 1825. Capitaine. — 1830 à 1836. Professeur à l'École d'Artillerie de Metz. — 1838. Chef d'escadron. — 1841. Lieutenant-Colonel. — 1845. Colonel. — 1848. Directeur du service des poudres. — 1848. Général de brigade. — 1852. Général de division. — 1858. Admis au cadre de réserve. — Mort à La Pierre (Rhône), le 9 juin 1871.

Ouvrages. — 1830. Mémoire sur les effets des poudres de différents procédés de fabrication. — 1838. Traité d'artillerie théorique et pratique, 2 vol. — 1841. Cours d'artillerie, in-4. — 1842. Mémoire sur le tirage des voitures, in-4. — 1844. Mémoire sur les poudres de guerre. — 1845. Expériences sur les roues hydrauliques à axe vertical, in-4. — Mémoires insérés dans le Recueil de l'Académie des sciences (t. XV et XXXVIII de la 2ᵉ série).

Une notice sur sa vie a été lue par le général Morin, dans la séance publique des cinq académies du 25 octobre 1871.

516. — GASPARIN (le Comte Adrien, Étienne, Pierre de), G. O. ✳

Élu, le 29 juin 1840, membre de l'Académie des Sciences (section d'Économie rurale).

Né à Orange (Vaucluse), le 29 juin 1783. — 1800. Canonnier. — 1801 à 1805. Sous-Lieutenant de dragons. — 1829. *Correspondant de l'Institut.* — 1830-31, Député de Vaucluse. — 1831. Préfet de la Loire. — 1831. Préfet de l'Isère. — 1831 à 1835. Préfet du Rhône. — 1834. Pair de France. — 1835. Sous-Secrétaire d'État au Ministère de l'Intérieur. — 1836 à 1837. Ministre de l'Intérieur. — 1839. Comte. — 1839 à 1840. Ministre de l'Agriculture et du Commerce. — 1849 à 1852. Directeur de l'Institut national agronomique de Versailles. — Mort à Orange, le 7 septembre 1862.

Ouvrages. — 1815. Histoire de la ville d'Orange et de ses antiquités, in-12. — 1817. Manuel de l'art vétérinaire. — 1820. Des maladies contagieuses des bêtes à cornes. — 1821. Des petites propriétés. — 1829. Guide des propriétaires de biens ruraux affermés, in-12. — 1829-41. Recueil de mémoires d'agriculture et d'économie rurale, 3 vol. — 1830. Mémoire sur le métayage. — 1833. Considérations sur l'extension de la culture des mûriers. — 1841. Essai sur l'histoire de l'introduction des vers à soie en Europe. — 1843-49. Cours d'agriculture, 5 vol. — 1854. Principes de l'agronomie. — 1855. De l'influence de la chaleur sur la végétation. — Notes et mémoires insérés dans divers recueils.

517. — REGNAULT (Henri, Victor), C. ✳

Élu, le 6 juillet 1840, membre de l'Académie des Sciences (section de Chimie).

Né à Aix-la-Chapelle (alors département de la Roër), le 21 juillet 1810. — 1835. Ingénieur des Mines. — 1840 à 1871. Professeur de chimie à l'École Polytechnique. — 1841 à 1871. Professeur de physique expérimentale au Collège de France. — 1847. Ingénieur en chef des Mines. — 1854 à 1871. Directeur de la manufacture de Sèvres. — Mort à Paris, le 19 janvier 1878.

Ouvrages. — 1842. Traité de géométrie pratique. — 1845. Études sur l'hygrométrie. — 1847-49. Cours élémentaire de chimie, 4 vol. in-12. — 1847. Relation des expériences sur les principales lois physiques et les données numériques qui entrent dans le calcul des machines à vapeur, in-4. — 1849. Recherches chimiques sur la respiration des animaux, in-4. — Collaboration aux Annales de physique et chimie. Mémoires insérés dans le Recueil de l'Académie des sciences (t. XXI, XXVI et XXXVII de la 2e série).

Une notice sur sa vie a été lue par J.-B. Dumas, dans la séance de l'Académie des Sciences du 14 mars 1881.

518. — DUFRÉNOY (Ours, Pierre, Armand, PETIT-), C. ✳

Élu, le 17 août 1840, membre de l'Académie des Sciences (section de Minéralogie).

Né à Sevran (Seine-et-Oise), le 5 septembre 1792. — 1813. Élève ingénieur des Mines. — 1821. Ingénieur des Mines. — 1832. Professeur de géologie à l'École des Ponts et Chaussées. — 1833. Ingénieur en chef. — 1835 à 1847. Professeur de minéralogie à l'École des Mines. — 1836 à 1848. Inspecteur des études à l'École des Mines. — 1846. Inspecteur divisionnaire. — 1847 à 1857. Professeur de minéralogie au Muséum d'Histoire naturelle. — 1848 à 1857. Directeur de l'École des Mines. — 1851. Inspecteur général de première classe. — Mort à Paris, le 20 mars 1857.

Ouvrages. — 1827. Voyage métallurgique en Angleterre. — 1830-38. Mémoires pour servir à une description géologique de la France, 4 vol. — 1833. Mémoire sur les groupes du Cantal et du Mont-Dore. — 1834. Mémoire sur la position des principales mines de fer des Pyrénées. — 1844. Traité de minéralogie, 4 vol. — 1844-45. Cours de géologie et de minéralogie, in-4. — S. d. Explication de la carte géologique de la France, 3 vol. in-4. — Collaboration aux Annales des mines, au Bulletin de la Société géologique et aux Annales de chimie et de physique.

519. — CARISTIE (Auguste, Nicolas), O. ✳

Élu, le 26 septembre 1840, membre de l'Académie des Beaux-Arts (section d'Architecture).

Né à Avallon (Yonne), le 6 décembre 1783. — 1813. Grand prix de Rome. — 1827. Membre du Conseil des Bâtiments civils. — 1838. Inspecteur général des Bâtiments civils. — 1837. Membre de la Commission des monuments historiques. — 1846. Vice-président du Conseil des Bâtiments civils. — Mort à Paris, le 5 décembre 1862.

Œuvres principales. — Palais de justice de Reims. Prison et caserne à Reims. Restauration de l'Arc antique d'Orange. Monument commémoratif de Quiberon. Restauration du château de Chastellux et du château d'Anet.

Ouvrages. — 1821. Plan et coupe du forum romain et monuments de la voie sacrée, in-fol. — 1856-57. Monuments antiques d'Orange, in-fol.

Une notice sur sa vie a été lue par M. Baltard, dans la séance de l'Académie des Beaux-Arts du 14 mai 1870.

520. — TROPLONG (Raymond, Théodore), G. C. ✷

Élu, le 12 décembre 1840, membre de l'Académie des Sciences morales et politiques (section de Législation).

Né à Saint-Gaudens (Haute-Garonne), le 8 octobre 1795. — 1816. Avocat. — 1817. Employé à la Préfecture de l'Indre. — 1819. Procureur du Roi à Sartène. — 1819. Procureur du Roi à Corte. — 1820. Substitut du procureur général près la Cour de Bastia. — 1822. Substitut à Alençon. — 1823. Avocat général à la Cour de Bastia. — 1825. Avocat général à la Cour de Nancy. — 1832. Président de Chambre à la Cour de Nancy. — 1835. Conseiller à la Cour de cassation. — 1846. Pair de France. — 1848. Premier Président de la Cour d'appel de Paris. — 1852. Sénateur. Premier Président de la Cour de cassation. Président du Sénat. — 1858. Membre du Conseil privé. — Mort à Paris, le 1er mars 1869.

Ouvrages. — 1833. Traité des privilèges et hypothèques, 4 vol. — 1834. De la vente, 2 vol. — 1835. De la prescription. — 1840. L'échange et le louage, 2 vol. — 1842. De l'influence du christianisme sur le droit civil des Romains. — 1843. Le contrat de société civile et commerciale, 2 vol. — 1844. Du pouvoir de l'État sur l'enseignement. — 1845. Du prêt, du dépôt et du sequestre, 2 vol. — 1845. De la transcription, 2 vol. — 1845-47. Le mandat, le dépôt, le cautionnement et la contrainte par corps. — 1847. De la contrainte par corps. — 1847. Du nantissement, du gage et de l'antichrèse. — 1848. De la propriété d'après le code civil. — 1850. Du contrat de mariage et des droits respectifs des époux, 4 vol. — 1855. Des donations entre vifs et des testaments, 4 vol. — 1856. La transcription hypothécaire.

521. — DUHAMEL (Jean, Marie, Constant), C. ✷

Élu, le 28 décembre 1840, membre de l'Académie des Sciences (section de Physique générale).

Né à Saint-Lô (Manche), le 5 novembre 1797. — 1826. Agrégé. — 1831. Répétiteur à l'École Polytechnique. — 1837 à 1839. Professeur de mécanique à l'École Polytechnique. — 1841 à 1849. Maître de conférences de mécanique à l'École Normale. — 1843. Professeur de calcul différentiel et intégral, puis (1849) d'algèbre supérieur à la Faculté des Sciences de Paris. — 1844 à 1851. Directeur des études à l'École Polytechnique. — Mort à Paris, le 29 avril 1872.

Ouvrages. — 1823. Problèmes et développements sur diverses parties des mathématiques. — 1840-41. Cours d'analyse, 2 vol. — 1845-46. Cours de mécanique, 2 vol. — 1856-57. Éléments du calcul infinitésimal, 2 vol. — 1866-1872. Des méthodes dans les sciences de raisonnement, 5 vol. — Collaboration au Journal de l'École polytechnique. Mémoires insérés dans le Recueil de l'Académie des sciences (t. V, VIII et XXXII de la 2e série).

522. — SAINTE-AULAIRE (le Comte Louis, Clair de BEAUPOIL de), G. C. ✷

Élu, le 7 janvier 1841, membre de l'Académie française.

Né à la Mancellière (Ille-et-Vilaine), le 9 avril 1778. — 1796. Ingénieur géographe. — 1809. Chambellan de l'Empereur. — 1813 à 1814. Préfet de la Meuse. — 1814. Préfet de la Haute-Garonne.

— 1815. Député de la Meuse. — 1818 à 1823. Député du Gard. — 1827 à 1829. Député de la Meuse.
— 1829. Pair de France. — 1831. Ambassadeur près le Saint-Siège. — 1833. Ambassadeur en
Autriche. — 1841 à 1847. Ambassadeur en Angleterre. — Mort à Paris, le 13 novembre 1854.

Ouvrages. — 1820. Réponse au mémoire de M. Berryer pour le général Donnadieu. — 1827. Histoire de la
Fronde, 3 vol. — 1850. Considérations sur la démocratie. — 1854. Les derniers Valois, les Guise et Henri IV, in-12.
— Traduction des chefs-d'œuvre du théâtre allemand. Publication de la correspondance de Mᵐᵉ du Deffant.

Son éloge a été prononcé par M. le duc Victor de Broglie, dans la séance de l'Académie française du 3 avril 1856.

523. — ANCELOT (Jacques, François, Polycarpe, Arsène), ❋
Élu, le 25 février 1841, membre de l'Académie française.

Né au Havre (Seine-Inférieure), le 9 janvier 1794. — 1812. Commis dans les bureaux de la
marine, au Havre. — 1815 à 1825. Commis au Ministère de la Marine. — 1825. Conservateur de la
Bibliothèque de l'Arsenal. — 1826 à 1830. Bibliothécaire du Roi. — Mort à Paris, le 7 septembre 1854.

Ouvrages. — *Poésies.* — 1825. Épître à M. Bonjour. Ode sur le couronnement de l'empereur Nicolas Iᵉʳ. — 1825.
Marie de Brabant. — 1842. Épîtres familières. — 1853. Recueil de poésies.
Romans. — 1827. L'homme du monde, 4 vol. — 1834. Les emprunts aux salons de Paris. — 1853. Une fortune
mystérieuse, 2 vol.
Voyages et histoires. — 1826. Six mois en Russie. — 1860. Vie de Chateaubriand.
Théâtre. — 1818. Les brigands des Alpes. — 1819. Le roi du village. Louis IX. — 1820. La grille du parc. —
1823. Le maire du palais. — 1824. Fiesque. — 1825. Pharamond. — 1826. Les pontons de Cadix. — 1827. L'homme
du monde. L'important. — 1828. Marie de Brabant. — 1829. L'espion. Olga. — 1830. Élisabeth d'Angleterre. Un an.
— 1831. Mᵐᵉ du Barri. Léontine. Le favori. Un divorce. Le château de Saint-Bris. Deux jours. La morte. — 1832.
Le régent. Mᵐᵉ du Chatelet. La nuit d'avant. Un caprice de grande dame. Anna. Une séduction. Le dandy. La fille
du soldat. Reine, cardinal et page. Charlotte. — 1833. La comtesse d'Egmont. L'escroc du grand monde. La con-
signe. La robe de chambre. Têtes rondes et cavaliers. Richelieu à quatre-vingts ans. Père et parrain. La peur du
mal. — 1834. Heureux comme une princesse. Les papillottes. Le fils de Ninon. Le domino rose. Les liaisons dan-
gereuses. Une dame de l'Empire. Le dernier de la famille. La robe déchirée. L'ami Grandet. Un secret de famille.
Lord Byron à Venise. — 1835. Le tapissier. Un mariage sous l'Empire. — 1836. Valentine. La laide. Daubigné.
Le roi malgré lui. Une rivale. — 1837. La Champmeslé. Trop heureux. Vouloir c'est pouvoir. — 1838. Maria Padilla. La
petite maison. L'escroc du grand monde. La comtesse de Chamilly. — 1839. L'article 960. Dieu vous bénisse.
Gabrielle. La grisette et l'héritière. Les Mancini. — 1840. La lionne. Le mari de ma fille. Quitte ou double. —
1841. Mᵐᵉ du Chatelet. — 1842. Lucienne. — 1844. La sainte Cécile. — S. d. L'espion. Warbeck.

Son éloge a été prononcé par M. E. Legouvé, dans la séance de l'Académie française du
28 février 1856.

524. — THIERRY (Amédée, Simon, Dominique), G. O. ❋
Élu, le 13 mars 1841, membre de l'Académie des Sciences morales et politiques (section d'Histoire).

Né à Blois (Loir-et-Cher), le 2 août 1797. — 1820. Rédacteur au Ministère de la Marine. — 1828.
Professeur d'histoire à la Faculté des Lettres de Besançon. — 1830. Préfet de la Haute-Saône. —
1833. *Correspondant de l'Institut.* — 1839 à 1853. Maître des requêtes au Conseil d'État. — 1853 à
1860. Conseiller d'État. — 1860 à 1870. Sénateur. — Mort à Paris, le 26 mars 1873.

Ouvrages. — 1826. Résumé de l'histoire de la Guyenne, in-12, *Paris.* — 1828. Histoire des Gaulois jusqu'à la
domination romaine, 3 vol. — 1829. Ausone et la littérature en Gaule au IVᵉ siècle. — 1840-47. Histoire de la Gaule
sous l'administration romaine, 3 vol. — 1845-46. Lettres à M. Genoux, député, in-4. — 1856. Histoire d'Attila, de ses
fils et de ses successeurs, 2 vol. — 1860. Récits de l'histoire romaine au Vᵉ siècle. — 1862. Tableaux de l'empire
romain, in-12. — 1864. Nouveaux récits de l'histoire romaine aux IVᵉ et Vᵉ siècles. — 1867. Saint Jérôme et la
société chrétienne à Rome. — 1872. Saint Jean Chrysostome et l'impératrice Eudoxie. — Collaboration à la
Revue encyclopédique, à la Revue des Deux Mondes et au Globe.

Une notice sur sa vie a été lue par M. Mignet, dans la séance de l'Académie des Sciences
morales et politiques du 24 mars 1877.

525. — HUGO (le Vicomte Victor, Marie), O. ✳

Élu, le 7 avril 1841, membre de l'Académie française.

Né à Besançon (Doubs), le 26 février 1802. — 1845. Pair de France. — 1848 à 1851. Député de la Seine. — 1871. Député à l'Assemblée nationale. — 1876. Sénateur de la Seine. — Mort à Paris, le 22 mai 1885.

Ouvrages. — *Poésies.* — 1819. Les destins de la Vendée, ode. — 1820. Le génie. La mort du duc de Berry. La naissance du duc de Bordeaux. — 1821. Odes. — 1822. Bonaparte. Moïse sur le Nil. — 1825. Le sacre de Charles X. — 1826. Odes et ballades, 2 vol. in-12. — 1827. A la colonne de la place Vendôme. — 1829. Les Orientales. — 1830. L'aumône. — 1831. Les feuilles d'automne. — 1835. Les chants du crépuscule. — 1837. Les voix intérieures. — 1840. Les rayons et les ombres. Le retour de l'empereur. — 1843. Les Burgraves. — 1852. Napoléon le Petit. — 1853. Les châtiments. — 1856. Les contemplations, 2 vol. — 1859. La légende des siècles, 2 vol. — 1862. Les enfants. — 1865. Les chansons des rues et des bois. — 1868. Le Christ au Vatican. — 1877. L'art d'être grand-père. Le livre des enfants. — 1878. Le pape. — 1879. La pitié suprême. — 1880. L'âne. Religion et religions. — 1881. Les quatre vents de l'esprit.

Romans. — 1823. Han d'Islande, 4 vol. in-12. — 1826. Bug-Jargal. — 1829. Le dernier jour d'un condamné. Claude Gueux. — 1831. Notre-Dame de Paris. — 1855. Le beau Pécopin et la belle Bauldour, in-12. — 1862. Les misérables, 10 vol. — 1866. Les travailleurs de la mer. — 1869. L'homme qui rit, 2 vol. — 1874. Quatre-vingt-treize, 3 vol.

Théâtre. — 1827. Cromwell. — 1829. Hernani. — 1831. Marion Delorme. — 1832. Le roi s'amuse. — 1833. Lucrèce Borgia. Marie Tudor. — 1834. Claude Gueux. — 1835. Angelo. — 1836. La Esmeralda. — 1838. Ruy-Blas. — 1843. Les Burgraves. — 1882. Torquemada.

Œuvres diverses. — 1834. Étude sur Mirabeau. Littérature et philosophie mêlées, 2 vol. — 1842. Le Rhin, 2 vol. — 1851. Treize discours. — 1853. Œuvres oratoires et discours de l'exil, *Bruxelles*. — 1861. John Brown. — 1864. William Shakespeare. — 1867. Paris. — 1872. L'année terrible. — 1873. La libération du territoire. — 1874. Mes fils. — 1875. Actes et paroles. — 1877. L'expiation. Histoire d'un crime. — 1878. Discours pour Voltaire. Le domaine public payant. — 1883. L'archipel de la Manche.

1880-85. *Œuvres complètes :* Poésies, 16 vol. Philosophie, 2 vol. Le Rhin, 2 vol. Drames, 4 vol. Romans, 14 vol. Histoire, 3 vol. Actes et paroles, 3 vol.

Son éloge a été prononcé par M. Leconte de Lisle, dans la séance de l'Académie française du 31 mars 1887.

526. — DESPRETZ (Mansuete, César), O. ✳

Élu, le 5 mai 1841, membre de l'Académie des Sciences (section de Physique générale).

Né à Lessines (Belgique), le 11 mai 1789; naturalisé Français, le 5 octobre 1838. — 1821. Répétiteur à l'École Polytechnique. — 1824. Professeur au collège Henri-IV. — 1832. Professeur de physique à l'École Polytechnique. — 1839. Professeur de physique à la Faculté des Sciences de Paris. — Mort à Paris, le 15 mars 1863.

Ouvrages. — 1824. Recherches sur les causes de la chaleur animale. — 1825. Traité élémentaire de physique. — 1828-30. Éléments de chimie théorique et pratique, 2 vol. — 1836. Traité élémentaire de physique. — 1847. Des collèges, de l'instruction professionnelle, des facultés.

527. — WAILLY (Joseph, Noël, dit Natalis de), O. ✳

Élu, le 14 mai 1841, membre de l'Académie des Inscriptions et Belles-Lettres.

Né à Mézières (Ardennes), le 10 mai 1805. — 1830 à 1852. Chef de la section administrative aux Archives du Royaume. — 1852 à 1854. Chef de la section historique. — 1854 à 1870. Conservateur du Département des manuscrits à la Bibliothèque impériale. — 1864. Président du Conseil de perfectionnement de l'École des Chartes. — Mort à Paris, le 4 décembre 1886.

Ouvrages. — 1838. Éléments de paléographie, 2 vol. in-4. — 1868. Mémoire sur la langue de Joinville. — 1875. Lettres sur le texte de Joinville. Mémoires sur Joinville et sur les enseignements de saint Louis à son fils.

Mémoire sur le roman. — Traduction de l'Imitation de Jésus-Christ. Publication de l'Histoire de saint Louis de Joinville et de la Conquête de Constantinople de Villehardouin. — Collaboration au cours d'études historiques de Daunou, à la Bibliothèque de l'École des chartes, au Journal des savants, à la Gazette littéraire et à la Collection des historiens de la France (t. XXI à XXIII). Mémoires insérés dans le Recueil de l'Académie des inscriptions (t. XIV à XXX).

Une notice sur sa vie a été lue par M. Wallon, dans la séance de l'Académie des Inscriptions et Belles-Lettres du 23 novembre 1888.

528. — BEAUMONT (Gustave, Auguste, de la BONNINIÈRE de), ✳

Élu, le 31 décembre 1841, membre de l'Académie des Sciences morales et politiques (section de Morale).

Né à Beaumont-la-Châtre (Sarthe), le 6 février 1802. — 1823. Avocat. — 1824. Substitut à Arcis-sur-Aube. — 1826, Substitut à Versailles. — 1830 à 1832. Substitut du procureur du Roi près le Tribunal de la Seine. — 1839 à 1851. Député de la Sarthe. — 1848. Ambassadeur en Angleterre. — 1850 à 1851. Ambassadeur en Autriche. — Mort à Tours (Indre-et-Loire), le 30 mars 1866.

Ouvrages. — 1831. Notes sur le système pénitentiaire. — 1832. Du système pénitentiaire aux États-Unis, 2 vol. — 1835. Marie ou l'esclavage aux États-Unis, 2 vol. — 1839. L'Irlande politique, sociale et religieuse, 2 vol. — 1840. De la politique extérieure de la France. — 1843. État de la question d'Afrique.

529. — PAYEN (Anselme), C. ✳

Élu, le 10 janvier 1842, membre de l'Académie des Sciences (section d'Économie rurale).

Né à Paris, le 6 janvier 1795. — 1836. Professeur de chimie appliquée aux arts et à l'agriculture à l'École des Arts et Manufactures. — 1839 à 1871. Professeur de chimie industrielle au Conservatoire des Arts et Métiers. — Mort à Paris, le 12 mai 1871.

Ouvrages. — 1818. Essai sur la tenue des livres d'un manufacturier. — 1819. Méthode de l'actif ou du passif pour la tenue des livres. — 1822. Traité élémentaire de réactifs. — 1823. Mémoire sur le houblon. Mémoire sur la culture raisonnée des sept espèces de pommes de terre. — 1824. Mémoire sur les bitumes. — 1825. La chimie enseignée en 22 leçons. — 1826. Traité de la pomme de terre. — 1829. Traité de la fabrication des diverses sortes de bières. — 1830-31. Cours de chimie élémentaire et industrielle, 2 vol. — 1832. Traité de la fabrication et du raffinage des sucres de canne. — 1838. Résumé du cours de fabrication du sucre. — 1841-43. Cours de chimie organique, appliquée aux arts industriels et agricoles, 2 vol. — 1841. Traité élémentaire des réactifs, 3 vol. — 1844. Mémoire sur les développements des végétaux, in-4. — 1847. Cours de chimie appliquée. — 1849. Précis de chimie industrielle, 2 vol. — 1851. Précis d'agriculture théorique et pratique, 2 vol. — 1853. Les maladies des pommes de terre, des betteraves, des blés et des vignes, in-12. — 1853. Précis théorique et pratique des substances alimentaires. — 1854. Traité de la distillation des betteraves. — 1861. Traité de la distillation des principales substances qui peuvent fournir de l'alcool. — 1873. La fabrication du papier et du carton, in-4. — Collaboration au Dictionnaire des arts et manufactures, à l'Encyclopédie d'éducation, au Journal des connaissances utiles et au Journal de chimie médicale.

530. — PASQUIER (le Duc Étienne, Denis), G. C. ✳

Élu, le 17 février 1842, membre de l'Académie française.

Né à Paris, le 21 avril 1767. — 1787. Conseiller au Parlement. — 1806 à 1810. Maître des requêtes au Conseil d'État. — 1808. Baron. — 1810 à 1814. Conseiller d'État. — 1810 à 1814. Préfet de police. — 1814 à 1815. Directeur général des Ponts et Chaussées. — 1815 (juillet-septembre). Garde des sceaux, Ministre de la Justice. — 1815. Ministre d'État et Membre du Conseil privé. — 1815 à 1821. Député de la Seine. — 1816. Président de la Chambre des députés. — 1817 à 1818. Garde des sceaux, ministre de la Justice. — 1819 à 1821. Ministre des Affaires étrangères. — 1821. Pair de France. — 1830 à 1848. Président de la Chambre des pairs. — 1837. Chancelier de France. — 1844. Duc. — Mort à Paris, le 5 juillet 1862.

Ouvrages. — 1842. Discours prononcés dans les chambres législatives de 1814 à 1836, 4 vol. — 1893-95. Mémoires publiés par le duc d'Audiffret-Pasquier, 6 vol.

Son éloge a été prononcé par M. Dufaure, dans la séance de l'Académie française du 7 avril 1864.

531. — BALLANCHE (Simon, Pierre), ✻

Élu, le 17 février 1842, membre de l'Académie française.

Né à Lyon (Rhône), le 4 août 1776. — Mort à Paris, le 12 juin 1847.

Ouvrages. — 1802. Du sentiment dans ses rapports avec la littérature et les arts. — 1818. Essai sur les institutions sociales, dans leurs rapports avec les idées nouvelles. — 1819. Antigone, poème historique. Fragments, 1 vol. in-12. Le vieillard et le jeune homme. — 1820. L'homme sans nom. — 1822. Élégies en prose. — 1826. Éloge de Camille Jordan, in-12. — 1827-28. Essai de palingénésie sociale, 2 vol. — 1830. Œuvres, 4 vol. — S. d. Orphée, poème historique. Vision d'Hébal, chef d'un clan écossais.

Son éloge a été prononcé par M. de Saint-Priest, dans la séance de l'Académie française du 17 janvier 1850.

532. — GIRAUD (Charles, Joseph, Barthélemy), G. O. ✻

Élu, le 2 avril 1842, membre de l'Académie des Sciences morales et politiques (section de Législation).

Né à Pernes (Vaucluse), le 17 février 1802. — 1830. Professeur suppléant à la Faculté de Droit d'Aix. — 1835. Professeur de droit administratif à la même Faculté. — 1838. *Correspondant de l'Institut.* — 1842. Inspecteur général des facultés de droit. — 1848 (janvier-février). Vice-Recteur de l'Académie de Paris. — 1851 (janvier-avril). Ministre de l'Instruction publique et des Cultes. — 1851 à 1852. Conseiller d'État. — 1852 à 1881. Professeur de droit romain, puis de droit des gens à la Faculté de Paris. — 1861. Inspecteur général de l'Instruction publique. — Mort à Paris, le 13 juillet 1881.

Ouvrages. — 1833. Notice sur la vie de A. Fabrot, *Aix.* — 1835. Histoire du droit romain (introduction au traité d'Heineccius). — 1838. Du droit de propriété chez les Romains, *Aix.* — 1841. Du vrai caractère de la loi Voconia. — 1842. Rei Agrariæ scriptorum nobiliores reliquiæ. — 1845. Essai sur l'histoire du droit français au moyen âge, 3 vol. Des libertés de l'Église gallicane. — 1846. Histoire du droit français au moyen âge. — 1847. Des Nixi ou de la condition des débiteurs chez les Romains. Dissertation sur la gentilité romaine. Le traité d'Utrecht. — 1848. Notice sur Étienne Pasquier. — 1850. De la situation de la dette publique en Espagne. — 1852. Précis de l'ancien droit coutumier français. — 1856. Les tables de Salpensa et de Malaga. — 1869. La lex Malacitana. — 1875. Les bronzes d'Asuna. — 1880. Le maréchal de Villars et son temps, in-12.

533. — GAUTHIER (Martin, Pierre), ✻

Élu, le 23 avril 1842, membre de l'Académie des Beaux-Arts (section d'Architecture).

Né à Troyes (Aube), le 9 janvier 1790. — 1810. Grand Prix de Rome. — Mort à Paris, le 19 mai 1855.

Œuvres principales. — Quartier neuf des aliénés à l'hospice de Bicêtre. Hospice des orphelins à Paris. Hospice de la Reconnaissance à Garches (Seine-et-Oise). Hôpital La Riboisière à Paris. Halle aux grains de Troyes. Monument de Fénelon à Cambrai. Monument de du Guesclin, à Mende. Église de Bonneval (Aube). Restauration de la chapelle du château de Vincennes. École publique de la rue de Fleurus, à Paris.

534. — RÉMUSAT (Charles, François, Marie, de) ✳

Élu, le 3o avril 1842, membre de l'Académie des Sciences morales et politiques (section de Philosophie). Élu, le 8 janvier 1846, membre de l'Académie française.

Né à Paris, le 14 mars 1797. — 1819. Avocat. — 1830 à 1851. Député de la Haute-Garonne. — 1836 à 1837. Sous-Secrétaire d'État au Ministère de l'Intérieur. — 1840 (mars-octobre). Ministre de l'Intérieur. — 1848 à 1851. Représentant de la Haute-Garonne. — 1871 à 1873. Ministre des Affaires étrangères. — Mort à Paris, le 9 juin 1875.

Ouvrages. — 1820. De la procédure par jurés en matière criminelle. De la loi électorale. — 1840. Du paupérisme et de la charité légale, in-12. — 1842. Essais de philosophie, 2 vol. — 1845. Abélard, 2 vol. De la
philosophie allemande. — 1847. Passé et présent, mélanges, 2 vol. in-12. — 1852. Saint Anselme de Cantorbéry,
2 vol. in-12. — 1856. L'Angleterre au xviiie siècle, 2 vol. in-12. — 1857. Bacon, sa vie, son temps, in-12.
Channing, sa vie et ses œuvres. — 1860. Politique libérale, ou fragments pour servir à l'histoire de la Révolution
française. — 1864. Philosophie religieuse : de la théologie naturelle en France et en Angleterre, in-12. — 1870.
John Wesley et le méthodisme. — 1874. Casimir Périer, notice historique, in-12. Lord Herbert de Cher-
bury, in-12. — 1875. Histoire de la philosophie en Angleterre depuis Bacon jusqu'à Locke, 2 vol. — 1878. La Saint-
Barthélemy, drame inédit. — 1883-85. Correspondance pendant la Restauration, 6 vol. — S. d. Sidney, roman.
De la responsabilité des ministres. De la liberté de la presse. — Collaboration à la Revue des Deux Mondes, aux
Annales maritimes, au Journal des Débats, au Globe et au Dictionnaire de la conversation.

M. Jules Simon a prononcé son éloge, dans la séance de l'Académie française du 22 juin 1876, et a lu une notice sur sa vie, dans la séance de l'Académie des Sciences morales et politiques du 22 juillet 1882.

535. — PATIN (Henri, Joseph, Guillaume), G. O. ✳

Élu, le 4 mai 1842, membre de l'Académie française et, le 29 juin 1871, secrétaire perpétuel de la même Académie.

Né à Paris, le 21 août 1793. — 1815 à 1822 et 1830 à 1833. Maître de conférences de littérature à l'École Normale. — 1818. Professeur de rhétorique au collège Henri-IV. — 1830. Professeur suppléant à la Faculté des Lettres de Paris. — 1832 à 1876. Professeur de poésie latine à la même Faculté. — 1840. Bibliothécaire du palais de Meudon. — 1847. Bibliothécaire du château de Versailles. — 1865 à 1876. Doyen de la Faculté des Lettres de Paris. — Mort à Paris, le 18 février 1876.

Ouvrages. — 1814. De l'usage des harangues chez les historiens, in-4. — 1815. Éloge de Bernardin de Saint-
Pierre. — 1822. Éloge de Lesage. — 1824. De la vie et des ouvrages de Thou. — 1827. Éloge de Bossuet. —
1840. Mélanges de littérature ancienne et moderne. — 1841-43. Études sur les tragiques grecs, 3 vol. — 1869.
Études sur la poésie latine, 2 vol. in-12. — Collaboration à la Revue des Deux Mondes, au Journal des savants, à
la Revue encyclopédique et à la Revue de Paris.

Son éloge a été prononcé par M. G. Boissier, dans la séance de l'Académie française du 21 décembre 1876.

536. — SAULCY (Louis, Félicien, Joseph, CAIGNART de), C. ✳

Élu, le 10 juin 1842, membre de l'Académie des Inscriptions et Belles-Lettres.

Né à Lille (Nord), le 19 mars 1807. — 1831. Sous-Lieutenant d'artillerie. — 1832. Lieutenant. — 1837. Capitaine. — 1839. Professeur de mécanique à l'École d'Artillerie. — 1839. *Correspondant de l'Institut.* — 1840. Conservateur du Musée d'artillerie. — 1855. Chef d'escadron. — 1856. Admis à la retraite. — 1859 à 1870. Sénateur. — Mort à Paris, le 4 novembre 1880.

Ouvrages. — 1835. Recherches sur les monnaies des évêques de Metz, Metz. — 1836. Recherches sur les monnaies de la cité de Metz, Metz. Monnaies des ducs de Normandie. — 1838. Essai de classification des suites

monétaires byzantines. Quelques feuillets d'une chronique messine. — 1840. Essai de classification des monnaies autonomes de l'Espagne. — 1841. Cours d'artillerie de l'École d'application, in-4. Recherches sur les monnaies des ducs héréditaires de Lorraine, in-4. Recherches sur les monnaies des comtes et ducs de Bar. — 1845. Analyse grammaticale du texte du décret de Rosette. — 1847. Numismatique des croisades, in-4. — 1848. Recherches sur l'écriture cunéiforme assyrienne, in-4. — 1850. Recherches sur la chronologie des empires de Ninive, de Babylone et d'Ecbatane. — 1851. Catalogue des collections du musée d'artillerie, in-12. — 1852-54. Voyage autour de la mer Morte et dans les terres bibliques, 2 vol. in-4. — 1854. Recherches sur la numismatique judaïque, in-4. — 1857. Dictionnaire des antiquités bibliques. — 1858. Histoire de l'art judaïque. — 1860. Les expéditions de César en Grande-Bretagne. Les derniers jours de Jérusalem. — 1862. Les campagnes de Jules César dans les Gaules. — 1865. Voyage en terre sainte, 2 vol. — 1867. Histoire d'Hérode, roi des Juifs. Souvenirs d'un voyage en terre sainte, in-12. — 1868. Étude chronologique des livres d'Esdras et de Néhémie. — 1872. Mémoire sur les monnaies datées des Séleucides. — 1873. Lettre sur le site de Capharnaüm. Numismatique de la terre sainte, in-4. — 1874. Deux inscriptions de Saïda. Numismatique des rois nabathéens de Petra. Sept siècles de l'histoire judaïque, in-12. Système monétaire de la république romaine au temps de César, in-4.

Une notice sur sa vie a été lue par M. Wallon, dans la séance de l'Académie des Inscriptions et Belles-Lettres du 18 novembre 1881.

537. — DUPERREY (Louis, Isidore), O. ✳

Élu, le 14 novembre 1842, membre de l'Académie des Sciences (section de Géographie et Navigation).

Né à Paris, le 21 octobre 1786. — 1803. Novice de la marine. — 1806. Aspirant de marine. — 1811. Enseigne de vaisseau. — 1821. Lieutenant de vaisseau. — 1825. Capitaine de frégate. — 1837. Admis à la retraite. — Mort à Paris, le 25 août 1865.

Ouvrages. — 1827. Observations du pendule invariable. — 1828-32. Voyage autour du monde exécuté sur la corvette la Coquille, de 1822 à 1825, 9 vol. gr. in-4 et in-fol. — Collaboration aux Nouvelles Annales des voyages aux Annales maritimes et aux Annales de physique et de chimie.

538. — ONSLOW (André, Georges, Louis), ✳

Élu, le 19 novembre 1842, membre de l'Académie des Beaux-Arts (section de Composition musicale).

Né à Clermont-Ferrand (Puy-de-Dôme), le 27 juillet 1784. — Mort à Clermont-Ferrand, le 3 octobre 1853.

Œuvres. — 1824. L'alcade de la Véga (op.-c.). — 1827. Le colporteur (op.-c.). — 1837. Le duc de Guise (op.-c.). — 3 symphonies, 34 quintettes, 36 quatuors, 7 trios, plusieurs sonates pour piano.

Une notice sur sa vie a été lue par F. Halévy, dans la séance de l'Académie des Beaux-Arts du 6 octobre 1855.

539. — LABORDE (le Marquis Léon, Emmanuel, Simon, Joseph, de), C. ✳

Élu, le 2 décembre 1842, membre de l'Académie des Inscriptions et Belles-Lettres.

Né à Paris, le 15 juin 1807. — 1829. Attaché d'ambassade à Rome. — 1830. Secrétaire d'ambassade à Londres. — 1831 à 1839. Secrétaire de la légation de Hesse-Cassel. — 1842 et 1846 à 1848. Député de Seine-et-Oise. — 1845 à 1848. Conservateur des Antiques au Musée du Louvre. — 1850 à 1854. Conservateur des Collections du moyen âge et de la Renaissance au Louvre. — 1857 à 1868. Directeur général des archives de l'Empire. — Mort à Beauregard (Eure), le 25 mars 1869.

Ouvrages. — 1830-33. Voyage de l'Arabie Pétrée, in-fol. — 1833. Flore de l'Arabie Pétrée, in-4. Essais de gravure pour servir à l'histoire de la gravure en bois, in-4. L'Orient et le moyen âge. — 1836. Histoire de la découverte de l'imprimerie. — 1837-1862. Voyage en Orient (Asie Mineure et Syrie), 2 vol. in-fol. — 1839. Histoire de la gravure en manière noire. — 1840. Débuts de l'imprimerie à Strasbourg. Débuts de l'imprimerie à Mayence, in-4. — 1842. Projets pour l'embellissement du X⁰ arrondissement. Commentaire géographique sur l'Exode et les Nombres, in-fol. — 1845. De l'organisation des bibliothèques dans Paris (huit lettres). — 1846. Les anciens monuments de Paris, in-4. — 1849. Essai d'un catalogue des artistes employés à la cour des ducs de Bourgogne. — 1849-51. Les ducs de Bourgogne, études sur les lettres, les arts et l'industrie, pendant le xvᵉ siècle, 3 vol. — 1851. La Renaissance des arts à la cour de France. — 1852. Mémoires et dissertations. — 1853. Notice des émaux, bijoux et objets divers exposés au Louvre, 2 vol. in-12. — 1854. Le Parthénon, gr. in-fol. — 1855. Athènes aux xvᵉ, xviᵉ et xviiᵉ siècles, 2 vol. Le château du bois de Boulogne, dit de Madrid. — 1856. De l'union des arts et de l'industrie, 2 vol. Quelques idées sur la direction des arts et sur le maintien du goût public. — 1867. Les archives de la France, leurs vicissitudes pendant la Révolution, in-12. — 1872. Glossaire français du moyen âge. — Collaboration à la Revue des Deux Mondes.

540. — AMPÈRE (Jean, Jacques, Antoine), O. ✲

Élu, le 23 décembre 1842, membre de l'Académie des Inscriptions et Belles-Lettres.
Élu, le 22 avril 1847, membre de l'Académie française.

Né à Lyon (Rhône), le 12 août 1800. — 1830 à 1834. Maître de conférences d'histoire des littératures étrangères, puis de littérature française à l'École Normale. — 1832 à 1833. Professeur suppléant d'éloquence française à la Faculté des Lettres de Paris. — 1833 à 1864. Professeur de littérature française au Collège de France. — Mort à Pau (Basses-Pyrénées), le 27 mars 1864.

Ouvrages. — 1830. De l'histoire de la poésie, *Marseille*. — 1833. De la littérature française dans ses rapports avec les littératures étrangères au moyen âge. Littérature et voyages, 2 vol. — 1839. Histoire littéraire de la France avant le xiiᵉ siècle, 3 vol. — 1841. Histoire de la littérature française au moyen âge. De la formation de la langue française, 3 vol. — 1848. Ballanche, 1 vol. in-12. La Grèce, Rome et Dante. — 1850. Littérature, voyages et poésies, 2 vol. in-12. — 1856. L'histoire romaine à Rome, 4 vol. — 1859. César, scènes historiques. — 1860. Promenade en Amérique, 2 vol. — 1865. La science et les lettres en Orient. — 1867. L'Empire romain à Rome, 2 vol. — 1867. Mélanges d'histoire et de littérature, 2 vol. — 1868. Philippe de Girard, in-12. Voyage en Égypte et en Nubie. — 1887. Christian ou l'année romaine. — Collaboration à la Revue des Deux Mondes.

Son éloge a été prononcé par M. Prévost-Paradol, dans la séance de l'Académie française du 8 mars 1866.

541. — DUCHATEL (le Comte Charles, Marie, Tanneguy), G. C. ✲

Élu, le 24 décembre 1842, membre de l'Académie des Sciences morales et politiques (section d'Économie politique).

Né à Paris, le 19 février 1803. — 1830 à 1834. Conseiller d'État. — 1833. Député de la Charente-Inférieure. — 1834 à 1836. Ministre de l'Agriculture et du Commerce. — 1836 à 1837. Ministre des Finances. — 1839 à mai 1840 et octobre 1840 à 1848. Ministre de l'Intérieur. — 1846. *Membre libre de l'Académie des Beaux-Arts.* — Mort à Paris, le 5 novembre 1867.

Ouvrages. — 1829. Considérations d'économie politique sur la bienfaisance. — 1833. Documents statistiques sur la France, in-fol.

542. — ANDRAL (Gabriel), C. ✲

Élu, le 6 février 1843, membre de l'Académie des Sciences (section de Médecine et Chirurgie).

Né à Paris, le 6 novembre 1797. — 1821. Docteur en médecine. — 1823. Agrégé de la Faculté de Médecine de Paris. — 1828 à 1866. Professeur d'hygiène, puis (1838) de pathologie interne et (1838) de pathologie et de thérapeutique générale à la Faculté de Médecine. — Mort à Paris, le 13 février 1876.

Ouvrages. — 1824-27. Clinique médicale, 4 vol. — 1829. Précis d'anatomie pathologique, 3 vol. — 1836. Cours de pathologie interne, 3 vol. — 1837. Notes et additions au traité de l'auscultation de Laënnec. — 1841. Recherches sur les modifications du sang. — 1842. Réponse aux objections contre les procédés suivis dans les analyses du sang. — 1843. Sur le développement du pencilium glaucum. Sur la quantité d'acide carbonique exhalée par les poumons.

543. — RAYER (Pierre, François, Olive), G. O. ✳

Élu, le 13 février 1843, membre de l'Académie des Sciences (section d'Économie rurale).

Né à Saint-Sylvain (Seine-Inférieure), le 8 mars 1793. — 1818. Docteur en médecine. — 1827. Médecin adjoint de l'hôpital Saint-Antoine. — 1832. Médecin à l'hôpital de la Charité. — 1840. Médecin consultant du Roi. — 1852. Médecin consultant de l'Empereur. — 1862 à 1864. Professeur de médecine comparée à la Faculté de Paris. — 1862 à 1864. Doyen de la Faculté de Médecine de Paris. — Mort à Paris, le 10 septembre 1867.

Ouvrages. — 1818. Sommaire d'une histoire de l'anatomie pathologique. — 1822. Histoire de l'épidémie de suette miliaire de 1821. — 1826-27. Traité théorique et pratique des maladies de la peau, 2 vo'. — 1837-41. Traité des maladies des reins, 3 vol. — 1837. De la morve et du farcin chez l'homme, in-4. — 1842. Archives de médecine comparée, in-4. — 1863. Cours de médecine comparée. — Collaboration au Nouveau Journal de médecine et aux Archives de médecine.

544. — LAMÉ (Gabriel), O. ✳

Élu, le 6 mars 1843, membre de l'Académie des Sciences (section de Géométrie).

Né à Tours (Indre-et-Loire), le 22 juillet 1795. — 1823. Ingénieur des Mines. — 1823 à 1831. Professeur à l'École des voies de communication, à Saint-Pétersbourg. — 1832 à 1845. Professeur de physique à l'École Polytechnique. — 1836. Ingénieur en chef des Mines. — 1851. Professeur de calcul des probabilités et de physique mathématique à la Faculté des Sciences de Paris. — Mort à Paris, le 1er mai 1870.

Ouvrages. — 1818. Examen des différentes méthodes employées pour résoudre les problèmes de géométrie. — 1823. Mémoire sur la stabilité des voûtes. — 1833. Plan d'écoles spéciales pour l'agriculture, l'industrie, le commerce, etc. — 1836. Cours de physique, 3 vol. — 1848. Esquisse d'un traité de la république. — 1852. Leçons sur la théorie mathématique de l'élasticité des corps solides. — 1857. Leçons sur les fonctions inverses des transcendantes et des surfaces isothermes. — 1859. Leçons sur les coordonnées curvilignes. — 1861. Leçons sur la théorie analytique de la chaleur. — 1863. Note pour la marche à suivre pour découvrir le principe de la nature physique, in-4. — Collaboration aux Annales des mines et au Journal de l'École polytechnique. Mémoires insérés dans le Recueil de l'Académie des sciences (t. IV, V et VIII de la 2e série).

Une notice sur sa vie a été lue par M. Bertrand, dans la séance de l'Académie des Sciences du 28 janvier 1878.

545. — VELPEAU (Alfred, Armand, Louis, Marie), C. ✳

Élu, le 3 avril 1843, membre de l'Académie des Sciences (section de Médecine et Chirurgie).

Né à Brêches (Indre-et-Loire), le 18 mai 1795. — 1815. Maréchal ferrant. — 1817. Interne à l'hôpital de Tours. — 1819. Officier de santé. — 1823. Docteur en médecine. — 1828. Chirurgien de l'hôpital Saint-Antoine. — 1830. Chirurgien de l'hôpital de la Pitié. — 1834 à 1857. Professeur de clinique chirurgicale à la Faculté de Médecine de Paris. — 1841. Chirurgien en chef de l'hôpital de la Charité. — Mort à Paris, le 24 août 1867.

Ouvrages. — 1825-1826. Traité d'anatomie chirurgicale, 2 vol. — 1826. Mémoire sur l'inflammation des membranes synoviales. — 1829. Traité de l'art des accouchements, 2 vol. — 1830. Remarques sur les positions vicieuses du fœtus. Recherches sur la cessation spontanée des hémorragies traumatiques. — 1832. Traité de méde-cine opératoire, 3 vol. Du choléra épidémique de Paris. Nouveaux éléments de médecine opératoire, 4 vol. Embryologie, in-fol. — 1834. Des convulsions chez les femmes pendant la grossesse. — 1836. Mémoire sur les anus contre n ;ure. — 1838. Petit traité des maladies du sein. — 1839. Manuel pratique des maladies des yeux, in-12. — 1840-41. Leçons de clinique chirurgicale, 3 vol. — 1842. Du strabisme. — 1843. Recherches sur les cavités closes de l'économie animale. De la rupture et de l'écrasement des tumeurs. — 1846. Les injec-tions médicamenteuses dans les cavités closes. — 1849. De la rareté des engorgements et de la fréquence des déviations de l'utérus. — 1853. Traité des maladies du sein, et de la région mammaire. — 1854. Discussion acadé-mique sur les maladies de l'utérus. — 1855. Du diagnostic et de la curabilité du cancer. — 1857. De la méthode opératoire sous-cutanée. — 1859. Expériences sur le traitement du cancer. — 1861. Manuel d'anatomie chirurgi-cale, in-12. — 1866. Clinique chirurgicale de la Charité. — Collaboration aux Mémoires de l'Académie de médecine, au Journal de médecine et de chirurgie et aux Annales de chirurgie.

546. — LAUGIER (Paul, Auguste, Ernest), O. ✳

Élu, le 12 juin 1843, membre de l'Académie des Sciences (section d'Astronomie).

Né à Paris, le 20 décembre 1812. — 1834. Élève astronome à l'Observatoire de Paris. — 1834. Membre adjoint du Bureau des Longitudes. — 1864. Membre titulaire. — Mort à Paris, le 5 avril 1872.

Ouvrages. — 1841. Recherches sur la rotation du soleil autour de son centre de gravité. — 1842. Décou-verte d'une nouvelle comète. — 1845. Recherches sur le pendule. — Collaboration à la Connaissance des temps Mémoires insérés dans le Recueil de l'Académie des sciences (t. II et XXVII de la 2ᵉ série).

547. — BINET (Jacques, Philippe, Marie), O. ✳

Élu, le 10 juillet 1843, membre de l'Académie des Sciences (section de Géométrie).

Né à Rennes (Ille-et-Vilaine), le 2 février 1786. — 1809. Ingénieur des Ponts et Chaussées. — 1812. Professeur au lycée Napoléon. — 1814 à 1816. Professeur de mécanique à l'École Polytech-nique. — 1816 à 1830. Inspecteur des études à la même École. — 1823 à 1856. Professeur d'astro-nomie au Collège de France. — Mort à Paris, le 12 mai 1856.

Ouvrages. — Traité sur les intégrales eulériennes. — Collaboration au Journal de l'École polytechnique.

548. — DURET (François, Joseph), O. ✳

Élu, le 30 septembre 1843, membre de l'Académie des Beaux-Arts (section de Sculpture).

Né à Paris, le 19 octobre 1804. — 1823. Grand Prix de Rome. — 1852 à 1863. Professeur à l'École des Beaux-Arts. — Mort à Paris, le 26 mai 1865.

Œuvres principales. — 1831. Mercure inventant la lyre. — 1832. La malice. — 1833. Pêcheur napolitain (Luxembourg). Statue de Casimir Périer (chambre des députés). — 1834. Molière (Institut). — 1835. Jésus se révé-lant au monde (église de la Madeleine). — 1836. Chactas au tombeau d'Atala. — 1838. Buste de Le Bas. L'ange Gabriel (église de la Madeleine). — 1839. Le vendangeur chantant. — 1840. Philippe de France (Versailles). — 1841. Dunois (Versailles). — 1854. Chateaubriand (Versailles). — 1857. La tragédie (Théâtre-Français). La Comédie (Théâtre-Français). — Paillet (Soissons).
S. d. Vénus au bain (Champs-Élysées). Deux vieillards (tombeau de Napoléon). Fonds baptismaux de Notre-Dame de Lorette. Bas-reliefs du cirque des Champs-Élysées. Richelieu (Versailles). La Victoire (Sénat). Fronton du nouveau Louvre. Saint Jean l'évangéliste (Notre-Dame de Bonne-Nouvelle). La Justice (Bourse). Dix stations du chemin de la croix (Sainte-Clotilde). Le Christ (Saint-Vincent-de-Paul). Le saint sacrement (la Madeleine). L'ange Gabriel (Madeleine). Vénus au bain (fontaine des Champs-Élysées). Le vice-amiral de Brueys (Gard). La Victoire (Sénat). La Loi (palais de justice). Saint Michel (fontaine du boulevard Saint-Michel). Victoire d'Italie (Sénat).

549. — MAUVAIS (Félix, Victor), ✳

Élu, le 20 novembre 1843, membre de l'Académie des Sciences (section d'Astronomie).

Né à Romboz (Doubs), le 7 mars 1809. — 1836. Élève astronome à l'Observatoire de Paris. — 1843. Membre du Bureau des Longitudes. — 1848. Député du Doubs à l'Assemblée constituante. — Mort à Paris, le 22 mars 1854.

M. Mauvais n'a publié aucun ouvrage. Il a collaboré à la Connaissance des temps et a fait plusieurs communications à l'Académie des sciences.

550. — MORIN (Arthur, Jules), G. O. ✳

Élu, le 18 janvier 1844, membre de l'Académie des Sciences (section de Mécanique).

Né à Paris, le 19 octobre 1795. — 1817. Sous-Lieutenant du génie. — 1820. Lieutenant. — 1829. Capitaine. — 1835 à 1839. Professeur à l'École de Metz. — 1839 à 1856. Professeur de mécanique appliquée aux arts, au Conservatoire des Arts et Métiers. — 1841. Chef d'escadron. — 1846. Lieutenant-Colonel. — 1848. Colonel. — 1849 à 1852. Administrateur du Conservatoire. — 1852. Général de brigade. — 1853 à 1880. Directeur du Conservatoire des Arts et Métiers. — 1855. Général de division. — 1860. Admis au cadre de réserve. — Mort à Paris, le 7 février 1880.

Ouvrages. — 1833-35. Nouvelles expériences sur le frottement, 3 vol. in-4. — 1837. Expériences sur les roues hydrauliques à augets, in-4. Expériences sur le tirage des voitures, in-4. — 1838. Nouvelles expériences sur l'adhérence des pierres, etc., in-4. Expériences sur les roues hydrauliques à axe vertical, in-4. Aide-mémoire de mécanique pratique. Mémoires sur la pénétration des projectiles. — 1841. Notice sur divers appareils dynamométriques. — 1842. Mémoires sur les lois de la résistance de l'air. — 1853. Traité de la résistance des matériaux. — 1855-61. Leçons de mécanique pratique, 5 vol. — 1855. Catalogue des collections du Conservatoire des arts et métiers. — 1860. Notions fondamentales de mécanique. — 1861. Notions géométriques sur les mouvements et leurs transformations. — 1863. Machines et appareils destinés à l'élévation des eaux. Études sur la ventilation, 2 vol. Des machines à vapeur, 3 vol. — 1865. Enquête sur l'enseignement professionnel, 2 vol. in-4. Hydraulique. — 1868. Salubrité des habitations.

551. — FRANCK (Adolphe), C. ✳

Élu, le 20 janvier 1844, membre de l'Académie des Sciences morales et politiques
(section de Philosophie).

Né à Liocourt (Meurthe), le 2 octobre 1809. — 1832. Agrégé de philosophie. — 1832. Professeur de philosophie au collège de Douai. — 1834. Professeur au collège de Nancy. — 1838. Professeur au collège de Versailles. — 1840. Professeur de philosophie au collège Charlemagne. — 1852. Conservateur adjoint à la Bibliothèque nationale. — 1855. Professeur suppléant de philosophie grecque et latine au Collège de France. — 1856 à 1887. Professeur de droit de la nature et des gens au Collège de France. — Mort à Paris, le 11 avril 1893.

Ouvrages. — 1836. Le système de Démocrite, restauré d'après les textes. — 1838. Esquisse d'une histoire de la logique. — 1843. La kabbale ou philosophie religieuse des Hébreux. — 1844. Dictionnaire des sciences philosophiques, 6 vol. — 1847. La certitude. — 1848. Le communisme jugé par l'histoire, in-12. — 1861. Rapport sur l'instruction des sourds-muets. Études orientales. — 1864. Philosophie du droit pénal, in-12. — Philosophie du droit ecclésiastique. Des rapports de la religion et de l'État, in-12. Réformateurs et publicistes de l'Europe (moyen âge, Renaissance). — 1866. La philosophie mystique en France à la fin du XVIIIe siècle, in-12. — 1867. Philosophie et religion. De la famille, in-12. — 1869. Éléments de morale, in-12. La morale pour tous, in-12. — 1872. Le capital, in-12. Projet de constitution, in-12. Moralistes et philosophes. — 1879. Philosophes modernes, étrangers et français, in-12. — 1881. Réformateurs et publicistes de l'Europe (XVIIe siècle). — 1885. Essais de critique philosophique, in-12. — 1886. Philosophie du droit civil. Le péché originel et la femme, d'après le récit de la Genèse, in-12. — 1888. L'âme, in-12. — 1891. Nouveaux essais de critique philosophique, in-12. — Collaboration à

I. 35

la Revue française et étrangère, à la Revue de l'instruction publique, aux Archives israélites, à la Revue des cours publics, à la Revue politique et littéraire, à la Revue contemporaine, au Moniteur universel, au Journal des débats, au Journal des savants et à la Revue des études juives.

Une notice sur sa vie a été lue par M. Alfred Fouillée, dans la séance de l'Académie des Sciences morales et politiques du 13 octobre 1894.

552. — LÉLUT (Louis, François), O. ✻

Élu, le 20 janvier 1844, membre de l'Académie des Sciences morales et politiques (section de Philosophie).

Né à Gy (Haute-Saône), le 15 avril 1804. — 1827. Docteur en médecine. — 1835. Médecin de l'hospice de Bicêtre. — 1840. Médecin de l'hôpital de la Salpêtrière. — 1848 à 1857. Député de la Haute-Saône. — Mort à Paris, le 25 janvier 1877.

Ouvrages. — 1836. Instructions sur la valeur des altérations de l'encéphale dans la folie. Qu'est-ce que la phrénologie? Du démon de Socrate. De l'organe phrénologique de la destruction chez les animaux. — 1840. Poésies. Lettre à mon père. — 1842. Formule des rapports du cerveau à la pensée. Du siège de l'âme suivant les anciens. — 1843. Rejet de l'organologie phrénologique de Gall. — 1846. L'amulette de Pascal. — 1849. De la santé du peuple, in-12. Égalité, in-12. — 1856-57. Mémoire sur la physiologie de la pensée. — 1853. Mémoire sur la déportation et l'emprisonnement cellulaire. — 1855. Lettres sur l'emprisonnement cellulaire. — 1858. De la phrénologie, son histoire, ses systèmes et sa condamnation. — 1862. Physiologie de la pensée, 2 vol. — 1862. Dieu, ode philosophique, in-12. — Collaboration à la Gazette médicale et aux annales médico-physiologiques.

553. — SAINT-MARC GIRARDIN (Marc GIRARDIN, dit), O. ✻

Élu, le 8 février 1844, membre de l'Académie française.

Né à Paris, le 22 février 1801. — 1822. Avocat. — 1823. Agrégé des Classes supérieures. — 1826 à 1830. Professeur de seconde, puis de rhétorique au collège Louis-le-Grand. — 1830 à 1837. Maître des requêtes au Conseil d'État. — 1833. Professeur suppléant à la Faculté des Lettres de Paris. — 1833 à 1873. Professeur de poésie française à la même Faculté. — 1834 à 1839 et 1842 à 1848. Député de la Haute-Vienne. — 1837 à 1848. Conseiller d'État. — 1871. Député de la Haute-Vienne. — Mort à Morsang (Seine-et-Oise), le 11 avril 1873.

Ouvrages. — 1822. Éloge de Lesage. — 1827. Éloge de Bossuet. — 1834. Notices politiques et littéraires sur l'Allemagne. — 1835-38. Rapport sur l'instruction intermédiaire en Allemagne, 2 vol. — 1839. Tableau de la littérature française au XVIe siècle. — 1843. Cours de littérature dramatique, 4 vol. in-12. — 1845. Essais de littérature et de morale, 2 vol. in-12. — 1847. De l'instruction intermédiaire et de ses rapports avec l'instruction secondaire. — 1852. Souvenirs de voyages et d'études, 2 vol. — 1859. Souvenirs et réflexions politiques d'un journaliste. — 1860. Du décret du 24 novembre. De la situation de la papauté. Des traités de commerce d'après la Constitution de 1852. — 1862. La Syrie en 1861. — 1867. La Fontaine et les fabulistes, 2 vol. — 1869. De la formation du public en France. — 1874. La chute du second empire, in-4. — 1875. Jean-Jacques Rousseau, sa vie et ses ouvrages, 2 vol. in-12. — Collaboration au Journal des Débats, au Mercure de France, à la Revue française et à la Revue des Deux Mondes.

Son éloge a été prononcé par M. Mézières, dans la séance de l'Académie française du 17 décembre 1874.

554. — SAINTE-BEUVE (Charles, Augustin), C. ✻

Élu, le 14 mars 1844, membre de l'Académie française.

Né à Boulogne (Pas-de-Calais), le 23 décembre 1804. — 1829. Docteur en médecine. — 1829. Externe à l'hôpital Saint-Louis. — 1840. Bibliothécaire à la Bibliothèque Mazarine. — 1848 à 1849.

Professeur de littérature à l'Université de Liège. — 1854 à 1869. Professeur de poésie latine au Collège de France. — 1857 à 1861. Maître de conférences de langue et littérature françaises à l'École Normale. — 1865. Sénateur. — Mort à Paris, le 13 octobre 1869.

Ouvrages. — 1828. Tableau de la poésie française au XVIᵉ siècle. — 1829. Vie, poésies et pensées de Joseph Delorme, in-12. — 1830. Les consolations, poésies, in-12. — 1832-39. Portraits littéraires, 8 vol. — 1834. Volupté, roman, 2 vol. — 1837. Pensées d'août, poésies, in-12. — 1840. Poésies complètes, in-12. — 1840-62. Histoire de Port-Royal, 4 vol. — 1844. Portraits de femmes, in-12. — 1846. Portraits contemporains, 2 vol. in-12. — 1851-57. Causeries du lundi, 15 vol. in-12. — 1855. Derniers portraits. — 1857. Études sur Virgile, 2 vol. — 1860. Chateaubriand et son groupe littéraire sous l'empire, 2 vol. in-12. — 1863. Nouveaux lundis, 13 vol. in-12 Notice sur M. Littré. — 1868. Le comte de Clermont et sa cour, in-12. De la liberté de l'enseignement. — 1869. Le général Jomini, in-12. — 1870. Monsieur de Talleyrand. Études sur Virgile, in-12. Madame Desbordes-Valmore. — 1872. P.-J. Proudhon, in-12. — 1873. Souvenirs et indiscrétions. Le dîner du vendredi saint. — 1875. Premiers lundis, 3 vol. in-12. Lettres à la princesse. — 1876. Les cahiers de Sainte-Beuve. Chroniques parisiennes. — 1877-78. Correspondance, 2 vol. — 1880. Le clou d'or, la pendule. Nouvelle correspondance. — Collaboration à la Revue des Deux Mondes, au Globe, au National, au Constitutionnel et au Moniteur universel.

Son éloge a été prononcé par M. Jules Janin, dans la séance de l'Académie française du 9 novembre 1871.

---

555. — MÉRIMÉE (Prosper), G. O. ✳

Élu, le 14 mars 1844, membre de l'Académie française.

Né à Paris, le 28 septembre 1803. — 1825. Avocat à la cour de Paris. — 1828. Sous-Chef de bureau au Ministère de la Marine. — 1830. Chef du cabinet du Ministre de l'Intérieur. — 1834. Inspecteur des monuments historiques. — 1838 à 1854. Membre du Conseil des Bâtiments civils. — 1843. *Membre libre de l'Académie des Inscriptions et Belles-Lettres.* — 1853. Sénateur. — Mort à Cannes (Alpes-Maritimes), le 23 septembre 1870.

Ouvrages. — 1825. Théâtre de Clara Gazul, comédienne espagnole. — 1827. La Guzla, ou choix de poésies illyriques. — 1828. La Jacquerie, scènes féodales, suivie de la famille de Carvajal. — 1829. Chronique du règne de Charles IX. — 1833. La double méprise. Mosaïque. — 1835. Notes d'un voyage dans le midi de la France. — 1836. Notes d'un voyage dans l'ouest de la France. — 1838. Notes d'un voyage en Auvergne. — 1841. Notes d'un voyage en Corse. Essai sur la guerre sociale. Colomba et nouvelles diverses. — 1844. Études sur l'histoire romaine, 2 vol. Peintures de l'église Saint-Savin (Vienne), in-fol. — 1847. Carmen. — 1848. Histoire de don Pedro Iᵉʳ, roi de Castille. — 1850. Henry Beyle (Stendhal). — 1852. Nouvelles, in-12. — 1853. Les faux Démétrius, épisode de l'histoire de Russie. — 1854. Les deux héritages, comédie, suivie de scènes historiques. — 1855. Mélanges historiques et littéraires, in-12. Marino Vreto, contes de la Grèce moderne, in-12. — 1865. Les Cosaques d'autrefois, in-12. — 1873. Dernières nouvelles. Lettres à une inconnue, 2 vol. — 1875. Études sur les arts au moyen âge. Lettres à une autre inconnue. Portraits historiques et littéraires. — 1876. Mateo Falcone, in-4. — 1881. Lettres à M. Panizzi, 2 vol. — Collaboration à la Revue des Deux Mondes, aux Mémoires de la Société des antiquaires de France, au Plutarque français, au Globe, à la Revue archéologique, au Constitutionnel, à la Revue contemporaine, à l'Artiste et au Moniteur universel.

Son éloge a été prononcé par M. de Loménie, dans la séance de l'Académie française du 8 janvier 1874.

---

556. — MOHL (Julius), O. ✳

Élu, le 14 juin 1844, membre de l'Académie des Inscriptions et Belles-Lettres.

Né à Stuttgart (Wurtemberg), le 25 octobre 1800 ; naturalisé Français, le 20 mars 1838. — 1847 à 1876. Professeur de persan au Collège de France. — Mort à Paris, le 4 janvier 1876.

Ouvrages. — 1830. Conf-cii, Chi-King, sive liber carminum. — 1838-46. Traduction du Livre des rois de Firdusi, 3 vol. in-fol. — 1879-80. Vingt-sept ans d'histoire des Études orientales, 2 vol. — Collaboration au Journal de la Société asiatique.

557. — ADAM (Adolphe, Charles), O. ✳

Élu, le 22 juin 1844, membre de l'Académie des Beaux-Arts (section de Composition musicale).

Né à Paris, le 24 juillet 1803. — 1848. Professeur de composition au Conservatoire de musique. — 1848. Inspecteur des classes au Conservatoire. -- Mort à Paris, le 3 mai 1856.

Œuvres. — *Opéras et opéras-comiques.* — 1829. Pierre et Catherine. — 1830. Danilowa. Trois jours en une heure. Joséphine. — 1831. Le morceau d'ensemble. Le grand prix. — 1832. *His first campaign. The dark diamond.* — 1833. Le proscrit. — 1834. Une bonne fortune. Le chalet. — 1835. La marquise. Micheline. — 1836. Le postillon de Longjumeau. — 1837. Le fidèle berger. — 1838. Le brasseur de Preston. — 1839. Régine ou les deux nuits. La reine d'un jour. — 1840. Les hamadryades. La rose de Péronne. — 1841. La main de fer. — 1842. Le roi d'Yvetot. — 1844. Richard en Palestine (op.). Cagliostro. — 1847. La bouquetière. — 1849. Le toréador. Le fanal (op.). — 1850. Giralda. — 1852. La poupée de Nuremberg. Le farfadet. Si j'étais roi ! — 1853. Le sourd ou l'auberge pleine. — Le roi des halles. — 1854. Le muletier de Tolède. — 1855. Le housard de Berchini. — 1856. Falstaff. Les pantins de Violette.

Ballets. — 1832. Faust. — 1836. La fille du Danube. — 1839. L'écumeur de mer. — 1840. Morkoï Rasbonick. — 1841. Giselle. — 1843. La jolie fille de Gand. — 1845. Le diable à quatre. — 1848. Griselidis. — 1849. La filleule des fées. — 1852. Orfa. Deux messes solennelles.

Ouvrages. — 1857. Souvenirs d'un musicien. — 1859. Derniers souvenirs d'un musicien.

---

558. — FORSTER (François), O. ✳

Élu, le 14 septembre 1844, membre de l'Académie des Beaux-Arts (section de Gravure).

Né au Locle (Suisse), le 22 août 1790 ; naturalisé Français, le 18 juillet 1828. — 1814. Grand Prix de Rome. — Mort à Paris, le 26 juillet 1872.

Œuvres principales. — 1814. Les pèlerins (Palma). — 1817. Le roi de Prusse, épisode de la Lusiade. — 1819. Wellington (Gérard). — 1822. L'Aurore et Céphale (Guérin). La famille de Claude (camée antique). Saint François d'Assise (Lahire). — 1824. Albert Durer. — 1827. Énée racontant ses malheurs à Didon (Guérin). Le roi de Bavière (Sticler). Endymion (Girodet). — 1833. François Ier et Charles-Quint à Saint-Denis (Gros). — 1839. La Vierge au bas-relief (L. de Vinci). La Vierge d'Orléans (Raphaël). — 1841. Sainte Cécile (P. Delaroche). — 1855. Les trois Grâces (Raphaël). La reine d'Angleterre (Winterhalter). La Vierge (L. de Vinci). Le Christ en croix. François Ier et Charles-Quint (Gros). Portrait de Raphaël. Henri IV (Porbus).

---

559. — BALARD (Antoine, Jérôme), C. ✳

Élu, le 11 novembre 1844, membre de l'Académie des Sciences (section de Chimie).

Né à Montpellier (Hérault), le 30 septembre 1802. — 1819. Préparateur à la Faculté des Sciences de Montpellier. — 1826. Pharmacien. — 1830. Professeur à l'École de pharmacie de Montpellier. — 1830. Professeur au collège de Montpellier. — 1834. Professeur de chimie à la Faculté des Sciences de Montpellier. — 1841. Professeur de chimie à la Faculté des Sciences de Paris. — 1845 à 1851. Maître de conférences à l'École Normale. — 1851 à 1876. Professeur de chimie au Collège de France. — Mort à Paris, le 30 mars 1876.

M. Balard, auquel la science doit la découverte du brôme, n'a publié aucun ouvrage ; il a inséré de nombreuses notes dans les Comptes rendus de l'Académie des sciences et divers articles dans les Annales de physique et de chimie.

Une notice sur sa vie a été lue par J.-B. Dumas, dans la séance de l'Académie des Sciences du 10 mars 1879.

560. — VALENCIENNES (Achille), ✻

Élu, le 9 décembre 1844, membre de l'Académie des Sciences (section d'Anatomie).

Né à Paris, le 9 août 1794.— 1831 à 1864. Maître de conférences de zoologie à l'École Normale. — 1832 à 1865. Professeur d'histoire naturelle des mollusques, des vers et des zoophytes, au Muséum d'Histoire naturelle. — 1850. Professeur d'anatomie et de physiologie comparée à la Faculté des Sciences de Paris. — Mort à Paris, le 13 avril 1865.

Ouvrages. — 1829-49. Histoire naturelle des poissons, 11 vol. — 1833. Histoire naturelle des mollusques, des annélides et des zoophytes. — 1850. Histoire naturelle du hareng. — S. d. Recherches sur le nautile flambé, in-4. Description de l'animal de la panopée australe, in-4. — Collaboration au Dictionnaire d'histoire naturelle.

561. — LABOULAYE (Édouard, René, LEFEBVRE de), O. ✻

Élu, le 17 janvier 1845, membre de l'Académie des Inscriptions et Belles-Lettres.

Né à Paris, le 18 janvier 1811. — 1832. Fondeur de caractères. — 1840. Avocat à la Cour royale de Paris. — 1849 à 1883. Professeur d'histoire des législations comparées au Collège de France. — 1871 à 1875. Député de la Seine. — 1873 à 1883. Administrateur du Collège de France. — 1876. Sénateur inamovible. — Mort à Paris, le 25 mai 1883.

Ouvrages. — 1839. *Flores juris antijustinianei ad fidem grammaticarum optimæ notæ*, in-12. Histoire du droit de propriété foncière en Occident. — 1840. De l'enseignement du droit en France. Essai sur la vie et les ouvrages de Savigny. — 1843. Recherches sur la condition civile et politique des femmes, depuis les Romains jusqu'à nos jours. — 1844. *Juris civilis promptuarium ad usum prœlectionum,*, in-12. — 1845. Essai sur les lois criminelles des Romains concernant la responsabilité des magistrats. De l'Église catholique et de l'État. — 1846. Le coutumier de Charles VI. Glossaire de l'ancien droit français, in-12. — 1847. La chaire du droit et le concours. — 1848. Considérations sur la constitution. — 1851. La revision de la constitution, lettres à un ami. — 1854. Histoire des États-Unis d'Amérique, 3 vol. Études contemporaines sur l'Allemagne et les pays slaves, in-12. — 1856. Les tables de bronze de Malaga et de Palpensa. — 1857. Souvenirs d'un voyageur, in-12. — 1858. La liberté religieuse, in-12. Études sur la propriété littéraire en France et en Angleterre. Introduction au droit français, 2 vol. in-12. — 1859. Abdallah ou le trèfle à quatre feuilles, in-12. — 1862. Les États-Unis et la France. Études morales et politiques. — 1863. Paris en Amérique. Contes bleus. L'État et ses limites. Le parti libéral, son programme et son avenir. — 1867. Nouveaux contes bleus. — 1868. Le prince Caniche. Contes et nouvelles. — 1869. Souvenirs d'un voyageur. Discours populaires. L'évangile de la bonté. — 1870. Channing et sa doctrine. — 1871. La république constitutionnelle. — 1872. Questions constitutionnelles. Lettres politiques, esquisses d'un projet de constitution. — 1883. Derniers contes bleus. La liberté d'enseignement et le projet de M. Ferry. — 1886. Derniers discours populaires. — 1888. Trente ans d'enseignement au Collège de France, in-12. — 1890. Contes choisis. — Collaboration à la Revue de législation.

Une notice sur sa vie a été lue par M. Wallon, dans la séance de l'Académie des Inscriptions et Belles-Lettres du 18 novembre 1887.

562. — LA SAUSSAYE (Jean, François-de-Paule, Louis de), C. ✻

Élu, le 17 janvier 1845, membre de l'Académie des Inscriptions et Belles-Lettres.

Né à Blois (Loir-et-Cher), le 6 mars 1801.— 1822. Garde du corps. — 1828 à 1830. Percepteur à Blois. — 1838. *Correspondant de l'Institut.* — 1855. Recteur de l'Académie de Poitiers. — 1858. Recteur de l'Académie de Lyon. — Mort à Paris, le 25 février 1878.

Ouvrages. — 1833. Essai sur l'origine de la ville de Blois. — 1835. Dissertation sur les origines du mot *cocu*. Histoire du château de Chambord, in-4. Églises, châteaux et hôtels du Blésois, in-4. — 1840. Histoire du château de Blois, in-4. — 1842. Numismatique de la Gaule narbonnaise, in-4. — 1845. Mémoires sur les antiquités de la Sologne blésoise, in-4. — 1846. Histoire de la ville de Blois, in-12. — 1848. Antiquités de la Sologne blésoise, in-4. 1855. — Guide historique du voyageur à Blois, in-12. — 1869. La vie et les ouvrages de Denis Papin. — 1876. Les six premiers siècles littéraires de la ville de Lyon. — Collaboration à la Revue de numismatique, aux Annales de l'Institut archéologique de Rome et aux Mémoires de la Société des antiquaires de France.

563. — GATTEAUX (Jacques, Édouard), O. ✳

Élu, le 1ᵉʳ février 1845, membre de l'Académie des Beaux-Arts (section de Gravure).

Né à Paris, le 4 septembre 1788. — 1809. Grand Prix de Rome. — Mort à Paris, le 8 février 1881.

Œuvres principales. — *Statues.* — 1827. Le chevalier d'Assas (le Vigan). — 1831. Triptolème. — 1833. Bisson (Lorient). — 1836. Minerve. — 1844. Pomone. — 1847. Anne de Beaujeu.

Bustes. — 1814. Moitte. — 1822. Rabelais (Versailles). Michel-Ange (Louvre). — 1824. Sébastien del Piombo. — 1844. Sedaine, Michel-Ange, le chevalier d'Assas.

Bas-reliefs. — 1811. Tombeau de Boissclier, à Rome. — 1819. Mercure. — 1831. Baigneuse. Andrieux (Théâtre-Français).

Médailles. — 1811. Rétablissement de l'Académie de France à Rome. Napoléon. Marie-Louise. — 1817. Le comte d'Artois. Corneille. Lafontaine. Malherbe. Buffon. Ducis. Rameau. Puget. — 1819. Rabelais. Haydn. Mᵐᵉ de Staël. Philibert Delorme. — 1824. Zamoyski. Mirabeau. Monge. Masséna. Edelinck. Barthélemy. — 1833. Louis-Philippe. — 1834. Prise de la citadelle d'Anvers. École des beaux-arts. La paix de 1814. La sainte alliance. Malherbe. Ducis. Sacre de Charles X. Voyage de Charles X dans les départements. Avènement de Louis-Philippe. Lafayette. Delanneau. Beethoven. — S. d. Richelieu. Cassini. Corneille. Montaigne. Rabelais.

Une notice sur sa vie a été lue par M. Chaplain, dans la séance de l'Académie des Beaux-Arts du 12 janvier 1884.

564. — VILLENEUVE-BARGEMONT (le Comte Jean, Paul, Alban, de), O. ✳

Élu, le 12 avril 1845, membre de l'Académie des Sciences morales et politiques
(section de Morale).

Né à Saint-Auban (Var), le 8 août 1784. — 1810. Auditeur au Conseil d'État. — 1812. Sous-Préfet à Zierickzee (Bouches de l'Escaut). — 1812. Préfet de Lerida (Catalogne). — 1814. Préfet de Sambre-et-Meuse, puis de Tarn-et-Garonne. — 1817. Préfet de la Charente. — 1820. Préfet de la Meurthe. — 1824. Préfet de la Loire-Inférieure. — 1828 à 1830. Préfet du Nord. — 1830 à 1831. Député du Var. — 1840 à 1848. Député du Nord. — 1841. *Correspondant de l'Institut.* — Mort à Paris, le 8 juin 1850.

Ouvrages. — 1834. Économie politique chrétienne, 3 vol. — 1841. Histoire de l'économie politique, 2 vol. Le livre des affligés, 2 vol. in-12. — 1844. État actuel de l'économie politique en Espagne. — Collaboration au Plutarque français, au Journal des économistes et à l'Université catholique.

565. — VIGNY (le Comte Alfred, Victor, de), O. ✳

Élu, le 8 mai 1845, membre de l'Académie française.

Né à Loches (Indre-et-Loire), le 27 mars 1797. — 1814. Gendarme de la Maison-Rouge. — 1814. Lieutenant. — 1823 à 1827. Capitaine au 55ᵉ régiment d'infanterie. — Mort à Paris, le 17 septembre 1863.

Ouvrages. — 1822. Poèmes. Le trappiste (poème), in-12. — 1824. Eloa, ou la sœur des anges, mystère. — 1826. Poèmes antiques et modernes. Cinq Mars, ou une conjuration sous Louis XIII, 2 vol. — 1831. Paris, élévation. — 1832. Stello ou les diables bleus. — 1835. Servitude et grandeur militaires. — 1842. Les consultations du docteur Noir, in-12. — 1846. Poèmes antiques et modernes, in-12. — 1864. Les destinées, poèmes philosophiques. — 1867. Journal d'un poète. — Mémoire sur la propriété littéraire.

Théâtre, — 1829. Othello. — 1831. La maréchale d'Ancre. — 1832. Schylock, le marchand de Venise. — 1833. Quitte pour la peur. — 1835. Chatterton.

Son éloge a été prononcé par M. Camille Doucet, dans la séance de l'Académie française du 22 février 1866.

566. — VITET (Louis), O. ✳

Élu, le 8 mai 1845, membre de l'Académie française.

Né à Paris, le 18 octobre 1802. — 1819. Élève de l'École Normale. — 1830 à 1834. Inspecteur général des monuments historiques. — 1831 à 1836. Maître des requêtes au Conseil d'État. — 1834. Secrétaire général du Ministère du Commerce. — 1834 à 1848. Député de la Seine-Inférieure. — 1836 à 1846. Conseiller d'État. — 1839. *Membre libre de l'Académie des Inscriptions et Belles-Lettres.* — 1846 à 1848. Vice-Président du Comité des Finances du Conseil d'État. — 1849 à 1851. Député de la Seine-Inférieure. — 1871 à 1873. Député de la Seine-Inférieure à l'Assemblée nationale. — Mort à Paris, le 5 juin 1873.

Ouvrages. — 1826. Les barricades, scènes historiques. — 1827. Les états de Blois, scènes. — 1829. La mort de Henri III. — 1833. Rapport sur les monuments de l'Oise, de l'Aisne, etc. — 1838. Histoire de Dieppe, 2 vol. — 1843. Eustache Le Sueur, sa vie et ses œuvres, in-4. — 1844. La ligue, scènes historiques, 2 vol. in-12. — 1845. Monographie de l'église Notre-Dame de Noyon, in-4. — 1846. Fragments et mélanges, 2 vol. in-12. — 1848. Histoire financière du gouvernement de juillet, in-12. Les États d'Orléans. — 1853. Le Louvre et le Nouveau Louvre, in-12. — 1861. L'Académie royale de peinture et de sculpture. — 1862. Essais historiques et littéraires, in-12. — 1863-64. Études sur l'histoire de l'art, in-12. — 1865. La science et la foi, in-12. — 1867. De l'état actuel du christianisme en France. — 1871. Lettres sur le siège de Paris, in-12. — 1874. Études philosophiques et littéraires. — 1875. Le comte Duchatel.

Son éloge a été prononcé par M. Caro, dans la séance de l'Académie française du 11 mars 1875.

567. — LALLEMAND (Claude, François), O. ✳

Élu, le 7 juillet 1845, membre de l'Académie des Sciences (section de Médecine et Chirurgie).

Né à Metz (Moselle), le 26 janvier 1790. — 1812. Aide-major à l'armée d'Espagne. — 1818. Docteur en médecine. — 1819 à 1823 et 1826 à 1845. Professeur de chimie chirurgicale à la Faculté de Médecine de Montpellier. — 1840. *Correspondant de l'Institut.* — Mort à Marseille (Bouches-du-Rhône), le 23 juillet 1854.

Ouvrages. — 1818. Propositions de pathologie tendant à éclairer plusieurs points de physiologie. — 1820-36. Recherches anatomico-pathologiques sur l'encéphale et ses dépendances, 3 vol. — 1824-26. Observations sur les maladies des organes génito-urinaires. — 1825-42. Des pertes séminales involontaires, 3 vol. — 1827. Observations sur une tumeur anévrismale. — 1841. Observations sur les zoospermes. — 1845. Clinique médico-chirurgicale, 2 vol. — 1848. Le haschich, in-12. Éducation publique, in-12. — 1852. Éducation morale, in-12.

568. — LEMAIRE (Philippe, Joseph, Henry), O. ✳

Élu, le 13 septembre 1845, membre de l'Académie des Beaux-Arts (section de Sculpture).

Né à Valenciennes (Nord), le 8 janvier 1798. — 1821. Grand Prix de Rome. — 1852 à 1863. Député du Nord. — 1856 à 1880. Professeur à l'École des Beaux-Arts. — Mort à Paris, le 2 août 1880.

Œuvres principales. — 1818. Cléombrote et Léonidas. — 1820. Alexandre chez les Oxydraques. — 1827. Jeune fille au papillon (m. de Valenciennes), Laboureur trouvant des armes (Tuileries). La Vierge, l'enfant Jésus et saint Jean (église Sainte-Élisabeth). Statue du duc de Bordeaux. — 1831. Louis-Philippe (buste). Jeune fille effrayée par une vipère (Luxembourg). — 1835. Buste de M. Roehn. — 1837. Tombeau de Mlle Duchesnois (Père-Lachaise). Louis XIV (Versailles). — 1843. Distribution des croix au camp de Boulogne. — 1846. Vierge (Luxembourg). — 1847. A. Callet. Archidamas (Luxembourg). — 1854. Napoléon (Lille). — 1856. Froissart (Valenciennes). — 1857. Tête de Christ.

    S. d. Thémistocle (Tuileries). L'Espérance (Notre-Dame de Lorette). Fronton de l'église de la Madeleine (le pardon du Christ). Funérailles de Marceau (arc de triomphe de l'Étoile). Henri IV à cheval (hôtel de ville de Paris). Fronton du palais de justice de Lille. Kléber (Versailles). Racine (Versailles). Hoche (place Hoche à Versailles). Chevert (Verdun). Fronton de l'église Saint-Isaac à Saint-Pétersbourg. Saint Luc. Louis de Bourbon. Le général de Feuquières. Le général Corbineau. La Candeur. Thémistocle (jardin des Tuileries). Racine (Institut). Saint Marc (la Madeleine). La Religion consolant les prisonniers (palais de justice de Lille). Napoléon (Bourse de Lille). Ville de Strasbourg (gare de l'Est). L'Escaut et la Rouelle (Valenciennes).

    Une notice sur sa vie a été lue par M. Chapu, dans la séance de l'Académie des Beaux-Arts du 17 décembre 1881.

---

569. — VIVIEN (Alexandre, François, Auguste), O. ✳

Élu, le 26 décembre 1845, membre de l'Académie des Sciences morales et politiques (section de Législation).

    Né à Paris, le 3 juillet 1799. — 1820. Avocat à la Cour d'Amiens. — 1826. Avocat à la Cour de Paris. — 1830. Procureur général à la Cour d'Amiens. — 1831 (février-septembre). Préfet de police. — 1831 à 1840. Conseiller d'État. — 1833 à 1849. Député de l'Aisne. — 1840 (mars-octobre). Ministre de la Justice. — 1843 à 1848. Vice-Président du Comité de législation du Conseil d'État. — 1848 (février-octobre). Président du Comité de législation du Conseil d'État. — 1848 (octobre-décembre). Ministre des Travaux publics. — 1849 à 1851. Vice-Président du Conseil d'État. — Mort à Paris, le 7 juin 1854.

    Ouvrages. — 1825. Le joueur à Paris ou les jeux dans leurs conséquences sur la moralité des individus et la fortune des familles. — 1830. Traité de la législation des théâtres. — 1845. Études administratives, 2 vol. — Collaboration à la Revue des Deux Mondes et au Journal des économistes.

---

570. — LE VERRIER (Urbain, Jean, Joseph), G. O. ✳

Élu, le 19 janvier 1846, membre de l'Académie des Sciences (section d'Astronomie).

    Né à Saint-Lô (Manche), le 11 mars 1811. — 1835. Ingénieur des tabacs. — 1835. Répétiteur à l'École Polytechnique. — 1846. Professeur d'astronomie et mécanique céleste, puis (1849) d'astronomie physique à la Faculté des Sciences de Paris. — 1846. Membre du Bureau des Longitudes. — 1849 à 1851. Député de la Manche. — 1852 à 1870. Sénateur. — 1854. Directeur de l'Observatoire de Paris. — 1854. Inspecteur général de l'enseignement supérieur. — Mort à Paris, le 23 septembre 1877.

    Ouvrages. — 1841. Mémoire sur la détermination des inégalités séculaires des planètes. Mémoire sur les variations séculaires des éléments des orbites pour les sept planètes principales. — 1845. Théorie du mouvement de Mercure. — 1846. Recherches sur le mouvement de la planète Herschel. — 1869. Examen de la question de l'attraction universelle. — 1851 à 1877. Annales de l'Observatoire de Paris, 18 vol. in-4. — Collaboration aux Annales de physique et de chimie, au Journal des mathématiques et à la Connaissance des temps.

    Découverte de la planète Neptune ou Le Verrier (1846).

    Une notice sur sa vie a été lue par M. Bertrand, dans la séance de l'Académie des Sciences du 10 mars 1879.

571. — LE SUEUR (Jean, Baptiste, Cicéron), O. ✻

Élu, le 11 juillet 1846, membre de l'Académie des Beaux-Arts (section d'Architecture).

Né à Clairefontaine (Seine-et-Oise), le 5 octobre 1794. — 1819. Grand Prix de Rome. — 1853 à 1863. Professeur de théorie de l'architecture à l'École des Beaux-Arts. — Mort à Paris, le 25 décembre 1883.

Œuvres principales. — 1828. Église de Vincennes. — 1857. Conservatoire de musique de Genève. — 1835. Agrandissement de l'ancien hôtel de ville de Paris.

Ouvrages. — 1827. Vues choisies des monuments antiques de Rome, in-fol. — 1829. Architecture italienne. — 1848. Chronologie des rois d'Égypte, in-4. — 1858. Recherches sur la date de la fondation de la tour de Babel. — 1878. La basilique Ulpienne, in-fol. Histoire et théorie de l'architecture, in-4.

Une notice sur sa vie a été lue par M. André, dans la séance de l'Académie des Beaux-Arts du 18 avril 1885.

572. — BRASCASSAT (Jacques, Raymond), ✻

Élu, le 28 novembre 1846, membre de l'Académie des Beaux-Arts (section de Peinture).

Né à Bordeaux (Gironde), le 28 août 1804. — Mort à Paris, le 28 février 1867.

Œuvres principales. — 1827. Mercure et Argus (m. d'Aix). Vue de Rome. Vue de Subiaco. Vue de Marino. Le lac de Némi. — 1831. Vue de Castel-Rouge. Vue de Cassano. Vue de Baïa. — 1833. Sortie de forêt (m. de Nantes). Vue de la campagne de Rome. Un château dans la Lozère. La forêt de Fontainebleau. Vue d'Italie. — 1835. Taureau se frottant contre un arbre (m. de Nantes). Repos d'animaux. Une sorcière (m. de Toulouse). — 1837. Lutte de taureaux (m. de Nantes). Animaux au repos. Étude de renards. Le pâturage. — 1838. Nature morte. Le loup. — 1840. Parc de brebis. Le pâtis. — 1842. Paysage et animaux (m. de Nantes). — 1845. Vache attaquée par des loups. Marine. — Nombreux paysages.

573. — FAYE (Hervé, Auguste, Étienne, Alban), G. O. ✻

Élu, le 18 janvier 1847, membre de l'Académie des Sciences (section d'Astronomie).

Né à Saint-Benoît-du-Sault (Indre), le 1er octobre 1814. — 1842. Élève astronome à l'Observatoire de Paris. — 1848 à 1854. Professeur de géodésie à l'École Polytechnique. — 1854. Recteur de l'Académie de Nancy. — 1857 à 1888. Inspecteur général de l'Instruction publique. — 1864. Membre du Bureau des Longitudes. — 1873 à 1893. Professeur d'astronomie et de géodésie à l'École Polytechnique. — 1877 (novembre-décembre). Ministre de l'Instruction publique.

Ouvrages. — 1852. Leçons de cosmographie. — 1864. Sur une méthode nouvelle pour déterminer, en mer, l'heure de la longitude. — 1880. Cours d'astronomie nautique. — 1881. Cours d'astronomie de l'École polytechnique, 2 vol. — 1884. Sur l'origine du monde. — 1887. Sur les tempêtes, théories et discussions nouvelles. — Traduction du Cosmos de Humboldt.

574. — EMPIS (Adolphe, Dominique, Florent, Joseph, SIMONIS..), C. ✻

Élu, le 11 février 1847, membre de l'Académie française.

Né à Paris, le 29 mars 1795. — 1822. Secrétaire des bibliothèques du Roi. — 1824. Vérificateur du service des maisons royales. — 1826 à 1830. Chef de division au Ministère de la maison du Roi. — 1838. Directeur des domaines et du contentieux de la Couronne. — 1856 à 1859. Administrateur général de la Comédie-Française. — 1860. Inspecteur général des bibliothèques. — Mort à Bellevue (Seine-et-Oise), le 11 décembre 1868.

Ouvrages. — *Théâtre.* — 1818. Sapho. Jeanne d'Arc. — 1819. L'enlèvement des Sabines. Hercule à Trachine. — 1822. Jeanne d'Arc. Romulus. — 1823. Vendôme en Espagne. — 1824. Bothwell. — 1826. Le généreux par vanité.

I.

36

— 1827. Lambert Symnel. — 1828. Jamais à propos. — 1829. L'agiotage ou le métier à la mode. — 1830. La mère et la fille. La dame et la demoiselle. — 1831. Un changement de ministère. L'ingénue à la cour. — 1834. Une liaison. — 1836. Lord Novart. Julie. — 1838. Un jeune ménage. — 1844. L'héritière. — 1840. Théâtre, 2 vol. — 1854. Les six femmes de Henri VIII, scènes historiques, 2 vol.

Son éloge a été prononcé par M. Barbier, dans la séance de l'Académie française du 17 mai 1870.

---

575. — COMBES (Charles, Pierre, Mathieu), C. ✳

Élu, le 29 mars 1847, membre de l'Académie des Sciences (section de Mécanique).

Né à Cahors (Lot), le 26 décembre 1801. — 1824. Ingénieur des Mines. — 1832 à 1886. Professeur d'exploitation à l'École des Mines. — 1836. Ingénieur en chef. — 1848. Inspecteur divisionnaire. — 1857. Inspecteur général de première classe. — 1869 Vice-Président du Conseil général des Mines. — 1857 à 1871. Directeur de l'École des Mines. — Mort à Paris, le 11 janvier 1872.

Ouvrages. — 1834. Mémoire sur l'exploitation des mines des comtés de Devon et de Cornwall. — 1841. Traité de l'aérage des mines, 2 vol. — 1843. Recherches sur les roues à réaction ou à tuyaux. — 1844-47. Traité de l'exploitation des mines, 3 vol. Moyens de brûler la fumée des fourneaux où l'on brûle la houille. — 1862. Note sur l'injecteur automatique des chaudières à vapeur. — 1867. Exposé des principes de la théorie mécanique de la chaleur. Exposé de la situation de la mécanique appliquée. — 1869. Études sur la machine à vapeur. Mémoire sur l'application de la théorie mécanique de la chaleur aux machines locomotives. — S. d. Mémoire sur les levés des plans souterrains. Mémoire sur les mouvements de l'air dans les tuyaux de conduite. — Collaboration au Journal des mathématiques et aux Annales des mines.

Une notice sur sa vie a été lue par M. Bertrand, dans la séance de l'Académie des Sciences du 21 décembre 1885.

---

576. — DECAISNE (Joseph), O. ✳

Élu, le 19 avril 1847, membre de l'Académie des Sciences (section d'Économie rurale).

Né à Bruxelles (alors département de la Dyle), le 18 mars 1807. — 1833. Aide-naturaliste au Muséum d'Histoire naturelle. — 1850 à 1882. Professeur de culture au Muséum. — Mort à Paris, le 8 février 1882.

Ouvrages. — 1834. Herbarii Timorensis descriptio, in-4. — 1837. Recherches sur la garance, in-4. — 1839. Recherches sur l'analyse et la composition chimique de la betterave à sucre. — 1843. Notes sur le voyage de M. Botta, dans l'Arabie heureuse, in-4. Essai sur une classification des algues et des polypiers. — 1845. Histoire de la maladie des pommes de terre. — 1857-78. Le jardin fruitier du Muséum, 9 vol. in-4. — 1862-72. Manuel de l'amateur des jardins, 4 vol. — S. d. Mémoire sur la famille des lardizabalées, in-4. Histoire naturelle et agricole du riz. Recherches sur les greffes. Recherches sur le parasitisme de la cuscute. Histoire de l'igname de Chine. Flore élémentaire des jardins et des champs. Recherches sur le développement du pollen, in-4. Traité général de botanique. Plantæ Asiaticæ quas in India collegit V. Jacquemont, in-4. — Collaboration aux Annales des sciences naturelles, à la Maison rustique du xixe siècle, au Dictionnaire d'histoire naturelle de d'Orbigny et au Voyage de la frégate la Vénus.

Une notice sur sa vie a été lue par M. Berthelot, dans la séance de l'Académie des Sciences du 18 décembre 1893.

---

577. — BIOT (Édouard, Constant), ✳

Élu, le 21 mai 1847, membre de l'Académie des Inscriptions et Belles-Lettres.

Né à Paris, le 2 juillet 1803. — Mort à Paris, le 13 mars 1850.

Ouvrages. — 1834. Manuel du constructeur de chemins de fer, in-12. — 1835. Notice sur les procédés industriels connus en Chine au xviie siècle. — 1840. De l'abolition de l'esclavage ancien en Occident. — 1842. Dictionnaire des noms anciens et modernes de la Chine. — 1845. Essai sur l'histoire de l'instruction publique en Chine, 2 vol. — 1851. Le Tcheou-Li ou rites de Tcheou, 2 vol. — Analyse et traduction des ouvrages de Wood, Tredgold, Gray et Babbage sur les chemins de fer. Collaboration aux Mémoires de la Société asiatique et au Journal des savants.

578. — VATOUT (Jean), C. ✻

Élu, le 6 janvier 1848, membre de l'Académie française.

Né à Villefranche (Rhône), le 26 mai 1791. — 1815 (Cent-Jours). Sous-Préfet de Blaye. — 1819 à 1820. Sous-Préfet de Semur-en-Auxois. — 1822. Bibliothécaire du duc d'Orléans. — 1831 à 1848. Député de la Côte-d'Or. — 1832 à 1848. Premier Bibliothécaire du Roi. — 1837 à 1840. Conseiller d'État. — 1839. Président du Conseil des Bâtiments civils et Conservateur général des monuments publics. — 1841 à 1848. Conseiller d'État. — Mort à Claremont (Angleterre), le 3 novembre 1848.

Ouvrages. — 1820. Lettre aux habitants de l'arrondissement de Semur. Les aventures de la fille d'un roi. — 1821. Les gouvernements représentatifs au congrès de Troppau. — 1822. De l'assemblée constituante. — 1823-26. Catalogue des tableaux du duc d'Orléans, 4 vol. — 1824. La nièce d'un roi. — 1824-29. Galerie lithographiée des tableaux du duc d'Orléans, 2 vol. in-fol. — 1827. Stanislas de Girardin. Les polissons. — 1830. Histoire du Palais-Royal. Idée fixe, roman, 2 vol. — 1832. Opinions et discours. La conspiration de Cellamare, roman, 2 vol. — 1837-47. Souvenirs historiques des résidences royales de France, 7 vol. (Versailles, Palais-Royal, Eu, Fontainebleau, Saint-Cloud, Amboise, Compiègne). — 1844. Le château d'Eu, illustré, in-fol.

Son éloge a été prononcé par M. de Saint-Priest, dans la séance de l'Académie française du 17 janvier 1850.

579. — PRÉVOST (Louis, Constant), O. ✻

Élu, le 7 février 1848, membre de l'Académie des Sciences (section de Minéralogie).

Né à Paris, le 4 juin 1787. — 1830. Professeur à l'École Centrale des Arts et Manufactures. — 1831. Professeur suppléant à la Faculté des Sciences de Paris. — 1840. Professeur de géologie à la même Faculté. — Mort à Armenon (Seine-et-Oise), le 16 août 1856.

Ouvrages. — 1836. Traité élémentaire de géographie physique, in-12. — 1842. Les continents actuels ont-ils été submergés par la mer ? — Collaboration à la Revue des Deux Mondes, à l'Encyclopédie des gens du monde et au Dictionnaire d'histoire naturelle.

580. — NOAILLES (le duc Paul de).

Élu, le 11 janvier 1849, membre de l'Académie française.

Né à Paris, le 4 juin 1802. — 1823 à 1848. Pair de France. — Mort à Paris, le 29 mai 1885.

Ouvrages. — 1843. Histoire de la maison royale de saint Louis établie à Saint-Cyr. — 1846. Éloge de Scipion de Dreux, marquis de Brézé. — 1848. Histoire de Mme de Maintenon, 4 vol. — 1850. Éloge de M. de Chateaubriand. — 1863. La Pologne et ses frontières.

Son éloge a été prononcé par M. Ed. Hervé, dans la séance de l'Académie française du 10 février 1887.

581. — SAINT-PRIEST (le Comte Alexis de GUIGNARD de), C. ✻

Élu, le 18 janvier 1849, membre de l'Académie française.

Né à Saint-Pétersbourg (Russie), le 20 avril 1805, de parents français. — 1831. Chargé d'affaires à Parme. — 1833. Ministre de France au Brésil. — 1835. Ministre de France en Portugal. — 1838 à 1845. Ministre de France en Danemark. — 1841 à 1848. Pair de France. — Mort à Moscou (Russie), le 27 septembre 1851.

Ouvrages. — 1823. Les ruines françaises, poésies. — 1826. Athenaïs, ou le souvenir d'une femme, comédie. — 1828. Le présent et le passé, épître. — 1830. L'Espagne, fragments de voyage. — 1842. Histoire de la royauté considérée dans ses origines jusqu'à la formation des principales monarchies de l'Europe, 2 vol. — 1844. Histoire de la chute des jésuites au XVIII° siècle. — 1847-48. Histoire de la conquête de Naples par Charles d'Anjou, 4 vol. — 1850. Études diplomatiques et littéraires, 2 vol. — Collaboration à la Revue française et à la Revue des Deux Mondes.

Son éloge a été prononcé par M. Berryer, dans la séance de l'Académie française du 22 février 1855.

---

582. — FAUCHER (Léon, Léonard, Joseph), C. ✳

Élu, le 3 février 1849, membre de l'Académie des Sciences morales et politiques (section d'Économie politique).

Né à Limoges (Haute-Vienne), le 8 septembre 1803. — 1827. Agrégé de philosophie. — 1846 à 1851. Député de la Marne. — 1848. Ministre des travaux publics. — 1848 à 1849 et 1851 (avril-octobre). Ministre de l'Intérieur. — Mort à Marseille (Bouches-du-Rhône), le 14 décembre 1854.

Ouvrages. — 1829. Aventures de Télémaque, traduites en grec, 2 vol. in-12. — 1838. De la réforme des prisons. — 1842. L'Union du Midi, association de douanes. — 1843. Recherches sur l'or et l'argent, considérés comme étalons de la valeur. — 1844. Études sur l'Angleterre, 2 vol. — 1847. Lowell, *Reims*. — 1848. Du système de M. Louis Blanc, in-12. — 1849. Du droit au travail, in-12. De la situation financière et du budget. De l'impôt sur le revenu. — 1856. Mélanges d'économie politique et de finances, 2 vol. — 1868. Biographie et correspondance, vie parlementaire, 2 vol. — Collaboration au Constitutionnel, au Journal des économistes, au Siècle, à la Revue des Deux Mondes, au Courrier français, au Temps et à la Revue britannique.

---

583. — HENRIQUEL (Louis, Pierre), C. ✳

Élu, le 3 novembre 1849, membre de l'Académie des Beaux-Arts (section de Gravure).

Né à Paris, le 13 juin 1797. — Mort à Paris, le 20 janvier 1892.

Œuvres principales. — 1815. Bacchus (Goltzins). Mars (Edelinck). — 1817. Moreri (Edelinck). — 1818. Portrait de son père. — 1819. Dessins pour la Nouvelle Héloïse. — 1820. Louvel en 1820. Entrée de Henri IV à Paris (Gérard). — 1822. Femme avec un enfant (Van Dyck). — 1823. Invention du dessin (Girodet). Un diacre. — 1825. Le camp de Boulogne. — 1826. Montaigne. — 1827. Le naufragé (Delaroche). M. Normand. — 1828. Hussein Pacha. Lebrun, duc de Plaisance. L'archevêque de Reims. — 1830. Un héraut d'armes. — 1831. Mme de Mirbel. Gustave Vasa (Hersent). — 1833. Cromwell (P. Delaroche). Mme Pasta. Frontispice des ruines de Métaponte. — 1834. Madeleine (Corrège). — 1835. Mansart et Perrault (Ph. de Champagne). L'école turque (Decamp). — 1836. Le comte de Ségur. Le duc d'Orléans (Lami). — 1837. Louis-Philippe (Gérard). Carle Vernet (P. Delaroche). — 1838. Le duc de Montpensier. A. Chénier. Le marquis de Pastoret (P. Delaroche). — 1839. La duchesse d'Orléans. — 1840. Lord Strafford (P. Delaroche). La princesse Marie. — 1841. Michel-Ange (R. Fleury). La chasse au sanglier (Jadin). — 1842. Pierre Ier (P. Delaroche). Le Christ consolateur (A. Scheffer). — 1843. Molière. — 1844. M. Bertin (Ingres). — 1845. Grégoire VI (P. Delaroche). Henri IV jeune. Tardieu. — 1846. La princesse de Bade (Winterhalter). Rachel. Hémicycle du palais des Beaux-Arts (P. Delaroche). — 1850. Brongniart. — 1852. Le comte de Lariboisière (Gros). Sauvageot. — 1847. Mirabeau (P. Delaroche). — 1853. La Vierge et l'enfant Jésus (Raphaël). — 1855. L'ensevelissement du Christ (P. Delaroche). — 1857. Moïse (P. Delaroche). — 1858. Ary Scheffer (L. Benouville). — 1859. Le prince impérial. — 1862. Duchâtel (Flandrin). — 1867. Le mariage mystique de sainte Catherine (Corrège). — 1869. Les pèlerins d'Emmaüs (P. Véronèse). Montalivet. — 1871. Jeanne d'Arc (Benouville). — 1873. Rothschild (Flandrin). — 1876. Cavelier. — 1876. Les cinq saints (Raphaël). — 1877. Le comte Delaborde. — 1879. L'abbé Petitot. Les exilés (P. Delaroche). — 1882. La vierge d'Orléans (Raphaël). — 1884. Pasteur. P. Thureau-Dangin. J.-B. Dumas. Le fondateur et la fondatrice des petites sœurs des pauvres (Cabanel). — 1885. Molière. Mgr Perraud. — 1886. M. le comte de Paris. — 1890. Corneille. Racine. La Nouvelle Héloïse. La Fontaine. — 1891. Molière. La Bruyère.

Des notices sur sa vie ont été lues par M. Jacquet dans la séance de l'Académie des Beaux-Arts du 20 mai 1893, et par M. le comte Henri Delaborde dans la séance du 4 novembre 1893.

---

584. — RAVAISSON-MOLLIEN (Jean, Gaspard, Félix, LACHER-), C. ✳

Élu, le 9 novembre 1849, membre de l'Académie des Inscriptions et Belles-Lettres. Élu, le 30 avril 1881, membre de l'Académie des Sciences morales et politiques (section de Philosophie).

Né à Namur (alors département de Sambre-et-Meuse), le 23 octobre 1813. — 1836. Agrégé de philosophie. — 1837. Professeur de philosophie à la Faculté des Lettres de Rennes. — 1837. Chef du Secrétariat et du Cabinet au Ministère de l'Instruction publique. — 1839. Docteur ès lettres. — 1839. Inspecteur général des Bibliothèques. — 1846. Chef du Secrétariat et du Cabinet au Ministère de l'Instruction publique. — 1846. Inspecteur général des Bibliothèques. — 1852 à 1888. Inspecteur général de l'enseignement supérieur. — 1870. Conservateur de la sculpture ancienne et moderne au musée du Louvre.

Ouvrages. — 1837. Essai sur la métaphysique d'Aristote, 2 vol. — 1838. De l'habitude. *Speusippi de primis rerum principiis placita qualia fuisse videantur ex Aristotele.* — 1840. Philosophie contemporaine. — 1841. Rapport sur les bibliothèques des départements de l'Ouest. — 1846. Catalogue des manuscrits de la bibliothèque de Laon, in-4. — 1853. Rapport sur le plan qu'il convient d'adopter pour l'enseignement du dessin dans les lycées, in-4. — 1862. Rapport au nom de la commission instituée pour examiner si les chartes et diplômes que possède la Bibliothèque impériale ne devraient pas être transférés aux Archives de l'Empire. — 1868. La philosophie en France au XIXᵉ siècle, in-4. — 1871. La Vénus de Milo. — 1876. Le monument de Myrrhine et les bas-reliefs funéraires des Grecs en général, in-4. Notice sur une amphore peinte, au musée du Louvre, représentant le combat des dieux et des géants, in-4. — 1879. L'art dans l'école. Le dessin dans l'école. — Collaboration à la Revue archéologique, à la Gazette archéologique, au Bulletin de la Société des études grecques, à la Gazette des Beaux-Arts, au Journal des Débats, au Moniteur universel, à la Revue bleue et à l'Ami des monuments.

---

585. — CAUSSIN de PERCEVAL (Armand, Pierre), ✳

Élu, le 16 novembre 1849, membre de l'Académie des Inscriptions et Belles-Lettres.

Né à Paris, le 11 janvier 1795. — 1822. Professeur d'arabe à l'École des langues orientales vivantes. — 1833 à 1871. Professeur d'arabe au collège de France. — Mort à Paris, le 15 janvier 1871.

Ouvrages. — 1822. Précis de la guerre des Turcs contre les Russes de 1769 à 1774. — 1824. Grammaire arabe vulgaire, in-4. — 1833. Précis historique de la destruction du corps des janissaires. — 1847. Essai sur l'histoire des Arabes, avant l'islamisme et sous Mahomet, 3 vol. — 1848. Dictionnaire français-arabe, 2 vol. in-4.

Une notice sur sa vie a été lue par M. Wallon, dans la séance de l'Académie des Inscriptions et Belles-Lettres du 12 novembre 1880.

---

586. — COGNIET (Léon), O. ✳

Élu, le 22 décembre 1849, membre de l'Académie des Beaux-Arts (section de Peinture).

Né à Paris, le 29 août 1794. — 1817. Grand prix de Rome. — 1846 à 1862. Professeur de dessin à l'École Polytechnique. — 1851 à 1863. Professeur à l'École des Beaux-Arts. — Mort à Paris, le 20 novembre 1880.

Œuvres principales. — 1817. Métabus, roi des Volsques. Une jeune chasseresse. — 1824. Marius à Carthage (Luxembourg). Le massacre des innocents. Prise de Logrono. Portrait de Thévenin. Paysanne des environs de Rome. — 1827. Saint Étienne secourant les pauvres (église Notre-Dame-des-Champs). Le duel. La campagne de

Moscou. Guerre d'Espagne. L'église Saint-Laurent à Rome. Esquimaux. Brigands priant la madone. — 1831. Rebecca enlevée par le templier. Le maréchal Maison (Versailles). Scène de juillet 1830. Religieux en méditation. Pâris et Praga. Polonais. Bonaparte en Égypte. Portrait de P. Guérin. — 1836. Les volontaires de Paris partant pour la frontière (Versailles). — 1843. Le Tintoret peignant sa fille morte (m. de Bordeaux). Tête d'Arabe. Bataille du Mont-Thabor (Versailles). Bataille d'Héliopolis (Versailles). Le Tintoret donnant une leçon à sa fille. — 1846. Portrait de Granet (m. d'Aix). — S. d. Les saintes femmes au tombeau (la Madeleine). Soumission de Santona. L'expédition d'Égypte (plafond du Louvre). Numa donnant des lois aux Romains. Combat de Dierdof (Versailles). Passage de l'Isonzo. Le Polonais blessé. Portraits de Louis-Philippe, de Champollion, etc. Les mages en vue de Bethléem.

Une notice sur sa vie a été lue par M. Bonnat, dans la séance de l'Académie des Beaux-Arts du 17 février 1883.

587. — ROBERT-FLEURY (Joseph, Nicolas), C. ✾

Élu, le 19 janvier 1850, membre de l'Académie des Beaux-Arts (section de Peinture).

Né à Cologne (alors département de la Roër), le 8 août 1797. — 1853. Professeur à l'École des Beaux-Arts. — 1863 à 1865. Directeur de l'École des Beaux-Arts. — 1865 à 1866. Directeur de l'Académie de France à Rome. — Mort à Paris, le 5 mai 1890.

Œuvres principales. — 1824. Brigands. Famille de réfugiés grecs. Pâtre dans la campagne de Rome. — 1827. Le Tasse à San Onofrio. Mœurs romaines. Pèlerins passant la porte du Jubilé. — 1831. Le duc d'Aumale. — 1833. Miss Grenville. Une lecture chez Mme de Sévigné. Scène de la Saint Barthélemy. Un seigneur du temps de François Ier. Casimir Périer. — 1834. Procession de la Ligue. Enfants gardant du gibier. Un concert. Une discussion religieuse. — 1835. Le Régent présidant le conseil. Le connétable de Luynes. — 1836. Henri IV rapporté au Louvre. — 1837. Saint François de Sales. Laissez venir à moi les petits enfants. Sortie d'église. — 1838. Entrée de Clovis à Tours. — 1839. Arrivée de Baudouin de Flandre à Edesse. Bernard Palissy. — 1840. Délivrance de saint Pierre. Colloque de Poissy (Luxembourg). Ramus. Ambroise Paré. Les enfants de Louis XVI au Temple. Scène de la vie de Murillo. Scène de la vie de Ribéra. — 1841. Scène d'inquisition. Michel-Ange soignant son domestique. Benvenuto Cellini dans son atelier. — 1843. Charles-Quint ramassant le pinceau de Titien. Femme sortant du bain. — 1845. Marino Faliero. Un auto-da-fé. L'atelier de Rembrandt. — 1847. Christophe Colomb reçu à la Tour d'Espagne. Galilée. — 1848. Incendie d'un quartier juif. Jeanne d'Arc. Un avare. L'école juive. — 1850. Jane Shore (Luxembourg). Le Sénat de Venise. — 1853. Derniers moments de Montaigne. — 1855. Pillage d'une maison juive de Venise (Luxembourg). — 1857. Charles V à Saint-Just. — S. d. Philippe IV de Valois (Versailles). Le maréchal de Villeroy (Versailles). La toilette (M. de Montpellier). Le duc de Feltre (M. de Nantes). — Peintures du Tribunal de commerce de Paris.

Une notice sur sa vie a été lue par M. Français, dans la séance de l'Académie des Beaux-Arts du 9 mai 1891.

588. — BLOUET (Guillaume, Abel), ✾

Élu, le 13 avril 1850, membre de l'Académie des Beaux-Arts (section d'Architecture).

Né à Passy (Seine), le 6 octobre 1795. — 1821. Grand Prix de Rome. — 1846 à 1853. Professeur à l'École des Beaux-Arts. — 1837. Inspecteur général des prisons. — 1838 à 1853. Membre du Conseil général des Bâtiments civils. — 1848. Architecte du palais de Fontainebleau. — Mort à Paris, le 17 mai 1853.

Œuvres principales. — Achèvement de l'arc de triomphe de l'Étoile. Restauration du palais de Fontainebleau. Colonie agricole de Mettray. Tombeau de Casimir Delavigne. Tombeau de Bellini. **Ouvrages.** — 1828. Restauration des thermes de Caracalla, in-fol. — 1832. Expédition scientifique de Morée, 3 vol. in-fol. — 1839. Rapport sur les pénitenciers des États-Unis. — 1841. Projets de prisons départementales. — 1843. Projet de prison cellulaire pour 585 condamnés. — 1847. Supplément à l'art de bâtir de Rondelet.

Une notice sur sa vie a été lue par F. Halévy, dans la séance de l'Académie des Beaux-Arts du 4 octobre 1856.

589. — VINCENT (Alexandre, Joseph, Hydulphe), O. ✳

Élu, le 10 mai 1850, membre de l'Académie des Inscriptions et Belles-Lettres.

Né à Hesdin (Pas-de-Calais), le 20 novembre 1797. — 1820. Professeur au collège de Reims. — 1826. Professeur au collège Rollin. — 1830. Professeur au collège Bourbon. — 1831. Professeur de mathématiques spéciales au Collège Saint-Louis. — Mort à Paris, le 26 novembre 1868.

Ouvrages. — 1826. Cours de géométrie élémentaire. — 1832. Recherches sur les fonctions exponentielles et logarithmiques. — 1839. Origine de nos chiffres. — 1840. Dissertation sur la position géographique du Vicus Helena. — S. d. Sur un procédé de modulation au moyen de trois accords. — Collaboration à la Revue archéologique, au Journal des mathématiques pures et appliquées et aux Nouvelles Annales de mathématiques. Mémoires insérés dans le Recueil de l'Académie des inscriptions (t. XIV, XVII, XVIII, XX et XXVI).

590. — WALLON (Henri, Alexandre), C. ✳

Élu, le 22 novembre 1850, membre de l'Académie des Inscriptions et Belles-Lettres.
Élu, le 24 janvier 1873, secrétaire perpétuel de la même Académie.

Né à Valenciennes (Nord), le 23 décembre 1812. — 1834. Agrégé d'histoire. — 1838 à 1850. Maître de conférences d'histoire à l'École Normale. — 1846 à 1848. Professeur suppléant à la Faculté des Lettres de Paris. — 1848. Député suppléant de la Guadeloupe. — 1849 à 1850. Député du Nord. — 1849 à 1887. Professeur d'histoire moderne à la Faculté des Lettres de Paris. — 1871 à 1875. Député du Nord. — 1875 à 1876. Ministre de l'Instruction publique, des Cultes et des Beaux-Arts. — 1875. Sénateur inamovible. — 1876 à 1881. Doyen de la Faculté des Lettres de Paris.

Ouvrages. — 1839. Géographie politique des temps modernes, in-12. — 1848. Histoire de l'esclavage dans l'antiquité, 3 vol. — 1854. La sainte Bible résumée dans son histoire et dans son enseignement, 2 vol. — 1858. De la croyance due à l'évangile. — 1859. Du monothéisme chez les races sémitiques. — 1860. Jeanne d'Arc, 2 vol. — 1861. L'émancipation et l'esclavage. — 1863. Les saints évangiles, traduction tirée de Bossuet, 2 vol. — 1864. Richard II, épisode de la rivalité de la France et de l'Angleterre, 2 vol. La vie de Jésus et son nouvel historien, in-12. — 1865. Vie de Notre-Seigneur Jésus-Christ suivant la concordance des quatre évangélistes, in-12. — 1867. Abrégé de l'histoire sainte, in-12. — 1873. La terreur, études critiques sur l'histoire de la Révolution française, 2 vol. in-12. — 1875. Saint Louis et son temps, 2 vol. — 1880-82. Histoire du tribunal révolutionnaire de Paris, 6 vol. — 1883. Éloges académiques, 2 vol. in-12. — 1886. La révolution du 31 mai et le fédéralisme en 1793, 2 vol. — 1888-90. Les représentants du peuple en mission et la justice révolutionnaire dans les départements, 5 vol.

591. — NISARD (Jean, Marie, Napoléon, Désiré), C. ✳

Élu, le 28 novembre 1850, membre de l'Académie française.

Né à Châtillon-sur-Seine (Côte-d'Or), le 20 mars 1806. — 1830. Attaché au Ministère de l'Instruction publique. — 1834 à 1844. Maître de conférences de littérature française à l'École Normale. — 1836 à 1838. Chef du secrétariat au Ministère de l'Instruction publique. — 1837 à 1848. Maître des requêtes au Conseil d'État. — 1838 à 1848. Chef de la division des sciences et lettres au Ministère de l'Instruction publique. — 1842 à 1848. Député de la Côte-d'Or. — 1844 à 1853. Professeur d'éloquence latine au Collège de France. — 1852. Inspecteur général de l'enseignement supérieur. — 1852 à 1867. Professeur d'éloquence française à la Faculté des Lettres de Paris. — 1857 à 1867. Directeur de l'École Normale. — 1867 à 1870. Sénateur. — Mort à San Remo (Italie), le 25 mars 1888.

Ouvrages. — 1834. Études sur les poètes latins de la décadence, 2 vol. — 1835. Histoire et description de la ville de Nîmes. — 1838. Mélanges, 2 vol. — 1840. Précis de l'histoire de la littérature française, in-12. — 1842.

L'éloge de la folie, et études sur Érasme, in-12. — 1844-61. Histoire de la littérature française, 4 vol. — 1850. Les classes moyennes en Angleterre et la bourgeoisie en France, in-12. — 1855. Études sur la Renaissance, in-12. — 1856. Souvenirs de voyages, in-12. — 1858. Études de critique littéraire, in-12. — 1859. Études d'histoire et de littérature, in-12. — 1864. Nouvelles études d'histoire et de littérature, in-12. — 1868. Mélanges d'histoire et de littérature, in-12. — 1874. Les quatre grands historiens latins, in-12. Portraits et études d'histoire littéraire, in-12. — 1884. Discours académiques et universitaires, in-12. — 1886. Nouveaux mélanges d'histoire et de littérature, in-12. — 1887. Considérations sur la Révolution française et sur Napoléon, in-12. — 1888. Souvenirs et notes biographiques. — 1889. Ægri Somnia, pensées et caractères. — Collaboration à la Revue des Deux Mondes, au Plutarque français, au Journal des débats, au Dictionnaire de la conversation et au National. Publication de la traduction des classiques latins.

Son éloge a été prononcé par M. le vicomte de Vogüé, dans la séance de l'Académie française du 6 juin 1889.

---

592. — REYBAUD (Marie, Roch, Louis), ✳

Élu, le 28 décembre 1850, membre de l'Académie des Sciences morales et politiques (section de Morale).

Né à Marseille (Bouches-du-Rhône), le 15 août 1799. — 1846 à 1851. Député des Bouches-du-Rhône. — Mort à Paris, le 28 octobre 1879.

Ouvrages. — 1830-36. Histoire de l'expédition française en Égypte, 10 vol. — 1831. La Dupinade, poème héroï-comique. — 1835. La Syrie, la Palestine et la Judée, in-4. — 1840-43. Études sur les réformateurs ou socialistes modernes, 2 vol. — 1843. La Polynésie et les îles Marquises. Jérôme Paturot à la recherche d'une position sociale, 3 vol. — 1844. Pierre Mouton. — 1845. César Falempin, ou les idoles d'argile, 2 vol. Le dernier des commis-voyageurs, 2 vol. — 1846. Le coq du clocher, 2 vol. — 1846-47. Edouard Mongeron, 5 vol. — 1847. Géographie. — 1848. Jérôme Paturot à la recherche de la meilleure des républiques, 4 vol. in-12. — 1850. Marie Brontin, 2 vol. — 1851. Athanase Robichon, candidat perpétuel à la présidence de la République, in-12. — 1853. La comtesse de Mauléon, in-12. Mœurs et portraits du temps, 6 vol. in-12. — 1854. Marine et voyages, in-12. — 1855. Scènes de la vie moderne, in-12. La vie de l'employé, in-12. — 1856. L'industrie en Europe. — 1857. Le dernier des commis-voyageurs, in-12. — 1858. Ce qu'on peut voir dans une rue, in-12. — 1859-67. Études sur le régime des manufactures (la soie, le fer et la houille, la laine), 3 vol. — 1860. Mathias l'humoriste, in-12. La vie à rebours, in-12. La vie de corsaire, in-12. — 1862. Économistes modernes. — 1863. Le coton, son régime et son influence en Europe. — Collaboration à la Revue des Deux Mondes, au Voleur politique, à la Tribune, au National, au Journal des économistes, au Constitutionnel et au Corsaire.

Une notice sur sa vie a été lue par M. Jules Simon, dans la séance de l'Académie des Sciences morales et politiques du 17 décembre 1887.

---

593. — MONTALEMBERT (le Comte Charles, Forbes, René de TRYON de).

Élu, le 9 janvier 1851, membre de l'Académie française.

Né à Londres (Angleterre), le 29 mai 1810, de parents français. — 1831 à 1848. Pair de France. — 1848 à 1857. Député du Doubs. — Mort à Paris, le 13 mars 1870.

Ouvrages. — 1831. Défense de l'école libre devant la Chambre des Pairs. — 1836. Histoire de sainte Élisabeth, reine de Hongrie. — 1838. Monuments de l'histoire de sainte Élisabeth, in-fol. — 1839. Du vandalisme et du catholicisme dans l'art. — 1843. Du devoir des catholiques dans la question de la liberté d'enseignement, in-12. — 1844. Trois discours sur la liberté de l'Église, in-12. — 1849. Quelques conseils aux catholiques, in-12. — 1852. Des intérêts catholiques au xixe siècle. — 1855. De l'avenir politique de l'Angleterre, in-12. — 1859. Pie IX et lord Palmerston. — 1858. Un débat sur l'Inde au Parlement anglais. — 1860-61. Lettre à M. le comte de Cavour, in-8. — 1860. Discours, 3 vol. — 1860. Les moines d'Occident, depuis saint Benoît jusqu'à saint Bernard, 7 vol. — 1860. Pie IX et la France. — 1861. Une nation en deuil, la Pologne en 1861. — 1862. Le Père Lacordaire. — 1863. L'Église libre dans l'État libre. L'insurrection polonaise. — 1864. Le Pape et la Pologne. — 1865. Le général Lamoricière. La victoire du Nord aux États-Unis. — 1870. L'Espagne et la liberté. — 1873. Lettres à un ami de collège, publiées par M. Cornudet.

Œuvres, 9 vol. in-8 (t. I à III: Discours ; IV, V et IX: Œuvres polémiques et diverses ; VI : Mélanges d'art et de littérature; VII et VIII: Sainte Élisabeth). — Collaboration à la Revue des Deux Mondes, au Correspondant, à l'Encyclopédie catholique et à la Revue française.

Son éloge a été prononcé par M. le duc d'Aumale, dans la séance de l'Académie française du 3 avril 1873.

---

594. — CHEVALIER (Michel), G. O. ✳

Élu, le 1ᵉʳ février 1851, membre de l'Académie des Sciences morales et politiques (section d'Économie politique).

Né à Limoges (Haute-Vienne), le 13 janvier 1806. — 1829. Ingénieur ordinaire des Mines. — 1837. Maître des requêtes au Conseil d'État. — 1838 à 1840. Conseiller d'État. — 1840 à 1848 et 1849 à 1879. Professeur d'économie politique au Collège de France. — 1841. Ingénieur en chef des Mines. — 1845 à 1846. Député de l'Aveyron. — 1852 à 1860. Conseiller d'État. — 1860 à 1870. Sénateur. — Mort à Paris, le 28 novembre 1879.

Ouvrages. — 1832. Religion saint-simonnienne, politique industrielle. Système de la Méditerranée. — 1836. Lettres sur l'Amérique du Nord, 2 vol. — 1839. Des intérêts matériels en France, in-12. — 1840. Histoire et description des voies de communication des États-Unis, 2 vol. in-4. Lettres sur les fortifications de Paris. — 1841. Lettres sur l'inauguration du chemin de fer de Strasbourg à Bâle. De l'industrie manufacturière en France, in-12. 1842. De l'intervention dans les travaux publics, du gouvernement fédéral. — 1842-50. Cours d'économie politique, 3 vol. — 1844. L'isthme de Panama. — 1848. Essai de politique industrielle, souvenirs de voyages. — 1848. Lettres sur l'organisation du travail, in-12. Question des travailleurs, l'amélioration du sort des ouvriers, in-12. — 1849. L'économie politique et le socialisme. La liberté aux États-Unis. — 1851. Examen du système commercial connu sous le nom de système protecteur. — 1852. Chemins de fer, in-12. — 1857. Examen des principaux arguments des protectionnistes. — 1859. De la baisse probable de l'or. — 1862. L'expédition du Mexique. — 1864. Le Mexique ancien et moderne, in-12. Documents officiels complétant les rapports du jury sur l'exposition universelle de 1862. — 1867. L'industrie et l'octroi de Paris. — 1869. La constitution de l'Angleterre, in-12. — 1871. Comment une nation rétablit sa prospérité. — Collaboration à la Revue des Deux Mondes, au Dictionnaire du commerce, au Journal des économistes et au Journal des débats.

Une notice sur sa vie a été lue par M. Jules Simon, dans la séance de l'Académie des Sciences morales et politiques du 7 décembre 1889.

---

595. — COSTE (Jean, Jacques, Marie, Cyprien, Victor), O. ✳

Élu, le 10 février 1851, membre de l'Académie des Sciences (section d'Anatomie).

Né à Castries (Hérault), le 12 mai 1807. — 1844 à 1873. Professeur d'embryogénie comparée au Collège de France. — 1862. Inspecteur général de la pêche fluviale et maritime. — Mort à Résenlieu (Orne), le 19 septembre 1873.

Ouvrages. — 1834. Recherches sur la génération des mammifères, in-4. — 1837. Embryogénie comparée, in-4. — 1838. Ovologie du kanguroo. — 1847. Histoire du développement des corps organisés, 2 vol. in-4. — 1853. Instructions pratiques sur la pisciculture, in-12. — 1855. Voyage d'exploration sur le littoral de la France et de l'Italie, in-4. — 1874. De l'aliénation des rivages, in-4. — De l'observation et de l'expérience en physiologie.

---

596. — ALAUX (Jean), O. ✳

Élu, le 22 février 1851, membre de l'Académie des Beaux-Arts (section de Peinture).

Né à Bordeaux (Gironde), le 15 janvier 1787. — 1815. Grand Prix de Rome. — 1847 à 1850. Directeur de l'Académie de France à Rome. — Mort à Paris, le 2 mars 1864.

I. 37

Œuvres principales. — 1814. Diagoras porté en triomphe par ses fils. — 1815. Briséis trouve le corps d'Achille. — 1824. Combat des Centaures et des Lapithes. Pandore descendant sur la terre. Scène de brigands. Le Christ au tombeau. — 1827. L'ascension. Saint Hilaire. — 1836. Le duc de Brissac. Bataille de Villaviciosa. (Versailles). — 1838. Prise de Valenciennes (Versailles). — 1839. Bataille de Denain (Versailles). — 1841. Les États généraux sous Philippe de Valois (Versailles). Assemblée des notables sous Henri IV (Versailles). États généraux sous Louis XIII (Versailles). — 1851. Lecture du testament de Louis XIV (Versailles). Salle des États généraux à Versailles (quatre-vingt-six sujets). Peinture des galeries de Henri II et de François I⁰ʳ à Fontainebleau. Coupole du Sénat.

---

597. — CAGNIARD de LATOUR (le Baron Charles), ✳

Élu, le 17 mars 1851, membre de l'Académie des Sciences (section de Physique générale).

Né à Paris, le 31 mars 1777. — 1799. Ingénieur géographe. — 1811. Auditeur au Conseil d'État. — 1818. Baron. — Mort à Paris, le 5 juillet 1859.

M. Cagniard de Latour n'a publié aucun ouvrage. Il est l'auteur de plusieurs découvertes, dont il a exposé les résultats dans les mémoires et les comptes rendus de l'Académie des sciences.

---

598. — THOMAS (Charles, Louis, Ambroise), G. C. ✳

Élu, le 22 mars 1851, membre de l'Académie des Beaux-Arts (section de Composition musicale).

Né à Metz (Moselle), le 5 août 1811. — 1832. Grand Prix de Rome. — 1855. Inspecteur général des succursales du Conservatoire. — 1856. Professeur de composition au Conservatoire. — 1871. Directeur du Conservatoire de musique et de déclamation.

Œuvres. — *Opéras.* — 1841. Le comte de Carmagnola. — 1842. Le Guerillero. — 1868. Hamlet. — 1882. Françoise de Rimini. — *Ballets.* — 1839. La gipsy. — 1846. Betty. — 1889. La tempête.

Opéras comiques. — 1837. La double échelle. — 1838. Le perruquier de la régence. — 1839. Le panier fleuri. — 1840. Carline. — 1843. Angélique et Médor. — 1843. Mina. — 1849. Le Caïd. — 1850. Le songe d'une nuit d'été. — 1851. Raymonde. — 1853. La Tonnelli. — 1855. La cour de Célimène. — 1857. Psyché. Le carnaval de Venise. — 1860. Le roman d'Elvire. — 1866. Mignon. — 1874. Gilles et Gillotin.

Requiem. Messe solennelle. Te Deum. Offertoire. Romances. Mélodies. Chœurs.

---

599. — CHASLES (Michel), C. ✳

Élu, le 14 avril 1851, membre de l'Académie des Sciences (section de Géométrie).

Né à Épernon (Eure-et-Loir), le 15 novembre 1793. — 1820. Professeur au collège de Chartres. — 1839. *Correspondant de l'Institut.* — 1841 à 1851. Professeur de géodésie à l'École Polytechnique. — 1846. Professeur de géométrie supérieure à la Faculté des Sciences de Paris. — Mort à Paris, le 18 décembre 1880.

Ouvrages. — 1837. Aperçu historique sur l'origine et le développement des méthodes en géométrie, in-4. — 1843. Histoire de l'arithmétique, in-4. — 1852. Traité de géométrie supérieure. — 1860. Les trois livres de porismes d'Euclide. — 1864. Considérations sur une méthode générale de solution des questions concernant les sections coniques. Questions dans lesquelles entrent des conditions multiples, in-4. — 1865. Traité des sections coniques. — 1871. Rapport sur les progrès de la géométrie. — Collaboration aux Annales des mathématiques, au Journal des mathématiques, à la Correspondance de mathématique et de physique, à la Connaissance des temps et au Journal de l'École polytechnique.

Une notice sur sa vie a été lue par M. Bertrand, dans la séance de l'Académie des Sciences du 19 décembre 1892.

---

600. — SÉNARMONT (Henry, HUREAU de) O. ✳

Élu, le 5 janvier 1852, membre de l'Académie des Sciences (section de Minéralogie).

Né à Badonville (Eure-et-Loir), le 6 septembre 1808. — 1833. Ingénieur des Mines. — 1840. Directeur des usines du Creuzot. — 1848. Ingénieur en chef des Mines. — 1844 à 1850. Examinateur de sortie à l'École Polytechnique. — 1847 à 1862. Professeur de minéralogie à l'École des Mines. — 1856 à 1862. Professeur de physique à l'École Polytechnique. — 1856 à 1862. Inspecteur des études à l'École des Mines. — Mort à Paris, le 30 juin 1862.

Ouvrages. — 1844. Essai de description géologique du département de Seine-et-Marne. Essai de description géologique du département de Seine-et-Oise. — Publication des œuvres de Fresnel. — Collaboration aux Annales de physique et de chimie.

601. — MUSSET (Louis, Charles, Alfred de), ✳

Élu, le 12 février 1852, membre de l'Académie française.

Né à Paris, le 11 décembre 1810. — 1835 à 1848. Bibliothécaire du Ministère de l'Intérieur. — 1852. Bibliothécaire du Ministère de l'Instruction publique. — 1852. Lecteur de l'Impératrice. — Mort à Paris, le 2 mai 1857.

Ouvrages. — 1829. Premières poésies. — 1830. Contes d'Espagne et d'Italie (Don Paez. Portia. La Camargo. Mardoche. Ballades à la lune. L'Andalouse, etc.). — 1832. Spectacle dans un fauteuil. (La coupe et les lèvres. A quoi rêvent les jeunes filles. Namouna). — 1833. Rolla. — 1835-37 Les Nuits (Nuit de mai. Nuit de décembre. Nuit d'août. Nuit d'octobre). — 1836. Lettre à M. de Lamartine. La confession d'un enfant du siècle, 2 vol. Poésies complètes, in-12. — 1840. Les deux maîtresses. Frédéric et Bernerette. — 1841. Nouvelles (Emmeline, le fils du Titien, Croisilles, Margot). — 1842. Le voyage où il vous plaira. — 1848. Nouvelles (Pierre et Camille. Le secret de Javotte). — 1850. Poésies nouvelles, in-12. — 1852. Mademoiselle Mimi Pinson, in-12. — 1853. Histoire d'un merle blanc, in-12. — 1854. Contes, in-12. — 1860. Œuvres posthumes, in-12. — 1867. Mélanges de littérature et de critique, in-12. — 1874. Un rêve, ballade.

Théâtre. — 1833. Les caprices de Marianne. — 1834. Fantasio. On ne badine pas avec l'amour. Une nuit vénitienne. — 1835. La quenouille de Barberine. Le chandelier. — 1836. Il ne faut jurer de rien. — 1837. Un caprice. — 1845. Il faut qu'une porte soit ouverte ou fermée. — 1849. Louison. L'habit vert. — 1851. André del Sarto. Bettine. — 1865. Carmosine. — S. d. Lorenzaccio. On ne saurait penser à tout.

1865. *Œuvres complètes,* 10 vol. in-8 (t. I: Premières poésies; II: Poésies nouvelles; III à V: Comédies et proverbes; VI: Nouvelles en prose; VII: Contes en prose; VIII: Confession d'un enfant du siècle; IX: Lettre sur la littérature et mélanges; X: Œuvres posthumes et lettres).

Son éloge a été prononcé par M. de Laprade, dans la séance de l'Académie française du 17 mars 1859.

602. — BERRYER (Pierre, Antoine).

Élu, le 12 février 1852, membre de l'Académie française.

Né à Paris, le 4 janvier 1790. — 1811. Avocat. — 1830 à 1835. Député de la Haute-Loire. — 1835 à 1851. — Député des Bouches-du-Rhône. — 1852 à 1853. Bâtonnier de l'ordre des avocats à la Cour de Paris. — 1863 à 1868. Député des Bouches-du-Rhône. — Mort à Augerville (Loiret), le 29 novembre 1868.

Ouvrages. — 1810. Entrée de Napoléon et de Marie-Louise, poème, in-4. — 1860. Le ministère public et le barreau. — 1872-74. Discours parlementaires, 5 vol. — 1875-78. Plaidoyers, 4 vol.

Son éloge a été prononcé par le M. le comte de Champagny, dans la séance de l'Académie française du 10 mars 1870.

603. — PÉLIGOT (Eugène, Melchior), G. O. ✳

Élu, le 15 mars 1852, membre de l'Académie des Sciences (section d'Économie rurale).

Né à Paris, le 24 février 1811. — 1838. Répétiteur à l'École Polytechnique. — 1841 à 1890. Professeur de chimie appliquée aux arts, au Conservatoire des Arts et Métiers. — 1846. Administrateur chargé du service des essais à la Monnaie de Paris. — Mort à Paris, le 15 avril 1890.

Ouvrages. — 1836. Traité élémentaire de manipulations chimiques. — 1838. Recherches sur les propriétés chimiques des sucres. — 1839. Recherches sur la betterave à sucre. — 1842-43. Rapport sur des expériences relatives à la fabrication du sucre. — 1845. Rapport sur l'exposition des produits de l'industrie autrichienne à Vienne, in-12. — 1876. Le verre, son histoire et sa fabrication. — 1883. Traité de chimie analytique, appliquée à l'agriculture. — Traduction du traité d'analyse chimique de Rose. — Collaboration à l'Encyclopédie des gens du monde et à l'Instruction populaire.

---

604. — QUATREFAGES de BRÉAU (Jean, Louis, Armand de), C. ✳

Élu, le 26 avril 1852, membre de l'Académie des Sciences (section d'Anatomie).

Né à Verthezenne (Gard), le 6 février 1810. — 1831. Aide préparateur à la Faculté des Sciences de Strasbourg. — 1832. Docteur en médecine. — 1833. Professeur suppléant à la Faculté des Sciences de Toulouse. — 1850 à 1855. Professeur au lycée Napoléon (Henri-IV). — 1855 à 1892. Professeur d'anthropologie au Muséum d'Histoire naturelle. — Mort à Paris, le 12 janvier 1892.

Ouvrages. — 1832. De l'extroversion de la vessie, in-4. — 1840. Considérations sur les caractères zoologiques des rongeurs, in-4. — 1852-53. Souvenirs d'un naturaliste, 2 vol. in-12. — 1854. Rapport sur le repeuplement des cours d'eau. — 1855-56. Les métamorphoses de l'homme et des animaux. — 1856. Recherches zoologiques et anatomiques faites en Sicile, in-4. — 1859. Études sur les maladies des vers à soie, in-4. — 1861. L'unité de l'espèce humaine, in-12. — 1866. La Rochelle et ses environs, in-12. Les Polynésiens et leurs migrations, in-4. — 1867. Rapport sur les progrès de l'anthropologie. Histoire de l'homme, in-12. — 1870. Charles Darwin et ses précurseurs français. — 1871. La race prussienne, in-12. — 1875. Crania ethnica (les crânes des races humaines), 2 vol. in-4. — 1877. L'espèce humaine. — 1884. Hommes fossiles et hommes sauvages. — 1886. Histoire générale des races humaines. — 1887. Les pygmées, in-12. — Collaboration aux Annales des sciences naturelles, au Dictionnaire d'histoire naturelle, à la Revue des Deux Mondes et à la Revue d'ethnographie.

Une notice sur sa vie a été lue par M. Perrier, dans la séance de l'Académie des Sciences du 26 février 1894.

---

605. — SIMART (Pierre, Charles), O. ✳

Élu, le 24 juillet 1852, membre de l'Académie des Beaux-Arts (section de Sculpture).

Né à Troyes (Aube), le 27 juin 1806. — 1832. Grand Prix de Rome. — Mort à Paris, le 27 mai 1857.

Œuvres principales. — 1824. Mort de Caton d'Utique. — 1831. Coronis mourant (m. de Troyes). — 1833. Le vieillard et ses enfants. — 1840. Oreste réfugié à l'autel de Pallas. — 1843. La Philosophie. — 1845. La Vierge (cathédrale de Troyes). La Poésie épique. — 1847. Daniel Stern. — 1850. Cariatides et médaillons du salon carré au Louvre. — 1855. La Minerve chryséléphantine (Pallas du Parthénon). S. d. La mort d'Orphée. La Vierge et l'enfant Jésus. Oreste (m. de Rouen). La Foi, l'Espérance et la Charité. La Libéralité. Pallas enseignant aux hommes l'usage de la charrue. Discobole. Sara et Tobie. L'Architecture et la Sculpture (hôtel de ville de Paris). La Justice et l'Industrie (barrière du Trône). Fronton du pavillon Denon au Louvre. Sept bas-reliefs du tombeau de Napoléon. Antoine de Bourgogne (Versailles). Charles X. A. Jourdan.

Une notice sur sa vie a été lue par F. Halévy, dans la séance de l'Académie des Beaux-Arts du 12 octobre 1861.

606. — BRUNET de PRESLE (Charles, Marie, Wladimir), ✳

Élu, le 10 décembre 1852, membre de l'Académie des Inscriptions et Belles-Lettres.

Né à Paris, le 10 novembre 1809. — 1864. Professeur de grec moderne à l'École des langues orientales vivantes. — Mort à Savoureau (Seine-et-Marne), le 12 septembre 1875.

Ouvrages. — 1845. Recherches sur les établissements des Grecs en Sicile.— 1846. La Grèce (Univers pittoresque). — 1858. Examen critique de la succession des dynasties égyptiennes. — 1853. Sur un papyrus grec et sur le zodiaque de Denderah. — 1856. Sur les tombeaux des empereurs de Constantinople, in-4. — 1859. La Grèce depuis la conquête romaine jusqu'à nos jours. — 1865. Les papyrus grecs du musée du Louvre et de la Bibliothèque impériale, in-4.

607. — SEURRE (Gabriel, Bernard), ✳

Élu, le 11 décembre 1852, membre de l'Académie des Beaux-Arts (section de Sculpture).

Né à Paris, le 11 juillet 1795. — 1818. Grand Prix de Rome. — Mort à Paris, le 3 octobre 1867.

Œuvres principales. — 1818. Chélonis implorant la grâce de son époux. — 1824. Une baigneuse (Trianon). — 1827. Sainte Barbe (église de la Sorbonne). Sylvie pleurant son cerf. — 1832. Statue de Napoléon (colonne Vendôme). — 1836. Mustapha prisonnier amené devant Bonaparte. La Fontaine (Versailles). Pâris donnant la pomme à Vénus (m. de Nantes). L'Agriculture (Bourse de Paris). Molière (fontaine de la rue Richelieu). La Vierge (église Saint-Nicolas du Chardonnet). La Vierge et les deux anges (hôpital Sainte-Eugénie). Saint Louis (Tunis).

608. — MONTAGNE (Jean, François, Camille), O. ✳

Élu, le 3 janvier 1853, membre de l'Académie des Sciences (section de Botanique).

Né à Vaudoy (Seine-et-Marne), le 15 février 1784. — 1798. Engagé volontaire dans la marine.— 1804. Chirurgien militaire. — 1814 à 1815. Chirurgien en chef de l'armée du royaume de Naples. — 1819. Chirurgien-Major. — 1830 à 1832. Directeur de l'hôpital militaire de Sedan. — Mort à Paris, le 5 janvier 1866.

Ouvrages. — 1845. Plantes cellulaires. — 1846. Cryptogames cellulaires et vasculaires. — 1853. Sylloge generum specierumque cryptogamarum, in-4. — Traduction des études sur le corps gras des vers à soie, de Ciccone. — Collaboration aux Annales des sciences naturelles, au Dictionnaire d'histoire naturelle et à la Revue de botanique.

609. — HITTORFF (Jacob, Ignaz), O. ✳

Élu, le 23 janvier 1853, membre de l'Académie des Beaux-Arts (section d'Architecture).

Né à Cologne (Prusse), le 20 août 1792 ; naturalisé Français, le 12 juillet 1842. — 1814. Inspecteur des bâtiments royaux. — 1831. Architecte du Roi. — 1856 à 1858 et 1863 à 1867. Membre du Conseil général des bâtiments civils. — Mort à Paris, le 25 mars 1867.

Œuvres. — Église Saint-Vincent-de-Paul, à Paris. Décoration de la place de la Concorde et des Champs-Élysées. Rotonde du Panorama. Cirque des Champs-Élysées. Cirque Napoléon. Mairie du Vᵉ arrondissement de Paris (Panthéon). Mairie du Iᵉʳ arrondissement de Paris (Saint-Germain-l'Auxerrois). Disposition de la place de l'Arc-de-Triomphe de l'Étoile. Théâtre de l'Ambigu-Comique. Restauration de la salle Favart. Fontaines de la place de la Concorde.
Ouvrages. — 1826-30. Architecture antique de la Sicile, in-fol. — 1826-30. Architecture moderne de la Sicile, in-fol. — 1830. Architecture polychrome chez les Grecs. — 1832. Les antiquités inédites de l'Attique, trad. de l'anglais.

610. — ROSSIGNOL (Jean, Pierre), ✻

Élu, le 28 janvier 1853, membre de l'Académie des Inscriptions et Belles-Lettres.

Né à Sarlat (Dordogne), le 27 janvier 1803. — 1831 à 1833. Professeur suppléant au collège Charlemagne. — 1835 à 1840. Professeur agrégé au même collège. — 1845. Professeur suppléant au Collège de France. — 1855 à 1893. Professeur de langue et de littérature grecques au Collège de France. — Mort à Paris, le 29 juin 1893.

Ouvrages. — 1830. Dissertation sur le drame que les Grecs appelaient satirique. — 1832. Découverte d'une vie d'Euripide inédite, in-4. — 1833. Tétralogie de l'orateur. Antiphon. — 1836. *Vita scholastica*, poème latin. — 1838. Explication des vues de la Grèce dessinées par le baron de Stackelberg, in-4. — 1839. Recherches sur les classes ouvrières et les classes bourgeoises de l'antiquité. — 1845. Virgile et Constantin le Grand. Traité du vers dochmiaque. — 1846. Dissertation épistolaire sur le rhythme. — 1849. Fragments des choliambographes grecs et latins. — 1850. Trois dissertations sur l'inscription de Delphes, in-4. — 1852. Sur le métal que les anciens appelaient orichalque, in-4. — 1856. Gygès, Lydien, in-4. — 1861. Les artistes homériques. — 1863. Les métaux dans l'antiquité. — 1878. Des services que peut rendre l'archéologie aux études classiques. — 1888. De l'éducation et de l'instruction des hommes chez les anciens. — Collaboration au Journal des savants et à la Revue archéologique.

611. — ROUGÉ (le Vicomte Olivier, Charles, Camille, Emmanuel de), C. ✻

Élu, le 8 juillet 1853, membre de l'Académie des Inscriptions et Belles-Lettres.

Né à Paris, le 11 avril 1811. — 1849. Conservateur du Musée égyptien au Louvre. — 1854 à 1870. Conseiller d'État. — 1860. Professeur de philologie et d'archéologie égyptienne au Collège de France. — Mort à Bois-Dauphin (Sarthe), le 27 décembre 1872.

Ouvrages. — 1849. Notice des monuments exposés dans la galerie d'antiquité égyptienne du Louvre, in-12. — 1859. Étude sur une stèle égyptienne appartenant à la bibliothèque impériale. — 1861. Note sur les noms égyptiens des planètes. Le poème de Pen-ta-our sur les campagnes de Ramsès II. Rituel funéraire des anciens Égyptiens, in-fol. — 1863. Inscription historique du roi Pianché-Mériamoun. — 1866. Recherches sur les monuments qu'on peut attribuer aux six premières dynasties, in-4. — 1867-75. Chrestomatie égyptienne, in-4. — 1874. Mémoire sur l'origine égyptienne de l'alphabet phénicien, in-4. — 1879-80. Inscriptions et notices recueillies en Égypte, 2 vol. in-4.

Une notice sur sa vie a été lue par M. Wallon, dans la séance de l'Académie des Inscriptions et Belles-Lettres du 7 décembre 1877.

612. — VISCONTI (Luigi, Tullius, Gioachino), O. ✻

Élu, le 23 juillet 1853, membre de l'Académie des Beaux-Arts (section d'Architecture).

Né à Rome, le 11 février 1791 ; naturalisé Français en 1799. — 1822. Inspecteur des travaux et Architecte-Voyer de Paris. — 1825. Architecte de la Bibliothèque nationale. — 1841 à 1853. Membre du Conseil général des Bâtiments civils. — 1850. Architecte du prince président, puis de l'Empereur. — Mort à Paris, le 29 décembre 1853.

Œuvres principales. — 1824. Fontaine Gaillon. — 1835. Fontaine de la place Louvois. — 1840. Décoration des funérailles de Napoléon. — 1841. Fontaine Molière. — 1842. Fontaine de la place Saint-Sulpice. Tombeau de Napoléon aux Invalides. — 1852. Achèvement du Louvre. — S. d. Tombeaux des maréchaux Suchet, Lauriston, Gouvion-Saint-Cyr, Soult. Hôtel Pontalba (faubourg Saint-Honoré). Hôtel Collot (quai d'Orsay).

613. — FLANDRIN (Jean, Hippolyte), O. ✻

Élu, le 13 août 1853, membre de l'Académie des Beaux-Arts (section de Peinture).

Né à Lyon (Rhône), le 22 mars 1809. — 1832. Grand Prix de Rome. — 1857 à 1864. Professeur à l'École des Beaux-Arts. — Mort à Rome, le 21 mars 1864.

Œuvres principales. — *Tableaux.* — 1831. Les bergers de Virgile. — 1832. Dante conduit par Virgile console les mânes. — 1834. Polytès observant l'armée grecque. — 1835. Euripide (m. de Lyon). — 1836. Jeune berger. Jeune homme assis sur un rocher, au bord de la mer. — 1837. Saint Clair guérissant des aveugles. — 1838. Jésus-Christ et les petits enfants. — 1839. Femme romaine auprès de son enfant malade. — 1841. Saint Louis dictant ses établissements. — 1844. Mater dolorosa. — 1846. Napoléon législateur.

Peintures monumentales. — 1840. Chapelle Saint-Jean, à l'Église Saint-Séverin. — 1841. Grande salle du château de Dampierre. — 1842-44. Sanctuaire de Saint-Germain-des-Prés. — 1846-48. Chœur de Saint-Germain-des-Prés. — 1848-49. Église Saint-Paul à Nîmes. — 1850-54. Nef de Saint-Vincent-de-Paul à Paris. — 1854. L'agriculture et l'industrie (Conservatoire des arts et métiers). Abside de l'église d'Ainay (Rhône). — 1855. Nef de Saint-Germain-des-Prés.

Portraits. — 1845. Chaix d'Est-Ange. — 1859. Mⁿᵉ de Mackau (la jeune fille à l'œillet). — 1861. Le comte Duchatel. Gatteaux. Le prince Napoléon. Le comte Walewski. — 1863. Napoléon III. Casimir Périer. Decamps. Le Père Lacordaire. Ambroise Thomas. Reber. — Plusieurs portraits, dessins, cartons et esquisses.

Ouvrage. — 1865. Lettres et pensées.

614. — REBER (Napoléon, Henri), O. ✻

Élu, le 12 novembre 1853, membre de l'Académie des Beaux-Arts (section de Composition musicale).

Né à Mulhouse (Haut-Rhin), le 21 octobre 1807. — 1851. Professeur d'harmonie, puis (1862) de composition, au Conservatoire. — 1871. Inspecteur des conservatoires. — Mort à Paris, le 24 novembre 1880.

Œuvres. — 1840. Le diable amoureux (ballet). Naïm (ouverture). — 1848. La nuit de Noël (op.-c.). — 1852. Le Père Gaillard (op.-c.). — 1853. Les papillottes de M. Benoit (op.-c.). — 1857. Les dames capitaine (op.-c.). —
Œuvres diverses. — Symphonies à grand orchestre. Le voile de la châtelaine. La captive. Hallali. La chanson du pays. Mélodies.

Ouvrage. — 1862. Traité d'harmonie.

Une notice sur sa vie a été lue par M. Saint-Saëns, dans la séance de l'Académie des Beaux-Arts du 3 décembre 1881.

615. — GILBERT (Émile, Jacques), O. ✻

Élu, le 26 novembre 1853, membre de l'Académie des Beaux-Arts (section d'Architecture).

Né à Paris, le 4 septembre 1793. — 1822. Grand Prix de Rome. — 1854 à 1863. Professeur à l'École des Beaux-Arts. — 1859 à 1865. Membre du Conseil général des Bâtiments civils. — Mort à Paris, le 31 octobre 1874.

Œuvres principales. — École vétérinaire d'Alfort. Hospice de Charenton. Prison cellulaire de Mazas. Préfecture de police.

Une notice sur sa vie a été lue par M. Abadie, dans la séance de l'Académie des Beaux-Arts du 15 juillet 1876.

616. — TULASNE (Louis, René), ✻

Élu, le 9 janvier 1854, membre de l'Académie des Sciences (section de Botanique).

Né à Azay-le-Rideau (Indre-et-Loire), le 12 septembre 1815. — 1842 à 1859. Aide-naturaliste de botanique au Muséum d'Histoire naturelle. — 1843. Docteur en médecine. — Mort à Paris, le 22 décembre 1885.

Ouvrages. — 1845. Légumineuses arborescentes de l'Amérique du Sud, in-4. — 1849. Études d'embryogénie végétale. — 1851. Histoire et monographie des champignons hypogés, in-fol. — 1852. Mémoire pour servir à l'histoire des lichens. Podostemacearum monographia, in-4. — 1861-63. Selecta fungorum carpologia, 3 vol. in-4.

Une notice sur sa vie a été lue par M. Bornet, dans la séance de l'Académie des Sciences du 22 novembre 1886.

---

617. — GISORS (Alphonse, Henri de), O. ✻

Élu, le 11 février 1854, membre de l'Académie des Beaux-Arts (section d'Architecture).

Né à Paris, le 3 septembre 1796. — 1848 à 1858. Membre du Conseil général des Bâtiments civils. — 1858 à 1866. Inspecteur général des Bâtiments civils. — Mort à Paris, le 17 août 1866.

Œuvres principales. — 1832-33. Clinique de la Faculté de médecine de Paris. — 1834-56. Nombreux travaux au palais et au jardin du Luxembourg. — 1838. Amphithéâtre de l'Observatoire. — 1841. École normale de Paris.
Ouvrage. — Le palais du Luxembourg.

---

618. — MOQUIN-TANDON (Christian, Horace, Benedict, Alfred), ✻

Élu, le 20 février 1854, membre de l'Académie des Sciences (section de Botanique).

Né à Montpellier (Hérault), le 7 mai 1804. — 1826. Docteur ès sciences. — 1828. Docteur en médecine. — 1829. Professeur à l'Athénée de Marseille. — 1833. Professeur de botanique à la Faculté des Sciences de Toulouse. — 1850. Doyen de la même Faculté. — 1851. *Correspondant de l'Institut.* — 1853. Professeur d'histoire naturelle médicale à la Faculté de Médecine de Paris. — Mort à Paris, le 15 avril 1863.

Ouvrages. — 1826. Essai sur les dédoublements d'organes dans les végétaux, in-4. Monographie de la famille des hirudinées, in-4. — 1828. Essai sur la phtisie laryngée syphilitique, in-4. — 1837. Carya Magalonensis ou Noyer de Maguelonne. — 1840. Chenopodearum monographica numeratio, in-fol. Éléments de tératologie végétale. — 1855. Histoire naturelle des mollusques terrestres et fluviatiles de France, 2 vol. — 1859. Éléments de zoologie médicale. in-12. — 1861. Éléments de botanique végétale. — 1864. Le monde de la mer (sous le nom de A. Frédol). — 1866. Éléments de botanique médicale, in-12. — S. d. Les polugalées brésiliens. *Conspectus polygolarum floræ Brasilicæ meridionalis.* Recherches anatomico-physiologiques sur l'ancyle.

---

619. — DUBAN (Félix, Jacques), C. ✻

Élu, le 18 mars 1854, membre de l'Académie des Beaux-Arts (section d'Architecture).

Né à Paris, le 14 octobre 1797. — 1854. Inspecteur général des Bâtiments civils. — 1862. Vice-Président du Conseil général des Bâtiments civils. — Mort à Paris, le 8 octobre 1870.

Œuvres principales. — 1834. Restauration de l'École des beaux-arts. — 1845. Restauration du château de Blois. — 1848. Achèvement de la galerie du bord de l'eau, au Louvre. — S. d. Restauration du château de Dampierre. Restauration de la galerie d'Apollon, au Louvre.

---

620. — EGGER (Auguste, Émile), C. ✻

Élu, le 28 avril 1854, membre de l'Académie des Inscriptions et Belles-Lettres.

Né à Paris, le 18 juillet 1813. — 1833. Docteur ès lettres. — 1834. Agrégé pour les classes supérieures. — 1839 à 1841. Maître de conférences de grammaire à l'École Normale. — 1840 à 1855. Professeur suppléant à la Faculté des Lettres de Paris. — 1855 à 1885. Professeur de littérature grecque à la Faculté des Lettres de Paris. — Mort à Paris, le 30 août 1885.

Ouvrages. — 1843. *Latini sermonis vetustioris reliquiæ selectæ.* Méthode pour étudier l'accentuation grecque. — 1844. Examen critique des historiens anciens de la vie d'Auguste. Recherches sur les Augustales. — 1846. Aperçu sur les origines de la littérature grecque. — 1850. Essai sur l'histoire de la critique chez les Grecs. — 1852. Notions élémentaires de grammaire comparée. — 1854. Apollonius Dyscole. — 1855. De l'étude de la langue latine chez les Grecs dans l'antiquité. — 1858. Observations sur la fonction de secrétaire des princes chez les anciens. — 1861. De l'état civil chez les Athéniens, in-4. — Mémoire sur cette question : Si les Athéniens ont connu la profession d'avocat. — Mémoire sur les traités publics dans l'antiquité. — 1862. Mémoires de littérature ancienne. — 1863. Mémoires d'histoire ancienne et de philologie. — 1865. Le duc de Clermont-Tonnerre. — 1868. Les derniers jours de l'éloquence athénienne. — 1869. L'hellénisme en France, 2 vol. — 1875. Les substantifs verbaux formés par apocope de l'infinitif. — 1881. La parole intérieure. — 1887. Essai sur l'histoire de la critique chez les Grecs, in-12. — 1890. La littérature grecque. — Mémoires insérés dans le Recueil de l'Académie des Inscriptions (t. XVI à XXIV).

Une notice sur sa vie a été lue par M. Wallon, dans la séance de l'Académie des Inscriptions et Belles-Lettres du 22 novembre 1889.

---

621. — BRAVAIS (Auguste), O. ✻

Élu, le 15 mai 1854, membre de l'Académie des sciences (section de Géographie et Navigation).

Né à Annonay (Ardèche), le 23 août 1811. — 1831. Aspirant de marine. — 1834. Enseigne de vaisseau. — 1843. Lieutenant de vaisseau. — 1845 à 1856. Professeur de physique à l'École Polytechnique. — Mort à Versailles (Seine-et-Oise), le 30 mars 1863.

Ouvrages. — 1839. Essai sur la disposition générale des feuilles rectisériées, *Clermont-Ferrand.* — 1840. Essai sur l'équilibre des corps flottants. — 1843. Mémoires sur les courants ascendants de l'atmosphère, *Lyon.* — 1854. Le mont Blanc, in-12. — 1866. Études cristallographiques, in-4. — Collaboration au Journal des mathématiques et aux Annales des sciences naturelles. Mémoires insérés dans le Recueil de l'Académie des sciences (t. IX et XXXV de la 2ᵉ série).

Une notice sur sa vie a été lue par M. Élie de Beaumont, dans la séance de l'Académie des Sciences du 6 février 1865.

---

622. — DUPANLOUP (l'abbé Félix, Antoine, Philibert), ✻

Élu, le 18 mai 1854, membre de l'Académie française. Démissionnaire, le 25 décembre 1872.

Né à Saint-Félix (Haute-Savoie), le 3 janvier 1802 ; naturalisé en 1833. — 1825. Prêtre. — 1825. Vicaire à l'Assomption. — 1830. Aumônier de la Dauphine. — 1834. Préfet des études au petit séminaire de Paris. — 1835. Premier vicaire à Saint-Roch. — 1837 à 1845. Supérieur du petit séminaire de Paris. — 1837. Vicaire général de Paris. — 1841. Professeur d'éloquence sacrée à la Faculté de Théologie de Paris. — 1845. Chanoine de Paris. — 1849. Évêque d'Orléans. — 1871 à 1875. Député du Loiret. — Mort à Orléans, le 11 octobre 1878.

Ouvrages. — 1837. Évangiles choisis de tous les jours de l'année, avec notes littéraires. — 1838. Manuel des catéchismes ou recueil de prières. — 1839. Exposition des principales vérités de la foi catholique d'après Fénelon. — 1840. La vraie et solide vertu sacerdotale d'après Fénelon. La journée du chrétien, d'après Bossuet. — 1841. Méthode générale du catéchisme. — 1842. Le christianisme présenté aux hommes du monde. Éléments de rhétorique sacrée. — 1844. Manuel des petits séminaires. Lettres à M. le duc de Broglie sur l'instruction publique. — 1845. De la pacification religieuse. — 1847. Du nouveau projet de loi sur la liberté d'enseignement. De la liberté d'enseignement. Le véritable esprit du jubilé, in-12. — 1849. La souveraineté temporelle du pape. Lettres sur l'éducation particulière. — 1850. De l'éducation, 3 vol. — 1851. De la haute éducation intellectuelle, in-4. — 1852. Lettre sur l'emploi des auteurs profanes dans l'enseignement classique. — 1855. Panégyrique de Jeanne d'Arc. — 1856. Instructions et règlements sur les études ecclésiastiques. — 1860. La brochure : Le pape et le congrès. Lettres

I.

sur le démembrement des États pontificaux. Oraison funèbre des volontaires de l'armée pontificale. La souveraineté pontificale. Entretiens aux femmes du monde. — 1861. Défense de la liberté de l'Église, 2 vol. Discours sur l'agriculture. Discours sur l'Irlande. Lettre sur l'esclavage. Les sociétés de charité et les francs-maçons. — 1862. Panégyrique de saint Martin. Souvenirs de Rome. — 1863. Avertissement à la jeunesse et aux pères de famille. La charité chrétienne et ses œuvres. Lettre sur les études qui peuvent convenir aux hommes du monde. — 1865. Le catéchisme chrétien, ou exposé de la doctrine de Jésus-Christ. La convention du 15 septembre et l'encyclique du 8 décembre. Oraison funèbre du général La Moricière. — 1866. L'athéisme et le péril social. Entretiens sur la prédication populaire. — 1867. M. Duruy et l'éducation des filles. Femmes savantes et femmes studieuses. Lettre à M. Ratazzi sur les entreprises de Garibaldi. — 1868. Les alarmes de l'épiscopat justifiées par les faits. La femme chrétienne et française. Le mariage chrétien. L'œuvre par excellence, entretiens sur le catéchisme. Quelques conseils aux femmes sur le travail intellectuel. La liberté de l'enseignement supérieur. — 1869. L'enfant. La femme studieuse. Histoire de Notre-Seigneur Jésus-Christ. De la vie commune et des associations sacerdotales. — 1872. La chapelle Saint-Hyacinthe, souvenirs, 2 vol. in-12. Conseils aux jeunes gens sur l'étude de l'histoire. Conseils aux jeunes gens sur l'étude de la philosophie. L'élection de M. Littré à l'Académie française. Quelques mots sur l'instruction en Prusse. — 1873. Du dimanche. — 1874. Lettre à M. Minghetti sur la spoliation de l'Église. Lettre à un père de famille sur le volontariat. — 1875. Étude sur la franc-maçonnerie. — 1876. Où allons-nous ? — 1880. Conférences aux femmes chrétiennes. — 1886. De la dévotion au Saint-Sacrement. — 1888. Lettres choisies, 2 vol.

Son éloge a été prononcé par M. le duc d'Audiffret-Pasquier, dans la séance de l'Académie française du 19 février 1880.

623. — SACY (Samuel, Ustazade, SILVESTRE de), C. ✳

Élu, le 18 mai 1854, membre de l'Académie française.

Né à Paris, le 17 octobre 1801. — 1822. Avocat à la Cour de Paris. — 1836. Conservateur à la Bibliothèque Mazarine.— 1848. Administrateur de la Bibliothèque Mazarine. — 1865 à 1870. Sénateur. — Mort à Paris, le 14 février 1879.

Ouvrages. — 1858. Variétés littéraires, morales et historiques, 2 vol. — 1865. Deux articles sur l'histoire de Jules César.— 1868. Rapport sur les progrès des lettres.

Éditions, avec préfaces et notes, de la bibliothèque spirituelle et des lettres de Mᵐᵉ de Sévigné.— Traduction de l'Imitation de Jésus-Christ. — Collaboration au Journal des Débats.

Son éloge a été prononcé par M. Labiche, dans la séance de l'Académie française du 25 novembre 1880.

624. — LONGPÉRIER (Henry, Adrien, PRÉVOST de), C. ✳

Élu, le 27 mai 1854, membre de l'Académie des Inscriptions et Belles-Lettres.

Né à Paris, le 21 septembre 1816. — 1836 à 1847. Attaché au cabinet des médailles de la Bibliothèque du Roi. — 1847. Conservateur du Musée égyptien au Louvre. — Mort à Paris, le 14 janvier 1882.

Ouvrages. — 1840-54. Mémoires sur la numismatique des rois sassanides et des rois arsacides, in-4. — 1840. Monnaies françaises du cabinet de M. Dassy. Essai sur les médailles des rois perses de la dynastie sassanide. — 1841. Description des médailles du cabinet de M. de Magnoncour. — 1846. Notice des monnaies de la collection de M. Rousseau. — 1849. Notice des monuments exposés dans la galerie d'antiquités assyriennes au Louvre. Notice des monuments exposés dans la galerie d'antiquités grecques au Louvre. — 1850. Notice des monuments exposés dans la galerie d'antiquités américaines au Louvre. — 1851. Documents numismatiques pour servir à l'histoire des Arabes d'Espagne, in-4. — 1853. Antiquités de la Perse, in-4. — 1864. Le musée Napoléon III, in-fol. — 1883-84. Œuvres publiées par G. Schlumberger, 6 vol. (t. I : Archéologie orientale ; II et III : Antiquités grecques, romaines et gauloises ; IV à VI : Moyen âge et Renaissance). — Collaboration à la Revue archéologique, à la Revue numismatique, au Journal asiatique, aux Mémoires de la Société des antiquaires, à la Revue de philologie, au Trésor de numismatique et aux Annales de l'Institut archéologique.

Une notice sur sa vie a été lue par M. Wallon, dans la séance de l'Académie des Inscriptions et Belles-Lettres du 13 novembre 1885.

625. — BERNARD (Claude), C. ✳

Élu, le 26 juin 1854, membre de l'Académie des Sciences (section de Médecine et Chirurgie).
Élu, le 7 mai 1868, membre de l'Académie française.

Né à Saint-Julien (Rhône), le 12 juillet 1813. — 1839. Interne des hôpitaux. — 1841. Préparateur au Collège de France. — 1843. Docteur en médecine. — 1854. Professeur de physiologie générale à la Faculté des Sciences de Paris. — 1855 à 1878. Professeur de médecine au Collège de France.— 1868 à 1878. Professeur de physiologie générale au Muséum d'Histoire naturelle. — 1869 à 1870. Sénateur. — Mort à Paris, le 10 février 1878.

Ouvrages. — 1846-54. Précis iconographique de médecine opératoire, in-12. — 1853. Nouvelle fonction du foie, in-4. — 1855-56. Leçons de physiologie expérimentale appliquée à la médecine, 2 vol. — 1856. De la chaleur animale. Mémoire sur le pancréas. — 1857. Leçons sur les effets des substances toxiques et médicamenteuses. — 1858. Leçons sur la physiologie et la pathologie du système nerveux, 2 vol. — 1859. Leçons sur les propriétés physiologiques et les altérations pathologiques des différents liquides de l'organisme, 2 vol. — 1860. Leçons et expériences physiologiques sur la nutrition et le développement. — 1865. Introduction à l'étude de la médecine expérimentale. Leçons sur les propriétés des tissus vivants. — 1867. Rapport sur les progrès de la physiologie générale en France. — 1872. Leçons de pathologie expérimentale. — 1875. Leçons sur les anesthésiques et sur l'asphyxie. Leçons sur la chaleur animale. Leçons sur le diabète et la glycogénèse animale. — 1878. La science expérimentale. — 1878-79. Leçons sur les phénomènes de la vie commune aux animaux et aux végétaux. — 1879. Leçons de physiologie opératoire. — 1886. Arthur de Bretagne, drame inédit.

Son éloge a été prononcé par M. E. Renan, dans la séance de l'Académie française du 3 avril 1879.

626. — CLAPISSON (Antoine, Louis), ✳

Élu, le 26 août 1854, membre de l'Académie des Beaux-Arts (section de Composition musicale).

Né à Naples (Deux-Siciles), le 15 septembre 1808, de parents français. — Mort à Paris, le 19 mars 1866.

Œuvres. — 1838. La figurante (op.-c.). — 1839. La symphonie ou Maître Albert (op.-c.). — 1840. La perruche (op.-c.). — 1841. Le pendu (op.-c.). Frère et mari (op.-c.). — 1842. Le code noir (op.-c.). — 1844. Les bergers trumeaux (op.-c.). — 1846. Gibby la cornemuse (op.-c.). — 1848. Jeanne la Folle (op.). — 1850. La statue équestre (op.-c.). — 1852. Les mystères d'Udolphe (op.-c.). — 1854. La promise (op.-c.). — 1856. La fanchonnette (op.-c.). Le sylphe (op.-c.). — 1857. Margot (op.-c.). — 1858. Les trois Nicolas (op.-c.). — 1861. Mme Grégoire (op.-c.).

627. — PAYER (Jean-Baptiste), ✳

Élu, le 18 décembre 1854, membre de l'Académie des Sciences (section de Botanique).

Né à Asfeld (Ardennes), le 3 février 1818. — 1840. Docteur ès sciences. — 1840. Agrégé. — 1840. Professeur à la Faculté des Sciences de Rennes. — 1841 à 1848. Professeur suppléant à la Faculté des Sciences de Paris. — 1845. Docteur en médecine. — 1846 à 1860. Maître de conférences à l'École Normale. — 1848. Chef du cabinet du Ministre des Affaires étrangères. — 1848 à 1851. Député des Ardennes. — 1852 à 1860. Professeur de botanique à la Faculté des Sciences de Paris. — Mort à Paris, le 5 septembre 1860.

Ouvrages. — 1850. Botanique cryptogamique. — 1854-59. Traité d'organogénie végétale comparée, 2 vol. — 1857. Éléments de botanique. — 1860-64. Leçons sur les familles naturelles des plantes, in-12. — Publication du Cours d'histoire naturelle d'Adanson.

628. — FORTOUL (Hippolyte, Nicolas, Honoré), G. O. ✳

Élu, le 16 février 1855, membre de l'Académie des Inscriptions et Belles-Lettres.

Né à Digne (Basses-Alpes), le 4 août 1811. — 1840. Docteur ès lettres. — 1841 à 1846. Professeur à la Faculté des Lettres de Toulouse. — 1846. Doyen de la Faculté des Lettres d'Aix. — 1849 à 1851. Député des Basses-Alpes. — 1851 (octobre-décembre). Ministre de la Marine et des Colonies. — 1851 à 1856. Ministre de l'Instruction publique et des Cultes. — 1853. Sénateur. — Mort à Ems (Nassau), le 7 juillet 1856.

Ouvrages. — 1838. Grandeurs de la vie privée, 2 vol. Histoire du xvi⁰ siècle, in-12. — 1839. Étude sur la maison des Stuarts. — 1840. Du génie de Virgile, *Lyon.* — 1841. De l'art en Allemagne, 2 vol. — 1842. La danse des morts de Holbein expliquée. De la littérature antique au moyen âge. — 1844. Les fastes de Versailles. — 1845. Essai sur la théorie et sur l'histoire de la peinture. — 1851. Une page d'histoire contemporaine : la revision de la constitution, in-12. — 1854. Études d'archéologie et d'histoire, 2 vol. — Collaboration à l'Encyclopédie nouvelle, à la Revue de Paris, à la Revue des Deux Mondes et à l'Artiste.

---

629. — LEGOUVÉ (Joseph, Wilfrid, Ernest, Gabriel), C. ✳

Élu, le 1ᵉʳ mars 1855, membre de l'Académie française.

Né à Paris, le 15 février 1807. — 1877 à 1880. Professeur de diction à l'École Normale. — 1881. Inspecteur général de l'Instruction publique, Directeur des études à l'École normale de Sèvres.

Ouvrages. — 1829. La découverte de l'imprimerie. Mon père, poésie. — 1832. Les morts bizarres, poème dramatique, in-12. — 1833. Max. — 1834. Les vieillards. — 1840. Edith de Falsen, in-12. — 1842. Jean-Nicolas Bouilly. — 1848. Cours d'histoire morale des femmes. Histoire morale des femmes. — 1857. Les deux hirondelles de cheminée. Les deux misères, poésies. — 1858. Un souvenir de Manin. — 1860. Béatrix ou la madone de l'art. — 1862. Lectures à l'Académie. — 1863. La croix d'honneur et les comédiens. — 1864. La femme en France au xix⁰ siècle. Jean Reynaud. — 1867-69. Les pères et les enfants. — 1871. Les épaves du naufrage. — 1872. Un tournoi au xix⁰ siècle. Conférences parisiennes. — 1873. Sully, in-12. — 1875. M. Samson et ses élèves. — 1877. L'art de la lecture. — 1878. Nos filles et nos fils. — 1880. Études et souvenirs de théâtre. — 1881. La lecture en action. — 1882. La lecture en famille. — 1886-87. Soixante ans de souvenirs, 2 vol. — 1890. Une élève de seize ans. Fleurs d'hiver, fruits d'hiver. Épis et bleuets.

Théâtre. — 1838. Louise de Lignerolles. — 1845. Guerrero ou la trahison. — 1849. Adrienne Lecouvreur. — 1850. Les contes de la reine de Navarre. — 1851. Bataille de dames. — 1855. Médée. Par droit de conquête. — 1857. Le pamphlet. — 1858. Les doigts de fée. — 1861. Béatrix. Un jeune homme qui ne fait rien. — 1865. Les deux reines de France. — 1867. Miss Suzanne. — 1868. A deux de jeu. — 1876. La cigale chez les fourmis. — 1877. Une séparation. — 1880. Anne de Kerviler.

---

630. — BROGLIE (le Duc Charles, Achille, Victor, Léonce de), G. C. ✳

Élu, le 1ᵉʳ mars 1855, membre de l'Académie française. Élu, le 23 juin 1866, membre de l'Académie des Sciences morales et politiques (section de Philosophie).

Né à Paris, le 29 novembre 1785. — 1809 à 1810. Auditeur au Conseil d'État. — 1814 à 1848. Pair de France. — 1817 à 1823. Conseiller d'État. — 1830 (juillet). Ministre de l'Intérieur et des Travaux publics. — 1830 (août-novembre). Ministre de l'Instruction publique et des Cultes et Président du Conseil d'État. — 1832 à 1834. Ministre des Affaires étrangères. — 1833. *Membre libre de l'Académie des Sciences morales et politiques.* — 1835 à 1836. Président du Conseil, Ministre des Affaires étrangères. — 1849 à 1851. Député de l'Eure. — Mort à Paris, le 25 janvier 1870.

Ouvrages. — 1852. Sur Othello et sur l'état de l'art dramatique. — 1861. Écrits et discours, 3 vol. — 1870. Vues sur le gouvernement de la France. — 1879. Le libre échange et l'impôt. — 1886. Souvenirs, 4 vol.

Son éloge a été prononcé par M. Duvergier de Hauranne, dans la séance de l'Académie française du 29 février 1872, et une notice sur sa vie a été lue par M. Mignet, dans la séance de l'Académie des Sciences morales et politiques du 5 décembre 1874.

631. — REGNIER (Jacques, Auguste, Adolphe), O. ✳

Élu, le 9 mars 1855, membre de l'Académie des Inscriptions et Belles-Lettres.

Né à Mayence (alors département du Mont-Tonnerre), le 7 juillet 1804. — 1829. Agrégé des classes supérieures. — 1829. Professeur au collège Saint-Louis. — 1832 à 1842. Professeur de rhétorique au collège Charlemagne. — 1838. Professeur suppléant au Collège de France. — 1841 à 1843. Maître de conférences de langue et littérature allemandes à l'École Normale. — 1843 à 1853. Précepteur de M. le comte de Paris. — Mort à Paris, le 21 octobre 1884.

Ouvrages. — 1830. Grammaire allemande, in-12. — 1830-33. Cours complet de langue allemande, 7 vol. in-12. — 1840. Traité de la formation et de la composition des mots dans la langue grecque. — 1841. Dictionnaire français-allemand et allemand-français, 2 vol. — 1843. Dictionnaire étymologique des mots français tirés du grec. — 1853. Mémoire sur l'histoire des langues germaniques, in-4. — 1855. Études sur l'idiome des Védas et les origines du sanscrit. — 1855. Traité de la formation des mots dans la langue grecque. — 1857-59. Études sur la grammaire védique, 3 vol. — 1861. Vie de Schiller. — 1861. La grammaire allemande enseignée par la pratique. — Traduction des œuvres de Schiller; édition des œuvres de Mme de Sévigné et de divers ouvrages classiques.

632. — DELAUNAY (Charles, Eugène), O. ✳

Élu, le 12 mars 1855, membre de l'Académie des Sciences (section d'Astronomie).

Né à Lusigny (Aube), le 9 avril 1816. — 1836. Élève ingénieur des Mines. — 1841. Ingénieur des Mines. — 1841. Docteur ès sciences. — 1844 à 1849. Professeur de topographie à l'École des Mines. — 1845 à 1851. Professeur au collège Sainte-Barbe. — 1846 à 1847. Professeur suppléant au Collège de France. — 1849. Professeur suppléant à la Faculté des Sciences. — 1851. Professeur de mécanique physique à la Faculté des Sciences de Paris. — 1851 à 1861. Professeur de mécanique à l'École Polytechnique. — 1864. Membre du Bureau des Longitudes. — 1870. Directeur de l'Observatoire de Paris. — Noyé accidentellement, dans la rade de Cherbourg, le 5 août 1872.

Ouvrages. — 1854. Cours élémentaire de mécanique, in-12. — 1855. Cours élémentaire d'astronomie, in-12. — 1856. Traité de mécanique rationnelle. — 1860. Théorie du mouvement de la lune, 3 vol. in-4. — 1867. Rapport sur les progrès de l'astronomie.

633. — PONSARD (François), O. ✳

Élu, le 22 mars 1855, membre de l'Académie française.

Né à Vienne (Isère), le 1er juin 1814. — 1836. Avocat. — 1852. Bibliothécaire du Sénat. — Mort à Paris, le 7 juillet 1867.

Ouvrages. — *Théâtre :* 1843. Lucrèce. — 1846. Agnès de Méranie. — 1850. Charlotte Corday. Horace et Lydie. — 1852. Ulysse. — 1853. L'honneur et l'argent. — 1856. La bourse. — 1860. Ce qui plaît aux femmes. — 1866. Le lion amoureux. — 1867. Galilée.

1837. Traduction en vers de Manfred, de Byron. — 1852. Homère, poème. — 1866. Œuvres complètes, 3 vol.

Son éloge a été prononcé par M. Autran, dans la séance de l'Académie française du 8 avril 1869.

634. — DAUSSY (Pierre), C. ✳

Élu, le 9 avril 1855, membre de l'Académie des Sciences (section de Géographie et Navigation).

Né à Paris, le 8 octobre 1792. — 1808. Élève hydrographe. — 1812. Soldat au 12ᵉ léger. — 1818. Ingénieur hydrographe de la marine. — 1829. Ingénieur hydrographe en chef. — 1842. Membre du Bureau des Longitudes. — 1842 à 1852. Conservateur du Dépôt des cartes et plans de la marine. — Mort à Paris, le 5 septembre 1860.

Ouvrages. — 1847. Tables des positions géographiques des principaux lieux du globe, in-4. — Rapport sur la détermination de la longueur de l'arc du méridien entre les parallèles de Dunkerque et de Formentera. — Collaboration à la Connaissance des temps et à la publication de nombreuses cartes géographiques.

635. — AUDIFFRET (le Marquis Charles, Louis, Gaston d'), G. C. ✳

Nommé, par le décret impérial du 14 avril 1855, membre de l'Académie des Sciences morales et politiques (section de Politique). Passé, par une décision de l'Académie du 26 mai 1866, dans la section d'Économie politique.

Né à Paris, le 10 octobre 1787. — 1808. Commis dans l'Administration des finances. — 1812. Chef de bureau. — 1812. Auditeur au Conseil d'État. — 1815. Chef de division. — 1817. Maître des requêtes. — 1829 à 1859. Président de chambre à la Cour des comptes. — 1830 à 1838. Conseiller d'État. — 1837 à 1848. Pair de France. — 1852 à 1870. Sénateur. — Mort à Paris, le 17 avril 1878.

Ouvrages. — 1839. Examen des revenus publics. — 1840 à 1870. Système financier de la France, 6 vol. — 1841. Le budget. — 1844. La libération de la propriété ou réforme de l'administration des impôts. — 1848. La crise financière de 1848. — 1855. Souvenirs de l'administration de M. de Villèle. — 1861. Aperçu du progrès du crédit public de 1789 à 1860. — 1875. État de la fortune nationale et du crédit public de la France de 1789 à 1873. — 1876. Introduction au système financier. Souvenirs de ma carrière.

636. — BARTHE (Félix), G. C. ✳

Nommé, par le décret impérial du 14 avril 1855, membre de l'Académie des Sciences morales et politiques (section de Politique).

Né à Narbonne (Aude), le 28 juillet 1795. — 1817. Avocat à la Cour de Paris. — 1830. Procureur général près la Cour d'appel de Paris. — 1830 à 1834. Député de la Seine. — 1830. Ministre de l'Instruction publique et des Cultes. — 1831 à 1834. Garde des sceaux, Ministre de la Justice. — 1834 à 1837. Premier Président de la Cour des comptes. — 1834 à 1848. Pair de France. — 1838 à 1839. Garde des sceaux, Ministre de la Justice. — 1839 à 1848 et 1849 à 1863. Premier Président de la Cour des comptes. — 1852. Sénateur. — Mort à Paris, le 27 décembre 1863.

Ouvrages. — 1827. Réfutation de la relation du capitaine Maitland, touchant Napoléon. — 1831. De l'esprit de notre révolution. De l'esprit des lois faites et des lois présentées. — Collaboration au Journal de législation et de jurisprudence.

637. — CLÉMENT (Jean, Pierre), ✳

Nommé, par le décret impérial du 14 avril 1855, membre de l'Académie des Sciences morales et politiques (section de Politique). Passé, par décision de l'Académie en date du 26 mai 1866, dans la section d'Histoire.

Né à Draguignan (Var), le 2 juin 1809. — 1861. Chef de bureau au Ministère des Finances. — Mort à Paris, le 8 novembre 1870.

Ouvrages. — 1846. Histoire de la vie et de l'administration de Colbert. — 1848. Le gouvernement de Louis XIV. — 1853. Jacques Cœur et Charles VII, 2 vol. — 1854. Histoire du système protecteur en France depuis Colbert jusqu'en 1848. Portraits historiques. — 1857. Trois drames historiques.—1859. Études financières et d'économie sociale. — 1866. La police sous Louis XIV. — 1868. Mᵐᵉ de Montespan et Louis XIV. — 1869. Une abbesse de Fontevrault au xviiᵉ siècle. — 1870. L'Italie en 1671 : Un voyage du marquis de Seignelay. — 1878. M. de Silhouette-Bouret. Les derniers fermiers généraux, in-12. — Publication des lettres, instructions et mémoires de Colbert.

---

638. — CORMENIN (le Vicomte Louis, Marie DELAHAYE de), C. ✳

Nommé, par le décret impérial du 14 avril 1855, membre de l'Académie des Sciences morales et politiques (section de Politique). Passé dans la section de Morale, en vertu d'une décision de l'Académie du 26 mai 1866.

Né à Paris, le 6 janvier 1788. — 1808. Avocat à la Cour de Paris. — 1810 à 1814. Auditeur au Conseil d'État. — 1814 à 1830. Maître des requêtes. — 1818. Baron. — 1826. Vicomte.—1828 à 1830. Député du Loiret. — 1832 à 1834. Député de l'Ain. — 1834 à 1846. Député de l'Yonne. — 1848. Député de la Seine. — 1848 (février-juin). Vice-Président du Conseil d'État. — 1849 (avril-juin). Président de la section du contentieux du Conseil d'État. — 1849 à 1868. Conseiller d'État. — Mort à Paris, le 6 mai 1868.

Ouvrages. — 1818. Du Conseil d'État envisagé comme conseil et comme juridiction. — 1822. Questions de droit administratif. — 1828. De la responsabilité des agents du gouvernement. — 1832. Aide-toi, le ciel t'aidera. Le bilan du 13 mars, in-12. — 1836. Lettres sur la souveraineté du peuple. — 1837. Lettres sur la liste civile et sur l'apanage, in-12. — 1838. Études sur les orateurs parlementaires, 2 vol. in-12. Très humbles remontrances sur la liste civile, in-12. — 1840. Droit administratif, 2 vol. Question scandaleuse d'un jacobin au sujet d'une dotation. — 1842. Avis aux contribuables, 2 vol. in-32. — 1843-44. Le livre des orateurs. — 1844. La légomanie, in-12. — 1845. Oui ou non ! au sujet des ultramontains et des gallicans. Feu ! Feu ! in-12. — 1846. Entretiens de village, dialogues de maître Pierre. Ordre du jour sur la corruption électorale et parlementaire, in-12. — 1847. L'éducation et l'enseignement en matière d'instruction secondaire, in-12. Le maire de village, in-12. — 1848. Deux pamphlets sur l'indépendance de l'Italie, in-12. — 1849. Des salles d'asile, in-12. — 1850. Liberté, gratuité et publicité de l'enseignement, in-12. — 1851. La coalition, ou les rouges, les blancs et le président. La revision, in-12. — 1860. Le droit de tonnage en Algérie, in-12. — 1860. L'Algérie et ses relations extérieures, in-12. — 1869-70. Œuvres, 3 vol.

---

639. — GRÉTERIN (Théodore), G. O. ✳

Nommé, par le décret impérial du 14 avril 1855, membre de l'Académie des Sciences morales et politiques (section de Politique).

Né à Sévigny-la-Forêt (Ardennes), le 12 novembre 1794. — 1816. Commis au Ministère des Finances. — 1828. Chef de bureau des Douanes. — 1830. Administrateur des Douanes. — 1831. Directeur des Douanes et sels. — 1831 à 1837. Maître des requêtes au Conseil d'État. — 1837 à 1848 et 1852 à 1860. Conseiller d'État. — 1852. Directeur général des Contributions indirectes et des Douanes. — 1860. Sénateur. — Mort à Paris, le 16 mai 1861.

M. Gréterin a rédigé un grand nombre de rapports administratifs, mais il n'a publié aucun ouvrage.

---

640. — LAFERRIÈRE (Louis, Firmin, Julien), O. ✳

Nommé, par le décret impérial du 14 avril 1855, membre de l'Académie des Sciences morales et politiques (section de Politique). Passé dans la section de Législation, en vertu d'une décision de l'Académie en date du 29 janvier 1859.

Né à Jonzac (Charente-Inférieure), le 5 novembre 1798. — 1820. Avocat à la Cour de Bordeaux. — 1838. Professeur de droit administratif à la Faculté de Rennes. — 1846 à 1849 et 1852 à 1861.

Inspecteur général de l'enseignement supérieur pour le droit.—1849. Conseiller d'État.—1849. Député. — 1850. Recteur de l'Académie de Seine-et-Oise. — 1854 à 1856. Chargé de l'administration de l'Académie de Toulouse. — Mort à Paris, le 14 février 1861.

Ouvrages. — 1836-38. Essai sur l'histoire du droit français, 2 vol. — 1839. Cours de droit public et adminis-tratif, 2 vol., Rennes. — 1844. Notice sur M. Lehuérou, auteur des Institutions mérovingiennes. — 1846-58. Histoire du droit français et du droit civil de Rome, 6 vol. — 1848. Essai sur la réforme hypothécaire. — 1849. De l'ensei-gnement administratif dans les facultés de droit. — 1850-52. Histoire des principes, des institutions et des lois pendant la Révolution française (1789-1804), in-12. — 1855. Essai sur les anciennes coutumes de Toulouse.— 1856. Les lois de Simon de Montfort et les coutumes d'Albi. — 1860. De l'influence du stoïcisme sur la doctrine des jurisconsultes romains.

641. — LEFEBVRE (Armand, Édouard), C. ✳

Nommé, par le décret impérial du 14 avril 1855, membre de l'Académie des Sciences morales et politiques (section de Politique).

Né à Paris, le 18 avril 1800. — 1821. Attaché au Ministère des Affaires étrangères. — 1848. Ministre plénipotentiaire à Carlsruhe. — 1849. Ministre de France en Bavière. — 1850. Ministre plénipotentiaire en Prusse. — 1852 à 1863. Conseiller d'État. — 1855. Directeur des affaires poli-tiques au Ministère des Affaires étrangères. — 1856. Directeur des fonds et de la comptabilité au même département. — Mort à La Comerie (Seine-et-Oise), le 1er septembre 1864.

Ouvrage. — Histoire des cabinets de l'Europe pendant le Consulat et l'Empire, 3 vol.

642. — MESNARD (Jacques, André), G. C. ✳

Nommé, par le décret impérial du 14 avril 1855, membre de l'Académie des Sciences morales et politiques (section de Politique).

Né à Rochefort (Charente-Inférieure), le 11 novembre 1792. — 1813. Avocat à Rochefort. — 1819. Juge suppléant au Tribunal de Rochefort. — 1830. Premier avocat général à la Cour de Poitiers. — 1832. Procureur général à la Cour de Grenoble. — 1836. Procureur général à la Cour de Rouen. — 1841. Conseiller à la Cour de cassation. — 1845. Pair de France. — 1850 à 1854. Pré-sident de chambre à la Cour de cassation.—1852. Sénateur.—1852. Vice-Président du Sénat.—1856. Président honoraire à la Cour de cassation. — Mort à Paris, le 24 décembre 1858.

Ouvrages. — 1831. De l'administration de la justice criminelle en France. — Discours de rentrée. — Traduc-tion de la Divine Comédie de Dante.

643. — PELET (le Baron Jean, Jacques, Germain), G. C. ✳

Nommé, par le décret impérial du 14 avril 1855, membre de l'Académie des Sciences morales et politiques (section de Politique).

Né à Toulouse (Haute-Garonne), le 15 juillet 1777. — 1799. Engagé volontaire. — 1800. Sous-Lieutenant des ingénieurs géographes militaires. — 1801. Lieutenant du génie. — 1807. Capitaine. — 1809. Lieutenant-Colonel. — 1811. Colonel. — 1813. Général de brigade. — 1813. Adjudant général de la garde impériale. — 1830. Lieutenant général. — 1831 à 1849. Directeur général du Dépôt de la guerre. — 1831 à 1837. Député de la Haute-Garonne. — 1837 à 1848. Pair de France. — 1852. Sénateur. — Mort à Paris, le 20 décembre 1858.

Ouvrages. — 1824. Mémoires sur la guerre de 1809, 4 vol. — 1826. Des principales opérations de la campagne de 1813. — 1828. Sur les affaires d'Orient. — 1836-1862. Mémoires militaires relatifs à la succession d'Espagne sous Louis XIV, 11 vol. in-4. — 1841. Les fortifications de Paris. — S. d. Introduction aux campagnes de l'empe-reur Napoléon en 1805, 1806, 1807 et 1809, 3 vol.

644. — WOLOWSKI (Ludwik, Franciszek, Michal, Reymond), O. ✳

*Élu, le 19 mai 1855, membre de l'Académie des Sciences morales et politiques
(section d'Économie politique).*

Né à Varsovie (Pologne), le 31 août 1810; naturalisé Français, le 19 décembre 1834. — 1839 à 1876. Professeur d'économie politique et législation industrielle au Conservatoire des Arts et Métiers. — 1848 à 1851 et 1871 à 1875. Député de la Seine. — Mort à Gisors (Eure), le 15 août 1876.

Ouvrages. — 1838. Des sociétés par actions. — 1839. Mobilisation du Crédit foncier. — 1843. Des fraudes commerciales. — 1844. De l'organisation du travail. — 1848. Études d'économie politique et de statistique. — 1849. De l'organisation du Crédit foncier. — 1855. Henri IV économiste. — 1859. Introduction de l'économie politique en Italie. — 1864. Les finances de la Russie. La monnaie, in-12. La question des banques. — 1866. Enquête sur les principes et les faits généraux qui règlent la circulation monétaire et fiduciaire, in-4. — 1867. La banque d'Angleterre et les banques d'Écosse. — 1868. La liberté commerciale et les résultats du traité de commerce de 1860. — 1869. Le change et la circulation. La question monétaire. — 1870. Enquête sur la question monétaire. L'or et l'argent. — 1872. L'impôt sur le revenu. — Collaboration à la Revue de législation et de jurisprudence, au Journal des économistes et aux annuaires de l'économie politique.

645. — CLOQUET (le Baron Jules, Germain), C. ✳

Élu, le 11 juin 1855, membre de l'Académie des Sciences (section de Médecine et Chirurgie).

Né à Paris, le 28 décembre 1790. — 1817. Docteur en médecine. — 1824. Agrégé. — 1831. Professeur de pathologie chirurgicale, puis (1833) de clinique chirurgicale et (1851) de pathologie chirurgicale à la Faculté de Médecine de Paris. — 1867. Baron. — Mort à Paris, le 23 février 1883.

Ouvrages. — 1817-19. Recherches anatomiques sur les hernies de l'abdomen, in-4. — 1818. Mémoire sur la membrane pupillaire de l'œil. — 1819. De la squelettopie, in-4. — 1820. De l'influence des efforts sur les organes situés dans la cavité thoracique. Mémoire sur les fractures de la mâchoire supérieure. — 1821. Mémoire sur les voies lacrymales des serpents, in-4. — 1821-30. Anatomie de l'homme ou description du corps humain, 5 vol. in-fol. — 1824. Anatomie des vers intestinaux, in-4. — 1825-31. Manuel d'anatomie descriptive du corps humain, 2 vol. — 1825. Mémoire sur l'acuponcture. — 1831. Pathologie chirurgicale, in-4. — 1835. Souvenirs sur la vie privée du général Lafayette. — Collaboration à l'Encyclopédie des sciences médicales.

646. — HÉLIE (Faustin), G. C. ✳

Élu, le 23 juin 1855, membre de l'Académie des Sciences morales et politiques (section de Législation).

Né à Nantes (Loire-Inférieure), le 31 mai 1799. — 1822. Avocat à Nantes. — 1823. Commis au Ministère de la Justice. — 1828. Rédacteur. — 1832. Commis principal. — 1837. Chef de bureau. — 1848. Directeur des Affaires criminelles et des grâces. — 1849. Conseiller à la Cour de cassation. — 1872 à 1874. Président de chambre à la Cour de cassation. — 1874. Président honoraire à la Cour de cassation. — 1879 à 1884. Vice-Président du Conseil d'État. — Mort à Paris, le 22 octobre 1884.

Ouvrages. — 1834. Du jury appliqué aux délits de presse. — 1835-42. Théorie du code pénal, 8 vol. — 1845-60. Traité de l'instruction criminelle, 9 vol. — 1877. Pratique criminelle des cours et tribunaux, 2 vol. — Collaboration à la Revue de législation et de jurisprudence.

Une notice sur sa vie a été lue par M. Batbie, dans la séance de l'Académie des Sciences morales et politiques du 20 février 1886.

I.

647. — LAVERGNE (Louis, Gabriel, Léonce, GUILHAUD de), C. ✳

*Élu, le 3o juin 1855, membre de l'Académie des Sciences morales et politiques
(section d'Économie politique).*

Né à Bergerac (Dordogne), le 24 janvier 1809. — 1840. Rédacteur au Ministère des Affaires
étrangères. — 1842. Maître des requêtes au Conseil d'État. — 1844 à 1848. Sous-directeur au Ministère des Affaires étrangères. — 1846 à 1848. Député du Gers. — 1850 à 1852. Professeur à l'Institut
agronomique. — Mort à Versailles (Seine-et-Oise), le 18 janvier 1880.

Ouvrages. — 1841-42. Dictionnaire encyclopédique usuel (sous le nom de Ch. Saint-Laurent). — 1854. Essai
sur l'économie rurale de l'Angleterre, de l'Écosse et de l'Irlande. — 1857. Mémoire sur l'économie rurale de la
France. — 1858. L'agriculture et la population en 1855 et 1856, in-12. — 1860. La constitution de 1852 et le décret
du 24 novembre, in-12. — 1863. Les assemblées provinciales sous Louis XVI. — 1865. La banque de France et les
banques départementales. — 1866. L'agriculture et l'enquête agricole. — 1870. Les économistes français du
XVIIIᵉ siècle.

---

648. — LEFUEL (Hector, Martin), C. ✳

Élu, le 28 juillet 1855, membre de l'Académie des Beaux-Arts (section d'Architecture).

Né à Versailles (Seine-et-Oise), le 14 novembre 1810. — 1839. Grand Prix de Rome. — 1845.
Architecte du château de Meudon.— 1853. Architecte du château de Fontainebleau et du palais des
Tuileries. — 1855. Architecte de l'Empereur. — 1866. Inspecteur général des Bâtiments civils. —
1871. Vice-Président du Conseil général des Bâtiments civils. — Mort à Paris, le 31 décembre 1880.

Œuvres. — 1854. Palais des Beaux-Arts (exposition universelle de 1855). Achèvement des travaux de jonction
du Louvre et des Tuileries. — 1856. Hôtel Fould (faubourg Saint-Honoré). — 1857. Restauration du château de
Fontainebleau. — Hôtel de Nieuwerkerke, au parc Monceau. Hôtel d'Émonville, à Abbeville. Monuments d'Auber et
de Bazin, au cimetière du Père-Lachaise. Château de Neudeck.

Une notice sur sa vie a été lue par M. Ginain, dans la séance de l'Académie des Beaux-Arts du
25 mars 1882.

---

649. — JALEY (Jean, Louis, Nicolas), ✳

Élu, le 23 février 1856, membre de l'Académie des Beaux-Arts (section de Sculpture).

Né à Paris, le 27 janvier 1802. — 1827. Grand Prix de Rome. — Mort à Neuilly (Seine), le
3o mai 1866.

Œuvres principales. — *Groupes et statues.* — 1824. La tunique de Joseph rapportée à Jacob. — 1827. Mucius
Scevola. — 1833. La Prière (Louvre). — 1834. La Pudeur (Luxembourg). — 1836. Bailly (Chambre des députés).
Mirabeau (Chambre des députés). Paria indien. — 1837. Philippe-Auguste (Versailles). Louis XI (Versailles). —
1838. Gloria in excelsis (chap. du Luxembourg). — 1841. Le maréchal Gérard (Versailles). — 1844. Le duc d'Orléans
(Versailles). — 1847. L'Amour enfant. — 1848. Bacchante. L'Amour maternel. Le général d'Hautpoul. — 1849.
Bacchante. — 1850. Jeune fille. — 1852. Souvenir de Pompéi (Louvre). Sainte Vierge (église Saint-Augustin). —
1855. La Fontaine (Louvre). La Peinture. — 1861. La Force (palais de justice). La Justice (palais de justice). Napo-
léon III. — 1862. La ville de Londres (gare du Nord). — 1863. Révélation. Danaïde.
S. d. Le maréchal Lobau (Versailles). La mélancolie (m. de Marseille). Camille (m. de Nantes). François Miron
(Hôtel de ville). L'art assyrien. La Vierge et saint Joseph. Saint Ferdinand (la Madeleine). Le général d'Hautpoul
(ville de Gayac). Le duc Decazes (ville de Libourne).
Bustes. — 1833. M. de Sainte-Aulaire. — 1838. Le général Boyer. — 1853. Dalayrac (Opéra-Comique). — S. d.
Le maréchal Ney. Montalembert d'Essé. Le général d'Hautpoul. Ch. Nodier (Institut). Lavoisier (Institut).

650. — PARIEU (Marie, Louis, Pierre, Félix, ESQUIROU de), G. C. ✻

*Élu, le 1er mars 1856, membre de l'Académie des Sciences morales et politiques (section de Politique).
Passé, par décision de l'Académie du 26 mai 1866, dans la section de Législation.*

Né à Aurillac (Cantal), le 12 avril 1815. — 1841. Docteur en droit. — 1841 à 1848. Avocat à la Cour d'appel de Riom. — 1848 à 1851. Député du Cantal. — 1849 à 1851. Ministre de l'Instruction publique et des Cultes. — 1852 à 1855. Président de la section des Finances au Conseil d'État. — 1855 à 1870. Vice-Président du Conseil d'État. — 1870. Ministre présidant le Conseil d'État. — 1876 à 1885. Sénateur du Cantal. — Mort à Paris, le 8 avril 1893.

Ouvrages. — 1842. Essai sur la théorie de la justice pénale. — 1850. Études historiques et critiques sur les actions possessoires. — 1853. Essai sur la statistique agricole du Cantal. — 1856. Histoire des impôts généraux sur la propriété et le revenu. — 1862-64. Traité des impôts considérés sous le rapport historique, économique et politique en France et à l'étranger, 5 vol. — 1865. La question monétaire en France et à l'étranger. — 1866. L'union monétaire de la France, de l'Italie, de la Belgique et de la Suisse.— 1867. De l'uniformité monétaire. — 1868. Situation de la question monétaire internationale. — 1869. Les conférences monétaires internationales de 1865 et de 1867 et leurs résultats. Progrès récents et avenir de l'unification monétaire. — 1870. Charles de Hock, notice biographique. Principes de la science politique. — 1871. Les nouveaux impôts. Considérations sur l'histoire du second empire et sur la situation actuelle de la France. — 1872. La réforme de l'impôt devant l'Assemblée nationale. La politique monétaire en France et en Allemagne. — 1875. La politique française dans la question monétaire cosmopolite. Histoire de Gustave-Adolphe, roi de Suède, in-12. — 1876. Du progrès agricole dans le Cantal. — 1880. De l'esprit conservateur dans les républiques. — 1882. La fausse direction de la démocratie en France. — Collaboration à la Revue de législation et de jurisprudence, au Journal des économistes, à la Revue contemporaine, à la Revue européenne, à la Revue de France, au Correspondant et au Contemporain.

Une notice sur sa vie a été lue par M. Lyon-Caen, dans la séance de l'Académie des Sciences morales et politiques du 17 novembre 1894.

---

651. — JOBERT de LAMBALLE (Antoine, Joseph), C. ✻

Élu, le 31 mars 1856, membre de l'Académie des Sciences (section de Médecine et Chirurgie).

Né à Matignon (Côtes-du-Nord), le 17 décembre 1802. — 1821. Interne des hôpitaux. — 1827. Aide d'anatomie à la Faculté de Paris. — 1828. Docteur en médecine. — 1828. Prosecteur à la Faculté de Paris. — 1829. Chirurgien du Bureau central des hôpitaux. — 1830. Agrégé de la Faculté. — 1831. Chirurgien de l'hôpital Saint-Louis. — 1842. Médecin consultant du Roi. — 1847. Chirurgien de l'Hôtel-Dieu. — 1854 à 1860. Professeur de clinique chirurgicale à la Faculté de Médecine de Paris. — 1854. Chirurgien de l'Empereur. — Mort à Paris, le 19 avril 1867.

Ouvrages. — 1829. Traité théorique et pratique des maladies chirurgicales du canal intestinal, 2 vol. — 1830. Des plaies d'armes à feu. — 1833. Mémoire sur la cautérisation du col de l'utérus. — 1836. Sur les hémorroïdes. — 1838. Études sur le système nerveux, 2 vol. — 1849. Traité de chirurgie plastique, 2 vol. — 1852. Traité des fistules vésico-utérines, etc. — 1858. Des appareils électriques et des poissons électriques. — 1864. De la réunion en chirurgie. — Collaboration à la Gazette médicale, à la Gazette des hôpitaux et au Journal de thérapeutique.

---

652. — FALLOUX (le Comte Frédéric, Alfred, Pierre de).

Élu, le 10 avril 1856, membre de l'Académie française.

Né à Angers (Maine-et-Loire), le 11 mai 1811. — 1846 à 1851. Député de Maine-et-Loire. — 1848 à 1849. Ministre de l'Instruction publique et des Cultes. — Mort à Angers, le 6 janvier 1886.

Ouvrages. — 1840. Histoire de Louis XVI. — 1844. Histoire de saint Pie V, 2 vol. — 1856. Le parti catholique, ce qu'il a été, ce qu'il est devenu. — 1857. Souvenirs de charité, in-12, *Tours*. — 1859. Mᵐᵉ Swetchine, sa vie et ses œuvres, 2 vol. — 186o. Antécédents et conséquences de la situation actuelle, in-12. Question italienne: Du devoir dans les circonstances actuelles. — 1863. Dix ans d'agriculture. — 1864. La convention du 14 septembre. Itinéraire de Turin à Rome, in-12. — 1866. L'agriculture et la politique. — 1869. Des élections prochaines. — 1873. Questions monarchiques, lettres à M. Laurentie. — 1874. Augustin Cochin, in-12. — 1878. De la contre-révolution. — 1879. L'évêque d'Orléans, in-12. — 188o. De l'unité nationale, in-12. — 1882. Discours et mélanges politiques, 2 vol. — 1885. Études et Souvenirs. — 1888. Mémoires d'un royaliste, 2 vol.

Son éloge a été prononcé par M. Gréard, dans la séance de l'Académie française du 19 janvier 1888.

653. — BERTRAND (Joseph, Louis, François), C. ✳

Élu, le 28 avril 1856, membre de l'Académie des Sciences (section de Géométrie) et, le 23 novembre 1874, secrétaire perpétuel pour les Sciences mathématiques. Élu, le 4 décembre 1884, membre de l'Académie française.

Né à Paris, le 11 mars 1822. — 1845. Professeur au lycée Saint-Louis. — 1847 à 1851. Examinateur d'admission à l'École Polytechnique. — 1847 à 1852 et 1858 à 1862. Maître de conférences à l'École Normale. — 1853. Professeur suppléant au Collège de France. — 1854. Professeur de mathématiques spéciales au lycée Napoléon. — 1856 à 1868. Professeur d'analyse à l'École Polytechnique. — 1862. Professeur de physique générale et mathématique au Collège de France.

Ouvrages. — 1849. Traité d'arithmétique. — 185o. Traité d'algèbre. — 1864-70. Traité de calcul différentiel et de calcul intégral, 2 vol. — 1865. Les fondateurs de l'astronomie moderne. — 1868. L'académie des sciences et les académiciens de 1666 à 1793. — 1887. Thermodynamique. — 1888. Calcul des probabilités. — 1889. Leçons sur la théorie mathématique de l'électricité. D'Alembert, in-12. — 189o. Blaise Pascal, in-12. — 189o. Éloges académiques. — Mémoires publiés dans les comptes rendus de l'Académie des sciences.

654. — GAY (Claude), ✳

Élu, le 19 mai 1856, membre de l'Académie des Sciences (section de Botanique).

Né à Draguignan (Var), le 18 mars 18oo. — Mort à Deffendo (Var), le 29 novembre 1873.

Ouvrage. — 1843-1851. *Historia fisica y política de Chile*, 26 vol., Santiago.

655. — BERLIOZ (Louis, Hector), O. ✳

Élu, le 21 juin 1856, membre de l'Académie des Beaux-Arts (section de Composition musicale).

Né à La Côte-Saint-André (Isère), le 11 décembre 18o3. — 183o. Grand Prix de Rome. — 185o. Bibliothécaire du Conservatoire. — Mort à Paris, le 8 mars 1869.

Œuvres. — Opéras. — 1838. Benvenuto Cellini. — 1846. La damnation de Faust. — 1862. Béatrice et Bénédict. — 1863. Les Troyens.

Œuvres diverses. — 1828. Épisode de la vie d'un artiste, symphonie. — 1829. Concert des Sylphes, symphonie. — 1832. Faust. La tempête. — 1834. Harold en Italie. — 1837. Requiem. — 1839. Roméo et Juliette. — 184o. Le carnaval romain. — 1854. L'enfance du Christ. — 1867. La captive. Harold. Le roi Lear. Messe des morts. — S. d. Ouverture de Wawerley. Ouverture des francs juges. Ouverture de Rob-Roy. Le retour à la vie, symphonie. Le chant du bonheur. Méditation.

Ouvrages. — 1845. Voyage musical en Allemagne et en Italie, 2 vol. — 1846. Les grotesques de la musique. in-12. La damnation de Faust. — 1853. Les soirées de l'orchestre, in-12. — 1854. L'enfance du Christ. — 1856. Le chef d'orchestre. — 1862. A travers chants, études musicales, in-12. — 1864. Les Troyens à Carthage. — 187o. Mémoires. — 1878. Correspondance inédite, in-12. — 1882. Lettres intimes, in-12. — Collaboration à la Revue européenne, au Courrier de l'Europe, à la Gazette musicale de Paris et au Journal des Débats.

656. — HERMITE (Charles), G. O. ✳

Élu, le 14 juillet 1856, membre de l'Académie des Sciences (section de Géométrie).

Né à Dieuze (Meurthe), le 24 décembre 1822. — 1848. Répétiteur à l'École Polytechnique. — 1862 à 1869. Maître de conférences de calcul différentiel et intégral à l'École Normale. — 1863 à 1869. Examinateur de sortie à l'École Polytechnique. — 1869 à 1873. Professeur d'analyse à la même École. — 1870. Professeur d'algèbre supérieure à la Faculté des Sciences de Paris. — 1864. Maître de conférences à l'École Normale.

Ouvrages. — 1859. Sur l'interpolation, in-4. Sur la réduction des formes cubiques et des indéterminées, in-4. Théorie des équations modulaires, in-4. — 1862. Notes sur les fonctions elliptiques, à la suite du traité de calcul différentiel et de calcul intégral de Lacroix. Sur la théorie des formes quadratiques, in-4. — 1863. Sur les fonctions de sept lettres, in-4. Sur la théorie des fonctions elliptiques. — 1866. Sur l'équation du 5ᵉ degré, in-4. — 1873. Cours d'analyse de l'École polytechnique. — 1874. Sur la fonction exponentielle, in-4. — 1885. Sur quelques applications des fonctions elliptiques, in-4.

657. — RENAN (Joseph, Ernest), G. O. ✳

Élu, le 5 décembre 1856, membre de l'Académie des Inscriptions et Belles-Lettres.
Élu, le 13 juin 1878, membre de l'Académie française.

Né à Tréguier (Côtes-du-Nord), le 27 février 1823. — 1848. Agrégé de philosophie. — 1851 à 1862. Bibliothécaire à la Bibliothèque impériale. — 1862 à 1864 et 1870 à 1892. Professeur de langues hébraïque, chaldaïque et syriaque au Collège de France. — 1883 à 1892. Administrateur du Collège de France. — Mort à Paris, le 2 octobre 1892.

Ouvrages. — 1845. Histoire générale et systèmes comparés des langues sémitiques. — 1849. Éclaircissements tirés des langues sémitiques sur quelques points de la prononciation grecque. — 1852. De philosophia peripatetica apud Syros. — 1857. Études d'histoire religieuse. — 1858. De l'origine du langage. — 1859. Essais de morale et de critique. Nouvelles considérations sur le caractère général des peuples sémitiques. — 1860. Le cantique des cantiques. — 1862. La chaire d'hébreu au Collège de France. De la part des peuples sémitiques dans l'histoire de la civilisation. — 1863. Vie de Jésus. — 1865-74. Mission de Phénicie, in-4. — 1866. Les apôtres. — 1867. Nouvelles observations d'épigraphie hébraïque. Saint Paul et sa mission. Les inscriptions hébraïques des synagogues de Cafa-Beriem en Galilée. — 1868. Rapport sur les progrès de la littérature orientale. Questions contemporaines. — 1869. La part de la famille et de l'État dans l'éducation. — 1870. La monarchie constitutionnelle en France. — 1871. La réforme intellectuelle et morale. — 1873. L'antechrist. Pierre de Blois, légiste, in-4. — 1876. Dialogues et fragments philosophiques. — 1877. Les évangiles et la seconde génération chrétienne. — 1878. Mélanges d'histoire et de voyages. — 1879. L'église chrétienne. — 1880. Conférences sur le christianisme. Conférences d'Angleterre: Rome et le christianisme. — 1881. Marc-Aurèle et la fin du monde antique. L'Ecclésiaste. — 1882. Averroès et l'averroïsme. — 1883. Souvenirs d'enfance et de jeunesse. — 1884. Nouvelles études d'histoire religieuse. — 1887-94. Histoire du peuple d'Israël, 3 vol. — 1887. Discours et conférences. — 1888. Drames philosophiques (Caliban, l'Eau de Jouvence, le Prêtre de Némi, Dialogues des morts, l'Abbesse de Jouarre, le Jour de l'an). — 1890. L'avenir de la science. — 1892. Feuilles détachées. — Collaboration à la Liberté de penser, à la Revue des Deux Mondes, au Journal de l'instruction publique, au Journal des Débats et à la Revue asiatique. Traduction du Livre de Job et du Cantique des cantiques.

Son éloge a été prononcé par M. Challemel-Lacour, dans la séance de l'Académie française du 25 janvier 1894.

658. — RENIER (Charles, Alphonse, Léon), C. ✳

Élu, le 12 décembre 1856, membre de l'Académie des Inscriptions et Belles-Lettres.

Né à Charleville (Ardennes), le 2 mai 1809. — 1832. Principal du collège de Nesle. — 1860. Administrateur de la Bibliothèque de l'Université. — 1861 à 1885. Professeur d'épigraphie et d'antiquités romaines au Collège de France. — Mort à Paris, le 11 juin 1885.

Ouvrages. — 1850. Itinéraires romains de la Gaule, in-12. — 1854. Mélanges d'épigraphie. — 1855. Inscriptions romaines de l'Algérie, 2 vol. in-fol. — 1872. Les peintures du Palatin. — 1876. Recueil de diplômes militaires, in-4. — 1887. Inscriptions inédites d'Afrique. Traduction des œuvres d'Homère, de Lucien, de Sophocle et de Théocrite. — Collaboration à la Revue de philologie, à l'Encyclopédie moderne et aux Mémoires de la Société des antiquaires de France.

Une notice sur sa vie a été lue par M. Wallon, dans la séance de l'Académie des Inscriptions et Belles-Lettres du 14 novembre 1890.

---

659. — DELACROIX (Ferdinand, Victor, Eugène), C. ✳

Élu, le 10 janvier 1857, membre de l'Académie des Beaux-Arts (section de Peinture).

Né à Saint-Maurice (Seine), le 26 avril 1798. — Mort à Paris, le 13 août 1863.

Œuvres. — 1821. Pieta (Nantes). Hamlet et Horatio. — 1822. Dante et Virgile (Luxembourg). — 1824. Les massacres de Scio (Luxembourg). — 1827. Le Christ au jardin des Oliviers (église Saint-Paul). Marino Faliero. Chevaux de ferme anglais. Jeune Turc caressant son cheval. Pâtre mourant. La Grèce sur les ruines de Missolonghi (m. de Bordeaux). Mort de Sardanapale. Méphistophélès apparaissant à Faust. Milton dictant à ses filles le Paradis perdu.

1831. La Liberté guidant le Peuple. Un Indien. Cromwell à Windsor. Richelieu au Palais-Royal. Raphaël dans son atelier. Deux tigres. Le meurtre de l'évêque de Liège (Chantilly). Villageois écossais poursuivis par des sorcières. Mirabeau. Gulnare et Conrad. Jeune fille près d'un puits. Ecce homo. — 1832. Un intérieur d'appartement. Corps de garde turc. Famille juive. Charles-Quint au monastère de Saint-Just. — 1834. Mort de Charles le Téméraire (m. de Nancy). Un couvent à Madrid. Une rue de Mekinez. Femme d'Alger. Rabelais (m. de Chinon). — 1835. Le Christ en croix (cathédrale de Vannes). Le prisonnier de Chillon. Les Natchez. Combat du giaour et du pacha. Arabe d'Orient. — 1836. Saint Sébastien (église de Nantua). — 1837. Bataille de Taillebourg (Versailles). — 1838. Médée (m. de Lille). Les convulsionnaires de Tanger. Le kaïd. Chevaux arabes dans une cour. Dernière scène de don Juan. — 1839. Cléopâtre. Hamlet. — 1840. La justice de Trajan (m. de Rouen).

1841. Prise de Constantinople par les croisés (Versailles). Naufrage de don Juan. Noce juive au Maroc. — 1845. Sainte Madeleine au désert. Dernières paroles de Marc-Aurèle (m. de Lyon). La sibylle. Le sultan du Maroc. — 1846. L'enlèvement de Rebecca. Roméo et Juliette. Marguerite à l'église. — 1847. Le Christ en croix. Soldats marocains. La fête de la poudre. Corps de garde à Méquinez. Musiciens juifs. Naufragés abandonnés dans un canot. Odalisque. — 1848. Le Christ au tombeau. Mort de Valentin. Mort de Lara. Comédiens arabes (m. de Tours). Le lion dans son antre. Lion dévorant une chèvre. Pieta (église Saint-Louis-en-l'Ile). — 1849. Femmes d'Alger dans leur intérieur. Othello et Desdémone. Arabe avec son cheval.

1851. La résurrection de Lazare. Le lever. Le giaour. Lady Macbeth. Le bon Samaritain. — 1852. Saint Sébastien. Daniel dans la fosse aux lions. — 1853. L'ensevelissement de saint Étienne (m. d'Arras). Les pèlerins d'Emmaüs. Pirates africains enlevant une femme. — 1855. Justinien composant les Pandectes (Conseil d'État). Le roi Jean à la bataille de Poitiers. La Tasse en prison. La famille arabe. Un empereur du Maroc. Entrée des croisés à Constantinople. Passage d'un gué par des Arabes. Le Christ endormi. L'annonciation. — 1858. La leçon d'équitation. Revue de l'empereur du Maroc. — 1859. La montée au Calvaire. Le Christ au tombeau. Ovide exilé chez les Scythes. Herminie et les bergers. Matelots poussant un bateau. — 1860. La mise au tombeau. Médée. Le maréchal ferrant. Roger délivrant Angélique. Chef arabe visitant une tribu. — 1863. La perception de l'impôt arabe.

S. d. Portrait de Tourville (Versailles). Saint Georges (m. de Grenoble). Chef arabe (m. de Nantes). — Peintures du salon du roi à la Chambre des députés. Bibliothèque du Sénat. Chapelle des saints anges à Saint-Sulpice. Plafond de la galerie d'Apollon au Louvre. Peintures du salon de la paix à l'hôtel de ville. — 17 Dessins pour le Faust de Gœthe, 2 pour Walter Scott, 15 pour Shakespeare.

Ouvrage. — 1878. Lettres publiées par P. Burty, 2 vol. in-12. — Collaboration à la Revue des Deux Mondes et au Plutarque français.

---

660. — DELAFOSSE (Gabriel), O. ✳

Élu, le 16 mars 1857, membre de l'Académie des Sciences (section de Minéralogie).

Né à Saint-Quentin (Aisne), le 24 avril 1796. — 1826 à 1857. Maître de conférences d'histoire naturelle à l'École Normale. — 1841. Professeur de minéralogie à la Faculté des Sciences de Paris.

— 1857 à 1876. Professeur de minéralogie au Muséum d'Histoire naturelle. — Mort à Paris, le 13 octobre 1878.

Ouvrages. — 1831. Précis d'histoire naturelle, in-12. — 1839. Notions élémentaires d'histoire naturelle, 3 vol. in-12. — 1858-62. Nouveau cours de minéralogie, 3 vol. — 1863. Leçons d'histoire naturelle. — 1867. Rapport sur les progrès de la minéralogie. — Collaboration au Bulletin universel des sciences, au Dictionnaire universel d'histoire naturelle, à la Biographie universelle et à l'Encyclopédie du XIXᵉ siècle.

661. — AUGIER (Guillaume, Victor, Émile), G. O. ✻

Élu, le 31 mars 1857, membre de l'Académie française.

Né à Valence (Drôme), le 17 septembre 1820. — Mort à Paris, le 25 octobre 1889.

Ouvrages. — *Théâtre.* — 1844. La ciguë. — 1845. Un homme de bien. — 1848. L'aventurière. — 1849. L'habit vert. — 1850. Le joueur de flûte. — 1851. Gabrielle. La chasse au roman. Sapho. — 1852. Diane. Les méprises de l'amour. — 1853. La pierre de touche. — 1853. Philiberte. — 1854. Le gendre de M. Poirier. — 1855. Le mariage d'Olympe Ceinture dorée. — 1858. Diane. La jeunesse. Les lionnes pauvres. — 1859. Un beau mariage. — 1861. Les effrontés. — 1862. Le fils de Giboyer. — 1864. Maître Guérin. — 1866. La contagion. — 1868. Paul Forestier. — 1869. Le post-scriptum. Lions et renards. — 1874. Jean de Thommeray. — 1876. Mᵐᵉ Caverlet. Le prix Martin. — 1878. Les Fourchambault.

Ouvrages. — 1864. La question électorale. — 1876. Poésies.

Son éloge a été prononcé par M. de Freycinet, dans la séance de l'Académie française du 4 décembre 1891.

662. — MARTINET (Achille, Louis), O. ✻

Élu, le 18 avril 1857, membre de l'Académie des Beaux-Arts (section de Gravure).

Né à Paris, le 21 janvier 1806. — 1830. Grand Prix de Rome. — Mort à Paris, le 9 décembre 1877.

Œuvres principales. — 1835. Portrait de Rembrandt. — 1838. La Vierge à l'oiseau. — 1842. Le Pérugin. — 1843. Charles Iᵉʳ insulté par des soldats (P. Delaroche). — 1844. La Vierge au palmier (Raphaël). — 1846. La Vierge à la rédemption (Raphaël). — 1847. Le duc Pasquier (H. Vernet). — 1849. Mᵐᵉ Viardot (A. Schaeffer). — 1850. Marie dans le désert (P. Delaroche). — 1852. Les derniers moments du comte d'Egmont (Gallait). — 1853. Le sommeil de Jésus (Raphaël). — 1855. Le Christ et la femme adultère (Signol). La fille du Tintoret (L. Cogniet). — 1857. Derniers honneurs rendus aux comtes d'Egmont et de Horn (Gallait). — 1861. Napoléon III (H. Vernet). — 1865. La nativité de la Vierge (Murillo).—1867. Le P. Lacordaire. Mgr Dupanloup. Le P. de Ravignan.—1868. Saint Louis de Gonzague visitant les pestiférés. — 1872. La Vierge à l'œillet (Raphaël). — 1873. Martyre de sainte Juliette et de saint Cyr (Heim). — 1874. Saint Paul prêchant à Éphèse (Lesueur). — 1876. Le Christ jardinier (Lesueur). — 1878. Homère déifié (Ingres).

663. — ARCHIAC de SAINT-SIMON (le Vicomte Étienne, Jules, Adolphe DESMIER d'), O. ✻

Élu, le 27 avril 1857, membre de l'Académie des Sciences (section de Minéralogie).

Né à Reims (Marne), le 24 septembre 1802. — 1825. Officier de cavalerie. — 1857. Professeur de géologie à la Faculté des Sciences de Paris. — 1861. Professeur de paléontologie au Muséum d'Histoire naturelle. — Disparu le 23 décembre 1868 (son corps a été retrouvé dans la Seine, à Meulan, le 30 mai 1869).

Ouvrages. — 1828. Zizim, ou la chevalerie de Rhodes, 3 vol. — 1847-51. Histoire des progrès de la géologie de 1834 à 1851, 8 vol. — 1853-55. Description des animaux fossiles du groupe nummulitique de l'Inde, 2 vol. in-4. — 1862-64. Cours de paléontologie statigraphique, 2 vol. — 1863. Du terrain quaternaire et de l'ancienneté de l'homme. — 1865. Paléontologie statigraphique. — Collaboration au Bulletin de la Société géologique.

664. — JOUFFROY (François), O. ✻

Élu, le 1er août 1857, membre de l'Académie des Beaux-Arts (section de Sculpture).

Né à Dijon (Côte-d'Or), le 1er février 1806. — 1832. Grand Prix de Rome. — 1862 à 1882. Professeur à l'École des Beaux-Arts. — Mort à Laval (Mayenne), le 25 juin 1882.

Œuvres principales. — 1826. Mort d'Orion. — 1832. Capanée foudroyé sous les murs de Thèbes. — 1835. Pâtre napolitain pleurant sur un tombeau. — 1838. Caïn maudit. — 1839. Jeune fille confiant un secret à Vénus (Luxembourg). — 1841. La désillusion. — 1844. Baptistère de Saint-Germain-l'Auxerrois. — 1845. Le Printemps. L'Automne. — 1847. Monument de saint Bernard à Dijon. — 1848. Rêverie. — 1851. Erigone (m. de Dijon). — 1853. L'Abandon. — 1857. Napoléon (Auxonne). — 1877. Saint-Bernard (Panthéon). — S. d. Saint Jean (église Saint-Gervais). Fronton de l'institution des jeunes aveugles. Bas-relief de la façade de l'église Saint-Augustin. Sculpture de la façade de la place du Harlay, au palais de justice. Saint Bernard (Louvre). La Paix (guichet du Carrousel). La Guerre (guichet du Carrousel). La Poésie lyrique (façade de l'Opéra).

Bustes. — 1839. Monge. — 1847. Mme A. Houssaye. — 1851. Le maréchal Dode de la Brunerie. A Versailles: le marquis de Nérestan, Santeuil, Marie Leckzinska, le duc de Longueville, Berbier du Metz, le comte de Zurlauben, le maréchal de Marsin.

---

665. — MAURY (Louis, Ferdinand, Alfred), C. ✻

Élu, le 13 novembre 1857, membre de l'Académie des Inscriptions et Belles-Lettres.

Né à Meaux (Seine-et-Marne), le 23 mars 1817. — 1836 à 1838 et 1840 à 1844. Attaché à la Bibliothèque royale. — 1844. Sous-Bibliothécaire de l'Institut. — 1862 à 1892. Professeur d'histoire et morale au Collège de France. — 1868 à 1888. Directeur général des archives nationales. — Mort à Paris, le 12 février 1892.

Ouvrages. — 1843. Essais sur les légendes pieuses du moyen âge. Les fées du moyen âge, mythologie gauloise, in-12. — 1845. De l'hallucination envisagée au point de vue philosophique et historique. — 1846. Considérations pathologico-historiques sur les hallucinations. Itinéraire suivi, au IXe siècle, par les Arabes pour aller en Chine. Histoire du brahmanisme (avec M. Pelletan). — 1847-49. Manuel de l'histoire de l'art chez les anciens (avec M. de Clarac). — 1848. Recherches sur les grandes forêts de la Gaule et de l'ancienne France. — 1853. Essais historiques sur la religion des Aryas. — 1856. La terre et l'homme, in-12. — 1857-59. Histoire des religions de la Grèce antique, 3 vol. — 1860. La magie et l'astrologie dans l'antiquité et au moyen âge. — 1861. Le sommeil et les rêves. — 1863. Mémoire sur les événements qui portèrent Servius Tullius au trône, in-4. Les académies d'autrefois: l'ancienne Académie des sciences. Croyances et légendes de l'antiquité. — 1864. Les académies d'autrefois : l'ancienne Académie des inscriptions et belles-lettres. — 1867. Exposé des progrès de l'archéologie. — S. d. Les religions de l'antiquité (avec M. Guigniaut). — Collaboration à la Littérature française contemporaine.

Une notice sur sa vie a été lue par M. Wallon, dans la séance de l'Académie des Inscriptions et Belles-Lettres du 16 novembre 1894.

---

666. — ALEXANDRE (Charles), C. ✻

Élu, le 4 décembre 1857, membre de l'Académie des Inscriptions et Belles-Lettres.

Né à Paris, le 19 février 1797. — 1816. Régent au collège de Langres. — 1817. Professeur au collège de Limoges. — 1818. Professeur de rhétorique au collège de Nancy. — 1819. Professeur au collège Louis-le-Grand. — 1820. Professeur de rhétorique au collège Saint-Louis. — 1830. Proviseur du collège Bourbon. — 1840 à 1861. Inspecteur général de l'Instruction publique. — Mort à Paris, le 1er juin 1870.

Ouvrages. — 1824-25. Méthode pour faire des thèmes grecs, in-12. — 1827. Dictionnaire français-grec. — 1830. Dictionnaire grec-français. — 1841-56. *Oracula sibyllina*, 2 vol.

Une notice sur sa vie a été lue par M. Guigniaut, dans la séance de l'Académie des Inscriptions et Belles-Lettres du 29 décembre 1871.

---

667. — DELISLE (Léopold, Victor), C. ✳

Élu, le 11 décembre 1857, membre de l'Académie des Inscriptions et Belles-Lettres.

Né à Valognes (Manche), le 24 octobre 1826. — 1852. Attaché au département des manuscrits de la Bibliothèque impériale. — 1874. Administrateur général, Directeur de la Bibliothèque nationale.

Ouvrages. — 1851. Études sur la condition de la classe agricole en Normandie au moyen âge. — 1852. Cartulaire normand de Philippe-Auguste, Louis VIII, Saint Louis et Philippe le Hardi, in-4. — 1856. Catalogue des actes de Philippe-Auguste. — 1857. Mémoire sur les actes d'Innocent III. — 1859. Fragments de l'histoire de Gonesse. — 1863. Essai de restitution d'un volume perdu des *Olim*. Inventaire des manuscrits latins des nouveaux fonds de la Bibliothèque nationale. — 1864. Recueil de jugements de l'échiquier de Normandie au XIIIe siècle, in-4. — 1866. Rouleaux des morts du IXe au XVe siècle. Observations sur l'origine de plusieurs manuscrits de la collection de M. Barrois. — 1867. Notice sur le cartulaire du comté de Rethel. Histoire du château et des sires de Saint-Sauveur-le-Vicomte. — 1868. Le cabinet des manuscrits de la Bibliothèque nationale, 3 vol. in-4 et atlas. — 1871. Actes normands de la chambre des comptes sous Philippe de Valois. — 1872. Chronique de Robert de Torigni, 2 vol. — 1873. Mémoire sur les ouvrages de Guillaume de Nangis, in-4. — 1874. Mandements et actes divers de Charles V, in-4. — 1875. Notice sur un manuscrit mérovingien, contenant des fragments d'Eugyppius, in-4. — 1876-1878. Inventaire des manuscrits français de la bibliothèque (t. I : Théologie; t. II). — 1878. Notice sur un manuscrit mérovingien de la bibliothèque d'Épinal, in-4. — 1880. Mélanges de paléographie et de bibliographie, avec atlas, in-fol. — 1883. Les manuscrits du comte d'Ashburnham : rapport au Ministre, in-4. Le premier registre de Philippe-Auguste : reproduction héliotypique du manuscrit du Vatican, in-fol. — 1884. Inventaire des manuscrits de la Bibliothèque : fonds de Cluni. — 1885. Les collections de Bastard-d'Estang à la Bibliothèque nationale. — 1886. Mémoire sur d'anciens sacramentaires, in-4 ; avec atlas, in-fol. — 1888. L'évangéliaire de saint Waast d'Arras, in-4. Catalogue des fonds Libri et Barrois. — 1889. Mémoire sur les opérations financières des Templiers, in-4. — 1890. Instructions adressées par le comité des travaux historiques : littérature latine et histoire du moyen âge. — 1891. Manuscrits latins et français ajoutés au fonds des nouvelles acquisitions, de 1875 à 1891, 2 vol. — Collaboration à la Bibliothèque de l'École des chartes, au Journal des savants, aux Mémoires de l'Académie des inscriptions, aux Notices et extraits des manuscrits, à l'Histoire littéraire de la France et au Recueil des historiens de la France.

668. — FRÉMY (Edmond), C. ✳

Élu, le 14 décembre 1857, membre de l'Académie des Sciences (section de Chimie).

Né à Versailles (Seine-et-Oise), le 28 février 1814. — 1840. Préparateur au Collège de France. — 1842. Répétiteur à l'École Polytechnique. — 1845. Professeur suppléant au Muséum d'Histoire naturelle. — 1846 à 1883. Professeur de chimie à l'École Polytechnique. — 1850 à 1892. Professeur de chimie appliquée aux corps inorganiques, au Muséum. — 1879 à 1892. Directeur du Muséum d'Histoire naturelle. — Mort à Paris, le 2 février 1894.

Ouvrages. — 1844-1867. Traité de chimie générale, 3 vol. (nouvelle édition en 7 vol.). — 1848. Abrégé de chimie, in-12. — 1868. Les volontaires de la science, in-4. — 1874. Le métal à canon. — 1875. Sur la génération des ferments. — 1881. Les laboratoires de chimie. Discours sur les progrès récents de la chimie. — 1885. Le guide du chimiste. — 1886. Chimie végétale : la Ramie. — S. d. Chimie élémentaire, in-12. — Collaboration aux Annales de chimie. Direction de la publication de l'Encyclopédie chimique.

669. — SAINTE-CLAIRE-DEVILLE (Charles, Joseph), O. ✳

Élu, le 28 décembre 1857, membre de l'Académie des Sciences (section de Minéralogie).

Né, de parents français, à l'île Saint-Thomas (Antilles), le 26 février 1814. — 1850. Professeur suppléant au Collège de France. — 1875. Professeur d'histoire naturelle des corps inorganiques au Collège de France. — Mort à Paris, le 10 octobre 1876.

I.

40

Ouvrages. — 1846. Études géologiques sur les îles Ténériffe, in-4. — 1847. Voyage géologique aux Antilles et aux îles Ténériffe et de Fogo. — 1861. Recherches sur les principaux phénomènes de météorologie aux Antilles. — 1866. Sur les variations périodiques de la température, in-4. — 1878. Coup d'œil historique sur la géologie.

Une notice sur sa vie a été lue par M. J.-B. Dumas, dans la séance de l'Académie des Sciences du 5 mai 1884.

670. — LAPRADE (Pierre, Marin, Victor, Richard de), ✳

Élu, le 11 février 1858, membre de l'Académie française.

Né à Montbrison (Loire), le 13 janvier 1812. — 1835. Avocat à la Cour de Lyon. — 1847 à 1861. Professeur de littérature française à la Faculté des Lettres de Lyon. — Mort à Lyon (Rhône), le 13 décembre 1883.

Ouvrages. — *Poèmes.* — 1839. Les parfums de Magdeleine. — 1840. La colère de Jésus. — 1841. Psyché. — 1844. Odes et poèmes. — 1847. L'âge nouveau. — 1852. Poèmes évangéliques. — 1855. Les symphonies. — 1858. Idylles héroïques. — 1860. *Pro aris et focis.* — 1864. Résurrection. — 1865. Les voix du silence. — 1868. Pernette. — 1873. Poèmes civiques. — 1875. Tribuns et courtisans. — 1877. Le livre d'un père. Voix gallo-romaines. — 1878-81. Œuvres poétiques, 6 vol.

1840. Des habitudes intellectuelles de l'avocat, Lyon. — 1848. Du sentiment de la nature dans la poésie d'Homère. — 1861. Questions d'art et de morale. — 1865. Les arbres du Luxembourg. Notice sur Alexandre Dufieux, poète, Lyon. — 1866. Le sentiment de la nature avant le christianisme. — 1867. L'éducation homicide. Le sentiment de la nature chez les modernes. — 1869. Le baccalauréat et les études classiques. — 1870. Harmodius, tragédie, in-12. — 1872. La poésie de Lamartine. — 1873. L'éducation libérale, l'hygiène, la morale et les études, in-12. — 1880. Contre la musique. — 1882. Essai de critique idéaliste. — 1883. Histoire du sentiment de la nature.

Son éloge a été prononcé par M. F. Coppée, dans la séance de l'Académie française du 18 décembre 1886.

671. — SANDEAU (Léonard, Sylvain, Jules), O. ✳

Élu, le 11 février 1858, membre de l'Académie française.

Né à Aubusson (Creuse), le 19 février 1811. — 1853. Bibliothécaire à la Bibliothèque Mazarine. — 1859. Conservateur de la Bibliothèque Mazarine. — 1859. Bibliothécaire du palais de Saint-Cloud. — Mort à Paris, le 24 avril 1883.

Ouvrages. — 1834. Madame de Somerville. — 1835. Un jour sans lendemain. — 1836. Les revenants, 2 vol. — 1839. Mariana, 2 vol. — 1840. Mademoiselle de Kérouare. — 1841. Le docteur Herbeau, 2 vol. — 1842. Madame de Vandeuil. — 1843. Vaillance et Richard. Milla. — 1844. Fernand. — 1845. Catherine. — 1846. Valcreuse, 2 vol. La croix de Berny. — 1848. Mademoiselle de la Seiglière, 2 vol. Madeleine. — 1849. La chasse au roman, 2 vol. Un héritage, 2 vol. — 1851. Sacs et parchemins, 2 vol. — 1853. Le château de Monsabrey, 2 vol. Le jour sans lendemain, in-12. — 1854. Olivier. — 1858. La maison de Pénarvan, in-12. — 1859. Nouvelles, 2 vol. in-12. — 1862. Un début dans la magistrature, in-12. — 1871. La roche aux mouettes. — 1873. Jean de Thommeray. Le colonel Evrard. — Collaboration au Livre des Cent-Un, au Musée des familles, à l'Artiste, au Dictionnaire de la conversation et à la Revue des Deux Mondes.

Théâtre. — 1851. Mademoiselle de la Seiglière. — 1853. La pierre de touche. — 1854. Le gendre de M. Poirier. — 1855. La ceinture dorée. — 1872. Marcel. — 1873. Jean de Thommeray.

Son éloge a été prononcé par M. Léon Say, dans la séance de l'Académie française du 10 décembre 1886.

672. — CLAPEYRON (Benoist, Paul, Émile), O. ✳

Élu, le 22 mars 1858, membre de l'Académie des Sciences (section de Mécanique).

Né à Paris, le 26 janvier 1799. — 1820. Ingénieur des Mines. — 1830. Colonel du génie des voies de communication, en Russie. — 1837. Ingénieur en chef des Mines. — 1852. Professeur de machines à vapeur à l'École des Ponts et Chaussées. — Mort à Paris, le 28 janvier 1864.

Ouvrages. — 1832. Vues politiques et pratiques sur les travaux publics en France. — 1833. Plan d'écoles générale et spéciale pour l'agriculture.

---

673. — MUNK (Salomo), ✳

Élu, le 3 décembre 1858, membre de l'Académie des Inscriptions et Belles-Lettres.

Né à Glogau (Prusse), le 14 mai 1805; non naturalisé Français. — 1840 à 1852. Attaché au département des manuscrits de la Bibliothèque royale. — 1848. Frappé de cécité. — 1864 à 1867. Professeur de langues hébraïque, chaldaïque et syriaque au Collège de France. — Mort à Paris, le 6 février 1867.

Ouvrages. — 1845. La Palestine, description géographique historique et archéologique. — 1851. Notices sur Abou'l Walid Merwan Ibn Djanah et sur quelques autres grammairiens hébreux du x⁰ et du xi⁰ siècle. — 1857. Mélanges de philosophie juive et arabe. — 1865. Cours de langue hébraïque, chaldaïque et syriaque.

---

674. — DUMON (Pierre, Sylvain), G. O. ✳

Élu, le 5 mars 1859, membre de l'Académie des Sciences morales et politiques (section de Politique). Passé, par décision de l'Académie en date du 26 mai 1866, dans la section de Législation.

Né à Agen (Lot-et-Garonne), le 14 février 1797. — 1820. Avocat à la Cour de Paris. — 1830. Avocat général à la Cour d'Agen. — 1831 à 1848. Député de Lot-et-Garonne. — 1833 à 1840. Conseiller d'État. — 1840 à 1843. Vice-Président du comité de législation du Conseil d'État. — 1843 à 1847. Ministre des Travaux publics. — 1847 à 1848. Ministre des Finances. — Mort à Paris, le 24 février 1870.

Ouvrage. — 1849. Histoire financière : De l'équilibre des budgets sous la monarchie de 1830. — Collaboration à la Revue des Deux Mondes.

---

675. — DELANGLE (Claude, Alphonse), G. C. ✳

Élu, le 5 mars 1859, membre de l'Académie des Sciences morales et politiques (section de Politique). Passé dans la section de Législation, en vertu d'une décision de l'Académie en date du 20 janvier 1866.

Né à Varzy (Nièvre), le 6 avril 1797. — 1814. Volontaire dans les hussards. — 1815. Professeur au collège de Saint-Benoît-du-Sault. — 1816. Maître d'études au collège Sainte-Barbe à Paris. — 1819. Avocat à la Cour de Paris. — 1836 à 1838. Bâtonnier. — 1840 à 1846. Avocat général à la Cour de cassation. — 1846 à 1848. Député de la Nièvre. — 1847 à 1848. Procureur général près la Cour de Paris. — 1848 à 1852. Avocat à la Cour de Paris. — 1852. Président de section au Conseil d'État. — 1852. Procureur général à la Cour de cassation. — 1852 à 1853. Conseiller d'État. — 1853. Premier Président de la Cour impériale de Paris. — 1853. Sénateur. — 1858. Ministre de l'Intérieur. — 1859 à 1863. Garde des sceaux, Ministre de la Justice. — 1863. Premier Vice-Président du Sénat. — 1865. Procureur général à la Cour de cassation. — Mort à Paris, le 29 décembre 1869.

Ouvrages. — 1843. Traité sur les sociétés commerciales, 2 vol. — Discours parlementaires et judiciaires. — Collaboration à la Gazette des tribunaux.

---

676. — BAUDE (le Baron Jean, Jacques), O. ✳

Élu, le 16 avril 1859, membre de l'Académie des Sciences morales et politiques (section de Politique).

Né à Valence (Drôme), le 19 février 1792. — 1813. Sous-Préfet de Confolens. — 1814. Sous-Préfet de Roanne. — 1815. Sous-Préfet de Saint-Étienne. — 1830. Préfet de la Manche. — 1830. Directeur général des Ponts et Chaussées. — 1830. Sous-Secrétaire d'État au Ministère de l'Intérieur. — 1830 à 1831. Préfet de police. — 1830 à 1832. Conseiller d'État. — 1830 à 1846. Député de la Loire. — 1837 à 1848. Conseiller d'État. — 1856. *Membre libre de l'Académie des Sciences morales et politiques.* — Mort à Paris, le 7 février 1862.

Ouvrages. — 1817. Le mardi gras et le mercredi des cendres. — 1826. La navigation de la Loire au-dessus de Briare. — 1829. De l'enquête sur les fers. — 1841. L'Algérie, 2 vol. — 1859. Les côtes de la Manche. — Collaboration à la Revue des Deux Mondes.

677. — FIZEAU (Amand, Hippolyte, Louis), O. ✳

Élu, le 2 janvier 1860, membre de l'Académie des Sciences (section de Physique générale).

Né à Paris, le 23 septembre 1819. — 1880. Membre du Bureau des Longitudes.

M. Fizeau a publié de nombreux mémoires dans les Annales de physique et de chimie et dans le Recueil de l'Institut, notamment sur la photographie au brôme et chlorure d'or, sur la lumière électrique, sur les interférences de la chaleur et de la lumière (spectres cannelés), sur la vitesse de la lumière observée à la surface de la terre entre Suresne et Montmartre, sur la différence de la lumière dans l'air et dans l'eau (méthode d'Arago, miroir tournant), sur la vitesse de la lumière dans l'eau en mouvement (indépendance de l'éther), sur la détermination du mouvement des astres suivant la direction du rayon visuel par le déplacement des raies spectrales de leur lumière, sur la dilatation des corps par la chaleur, sur plusieurs phénomènes de polarisation de la lumière, fentes et surfaces rayées. — Recherches relatives à la vitesse de la lumière. — Méthode de transformation du mètre à bout des Archives, en mètre à traits. — Notes et mémoires insérés dans le Temps, les Annales de chimie et de physique et les comptes rendus de l'Académie des sciences.

678. — LACORDAIRE (l'Abbé, Henri, Dominique).

Élu, le 2 février 1860, membre de l'Académie française.

Né à Recey-sur-Ource (Côte-d'Or), le 12 mai 1802. — 1822. Avocat à la Cour royale de Paris. — 1827. Prêtre. — 1828. Aumônier adjoint du collège Henri-IV. — 1832. Aumônier de la Visitation. — 1839. Frère prêcheur (dominicain). — 1848 (mars-mai). Député des Bouches-du-Rhône. — 1850 à 1854. Provincial de France. — 1854 à 1861. Directeur de l'École de Sorèze et vicaire général du Tiers-Ordre enseignant. — 1858. Provincial de France. — Mort à Sorèze (Tarn), le 20 novembre 1861.

Ouvrages. — 1830. Lettre à M. le rédacteur du Lycée. — 1834. Considérations sur le système philosophique de M. de Lamennais. — 1835-51. Conférences de Notre-Dame de Paris, 3 vol. — 1838. Lettre sur le saint-siège. — 1840. Mémoire pour le rétablissement en France de l'ordre des Frères prêcheurs. Vie de saint Dominique. — 1843. Prédications à Nancy. — 1845. Conférences prêchées à Lyon et à Grenoble, Lyon. — 1854. Conférences de Toulouse. — 1858. Lettres à un jeune homme sur la vie chrétienne. — 1860. De la liberté de l'Italie et de l'Église. — 1863. Lettres à des jeunes gens. Aux lecteurs de M. Renan : la divinité de Jésus-Christ. — 1864. Correspondance avec Mᵐᵉ Swetchine. Lettres à la comtesse Eudoxie de la Tour du Pin. — 1870. Testament publié par le comte de Montalembert. Correspondance inédite. — 1872. Œuvres philosophiques et politiques. — 1874. Lettres inédites. — 1885. Lettres à Mᵐᵉ la baronne de Prailly. — 1886. Lettres à Théophile Foisset, 2 vol. — 1886-88. Sermons, instructions et allocutions, 3 vol. — S. d. Notices et panégyriques. Sainte Marie-Madeleine.

Son éloge a été prononcé par M. le duc Albert de Broglie, dans la séance de l'Académie française du 26 février 1863.

679. — BEULÉ (Charles, Ernest), ✳

Élu, le 3 février 1860, membre de l'Académie des Inscriptions et Belles-Lettres. Élu, le 12 avril 1862, secrétaire perpétuel de l'Académie des Beaux-Arts.

Né à Saumur (Maine-et-Loire), le 29 juin 1826. — 1848. Professeur de rhétorique au Collège de Moulins. — 1852. Élève de l'École d'Athènes. — 1857 à 1874. Professeur d'archéologie à la Bibliothèque impériale. — 1871. Député de Maine-et-Loire. — 1873 (mai-novembre). Ministre de l'Intérieur. — Mort à Paris, le 4 avril 1874.

Ouvrages. — 1853. Les arts et la poésie à Sparte sous la législation de Lycurgue. — 1854. Les frontons du Parthénon. L'acropole d'Athènes, 2 vol. — 1855. Études sur le Péloponèse. — 1856. Les temples de Syracuse. — 1858. Les monnaies d'Athènes, in-4. — 1860. L'architecture au siècle de Pisistrate. Fouilles à Carthage. — 1863. Phidias, drame antique, in-12. — 1864. Histoire de la sculpture avant Phidias. — 1867. Auguste, sa famille et ses amis. Causeries sur l'art. Le projet de loi sur l'armée. — 1868. Histoire de l'art avant Périclès. Tibère et l'héritage d'Auguste. — 1869. Le sang de Germanicus. — 1870. Le procès des Césars: Titus et sa dynastie. — 1871. Le drame du Vésuve. — 1872. L'opéra et le drame lyrique. — 1873. Fouilles et découvertes résumées et discutées en vue de l'histoire de l'art, 2 vol. — 1875. Études sur le Péloponèse, in-12. — S. d. *An vulgaris lingua apud veteres Græcos existerit.*

Une notice sur sa vie a été lue par M. le comte H. Delaborde, dans la séance de l'Académie des Beaux-Arts du 24 octobre 1874.

680. — GARNIER (Adolphe), O. ✳

Élu, le 18 février 1860, membre de l'Académie des Sciences morales et politiques (section de Morale).

Né à Paris, le 27 mars 1801. — 1827. Professeur de philosophie au collège de Versailles. — 1830. Professeur de philosophie au collège Saint-Louis. — 1834 à 1839. Maître de conférences à l'École Normale. — 1838 à 1842. Professeur suppléant à la Faculté des Lettres de Paris. — 1845 à 1864. Professeur de philosophie à la même Faculté. — Mort à Jouy-en-Josas (Seine-et-Oise), le 4 mai 1864.

Ouvrages. — 1827. De la légitimité de la peine de mort. — 1830. Précis de psychologie. — 1839. Comparaison de la psychologie et de la phrénologie. — 1840. La philosophie de Th. Reid. *Quid sit poesis.* — 1846. De la perception de l'infini et de la foi naturelle. — 1850. Traité de morale sociale. — 1852. Traité des facultés de l'âme, 3 vol. — 1855. Histoire de la morale : Socrate. — 1857. Histoire de la morale : Xénophon. — 1865. De la morale dans l'antiquité.

681. — SERRET (Joseph, Alfred), O. ✳

Élu, le 19 mars 1860, membre de l'Académie des Sciences (section de Géométrie).

Né à Paris, le 30 août 1819. — 1842 à 1843. Lieutenant d'artillerie. — 1848. Examinateur à l'École Polytechnique. — 1849 à 1863. Professeur suppléant à la Faculté des Sciences de Paris. — 1863. Professeur de calcul différentiel et intégral à la même Faculté. — 1861 à 1885. Professeur de mécanique céleste au Collège de France. — 1873. Membre du Bureau des Longitudes. — Mort à Paris, le 2 mars 1885.

Ouvrages. — 1850. Traité de trigonométrie. — 1851. Leçons sur les applications pratiques de la géométrie et de la trigonométrie. — 1852. Traité d'arithmétique. — 1853. Éléments de trigonométrie. — 1854. Cours d'algèbre supérieur. — 1855. Éléments d'arithmétique. — 1861. Sur l'intégration des équations aux dérivées partielles du premier ordre. — 1867-69. Cours de calcul différentiel et intégral, 2 vol. — Publication des œuvres de Lagrange.

682. — MILLER (Bénigne, Emmanuel, Clément), O. ✳

Élu, le 29 juin 1860, membre de l'Académie des Inscriptions et Belles-Lettres.

Né à Paris, le 19 avril 1810. — 1833 à 1850. Attaché au département des manuscrits de la Bibliothèque royale. — 1849 à 1886. Bibliothécaire de l'Assemblée nationale, du Corps législatif et de la Chambre des députés. — Mort à Cannes (Alpes-Maritimes), le 9 janvier 1886.

Ouvrages. — 1840. Éloge de la chevelure, tr. du grec. — 1845. Recueil des itinéraires anciens, in-4. — 1848. Catalogue des manuscrits grecs de l'Escurial, in-4. — 1868. Mélanges de littérature grecque, in-4, — 1876. Mélanges de philosophie et d'épigraphie. — 1883. Fragments inédits de littérature grecque. — 1889. Le mont Athos, Vatopédi et l'île de Thasos.

---

683. — SIGNOL (Émile), O. ✳

Élu, le 24 novembre 1860, membre de l'Académie des Beaux-Arts (section de Peinture).

Né à Paris, le 9 avril 1804. — 1830. Grand Prix de Rome. — 1860. Professeur à l'École des Beaux-Arts. — Mort à Paris, le 4 octobre 1892.

Œuvres principales. — 1824. Joseph racontant son songe. — 1829. Jacob refusant de livrer Benjamin. — 1830. Méléagre reprenant les armes. — 1833. Mort de Virginie. Paysan romain à Sainte-Scholastique. — 1834. Noé maudissant son fils (m. d'Aix). — 135. Le Christ au tombeau. — 18836. Réveil du juste et réveil du méchant. — 1837. La religion chrétienne secourant les affligés. — 1838. Sacre de Louis XV (Versailles). Mort de sainte Madeleine (église de la Madeleine). — 1839. La Vierge. Prédication de la deuxième croisade à Vézelay (Versailles). — 1840. La femme adultère (m. du Luxembourg). Le pardon des injures. — 1842. Sainte Madeleine pénitente. La Vierge mystique. Louis VII, roi de France (Versailles). Philippe-Auguste. Hémicycle de l'église Saint-Louis d'Antin. — 1844. Godefroy de Bouillon (Versailles). Saint Louis (Versailles). — 1845. Chapelle Saint-Joseph, à l'église Saint-Séverin. — 1848. Prise de Jérusalem par les croisés (Versailles). — 1850. Folie de la fiancée de Lamermoor. Les fantômes. La fée et la péri. Sara la baigneuse. — 1851. Chapelle des catéchismes de l'église Saint-Eustache. — 1853. Les législateurs sous l'inspiration évangélique (Sénat). Le Christ descendu de la croix. — 1855. Pieta. La Madeleine. Les croisés traversant le Bosphore (Versailles). Béatrix. — 1859. La sainte famille. — 1862. Les quatre évangélistes (église Saint-Augustin). — 1863. Vierge folle et vierge sage. Supplice d'une vestale (m. d'Arras). Rhadamiste et Zénobie. — 1876. Jésus trahi par Judas, le crucifiement, la résurrection et l'ascension (transept de l'église Saint-Sulpice). — 1878. Le soldat de Marathon. La Justice. La Bienfaisance. La vie et les épreuves de l'enfant. Moïse exposé sur les eaux. Le poète mourant. Joseph vendu par ses frères. — 1879. Psyché et l'Amour. Abel et Caïn. — 1880. Les premiers croisés voient Jérusalem (Versailles). Tancrède au jardin des Oliviers (Versailles). Samson. — S. d. Au musée de Versailles : Dagobert Iᵉʳ, Clovis II, Childéric Iᵉʳ, Thierry Iᵉʳ, Dagobert II, Thierry II, Childéric III.

---

684. — LONGET (François, Achille), C. ✳

Élu, le 24 décembre 1860, membre de l'Académie des Sciences (section d'Anatomie et Zoologie).

Né à Saint-Germain-en-Laye (Seine-et-Oise), le 25 mai 1811, — 1836. Docteur en médecine. — 1856. Médecin en chef des maisons de Saint-Denis et d'Écouen. — 1859. Professeur de physiologie à la Faculté de Médecine de Paris. — 1859. Médecin consultant de l'Empereur. — Mort à Bordeaux (Gironde), le 20 avril 1871.

Ouvrages. — 1841. Recherches expérimentales sur les fonctions de l'épiglotte. Recherches expérimentales sur l'irritabilité musculaire. Recherches expérimentales sur les fonctions des muscles du larynx. Recherches expérimentales sur les fonctions de la moelle épinière. — 1843-46. Anatomie et physiologie du système nerveux, 2 vol. — 1847. Expériences relatives aux effets de l'inhalation de l'éther. — 1850-55. Traité complet de physiologie. — 1850. Du sulfocyanure de potassium considéré comme élément de la salive. — 1857. Fragments sur les phénomènes chimiques de la digestion. — 1866. Mouvement circulaire de la matière dans les trois règnes, in-4.

685. — DUCHARTRE (Pierre, Étienne, Simon), O. ✳

Élu, le 21 janvier 1861, membre de l'Académie des Sciences (section de Botanique).

Né à Portiragnes (Hérault), le 27 octobre 1811. — 1836. Docteur ès sciences. — 1837. Agrégé. — 1861 à 1886. Professeur de botanique à la Faculté des Sciences de Paris. — Mort à Paris, le 5 novembre 1894.

Ouvrages. — 1867. Rapport sur les progrès de la botanique physiologique. — 1886. Éléments de botanique.

686. — TESSAN (Louis, Urbain, DORTET de), O. ✳

Élu, le 15 avril 1861, membre de l'Académie des Sciences (section de Géographie et Navigation).

Né au Vigan (Gard), le 25 août 1804. — 1824. Élève Ingénieur. — 1829. Ingénieur hydrographe. — 1848. Ingénieur de première classe. — 1852. Admis à la retraite. — 1858. *Correspondant de l'Institut.* — Mort à Paris, le 30 septembre 1879.

Ouvrages. — Collaboration à la Description nautique des côtes de l'Algérie, par Bérard, et au Voyage autour du monde de la frégate la Vénus, par A. Dupetit-Thouars.

687. — RENOUARD (Augustin, Charles), G. O. ✳

Élu, le 20 avril 1861, membre de l'Académie des Sciences morales et politiques (section de Législation).

Né à Paris, le 22 octobre 1794. — 1814. Docteur ès lettres. — 1816. Avocat à la Cour de Paris. — 1830 à 1836. Conseiller d'État. — 1830. Secrétaire général du Ministère de la Justice. — 1831 à 1837 et 1839 à 1842. Député de la Somme. — 1837 à 1869. Conseiller à la Cour de cassation. — 1846. Pair de France. — 1851. Procureur général près la haute Cour. — 1869. Conseiller honoraire à la Cour de cassation. — 1871 à 1877. Procureur général près la Cour de cassation. — 1876. Sénateur inamovible. — Mort à Paris, le 17 août 1878.

Ouvrages. — 1814. Du style des prophètes hébreux. *De identitate personali.* — 1815. Projet de quelques améliorations dans l'éducation publique. — 1818. Éléments de la morale. — 1824. Considérations sur les lacunes de l'éducation secondaire. — 1825. Traité des brevets d'invention. — 1827. Examen du projet de loi contre la presse. — 1828. L'éducation doit-elle être libre ? — 1838-39. Traité des droits d'auteur dans la littérature, les sciences et les beaux-arts, 2 vol. — 1842. Traité des faillites et des banqueroutes, 2 vol. — 1860. Du droit industriel dans ses rapports avec les principes du droit civil. — Discours de rentrée et d'installation, etc. Rapports parlementaires.

688. — DAUBRÉE (Gabriel, Auguste), G. O. ✳

Élu, le 20 mai 1861, membre de l'Académie des Sciences (section de Minéralogie).

Né à Metz (Moselle), le 25 juin 1814. — 1834. Élève Ingénieur. — 1839. Professeur de géologie à la Faculté des Sciences de Strasbourg. — 1840. Ingénieur des Mines. — 1852. Doyen de la Faculté des Sciences de Strasbourg. — 1855. Ingénieur en chef. — 1860. *Correspondant de l'Institut.* — 1861 à 1892. Professeur de géologie au Muséum d'Histoire naturelle. — 1862 à 1872. Professeur de minéralogie à l'École des Mines. — 1867. Inspecteur général. — 1872. Inspecteur général de première classe. — 1872 à 1884. Directeur de l'École des Mines. — 1884. Admis à la retraite.

Ouvrages. — 1867. Rapport sur les progrès de la géologie expérimentale. — 1887. Les eaux souterraines aux époques anciennes et à l'époque actuelle, 3 vol. — 1888. Les régions invisibles du globe et des espaces célestes.

Mémoires insérés dans les comptes rendus de l'Académie des sciences, les Annales des mines, le Bulletin de la Société géologique de France, le Journal des savants, la Revue archéologique, le Bulletin de la Société nationale d'agriculture, la Revue des Deux Mondes, etc., notamment sur les gisements, la constitution et l'origine des minerais d'étain, sur la production artificielle de l'oxyde d'étain, de l'oxyde de titane, de l'apatite et de la topaze, sur le métamorphisme et sur la formation des roches cristallines, sur les formations contemporaines des zoolites dans les sources de Plombières, sur la possibilité d'une infiltration capillaire au travers des matières pierreuses. Expériences synthétiques relatives aux météorites; documents astronomiques et géologiques que nos météorites nous apportent. Expériences sur les décompositions chimiques provoquées par les actions mécaniques dans les phosphates. Aperçu historique sur l'exploitation des métaux dans la Gaule. Examen des roches découvertes au Grœnland; formations contemporaines, dans l'eau de Bourbonne-les-Bains, de diverses espèces minérales cristallines; sur l'imitation artificielle du platine magnétipolaire; de la formation de la pyrite de fer dans l'eau de mer; des cuspules et érosions de la surface des météorites; imitation des stries par œillets de la surface des diamants dits *carbonado*. Expériences sur la schistosité des roches. Association du platine natif à des roches de péridot; application de la méthode expérimentale à l'étude des cassures terrestres; sur la chaleur qui a pu se développer par les actions mécaniques dans l'intérieur des roches; des matériaux de quelques forts vitrifiés de la France; des cassures de divers ordres que présente l'écorce terrestre; des moyens propres à prévenir les explosions du grisou; du rôle possible des gaz à haute température dans les phénomènes géologiques; le diamant des espaces célestes et la production artificielle du diamant. Très nombreuses notes sur les météorites de diverses chutes. Carte géologique et description géologique du département du Bas-Rhin,

689. — SAINTE-CLAIRE-DEVILLE (Étienne, Henri), C. ✳

Élu, le 25 novembre 1861, membre de l'Académie des Sciences (section de Minéralogie).

Né, de parents français, à l'île Saint-Thomas (Antilles), le 11 mars 1818. — 1842. Docteur en médecine. — 1845. Professeur de chimie à la Faculté des Sciences de Besançon et doyen de la Faculté. — 1851 à 1881. Maître de conférences de chimie à l'École Normale. — 1858. Professeur suppléant à la Faculté des Sciences de Paris. — 1867. Professeur de chimie minérale à la même Faculté. — Mort à Boulogne (Seine), le 1er juillet 1881.

Ouvrages. — 1859. De l'aluminium, ses propriétés, sa fabrication et ses applications. — 1862. Rapport sur la fusion de l'acier au four à reverbère. — 1863. Métallurgie du platine et des métaux qui l'accompagnent, 2 vol. — 1867. Leçons de chimie professées en 1866 et 1867. — Collaboration aux Annales de chimie et de physique.

Une notice sur sa vie a été lue par J.-B. Dumas, dans la séance de l'Académie des Sciences du 5 mai 1884.

690. — MEISSONNIER (Jean, Louis, Ernest), G. C. ✳

Élu, le 30 novembre 1861, membre de l'Académie des Beaux-Arts (section de Peinture).

Né à Lyon (Rhône), le 21 janvier 1815. — Mort à Paris, le 31 janvier 1891.

Œuvres principales. — 1834. Bourgeois flamands. — 1836. Les joueurs d'échecs. Le petit messager. — 1838. Religieux consolant un malade. — 1839. Le docteur anglais. — 1840. Saint Paul. Isaïe. Le liseur. — 1841. La partie d'échecs. — 1842. Jeune homme jouant de la basse. Un fumeur. — 1843. Un peintre dans son atelier. — 1845. Corps de garde. Jeune homme regardant des dessins. La partie de piquet. — 1848. Trois amis. La partie de boules. Soldats. Le fumeur. — 1850. Le dimanche. Souvenir de guerre civile. Joueur de luth. Un peintre montrant des portraits. — 1852. Homme choisissant une épée. Jeune homme travaillant. Bravi. Le déjeuner. — 1853. Chants d'un jeune poète. Jeune homme lisant. Paysage. Liseur debout près de la fenêtre. — 1854. Un fumeur noir. Le liseur rose. Amateur d'estampes. Les joueurs de boules à Saint-Germain. — 1855. Une rixe. La lecture. Joueurs de boules sous Louis XV. Un homme dessinant. La garde civique. — 1857. La confidence. Un peintre. Un chevalier. Amateurs de tableaux chez un peintre. Un homme à sa fenêtre. Jeune homme du temps de la régence. Un bravo. L'attente. Le liseur blanc. Fumeur. Le liseur. — 1858. La partie gagnée. La partie perdue. Un écrivain. Un incroyable. Le petit homme rouge. — 1859. Le joueur de guitare. Baiser d'adieu. — 1860. Polichinelle au tambour. Les amateurs de peintures. La partie de cartes. A tourne brides. La lecture chez Diderot. — 1851. Campagne de 1814 en France. — 1862. Polichinelle assis. Le philosophe. Napoléon. Le graveur. Portrait de son fils. La halte. La vedette. — 1863. La vedette Louis XIII. — 1864. Le cavalier à la pipe. — 1805. Le rieur. Suite d'une querelle de jeu. Une chanson. Un officier (route de l'abbaye de Poissy). — 1866. Un noble Vénitien (Meissonnier lui-

même). — 1867. Le capitaine. Cavaliers se faisant servir à boire. Corps de garde. Cavalier Louis XIII. Mousquetaires Louis XIII. L'ordonnance. Renseignements. Desaix à l'armée du Rhin. Une halte en 1814. — 1868. Route de
la Palice (portrait de Meissonnier à cheval). — 1869. Petit poste. Les joueurs de boules à Antibes. Montant
l'escalier. L'attente. Le chemin de la Palice (Antibes). — 1870. Un hallebardier. Phœbus et Borée. — 1870-71. Paris
(siège). — 1871. Les Tuileries. — 1874. Le portrait du sergent. — 1875. Le porte-drapeau. — 1877. Sous le balcon. —
1878 Cuirassiers (1805). Un peintre vénitien. Sur l'escalier. Un philosophe. Le peintre d'enseigne. Moreau
et Dessolles à Hohenlinden. Vue d'Antibes. Joueurs de boules. Les deux amis. Vedette. Un homme dictant ses
mémoires. — 1879. Polichinelle à la rose. Le sculpteur Gemito. — 1880. Le voyageur. Frisant sa moustache.
L'empereur pendant la bataille. — 1883. Le guide. Armée de Rhin et Moselle. Le chant. Les Tuileries. Scène de
la Commune à Paris. L'arrivée des hôtes. Saint-Marc (Madonna del baccio). — 1889. Iéna. Le voyageur. Venise.
Postillon revenant haut le pied. Auberge du pont de Poissy. Pasquale 1807. — 1891. La barricade en 1848. Charge
de cuirassiers (1814). Le graveur à l'eau-forte. Le cavalier à sa fenêtre. — S. d. Le joueur de flûte. M. Polichinelle.
Le violoncelliste. La sentinelle à Antibes. Le liseur. Le bibliophile. Après le déjeuner. Un gentilhomme. Le dessinateur. Le hussard. Le petit fumeur. Récit du siège de Berg-op-Zoom. Les deux philosophes. Liseur debout
près d'une fenêtre fermée. Un peintre. Gentilhomme lisant. A l'ombre des bosquets. Solférino.

Dessins pour l'illustration de la Bible de Royaumont, Paul et Virginie, la chaumière indienne, Lazarille de
Tormès, Roland furieux, les Français peints par eux-mêmes, la comédie humaine et les contes rémois.

Une notice sur sa vie a été lue par M. J.-P. Laurens, dans la séance de l'Académie des Beaux-
Arts du 5 mars 1892.

691. — BLANCHARD (Charles, Émile), O. ✻

Élu, le 10 février 1862, membre de l'Académie des Sciences (section d'Anatomie et Zoologie).

Né à Paris, le 7 mars 1819. — 1838. Aide naturaliste au Muséum. — 1857-58. Professeur
suppléant à l'École Normale. — 1862-95. Professeur de zoologie au Muséum d'Histoire naturelle.
— 1875 à 1889. Professeur de zoologie à l'Institut agronomique. — 1895. Professeur honoraire.

Ouvrages. — 1840. Histoire naturelle des insectes orthoptères, névroptères, etc. — 1845. Histoire des insectes,
traitant de leurs mœurs et de leurs métamorphoses, 2 vol. — 1849. Du système nerveux chez les invertébrés. — 1850-
1851. Catalogue de la collection entomologique du Muséum, 2 vol. — 1851-64. Organisation du règne animal, 2 vol. —
1854. Recherches sur l'organisation des vers, in-4. Zoologie agricole, in-4. — 1866. Les poissons des eaux douces
de la France. — 1867. Les insectes, métamorphoses, mœurs et instincts. — 1888. La vie des êtres animés, les
conditions de la vie, l'origine des êtres, in-12. — 1889. Les oiseaux de paradis.

Collaboration à la Revue des Deux Mondes, à la Revue de famille, à la Nouvelle Revue, aux Annales des
sciences naturelles, aux Voyages de Dumont d'Urville, au Nouveau journal des connaissances utiles, au Journal
des savants, au Bulletin de la Société d'horticulture, etc.

692. — BROGLIE (le Duc Jacques, Victor, Albert), ✻

*Élu, le 20 février 1862, membre de l'Académie française. Élu, le 9 février 1895, membre de l'Académie
des Sciences morales et politiques (section d'Histoire).*

Né à Paris, le 13 juin 1821. — 1842 à 1846. Secrétaire d'ambassade à Rome. — 1871 à 1875.
Député de l'Eure. — 1871 à 1872. Ambassadeur en Angleterre. — 1873 (mai-novembre). Président
du Conseil, Ministre des Affaires étrangères. — 1873-1874. Ministre de l'Intérieur. — 1876 à 1885.
Sénateur de l'Eure. — 1877 (mai-novembre). Président du Conseil. Garde des sceaux, Ministre de
la Justice.

Ouvrages. — 1841. Mémoire sur l'instruction publique présenté à la conférence d'Orsay. — 1853. Études morales et littéraires, in-12. — 1856-66. L'église et l'empire romain au IVe siècle, 2 vol. Constantin, 2 vol. Valenti-
nien et Théodose, 2 vol. — 1860. Une réforme administrative en Algérie, in-12. Questions de religion et d'histoire,
2 vol. La lettre impériale et la situation. — 1861. La souveraineté pontificale et la liberté. — 1863. La diplomatie
du suffrage universel. — 1865. La liberté humaine et la liberté divine. — 1866. Nouvelles études de littérature et
de morale. — 1868. La diplomatie et le droit nouveau, in-12. — 1878. Le secret du Roi, 2 vol. — 1882. Frédéric II
et Marie-Thérèse, 2 vol. — 1884. Frédéric II et Louis XV, 2 vol. — 1888. Marie-Thérèse, impératrice, 2 vol. Le

procès et l'exécution du duc d'Enghien. — 1889. Histoire et diplomatie. — 1893. Maurice de Saxe et le Marquis d'Argenson, 2 vol. — 1894. La paix d'Aix-la-Chapelle. L'alliance autrichienne. — Publication des Mémoires de Talleyrand. Collaboration à la Revue des Deux Mondes et au Correspondant.

693. — VUITRY (Adolphe), G. C. ✻

Élu, le 15 mars 1862, membre de l'Académie des Sciences morales et politiques (section de Politique). Passé, par une décision de l'Académie en date du 20 janvier 1866, dans la section d'Économie politique.

Né à Sens (Yonne), le 31 mars 1813. — 1834. Élève Ingénieur des Ponts et Chaussées. — 1835. Avocat à Paris. — 1840. Chef de section à l'Administration des cultes. — 1842 à 1851. Maître des requêtes au Conseil d'État. — 1844 à 1851. Sous-Directeur des cultes. — 1851. Sous-Secrétaire d'État des finances. — 1852 à 1857. Conseiller d'État. — 1857 à 1863. Président de la section des finances au Conseil d'État. — 1863-1864. Vice-Président honoraire du Conseil d'État. — 1863-1864. Gouverneur de la Banque de France. — 1864 à 1869. Ministre président le Conseil d'État. — 1869-1870. Sénateur. — Mort à Saint-Donain (Yonne), le 23 juin 1885.

Ouvrages. — 1877-83. Études sur le régime financier de la France avant la révolution de 1789, 2 vol. — 1885. Le désordre des finances et les excès de la spéculation à la fin du règne de Louis XIV et au commencement du règne de Louis XV, in-12. — Collaboration à la Revue des Deux Mondes.

Une notice sur sa vie a été lue par M. Cucheval-Clarigny, dans la séance de l'Académie des Sciences morales et politiques du 16 avril 1887.

694. — FEUILLET (Octave), O. ✻

Élu, le 3 avril 1862, membre de l'Académie française.

Né à Saint-Lô (Manche), le 10 août 1821. — 1865. Bibliothécaire du château de Fontainebleau. — Mort à Paris, le 28 décembre 1890.

Ouvrages. — *Romans.* — 1846. Polichinelle, sa vie et ses aventures. — 1852. Bellah. — 1857. La petite comtesse. Le parc. Onesta. — 1858. Le roman d'un jeune homme pauvre. — 1862. Histoire de Sibylle. — 1867. M. de Camors. — 1872. Julia de Trecœur. — 1875. Un mariage dans le monde. — 1877. Les amours de Philippe. — 1878. Le journal d'une femme. — 1881. Histoire d'une Parisienne. — 1884. La veuve. Le voyageur. — 1886. La morte. — 1889. Le divorce de Juliette. Charybde et Scylla. Le curé de Bourron. — 1890. Honneur d'artiste.

Théâtre. — 1845. Un bourgeois de Rome. — 1846. Echec et mat. — 1847. Palma. — 1848. La vieillesse de Richelieu. Alix. La partie de dames. — 1852. York. — 1853. Le pour et le contre. — 1854. La crise. L'ermitage. L'urne. — 1855. Péril en la demeure. — 1856. Le village. La fée. — 1858. Le roman d'un jeune homme pauvre. — 1860. Le cheveu blanc. La tentation. Rédemption. — 1863. Montjoie. — 1865. La belle au bois dormant. — 1867. Le cas de conscience. — 1869. Julie. — 1870. Dalila. — 1873. L'acrobate. — 1874. Le Sphinx. — 1878. La clé d'or. — 1882. Les portraits de la marquise. Un roman parisien. — 1883. La partie de dames. — 1888. Chamillac.

Son éloge a été prononcé par M. Pierre Loti, dans la séance de l'Académie française du 7 avril 1892.

695. — BONNET (Pierre, Ossian), O. ✻

Élu, le 14 avril 1862, membre de l'Académie des Sciences (section de Géométrie).

Né à Montpellier (Hérault), le 22 décembre 1819. — 1840. Élève Ingénieur des Ponts et Chaussées. — 1855. Répétiteur à l'École Polytechnique. — 1865. Professeur de géométrie descriptive à l'École des Beaux-Arts. — 1869 à 1872. Maître de conférences de calcul différentiel et intégral à l'École Normale. — 1872 à 1879. Directeur des études à l'École Polytechnique. — 1878. Professeur d'astronomie physique à la Faculté des Sciences de Paris. — 1885. Membre du Bureau des Longitudes. — Mort à Paris, le 22 juin 1892.

Ouvrages. — 1858. Leçons de mécanique élémentaire. — 1888. Théorie de la réfraction astronomique. — 1889 Astronomie sphérique.

---

696. — GUILLAUME (Claude, Jean, Baptiste, Eugène), G. O. ✳

Élu, le 9 août 1862, membre de l'Académie des Beaux-Arts (section de Sculpture).

Né à Montbard (Côte-d'Or), le 4 juillet 1822. — 1845. Grand Prix de Rome. — 1866 à 1878. Directeur de l'École des Beaux-Arts. — 1878 à 1879. Directeur général des Beaux-Arts. — 1882. Professeur d'esthétique et d'histoire générale de l'art au Collège de France. — 1887 à 1894. Professeur de dessin à l'École Polytechnique. — 1891. Directeur de l'Académie de France à Rome.

Œuvres principales. — *Groupes et statues.* — 1845. Thésée trouvant l'épée de son père. — 1848. L'amazone du Capitole. — 1852. Anacréon, statue (Luxembourg). — 1854. Sainte Cécile. Saül et David (église Saint-Eustache). Lhopital (Louvre). — 1855. Un faucheur (Louvre). — 1856. Colbert. La navigation. Le commerce (Bourse de Marseille). — 1857. L'Immaculée Conception (Marseille). Sainte Clotilde et Sainte Valère (église Sainte-Clotilde). — 1858. Tombeau d'enfant (Gray). — 1859. Napoléon Ier. — 1860. La Force (fontaine Saint-Michel). — 1861. Un ange (église Saint-Germain-l'Auxerrois). — 1865. Napoléon III à cheval (préfecture de Marseille). — 1866. Saint Hilaire. Saint Augustin. Saint Athanase. Saint Grégoire de Nazianze (église de la Trinité). — 1868. La céramique (Louvre). Le roi Jérôme (Invalides). — 1869. La musique instrumentale (Opéra). — 1870. Bonaparte lieutenant d'artillerie (m. d'Amiens). — 1875. Anacréon, terme. — 1876. Tombeau d'une Romaine. Saint Louis (palais de justice). — 1878. Sapho, Horace, Lesbie, termes (hôtel de ville). — 1878. Rameau (Dijon). Mariage romain. Orphée. — 1879. Philippe de Girard (Avignon). — 1880. La Foi, l'Espérance et la Charité. — 1881. Le Christ (cathédrale de Marseille). — 1882. Bossuet (Chantilly). La Science (Muséum d'histoire naturelle). — 1883. Pascal (Clermont-Ferrand). — 1884. Becquerel (Châtillon-sur-Loing). — 1885. Niepce (Châlon-sur-Saône). — 1886. Claude Bernard (Paris). — 1888. Castalie (ministère de l'instruction publique). La céramique, réplique en bronze (Limoges). — 1889. Andromaque. — 1892. Chevreul (Angers).

Bas-reliefs. — 1850. Le démon de Socrate. — 1853. Les hôtes d'Anacréon. Les sept sages de la Grèce. — 1854. Histoire de sainte Valère et de sainte Clotilde (église Sainte-Clotilde). — S. d. Fronton du pavillon Turgot (Louvre). L'Art couronnant la Beauté (Louvre). Fronton du palais de justice et de la préfecture de Marseille. Couronnement de la Vierge (cathédrale de Marseille). Médaillons de savants (Muséum d'histoire naturelle).

Bustes. — 1854. Le tombeau des Gracques. — 1855. Hittorff. — 1860. Bonaparte à Brienne. Le général Bonaparte. Bonaparte premier consul. Napoléon en 1804. Napoléon en 1812. Napoléon à Sainte-Hélène. — 1867. Victor Leclerc. — 1873. Mgr Darboy. — 1877. Ingres. Philippe le Bon. — 1894. Duban. — S. d. Patin. Marc Séguin. J.-B. Dumas. Pasteur. Jamin. M. H. Germain. Eug. Burnouf. Mignet. Charles Blanc. Em. Perrin. Le marquis de Laplace. Le général de Laplace. H. Labrouste. Le roi de Hanovre. L'empereur du Brésil. Le prince Napoléon. M. Grévy. J. Ferry. Beethoven. Louis Bouilhet. P. Baltard. D'Alméida. Paul de Saint-Victor. M. Trélat. La duchesse Eltha. Le chevrier de Mireille. Diane. La duchesse de Palmella. Mme Raffalovich.

Ouvrages. — 1888. Études d'art antique et moderne. — 1895. Notices et discours. — Nombreux articles dans le Dictionnaire de l'Académie des beaux-arts.

---

697. — HAURÉAU (Jean, Barthélemy), C. ✳

Élu, le 5 décembre 1862, membre de l'Académie des Inscriptions et Belles-Lettres.

Né à Paris, le 9 novembre 1812. — 1836 à 1845. Sous-Bibliothécaire de la ville du Mans. — 1848 à 1852. Conservateur des manuscrits à la Bibliothèque nationale. — 1848 à 1849. Député de la Sarthe. — 1870 à 1882. Directeur de l'Imprimerie nationale. — 1893. Directeur de la Fondation Thiers.

Ouvrages. — 1840. Critique des hypothèses métaphysiques de Manès, de Pélage, etc., in-4. — 1842-1877. Histoire littéraire du Maine, 10 vol. in-12. — 1844. Examen de l'ouvrage de M. Bouvier : dissertatio in sextum decalogi præceptum. — 1846. Nouveaux résumés : histoire de la Pologne. — 1850. De la philosophie scolastique, 2 vol. — 1853. François Ier et sa cour, in-12. — 1854. Charlemagne et sa cour, in-12. — 1856-65. Gallia Christiana (t. XIV,

XV et XVI). — 1859. Hugues de Saint-Victor. — 1861. Singularités historiques et littéraires, in-12. — 1877. Bernard Délicieux et l'inquisition albigeoise, in-12. — 1880. Histoire de la philosophie scolastique, 3 vol. — 1882. Les mélanges poétiques d'Hildebert de Lavardin. — 1890. Des poèmes latins attribués à saint Bernard. Notices et extraits de quelques manuscrits latins de la Bibliothèque nationale, 6 vol. — Collaboration à la Revue des Deux Mondes, au National, au Journal des savants, au Temps, au Siècle et à l'Histoire littéraire de la France.

698. — SLANE (le Baron William, MAC-GUCKIN de), O. ✳

Élu, le 5 décembre 1862, membre de l'Académie des Inscriptions et Belles-Lettres.

Né à Belfast (Irlande), le 12 août 1801 ; naturalisé Français, le 31 décembre 1838. — 1865. Professeur d'arabe à l'École des langues orientales vivantes. — Mort à Paris, le 4 août 1878.

Ouvrages. — Traduction des prolégomènes historiques d'Ibn Khaldoun. — 1883-89. Catalogue des manuscrits arabes de la Bibliothèque nationale, in-4.

699. — PASTEUR (Louis), G. C. ✳

Élu, le 8 décembre 1862, membre de l'Académie des Sciences (section de Minéralogie). Élu, le 8 décembre 1881, membre de l'Académie française. Élu, le 18 juillet 1887, secrétaire perpétuel de l'Académie des Sciences pour les Sciences physiques. Rentré, le 4 février 1889, dans la section de Minéralogie et nommé secrétaire perpétuel honoraire.

Né à Dôle (Jura), le 27 décembre 1822. — 1846. Agrégé des sciences physiques. — 1846 à 1848. Préparateur de chimie à l'École Normale. — 1847. Docteur ès sciences. — 1848. Professeur de physique au lycée de Dijon. — 1848 à 1852. Professeur suppléant de chimie à la Faculté des Sciences de Strasbourg. — 1852. Professeur titulaire à la même Faculté. — 1854 à 1857. Doyen de la Faculté des Sciences de Lille. — 1857 à 1867. Directeur des études scientifiques à l'École Normale. — 1867 à 1875. Professeur de chimie organique à la Faculté des Sciences de Paris. — 1868. Directeur du laboratoire de physiologie de l'École des Hautes Études. — 1888. Directeur de l'Institut Pasteur.

Ouvrages. — 1860. Recherches sur la dissymétrie moléculaire des produits organiques naturels. Mémoire sur la fermentation alcoolique. — 1861. Sur les corpuscules organisés qui existent dans l'atmosphère. — 1864. Mémoire sur la fermentation acétique. — 1866. Étude sur le vin. — 1868. Étude sur le vinaigre, sa fabrication, ses maladies, sa conservation. — 1870. Étude sur la maladie des vers à soie. — 1876. Étude sur la bière et théorie nouvelle de la fermentation. — 1879. Examen sur la fermentation.

Notes et mémoires présentés à l'Académie des sciences. — 1848-52. Sur les relations qui peuvent exister entre la forme cristalline et la composition chimique et sur la cause de la polarisation rotatoire. — 1848. La cristallisation du soufre. Sur divers modes de groupements dans le sulfate de potasse. Sur le dimorphisme. — 1849. Propriétés spécifiques de deux acides qui composent l'acide racémique. — 1851. Les acides aspartique et malique. — 1852. La popaline et la solicine artificielle. — 1853. L'origine de l'acide racémique et la quinidine. Sur les alcaloïdes des quinquinas. Découverte de l'acide tartrique. — 1854. Le dimorphisme dans les substances actives. — 1855. L'alcool amylique. — 1856. Le sucre de lait. Sur le mode d'accroissement des cristaux. — 1857-60. La fermentation alcoolique. La fermentation lactique. — 1858. Fermentation de l'acide tartrique. — 1860. Expériences relatives aux générations dites spontanées. Sur l'origine des ferments. — 1861. Influence de la température sur la fécondité des spores. Sur les animalcules infusoires qui déterminent la fermentation. Sur les corpuscules organisés qui existent en suspension dans l'atmosphère. Examen du rôle attribué à l'oxygène atmosphérique dans la destruction des substances animales et végétales après la mort. Sur la présence de l'acide acétique dans la fermentation alcoolique. — 1864. Les générations spontanées. Maladies des vins. — 1865. Procédé pratique pour la conservation des vins. — 1865-70. La maladie des vers à soie. — 1869-72. Pratique du chauffage pour la conservation des vins. — 1873. Sur la bière. — 1875. Nature de la fermentation alcoolique. — 1857-60. Le grainage cellulaire de la graine de vers à soie. — 1877. Les conserves alimentaires. La maladie charbonneuse. Le charbon et la septicémie. — 1878. La théorie des germes et ses applications à la médecine et à la chirurgie. — 1880. Les maladies virulentes et en particulier le choléra des poules. L'étiologie du charbon et des affections charbonneuses. — 1881. Sur une maladie nouvelle provoquée par la salive d'un enfant mort de la rage. Sur la longue durée des germes charbonneux. Sur l'atténuation des virus et leur retour à la virulence. Sur la possibilité de rendre les moutons réfractaires au charbon. Sur la rage. — 1882. Le rouget des porcs. — 1883. La vaccination charbonneuse. — 1885-89. Méthode pour prévenir la rage après la morsure.

---

700. — BALTARD (Victor), O. ✱

Élu, le 7 février 1863, membre de l'Académie des Beaux-Arts (section d'Architecture).

Né à Paris, le 19 juin 1805. — 1833. Grand Prix de Rome. — 1842 à 1846. Professeur adjoint à l'École des Beaux-Arts. — 1854. Architecte de la ville de Paris, Directeur des travaux d'architecture, des Beaux-Arts et des Fêtes. — 1871. Inspecteur général des Bâtiments civils. — Mort à Paris, le 13 janvier 1874.

Œuvres principales. — Séminaire de Saint-Sulpice. Bâtiments annexes de l'hôtel de ville de Paris. Escalier d'honneur de la cour de l'ancien hôtel de ville. Chapelle des catéchismes à Saint-Jacques-du-Haut-Pas et à Saint-Philippe-du-Roule. Hôtel du Timbre, rue de la Banque. Halles centrales de Paris. Restauration des églises Saint-Germain-des-Prés, Saint-Eustache, Saint-Séverin, Saint-Étienne-du-Mont, N.-D.-de-Bonne-Nouvelle, Saint-Germain-l'Auxerrois, Saint-Merry. Église Saint-Augustin, à Paris. Absides de Saint-Nicolas-du-Chardonnet et de Saint-Leu. Tombeaux de Ingres et de Flandrin.
Ouvrages. — 1847. Monographie de la villa Médicis. — 1863. Monographie des halles centrales. — Peintures et arabesques de l'ancienne galerie de Diane à Fontainebleau.

---

701. — HUSSON (Jean, Christophe, Armand), C. ✱

Élu, le 7 février 1863, membre de l'Académie des Sciences morales et politiques (section de Politique). Passé dans la section de Morale, en vertu d'une décision de l'Académie en date du 26 mars 1866.

Né à Claye (Seine-et-Marne), le 8 septembre 1809. — 1828. Employé à la Préfecture de la Seine. — 1847. Chef de division. — 1859. Directeur de l'Assistance publique. — 1871. Secrétaire général de la préfecture de la Seine. — Mort à Paris, le 7 décembre 1874.

Ouvrages. — 1838. Géographie industrielle et commerciale de la France. — 1840-41. Traité de la législation des travaux publics et de la voirie en France, 2 vol. — 1856. Les consommations de Paris. — 1863. Étude sur les hôpitaux, in-4.

---

702. — SAISSET (Émile, Edmond), ✱

Élu, le 7 février 1863, membre de l'Académie des Sciences morales et politiques (section de Philosophie).

Né à Montpellier (Hérault), le 16 septembre 1814. — 1838. Professeur au collège de Caen. — 1842 à 1857. Maître de conférences de philosophie à l'École Normale. — 1853 à 1857. Chargé du cours complémentaire de philosophie grecque et latine au Collège de France. — 1856 à 1863. Professeur d'histoire de la philosophie à la Faculté des Lettres de Paris. — Mort à Paris, le 27 décembre 1863.

Ouvrages. — 1840. Aenesidème. *Varia S. Anselmi in Proslogio argumenti fortuna.* — 1841. Manuel de philosophie. — 1845. Essai sur la philosophie et la religion au XIXe siècle, in-12. Renaissance du voltairianisme. — 1859. Mélanges d'histoire, de morale et de critique. Essai de philosophie religieuse. — 1862. Précurseurs et disciples de Descartes. — 1864. L'âme et la vie. — 1865. Critique et histoire de la philosophie, in-12. Le scepticisme.

703. — SIMON (Jules, François, Simon, SUISSE, dit), ✲

Élu, le 21 février 1863, membre de l'Académie des Sciences morales et politiques (section de Morale) et, le 16 décembre 1875, membre de l'Académie française. Élu, le 11 novembre 1882, secrétaire perpétuel de l'Académie des Sciences morales et politiques.

Né à Lorient (Morbihan), le 31 décembre 1814. — 1836. Professeur de philosophie au collège de Caen. — 1837. Professeur au collège de Versailles. — 1839 à 1852. Professeur suppléant à la Faculté des Lettres de Paris. — 1842 à 1851. Maître de conférences de philosophie à l'École Normale. — 1848. Député des Côtes-du-Nord. — 1849. Conseiller d'État. — 1863 à 1870. Député de la Seine. — 1870. Membre du gouvernement de la Défense nationale et Ministre de l'Instruction publique. — 1871. Député de la Marne. — 1871-1873. Ministre de l'Instruction publique et des Cultes. — 1875. Sénateur inamovible. — 1876-1877. Ministre de l'Intérieur et Président du Conseil des Ministres.

Ouvrages. — 1839. De Deo Aristotelis diatribe philosophica. — 1840. Études sur la théodicée de Platon et d'Aristote. — 1845. Histoire de l'école d'Alexandrie, 2 vol. Manuel de philosophie à l'usage des collèges. — 1849. L'université, in-12. — 1853. La mort de Socrate, in-12. — 1854. Le devoir. — 1856. La religion naturelle. — 1857. La liberté de conscience, in-12. — 1859. La liberté, 2 vol. — 1861. L'ouvrière. — 1864. L'instruction populaire en France. L'école. — 1866. Le travail. — 1867. L'ouvrier de huit ans. — 1868. La politique radicale. — 1869. La peine de mort, in-12. La famille, in-12. — 1870. La liberté de penser, in-12. Le libre échange. — 1873. L'instruction gratuite et obligatoire, in-12. — 1874. La réforme de l'enseignement secondaire. Souvenirs du 4 septembre : Origine et chute du second empire. Souvenirs du 4 septembre : Le gouvernement de la défense nationale. — 1878. Le gouvernement de M. Thiers, 2 vol. — 1880. L'exposition universelle internationale de 1878 à Paris. Le livre du petit citoyen, in-12. — 1883. Dieu, patrie, liberté. — 1885. Une académie sous le directoire. Thiers, Guizot, Remusat. — 1887. Nos hommes d'État, in-12. Victor Cousin, in-12. — 1889. Mémoires des autres. Mignet, Michelet, Henri Martin. Le Journal des Débats sous la Restauration, in-4. Souviens-toi du 2 décembre, in-12. — 1891. Nouveaux mémoires des autres, in-12. La femme du xxᵉ siècle. — 1893. Notices et portraits,

Discours et rapports parlementaires et académiques. — Édition des œuvres de Malebranche, de Descartes, de Bossuet et d'Arnault. — Collaboration au Dictionnaire des sciences philosophiques, à la Revue des Deux Mondes, à la Liberté de penser, au Journal pour tous, au Siècle, au Gaulois, au National, au Matin, au Journal des Débats, au Temps et à la Revue de famille.

704. — CARNÉ (le Comte Louis, Marie, MARCEIN de), ✲

Élu, le 23 avril 1863, membre de l'Académie française.

Né à Quimper (Finistère), le 17 février 1804. — 1825. Attaché au Ministère des Affaires étrangères. — 1830. Secrétaire d'ambassade. — 1839 à 1848. Député du Finistère. — 1847-1848. Directeur des Affaires commerciales au Ministère des Affaires étrangères. — Mort à Paris, le 11 février 1876.

Ouvrages. — 1833. Vues sur l'histoire contemporaine, 2 vol. — 1838. Des intérêts nouveaux en Europe depuis 1830, 2 vol. — 1841. Du gouvernement représentatif en France et en Angleterre. — 1855. Études sur l'histoire du gouvernement représentatif en France, de 1789 à 1848, 2 vol. — 1856. Études sur les fondateurs de l'unité française, 2 vol. Un drame sous la Terreur. — 1859. La monarchie française au xviiiᵉ siècle. — 1865. L'Europe et le second empire, in-12. — 1868. Les États de Bretagne, 2 vol. — 1872. Souvenirs de ma jeunesse au temps de la Restauration.

Son éloge a été prononcé par M. Ch. Blanc, dans la séance de l'Académie française du 30 novembre 1876.

705. — DUFAURE (Jules, Armand, Stanislas).

Élu, le 23 avril 1863, membre de l'Académie française.

Né à Saujon (Charente-Inférieure), le 4 décembre 1798. — 1820. Avocat à Bordeaux. — 1834 à 1851. Député de la Charente-Inférieure. — 1836. Conseiller d'État. — 1839 à 1840. Ministre des

Travaux publics. — 1848 (octobre-décembre) et 1849 (juin-octobre). Ministre de l'Intérieur. — 1852. Avocat à la Cour de Paris. — 1862 à 1864. Bâtonnier des avocats à la Cour impériale de Paris. — 1871 à 1875. Député de la Charente-Inférieure. — 1871 à 1873, 1875-1876 et 1877 à 1879. Garde des sceaux, Ministre de la Justice. — 1876 à 1881. Sénateur inamovible. — Mort à Rueil (Seine-et-Oise), le 27 juin 1881.

M. Dufaure n'a publié aucun ouvrage; on a seulement de lui des consultations, des plaidoyers et des rapports et discours parlementaires et académiques.

Son éloge a été prononcé par M. Cherbuliez, dans la séance de l'Académie française du 25 mai 1882.

706. — BAUDRILLART (Henri, Joseph, Léon), O. ✳

Élu, le 2 mai 1863, membre de l'Académie des Sciences morales et politiques (section de Politique). Passé dans la section de Morale, en vertu d'une décision de l'Académie du 26 mai 1866.

Né à Paris, le 28 novembre 1821. — 1852 à 1866. Professeur suppléant au Collège de France. — 1866 à 1868. Chargé d'un cours complémentaire d'histoire de l'économie politique au Collège de France. — 1869. Inspecteur général des bibliothèques. — 1880. Professeur d'économie politique à l'École des Ponts et Chaussées. — Mort à Paris, le 23 janvier 1892.

Ouvrages. — 1844. Discours sur Voltaire. — 1853. Jean Bodin et son temps. — 1857. Manuel d'économie politique, in-12. — 1858. Études de philosophie morale et d'économie politique, 2 vol. in-12. — 1862. Publicistes modernes. — 1865. La liberté du travail, l'association et la démocratie, in-12. — 1866. Du capital, in-12. — 1867. Éléments d'économie rurale, industrielle et commerciale, in-12. — 1869. Économie politique populaire, in-12. — 1871. Rapport sur les pertes éprouvées par les bibliothèques publiques de Paris en 1870-71. — 1873. De l'enseignement moyen industriel en France et à l'étranger. — 1874. La famille et l'éducation en France dans leurs rapports avec l'état de la société, in-12. — 1878-80. Histoire du luxe privé et public depuis l'antiquité jusqu'à nos jours, 4 vol. — 1880-88. Les populations agricoles de la France, 3 vol. — 1884. Lectures choisies d'économie politique, in-12. — 1885. Éducation morale et instruction civique, in-12. — 1890. Des rapports de la morale et de l'économie politique. — Rapports et discours académiques. Collaboration à la Revue des Deux Mondes, au Journal des économistes, au Journal des débats et au Constitutionnel.

Une notice sur sa vie a été lue par M. Adolphe Guillot, dans la séance de l'Académie des Sciences morales et politiques du 26 mai 1894.

707. — BECQUEREL (Alexandre, Edmond), C. ✳

Élu, le 18 mai 1863, membre de l'Académie des Sciences (section de Physique générale).

Né à Paris, le 24 mars 1820. — 1844 à 1878. Aide naturaliste au Muséum d'Histoire naturelle. — 1850. Professeur à l'Institut agronomique de Versailles. — 1852. Professeur de physique appliquée aux arts, au Conservatoire des Arts et Métiers. — 1878. Professeur de physique appliquée, au Muséum d'Histoire naturelle. — Mort à Paris, le 15 mai 1891.

Ouvrages. — 1867-68. La lumière, ses causes et ses effets, 2 vol. — 1875. Des forces physico-chimiques et de leur intervention dans la production des phénomènes naturels.

708. — PÂRIS (François, Edmond), G. C. ✳

Élu, le 22 juin 1863, membre de l'Académie des Sciences (section de Géographie et Navigation).

Né à Paris, le 2 mars 1806. — 1822. Aspirant de marine. — 1826. Enseigne. — 1832. Lieutenant de vaisseau. — 1840. Capitaine de frégate. — 1846. Capitaine de vaisseau. — 1858. Contre-

Amiral. — 1864. Vice-Amiral. — 1864 à 1871. Directeur général du Dépôt des cartes et plans de la marine. — 1867. Membre du Bureau des Longitudes. — 1871. Admis au cadre de réserve. — 1871 à 1893. Conservateur du Musée de marine au Louvre. — Mort à Paris, le 8 avril 1893.

Ouvrages. — 1841. Essai sur la construction navale des peuples extra-européens, in-fol. — 1848. Dictionnaire de marine à voile et à vapeur, 2 vol. — 1850. Catéchisme du marin et du mécanicien à vapeur. — 1855. Traité de l'hélice propulsive. — 1858. Utilisation économique des navires à vapeur. — 1859. Instruction sur la manœuvre des canots naviguant avec grosse mer, in-12. Vocabulaire des termes de la marine à vapeur. — 1863. L'art naval à l'exposition universelle de 1862. — 1864. Souvenirs de Jérusalem, in-fol. — 1865. Note sur les navires cuirassés. — 1868. L'art naval à l'exposition universelle de 1867. — 1873. Note sur la mâture en fer et en acier. — 1878-86. Souvenirs de marine, 3 fasc. in-fol. — 1883. Le musée de marine du Louvre, in-fol. — 1885. La marine française, in-fol. — 1888. Les peintres et les dessinateurs de la mer, in-4.

Une notice sur sa vie a été lue par M. Guyou, dans la séance de l'Académie des Sciences du 4 mars 1895.

---

709. — CABANEL (Alexandre), C. ✳

Élu, le 26 septembre 1863, membre de l'Académie des Beaux-Arts (section de Peinture).

Né à Montpellier (Hérault), le 28 septembre 1823. — 1845. Grand Prix de Rome. — 1864 à 1889. Professeur à l'École des Beaux-Arts. — Mort à Paris, le 23 janvier 1889.

Œuvres principales. — 1844. Le Christ au jardin des Oliviers. — 1845. Jésus dans le prétoire. — 1851. Saint Jean (m. de Montpellier). — 1852. Mort de Moïse. Velléda (m. de Montpellier). — 1852-53. Les douze mois de l'année (hôtel de ville). — 1855. Martyr chrétien (m. de Carcassonne). Glorification de saint Louis (Luxembourg). Un soir d'automne. — 1856. Louis XIII et Richelieu (Sénat). — 1857. Michel-Ange. Othello racontant ses batailles. Aglaé. — 1859. La veuve du maître de chapelle. — 1861. Marie-Madeleine. Nymphe enlevée par un faune. Portrait de M. Rouher. — 1863. Naissance de Vénus. Une Florentine. — 1865. Napoléon III. — 1867. Le paradis perdu. Portrait de M. Delangle. Le repos de Ruth.

Une notice sur sa vie a été lue par M. Henner, dans la séance de l'Académie des Beaux-Arts du 13 décembre 1890.

---

710. — HESSE (Nicolas, Auguste), ✳

Élu, le 31 octobre 1863, membre de l'Académie des Beaux-Arts (section de Peinture).

Né à Paris, le 28 août 1795. — 1818. Grand Prix de Rome. — Mort à Paris, le 14 juin 1869.

Œuvres principales. — 1824. Oenone et Pâris. — 1827. Fondation de la Sorbonne (église de la Sorbonne). — 1831. Françoise de Rimini. — 1838. Le Christ au sépulcre (cathédrale de Périgueux). Les états généraux de 1789 (m. d'Amiens). — 1839. Le Christ couronné d'épines. — 1843. Mort d'Ananias (église Saint-Pierre de Chaillot. — 1845. Évanouissement de la Vierge (Luxembourg). — 1851. Jacob luttant avec l'ange (église d'Avranches). — 1853. Clytie mourante (m. d'Amiens). — 1857. Descente de croix. — 1868. Le péché originel. La Liberté (m. de Lisieux). — S. d. Ulysse. Céphale et Procris. Les deux Ajax. Othryades. L'adoration des bergers (église Notre-Dame-de-Lorette). Conversion et martyre de saint Hippolyte (église Notre-Dame-de-Lorette). Chapelle des catéchismes de l'église Sainte-Élisabeth. Chapelle de la Sainte-Vierge, à l'église Notre-Dame-de-Bonne-Nouvelle. Coupole du chœur de l'église Saint-Pierre de Chaillot. Peintures de l'église de Notre-Dame-des-Blancs-Manteaux. Cartons pour les vitraux des églises Saint-Eustache et Sainte-Clotilde. Chapelle Saint-Laurent, à l'église Saint-Gervais. Peintures de l'escalier de la galerie des fêtes de l'hôtel de ville de Paris. Portrait de Girardon (Louvre). La promulgation du concordat (Sénat).

---

711. — JOURDAIN (Charles, Marie, Gabriel, BRÉCHILLET-), C. ✳

Élu, le 11 décembre 1863, membre de l'Académie des Inscriptions et Belles-Lettres.

Né à Paris, le 24 août 1817. — 1838. Docteur ès lettres. — 1840. Agrégé de philosophie. — 1842. Professeur de philosophie au collège Stanislas. — 1849. Chef du cabinet du Ministre de l'Instruction publique. — 1851. Chef de division au Ministère de l'Instruction publique. — 1869. Inspecteur général de l'Instruction publique pour l'enseignement supérieur. — 1875 à 1876. Secrétaire général du Ministère de l'Instruction publique. — Mort à Saint-Leu-Taverny (Seine-et-Oise), le 20 juillet 1886.

Ouvrages. — 1838. *Doctrina Gersonii de theologia.* De l'état de la philosophie en Occident au xii° siècle. — 1842: Questions de philosophie pour le baccalauréat, in-12. — 1853. Notions élémentaires de logique. — 1857. Le budget de l'instruction publique. — 1858. La philosophie de saint Thomas, 2 vol. — 1859. Le budget des cultes en France. — 1861. De l'influence d'Aristote et de ses interprètes sur la découverte du nouveau monde. — 1862-66. Histoire de l'université de Paris, au xvii° et au xviii° siècle, in-fol. — 1862 L'université de Toulouse au xviii° siècle. — 1863. De l'enseignement de l'hébreu à l'université de Paris. — 1867. Rapport sur l'organisation et les progrès de l'instruction publique. — 1888. Excursions historiques et philosophiques à travers le moyen âge. — Collaboration à la Revue des sociétés savantes et au Journal de l'instruction publique.

712. — NAUDIN (Charles, Victor), ✳

Élu, le 14 décembre 1863, membre de l'Académie des Sciences (section de Botanique).

Né à Autun (Saône-et-Loire), le 14 août 1815. — 1842. Docteur ès sciences. — 1843. Professeur au collège Chaptal. — 1854 à 1872. Aide naturaliste au Muséum d'Histoire naturelle. — 1878. Directeur du Jardin botanique d'Antibes.

Ouvrages. — 1857. Le jardin du cultivateur, in-12. — 1860. Le potager, in-12. — 1861. Serres et orangeries en plein air. — 1862 à 1872. Manuel de l'amateur des jardins, 4 vol. (en collaboration avec J. Decaisne). — 1864. Les plantes à feuillage coloré, 2 vol. — 1875. Les espèces affines de la théorie de l'évolution. — 1887. Manuel de l'acclimateur ou choix de plantes. — Mémoires sur l'hybridation dans la famille des cucurbitacées, l'acclimatation des végétaux et particulièrement des eucalyptus, etc., insérés dans divers recueils scientifiques.

713. — JANET (Paul, Alexandre, René), C. ✳

Élu, le 13 février 1864, membre de l'Académie des Sciences morales et politiques (section de Politique). Passé dans la section de Philosophie, en vertu d'une décision de l'Académie en date du 26 mai 1866.

Né à Paris, le 30 avril 1823. — 1845 à 1848. Professeur au collège de Bourges. — 1848 à 1856. Professeur à la Faculté des Lettres de Strasbourg. — 1857 à 1862. Professeur au lycée Louis-le-Grand. — 1864. Professeur d'histoire de la philosophie, puis (1888) de philosophie à la Faculté des Lettres de Paris.

Ouvrages. — 1856. La famille, in-12. — 1858. Histoire de la philosophie morale et politique, 2 vol. Seconde édition publiée sous le titre de : Histoire de la science politique dans ses rapports avec la morale. — 1861. Essai sur la dialectique de Platon. — 1863. La philosophie du bonheur. Le matérialisme contemporain, in-12. — 1865. La crise philosophique, in-12. — 1867. Le cerveau et la pensée, in-12. — 1869. Éléments de morale, in-12. — 1872. Saint-Simon et les saint-simoniens, in-12. — 1874. La morale. Les causes finales. — 1879. La philosophie française contemporaine, in-12. — 1880. Cours de morale à l'usage des écoles normales, 2 vol. in-12. Traité de philosophie. — 1883. Les maîtres de la pensée moderne, in-12. — 1885. Victor Cousin et son œuvre. — 1887. Histoire de la philosophie. — 1888. Les lettres de M⁻⁻ de Grignan, in-12. Les passions et les caractères dans la littérature du xvii° siècle, in-12. — 1889. Histoire de la Révolution française, in-12. — 1890. Lectures variées de littérature et de morale, in-12. — 1892. Fénelon, in-12. Philosophie de la Révolution française, in-12. — Traduction des œuvres de saint Augustin et de Spinoza.

714. — THÉNARD (le Baron Arnould, Paul, Edmond), ✳

Élu, le 15 février 1864, membre de l'Académie des Sciences (section d'Économie rurale).

Né à Paris, le 6 octobre 1819. — Mort à Talmay (Côte-d'Or), le 8 août 1884.

M. le baron Thénard n'a publié aucun ouvrage.

I. 42

715. — LEHMANN (Carl, Ernst, Rudolph, Heinrich, Salem), O. ✻

Élu, le 30 avril 1864, membre de l'Académie des Beaux-Arts (section de Peinture).

Né à Kiel (Holstein), le 14 avril 1814; naturalisé Français, le 22 mai 1847. — 1875 à 1881. Professeur à l'École des Beaux-Arts. — Mort à Paris, le 30 mars 1882.

Œuvres principales. — 1835. Départ du jeune Tobie. — 1836. La fille de Jephté. Dom Diégo (m. de Lyon). — 1837. Le jeune Tobie épouse la fille de Raguel. Le pêcheur. — 1840. Ensevelissement de sainte Catherine d'Alexandrie. La Vierge et l'enfant Jésus. Portrait de Listz. — 1842. Jérémie. La flagellation du Christ (église de Boulogne-sur-Mer). Femmes près de l'eau. Maruccia. — 1843. Jérémie prophète (m. d'Angers). Faustin. — 1846. Hamlet. Ophélia. Océanide. Portrait du comte de Nieuwerkerke. — 1848. Au pied de la croix. Syrènes. Léonide (m. de Nantes). — 1850. Désolation des Océanides au pied du roc de Prométhée. Consolatrice des affligés. Assomption (église Saint-Louis-en-l'Ile). Portrait de F. Ponsard. — 1852. Rêve. — 1855. L'Enfant Jésus et les mages. Adoration des mages (m. de Reims). Pieta. Vénus Anadyomède. Ondine. Rêve d'Érigone. Le lai d'Aristote. — 1859. Sainte Agnès. L'éducation de Tobie. Le pêcheur. Bacchantes. La France sous les Carlovingiens et la France sous les Capétiens (Luxembourg). — 1863. Portrait de M. Baroche. — 1864. Le repos. — 1866. Arrivée de Sarah chez les parents de Tobie. Portrait de M. Dumon. Abside de la chapelle des jeunes aveugles. — 1867. Portrait de Mgr Darboy. Roches à Cauterets. Rochers de Biarritz. — 1868. Portrait de l'amiral Jaurès. — 1869. Portrait de M. Haussmann. — 1870. Calypso. — 1876. Portrait de M. Bouillaud. — 1877. Portrait de M. Naudet. Portrait de M. Frémy. — S. d. Mort de Robert le Fort (Versailles). Charles VII (Versailles). Hugues de Payens (Versailles). Louis VIII (Versailles). Tableau d'autel et chapelle du Saint-Esprit, à l'église Saint-Merri. Décoration de la chapelle des Jeunes Aveugles. Peintures de la galerie des fêtes de l'hôtel de ville de Paris; de la salle du trône, au Luxembourg et de la salle de la Cour d'assises au Palais de Justice. — S. d. Portraits de Humboldt, Lamennais, Schnetz, Thalberg, Rachel, Mme de Girardin, J. Sandeau, Vitet, H. Delaborde, Reber, Amaury Duval, Em. Augier, Mignet, de Vigny, de Vieil-Castel, Bonjean, Michel Chevalier, M. Daubrée, etc.

Une notice sur sa vie a été lue par M. Boulanger, dans la séance de l'Académie des Beaux-Arts du 27 janvier 1883.

716. — QUICHERAT (Louis, Marie), O. ✻

Élu, le 13 mai 1864, membre de l'Académie des Inscriptions et Belles-Lettres.

Né à Paris, le 13 octobre 1799. — 1826. Agrégé pour les lettres. — 1828. Professeur de rhétorique au Collège Charlemagne, à Paris. — 1830-1831. Professeur suppléant à l'École Normale. — 1843. Conservateur à la Bibliothèque Sainte-Geneviève. — Mort à Paris, le 17 novembre 1884.

Ouvrages. — 1826. Traité de versification latine, in-12. — 1833. Traité élémentaire de musique. — 1836. Thesaurus poeticus linguæ latinæ. — 1838. Traité de versification française, in-12. — 1839. Nouvelle prosodie latine. — 1844. Dictionnaire latin français. — 1848. Premiers exercices de traductions grecques. — 1858. Dictionnaire français-latin. — 1862. Addenda lexicis latinis. — 1866. Principes raisonnés de la musique. — 1867. Adolphe Nourrit, sa vie, son talent, son caractère, 3 vol. — 1871. Nonii Marcelli, de compendiosa doctrina ad filium. — 1879. Mélanges de philologie. — Éditions de plusieurs auteurs classiques.

717. — DULAURIER (Jean, Paul, Louis, François, Édouard, LEUGE-), ✻

Élu, le 13 mai 1864, membre de l'Académie des Inscriptions et Belles-Lettres.

Né à Toulouse (Haute-Garonne), le 29 janvier 1807. — 1841. Professeur de malais et javanais, puis (1844) d'arménien à l'École des langues orientales vivantes. — Mort à Meudon (Seine-et-Oise), le 21 décembre 1881.

Ouvrages. — 1843. Mémoire sur les cours de langue malaise et javanaise. — 1845. Institutions maritimes de l'archipel d'Asie. — 1849. Collection des principales chroniques malaises. — 1856. L'Institut Lazareff des langues orientales. Voyage d'Abd-allah-ben-Ab-el-Kader. — 1859. Histoire, dogmes, traditions et liturgie de l'Église arménienne orientale, in-4. — 1860. Recherches sur la chronologie arménienne. — Traduction de l'histoire universelle d'Acogh'ig de Daron. Publication de l'histoire du Languedoc, de Devic et Vaissette. Collaboration au Journal de la Société asiatique et à la Revue des Deux Mondes.

718. — MULLER (Charles, Louis), O. ✻

Élu, le 28 mai 1864, membre de l'Académie des Beaux-Arts (section de Peinture).

Né à Paris, le 22 décembre 1815. — Mort à Paris, le 9 janvier 1892.

Œuvres principales. — 1834. La promenade. — 1835. Elgive et Edwig. — 1836. Une taverne. — 1838. Martyre de saint Barthélemy. — 1839. Une matinée de Noël. Assassinat du duc Arthur de Bretagne. Diogène cherchant un homme. Saint Jérôme en extase. — 1840. Satan transporte Jésus sur une montagne. Épisode du massacre des Innocents. — 1841. Promenade d'Héliogabale à Rome. — 1843. Combat des centaures et des lapithes. — 1844. Entrée de Jésus à Jérusalem. Chérubin. — 1845. Fanny. Le sylphe endormi. Le lutin Puck. Fatinitza. — 1846. Primavera. — 1847. La ronde de mai. — 1848. La folie de Haydée (m. de Lille). — 1849. Lady Macbeth (m. d'Amiens). — 1850. Appel des dernières victimes de la Terreur (m. du Luxembourg.) — 1855. Vive l'empereur ! — 1857. Marie-Antoinette à la Conciergerie. Arrivée de la reine d'Angleterre à Saint-Cloud. — 1859. Proscription des catholiques irlandais en 1556. — 1861. Madame Mère. Léda. — 1863. Le jeu (m. de Lille). Une messe sous la Terreur. — 1865. Tête de mendiant. — 1867. Captivité de Galilée. Penserosa. — 1868. Desdémone. Un écolier. — 1869. Lanjuinais à la tribune. — 1875. Folie du roi Lear. L'attente. Un instant seul. — 1876. Mort d'un Gitano. — 1877. Thomas Diafoirus. Mater Dolorosa. — 1878. Nous voulons Barabbas! — 1879. A l'Opéra. — 1881. Question de force. L'enfant. — Décoration de la salle des États et peintures de la coupole du pavillon Denon, au Louvre.

---

719. — FOUCAULT (Jean, Bernard, Léon), O. ✻

Élu, le 23 janvier 1865, membre de l'Académie des Sciences (section de Mécanique).

Né à Paris, le 18 septembre 1819. — 1855. Physicien de l'Observatoire. — 1864. Membre du Bureau des Longitudes. — Mort à Paris, le 12 février 1868.

Les mémoires et notes insérés par L. Foucault dans divers recueils, ont été réunis sous le titre de Recueil des travaux scientifiques de Léon Foucault, précédés d'une notice par Joseph Bertrand, in-4 (1878).

Une notice sur sa vie a été lue par M. Bertrand, dans la séance de l'Académie des Sciences du 6 février 1882.

---

720. — COCHIN (Pierre, Suzanne, Augustin), ✻

Élu, le 11 février 1865, membre de l'Académie des Sciences morales et politiques (section de Morale).

Né à Paris, le 12 décembre 1823. — 1853. Maire du Xe arrondissement de Paris. — 1871-72. Préfet de Seine-et-Oise. — Mort à Versailles (Seine-et-Oise), le 15 mars 1872.

Ouvrages. — 1854. Lettre sur l'état du paupérisme en Angleterre. — 1856. Les ouvriers européens, résumé des observations de M. Le Play. — 1858. De la conversion en rentes des biens des hospices. — 1860. La question italienne et l'opinion catholique. — 1861. L'abolition de l'esclavage, 2 vol. Rome, les martyrs du Japon et les évêques du XIXe siècle. — 1862. De la condition des ouvriers français d'après les derniers travaux. — 1865. Les petites assurances sur la vie par l'État, en Angleterre. — 1866. La réforme sociale en France. — 1869. Abraham Lincoln, in-12. La ville de Paris et le corps législatif. — 1870. Le comte de Montalembert. — 1871. Conférences et lectures, in-12. Le service de santé des armées. — 1880. Études sociales et économiques. Pestalozzi, sa vie, ses œuvres, in-12. — 1883. Les espérances chrétiennes.

---

721. — DOUCET (Charles, Camille), G. O. ✻

Élu, le 6 avril 1865, membre de l'Académie française et, le 30 mars 1876, secrétaire perpétuel de la même Académie.

Né à Paris, le 16 mai 1812. — 1837 à 1848. Attaché au cabinet du Roi. — 1839. Avocat à la Cour royale de Paris. — 1850. Attaché au Ministère de l'Intérieur. — 1851. Sous-Chef de bureau. —

1853 à 1863. Chef de bureau, puis Chef de division au Ministère d'État. — 1863 à 1870. Directeur, puis Directeur général des théâtres. — Mort à Paris, le 1er avril 1895.

Ouvrages. — *Théâtre.* — 1836. Paul Durand. — 1838. Léonce. — 1841. Un jeune homme. — 1842. L'avocat de sa cause. Le baron Lafleur. — 1843. Le chant du cygne. — 1846. La chasse aux fripons. — 1847. Le dernier banquet de 1847. — 1849. La barque d'Antonio. — 1850. Les ennemis de la maison. — 1857. Le fruit défendu. — 1860. La considération.

Poésies. — 1840. Versailles. Le 6 juin 1606. — 1847. Velasquez, scène lyrique. — 1849. La barque d'Antonio. Rapports annuels sur les concours littéraires de 1875 à 1895.

---

722. — PRÉVOST-PARADOL (Lucien, Anatole, PRÉVOST, dit).
Élu, le 6 avril 1865, membre de l'Académie française.

Né à Paris, le 8 août 1829. — 1855. Docteur ès lettres. — 1855 à 1856. Professeur de littérature française à la Faculté d'Aix. — 1870. Ministre plénipotentiaire aux États-Unis. — Mort à Washington (États-Unis), le 20 juillet 1870.

Ouvrages. — 1854. Revue de l'histoire universelle. — 1855. Élisabeth et Henri IV. De l'impiété systématique. — 1856. Jonathan Swift, sa vie et ses œuvres. — 1857. Du rôle de la famille dans l'éducation. — 1858. De la liberté des cultes en France. — 1859-63. Essais de politique et de littérature, 3 vol. in-12. — 1860. Les anciens partis, in-12. — 1861. Du gouvernement parlementaire. — 1862. Deux lettres sur la réforme du code pénal. — 1862-66. Quelques pages d'histoire contemporaine, 4 vol. — 1863. Les élections de 1863. — 1864. Étude sur Étienne de la Boétie. Quelques réflexions sur notre situation intérieure. — 1865. Essai sur l'histoire universelle, 2 vol. in-12. Études sur les moralistes français. — 1868. La France nouvelle. — 1870. Lettres posthumes. — Collaboration au Journal des Débats, à la Presse et au Courrier du dimanche.

Son éloge a été prononcé par M. Camille Rousset, dans la séance de l'Académie française du 2 mai 1872.

---

723. — LÉVÊQUE (Jean, Charles), O. ✻
Élu, le 6 mai 1865, membre de l'Académie des Sciences morales et politiques (section de Philosophie).

Né à Bordeaux (Gironde), le 7 août 1818. — 1841. Professeur de philosophie au collège d'Angoulême. — 1842. Agrégé de philosophie. — 1842 à 1847. Professeur de philosophie au collège de Besançon. — 1847 à 1848. Membre de l'École française d'Athènes. — 1848 à 1853. Professeur de philosophie au lycée de Toulouse. — 1852. Docteur ès lettres. — 1853 à 1854. Chargé du cours de philosophie à la Faculté des Lettres de Besançon. — 1854. Professeur de philosophie à la Faculté des Lettres de Nancy. — 1854. Chargé du cours d'histoire de la philosophie à la Faculté des Lettres de Paris. — 1857. Chargé du cours de philosophie grecque et latine au Collège de France. — 1861 à 1862. Maître de conférences à l'École Normale. — 1861. Professeur de philosophie grecque et latine au Collège de France.

Ouvrages. — 1852. *Quid Phidiæ Plato debuerit ?* Le premier moteur et la nature, dans la doctrine d'Aristote. — 1860. La physique d'Aristote et la science contemporaine. — 1862. La science du beau, ses principes, ses applications, son histoire, 2 vol. — 1864. Études de philosophie grecque et latine. Le spiritualisme dans l'art, in-12. — 1865. La science de l'invisible, études de psychologie et de théodicée, in-12. — 1872. Les harmonies providentielles, in-12. — Collaboration à la Revue des Deux Mondes, au Journal de l'instruction publique, à la Revue des cours publics, à la Revue politique et littéraire, à la Revue philosophique, au Dictionnaire des sciences philosophiques et au Journal des savants.

---

724. — TERNAUX (Louis, Mortimer), ✻
Élu, le 11 mars 1865, membre de l'Académie des Sciences morales et politiques (section de Politique).
Passé dans la section d'Histoire, en vertu d'une décision de l'Académie du 26 mai 1866.

Né à Paris, le 22 novembre 1808. — 1837 à 1848. Maître des requêtes au Conseil d'État. — 1842 à 1851. Député des Ardennes. — 1871. Membre de l'Assemblée nationale. — Mort à Beaumont (Eure-et-Loir), le 6 novembre 1871.

Ouvrages. — 1862-67. Histoire de la Terreur, 8 vol. — 1864. La chute de la royauté, in-12. Le peuple aux Tuileries, in-12. — 1870. Les massacres de septembre, in-12.

---

725. — WADDINGTON (William, Henri).

Élu, le 12 mai 1865, membre de l'Académie des Inscriptions et Belles-Lettres.

Né à Saint-Remi (Eure-et-Loir), le 11 décembre 1826. — 1863. *Correspondant de l'Institut.* — 1871 à 1875. Député de l'Aisne. — 1873. Ministre de l'Instruction publique. — 1876 à 1893. Sénateur de l'Aisne. — 1876 à 1877. Ministre de l'Instruction publique. — 1877 à 1879. Ministre des Affaires étrangères. — 1878. Plénipotentiaire au Congrès de Berlin. — 1879. Président du Conseil, Ministre des Affaires étrangères. — 1883 à 1893. Ambassadeur de France en Angleterre. — Mort à Paris, le 13 janvier 1894.

Ouvrages. — 1847-77. Voyage archéologique en Grèce et en Asie Mineure, 6 vol. in-4. — 1861. Mélanges de numismatique et de philologie. — 1864. Édit de Dioclétien établissant le maximum dans l'empire romain, in-4.

---

726. — CAVELIER (Pierre, Jules), O. ✳

Élu, le 29 juillet 1865, membre de l'Académie des Beaux-Arts (section de Sculpture).

Né à Paris, le 30 août 1814. — 1842. Grand Prix de Rome. — 1866 à 1894. Professeur à l'École des Beaux-Arts. — Mort à Paris, le 28 janvier 1894.

Œuvres principales. — *Groupes et statues.* — 1836. La mort de Socrate. — 1838. Jeune Grec vainqueur aux jeux olympiques. — 1842. Diomède enlevant le palladium. Femme grecque endormie. — 1849. Pénélope. — 1853. La Vérité (Luxembourg). — 1855. Cornélie. Bacchante. — 1861. Napoléon législateur. — 1867. Un néophyte. S. d. Pascal (tour Saint-Jacques-la-Boucherie). Saint Augustin. Saint Thomas. Moïse et Élie (église Saint-Augustin à Paris). La Seine et le Rhône (hôtel de ville de Paris). Saint Mathieu (Notre-Dame de Paris). Mgr Affre (Notre-Dame de Paris). Abélard (Louvre). La Justice (église de la Trinité). Cariatide et couronnement du pavillon Turgot, au Louvre. *Bustes.* — 1842. Plutarque. — 1855. Dante. Ch. Legentil (Versailles). — 1859. Ary Scheffer. Henriquel-Dupont — 1861. Horace Vernet.

---

727. — GÉROME (Jean, Léon), C. ✳

Élu, le 2 décembre 1865, membre de l'Académie des Beaux-Arts (section de Peinture).

Né à Vesoul (Haute-Saône), le 11 mai 1824. — 1864. Professeur à l'École des Beaux-Arts.

Œuvres principales. — 1847. Jeunes Grecs faisant battre des coqs (m. du Luxembourg). — 1848. Anacréon. Bacchus et l'Amour (m. de Toulouse). La Vierge, l'enfant Jésus et saint Jean. — 1850. Intérieur grec. Souvenirs d'Italie. Bacchus et l'Amour ivre (m. de Bordeaux). — 1852. Pœstum. — 1853. Idylle. Étude de chien. — 1855. Naissance de Jésus-Christ (m. d'Amiens). Gardien de troupeaux. Récréations du camp en Moldavie. — 1854. Joueur de cornemuse. — 1857. Recrues égyptiennes traversant le désert. La prière chez un chef arnaute. Sortie du bal masqué (Chantilly). Vue de la plaine de Thèbes. Chameaux à l'abreuvoir. — 1859. La mort de César. Ave, Cæsar, morituri te salutant. Le roi Candaule. — 1861. Phryné devant le tribunal. Alcibiade chez Aspasie. Les deux augures. Rembrandt gravant à l'eau-forte. Mlle Rachel (Théâtre-Français). — 1863. Louis XIV et Molière. Le prisonnier. — 1864. L'almée. — 1865. Napoléon III recevant les ambassadeurs siamois à Versailles. La prière. — 1866. Cléopâtre et César. La mosquée du Caire. — 1867. Marchand d'esclaves. Marchand d'habits au Caire. Arnautes jouant aux échecs. — 1868. Le 7 décembre 1815 (mort du maréchal Ney). Jérusalem. — 1869. Marchand ambulant au Caire. Promenade de harem. — 1874. Une collaboration. *Rex tibicen.* L'éminence grise. — 1876. Santon à la porte d'une mosquée. Femme au bain. — 1878. Saint Jérôme. L'Arabe et son coursier. Bain turc. Bachi Bouzouks dansant. Un lion. Retour de la chasse. La garde du camp.

S. d. Un eunuque. Paul Baudry. L'enfant au serpent. Un kiosque au bord du Bosphore. Musiciens bulgares. Un chef turc. *Consummatum est.* Bachi Bouzouk buvant. Mlle Lili. *Pollice verso.* Diogène. La prière dans le désert. Reception de Condé par Louis XIV. Funérailles turques. Les gladiateurs. Course de taureaux. Le Muezzin. Pas commode! Murailles du Temple à Jérusalem. L'entrée d^e^ la mosquée verte à Brousse. Halte au désert. Ane égyptien. La garde du camp. Dante. Les martyrs dans l'amphithéâtre. *Circus maximus.* Le grand bain de Brousse. Chasse en forêt. Les deux majestés. Le lion du désert. Bonaparte au Caire. Un hache-paille égyptien. Relai de chiens dans le désert. L'aveugle. Marchand de chevaux au Caire. Le mur de Salomon. Les comédiens. Jean-Bart. Raphaël à la chapelle Sixtine. *Cave canem.* Le chamelier. Joueurs d'échecs. La prière. La Mosquée El Assaneyn au Caire. Œdipe. Femme du Caire. Femme de Constantinople. Racine et Molière. Le poète. L'Amour vainqueur. Café égyptien. Les prisonniers. Un picador. L'almée. Dépiquage du blé en Égypte. Cimetière musulman. L'attente. Combat de coqs. Jeunes Grecques à la mosquée. Les coureurs du pacha. Sellier turc. Tailleur arabe. Les fous tulipiers. Le sultan. Pifferari. Souvenir du Caire. A vendre. Une caravane du désert. Le berger syrien. Une rue du Caire. L'abreuvoir. Les conspirateurs. La lettre d'amour. Sortie du bain. La rose. La danse du ventre. Peintures d'une chapelle de l'église Saint-Séverin.

Sculptures. — Gladiateur. Anacréon. Bacchus et l'Amour. Tanagra. Omphale. Pygmalion. Bellonne. Bustes du général Cambriels, de H. Lavoix, etc., etc. Bethsabée. Danseuse.

---

728. — PERRAUD (Jean, Joseph), O. ✳

Élu, le 30 décembre 1865, membre de l'Académie des Beaux-Arts (section de Sculpture).

Né à Monay (Jura), le 26 avril 1819. — 1847. Grand Prix de Rome. — Mort à Paris, le 2 novembre 1876.

Œuvres principales. — *Groupes et statues.* — 1847. Télémaque rapportant l'urne renfermant les cendres d'Hippias. — 1855. Adam. Les adieux. — 1857. Enfance de Bacchus. — 1861. *Ahi! null altro che pianto al mondo dura.* — 1863. Enfance de Bacchus (Luxembourg). — 1869. Désespoir (Louvre). Sainte Geneviève (église Saint-Denis-du-Saint-Sacrement). — 1873. Galathée (m. de Lons-le-Saulnier). — 1875. Le Jour (avenue de l'Observatoire). — S. d. Saint Laurent (tour Saint-Jacques). Berlin (gare du Nord). La Justice (palais de justice). Deux cariatides (Bibliothèque nationale). La Victoire (Louvre). La Prévoyance et la Vigilance (Tuileries). Le Drame lyrique (façade de l'Opéra). Le général Cler (Lons-le-Saulnier). Le grand Condé. Mercure.

Bustes. — 1861. Béranger. — 1864. F. Didot. — 1868. Berlioz. — 1874. A. Dumont. — 1875. P. Larousse. — 1876. Pasteur. — S. d. Beethoven. Mozart.

Une notice sur sa vie a été lue par M. Paul Dubois, dans la séance de l'Académie des Beaux-Arts du 1er décembre 1877.

---

729. — ROBIN (Charles, Philippe), ✳

Élu, le 15 janvier 1866, membre de l'Académie des Sciences (section d'Anatomie et Zoologie).

Né à Jasseron (Ain), le 4 juin 1821. — 1843. Interne des hôpitaux. — 1846. Docteur en médecine. — 1847. Docteur ès sciences. — 1847. Agrégé. — 1862 à 1885. Professeur d'histologie à la Faculté de Médecine de Paris. — 1876. Sénateur de l'Ain. — Mort à Paris, le 6 octobre 1885.

Ouvrages. — 1849. Du microscope et des injections dans leurs applications à l'anatomie et à la pathologie. — 1850. Tableaux d'anatomie, in-4. — 1853. Histoire naturelle des végétaux parasites qui croissent sur l'homme et les animaux. Traité de chimie anatomique et physiologique, normale et pathologique, 3 vol. — 1860. Leçons sur les substances amorphes et les blastèmes, in-12. Leçons sur la substance organisée et ses altérations, in-12. — 1867. Leçons sur les vaisseaux capillaires et l'inflammation. — 1868. Anatomie microscopique. Mémoire sur l'évolution de la notocorde, in-4. — 1870. Traité du microscope. — 1872. Anatomie et physiologie cellulaires. — 1874. Leçons sur les humeurs normales et morbides du corps de l'homme. — 1877. L'instruction et l'éducation. — 1885. Nouveau dictionnaire abrégé de médecine, de chirurgie, de pharmacie, etc. — Collaboration au Manuel de physiologie de Béraud, au Dictionnaire de médecine de Nysten et au Journal de l'anatomie et de la physiologie normales.

730. — AVEZAC de CASTERA-MACAYA (Marie, Armand, Pascal d'), O. ✻

Élu, le 26 janvier 1866, membre de l'Académie des Inscriptions et Belles-Lettres.

Né à Tarbes (Hautes-Pyrénées), le 18 avril 1800. — 1820 à 1822. Secrétaire-Archiviste de la ville de Bagnères-de-Bigorre. — 1823 à 1827. Employé à l'intendance de la maison du Roi. — 1828. Sous-Chef au Ministère de la Marine. — 1843. Chef du bureau des Archives au même Ministère. — 1862. Admis à la retraite. — Mort à Paris, le 4 janvier 1875.

Ouvrages. — 1823. Essais historiques sur le Bigorre, 2 vol. *Bagnères.* — 1836. Études de géographie sur l'Afrique septentrionale. — 1837. Esquisse générale de l'Afrique, in-12. — 1845. Les îles fantastiques de l'Océan occidental au moyen âge. Notice sur le pays et le peuple des Yebous. — 1846. Notice des découvertes faites au moyen âge dans l'océan Atlantique. — 1848. Iles de l'Afrique. — 1852. Éthicus et les ouvrages cosmographiques intitulés de ce nom, in-4. — 1864. Bref récit et succincte narration de la navigation faite en 1535 par le capitaine Cartier aux îles de Canada, etc.

731. — JURIEN LA GRAVIÈRE (Jean, Pierre, Edmond), G. C. ✻

Élu, le 29 janvier 1866, membre de l'Académie des Sciences (section de Géographie et Navigation).
Élu, le 26 janvier 1888, membre de l'Académie française.

Né à Brest (Finistère), le 19 novembre 1812. — 1828. Aspirant de marine. — 1833. Enseigne. — 1837. Lieutenant de vaisseau. — 1841. Capitaine de frégate. — 1850. Capitaine de vaisseau. — 1855. Contre-Amiral. — 1861. Commandant de l'expédition du Mexique. — 1862. Vice-Amiral. — 1864. Aide de camp de l'Empereur. — 1871 à 1877. Directeur général du Dépôt des cartes et plans de la marine. — Mort à Paris, le 5 mars 1892.

Ouvrages. — 1847. Guerres maritimes sous la République et l'Empire, 2 vol. in-12. — 1851. Rapport sur la campagne de la corvette la Bayonnaise. — 1854. Voyage en Chine et dans les mers et archipels de cet empire, 2 vol. in-12. — 1860. Souvenirs d'un amiral, 2 vol. in-12. — 1865. La marine d'autrefois, in-12. — 1872. La marine d'aujourd'hui, in-12. Voyage de la corvette la Bayonnaise dans les mers de Chine, 2 vol. in-12. — 1876. La station du Levant, 2 vol. in-12. — 1878. Les marins du xvᵉ et du xv1ᵉ siècle, 2 vol. in-12. — 1880. La marine des anciens, 2 vol. in-12. — 1883-84. Les campagnes d'Alexandre, 5 vol. in-12. — 1884. La marine de Ptolémée et la marine des Romains, 2 vol. in-12. — 1885. Les derniers jours de la marine à rames, in-12. — 1886. Doria et Barberousse. — 1887. Les chevaliers de Malte, et la marine de Philippe II, 2 vol. in-12. Les corsaires barbaresques et la marine de Soliman. — 1888. L'amiral Baudin. L'amiral Roussin. La guerre de Chypre et la bataille de Lépante, 2 vol. in-12. — 1890. Les ouvriers de la onzième heure, 2 vol. in-12.

Son éloge a été prononcé par M. Ernest Lavisse, dans la séance de l'Académie française du 16 mars 1893.

732. — TRÉCUL (Auguste, Adolphe, Lucien), ✻

Élu, le 26 mars 1866, membre de l'Académie des Sciences (section de Botanique).

Né à Mondoubleau (Loir-et-Cher), le 8 janvier 1818. — 1841 à 1843. Interne des hôpitaux. — 1844. Maître en pharmacie.

Travaux insérés dans les Annales des sciences naturelles, le Journal de pharmacie et de chimie et la Revue horticole, sur la formation des feuilles, sur la structure des racines, sur la cuticule, sur la circulation chez les plantes, etc.

733. — CUVILLIER-FLEURY (Alfred, Auguste), O. ✻

Élu, le 12 avril 1866, membre de l'Académie française.

Né à Paris, le 18 mars 1802. — 1820 à 1822. Secrétaire de Louis Bonaparte, ex-roi de Hollande.

— 1822 à 1827. Directeur des études au collège Sainte-Barbe. — 1827 à 1839. Précepteur de M. le duc d'Aumale. — 1839 à 1848. Secrétaire des commandements de M. le duc d'Aumale. — Mort à Paris, le 18 octobre 1887.

Ouvrages. — 1851. Portraits politiques et révolutionnaires, in-12. — 1854. Études historiques et littéraires, 2 vol. in-12. Voyages et voyageurs. — 1855. Nouvelles études historiques et littéraires, in-12. — 1859. Dernières études historiques et littéraires, 2 vol. in-12. — 1863. Historiens, poètes et romanciers, 2 vol. in-12. — 1865-68. Études et portraits, 2 vol. in-12. — 1878. Posthumes et revenants, in-12.

Son éloge a été prononcé par M. Jules Claretie, dans la séance de l'Académie française du 21 février 1889.

---

734. — DUPUY de LÔME (Stanislas, Charles, Henri, Laurent), G. O. ✻

Élu, le 30 avril 1866, membre de l'Académie des Sciences (section de Géographie et Navigation).

Né à Ploërmeur (Morbihan), le 15 octobre 1816. — 1839. Sous-Ingénieur du génie maritime. — 1848. Ingénieur. — 1857. Directeur des Constructions navales. — 1857. Directeur du matériel au Ministère de la Marine et des Colonies. — 1860 à 1865. Conseiller d'État. — 1869. Admis à la retraite. — 1869 à 1870. Député du Morbihan. — 1877. Sénateur inamovible. — Mort à Paris, le 1er février 1885.

Ouvrages. — 1844. Mémoire sur la construction des bâtiments en fer, in-4.

Une notice sur sa vie a été lue par M. Bertrand, dans la séance de l'Académie des Sciences du 26 décembre 1887.

---

735. — GOUNOD (Charles, François), G. O. ✻

Élu, le 19 mai 1866, membre de l'Académie des Beaux-Arts (section de Composition musicale).

Né à Paris, le 17 juin 1818. — 1839. Grand Prix de Rome. — 1852. Directeur du Cours normal de chant de la ville de Paris. — Mort à Saint-Cloud (Seine-et-Oise), le 18 octobre 1893.

Œuvres. — *Théâtre.* — 1850. Sapho (op.). — 1852. Ulysse (chœurs). — 1854. La nonne sanglante (op.). — 1858. Le médecin malgré lui (op.-com.). — 1859. Faust (op.-com., puis op.).— 1860. La colombe (op.-com.). — 1861. Philémon et Baucis (op.-com.). — 1862. La reine de Saba (op.). — 1864. Mireille (op.-com.)— 1867. Roméo et Juliette (op.-com., puis op.). — 1872. Les deux reines de France (chœurs). — 1878. Jeanne d'Arc (chœurs). — 1877. Cinq Mars (op.-com.). — 1878. Polyeucte (op.). — 1881. Le tribut de Zamora (op.). — 1893. Les drames sacrés.

Œuvres diverses. — 1849. Messe solennelle. — 1850. La reine des apôtres (symphonie). — 1855. Symphonie. Cantate pour la reine d'Angleterre. — 1870. A la frontière (cantate). — 1871. Gallia (cantate). — 1882. Rédemption. — 1886. Sainte Geneviève (oratorio). — 1886. Mors et vita. — S. d. Messe de Jeanne d'Arc. La statue de la Liberté (cantate). Recueils de mélodies.

Ouvrages. — 1875. Articles sur la routine en matière d'art, *Londres*. — 1890. Le don Juan de Mozart, in-12. L'Ascanio de Saint-Saëns, in-12.

Des notices sur sa vie ont été lues par M. le comte H. Delaborde, dans la séance de l'Académie des Beaux-Arts du 3 novembre 1894, et par M. Th. Dubois, dans la séance du 24 du même mois.

---

736. — BERSOT (Pierre, Aimé, Ernest), O. ✻

Élu, le 23 juin 1866, membre de l'Académie des Sciences morales et politiques (section de Morale).

Né à Surgères (Charente-Inférieure), le 22 août 1816, d'un père suisse; naturalisé Français, le 21 avril 1848. — 1833 à 1836. Maître d'études au collège de Bordeaux. — 1839. Agrégé de philosophie. — 1839. Professeur de philosophie au collège de Rennes. — 1840. Secrétaire particulier du

Ministre de l'Instruction publique. — 1841. Professeur de philosophie au collège de Bordeaux. — 1843 à 1844. Professeur suppléant à la Faculté des Lettres de Dijon. — 1845 à 1852. Professeur de philosophie au collège de Versailles. — 1871. Directeur de l'École Normale. — Mort à Paris, le 1ᵉʳ février 1880.

Ouvrages. — 1843. La liberté et la Providence d'après saint Augustin. — 1846. Du spiritualisme et de la nature. — 1848. La philosophie de Voltaire, in-12. — 1851-52. Études sur la philosophie du xviiiᵉ siècle, 2 vol. in-12. — 1853. Essai sur la Providence, in-12. Mesmer et le magnétisme animal, in-12. — 1855. Études sur le xviiiᵉ siècle, 2 vol. — 1857. Lettres sur l'enseignement secondaire. — 1861. Littérature et morale, in-12. — 1862. Questions actuelles : enseignement, décentralisation, etc. — 1864. Essais de philosophie et de morale, 2 vol. — 1867. La presse dans les départements, in-12. — 1868. Libre philosophie, in-12. Morale et politique. — 1879. Études et discours, in-12. — 1880. Conseils d'enseignement, de philosophie et de politique, in-12. Questions d'enseignement, études sur les réformes universitaires. — 1882. Un moraliste : études et pensées de E. Bersot.

Une notice sur sa vie a été lue par M. Giraud, dans la séance de l'Académie des Sciences morales et politiques du 14 mai 1881.

737. — CAUCHY (Eugène, François), O. ✻

Élu, le 23 juin 1866, membre de l'Académie des Sciences morales et politiques (section de Législation).

Né à Paris, le 16 octobre 1802, — 1835 à 1848. Garde des registres de la Chambre des pairs. — 1835 à 1848. Maître des requêtes au Conseil d'État. — Mort à Paris, le 2 avril 1877.

Ouvrages. — 1846. Du duel considéré dans ses origines et dans l'état actuel des mœurs, 2 vol. — 1848. De la propriété communale et de la mise en culture des communaux. — 1863. Le droit maritime international, 2 vol. — 1866. Du respect de la propriété privée dans la guerre maritime. — 1867. Du jugement des crimes politiques et en particulier de la cour des pairs et de la haute cour.

738. — BONNASSIEUX (Jean, Marie), ✻

Élu, le 28 juillet 1866, membre de l'Académie des Beaux-Arts (section de Sculpture).

Né à Panissière (Loire), le 19 septembre 1810. — 1836. Grand Prix de Rome. — 1881 à 1883. Professeur à l'École des Beaux-Arts. — Mort à Paris, le 3 juin 1892.

Œuvres principales. — 1834. Hyacinthe blessé. — 1836. Mort de Socrate. — 1842. Un amour (Luxembourg). — 1844. David. — 1847. Le P. Lacordaire. — 1848. Jeanne Hachette (Luxembourg). La Vierge mère (église de Feurs). — 1849. Ampère (m. de Lyon). Ballanche (m. de Lyon). — 1855. La Méditation (Luxembourg). — 1860. Notre-Dame de France (Le Puy). — 1864. Las Cases (Lavaur). — S. d. Sainte Catherine (tour Saint-Jacques).

739. — DUC (Louis, Joseph), C. ✻

Élu, le 13 octobre 1866, membre de l'Académie des Beaux-Arts (section d'Architecture).

Né à Paris, le 25 octobre 1802. — 1825. Grand Prix de Rome. — 1863. Inspecteur général des travaux de la Ville de Paris. — 1859 à 1868. Membre du Conseil des Bâtiments civils. — 1871 à 1879. Inspecteur général des Bâtiments civils. — Mort à Paris, le 22 janvier 1879.

Œuvres principales. — 1831. Colonne de Juillet, place de la Bastille. — Nouveau palais de justice de Paris (grand prix de 100,000 francs donné par le gouvernement). Ministère des travaux publics. Travaux à la cour des comptes. Préfecture de police. Lycée de Vanves. Lycée Condorcet. Villas à Croissy et à Biarritz. Restauration de l'ancien palais de justice (cour de Mai, tour de l'Horloge, salle des pas perdus). Monument de Berryer (Palais de Justice). Cour de cassation. Tombeau de Duban.

Une notice sur sa vie a été lue par M. Vaudremer, dans la séance de l'Académie des Beaux-Arts du 11 décembre 1880.

740. — GUESSARD (François), ✳

Élu, le 22 mars 1867, membre de l'Académie des Inscriptions et Belles-Lettres.

Né à Passy (Seine), le 28 janvier 1814. — 1847. Répétiteur à l'École des Chartes. — 1854. Professeur à la même École. — 1878. Professeur honoraire. — Mort à Paris, le 7 mai 1882.

Ouvrages. — 1839. Grammaires romanes inédites du XIIIᵉ siècle. — 1844. Dictionnaire des principales locutions de Molière. — 1858. Grammaires provençales, in-12. — 1858-64. Publication des œuvres des anciens poètes de la France, 10 vol., et du Mystère du siège d'Orléans.

741. — ABBADIE (Anthony, Thompson d'), ✳

Élu, le 22 avril 1867, membre de l'Académie des Sciences (section de Géographie et Navigation).

Né à Dublin (Irlande), de parents français, le 3 janvier 1810. — 1878. Membre du Bureau des Longitudes.

Ouvrages. — 1836. Études sur la langue euskarienne. — 1858. Sur le tonnerre en Éthiopie. — 1859. Catalogue raisonné des manuscrits éthiopiens. Résumé géodésique des positions déterminées en Éthiopie. Travaux récents sur la langue basque. — 1860. *Hermæ pastor.* — 1869. L'Arabie, à propos du voyage de M. Palgrave. — 1867. Instructions pour les voyages. — 1868. Monnaies des rois d'Éthiopie. L'Abyssinie et le roi Théodore. — 1872. Études sur la verticale. Notice sur les langues de Kam. — 1873. Géodésie d'Éthiopie ou triangulation d'une partie de la haute Éthiopie. Observations relatives à la physique du globe faites au Brésil et en Éthiopie. — 1877. Deux inscriptions dans Aksum. Les causes actuelles de l'esclavage en Éthiopie. — 1878. Instruments à employer en voyage. — 1880. Sur les Oromo, ou Galla, nation africaine. — 1884. Credo d'un vieux voyageur. — 1887. Mes trente-cinq années de missions. — 1888. Procédure en Éthiopie. — 1889. Reconnaissances magnétiques. *Idee sulla schiavitu.* — 1890. Géographie de l'Éthiopie : ce que j'ai entendu faisant suite à ce que j'ai vu. — 1892. La fluctuation.

742. — GRATRY (l'Abbé Joseph, Auguste, Alphonse).

Élu, le 2 mai 1867, membre de l'Académie française.

Né à Lille (Nord), le 30 mars 1805. — 1823-1825. Élève de l'École Polytechnique. — 1826. Sous-Lieutenant d'artillerie. — 1830. Prêtre. — 1841. Directeur du collège Stanislas. — 1846 à 1851. Aumônier de l'École Normale. — 1852. Membre de la congrégation de l'Oratoire. — Mort à Montreux (Suisse), le 7 février 1872.

Ouvrages. — 1848. Demandes et réponses sur les devoirs sociaux, in-12. — 1851. Lettres et répliques à M. Vacherot. — 1853. De la connaissance de Dieu, 2 vol. — 1854. Une étude sur l'Immaculée Conception. — 1855. Logique, 2 vol. — 1857. De la connaissance de l'âme, 2 vol. — 1859. Le mois de Marie de l'Immaculée Conception. — 1861. La paix, méditations historiques et religieuses. La philosophie du Credo. La Pologne. Les sources, conseils pour la conduite de l'esprit, 2 vol. in-12. — 1863-65. Commentaires sur l'Évangile selon saint Mathieu, 2 vol. — 1863. Crise de la foi, conférences de Saint-Étienne-du-Mont, in-12. — 1864. Jésus-Christ, réponse à M. Renan, in-12. Les sophistes et la critique. — 1865. Henri Perreyve. — 1866. Petit manuel de critique, in-12. — 1868. La morale et la loi de l'histoire. — 1869. Lettres sur la religion. — 1870. L'évêque d'Orléans et l'archevêque de Malines. — 1871. Les sources de la régénération sociale. — 1874. Méditations inédites. Souvenirs de ma jeunesse.

Son éloge a été prononcé par M. Saint-René Taillandier, dans la séance de l'Académie française du 22 janvier 1874.

743. — FAVRE (Claude, Gabriel, Jules).

Élu, le 2 mai 1867, membre de l'Académie française.

Né à Lyon (Rhône), le 21 mars 1809. — 1830 à 1836. Avocat à la Cour de Lyon. — 1836. Avocat à la Cour de Paris. — 1848. Secrétaire général du Ministère de l'Intérieur. — 1848. Député de la Loire. — 1848. Sous-Secrétaire d'État des Affaires étrangères. — 1849 à 1851. Député du Rhône. — 1858 à 1870. Député de la Seine. — 1860 à 1862. Bâtonnier des avocats à la Cour de Paris. — 1870 à 1871. Ministre des Affaires étrangères. — 1871 à 1875. Député du Rhône. — 1876. Sénateur du Rhône. — Mort à Versailles, le 19 janvier 1880.

Ouvrages. — 1866. Discours du bâtonnat, in-12. — 1869. De l'amour de sa profession, in-12. Ce que veut Paris, in-12. Deux sessions législatives, in-12. De l'influence des mœurs sur la littérature. — 1871-75. Le gouvernement de la Défense nationale, 3 vol. — 1871. Rome et la République française. — 1873. Conférences et discours littéraires, in-12. — 1874. Quatre conférences faites en Belgique, in-12. — Discours politiques, plaidoyers et consultations.

Son éloge a été prononcé par M. Rousse, dans la séance de l'Académie française du 7 avril 1881.

744. — NÉLATON (Auguste), G. O. ✳

Élu, le 3 juin 1867, membre de l'Académie des Sciences (section de Médecine et Chirurgie).

Né à Paris, le 18 juin 1807. — 1836. Docteur en médecine. — 1840. Agrégé. — 1851 à 1867. Professeur de clinique chirurgicale à la Faculté de Médecine de Paris. — 1866. Chirurgien de l'Empereur. — 1868 à 1870. Sénateur. — Mort à Paris, le 21 septembre 1873.

Ouvrages. — 1837. Recherches sur l'affection tuberculeuse des os. — 1839. Traité des tumeurs de la mamelle, in-4. — 1844-59. Éléments de pathologie chirurgicale, 6 vol. — 1850. Parallèle des divers modes opératoires de la cataracte. — 1851. De l'influence de la position dans les maladies chirurgicales.

745. — VILLARCEAU (Antoine, Joseph, François, Yvon), O. ✳

Élu, le 17 juin 1867, membre de l'Académie des Sciences (section de Géographie et Navigation).

Né à Vendôme (Loir-et-Cher), le 15 janvier 1813. — 1842. Ingénieur des Arts et Manufactures. — 1846. Astronome à l'Observatoire. — 1864. Membre du Bureau des Longitudes. — Mort à Paris, le 23 décembre 1883.

Ouvrages. — 1852. Traité de la stabilité des machines locomotives. Études sur les étoiles doubles. — 1853. Sur l'établissement des arches des ponts droits, in-4. — 1855. Théorie analytique du gyroscope de Foucault. — 1857. Méthode pour la détermination des orbites des planètes et des comètes. — 1877. Nouvelle navigation astronomique, in-4.

Une notice sur sa vie a été lue par M. Bertrand, dans la séance de l'Académie des Sciences du 24 décembre 1888.

746. — WURTZ (Charles, Adolphe), G. O. ✳

Élu, le 15 juillet 1867, membre de l'Académie des Sciences (section de Chimie).

Né à Strasbourg (Bas-Rhin), le 26 novembre 1817. — 1839 à 1844. Chef des travaux chimiques à l'École de Médecine de Strasbourg. — 1843. Docteur en médecine. — 1846 à 1851. Chef des travaux chimiques à l'École Centrale. — 1847. Agrégé. — 1851. Professeur à l'Institut agronomique de Versailles. — 1854. Professeur de chimie médicale à la Faculté de Médecine de Paris. — 1866 à 1875. Doyen de la Faculté de Médecine de Paris. — 1875. Professeur de chimie organique à la Faculté des Sciences de Paris. — Mort à Paris, le 12 mai 1884.

Ouvrages. — 1859. Sur l'insalubrité des résidus provenant des distilleries. — 1864. Leçons de philosophie chimique. — 1864-65. Traité élémentaire de chimie médicale, 2 vol. — 1868-77. Dictionnaire de chimie pure et appliquée, 5 vol. et deux suppléments en 4 vol. — 1868. Histoire des doctrines chimiques depuis Lavoisier jusqu'à nos jours. — 1870. Les hautes études pratiques dans les universités allemandes, in-4. — 1874. La théorie des atomes dans la conception générale du monde, in-12. — 1875. Leçons élémentaires de chimie moderne, in-12. — 1876. Progrès de l'industrie des matières colorantes artificielles. — 1878. La théorie atomique. — 1884. Traité de chimie biologique. — 1885. Introduction à l'étude de la chimie. — Collaboration aux Annales de chimie et de physique et au Répertoire de chimie pure.

747. — HESSE (Jean, Baptiste, Alexandre), O. ✳

Élu, le 28 septembre 1867, membre de l'Académie des Beaux-Arts (section de Peinture).

Né à Paris, le 30 septembre 1806. — Mort à Paris, le 7 août 1879.

Œuvres principales. — 1833. Funérailles du Titien. — 1836. Léonard de Vinci donnant la liberté à des oiseaux. — 1837. Henri IV rapporté au Louvre (Trianon). La prière. Une moissonneuse. — 1838. Jeune fille portant des fruits (m. de Nantes). — 1848. Mort du président Brisson. Sainte Catherine. Siège de Beyrouth par les croisés. — 1842. Godefroy de Bouillon adopté par Alexis Comnène (Versailles). — 1844. Pêcheurs catalans. Arlésienne. — 1847. Triomphe de Pisani (Luxembourg). Costumes des environs de Rome. — 1848. Prise de Beyrouth par Amaury II. Paysan romain. — 1850. La procession de la Ligue. La fuite en Égypte (église d'Avranches). — 1852. Portrait du duc de Feltre. — 1853. Les deux Foscari. — 1861. Le Christ déguisé en pèlerin demandant l'aumône. Portrait de Germain Pilon. Décorations de la chapelle de Sainte-Geneviève, dans l'église de Saint-Séverin ; de la chapelle de Saint-François de Sales, dans l'église Saint-Sulpice, de la chapelle des saints Gervais et Protais dans l'église Saint-Gervais et de l'église de Chevry (Seine-et-Oise).

Une notice sur sa vie a été lue par M. Delaunay, dans la séance de l'Académie des Beaux-Arts du 29 novembre 1884.

748. — CABAT (Louis, Nicolas), O. ✳

Élu, le 13 novembre 1867, membre de l'Académie des Beaux-Arts (section de Peinture).

Né à Paris, le 6 décembre 1812. — 1878 à 1884. Directeur de l'Académie de France à Rome. — Mort à Paris, le 13 mars 1893.

Œuvres principales. — 1833. Vue des bords de la Bouzanne. Le moulin de Dampierre. Intérieur d'un bois. Un cabaret à Montsouris. — 1834. Le jardin Beaujon. L'étang de Ville-d'Avray. Intérieur d'une métairie. Hameau de Sarasin. Les bois de Fontenay-aux-Roses. — 1835. Vue de la gorge aux loups. Hôtellerie des bords de la Bouzanne. La fête de la vierge de l'eau. L'oiseleur à l'affût. — 1836. Vue prise en Normandie. Vue prise à Lisieux. Vue prise à Ciray. L'hiver. Les plaines d'Arques. — 1837. Vue de Fontainebleau. Vue de l'Indre. — 1838. Chemin dans la vallée de Narni. — 1840. Le jeune Tobie. Le Samaritain. Le lac de Némi. Intérieur de forêt. — 1845. Vue de Voreppe (m. de Grenoble). — 1846. Le repos. Un ruisseau à la Judie. La source de la Néra. Les bords de la Néra. Le lac de Bolséna. Le village de Becquigny. — 1849. Ferme en Normandie (m. de Nantes). — 1851. Les disciples d'Emmaüs (m. du Havre). Chèvres dans un bois. Prairie près de Dieppe. Ferme de Bercenay. Bois au bord d'une rivière. — 1852. Un soir d'automne (Luxembourg). — 1853. Bords de l'Arque. Chasse au sanglier. Soleil couchant. — 1855. Le ravin de Villeroy. Le matin. Le soir au lever de la lune. Le crépuscule. — 1857. Les bords de la Seine à Croissy. L'île de Croissy. — 1859. L'étang des bois. — 1864. Souvenir du lac de Némi. Une source dans les bois. — 1865. Solitude. — 1867. Chasseresses. Bois de Chanteloube.

749. — LE BLANT (Edmond, Frédéric), O. ✳

Élu, le 15 novembre 1867, membre de l'Académie des Inscriptions et Belles-Lettres.

Né à Paris, le 12 août 1818. — 1840. Avocat à la Cour de Paris. — 1843 à 1873. Attaché au contentieux du Ministère des Finances. — 1883 à 1888. Directeur de l'École française d'archéologie à Rome.

Ouvrages. — 1856-92. Inscriptions chrétiennes de la Gaule, antérieures au viiiᵉ siècle, in-4. — 1861-62. Histoire artistique de la porcelaine. — 1869. Manuel d'épigraphie chrétienne, in-12. — 1878. Études sur les sarcophages chrétiens antiques d'Arles. — 1882. Les actes des martyrs, in-4. — 1886. Les sarcophages chrétiens de la Gaule, in-4. — 1893. Les persécutions et les martyrs. — 1894. Catalogue des monuments chrétiens du musée de Marseille. — Collaboration aux Annales de philosophie chrétienne, au Correspondant, au Bulletin de la Société des antiquaires, à la Revue archéologique, à la Revue de l'Art chrétien, au Journal des savants, à la Revue de législation et aux Mélanges de l'École française de Rome. Mémoires insérés dans le Recueil de l'Académie des Inscriptions (t. XXVI, XXVIII et XXX).

750. — LABROUSTE (Pierre, François, Henri), O. ✻

Élu, le 23 novembre 1867, membre de l'Académie des Beaux-Arts (section d'Architecture).

Né à Paris, le 11 mai 1801. — 1824. Grand Prix de Rome. — 1850. Membre de la Commission des Monuments historiques. — 1854 à 1870. Membre du Conseil général des Bâtiments civils. — 1857. Inspecteur général des Édifices diocésains. — Mort à Fontainebleau (Seine-et-Oise), le 24 juin 1875.

Œuvres principales. — 1843-49. Bibliothèque Sainte-Geneviève. — 1845. Colonie agricole de Saint-Firmin (Oise). Hospice de Lausanne. — 1854. Séminaire de Rennes. — S. d. Prison cellulaire d'Alexandrie. Collège Sainte-Barbe, à Fontenay-aux-Roses. Hôtel de la compagnie des chemins de fer de la Méditerranée, à Paris. Bibliothèque nationale (agrandissement). Hôtels Louis Fould, rue de Berri, et de Vilgruy, place François-Iᵉʳ.

Ouvrages. — 1878. Les temples de Pœstum, in-fol.

Une notice sur sa vie a été lue par M. Bailly, dans la séance de l'Académie des Beaux-Arts du 16 décembre 1876.

751. — VAUDOYER (Léon), O. ✻

Élu, le 1ᵉʳ février 1868, membre de l'Académie des Beaux-Arts (section d'Architecture).

Né à Paris, le 7 juin 1803. — 1825. Grand Prix de Rome. — 1853. Inspecteur général des Édifices diocésains. — Mort à Paris, le 9 février 1872.

Œuvres principales. — 1830. Monuments de Nicolas Poussin, à Rome, et du général Foy, au Père-Lachaise. — 1839. Restauration et constructions nouvelles du Conservatoire des arts et métiers. — 1845. Cathédrale de Marseille.

Ouvrages. — 1845. Moyen de prévenir l'humidité dans les bâtiments. — 1873. Les grands prix d'architecture, 2 vol. in-fol. — S. d. Histoire de l'architecture en France. Études d'architecture en France. — Collaboration aux Archives des monuments historiques et au Magasin pittoresque.

Une notice sur sa vie a été lue, en 1873, par M. Ballu, à l'Académie des Beaux-Arts.

752. — LAUGIER (Stanislas), O. ✻

Élu, le 17 février 1868, membre de l'Académie des Sciences (section de Médecine et Chirurgie).

Né à Paris, le 28 janvier 1799. — 1828. Docteur en médecine. — 1829. Agrégé. — 1831. Chirurgien consultant du Roi. — 1832. Chirurgien de l'hôpital Necker. — 1836. Chirurgien de l'hôpital Beaujon. — 1848 à 1854. Chirurgien de l'hôpital de la Pitié. — 1848. Professeur de clinique chirurgicale à la Faculté de Paris. — 1854 à 1871. Chirurgien de l'Hôtel-Dieu. — Mort à Paris, le 15 février 1872.

Ouvrages. — 1845. Traduction du traité des maladies des yeux de Mackensie. — Mémoires insérés dans le Bulletin chirurgical.

753. — BOULEY (Henri, Marie), C. ✻

Élu, le 2 mars 1868, membre de l'Académie des Sciences (section d'Économie rurale).

Né à Paris, le 17 mai 1814. — 1839. Professeur de clinique et de chirurgie à l'École d'Alfort. — 1866. Inspecteur général des Écoles vétérinaires. — 1879. Professeur de pathologie comparée au Muséum d'Histoire naturelle. — Mort à Paris, le 30 novembre 1885.

Ouvrages. — 1840. Causes générales de la morve dans les régiments de cavalerie. — 1851. Traité de l'organisation du pied du cheval. — 1854. De la péripneumonie épizootique du gros bétail. — 1855. Nouveau dictionnaire pratique de médecine, de chirurgie et d'hygiène vétérinaires, 18 vol. — 1861. Mémorial thérapeutique du vétérinaire praticien, in-12. — 1870. La rage : moyens d'en éviter les dangers. — 1873. Maladies contagieuses du bétail. — 1882. Leçons de pathologie comparée, 2 vol. — Collaboration au Bulletin de la Société centrale de médecine vétérinaire.

---

754. — VACHEROT (Étienne), ✻

Élu, le 7 mars 1868, membre de l'Académie des Sciences morales et politiques (section de Philosophie).

. Né à Torcenay (Haute-Marne), le 29 juillet 1809. — 1830 à 1837. Professeur au collège de Caen. — 1833. Agrégé de philosophie. — 1836. Docteur ès lettres. — 1838 à 1851. Directeur des études à l'École Normale. — 1838-39. Professeur suppléant à la Faculté des Lettres de Paris. — 1839 à 1842. Maître de conférences de philosophie à l'École Normale. — 1871 à 1875. Député de la Seine à l'Assemblée nationale.

Ouvrages. — 1836. De rationis auctoritate, tum in se, tum secundum sanctum Anselmum consideratæ. Théorie des premiers principes d'Aristote. — 1846. Histoire critique de l'école d'Alexandrie, 3 vol. — 1858. La métaphysique et la science, ou principes de métaphysique positive, 2 vol. — 1859. La démocratie, in-12. — 1864. Essais de philosophie critique. — 1868. La religion. — 1870. La science et la conscience, in-12. — 1881. La politique extérieure de la République. Le comte de Serre, sa vie et son temps. — 1884. Le nouveau spiritualisme. — 1892. La démocratie libérale, in-12. — Collaboration à la Revue de Paris, à la Revue des Deux Mondes, à la Revue de France, au Correspondant, au Nouveau Courrier du dimanche, au Figaro, au Gaulois et au Soleil.

.755. — LEVASSEUR (Pierre, Émile), O. ✻

Élu, le 4 avril 1868, membre de l'Académie des Sciences morales et politiques (section d'Économie politique).

Né à Paris, le 8 décembre 1828. — 1852. Professeur au lycée d'Alençon. — 1854. Docteur ès lettres et agrégé. — 1854. Professeur de rhétorique au lycée de Besançon. — 1855. Professeur au lycée Saint-Louis. — 1861. Professeur d'histoire au lycée Napoléon. — 1868. Chargé de cours au Collège de France. — 1872. Professeur d'histoire des doctrines économiques au Collège de France. — 1876. Professeur d'économie politique et législation industrielle au Conservatoire des Arts et Métiers.

Ouvrages. — 1854. Recherches historiques sur le système de Law. De pecuniis publicis quomodo apud Romanos quarto post Christum seculo ordinarentur. — 1858. La question de l'or. — 1859. Histoire des classes ouvrières en France depuis César jusqu'à la Révolution, 2 vol. — 1863. Précis d'histoire de France. Précis de géographie. — 1867. Histoire des classes ouvrières en France depuis 1789 jusqu'à nos jours, 2 vol. — 1869. Cours d'économie rurale, industrielle et commerciale, in-12. — 1870. Vade-mecum du statisticien, tableaux concernant la France et ses colonies, in-12. — 1871. L'étude et l'enseignement de la géographie, in-12. L'Europe (moins la France), géographie et statistique, in-12. — 1873. La terre (moins l'Europe), géographie et statistique, in-12. Atlas de géographie physique, politique et économique. Premières notions sur la géographie, in-12. — 1875. La France et ses colonies. — 1882. Notice historique sur l'ancien prieuré de Saint-Martin-des-Champs et sur le Conservatoire des arts et métiers, in-12. — 1883. Notions d'économie politique, in-12. — 1888. Les Alpes et les grandes ascensions. — 1889. La population française. Histoire de la population avant 1789 et démographie de la France comparée à celle des autres nations, 3 vol. — 1890. Grand Atlas de géographie physique et politique. La France et ses colonies (géographie et statistique), 3 vol. — 1895. L'agriculture aux États-Unis. — Collaboration au Journal des économistes, à la Revue nationale, à la Revue contemporaine, à la Revue européenne, à la Nouvelle Revue, au Journal de la Société de statistique, au Bulletin de l'Institut international de statistique, au Temps, à la Revue de géographie, au Bulletin du Comité des travaux historiques et scientifiques et aux Annales du Conservatoire des arts et métiers, etc.

---

756. — SAINT-VENANT (Adhémar, Jean, Claude, BARRÉ de), O. ✻

Élu, le 20 avril 1868, membre de l'Académie des Sciences (section de Mécanique).

Né à Villiers-en-Bière (Seine-et-Marne), le 23 août 1797. — 1817. Ingénieur des poudres et salpêtres. — 1820. Ingénieur des Ponts et Chaussées. — 1847. Ingénieur en chef; retraité en 1848. — 1850 à 1852. Ingénieur en chef. Professeur de génie rural à l'Institut agronomique de Versailles. — Mort à Vendôme (Loir-et-Cher), le 6 janvier 1886.

Ouvrages. — 1844. Mémoire sur la résistance des solides, in-4. — 1846. Tableau de formules de la théorie des courbes dans l'espace, in-4. — 1871. Du roulis sur mer houleuse. — 1872. Sur les diverses manières de présenter la théorie des ondes lumineuses.

---

757. — AUTRAN (Joseph, Antoine), ✻

Élu, le 7 mai 1868, membre de l'Académie française.

Né à Marseille (Bouches-du-Rhône), le 9 juin 1813. — Mort à Marseille, le 6 mars 1877.

Ouvrages. — 1832. Le départ pour l'Orient, ode. — 1835. La mer, poésie. — 1836. *Ludibria ventis.* — 1841. Italie et semaine sainte à Rome. — 1842. Milianah, poème héroïque. — 1848. La fille d'Eschyle, tragédie, in-12. — 1852. Les poèmes de la mer. — 1854. Laboureurs et soldats, in-12. — 1856. La vie rurale. — 1861. Épîtres rustiques, in-12. — 1862. Le poème des beaux jours. — 1863. Études grecques, in-12. — 1869. Paroles de Salomon. — 1873. Sonnets capricieux. — 1875. La légende des paladins, in-12.

1874-81. Œuvres complètes, 8 vol. (I : Les poèmes de la mer ; II : La vie rurale, journal de campagne ; III : La flûte et le tambour ; IV : Sonnets capricieux, histoires de village ; V : La lyre à sept cordes ; VI : Drames et comédies ; VII : Lettres et notes de voyages ; VIII : La comédie de l'histoire).

Son éloge a été prononcé par M. V. Sardou, dans la séance de l'Académie française du 23 mai 1878.

---

758. — CAHOURS (Auguste, André, Thomas), C. ✻

Élu, le 11 mai 1868, membre de l'Académie des Sciences (section de Chimie).

Né à Paris, le 2 octobre 1813. — 1836. Sous-Lieutenant d'état-major. — 1845. Professeur de chimie à l'École Centrale. — 1847. Répétiteur à l'École Polytechnique. — 1871 à 1880. Professeur de chimie à la même École. — 1858. Essayeur de la Monnaie. — Mort à Paris, le 16 mars 1891.

Ouvrages. — 1855. Traité de chimie générale et élémentaire (chimie organique), 3 vol. in-12. — 1869. Chimie des demoiselles. — 1874. Traité de chimie inorganique, 2 vol. in-12.

---

759. — BARYE (Antoine, Louis), O. ✻

Élu, le 30 mai 1868, membre de l'Académie des Beaux-Arts (section de Sculpture).

Né à Paris, le 24 septembre 1795. — 1853. Conservateur de la galerie des moulages au Louvre. — 1854. Professeur de dessin des animaux au Muséum d'Histoire naturelle. — Mort à Paris, le 25 juin 1875.

Œuvres principales. — 1820. Caïn maudit par Dieu. — 1831. Martyre de saint Sébastien. Tigre dévorant un crocodile. Un ours. — 1833. Un lynx (m. de Lisieux). Cerf terrassé par des levriers. Charles VI dans la forêt du

Mans. Cavalier du xvᵉ siècle. Ours de Russie. Ours des Alpes. Lutte de deux ours. Éléphant d'Asie. Le duc d'Orléans. — 1834. Gazelle morte. Ours dans son auge. Éléphant. Jeune lion terrassant un cheval. Panthère et gazelle. Cerf et lynx. — 1835. Un tigre. Groupe d'animaux. — 1851. Un centaure et un lapithe. Jaguar et lièvre (Luxembourg). — S. d. Lion de la colonne de Juillet. Lion étouffant un boa (Tuileries). Sainte Clotilde (église de la Madeleine). Jeunes ours jouant ensemble (m. de Lyon). Tigre dévorant une chèvre (m. de Lyon). La Paix (Louvre). La Guerre (Louvre). La Force protégeant le Travail (Louvre). L'Ordre comprimant les pervers (Louvre). Lions en bronze (guichet des Tuileries). Statue équestre de Napoléon (Ajaccio).

Une notice sur sa vie a été lue par M. Jules Thomas, dans la séance de l'Académie des Beaux-Arts du 18 novembre 1876.

760. — BOUILLAUD (Jean, Baptiste), C. ✻

Élu, le 1ᵉʳ juin 1868, membre de l'Académie des Sciences (section de Médecine et Chirurgie).

Né à Garat (Charente), le 16 septembre 1796. — 1823. Docteur en médecine. — 1831. Médecin de l'hôpital de la Charité. — 1831. Professeur de clinique interne à la Faculté de Paris. — 1842 à 1846. Député de la Charente. — 1848. Doyen de la Faculté de Médecine de Paris. — Mort à Paris, le 29 octobre 1881.

Ouvrages. — 1824. Traité des maladies du cœur. — 1825. Traité de l'encéphalite. — 1826. Traité des fièvres dites essentielles. — 1832. Traité du choléra. — 1835. Traité clinique des maladies du cœur, 2 vol. — 1836. Essai sur la philosophie médicale, 3 vol. — 1838. Sur l'introduction de l'air dans les veines. — 1839. Sur le siège du sens du langage articulé. — 1840. Traité clinique du rhumatisme articulaire. — 1846. Traité de nosographie médicale, 5 vol. — 1855. Du diagnostic et de la curabilité du cancer. — 1859. De la chlorose et de l'anémie. Discours sur le traitement du croup. — 1860. Discours sur le vitalisme et l'organisme. — 1861. De la congestion cérébrale apoplectiforme. — 1876. De l'identité du bruit de soufflet placentaire avec le bruit de soufflet des grosses artères. — Collaboration au Bulletin de l'Académie de médecine.

761. — PHILLIPS (Édouard), O. ✻

Élu, le 22 juin 1868, membre de l'Académie des Sciences (section de Mécanique).

Né à Paris, le 21 mai 1821. — 1847. Ingénieur des Mines. — 1847. Professeur à l'École des mineurs de Saint-Étienne. — 1849. Docteur ès sciences. — 1852. Professeur de mécanique à l'École Centrale. — 1866 à 1872. Professeur de mécanique à l'École Polytechnique. — 1867. Ingénieur en chef. — 1882. Inspecteur général des Mines. — Mort à Narmont (Indre), le 14 décembre 1889.

Ouvrages. — 1863. Théorie de la coulisse servant à produire la détente variable dans les machines à vapeur. — 1865. Manuel pratique sur le spiral réglant des chronomètres, in-12. — 1867. Exposé de la situation et des progrès de la mécanique appliquée. — 1875. Cours d'hydraulique et d'hydrostatique, publiés par A. Gouilly.

Une notice sur sa vie a été lue par M. Léauté, dans la séance de l'Académie des Sciences du 17 novembre 1890.

762. — PILS (Isidore, Alexandre, Auguste), O. ✻

Élu, le 7 novembre 1868, membre de l'Académie des Beaux-Arts (section de Peinture).

Né à Paris, le 7 novembre 1815. — 1838. Grand Prix de Rome. — 1864 à 1875. Professeur à l'École des Beaux-Arts. — Mort à Paris, le 3 septembre 1875.

Œuvres principales. — 1838. Saint Pierre guérissant un boiteux. — 1846. Le Christ prêchant dans la barque de Simon. — 1847. Mort de sainte Madeleine. — 1848. Passage de la Bérésina. Bacchantes et Satyres. — 1849. Rouget de l'Isle chantant la Marseillaise (m. du Luxembourg). La gondole. — 1850. La mort d'une sœur de charité. — Sainte famille. Un renard. — 1852. Les Athéniens esclaves à Syracuse. Soldats distribuant du pain aux pauvres. — 1853. Sœur Sainte-Isidore. Costumes militaires. — 1855. Une tranchée devant Sébastopol. —

1856. Défilé des zouaves à Sébastopol. L'école à feu. — 1857. Débarquement de l'armée française en Crimée. Étude d'artillerie. — 1861. Bataille de l'Alma (Versailles). — 1866. Batterie d'artillerie passant un gué. — 1867. Réception de l'Empereur à Alger. La vivandière. Artilleurs à cheval. — 1869. Retour d'une battue. — 1873. Les Tuileries en 1871. — 1874. Le jeudi saint en Italie. — 1875. La place Pigalle un jour de neige. Un garde mobile pendant le siège. Portrait de l'amiral Rigault de Genouilly (Versailles). Décoration de la chapelle Saint-Denis, dans l'église Sainte-Clotilde et de la chapelle Saint-André; dans l'église Saint-Eustache. Plafond de l'escalier du nouvel Opéra.

Une notice sur sa vie a été lue par M. Bouguereau, dans la séance de l'Académie de Beaux-Arts du 27 janvier 1877.

763. — JAMIN (Jules, Célestin), C. ✳

Élu, le 14 décembre 1858, membre de l'Académie des Sciences (section de Physique générale) et, le 9 juin 1884, secrétaire perpétuel pour les Sciences physiques.

Né à Termes (Ardennes), le 30 mai 1818. — 1841. Agrégé. — 1845. Professeur au collège Bourbon. — 1851 à 1880. Professeur de physique à l'École Polytechnique. — 1863. Professeur de physique à la Faculté des Sciences de Paris. — Mort à Paris, le 12 février 1886.

Ouvrages. — 1858-83. Cours de physique de l'École polytechnique, 4 vol. — 1870. Petit traité de physique. — 1880. Quelques phénomènes atmosphériques.

764. — HUILLARD-BRÉHOLLES (Jean, Louis, Alphonse), ✳

Élu, le 29 janvier 1869, membre de l'Académie des Inscriptions et Belles-Lettres.

Né à Paris, le 8 février 1817. — 1838 à 1842. Professeur d'histoire au collège Charlemagne. — 1856. Archiviste aux Archives impériales. — 1861. Chef de la section administrative. — 1864. Chef de la section du Secrétariat. — Mort à Paris, le 23 mars 1871.

Ouvrages. — 1843. Histoire générale du moyen âge. — 1844. Recherches sur les monuments et l'histoire des Normands dans l'Italie septentrionale, in-fol. — 1845. Cahiers d'histoire ancienne et moderne. — 1852-59. *Historica diplomatica Frederici secundi*, 5 vol. in-4. — 1856. *Chronicon Placentinum et chronicon de rebus in Italia gestis*, in-4. — 1864. Vie et correspondance de Pierre de la Vigne. — 1868. Notice sur M. le duc de Luynes. — Traduction de la Grande chronique de Mathieu Paris. Publication des titres de la maison ducale des Bourbons.

765. — CARO (Edme, Marie), O. ✳

Élu, le 6 février 1869, membre de l'Académie des Sciences morales et politiques (section de Morale).
Élu, le 29 janvier 1874, membre de l'Académie française.

Né à Poitiers (Vienne), le 4 mars 1826. — 1848. Agrégé de philosophie. — 1848. Professeur de philosophie aux lycées d'Angers, de Rouen et de Rennes. — 1855. Professeur de philosophie à la Faculté des Lettres de Douai. — 1857. Maître de conférences de philosophie à l'École Normale. — 1861. Inspecteur de l'Académie de Paris. — 1864 à 1887. Professeur de philosophie à la Faculté des Lettres de Paris. — Mort à Paris, le 13 juillet 1887.

Ouvrages. — 1851. Saint Dominique et les Dominicains. — 1852. Vie de Pie IX (sous le pseudonyme de Saint-Hermel). — 1854. Du mysticisme au XVIIIe siècle. — 1855. Études morales sur le temps présent, in-12. — 1864. L'idée de Dieu et ses nouveaux critiques. — 1866. La philosophie de Goethe. — 1868. Le matérialisme et la science, in-12. — 1869. Nouvelles études morales sur le temps présent, in-12. — 1872. Les jours d'épreuve, in-12. — 1876. Problèmes de morale sociale. — 1878. Le pessimisme au XIXe siècle, in-12. — 1880. La fin du XVIIIe siècle, études et portraits, 2 vol. in-12. — 1883. M. Littré et le positivisme, in-12. — 1888. George Sand, in-12. Mélanges et portraits, 2 vol. in-12. Philosophie et philosophes, in-12. Poètes et romanciers, in-12. — 1889. Variétés littéraires, in-12.

I. 44

Son éloge a été prononcé par M. le comte Othenin d'Haussonville, dans la séance de l'Académie française du 13 décembre 1888, et des notices sur sa vie ont été lues par M. Waddington, dans les séances de l'Académie des Sciences morales et politiques des 6 et 13 avril 1889, et par M. Jules Simon, dans la séance de la même Académie du 6 décembre 1890.

766. — HAUSSONVILLE (le Comte Joseph, Othenin, Bernard, CLÉRON d'), O. ✳

Élu, le 29 avril 1869, membre de l'Académie française.

Né à Paris, le 27 mai 1809. — 1828 à 1840. Secrétaire d'ambassade à Rome, à Madrid, à Turin, à Naples et à Bruxelles. — 1842 à 1848. Député de la Marne. — 1878. Sénateur inamovible. — Mort à Paris, le 28 mai 1884.

Ouvrages. — 1850. Histoire de la politique extérieure du gouvernement français, 2 vol. — 1854-59. Histoire de la réunion de la Lorraine à la France, 4 vol. — 1859. Lettre aux conseils généraux. — 1860. Lettre au sénat, in-12. Lettre au bâtonnier de l'ordre des avocats. — 1862. M. de Cavour et la crise italienne. — 1868-70. L'église romaine et le premier empire, 5 vol. — 1871. La France et la Prusse devant l'Europe. — 1878. Souvenirs et mélanges. — 1882. Un programme de gouvernement : où en sommes-nous ? — 1883. De la colonisation officielle en Algérie. — 1885. Ma jeunesse, souvenirs.

Son éloge a été prononcé par M. Ludovic Halévy, dans la séance de l'Académie française du 4 février 1886.

767. — CHAMPAGNY (le Comte Franz, Joseph, Maria, Theresia, NOMPÈRE de), ✳

Élu, le 29 avril 1869, membre de l'Académie française.

Né à Vienne (Autriche) de parents français, le 8 septembre 1804. — 1827 à 1830. Substitut au Tribunal d'Étampes. — Mort à Paris, le 4 mai 1882.

Ouvrages. — 1841-43. Les Césars, 4 vol. — 1844. Un mot d'un catholique sur quelques travaux protestants, in-18. — 1847. L'homme à l'école de Bossuet, 2 vol. in-12. — 1850. Un examen de conscience, in-12. — 1854. La charité chrétienne dans les premiers siècles de l'Église, in-12. — 1860. De la puissance des mots dans la question italienne. — 1863. Les Antonins, 3 vol. — 1864. De la critique contemporaine. — 1865. Rome et la Judée au temps de la chute de Néron. — 1870. Les Césars du IIIᵉ siècle, 3 vol. — 1873. Le chemin de la vérité, in-12. — 1877. L'instruction gratuite, obligatoire et laïque. — 1879. La Bible et l'économie politique, in-12. — Traduction des lettres et des discours de Donoso Cortès. Collaboration à l'Ami de la religion, au Correspondant, à la Revue des Deux Mondes et à la Revue contemporaine.

Son éloge a été prononcé par M. de Mazade-Percin, dans la séance de l'Académie française du 6 décembre 1883.

768. — BARBIER (Henri, Auguste), ✳

Élu, le 29 avril 1869, membre de l'Académie française.

Né à Paris, le 28 avril 1805. — Mort à Nice (Alpes-Maritimes), le 14 février 1882.

Ouvrages. — 1830. Les mauvais garçons, roman, 2 vol. Iambes et poèmes. — 1841. Chants civils et religieux, in-12. — 1842. Satires et chants. — 1843. Rimes héroïques, in-12. — 1853. Satires et chants, in-12. — 1861. Rimes légères. — 1864. Les silves, poésies diverses, in-12. — 1865. Nouveau recueil de satires, in-12. — 1867. Trois passions nouvelles. — 1874. Jules César de Shakespeare, traduit en vers. Études dramatiques, in-12. — 1876. La chanson du vieux marin de Coleridge. — 1879. Contes du soir. — 1880. Histoires de voyages : souvenirs et tableaux. — 1882. Chez les poètes. — 1883. Souvenirs personnels et silhouettes contemporaines. — 1884. Poésies posthumes. Tablettes d'Umbrano, suivies de promenades au Louvre. — 1888. Nouvelles études littéraires et artistiques, in-12. S. d. Benvenuto Cellini (op.).

Son éloge a été prononcé par M. Perraud, évêque d'Autun, dans la séance de l'Académie française du 19 avril 1883.

769. — DAVID (Félicien, César), O. ✻

Élu, le 15 mai 1869, membre de l'Académie des Beaux-Arts (section de Composition musicale).

Né à Cadenet (Vaucluse), le 13 avril 1810. — 1826. Clerc d'avoué. — 1828. Chef d'orchestre au théâtre d'Aix. — 1829 à 1830. Maître de chapelle de Saint-Sauveur, à Aix. — 1869. Bibliothécaire du Conservatoire. — Mort à Saint-Germain-en-Laye (Seine-et-Oise), le 29 août 1876.

Œuvres. — *Opéras.* — 1851. La perle du Brésil. — 1859. Herculanum. — 1862. Lalla Roukh. — 1865. Le saphir.

Œuvres diverses. — 1835. Mélodies orientales. — 1844. Le désert. — 1846. Moïse au Sinaï. — 1847. Christophe Colomb. — 1848. L'Éden. — S. d. Symphonie en fa. Symphonie en mi. Le pirate. L'Égyptienne. Le bédouin. Le jour des morts. L'Ange rebelle. Les hirondelles.

Une notice sur sa vie a été lue par M. E. Reyer, dans la séance de l'Académie des Beaux-Arts du 17 novembre 1877.

770. — DEFRÉMERY (Charles, François), ✻

Élu, le 28 mai 1869, membre de l'Académie des Inscriptions et Belles-Lettres.

Né à Cambrai (Nord), le 9 décembre 1822. — 1871 à 1883. Professeur de langue et littérature arabes au Collège de France. — Mort à Saint-Valéry-en-Caux (Seine-Inférieure), le 18 août 1883.

Ouvrages. — 1844. Histoire des sultans Ghourides, tr. du persan. — 1845. Histoire des Samanides, tr. du persan. — 1848-51. Voyages d'Ibn Batouah dans la Perse, l'Asie centrale et l'Asie Mineure, 2 vol. — 1849. Histoire des Seldjoukides et des Ismaëliens, ou assassins de l'Iran, tr. du persan. — 1849. Fragments de géographes et d'historiens arabes et persans. — 1852. Histoire des Khans mongols du Turkestan et de la Transoxiane, tr. du persan. — 1854. Mémoires d'histoire orientale, 2 vol. — 1858. Gulistan ou le parterre des roses, trad. de Sadi. — Collaboration au Journal de la Société asiatique.

771. — VALETTE (Claude, Denis, Auguste), O. ✻

Élu, le 5 juin 1869, membre de l'Académie des Sciences morales et politiques (section de Législation).

Né à Salins (Jura), le 15 août 1805. — 1830. Docteur en droit. — 1833. Professeur suppléant à la Faculté de Paris. — 1837. Professeur de droit civil à la Faculté de Paris. — 1848 à 1851. Député du Jura. — Mort à Paris, le 10 mai 1878.

Ouvrages. — 1843. Traité de l'état des personnes (d'après Proudhon), 2 vol. De l'effet de l'inscription en matière de privilège sur les immeubles. De la jurisprudence actuelle en matière d'enregistrement. — 1846. Traité des hypothèques. — 1859. Explication du livre I du code Napoléon. — 1862. Compte rendu du code pénal prussien de 1851. — 1872. Cours de code civil professé à la Faculté de Paris, in-12. — 1875. L'héritier bénéficiaire. — 1879. De la propriété et de la distinction des biens, 2 vol. in-12. — 1879-80. Mélanges de droit, de jurisprudence et de législation, 2 vol. — Collaboration à la Revue de droit français et étranger.

772. — DES CLOIZEAUX (Alfred, Louis, Olivier, LEGRAND-), O. ✻

Élu, le 15 novembre 1869, membre de l'Académie des Sciences (section de Minéralogie).

Né à Beauvais (Oise), le 17 octobre 1817. — 1857 à 1871. Maître de conférences de minéralogie à l'École Normale. — 1873 à 1876. Professeur suppléant à la Faculté des Sciences de Paris. — 1876 à 1893. Professeur de minéralogie au Muséum d'Histoire naturelle.

Ouvrages. — 1861. Leçons de cristallographie, in-4. — 1862-74. Manuel de minéralogie, 3 vol. — Collaboration aux Annales de chimie et aux Annales de physique. — Notes et Mémoires insérés dans divers recueils scientifiques : sur les formes cristallines du wolfram ; sur les formes cristallines de la nadorite et sur ses propriétés optiques ; sur l'emploi des propriétés optiques biréfrigérentes des corps cristallisés ; sur l'existence du pouvoir rotatoire dans les cristaux de cinabre et dans ceux de benzile ; sur le pouvoir rotatoire du sulfate de strychnine ; sur les propriétés optiques des cristaux naturels ou artificiels ; sur l'écartement des axes optiques, l'orientation de leur plan et leurs divers genres de dispersion dans l'albite ; sur les oligoclases et les ondisines ; sur la forme cinorhombique de l'acide arsénieux ; sur les températures des geysers d'Islande, etc.

773. — LENEPVEU (Jules, Eugène), O. ✳

Élu, le 20 novembre 1869, membre de l'Académie des Beaux-Arts (section de Peinture).

Né à Angers (Maine-et-Loire), le 12 décembre 1819. — 1847. Grand Prix de Rome. — 1873 à 1878. Directeur de l'Académie de France à Rome. — 1883. Professeur à l'École des Beaux-Arts.

Œuvres principales. — 1843. Idylle. — 1844. Cincinnatus recevant les députés du Sénat (m. d'Angers). — 1847. Le martyre de saint Saturnin (m. d'Angers). Mort de Vitellius (École des Beaux-Arts). — 1853. Idylle. — 1855. Le pape à la chapelle Sixtine (m. de Laval). — 1855. Les martyrs aux catacombes (m. du Luxembourg). — 1856. Noce vénitienne. — 1856 à 1857. Bénédiction de la chapelle de l'hospice Sainte-Marie à Angers. — 1858. La Vierge et les saintes femmes sur la voie du Calvaire (hospice Sainte-Marie). — 1859. L'amour piqué. Moïse défendant les filles du sacrificateur de Madian. — 1860. Chapelle de la Vierge (église Sainte-Clotilde). — 1862. Purification de la Vierge (hospice Sainte-Marie). Chapelle Saint-Denis (église Saint-Louis en l'Ile). — 1864. Chapelle Sainte-Anne (église Saint-Sulpice). — 1865. Hylas et les nymphes. — 1866. Le Printemps, l'Été, l'Automne, l'Hiver (préfecture de l'Isère). — 1866. L'Annonciation (hospice Sainte-Marie, à Angers). — 1868. Transept droit de l'église Sainte-Clotilde. — 1870. Plafond de la salle du nouvel Opéra. — 1871. Plafond de la salle du théâtre d'Angers. — 1874 à 1876. Les deux transepts de l'église Saint-Ambroise : Saint Augustin et Saint Ambroise. — 1878. Les blessés apportés à l'hôpital d'Angers (hospice Sainte-Marie). — 1880. Deux panneaux décoratifs (Monte-Carlo). — 1881. Plafond de l'hôtel Hachette. — 1883. Velleda. — 1884 à 1890. Modèles des mosaïques de l'escalier Daru (musée du Louvre). — 1886 à 1889. Vie de Jeanne d'Arc (Panthéon). — 1892. Entrée de François Ier à Angers (Logis Pincé). — 1894. Plafond de l'hôtel de Viefville (parc Monceau.)

774. — BARROT (Camille, Hyacinthe, Odilon).

Élu, le 12 mars 1870, membre de l'Académie des Sciences morales et politiques (section de Législation).

Né à Villefort (Lozère), le 19 juillet 1791. — 1814. Avocat au Conseil d'État et à la Cour de cassation. — 1830 à 1831. Préfet de la Seine. — 1830-1831. Conseiller d'État. — 1838 à 1851. Député de l'Aisne. — 1848 à 1849. Président du Conseil, Ministre de la Justice. — 1855. *Membre libre de l'Académie des Sciences morales et politiques.* — 1872. Conseiller d'État. — 1872. Vice-Président du Conseil d'État. — Mort à Paris, le 6 août 1873.

Ouvrages. — 1856. Examen du traité de droit pénal de Rossi. — 1861. De la centralisation et de ses effets, in-12. — 1872. De l'organisation judiciaire en France, in-12. — 1875-76. Mémoires posthumes, 4 vol.

775. — OLLIVIER (Olivier, Émile).

Élu, le 7 avril 1870, membre de l'Académie française.

Né à Marseille (Bouches-du-Rhône), le 2 juillet 1825. — 1847. Avocat à la Cour de Paris. — 1848. Commissaire général de la République à Marseille, Préfet des Bouches-du-Rhône. — 1849. Préfet de la Haute-Marne. — 1849 à 1865. Avocat à la Cour de Paris. — 1857 à 1869. Député de la Seine. — 1869 à 1870. Député du Var. — 1870 (janvier-août). Garde des Sceaux, Ministre de la Justice et des Cultes.

Ouvrages. — 1859. Commentaire de la loi modifiant les articles du code de procédure civile sur les saisies immobilières. — 1861-67. — Démocratie et liberté. — 1864. Commentaire de la loi sur les coalitions. — 1869. Le 19 janvier, in-12. — 1872. Une visite à la chapelle des Médicis, in-12. — 1874. Lamartine, in-12. — 1875. Le ministère du 2 janvier, in-12. — Principes et conduite, in-12. — 1879. L'Église et l'État au concile du Vatican, 2 vol. in-12. Thiers à l'Académie et dans l'histoire, in-12. — 1882. Le pape est-il libre à Rome? in-12. — 1883. Le Concordat est-il respecté? in-12. — 1885. Le Concordat et le gallicanisme, in-12. Nouveau manuel de droit ecclésiastique français, in-12. — 1887. 1789 et 1889, in-12. — 1891, Michel-Ange. — 1894. L'Empire libéral.

---

776. — JANIN (Jules, Gabriel), ✳

Élu, le 7 avril 1870, membre de l'Académie française.

Né à Condrieu (Loire), le 4 décembre 1804. — Mort à Paris, le 19 juin 1874.

Ouvrages. — 1827. L'âne mort et la femme guillotinée, 2 vol. — 1829. Tableaux anecdotiques de la littérature française depuis François Ier. — 1830. La confession, 2 vol. in-12. — 1831. Barnave, 4 vol. in-12. — 1832. Contes fantastiques, 4 vol. in-12. Histoire du théâtre à quatre sous, in-12. — 1833. Contes nouveaux, 4 vol. in-12. — 1834. Voyage de Victor Ogier en Orient, in-12. Cours sur l'histoire du Journal en France. — 1836. Le chemin de traverse, 2 vol. — 1837. Fontainebleau, Versailles, Paris, in-12. Un cœur pour deux amours. — 1837-43. Histoire de France (texte explicatif des galeries de Versailles). — 1839. Les catacombes. Versailles et son musée historique, in-12. Voyage en Italie. — 1842. La Normandie historique, pittoresque et monumentale. Le prince royal, in-12. Une heure à Paris. — 1843. Un été à Paris. — 1844. Les beautés de l'Opéra. La Bretagne historique. — 1847. Suite de l'histoire du chevalier Desgrieux et de Manon Lescaut, in-12. Voyage de Paris à la mer, in-12. Le gâteau des rois, in-12. — 1850. La religieuse de Toulouse, 2 vol. — 1851. Les gaîtés champêtres. Le mois de mai à Londres. — 1853-58. Histoire de la littérature dramatique, 6 vol. in-12. — 1853-65. Almanach de la littérature, du théâtre et des beaux-arts. — 1855. La comtesse d'Egmont, in-12. — 1856. Les petits bonheurs. — 1857. Les symphonies de l'hiver. — 1858. Rachel et la tragédie. Ovide, ou le poète en exil, in-12. — 1859. Critique, portraits et caractères contemporains, in-12. Variétés littéraires. — 1860. Les contes du Chalet, in-12. — 1861. La fin d'un monde et un neveu de Rameau. La semaine des trois jeudis. — 1862. Contes non estampillés, in-12. — 1864. Les oiseaux bleus, in-12. La poésie et l'éloquence à Rome, au temps des Césars. La révolution française. — 1865. Discours de réception à la porte de l'Académie française, in-12. — 1866. L'amour des livres, in-12. Béranger et son temps, 2 vol. in-12. Le Talisman. — 1867. Les amours du chevalier de Fosseuses. La Sorbonne et les gazetiers. Circé, in-12. — 1868. Le bréviaire du roi de Prusse, in-12. — 1869. L'Interné, in-12. Lamartine, in-12. Petits romans d'hier et d'aujourd'hui, in-12. Les révolutions du pays des Gogos. — 1870. Le crucifix d'argent, in-4. Le livre. — 1871. Alexandre Dumas, in-12. La Muette, in-12. — 1872. François Ponsard, in-12. — 1874. La dame à l'œillet rouge, in-4. Paris et Versailles il y a cent ans. — 1884. Causeries littéraires et historiques. Contes, nouvelles et récits. 1876-78. Œuvres diverses, 12 vol. in-12. — Œuvres de jeunesse, 5 vol. in-12. — Collaboration au Journal des Débats.

Son éloge a été prononcé par M. John Lemoinne, dans la séance de l'Académie française du 2 mars 1876.

---

777. — PONT (Paul, Jean), C. ✳

Élu, le 7 mai 1870, membre de l'Académie des Sciences morales et politiques (section de Législation).

Né, de parents français, à Barcelone (Espagne), le 24 octobre 1808. — 1834. Avocat à la Cour de Paris. — 1845. Docteur en droit. — 1848. Professeur suppléant au Conservatoire des Arts et Métiers. — 1850. Juge au tribunal de Châteaudun. — 1852. Juge au tribunal de Chartres. — 1853. Président du tribunal de Corbeil. — 1854. Juge au tribunal civil de la Seine. — 1858. Conseiller à la Cour de Paris. — 1864. Conseiller à la Cour de cassation. — 1883. Président de chambre honoraire. — Mort à Orsay (Seine), le 20 juin 1888.

Ouvrages. — 1847. Traité du contrat de mariage et des droits respectifs des époux, 2 vol. — 1851. Supplément au traité des droits d'enregistrement de MM. Rigaud et Championnière. — 1855. Observations sur la jurisprudence de la Cour de cassation relativement aux droits de la femme. — 1857. De la publicité des subrogations à l'hypothèque légale de la femme. — 1860. Explication de la loi de 1858 sur les saisies immobilières. De la responsabilité des notaires. — 1861-62. Des qualités du consentement en matière de mariage, 2 vol.

S. d. Continuation et achèvement de l'explication du code Napoléon, de Marcadé (t. VII à XI). — Collaboration à la Revue critique de législation et de jurisprudence et au Recueil des lois et arrêts de Sirey.

Une notice sur sa vie a été lue par M. Colmet de Santerre, dans la séance de l'Académie des Sciences morales et politiques du 8 février 1890.

---

778. — NOURRISSON (Jean, Félix), ✻

Élu, le 14 mai 1870, membre de l'Académie des Sciences morales et politiques (section de Philosophie).

Né à Thiers (Puy-de-Dôme), le 18 juillet 1825. — 1848. Avocat à la Cour d'appel de Paris. — 1849. Professeur de philosophie au collège Stanislas. — 1850. Agrégé de philosophie. — 1852. Docteur ès lettres. — 1854. Professeur de logique au lycée de Rennes. — 1854. Chargé du cours de philosophie à la Faculté des Lettres de Clermont-Ferrand. — 1855. Professeur de philosophie à la Faculté des Lettres de Clermont-Ferrand. — 1858. Professeur de logique au lycée Napoléon. — 1871 à 1873. Chargé des fonctions d'inspecteur général de l'Université. — 1874. Professeur d'histoire de la philosophie moderne au Collège de France.

Ouvrages. — 1847. Du transport des créances. — 1852. *Quid Plato de ideis senserit ?* — 1853. Les Pères de l'Eglise latine, 2 vol. in-12. — 1856. Le cardinal de Bérulle, in-12. — 1860. La philosophie de Leibniz. — 1862. Exposition de la théorie platonicienne des idées, in-12. La philosophie de Bossuet. — 1863. Portraits et études, in-12. — 1865. La nature humaine, essais de psychologie appliquée. — 1866. La philosophie de Saint-Augustin. Spinoza et le naturalisme contemporain, in-12. — 1867. La politique de Bossuet, in-12. — 1868. Le christianisme et la liberté. — 1870. Essai sur Alexandre d'Aphrodisias. — 1873. L'ancienne France et la Révolution in-12. De l'entendement et des idées. — 1885. Machiavel, in-12. — 1885. Trois révolutionnaires : Turgot, Necker, Bailly. Pascal physicien et philosophe, in-12. — 1886. Tableau des progrès de la pensée humaine depuis Thalès jusqu'à Hegel. — 1887. Philosophies de la nature : Bacon, Boyle, Toland, Buffon, in-12. — 1888. Défense de Pascal, in-12. — Collaboration au Journal général de l'Instruction publique, à l'Assemblée nationale, au Journal des Débats, à la Revue des Deux Mondes, à la Revue contemporaine, au Correspondant et à la Revue de France.

---

779. — DUVERGIER de HAURANNE (Prosper, Léon).

Élu, le 19 mai 1870, membre de l'Académie française.

Né à Rouen (Seine-Inférieure), le 3 août 1798. — 1831 à 1849 et 1850 à 1851. Député du Cher. — Mort à Herry (Cher), le 20 mai 1881.

Ouvrages. — 1838. Des principes du gouvernement représentatif. — 1841. De la politique extérieure et intérieure de la France. — 1846. De la réforme parlementaire et de la réforme électorale. — 1857-1870. Histoire du gouvernement parlementaire en France, 10 vol.

Théâtre. — Un jaloux comme il y en a peu. Un mariage à Gretna-green. M. Sensible. — Collaboration au Globe, à la Revue française et à la Revue des Deux Mondes.

Son éloge a été prononcé par M. Sully Prudhomme, dans la séance de l'Académie française du 23 mai 1882.

---

780. — MARMIER (Xavier), O. ✻

Élu, le 19 mai 1870, membre de l'Académie française.

Né à Pontarlier (Doubs), le 23 juin 1808. — 1839. Professeur de littérature étrangère à la Faculté des Lettres de Rennes. — 1840 à 1846. Bibliothécaire du Ministère de l'Instruction publique. — 1846. Conservateur de la Bibliothèque Sainte-Geneviève. — Mort à Paris, le 11 octobre 1892.

Ouvrages. — 1833. Pierre, ou les suites de l'ignorance, in-12. — 1833-37. Choix de paraboles de Krummacher, 2 vol. in-12, *Strasbourg.* — 1837. Lettres sur l'Islande, in-12. — 1838. Langue et littérature islandaises. Histoire de l'Islande depuis sa découverte jusqu'à nos jours. — 1839. Histoire de la littérature en Danemark et en Suède. — 1840. Lettres sur le Nord, 2 vol. in-12. — 1841. Souvenirs de voyages et traditions populaires, in-12. — 1842. Chants populaires du Nord, in-12. Lettres sur la Hollande, 2 vol. in-12. — 1844. Poésies d'un voyageur. Relation des voyages de la commission scientifique du Nord, 2 vol. — 1845. Nouveaux souvenirs de voyages en Franche-Comté, in-12. — 1847. Du Rhin au Nil, 2 vol. Lettres sur l'Algérie, in-12. — 1848. Lettres sur la Russie, la Finlande et la Pologne, 2 vol. in-12. — 1851. Les âmes en peine, contes d'un voyageur. Lettres sur l'Amérique, 2 vol. in-12. — 1852. Les voyageurs nouveaux, 3 vol. in-12. — 1854. Lettres sur l'Adriatique et le Monténégro, 2 vol. Les perce-neige, in-12. Du Danube au Caucase, in-12. — 1856. Un été au bord de la Baltique, in-12. Au bord de la Néva, in-12. — 1857. Les quatre âges. Les drames intimes, contes russes, in-12. — 1858. Les fiancés du Spitzberg. La forêt Noire. — 1858-59. Voyage pittoresque en Allemagne, 2 vol. — 1859. En Amérique et en Europe, in-12. — 1860. Gazida, in-12. Histoires allemandes et scandinaves. — 1861. Voyage en Suisse. — 1862. Hélène et Suzanne. Voyages et littérature. — 1863. En Alsace : l'Avare et son trésor. — 1864. En chemin de fer. Nouvelles de l'Est et de l'Ouest. Les mémoires d'un orphelin, in-12. Le roman d'un héritier. — 1866. Histoire d'un pauvre musicien, in-12. — 1867. De l'Est à l'Ouest, voyages et littérature. — 1868. Les drames du cœur, in-12. Les hasards, contes de la vie, in-12. — 1869. Les voyages de Nils, à la recherche de l'idéal, in-12. — 1871. Les contes de Noël, in-12. — 1873. Impressions et souvenirs d'un voyageur chrétien. — Robert Bruce : comment on reconquiert un royaume, in-12. — 1874. Les États-Unis et le Canada. Récits américains. Trois jours de la vie d'une reine, in-12. — 1876. *La vie dans la maison.* En pays lointains, in-12. — 1879. Nouveaux récits de voyages. — 1880. Antonia. — 1882. Légendes des plantes et des oiseaux, in-12. — 1883. A la maison. Études et souvenirs, in-12. — 1884. En Franche-Comté. Le succès par la persévérance. — 1885. Passé et présent. Récits de voyages. — 1889. A travers les tropiques. — 1890. Au Sud et au Nord. Prose et vers, in-12.

Son éloge a été prononcé par M. de Bornier, dans la séance de l'Académie française du 25 mai 1893.

---

781. — BAUDRY (Paul, Jacques, Aimé), C. ✳

Élu, le 21 mai 1870, membre de l'Académie des Beaux-Arts (section de Peinture).

Né à La Roche-sur-Yon (Vendée), le 7 novembre 1828. — 1850. Grand Prix de Rome. — Mort à Paris, le 17 janvier 1886.

Œuvres principales. — 1847. Mort de Vitellius. — 1848. Saint Pierre chez Marie. — 1849. Ulysse reconnu par sa nourrice. — 1850. Zénobie trouvée sur les bords de l'Araxe. Funérailles de Pompée. — 1851. Thésée dans le labyrinthe. — 1852. Lutte de Jacob et de l'ange. — 1853. La fortune et le jeune enfant (m. du Luxembourg). Italiennes de Frosinone. — 1854. Primavera. — 1855. Supplice d'une vestale (m. de Lille). — 1856. Le Printemps, l'Été, l'Automne, l'Hiver. — 1857. Saint Jean-Baptiste. Léda. M. Beulé. M. A. Fould. — 1858. La Madeleine pénitente. Les attributs de Jupiter, de Junon, d'Apollon, de Diane, de Minerve, de Vulcain, de Vénus, de Neptune, de Cérès, de Platon, de Mercure, de Mars et de Vénus. — 1859. Cybèle. Amphitrite. M. G. Guizot. La mort de César. — 1860. La toilette de Vénus (m. de Bordeaux). Le baron Ch. Dupin. Mlle M. Brohan. Le petit saint Jean. M. Guizot. — 1861. Charlotte Corday (m. de Nantes). Rome, Florence, Naples, Venise et Gênes (hôtel Galliera). Bernerette. — 1862. La perle et la vague. Mme Jane Essler. La toilette. — 1863. Le toucher. Printemps et Été, Automne et Hiver. Le duc de Mouchy. 1864. Diane chassant l'Amour. Pascuccia. — 1865. Plafond de l'hôtel Païva aux Champs-Élysées. — 1866-74. Foyer de l'Opéra. — 1866. Grèce, Rome, France. — 1868. Ch. Garnier. — 1869. La Vierge, l'Enfant Jésus et saint Jean. — 1871. Ed. About. — 1872. La muse Uranie. — 1873. Ève. — 1874. Sir R. Wallace. — 1876. M. Guillaume. Le général de Palikao. — 1877. Femme fellah. — 1879. La Vérité. — 1880. M. François de Franqueville. Mlle Marguerite de Franqueville. Égypte. Parisina. — 1880-88. Plafond de la cour de cassation. — 1882. Vision de saint Hubert (Chantilly). Les noces de Psyché. Phœbé. Attributs de Diane. — 1884. M. Schneider. Le prince Galitzin. Psyché et l'Amour. Espagne. Germanie. France. Génie du sommeil.

Une notice sur sa vie a été lue par M. Jules Breton, dans la séance de l'Académie des Beaux-Arts du 22 mai 1886.

---

782. — THUROT (François, Charles, Eugène), O. ✳

Élu, le 30 juin 1871, membre de l'Académie des Inscriptions et Belles-Lettres.

Né à Paris, le 13 février 1823. — 1844. Professeur au collège de Pau. — 1846. Professeur au collège de Reims. — 1848. Professeur au collège de Bordeaux. — 1849. Professeur de rhétorique au lycée de Besançon. — 1850. Docteur ès lettres. — 1854. Professeur à la Faculté des Lettres de Clermont. — 1861 à 1882. Maître de conférences de grammaire à l'École Normale. — Mort à Paris, le 17 janvier 1882.

Ouvrages. — 1850. De l'organisation de l'enseignement dans l'université de Paris, au moyen âge. *De Alexandri de Villa doctrinali ejusque fortuna.* — 1860. Études sur Aristote. — 1869. Extraits de divers manuscrits latins, in-4. — 1870. Notices et extraits de divers manuscrits latins. — 1874. Cicéron. — 1875. Alexandre d'Aphrodisias, in-4. — 1881-84. De la prononciation française depuis le commencement du xvie siècle, 2 vol. — 1882. Prosodie latine, in-12.

---

783. — ROZIÈRE (Thomas, Louis, Marie, Eugène de), O. ✳

Élu, le 30 juin 1871, membre de l'Académie des Inscriptions et Belles-Lettres.

Né à Paris, le 3 mai 1820. — 1846 à 1854. Professeur à l'École des Chartes. — 1851 à 1852. Chef du Cabinet du Ministre de l'Instruction publique. — 1853 à 1881. Inspecteur général des Archives. — 1872 à 1881. Professeur suppléant au Collège de France. — 1879. Sénateur de la Lozère.

Ouvrages. — 1844. *Formulæ andegavenses.* — 1849. Cartulaire de l'église du Saint-Sépulcre de Jérusalem, in-4. — 1853. Formules inédites d'après un manuscrit de Saint-Gall. — 1854. Formules wisigothiques. — 1861. Recueil des formules usitées dans l'empire des Francs du ve au xe siècle, 3 vol. — 1867. De l'histoire du droit en général. — 1869. Dissertations sur l'histoire et le droit ecclésiastique. — 1869. *Liber diurnus.*
Collaboration à la Bibliothèque de l'École des chartes et à la Revue du droit français et étranger, dont M. de Rozière est le fondateur.

---

784. — PUISEUX (Victor, Alexandre), O. ✳

Élu, le 10 juillet 1871, membre de l'Académie des Sciences (section de Géométrie).

Né à Argenteuil (Seine-et-Oise), le 16 avril 1820. — 1842. Professeur au collège de Rennes. — 1845 à 1849. Professeur de mathématiques à la Faculté des Sciences de Besançon. — 1849 à 1855 et 1862 à 1868. Maître de conférences de calcul différentiel et intégral à l'École Normale. — 1852 à 1857. Professeur suppléant au Collège de France. — 1855. Astronome adjoint à l'Observatoire. — 1857. Professeur d'astronomie mathématique à la Faculté des Sciences de Paris. — 1870. Membre du Bureau des Longitudes. — Mort à Fontenoy (Jura), le 9 septembre 1883.

M. Puiseux n'a publié aucun ouvrage ; il a collaboré au Journal de mathématiques pures et appliquées et il a fait insérer des mémoires dans le Recueil de l'Académie des sciences (t. XXI de la 2e série).

Une notice sur sa vie a été lue par M. Bertrand, dans la séance de l'Académie des Sciences du 5 mai 1884.

---

785. — MARTIN (Bon, Louis, Henri).

Élu, le 29 juillet 1871, membre de l'Académie des Sciences morales et politiques (section d'Histoire).
Élu, le 13 juin 1878, membre de l'Académie française.

Né à Saint-Quentin (Aisne), le 20 février 1810. — 1871 à 1875. Député de l'Aisne. — 1876. Sénateur de l'Aisne. — Mort à Paris, le 14 décembre 1883.

Ouvrages. —. 1830. Wolfthurm, roman, in-12. — 1832. La vieille Fronde. Minuit et midi (Tancrède de Rohan'. — 1833. Le libelliste, 2 vol. — 1833-36. Histoire de France, 15 vol. — 1837. Histoire de la ville de Soissons, 2 vol. 1847. De la France, de son génie et de ses destinées, in-12. — 1848. La monarchie au xviie siècle. — 1859. Daniel Manin. — 1861. L'unité italienne et la France. — 1863. Jean Reynaud. Pologne et Moscovie. — 1864. Le 24 février, in-12. — 1865. Vercingétorix (drame). La séparation de l'Église et de l'État. — 1866. La Russie et l'Europe. — 1867. Dieu dans l'histoire. — 1867-75. Histoire de France populaire, 7 vol. — 1871. Études d'archéologie celtique. — 1874. Les Napoléon et les frontières de France, in-12. — 1878-85. Histoire de France depuis 1789 jusqu'à nos jours, 8 vol. — Collaboration à l'Artiste, au Siècle, à la Revue des Deux Mondes, au National, à la Revue indépendante, à la Liberté de penser, à la Revue de Paris et à l'Encyclopédie nouvelle.

Son éloge a été prononcé par M. de Lesseps, dans la séance de l'Académie française du 23 avril 1885, et une notice sur sa vie a été lue par M. Jules Simon, dans la séance de l'Académie des Sciences morales et politiques du 1er décembre 1888.

786. — LACAZE-DUTHIERS (Félix, Joseph, Henri de), C. ✻

Élu, le 31 juillet 1871, membre de l'Académie des Sciences (section d'Anatomie et Zoologie).

Né à Montpezat (Lot-et-Garonne), le 21 mai 1821. — 1847. Interne des hôpitaux. — 1851. Docteur en médecine. — 1853. Docteur ès sciences. — 1855. Professeur de zoologie à la Faculté des Sciences de Lille. — 1864 à 1872. Maître de conférences de zoologie à l'École Normale. — 1865. Professeur d'histoire naturelle des mollusques, des vers et des zoophytes, au Muséum d'Histoire naturelle. — 1869. Professeur de zoologie, anatomie et physiologie comparée, à la Faculté des Sciences de Paris. Président de la section des sciences naturelles à l'École des Hautes Études.

Ouvrages. — 1854. Voyage aux îles Baléares. — 1858. Histoire de l'organisation et du développement du dentale, in-4. La pourpre des anciens. Le dentale. Un été d'observations en Corse et à Minorque. — 1852. Histoire naturelle du corail. Des zoophytes. Les invertébrés de la Tunisie. — 1873. La *Laura Gerardiæ*. — 1875. Les ascidines simples des côtes de France. — 1888. Les cynthiadies des côtes de France, in-4. — Fondation et collaboration aux Archives de zoologie expérimentale (vol. I à XXV). Création des stations maritimes de Roscoff et de Banyuls.

787. — QUESTEL (Charles, Auguste), O. ✻

Élu, le 9 décembre 1871, membre de l'Académie des Beaux-Arts (section d'Architecture).

Né à Paris, le 18 septembre 1807. — 1862. Inspecteur général des Bâtiments civils. — 1881. Vice-Président du Conseil général des Bâtiments civils. — Mort à Paris, le 30 janvier 1888.

Œuvres principales. — 1838-49. Église Saint-Paul à Nîmes. — 1846-51. Fontaine de l'Esplanade à Nîmes. — 1849. Monument de Saint-Louis à Aigues-Mortes. — 1859-61. Hospice de Gisors. — 1862-67. Préfecture de l'Isère. — 1863-67. Asile Sainte-Anne à Paris. — 1864. Musée et bibliothèque de Grenoble. — S. d. Galerie dorée de la Banque de France. Restauration des arènes d'Arles et du pont du Gard.

788. — DERENBOURG (Joseph), ✻

Élu, le 22 décembre 1871, membre de l'Académie des Inscriptions et Belles-Lettres.

Né à Mayence (alors département du Mont-Tonnerre), le 21 août 1811. — 1834. Docteur en philosophie de l'Université de Giessen. — 1856. Correcteur des textes orientaux à l'Imprimerie impériale. — 1877. Professeur d'hébreu rabbinique et talmudique à l'École des Hautes Études. — 1883. Directeur des études des langues persane et sémitiques à la même École. — Mort à Ems (Nassau), le 29 juillet 1895.

Ouvrages. — 1846. Les inscriptions arabes de l'Alhambra. — 1847. Les séances de Hariri. — 1867. Essai sur l'histoire de la Palestine. — 1871. Manuel du lecteur : livre massorétique. — 1877. Notes épigraphiques. — 1881. Deux versions hébraïques des livres de Kalilah et Dimnah. — 1886. Le livre des parterres fleuris. — Publication du *Directorium vitæ humanæ*, de Jean de Capoue, des œuvres de Sadia, 12 vol. et des opuscules d'Aboul-Walid. — Édition des fables de Lockmann. Collaboration au Journal scientifique de la théologie juive, à la Revue juive scientifique et pratique, au Journal asiatique, à la Revue critique et au Recueil de l'École des hautes études.

789. — DELOCHE (Jules, Edmond, Maximin), C. ✻

Élu, le 22 décembre 1871, membre de l'Académie des Inscriptions et Belles-Lettres.

Né à Tulle (Corrèze), le 29 octobre 1817. — 1836 à 1839. Avocat à la Cour de Bordeaux. — 1839. Attaché au Ministère des Travaux publics. — 1843. Sous-Chef de bureau. — 1846. Chef de bureau des Travaux publics en Algérie. — 1848. Secrétaire général de la préfecture de Constantine. — 1853. Sous-Chef au Ministère des Travaux publics. — 1854. Chef de bureau. — 1869. Chef de division. — 1872. Directeur de la comptabilité et de la statistique générale de la France, au Ministère de l'Agriculture et du Commerce.

Ouvrages. — 1844. Notice musicale sur Renaud de Vilback. — 1855. Les *Lemovices* de l'Armorique, mentionnées par César. — 1856. Étienne Baluze, sa vie et ses œuvres. — 1859. Cartulaire de l'abbaye de Beaulieu, in-4. De la forêt royale de Ligurium. — 1860. Du principe des nationalités. — 1861. Des divisions territoriales du Quercy. — 1863. Description des monnaies mérovingiennes du Limousin. — 1864. Études sur la géographie historique de la Gaule et spécialement sur le Limousin. — 1871. Du nom de Houilles. — 1873. Le trustis et l'anstrustion royal sous les deux premières races. — 1878. De la méthode à suivre pour le classement des diverses statistiques dans une statistique générale. Projet de programme d'une statistique internationale des beaux-arts. — 1880. Les registres des actes de notaires de Tulle aux xv° et xvi° siècles. — 1881. Explication d'une formule sur les monnaies de l'époque mérovingienne. Lettres sur des monnaies mérovingiennes trouvées en Limousin. — 1883. Renseignements archéologiques sur la transformation de C guttural en une sifflante. — 1884. Études sur les anneaux de l'époque mérovigienne. — 1886. Des monnaies d'or au nom du roi Théodebert I°º. — 1889. De la densité de la population en Gaule, au ix° siècle. — 1890. Études de numismatique mérovingienne. La procession de la Lunade et les feux de la Saint-Jean. — 1891. Le jour civil et les modes de computation des délais légaux en Gaule et en France. — 1892. Saint Rémy de Provence au moyen âge. — 1893. De la signification des mots *Pax* et *Honor* sur les monnaies béarnaises et du S barré sur les jetons des souverains du Béarn.

790. — LOMÉNIE (Louis, Léonard de), ✻

Élu, le 30 décembre 1871, membre de l'Académie française.

Né à Saint-Yrieix (Haute-Vienne), le 3 décembre 1815. — 1845. Professeur suppléant au Collège de France. — 1849. Répétite. de littérature à l'École Polytechnique. — 1862 à 1877. Professeur de littérature à l'École Polytechnique. — 1864 à 1878. Professeur de langue et littérature française moderne au Collège de France. — Mort à Menton (Alpes-Maritimes), le 2 avril 1878.

Ouvrages. — 1840-47. Galerie des contemporains illustres, par un homme de rien, 10 vol. in-12. — 1845. Histoire du droit de succession en France, au moyen âge. — 1955. Beaumarchais et son temps, 2 vol. — 1870. La comtesse de Rochefort et ses amis. — 1878. Les Mirabeau, 3 vol. — 1879. Esquisses historiques et littéraires, in-12. — Collaboration à la Revue des Deux Mondes.

Son éloge a été prononcé par M. H. Taine, dans la séance de l'Académie française du 15 janvier 1880.

791. — AUMALE (Henri, Eugène, Philippe, Louis d'ORLÉANS, duc d'), G. C. ✻

Élu, le 30 décembre 1871, membre de l'Académie française. Élu, le 30 mai 1889, membre de l'Académie des Sciences morales et politiques (section d'Histoire).

Né à Paris, le 16 janvier 1822. — 1837. Sous-Lieutenant d'infanterie. — 1838. Lieutenant. — 1839. Capitaine. — 1839. Chef de bataillon. — 1840. Lieutenant-Colonel. — 1841. Colonel du 17° léger. — 1842. Maréchal de camp. — 1843. Lieutenant général. — 1847. Gouverneur général de l'Algérie. — 1871. Député de l'Oise. — 1872. Réintrégré au cadre des généraux de division. — 1873. Commandant le 7° corps d'armée. — 1879. Inspecteur général d'armée (mis en non-activité en 1883). — 1880. *Membre libre de l'Académie des Beaux-Arts.*

Ouvrages. — 1854. Notes sur deux petites bibliothèques françaises du xvᵉ siècle, in-4. — 1855. Notes et documents relatifs à Jean, roi de France, et à sa captivité en Angleterre, in-4. — 1856. Les zouaves et les chasseurs à pied, esquisses historiques, in-12. — 1858. Nouveaux documents relatifs à Jean, roi de France, in-4. — 1859. Alésia, étude sur la septième campagne de César en Gaule. — 1861. Lettre sur l'histoire de France, adressée au prince Napoléon, Inventaire de tous les meubles du cardinal Mazarin, dressé en 1653 et publié d'après l'original conservé dans les archives de Condé. — 1862. Description sommaire des objets d'art faisant partie des collections du duc d'Aumale. — 1863. Information contre Isabelle de Limeuil (mai-août 1564), in-4. — 1867. Les institutions militaires de la France : Louvois, Carnot, Saint-Cyr. — 1869-94. Histoire des princes de Condé pendant les xvᵉ et xviᵉ siècles, 7 vol. — 1888. Notice sur M. Cuvillier-Fleury. — Collaboration à la Revue des deux Mondes.

---

792. — ROUSSET (Camille, Félix, Michel), C. ✿

Élu, le 30 décembre 1871, membre de l'Académie française.

Né à Paris, le 15 février 1821. — 1841. Maître d'études au lycée Saint-Louis. — 1843. Agrégé d'histoire. — 1843. Professeur au collège de Grenoble. — 1845 à 1863. Professeur d'histoire au collège Bourbon et au lycée Bonaparte. — 1864 à 1876. Historiographe du Ministère de la Guerre. — Mort à Saint-Gobain (Aisne), le 19 octobre 1892.

Ouvrages. — 1849. Précis d'histoire de la Révolution et de l'Empire. — 1853. La grande charte, in-12. — 1861-1863. Histoire de Louvois, 4 vol. — 1865. Correspondance de Louis XV et du maréchal de Noailles, 2 vol. — 1868. Le comte de Gisors, in-12. — 1870. Les volontaires de 1791-1794. — 1871. La grande armée de 1813, in-12. — 1877. Histoire de la guerre de Crimée, 2 vol. — 1879. La conquête d'Alger. — 1883. Un ministre de la Restauration : le marquis de Clermont-Tonnerre. — 1887. L'Algérie de 1830 à 1840, 2 vol. — 1889. La conquête de l'Algérie, 1841 à 1857, 2 vol.

Son éloge a été prononcé par M. Thureau-Dangin, dans la séance de l'Académie française du 14 décembre 1893.

---

793. — MANGON (Charles, François, Hervé), C. ✿

Élu, le 2 janvier 1872, membre de l'Académie des Sciences (section d'Économie rurale).

Né à Paris, le 31 juillet 1821. — 1847. Ingénieur des Ponts et Chaussées. — 1853. Professeur d'hydraulique agricole à l'École des Ponts et Chaussées. — 1864 à 1882. Professeur de travaux agricoles et génie rural au Conservatoire des Arts et Métiers. — 1865. Ingénieur en chef. — 1880-81. Directeur du Conservatoire des Arts et Métiers. — 1881 à 1885. Député de la Manche. — 1885 à 1886. Ministre de l'Agriculture et du Commerce. — Mort à Paris, le 15 mai 1888.

Ouvrages. — 1850. Études sur les irrigations de la Campine. — 1853. Études sur le drainage au point de vue pratique et administratif. — 1854. L'agriculture. — 1863. Expériences sur l'emploi des eaux dans les irrigations. Instructions pratiques sur le drainage, in-12. — Machines et instruments d'agriculture. — 1875. Traité de génie rural : Mécanique agricole.

---

794. — MASSÉ (Félix, Marie, Victor), O. ✿

Élu, le 20 janvier 1872, membre de l'Académie des Beaux-Arts (section de Composition musicale).

Né à Lorient (Morbihan), le 7 mars 1822. — 1844. Grand Prix de Rome. — 1860. Chef du chant à l'Opéra. — 1870. Professeur de composition au Conservatoire. — Mort à Paris, le 5 juillet 1884.

Œuvres principales. — 1849. *La favorita e la schiava.* — 1850. La chanteuse voilée. — 1852. Galatée. — 1853. Les noces de Jeannette. — 1854. La fiancée du diable. — 1855. Miss Fauvette. Les saisons. — 1856. La reine Topaze. — 1857. Le cousin de Marivaux. — 1858. Les chaises à porteur. — 1859. La fée Carabosse. — 1863. La mule de Pedro. — 1866. Fior d'Aliza. — 1867. Le fils du brigadier. — 1876. Paul et Virginie (op.-c.). — 1884. Cléopâtre. Messe solennelle. Chants bretons, chants du soir, chants d'autrefois ; le dernier couplet.

Une notice sur sa vie a été lue par M. Delibes, dans la séance de l'Académie des Beaux-Arts du 21 novembre 1885.

795. — ROSSEEUW-SAINT-HILAIRE (Eugène, François, Achille), ✻

Élu, le 24 février 1872, membre de l'Académie des Sciences morales et politiques (section d'Histoire).

Né à Paris, le 9 août 1802. — 1829 à 1842. Professeur au collège Louis-le-Grand. — 1838 à 1855. Professeur suppléant à la Faculté des Lettres de Paris. — 1846 à 1852. Professeur de littérature à l'École Polytechnique. — 1855 à 1872. Professeur d'histoire ancienne à la Faculté des Lettres de Paris. — Mort à Paris, le 30 janvier 1889.

Ouvrages. — 1825. Rienzi et les Colonna ou Rome au XIVᵉ siècle, 5 vol. in-12. — 1836-79. Histoire d'Espagne depuis les premiers temps historiques jusqu'à la mort de Ferdinand VII, 14 vol. — 1838. Compte demandé à M. Odilon Barrot et à l'opposition. — 1839. Études sur l'origine de la langue et des romances espagnoles. — 1861. 1868. Légendes de l'Alsace, in-12. — 1871. Le vieil Éli, in-12. — 1873. Thomas Guthrie, sa vie et son œuvre. — 1875. La princesse des Ursins. — 1884. Étude sur l'Ancien Testament, in-12. — 1887. Les grandes figures d'Israël, in-12.

Une notice sur sa vie a été lue par M. le duc d'Aumale, dans la séance de l'Académie des Sciences morales et politiques du 26 octobre 1889.

796. — ROLLAND (Eugène), G. O. ✻

Élu, le 18 mars 1872, membre de l'Académie des Sciences (section de Mécanique).

Né à Metz (Moselle), le 9 août 1812. — 1832. Sous-Lieutenant du génie. — 1845. Ingénieur des manufactures de tabac. — 1855. Ingénieur en chef. — 1860. Directeur général des tabacs, puis (1866) des manufactures de l'État. — Mort à Paris, le 31 mars 1885.

M. Rolland n'a publié aucun ouvrage; il a fait insérer plusieurs mémoires dans les recueils de l'Académie des sciences (t. XVIII de la 2ᵉ série).

797. — BALLU (Théodore), C. ✻

Élu, le 20 avril 1872, membre de l'Académie des Beaux-Arts (section d'Architecture).

Né à Paris, le 5 juin 1817. — 1840. Grand Prix de Rome. — 1850. Architecte de la ville de Paris. — 1866 à 1872. Membre du Conseil général des Bâtiments civils. — 1874. Inspecteur général des édifices diocésains. — Mort à Paris, le 22 mai 1885.

Ouvrages. — 1850. Achèvement de l'église Sainte-Clotilde à Paris. — 1852. Restauration de la tour Saint-Jacques-la-Boucherie. — 1854. Église d'Argenteuil. — 1858. Restauration de l'église Saint-Germain-l'Auxerrois. — 1864. Tour de Saint-Germain-l'Auxerrois. — 1865. Église Saint-Ambroise à Paris. — 1866. Église de la Trinité à Paris. — Temple protestant de la rue Roquépine. — 1868. Église Saint-Joseph à Paris. — 1873. Reconstruction de l'hôtel de ville de Paris.

Une notice sur sa vie a été lue par M. Daumet, dans la séance de l'Académie des Beaux-Arts du 5 juin 1886.

798. — TRESCA (Henri, Edmond), O. ✻

Élu, le 20 mai 1872, membre de l'Académie des Sciences (section de Mécanique).

Né à Dunkerque (Nord), le 12 octobre 1814. — 1835 à 1841. Ingénieur des Ponts et Chaussées. — 1854 à 1880. Sous-Directeur du Conservatoire des Arts et Métiers. — 1857 à 1885. Professeur de mécanique appliquée aux arts au Conservatoire des Arts et Métiers. — 1859. Professeur de mécanique appliquée à l'École Centrale. — Mort à Paris, le 21 juin 1885.

Ouvrages. — 1855. Visite à l'Exposition universelle de 1855. — 1863. Traité élémentaire de géométrie descriptive. Mécanique pratique : Machines à vapeur. — 1876. Cours de mécanique appliquée, in-4.

799. — MARTHA (Benjamin, Constant), O. ✳

Élu, le 1er juin 1872, membre de l'Académie des Sciences morales et politiques (section de Morale).

Né à Strasbourg (Bas-Rhin), le 4 juin 1820. — 1843. Professeur au collège de Strasbourg. — 1854. Professeur de littérature ancienne à la Faculté des Lettres de Douai. — 1857. Chargé du cours de poésie latine au Collège de France. — 1865. Professeur suppléant à la Faculté des Lettres de Paris. — 1869. Professeur d'éloquence latine à la même Faculté. — Mort à Paris, le 30 mai 1895.

Ouvrages. — 1854. La morale pratique dans les lettres de Sénèque. *Dionis philosophantis effigies.* — 1865. Les moralistes sous l'empire romain, philosophes et poètes. — 1869. Le poème de Lucrèce : morale, religion, science. — 1883. Études morales sur l'antiquité, in-12. — 1884. La délicatesse dans l'art, in-12. — Collaboration au Journal général de l'instruction publique, à la Revue contemporaine, à la Revue européenne, à la Revue des Deux Mondes et à la Revue de philologie.

800. — SÉDILLOT (Charles, Emmanuel), C. ✳

Élu, le 24 juin 1872, membre de l'Académie des Sciences (section de Médecine et Chirurgie).

Né à Paris, le 14 septembre 1804. — 1825. Chirurgien élève. — 1832. Chirurgien aide-major. — 1835. Agrégé de la Faculté de Médecine de Paris. — 1836. Chirurgien-major. — 1836. Professeur à l'École du Val-de-Grâce. — 1845. Chirurgien principal. — 1846. *Correspondant de l'Institut.* — 1860. Directeur de l'École du Service de santé militaire, à Strasbourg. — 1860. Médecin inspecteur. — 1868. Admis à la retraite. — Mort à Sainte-Menehould (Marne), le 27 janvier 1883.

Ouvrages. — 1830. Manuel de médecine légale, in-12. — 1841. De l'opération de l'empyème. — 1842. Résumé général de la clinique de la faculté de Strasbourg. — 1846. Traité de médecine opératoire, 4 vol. in-12. — 1848. De l'insensibilité produite par le chloroforme. — 1849. De l'infection purulente ou pyoémie. — 1850. Considérations sur l'emploi du chloroforme. — 1852. Des règles de l'application du chloroforme aux opérations chirurgicales. — 1858. De l'urétrotomie interne. — 1860. De l'évidement sous-périosté des os. — 1867. Contribution à la chirurgie, 2 vol. — 1874. Du relèvement de la France.

801. — SAINT-RENÉ-TAILLANDIER (René, Ernest, Gaspard, TAILLANDIER, dit), O. ✳

Élu, le 16 janvier 1873, membre de l'Académie française.

Né à Paris, le 16 décembre 1817. — 1841. Professeur suppléant à la Faculté des Lettres de Strasbourg. — 1847. Professeur à la Faculté des Lettres de Montpellier. — 1868 à 1879. Professeur d'éloquence française à la Faculté des Lettres de Paris. — 1870. Conseiller d'État. — 1870 à 1873. Secrétaire général du Ministère de l'Instruction publique. — Mort à Paris, le 23 février 1879.

Ouvrages. — 1840. Béatrix, poème. — 1842. Des écrivains sacrés au xixe siècle. — 1843. Scott-Erigène et la philosophie scolastique. — 1847. Novalis, sa vie et ses écrits. — 1849. Histoire de la jeune Allemagne. — 1853. Études sur la révolution en Allemagne, 2 vol. — 1854. La promenade du Peyrou et la cathédrale de Montpellier. — 1856. Allemagne et Russie, études historiques et littéraires. — 1856. Le poète du Caucase, ou la vie de Michel Lermontoff. — 1860. Histoire et philosophie religieuse, in-12. — 1861. Littérature étrangère : Écrivains et poètes modernes, in-12. — 1862. La comtesse d'Albany, in-12. — 1864. Corneille et ses contemporains. — 1865. Maurice de Saxe, étude historique. — 1877. Les renégats de 89. — 1878. Le roi Léopold et la reine Victoria, 2 vol. — 1881. Études littéraires, in-12.

Son éloge a été prononcé par M. Maxime du Camp, dans la séance de l'Académie française du 23 décembre 1880.

---

802. — JANSSEN (Pierre, Jules, César), C. ✳

Élu, le 10 février 1873, membre de l'Académie des Sciences (section d'Astronomie).

Né à Paris, le 22 février 1824. — 1853. Professeur suppléant au lycée Charlemagne. — 1860. Docteur ès sciences physiques. — 1865-1871. Professeur de physique générale à l'École spéciale d'Architecture. — 1873. Membre du Bureau des Longitudes. — 1875. Directeur de l'Observatoire de Meudon.

Ouvrages. — 1860. Mémoire sur l'absorption de la chaleur rayonnante dans les milieux de l'œil, in-4. — 1870. Voyage aéronautique du Volta. — 1873. Observation de l'éclipse de 1871. — 1884. Un voyage astronomique dans le Pacifique. — 1887. L'âge des étoiles. — 1888. La photographie céleste. — 1891. Une ascension scientifique au Mont Blanc. — 1892. Un observatoire au Mont Blanc.
Notes insérées dans l'Annuaire du Bureau des longitudes de 1876 à 1893. Notes et mémoires insérés dans les comptes rendus de l'Académie des sciences sur divers points de physique céleste : sur le passage de Mercure ; sur le phonographe ; sur le spectre tellurique ; sur les spectres de l'oxygène ; sur les éclipses ; sur les taches solaires ; sur les températures solaires ; sur la constitution du soleil, etc.

---

803. — FRANÇOIS (Louis, Alphonse), O. ✳

Élu, le 15 février 1873, membre de l'Académie des Beaux-Arts (section de Gravure).

Né à Paris, le 22 août 1814. — Mort à Paris, le 7 juillet 1888.

Œuvres principales. — 1842. Portrait du Titien. — 1850. Pic de la Mirandole enfant (P. Delaroche). La fille d'Hérode. — 1853. Bonaparte franchissant les Alpes (P. Delaroche). — 1857. Marie-Antoinette devant le tribunal révolutionnaire (P. Delaroche). — 1867. Le couronnement de la Vierge (Fra Angelico). Mignon (A. Scheffer). — 1880. Henriquel-Dupont. — S. d. Le Christ tenté (Scheffer). Marguerite à l'église (A. Scheffer). Le roi Candaule (Gérôme). Saint Symphorien (Ingres).

---

804. — BERTHELOT (Marcelin, Pierre, Eugène), G. O. ✳

Élu, le 3 mars 1873, membre de l'Académie des Sciences (section de Physique générale). Élu, le 25 février 1889, secrétaire perpétuel pour les Sciences physiques.

Né à Paris, le 25 octobre 1827. — 1851. Préparateur de chimie au Collège de France. — 1854. Docteur ès sciences. — 1859-1877. Professeur de chimie organique à l'École de Pharmacie. — 1865. Professeur de chimie organique au Collège de France. — 1870. Président du Comité scientifique de Défense. — 1876 à 1888. Inspecteur général de l'Instruction publique. — 1878. Président de la Commission des matières explosives. — 1881. Sénateur inamovible. — 1886-1887. Ministre de l'Instruction publique.

Ouvrages. — 1854. Thèse : Combinaison de la glycérine avec les acides. — 1860. Chimie organique fondée sur la synthèse, 2 vol. — 1862. Leçons sur les principes sucrés, professés devant la société chimique de Paris. — 1863. Leçons sur l'isomérie. — 1864. Leçons sur les méthodes générales de synthèse. — 1872. Traité élémentaire de chimie organique, 2 vol. — 1873. Vérification de l'aréomètre de Baumé. — 1875. La synthèse chimique. — 1879. Essai de mécanique chimique fondée sur la thermo-chimie, 2 vol. — 1883. De la force de la poudre et des matières explosives, 2 vol. — 1885. Les origines de l'alchimie. — 1886. Science et philosophie. — 1887. Collection des anciens alchimistes grecs, 3 vol. — 1889. Introduction à l'étude de la chimie des anciens et du moyen âge. — 1890. La révolution chimique : Lavoisier. — 1893. La chimie au moyen âge, 3 vol. in-4 (t. I : Transmission de la science antique ; t. II : L'alchimie syriaque ; t. III : L'alchimie arabe). Traité pratique de calorimétrie chimique, in-18. — 600 mémoires publiés dans les Comptes rendus de l'Académie des sciences et dans les Annales de physique et de chimie. — Collaboration à la Revue germanique, à la Revue des Deux Mondes, à la Nouvelle revue, au Journal des savants, à la Revue des cours scientifiques, au Temps et à la Grande Encyclopédie. — Discours parlementaires sur l'enseignement supérieur, le service militaire, etc.

805. — PAVET de COURTEILLE (Abel, Jean-Baptiste, Marie, Michel), O. ✳

Élu, le 14 mars 1873, membre de l'Académie des Inscriptions et Belles-Lettres.

Né à Paris, le 23 juin 1821. — 1861 à 1889. Professeur de langue turque au Collège de France. — Mort à Paris, le 12 décembre 1889.

Ouvrages. — 1857. Conseils de Nabi Effendi à son fils Aboul-Khaër. — 1859. Histoire de la campagne de Mohacz, de Kemal-pacha Zadeh. — 1861. Les prairies d'or de Maçoudi, 8 vol. — 1870. Dictionnaire turc-oriental. — 1871. Mémoires du sultan Baber, 2 vol. — 1876. État présent de l'empire ottoman. — 1882. Miradj-Nâmeh, récit de l'ascension de Mahomet au ciel.

806. — BAZIN (François, Emmanuel, Joseph), O. ✳

Élu, le 5 avril 1873, membre de l'Académie des Beaux-Arts (section de Composition musicale).

Né à Marseille (Bouches-du-Rhône), le 4 septembre 1816. — 1840. Grand Prix de Rome. — 1849 à 1878. Professeur de solfège, puis d'harmonie, enfin de composition, au Conservatoire. — Mort à Paris, le 2 juillet 1878.

Œuvres principales. — 1840. Loyse de Montfort (intermède lyrique). — 1842. La Pentecôte (oratorio). — 1846. La trompette de M. le Prince (op.-c.). — 1847. Le malheur d'être jolie (op.-c.). — 1849. La nuit de la Saint-Sylvestre (op.). — 1852. Madelon (op.-c.). — 1856. Maître Pathelin (op.-c.). — 1859. Les désespérés (op.-c.). — 1866. Le voyage en Chine (op.-c.). — 1870. L'ours et le pacha (op.-c.). — Chœurs : Le Départ des apôtres, Annibal, Gloire à la France, les Vendangeurs du Rhin, les Noces de Cana, Attila devant Rome, les Noces de l'Adriatique. **Ouvrages.** — Traité d'harmonie théorique et pratique. Traité de contre-point.

Une notice sur sa vie a été lue par M. Massenet, dans la séance de l'Académie des Beaux-Arts du 19 juillet 1879.

807. — LOEWY (Maurice), O. ✳

Élu, le 7 avril 1873, membre de l'Académie des Sciences (section d'Astronomie).

Né à Vienne (Autriche), le 15 avril 1833 ; admis à la grande naturalisation en 1869. — 1861. Astronome adjoint à l'Observatoire de Paris. — 1866. Astronome titulaire. — 1872. Membre du Bureau des Longitudes. — 1872. Directeur de l'Observatoire du Bureau des Longitudes à Montsouris. — 1878. Sous-Directeur de l'Observatoire de Paris.

Ouvrages. — Mémoires insérés dans les Comptes rendus de l'Académie des sciences, les Annales de l'Observatoire, les Annales du Bureau des longitudes, le Mémorial du Dépôt de la guerre, le Bulletin astronomique, etc.: sur le mouvement de la planète Léda ; sur les comètes de 1857, 1858, 1859, 1861 et 1863 ; sur la planète IV de 1858 ; sur la planète Eugénie ; sur la construction de la carte du ciel ; sur la différence de longitude entre Paris et Vienne, Paris et Bregenz, Paris et Marseille, Paris et Alger, Paris et Berlin ; sur la détermination des ascensions droites des étoiles de culmination lunaire et de longitude ; sur une nouvelle méthode pour la détermination des orbites des comètes ; sur le principe des méthodes nouvelles pour déterminer les coordonnées absolues des polaires ; sur la détermination de la constante de l'aberration ; sur la détermination des constantes des clichés photographiques du ciel ; sur les photographies de la lune. — Rédaction de la Connaissance des temps de 1875 à 1897 et de la partie astronomique de l'annuaire du Bureau des longitudes.

808. — VIEL-CASTEL (le Baron Louis de), C. ✳

Élu, le 1ᵉʳ mai 1873, membre de l'Académie française.

Né à Paris, le 14 octobre 1800. — 1818. Attaché au Ministère des Affaires étrangères. — 1821. Secrétaire d'ambassade à Madrid et à Vienne. — 1829 à 1830 et 1831 à 1848. Sous-Directeur des affaires politiques au Ministère des Affaires étrangères. — 1831 à 1848. Maître des requêtes au Conseil d'État. — 1849 à 1851. Directeur des affaires politiques. — Mort à Paris, le 6 octobre 1887.

Ouvrages. — 1846. Essai historique sur les deux Pitt, 2 vol. — 1860-78. Histoire de la Restauration, 20 vol. — 1882. Essai sur le théâtre espagnol, 2 vol. in-12.

Son éloge a été prononcé par M. le Vice-Amiral Jurien de la Gravière, dans la séance de l'Académie française du 24 janvier 1889.

809. — GIRARD (Jules, Augustin), O. ✳

Élu, le 9 mai 1873, membre de l'Académie des Inscriptions et Belles-Lettres.

Né à Paris, le 24 février 1825. — 1847. Agrégé des lettres. — 1847. Professeur au collège de Vendôme. — 1848 à 1851. Membre de l'École d'Athènes. — 1851. Professeur au lycée de Lille. — 1853. Professeur au lycée de Montpellier. — 1854. Docteur ès lettres. — 1854 à 1874. Maître de conférences de littérature grecque à l'École Normale. — 1868. Chargé de cours à la Faculté des Lettres de Paris. — 1869 à 1874. Professeur suppléant à la même Faculté. — 1874. Professeur de poésie grecque à la Faculté des Lettres de Paris.

Ouvrages. — 1854. Mémoire sur l'île d'Eubée. *De Megarensium ingenio.* Des caractères de l'atticisme dans l'éloquence de Lysis. — 1860. Essai sur Thucydide, in-12. — 1861. Hypéride, sa vie et ses écrits. — 1862. Un procès de corruption chez les Athéniens. — 1868. Le sentiment religieux en Grèce, d'Homère à Eschyle. — 1874. Études sur l'éloquence attique, in-12. — 1884. Études sur la poésie grecque, in-12. — Traduction des idylles de Théocrite. — Collaboration au Magasin de Librairie et à la Revue des Deux Mondes.

810. — DESAINS (Quentin, Paul), O. ✳

Élu, le 12 mai 1873, membre de l'Académie des Sciences (section de Physique générale).

Né à Saint-Quentin (Aisne), le 12 juillet 1817. — 1840. Agrégé des sciences physiques. — 1840. Professeur au collège de Caen. — 1845. Professeur au collège Stanislas. — 1847. Professeur au collège Bourbon. — 1848. Docteur ès sciences. — 1854. Professeur de physique à la Faculté des Sciences de Paris. — Mort à Paris, le 3 mai 1885.

Ouvrages. — 1855-59. Leçons de physique, 2 vol. in-12. — 1868. Rapports sur les progrès de la théorie de la chaleur.

811. — GARNIER (Joseph, Clément), ✳

Élu, le 24 mai 1873, membre de l'Académie des Sciences morales et politiques (section d'Économie politique).

Né à Beuil (Alpes-Maritimes), le 3 octobre 1813. — 1835. Professeur à l'École supérieure du commerce. — 1836 à 1838. Directeur des études à la même École. — 1846. Professeur d'économie politique à l'École des Ponts et Chaussées. — 1876. Sénateur des Alpes-Maritimes. — Mort à Paris, le 25 septembre 1881.

Ouvrages. — 1837. Introduction à l'économie politique. — 1846. Éléments d'économie politique. Richard Cobden, les ligueurs et la Ligue. L'association, l'économie politique et la misère. — 1847. Études sur les profits et les salaires. — 1848. Le droit au travail à l'Assemblée nationale. — 1850. Congrès des amis de la paix. — 1857. Du principe de population, in-12. Éléments de finances, suivis d'éléments de statistique, in-12. — 1858. Cours complet d'arithmétique théorique et pratique. Tableau des causes de la misère et des remèdes que l'on peut y apporter, in-12. Traité des mesures métriques, in-12. Abrégé des éléments d'économie politique, in-12. — 1864. Premières notions d'économie politique ou sociale, in-12. Notes et petits traités, in-12. — 1872. Traité des finances : l'impôt en général. — Collaboration au Journal des économistes, au Nouveau Journal des connaissances utiles, à l'Annuaire de l'économie politique et au Dictionnaire de l'économie politique.

812. — RÉSAL (Henri, Amé), O. ✳

Élu, le 2 juin 1873, membre de l'Académie des Sciences (section de Mécanique).

Né à Plombières (Vosges), le 27 janvier 1828. — 1853. Ingénieur des Mines. — 1877. Professeur de mécanique à l'École Polytechnique. — 1877. Ingénieur en chef. — 1877. Professeur de construction à l'École des Mines. — 1888. Inspecteur général des Mines. — 1892. Inspecteur général de première classe.

Ouvrages. — 1851. Éléments de mécanique. — 1858. De l'influence de la suspension à lames sur le mouvement du pendule conique. Statistique géologique, minéralogique et métallurgique des départements du Doubs et du Jura. Théorie de l'électro-dynamique. — 1862. Commentaire aux travaux sur la chaleur, considérée au point de vue mécanique. Traité de cinématique pure. — 1864. Recherches sur le mouvement des projectiles dans l'intérieur des armes à feu. — 1865. Traité élémentaire de mécanique céleste. — 1868. Des applications de la mécanique à l'horlogerie. — 1873-89. Traité de mécanique générale, 7 vol. — 1884. Traité de physique mathématique, 2 vol. in-4. — 1891. Exposition de la théorie des surfaces. — Collaboration au Journal des sciences mathématiques, aux Annales des mines et aux Annales des ponts et chaussées.

813. — GERVAIS (François, Louis, Paul), O. ✳

Élu, le 26 janvier 1874, membre de l'Académie des Sciences (section d'Anatomie).

Né à Paris, le 26 septembre 1816. — 1840. Docteur en médecine — 1841. Professeur à la Faculté des Sciences de Montpellier. — 1856. Doyen de la même Faculté. — 1861. *Correspondant de l'Institut.* — 1865. Professeur de zoologie à la Faculté des Sciences de Paris. — 1868. Professeur d'anatomie comparée au Muséum d'Histoire naturelle. — Mort à Paris, le 10 février 1879.

Ouvrages. — 1844. Atlas de zoologie. — 1844-47. Histoire naturelle des insectes aptères, 2 vol. — 1848-53. Zoologie et paléontologie françaises. — 1853. De la comparaison des membres chez les animaux vertébrés. — 1854-55. Histoire naturelle des Mammifères, 2 vol. — 1856. Théorie du squelette humain. — 1858. Zoologie médicale, 2 vol. — 1860. De la métamorphose des organes et des générations alternantes. — 1865. De l'ancienneté de l'homme, in-4. — 1866. Éléments des sciences naturelles. — 1867. Zoologie et paléontologie générales, in-4. — 1868-1877. Ostéographie des cétacés vivants et fossiles. — 1869. Reptiles vivants et fossiles. — 1871. Éléments de zoologie, in-12. — 1873. Mammifères fossiles propres à l'Amérique méridionale. — 1874. Cours élémentaire d'histoire naturelle, in-12. — 1878. Ostéographie des monotrèmes vivants et fossiles, in-4.

814. — MÉZIÈRES (Alfred, Jean, François), O. ✳

Élu, le 29 janvier 1874, membre de l'Académie française.

Né à Rehon (Moselle), le 19 novembre 1826. — 1848. Professeur de rhétorique au collège de Metz. — 1849. Élève de l'École d'Athènes. — 1853. Docteur ès lettres. — 1853. Professeur de rhétorique au lycée de Toulouse. — 1854. Chargé de cours à la Faculté des Lettres de Nancy. — 1861. Chargé de cours à la Faculté des Lettres de Paris. — 1863. Professeur de littérature étrangère à la Faculté des Lettres de Paris. — 1870-1871. Volontaire dans un bataillon de marche. — 1881. Député de Meurthe-et-Moselle.

Ouvrages. — 1853. Mémoire sur le Pélion et l'Ossa. Étude sur les œuvres politiques de Paul Paruta. *De fluminibus inferorum.* — 1861. Shakespeare, ses œuvres et ses critiques. — 1863. Prédécesseurs et contemporains de Shakespeare. — 1864. Contemporains et successeurs de Shakespeare. — 1865. Dante et l'Italie nouvelle. — 1867. Pétrarque. — 1869. La société française, in-12. — 1871. Récits de l'invasion: Alsace-Lorraine. — 1872-73. Gœthe ; les œuvres expliquées par la vie, 2 vol. — 1883. En France : xviiᵉ et xviiiᵉ siècles, in-12. Hors de France : Italie, Espagne, Angleterre, in-12. Éducation morale et instruction civique, in-12. — 1885. Morale et patrie, in-12. — 1891. Vie de Mirabeau, in-12. — Collaboration à la Revue des Deux Mondes et au Temps.

815. — DUMAS (Alexandre), G. O. ✳

Élu, le 29 janvier 1874, membre de l'Académie française.

Né à Paris, le 27 juillet 1824.

Ouvrages. — 1846-47. Aventures de quatre femmes et d'un perroquet, 6 vol. — 1847. Les péchés de jeunesse, poésies. — 1848. La dame aux camélias, 2 vol. Césarine. — 1849. Le roman d'une femme, 4 vol. Le docteur Servans, 2 vol. Antonine, 2 vol. — 1850. Tristan le Roux, 3 vol. Trois hommes forts, 4 vol. — 1851. Diane de Lys, 3 vol. — 1852. Le gérant Mustel, 2 vol. — 1853. Contes et nouvelles, in-12. Sophie Printemps, 2 vol. Ce que l'on voit tous les jours, in-12. La dame aux perles, 3 vol. — 1854. Un cas de rupture, in-12. La vie à vingt ans. — 1855. La boîte d'argent. — 1865. Histoire du supplice d'une femme. — 1866. L'affaire Clémenceau. — 1869. Les Madeleines repenties, in-12. — 1870. Lettres sur les choses du jour. — 1871. Nouvelle lettre de Junius à son ami A. D. — 1872. L'homme-femme. — 1875. Thérèse, nouvelle, in-12. — 1877-79. Entr'actes, 3 vol. in-12. — 1880. La question du divorce. Les femmes qui tuent et les femmes qui volent, in-12. — 1882. Lettre à M. Naquet. — 1883. La recherche de la paternité. — 1890. Nouveaux entr'actes.

Théâtre. — 1848. Atala. — 1852. La dame aux camélias. — 1853. Diane de Lys. — 1855. Le demi-monde. Le bijou de la reine. — 1857. La question d'argent. — 1858. Le fils naturel. — 1859. Le mariage dans un chapeau. Un père prodigue. — 1864. L'ami des femmes. — 1865. Le supplice d'une femme. — 1866. Héloïse Paranquet. — 1867. Les idées de Mᵐᵉ Aubray. — 1869. Le filleul de Pompignac. — 1871. Une visite de noces. La princesse Georges. — 1873. La femme de Claude. Monsieur Alphonse. — 1874. L'Étrangère. — 1876. Les Danicheff. — 1877. La comtesse Romani. — 1881. La princesse de Bagdad. — 1885. Denise. — 1887. Francillon. — Théâtre complet, 7 vol. in-12. — Théâtre des autres, 2 vol. in-12.

816. — MASSÉ (Gabriel), O. ✳

Élu, le 7 mars 1874, membre de l'Académie des Sciences morales et politiques (section de Législation).

Né à Poitiers (Vienne), le 12 mai 1807. — 1833. Avocat à Paris. — 1847. Juge au Tribunal de Provins. — 1850. Juge au Tribunal de Reims. — 1854. Président du Tribunal d'Épernay. — 1854. Président du Tribunal d'Auxerre. — 1855. Président du Tribunal de Reims. — 1859. Vice-Président du Tribunal civil de la Seine. — 1862. Conseiller à la Cour de Paris. — 1865. Président de chambre à la Cour de Paris. — 1868. Conseiller à la Cour de cassation. — Mort à Paris, le 11 octobre 1881.

Ouvrages. — 1839-45. Dictionnaire du contentieux commercial, 2 vol. — 1844. Le droit commercial dans ses rapports avec le droit des gens et le droit civil, 6 vol. — 1854-60. Le droit civil français de Zachariæ, traduit et annoté, 5 vol. — Collaboration à l'Annuaire de l'économie politique et au Recueil des lois et arrêts de Sirey.

817. — GEFFROY (Mathieu, Auguste), C. ✳

Élu, le 7 mars 1874, membre de l'Académie des Sciences morales et politiques (section d'Histoire).

Né à Paris, le 21 avril 1820. — 1843 à 1844. Professeur au lycée de Dijon. — 1845. Agrégé d'histoire. — 1846. Professeur au lycée de Clermont-Ferrand. — 1847 à 1852. Professeur au lycée Louis-le-Grand. — 1848. Docteur ès lettres. — 1852. Professeur à la Faculté des Lettres de Bordeaux. — 1862 à 1865. Maître de conférences d'histoire à l'École Normale. — 1864 à 1872. Professeur suppléant à la Faculté des Lettres de Paris. — 1872 à 1887. Professeur d'histoire ancienne à la même Faculté. — 1876 à 1883 et 1889 à 1895. Directeur de l'École française de Rome. — Mort à Bièvres (Seine-et-Oise), le 14 août 1895.

Ouvrages. — 1848. Étude sur les pamphlets de Milton. — 1850. Lettres inédites de la princesse des Ursins, avec introduction et notes. — 1851. Histoire des États scandinaves, in-12. — 1852. Lettres inédites de Charles XII. — 1855. Notices et extraits des manuscrits concernant l'histoire ou la littérature de la France qui sont conservés dans les bibliothèques ou les archives de Suède et de Danemark. — 1867. Gustave III et la cour de France, 2 vol. — 1867. Rapport sur les études historiques. — 1874. Rome et les Barbares. Étude sur la Germanie de Tacite. — 1875. Correspondance secrète entre l'impératrice Marie-Thérèse et le comte de Mercy-Argenteau, 3 vol. — 1887. Madame de Maintenon d'après sa correspondance authentique, 2 vol. in-12. — Collaboration à la Revue des Deux Mondes, au Journal des savants et aux Mélanges d'archéologie publiés par l'École française de Rome.

---

818. — GARNIER (Jean, Louis, Charles), C. ✻

Élu, le 14 mars 1874, membre de l'Académie des Beaux-Arts (section d'Architecture).

Né à Paris, le 6 novembre 1825. — 1848. Grand Prix de Rome. — 1861. Architecte de l'Opéra. — 1875. Membre du Conseil des Bâtiments civils. — 1877. Inspecteur général des Bâtiments civils.

Œuvres principales. — 1861. Chapelle de Luynes à Dampierre. — 1863. Nouvel Opéra de Paris. — 1879. Cercle de la librairie. Casino et théâtre de Monte-Carlo. — 1884. Hôtel Hachette, boulevard Saint-Germain. — 1889. Casino de Vittel. — 1889. L'habitation humaine à l'Exposition de 1889. — 1890. Observatoire de Nice. — 1891. Église de Bordighera. — Monuments de Bizet, d'Offenbach et de V. Massé.

Aquarelles et dessins. Monuments funéraires des princes de la maison d'Anjou (douze dessins). Vues d'Italie et de Grèce.

Ouvrages. — Le théâtre. L'habitation humaine. Guide du jeune architecte en Grèce. Le nouvel Opéra. L'observatoire de Nice.

Collaboration à la Revue de l'architecture, au Dictionnaire encyclopédique, à la Gazette des beaux-arts, au Moniteur universel, à la Revue de l'Orient et à la Science pour tous.

---

819. — GOSSELIN (Athanase, Léon), C. ✻

Élu, le 16 mars 1874, membre de l'Académie des Sciences (section de Médecine et Chirurgie).

Né à Paris, le 16 juin 1815. — 1843. Docteur en médecine. — 1844. Agrégé. — 1846. Chef des travaux anatomiques. — 1858. Professeur de pathologie chirurgicale, puis (1867) de clinique chirurgicale à la Faculté de Médecine de Paris. — 1851 à 1867. Chirurgien des hôpitaux de Lourcine, Cochin, Beaujon et de la Pitié. — 1867. Chirurgien de l'hôpital de la Charité. — Mort à Paris, le 30 avril 1887.

Ouvrages. — 1859. Études cliniques sur le traitement de l'étranglement herniaire. — 1864. Leçons sur les hernies abdominales. — 1866. Leçons sur les hémorroïdes. — 1868. Mémoire sur les tumeurs cirsoïdes artérielles. — 1872-73. Clinique chirurgicale de l'hôpital de la Charité, 3 vol. — 1874. L'urine ammoniacale et la fièvre urineuse. — 1877. Du pansement des plaies. — Collaboration au Nouveau dictionnaire de médecine et de chirurgie, aux Archives générales de médecine et au Traité des maladies des yeux de Denonvilliers. Traduction du traité des maladies des testicules de Curling.

---

820. — HÉBERT (Antoine, Auguste, Ernest), C. ✻

Élu, le 21 mars 1874, membre de l'Académie des Beaux-Arts (section de Peinture).

Né à Grenoble (Isère), le 3 novembre 1817. — 1839. Grand Prix de Rome. — 1866 à 1872 et 1885 à 1891. Directeur de l'Académie de France à Rome. — 1882. Professeur à l'École des Beaux-Arts.

Œuvres principales. — 1839. La coupe de Joseph trouvée dans le sac de Benjamin. Le Tasse en prison. — 1848. Femme battant du beurre. — 1849. La siesta. Pâtre italien. Almée. Le matin dans les bois. — 1850. La malaria (Luxembourg). — 1853. Le baiser de Judas (Luxembourg). Portrait du prince Napoléon. — 1855. Crescenza, à la prison de San Germano. Les filles d'Alvito. — 1857. Les flénarolles de San Angelo. — 1859. Les cervarolles (Luxembourg). Rosa Nera à la fontaine. Jeanne d'Arc écoutant les voix (portrait de Mᵐᵉ la Cᵗᵉˢˢᵉ de Franqueville). — 1861. La princesse Clotilde. — 1863. La jeune fille au puits. Pasqua Maria. — 1865. La perle noire. Le banc de pierre. Apothéose de Napoléon Iᵉʳ et de Napoléon III (bibliothèque du Louvre). — 1867. La zingara. Feuilles d'automne. — 1869. La pastorella. La lavandara. Portrait de la princesse Mathilde. La princesse Christine N. — 1879. Le matin et le soir de la vie. La muse populaire italienne. L'enfant terrible. — 1871. La vierge de la délivrance. — 1875. Mˡˡᵉ C. de Franqueville. — 1877. La muse des bois. — 1879. La sultane. — 1881. Sainte Agnès. Mᵐᵉ de Dampierre. — 1882. Le petit violoneux. — 1883. Warum. La tzigane. — 1884. Muse. Mosaïque de l'abside de Sainte-Geneviève (Panthéon). La Vierge au baiser. Mélodie irlandaise. — 1888. Muse du héros sans gloire. — 1889. Le solitaire. Le général de Miribel. La solitaire. Diane. — 1892. La Vierge addolorata. — 1893. Sommeil de l'enfant Jésus. La Vierge au chasseur. — 1894. La lavandara. *Roma sdegnata*.

---

821. — DELABORDE (le Comte Henri), C. ✻

Élu, le 23 mai 1874, secrétaire perpétuel de l'Académie des Beaux-Arts.

Né à Rennes (Ille-et-Vilaine), le 2 mai 1811. — 1855. Conservateur du Cabinet des estampes à la Bibliothèque nationale. — 1868. *Membre libre de l'Académie de Beaux-Arts.*

Œuvres principales. — 1836. Agar dans le désert (m. de Dijon). — 1837. Conversion de saint Augustin. — 1838. Arrestation d'Ugolin. — 1840. Apparition de Béatrix à Dante. — 1841. Prise de Damiette par Jean de Brienne (Versailles). — 1842. Offrande à Hygie. — 1845. Les chevaliers de Saint-Jean de Jérusalem rétablissant la religion en Arménie (Versailles). — 1847. Le Christ et sainte Madeleine (cathédrale d'Amiens). Dante à la Verna. Le repos. — 1848. Le Christ au jardin des Oliviers (cathédrale d'Amiens). Virgile en Campanie. — 1851. Fra Angélico au couvent de Saint-Marc. Le printemps. — 1853. Saint Augustin au lit de mort de sainte Monique. Le jour des morts. — 1859. Chapelle des fonts et chapelle des morts, à l'église Sainte-Clotilde. Au musée de Versailles : Le cardinal Pélage, Cosme de Médecis, Laurent Iᵉʳ de Médicis, Alexandre de Médicis, Jean de Médicis, Élisabeth Farnèse.

Ouvrages. — 1864. Études sur les beaux-arts en France et en Italie, 2 vol. — 1865. Lettres et pensées d'Hippolyte Flandrin, précédées d'une notice, 1 vol. — 1866. Mélanges sur l'art contemporain. — 1870. Ingres, sa vie et ses travaux. — 1875. Le département des estampes à la Bibliothèque nationale. — 1882. La gravure. — 1883. La gravure en Italie avant Marc-Antoine, in-4. — 1886. Gérard Édelinck, in-4. — 1887. Marc-Antoine Raimondi, in-4. — 1889. Les maîtres florentins du xvᵉ siècle, in-fol. Histoire de l'Académie des beaux-arts. Éloges académiques — Collaboration à la Revue des Deux Mondes.

---

822. — HEUZEY (Léon, Alexandre), O. ✻

Élu, le 29 mai 1874, membre de l'Académie des Inscriptions et Belles-Lettres.

Né à Rouen (Seine-Inférieure), le 1ᵉʳ décembre 1831. — 1863. Professeur d'histoire et d'archéologie à l'École des Beaux-Arts. — 1870. Conservateur adjoint des antiques au Musée du Louvre. — 1881. Conservateur des antiquités orientales et de la céramique antique. — 1885. *Membre libre de l'Académie des Beaux-Arts.*

Ouvrages. — 1862. Le mont Olympe et l'Acarnanie, gr. in-8. — 1864-74. Mission archéologique en Macédoine, in-4. — 1868. L'exaltation de la fleur, étude sur l'archaïsme grec, in-4. — 1874. Recherches sur les figures de femmes voilées dans l'art grec. — 1877. Les fragments de Tarse, au musée du Louvre. Nouvelles recherches sur les terres cuites grecques, in-4. — 1878-83. Les figurines antiques de terre cuite du Louvre, in-4. — 1882. Les rois de Tello et la période archaïque de l'art chaldéen. Catalogue des terres cuites du Louvre, in-12. — 1884. La Stèle des vautours, étude d'archéologie chaldéenne, in-4. — 1886. Les opérations militaires de Jules César, en Macédoine. Le roi Dounghi à Tello. — 1887. Une étoffe chaldéenne (le kaunakès). La masse d'armes et le chapiteau assyrien. — 1888. Un palais chaldéen, d'après les découvertes de M. de Sarzec, in-18. — 1884-95. Découvertes en Chaldée, in-4. — 1891. Les origines orientales de l'art, in-4. — 1894. Les armoiries chaldéennes de Sirpourla, in-4. Du principe de la draperie antique, in-4.

823. — ZELLER (Jules, Sylvain), C. ✻

Élu, le 30 mai 1874, membre de l'Académie des Sciences morales et politiques (section d'Histoire).

Né à Paris, le 23 avril 1819. — 1844. Professeur au lycée de Bordeaux. — 1845. Professeur au lycée de Rennes. — 1849. Docteur ès lettres. — 1851. Professeur au lycée de Strasbourg. — 1856. Professeur d'histoire à la Faculté des Lettres d'Aix. — 1868 à 1876. Maître de conférences à l'École Normale. — 1862 à 1878. Professeur à l'École Polytechnique. — 1870. Recteur de l'Académie de Strasbourg. — 1876 à 1888. Inspecteur général de l'Instruction publique.

Ouvrages. — 1849. Ulrich de Hutten, sa vie, ses œuvres, son époque. — 1852. Histoire résumée d'Italie, in-12. — 1856. Épisodes de l'histoire d'Italie, in-12. — 1859-62. L'année historique ou Revue annuelle des questions et des événements politiques dans les principaux États du monde, 4 vol. — 1862. Caractères et portraits historiques. Les empereurs romains. — 1864. Abrégé de l'histoire d'Italie depuis la chute de l'empire romain jusqu'en 1864, in-12. — 1865. Entretiens sur l'histoire du moyen âge, in-12. — 1868. Rapport sur les études historiques. — 1869. Entretiens sur l'histoire du xive siècle : Italie et Renaissance. — 1871. Entretiens sur l'histoire : Antiquité et moyen âge, in-12. — 1872-91. Histoire d'Allemagne, 7 vol. — 1874. Les tribuns et les révolutions en Italie, in-12. — 1879. Histoire contemporaine de l'Italie (1846-1878) : Pie IX et Victor-Emmanuel. — 1883. Italie et Renaissance : Politique, lettres et arts, 2 vol. in-12. — 1884. Louis XI, in-12. François Ier, in-12. — 1889. Histoire résumée de l'Allemagne et de l'Empire germanique; leurs institutions au moyen âge, in-12. — Collaboration à la Revue bleue, à la Revue Nouvelle et à la Revue des lettres et des arts.

824. — CHATIN (Gaspard, Adolphe), O. ✻

Élu, le 29 juin 1874, membre de l'Académie des Sciences (section de Botanique).

Né à Tullins (Isère), le 30 novembre 1813. — 1840. Docteur ès sciences. — 1841. Pharmacien à l'hôpital Beaujon et (1855) à l'Hôtel-Dieu. — 1844. Docteur en médecine. — 1848. Professeur de botanique à l'École de Pharmacie.— 1873 à 1886. Directeur de l'École de Pharmacie.

Ouvrages. — 1848. La symétrie générale des organes des végétaux. Études de physiologie végétale. — 1851. L'existence de l'iode dans les plantes terrestres, les eaux douces, l'air et les météorites. — 1855. La Vallisneria spiralis. — 1857. Anatomie des plantes aériennes de l'ordre des orchidées, anatomie de l'anthère. — 1862. Excursions botaniques en Savoie, en Suisse et aux Pyrénées, etc. — 1865. Développement des étamines. — 1866. Anatomie comparée des végétaux, 2 vol. Le cresson, in-12. — 1869. La truffe, in-12. — 1892. Plusieurs mémoires sur les huîtres vertes et autres. — Collaboration aux Annales des sciences naturelles.

825. — PERROT (Georges), C. ✻

Élu, le 18 décembre 1874, membre de l'Académie des Inscriptions et Belles-Lettres.

Né à Villeneuve-Saint-Georges (Seine-et-Oise), le 12 novembre 1832. — 1859. Professeur aux collèges d'Angoulême et d'Orléans.— 1860-61. Chargé de missions scientifiques en Asie Mineure. — 1863 à 1869. Professeur de rhétorique aux lycées de Versailles et Louis-le-Grand. — 1875. Maître de conférences de langue et littérature grecque à l'École Normale. — 1879. Professeur d'archéologie à la Faculté des Lettres de Paris. — 1883. Directeur de l'École Normale supérieure.

Ouvrages. — 1863-72. Exploration archéologique de la Galatie et de la Bithynie, in-fol. — 1864. Souvenirs d'un voyage en Asie Mineure. Mémoire sur l'île de Thasos. De l'état actuel des études homériques. — 1866. L'île de Crète, souvenirs de voyages. — 1867. Essai sur le droit public et privé de la république athénienne. *De Galatia provincia Romana.* — 1873. L'éloquence politique et judiciaire à Athènes. — 1875. Mémoires d'archéologie, d'épigraphie et d'histoire. — 1877. Le triomphe d'Hercule, in-4. — 1881-89. Histoire de l'art dans l'antiquité, 6 vol. — Traduction des leçons sur la science du langage et des essais sur la mythologie de Muller. Collaboration à la Revue des Deux Mondes, à la Revue de l'instruction publique, au Journal des savants et au Journal des Débats.

826. — ABADIE (Paul MALLARD, dit), O. ✻

Élu, le 9 janvier 1875, membre l'Académie des Beaux-Arts (section d'Architecture).

Né à Paris, le 10 novembre 1812. — 1845. Inspecteur des travaux de Notre-Dame de Paris. — 1849. Architecte diocésain. — 1870. Membre du Conseil général des Bâtiments civils. — 1871. Membre de la Commission des Monuments historiques. — 1872. Inspecteur général des édifices diocésains. — Mort à Paris, le 2 août 1884.

Œuvres principales. — Église Saint-Ferdinand à Bordeaux. Chapelle du lycée et hôtel de ville d'Angoulême, Restauration de la cathédrale Saint-Pierre à Angoulême. Églises Saint-Martial et Saint-Ausone, à Angoulême. Église Notre-Dame, à Bergerac. Restauration de la tour Saint-Michel et de l'église Saint-Ferdinand à Bordeaux et de l'église Saint-Front à Périgueux. Hôtel de ville de Jarnac. Églises Sain -Bernard à Mussidan et Saint-Barthélemy à Faux. Basilique du Sacré-Cœur à Montmartre (Paris).

Une notice sur sa vie a été lue par M. Diet, dans la séance de l'Académie des Beaux-Arts du 27 février 1886.

827. — DESJARDINS (Ernest, Émile, Antoine), ✻

Élu, le 19 mars 1875, membre l'Académie des Inscriptions et Belles-Lettres.

Né à Noisy-sur-Oise (Seine-et-Oise), le 30 septembre 1823. — 1848 à 1856. Professeur aux lycées d'Angers, de Dijon, d'Alençon et de Mâcon. — 1856. Professeur d'histoire au lycée Bonaparte. — 1861 à 1886. Maître de conférences de géographie, puis (1877) d'histoire ancienne à l'École Normale. — 1886. Professeur d'épigraphie et antiquités romaines au Collège de France. — Mort à Paris, le 22 octobre 1886.

Ouvrages. — 1852. Atlas de géographie ancienne de l'Italie. — 1854. *De tabulis alimentariis.* Topographie du Latium. — 1855. Le voyage d'Horace à Brindes. — 1856. Parme : les antiquités, le Corrège, etc. — 1858. Veleia. Le Pérou avant la conquête espagnole. — 1859. Alésia, septième campagne de César en Gaule. — 1860. Mémoire sur les découvertes archéologiques faites dans la campagne de Rome. — 1861. Le grand Corneille, historien, in-12. — 1862. Notice sur le musée Napoléon III, in-12. Du patriotisme dans les arts. — 1867. Aperçu historique sur les embouchures du Rhône, in-4. Les Juifs de Moldavie. — 1869. Rhône et Danube, in-4. — 1870-92. Géographie historique et administrative de la Gaule, 4 vol. — 1873. *Acta Musei nationalis Hungarici*, in-fol. — 1875-74. *Desiderata* du *Corpus inscriptionum latinorum* de l'Académie de Berlin. — 1875. Les Antonins, d'après les documents, épigraphiques, in-8. — Publication des œuvres de Borghesi et de la table de Peutinger.

828. — BOUQUET (Jean, Claude), O. ✻

Élu, le 19 avril 1875, membre de l'Académie des Sciences (section de Géométrie).

Né à Morteau (Doubs), le 7 septembre 1819. — 1841. Professeur de mathématiques au collège de Marseille. — 1845 à 1852. Professeur à la Faculté des Sciences de Lyon. — 1852 à 1868. Professeur de mathématiques spéciales au lycée Bonaparte, puis au lycée Louis-le-Grand. — 1868 à 1885. Maître de conférences de calcul différentiel et intégral à l'École Normale. — 1873. Professeur de mécanique physique et comparée, puis (1885) de calcul différentiel et intégral à la Faculté des Sciences de Paris. — Mort à Paris, le 9 septembre 1885.

Ouvrages. — 1841. Le calcul des variations, in-4. — 1847. Leçons nouvelles de géométrie analytique. — 1859. Théorie des fonctions doublement périodiques. — 1862. Leçons nouvelles de trigonométrie. — Collaboration au *Journal des mathématiques.*

Une notice sur sa vie a été lue par M. Halphen, dans la séance de l'Académie des Sciences du 7 juin 1886.

829. — LEMOINNE (John, Émile), ✳

Élu, le 13 mai 1875, membre de l'Académie française.

Né à Londres (Angleterre), le 17 octobre 1815, de parents français.—1840. Attaché au Ministère des Affaires étrangères. — 1880. Sénateur inamovible. — 1880 (avril-mai). Ministre plénipotentiaire en Belgique. — Mort à Paris, le 13 décembre 1892.

Ouvrages.— 1842. Les élections en Angleterre. —1850. Affaires de Rome, in-12.—1853. De l'intégrité de l'empire ottoman, in-12. — 1862. Études critiques et biographiques. — 1863. Nouvelles études critiques et biographiques, in-12. — Collaboration au Journal des Débats et à la Revue des Deux Mondes.

830. — FUSTEL de COULANGES (Numa, Denis), O. ✳

Élu, le 28 décembre 1889, membre de l'Académie des Sciences morales et politiques (section d'Histoire).

Né à Paris, le 18 mars 1830.— 1853. Professeur de rhétorique au lycée d'Amiens.— 1855. Agrégé. — 1858. Docteur ès lettres. — 1859. Professeur au lycée Saint-Louis. — 1861. Professeur d'histoire à la Faculté des Lettres de Strasbourg. — 1870 à 1877. Maître de conférences d'histoire à l'École Normale. — 1875 à 1876. Professeur suppléant à la Faculté des Lettres de Paris. — 1878 à 1889. Professeur d'histoire du moyen âge à la Faculté des Lettres de Paris. — 1880 à 1883. Directeur de l'École Normale. — Mort à Massy (Seine-et-Oise), le 12 septembre 1889.

Ouvrages. — 1857. Mémoire sur l'île de Chio. — 1858. *Quid Vestæ cultus in institutis veterum privatis publicisque valuerit.* — 1858. Polybe ou la Grèce conquise par les Romains. — 1864. La cité antique. — 1875-1890. Histoire des institutions politiques de l'ancienne France, 6 vol. (I : La Gaule romaine ; II : La monarchie franque ; III : L'alleu et le domaine rural pendant l'époque mérovingienne ; IV : Les origines du système féodal ; V : L'invasion germanique ; VI : Les transformations de la royauté carolingienne). — 1880. Recherches sur la propriété à Sparte. — Recherches sur quelques problèmes d'histoire. — 1891. Nouvelles recherches sur quelques problèmes d'histoire. — 1893. Questions historiques. — Collaboration à la Revue des Deux Mondes, à la Revue historique et à la Revue des questions historiques.

Des notices sur sa vie ont été lues par M. A. Sorel, dans la séance de l'Académie des Sciences morales et politiques du 15 novembre 1890, et par M. Jules Simon, dans la séance de la même Académie du 28 novembre 1891.

831. — GRÉARD (Vallery, Clément, Octave), G. O. ✳

Élu, le 15 mai 1875, membre de l'Académie des Sciences morales et politiques (section de Morale).
Élu, le 18 novembre 1886, membre de l'Académie française.

Né à Vire (Calvados), le 18 avril 1828. — 1853 à 1865. Professeur aux lycées de Metz, Versailles et Paris. — 1865. Inspecteur de l'Académie de Paris. — 1866. Chargé de la Direction de l'instruction primaire à Paris. — 1870. Directeur de l'enseignement primaire de la Seine. — 1871. Inspecteur général de l'instruction publique. — 1872. Directeur au Ministère de l'Instruction publique. — 1873. Inspecteur général, Directeur de l'enseignement primaire de la Seine. — 1879. Vice-recteur de l'Académie de Paris.

Ouvrages. — 1864. Petit précis de littérature française, in-12. — 1866. La critique littéraire dans Sénèque. — 1868. Lettres d'Héloïse et d'Abélard, et morceaux divers se rapportant à leur correspondance, 1 vol. in-12. Organisation pédagogique des écoles du département de la Seine. — 1871. L'instruction primaire à Paris et dans le département de la Seine; in-fol. Les besoins de l'enseignement primaire à Paris et dans le département de la Seine en 1871. — 1872. Les écoles d'apprentis. La situation de l'enseignement primaire à Paris et dans le département de la Seine en 1872. — 1874. La législation de l'enseignement primaire depuis 1789 jusqu'à nos jours, 3 vol. — 1875.

L'instruction primaire à Paris et dans les communes du département de la Seine en 1875, in-4. — 1878. L'enseignement primaire à Paris et dans le département de la Seine en 1867 et en 1877, gr. in-fol. — 1880. La première application du plan d'études de l'enseignement secondaire de 1880, in-4. — 1881. L'enseignement secondaire spécial, in-4. L'enseignement secondaire à Paris en 1880, in-4. L'enseignement supérieur à Paris, in-4. — 1882. L'enseignement secondaire des filles, in-4. — 1883. L'esprit de discipline dans l'éducation, in-4. — 1884. Madame de Maintenon : extraits de ses lettres, entretiens, conversations et proverbes sur l'éducation. — 1884. La question des programmes dans l'enseignement secondaire, in-4. — 1886. La morale de Plutarque. Fénelon, éducation des filles, in-12. — 1887. L'éducation des femmes par les femmes. — 1888. Éducation et instruction. — 1889. Prévost-Paradol. — 1891. Edmond Scherer. — 1893. Nos adieux à la vieille Sorbonne.— Rapports, mémoires et discours académiques. — Collaboration à la Revue bleue, au Journal des Débats, au Journal général de l'instruction publique, et à la Revue internationale de l'enseignement supérieur et secondaire.

832. — MOUCHEZ (Ernest, Amédée, Barthélemy), C. ✳

Élu, le 19 juillet 1875, membre de l'Académie des Sciences (section d'Astronomie).

Né à Madrid (Espagne), le 24 août 1821, de parents français. — 1839. Aspirant de marine. — 1843. Enseigne. — 1848. Lieutenant de vaisseau. — 1861. Capitaine de frégate. — 1868. Capitaine de vaisseau. — 1875. Membre du Bureau des Longitudes. — 1878. Directeur de l'Observatoire de Paris. — 1878. Contre-Amiral. — 1880. Admis au cadre de réserve. — Mort à Wissous (Seine-et-Oise), le 25 juin 1892.

Ouvrages. — 1867. Recherches sur la longitude de la côte orientale de l'Amérique du Sud. — 1869. Les côtes du Brésil, description et instructions nautiques. — 1873. Rio de la Plata, description et instructions nautiques.

Une notice sur sa vie a été lue par M. Callandreau, dans la séance de l'Académie des Sciences du 5 mars 1894.

833. — BRÉAL (Michel, Jules, Alfred), C. ✳

Élu, le 3 décembre 1875, membre de l'Académie des Inscriptions et Belles-Lettres.

Né à Landau (Bavière), le 26 mars 1832, de parents français. — 1860. Attaché à la Bibliothèque impériale. — 1864. Chargé de cours au Collège de France. — 1866. Professeur de grammaire comparée au Collège de France. — 1866. Directeur de l'École des Hautes Études. — 1879 à 1888. Inspecteur général de l'instruction publique pour l'enseignement supérieur.

Ouvrages. — 1862. Fragments de critique zende. — 1863. Hercule et Cacus. Des noms perses chez les écrivains grecs. Le mythe d'Œdipe. — 1865. De la méthode comparative appliquée à l'étude des langues. — 1872. Quelques mots sur l'instruction publique en France, in-12. — 1875. Les tables eugubines. — 1877. Mélanges de mythologie et de linguistique. Sur le déchiffrement des inscriptions cypriotes. — 1881-85. Leçons de mots, 3 vol. — 1882. Excursions pédagogiques, in-12. — 1888. Grammaire latine élémentaire. — 1890. La réforme de l'orthographe française, in-12. — 1893. Dictionnaire étymologique latin. — Traduction de la grammaire comparée des langues indo-européennes de Bopp. — Articles insérés au Journal des savants, notamment sur le déchiffrement des inscriptions cypriotes, les plus anciens rapports de l'homme avec le monde germanique, le Zend-Avesta, Ernest Renan et la philologie indo-européenne, etc.

834. — BAILLY (Antoine, Nicolas), C. ✳

Élu, le 8 décembre 1875, membre de l'Académie des Beaux-Arts (section d'Architecture).

Né à Paris, le 6 juin 1810. — 1834. Architecte de la ville de Paris. — 1844. Architecte du gouvernement. — 1868-69. Membre du Conseil général des Bâtiments civils. — 1887. Inspecteur général des Édifices diocésains. — Mort à Paris, le 1er janvier 1892.

Œuvres principales. — 1860-65. Tribunal de commerce. — 1861-65. Lycée Saint-Louis. — 1866. Mairie du IVᵉ arrondissement de Paris. Restauration des cathédrales de Bourges et de Limoges. Restauration de la maison de Jacques Cœur, à Bourges. Tour de la cathédrale de Valence. Cathédrale de Digne. Hôtels du prince de Montmorency et de M. Schneider, à Paris. Châteaux de Lagoutte, de Cany et de Theuville. Crédit foncier. Château de Choisy-le-Roi. Tribune des courses à Longchamps.

Une notice sur sa vie a été lue par M. Ancelet, dans la séance de l'Académie des Beaux-Arts du 22 octobre 1892.

835. — BOUILLIER (Francisque, Cyrille), O. ✳

Élu, le 11 décembre 1875, membre de l'Académie des Sciences morales et politiques (section de Philosophie).

Né à Lyon, le 13 juillet 1813. — 1837 à 1839. Professeur de philosophie au collège d'Orléans. — 1839 à 1864. Professeur et Doyen de la Faculté des Lettres de Lyon. — 1842. *Correspondant de l'Institut.* — 1864. Recteur de l'Académie de Clermont. — 1864 à 1867. Inspecteur général de l'instruction publique. — 1867 à 1871. Directeur de l'École Normale supérieure. — 1871 à 1876. Inspecteur général de l'instruction publique.

Ouvrages. — 1837. *Platonis dialogorum et Pascalii epistolarum ad provincialem amicum comparatio.* — 1838. Légitimité de la faculté de connaître. — 1842. Abrégé de la théorie de Kant sur la théorie de la religion dans les limites de la raison, in-12. — 1844. Histoire de la révolution cartésienne, 2 vol. — 1845. Méthode pour arriver à la vie bienheureuse, de Fichte. Théorie de la raison impersonnelle. — 1858. Unité de l'âme pensante et du principe vital. — 1859. Du principe vital et de l'âme pensante. — 1865. Du plaisir et de la douleur, in-12. — 1875. Morale et progrès, in-12. — 1879. L'Institut et les académies de province, in-12. — 1880. L'université sous M. Ferry, in-12. — 1882. De la vraie conscience, in-12. — 1883. Recherche de la vérité, 2 vol. in-12. — 1884. Études familières de psychologie et de morale, in-12. — 1887. Nouvelles études familières de psychologie et de morale, in-12. — 1889. Questions de morale pratique, in-12. — 1890. Deux années de présidence à l'Académie des sciences morales et politiques, in-12. — Collaboration à la Revue du Lyonnais, aux Mémoires de l'académie de Lyon, à la Liberté de penser, à la Revue de France, à la Revue des Deux Mondes, au Journal des savants, au Correspondant et à la Revue de famille.

836. — THOMAS (Gabriel, Jules), O. ✳

Élu, le 29 décembre 1875, membre de l'Académie des Beaux-Arts (section de Sculpture).

Né à Paris, le 10 septembre 1824. — 1848. Grand Prix de Rome. — 1880. Professeur à l'École des Beaux-Arts.

Œuvres principales. — 1844. Pyrrhus tuant Priam. — 1848. Philoctète partant pour le siège de Troie. — 1855. Le général Marceau (Louvre). — 1856. L'Industrie (Louvre). Pépin le Bref (tour Saint-Germain-l'Auxerrois). — 1857. Orphée (cour du Louvre). Soldat spartiate rapporté à sa mère. Attila (m. de Nantes). — 1858. Athlète (Louvre). — 1861. Virgile (Luxembourg). — 1862. La lapidation de saint Étienne (église Saint-Étienne-du-Mont). — 1863. La ville de Francfort (gare du Nord). — 1864. Lucien Bonaparte. — 1865. Mᵉˢ Mars (Comédie-Française). — 1866. Jeune guerrier. — 1867. Saint Denis (église Saint-Denis-du-Saint-Sacrement). La Force (Louvre). — 1868. La Religion consolant le prince et la princesse Stourdza. — 1870. La Pensée (m. de Rennes). — 1872. Les quatre parties du monde. — 1873. Le Drame et la Musique (Opéra). — 1875. La Vierge, l'enfant Jésus et des enfants (église Notre-Dame-des-Champs). Christ en croix. — 1876. La Vierge et l'enfant Jésus (cathédrale de La Rochelle). — 1877. L'Astronomie (Louvre). J.-J. Perraud. — 1878. L'Air (Trocadéro). Augustin Dumont (Institut). — 1879. Le duc de Brunswick (Genève). — 1880. Mᵍʳ Landriot (cathédrale de La Rochelle). P. Abadie. Le Commerce et l'Industrie (pass. du Commerce, à Paris). — 1882. Le baron Taylor (Père-Lachaise). Plafond de la salle des concerts de Monte-Carlo. — 1883. M. Deseilligny. Arrivée de sainte Madeleine et de saint Lazare en Provence (cathédrale de Marseille). L'astronomie (observatoire de Nice). — 1885. La Bruyère (Chantilly). M. Bouguereau. La France (m. du Louvre). — 1886. La Philosophie et la Poésie. La Marne (hôtel de ville de Paris). — 1888. L'Architecture (musée Galliera). — 1889. La Sculpture (champ de Mars). L. Ginain. — 1892. Le sacré Cœur (église Saint-Sulpice). Saint Michel (Rouen). — 1893. Le sacré Cœur (basilique de Montmartre). — 1894. Homme et serpent (Muséum d'histoire naturelle).

I.

47

837. — BOUGUEREAU (William, Adolphe), C. ✷

Élu, le 8 janvier 1876, membre de l'Académie des Beaux-Arts (section de Peinture).

Né à La Rochelle (Charente-Inférieure), le 30 novembre 1825. — 1850. Grand Prix de Rome. — 1888. Professeur à l'École des Beaux-Arts.

Œuvres principales. — 1848. Saint Pierre délivré de prison. —1849. Égalité. Ulysse reconnu par sa nourrice. — 1850. Zénobie retrouvée par les bergers. — 1851. Dante et Virgile aux enfers. — 1852. Les Juifs emmenés en captivité. Idylle. — 1853. Combat des Centaures et des Lapithes. La Galatée de Raphaël (m. de Dijon). Lazare dans le sein d'Abraham et le riche aux enfers. — 1854. Le corps de sainte Cécile apporté dans les catacombes (Luxembourg). Tête de bacchante. L'amour fraternel. Histoire de l'amour. — 1855. L'idylle. Famille antique. — 1856. L'empereur visitant les inondés de Tarascon. Le retour de Tobie (m. de Dijon). — 1858. Le jour des morts (m. de Bordeaux). L'Amour blessé. — 1859. Le départ du berger. Le retour des champs. La Paix. —1860. La Guerre. Départ de Tobie. Femme de Cervara et son enfant. Femme de Tivoli. Pastorale antique. Faune et bacchante. — 1861. Jeune mère contemplant deux enfants. La première discorde. Illustration de l'évangile de saint Luc. Philomèle et Progné (Luxembourg). — 1862. Les remords d'Oreste. Sainte famille. Bacchante lutinant une chèvre (m. de Bordeaux). — 1863. L'âge d'or. La sœur aînée. L'Amour essayant ses flèches. — 1864. Le baiser. Le sommeil. Baigneuse. La liseuse. La soupe au lait. La sortie de l'école. Famille indigente. — 1865. Le lever. Les oranges. L'étude. La soupe. La grande sœur. Le réveil. La prière. — 1866. Le bonheur. L'invocation à la Vierge. Premières caresses. Convoitise. L'âge d'or. — 1867. Le livre d'heures. Yvonette. Les bulles de savon. Le vœu. Loin du pays. — 1868. La fleur d'aubépine. Pêcheuse de crevettes. Mauvaise écolière. Seule au monde. Pastorale. Pepita. Distraction. L'Art et la Littérature. Le collier. Jeune Bretonne à la fontaine. La grappe de raisin jaunie. La leçon de flûte. Le sommeil. — 1869. Entre la richesse et l'amour. La toilette rustique. Mignon. Le retour du Marché. L'ange gardien. Admiration maternelle. La sœur aînée. Le crabe. Le passage du gué. Le vœu à sainte Anne d'Auray. L'Italienne au tambourin. L'Italienne à la fontaine. Lavandières de Fouesnant. Jeunes filles revenant du marché. — 1870. Pifferaro. Le bouquet de violettes. Petite Italienne portant de l'herbe. La femme au gant. L'italienne à la mandoline. Petite faneuse. — 1871. Dévotion. Bergère du Bordelais. Tricoteuse bretonne. Le livre d'images. Ève. Méditation. Les cerises. Boudeuse. Frère et sœur bretons. Jeune mère contemplant son enfant. Le coquillage. Les deux sœurs. Jeune italienne puisant de l'eau. La treille. Le bruit de la mer. Le lever. — 1872. Pendant la moisson. Italienne à la cruche. La petite écolière. Séduction. Sur le rocher. Pendant l'orage. La jeune fille au tambourin. La bouillie. La petite écolière. Séduction. Sur le rocher. — 1873. Nymphes et satyre. Petites maraudeuses. Fileuse. Petite fille Louis XIII. L'agneau nouveau-né. La toilette de Vénus. La leçon de flûte. L'Italienne à l'éventail. Tarentelle. Innocence. Le voile. — 1874. Charité. Homère et son guide. L'enfant à la tasse de lait. La petite Esmeralda. Jeune fille couronnée de pampres. L'orage. — 1875. Après le bain. Flore et Zéphyre. La Vierge. L'Enfant Jésus et saint Jean-Baptiste. L'enfant aux pommes vertes. Enfant tenant de la luzerne. La petite orpheline. Bergère dans les montagnes. Rêverie. La pluie. L'Orientale à la grenade. Marchande de grenades. Au bord du ruisseau. — 1876. Pieta. Le secret. Jeune fille fellah. Fleurs des champs. La loyauté. Le cardinal Thomas. — 1877. La jeunesse et l'amour. Vierge consolatrice (Luxembourg). Jeune fille et enfant. Les deux sœurs. La grande sœur. Dévideuse. Le livre de fables. — 1878. Boudeuse. La charité. Une âme au ciel. La nymphée. Fleurs de printemps. Les joies d'une mère. Baigneuses. Promenade à l'âne. Le petit câlin. — 1879. Jeunes bohémiennes. Naissance de Vénus (Luxembourg). La tasse de lait. Au bord du ruisseau. Les enfants à l'agneau. Le repos. Portrait de l'auteur. Le col bleu. La frileuse. Le brochet. La libellule. La petite blessée. La petite écolière. Le goûter. — 1880. Jeune fille se défendant contre l'Amour. La soupe au lait. La tentation. La branche de cerisier. — 1881. La Vierge aux anges. L'aurore. Le nid. La Vierge et saint Jean-Baptiste. L'orage. L'Amour redemandant ses armes. — 1882. Le crépuscule. Frère et sœur. Le péché aux grenouilles. La fille du pêcheur. — 1883. *Alma parens.* La nuit. Le jour. La jeunesse de Bacchus. Le panier de pommes. Orpheline à la fontaine. Vol d'amour. Petite vendangeuse. Récolte des noisettes. — 1884. Amour combattant. Adoration des bergers. Le déjeuner. L'étoile perdue. Byblis. La leçon difficile. La pluie. La parure. — 1885. L'Amour désarmé. Jeune fille allant à la fontaine. Méditation. — 1886. L'étoile perdue. Le printemps. Au bord de l'eau. Tricoteuse assise. La soif. Sœur aînée. Pelote de laine. Au pied de la falaise. — 1887. Tête de Diane. Amour vainqueur. — 1888. Frère et sœur. Notre-Dame des anges. Allant au bain. Au bord du ruisseau. Premier deuil. L'Amour au papillon. — 1889. Petite boudeuse. Psyché et l'Amour. Enlèvement. La leçon. Distraction. La tartine. Les saintes femmes au tombeau (m. d'Anvers). Chanson du printemps. — 1890. Psyché et l'Amour enfants. Première rêverie. Vocation. Pastourelle. Premier rêve d'amour. L'Amour aux aguets. Suzanne. Câlinerie. — 1891. Boucles d'oreille. Petite fille aux mûres. Amour au papillon. Pandore. Amour mouillé. Premiers bijoux. Gardeuse d'oies. Collation. L'abri. Cruche cassée. Avant le bain. La Muse. — 1892. La cueillette. L'éveil du cœur. Tricoteuse. Psyché. Le guêpier. Distraction. Premiers chagrins. — 1893. Réflexion. La cueillette. L'éveil du cœur. Offrande à l'Amour. L'agrafe. La jeunesse. Hésitation. La fleur. L'innocence. Petite fille à la cruche. Le lever. Le secret. Gardeuse de dindons. — 1894. L'Amour piqué. La perle. L'Amour à l'épine. Souvenir. Méditation. Jeune fille à la palme. Fardeau agréable. Espièglerie. Pâquerettes. Le déjeuner. L'automne. Baigneuse mettant sa sandale. Ravissement de Psyché. — Peintures murales dans les églises Sainte-Clotilde, Saint-Augustin et Saint-Vincent-de-Paul à Paris, dans la cathédrale de la Rochelle, dans l'hôtel de M. Péreire, de M. Bartholony et au grand théâtre de Bordeaux.

---

838. — BOUTARIC (Paul, Edgar), ✳

Élu, le 25 février 1876, membre de l'Académie des Inscriptions et Belles-Lettres.

Né à Châteaudun (Eure-et-Loir), le 9 septembre 1829. — 1852. Archiviste aux Archives nationales. — 1866. Sous-Chef. — 1869. Professeur à l'École des Chartes. — 1873. Chef de la section administrative aux Archives nationales. — Mort à Paris, le 17 décembre 1877.

Ouvrages. — 1861. La France sous Philippe le Bel. — 1863. Actes du Parlement de Paris de 1254 à 1328, in-4. Institutions militaires de la France, avant les armées permanentes. — 1866. Correspondance secrète de Louis XV, sur la politique étrangère, 2 vol. — 1870. Saint Louis et Alphonse de Poitiers. — Publication des mémoires de Frédéric II.

---

839. — PARIS (Gaston, Bruno, Paulin), O. ✳

Élu, le 12 mai 1876, membre de l'Académie des Inscriptions et Belles-Lettres.

Né à Avenay (Marne), le 9 août 1839. — 1862. Archiviste paléographe. — 1865. Docteur ès lettres. — 1872. Professeur de langue et littérature française du moyen âge au Collège de France. — 1872. Membre du Conseil supérieur de l'Instruction publique. — 1885. Président de la section des Sciences historiques et philologiques à l'École pratique des Hautes Études. — 1895. Administrateur du Collège de France.

Ouvrages. — 1862. Étude sur le rôle de l'accent latin dans la langue française. — 1865. *De pseudo Turpino*, histoire poétique de Charlemagne. — 1872. La vie de saint Alexis, poème du XIe siècle, et renouvellement des XIIe, XIIIe et XIVe siècles. — 1885. La poésie au moyen âge : leçons et lectures, 2 vol. — 1887. Extraits de la chanson de Roland. — 1888. Manuel d'ancien français, t. Ier. — Direction de la Revue critique d'histoire et de littérature et de la Romania. Collaboration au Journal des Savants et à de nombreux recueils.

---

840. — VULPIAN (Edme, Félix, Alfred), O. ✳

Élu, le 22 mai 1876, membre de l'Académie des Sciences (section de Médecine et Chirurgie).
Élu, le 29 mars 1886, secrétaire perpétuel pour les Sciences physiques.

Né à Paris, le 5 janvier 1826. — 1854. Docteur en médecine. — 1860. Agrégé. — 1861. Professeur suppléant au Muséum. — 1867. Professeur d'anatomie pathologique, puis (1872) de pathologie comparée et expérimentale à la Faculté de Médecine de Paris. — 1875. Doyen de la même Faculté. — Mort à Paris, le 18 mai 1887.

Ouvrages. — 1860. Des pneumonies secondaires. — 1866. Leçons sur la physiologie générale et comparée du système nerveux. — 1874-75. Leçons sur l'appareil vaso-moteur, 2 vol. — 1878. Clinique médicale de l'hôpital de la Charité. — 1880. De l'influence de la faradisation localisée sur l'anesthésie de causes diverses. — 1881. Du mode d'action du salicylate de soude dans le traitement du rhumatisme articulaire aigu. — 1882. Cours de pathologie expérimentale, 2 vol.

---

841. — BLANC (Alexandre, Auguste, Philippe, Charles), ✳

Élu, le 8 juin 1876, membre de l'Académie française.

Né à Castres (Tarn), le 17 novembre 1813. — 1848 à 1852 et 1870 à 1873. Directeur des Beaux-

Arts. — 1868. *Membre libre de l'Académie des Beaux-Arts.* — 1878 à 1882. Professeur d'esthétique et d'histoire de l'art au Collège de France. — Mort à Paris, le 17 janvier 1882.

Ouvrages. — 1845. Histoire des peintres français au XIXe siècle. — 1849-75. Histoire des peintres de toutes les écoles, 14 vol. in-4. — 1853. Les peintres des fêtes galantes. — 1855. Granville, in-12. — 1857. Les trésors de l'art à Manchester. De Paris à Venise, notes au crayon, in-12. — 1857-58. Le trésor de la curiosité, 2 vol. — 1859. L'œuvre de Rembrandt, in-fol. et in-4. — 1867. Grammaire des arts du dessin. — 1870. Ingres, sa vie et ses ouvrages. — 1871. Le cabinet de M. Thiers. — 1875. L'art dans la parure et le vêtement. — 1876. Les artistes de mon temps. Voyage de la haute Égypte. — 1878. Les beaux-arts à l'exposition de 1878. — 1881. Grammaire des arts décoratifs. — 1888. La sculpture. — 1889. Histoire de la renaissance artistique en Italie. — Collaboration à la Gazette des beaux-arts, au Temps, au Bon Sens, à la Revue du progrès, au Courrier français, à l'Artiste, au Journal de Rouen, au Propagateur de l'Aube et au Journal de l'Eure.

Son éloge a été prononcé par M. Pailleron, dans la séance de l'Académie française du 17 janvier 1884.

---

842. — BOISSIER (Marie, Louis, Antoine, Gaston), C. ✻

Élu, le 8 *juin* 1876, *membre de l'Académie française. Élu, le* 22 *janvier* 1886, *membre de l'Académie des Inscriptions et Belles-Lettres. Élu, le* 2 *mai* 1895, *Secrétaire perpétuel de l'Académie française.*

Né à Nîmes (Gard), le 15 août 1823. — 1846. Agrégé des classes supérieures. — 1846. Professeur de rhétorique au collège d'Angoulême. — 1847. Professeur de rhétorique au collège de Nîmes. — 1856. Docteur ès lettres. — 1857. Professeur au lycée Charlemagne. — 1861. Professeur suppléant au Collège de France. — 1865. Maître de conférences de langue et littérature française, puis (1867) de langue et littérature latine à l'École Normale. — 1869. Professeur de poésie latine au Collège de France. — 1892 à 1895. Administrateur du Collège de France.

Ouvrages. — 1857. Le poète Attius. — 1859. Étude sur Terentius Varron. — 1863. Recherches sur la manière dont furent publiées les lettres de Cicéron. — 1866. Cicéron et ses amis. — 1874. La religion romaine d'Auguste aux Antonins, 2 vol. — 1875. L'opposition sous les Césars. — 1880. Promenades archéologiques : Rome et Pompéi. — 1886. Nouvelles promenades archéologiques : Horace et Virgile. — 1887. Mme de Sévigné. — 1890. Saint Simon. — 1891. La fin du paganisme, 2 vol. — Collaboration à la Revue des Deux Mondes, à la Revue de l'instruction publique et au Journal des savants.

---

843. — REYER (Louis, Étienne, Ernest), C. ✻

Élu, le 11 *novembre* 1876, *membre de l'Académie des Beaux-Arts (section de Composition musicale).*

Né à Marseille (Bouches-du-Rhône), le 1er décembre 1828.

Œuvres principales. — 1847. Messe en ré. — 1850. Le Sélam (ode symphonique). — 1854. Maître Wolfram (op.-c.). — 1858. Sacountala (ballet). — 1861. La statue (op.). — 1862. Erostrate (op.). — 1884. Sigurd (op.) — 1890. Salambo (op.). — S. d. Hymne du Rhin. La Madeleine au désert (scène dramatique). Le chant des paysans. Les buveurs. Les assiégés (chœur). — Recueil de quarante mélodies anciennes. Vingt mélodies pour chant et piano. Marche tzigane. Divers morceaux de musique religieuse.

Ouvrage. — 1875. Notes de musique, in-12. — Collaboration à la Presse, à la Revue de Paris, au Courrier de Paris, au Journal des Débats et à l'Athenæum.

---

844. — DUBOIS (Paul), G. O. ✻

Élu, le 30 *décembre* 1876, *membre de l'Académie des Beaux-Arts (section de Sculpture).*

Né à Nogent-sur-Seine (Aube), le 18 juillet 1829. — 1873. Conservateur au musée du Luxembourg. — 1878. Directeur de l'École des Beaux-Arts.

Œuvres principales. — 1863. Saint Jean-Baptiste et Narcisse au bain (m. du Luxembourg). — 1865. Chanteur florentin (m. du Luxembourg). — 1867. La Vierge et l'enfant Jésus. — 1873. Ève naissante. — 1876. Le Courage militaire (cathédrale de Nantes). La Charité (cathédrale de Nantes). — 1878. La Foi (cathédrale de Nantes). La Méditation (cathédrale de Nantes). Le général de la Moricière (cathédrale de Nantes). — 1886. Le connétable de Montmorency (Chantilly). — 1889 et 1895. Statues équestres de Jeanne d'Arc.

Bustes. — 1875. M. Henner. — 1878. P. Baudry. — 1880. Pasteur (marbre). — 1882. Cabanel. — 1886. Gounod. — 1889. Bonnat. — 1890. Pasteur (bronze). — 1895. M. le duc d'Aumale.

845. — VAN TIEGHEM (Philippe, Édouard, Léon), ✻

Élu, le 8 janvier 1877, membre de l'Académie des Sciences (section de Botanique).

Né à Bailleul (Nord), le 19 avril 1839. — 1864. Agrégé. — 1864. Préparateur d'Histoire naturelle à l'École Normale. — 1864 à 1879. Maître de conférences de botanique à l'École Normale. — 1865. Docteur ès sciences physiques. — 1867. Docteur ès sciences naturelles. — 1873 à 1886. Professeur de biologie à l'École Centrale des Arts et Manufactures. — 1879. Professeur de botanique (organographie et physiologie végétale) au Muséum d'Histoire naturelle. — 1886. Professeur de botanique à l'École Normale supérieure de jeunes filles de Sèvres.

Ouvrages. — 1871. Recherches sur la structure du pistil et sur l'anatomie comparée de la fleur, 2 vol. in-4. — 1872. Recherches sur la symétrie de structure des plantes vasculaires. — 1879. Recherches sur les mucorinées. 3 vol. — 1884. Traité de botanique, 2 vol. — 1885. Éléments de botanique, 2 vol. in-12. — 1889. Recherches sur l'origine des membres endogènes dans les plantes vasculaires. — Traduction du traité de botanique de Sachs.

846. — PASSY (Frédéric), ✻

Élu, le 3 février 1877, membre de l'Académie des Sciences morales et politiques (section d'Économie politique).

Né à Paris, le 20 mai 1822. — 1846 à 1849. Auditeur au Conseil d'État. — 1875. Professeur d'économie politique aux Écoles normales primaires de Versailles et de Paris. — 1878 à 1889. Professeur d'économie politique au collège Chaptal. — 1881 à 1889. Député de la Seine. — 1881. Professeur d'économie politique à l'École des Hautes Études commerciales.

Ouvrages. — 1845. De l'usufruit, de l'usage et de l'habitation. — 1846. Instruction secondaire : ses défauts, leurs causes et les moyens d'y remédier. — 1848. Suppression des lois qui régissent le taux de l'intérêt. — 1856. La contrainte et la liberté. — 1857. Mélanges économiques, in-12. — 1859. L'enseignement obligatoire, in-12. La propriété intellectuelle, in-12. — 1861. Leçons d'économie politique, professées à Montpellier. — 1864. La démocratie et l'instruction. Les machines, in-12. — 1867. La paix et la guerre, in-12. — 1871. La barbarie moderne. — 1872. L'histoire du travail, in-12. La question des jeux, in-12. Revanche et relèvement. — 1873. Communauté et communisme, in-12. De l'importance des études économiques. — 1874. La solidarité du capital et du travail. L'éducation mutuelle, in-12. — 1876. De l'enseignement élémentaire de l'économie politique. — 1878. De l'arbitrage international. — 1879. La liberté du travail et les traités de commerce. Discours sur le rétablissement des tours. — 1880. Georges Stephenson et la naissance des chemins de fer, in-12. — 1881. La liberté individuelle. — 1883. Ricardo et sa doctrine. Coup d'œil sur l'histoire de l'économie politique. — 1886. La question du latin. — 1888. L'idée de Dieu et la liberté, in-12. Les fables de La Fontaine. — 1890. L'école de la liberté. Le devoir social. — Collaboration au Journal des économistes, au Correspondant, à la Revue contemporaine, à l'Économiste belge, à l'Économiste français, au Progrès et à l'Encyclopédie de l'agriculture.

847. — DEBRAY (Jules, Henri), O. ✻

Élu, le 26 février 1877, membre de l'Académie des Sciences (section de Chimie).

Né à Amiens (Somme), le 26 juillet 1827. — 1850. Agrégé. — 1855. Docteur ès sciences. — 1855. Professeur au lycée Charlemagne. — 1875 à 1888. Maître d. conférences de chimie à l'École Normale. — 1881. Professeur de chimie à la Faculté des Sciences de Paris. — Mort à Paris, le 9 juillet 1888.

Ouvrages. — 1855. Du glucium et de ses composés, in-4. — 1863. Des principales sources de lumière. Métallurgie du platine et des métaux qui l'accompagnent, 2 vol. — 1865. Cours élémentaire de chimie.

---

848. — HÉBERT (Edmond), C. ✻

Élu, le 19 mars 1877, membre de l'Académie des Sciences (section de Minéralogie).

Né à Villefargeau (Yonne), le 12 juin 1812. — 1836. Professeur au collège de Meaux. — 1838. Préparateur de chimie à l'École Normale. — 1841 à 1852. Sous-Directeur des études à l'École Normale. — 1852 à 1857. Directeur des études scientifiques et maître de conférences à l'École Normale. — 1857. Docteur ès sciences. — 1857. Professeur de géologie à la Faculté des Sciences de Paris. — 1886. Doyen de la Faculté des Sciences. — Mort à Paris, le 4 avril 1890.

Ouvrages. — 1857. Les mers anciennes et leurs rivages dans le bassin de Paris. — 1861. Mémoires sur les fossiles de Montreuil-Bellay. — 1868. Les oscillations de l'écorce terrestre. — 1883. Notions générales de géologie, in-12.

---

849. — SARDOU (Victorien), C. ✻

Élu, le 7 juin 1877, membre de l'Académie française.

Né à Paris, le 5 septembre 1831.

Ouvrages. — *Théâtre.* — 1854. La taverne des étudiants. — 1859. Les gens nerveux. Les premières armes de Figaro. — 1860. Les femmes fortes (vaudeville). M. Garat. Les pattes de mouches. — 1861. L'écureuil. Nos intimes. Piccolino. — 1862. Les ganaches. La papillonne. La perle noire. Les prés Saint-Gervais. — 1863. Bataille d'amour. Les diables noirs. Les vieux garçons. — 1864. Le capitaine Henriot. Le dégel. Don Quichotte. Les pommes du voisin. — 1865. La famille Benoiton. — 1866. Maison neuve. Nos bons villageois. — 1868. Séraphine. — 1869. Patrie. — 1870. Fernande. — 1872. Le roi Carotte. Rabagas. — 1873. Les merveilleuses. L'oncle Sam. — 1874. La haine. Le magot. Les prés Saint-Gervais (op.-c.). — 1875. Andréa. Ferréol. — 1876. L'hôtel Godelot. Piccolino (op.-c.). — 1877. Dora. — 1878. Les bourgeois de Pont-Arcy. Les noces de Fernande. — 1880. Daniel Rochat. Divorçons. — 1881. Odette. — 1882. Fédora. — 1884. Théodora. — 1885. Georgette. — 1886. Le crocodile. Patrie (op.). — 1887. La Tosca. — 1889. Belle maman. Marquise. — 1890. Cléopâtre. — 1891. Thermidor. — 1893. Madame Sans-Gêne. — 1894. Gismonda.

Œuvres diverses. — 1862. La perle noire (roman). — 1878. L'heure du spectacle. — 1883. Mes plagiats. — — 1895. La maison de Robespierre.

---

850. — AUCOC (Jean, Léon), G. O. ✻

Élu, le 15 décembre 1877, membre de l'Académie des Sciences morales et politiques (section de Législation).

Né à Paris, le 10 septembre 1828. — 1852. Auditeur au Conseil d'État. — 1860. Maître des requêtes. — 1865. Chargé de conférences à l'École Nationale des Ponts et Chaussées. — 1869. Conseiller d'État. — 1870. Membre de la commission provisoire chargée de remplacer le Conseil d'État. — 1872 à 1879. Président de section au Conseil d'État. — 1881 à 1890. Professeur de droit administratif à l'École nationale des Ponts et Chaussées.

Ouvrages. — 1858. Des sections de commune, 1 vol. in-12. Des obligations des fabriques et des communes relativement aux dépenses du culte. — 1862. Des alignements individuels délivrés par les maires. — 1863. Les sections de commune et la mise en valeur des bien communaux. — 1864. La juridiction administrative et les préjugés. — 1869. Du caractère et des effets des actes administratifs qui délimitent le domaine public. — 1869-1876. Conférences sur l'administration et le droit administratif, faites à l'École des ponts et chaussées, 3 vol. — 1872. Des règlements d'administration publique et de l'intervention du conseil d'État dans la rédaction de ces règlements. — 1874. De la compétence respective du pouvoir législatif et du pouvoir exécutif en matière d'autorisation de travaux publics. Observations sur la codification des lois. — 1875. Du régime des travaux publics en Angleterre. Des moyens employés pour constituer le réseau des chemins de fer français. — 1876. Le conseil d'État avant et depuis 1789 : ses transformations, ses travaux et son personnel. — 1877. Le conseil d'État et les recours pour excès de pouvoir. — 1878. De la propriété des églises paroissiales et des presbytères. — 1885. La question des propriétés primitives. — 1887. De la délimitation du rivage de la mer et de l'embouchure des fleuves et rivières. — 1889. L'Institut de France ; lois, statuts et règlements concernant les anciennes académies et l'Institut de 1635 à 1889. — L'Institut de France et les anciennes académies. — 1892. De l'usage et de l'abus en matière de législation comparée.

Collaboration à l'École des communes, à la Revue critique de législation et de jurisprudence, au Bulletin de la Société de législation comparée, au Dictionnaire général d'administration et au Dictionnaire de l'administration française.

---

851. — PEISSE (Jean, Louis, Hippolyte), O. ✳

Élu, le 15 décembre 1877, membre de l'Académie des Sciences morales et politiques (section de Philosophie).

Né à Aix (Bouches-du-Rhône), le 1ᵉʳ janvier 1803. — 1835. Conservateur des modèles et objets d'art de l'École des Beaux-Arts. — Mort à Paris, le 13 octobre 1880.

Ouvrages. — 1827-28. Les médecins français contemporains. — 1844. P.-J. Cabanis. — 1857. La médecine et les médecins, 2 vol. in-12. Traduction des Fragments de philosophie de W. Hamilton, des Éléments de philosophie de Dugald-Stewart, des Lettres philosophiques de Galuppi et de la Logique de Stuart Mill. Collaboration au National, à la Revue des Deux Mondes et à la Gazette médicale de Paris.

---

852. — HERVEY-SAINT-DENYS (le Marquis Marie, Jean, Léon d'), ✳

Élu, le 8 février 1878, membre de l'Académie des Inscriptions et Belles-Lettres.

Né à Paris, le 6 mai 1823. — 1872. Professeur suppléant au Collège de France. — 1874 à 1892. Professeur de langue et littérature chinoise et tartare-mandchou au Collège de France. — Mort à Paris, le 2 novembre 1892.

Ouvrages. — 1844. Le poil de la prairie (tr. de Los Herreros). — 1849. L'insurrection de Naples en 1647 (tr. du duc de Rivas). — 1850. Histoire du théâtre en Espagne. De la rareté et du prix des médailles romaines. — 1851. Recherches sur l'agriculture des Chinois. Un roi. — 1856. Histoire de la révolution dans les Deux Siciles depuis 1793. — 1862. Poésies de l'époque des Thang. Étude sur l'art poétique en Chine. — 1874-67. Collection ethnographique. — 1869. Recueil de textes de chinois moderne. Des rêves et des moyens de les diriger. — 1870. Le Li-Sao (tr. du chinois). — 1876-84. Ethnographie des peuples étrangers à la Chine, 2 vol. in-4. — 1876. Mémoire sur le pays connu sous le nom de Fou-vang. — 1885. Trois nouvelles chinoises, in-12. — 1886. L'Annam et la Cochinchine. — 1889. La tunique des perles, un serviteur méritant et Tang-li-Kiai-Ysuen, nouvelles ; in-12.

---

853. — BERTINOT (Gustave, Nicolas), ✳

Élu, le 9 février 1878, membre de l'Académie des Beaux-Arts (section de Gravure).

Né à Louviers (Eure), le 23 juin 1822. — 1850. Grand Prix de Rome. — Mort à Paris, le 19 avril 1888.

Œuvres principales. — 1849. Baigneuse (Norblin). — 1852. Faune (Gumery). — 1855. La Vierge au rosaire (Sassoferrato). — 1857. Clément IX (Vélasquez). L'amour fraternel (Bouguereau). — 1858. Hérodiade (Luini). — 1860. Jeune mère italienne (Jalabert). — 1861. Salomé recevant la tête de saint Jean-Baptiste (Luini). — 1862. Le bouquet (Toulmouche). Portrait de Van Dyck. — 1866. La Vierge au donateur (Van Dyck). — 1867. Marguerite aux bijoux (Merle). — 1869. Portrait de Brascassat. La danse (Bouguereau). Le Christ succombant sous la croix. (Lesueur). — La Vierge au donateur (Van Dyck). 1870. Pénélope (Marchal). — 1872. Pastorale (Bouguereau). Une jeune mère (Bouguereau). — 1874. Mgr Darboy (Lehmann). La belle jardinière (Raphaël). — 1879. La Vierge, l'Enfant Jésus et saint Jean-Baptiste (Bouguereau). — 1881. Le Christ en croix (Ph. de Champaigne). — 1882.

Portrait de Ph. Martinet. — 1883. Les pèlerins d'Emmaüs (Titien). — 1884. Les Bergers (Baudry). — 1885. Thisbée (Long). — 1887. Portrait de Chérubini (Ingres). — 1888. Mort de saint François d'Assise (Benouville).

Une notice sur sa vie a été lue par M. Röty, dans la séance de l'Académie des Beaux-Arts du 2 décembre 1889.

854. — TISSERAND (François, Félix), O. ✳

Élu, le 18 mars 1878, membre de l'Académie des Sciences (section d'Astronomie).

Né à Nuits (Côte-d'Or), le 15 janvier 1845. — 1866. Agrégé. — 1868. Docteur ès sciences. — 1866. Astronome adjoint à l'Observatoire de Paris. — 1873. Directeur de l'Observatoire de Toulouse. — 1873. Professeur d'astronomie à la Faculté des sciences de Toulouse. — 1874. *Correspondant de l'Institut.* — 1878. Membre du Bureau des Longitudes. — 1882. Professeur de mécanique rationnelle, puis (1883) d'astronomie mathématique à la Faculté des Sciences de Paris. — 1892. Directeur de l'Observatoire de Paris.

Ouvrages. — 1876. Recueil complémentaire d'exercices sur le calcul infinitésimal. — 1888-90. Traité de mécanique céleste, 4 vol. in-4. — Mémoires insérés dans les Annales de l'observatoire, les Comptes rendus de l'Académie des sciences et les Mémoires de l'académie de Toulouse. Notices dans l'Annuaire du bureau des longitudes.

855. — MARIETTE (François, Auguste, Ferdinand), C. ✳

Élu, le 10 mai 1878, membre de l'Académie des Inscriptions et Belles-Lettres.

Né à Boulogne (Pas-de-Calais), le 11 février 1821. — 1848. Attaché au Musée égyptien du Louvre. — 1853. Conservateur adjoint. — 1856. Inspecteur et conservateur des monuments de l'Égypte. — 1860. Bey. — 1863. *Correspondant de l'Institut.* — 1870. Pacha. — Mort au Caire (Égypte), le 18 janvier 1881.

Ouvrages. — 1847. Lettres à M. Bouillet. — 1855-56. Choix de monuments et de dessins découverts pendant le déblaiement du Sérapéum de Memphis, in-4. — 1857-66. Le Sérapéum de Memphis, in-fol. — 1864. Aperçu de l'histoire d'Égypte. Principaux monuments exposés à Boulak. — 1865. Nouvelle table d'Abydos. — 1867. Fouilles exécutées en Égypte, en Nubie et au Soudan, in-fol. — 1870. Abydos : description des fouilles, in-fol. — 1871-73. Les papyrus égyptiens du musée de Boulak, 3 vol. in-fol. — 1872-75. Monuments divers recueillis en Égypte et en Nubie. — 1872. Itinéraire de la haute Égypte. — 1873-75. Denderah, 5 vol. in-fol. — 1875. Karnak, in-fol. Les listes géographiques des pylônes de Karnak, in-4. — 1877. Deir-el-Bahari, documents recueillis pendant les fouilles in-4. — 1882-86. Les Mastaba de l'ancien empire, in-4.

Une notice sur sa vie a été lue par M. Wallon, dans la séance de l'Académie des Inscriptions et Belles-Lettres du 23 novembre 1883.

856. — CORNU (Marie, Alfred), O. ✳

Élu, le 3 juin 1878, membre de l'Académie des Sciences (section de Physique générale).

Né à Orléans (Loiret), le 6 mars 1841. — 1866. Ingénieur des Mines. — 1867. Docteur ès sciences. — 1867. Professeur de physique à l'École Polytechnique. — 1883. Ingénieur en chef. — 1888. Membre du Bureau des Longitudes.

Ouvrages. — 1870. Sur un nouveau polarimètre. — 1871. Sur le renversement des raies spectrales de vapeurs métalliques. — 1873. Extension des résultats au mode mineur. — 1881. Le spectre normal du soleil. — 1886. Étude des bandes telluriques du spectre solaire.

857. — FRIEDEL (Charles), O. ✻

Élu, le 1ᵉʳ juillet 1878, membre de l'Académie des Sciences (section de Chimie).

Né à Strasbourg (Bas-Rhin), le 12 mars 1832. — 1869. Docteur ès sciences. — 1871 à 1876. Maître de conférences à l'École Normale. — 1876. Professeur de minéralogie, puis (1884) de chimie organique à la Faculté des Sciences de Paris.

Ouvrages. — 1885. Notice sur la vie de M. Ad. Wurtz. — 1887. Cours de chimie organique, 2 vol. — 1888. Cours de minéralogie, 2 vol. — Collaboration au Dictionnaire de chimie de Wurtz, aux Annales de chimie et de physique et au Bulletin de la Société chimique.

858. — PICOT (Georges, Marie, René).

Élu, le 6 juillet 1878, membre de l'Académie des Sciences morales et politiques (section d'Histoire).

Né à Paris, le 24 décembre 1838. — 1858. Avocat à la Cour d'appel de Paris. — 1865. Juge suppléant au Tribunal de la Seine. — 1872. Juge au Tribunal de la Seine. — 1877 à 1879. Directeur des affaires criminelles et des grâces au Ministère de la Justice.

Ouvrages. — 1862. Notes sur l'organisation des tribunaux de police à Londres. — 1863. Recherches sur la mise en liberté sous caution. Loi sur les flagrants délits. — 1865. Observations sur le projet de loi réorganisant la mise en liberté provisoire. — 1866. Le traité d'extradition entre la France et l'Angleterre. — 1870. Les fortifications de Paris : Vauban et le gouvernement parlementaire, in-12. — 1872. Histoire des états généraux, 4 vol. — 1874. Le droit électoral de l'ancienne France. — 1875. Recherches sur les quartiniers, cinquanteniers et dixainiers de la ville de Paris. Documents inédits relatifs aux états généraux. — 1877. Le parlement de Paris sous Charles VIII. Réformes et projets judiciaires (1875 à 1877). — 1880. Les papiers du duc de Saint-Simon aux archives des affaires étrangères. Étienne Marcel : la légende et la vérité historique. — 1881. La réforme judiciaire en France. — 1883. M. Dufaure, sa vie et ses discours. Le dépôt légal et nos collections nationales. — 1884. La magistrature et la démocratie. Doléances des habitants de Paris aux états généraux de 1614. — 1885. Un devoir social et les logements d'ouvriers, in-12. — 1886. Le vrai parti conservateur, in-12. Des études qui conviennent aux hommes éloignés des fonctions publiques. — 1887. L'esprit de gouvernement dans une démocratie. — 1889. Le centenaire de l'assemblée de Vizille, in-12. — 1889. Des habitations à bon marché. L'esclavage au centre de l'Afrique. Le Journal des Débats sous le gouvernement de Juillet. — 1891. Exposition universelle de 1888 : rapport sur les habitations ouvrières. — 1892. La protection de l'écolier et de l'apprenti. La pacification religieuse et les suspensions de traitement, in-12. La République et ses véritables adversaires. — Collaboration à la Revue des Deux Mondes, à la Revue critique de législation, au Français, au Journal des Débats, au Parlement, à la Réforme sociale et au Bulletin du comité des travaux historiques.

859. — LEROY-BEAULIEU (Pierre, Paul), ✻

Élu, le 6 juillet 1878, membre de l'Académie des Sciences morales et politiques (section d'Économie politique).

Né à Saumur (Maine-et-Loire), le 9 décembre 1843. — 1872. Professeur à l'École des Sciences politiques. — 1878. Professeur suppléant au Collège de France. — 1880. Professeur d'économie politique au Collège de France.

Ouvrages. — 1867. De l'état moral et intellectuel des populations ouvrières et de son influence sur le taux des salaires. — 1869. Recherches économiques, historiques et statistiques sur les guerres contemporaines, in-12. — 1872. L'administration locale en France et en Angleterre. — 1873. Le travail des femmes au XIXᵉ siècle. — 1874. De la colonisation chez les peuples modernes. — 1876. Traité de la science des finances, 2 vol. — 1880. La question ouvrière au XIXᵉ siècle, in-12. — 1881. Essai sur la répartition des richesses et la tendance à une moindre inégalité des conditions. — 1883. Le collectivisme, examen critique du nouveau socialisme. — 1888. L'Algérie et la Tunisie. Précis d'économie politique, 1 vol. in-12. — 1890. L'État moderne et ses fonctions. — Collaboration à la Revue nationale, à la Revue des Deux Mondes, au Journal des Débats et à l'Économiste français.

860. — DARESTE DE LA CHAVANNE (Rodolphe), O. ✻

Élu, le 6 juillet 1878, membre de l'Académie des Sciences morales et politiques
(section de Législation).

Né à Paris, le 26 décembre 1824. — 1846. Archiviste Paléographe. — 1847. Docteur en droit.
— 1850. Docteur ès lettres. — 1851. Avocat au Conseil d'État et à la Cour de cassation. — 1871.
Président de l'Ordre. — 1877. Conseiller à la Cour de cassation.

Ouvrages. — 1850. Essai sur François Hotman. *De forma et conditione Siciliæ provinciæ Romanæ.* — 1851. De la
propriété en Algérie. — 1853. Code des pensions civiles, in-12. — 1862. La justice administrative en France. —
1875. Les plaidoyers civils de Démosthène, 2 vol. in-12. — 1876. François Hotman, sa vie et sa correspondance.
— 1879. Les plaidoyers politiques de Démosthène, 2 vol. in-12. — 1889. Études d'histoire du droit. — 1891-92.
Recueil des inscriptions juridiques grecques. — 1892. Traduction du code civil de Monténégro. — 1893. La science
du droit en Grèce : Platon, Aristote, Théophraste. — Collaboration à la Bibliothèque de l'École des chartes, à
l'Annuaire de la Société des études grecques, à la Revue des études grecques, à la Revue historique de droit
français et étranger, au Journal des savants et au Bulletin de législation comparée.

861. — TAINE (Hippolyte, Adolphe), ✻

Élu, le 14 novembre 1878, membre de l'Académie française.

Né à Vouziers (Ardennes), le 21 avril 1828. — 1851 à 1852. Professeur aux lycées de Nevers et
de Poitiers. — 1853. Docteur ès lettres. — 1863 à 1866. Examinateur à l'École militaire de Saint-Cyr.
— 1864. Professeur d'histoire de l'art et d'esthétique à l'École des Beaux-Arts. — Mort à Paris, le
5 mars 1893.

Ouvrages. — 1853. *De personis Platonicis.* Essai sur les fables de La Fontaine. — 1854. Essai sur Tite-Live,
in-12. — 1855. Voyage aux eaux des Pyrénées, in-12. — 1856. Les philosophes français du XIXe siècle, in-12. — 1857.
Essais de critique et d'histoire, in-12. — 1860. La Fontaine et ses fables, in-12. — 1864. Histoire de la littérature
anglaise, 4 vol. in-12. L'idéalisme anglais, étude sur Carlyle, in-12. Le positivisme anglais, étude sur Stuart Mill, in-12.
— 1865. Les écrivains anglais contemporains. Nouveaux essais de critique et d'histoire, in-12. Philosophie de l'art,
in-12. — 1866. Philosophie de l'art en Italie, in-12. Voyage en Italie, 2 vol. — 1867. Notes sur Paris, in-12. L'idéal
dans l'art, in-12. — 1868. Philosophie de l'art dans les Pays-Bas, in-12. — 1869. Philosophie de l'art en Grèce. —
1870. De l'intelligence, 2 vol. — 1871. Du suffrage universel et de la manière de voter, in-12. Un séjour en France
de 1792 à 1795, in-12. Notes sur l'Angleterre, in-12. — 1876-94. Origines de la France contemporaine (t. I : L'ancien régime; II à IV : La révolution; V et VI : Le régime moderne). — 1894. Derniers essais de critique et d'histoire, in-12.

Son éloge a été prononcé par M. Albert Sorel, dans la séance de l'Académie française du
7 février 1895.

862. — BARBIER de MEYNARD (Charles, Adrien, Casimir), O. ✻

Élu, le 29 novembre 1878, membre de l'Académie des Inscriptions et Belles-Lettres.

Né à Marseille (Bouches-du-Rhône), le 6 février 1826. — 1856. Attaché à la légation de France
en Perse. — 1863. Professeur de turc à l'École des langues orientales vivantes. — 1875. Professeur
de langue persane, puis (1885) de langue arabe au Collège de France.

Ouvrages. — 1852. Notice sur Mohammed Cheïbani. — 1853-1854. Tableau littéraire du Khorassan et de la
Transoxiane au IVe siècle de l'hégire. — 1857. Description de la ville de Kazvin. — 1861. Dictionnaire de la Perse
et des contrées adjacentes. — 1861-1877. Les prairies d'or de Maçondi, traduction, 9 vol. — 1861. Extraits de la
chronique persane d'Hérat. — 1865. Le livre des routes et des provinces d'Ybn Khoradbeh, traduit. — 1869. Ibrahim
fils de Mehdi, scènes de la vie d'artiste au IIIe siècle de l'hégire. — 1874. Le Seïd Himyarite, recherches sur la vie
et les œuvres d'un poète hérétique au IIe siècle de l'hégire. — 1876. Les colliers d'or avec commentaire philologique. Les pensées de Zamakhschari. — 1877. Traduction nouvelle d'un traité philosophique de Ghazoli. — 1878.
« Le livre des rois », épopée persane (t. VII). — 1879. Le boustan ou verger. Poème persan de Saadi; traduction. —
1881-1886. Dictionnaire turc-français. — 1883. Notice sur l'Arabie méridionale d'après un document turc. — 1885.

Trois comédies persanes, texte et glossaire. — 1886. Considérations sur l'histoire d'Homère. — 1886-1889. L'alchimiste ; l'ours et le voleur, comédies en dialecte turc azeri, traduites. — Collaboration aux historiens arabes des croisades (publication de l'Académie des inscriptions et belles-lettres), pour l'achèvement du tome II, 1re partie et la seconde moitié du tome III.

---

863. — SCHEFER (Charles, Henri, Auguste), C. ✳

Élu, le 29 novembre 1878, membre de l'Académie des Inscriptions et Belles-Lettres.

Né à Paris, le 16 novembre 1820. — 1843. Maître répétiteur à l'École des jeunes de langues. — 1843 à 1849. Drogman et chancelier du Consulat général à Beyrouth, à Jérusalem, à Smyrne et à Alexandrie. — 1849. Drogman de l'Ambassade de France à Constantinople. — 1857. Premier Secrétaire interprète pour les langues orientales au Ministère des Affaires étrangères. — 1857. Professeur de persan à l'École des langues orientales vivantes. — 1867. Administrateur de la même École.

Ouvrages. — 1852. Histoire de l'expédition de Dal Taban. Mustapha Pacha, par Khaïri, traduction, *Constantinople*. — 1875. Relation de l'ambassade au Kharezm, par Riza Qouly-Khan, traduction, 2 vol. — 1876. Mir-Abdoul Kerim-Boukhary : histoire de l'Asie centrale, 2 vol. — 1877. Mémoire sur l'ambassade de France à Constantinople, par le comte de Saint-Priest. — 1877. Kakasch de Zaloukemeny : Iter Persicum, traduction, in-12. — 1878. Itinéraires de Pichaver à Kaboul, etc. — 1881. Sefer nanieh, par Naniri Khosran, traduction. Aboul Hassan Aly el-Herewy : Description des lieux saints de la Galilée et de la Palestine, traduction, *Gênes*. Journal d'Antoine Galland (1672-1673). — 1882. Étude sur la « devise des chemins de Babiloine ». Voyage de la sainte cité de Jérusalem en 1480. — 1883. Discours de la navigation de Jean et Raoul Parmentier. Chrestomathie persane, 2 vol. Trois chapitres du Khitay Nameh, par Aly Ekber Khitay, traduction. — 1884. Le voyage d'outre-mer de Jean Thenaud. — 1886. Tableau du règne du sultan Sindjar, par Mohammed Ibn Aly Ravendy, traduction. — 1887. Le voyage de M. d'Aramon, par Jean Chesneau. — 1888. Les voyages de Ludovico di Varthema. — 1889. Quelques chapitres de l'abrégé du Seldjouqnaméh, par Nassir Eddin Yahia, traduction. — 1890. Estat de la Perse en 1660, par le P. Raphaël du Mans. Le voyage de Terre sainte, par Denis Possot. — 1891. Siasset naméh ; traité de gouvernement, par Nizam oul Moulk, traduction, 2 vol. — 1892. Description de Boukhara, par Mohammed Neschakhy. Le voyage d'outremer de Bertrandon de La Brocquière. — 1894. Édition du mémoire sur l'ambassade de France à Constantinople, par le M. de Bonnac.

---

864. — FOUCART (Paul, François), O. ✳

Élu, le 29 novembre 1878, membre de l'Académie des Inscriptions et Belles-Lettres.

Né à Paris, le 24 mars 1836. — 1858. Agrégé des lettres. — 1865. Professeur au lycée Charlemagne. — 1868. Professeur au lycée Bonaparte. — 1873. Docteur ès lettres. — 1874. Chargé de cours au Collège de France. — 1877. Professeur d'épigraphie et d'antiquités grecques au Collège de France. — 1878 à 1890. Directeur de l'École d'Athènes.

Ouvrages. — 1863. Inscriptions recueillies à Delphes. — 1865. Inscriptions inédites de l'île de Rhodes. — 1867. Mémoire sur l'affranchissement des esclaves, par forme de vente à une divinité. — 1868. Mémoire sur les ruines et l'histoire de Delphe. — 1871-78. Inscriptions du Péloponèse. — 1873. Des associations religieuses chez les Grecs. — 1877. Les colonies athéniennes aux IVe et Ve siècles. — 1878. Mélanges d'épigraphie grecque. Voyage archéologique de Le Bas. Les inscriptions du Péloponèse. — 1895. Mémoire sur l'origine et la nature des mystères d'Eleusis. — Articles insérés dans la Revue archéologique, la Revue de philologie, la Revue des études grecques et le Bulletin de correspondance hellénique.

---

865. — MASSENET (Jules, Émile, Frédéric), O. ✳

Élu, le 30 novembre 1878, membre de l'Académie des Beaux-Arts (section de Composition musicale).

Né à Montaud (Loire), le 12 mai 1842. — 1863. Grand Prix de Rome. — 1878. Professeur de composition au Conservatoire de musique.

Œuvres principales. — *Opéras.* — 1868. La grand'tante (op.-c.). — 1873. Don César de Bazan (op.-c.). — 1877. Le roi de Lahore (op.). — 1881. Hérodiade (op.). — 1884. Manon (op.-c.). — 1885. Le Cid (op.). — 1889. Esclarmonde (op.). — 1891. Le mage (op.). — 1892. Werther (op.-c.). — 1894. Thaïs (op.). La Navarraise (op.). Le portrait de Manon (op.-c.).

Compositions diverses. — Poèmes. Première suite d'orchestre. Scènes hongroises. Scènes pittoresques. Scènes dramatiques. Scènes alsaciennes. Scènes napolitaines. Scènes de féerie. — 1873. Marie-Magdeleine. Les Érinnyes. — 1875. Ève. — 1880. La Vierge. — 1884. Musique de scène pour Théodôra.

---

866. — MAREY (Étienne, Jules), O. ✿

Élu, le 2 décembre 1878, membre de l'Académie des Sciences (section de Médecine et Chirurgie).

Né à Beaune (Côte-d'Or), le 5 mars 1830. — 1855. Interne des hôpitaux. — 1859. Docteur en médecine. — 1869. Professeur d'histoire naturelle des corps organisés au Collège de France.

Ouvrages. — 1863. Physiologie médicale de la circulation du sang, in-8. Études physiologiques sur les caractères graphiques des battements du cœur. — 1868. Du mouvement dans les fonctions de la vie. — 1874. La machine animale. — 1879. Physiologie expérimentale, 4 vol. — 1881. La circulation du sang à l'état physiologique et dans les maladies. — 1884. Développement de la méthode graphique par la photographie. Les eaux contaminées et le choléra. — 1887. La méthode graphique dans les sciences expérimentales. — 1889. Physiologie du mouvement : le vol des oiseaux. — 1895. Le mouvement. — Collaboration au Bulletin de l'École normale et au Recueil de l'Académie de médecine.

---

867. — AUDIFFRET-PASQUIER (le duc Edme, Armand, Gaston d').

Élu, le 24 décembre 1878, membre de l'Académie française.

Né à Paris, le 21 octobre 1823. — 1846 à 1848. Auditeur au Conseil d'État. — 1871 à 1875. Député de l'Orne. — 1875. Président de l'Assemblée nationale. — 1876. Sénateur inamovible. — 1876 à 1879. Président du Sénat.

Ouvrage. — 1872. Discours sur les marchés de la guerre, in-12.

---

868. — DELESSE (Achille, Ernest, Oscar, Joseph), O. ✿

Élu, le 6 janvier 1879, membre de l'Académie des Sciences (section de Minéralogie).

Né à Metz (Moselle), le 3 février 1817. — 1845. Ingénieur des Mines. — 1857 à 1881. Maître de conférences de géologie à l'École Normale. — 1864. Ingénieur en chef. — 1864 à 1879. Professeur d'agriculture, de drainage et d'irrigation à l'École des Mines. — 1878. Inspecteur général des Mines. — Mort à Paris, le 24 mars 1881.

Ouvrages. — 1856. Matériaux de construction de l'exposition universelle de 1855. — 1858. Étude sur le métamorphisme des roches. — 1861. De l'azote et des matières organiques de l'écorce terrestre. — 1862. Procédé mécanique pour déterminer la composition des roches. — 1865. Recherches sur l'origine des roches. — 1872. Lithologie des mers de France et des mers principales du globe. — Collaboration à la Revue de géologie.

---

869. — DURUY (Jean, Victor), G. O. ✿

Élu, le 1er février 1879, membre de l'Académie des Sciences morales et politiques. Élu, le 21 février 1884, membre de l'Académie française.

Né à Paris, le 10 septembre 1811. — 1833. Agrégé d'histoire. — 1833. Professeur au collège de Reims. — 1834 à 1848 et 1855 à 1859. Professeur au collège Henri-IV. — 1852. Docteur ès lettres. —

1860 à 1861. Professeur au lycée Saint-Louis. — 1861. Inspecteur de l'Académie de Paris. — 1861-1862. Maître de conférences d'histoire à l'École Normale. — 1862. Professeur à l'École Polytechnique. — 1862-1863. Inspecteur général de l'Instruction publique. — 1863 à 1869. Ministre de l'Instruction publique. — 1869-1870. Sénateur. — 1873. *Membre librè de l'Académie des Inscriptions et Belles-Lettres.* — Mort à Paris, le 25 novembre 1894.

Ouvrages. — 1837. Pandectes pharmaceutiques. — 1839-41. Cahiers de géographie historique, 4 vol. in-12. — 1840. Vie de Notre-Seigneur Jésus-Christ, in-12. — 1843-74. Histoire des Romains et des peuples soumis à leur domination, 7 vol. — 1845. Histoire sainte d'après la Bible, in-12. -- 1846. Atlas de géographie historique universelle, in-fol. — 1847. Histoire romaine depuis les temps les plus reculés jusqu'à l'invasion des barbares, in-12. — 1849. Chronologie de l'atlas historique de la France, in-4. — 1850-55. L'Univers pittoresque : Italie ancienne, 2 vol. — 1850. Abrégé de l'histoire de France, in-12. — 1851. Histoire grecque, in-12. — 1852. Abrégé des histoires ancienne, du moyen âge et moderne, 3 vol. in-12. Abrégé de l'histoire de France, 3 vol. in-12. — 1853. *De Tiberio imperatore.* État du monde romain, vers le temps de la fondation de l'empire. — 1854. Histoire de France, 2 vol. in-12. — 1857. Résumé d'histoire de France, in-12. Abrégé des histoires ancienne, grecque et romaine, 3 vol. in-12. Histoire de France du vᵉ siècle à 1815, 3 vol. in-12. — 1859. Le gouvernement de l'Algérie. — 1860. Les papes princes italiens. — 1861. Histoire de la Grèce ancienne, 2 vol. Histoire du moyen âge, in-12. Histoire des temps modernes, in-12. — 1864. Causeries de voyage : de Paris à Vienne, in-12. — 1865. Introduction générale à l'histoire de France. — 1870. L'administration de l'instruction publique en France de 1863 à 1869. Circulaires et instructions relatives à l'instruction publique. — 1873. Abrégé d'histoire universelle, in-12. — 1875. Histoire de l'Europe et particulièrement de la France, de 395 à 1789, 3 vol. in-12. — 1887-89. Histoire des Grecs, 3 vol. — 1892. Histoire de France, in-4.

870. — LAROMBIÈRE (Léobon, Valéry, Léon, JUPILE-), G. O. ✳

Élu, le 1ᵉʳ février 1879, membre de l'Académie des Sciences morales et politiques (section de Législation).

Né à Saint-Vaury (Creuse), le 23 décembre 1813. — 1835 à 1837. Avocat au Tribunal de Guéret. — 1837 à 1841. Avocat à la Cour de Limoges. — 1841. Substitut à Bellac. — 1843. Substitut à Tulle. — 1848. Procureur de la République à Tulle. — 1849. Substitut du procureur général à Limoges. — 1853. Avocat général à la Cour de Limoges. — 1855. Président de Chambre à la Cour d'appel de Limoges. — 1869. Conseiller à la Cour de cassation. — 1875. Premier Président de la Cour d'appel de Paris. — 1883. Président de Chambre à la Cour de cassation. — 1889. Premier Président honoraire de la Cour de cassation. — Mort à Saint-Vaury, le 13 juin 1893.

Ouvrages. — 1857. Théorie et pratique des obligations, 5 vol. — 1866. Les sections et leurs communaux : ce qu'elles peuvent et doivent en faire.
1878. *Titus Lucretius Carus, de rerum natura,* traduit en vers français. — 1883. *Virgilii Maronis Georgica,* traduit en vers français. — 1885. Rapport présenté à la Cour de cassation au nom de la commission chargée d'examiner le projet de loi sur les faillites.

Une notice sur sa vie a été lue par M. Bétolaud, dans la séance de l'Académie des Sciences morales et politiques du 7 avril 1894.

871. — VAUDREMER (Joseph, Auguste, Émile), O. ✳

Élu, le 22 mars 1879, membre de l'Académie des Beaux-Arts (section d'Architecture).

Né à Paris, le 6 février 1829. — 1854. Grand Prix de Rome. — 1864. Inspecteur général des édifices diocésains.

Œuvres principales. — Église Saint-Pierre de Montrouge. Église Notre-Dame d'Auteuil. Temple protestant de la rue Julien-Lacroix à Paris. Écoles de la rue d'Alésia. Prison de la rue de la Santé. Restauration de la façade latérale de Saint-Germain-l'Auxerrois. Évêché de Beauvais. Lycées Buffon et Molière, à Paris. Lycée de jeunes filles, à Montauban. Lycée de Grenoble. Église grecque, à Paris.

872. — MILNE-EDWARDS (Alphonse), O. ✻

Élu, le 7 avril 1879, membre de l'Académie des Sciences (section d'Anatomie et Zoologie).

Né à Paris, le 13 octobre 1835. — 1859. Docteur en médecine. — 1862. Aide naturaliste au Muséum. — 1865. Professeur à l'École de Pharmacie. — 1876. Professeur d'histoire naturelle des mammifères et des oiseaux au Muséum. — 1891. Directeur du Muséum d'Histoire naturelle.

Ouvrages. — 1864. Recherches anatomiques, zoologiques et paléontologiques sur les familles des chevrotains, in-4. — 1865. Histoire des crustacés podophtalmaires fossiles, in-4. — 1866-72. Recherches pour servir à l'histoire des oiseaux fossiles de la France, in-4. — 1866-74. Recherches sur la faune ornithologique des îles Mascareignes et de Madagascar, in-4. — 1868. Recherches pour servir à l'histoire naturelle des mammifères, 2 vol. in-4. — 1869. Précis d'histoire naturelle, in-12. — 1875. Histoire naturelle des mammifères de Madagascar, 2 vol. in-4. — 1879. Histoire naturelle des oiseaux de Madagascar, 4 vol. in-4. — 1881-82. Éléments d'histoire naturelle des animaux, 2 vol. in-12. — 1888. Expéditions scientifiques du Travailleur et du Talisman pendant les années 1881 à 1888, in-4.

873. — DELAUNAY (Jules, Élie), O. ✻

Élu, le 29 novembre 1879, membre de l'Académie des Beaux-Arts (section de Peinture).

Né à Nantes (Loire-Inférieure), le 13 juin 1828. — 1856. Grand Prix de Rome. — 1883 à 1889. Professeur à l'École des Beaux-Arts. — Mort à Paris, le 8 septembre 1891.

Œuvres principales. — 1853. Jésus chassant les vendeurs du temple. Les paladins de Guérande. — 1856. Retour du jeune Tobie. — 1859. La leçon de flûte. — 1863. Le serment de Brutus (m. de Tours). Mort de la nymphe-Hespérie (Luxembourg). — 1865. La communion des apôtres. Vénus. — 1869. Peste à Rome. Le secret de l'amour. — 1870. Mort de Nessus. Le calvaire. — 1872. Diane. — 1874. David triomphant. — 1876. Ixion précipité dans les enfers. Les deux pigeons. — 1880. Ch. Garnier. — 1886. H. Meilhac. — 1891. Le cardinal Bernadou. — Peintures de la chapelle du monastère de la Visitation à Nantes ; de la chapelle de la Vierge dans l'église de la Trinité, à Paris et de la salle des assemblées générales du conseil d'État, au Palais Royal.

Une notice sur sa vie a été lue par M. Jules Lefebvre, dans la séance de l'Académie des Beaux-Arts du 10 décembre 1892.

874. — PERRIER (François), C. ✻

Élu, le 5 janvier 1880, membre de l'Académie des Sciences (section de Géographie et Navigation).

Né à Valleraugue (Gard), le 18 avril 1833. — 1855. Sous-Lieutenant d'infanterie. — 1857. Lieutenant d'état-major. — 1860. Capitaine. — 1874. Chef d'escadron. — 1875. Membre du Bureau des Longitudes. — 1879. Professeur de géodésie à l'École supérieure de guerre. — 1879. Lieutenant-Colonel d'infanterie. — 1882. Sous-Directeur du Dépôt de la guerre. — 1882. Colonel. — 1887. Général de brigade. — 1887. Directeur du Service géographique de l'armée. — Mort à Montpellier (Hérault), le 20 février 1888.

Ouvrage. — Collaboration au Mémorial du dépôt de la guerre.

875. — HAVET (Auguste, Eugène, Ernest), C. ✻

Élu, le 31 janvier 1880, membre de l'Académie des Sciences morales et politiques (section de Morale).

Né à Paris, le 11 avril 1813. — 1836. Agrégé des classes supérieures. — 1836. Professeur de rhétorique au collège de Dijon. — 1837 à 1853. Maître de conférences à l'École Normale. — 1850. Professeur suppléant à la Faculté des Lettres de Paris. — 1852 à 1862. Professeur de littérature à l'École Polytechnique. — 1854 à 1885. Professeur d'éloquence latine au Collège de France. — Mort à Paris, le 21 décembre 1889.

Ouvrages. — 1843. De la rhétorique d'Aristote. *De Homericorum poematum origine et unitate.* — 1852. Commen. taires et études sur les pensées de Pascal. — 1857. Pascal a-t-il imité Bossuet ? — 1863. Jésus dans l'histoire. — 1872-84. Le christianisme et ses origines, 4 vol. — 1874. Mémoire sur la date des écrits portant les noms de Bérose et de Manéthon. — Collaboration à la Revue des Deux Mondes.

Une notice sur sa vie a été lue par M. Bardoux, dans la séance de l'Académie des Sciences morales et politiques du 25 juin 1892.

---

876. — LABICHE (Eugène, Marin), O. ✳

Élu, le 26 février 1880, membre de l'Académie française.

Né à Paris, le 5 mai 1815. — Mort à Paris, le 22 janvier 1888.

Ouvrages. — *Théâtre.* — 1840. Le fin mot. Bocquet père et fils. — 1841. Le lierre et l'ormeau. — 1842. Les circonstances atténuantes. — 1843. L'homme de paille. — 1844. Le major Cravachon. — 1845. Deux papas très bien. Le roi des Frontins. L'école buissonnière. — 1846. Frisette. L'inventeur de la poudre. Rocambole le batelier. L'enfant de la maison. — 1847. La chasse aux jobards. — 1848. L'art de ne pas donner d'étrennes. Une chaîne anglaise. Agénor le dangereux. Histoire de rire. Un jeune homme pressé. Oscar XXVIII. — 1849. A bas la famille ! Une dent sous Louis XV. Madame Vᵛᵉ Larifla. Rue de l'Homme-Armé. L'exposition des produits de la république. Les manchettes d'un vilain. Trompe la balle. — 1850. Un bal en robe de chambre. Embrassons-nous, Folleville. La fille bien gardée. Un garçon de chez Véry. Le sopha. Les petits moyens. Traversin et couverture. — 1851. En manches de chemise. La femme qui perd ses jarretières. Mam'zelle fait ses dents. Un chapeau de paille d'Italie. On demande des culottières. Une clarinette qui passe. — 1852. Edgar et sa bonne. Soufflez-moi dans l'œil. Maman Sabouleux. Un monsieur qui prend la mouche. Les suites d'un premier lit. Le misanthrope et l'Auvergnat. — 1853. Un ami acharné. Une charge de cavalerie. La chasse aux corbeaux. Un feu de cheminée. Mon Isménie. On dira des bêtises. Le Pompadour des Percherons. Un ut de poitrine. Un notaire à marier. Deux gouttes d'eau. Picolet. — 1854. Un mari qui prend du ventre. Les marquises de la fourchette. Otez votre fille, s. v. p. Espagnols et Boyar-dinos. — 1855. M. votre fille. Les précieux. La perle de la Canebière. — 1856. Les chevaux de ma femme. M. de Saint-Cadenas. Si jamais je te pince. La fiancée du bon coin. En pension chez son groom. — 1857. L'affaire de la rue de Lourcine. Le bras d'Ernest. Les noces de Bouchencœur. L'omelette à la follembuche. Le secrétaire de madame. La dame aux jambes d'azur. Mesdames de Montenfriche. Un monsieur qui a brûlé une dame. — 1858. Le clou aux maris. Deux merles blancs. Je croque ma tante. Madame est aux eaux. Le calife de la rue Saint-Bon. Un gendre en surveillance. L'avare en gants jaunes. — 1859. L'amour, un fort volume. L'avocat d'un grec. Le baron de Fourchevif. En avant les Chinois. Les petites mains. L'école des Arthurs. — 1860. La famille de l'horloger. Un gros mot. J'invite le colonel. Le rouge-gorge. La sensitive. Voyage autour de ma marmite. Le voyage de M. Perrichon. Les deux timides. — 1861. L'amour en sabots. J'ai compromis ma femme. Le mystère de la rue Rousselet. Les vivacités du capitaine Tic. — 1862. Les petits oiseaux. La poudre aux yeux. La station Chambaudet. — 1863. Célimare le bien-aimé. La dame au petit chien. Permettez madame. Les trente-sept sous de Montaudon. — 1864. La commode de Victorine. La cagnotte. Un mari qui lance sa femme. Moi ! Deux profonds scélérats. — 1865. La bergère de la rue Mont-Thabor. L'homme qui manque le coche. Le point de mire. Premier prix de piano. Le voyage en Chine. — 1866. Un pied dans le crime. — 1867. Le fils du brigadier. La grammaire. La main leste. — 1868. Les chemins de fer. — 1869. Le choix d'un gendre. Le corricolo. Le dossier de Rosafol. Le petit voyage. — 1870. Le cachemire X. B. T. Le plus heureux des trois. — 1871. L'ennemie. Le livre bleu. — 1872. Il est de la police. — 1873. Doit-on le dire ? La mémoire d'Hortense. Vingt-neuf degrés à l'ombre. — 1874. Brûlons Voltaire. Garanti dix ans. Madame est trop belle. La pièce de Chamberlin. Le calife de la rue Saint-Bon. — 1875. Un mouton à l'entresol. Les samedis de madame. Les trente millions de Gladiator. — 1877. La clé. — S. d. M. de Coyllin. L'avocat Loubet.

Roman. — 1838. La clé des champs.

Son éloge a été prononcé par M. H. Meilhac, dans la séance de l'Académie française du 4 avril 1889.

---

877. — DU CAMP (Maxime), O. ✳

Élu, le 26 février 1880, membre de l'Académie française.

Né à Paris, le 8 février 1822. — Mort à Baden-Baden, le 8 février 1894.

Ouvrages. — 1848. Souvenirs et paysages d'Orient. — 1852. Égypte, Nubie, Palestine, Syrie, in-fol. — 1853. Mémoires d'un suicidé. — 1854. Le Nil, ou lettres sur l'Égypte et la Nubie. — 1855. Les chants modernes, poésies. Les beaux-arts à l'exposition universelle de 1855, in-12. — 1856. L'eunuque, mœurs musulmanes. — 1857. Les six aventures, in-12. Le salon de 1857, in-12. — 1858. Les convictions, poésies. — 1859. En Hollande, lettres à un ami, in-12. Le salon de 1859. — 1861. L'expédition des Deux-Siciles, souvenirs personnels. Le salon de 1861, in-12. — 1862. Le chevalier du cœur saignant, in-12. L'homme au bracelet d'or, in-12. — 1866. Les buveurs de cendre, in-12. — 1867. Les beaux-arts à l'exposition universelle. Les forces perdues, in-12. — 1868. Orient et Italie, in-12. — 1869-75. Paris, ses organes, ses fonctions, sa vie, 6 vol. — 1876. Souvenirs de l'année 1848. — 1877. L'attentat de Fieschi, in-12. Histoire et critique, in-12. — 1878-79. Les convulsions de Paris, 4 vol. — 1882-83. Souvenirs littéraires, 2 vol. — 1885. La charité privée à Paris. — 1887. La vertu en France. — 1888. Paris bienfaisant. Une histoire d'amour. — 1889. La croix rouge de France, in-12. — 1890. Théophile Gautier, in-12.

Son éloge a été prononcé par M. Paul Bourget, dans la séance de l'Académie française du 13 juin 1895.

---

878. — SAY (Jean, Baptiste, Léon).

Élu, le 24 avril 1880, membre de l'Académie des Sciences morales et politiques (section d'Économie politique). Élu, le 11 février 1886, membre de l'Académie française.

Né à Paris, le 6 juin 1826. — 1871. Député de la Seine. — 1871. Préfet de la Seine. — 1872-1873. Ministre des Finances. — 1874. *Membre libre de l'Académie des Sciences morales et politiques.* — 1875 à mai 1877. Ministre des Finances. — 1876. Sénateur de Seine-et-Oise. — Décembre 1877 à 1879. Ministre des Finances. — 1880. Ambassadeur en Angleterre. — 1880. Président du Sénat. — 1882 (janvier-août). Ministre des Finances. — 1889. Député des Basses-Pyrénées.

Ouvrages. — 1848. Histoire de la Caisse d'escompte (1776 à 1793). — 1865. Observations sur le système financier de M. le préfet de la Seine. — 1866. Examen critique de la situation financière de la ville de Paris. Théorie des changes étrangers, par G.-J. Goschen, traduction. — 1868. La Ville de Paris et le Crédit foncier. — 1869. La parole, l'écriture, l'imprimerie. Conférences et discours. La comptabilité des finances publiques. — 1881. Le rachat des chemins de fer. — 1882. La politique financière de la France. — 1883. Les finances de la France. La politique des intérêts. Dix jours dans la haute Italie. — 1884. Le socialisme d'État. — 1885. L'impôt sur le revenu. — 1886. Les solutions démocratiques de la question des impôts, 2 vol. in-18. Comment nos contributions ont été dépensées depuis quatre-vingts ans. Les interventions du trésor à la bourse, depuis cent ans. — 1887. Turgot, in-12. — Collaboration à l'Annuaire de l'économie politique et de la statistique, au Journal des économistes, à la statistique de l'industrie à Paris, au Dictionnaire de l'économie politique, au Journal des Débats, aux Annales parlementaires, au Dictionnaire des finances et à la Revue des Deux Mondes.

---

879. — BLOCK (Maurice), ✳

Élu, le 24 avril 1880, membre de l'Académie des Sciences morales et politiques (section d'Économie politique).

Né à Berlin (Prusse), le 18 février 1816; naturalisé Français en 18▓▓▓▓▓▓taché au Ministère des Travaux publics. — 1843 à 1861. Sous-Chef de la Sta▓▓▓▓France.

Ouvrages. — 1849. Lettre à mon ami Jacques. — 1851. Des charges de l'agri▓▓divers pays de l'Europe. L'Espagne en 1850. — 1856. Dictionnaire de l'administration française. — 1▓▓▓▓Annuaire de l'économie politique et de la statistique. — 1860. Statistique de la France, comparée avec les différents États de l'Europe. — 1862. Puissance comparée des divers États de l'Europe, avec atlas, in-fol. — 1864. Dictionnaire général de la politique. — 1868. Les théoriciens du socialisme en Allemagne. — 1869. L'Europe politique et sociale. — 1872. Petit manuel d'économie pratique. Entretiens familiers sur l'administration de notre pays, 12 vol. in-12. — 1876. Les communes et la liberté. — 1883. Traité théorique et pratique de statistique. — 1890. Les progrès de la science économique depuis Adam Smith, 2 vol. Les suites d'une grève, 1 vol. — 1890. Le socialisme moderne, 1 vol. — 1891. Aphorismes économiques et moraux. — Collaboration à la Revue des Deux Mondes, au Journal des économistes, à l'Économiste français et au Journal des Débats.

880. — ROUSSE (Aimé, Joseph, Edmond), ✻

Élu, le 13 mai 1880, membre de l'Académie française.

Né à Paris, le 18 mars 1817. — 1837. Avocat à la Cour de Paris. — 1870 à 1872. Bâtonnier de l'Ordre.

Ouvrages. — 1880. Consultation sur les décrets du 29 mars 1880, in-4. — 1884. Discours, plaidoyers et œuvres diverses, 2 vol. — 1893. Mirabeau, in-12. — S. d. Étude sur les parlements de France.

881. — BEAUSSIRE (Émile, Jacques, Amand), ✻

Élu, le 22 mai 1880, membre de l'Académie des Sciences morales et politiques (section de Morale).

Né à Luçon (Vendée), le 25 mai 1824. — 1848. Agrégé de philosophie. — 1848. Professeur aux lycées de Lille, Rennes (1852), Tournon (1853) et Grenoble (1854). — 1855. Docteur ès lettres. — 1855. Professeur à la Faculté des Lettres de Poitiers. — 1866 à 1874. Professeur de philosophie au collège Rollin et au lycée Charlemagne. — 1871 à 1883. Député de la Vendée. — Mort à Paris, le 8 mai 1889.

Ouvrages. — 1855. Du fondement de l'obligation morale. *De summi apud Anglos poetæ tragediis e Plutarcho ductis.* — 1857. Lectures philosophiques, in-12. — 1865. Antécédents de l'hégélianisme dans la philosophie française, in-12. — 1866. La liberté dans l'ordre intellectuel et moral. — 1867. La morale indépendante. — 1871. La guerre étrangère et la guerre civile, in-12. — 1881. La morale laïque. — 1884. La liberté d'enseignement et l'université sous la troisième République. — 1885. Les principes de la morale. — 1888. Les principes du droit. — Collaboration à la Revue des Deux Mondes, à la Revue des cours littéraires et au Temps.

Une notice sur sa vie a été lue par M. de Pressensé, dans les séances de l'Académie des Sciences morales et politiques des 7 et 14 février 1891.

882. — BRESSE (Jacques, Antoine, Charles), O. ✻

Élu, le 31 mai 1880, membre de l'Académie des Sciences (section de Mécanique).

Né à Vienne (Isère), le 9 octobre 1822. — 1850. Ingénieur des Ponts et Chaussées. — 1854. Professeur de mécanique à l'École des Ponts et Chaussées. — 1870. Ingénieur en chef. — 1880 à 1883. Professeur de mécanique à l'École Polytechnique. — 1881. Inspecteur général des Ponts et Chaussées. — Mort à Paris, le 22 mai 1883.

Ouvrages. — 1854. Recherches sur la flexion des pièces courbes, in-4. — 1855. Cours de mécanique et machines, 2 vol. — 1865. Calcul des moments de flexion dans une poutre. — 1866-68. Cours de mécanique appliquée, 3 vol. — Collaboration aux Annales des ponts et chaussées.

CHAPU (Henri, Michel, Antoine), O. ✻

Élu, le 23 octobre 1880, membre de l'Académie des Beaux-Arts (section de Sculpture).

Né au Mée (Seine-et-Marne), le 29 septembre 1833. — 1855. Grand Prix de Rome. — 1883. Professeur à l'École des Beaux-Arts. — Mort à Paris, le 21 avril 1891.

Œuvres principales. — *Groupes et statues.* — 1851. Neptune fait naître le cheval. — 1853. Alexandre pleurant Clitus. — 1855. Cléobis et Biton. — 1863. Mercure inventant le caducée (Luxembourg). La ville de Beauvais (gare du Nord). — 1865. Le serment. L'art mécanique (tribunal de commerce). — 1866. Le semeur (parc Monceau). Mort de la nymphe Clytie (m. de Dijon). — 1870. Jeanne d'Arc à Domrémy (Luxembourg). — 1875. La Jeunesse (École des beaux-arts). — 1876. La Pensée. — 1877. Monument de Berryer (palais de justice). — 1879. Monument de M. Schnei-

I.   49

der (Creusot). Monument de Leverrier (Observatoire). — 1880. Le génie de l'immortalité. — 1881. La Sécurité (préfecture de police). — 1882. L'Histoire (m. de Grenoble). La Cantate (façade de l'Opéra). — 1884. Pluton et Proserpine (Chantilly). Monument du cardinal de Bonnechose (cathédrale de Rouen). — 1885. La duchesse d'Orléans (Dreux). — 1887. Monument de Mgr Dupanloup (cathédrale d'Orléans). Le Courage (Orléans). L'Espérance. — 1890. Monument de G. Flaubert. — 1891. La Peinture (musée Galliera). Saint-Germain (Panthéon). La princesse de Galles. — S. d. Le Printemps, l'Automne, l'Eté, l'Hiver. La duchesse de Nemours (Weybridge). Saint Louis de Gonzague (Saint-Etienne-du-Mont). Saint Jean (Saint-Étienne-du-Mont). Hérold (hôtel de ville).

Bustes. — 1864. Bonnat. — 1868. Duchatel. — 1872. Lebrun. Le Play. Montalembert. — 1874. Vitet. — 1876. Alexandre Dumas (Odéon). — 1881. Duc. — 1885. Thiers. Berryer. Patin. Gleyre. P. Leroy-Beaulieu.—1886. Charton. Le marquis de Vogué.

---

884. — RIANT (le Comte Paul, Édouard, Didier).

Élu, le 17 décembre 1880, membre de l'Académie des Inscriptions et Belles-Lettres.

Né à Paris, le 7 août 1836. — Mort à la Verpillière (Suisse), le 17 décembre 1888.

Ouvrage. — 1865. Expéditions et pèlerinages des Scandinaves en terre sainte au temps des croisades. — Collaboration à la Revue historique, à la Revue des questions historiques et aux Mémoires de la Société des antiquaires.

---

885. — BONNAT (Léon, Joseph, Florentin), C. ✸

Élu, le 5 février 1881, membre de l'Académie des Beaux-Arts (section de Peinture).

Né à Bayonne (Basses-Pyrénées), le 20 juin 1833. — 1883. Professeur à l'École des Beaux-Arts.

Œuvres principales. — 1857. Résurrection de Lazare. — 1859. Le bon samaritain. — 1861. Adam et Ève trouvant le corps d'Abel (m. de Lille). Maruccia. — 1863. Martyre de saint André. Pasqua Maria. — 1864. Pèlerins aux pieds de la statue de saint Pierre. *Mezzo bajocco, Excelenza !* — 1865. Antigone conduisant Œdipe aveugle. — 1866. Saint Vincent de Paul prenant la place d'un galérien (m. de la ville de Paris). Paysans napolitains devant le palais Farnèse à Rome. — 1867. Ribera dessinant à la porte de l'Ara-Cœli. — 1869. L'Assomption (Église Saint-André, à Bayonne). Plafond de la cour d'assises de Paris. — 1870. Femme fellah et son enfant. Une rue à Jérusalem. —1872. Cheik d'Akabah. Femmes d'Ustaritz. — 1873. Barbier turc. Scherzo. — 1874. Christ (palais de justice). Les premiers pas. — 1875. Mme Pasca. — 1876. Barbier nègre à Suez. Lutte de Jacob. — 1877. M. Thiers. — 1880. Job. — 1885. Le martyre de saint Denis (Panthéon). — 1886. M. Pasteur. Le comte H. Delaborde. — 1887. Al. Dumas. — 1888. Le cardinal Lavigerie. — 1889. Idylle. — 1891. H. Taine. La jeunesse de Samson. — 1895. Mlle Taine. — S. d. Renan, Montalivet, Grévy, Hugo, H. Germain, Carnot, etc. — Triomphe de l'art (hôtel de ville de Paris).

---

886. — BONNET (Jacques, Victor), ✸

Élu, le 5 février 1881, membre de l'Académie des Sciences morales et politiques (section d'Économie politique).

Né à Maintenon (Eure-et-Loir), le 22 avril 1814. — Mort à Lucerne (Suisse), le 23 juillet 1885.

M. Bonnet n'a publié aucun ouvrage; il a collaboré à la Revue des Deux Mondes et a inséré de nombreux articles dans les journaux financiers.

Une notice sur sa vie a été lue par M. H. Germain, dans la séance de l'Académie des Sciences morales et politiques du 7 mai 1887.

---

887. — SAINT-SAËNS (Charles, Camille), O. ✸

Élu, le 19 février 1881, membre de l'Académie des Beaux-Arts (section de Composition musicale).

Né à Paris, le 9 octobre 1835. — 1852. Organiste de Saint-Merry. — 1857. Organiste de la Madeleine.

Œuvres principales. — *Opéras.* — 1872. La princesse jaune (op.-c.). — 1877. Le timbre d'argent (op.-c.). Samson et Dalila (op.). — 1879. Étienne Marcel (op.). — 1883. Henri VIII (op.). — 1885. Les Horaces (scène lyrique). — 1887. Proserpine (drame lyrique). — 1890. Ascanio (op.). — 1893. Phryné (op.-c.). — 1895. Frédégonde (op.-c.).
Compositions diverses. — 1852. Symphonie pour orchestre. — 1878. Les noces de Prométhée. — S. d. Cantates (poèmes symphoniques, la danse macabre, etc.). Oratorios (Le déluge, La lyre et la harpe, Oratorio de Noël, Cœli enarrant). Concertos pour piano, violon et violoncelle. Pièces de musique de chambre, de musique pour piano et pour orgue, morceaux de chant sacrés et profanes, etc.
Ouvrages. — 1885. Harmonie et mélodie, in-12. — 1886. Notes sur les décors de théâtre dans l'antiquité romaine, in-4. — 1891. Rimes familières. — 1894. Problèmes et mystères, in-12.

888. — GINAIN (Paul, René, Léon), O. ✻

Élu, le 12 mars 1881, membre de l'Académie des Beaux-Arts (section d'Architecture).

Né à Paris, le 5 octobre 1825. — 1852. Grand Prix de Rome. — 1876-1877. Membre du Conseil général des Bâtiments civils. — 1880. Professeur à l'École des Beaux-Arts.

Œuvres principales. — Église Notre-Dame-des-Champs. Faculté de médecine. École pratique de médecine. Clinique d'accouchement, avenue de l'Observatoire. École de la rue Saint-Benoît. École de la rue de Poissy. Musée Galliera. Hospice des vieillards à Clamart. Fondation Galliera. Tombeaux de Hippolyte Le Bas et Aug. Dumont (cimetière Montparnasse). Agrandissement de la mairie du VIe arrondissement de Paris.

889. — OPPERT (Jules), O. ✻

Élu, le 18 mars 1881, membre de l'Académie des Inscriptions et Belles-Lettres.

Né à Hambourg (Allemagne), le 9 juillet 1825 ; naturalisé Français en 1856. — 1848 à 1851. Professeur d'allemand aux lycées de Laval et de Reims. — 1851 à 1854. Chargé de missions en Mésopotamie. — 1857. Professeur de sanscrit à la Bibliothèque impériale. — 1874. Professeur de philologie et archéologie assyrienne au Collège de France.

Ouvrages. — 1847. Le système phonétique de l'ancienne Perse. — 1852. Les inscriptions des rois Achéménides. — 1857-64. Expédition scientifique en Mésopotamie, 3 vol. in-fol. — 1857. Grammaire sanscrite. — 1858. Les études assyriennes et l'expédition scientifique de France en Mésopotamie, in-4. — 1859. Les inscriptions cunéiformes déchiffrées une seconde fois. — 1860. Éléments de la grammaire assyrienne. — 1861. État actuel du déchiffrement des inscriptions cunéiformes. — 1863. Les inscriptions assyriennes des Sargonides et les fastes de Ninive. L'Honoer, le verbe créateur de Zoroastre. Les fastes de Sargon, in-fol. — 1864. La grande inscription de Khorsabad. — 1866. Histoire des empires de Chaldée et d'Assyrie. Un traité babylonien sur brique. — 1869. Des rapports de l'Égypte et de l'Assyrie dans l'antiquité. Babylone et les Babyloniens. — 1870. La chronique biblique. Des inscriptions de Dour-Sarkayan. — 1872. Mélanges perses. — 1875. L'immortalité de l'âme chez les Chaldéens. — 1877. Salomon et ses successeurs. Documents juridiques de l'Assyrie et de la Chaldée. L'inscription d'Esmunazar. — 1879. Le peuple et la langue des Mèdes. — 1880. L'ambre jaune chez les Assyriens. — 1881. Études sumériennes. — 1888. La condition des esclaves à Babylone. — 1893. Adad-nirar. — 1894. Le bien-fonds de la déesse Nina. Problèmes bibliques. — Collaboration aux Annales de philosophie chrétienne, à la Revue de l'Orient, à la Revue algérienne et orientale et à la Revue de linguistique et de philologie.

890. — JORDAN (Marie, Ennemond, Camille), O. ✻

Élu, le 4 avril 1881, membre de l'Académie des Sciences (section de Géométrie).

Né à Lyon (Rhône), le 5 janvier 1838. — 1861. Ingénieur des Mines. — 1877. Professeur d'analyse à l'École Polytechnique. — 1883. Professeur de mathématiques au Collège de France. — 1885. Ingénieur en chef des Mines.

Ouvrages. — 1870. Traité des substitutions et des équations algébriques, in-4. — 1882-1887. Cours d'analyse, 3 vol.

891. — CHAPLAIN (Jules, Clément), O. ✳

Élu, le 9 avril 1881, membre de l'Académie des Beaux-Arts (section de Gravure).

Né à Mortagne (Orne), le 12 juillet 1839. — 1863. Grand prix de Rome.

Œuvres principales. — *Médailles.* — 1860. Un guerrier dépose sur l'autel de Mars le prix de la victoire. — 1863. Mercure faisant boire une panthère. — 1866. Schnetz. — 1868. La France victorieuse. Cérès. — 1869. Robert Fleury. Mme Carolus Duran. — 1870. E. Renan. Jetons de la Comédie-Française. — 1872. La résistance de Paris. — 1873. Médaille d'honneur des Salons. — 1874. Médaille de la commission du mètre. — 1875. Minerve. — 1876. Emploi des aérostats pendant le siège. Construction de l'église Saint-Ambroise. — 1877. Le maréchal de Mac-Mahon. — 1878. Médaille de récompense de l'Exposition universelle. — 1880. Paul Baudry. Gérôme. Henriquel. — 1881. Médaille des lauréats du Conservatoire. — 1882. Médaille de la Société de protection des enfants du premier âge. — 1884. A. Dumont. — 1885. Reconstruction de l'hôtel de ville. — 1886. Jean-Paul Laurens. — 1888. Élection de M. Carnot. — 1889. Donation de Chantilly à l'Institut par M. le duc d'Aumale. — 1889. Barthélemy Saint-Hilaire. — 1890. M. Jules Simon. Meissonnier. — 1891. Bonnat. — 1892. Le Comte de Franqueville. Mlles de Brancovan. La Princesse Bibesco et son fils. Société des habitations à bon marché. M. Hermite. — 1893. Mlle Bartet. Mme Rose Caron. M. Gréard. Prix Audéoud. — 1894. M. Casimir Périer. M. Jules Ferry. Le Dr Trélat. Le Dr Tillaux. L'escadre russe à Toulon. — 1895. Le centenaire de l'Institut de France.

Bustes. — Albert Dumont, Tresca, Francis Wey.

Statues. — Rollin (Sorbonne), Gros, Henri Regnault (hôtel de ville). Un archer (hôtel de ville).

---

892. — LENORMANT (Charles, François).

Élu, le 6 mai 1881, membre de l'Académie des Inscriptions et Belles-Lettres.

Né à Paris, le 17 janvier 1837. — 1862. Sous-Bibliothécaire de l'Institut. — 1874. Professeur d'archéologie à la Bibliothèque nationale. — Mort à Paris, le 9 décembre 1883.

Ouvrages. — 1856. Essai sur la classification des monnaies des Lagides. — 1859. Essai sur l'origine chrétienne des inscriptions sinaïtiques. La question ionienne devant l'Europe. — 1860. Une persécution du christianisme en 1860. — 1861. Deux dynasties françaises chez les Slaves méridionaux aux xiv° et xv° siècles. Le gouvernement des îles Ioniennes. Histoire des massacres de Syrie en 1860. — 1862. Recherches archéologiques à la révolution de Grèce. — 1863. Essai sur l'organisation de la monnaie dans l'antiquité. — 1864. Monographie de la voie sacré éleusinienne. — 1865. La Grèce et les îles Ioniennes. — 1866. Turcs et Monténégrins. — 1867-1868. Chefs-. d'œuvre de l'art antique. Monuments de la peinture et de la sculpture, 2 vol. — 1868. Manuel d'histoire ancienne de l'Orient. Les tableaux du musée de Naples, in-4. — 1871-72. Lettres assyriologiques et épigraphiques, 4 vol. in-4. — 1872. Essai de commentaire de fragments cosmogoniques de Bérose. — 1872-75. Sur la propagation de l'alphabet phénicien dans l'ancien monde. — 1873-75. Choix de textes cunéiformes inédits, in-4. — 1873. Essai sur un document mathématique chaldéen. La légende de Sémiramis. — 1874. Les premières civilisations, 2 vol. — 1874-75. Les sciences occultes en Asie, 2 vol. — 1875. Sabazius. La langue primitive de la Chaldée. — 1876. Abrégé de l'histoire des peuples orientaux de l'Inde. Les antiquités de la Troade et l'histoire primitive des contrées grecques. Monnaies royales de la Lydie. — 1877. Les syllabaires cunéiformes. — 1878-80. Études cunéiformes. — 1879. Lettres assyriologiques, in-4. — 1880. Les origines de l'histoire d'après la Bible. — 1881-84. La grande Grèce, paysages et histoire, 3 vol. — 1881-89. Histoire ancienne de l'Orient, 7 vol. — 1883. A travers l'Apulie et la Lucanie, 2 vol. La Genèse, d'après l'hébreu. Monnaies et médailles. — 1884. Histoire des peuples orientaux, in-12. — Collaboration au Correspondant et à la Revue de France.

---

893. — FOUQUÉ (Ferdinand, André), ✳

Élu, le 13 juin 1881, membre de l'Académie des Sciences (section de Minéralogie).

Né à Mortain (Manche), le 21 juin 1828. — 1877. Professeur d'histoire naturelle des corps inorganiques au Collège de France.

Ouvrages. — 1867. Les émanations volatiles des volcans. — 1869. Les gaz des volcans boueux et des sources de pétrole. — 1879. Introduction à l'étude des roches éruptives françaises, in-4. Santorin et ses éruptions, in-4. —

1880. Minéralogie micrographique. — 1882. Synthèse des minéraux et des roches. — 1887. Carte géologique de la haute Auvergne. — 1888. Les tremblements de terre, in-12. — 1890. Reproduction du bleu égyptien. — 1894. Contribution à l'étude des feldspaths. — Collaboration à la Revue des Deux Mondes et à la Revue scientifique.

---

894. — BERTRAND (Alexandre, Louis, Joseph), O. ✳

Élu, le 11 novembre 1881, membre de l'Académie des Inscriptions et Belles-Lettres.

Né à Paris, le 21 juin 1820. — 1848. Élève de l'École d'Athènes. — 1859. Docteur ès lettres. — 1862. Conservateur du musée de Saint-Germain-en-Laye. — 1882. Professeur d'archéologie à l'École du Louvre.

Ouvrages. — 1858. Études de mythologie et d'archéologie grecques. — 1859. Essai sur les dieux protecteurs des héros grecs dans l'Iliade. *De fabulis Arcadiæ antiquissimis.* — 1863. Les voies romaines de la Gaule. — 1876. Archéologie celtique et gauloise. — 1884-86. La Gaule avant les Gaulois. — 1894. Les Celtes dans les vallées du Pô et du Danube. — Collaboration à la Revue archéologique.

---

895. — SULLY-PRUDHOMME (René, François, Armand), O. ✳

Élu, le 8 décembre 1881, membre de l'Académie française.

Né à Paris, le 16 mars 1839.

Œuvres. — 1865. Stances et poèmes, in-12. — 1866. Les épreuves, in-12. — 1869. Les solitudes, in-12. La nature des choses de Lucrèce (trad. en vers), in-12. — 1872. Les destins, in-12. — 1874. La révolte des fleurs. La France, sonnets. — 1875. Les vaines tendresses, in-12. — 1878. La justice, in-12. — 1886. Le prisme, poésies diverses, in-12. — 1898. Le bonheur, in-12. L'expression dans les beaux-arts. — 1892. Réflexions sur l'art des vers, in-12. — Collaboration à la Revue des Deux Mondes, à la Revue de métaphysique et de morale et à la Revue de Paris.

---

896. — CHERBULIEZ (Charles, Victor), O. ✳

Élu, le 8 décembre 1881, membre de l'Académie française.

Né à Genève (Suisse), de parents d'origine française, le 19 juillet 1829.

Ouvrages. — 1860. A propos d'un cheval, causeries athéniennes. — 1863. Le comte Kostia. — 1864. Le prince Vitale. Paule Méré. — 1866. Le roman d'une honnête femme. — 1867. Le grand œuvre. — 1868. Prosper Randoce. 1869. L'aventure de Ladislas Bolski. — 1870. L'Allemagne politique depuis le traité de Prague. — 1872. La revanche de Joseph Noirel. — 1873. Meta Holdenis. Études de littérature et d'art. — 1874. L'Espagne politique. — 1875. Miss Rovel. — 1876. Le fiancé de Mlle Saint-Maur. — 1877. Samuel Brohl et Cie. Hommes et choses d'Allemagne. — 1878. L'idée de Jean Téterol. — 1880. Amours fragiles. Noirs et rouges. — 1883. La ferme du Choquard. Hommes et choses du temps présent. — 1885. Olivier Maugant. — 1887. La bête. — 1888. La vocation du comte Ghislain. — 1889. Profils étrangers. — 1890. Une gageure. — 1892. L'art et la nature. — 1893. Le secret du précepteur. — Collaboration à la Revue des Deux Mondes (sous le pseudonyme de J. Valbert).

---

897. — GAUDRY (Jean, Albert), O. ✳

Élu, le 16 janvier 1882, membre de l'Académie des Sciences (section de Minéralogie).

Né à Saint-Germain-en-Laye (Seine-et-Oise), le 15 septembre 1827. — 1852. Docteur ès sciences. — 1853. Aide-naturaliste. — 1872. Professeur de paléontologie au Muséum d'Histoire naturelle.

Ouvrages. — 1855. Recherches scientifiques en Orient. — 1861. Contemporanéité de l'espèce humaine et de diverses espèces animales aujourd'hui éteintes. — 1862. Géologie de l'île de Chypre, in-4. Animaux fossiles et géologie de l'Attique, 2 vol. in-4. — 1873. Animaux fossiles et géologie du Mont-Lébéron, in-4. — 1874. Les êtres des temps primaires. — 1876-88. Matériaux pour l'histoire des temps quaternaires, in-4. — 1878-1890. Les enchaînements du monde animal dans les temps géologiques, 3 vol. — 1888. Les ancêtres de nos animaux dans les temps géologiques, in-12. — 1898. Le dryopithèque, in-4. — Mémoires insérés dans les Annales des sciences naturelles, le Bulletin de la Société géologique de France, la Revue des Deux Mondes, les Nouvelles archives du Muséum et la Nature.

898. — GLASSON (Ernest, Désiré), ✳

Élu, le 4 février 1882, membre de l'Académie des Sciences morales et politiques (section de Législation).

Né à Noyon (Oise), le 6 octobre 1839. — 1860. Avocat près le Tribunal de Strasbourg. — 1864. Professeur de législation au lycée de Strasbourg. — 1864. Professeur suppléant à la Faculté de Droit de Strasbourg. — 1865. Agrégé. — 1865. Chargé de cours à la Faculté de Droit de Nancy. — 1865. Avocat à la Cour de Nancy. — 1867. Agrégé à la Faculté de Droit de Paris. — 1874. Professeur à l'École libre des Sciences politiques. — 1878. Professeur de code civil, puis (1879) de procédure civile à la Faculté de Droit de Paris.

Ouvrages. — 1862. Du droit d'accroissement entre cohéritiers et colégataires en droit romain. — Du droit de rétention. — 1865. De la *bonorum possessio* établie par l'édit Carbonien. — 1866. Du consentement des époux au mariage d'après le droit romain, le droit canonique, l'ancien droit français, le code civil et les législations étrangères. — 1867. Étude sur Gaius et sur le *jus respondendi*. — 1870. Étude sur les donations à cause de mort en droit romain. — 1875. Éléments de droit dans ses rapports avec le droit naturel et avec l'économie politique, 2 vol. in-12. — 1879. Le mariage civil et le divorce dans les principaux pays de l'Europe, in-12. — 1881. Les sources de la procédure civile française. — 1882. Histoire du droit et des institutions politiques, civiles et judiciaires de l'Angleterre, 6 vol. — 1883. Les rapports du droit français et du droit allemand. — 1885. Leçons de procédure civile, 2 vol. Le droit de succession dans les lois barbares. — 1886. Les abus qui peuvent résulter du conflit des lois en matière de mariage. Les réformes de la procédure civile en France. — 1887-93. Histoire du droit et des institutions de la France, 6 vol. — 1889. L'autorité paternelle et le droit de succession des enfants. — 1890. Les communaux et le domaine rural à l'époque franque, in-12. La possession et les actions possessoires au moyen âge. — 1891. Communaux et communautés dans l'ancien droit français. — Collaboration à la Revue historique de droit français et étranger, à la Revue critique de législation et de jurisprudence, à la Revue pratique, à la Revue judiciaire, à la Nouvelle Revue historique de droit français et étranger, à l'Annuaire et au Bulletin de la Société de législation comparée, à la Jurisprudence générale de Dalloz et à la Grande Encyclopédie.

899. — DESJARDINS (Achille, Arthur), O. ✳

Élu, le 4 février 1882, membre de l'Académie des Sciences morales et politiques (section de Législation).

Né à Beauvais (Oise), le 8 novembre 1835. — 1856. Avocat à la Cour de Paris. — 1858. Docteur en droit et Docteur ès lettres. — 1859. Substitut à Toulon. — 1852. Substitut à Marseille. — 1864. Substitut du procureur général à Aix. — 1865. Avocat général à la Cour d'Aix. — 1869. Premier Avocat général à la Cour d'Aix. — 1873. Procureur général à Douai. — 1874. Procureur général à Rouen. — 1875. Avocat général à la Cour de cassation.

Ouvrages. — 1858. Théorie des excuses en matière criminelle. De scientia civili apud Ciceronem. Essai sur les confessions de saint Augustin. — 1862. De l'aliénation et de la prescription des biens de l'État, des départements, des communes et des établissements publics. — 1865. Les devoirs, essai sur la morale de Cicéron. — 1866. Mirabeau, jurisconsulte. — 1867. La nouvelle législation de la presse. — 1869. Sieyès et le jury en matière civile. — 1871. États généraux, leur influence sur le gouvernement et la législation du pays. — 1872. La nouvelle organisation judiciaire. — 1873. Réforme du droit public français. — 1874. La réforme de l'enseignement secondaire. — 1877. Henri IV et les parlements. — 1878-1890. Traité de droit commercial maritime, 8 vol. — 1882. La magistrature élue. — 1885. Les mines et les mineurs. — 1890. La traite maritime, le droit de visite et la conférence de Bruxelles. — 1891. Immunités des agents diplomatiques. La France, l'esclavage africain et le droit de visite. —

1894. De la liberté politique dans l'État moderne. — Collaboration à la Revue contemporaine, à la Revue des Deux Mondes, à la Revue critique de législation et de jurisprudence et à la Revue internationale du droit maritime.

900. — WEIL (Henri), O. ✳

Élu, le 17 février 1882, membre de l'Académie des Inscriptions et Belles-Lettres.

Né à Francfort-sur-le-Mein (Allemagne), le 26 août 1818 ; naturalisé Français en 1848. — 1845. Docteur ès lettres. — 1848. Agrégé des Facultés. — 1866. *Correspondant de l'Institut.* — 1850. Professeur de littérature ancienne à la Faculté des Lettres de Besançon. — 1873. Doyen de la même Faculté. — 1875 à 1892. Maître de conférences de littérature grecque à l'École Normale et Directeur adjoint de l'École pratique des Hautes Études.

Ouvrages. — 1845. De l'ordre des mots dans les langues anciennes. *De tragœdiarum Grœcarum cum rebus publicis conjuratione.* Question de grammaire générale. — 1855. Théorie générale de l'accentuation latine. — 1860. De la composition symétrique du dialogue dans les tragédies d'Eschyle. — 1865. La règle des trois acteurs dans les tragédies de Sénèque et autres mémoires. Éditions des œuvres d'Euripide, de Démosthènes et d'Eschyle, avec commentaires.

901. — LUCE (Auguste, Siméon), ✳

Élu, le 17 mars 1882, membre de l'Académie des Inscriptions et Belles-Lettres.

Né à Bretteville-sur-Ay (Manche), le 29 décembre 1823. — 1860. Docteur ès lettres. — 1858. Archiviste du département des Deux-Sèvres. — 1866. Archiviste aux Archives nationales. — 1886. Chef de la section historique. — 1885. Professeur des sources de l'histoire de France à l'École des Chartes. — Mort à Paris, le 14 décembre 1892.

Ouvrages. — 1858. Du progrès social en France sous Napoléon III. — 1859. Histoire de la Jacquerie, d'après des documents inédits. — 1860. *De Gaidone poemate Gallico vetustiore,* in-12. Examen de l'ouvrage intitulé : Étienne-Marcel, par M. Perrens. — 1876. Histoire de Bertrand Du Guesclin et de son époque. — 1886. Jeanne d'Arc à Domrémy. — 1890. La France pendant la guerre de Cent ans. — Éditions des chroniques de Froissart, de la chronique des premiers Valois et de la chronique du mont Saint-Michel. — Collaboration à la bibliothèque de l'École des chartes.

902. — COURCELLE-SENEUIL (Jean, Gustave), ✳

Élu, le 25 mars 1882, membre de l'Académie des Sciences morales et politiques
(section d'Économie politique).

Né à Seneuil (Dordogne), le 22 décembre 1813. — 1855. Professeur d'économie politique à l'Institut national du Chili. — 1879. Conseiller d'État. — 1881 à 1883. Maître de conférences d'économie politique à l'École Normale. — Mort à Paris, le 29 juin 1892.

Ouvrages. — 1840. Le crédit et la Banque. — 1853. Traité théorique et pratique des opérations de banque. — 1854. Traité théorique et pratique des entreprises industrielles, agricoles et commerciales. — 1858. Traité d'économie politique, 2 vol. — 1862. Études sur la science sociale. — 1864. Leçons élémentaires d'économie politique, in-12. — 1865. Traité sommaire d'économie politique, in-12. — 1867. La banque libre. — 1868. Liberté et socialisme ou discussion des principes de l'organisation du travail industriel. — 1872. L'héritage de la Révolution. Questions constitutionnelles. — 1875. Précis de morale rationnelle, 1 vol. in-12. — 1887. Préparation à l'étude du droit. Étude des principes. — 1892. La société moderne. Études morales et politiques, in-12. — Collaboration au Journal des économistes, à la Nouvelle Revue, au Dictionnaire d'économie politique et au Nouveau dictionnaire d'économie politique.

Une notice sur sa vie a été lue par M. Clément Juglar, dans la séance de l'Académie des Sciences morales et politiques du 20 juillet 1895.

903. — BERT (Paul).

Élu, le 3 avril 1882, membre de l'Académie des Sciences (section de Médecine et Chirurgie).

Né à Auxerre (Yonne), le 19 octobre 1833. — 1863. Docteur en médecine. — 1866. Docteur ès sciences. — 1867. Professeur à la Faculté des Sciences de Bordeaux. — 1869. Professeur de physiologie à la Faculté des Sciences de Paris. — 1870. Secrétaire général de la Préfecture de l'Yonne. — 1871. Préfet du Nord. — 1874. Député de l'Yonne. — 1884. Résident général en Annam et au Tonkin. — Mort à Hanoï (Tonkin), le 11 novembre 1886.

Ouvrages. — 1863. De la greffe animale. — 1864. Catalogue des animaux vertébrés qui vivent à l'état sauvage dans le département de l'Yonne. — 1866. Revue des travaux d'anatomie et de physiologie publiés en France en 1864. — 1867-70. Notes d'anatomie et de physiologie comparées, 2 vol. Recherches sur le mouvement de la sensitive. — 1868. La machine humaine, 2 vol. in-12. — 1869. Leçons sur la physiologie comparée de la respiration. — 1877. La pression barométrique. — 1879-85. Revues scientifiques publiées par la République française, 7 vol. — 1880. La morale des jésuites. — 1881. Discours parlementaires, in-12. Leçons, discours et conférences. Leçons de zoologie. — 1882. L'instruction civique à l'école, in-12. — Lectures sur l'histoire naturelle des animaux, in-12. La première année d'enseignement scientifique, in-12. — 1883. Anatomie et physiologie animales. — 1884. Le choléra, in-12. — 1885. A l'ordre du jour, in-12. Éléments de zoologie, in-12. Leçons d'anatomie et de physiologie animales. — 1885. Lettres de la Kabylie. — 1886. Éléments de géométrie expérimentale, in-12. — 1887. Lectures et leçons de choses, in-12. — 1889. Les colonies françaises.

904. — DUMONT (Charles, Albert, Auguste, Eugène), O. ✽

Élu, le 17 mai 1882, membre de l'Académie des Inscriptions et Belles-Lettres.

Né à Scey-sur-Saône (Haute-Saône), le 21 janvier 1842. — 1864. Agrégé des lettres. — 1870. Docteur ès lettres. — 1874. Sous-Directeur de l'École de France à Rome. — 1875. Directeur de l'École d'Athènes. — 1875. *Correspondant de l'Institut.* — 1878. Recteur de l'Académie de Grenoble. — 1878. Recteur de l'Académie de Montpellier. — 1879. Directeur de l'enseignement supérieur au Ministère de l'Instruction publique. — Mort à Paris, le 11 août 1884.

Ouvrages. — 1870. Essai sur la chronologie des archontes athéniens. Journal de la campagne du grand vizir Ali Pacha, en 1715. *De plumbeis apud Græcos tesseris.* — 1871. Inscriptions céramiques de la Grèce. L'administration et la propagande prussiennes en Alsace. — 1873. Peintures céramiques de la Grèce propre, in-4. La population de l'Attique, d'après les inscriptions récemment découvertes. Vases peints de la Grèce propre. Le Balkan et l'Adriatique. Fastes éponymiques d'Athènes. — 1875. Essai sur l'Éphébie attique. — 1876. Inscriptions et monuments figurés de la Thrace. — 1884. Terres cuites orientales et gréco-orientales, in-4. — 1885. Notes et discours, in-12.

Une notice sur sa vie a été lue par M. Wallon, dans la séance de l'Académie des Inscriptions et Belles-Lettres du 24 novembre 1893.

905. — BOULANGER (Rodolphe, Clarence, dit Gustave), ✽

Élu, le 27 mai 1882, membre de l'Académie des Beaux-Arts (section de Peinture).

Né à Paris, le 25 avril 1824. — 1849. Grand Prix de Rome. — 1883. Professeur à l'École des Beaux-Arts. — Mort à Paris, le 22 septembre 1888.

Œuvres principales. — 1848. Saint Pierre chez Marie. — 1849. Ulysse reconnu par sa nourrice. Indien jouant avec des panthères. Café maure. — 1849. Galathée et le berger Athis. — 1852. Démocrite enfant. — 1857. César au Rubicon. Les Choassa. Palestrina. Une répétition dans la maison du poète tragique à Pompéi. — 1859. Les Rahia, Lucrèce. Lesbie. — 1861. Hercule aux pieds d'Omphale. Le joueur de flûte. Arabe. — 1863. César dans les Gaules. Déroute de Kabyles. — 1864. La cella frigidaria. Cavaliers sahariens. — 1865. Djeid et Rahia. — 1866. Catherine Iʳᵉ chez Méhémet-Baltadji. Marchande de couronnes à Pompéi. — 1867. Le Mamillare.

Une notice sur sa vie a été lue par M. Gustave Moreau, dans la séance de l'Académie des Beaux-Arts du 22 novembre 1890.

906. — PERRAUD (l'Abbé Adolphe, Louis, Albert), ✳

Élu, le 8 juin 1882, membre de l'Académie française.

Né à Lyon (Rhône), le 7 février 1828. — 1847. Élève de l'École Normale. — 1852. Agrégé d'histoire. — 1865. Membre de la congrégation de l'Oratoire et Prêtre. — 1865. Docteur en théologie. — 1865. Professeur d'histoire ecclésiastique à la Faculté de Théologie de Paris. — 1874. Évêque d'Autun. — 1884. Supérieur général de l'Oratoire. — 1894. Président d'honneur de la Société antiesclavagiste de France.

Ouvrages. — 1860. Questions irlandaises : le Bill des tenanciers. — 1862. Études sur l'Irlande contempo. raine, 2 vol. — 1865. L'oratoire de France du xviie au xixe siècle. — 1868. Le siècle de la réforme. — 1870. Le comte de Montalembert. — 1872. Les paroles de l'heure présente. Le père Gratry, son testament spirituel. Les blessures de la France. La crise protestante et la crise catholique. — 1873. Jacob et Esaü. — 1882. Le Cardinal de Richelieu. — 1883-86. Œuvres pastorales et oratoires, 4 vol. — 1893. Quelques réflexions au sujet de l'Encyclique du 16 février 1892, in-12. A propos de la mort de M. Renan, in-12. Les séminaristes à la caserne. — Oraisons funèbres du général Changarnier, du maréchal de Mac-Mahon, etc. — Panégyriques, mandements, etc., etc.

907. — SCHLŒSING (Jean, Jacques, Théophile), C. ✳

Élu, le 12 juin 1882, membre de l'Académie des Sciences (section d'Économie rurale).

Né à Marseille (Bouches-du-Rhône), le 9 juillet 1824. — 1843. Ingénieur des Tabacs. — 1846. Directeur de l'École des Tabacs. — 1875. Professeur de chimie agricole à l'Institut agronomique. — 1887. Professeur de chimie agricole et analyse chimique au Conservatoire des arts et métiers.

M. Schlœsing n'a publié aucun ouvrage ; il a fait plusieurs communications insérées aux Comptes rendus de l'Académie des sciences, et il a publié plusieurs mémoires dans les Annales de physique et de chimie et dans l'Encyclopédie chimique.

908. — SENART (Émile, Charles, Marie).

Élu, le 23 juin 1882, membre de l'Académie des Inscriptions et Belles-Lettres.

Né à Reims (Marne), le 26 mars 1847.

Ouvrages. — 1874. Raccâyana et la littérature grammaticale du Pâli. — 1877. Sur quelques termes bouddhiques. — 1881-86. Les Inscriptions de Pyadasi, 2 vol. — 1882. Essai sur la légende de Buddha. — 1882-90. Le Mahâvastu, 3 vol. — 1888. Notes d'épigraphie indienne. — Articles insérés dans le Journal asiatique, la Revue des Deux Mondes, la Revue archéologique et la Revue critique.

909. — FALGUIÈRE (Jean, Joseph, Alexandre), C. ✳

Élu, le 18 novembre 1882, membre de l'Académie des Beaux-Arts (section de Sculpture).

Né à Toulouse (Haute-Garonne), le 7 septembre 1831. — 1859. Grand Prix de Rome. — 1882. Professeur à l'École des Beaux-Arts.

Œuvres principales. — *Groupes et statues.* — 1857. Thésée enfant. — 1859. Mézence sauvé par Lausus. — 1864. Un vainqueur au combat de coqs (Luxembourg). — 1866. Omphale. Nuccia la Transteverina. — 1867. Tharcicius martyr chrétien (Luxembourg). — 1869. Ophélie. — 1872. Corneille (Théâtre-Français). — 1873. Danseuse égyptienne. — 1875. La Suisse accueille l'armée française. — 1878. Pierre Corneille. — 1879. Fontaine Sainte-Marie à Rouen. — 1879. Saint Vincent de Paul (Panthéon). — 1880. Ève. — 1882. Diane. — 1883. L'Asie. — 1884. Olympe chasseresse. — 1886. Les Bacchantes. — 1887. A la porte de l'école. — 1889. La musique. — 1890. La femme au paon. — 1891. Diane. — 1893. Poésie héroïque. Monument de l'amiral Courbet. Dom Calmet (Senones). Sainte Germaine (Toulouse). L'Élégie (Opéra). L'abbé de la Salle (Rome).

I. 50

Bustes. — 1876. Carolus Duran. — 1878. Le Cardinal de Bonnechose. — 1880. La baronne Daumesnil.

Tableaux. — 1873. Près du château. — 1875. Les lutteurs. — 1876. Caïn et Abel. — 1877. La décollation de saint Jean-Baptiste. — 1879. Suzanne. — 1881. Abatage d'un taureau. — 1882. Éventail et poignard. — 1883. Le sphinx. — 1884. Hylas. Offrande à Diane. — 1885. Acis et Galatée. — 1886. L'aïeule et l'enfant. — 1887. Madeleine. — 1888. L'incendiaire. Les nains mendiants. — 1889. Junon. — 1892. Une servante.

---

910. — PAILLERON (Édouard, Jules, Henri), O. ✿

Élu, le 7 décembre 1882, membre de l'Académie française.

Né à Paris, le 17 novembre 1839.

Ouvrages. — 1860. Les parasites, satires en vers. — 1881. Théâtre chez Madame. — 1884. La poupée, in-12. — 1886. Discours académiques. — 1888. Amours et haines, in-12. — 1890. Émile Augier.

Théâtre. — 1860. Le parasite. — 1861. Le mur mitoyen. — 1863. Le dernier quartier. — 1865. Le second mouvement. — 1868. Le monde où l'on s'amuse. — 1869. Les faux ménages. — 1870. Le départ. Prière pour la France. — 1872. — Hélène. L'autre motif. — 1875. Petite pluie. — 1879. L'âge ingrat. L'étincelle. — 1880. Pendant le bal. Le chevalier Trumeau. — 1881. Le monde où l'on s'ennuie. — 1882. Le narcotique. — 1887. La souris. — 1894. Cabotins !

---

911. — MAZADE-PERCIN (Louis, Charles, Jean, Robert de), ✿

Élu, le 7 décembre 1882, membre de l'Académie française.

Né à Castelsarrazin (Tarn-et-Garonne), le 19 mars 1820. — Mort à Paris, le 27 avril 1893.

Ouvrages. — 1841. Odes. — 1855. L'Espagne moderne. — 1860. L'Italie moderne, récit des guerres et des révolutions italiennes. — 1863. La Pologne contemporaine, in-12. — 1864. L'Italie et les Italiens, in-12. — 1866. Deux femmes de la révolution, in-12. — 1868. Les révolutions de l'Espagne contemporaine, in-12. — 1872. Lamartine, sa vie politique et littéraire, in-12. — 1875. La guerre de France, 2 vol. Portraits d'histoire morale et politique du temps, in-12. — 1877. Le comte de Cavour. — 1879. Le comte de Serres, in-12. A travers l'Italie, in-12. — 1884. M. Thiers. — 1889. Un chancelier d'ancien régime : M. de Metternich. — Édition de la correspondance du maréchal Davout. — Collaboration à la Presse, à la Revue de Paris et à la Revue des Deux Mondes.

Son éloge a été prononcé par M. J.-M. de Heredia, dans la séance de l'Académie française du 30 mai 1895.

---

912. — WOLF (Charles, Joseph, Étienne), O. ✿

Élu, le 16 avril 1883, membre de l'Académie des Sciences (section d'Astronomie).

Né à Vorges (Aisne), le 9 novembre 1827. — 1851. Agrégé. — 1851. Professeur aux lycées de Nîmes, puis (1852) de Metz. — 1856. Docteur ès sciences. — 1858. Professeur à la Faculté des Sciences de Montpellier. — 1862. Astronome à l'Observatoire de Paris. — 1892. Professeur d'astronomie physique à la Faculté des Sciences de Paris.

Ouvrages. — 1886. Les hypothèses cosmogoniques. — S. d. Le pendule, 2 vol. Astronomie et géodésie, cours de la Sorbonne. Études sur les phénomènes capillaires. Études sur l'erreur personnelle dans les observations astronomiques. Études sur les observations des passages de Vénus et de Mercure devant le soleil. Études sur le groupe des pléiades. Recherches historiques sur les étalons de mesures. — Notes et Mémoires sur la photométrie, la photographie et la spectroscopie des étoiles et des comètes, insérés dans les Comptes rendus de l'Académie des sciences.

---

913. — RICHET (Didier, Dominique, Alfred), C. ✿

Élu, le 7 mai 1883, membre de l'Académie des Sciences (section de Médecine et Chirurgie).

Né à Dijon (Côte-d'Or), le 16 mars 1816. — 1844. Docteur. — 1844. Chirurgien du Bureau Central. — 1858 à 1872. Chirurgien des hôpitaux de Lourcine, Saint-Antoine et Saint-Louis. — 1865. Professeur de pathologie, puis (1867) de clinique chirurgicale à la Faculté de Paris. — 1872. Chirurgien de l'Hôtel-Dieu. — Mort à Hyères (Var), le 3 décembre 1891.

Ouvrages. — 1850. Des opérations applicables aux ankyloses. Traité pratique d'anatomie médico-chirurgicale, in-4. — 1865. Recherches sur les tumeurs vasculaires des os, in-12. — 1875. Leçons cliniques sur les fractures de la jambe. — Collaboration aux Archives générales de médecine.

914. — CHARCOT (Jean, Martin), C. ✳

Élu, le 12 novembre 1883, membre de l'Académie des Sciences (section de Médecine et Chirurgie).

Né à Paris, le 29 novembre 1825. — 1853. Docteur en médecine. — 1856. Médecin du Bureau central. — 1860. Agrégé. — 1862. Médecin de la Salpêtrière. — 1873. Professeur d'anatomie pathologique, puis (1882) de clinique des maladies du système nerveux, à la Faculté de Paris. — Mort à Montsauche (Nièvre), le 16 août 1893.

Ouvrages. — 1857. De l'expectation en médecine. — 1860. De la pneumonie chronique. — 1867. La médecine empirique et la médecine scientifique. — 1868. Leçons cliniques sur les maladies des vieillards. — 1874. Leçons sur les maladies du système nerveux, 3 vol. — 1877. Leçons sur les maladies du foie et des reins. — 1880. Leçons sur les localisations dans les maladies du cerveau et de la moelle épinière. — 1881. Leçons sur les conditions pathologiques de l'albuminurie. — 1887. Les démoniaques dans l'art, in-4. — 1889. Les difformes et les malades dans l'art, in-4. — 1889-90. Les sciences biologiques en 1889. — 1886-90. — Œuvres complètes, 9 vol. — Collaboration aux Archives de physiologie et à la Revue des sciences biologiques.

915. — MEYER (Marie, Paul, Hyacinthe), O. ✳

Élu, le 30 novembre 1883, membre de l'Académie des Inscriptions et Belles-Lettres.

Né à Paris, le 17 janvier 1840. — 1863 à 1865. Attaché à la Bibliothèque nationale. — 1866 à 1872. Archiviste aux Archives impériales. — 1869. Professeur suppléant de philologie romane à l'École des Chartes. — 1872 à 1875. Secrétaire de l'École des Chartes. — 1876. Professeur de langue et littérature de l'Europe méridionale au Collège de France. — 1878. Chargé de cours à l'École des Chartes. — 1882. Professeur à la même École. — 1882. Directeur de l'École des Chartes.

Ouvrages. — 1860. Anciennes poésies religieuses en langue d'oc. — 1861. Aye d'Avignon, chanson de geste. Gui de Nanteuil, chanson de geste. — 1864. Barlaam und Josaphat, de Gui de Cambrai. — 1865. Recherches sur les auteurs de la chanson de la croisade albigeoise. — 1867. Recherches sur l'épopée française. Le salut d'amour dans les littératures provençales. — 1871. Rapports sur les documents manuscrits de l'ancienne littérature de la France, conservés dans les bibliothèques de la Grande-Bretagne. — 1872. Les derniers troubadours de la Provence. — 1874-76. Recueil d'anciens textes bas-latins, provençaux et français, 2 vol. — 1875-79. La chanson de la croisade contre les Albigeois, 2 vol. — 1877. La prise de Damiette en 1219. — 1885. Fragments d'une vie de saint Thomas de Cantorbéry, in-4. — 1886. Alexandre le Grand, dans la littérature française du moyen âge, 2 vol. — 1891. L'histoire de Guillaume le Maréchal, comte de Striguil et de Pembroke, régent d'Angleterre. — Édition de plusieurs ouvrages dans la collection de la Société des anciens textes français. — Collaboration aux Romania, à la Revue critique d'histoire et de littérature, à la Bibliothèque de l'École des Chartes, à la Revue des Sociétés savantes et au Recueil des notices et extraits des manuscrits de la Bibliothèque nationale.

916. — MASPERO (Gaston, Camille), O. ✳

Élu, le 30 novembre 1883, membre de l'Académie des Inscriptions et Belles-Lettres.

Né à Paris, le 23 juin 1846. — 1869. Répétiteur à l'École des Hautes Études. — 1874. Professeur de philologie et archéologie égyptiennes au Collège de France. — 1881 à 1886. Directeur du musée de Boulak.

Ouvrages. — 1865. Mémoire sur quelques papyrus du Louvre, in-4. — 1869. Essai sur l'inscription dédicatoire du temple d'Abydos, in-4. Hymne au Nil, in-4. — 1872. Une enquête judiciaire à Thèbes, au temps de la XX⁰ dynastie, in-4. — 1873. *De Carchemis oppidi situ et historia.* — 1879-80. Études égyptiennes, 2 vol. — 1882. Les contes populaires de l'Égypte ancienne. — 1884. Guide du visiteur au musée de Boulak, in-12. — 1886. Les momies royales de Déir-el-Bahari, in-4. — 1887. L'archéologie égyptienne. — 1890. Lectures historiques, in-12. — 1892. Mélanges de mythologie et d'archéologie égyptiennes, 2 vol. — 1894. Histoire ancienne des peuples de l'Orient, 3 vol. — Traduction de l'Égypte de G. Ebers. — Collaboration à la Bibliothèque de l'École des hautes études, à la Revue archéologique, au Journal de la Société asiatique et aux Mémoires présentés par les Membres de la mission archéologique du Caire.

---

917. — LÉVY (Maurice), O. ✳

Élu le 31 décembre 1883, membre de l'Académie des Sciences (section de Mécanique).

Né à Ribeauvillé (Haut-Rhin), le 28 février 1838. — 1861. Ingénieur des Ponts et Chaussées. — 1874. Professeur suppléant de physique générale et mathématique au Collège de France. — 1875. Professeur de mécanique appliquée à l'École centrale. — 1880. Ingénieur en chef. — 1885. Professeur de mécanique analytique et mécanique céleste au Collège de France. — 1894. Inspecteur général des Ponts et Chaussées.

Ouvrages. — 1867. Les coordonnées curvilignes. — 1874. La statique graphique et ses applications aux constructions. — 1875. Leçons sur la théorie des marées. — 1894. Étude sur les moyens électriques mécaniques de traction des bateaux. — Mémoires insérés dans le Recueil de l'Institut : sur une théorie rationnelle de l'équilibre des terres ; sur la théorie des poutres droites continues ; sur les équations générales des mouvements intérieurs des corps ductibles ; sur le refroidissement des corps solides ; sur le développement des surfaces dont l'élément linéaire est exprimable par une fraction homogène ; sur la composition des accélérations d'ordre quelconque ; sur l'équation à dérivées-partielles de Cayley ; sur le problème des lignes géodésiques ; sur le nouveau siphon du canal Saint-Martin ; sur une vanne à débit constant, etc.

---

918. — ABOUT (Edmond, François, Valentin), O. ✳

Élu, le 24 janvier 1884, membre de l'Académie française.

Né à Dieuze (Meurthe), le 14 février 1828. — Mort à Paris, le 26 février 1885.

Ouvrages. — 1854. L'île d'Égine. La Grèce contemporaine, in-12. — 1855. Tolla, in-12. Voyage à travers l'exposition des Beaux-arts, in-12. — 1856. Les mariages de Paris, in-12. Le roi des montagnes, in-12. — 1857. Germaine, in-12. Maître Pierre, in-12. — 1858. Nos artistes au salon de 1857. Trente et quarante, in-12. — 1860. La nouvelle carte de l'Europe. La Prusse en 1860. Rome contemporaine. — 1861. Lettres d'un bon jeune homme à sa cousine Madeleine, 2 vol. in-12. Lettre à M. Keller. La question romaine, *Bruxelles*. Ces coquins d'agents de change. — 1862. L'homme à l'oreille cassée, in-12. Le cas de M. Guérin, in-12. Le nez d'un notaire, in-12. — 1863. Madelon. — 1864. Le progrès. Salon de 1864. — 1865-66. Causeries, 2 vol. in-12. Les questions d'argent, in-12. La vieille roche, 3 vol. — 1866. Le Turco. — 1867. L'infâme. Salon de 1867. — 1868. A. B. C. du travailleur, in-12. Les mariages de province. — 1869. Le fellah. — 1872. Alsace, in-12. — 1880. Le roman d'un brave homme. — 1882. Le décameron du salon de peinture pour 1881. — 1883. Quinze journées au salon de peinture. — 1884. De Pontoise à Stamboul, in-12. — 1885. Nouvelles et souvenirs.

Théâtre. — 1856. Guillery. — 1859. Risette, ou les millions de la mansarde. — 1861. Un mariage de Paris. Le capitaine Bitterlin. Théâtre impossible. — 1862. Gaëtana. Une vente au profit des pauvres. — 1866. Nos gens. — 1868. Histoire ancienne. — 1869. L'éducation d'un prince. Retiré des affaires. — 1882. L'assassin. — Collaboration au Figaro, au Moniteur universel, à l'Opinion nationale, au Constitutionnel, au Gaulois, au Soir et au xixᵉ siècle.

Son éloge a été prononcé par M. Léon Say, dans la séance de l'Académie française du 16 décembre 1886.

919. — ARBOIS de JUBAINVILLE (Marie, Henry d'), ✳

Élu, le 1ᵉʳ février 1884, membre de l'Académie des Inscriptions et Belles-Lettres.

Né à Nancy (Meurthe), le 3 décembre 1827. — 1852 à 1880. Archiviste du département de l'Aube. — 1867. *Correspondant de l'Institut.* — 1882. Professeur de langue et littérature celtique au Collège de France.

Ouvrages. — 1852. Recherches sur la minorité et ses effets en droit féodal. — 1853. Pouillé du diocèse de Troyes. — 1855. Voyage paléographique dans le département de l'Aube. — 1857. Observations sur l'histoire de France de M. Henri Martin. — 1858. Étude sur l'état des abbayes cisterciennes aux xiiᵉ et xiiiᵉ siècles. — 1859-69. Histoire des ducs et des comtes de Champagne, 7 vol. — 1859. Histoire de Bar-sur-Aube, sous les comtes de Champagne. — 1861. Répertoire archéologique du département de l'Aube. — 1864. Inventaire sommaire des archives du département de l'Aube, 2 vol. in-4. — 1866. Inventaire des archives de la ville de Bar-sur-Seine. — 1870. Étude sur la déclinaison des noms propres dans la langue franque. — 1872. La déclinaison latine en Gaule, à l'époque mérovingienne. — 1877. Les premiers habitants de l'Europe, 2 vol. — 1880. L'administration des intendants d'après les archives de l'Aube. — 1881. Études sur le droit celtique. Études grammaticales sur les langues celtiques. — 1883. Introduction à l'étude de la littérature celtique. Essai d'un catalogue de la littérature épique de l'Irlande. — 1884. Le cycle mythologique irlandais et la mythologie grecque. — 1888-90. Résumé d'un cours de droit irlandais, 2 vol. — 1889. Cours de littérature celtique, 5 vol. — 1890. Recherches sur l'origine de la propriété foncière et des noms des lieux habités en France. — Direction de la Revue celtique (t. VII à XVI). Collaboration à la Revue archéologique, au Portefeuille archéologique de la Champagne, à la Bibliothèque de l'École des Chartes, à la Revue historique de droit, à la Revue générale du droit, aux Mémoires de la Société académique de l'Aube et de la Société de linguistique de Paris

920. — COPPÉE (François, Édouard, Joachim), O. ✳

Élu, le 21 février 1884, membre de l'Académie française.

Né à Paris, le 26 janvier 1842. — 1861-1870. Employé au Ministère de la Guerre.

Ouvrages. — *Poésies.* — 1866. Le reliquaire. — 1867. Poèmes modernes. — 1872. Les humbles. — 1874. Le cahier rouge. — 1877. Les mois. — 1878. Récits épiques. L'exilée. Jeunes filles. — 1881. Contes en vers, poésies diverses. — 1887. Arrière-saison. Feuilles volantes.

Romans. — 1875. Une idylle pendant le siège. — 1882. Contes en prose. — 1883. Vingt contes nouveaux. — 1888. Contes rapides. — 1889. Henriette. — 1890. Toute une jeunesse. — 1891. Les vrais riches. Longues et brèves.

Théâtre. — 1869. Le passant. — 1870. Deux douleurs. — 1871. Fais ce que dois. L'abandonnée. — 1872. Les bijoux de la délivrance. Le rendez-vous. — 1876. Le luthier de Crémone. Le petit marquis. — 1878. La guerre de Cent ans. — 1880. Le trésor. — 1881. La korrigane. Madame de Maintenon. L'homme et la fortune. — 1883. Severo Torelli. — 1885. Les jacobites. Le pater. — 1886. Maître Ambros. — 1895. Pour la couronne.

1885. *Œuvres complètes*, 11 vol. in-8 (vol. I à III : Théâtre; IV à VI : Poésies; VII à XI : Prose).

921. — LESSEPS (le Comte Ferdinand, Marie de), G. C. ✳

Élu, le 21 février 1884, membre de l'Académie française.

Né à Versailles (Seine-et-Oise), le 19 novembre 1805. — 1825. Attaché au Consulat général de Lisbonne. — 1828. Élève consul. — 1831 à 1833. Vice-consul à Alexandrie. — 1833. Consul au Caire. — 1838. Consul à Rotterdam. — 1839. Consul à Malaga. — 1842. Consul à Barcelone. — 1847. Consul général à Barcelone. — 1848-49. Ministre plénipotentiaire en Espagne. — 1849. Ministre plénipotentiaire à Rome. — 1859. Président de la Compagnie du Canal de Suez. — 1873. *Membre libre de l'Académie des Sciences.* — Mort à la Chesnaie (Indre), le 7 décembre 1894.

Ouvrages. — 1856. Percement de l'isthme de Suez : exposé et documents officiels. — 1869. Égypte et Turquie. — 1875-81. Lettres, journal et documents pour servir à l'histoire de l'isthme de Suez, 5 vol. — 1887. Souvenirs de quarante années, 2 vol, in-12. — 1890. Origines du canal de Suez, in-12.

922. — ANDRÉ (Louis, Jules), C. ✳

Élu, le 1ᵉʳ mars 1884, membre de l'Académie des Beaux-Arts (section d'Architecture).

Né à Paris, le 24 juin 1819. — 1847. Grand Prix de Rome. — 1867. Professeur à l'École des Beaux-Arts. — 1872. Inspecteur général des Bâtiments civils. — Mort à Paris, le 30 janvier 1890.

Œuvre principale. — Bâtiments nouveaux du Muséum d'histoire naturelle (galerie des reptiles, laboratoire, serres et musée de zoologie).

Une notice sur sa vie a été lue par M. Pascal, dans la séance de l'Académie des Beaux-Arts du 18 avril 1891.

923. — CHÉRUEL (Pierre, Adolphe), O. ✳

Élu, le 1ᵉʳ mars 1884, membre de l'Académie des Sciences morales et politiques (section d'Histoire).

Né à Rouen (Seine-Inférieure), le 17 janvier 1809. — 1830. Professeur au collège de Rouen. — 1849 à 1861. Maître de conférences d'histoire à l'École Normale. — 1866. Inspecteur général de l'Instruction publique. — 1866 à 1870. Recteur de l'Académie de Strasbourg. — 1871 à 1874. Recteur de l'Académie de Poitiers. — Mort à Paris, le 1ᵉʳ mai 1891.

Ouvrages. — 1840. Histoire de Rouen sous la domination anglaise. — 1844. Histoire de la commune de Rouen, 2 vol. — 1849. De l'administration de Louis XIV. — 1855. Histoire de l'administration monarchique en France, depuis l'avènement de Philippe-Auguste jusqu'à la mort de Louis XIV, 2 vol. Dictionnaire historique des institutions, mœurs et coutumes de la France, 2 vol. in-12. — 1856. Marie Stuart et Catherine de Médicis. — 1862. Mémoires sur la vie publique et privée de Fouquet, 2 vol. — 1865. Saint-Simon, considéré comme historien de Louis XIV. — 1879-80. Histoire de France pendant la minorité de Louis XIV, 4 vol. — 1883. Histoire de France sous le ministère de Mazarin, 3 vol. — Publication du Journal de Lefèvre d'Ormesson, des lettres du cardinal Mazarin, des Mémoires de Saint-Simon et de ceux de Mˡˡᵉ de Montpensier.

Une notice sur sa vie a été lue par M. F. Rocquain, dans la séance de l'Académie des Sciences morales et politiques du 27 janvier 1894.

924. — DARBOUX (Jean, Gaston), O. ✳

Élu, le 3 mars 1884, membre de l'Académie des Sciences (section de Géométrie).

Né à Nîmes (Gard), le 13 août 1842. — 1864. Agrégé. — 1866. Docteur ès sciences. — 1867. Professeur au lycée Louis-le-Grand. — 1872 à 1881. Maître de conférences de calcul différentiel et intégral à l'École Normale. — 1881. Professeur de géométrie supérieure à la Faculté des Sciences. — 1887. Doyen de la Faculté des Sciences de Paris.

Ouvrages. — 1873. Sur les théorèmes d'Ivory, relatifs aux surfaces homofocadés du second degré. Sur une classe remarquable de courbes et de surfaces algébriques. — 1877. Mémoire sur l'équilibre astatique. — 1882. Sur le problème de Pfaff. — 1884. Notes du cours de mécanique de Despeyrous. — 1887-88. Leçons sur la théorie générale des surfaces, 4 vol. — Publication des œuvres de Fourier et de Lagrange. — Direction du Bulletin des sciences mathématiques.

925. — BARRIAS (Louis, Ernest).

Élu, le 29 mars 1884, membre de l'Académie des Beaux-Arts (section de Sculpture).

Né à Paris, le 13 avril 1841. — 1865. Grand Prix de Rome. — 1894. Professeur à l'École des Beaux-Arts.

Œuvres principales. — *Statues et groupes.* — 1863. Jeune fille de Mégare. Fileuse (m. du Luxembourg). — 1872. Le serment de Spartacus (Tuileries). — 1873. Tombeau de Mᵐᵉ E. D. à Lima. — 1878. Les premières funérailles (hôtel de ville de Paris). — 1880. Bernard Palissy (square Saint-Germain-des-Prés). — 1881. La défense de Paris (Rond-point de Courbevoie). — 1882. La défense de Saint-Quentin (place du 8-Octobre, à Saint-Quentin). — 1883. Mozart enfant (m. du Luxembourg). — 1887. Blaise Pascal (amphithéâtre de la Sorbonne). — 1888. Le Chant et la Musique (hôtel de ville de Paris). — 1889. La Chasse (hôtel de ville de Paris). L'Électricité (galerie des machines, à l'exposition universelle). — 1890. Jeune fille de Bou Saada (tombeau de Guillaumet). — 1892. Jeanne d'Arc prisonnière et six enfants (monument de Bon-Secours à Rouen). Monument de Mᵐᵉ T. à Saint-Geniez (Aveyron). — 1893. La Nature (Faculté des sciences de Bordeaux). L'Architecture (tombeau de Guérinot). Anatole de la Forge (Père-Lachaise). — 1894. Nubiens (Muséum d'histoire naturelle). — 1895. Monument de Madame B. Monument Émile Augier (place de l'Odéon). Monument Carnot (Bordeaux). — S. d. La serrurerie et la maçonnerie (avant-foyer de l'Opéra). La Comptabilité (pavillon de Marsan). L'Architecture et quatre bas-reliefs : la Maçonnerie, la Serrurerie, la Science et l'Art (palais du Louvre). La Science, le Travail, l'Épargne et la Charité (hôtel de ville de Neuilly).

Bustes. — 1862. Barrias père. — 1864. Jules Favre. — 1872. Henri Regnault. — 1877. Madame Olivier. — 1879. Munkacsy. — 1882. Dufaure (Institut). — 1883. Madame Armand Colin. — 1885. Marmontel. — 1886. Le Dʳ Dechambre. — 1888. Boverat. André, de l'Institut. — 1894. Edmond Hébert (Sorbonne). Le docteur Bertrand. Émile Augier (Théâtre Français).

Petits bronzes et statuettes. — 1872. La Fortune et l'Amour. — 1884. La Fortune. — 1886. La revanche de Psyché. — 1891. Bacchante. Série d'enfants, de petits groupes et de petits vases en bronze.

---

926. — BOUQUET de la GRYE (Jean, Jacques, Anatole), C. ✳

Élu, le 7 avril 1884, membre de l'Académie des Sciences (section de Géographie et Navigation).

Né à Thiers (Puy-de-Dôme), le 20 mai 1827. — 1852. Sous-Ingénieur hydrographe. — 1865. Ingénieur hydrographe. — 1884. Membre du Bureau des Longitudes. — 1886. Ingénieur hydrographe en chef.

Ouvrages. — 1869-73. Pilote de la côte Ouest de la France, 2 vol. — 1874. Mission du passage de Vénus à l'île Campbell, in-4. — 1883. Rapport sur le passage de Vénus (mission au Mexique), in-4. — 1884. Étude sur la création d'un port de mer à Paris. — 1887. Rapport sur le projet d'un canal maritime entre Paris et la mer. — 1892. Paris port de mer. — Notes et mémoires insérés dans les comptes rendus de l'Académie des sciences, la Revue maritime, le Bulletin de la Société de géographie, le Bulletin de la Société astronomique, l'Annuaire du Bureau des longitudes, les Annales hydrographiques, les Recherches hydrographiques, les Annales de chimie et de physique, la Revue maritime, la Gazette géographique, la Revue scientifique, le Bulletin de la Société de géographie commerciale, etc.

---

927. — LAGUERRE (Edmond, Nicolas), O. ✳

Élu, le 11 mai 1884, membre de l'Académie des Sciences (section de Géométrie).

Né à Bar-le-Duc (Meuse), le 9 avril 1834. — 1856. Sous-Lieutenant d'artillerie. — 1857. Lieutenant. — 1863. Capitaine. — 1864. Répétiteur à l'École Polytechnique. — 1877. Chef d'escadron. — 1883. Admis à la retraite. — Mort à Bar-le-Duc, le 14 août 1886.

M. Laguerre n'a publié aucun ouvrage ; il a fait, à l'Académie des sciences, diverses communications insérées dans les comptes rendus.

Une notice sur sa vie a été lue par M. Poincaré, dans la séance de l'Académie des Sciences du 13 juin 1887.

---

928. — HIMLY (Louis, Auguste), C. ✳

Élu, le 14 juin 1884, membre de l'Académie des Sciences morales et politiques (section d'Histoire).

Né à Strasbourg (Bas-Rhin), le 28 mars 1823. — 1845. Agrégé. — 1846 à 1862. Professeur au collège Rollin. — 1849. Archiviste paléographe. — 1849. Docteur ès lettres. — 1850 à 1862. Professeur suppléant à la Faculté des Lettres de Paris. — 1863. Professeur de géographie à la même Faculté. — 1881. Doyen de la Faculté des Lettres de Paris.

Ouvrages. — 1849. Wala et Louis le Débonnaire. *De sancti Romani imperii nationis Germanicæ indole atque juribus per medii ævi præsertim tempora.* — 1851. De la décadence carlovingienne. — 1876. Histoire de la formation territoriale des États de l'Europe centrale, 2 vol. — 1883. Livret de la Faculté des lettres de Paris (1809-1883). — 1885. Les grandes époques de l'histoire de la découverte du globe. — Collaboration à la bibliothèque de l'École des chartes, au Journal général de l'instruction publique, au Bulletin de la Société de géographie, à l'Encyclopédie des sciences religieuses, à la Revue internationale de l'enseignement, à la Revue de géographie, et au Bulletin de géographie historique et descriptive.

---

929. — TROOST (Louis, Joseph), O. ✻

Élu, le 7 juillet 1884, membre de l'Académie des Sciences (section de Chimie).

Né à Paris, le 17 octobre 1825. — 1851. Agrégé. — 1857. Docteur ès siences. — 1855. Professeur au lycée Bonaparte. — 1868 à 1875. Maître de conférences à l'École Normale et Professeur suppléant à la Faculté des Sciences. — 1874. Professeur de chimie à la Faculté des Sciences de Paris.

Ouvrages. — 1857. Recherches sur le lithium et ses composés. — 1863. Précis de chimie, in-12. — 1865. Traité élémentaire de chimie. — 1866. Un laboratoire de chimie au XVIIIe siècle. — Collaboration aux Annales de chimie et de physique et aux Annales de l'École normale.

---

930. — HALÉVY (Ludovic), O. ✻

Élu, le 4 décembre 1884, membre de l'Académie française.

Né à Paris, le 1er janvier 1834. — 1852 à 1858. Rédacteur au Ministère d'État. — 1858. Chef de bureau au Ministère de l'Algérie et des Colonies. — 1861. Secrétaire rédacteur au Corps législatif. — 1865. Chef adjoint des secrétaires rédacteurs au Corps législatif.

Ouvrages. — *Théâtre.* — 1855. Une pleine eau. Madame Papillon. Ba-ta-Clan. — 1856. L'impresario. — 1857. Le docteur Miracle. L'opéra aux fenêtres. Le cousin de Marivaux. — 1858. Rose et Rosette. Orphée aux enfers. — 1859. Un fait Paris. Titus et Bérénice. — 1860. Ce qui plaît aux hommes. Le mari sans le savoir. — 1861. La chanson de Fortunio. Le pont des soupirs. Les eaux d'Ems. Le menuet de Danaé. M. Choufleury restera chez lui. La baronne de San Francisco. Le roman comique. — 1862. Une fin de bail. Les moulins à vent. Les brebis de Panurge. La clé de Métella. — 1863. Le brésilien. Le train de minuit. — 1864. Nemea. La belle Hélène. Le photographe. — 1865. Le singe de Nicolet. Les méprises de Lambinet. — 1866. Barbe bleue. La vie parisienne. — 1867. La grande duchesse de Gérolstein. Tout pour les dames. 1868. Le château à Toto. Fanny Lear. La périchole. Le bouquet. — 1869. Vert-Vert. La diva. L'homme à la clé. Froufrou. Les brigands. — 1871. Tricoche et Cacolet. — 1872. Madame attend Monsieur. Le réveillon. Les sonnettes. — 1873. Le roi Candaule. L'été de la Saint-Martin. Toto chez Tata. Pomme d'api. — 1874. La petite marquise. La mi-carême. L'ingénue. La veuve. La boule. — 1875. Carmen. Le passage de Vénus. La boulangère a des écus. — 1876. Loulou. Le prince. — 1877. La cigale. Le Fandango. — 1878. Le petit duc. — 1879. Le mari de la débutante. Le petit hôtel. La petite mademoiselle. Lolotte. — 1880. La petite mère. — 1881. Janot. La roussote.

Romans et ouvrages divers. — 1860. Un scandale. — 1872. L'invasion. M. et Mme Cardinal. — 1876. Marcel. — 1880. Les petites Cardinal. — 1881. Un mariage d'amour. — 1882. L'abbé Constantin. — 1883. Criquette. La famille Cardinal. Deux mariages. — 1886. Trois coups de foudre. Princesse. — 1889. Notes et souvenirs. — 1892. Kari-Kari.

---

931. — DELIBES (Léo, Clément, Philibert), O. ✻

Élu, le 6 décembre 1884, membre de l'Académie des Beaux-Arts (section de Composition musicale).

Né à Saint-Germain-du-Val (Sarthe), le 21 février 1836. — 1853. Organiste de Saint-Jean-

Saint-François. — 1865. Chef des chœurs à l'Opéra. — 1880. Professeur de composition au Conservatoire. — Mort à Paris, le 16 janvier 1891.

Œuvres principales. — 1855. Deux sacs de charbon (opérette). — 1857. Maître Griffart (op.-c.). — 1859. L'omelette à la Follembuche (opérette). — 1860. M. de Bonnétoile (opérette). — 1861. Les musiciens de l'orchestre (opérette). — 1863. Le jardinier et son seigneur (op.-c.). — 1864. Le serpent à plumes (op.-c.). — 1865. Alger (cantate). — 1866. Le bœuf Apis (op.-c.) La source (ballet). — 1867. L'écossais de Chatou (op.-c,). La cour du roi Pétaud (opérette). — 1870. Coppélia (ballet). — 1873. Le roi l'a dit (op.-c.). — 1876. Sylvia (ballet). — 1877. La mort d'Orphée (scène lyrique). — 1880. Jean de Nivelle (op.-c.). — 1883. Lakmé (op.-c.). — 1891. Kassia (op.-c.). Myrto (mélodie). — Chœurs, mélodies, messes.

Une notice sur sa vie a été lue par M. Guiraud, dans la séance de l'Académie des Beaux-Arts du 2 avril 1892.

932. — SCHLUMBERGER (Léon, Gustave), ✻

Élu, le 12 décembre 1884, membre de l'Académie des Inscriptions et Belles-Lettres.

Né à Guebwiller (Haut-Rhin), le 17 octobre 1844. — 1868. Interne des hôpitaux de Paris. — 1871. Docteur en médecine.

Ouvrages. — 1874. Des oraclates d'Allemagne, in-4. — 1877. Les principautés franques du Levant. — 1878. Numismatique de l'Orient latin, in-4. — 1880. Le trésor de Sana, in-4. — 1884. Les îles des princes, le palais et l'église de Blachernes, la grande muraille de Byzance, in-12. Sigillographie de l'empire byzantin, in-4. — 1890. Un empereur byzantin au x⁰ siècle, in-4. — 1893. Numismatique des comtes de Béarn. — Numismatique et archéologie de l'Arménie au moyen âge. Numismatique et sigillographie des principautés franques en Orient, à l'époque des Croisades.

933. — BENOIST (Louis, Eugène), ✻

Élu, le 12 décembre 1884, membre de l'Académie des Inscriptions et Belles-Lettres.

Né à Nangis (Seine-et-Marne), le 28 mars 1831. — 1855 à 1867. Professeur au lycée de Marseille. — 1862. Docteur ès lettres. — 1867 à 1871. Professeur à la Faculté des Lettres de Nancy. — 1871 à 1874. Professeur à la Faculté des Lettres d'Aix. — 1876. Professeur de poésie latine à la Faculté des Lettres de Paris. — Mort à Paris, le 23 mai 1887.

Ouvrages. — 1862. Guichardin, historien italien du xvi⁰ siècle. *De personis muliebribus apud Plautum.* — 1884. Lexique latin-français. — 1887. Dictionnaire français-latin. — Éditions savantes d'ouvrages classiques.

934. — DIET (Arthur, Stanislas), O. ✻

Élu, le 13 décembre 1884, membre de l'Académie des Beaux-Arts (section d'Architecture).

Né à Amboise (Indre-et-Loire), le 7 avril 1827. — 1853. Grand Prix de Rome. — 1878. Membre du Conseil général des Bâtiments civils. — 1881. Inspecteur général des Bâtiments civils. — Mort à Paris, le 17 janvier 1890.

Œuvres principales. — Nouvel Hôtel-Dieu de Paris. Nouvelle préfecture de police. Achèvement de l'hospice de Charenton. Grands réservoirs de Montmartre. Musée d'Amiens.

Une notice sur sa vie a été lue par M. Normand, dans la séance de l'Académie des Beaux-Arts du 13 février 1892.

935. — MASCART (Éleuthère, Élie, Nicolas), C. ✻

Élu, le 15 décembre 1884, membre de l'Académie des Sciences (section de Physique générale).

Né à Quarouble (Nord), le 20 février 1837. — 1861. Agrégé. — 1864. Docteur ès sciences. —

1865. Professeur au lycée de Metz. — 1866. Professeur au collège Chaptal. — 1867. Professeur au lycée de Versailles. — 1868. Professeur suppléant au Collège de France. — 1873. Professeur de physique générale et expérimentale au Collège de France. — 1878. Directeur du Bureau central météorologique.

Ouvrages. — 1866. Éléments de mécanique. — 1876. Traité d'électricité statique, 2 vol. — 1881. La météorologie appliquée à la prévision du temps, in-12. — 1882. Leçons sur l'électricité et le magnétisme, 2 vol. — 1889-91. Traité d'optique, 3 vol.

936. — REISET (Jules), O. ✳

Élu, le 22 décembre 1884, membre de l'Académie des Sciences (section d'Économie rurale).

Né à Bapeaume (Seine-Inférieure), le 6 octobre 1818. — 1857. *Correspondant de l'Institut.* —. 1859 à 1863. Député de la Seine-Inférieure.

Ouvrages. — 1863. Recherches pratiques expérimentales sur l'agronomie. — Annuaire de chimie, 6 vol. — Mémoires insérés dans les Comptes rendus de l'Académie des sciences et les Annales de physique et chimie : sur la valeur des grains alimentaires ; sur la putréfaction ; sur le colza ; sur l'alimentation du bétail ; sur la respiration des animaux ; sur la distillation de la betterave ; sur le lait bleu ; sur l'acide carbonique de l'air ; sur les combinaisons de nouvelles bases alcalines contenant du platine (sel de Reiset), etc.

937. — BERGAIGNE (Abel, Henry, Joseph), ✳

Élu, le 6 février 1885, membre de l'Académie des Inscriptions et Belles-Lettres.

Né à Fimy (Pas-de-Calais), le 31 août 1838. — 1862. Commis à l'administration de l'enregistrement et des domaines. — 1867 à 1877. Répétiteur à l'École des Hautes Études. — 1877. Docteur ès lettres. — 1885. Professeur de langue sanscrite et de grammaire comparée des langues indo-européennes à la Faculté des Lettres de Paris. — Mort à La Grave (Hautes-Alpes), le 6 août 1888.

Ouvrages. — 1878-83. La religion védique d'après des hymnes du Rig-Véda, 3 vol. — 1879. Nagananda. La joie des serpents, drame bouddhique. — 1880. Quelques observations sur les figures de rhétorique dans le Rig-Véda. — 1884. Chronologie de l'ancien royaume Khmer. Manuel pour étudier la langue sanscrite. — 1885. Étude sur le lexique du Rig-Véda. — 1886. Les découvertes récentes sur l'histoire ancienne du Cambodge. — 1887. Recherches sur l'histoire de la Samhita du Rig-Véda. — 1888. L'ancien royaume de Cempa, dans l'Indo-Chine. — 1889. Recherches sur l'histoire de la liturgie védique. — 1890. Manuel pour étudier le sanscrit védique. — Collaboration au Journal asiatique.

938. — BATBIE (Anselme, Polycarpe), ✳

Élu, le 14 février 1885, membre de l'Académie des Sciences morales et politiques (section de Législation).

Né à Seissan (Gers), le 30 mai 1828. — 1849 à 1851. Auditeur au Conseil d'État. — 1852 à 1857. Professeur suppléant aux Facultés de Droit de Rennes, de Dijon et de Toulouse. — 1857. Professeur suppléant à la Faculté de Paris. — 1862. Professeur de droit administratif, puis (1864) d'économie politique à la Faculté de Paris. — 1871 à 1875. Député du Gers. — 1873. Ministre de l'Instruction publique et des Cultes. — 1876 à 1887. Sénateur du Gers. — Mort à Paris, le 12 juin 1887.

Ouvrages. — 1852. Doctrine et jurisprudence en matière d'appel comme d'abus. — 1861. Turgot philosophe, économiste et administrateur. — 1862. Traité historique et pratique de droit administratif, 8 vol. — 1863. Le crédit populaire. — 1864. Cours d'économie politique. — 1865. Mélanges d'économie politique. L'homme aux quarante écus. — 1866. Le luxe. — 1866. Revision du Code Napoléon. — 1867. Grèves et coalitions.

Une notice sur sa vie a été lue par M. le comte de Franqueville, dans les séances de l'Académie des Sciences morales et politiques des 17 et 24 novembre 1888.

939. — GRANDIDIER (Alfred), ✻

Élu, le 6 juillet 1885, *membre de l'Académie des Sciences (section de Géographie et Navigation).*

Né à Paris, le 20 décembre 1836.

Ouvrages. — 1871 et suiv. Histoire physique, naturelle et politique de Madagascar, 40 vol. in-4, en collaboration avec MM. Milne-Edwards, Sauvage, Kunckel, de Saussures, Forel, Fisher, Mabille, Crosse et Baillon. — Ont paru : 1° Histoire de la géographie et géographie mathématique; 2° Histoire des mammifères, 3 vol.; 3° Histoire des oiseaux, 4 vol.; 4° Histoire des poissons; 5° Histoire des lépidoptères diurnes; 6° Histoire des coléoptères; 7° Histoire des hyménoptères, 2 vol.; 8° Histoire des formicidées; 9° Histoire des mollusques; 10° Histoire des plantes, 3 vol. — 1879. Rapport sur les cartes et les appareils de géographie et de cosmographie. — Mémoires insérés dans le Bulletin de la Société de géographie, la Revue et Magasin zoologique, le Bulletin de la Société philomathique, les Comptes rendus de l'Académie des sciences, etc.

940. — DAUMET (Pierre, Jérôme, Honoré), O. ✻

Élu, le 18 juillet 1885, *membre de l'Académie des Beaux-Arts (section d'Architecture).*

Né à Paris, le 23 octobre 1826. — 1855. Grand Prix de Rome. — 1873. Membre du Conseil général des Bâtiments civils. — 1891. Inspecteur général des Bâtiments civils.

Œuvres. — Château de Chantilly. Palais de justice de Paris (cour d'Appel). Palais des facultés à Grenoble. Chapelle de l'*Ecce homo* à Jérusalem. Chapelle et pensionnat des Dames de N.-D. de Sion, à Paris. Pensionnat de N.-D. de Sion, à Tunis. Palais de justice de Grenoble.

941. — BOUSSINESQ (Valentin, Joseph), ✻

Élu, le 18 janvier 1886, *membre de l'Académie des Sciences (section de Mécanique).*

Né à Saint-André-de-Sangonis (Hérault), le 13 mars 1842. — 1862. Professeur au collège d'Agde. — 1865. Professeur au collège de Gap. — 1867. Docteur ès sciences. — 1872. Professeur à la Faculté des Sciences de Lille. — 1886. Professeur de mécanique physique et expérimentale à la Faculté des Sciences de Paris.

Ouvrages. — 1872. Théorie des ondes liquides périodiques et de la houle. — 1876. Essai sur l'équilibre des massifs pulvérulents, in-4. — 1877. Essai sur la théorie des eaux courantes, in-4. — 1878. Conciliation du véritable déterminisme mécanique avec l'existence de la vie et de la liberté morale. — 1880. Étude sur divers points de la philosophie des sciences. — 1884. Cours élémentaire d'analyse infinitésimale, in-4. — 1885. Application des potentiels à l'étude de l'équilibre et du mouvement des solides élastiques. — 1887. Cours d'analyse infinitésimale, 2 vol. — 1889. Leçons synthétiques de mécanique générale. — Collaboration au Journal de mathématiques, aux Annales des ponts et chaussées, au Journal de physique théorique et appliquée, aux Annales de chimie et de physique et à la Revue philosophique.

942. — LECONTE de LISLE (Charles, Marie, René), O. ✻

Élu, le 11 février 1886, *membre de l'Académie française.*

Né à Saint-Paul (Réunion), le 23 octobre 1818. — 1872. Attaché à la Bibliothèque du Luxembourg. — 1873. Sous-Bibliothécaire. — Mort à Louveciennes (Seine-et-Oise), le 17 juillet 1894.

Ouvrages. — 1852. Poèmes antiques, in-12. — 1854. Épitre au Czar, au sujet des lieux saints. — 1855. Poèmes et poésies, in-12. — 1858. Poésies complètes, in-12. — 1862. Poèmes barbares. — 187·. Catéchisme populaire républicain. Le soir d'une bataille. Le sacre de Paris. L'histoire populaire du christianisme. — 1873. Les Érinnyes, tragédie. — 1884. Poèmes tragiques. — 1888. L'Apollonide, drame lyrique. — Traduction en vers des Idylles de Théocrite, de l'Iliade, de l'Odyssée, des œuvres d'Eschyle, d'Horace, de Sophocle et d'Hésiode. — Collaboration à la Revue Européenne et au Nain Jaune.

943. — HERVÉ (Aimé, Marie, Édouard), ✻

Élu, le 11 février 1886, membre de l'Académie française.

Né à Saint-Denis (Réunion), le 28 mai 1835. — 1854. Élève de l'École Normale.

Ouvrages. — 1866. La presse et la législation. — 1869. Une page de l'histoire d'Angleterre, in-12. — 1885. La crise irlandaise. — Collaboration à la Revue de l'Instruction publique, à la Revue contemporaine, au Courrier du Dimanche, au Temps, à l'Époque, au Journal de Genève, au Journal de Paris et au Soleil.

944. — GERMAIN (Henri), ✻

*Élu, le 13 février 1886, membre de l'Académie des Sciences morales et politiques
(section d'Économie politique).*

Né à Lyon (Rhône), le 19 février 1824. — 1869-1870, 1871 à 1877, et 1881 à 1889. Député de l'Ain.

Ouvrages. — 1886. La situation financière de la France en 1886, in-12. État politique de la France en 1886. — S. d. Discours parlementaires sur les finances, 2 vol. — Collaboration à la Revue des Deux Mondes.

945. — CUCHEVAL-CLARIGNY (Athanase), O. ✻

*Élu, le 13 février 1886, membre de l'Académie des Sciences morales et politiques (section d'Économie
politique).*

Né à Calais (Pas-de-Calais), le 1ᵉʳ février 1821. — 1843. Agrégé pour l'histoire. — 1843 à 1851. Bibliothécaire de l'École Normale. — 1846. Archiviste paléographe. — 1846. Professeur suppléant aux collèges Henri-IV et Louis-le-Grand. — 1852 à 1888. Conservateur de la Bibliothèque Sainte-Geneviève.

Ouvrages. — 1859. Histoire de la presse en Angleterre et aux États-Unis, in-12. — 1860. Les budgets de la guerre et de la marine en Angleterre et en France. — 1864. Considérations sur les banques d'émission. — 1869. Histoire de la Constitution de 1852. — 1871. L'équilibre européen après la guerre de 1870. — 1873. Des institutions représentatives et des garanties de la liberté. — 1880. Lord Beaconsfield et son temps, in-12. — 1884. L'instruction publique en France ; observations sur les moyens de l'améliorer. — 1885. Les finances de l'Italie, de 1866 à 1885. — 1886. Essai sur l'amortissement et les emprunts d'États. — 1891. Les finances de la France, de 1870 à 1891. — Traductions de divers ouvrages de F. Cooper, Disraeli, Lord Holland et Mᵐᵉ Beecher Stowe. — Collaboration à la Revue des Deux Mondes, à l'Annuaire des Deux Mondes, au Constitutionnel, au Mémorial diplomatique et à la Presse.

946. — DEPREZ (Marcel), O. ✻

Élu, le 1ᵉʳ mars 1886, membre de l'Académie des Sciences (section de Mécanique).

Né à Aillant (Loiret), le 29 décembre 1843. — 1890. Professeur au Conservatoire des Arts et Métiers. — 1890. Professeur suppléant au Collège de France.

Ouvrages. — 1875. Étude sur l'influence de la distribution sur le rendement économique des machines à vapeur. — Mémoires publiés dans les comptes rendus de l'Institut, la Lumière électrique, etc.

947. — HÉRON de VILLEFOSSE (Antoine, Marie, Albert), O. ✻

Élu, le 5 mars 1886, membre de l'Académie des Inscriptions et Belles-Lettres.

Né à Paris, le 8 décembre 1845. — 1869. Archiviste paléographe. — 1869. Attaché au musée des

Antiques. — 1881. Conservateur adjoint au musée du Louvre. — 1886. Conservateur des antiquités grecques et romaines au même musée. — 1886. Directeur à l'École des Hautes Études, pour l'épigraphie latine et les antiquités romaines.

Ouvrages. — 1871. Une caricature antique de Ganymède. — 1874. Des mesures en usage en Brie, aux XIIIe et XVe siècles, in-4. Verres antiques trouvés en Algérie. — 1875. Rapport sur une mission archéologique en Algérie. Lampes chrétiennes inédites. — 1876. Inscriptions latines récemment découvertes dans la province de Constantine. Notice des monuments de Palestine conservés au Louvre. — 1877. Les Inscriptions de Sétif. — 1878. Le tarif de Zraïa. Inscriptions de Thala et de Haïdra. La pyxis de Vaison. — 1879. Inscriptions de Saint-Remy. Les antiquités d'Entrain. — 1880. Trésor de Monaco. Mélanges archéologiques. — 1881. Les inscriptions latines d'Utique. — 1882. Cachets d'oculistes romains, 2 vol. — 1885. Inscriptions romaines de Fréjus. Les trésors de vaisselle d'argent trouvés en Gaule. Notes d'épigraphie africaine. — Collaboration aux Œuvres de Borghesi, aux Mémoires de la Société des antiquaires, au Bulletin monumental, à la Revue et à la Gazette archéologique, au Musée archéologique, à la Revue de l'Afrique française, etc., etc.

---

948. — LONGNON (Auguste, Honoré), ✻

Élu, le 5 mars 1886, membre de l'Académie des Inscriptions et Belles-Lettres.

Né à Paris, le 18 octobre 1844. — 1870. Auxiliaire aux Archives impériales. — 1871. Archiviste. — 1879. Répétiteur, puis (1881) Maître de conférences et (1886) Directeur d'études à l'École des Hautes Études. — 1886 à 1892. Sous-Chef de la section historique aux Archives. — 1889. Professeur suppléant, puis (1892) professeur titulaire de géographie historique de la France au Collège de France.

Ouvrages. — 1869. Livre des vassaux du comté de Champagne et de Brie. — 1869-1872. Étude sur les Pagi de la Gaule, 2 fasc. — 1873. Examen géographique du *Diplomata imperii*. — 1874. Pouillé du diocèse de Cahors, in-4. — 1875. Les limites de la France et l'étendue de la domination française à l'époque de la mission de Jeanne d'Arc. — 1877. Rôles des fiefs du comté de Champagne sous le règne de Thibaud IV (1249-1252). Étude sur François Villon. — 1878. Géographie de la Gaule au VIe siècle. Paris pendant la domination anglaise. Le saint voyage de Jérusalem du seigneur d'Anglure. — 1882. Documents parisiens sur l'iconographie de saint Louis. Raoul de Cambrai, chanson de geste. — 1884 et suiv. Atlas historique de la France, depuis César jusqu'à nos jours. — 1886-1895. Polyptyque de l'abbaye de Saint-Germain-des-Prés, 2 vol. — 1890. De la formation de l'unité française. — 1891. Dictionnaire typographique de la Marne. — 1892. Œuvres complètes de Fr. Villon. — Collaboration au Bulletin de la Société de l'histoire de Paris et de l'île de France, au Bulletin et Mémoires de la Société des antiquaires de France, à la Revue archéologique, à la Revue critique d'histoire et de littérature, à la Revue des questions historiques, à la Revue historique, à la Romania et au Répertoire des travaux historiques.

---

949. — HALPHEN (Georges, Henri), O. ✻

Élu, le 15 mars 1886, membre de l'Académie des Sciences (section de Géométrie).

Né à Rouen (Seine-Inférieure), le 30 octobre 1844. — 1864. Sous-Lieutenant d'artillerie. — 1866. Lieutenant. — 1870. Capitaine. — 1873. Répétiteur à l'École Polytechnique. — 1884. Chef d'escadron. — Mort à Versailles (Seine-et-Oise), le 21 mai 1889.

Ouvrages. — 1886-91. Traité des fonctions elliptiques et de leurs applications, 3 vol.

Une notice sur sa vie a été lue par M. Picard, dans la séance de l'Académie des sciences du 10 mars 1890.

---

950. — BRETON (Jules, Adolphe, Aimé, Louis), C. ✻

Élu, le 20 mars 1886, membre de l'Académie des Beaux-Arts (section de Peinture).

Né à Courrières (Pas-de-Calais), le 1er mai 1827.

Œuvres principales. — 1845. Saint Fiat (église de Courrières). — 1849. Misère et désespoir. — 1850. Le baptême du Christ. — 1851. La faim. — 1853. Le retour des moissonneurs. — 1854. Un orage. — 1855. Les glaneuses. Le lendemain de la Saint-Sébastien. Paysannes consultant des épis. — 1856. Le sommeil de la grand-mère. Incendie d'une meule. — 1857. La bénédiction des blés (m. du Luxembourg). — 1859. Le rappel des glaneuses (Luxembourg). Plantation d'un calvaire (m. de Lille). Le lundi. Une couturière. — 1860. Faneuse et glaneuse. — 1861. Le soir. Les sarcleuses. Le colza. L'incendie. — 1862. Une baigneuse. — 1863. Consécration de l'église d'Oignies. — 1864. Les vendanges. Gardeuse de dindons. — 1865. La fin de la journée. La lecture. — 1867. La becquée. La moisson. Une source au bord de la mer. Le retour des champs. — 1868. Femmes récoltant des pommes de terre. L'héliotrope. Le repos (m. d'Arras). — 1869. Un pardon breton. Les mauvaises herbes. — 1870. Les lavandières bretonnes. Fileuse. — 1872. Jeune fille gardant des vaches. La fontaine. — 1873. Bretonne. — 1874. La falaise. — 1875. La saint Jean. — 1877. La glaneuse. — 1880. Le soir. — 1884. Les communiantes. Sur la route en hiver. — 1885. Le dernier rayon. — 1887. La fin du travail à travers champs. — 1888. Jeunes filles allant à la procession. L'étoile du berger. — 1890. La lavandière. Les dernières fleurs. — 1892. Souvenir de Douarnenez. Juin. — 1893. Le chemin du pardon. La dinde de Noël. — 1894. La dernière récolte. La Souchez à Courrières.

Ouvrages. — 1876. Les champs et la mer, poésie. — 1880. Jeanne, poème. — 1890. Vie d'un artiste, art et nature, in-12.

---

951. — CHAUVEAU (Jean-Baptiste, Auguste), C. ✻

Élu, le 10 mai 1886, membre de l'Académie des Sciences (section d'Économie rurale).

Né à Villeneuve-la-Guyard (Yonne), le 23 novembre 1827. — 1848. Chef des travaux anatomiques à l'École vétérinaire de Lyon. — 1863. Professeur d'anatomie et de physiologie. — 1875. Directeur de l'École vétérinaire de Lyon. — 1877. Professeur à la Faculté de Médecine de Lyon. — 1878. Correspondant de l'Institut. — 1886. Inspecteur général des Écoles vétérinaires. — 1886. Professeur de pathologie comparée au Muséum d'Histoire naturelle.

Ouvrages. — Traité d'anatomie comparée des animaux domestiques. Travaux de physiologie: sur l'énergétique en biologie, sur la glycogénie animale, sur l'application de la méthode graphique à l'étude des phénomènes physiologiques, sur la physiologie du cœur et le cours du sang, sur l'électro-physiologie, sur la physiologie du système nerveux, sur l'état corpusculaire des agents virulents, sur la non-spontanéité des maladies infectieuses, sur la théorie de l'immunité, sur l'atténuation des virus, sur les poisons fabriqués par les agents infectieux, sur le mécanisme de la contagion naturelle, sur la vaccine et la variole, sur la septicémie puerpérale, sur la septicémie gangréneuse, sur la nature infectieuse de la tuberculose et l'identité de cette maladie chez l'homme et les animaux domestiques, sur le transformisme en microbiologie.

Collaboration aux comptes rendus de l'Académie des sciences, aux comptes rendus de la Société de Biologie, au Journal de médecine vétérinaire et de zootechnie, publié à l'École de Lyon, au Journal de la physiologie de l'homme et des animaux, aux Archives de physiologie normale et pathologique, à la Revue de médecine, à la Revue scientifique, etc.

952. — BORNET (Jean-Baptiste, Édouard), ✻

Élu, le 10 mai 1886, membre de l'Académie des Sciences (section de Botanique).

Né à Guérigny (Nièvre), le 2 septembre 1828. — 1852 à 1875. Aide et collaborateur de Gustave Thuret. — 1855. Docteur en médecine.

Ouvrages. — 1851. Étude sur l'organisation des espèces qui composent le genre *Meliola.* — 1852. Recherches sur la structure de l'*Ephebe pubescens Fries.* — 1856. Description de trois lichens nouveaux. — 1858. Observations sur le développement d'infusoires dans le *Valonia utricularis Ag.* — 1859. Description d'un nouveau genre de floridées des côtes de France. — 1864. Recherches sur le *Phucagrostis major Cavolini.* — 1867. Recherches sur la fécondation des floridées. — 1873. Recherches sur les gonidies des lichens. — 1876-1880. Notes algologiques. Gustave-Adolphe Thuret, esquisse biographique. — 1878. Études phycologiques. — 1881. Mazaca, nouveau genre d'algue. — 1883. Liste des algues marines récoltées à Antibes. — 1884. Sur la détermination des rivulaires qui forment des fleurs d'eau. — 1885. Algues de Madagascar. Note sur le genre *aulosiræ.* — 1885-1888. Tableau synoptique des nostochacées filamenteuses hétérocystées. — 1886-1888. Revision des nostochacées hétérocystées. — 1888. Note sur deux nouveaux genres d'algues perforantes. Sur une nouvelle espèce de laminaire de la Méditerranée. — 1889. Sur quelques plantes vivant dans le test calcaire des mollusques. Les nostocacées hétérocystées du *sys-*

tema algarum de C. Agardh et leur synonymie actuelle. Sur l'*ectocarpus fulvescens* Thuret. — 1890. Sur deux algues de la Méditerranée *fauchea* et *zosterocarpus*. — 1891. Sur l'*ostracoblabe implexa*. — 1892. Sur quelques *ectocarpus*. — 1892. Les algues de P. K. A. Schousboe.

953. — SARRAU (Jacques, Rose, Ferdinand, Émile), C. ✳

Élu, le 24 mai 1886, membre de l'Académie des Sciences (section de Mécanique).

Né à Perpignan (Pyrénées-Orientales), le 24 juin 1837. — 1859. Élève commissaire des poudres. — 1866. Sous-Ingénieur des Manufactures de l'État. — 1875. Ingénieur des poudres et salpêtres. — 1877. Ingénieur en chef, Directeur du Dépôt et de l'École d'application des poudres et salpêtres. — 1883. Professeur de mécanique à l'École Polytechnique.

Ouvrages. — 1867 et 1868. Mémoire sur la propagation et la polarisation de la lumière dans les cristaux. — 1873. Sur la thermodynamique des systèmes matériels. — 1874. Recherches théoriques sur la force et le travail de la poudre et des substances explosives. — 1875 et 1876. Effet de la poudre dans les armes. — 1877 et 1878. Formules pratiques des vitesses et des pressions dans les armes, 2 vol. — 1882. Recherches théoriques sur le chargement des bouches à feu. Études sur l'emploi des manomètres à écrasement. — 1885. Étude sur le mode de décomposition de quelques explosifs. — 1887. Sur l'influence du rapprochement moléculaire. Sur l'équilibre chimique des systèmes gazeux homogènes. — 1892. Introduction à la théorie des explosifs.

954. — BROWN-SEQUARD (Charles, Édouard), ✳

Élu, le 21 juin 1886, membre de l'Académie des Sciences (section de Médecine et Chirurgie).

Né à Port-Louis (île Maurice), le 8 avril 1817. — 1840. Docteur en médecine. — 1864. Professeur de physiologie à l'Université de Harvard (États-Unis). — 1878. Professeur de médecine expérimentale au Collège de France. — Mort à Paris, le 1er avril 1894.

Ouvrages. — 1872. *Lectures on paralysis of the lower extremities.* — 1873. *Lectures on fonctional affections.* Leçons sur les nerfs vaso-moteurs, sur l'épilepsie et sur les actions réflexes normales et morbides. — 1890. Exposé des effets produits chez l'homme par des injections sous-cutanées d'un suc retiré des testicules d'animaux.

955. — CROISET (Marie, Joseph, Alfred), ✳

Élu, le 3 décembre 1886, membre de l'Académie des Inscriptions et Belles-Lettres.

Né à Paris, le 5 janvier 1845. — 1867. Agrégé des lettres. — 1868. Professeur aux lycées de Nevers et (1871) de Montauban. — 1872 à 1877. Professeur au collège Stanislas et aux lycées Charlemagne et Louis-le-Grand. — 1877. Maître de conférences à la Faculté des Lettres de Paris. — 1884. Professeur adjoint, puis (1885) professeur titulaire d'éloquence grecque à la même Faculté.

Ouvrages. — 1873. *De personis apud Aristophanum.* Xénophon, son caractère et son talent. — 1880. La poésie de Pindare et les lois du lyrisme grec. — 1883. Premières leçons d'histoire littéraire. — 1884. Leçons de littérature grecque, in-12. — 1886. Édition savante des œuvres de Thucydide. — 1887. Histoire de la littérature grecque, 4 vol.

956. — SAPPEY (Marie, Philibert, Constant), C. ✳

Élu, le 13 décembre 1886, membre de l'Académie des Sciences (section d'Anatomie).

Né à Bourg (Ain), le 10 août 1810. — 1843. Docteur en médecine. — 1847. Agrégé. — 1859 à 1868. Chef des travaux anatomiques à la Faculté de Médecine de Paris. — 1868 à 1888. Professeur d'anatomie à la même Faculté.

Ouvrages. — 1847-63. Traité d'anatomie descriptive, 4 vol. Recherches sur l'appareil respiratoire des oiseaux, in-4. — 1854. Recherches sur la conformation de l'urèthre de l'homme. — 1874. Anatomie des vaisseaux lymphatiques chez l'homme et les vertébrés, in-fol. avec planches. — 1879. Atlas d'anatomie descriptive. — 1880. Études sur l'appareil mucipare et sur le système lymphatique des poissons, in-fol. — 1881. Les éléments figurés du sang dans la série animale, in-4. — 1892. Traité d'anatomie générale.

---

957. — RANVIER (Louis, Antoine), ✳

Élu, le 24 janvier 1887, membre de l'Académie des Sciences (section d'Anatomie).

Né à Lyon (Rhône), le 2 octobre 1835. — 1865. Docteur en médecine. — 1875. Professeur d'anatomie générale au Collège de France.

Ouvrages. — 1865. Considérations sur le développement du tissu osseux. — 1868. Observations pour servir à l'histoire de l'Adénie. — 1869-72. Manuel d'histologie pathologique, 2 vol. in-12. — 1874-90. Travaux du laboratoire d'histologie du collège de France, 12 vol. — 1875-88. Traité technique d'histologie. — 1878. Leçons sur l'histologie du système nerveux. — 1880. Leçons d'anatomie générale, 3 vol. Leçons d'anatomie sur le système musculaire. — Mémoires insérés dans les Comptes rendus de l'Académie des sciences.

---

958. — VIOLLET (Marie, Paul).

Élu, le 28 janvier 1887, membre de l'Académie des Inscriptions et Belles-Lettres.

Né à Tours (Indre-et-Loire), le 24 octobre 1840. — 1862. Archiviste paléographe. — 1864. Secrétaire général et archiviste de la ville de Tours. — 1866. Archiviste aux Archives nationales. — 1876. Bibliothécaire et archiviste de la Faculté de Droit. — 1890. Professeur de droit civil et canonique à l'École des Chartes.

Ouvrages. — 1866. Élection des députés aux états généraux réunis à Tours en 1468 et 1484. — 1870. Œuvres chrétiennes des familles royales de France. La Pragmatique sanction de saint Louis. — 1873. Caractère collectif des premières propriétés immobilières. — 1874. Les enseignements de saint Louis à son fils. — 1877. Les sources des établissements de saint Louis. — 1881-86. Les établissements de saint Louis, 4 vol. — 1885. Précis de l'histoire du droit français. — 1889. Histoire des institutions politiques et administratives de la France, tome Ier. — 1892. La question de légitimité à l'avènement de Hugues Capet. — 1893. Comment les femmes ont été exclues, en France, de la succession à la Couronne. — Traduction de l'ouvrage de Schmidt : Paris pendant la révolution, 4 vol. Édition des lettres de Mlle de Condé à M. de la Gervaisais.

---

959. — GAUTIER (Émile, Théodore, Léon), ✳

Élu, le 18 février 1887, membre de l'Académie des Inscriptions et Belles-Lettres.

Né au Havre (Seine-Inférieure), le 8 août 1832. — 1854. Élève de l'École des Chartes. — 1856. Archiviste du département de la Haute-Marne. — 1859. Archiviste aux Archives nationales. — 1871. Professeur de paléographie à l'École des Chartes. — 1893. Chef de la section historique aux Archives nationales.

Ouvrages. — 1858. L'entrée en Espagne, chanson de geste. Comment il faut juger le moyen âge, in-12. Histoire des proses antérieurement au XIIe siècle. Quelques mots sur l'étude de la paléographie, in-12. Essai d'une théorie catholique de l'origine du langage. — 1859. L'amour, par un catholique, in-12. — 1860. Définition catholique de l'histoire, in-12. — 1861. Scènes et nouvelles catholiques, in-12. Choix de prières d'après les manuscrits du moyen âge. — 1862. Voyage d'un catholique autour de sa chambre, in-12. — 1863. Benoît XI, études sur la papauté au XIVe siècle. — 1864. Études historiques pour la défense de l'Église, in-12. — 1865. Études littéraires pour la défense de l'Église, in-12. — 1865-68. Les épopées françaises, 4 vol. — 1866. Études et controverses historiques. Cours d'histoire de la poésie latine au moyen âge. — 1867. L'idée religieuse dans la poésie épique du moyen âge.— 1868. Portraits littéraires, in-12.— 1870. Le livre de tous ceux qui souffrent. L'infaillibilité devant la raison, la foi et l'histoire. — 1873. Portraits contemporains et questions actuelles. Prières à la Vierge, d'après les manuscrits du moyen âge. Appel aux hommes de bien. — 1874. Appel aux ouvriers. Histoire des corporations ouvrières, in-12. Histoire de la charité, in-12. — 1876-79. Lettres d'un catholique, 2 vol. in-12. — 1877. Les sept œuvres de miséricorde. — 1878. Vingt nouveaux portraits, in-12. — 1883. Au coin du feu. — 1884. La chevalerie, in-4. — 1886. Histoire de la poésie liturgique au moyen âge. — 1887. La poésie religieuse dans les cloîtres du IXᵉ au XIᵉ siècle. — 1890. Portraits du XVIIᵉ siècle, in-12. Études et tableaux historiques, in-12. — 1894. La littérature catholique et nationale. Portraits du XIXᵉ siècle. — Édition de la chanson de Roland et des œuvres poétiques d'Adam de Saint-Victor, etc. — Traduction des psaumes.

960. — BOUCHARD (Charles, Jacques), O. ✳

Élu, le 23 mars 1887, membre de l'Académie des Sciences (section de Médecine et Chirurgie).

Né à Montier-en-Der (Haute-Marne), le 6 septembre 1837. — 1863. Interne des hôpitaux. — 1866. Docteur en médecine. — 1869. Agrégé. — 1870. Médecin des hôpitaux. — 1879. Professeur de pathologie et thérapeutique générale à la Faculté de Médecine de Paris.

Ouvrages. — 1858. Études sur les éruptions générales de la vaccine. — 1860. Études expérimentales sur l'identité de l'herpès circiné et de l'herpès tonsurant. — 1862. La pellagre observée à Lyon. Recherches nouvelles sur la pellagre. — 1866. Des dégénérations secondaires de la moelle épinière. Études sur quelques points de la pathogénie des hémorragies cérébrales. — 1868. Tuberculose et phtisie pulmonaire. — 1869. De la pathogénie des hémorragies. — 1876. Étiologie de la fièvre typhoïde. — 1877. Utilité et objet de l'histoire de la médecine. — 1880. Leçons sur les maladies par ralentissement de la nutrition. — 1885. Leçons sur les auto-intoxications dans les maladies. — 1888. Leçons sur la thérapeutique des maladies infectieuses. — 1890. Action des produits secrétés par les microbes pathogènes. Essai d'une théorie de l'infection. — 1891. Sur les prétendues vaccinations par le sang. — 1892. Les microbes pathogènes. — Collaboration aux Archives générales de médecine et à la Gazette hebdomadaire de médecine.

961. — VERNEUIL (Aristide, Auguste, Stanislas), C. ✳

Élu, le 20 juin 1887, membre de l'Académie des Sciences (section de Médecine et Chirurgie).

Né à Paris, le 29 novembre 1823. — 1843. Interne des hôpitaux. — 1847. Aide d'anatomie, puis prosecteur à la Faculté de Médecine. — 1852. Docteur. — 1853. Agrégé. — 1856 à 1893. Chirurgien des hôpitaux de Lourcine, du Midi (1862), de Lariboisière (1865), de la Pitié (1872) et de l'Hôtel-Dieu (1890).— 1868 à 1893. Professeur de pathologie externe, puis (1872) de clinique chirurgicale à la Faculté de Médecine de Paris. — Mort à Maisons-Laffite (Seine-et-Oise) le 11 juin 1895.

Ouvrages. — Nombreux travaux, sous forme de mémoires réunis en six volumes. Ils sont relatifs : 1° à la chirurgie réparatrice ; 2° aux amputations, à la doctrine septicémique et aux pansements antiseptiques ; 3° aux rapports des états constitutionnels et du traumatisme ; 4° au traumatisme et à ses complications ; 5° à la commotion, la contusion, le tétanos, les rapports de la syphilis et du traumatisme ; 6° aux hémorragies chirurgicales et à l'hémostase. — D'autres volumes sur les maladies des vaisseaux, les maladies des articulations, les tumeurs, etc., sont en préparation. — Direction de la Revue de chirurgie et des Études expérimentales sur la tuberculose.

962. — POINCARÉ (Jules, Henri), ✳

Élu, le 31 juillet 1887, membre de l'Académie des Sciences (section de Géométrie).

Né à Nancy (Meurthe), le 29 avril 1854. — 1879. Ingénieur des Mines. — 1879. Docteur ès sciences. — 1879. Professeur d'analyse à la Faculté des Sciences de Caen. — 1885. Chargé de cours de mécanique physique et expérimentale à la Faculté des Sciences de Paris. — 1886. Professeur de physique, de mathématiques et de calculs des probabilités à la même Faculté. — 1893. Membre du Bureau des Longitudes. — 1893. Ingénieur en chef des Mines.

Ⅰ.

Ouvrages. — 1889. Mémoire sur le problème des trois corps et les équations de la dynamique, in-4. — 1890. Cours professé à la faculté des sciences de Paris (cinématique, potentiel, mécanique des fluides), 2 vol. — 1892. Les méthodes nouvelles de la mécanique céleste, 2 vol. — S. d. Théorie mathématique de la lumière, 2 vol. Électricité et optique, 2 vol. Théorie de l'élasticité. Les oscillations électriques. Théorie de la capillarité. Mémoires sur les fonctions fuchsiennes, in-4. Sur les formes d'équilibre d'une masse fluide en rotation, in-4.

---

963. — BARTHÉLEMY (Anatole, Jean-Baptiste, Antoine de), ✳

Élu, le 11 novembre 1887, membre de l'Académie des Inscriptions et Belles-Lettres.

Né à Reims (Marne), le 1ᵉʳ juillet 1821. — 1844. Secrétaire général de la préfecture des Côtes-du-Nord. — 1854. Sous-Préfet de Belfort. — 1860. Sous-Préfet de Neufchâtel.

Ouvrages. — 1842. Rapport sur quelques monuments du département de la Loire. — 1846. Essai sur l'histoire monétaire du prieuré de Souvigny. — 1847. Monnaies des Aulerci. — 1849. Essai sur les monnaies des ducs de Bourgogne. — 1851. Nouveau manuel de numismatique ancienne. — 1852. Nouveau manuel de numismatique au moyen âge et moderne. — 1854. Jean de Fabas. — 1855. Histoire et monuments du diocèse de Saint-Brieuc. — 1858. Étude sur la révolution en Bretagne. — 1859. De l'aristocratie au xixᵉ siècle. — 1861. Armorial de la généralité d'Alsace. La numismatique de 1859 à 1863, 2 vol. Recherches sur la noblesse maternelle. — 1862. La justice sous la Terreur. — 1864. Le temple d'Auguste et la nationalité gauloise. — 1865. Numismatique mérovingienne. Le château de Corlay (Côtes-du-Nord). — 1869. Mélanges historiques et archéologiques sur la Bretagne. — 1879. La chambre du conseil de la Sainte Union de Morlaix. Études héraldiques. — 1883. Le cartulaire de la commanderie de Saint-Amand. — 1888. Recueil des pierres tombales de Châlons-sur-Marne. — 1889. Nouveau manuel de numismatique ancienne, in-12. — Collaboration à la Bibliothèque de l'École des Chartes, à la Revue numismatique, à la Correspondance littéraire, à la Revue archéologique et à la Revue des questions historiques.

---

964. — DEHÉRAIN (Pierre, Paul), O. ✳

Élu, le 12 décembre 1887, membre de l'Académie des Sciences (section d'Économie rurale).

Né à Paris, le 19 avril 1830. — 1854. Préparateur au Conservatoire des Arts et Métiers. — 1856. Professeur au collège Chaptal. — 1859. Docteur ès sciences. — 1865. Professeur à l'École Centrale d'architecture. — 1865. Professeur à l'École d'Agriculture de Grignon. — 1872. Aide-Naturaliste au Muséum. — 1880. Professeur de physiologie végétale appliquée à l'agriculture au Muséum d'Histoire naturelle.

Ouvrages. — 1860. Recherches sur l'emploi agricole des phosphates. — 1861-70. Annuaire scientifique, 9 vol. in-12. — 1867-70. Éléments de chimie, 4 vol. in-12. — 1873. Cours de chimie agricole. — 1878. Culture du champ d'expériences de Grignon. — 1889. Travaux de la station agronomique de Grignon. — Recherches sur l'assimilation des matières minérales par les plantes. Mémoires sur l'évaporation de l'eau et la décomposition de l'acide carbonique par les feuilles, sur la respiration des feuilles à l'obscurité, sur l'absorption de l'acide carbonique par les feuilles, sur l'emploi agricole des phosphates et des sels de potasse, sur la composition des eaux de drainage, sur les cultures de l'avoine, des betteraves, etc. — Collaboration à la Revue des Deux Mondes, à la Nature, à la Revue générale des sciences, au Génie civil; direction des Annales agronomiques.

---

965. — FRANQUEVILLE (le Comte Amable, Charles FRANQUET de), O. ✳

Élu, le 14 janvier 1888, membre de l'Académie des Sciences morales et politiques (section de Législation).

Né à Paris, le 1ᵉʳ janvier 1840. — 1860. Auditeur au Conseil d'État. — 1860. Avocat à la Cour d'appel de Paris. — 1861 à 1863. Chef du Secrétariat de la Commission impériale de l'Exposition de 1862 à Londres. — 1869 à 1870. Maître des requêtes. — 1872. Secrétaire de la Commission centrale des chemins de fer. — 1872. Maître des requêtes au Conseil d'État; démissionnaire en 1879.

Ouvrages. — 1860. Comment:.ve de la loi du 16 septembre 1807, sur le desséchement des marais. — 1863. Étude sur les sociétés de secours mutuels en Angleterre. Les institutions politiques, judiciaires et administratives de l'Angleterre. — 1869. Les écoles publiques en Angleterre. — 1871. Notice historique sur le château de Bour-billy. — 1873. La vie de Montalembert. Un artiste inconnu. Les chemins de fer en France et en Angleterre. — 1875. Du régime des travaux publics en Angleterre, 4 vol. De la personnalité civile du diocèse. *Local government in France* (en anglais). — 1878. Souvenirs sur la vie de mon père. — 1880. L'État et les chemins de fer en Angle-terre. — 1881. La commission des chemins de fer en Angleterre. — 1887. Le gouvernement et le parlement bri-tanniques, 3 vol. — 1889. Les États-Unis du Centenaire. — 1893. Le système judiciaire de la Grande-Bretagne, 2 vol. — 1895. Le casier civil. Le premier siècle de l'Institut de France, 2 vol. in-4. — Collaboration au Correspondant, au Contemporain, etc.

966. — HAUSSONVILLE (le Comte Othenin, Bernard, Gabriel de CLÉRON d'). ✳

Élu, le 26 janvier 1888, membre de l'Académie française.

Né à Gurcy (Seine-et-Marne), le 21 septembre 1843. — 1871 à 1875. Député de Seine-et-Marne.

Ouvrages. — 1875. Les établissements pénitentiaires en France et aux Colonies. Sainte-Beuve, sa vie et ses œuvres, in-12. — 1879. L'enfance à Paris. — 1879-88. Études biographiques et littéraires, 2 vol. in-12. — 1882. Le salon de Mme Necker, in-12. — 1883. A travers les États-Unis, in-12. — 1886. Études sociales : misères et remèdes. — 1892. Mme de La Fayette, in-12. — 1893. Mme Ackermann. — 1894. Socialisme et charité.

967. — CLARETIE (Jules, Arnaud, Arsène), O. ✳

Élu, le 26 janvier 1888, membre de l'Académie française.

Né à Limoges (Haute-Vienne), le 3 décembre 1840. — 1885. Administrateur général de la Comé-die-Française.

Ouvrages. — *Romans.* — 1862. Une drôlesse, in-12. — 1863. Pierrille, in-12. — 1864. Les ornières de la vie, in-12. Les victimes de Paris, in-12. Le dernier baiser. — 1865. L'incendie de la Birague. — 1866. Un assassin (Robert Burat), in-12. Histoires cousues de fil blanc. — 1867. Mademoiselle Cachemire (Une femme de proie), in-12. — 1868. Madeleine Bertin, in-12. — 1872. Noël Rambert (le petit Jacques). Le roman des soldats. — 1874. Les muscadins, 2 vol. in-12. — 1875. Les belles folies. — 1876. Le renégat (Michel Berthier). Le beau Solignac, 2 vol. in-12. — 1877. Le train n° 17. — 1878. La maison vide. Le troisième des fous. — 1879. La fugitive. Le drapeau. — 1880. La maîtresse. — 1881. Les amours d'un interne. Monsieur le Ministre. — 1882. Le million. — 1883. Noris, mœurs du jour. — 1884. Le prince Zilah. — 1885. Jean Mornas. — 1887. Candidat. La mansarde. — 1888. Bouddha. — 1890. Puyjoli. — 1891. La cigarette, nouvelles. — 1891. L'Américaine. — 1894. La frontière.
Critique. — 1864. Les contemporains oubliés (Ch. Donalle, Alphonse Rabbe, H. de la Morvonnais). La Fontaine et Lamartine. — 1865. Pétrus Borel le Lycanthrope, in-12. Béranger (conférence). — 1868. La libre parole, in-12. — 1869-75. La vie moderne au théâtre, 2 vol. in-12. — 1873. Molière, sa vie et ses œuvres. — 1873-83. Peintres et sculpteurs contemporains, 2 vol. in-12. — 1875. Portraits contemporains, 2 vol. J.-B. Carpeaux. — 1876. L'art et les artistes français contemporains. — 1879. Béranger et la chanson. — 1883. Célébrités contemporaines, in-12.
Histoires. — 1867. Les derniers montagnards, in-12. — 1871. La guerre nationale. La France envahie. Le champ de bataille de Sedan. — 1872-75. Histoire de la révolution de 1870-71, 5 vol. — 1875. Camille Desmoulins, Lucile Desmoulins. — 1883. Un enlèvement au XVIIIe siècle.
Théâtre. — 1869. La famille des gueux. Raymond Lindey. — 1874. Les muscadins. — 1875. Les ingrats. — 1877. Le père. Le régiment de Champagne. — 1879. Les Mirabeau. — 1883. M. le Ministre. — 1885. Le prince Zilah. Le petit Jacques. — 1894. La Navarraise.
Mélanges. — 1865. Les voyages d'un Parisien, in-12. — 1869. La poudre au vent. La volonté du peuple, in-16. — 1870. Journées de voyage, Espagne et France. — 1871. Rapport sur la fondation de bibliothèques muni-cipales. L'Empire, les Bonaparte et la Cour. La débâcle. Paris assiégé. — 1872. Les Prussiens chez eux. — 1873. Ruines et fantômes. — 1876. Cinq ans après : l'Alsace et la Lorraine. — 1877. Une journée à l'abbaye de Valmons. — 1866. Journées de vacances. — 1887. La canne de M. Michelet. — 1889. L'Académie française en 1789.
Collaboration au Figaro, à l'Opinion nationale, à l'Indépendance belge, à l'Illustration, au Journal officiel et au Temps.

968. — LIPPMANN (Gabriel), O. ✻

Élu, le 8 février 1888, membre de l'Académie des Sciences (section de Physique générale).

Né à Hollerich (Luxembourg), le 16 août 1845. — 1875. Docteur ès sciences. — 1883. Professeur de physique mathématique, puis (1886) de physique à la Faculté des Sciences de Paris.

Ouvrages. — 1875. Relations entre les phénomènes électriques et capillaires. — 1876. Extension du principe de Carnot à la théorie des phénomènes électriques. — 1877. Sur les propriétés du mercure en contact avec différentes solutions aqueuses. — 1879. Action du magnétisme sur l'électricité statique. — 1881. Méthode expérimentale pour la détermination de l'ohm. — 1882. Méthode thermoscopique pour la détermination de l'ohm. Sur la théorie des couches doubles électriques de Helmholtz. Expressions générales de la température absolue et de la fonction de Carnot. — 1888. Cours de thermodynamique. Cours d'acoustique et d'optique. — 1891. La photographie des couleurs.

969. — WADDINGTON (Charles), O. ✻

Élu, le 11 février 1888, membre de l'Académie des Sciences morales et politiques
(section de Morale).

Né à Milan (Italie), de parents français, le 19 juin 1819. — 1841 à 1843. Professeur au collège de Moulins. — 1844. Professeur au collège de Bourges. — 1848. Agrégé de philosophie. — 1848. Professeur suppléant à l'École Normale. — 1849. Professeur au lycée Napoléon. — 1850 à 1856. Chargé d'un cours complémentaire à la Faculté des Lettres de Paris. — 1852 à 1856. Professeur de philosophie au lycée Louis-le-Grand. — 1857 à 1864. Professeur de philosophie au séminaire de la confession d'Augsbourg, à Strasbourg. — 1863. *Correspondant de l'Institut.* — 1864 à 1871. Professeur de philosophie au lycée Saint-Louis. — 1871 à 1879. Chargé de cours à la Faculté des Lettres de Paris. — 1879. Professeur d'histoire de la philosophie ancienne à la Faculté des Lettres de Paris.

Ouvrages. — 1848. *De Petri Rami vita, scriptis, philosophia.* — 1850. La psychologie d'Aristote. Communication sur Pierre de la Ramée, sa vie, ses écrits et ses opinions. De l'utilité des études logiques. — 1851. De la méthode déductive. — 1852. La religion de Leibniz. — 1855. Ramus (Pierre de la Ramée), sa vie, ses écrits et ses opinions. — 1857. Essais de logique. — 1858. L'idée de Dieu et l'athéisme contemporain. — 1862. De l'âme humaine (étude de psychologie). — 1863. De l'amour platonique (*Strasbourg*). — 1866. Des erreurs et des préjugés populaires, in-12. La rencontre de deux armées françaises à Cognac, près de Gannat, en Auvergne, le 16 janvier 1568. — 1868. Descartes et le spiritualisme. — 1870. Dieu et la conscience. — 1872. La philosophie de la Renaissance. — 1873. Les antécédents de la philosophie de la Renaissance. — 1875. Pyrrhon et le pyrrhonisme. — 1875. La science du bien. — 1877. De l'autorité d'Aristote au moyen âge. — 1878. La renaissance des lettres et de la philosophie au xve siècle. — 1879. De la philosophie ancienne et de l'athéisme contemporain. — 1885. La révocation de l'édit de Nantes. — 1886. De l'authenticité des écrits de Platon. — 1888. Le Parménide de Platon, son authenticité, son unité de composition, son vrai sens. — 1891. L'athéisme en France à la fin du xviiie siècle. — Collaboration au Dictionnaire des sciences philosophiques, à la Revue de l'instruction publique et au Journal des Débats.

970. — MEILHAC (Henry), O. ✻

Élu, le 26 avril 1888, membre de l'Académie française.

Né à Paris, le 22 février 1830.

Ouvrages. — *Théâtre.* — 1855. Satania. Garde-toi, je me garde. — 1856. La sarabande du cardinal. — 1857. Le copiste. — 1858. Péché caché. — 1859. L'autographe. Un petit-fils de Mascarille. Le retour de l'Italie. — 1860. Ce qui plaît aux hommes. Une heure avant l'ouverture. — 1861. L'étincelle. La vertu de Célimène. L'attaché d'ambassade. Le menuet de Danaë. — 1862. Le café du roi. L'échéance. Les moulins à vent. — 1863. Les brebis de Panurge. Le Brésilien. La clé de Métella. Le train de minuit. — 1864. Les Bourguignonnes. Néméa. Les curieuses. — 1865. Fabienne. Le photographe. Le singe de Nicolet. La belle Hélène. — 1866. José Maria. Barbe-Bleue. Les méprises de Lambinet. — 1867. La grande-duchesse de Gérolstein. La vie parisienne. La périchole. — 1868. L'élixir du docteur Cornelius. La pénitente. Tout pour les dames! Fanny Lear. Le bouquet. — 1869. Vert-Vert. Suzanne et les deux vieillards. Le château à Toto. La diva. Froufrou. L'homme à la clé. — 1870. Les brigands. La boulangère a des écus. — 1871. La veuve. — 1872. Le réveillon. L'été de la Saint-Martin. Madame attend Monsieur. Les sonnettes. Tricoche et Cacolet. — 1873. Toto chez Tata. — 1874. Le roi Candaule. La petite marquise. L'ingénue. La mi-carême. — 1875. Carmen. La Boule. — 1876. Loulou. — 1877. Le fandango. La cigale. Le prince. — 1878. La cigarette. Le petit duc. — 1879. Janot. Le petit hôtel. Lolotte. La petite mère. La petite mademoiselle. — 1880. Nina la tueuse. — 1881. Le mari de la débutante. La Roussotte. — 1882. Le mari à Babette. Madame. Le diable. — 1883. Le nouveau régime. — 1884. La duchesse Martin. — 1885. Manon. — 1886. Les demoiselles Clochart. — 1887. La lettre de Toto. — 1888. Mam'zelle Nitouche. Papa. Décoré. — 1890. Margot. — 1891. M. l'abbé. Ma cousine. — 1892. Brevet supérieur.

971. — BUSSY (Marie, Anne, Louis de), G. O. ✻

Élu, le 14 mai 1888, membre de l'Académie des Sciences (section de Géographie et Navigation).

Né à Nantes (Loire-Inférieure), le 22 mars 1822. — 1844. Élève du Génie maritime. — 1846. Sous-Ingénieur. — 1862. Ingénieur. — 1875. Directeur des constructions navales, membre du Conseil d'amirauté. — 1885 à 1887. Inspecteur général du Génie maritime.

M. de Bussy a publié plusieurs mémoires dans divers recueils scientifiques et dans les comptes rendus de l'Académie des sciences.

972. — COQUART (Ernest, Georges), ✻

Élu, le 19 mai 1888, membre de l'Académie des Beaux-Arts (section d'Architecture).

Né à Paris, le 9 juin 1831. — 1858. Grand Prix de Rome. — 1874. Membre du Conseil des Bâtiments civils. — 1883. Professeur à l'École des Beaux-Arts.

Œuvres principales. — École des beaux-arts (musée des antiques et musée de la Renaissance). Monument de Henri Regnault. Monument de la bataille de Coulmiers. Chapelle du grand séminaire de Laval. Monuments des généraux Lecomte et Clément Thomas, au Père-Lachaise. Monuments de Duban et de Rougevin, à l'École des beaux-arts. Grand'chambre de la cour de cassation, au palais de justice.

973. — ROTY (Louis, Oscar), O. ✻

Élu, le 30 juin 1888, membre de l'Académie des Beaux-Arts (section de Gravure).

Né à Paris, le 12 juin 1846. — 1875. Grand Prix de Rome.

Œuvres principales. — 1873. L'Amour piqué. — 1874. Flore. Médaille commémorative du dévouement des Frères des écoles chrétiennes pendant la guerre. — 1875. Un Berbère lisant l'inscription des Thermopyles. *De patria bene meritis.* — 1878. Vénus caresse l'Amour. — 1882. Faune et faunesse. Le comte H. Delaborde. — 1883. L'exposition d'électricité. Effigie de la République. — 1885. L'immortalité. — 1886. Centenaire de M. Chevreul. — 1887. Inauguration du chemin de fer d'Alger à Constantine. — 1889. Fortuna. Association pour l'avancement des sciences. Le centenaire de 1889. Mounet-Sully. Le club alpin français. L'union franco-américaine. — 1892. M. Pasteur. — 1893. H. Taine. — S. d. Pittura. Tête de République casquée. Le baron de Schickler. M. Brongniart. M. Duplessis. M. Boulanger. M. Maurice Roty. Marie Roty. M. et Mme J.-B. Roty. Mme Boucicaut, M. Marcille. Sir J. Pope Hennessy. M. Gosselin. Mlle Taine. Médailles de l'Enseignement secondaire des jeunes filles, de l'assistance publique et de l'administration pénitentiaire. Monnaie d'or de la principauté de Monaco. Monnaies d'or et d'argent du Chili. Deuil national (président Carnot). Société des logements économiques et d'alimentation. Centenaire de l'École normale supérieure de Lyon.

974. — BLANCHARD (Auguste, Thomas, Marie), ✳

Élu, le 17 novembre 1888, membre de l'Académie des Beaux-Arts (section de Gravure).

Né à Paris, le 19 mai 1819.

Œuvres principales. — 1840. Spartacus (Dominiquin). — 1841. Huyot de l'Institut (Drolling). Le petit paysan (Murillo). — 1845. Jésus-Christ (P. Delaroche). L'ange Gabriel (P. Delaroche). Bernini. — 1847. Repos de la sainte famille (Bouchot). Le pape Pie IX. — 1851. Le Christ rémunérateur (A. Scheffer). — 1853. Jupiter et Antiope (Corrège). — 1859. Le congrès de Paris (Dubufe). — 1864. Le Derby d'Epsom (Frith). Les joueurs d'échecs (Meissonnier). — 1865. Jésus retrouvé par sa mère au milieu des docteurs (Holmans Hunt). — 1866. Mariage de la princesse royale d'Angleterre (Philipp). — 1869. Le Christ mort sur les genoux de la Vierge. — 1871. Atelier de peinture (Alma Tadema). — 1876. Atelier de sculpture (Alma Tadema). — 1877. Les quatre saisons (Alma Tadema). — 1878. La fête des vendanges à Rome (Alma Tadema). — 1881. L'amateur (Meissonnier). L'enfant prodigue (Teniers). — 1885. Le baiser d'adieu (Alma Tadema). — 1887. Deux dessus de porte à la biliothèque nationale (Boucher). — 1888. Le laurier en fleurs (Alma Tadema). — 1893. La dédicace à Bacchus (Alma Tadema). — S. d. Divers portraits d'après Dubufe.

975. — VOGÜÉ (le Vicomte Eugène, Marie, Melchior de).

Élu, le 22 novembre 1888, membre de l'Académie française.

Né à Nice (Alpes-Maritimes), le 24 février 1848. — 1871. Attaché d'ambassade à Constantinople. — 1876 à 1882. Secrétaire d'ambassade à Saint-Pétersbourg. — 1893. Député de l'Ardèche.

Ouvrages. — 1876. Syrie, Palestine, Mont Athos, in-12. — 1879. Histoires orientales : chez les Pharaons, in-12. — 1883. Les portraits du siècle. — 1884. Le fils de Pierre le Grand. Mazeppa. Un changement de règne, in-12. — 1885. Histoires d'hiver, in-12. — 1886. Le roman russe. — 1887. Souvenirs et visions, in-12. — 1888. Le portrait du Louvre, in-4. — 1889. Remarques sur l'exposition du centenaire, in-12. — 1890. Le manteau de Joseph Olénim, in-12. — 1891. Spectacles contemporains, in-12. — 1892. Regards historiques et littéraires, in-12. — 1893. Heures d'histoire, in-12.

976. — MOREAU (Gustave), O. ✳

Élu, le 24 novembre 1888, membre de l'Académie de Beaux-Arts (section de Peinture).

Né à Paris, le 6 avril 1826. — 1892. Professeur à l'École des Beaux-Arts.

Œuvres principales. — 1852. Pieta. — 1853. Cantique des cantiques. Darius fugitif après la bataille d'Arbelles. — 1855. Les Athéniens livrés au Minotaure. — 1864. Œdipe et le sphinx. — 1865. Jason. Le jeune homme et la mort. — 1867. Orphée. Diomède dévoré par ses chevaux. Hésiode visité par la muse. Une Péri. — 1869. Prométhée. Jupiter et Europe. Pieta. La sainte et le poète. — 1875. Les fables de La Fontaine. — 1876. Hercule et l'Hydre de Lerne. Salomé. L'apparition de saint Sébastien. — 1878. Phaéton. Jacob et l'ange. David. Moïse exposé sur le Nil. Le sphinx deviné. Salomé au jardin. — 1880. Galatée. Hélène.

977. — DUCLAUX (Pierre, Émile), O. ✳

Élu, le 26 novembre 1888, membre de l'Académie des Sciences (section d'Économie rurale).

Né à Aurillac (Cantal), le 24 juin 1840. — 1862. Agrégé. — 1863-1865. Préparateur à l'École Normale. — 1865. Docteur ès sciences. — 1866. Professeur suppléant à la Faculté des Sciences de Clermont. — 1873. Professeur à la Faculté des Sciences de Lyon. — 1879. Professeur de physique à l'Institut agronomique de Paris. — 1885. Professeur de chimie biologique à la Faculté des Sciences de Paris.

Ouvrages. — 1865. Études relatives à l'absorption de l'ammoniaque pendant la fermentation alcoolique. —

1882. Ferments et maladies. — 1886. Le microbe et la maladie. — 1887. Le lait. Études chimiques et microbiologiques, in-12. — 1893. Principes de laiterie, in-12. — Collaboration à l'Encyclopédie chimique. Mémoires insérés dans le Recueil de l'Académie des sciences (t. XXII et XXV de la 2ᵉ série).

978. — DUCHESNE (l'Abbé Louis, Marie, Olivier), ✳

Élu, le 7 décembre 1888, membre de l'Académie des Inscriptions et Belles-Lettres.

Né à Saint-Servan (Ille-et-Vilaine), le 13 septembre 1843. — 1876. Professeur d'archéologie et d'histoire du christianisme à l'Institut catholique de Paris. — 1877. Docteur ès lettres. — 1886. Maître de conférences, puis (1892) Directeur d'études à l'École pratique des Hautes Études. — 1894. Chanoine honoraire de Paris. — 1895. Directeur de l'École de France à Rome.

Ouvrages. — 1877. *De Macario Magnete et scriptis ejus.* Études sur le *Liber pontificalis.* Mémoire sur une mission au mont Athos. — 1879. *De codicibus Græcis Pii II in bibliotheca Alexandro-Vaticana.* — 1881. *Vita S. Polycarpi, auctore Pionio.* — 1884-89. *Liber pontificalis,* 2 vol. in-4. — 1889. Origines du culte chrétien. Étude sur la liturgie latine avant Charlemagne. — 1890. Les anciens catalogues épiscopaux de la province de Tours. — 1894. Fastes épiscopaux de l'ancienne Gaule, t. I (provinces du sud-est). *Martyrologium hieronymianum,* en collaboration avec M. de Rossi (*Acta ss. novembris,* t. II), in-fol. — Direction du Bulletin critique depuis sa fondation. Collaboration aux Mélanges de l'école de Rome, au Bulletin de correspondance hellénique, à la Revue archéologique, à la Revue des questions historiques, à la Revue poitevine et saintongeaise, à la Revue celtique, au *Byzantinische zeitschrift,* au Bulletin et aux mémoires de la Société des antiquaires de France, etc.

979. — COLMET de SANTERRE (Edmond, Louis, Armand), O. ✳

Élu, le 15 décembre 1888, membre de l'Académie des Sciences morales et politiques (section de Législation).

Né à Paris, le 26 janvier 1821. — 1841. Avocat à la Cour de Paris. — 1843. Docteur en droit. — 1850. Professeur suppléant à la Faculté de Paris. — 1863. Professeur de code civil à la même Faculté. — 1887. Doyen de la Faculté de Droit de Paris.

Ouvrages. — 1884 à 1889. Cours analytique de code civil, 9 vol. — 1884. Manuel élémentaire de droit civil, 3 vol. in-12.

980. — SCHUTZENBERGER (Paul), O. ✳

Élu, le 17 décembre 1888, membre de l'Académie des Sciences (section de Chimie).

Né à Strasbourg (Bas-Rhin), le 23 décembre 1829. — 1855. Docteur en médecine. — 1855. Professeur à l'École supérieure de Mulhouse. — 1863. Agrégé de la Faculté de Strasbourg. — 1865. Chef des travaux chimiques au Collège de France. — 1876. Professeur de chimie minérale au Collège de France.

Ouvrages. — 1855. Du système osseux. — 1864. Chimie appliquée à la physiologie animale et au diagnostic médical. — 1866. Traité des matières colorantes, 2 vol. — 1867-70. Leçons professées à la Société chimique en 1866-1867. — 1875. Les fermentations. — 1879-90. Traité de chimie générale, 7 vol. — 1881. Éléments de chimie.

981. — CLERMONT-GANNEAU (Charles, Simon), ✳

Élu, le 1ᵉʳ mars 1889, membre de l'Académie des Inscriptions et Belles-Lettres.

Né à Paris, le 19 février 1846. — 1867. Drogman et Chancelier du Consulat de Jérusalem.

1873 à 1875. Drogman de l'ambassade de France à Constantinople. — 1875. Maître de conférences, puis (1882) Directeur d'études à l'École des Hautes Études. — 1880. Vice-Consul à Jaffa. — 1880. *Correspondant de l'Institut.* — 1882. Secrétaire interprète pour les langues orientales. — 1886. Consul de première classe. — 1890. Professeur d'épigraphie et antiquités sémitiques au Collège de France.

Ouvrages. — 1869. Histoire de Calife le pêcheur et du calife Haroun-el-Rechid. — 1870. Le stèle de Mesa, roi de Moab, in-4. — 1875. La Palestine inconnue, in-12. — 1877. Le dieu Satrape et les Phéniciens dans le Péloponèse. L'authenticité du saint sépulcre et le tombeau de Joseph d'Arimathie. — 1878. Mythologie iconographique. — 1880. Études d'archéologie orientale, 2 vol. in-4. — 1881. Origine perse des monuments araméens de l'Égypte. — 1883. Sceaux et cachets israélites, phéniciens et syriens. — 1884. Mission en Palestine et en Phénicie. — 1885. Les fraudes archéologiques en Palestine. — 1885-1889. Recueil d'archéologie orientale. — 1890. Les antiquités sémitiques. — Collaboration à la Revue archéologique, à la Revue critique et au Journal asiatique.

982. — HENNER (Jean, Jacques), O. ✳

Élu, le 23 mars 1889, membre de l'Académie des Beaux-Arts (section de Peinture).

Né à Bernviller (Haut-Rhin), le 5 mars 1829. — 1858. Grand Prix de Rome.

Œuvres principales. — 1846. Le vieux menuisier de Bernviller. — 1849. Ecce Homo. Les saintes femmes pleurant le Christ. — 1850. Saint Jean l'Évangéliste, sainte Madeleine. — 1852. Une mère pleurant sur le corps de sa fille morte. — 1853. Mme Henner. Jeune Alsacienne se chauffant à un poêle. Jeune berger buvant à une source. — 1854. Jeune paysanne épluchant des légumes. — 1856. Intérieur de famille alsacienne. Saint Louis de Gonzague. — 1859. Le pêcheur et le petit poisson. Madeleine. Mort de saint Joseph. Jeune Romaine. — 1860. Homme couché. Paysanne italienne avec son enfant endormi. Sainte Marie Égyptienne. Agar et Ismaël. — 1861. Madeleine pécheresse (m. de Colmar). Le Christ au tombeau (m. de Colmar). — 1863. Baigneur endormi (m. de Colmar). M. Schnetz. — 1865. La chaste Suzanne (m. du Luxembourg). — 1866. Jeune fille. — 1867. Byblis changée en source (m. de Dijon). — 1869. La toilette. Femme couchée (m. de Mulhouse). — 1870. Alsacienne. — 1872. Idylle. — 1873. Le général Chanzy. Madeleine dans le désert. Le bon Samaritain. — 1876. Le Christ mort. — 1877. Saint Jean-Baptiste. Le soir. — 1878. Madeleine. Les Naïades. — 1879. Jésus au tombeau. Églogue. — 1880. La fontaine. Le sommeil. — 1881. La source. Saint Jérôme. — 1882. Bara. — 1883. Une femme lisant. Une religieuse. — 1884. Le Christ au tombeau. Nymphe qui pleure. — 1885. Madeleine. Fabiola. — 1886. Orpheline. Solitude. — 1887. Une créole. Hérodiade. — 1888. Saint Sébastien. — 1889. Prière. Martyre. — 1890. Mélancolie. Pieta. Pleureuses. — 1891. Étude.

983. — BECQUEREL (Antoine, Henri), ✳

Élu, le 27 mai 1889, membre de l'Académie des Sciences (section de Physique générale).

Né à Paris, le 15 décembre 1852. — 1877. Ingénieur des Ponts et Chaussées. — 1878. Aide naturaliste au Muséum d'Histoire naturelle. — 1888. Docteur ès sciences. — 1892. Professeur de physique appliquée à l'histoire naturelle au Muséum. — 1893. Ingénieur en chef des Ponts et Chaussées. — 1895. Professeur de physique à l'École Polytechnique.

Ouvrages. — 1875-79. Recherches sur la polarisation rotatoire magnétique dans les solides, les liquides et les gaz. — 1878. Rotation du plan de polarisation de la lumière sous l'influence du magnétisme terrestre. — 1878-1894. Mémoires sur les températures observées à diverses profondeurs sous le sol. — 1879. Mémoire sur la polarisation atmosphérique. — 1883-84. Mémoire sur l'étude des radiations infra-rouges au moyen des phénomènes de phosphorescence. Découverte des spectres d'émission infra-rouges des métaux. — 1883-94. Recherches sur les phénomènes de phosphorescence. — 1885-88. Recherches sur l'absorption de la lumière et sur les variations des spectres d'absorption dans les cristaux.

984. — GAUTIER (Émile, Justin, Armand), ✳

Élu, le 17 juin 1889, membre de l'Académie des Sciences (section de Chimie).

Né à Narbonne (Aude), le 23 septembre 1837. — 1862. Docteur en médecine. — 1869. Agrégé. — 1884. Professeur de chimie à la Faculté de Médecine de Paris.

Ouvrages. — 1862. Étude des eaux potables, au point de vue chimique, hygiénique et médical. — 1869. Étude sur les fermentations. — 1874. Chimie appliquée à la physiologie, à la pathologie et à l'hygiène, 2 vol. — 1876. La sophistication des vins, in-12. De la coloration artificielle des vins. — 1882. Sur le mécanisme de la variation des êtres vivants. — 1883. Le cuivre et le plomb dans l'alimentation au point de vue de l'hygiène, in-12. — 1886. Sur les alcaloïdes dérivés de la destruction bactérienne des matières protéiques. — 1887. Le surmenage scolaire et les réformes à introduire dans les lycées. — 1887-91. Cours de chimie, 3 vol. — 1888. Nouveaux procédés de vinification. — 1890. Le perfectionnement de la vinification dans le midi de la France. — 1892. Les alcaloïdes de l'huile de foie de morue.

985. — PICARD (Charles, Émile), ✳

Élu, le 11 novembre 1889, membre de l'Académie des Sciences (section de Géométrie).

Né à Paris, le 24 juillet 1856. — 1877. Docteur ès sciences. — 1882. Professeur suppléant à la Faculté des Sciences de Paris. — 1883-1886. Maître de conférences à l'École Normale. — 1886. Professeur de calcul différentiel et calcul intégral à la Facul... des Sciences de Paris. — 1893. Professeur de cinématique et mécanique générale à l'École Centrale des Arts et Manufactures.

Ouvrages. — 1877. Sur l'application de la théorie des complexes linéaires à l'étude des surfaces et des courbes gauches. — 1879. Sur les fonctions entières et les singularités essentielles des fonctions analytiques. — 1880. Sur les équations différentielles linéaires à coefficients doublement périodiques. — 1883. Sur les formes quadratiques binaires indéfinies à indéterminées conjuguées. — 1884. Sur les formes quadratiques ternaires et les fonctions hyperfuchsiennes. — 1885. Sur les fonctions hyperabéliennes et les formes quadratiques quaternaires. Sur les intégrales de différentielles totales algébriques. Sur les groupes de transformations des équations linéaires. — 1888. Sur la théorie des fonctions algébriques de deux variables indépendantes. — 1890. Sur les approximations successives et les équations différentielles ordinaires et aux dérivées partielles. — 1891. Traité d'analyse mathématique, 5 vol. (dont trois parus).

986. — SOREL (Albert), O. ✳

Élu, le 28 décembre 1889, membre de l'Académie des Sciences morales et politiques (section d'Histoire). Élu, le 31 mai 1894, membre de l'Académie française.

Né à Honfleur (Calvados), le 13 août 1842. — 1866. Attaché au Ministère des Affaires étrangères. — 1872. Professeur à l'École des Sciences politiques. — 1876. Secrétaire général de la présidence du Sénat.

Ouvrages. — 1872. Le traité de Paris du 20 novembre 1815. La grande falaise, in-12. — 1873. Le docteur Egra, in-12. Une soirée à Sèvres pendant la Commune. — 1875. Histoire diplomatique de la guerre franco-allemande, 2 vol. — 1876. Précis du droit des gens. — 1877. La question d'Orient au xviiie siècle, le partage de la Pologne, le traité de Kaïnardji. — 1881. Sur l'enseignement de l'histoire diplomatique. — 1882. De l'origine des traditions nationales dans la politique extérieure de la France. — 1883. Essais d'histoire et de critique. — 1884. Recueil des instructions données aux ambassadeurs de France en Autriche. — 1885-92. L'Europe et la Révolution française, 4 vol. — 1887. Montesquieu, in-12. — 1890. Madame de Staël, in-12. — Collaboration à la Revue des Deux Mondes, à l'Annuaire des Deux Mondes, à la Revue politique, à la Revue bleue, à la Revue historique, au Temps et aux Annales de l'École des sciences politiques.

987. — PRESSENSÉ (Edmond de HAUT de).

Élu, le 11 janvier 1890, membre de l'Académie des Sciences morales et politiques (section de Morale).

Né à Paris, le 7 janvier 1824. — 1855. Pasteur de la chapelle Taitbout. — 1871 à 1875. Député de la Seine. — 1876. Docteur en théologie protestante. — 1883. Sénateur inamovible. — Mort à Paris, le 8 avril 1891.

Ouvrages. — 1849. Conférences sur le christianisme dans son application aux questions sociales. — 1856. Du catholicisme en France. La famille chrétienne. — 1858-77. Histoire des trois premiers siècles de l'Église chrétienne, 4 vol. — 1859. Discours religieux. — 1863. L'école critique et Jésus-Christ. — 1864. L'Église et la Révolution française. Le pays de l'Évangile, notes d'un voyage en Orient. — 1866. Jésus-Christ, son temps, sa vie, son œuvre. — 1867. Études évangéliques. — 1871. Les leçons du 18 mars, les faits et les idées. — 1872. Le concile du Vatican, son histoire et ses conséquences, in-12. — 1874. La liberté religieuse en Europe. — 1877. La question ecclésiastique en 1877. — 1883. Les origines. — 1885. Variétés morales et politiques. — 1890. Alexandre Vinet, d'après sa correspondance. — Discours et sermons. — Collaboration à `a Revue chrétienne, au Bulletin théologique. et au Temps.

Une notice sur sa vie a été lue par M. Roussel, dans les séances de l'Académie des Sciences morales et politiques des 3 et 10 février 1894.

---

988. — LASTEYRIE du SAILLANT (le Comte Robert, Charles de), ✻

Élu, le 7 février 1890, membre de l'Académie des Inscriptions et Belles-Lettres.

Né à Paris, le 15 novembre 1849. — 1873. Archiviste paléographe. — 1873 à 1880. Archiviste aux Archives nationales. — 1880. Professeur d'archéologie du moyen âge à l'École des Chartes. — 1893. Député de la Corrèze.

Ouvrages. — 1875. Études sur les comtes et les vicomtes de Limoges antérieurs à l'an 1000. — 1887. Histoire générale de Paris, in-4. — 1888-90. Bibliographie générale des travaux historiques et archéologiques publiés par les sociétés savantes de la France, 2 vol. in-4. — 1890. Album archéologique des musées de province, in-4.

---

989. — BÉRENGER (René), ✻

Élu, le 1er mars 1890, membre de l'Académie des Sciences morales et politiques (section de Morale).

Né à Bourg-lès-Valence (Drôme), le 22 avril 1830. — 1853. Docteur en droit. — 1853. Substitut du procureur impérial à Évreux. — 1855 à 1860. Procureur impérial à Bernay et à Neufchatel. — 1860. Substitut du procureur général à Dijon. — 1865 à 1870. Avocat général à Grenoble et à Lyon. — 1870. Engagé volontaire. — 1871. Député de la Drôme. — 1875. Sénateur inamovible.

Ouvrages. — 1861-69. Discours de rentrée devant les cours de Dijon, de Grenoble et de Lyon. — 1872. Rapports sur les prisons de la Seine, et les pénitenciers agricoles de la Corse. — 1873. La réforme des prisons départementales. La surveillance de la haute police, discours. — 1878. Le rétablissement des tours. La recherche de la paternité. — 1881. De la réforme judiciaire. — 1884. Des moyens préventifs de combattre la récidive. Libération conditionnelle, patronage et réhabilitation. De l'aggravation progressive des peines en cas de récidive et de leur atténuation en cas de premier délit. — 1889. De l'aggravation de la peine des travaux forcés à perpétuité, quand elle est substituée à la peine de mort par l'effet de l'admission de circonstances atténuantes ou de la grâce. Réforme des prisons de courte peine. — 1880-92. Comptes rendus de la Société générale pour le patronage des libérés de 1880 à 1892.

---

990. — NORMAND (Alfred, Nicolas), ✻

Élu, le 15 mars 1890, membre de l'Académie des Beaux-Arts (section d'Architecture).

Né à Paris, le 1er juin 1822. — 1846. Grand Prix de Rome. — 1852. Inspecteur des travaux de la ville de Paris. — 1861. Inspecteur général des Bâtiments pénitentiaires de l'État. — 1862. Architecte des Bâtiments civils. — 1894. Membre du Conseil général des Bâtiments civils.

Œuvres principales. — Hôtel pompéien de l'avenue Montaigne. Château de Liancourt (Oise). Maison centrale de Rennes. Grand hôpital-hospice de Saint-Germain-en-Laye (Seine-et-Oise). Reconstruction de la colonne Vendôme. Marché public de Grenelle. Tombeau du prince Jérôme aux Invalides. Monument de Larrey, à Tarbes.
Ouvrages. — 1854. Projets-spécimen devant servir de types pour la construction des prisons départementales. — 1877. Projets-spécimen des prisons suivant le régime de la détention individuelle. — 1880. L'architecture des nations étrangères, étude des constructions du parc de l'exposition universelle de 1878

991. — BARDOUX (Joseph, Agénor).

Élu, le 26 avril 1890, membre de l'Académie des Sciences morales et politiques (section de Morale).

Né à Bourges (Cher), le 19 janvier 1830. — 1852. Avocat à Clermont-Ferrand. — 1870. Maire de Clermont-Ferrand. — 1871. Député du Puy-de-Dôme. — 1875. Sous-Secrétaire d'État au Ministère de la Justice. — 1877 à 1879. Ministre de l'Instruction publique, des Cultes et des Beaux-Arts. — 1882. Sénateur inamovible.

Ouvrages. — 1877. Les légistes, leur influence dans l'ancienne société française. — 1881. Le comte de Montlosier et le gallicanisme. — 1882. Dix années de vie politique, in-12. — 1884. La comtesse Pauline de Beaumont. — 1886. La bourgeoisie française. — 1888. Mᵐᵉ de Custine. — 1889. Études d'un autre temps, in-12. — 1892. La jeunesse de Lafayette. Les dernières années de Lafayette. — Collaboration à la Revue des Deux Mondes et au Journal des Débats. Nombreux rapports à la Chambre des députés et au Sénat.

---

992. — LÉAUTÉ (Henry), ✳

Élu, le 28 avril 1890, membre de l'Académie des Sciences (section de Mécanique).

Né à Balize (Amérique centrale), le 26 avril 1847. — 1868. Ingénieur des Manufactures de l'État. — 1876. Docteur ès sciences mathématiques. — 1877. Répétiteur à l'École Polytechnique. — 1881. Directeur des études à l'École Monge. — 1891. Membre du Comité de l'Exploitation technique des Chemins de fer.

Ouvrages. — 1876. Sur l'intégration des équations différentielles du premier ordre et à trois variables (thèse de doctorat). Sur le frottement de pivotement (thèse de doctorat). — 1879. Études géométriques des fonctions elliptique de première espèce (Journal de l'École polytechnique). Méthode d'approximation graphique applicable à un grand nombre de questions de mécanique pratique. — 1880. Sur un perfectionnement applicable à tous les régulateurs à force centrifuge. — 1882. Théorie générale des transmissions télédynamiques, in-4. — 1885. Mémoire sur les oscillations à longues périodes dans les machines actionnées par des moteurs hydrauliques, in-4. — 1895. Transmissions par câbles métalliques.

---

993. — PASCAL (Jean, Louis), O. ✳

Élu, le 3 mai 1890, membre de l'Académie des Beaux-Arts (section d'Architecture).

Né à Paris, le 4 juin 1837. — 1866. Grand Prix de Rome. — 1868. Professeur d'architecture. — 1881. Membre du Conseil général des Bâtiments civils. — 1889. Inspecteur général des Bâtiments civils. Architecte du gouvernement.

Œuvres principales. — Monument de Michelet. Chapelle de la Vierge à la cathédrale de la Rochelle. Monument du colonel d'Argy à Rome. Bibliothèque nationale. Faculté de médecine de Bordeaux. Travaux aux cathédrales de Valence et d'Avignon. Monument d'Henri Regnault (École des beaux-arts). Transformation de la salle du théâtre italien pour la Banque de France. École et Mairie à Ablon (S.-et-O.). Hôtels. Tombeaux. Maisons particulières à Paris et en province.

---

994. — FRANÇAIS (François, Louis), O. ✳

Élu, le 5 juillet 1890, membre de l'Académie des Beaux-Arts (section de Peinture).

Né à Plombières (Vosges), le 17 novembre 1814.

Œuvres principales. — 1837. Chansons sous les saules. — 1838. Macbeth. — 1841. Jardin antique. — 1842. Un chemin dans la forêt de Fontainebleau. — 1844. Vue des environs de Paris. Novembre, paysage. — 1845. Le soir. Vue de Bougival. — 1846. Les nymphes (Jérusalem délivrée). Soleil couchant. Saint-Cloud. — 1848. Le lac de

Némi. Couvent de San-Thomaso, à Gênes. — 1851. Bords du Teverone. Prairie dans la campagne de Rome. Les derniers beaux jours. Le parc de l'Ariccia. Bords de l'Anio. Vue de Némi. Vue de Genzano. — 1852. Une coupe de bois. Le soir. Sous les saules (m. de Tours). — 1853. Vue de Montoire. La fin de l'hiver (Luxembourg). Le ravin de Népi. — 1855. Soleil couchant. Souvenir d'Italie. Un sentier dans les blés. Paysan rabattant sa faux. — 1857. Le ruisseau du Neuf-Pré. Vallée de Munster. Effet d'hiver. Une belle journée d'hiver. Un buisson. Vallée de Montmorency. — 1859. Les hêtres de la côte de Grâce (m. de Bordeaux). Soleil couchant près d'Honfleur. Les bords du Gapeau. — 1861. Vue du bas Meudon. Le soir, bords de la Seine (m. d'Épinal). Environs de Paris (m. de Nantes). — 1863. Orphée (Luxembourg). — 1864. Bois sacré. Villa italienne. — 1865. Les nouvelles fouilles de Pompéi. — 1866. Bords du Tibre. Le soir, bords de la Seine. Le matin. — 1868. Les regains dans la vallée de Munster. La villa d'Este. — 1869. Le mont Blanc. Le lac du Riffelhorn. Le mont Rose. — 1872. Daphnis et Chloé. Les Vaux de Cernay. — 1873. Souvenir de Nice. — 1874. La source. Une terrasse à Nice. Les bois de Cernay. — 1875. Le ravin du Puits-Noir, effet de soir. Le ruisseau du Puits-Noir, effet de matin. — 1876. Le miroir de Scey. — 1877. Le Colisée. Dans les bois de Plombières. — 1878. Le mont Cervin. Le lac de Némi. Une villa de Nice. Lisière des bois. — 1879. Vallée de Rossillon. — 1880. La grand'route à Combs-la-Ville. Le soir. — 1881. L'ave Maria à Castel Gandolfo. Lavoir à Pierrefonds. — 1882. Vues de Villefranche. — 1883. Villa de Capri. Vue de Nice. — 1884. Matinée à Clisson. Derniers jours d'automne dans les Vosges. — 1886. Vues de Plombières. — 1887. L'hiver. — 1888. Vues des environs de Clisson. — 1889. Vues de Plombières. — 1890. Matinée brumeuse aux environs de Paris. — 1891. Une source. Jardin des Hespérides à Cannes. Chapelle des fonds baptismaux de l'église de la Trinité. — Illustration de Paul et Virginie, Roland furieux, Jérusalem délivrée, La Touraine et les Jardins.

995. — FREYCINET (Charles, Louis de SAULSES de), O. ✳

Élu, le 11 décembre 1890, membre de l'Académie française.

Né à Foix (Ariège), le 14 décembre 1828. — 1852. Ingénieur des Mines. — 1858 à 1862. Chef de l'exploitation des Chemins de fer du Midi. — 1862 à 1870. Chargé de diverses missions scientifiques. — 1870. Préfet de Tarn-et-Garonne. — 1870 à 1871. Délégué à la Guerre, à Tours et à Bordeaux, par le gouvernement de la Défense nationale. — 1875. Ingénieur en chef. — 1876. Sénateur de la Seine. — 1877 à 1879. Ministre des Travaux publics. — 1879 à 1880 et 1882 (janvier-août). Président du Conseil et Ministre des Affaires étrangères. — 1882. *Membre libre de l'Académie des Sciences.* — 1883. Inspecteur général des Mines. — 1885 à 1886. Président du Conseil et Ministre des Affaires étrangères. — 1888 à 1890. Ministre de la Guerre. — 1890 à 1892. Président du Conseil et Ministre de la guerre. — 1892 à 1893. Ministre de la Guerre.

Ouvrages. — 1858. Traité de mécanique rationnelle, 2 vol. — 1860. De l'analyse infinitésimale. — 1861. Des pentes économiques en chemins de fer. — 1864-1868. Rapport sur l'assainissement des industries et des villes en France, en Angleterre et en Belgique, etc. — 1867. Du travail des femmes et des enfants en Angleterre. — 1869. De l'emploi des eaux d'égout en agriculture. — 1870. Traité d'assainissement industriel. Principes de l'assainissement des villes. — 1871. La guerre en province, pendant le siège de Paris.

996. — MALLARD (François, Ernest), O. ✳

Élu, le 15 décembre 1890, membre de l'Académie des Sciences (section de Minéralogie).

Né à Châteauneuf-sur-Cher (Cher), le 4 février 1833. — 1856. Ingénieur des Mines. — 1865. Professeur à l'École des Mineurs de Saint-Étienne. — 1872. Professeur de minéralogie à l'École des Mines. — 1877. Ingénieur en chef. — 1886. Inspecteur général des Mines. — Mort à Paris, le 6 juillet 1894.

Ouvrages. — 1877. Explication des phénomènes optiques que présentent certaines substances cristallisées. — 1879-84. Traité de cristallographie géométrique et physique, 2 vol. — 1881. Sur les propriétés optiques des mélanges cristallins des substances isomorphes.

997. — CHAMBRELENT (François, Jules, Hippolyte), O. ✳

Élu, le 19 janvier 1891, membre de l'Académie des Sciences (section d'Économie rurale).

Né à Paris, le 17 février 1817. — 1841. Ingénieur des Ponts et Chaussées. — 1865. Ingénieur en chef. — 1879. Inspecteur général des Ponts et Chaussées. — Mort à Paris, le 13 novembre 1893.

Ouvrage. — 1887. Les landes de Gascogne, leur assainissement, leur mise en culture.

998. — GUIRAUD (Ernest), ✳

Élu, le 21 mars 1891, membre de l'Académie des Beaux-Arts (section de Composition musicale).

Né à la Nouvelle-Orléans (États-Unis d'Amérique) de parents français, le 23 juin 1837. — 1859. Grand Prix de Rome. — 1876. Professeur d'harmonie, puis (1880) de composition au Conservatoire de musique. — Mort à Paris, le 6 mai 1892.

Œuvres principales. — 1864. Sylvie (op.-c.). — 1869. En prison (op.-c.). — 1870. Le Kobold (op.-c.). — 1873. Le forgeron de Gretna-Green (ballet). — 1876. Piccolino (op.-c.). Le fou (op.). — 1882. Galante aventure (op.-c.). S. d. — Le roi David. Madame Turlupin.

999. — LAURENS (Jean, Paul), O. ✳

Élu, le 4 avril 1891, membre de l'Académie des Beaux-Arts (section de Peinture).

Né à Fourquevaux (Haute-Garonne), le 29 mars 1838. — 1885. Professeur à l'École des Beaux-Arts.

Œuvres principales. — 1863. Mort de Caton d'Utique. — 1864. Mort de Tibère. — 1865. Hamlet. — 1866. Après le bal. — 1867. Moriar! Portrait de l'auteur. Le souper de Beaucaire. — 1868. Vox in deserto (m. d'Orléans). L'apothéose d'Hercule. Agacerie. — 1869. Jésus guérissant un démoniaque. Hérodiade et sa fille. Vision d'Ezéchiel. La séduction. — 1870. Jésus chassé de la synagogue. Saint Ambroise instruisant Honorius. — 1872. La mort du duc d'Enghien. Le pape Formose et Étienne VII. — 1873. La piscine de Bethsaïda à Jérusalem. — 1874. Saint Bruno refusant les offrandes de Roger de Sicile. Le cardinal. — 1875. L'excommunication de Robert le Pieux (Luxembourg). L'interdit. — 1876. François de Borgia devant le cercueil d'Isabelle de Portugal. — 1877. L'état-major autrichien devant le corps de Marceau. — 1879. Délivrance des emmurés de Carcassonne. — 1880. Le bas empire. — 1881. L'interrogatoire. — 1882. Les derniers moments de Maximilien, empereur du Mexique. — 1883. Le pape et l'inquisition. Les murailles du saint-office. — 1884. Vengeance d'Urbain IV. — 1885. Faust. — 1886. Le grand inquisiteur chez les rois catholiques. — 1887. L'agitation du Languedoc. — 1888. Ophélia. Hamlet (Mounet-Sully). — 1889. Les hommes du saint office. L'alchimiste. — 1890. Les sept troubadours. — 1891. Décoration d'une salle de l'hôtel de ville de Paris : 1° Louis VIII donnant des chartes aux communes ; 2° Étienne Marcel : le meurtre des maréchaux ; 3° Démarest : la répression des maillotins ; 4° Anne du Bourg et Henri II ; 5° L'arrestation de Broussel ; 6° La voûte d'acier : Louis XVI à l'hôtel de Ville. — 1892. La liseuse. La mort de sainte Geneviève (Panthéon). Plafond de l'Odéon. — 1894. Griselda. Le pape et l'empereur à Fontainebleau. — 1895. La reconstruction des murailles de Toulouse (capitole de Toulouse). Les préparatifs d'un tournoi au xiv° siècle. — Illustration des récits mérovingiens d'Augustin Thierry (42 dessins), de l'Imitation de Jésus-Christ et du Faust de Gœthe.

1000. — LOTI (Louis, Marie, Julien VIAUD, dit Pierre), ✳

Élu, le 27 mai 1891, membre de l'Académie française.

Né à Rochefort (Charente), le 14 janvier 1850. — 1868. Aspirant de marine. — 1873. Enseigne. — 1881. Lieutenant de vaisseau.

Ouvrages. — 1879. Aziyadé. — 1881. Le roman d'un spahi. — 1882. Le mariage de Loti. Fleurs d'ennui. —

1883. Mon frère Yves. — 1884. Les trois dames de la Kasbah. — 1886. Pêcheur d'Islande. — 1887. Madame Chrysanthème. Propos d'exil. — 1889. Japoneries d'automne. — 1890. Au Maroc. Le roman d'un enfant. — 1891 Le livre de la pitié et de la mort. — 1892. Fantôme d'Orient. Matelot. — 1895. Le désert. Jérusalem.

1001. — MOISSAN (Henri), ✳

Élu, le 8 juin 1891, membre de l'Académie des Sciences (section de Chimie).

Né à Paris, le 28 septembre 1852. — 1879. Maître de conférences et chef des travaux pratiques de chimie à l'École de Pharmacie. — 1880. Docteur ès sciences. — 1882. Agrégé des Écoles supérieures de pharmacie. — 1886. Professeur de toxicologie à l'École supérieure de Pharmacie de Paris.

Ouvrages. — 1882. Série du cyanogène. Les fluorures de phosphore. Le fluor. — 1893. Le diamant. — 1894. Les produits chimiques à l'exposition de Chicago. — Mémoires insérés dans les Comptes rendus de l'Académie des sciences et les Annales des sciences naturelles : sur l'absorption d'oxygène et l'émission d'acide carbonique par les plantes dans l'obscurité ; sur la polymérisation des oxydes métalliques ; sur les sels de protoxyde de chrome ; sur l'acide perchromique ; sur les composés fluorés ; sur le théobromure de phosphore, le pentafluorure de phosphore et l'oxyfluorure de phosphore ; sur l'isolement du fluor ; sur les fluorures alcalins, les éthers fluorés, le fluorure d'éthyle et le fluorure de platine ; de l'action du fluor sur les diverses variétés de carbone ; sur l'arisine ; sur les propriétés anesthésiques des fluorures d'éthyle et de méthyle ; du fluorure d'argent ; du triodure de bore ; préparations et propriétés du bore amorphe ; sur la détermination de la densité des gaz ; action d'une haute température sur les oxydes métalliques ; synthèse du diamant ; sur la préparation du carbone et de l'uranium à une haute température ; sur un four électrique ; préparation du tungstène, du molybdène et du vanadium au four électrique ; des phénomènes nouveaux de fusion et de volatilisation produits au moyen de la chaleur de l'arc électrique ; de l'action de l'arc électrique sur le diamant, le bore amorphe et le silicium cristallisé ; de la préparation des acétylures de calcium, de strontium et de baryum cristallisés ; de la préparation et des propriétés du borure de carbone ; des eaux de seltz et de quelques eaux minérales ; sur le carbone d'aluminium, le chrome, les graphites, l'acier du bore, le borure de fer, le titane, le carbure de cérium, le molybdène, les siliciures cristallisés. — Collaboration à l'Encyclopédie de Frémy, à la Revue scientifique et à la Revue générale des sciences.

1002. — MERCIÉ (Marius, Jean Antonin), C. ✳

Élu, le 13 juin 1891, membre de l'Académie des Beaux-Arts (section de Sculpture).

Né à Toulouse (Haute-Garonne), le 29 octobre 1845. — 1868. Grand Prix de Rome. — 1883. Professeur de sculpture à l'École des Beaux-Arts.

Œuvres principales. — 1872. David vainqueur (Luxembourg). Dalila (m. de Dijon). — 1874. Gloria victis (hôtel de ville de Paris). La Victoire (colonne Vendôme). Le loup, la mère et l'enfant (bas-relief). — 1876. David avant le combat. Fleurs de mai. — 1877. Le Génie des arts (guichet du Louvre). Junon vaincue. Épée du général de Cissey. — 1878. La France à l'exposition. — 1879. Tombeau de Michelet (Père-Lachaise). Statue d'Arago (Perpignan). — 1880. Judith. Statue de Thiers (Saint-Germain). — 1882. Quand même (Belfort). — 1885. Le Souvenir (m. du Luxembourg). L'Art (hôtel de ville). La Justice (hôtel de ville). — 1887. Monument funèbre du roi Louis-Philippe et de la reine Amélie (chap. de Dreux). Génie pleurant (Bédarrieux). Tombeau de L. Pichat. Monument de Zarifi (Constantinople). — 1889. Amphitrite. La Renommée (Trocadéro). Les Sciences (Sorbonne). Tombeau de Paul Baudry (Père-Lachaise). La Fortune. La Jeunesse. Psyché. — 1890. La Peinture, La Moisson. Statues équestres du général Lee (Richmond) et du roi de Hollande (Luxembourg). Monument de Lafayette (New-York). — 1891. En pénitence. La toilette de Diane. — 1892. Le Regret (Montpellier). Monument de l'amiral Courbet (Abbeville). Monument de Victor Massé (Lorient). — 1893. Guillaume Tell (Lausanne). En pénitence. — 1894. Une druidesse. Jules Ferry (Saint-Dié). La défense de Chateaudun (v. de Chateaudun). Jeanne d'Arc écoutant les voix. Jeanne d'Arc (monument national de Domrémy). Monument de Meissonnier (Louvre). Les deux sœurs (m. de Copenhague). Le Réveil. Monument du général Faidherbe.

Bustes. — Marie-Antoinette. Victor Hugo (Sénat). Gambetta (Versailles). Michelet (lycée Michelet). A. Lebel. Bersot. Antonin Mercié, G. Mercié. Mme A. Mercié. Baronne de Malaret. Comtesse de Guerne. O. Metra. Les docteurs Laussedat, Besnier et Maillet du Boulay.

Peintures. — 1882. Dalila. Le retour de l'enterrement. — 1883. La première étape. — 1884. Léda. — 1885. Michel-Ange étudiant l'anatomie. Vénus blessée. La Vierge noire. — 1886. Marie-Madeleine. Vénus (m. du Luxembourg).

1003. — POTIER (Alfred), O. ✻

Élu, le 23 novembre 1891, membre de l'Académie des Sciences (section de Physique générale).

Né à Paris, le 11 mai 1840. — 1863. Ingénieur des Mines. — 1867. Professeur de physique à l'École des Mines. — 1881. Ingénieur en chef. — 1881 à 1895. Professeur de physique à l'École Polytechnique.

Mémoires insérés dans le Journal de physique, le Bulletin de la Société géographique, les annuaires de l'Association scientifique française et les comptes rendus de l'Académie des sciences, sur l'optique, l'électro-optique, l'électricité, la thermodynamique, la propagation de la chaleur et la géologie du Var et des Alpes-Maritimes. Carte géologique du Pas-de-Calais.

1004. — LEFEBVRE (Jules, Joseph), C. ✻

Élu, le 28 novembre 1891, membre de l'Académie des Beaux Arts (section de Peinture).

Né à Tournan (Seine-et-Marne), le 14 mars 1834. — 1861. Grand Prix de Rome.

Œuvres principales. — 1858. Adam et Ève retrouvant le corps d'Abel.—1859. Coriolan chez les Volsques.—1861. Mort de Priam. La veille de Noël.— 1860. Sophocle. — 1864. La charité romaine (m. de Melun). — 1865. Pèlerinage au Sacro-Specco. Jeune fille endormie. Le pape Pie IX baisant le pied de la statue de Saint-Pierre. — 1866. Nymphe et Bacchus (Luxembourg). Jeune homme peignant un masque tragique.—1868. Femme couchée. La comtesse de Montesquiou. Portrait de sa sœur. — 1869. Pascuccia. — 1870. La Vérité (Luxembourg). Diane (Plafond). — 1871. La tricoteuse italienne. — 1872. La cigale. Italienne vendant des fruits. Italienne à la fontaine. — 1873. Une bacchante. La fille du brigand. — 1874. Le prince impérial. Esclave portant des fruits (m. de Gand). Baigneuse. Italienne à l'orange. La sieste. — 1875. Madeleine. Rêve. Chloé. Italienne tricotant. Italienne à sa toilette. — 1876. Léonce Reynaud. La Limonnara (m. d'Amiens). Nymphe. Yvonne. — 1877. Pandore. Madeleine. — 1878. Mignon. Pensierosa. Odalisque au plateau. Graziella. — 1879. Diane surprise. — 1881. La flametta (m. de Vienne). Ondine. La Nuit (plafond). — 1882. La toilette de la fiancée. — 1883. Psyché. Lady Vernon. — 1884. L'Aurore. — 1885. Laure. — 1887. *Morning glory* — 1888. L'orpheline. — 1889. Liseuse. — 1890. M. Fitzgerald. Lady Godiva (m. d'Amiens). — 1891. Nymphe chasseresse. — 1892. Une fille d'Ève. — 1893. Le général Brugère. Mᵐᵉ Raspail. Le comte de Franqueville. Mˡˡᵉ Horteloup. M. Balsan. — 1895. Plafond pour l'hôtel de ville (les Muses).

1005. — ROUSSEL (Jean-Baptiste, Victor, Théophile), ✻

Élu, le 12 décembre 1891, membre de l'Académie des Sciences morales et politiques (section de Morale).

Né à Saint-Chély-d'Apcher (Lozère), le 27 juillet 1816. — 1841. Interne et lauréat des hôpitaux de Paris. — 1846. Docteur en médecine. — 1849 à 1851. Représentant de la Lozère à l'Assemblée législative. — 1871 à 1878. Député de la Lozère. — 1879. Sénateur de la Lozère.

Ouvrages. — 1842. Histoire d'un cas de pellagre observé à l'hôpital Saint-Louis. — 1845. De la pellagre, de ses causes et de son traitement curatif et préservatif. — 1846. Recherches sur les maladies des ouvriers employés à la fabrication des allumettes chimiques. — 1847. Lettres médicales sur les départements pyrénéens et sur l'Espagne. — 1849. De l'identité du mal de la Rosa des Asturies et de la pellagre. — 1854. Histoire de la vie et du pontificat d'Urbain V et des fondations de ce pontife en France. — 1865. Traité de la pellagre et des pseudo-pellagres. — 1879. De l'éducation correctionnelle et de l'éducation préventive. — Collaboration à la Revue médicale, à l'Union médicale et au Courrier français.

1006. — ROCQUAIN (Félix, Théodore), ✳

Élu, le 19 décembre 1891, membre de l'Académie des Sciences morales et politiques (section d'Histoire).

Né à Vitteaux (Côte-d'Or), le 3 mars 1833. — 1854. Archiviste paléographe. — 1858. Auxiliaire aux Archives de l'Empire. — 1862. Archiviste titulaire. — 1881. Sous-Chef de la section administrative et domaniale, puis (1882) de la section historique. — 1883. Chef de la section administrative et domaniale aux Archives nationales.

Ouvrages. — 1861. Essai sur les variations des limites géographiques et de la constitution politique de l'Aquitaine, depuis César jusqu'à l'an 613. — 186.. Lucy Vernon, in-12. — 1870. Tristia, in-12. Rapport sur les documents politiques conservés à la Préfecture de police. — 1874. Études sur l'ancienne France, in-12. L'état de la France au 18 brumaire, in-12. — 1875. Napoléon Ier et le roi Louis. — 1878. L'esprit révolutionnaire avant la Révolution. — 1881. La papauté au moyen âge. — 1894. La cour de Rome et l'esprit de réforme avant Luther, 2 vol. — Collaboration à la Revue nationale, à la Revue contemporaine, à la Revue moderne, à la Revue de France, à l'Économiste français, au Journal des savants, à la Bibliothèque de l'École des Chartes, à la Revue historique, à la Revue politique et littéraire et au Correspondant.

1007. — HOMOLLE (Jean, Théophile), ✳

Élu, le 12 janvier 1892, membre de l'Académie des Inscriptions et Belles-Lettres.

Né à Paris, le 19 décembre 1848. — 1874. Agrégé d'histoire. — 1878. Maître de conférences à la Faculté des Lettres de Nancy. — 1881. Suppléant de la conférence d'histoire ancienne à l'École Normale. — 1884. Professeur suppléant au Collège de France. — 1886. Professeur suppléant à l'École des Beaux-Arts. — 1891. Directeur de l'École française d'Athènes.

Ouvrages. — 1887. Les archives de l'intendance sacrée de Délos. *De antiquissimis Dianæ simulacris Deliacis,* in-fol. — Collaboration à la Correspondance hellénique et à la Revue archéologique.

1008. — ANCELET (Gabriel, Auguste), ✳

Élu, le 5 mars 1892, membre de l'Académie des Beaux-Arts (section d'Architecture).

Né à Paris, le 21 décembre 1829. — 1851. Grand Prix de Rome. — 1873. Professeur à l'École des Beaux-Arts. — Mort à Paris, le 4 août 1895.

Œuvres principales. — Nouveaux bâtiments du château de Pau. Adjonctions à la villa de Biarritz. Château d'Artéaga, près Bilbao (Espagne). Salle de spectacle du château de Compiègne. Galerie Vaucanson, au Conservatoire des arts et métiers.

1009. — DETAILLE (Jean-Baptiste, Édouard), O. ✳

Élu, le 12 mars 1892, membre de l'Académie des Beaux-Arts (section de Peinture).

Né à Paris, le 5 octobre 1848.

Œuvres principales. — 1867. Intérieur de l'atelier de Meissonnier à Poissy. Cuirassiers de la garde ferrant leurs chevaux sur la route d'Antibes (campagne d'Italie). Album pour les enfants. — 1868. La halte de Tambomo. Intérieur d'un café sous le Directoire. Le renseignement. La lecture du bulletin de l'armée. — 1869. Le repos après la manœuvre au camp de Saint-Maur. La lecture des journaux (1795). Plan de campagne. Les incroyables au jardin du Luxembourg. Le moulin de Bagatelle. — 1870. Charge des gardes d'honneur. Le champ de bataille de Champigny. Les Saxons à Villiers-sur-Marne. L'ordre de charger. — 1871. Défilé d'un convoi allemand sur la route de Pontoise. Halte de cavalerie allemande à Triel. Combat sous Paris. Grenadier de la garde. Artilleur à pied, Artilleur à cheval, Dragon (panneaux décoratifs). — 1872. Les vainqueurs. Portrait du prince A. d'Arenberg. La messe au camp de Saint-Germain. Poste des chasseurs au quartier de Grammont. Engagement de cavalerie. — 1873. En retraite. La caserne de Latour-Maubourg. Surprise d'un petit poste. Vedette perdue. La sortie du régiment. Combat dans les jardins de Wœrth. — 1874. Charge du 9ᵉ cuirassiers à Morsbrönn. En parlementaire. Portrait de M. Raimbeaux, ancien écuyer de l'empereur. Sapeurs d'infanterie. Combat dans les rues. — 1875. Le régiment qui passe. Ambulance à la revue de Longchamps. Le hangard crénelé. Portrait du colonel Corot. — 1876. En reconnaissance. Le barbier au bivouac. L'interrogatoire des prisonniers. Lanciers de la garde. — 1877. Salut aux blessés. L'alerte. Souvenirs des grandes manœuvres. Le retour de la promenade militaire (Saint-Germain). Observatoire dans un moulin. Portrait du commandant Brissaud. — 1878. Bonaparte en Égypte. Inauguration de l'Opéra (dessin au musée du Luxembourg). Arrestation d'une ambulance. Exercice à pied des dragons. Reconnaissance d'infanterie. — 1879. La division Faron à Champigny. Les attachés militaires aux grandes manœuvres. Le maréchal Canrobert et le général Lebrun aux manœuvres du 3ᵉ corps. Retour d'une reconnaissance de cavalerie. — 1880. La tour de Londres. Les scotts guards à Hyde Park. Life guards aux manœuvres à Aldershot. Pipper du 42ᵉ highlanders. — 1881. La distribution des drapeaux (tableau détruit dont l'esquisse est au palais de l'Élysée). Son ancien régiment. Bizerte. L'attaque du convoi. Portrait de Jacques Offenbach. Halte de la brigade Vincendon en Tunisie. Spahis et gendarmes maures. — 1882. Panorama de la bataille de Champigny. — 1883. Panorama de la bataille de Rezonville. Combat dans les rues de Sfax. Défilé de prisonniers. Portrait du major autrichien de Walzel. Tambour du régiment Molinari. Fantassins hongrois et hussards autrichiens. — 1884. Bataille de Rezonville. A 400 mètres à mitraille. L'alerte des cosaques de l'Ataman. Les chanteurs du régiment des chevaliers gardes. Charge sous bois des lanciers de la garde russe. Officier des cosaques de l'Oural. Régiment Préobrajenski. Les chasseurs de la garde. Les tirailleurs de la garde. Cosaques de l'escorte particulière de S. M. l'empereur. Portrait des sous-officiers de la 1ʳᵉ compagnie de la garde. Le front de bandière du camp impérial de Krasnoé Sélo. — 1885, 1886, 1887. L'armée française (400 dessins et aquarelles). — 1888. Le rêve (m. du Luxembourg). Le 4ᵉ hussards en reconnaissance. Une batterie au Tonkin. — 1889. Le retour au cantonnement des cosaques de l'Ataman. La danse au camp des tirailleurs de la famille impériale. — 1890. En batterie. Officier de carabiniers. Le défilé des cuirassiers de la garde. Charge des cuirassiers de la garde. — 1891. Charge du 4ᵉ hussards. Officier du 7ᵉ cuirassiers. Le 1ᵉʳ hussards en tirailleurs. La revue d'honneur. — 1892. Sortie de la garnison de Huningue (m. du Luxembourg). A l'armée des côtes d'Océan. État-major d'une division de grosse cavalerie. Tête de colonne de 1ᵉʳ voltigeurs de la garde. Petit poste de dragons. Reconnaissance sous bois. — 1893. Sur la grève. Aux bords du Niémen. Régiment de dragons franchissant la frontière. La prise de l'étendard. 3ᵉ régiment des gardes d'honneur. Chasseur à cheval. Charge des dragons de l'impératrice. Chevaux légers polonais de la garde impériale. — 1894. Les victimes du devoir. Les grenadiers à cheval à Eylau. Route d'Allemagne. Dragons de la division Nansouty. L'empereur au bivouac. — 1894-95. Le départ du cantonnement (Allemagne, 1806). L'abreuvoir. Reconnaissance d'une division de cavalerie légère (1806). État-major d'une brigade de cuirassiers (1809). LL. AA. RR. le prince de Galles et le duc de Connaught.

1010. — JACQUET (Achille), ✳

Élu, le 19 mars 1892, membre de l'Académie des Beaux-Arts (section de Gravure).

Né à Courbevoie (Seine), le 28 juillet 1846.

Œuvres principales. — 1868. David et Goliath (Daniel de Volterre). — 1870. Uranie (Lesueur). — 1872. Sainte Barbe (Palma Vecchio). Le duc d'Urbin (Raphaël). — 1874. Madonne (J. Bellin). La sainte famille (Michel-Ange). — 1876. Ève (Sodoma). — 1877. Courage militaire (P. Dubois). Joueurs d'osselets et groupe de deux femmes, figurines grecques. Triomphe d'Hercule et les Gorgones, vases grecs. — 1881. La Picta (Bouguereau). Quatre-vingts planches d'après les terres cuites du musée du Louvre. — 1882. Flore (Cabanel). Psyché (Cabanel). Diplôme de la Société des artistes français. — 1883. Évanouissement de sainte Catherine de Sienne (Sodoma). — 1884. Ophélie (Cabanel). Rebecca et Eliézer (Cabanel). — 1885. Portrait de Cabanel. Éducation de saint Louis (Cabanel). Les mois, douze planches (Cabanel). Frontispice pour les mois (Cabanel). Le Titan (Cabanel). — 1886. Portrait de M. Mackay. Rachel (Cabanel). Reine des prés (F. Morgan). *Sacred to Pash* (Edwing Long). — 1887. Carle Vernet (Lépicié). Décollation de saint Denis (Bonnat). Portrait de Mᵐᵉ Lecomte. — 1888. Le peintre d'enseignes (Meissonnier). — 1889. La fondatrice des petites sœurs des pauvres (Cabanel). Arachnée (Véronèse). Portrait de Mᵐᵉ Albertini (Cabanel). La tragédie (Cabanel). Portrait de Mᵐᵉ Erard. — 1892. Les renseignements (Meissonnier). Portrait de Mᵐᵉ Bally. Sainte Cécile (Maderno). — 1893. Les tirailleurs (Detaille). — 1894. Le guide (Meissonnier). Portrait de Casimir Périer (dessin). — 1895. Le calvaire (Mantegna).

1011. — GUILLOT (Adolphe), ✿

Élu, le 9 avril 1892, membre de l'Académie des Sciences morales et politiques (section de Morale).

Né à Paris, le 25 avril 1836. — 1864 à 1872. Substitut. — 1872. Procureur de la République à Troyes. — 1873. Juge d'instruction à Paris.

Ouvrages. — 1860. Examen du projet de loi sur la propriété littéraire. — 1864. La liberté des théâtres et le décret du 6 janvier. — 1870. Les vols commis à la bibliothèque de Troyes et aux archives départementales de l'Aube. — 1884. Examen critique des principes de la réforme projetée du code d'instruction criminelle. — 1885. Le jury et les mœurs. — 1887. Paris qui souffre. — 1889. La réforme des expertises médico-légales. — 1890. Les prisons de Paris et les prisonniers. Observations pratiques en vue d'assurer la protection des enfants traduits en justice. — 1891. Programme des études du Comité de défense des enfants traduits en justice. L'avenir de la magistrature. Étude de psychologie judiciaire (les aliénés criminels). — 1892. Rapport sur le projet d'un établissement de médecine légale à Paris. Les prisons du palais de justice.

1012. — GUYON (Jean, Casimir, Félix), O. ✿

Élu, le 16 mai 1892, membre de l'Académie des Sciences (section de Médecine et Chirurgie).

Né à Saint-Denis (île de la Réunion), le 31 juillet 1831. — 1858. Docteur en médecine. — 1862. Chirurgien du bureau central des hôpitaux. — 1864. Agrégé. — 1864. Chirurgien de la Maternité, puis (1867) de l'hôpital Necker. — 1877. Professeur de pathologie chirurgicale, puis (1890) de clinique des maladies urinaires à la Faculté de Paris.

Ouvrages. — 1858. Étude sur les cavités de l'utérus à l'état de vacuité. — 1860. Des tumeurs fibreuses de l'utérus. — 1863. Des vices de conformation de l'urèthre. — 1874. Éléments de chirurgie clinique. — 1881. Leçons cliniques sur les maladies des voies urinaires. — 1881-85. Atlas des maladies des voies urinaires. — 1888. Leçons cliniques sur les affections chirurgicales de la vessie et de la prostate.

1013. — LAVISSE (Ernest), O. ✿

Élu, le 2 juin 1892, membre de l'Académie française.

Né au Nouvion-en-Thiérache (Aisne), le 17 décembre 1842. — 1865. Agrégé d'histoire. — 1865 à 1869. Professeur aux lycées de Nancy et de Versailles. — 1869. Professeur au lycée Henri-IV. — 1875. Docteur ès lettres. — 1876 à 1880. Maître de conférences à l'École Normale. — 1888. Professeur d'histoire moderne à la Faculté des Lettres de Paris.

Ouvrages. — 1875. *De Hermanno Salzensi ordinis Teutonici magistro.* De la marche de Brandebourg, sous la dynastie ascanienne. Étude sur l'une des origines de la monarchie prussienne. — 1876. Leçons préparatoires d'histoire de France, in-12. La fondation de l'université de Berlin. La première année d'histoire de France, in-12. — 1879. Études sur l'histoire de Prusse. — 1880. Sully, in-12. — 1883. Récits et entretiens familiers sur l'histoire de France. — 1885. Questions d'enseignement national, in-12. — 1887. Essais sur l'Allemagne impériale, in-12. — 1888. Trois empereurs d'Allemagne, in-12. — 1889. La vie politique à l'étranger, in-12. — 1890. Vue générale de l'histoire politique de l'Europe, in-12. Études et étudiants, in-12. La bataille de Bouvines. — 1891. La jeunesse du grand Frédéric. — 1893. A propos de nos écoles, in-12. — Collaboration à la Revue de l'enseignement supérieur et à la Revue des Deux Mondes.

1014. — PALADILHE (Émile), ✿

Élu, le 2 juillet 1892, membre de l'Académie des Beaux-Arts (section de Composition musicale).

Né à Montpellier (Hérault), le 3 juin 1844. — 1860. Grand Prix de Rome.

Ouvrages. — 1872. Le passant. La Mandolinata, mélodie. Cent mélodies en 5 séries. — 1875. L'amour africain (op.-c.). — 1878. Suzanne (op.-c.). — 1880. Ivan IV, cantate. — 1885. Diana (op.-c.). — 1886. Patrie (op.). — 1891. Vanina (op.).—1892. Les saintes Maries de la mer. — S. d. Deux symphonies. Deux messes avec orchestre, cantates, motets, etc.

1015. — FRÉMIET (Emmanuel), O. ✻

Élu, le 30 juillet 1892, membre de l'Académie des Beaux-Arts (section de Sculpture).

Né à Paris, le 15 décembre 1824. — 1875. Professeur de dessin des animaux au Muséum d'Histoire naturelle.

Ouvrages. — 1843. Gazelle. — 1844 à 1846. Plusieurs groupes d'animaux. — 1848. Groupe de chiens bassets. Chatte et ses petits. — 1849. Chien blessé (m. du Luxembourg). — 1850. Groupe d'ours et d'hommes, à Montfaucon. Cheval blessé. — 1854 à 1859. Soixante-dix statuettes militaires (Carabinier, Artilleur à cheval, Voltigeur, Gendarme à cheval, Brigadier des guides, Cent-garde, Artilleur de la garde, Zouave de la garde, Sapeur, etc.), détruites dans l'incendie des Tuileries. — 1860. Le centaure Tirée emportant un ours. — 1863. Cavalier gaulois. Statue équestre (m. de Saint-Germain). — 1864. Faune et oursons (Luxembourg). — 1865. Cavalier romain (m. de Saint-Germain). — 1867. Neptune métamorphosé en cheval. — 1868. Napoléon I**er**, statue équestre (v. de Grenoble). — 1869. Groupe de chevaux marins (Fontaine du Luxembourg). — 1870. Louis d'Orléans, frère de Charles VI (Pierrefonds). — 1872. Homme de l'âge de pierre (Muséum). — 1873. Statue équestre de Jeanne d'Arc (place des Pyramides). — 1875. Saint Grégoire de Tours (Panthéon). — 1876. Jeanne d'Arc en prière. — 1878. Chevalier errant, statue équestre (m. de Lille). Éléphant (cascade du Trocadéro). — 1879. Nègre capturant un jeune éléphant. — 1880. Monument à la mémoire de Tom (Blackterrier). — 1881. Étienne le Grand (v. de Vassy). Charles V (bibliothèque nationale). — 1883. Porte-falot à cheval (hôtel de ville). — 1884. Groupe d'animaux (cascade du Trocadéro). — 1885. Dénicheur d'oursons (Muséum). — 1887. Femme enlevée par un gorille. — 1890. Velasquez, statue équestre (jardin de l'Infante au Louvre). — 1891. Olivier de Clisson (ch. de Josselin). Loup pris au piège. Chat et nid d'oiseaux. — 1892. Ours porte-lumière. — 1893. Monument de Raffet (jardin de l'Infante). — 1894. Statue de Meissonnier (Poissy). — 1895. Orang-outang étranglant un homme (Muséum).

Cent vingt modèles, groupes et statuettes en bronze, parmi lesquels : le Credo, Saint-Georges à cheval, saint Michel, les duellistes sous Henri III, le grand Condé, l'aïeul, chevaux de courses, chevaux romains, charmeur de serpents, sainte Cécile, Jeanne d'Arc, Vierge, saint Louis, Arabe à cheval, hommage à Corneille, Molière, une martyre, l'incroyable, chiens, chats, poules et animaux divers.

1016. — APPELL (Paul, Émile), ✻

Élu, le 7 novembre 1892, membre de l'Académie des Sciences (section de Géométrie).

Né à Strasbourg (Bas-Rhin), le 27 septembre 1855. — 1876 à 1879. Répétiteur à l'École des Hautes Études. — 1876. Docteur ès sciences. — 1879 à 1881. Chargé de cours à la Faculté de Dijon. — 1881 à 1883. Maître de conférences de mécanique et d'astronomie à l'École Normale. — 1885. Professeur de mécanique rationnelle à la Faculté des Sciences de Paris.

Ouvrages. — 1876. Les propriétés des cubiques gauches et le mouvement hélicoïdal d'un corps solide. — 1887. Mémoire sur la théorie des déblais et des remblais. — 1888. Cours de mécanique rationnelle. — 1889. Les intégrales des fonctions à multiplicateurs et leurs applications au développement des fonctions abéliennes en séries trigonométriques. — 1894. Sur les fonctions algébriques et leurs intégrales (surfaces de Riemann). — Mémoires insérés dans le Bulletin des sciences mathématiques, les Acta mathematica et les Annales de l'École normale.

1017. — BERGER (Philippe).

Élu, le 2 décembre 1892, membre de l'Académie des Inscriptions et Belles-Lettres.

Né à Beaucourt (Haut-Rhin), le 15 septembre 1846. — 1873. Attaché aux travaux de la Commission du *Corpus inscriptionum Semiticarum.* — 1874. Sous-Bibliothécaire de l'Institut. — 1877.

Professeur d'hébreu à la Faculté de théologie protestante de Paris. — 1893. Professeur de langue et littérature hébraïque, syriaque et chaldaïque au Collège de France.

Ouvrage. — 1891. Histoire de l'écriture dans l'antiquité. — Mémoires et articles insérés dans la Revue archéologique, la Gazette archéologique, le Journal asiatique, le Journal des Débats, la Revue des Deux Mondes, etc.

1018. — MERSON (Luc, Olivier), ✳

Élu, le 3 décembre 1892, membre de l'Académie des Beaux-Arts (section de Peinture).

Né à Paris, le 21 mai 1846. — 1869. Grand Prix de Rome. — 1894. Professeur à l'École des Beaux-Arts.

Œuvres principales. — 1867. Leucothoë et Anaxandre. — 1868. Pénélope. — 1869. Apollon exterminateur. — 1871. Le sacrifice des poupées. — 1872. Saint Edmond, roi d'Angleterre. — 1873. Légende du XIVᵉ siècle. — 1875. Saint Michel. Le sacrifice à la patrie. — 1877. Saint Louis fait ouvrir les geôles du royaume. Saint Louis condamne Enguerrand de Coucy (cour de cassation). — 1878. Le loup de Gubbio (m. de Lille). — 1879. Saint Isidore laboureur. Le repos en Égypte. — 1880. Saint François d'Assise prêche aux poissons. — 1882. Le serment du jeu de paume. Glorification de saint Louis (église Saint-Thomas-d'Aquin). — 1884. Angelo Pittore. Le jugement de Pâris. — 1885. L'arrivée à Bethléem. — 1887. La dame de Kerbeac. — 1892. L'homme et la Fortune. L'annonciation. — 1894. Je vous salue, Marie! L'ermite. — 1895. La princesse de Montmorency et le poète Théophile (Chantilly). Mˡˡᵉ de Clermont et le duc de Melun (Chantilly). La Fortune, l'Art et l'Amitié.

Illustrations de Notre-Dame de Paris de Victor Hugo, de Saint Julien l'hospitalier de Flaubert et de l'Imagier de J. Lemaître.

Dessins de vitraux. — Sainte Marie Alacoque. Saint Georges. Les pèlerins d'Emmaüs. La danse des fiançailles. L'éducation de Gargantua. La vie de sainte Cécile (église de Sainte-Adresse). Jésus chez Marthe et Marie. Le Christ consolateur. Le Christ et les petits enfants, etc. Cartons de tapisseries pour la Bibliothèque nationale. Dessins des mosaïques pour le monument de Clément Marot.

1019. — PERRIER (Jean, Octave, Edmond), ✳

Élu, le 12 décembre 1892, membre de l'Académie des Sciences (section d'Anatomie et Zoologie).

Né à Tulle (Corrèze), le 9 mai 1844. — 1867. Agrégé. — 1867. Professeur au lycée d'Agen. — 1868. Aide naturaliste au Muséum. — 1868. Docteur ès sciences. — 1872 à 1876. Maître de conférences de zoologie à l'École Normale. — 1876. Professeur d'histoire naturelle des mollusques, des vers et des zoophytes au Muséum d'Histoire naturelle. — 1886. Directeur-Fondateur du laboratoire maritime du Muséum d'Histoire naturelle à Saint-Vaast-la-Hougue.

Ouvrages. — 1875. Les échinodermes recueillis durant la mission astronomique du cap Horn, in-4. — 1881. Les colonies animales et la formation des organismes. — 1882. Anatomie et physiologie animale. Les principaux types des êtres vivants, in-12. — 1884. La philosophie zoologique avant Darwin. — 1886. Les explorations sous-marines. — 1887. Préface au Traité sur l'intelligence des animaux, de Romanes, 2 vol. — 1888. Le transformisme. Éléments d'anatomie et de physiologie animales, in-12. — 1892. Traité de zoologie. — 1894. Mémoire sur les échinodermes recueillis par les expéditions du Travailleur et du Talisman, in-4. — Mémoires insérés dans les comptes rendus de l'Académie des sciences, la Revue scientifique, la Nature, les Annales des sciences naturelles, les Archives de zoologie expérimentale et les Annales du Muséum d'histoire naturelle.

1020. — JUGLAR (Joseph, Clément), ✳

Élu, le 24 décembre 1892, membre de l'Académie des Sciences morales et politiques (section d'Économie politique).

Né à Paris, le 15 octobre 1819. — 1846. Docteur en médecine. — 1883. Professeur honoraire à l'École des Sciences politiques.

Ouvrages. — 1862. Des crises commerciales et de leurs retours périodiques en France, en Angleterre et aux États-Unis. — 1863. Notice sur les principaux résultats du traité de commerce avec l'Angleterre. — 1865. Les enquêtes parlementaires anglaises sur les banques d'émission, 9 vol. Déposition dans l'enquête sur la circulation fiduciaire, in-fol. Historique de la banque d'Angleterre. Des rapports sur la circulation fiduciaire et des cours du change. — 1866. Comptes rendus comparés de la banque de France après les crises de 1839, 1847, 1857 et 1864. — — 1868. Du change et de la liberté d'émission des banques. Statistique comparée des principaux États. — 1870. Le commerce extérieur de la France et de l'Angleterre dans ses rapports avec l'industrie artistique. Les consommations de Paris et l'octroi. — 1871. La prime des billets de la Banque de France. — 1872. Déposition dans l'enquête sur la question monétaire en 1870. Discussion sur une nouvelle émission de billets par la Banque de France en 1871. — 1872. L'importation des matières premières en Angleterre depuis les réformes de Robert Peel. — 1877. La baisse et la hausse de l'argent. La liquidation de la crise de 1873 et la reprise des affaires. — 1879. La baisse des prix et la crise actuelle. La hausse des prix et la fin de la crise. — 1884. Les banques de dépôt, d'escompte et d'émission, résumé comparé de leur histoire et de leur organisation. — 1886. La liquidation de la crise et la reprise des affaires. — 1887. La reprise des affaires en France et à l'étranger. — 1890. Congrès monétaire international de 1889. La période prospère, son étendue, sa durée. — 1891. Le ralentissement actuel des affaires n'est-il qu'un simple arrêt dans la période prospère? L'intervention du trésor dans les syndicats dans les émissions d'emprunts. La baisse du taux de l'intérêt. — Collaboration au Journal des économistes, à l'Économiste français, au Journal de la Société de statistique, au Dictionnaire des finances et au nouveau Dictionnaire d'économie politique.

1021. — BASSOT (Jean, Antoine, Léon), O. ✳

Élu, le 23 janvier 1893, membre de l'Académie des Sciences (section de Géographie et Navigation).

Né à Renève (Côte-d'Or), le 6 avril 1841. — 1861. Élève de l'École Polytechnique. — 1863. Sous-Lieutenant. — 1866. Lieutenant d'état-major. — 1870. Capitaine d'état-major. — 1880. Chef de bataillon d'infanterie. — 1882 à 1887. Professeur de géodésie à l'École supérieure de guerre. — 1882. Chef de la section de géodésie et d'astronomie au service géographique de l'armée. — 1888. Lieutenant-Colonel. — 1892. Colonel.

Ouvrages. — 1877. Détermination de longitudes et latitudes terrestres en Algérie. — 1885. Station géodésique de la nouvelle méridienne de France. — 1887. Jonction géodésique et astronomique de l'Espagne avec l'Algérie. — 1888. Longitude Paris-Nice. — 1891. Nouvelle table de logarithmes à 8 et à 5 décimales, dans le système de la division centésimale du quadrant. La géodésie française. — 1892. Longitudes internationales (Madrid-Leyde-Greenwich).

1022. — BORNIER (le Vicomte Étienne, Charles, Henri de), O. ✳

Élu, le 2 février 1893, membre de l'Académie française.

Né à Lunel (Hérault), le 25 décembre 1825. — 1860. Sous-Bibliothécaire à la Bibliothèque de l'Arsenal. — 1870. Bibliothécaire. — 1889. Administrateur de la Bibliothèque de l'Arsenal.

Ouvrages. — 1864. Éloge de Châteaubriand. — 1883. La Lizardière, roman. — 1884. Comment on devient belle, roman. — 1885. Le jeu des vertus, roman.

Poésies. — 1845. Les premières feuilles. — 1858. La guerre d'Orient. — 1859. La sœur de charité au XIXᵉ siècle. — 1861. L'isthme de Suez. — 1863. La France dans l'extrême Orient. — 1888 et 1894. Poésies complètes.

Théâtre. — 1845. Le mariage de Luther (inédit). — 1852. Dante et Béatrix. — 1853. Le monde renversé. — 1854. La muse de Corneille. — 1860. Le 15 janvier. — 1868. Agamemnon. — 1875. La fille de Roland. Dimitri. — 1876. Les noces d'Attila. — 1881. L'apôtre. — 1890. Mahomet. La cage du lion. — 1895. Le fils de l'Arétin.

1023. — THUREAU-DANGIN (Paul, Marie, Pierre), ✳

Élu, le 2 février 1893, membre de l'Académie française.

Né à Paris, le 14 décembre 1837. — 1863 à 1868. Auditeur au Conseil d'État.

Ouvrages. — 1872. Paris capitale pendant la Révolution française. — 1874. Royalistes et républicains. — 1876. Le parti libéral sous la Restauration.— 1879. L'Eglise et l'État sous la monarchie de Juillet. — 1886-92. Histoire de la monarchie de Juillet, 7 vol. — Collaboration au Français et au Correspondant.

1024. — BARTH (Marie, Étienne, Auguste).

Élu, le 3 février 1893, membre de l'Académie des Inscriptions et Belles-Lettres.

Né à Strasbourg (Bas-Rhin), le 22 mars 1834. — 1856. Licencié ès lettres. — 1857 à 1861. Professeur de rhétorique au collège de Bouxwiller (Bas-Rhin).

Ouvrages. — 1879. Les religions de l'Inde. — 1885-1893. Inscriptions sanscrites du Cambodge, 2 parties, avec atlas in-fol. Inscriptions sanscrites de Campâ et du Cambodge. — Collaboration à la Revue critique, à Mélusine, à la Revue de l'histoire des religions et au Journal asiatique (épigraphie cambodgienne).

1025. — CALLANDREAU (Pierre, Jean, Octave).

Élu, le 20 février 1893, membre de l'Académie des Sciences (section d'Astronomie).

Né à Angoulême (Charente), le 18 septembre 1852. — 1881. Astronome adjoint à l'Observatoire de Paris. — 1893. Professeur d'astronomie à l'École Polytechnique.

Ouvrages. — Collaboration au Bulletin astronomique depuis la fondation (1884). Mémoires publiés dans les Annales de l'Observatoire de Paris et dans divers recueils scientifiques.

1026. — MÜNTZ (Louis, Frédéric, Eugène), ✽

Élu, le 3 mars 1893, membre de l'Académie des Inscriptions et Belles-Lettres.

Né à Soultz-sous-Forêt (Bas-Rhin), le 11 juin 1845. — 1870. Incorporé dans les mobiles de la Seine. — 1873-1876. Membre de l'École française de Rome. — 1876. Sous-Bibliothécaire de l'École des Beaux-Arts. — 1878. Bibliothécaire et conservateur des archives et du musée de l'École des Beaux-Arts. — 1884. Professeur suppléant à l'École des Beaux-Arts.

Ouvrages. — 1874-91. Notes sur les mosaïques chrétiennes de l'Italie. — 1878-82. Les arts à la cour des papes pendant les xv⁰ et xvi⁰ siècles, 3 vol. — 1878-84. Histoire de la tapisserie en Italie, en Allemagne et en Angleterre, in-fol. — 1881. Les précurseurs de la Renaissance, in-4. Raphaël, sa vie, ses œuvres et son temps. — 1882. La tapisserie. Études sur l'histoire de la peinture et de l'iconographie chrétienne. — 1884. Les historiens et les critiques de Raphaël. — 1885. Donatello, in-4. La Renaissance, en Italie et en France, à l'époque de Charles VIII, in-4. — 1886. Les antiquités de la ville de Rome aux xiv⁰, xv⁰ et xvi⁰ siècles. La Bibliothèque du Vatican au xvi⁰ siècle. — 1887. La Bibliothèque du Vatican au xv⁰ siècle. Guide de l'École des beaux-arts. — 1888. Les collections des Médicis au xv⁰ siècle, in-4. L'histoire des arts dans la ville d'Avignon pendant le xiv⁰ siècle. Études iconographiques et archéologiques sur le moyen âge, in-12. Histoire de l'art pendant la Renaissance, 3 vol. — 1890. Les archives des arts. Tapisseries, broderies et dentelles, in-4. — 1892. Le palais des papes à Avignon (1316-1403). — Collaboration à la Gazette des beaux-arts, à la Revue archéologique et à la Revue des Deux Mondes.

1027. — CHALLEMEL-LACOUR (Paul, Amand).

Élu, le 23 mars 1893, membre de l'Académie française.

Né à Avranches (Manche), le 19 mai 1827. — 1849. Agrégé de philosophie. — 1849. Professeur au lycée de Pau. — 1851. Professeur au lycée de Limoges. — 1852. Expulsé de France. — 1856.

Professeur de littérature française au Polytechnicon de Zurich. — 1870 à 1871. Préfet du Rhône. — 1872. Député des Bouches-du-Rhône. — 1876. Sénateur des Bouches-du-Rhône. — 1879-1880. Ambassadeur en Suisse. — 1880-1882. Ambassadeur en Angleterre. — 1882-1883. Ministre des Affaires étrangères. — 1893. Président du Sénat.

Ouvrages. — 1864. La philosophie individualiste, in-12. — Traduction de l'histoire de la philosophie de Ritter. Publication des œuvres de Mme d'Épinay. — Collaboration au Temps, à la Revue des cours publics, à la Revue moderne, à la Revue des Deux Mondes et à la Revue politique.

1028. — BENJAMIN-CONSTANT (Jean, Joseph), O. ✳

Élu, le 13 mai 1893, membre de l'Académie des Beaux-Arts (section de Peinture).

Né à Paris, le 10 juin 1845.

Ouvrages. — 1869. Hamlet et le roi. — 1870. Trop tard. — 1872. Samson et Dalila. — 1873. Femme du Riff. — 1874. Coin de rue à Tanger. Carrefour à Tanger. — 1875. Prisonniers marocains. Femmes du harem au Maroc (prisonniers marocains). — 1876. Entrée de Mahomet II à Constantinople. — 1878. La Soif. Théodora. Orphée. Le harem. — 1879. Le soir sur les terrasses. Les favorites de l'émir. Les derniers rebelles. — 1880. Christ au tombeau. — 1881. Passe-temps d'un kalife. Hérodiade. — 1882. Le lendemain d'une victoire à l'Alhambra. — 1883. Le caïd Tahany (Maroc). — 1884. Les chérifas. — 1885. La justice du chérif. — 1886. Judith. Justinien. — 1887. Orphée. Théodora. — 1888. Panneaux décoratifs de la Sorbonne : les Belles-Lettres, l'Académie de Paris, les Sciences. Prométhée enchaîné. Prométhée délivré. — 1889. Le jour des funérailles (Maroc). — 1890. Beethoven (la sonate du Clair de lune). Victrix. — 1892. Paris conviant le monde à ses fêtes (hôtel de ville de Paris). Le marquis de Dufferin et Ava. — 1894. Diamants noirs.

1029. — BRUNETIÈRE (Marie, Ferdinand), ✳

Élu, le 8 juin 1893, membre de l'Académie française.

Né à Toulon (Var), le 19 juillet 1849. — 1886. Maître de conférences de langue et littérature françaises à l'École Normale.

Ouvrages. — 1880. Études critiques sur l'histoire de la littérature française, 5 vol. — 1883. Le roman naturaliste, in-12. — 1884. Histoire et littérature, 3 vol. in-12. — 1888. Questions de critique. — 1890. Nouvelles questions de critique, in-12. L'évolution des genres dans l'histoire de la littérature. — 1891. Les époques du théâtre français. — 1892. L'évolution de la poésie lyrique, 2 vol. in-12. — 1893. Études de littérature contemporaine. — Collaboration à la Revue des Deux Mondes et à la Revue Bleue.

1030. — POTAIN (Pierre, Carl, Édouard), O. ✳

Élu, le 30 octobre 1893, membre de l'Académie des Sciences (section de Médecine et Chirurgie).

Né à Paris, le 19 juillet 1825. — 1853. Docteur en médecine. — 1859. Médecin du Bureau central. — 1859. Agrégé. — 1860. Médecin des hospices des Ménages, Saint-Antoine et Necker. — 1876. Professeur de pathologie médicale, puis (1877) de clinique médicale à la Faculté de Paris.

Ouvrages. — 1853. Des souffles vasculaires qui suivent les hémorragies. — 1859. Des lésions des ganglions lymphatiques viscéraux. — 1894. Clinique médicale de la Charité. — Collaboration au Dictionnaire encyclopédique des sciences médicales.

1031. — LYON-CAEN (Charles, Léon), ✳

Élu, le 25 novembre 1893, membre de l'Académie des Sciences morales et politiques (section de Législation).

Né à Paris, le 25 décembre 1843. — 1866. Docteur en droit. — 1867 à 1872. Agrégé à la Faculté de droit de Nancy. — 1872 à 1881. Agrégé à la Faculté de Paris. — 1875. Professeur à l'École des Sciences politiques. — 1881. Professeur de droit romain, puis (1892) de droit commercial à la Faculté de droit de Paris.

Ouvrages. — 1866. Des partages d'ascendants. — 1870. De la condition légale des sociétés étrangères en France. — 1877. Tableau des lois commerciales en vigueur dans les principaux États de l'Europe et de l'Amérique. — 1879. Précis de droit commercial, 2 vol. — 1889. Traité de droit commercial, 6 vol. Lois françaises et étrangères sur la propriété littéraire et artistique. — Collaboration à la Revue de droit international, à la Revue critique de législation, à la Revue internationale de l'enseignement, à la Revue de législation française et étrangère, etc. Traductions annotées du Code d'instruction criminelle autrichien, du Code de commerce allemand et de la loi anglaise sur les faillites.

1032. — HAVET (Pierre, Antoine, Louis), ✻

Élu, le 8 décembre 1893, membre de l'Académie des Inscriptions et Belles-Lettres.

Né à Paris, le 6 janvier 1849. — 1873. Maître de conférences à l'École pratique des Hautes Études. — 1880. Docteur ès lettres. — 1885. Professeur de philologie latine au Collège de France.

Ouvrages. — 1873. Les poésies populaires de la basse Bretagne. — 1878. L'histoire romaine dans le dernier tiers des Annales d'Ennius. — 1880. *De Saturnio Latinorum versu.* Le Querolus, comédie anonyme. — 1885. Éloquence et philologie. — 1886. Les manuscrits de Nonius Marcellus. Cours élémentaire de métrique grecque et latine. — 1887. Abrégé de grammaire latine. — 1889. La simplification de l'orthographe. — 1893. La prose métrique de Symmaque. — 1894. *Plauti Amphitruo.* — Traduction de la Stratification du langage, de Max Müller, et du Précis de la déclinaison latine, de Bücheler.

1033. — FOUILLÉE (Alfred, Jules, Émile), O. ✻

Élu, le 9 décembre 1893, membre de l'Académie des Sciences morales et politiques
(section de Philosophie).

Né à La Pouëze (Maine-et-Loire), le 18 octobre 1838. — 1856 à 1864. Professeur aux collèges de Louhans et d'Auxerre et au lycée de Carcassonne. — 1864. Agrégé. — 1864 à 1872. Professeur aux lycées de Douai et de Montpellier. — 1872. Professeur à la Faculté des lettres de Bordeaux. — 1872. Docteur ès lettres. — 1872 à 1875. Maître de conférences de philosophie à l'École Normale. — 1872. *Correspondant de l'Institut.*

Ouvrages. — 1869. La philosophie de Platon, 4 vol. in-18. — 1872. La liberté et le déterminisme. *Platonis Hippias minor.* — 1874. La philosophie de Socrate, 2 vol. — 1875. Histoire générale de la philosophie, in-18. — 1878. L'idée moderne du droit en France, en Angleterre et en Allemagne, in-18. — 1880. La science sociale contemporaine, in-18. — 1883. Critique des systèmes de morale contemporains. — 1884. La propriété sociale et la démocratie, in-8. — 1889. L'avenir de la métaphysique. La morale, l'art et la religion selon Guyau. — 1890. L'évolutionisme des idées-forces. Descartes, in-18. L'enseignement au point de vue national. — 1892. La psychologie des idées-forces, 2 vol. in-18. — 1895. Tempérament et caractère selon les individus, les sexes et les races, in-18. — Collaboration à la Revue des Deux Mondes.

1034. — BÉTOLAUD (Jacques, Alexandre, Célestin), O. ✻

Élu, le 23 décembre 1893, membre de l'Académie des Sciences morales et politiques
(section de Législation).

Né à Limoges (Haute-Vienne), le 14 janvier 1828. — 1848. Avocat à la Cour de Paris. — 1851. Docteur en droit. — 1876-1878. Bâtonnier de l'ordre des avocats à la Cour de Paris.

M. Bétolaud n'a publié aucun ouvrage.

1035. — GUYOU (Émile), O. ✻

Élu, le 15 janvier 1894, membre de l'Académie des Sciences (section de Géographie et Navigation).

Né à Fontainebleau (Seine-et-Marne), le 25 décembre 1843. — 1862. Aspirant. — 1866. Enseigne. — 1870. Lieutenant de vaisseau. — 1880. Professeur à l'École Navale. — 1886. Capitaine de frégate. — 1886. Chef du service des instruments nautiques au service hydrographique de la marine.

Ouvrages. — 1877. Courbures des deux axes des centres de carène et de flottaison. Théorie de la houle. — 1878. Stabilité de l'équilibre des corps flottants. — 1883. Variations de la stabilité des navires. — 1885. Pesanteur apparente à bord des navires à la mer. — 1886. Tables donnant le point observé et les droites de hauteur. Développement de géométrie des navires. — 1887. Traité des théories du navire. — 1888. Calcul du point observé à l'aide des tables de latitudes croissantes. Cercle à calcul pour manomètre Fleuriais. — 1893. Déviation des compas placés sous cuirasse.

1036. — GIRARD (Alfred, Claude, Aimé), O. ✻

Élu, le 12 février 1894, membre de l'Académie des Sciences (section d'Économie rurale).

Né à Paris, le 22 décembre 1830. — 1858 à 1871. Conservateur des collections scientifiques à l'École Polytechnique. — 1861 à 1871. Répétiteur à la même École. — 1871. Professeur de chimie industrielle au Conservatoire des Arts et Métiers. — 1876 à 1888. Professeur de technologie agricole à l'Institut agronomique.

Ouvrages. — 1855. Les arts chimiques à l'exposition universelle. — 1861. Dictionnaire de chimie industrielle, 4 vol. — 1885. Composition chimique et valeur alimentaire du grain de froment. — 1887. Recherches sur la betterave à sucre. — 1889. De la culture de la pomme de terre. — 1893. Instructions pratiques pour l'amélioration de la culture de la pomme de terre.

Recherches et travaux sur les blés, la farine et le pain, la betterave, la pomme de terre, les vins, la transformation en engrais des cadavres d'animaux morts, les marais salants, les sucres, la sève des plantes à caoutchouc, la photographie, etc., etc., insérés dans les Comptes rendus de l'Académie des sciences, les Annales de chimie et de physique, les Annales de l'Institut agronomique, le Bulletin de la Société d'agriculture, etc.

1037. — HEREDIA (José, Maria de), O. ✻

Élu, le 22 février 1894, membre de l'Académie française.

Né à Santiago de Cuba (île de Cuba), le 22 novembre 1842.

Ouvrages. — Les trophées. — Traduction de la véridique histoire de la conquête de la nouvelle Espagne de Diaz de Castillo.

1038. — COLLIGNON (Léon, Maxime), ✻

Élu, le 16 mars 1894, membre de l'Académie des Inscriptions et Belles-Lettres.

Né à Verdun (Meuse), le 9 novembre 1849. — 1873. Membre de l'École française d'Athènes. — 1879. Professeur d'antiquités grecques et latines à la Faculté des Lettres de Bordeaux. — 1883. Professeur suppléant d'archéologie à la Faculté des Lettres de Paris. — 1892. Professeur adjoint à la même Faculté.

Ouvrages. — 1877. Essai sur les monuments grecs et romains relatifs au mythe de Psyché. *Quid de collegiis epheborum apud Græcos, excepta Attica, ex titulis epigraphicis commentari liceat.* Catalogue des vases peints du Musée de la Société archéologique d'Athènes. — 1881. Manuel d'archéologie grecque. — 1883. Mythologie figurée de la Grèce. — 1886. Phidias (dans la collection des artistes célèbres). — 1888. Histoire de la céramique grecque. — 1892. Histoire de la sculpture grecque. — Mémoires et articles insérés dans les Annales de la Faculté

I. 55

des lettres de Bordeaux, les Monuments grecs publiés par l'Association pour l'encouragement des études grecques en France, les Monuments de l'art antique, le Bulletin de correspondance hellénique, la Revue archéologique, la Gazette archéologique, la Revue des Deux Mondes, la Gazette des beaux-arts, la Revue des études grecques, etc. — Collaboration aux Monuments et Mémoires publiés par l'Académie des inscriptions et belles-lettres.

1039. — GRIMAUX (Louis, Édouard), ✳

Élu, le 16 avril 1894, membre de l'Académie des Sciences (section de Chimie).

Né à Rochefort (Charente-Inférieure), le 3 juillet 1835. — 1865. Docteur en médecine. — 1866. Agrégé de la Faculté de Médecine. — 1880. Professeur de chimie à l'École Polytechnique.

Ouvrages. — 1865. Du haschich ou chanvre indien. — 1866. Équivalents, atomes et molécules. — 1872. Chimie organique. — 1879. Chimie inorganique. — 1884. Théories et notations chimiques. — 1888. Lavoisier d'après sa correspondance. — Collaboration au Dictionnaire de chimie de Wurtz.

1040. — DUBOIS (Clément, François, Théodore), ✳

Élu, le 19 mars 1894, membre de l'Académie des Beaux-Arts (section de Composition musicale).

Né à Rosnay (Marne), le 24 août 1837. — 1861. Grand Prix de Rome. — 1861. Maître de chapelle à Sainte-Clotilde et à la Madeleine. — 1871. Professeur d'harmonie, puis (1891) de composition au Conservatoire de musique.

Œuvres principales. — I : 1873. La Guzla de l'émir (op.-c.). — 1877. Suite villageoise pour orchestre. — 1878. Le pain bis (op.-c.). Ouverture symphonique. — 1879. Ouverture de Frithioff. — 1883. La Farandole (ballet). Deux suites sur la Farandole. Trois petites pièces pour orchestre. — 1884. Aben-Hamet (op.). — 1888. Marche héroïque de Jeanne d'Arc. — 1889. Fantaisie triomphale pour orgue et orchestre. — II : 1867. Les sept paroles du Christ (oratorio). — 1875. Les voix de la nature (chœur). — 1878. Le paradis perdu (oratorio). — 1879. L'enlèvement de Proserpine (scène lyrique). — 1890. Hylas (scène lyrique). — 1892. Après la moisson (chœur). — 1894. Le chêne et le roseau (chœur). — III : 1863. Messe solennelle pour soli, chœurs et orchestre. — 1864-73. Collection de 34 motets. — 1871-76. Collection de 18 motets. — 1874. Messe des morts. — 1875. Messe brève en mi bémol. — 1876. Messe brève en fa. — 1886. Douze pièces d'orgue. — 1890. Douze nouvelles pièces d'orgue. Messe de mariage pour grand orgue. — 1894. Messe brève en la bécarre. — IV : 1872. Douze pièces de piano. — 1873-89. Notes et études d'harmonie. — 1876. Concerto de piano. — 1877. Vingt pièces de piano. — 1879-91. Leçons d'harmonie. — 1883. Vingt mélodies. — 1886. Vingt nouvelles mélodies.

1041. — MARQUESTE (Laurent, Honoré), O. ✳

Élu, le 26 mai 1894, membre de l'Académie des Beaux-Arts (section de Sculpture).

Né à Toulouse (Haute-Garonne), le 12 juin 1848. — 1871. Grand Prix de Rome.

Œuvres principales. — 1874. Combat de Jacob et de l'ange (bas-relief). — 1876. Persée et la Gorgone. — 1877. Velléda (m. de Toulouse). — 1878. Saint Louis (Chantilly). — 1879. Douleur d'Orphée. Buste du peintre Lehoux. — 1880. Henri IV (Chantilly). Diane surprise. — 1881. Auguste de Thou (Bibliothèque nationale). Pierre de Montréuil (hôtel de ville). — 1882. Suzanne. — 1883. Cupidon (m. du Luxembourg). — 1885. Galathée (m. du Luxembourg). Mme Benj. Constant. — 1886. Statue équestre d'Étienne Marcel (hôtel de ville). — 1887. L'Art (hôtel de ville). La Fortune (statue). — 1888. Monument de Paul Baudry (La Roche-sur-Yon). M. Patenôtre. — 1889. Ève (m. de Copenhague). — 1892. Nessus (Tuileries). — 1893. M. Casimir Périer (Palais-Bourbon). — 1894. Racine (Odéon). La Cigale. Combat d'hommes et d'animaux (jardin des Plantes). Monument de Don Salvador Donoso (église de Santiago, Chili).

1042. — BOURGET (Paul, Charles, Joseph), O. ✻

Élu, le 31 mai 1894, membre de l'Académie française.

Né à Amiens (Somme), le 2 septembre 1852.

Ouvrages. — 1875. La vie inquiète, poésie, in-12. — 1877. Édel, poème, in-12. — 1882. Les aveux, poésie, in-12. — 1883. Ernest Renan, in-12. Essais de psychologie contemporaine, in-12. — 1884. L'irréparable, in-12. — 1885. Cruelle énigme, in-12. Nouveaux essais de psychologie contemporaine, in-12. Poésies, 2 vol. in-12. — 1886. Un crime d'amour, in-12. — 1887. André Cornélis, in-12. Mensonges, in-12. — 1888. Études et portraits. Le disciple, in-12. Pastels, in-12. — 1890. Un cœur de femme, in-12. Physiologie de l'amour moderne. — 1891. Nouveaux pastels. Sensations d'Italie. — 1892. Terre promise. — 1893. Cosmopolis. — 1894. Un scrupule. — 1895. Outre-mer, 2 vol. in-12.

1043. — ARSONVAL (Arsène, d'), ✻

Élu, le 4 juin 1894, membre de l'Académie des Sciences (section de Médecine et Chirurgie).

Né à La Borie (Haute-Vienne), le 8 juin 1851. — 1874. Préparateur au Collège de France. — 1877. Docteur en médecine. — 1881. Professeur suppléant au Collège de France. — 1882. Directeur du laboratoire de physique biologique de l'École des Hautes Études. — 1894. Professeur de médecine au Collège de France.

Ouvrages. — Travaux sur la calorimétrie et la chaleur animale, l'électricité et l'électro-physiologie, la circulation, la respiration, etc., insérés dans les Comptes rendus de l'Académie des sciences, la Lumière électrique, les Comptes rendus de la Société de biologie, la Nature, etc.

1044. — HOUSSAYE (Henry), ✻

Élu, le 6 décembre 1894, membre de l'Académie française.

Né à Paris, le 24 février 1848. — 1870 à 1871. Officier dans la garde mobile (décoré pour fait de guerre).

Ouvrages. — 1867. Histoire d'Apelles. — 1873. Histoire d'Alcibiade et de la république athénienne, 2 vol. — 1876. Le premier siège de Paris, an 52 avant Jésus-Christ. — 1878. Athènes, Rome, Paris. — 1882. L'art français depuis dix ans. Du nombre des citoyens d'Athènes au v⁵ siècle avant Jésus-Christ. — 1884. La loi agraire à Sparte. — 1886. Les hommes et les idées. — 1888. 1814, histoire de la campagne de France. — 1890. Aspasie, Cléopâtre, Théodora. — 1893. 1815, 2 vol. — 1894. La charge, tableau de bataille.

1045. — HAUTEFEUILLE (Paul, Gabriel), ✻

Élu, le 14 janvier 1895, membre de l'Académie des Sciences (section de Minéralogie).

Né à Étampes (Seine-et-Oise), le 2 décembre 1836. — 1858. Ingénieur des Arts et Manufactures. — 1859 à 1870. Répétiteur de cinématique, puis (1863) de chimie industrielle à l'École Centrale. — 1864. Docteur ès sciences. — 1865. Docteur en médecine. — 1870 à 1885. Directeur adjoint du laboratoire de chimie à l'École Normale supérieure. — 1876 à 1885. Maître de conférences à la même École. — 1885. Professeur de minéralogie à la Faculté des Sciences de Paris. — 1885. Directeur du Laboratoire de minéralogie de l'École des Hautes Études.

Ouvrages. — Travaux sur la reproduction des espèces suivantes: Rutile, brookite, anatase, sphène, perowskite, tridymite, quartz, orthose, albite, mica biotite, leucite, néphéline, pétalite, émeraude, phénacite, greenokite. Préparation de l'orthose, de l'albite et de la leucite de sesquioxyde de fer. Étude de la blende et de sa transformation en wurtzite et des propriétés explosives du chlorure d'azote. Travaux sur les lois de la transformation des corps vaporisables. Découverte des sous-fluorures, des sous-chlorures et des oxychlorures de silicium. Etude des alliages de l'hydrogène avec les métaux alcalins et de la dissolution des gaz dans les carbures et les siliciures de fer et de manganèse. Recherches sur la couleur, la liquéfaction et le spectre d'absorption de l'ozone ainsi que sur la préparation et le spectre d'absorption de l'acide perazotique. Description des phosphates de silice et découverte des oxychlorures d'aluminium et des silicates de glucine.

1046. — GUIGNARD (Jean, Louis, Léon).

Élu, le 11 février 1895, membre de l'Académie des Sciences (section de Botanique).

Né à Mont-sous-Vaudrey (Jura), le 13 avril 1852. — 1876 à 1882. Interne en pharmacie. — 1882. Docteur ès sciences. — 1882. Pharmacien. — 1882-1883. Préparateur de botanique au laboratoire du Muséum. — 1883 à 1887. Professeur de botanique à la Faculté des Sciences de Lyon. — 1887. Professeur de botanique générale à l'École supérieure de pharmacie de Paris.

Ouvrages. — 1890. Guide de l'étudiant au jardin botanique de l'École supérieure de pharmacie. — Collaboration au Traité de médecine et au Traité de pathologie générale de M. Bouchard. Travaux et mémoires insérés dans le Bulletin de la Société botanique de France, les comptes rendus de l'Académie des sciences, les Annales des sciences naturelles, le Bulletin de la Société botanique de Lyon, la Revue générale de botanique, les comptes rendus de la Société de biologie, le Journal de botanique, le Journal de pharmacie et de chimie, les Archives générales de médecine, la Revue générale des sciences, etc.

1047. — LEMAITRE (François, Élie, Jules), O. ✳

Élu, le 20 juin 1895, membre de l'Académie française.

Né à Vennecy (Loiret), le 27 avril 1853. — 1875. Agrégé des Lettres. — 1875 à 1880. Professeur au lycée du Havre. — 1880. Maître de conférences à l'École supérieure d'Alger. — 1882. Maître de conférences à la Faculté des Lettres de Besançon. — 1883. Docteur ès lettres. — 1884. Professeur à la Faculté des Lettres de Grenoble.

Ouvrages. — 1880. Médaillons. — 1883. La comédie après Molière et le théâtre de Dancourt. Petites orientales. — 1886. Les contemporains, 5 vol. — 1887. Serenus. — 1888. Impressions de théâtre, 8 vol. — 1889. Dix contes. — 1892. Les bois. — 1894. Myrrha.

Théâtre. — 1889. Révoltée. — 1891. Le député Leveau. Mariage blanc. — 1893. Flipotte. Les Rois. — 1895. L'âge difficile. Le pardon. — Collaboration au Journal des Débats, au Figaro, au Temps, à la Revue des Deux Mondes et à la Revue bleue.

ŒUVRES COLLECTIVES

DES CINQ ACADÉMIES

ACADÉMIE FRANÇAISE

ᴿECUEIL des discours, rapports et pièces diverses lus dans les séances publiques et particulières de 1803 à 1895, 14 vol. in-4.

Dictionnaire historique de la langue française comprenant l'origine, les fins diverses, les acceptions successives des mots, 4 vol. in-4.

Dictionnaire de l'Académie française dit *Dictionnaire de l'Usage*, 2 vol. in-4, 5ᵉ édition, 1799 ; 6ᵉ édition, 1835 ; 7ᵉ édition, 1878.

ACADÉMIE DES INSCRIPTIONS ET BELLES-LETTRES

Comptes rendus des séances depuis le 1ᵉʳ janvier 1857, 37 vol. in-8.

Mémoires de l'Académie des Inscriptions et Belles-Lettres, tomes I à XXXV, in-4.

Mémoires présentés par divers savants à l'Académie des Inscriptions et Belles-Lettres (1ʳᵉ série) : sujets divers d'érudition, tomes I à X, in-4 ; 2ᵉ série : Antiquités de la France, tomes I à VI, in-4.

Notices et extraits des manuscrits de la Bibliothèque nationale et autres bibliothèques, tomes I à XXXIV, in-4, avec atlas in-fol.

Diplomata, chartæ, epistolæ, leges aliaque instrumenta ad res Gallo-Francicas spectantia, tomes I et II (comprenant les pièces de l'époque mérovingienne), in-fol.

Table chronologique des diplômes, chartes, titres et actes imprimés, concernant l'histoire de France, tomes IV à VIII, in-fol.

Ordonnances des rois de France de la troisième race, recueillies par ordre chronologique (jusqu'à la mort de Louis XII), tomes XV à XXI, et un volume de table, in-fol.

Recueil des historiens des Gaules et de la France, tomes XIV à XXIII, in-fol.

Recueil des historiens des croisades. Lois, tomes I et II, in-fol. — Historiens occidentaux, tomes I à V, in-fol. — Historiens arabes, tomes I à III, in-fol. — Historiens arméniens, tome I, in-fol. — Historiens grecs, tomes I et II, in-fol.

Histoire littéraire de la France, tomes XII à XXXI, in-4.

Gallia christiana, tome XVI, in-fol.

Œuvres de Borghesi, tomes VII à IX, in-4.
Corpus inscriptionum Semiticarum, petit in-fol., avec atlas. — Partie I, tome I et fascicule I du tome II ; partie II, fascicules I et II ; partie IV, fascicules I et II.

ACADÉMIE DES SCIENCES

Comptes rendus sommaires des séances de 1800 à 1830, 5 vol. — Comptes rendus hebdomadaires des séances depuis le 1er juillet 1835, 120 vol. in-4.

Mémoires de l'Académie des Sciences : 1re série de 1796 à 1815, 14 vol. ; 2e série de 1816 à 1895, vol. I à XLIV, in-4.

Mémoires présentés par divers savants à l'Académie des Sciences et imprimés par son ordre 1re série, vol. I et II ; 2e série, vol. I à XXX.

Recueil de mémoires, rapports et documents relatifs à l'observation du passage de Vénus sur le soleil, en 1874, 3 vol. in-4.

ACADÉMIE DES BEAUX-ARTS

Dictionnaire de l'Académie des Beaux-Arts, contenant les mots qui appartiennent à l'enseignement, à la pratique, à l'histoire des Beaux-Arts, tomes I à V.

ACADÉMIE DES SCIENCES MORALES ET POLITIQUES

Mémoires de l'Académie, tomes I à XVIII, in-4.
Séances et Travaux de l'Académie. Comptes rendus depuis le 1er janvier 1842, 143 volumes.
Recueil des ordonnances des rois de France, à partir du règne de François Ier, 7 vol. in-4.

PREMIÈRE MÉDAILLE DE L'INSTITUT
(Gravée par R. DUMAREST).

ORDRE DE SUCCESSION

AUX FAUTEUILS DES CINQ ACADÉMIES

ᴇs listes qui suivent ont été dressées conformément au système exposé dans la première partie de ce volume, c'est-à-dire qu'elles comprennent:

Pour l'Académie française: 1° Les membres ayant occupé, entre 1795 et 1803, les six fauteuils de la section de grammaire et les six fauteuils de la section de poésie de la Classe de Littérature et Beaux-Arts. — 2° Les membres ayant fait partie, entre 1803 et 1816, de la Classe de la Langue et de la Littérature françaises. — 3° Les membres de l'Académie française nommés ou élus depuis 1816. En conséquence, les douze premiers fauteuils datent de 1795, les vingt-huit autres de 1803.

Pour l'Académie des Inscriptions et Belles-Lettres: 1° Les membres ayant occupé, entre 1795 et 1803, les six fauteuils de la section des Langues anciennes et les six fauteuils de la section d'Antiquités et Monuments de la Classe de Littérature et Beaux-Arts. — 2° Les membres ayant fait partie, entre 1803 et 1816, de la Classe d'Histoire et de Littérature ancienne. — 3° Les membres de l'Académie des Inscriptions et Belles-Lettres nommés ou élus depuis 1816. En conséquence, les douze premiers fauteuils datent de 1795, les vingt-huit autres de 1803.

Pour l'Académie des Sciences: 1° Les membres ayant fait partie de la première Classe de l'Institut, entre 1795 et 1816, et 2° ceux qui ont siégé à l'Académie des Sciences depuis 1816.

Pour l'Académie des Beaux-Arts: 1° Les membres ayant occupé, entre 1795 et 1803, les fauteuils des quatre sections de: Peinture, Sculpture, Architecture, Musique et Déclamation, de la Classe de Littérature et Beaux-Arts. — 2° Les membres qui ont siégé, entre 1803 et 1816, dans la Classe des Beaux-Arts. — 3° Les membres ayant fait partie, depuis 1816, de l'Académie des Beaux-Arts.

Pour l'Académie des Sciences morales et politiques: 1° Les membres de la Classe des Sciences morales et politiques, établie en 1795 et supprimée en 1803. — 2° Les membres élus ou nommés à l'Académie des Sciences morales et politiques depuis son rétablissement, en 1832.

Les noms des membres entrés à l'Institut par suite d'une nomination du gouvernement, et qui n'avaient fait partie d'aucune des Académies supprimées en 1793, sont soulignés.

ACADÉMIE FRANÇAISE

I

1795. L'abbé SICARD.
1798. CAILHAVA.
1813. MICHAUD.
1840. FLOURENS.
1868. Claude BERNARD.
1878. RENAN.
1893. CHALLEMEL-LACOUR.

II

1795. ANDRIEUX.
1833. THIERS.
1878. Henri MARTIN.
1884. de LESSEPS.
1894. *Fauteuil vacant.*

III

1795. J. CHÉNIER.
1811. CHATEAUBRIAND.
1849. Le Duc de NOAILLES.
1886. HERVÉ.

IV

1795. ECOUCHARD-LEBRUN.
1807. RAYNOUARD.
1836. MIGNET.
1884. DURUY.
1895. J. LEMAITRE.

V

1795. VILLAR.
1826. L'abbé de FELETZ.
1850. NISARD.
1888. E. M. de VOGÜÉ.

VI

1795. LOUVET de COUVRAY.
1797. FRANÇOIS de NEUFCHATEAU.
1828. Pierre LEBRUN.
1874. Alexandre DUMAS.

VII

1795. DELILLE.
1799. J. B. LEGOUVÉ.
1812. Alexandre DUVAL.
1842. BALLANCHE.
1848. VATOUT.
1849. de SAINT-PRIEST.
1852. BERRYER.
1869. de CHAMPAGNY.
1882. de MAZADE-PERCIN.
1894. J. M. de HEREDIA.

VIII

1795. DUCIS.
1816. DESÈZE.
1828. de BARANTE.
1867. L'abbé GRATRY.
1873. SAINT-RENÉ-TAILLANDIER.
1880. Maxime DU CAMP.
1894. Paul BOURGET.

IX

1795. F. DOMERGUE.
1810. de SAINT-ANGE.
1811. PARSEVAL-GRANDMAISON.
1835. de SALVANDY.
1857. Emile AUGIER.
1890. de FREYCINET.

X

1795. N. F. de WAILLY.
1801. SICARD (d. n. fauteuil 1).
1822. Mgr de FRAYSSINOUS.
1842. Le Duc PASQUIER.
1863. DUFAURE.
1881. CHERBULIEZ.

XI

1795. COLLIN d'HARLEVILLE.
1806. DARU.
1829. LAMARTINE.
1870. Emile OLLIVIER.

XII

1795. FONTANES.
1798. LE BLANC de GUILLET.
1799. Ant. ARNAULT.
1816. de CHOISEUL GOUFFIER.
1817. LAYA.
1833. Ch. NODIER.
1844. MÉRIMÉE.
1871. de LOMÉNIE.
1878. H. TAINE.
1894. A. SOREL.

XIII

1803. VOLNEY.
1820. de PASTORET.
1841. de SAINTE-AULAIRE.
1855. Le Duc Victor de BROGLIE.
1870. DUVERGIER de HAURANNE.
1881. SULLY PRUDHOMME.

XIV

1803. GARAT.
1816. Le Cardinal de BAUSSET.
1824. Mgr de QUÉLEN.
1840. MOLÉ.
1856. de FALLOUX.
1886. GRÉARD.

XV

1803. Le duc de CAMBACERÈS.
1816. de BONALD.
1841. ANCELOT.
1855. Ernest LEGOUVÉ.

XVI

1803. CABANIS.
1808. DESTUTT de TRACY.
1836. GUIZOT.
1875. J.-B. DUMAS.
1884. J. BERTRAND.

XVII

1803. Bernardin de SAINT-PIERRE.
1814. AIGNAN.
1824. SOUMET.
1845. VITET.
1874. CARO.
1888. Othenin d'HAUSSONVILLE.

XVIII

1803. NAIGEON.
1810. Népomucène LEMERCIER.
1841. Victor HUGO.
1886. LECONTE de LISLE.
1894. Henry HOUSSAYE.

XIX

1803. MERLIN.
1816. FERRAND.
1825. Casimir DELAVIGNE.
1844. SAINTE-BEUVE.
1870. Jules JANIN.
1875. John LEMOINNE.
1893. BRUNETIÈRE.

XX

1803. BIGOT de PRÉAMENEU.
1825. Le duc de MONTMORENCY.
1826. GUIRAUD.
1847. J. J. AMPÈRE.
1865. PRÉVOST-PARADOL.
1871. C. ROUSSET.
1893. THUREAU-DANGIN.

XXI

1803. SIEYÈS.
1816. de LALLY-TOLLENDAL.
1830. de PONGERVILLE.
1870. X. MARMIER.
1893. de BORNIER.

XXII

1803. LACUÉE de CESSAC.
1841. de TOCQUEVILLE.
1860. Le P. LACORDAIRE.
1862. Le duc A. de BROGLIE.

XXIII

1803. RŒDERER.
1816. Le Duc de LEVIS.
1830. Paul de SÉGUR.
1873. de VIEIL-CASTEL.
1888. JURIEN-LA-GRAVIÈRE.
1892. E. LAVISSE.

XXIV

1803. FONTANES (d. n. fauteuil XII).
1821. VILLEMAIN.
1871. LITTRÉ.
1881. PASTEUR.
1895. Fauteuil vacant.

XXV

1803. DELILLE (d. n. fauteuil VII).
1813. CAMPENON.
1844. SAINT-MARC-GIRARDIN.
1874. MÉZIÈRES.

XXVI

1803. LA HARPE.
1803. LACRETELLE aîné.
1824. Joseph DROZ.
1851. de MONTALEMBERT.
1871. M. le duc d'AUMALE.

XXVII

1803. SUARD.
1817. ROGER.
1842. PATIN.
1876. BOISSIER.

XXVIII

1803. TARGET.
1806. Le Cardinal MAURY.
1816. Le duc de RICHELIEU.
1822. DACIER.
1833. TISSOT.
1854. Mgr DUPANLOUP.
1878. d'AUDIFFRET-PASQUIER.

1.

XXIX

1803. L'abbé MORELLET.
1819. LÉMONTEY.
1826. FOURIER.
1830. COUSIN.
1867. Jules FAVRE.
1880. ROUSSE.

XXX

1803. de BOUFFLERS.
1815. BAOUR-LORMIAN.
1855. PONSARD.
1868. AUTRAN.
1877. SARDOU.

XXXI

1803. THIARD de BISSY.
1810. ESMÉNARD.
1811. LACRETELLE.
1856. J.-B. BIOT.
1863. de CARNÉ.
1876. Charles BLANC.
1882. PAILLERON.

XXXII

1803. SAINT-LAMBERT.
1803. Le duc de BASSANO.
1816. de MONTESQUIOU-FÉZENSAC.
1832. Ant. JAY.
1854. Silvestre de SACY.
1880. E. LABICHE.
1888. H. MEILHAC.

XXXIII

1803. Mgr de ROQUELAURE.
1818. Georges CUVIER.
1832. DUPIN aîné.
1866. CUVILLIER-FLEURY.
1888. CLARETIE.

XXXIV

1803. Le Cardinal de BOISGELIN.
1804. DUREAU de LA MALLE.
1807. PICARD.
1829. ARNAULT (d. n. fauteuil XII).
1834. SCRIBE.
1862. Octave FEUILLET.
1891. Pierre LOTI.

XXXV

1803. d'AGUESSEAU.
1826. BRIFAUT.
1858. Jules SANDEAU.
1884. Edmond ABOUT.
1886. Léon SAY.

XXXVI

1803. Lucien BONAPARTE.
1816. LAINÉ.
1836. DUPATY.
1852. Alfred de MUSSET.
1858. de LAPRADE.
1884. COPPÉE.

XXXVII

1803. DEVAISNE.
1803. PARNY.
1815. de JOUY.
1847. EMPIS.
1869. Aug. BARBIER.
1882. Mgr PERRAUD.

XXXVIII

1803. Philippe de SÉGUR.
1830. VIENNET.
1869. Le comte B. d'HAUSSONVILLE.
1884. Ludovic HALÉVY.

XXXIX

1803. J.-E.-M. PORTALIS.
1807. LAUJON.
1811. ÉTIENNE.
1816. AUGER.
1829. ÉTIENNE (d. n. même fauteuil).
1845. Alfred de VIGNY.
1865. Camille DOUCET.
1895. Fauteuil vacant.

XL

1803. R. de SAINT-JEAN-D'ANGELY.
1816. LAPLACE.
1827. ROYER-COLLARD.
1846. Charles de RÉMUSAT.
1875. Jules SIMON.

SECRÉTAIRES PERPÉTUELS

1803. SUARD.
1817. RAYNOUARD.
1826. AUGER.
1829. ANDRIEUX.
1833. ARNAULT.
1834. VILLEMAIN.
1871. PATIN.
1876. C. DOUCET.
1895. G. BOISSIER.

ACADÉMIE

DES INSCRIPTIONS & BELLES-LETTRES

I

1795. DUSAULX.
1799. POUGENS.
1834. LECLERC.
1866. d'AVEZAC.
1875. Ernest DESJARDINS.
1887. VIOLLET.

II

1795. BITAUBÉ.
1808. LANJUINAIS.
1827. POUQUEVILLE.
1839. LITTRÉ.
1881. Alexandre BERTRAND.

III

1795. MONGEZ.
1816. LETRONNE.
1849. RAVAISSON-MOLLIEN.

IV

1795. DUPUIS.
1809. CLAVIER.
1818. LE PRÉVOST-d'IRAY.
1849. A.-P. CAUSSIN de PERCEVAL.
1871. DERENBOURG.
1895. *Fauteuil vacant.*

V

1795. Silvestre de SACY.
1796. LARCHER.
1813. BOISSONADE de FONTARABIE.
1857. ALEXANDRE.
1871. de ROZIÈRE.

VI

1795. LA PORTE DU THEIL.
1815. E.-M. QUATREMÈRE.
1857. L. DELISLE.

VII

1795. LE BLOND.
1809. GAIL.
1829. PARDESSUS.
1853. de ROUGÉ.
1873. PAVET de COURTEILLE.
1890. de LASTEYRIE.

VIII

1795. LE ROY.
1816. TOCHON D'ANNECY.
1820. SAINT-MARTIN.
1833. Stanislas JULIEN.
1873. J.-A. GIRARD.

IX

1795. LANGLÈS.
1830. J.-J. THUROT.
1832. BEUGNOT.
1865. WADDINGTON.
1894. COLLIGNON.

X

1795. SELIS.
1802. ANSSE de VILLOISON.
1805. BRIAL.
1830. MIONNET.
1842. de SAULCY.
1880. RIANT.
1889. CLERMONT-GANNEAU.

XI

1795. AMEILHON.
1811. Amaury DUVAL.
1839. Charles LENORMANT.
1860. BEULÉ.
1874. HEUZEY.

XII

1795. CAMUS.
1804. MILLIN de GRANDMAISON.
1818. DUREAU de LA MALLE.
1857. MAURY.
1892. HOMOLLE.

XIII

1803. DACIER.
1833. GUIZOT.
1874. PERROT.

XIV

1803. LE BRUN, duc de PLAISANCE.
1830. CHAMPOLLION.
1832. Eugène BURNOUF.
1853. ROSSIGNOL.
1893. Louis HAVET.

XV

1803. POIRIER.
1803. Joseph BONAPARTE.
1816. MOLLEVAUT.
1845. LA SAUSSAYE.
1878. MARIETTE.
1881. OPPERT.

XVI

1803. ANQUETIL.
1806. BARBIÉ du BOCAGE.
1830. Augustin THIERRY.
1856. RENAN.
1892. Ph. BERGER.

XVII

1803. BOUCHAUD.
1803. QUATREMÈRE de QUINCY.
1850. WALLON.

XVIII

1803. LEVESQUE.
1812. BERNARDI.
1824. HASE.
1864. QUICHERAT.
1885. BERGAIGNE.
1888. L'abbé DUCHESNE.

XIX

1803. DUPONT de NEMOURS.
1818. MONGEZ (*d. n. fauteuil* III).
1836. Louis BURNOUF.
1844. MOHL.
1876. BOUTARIC.
1878. D'HERVEY SAINT-DENYS.
1893. BARTH.

XX

1803. DAUNOU.
1841. VILLEMAIN.
1871. Eugène THUROT.
1882. Siméon LUCE.
1893. MUNTZ.

XXI

1803. MENTELLE.
1816. Raoul ROCHETTE.
1855. FORTOUL.
1856. Léon RENIER.
1886. BOISSIER.

XXII

1803. REINHARD.
1838. Ph. LE BAS.
1860. MILLER.
1886. LONGNON.

XXIII

1803. TALLEYRAND.
1838. GARCIN de TASSY.
1878. SCHEFER.

XXIV

1803. GOSSELLIN.
1830. VAN PRAET.
1837. GUIGNIAUT.
1876. Gaston PARIS.

XXV

1803. DELISLE de SALES.
1816. RAYNOUARD.
1837. Paulin PARIS.
1881. François LENORMANT.
1884. d'ARBOIS de JUBAINVILLE.

XXVI

1803. GARRAN-COULON.
1817. NAUDET.
1878. FOUCART.

XXVII

1803. CHAMPAGNE.
1813. WALCKENAER.
1852. BRUNET de PRESLE.
1875. BRÉAL.

XXVIII

1803. LAKANAL.
1816. Abel RÉMUSAT.
1833. GUÉRARD.
1854. EGGER.
1886. HÉRON de VILLEFOSSE.

XXIX

1803. de TOULONGEON.
1813. Alexandre de LABORDE.
1842. Léon de LABORDE.
1869. DEFRÉMERY.
1883. MASPERO.

XXX

1803. LE BRETON.
1816. de CHÉZY.
1832. J. REINAUD.
1867. LE BLANT.

XXXI

1803. GRÉGOIRE.
1816. ÉMÉRIC-DAVID.
1839. BERGER de XIVREY.
1863. JOURDAIN.
1886. CROISET.

XXXII

1803. LA REVELLIÈRE-LEPEAUX.
1804. VISCONTI.
1818. JOMARD.
1862. HAURÉAU.

XXXIII

1803. MERCIER.
1814. VANDENBOURG.
1830. JAUBERT.
1847. BIOT.
1850. VINCENT.
1869. HUILLARD-BRÉHOLLES.
1871. DELOCHE.

XXXIV

1803. GARNIER.
1805. de GERANDO.
1842. AMPÈRE.
1864. DULAURIER.
1882. WEIL.

XXXV

1803. ANQUETIL-DUPERRON.
1804. BOISSY d'ANGLAS.
1830. LAJARD.
1856. MUNK.
1867. GUESSARD.
1882. SÉNART.

XXXVI

1803. SILVESTRE de SACY.
1838. MAGNIN.
1862. de SLANE.
1878. BARBIER de MEYNARD.

XXXVII

1803. de SAINTE-CROIX.
1809. J.-J. CAUSSIN de PERCEVAL.
1835. LANGLOIS.
1855. RÉGNIER.
1884. BENOIST.
1887. de BARTHÉLEMY.

XXXVIII

1803. de PASTORET.
1841. Natalis de WAILLY.
1887. Léon GAUTIER.

XXXIX

1803. GAILLARD.
1806. PETIT-RADEL.
1836. FAURIEL.
1845. Ed. LABOULAYE.
1883. P. MEYER.

XL

1803. de CHOISEUL-GOUFFIER.
1817. de CHOISEUL-DAILLECOURT.
1854. de LONGPÉRIER.
1882. DUMONT.
1884. SCHLUMBERGER.

SECRÉTAIRES PERPÉTUELS

1803. DACIER.
1833. S. de SACY.
1838. DAUNOU.
1840. WALCKENAER.
1852. BURNOUF.
1852. NAUDET.
1860. GUIGNIAUT.
1873. WALLON.

ACADÉMIE DES SCIENCES

SECTION I GÉOMÉTRIE	SECTION II MÉCANIQUE	SECTION III ASTRONOMIE
I	**I**	**I**
1795. Lagrange.	1795. Monge.	1795. Lalande.
1813. Poinsot.	1816. Cauchy.	1809. Arago.
1860. Serret.	1858. Clapeyron.	1832. Savary.
1884. Laguerre.	1865. Foucault.	1843. Laugier.
1887. Poincaré.	1868. Phillips.	1873. Janssen.
	1890. Léauté.	
II	**II**	**II**
1795. La Place.	1795. de Prony.	1795. Méchain.
1828. Puissant.	1840. Piobert.	1804. Burckhardt.
1843. Lamé.	1872. Rolland.	1825. de Damoiseau.
1871. Puiseux.	1886. Boussinesq.	1847. Faye.
1884. Darboux.	**III**	
	1795. Le Roy.	**III**
III	1800. Carnot (d. n. fauteuil v).	1795. Le Monnier.
1795. Borda.	1816. Bréguet.	1799. Cassini (d. n. fauteuil vi).
1799. Lacroix.	1824. Navier.	1846. Le Verrier.
1843. Binet.	1836. Coriolis.	1878. Tisserand.
1856. Hermite.	1843. Morin.	
	1880. Bresse.	**IV**
IV	1883. Lévy.	1795. Pingré.
1795. Bossut.	**IV**	1796. de Bory.
1814. Ampère.	1795. J.-C. Périer.	1801. Lefrançois-Delalande.
1836. Sturm.	1818. Charles Dupin.	1839. Liouville.
1856. Joseph Bertrand.	1873. Résal.	1883. Wolf.
1875. Bouquet.	**V**	
1886. Halphen.	1795. Vandermonde.	**V**
1889. Picard.	1796. Carnot.	1795. Messier.
	1797. Napoléon Bonaparte.	1817. Mathieu.
V	1815. Molard.	1875. Mouchez.
1795. Legendre.	1837. Gambey.	1893. Callandreau.
1833. Libri.	1847. Combes.	
1851. Chasles.	1872. Tresca.	**VI**
1881. Jordan.	1886. Deprez.	1795. Cassini.
	VI	1796. Jeaurat.
VI	1795. Berthoud.	1803. Bouvard.
1795. Delambre.	1807. Sané.	1843. Mauvais.
1803. Biot.	1831. Hachette.	1855. Delaunay.
1862. Ossian Bonnet.	1834. Poncelet.	1873. Loewy.
1892. Appell.	1868. de Saint-Venant.	
	1886. Sarrau.	

SECTION IV

GÉOGRAPHIE ET NAVIGATION

(Voir, pour la période antérieure à 1803, l'Académie des Sciences morales et politiques.)

I

1803. BUACHE.
1826. L.-C. de FREYCINET.
1842. DUPERREY.
1866. JURIEN LA GRAVIÈRE.
1893. BASSOT.

II

1803. de FLEURIEU.
1810. BEAUTEMPS-BEAUPRÉ.
1855. DAUSSY.
1861. de TESSAN.
1880. PERRIER.
1888. de BUSSY.

III

1803. de BOUGAINVILLE.
1811. de ROSSEL.
1830. ROUSSIN.
1854. BRAVAIS.
1863. F.-E. PÀRIS.
1894. GUYOU.

IV

1866. DUPUY de LÔME.
1885. GRANDIDIER.

V

1867. d'ABBADIE.

VI

1867. VILLARCEAU.
1884. BOUQUET de la GRYE.

SECTION V

PHYSIQUE GÉNÉRALE

I

1795. CHARLES.
1823. FRESNEL.
1827. SAVART.
1841. DESPREZ.
1863. Edmond BECQUEREL.
1891. POTIER.

II

1795. COUSIN.
1801. LEVÊQUE.
1815. P.-S. GIRARD.
1837. POUILLET.
1868. JAMIN.
1884. MASCART.

III

1795. BRISSON.
1806. GAY-LUSSAC.
1851. CAGNIARD de LATOUR.
1860. FIZEAU.

IV

1795. COULOMB.
1807. MONTGOLFIER.
1810. MALUS.
1812. POISSON.
1840. DUHAMEL.
1873. BERTHELOT.
1889. Henri BECQUEREL.

V

1795. ROCHON.
1817. FOURIER.
1823. DULONG.
1840. BABINET.
1873. DESAINS.
1888. LIPPMANN.

VI

1795. LEFÈVRE-GINEAU.
1829. Antoine BECQUEREL.
1878. CORNU.

SECTION VI

CHIMIE

I

1795. GUYTON de MORVEAU.
1816. PROUST.
1826. CHEVREUL.
1889. Armand GAUTIER.

II

1795. BERTHOLLET.
1823. Joseph DARCET.
1844. BALARD.
1877. DEBRAY.
1888. SCHUTZENBERGER.

III

1795. FOURCROY.
1810. Louis THÉNARD.
1857. FRÉMY.
1894. GRIMAUX.

IV

1795. BAYEN.
1798. CHAPTAL.
1833. P.-G. ROBIQUET.
1840. REGNAULT.
1878. FRIEDEL.

V

1795. B. PELLETIER.
1797. DEYEUX.
1837. PELOUZE.
1867. WURTZ.
1884. TROOST.

VI

1795. VAUQUELIN.
1829. SERULLAS.
1832. J.-B. DUMAS.
1868. CAHOURS.
1891. MOISSAN.

SECTION VII	SECTION VIII	SECTION IX
MINÉRALOGIE	BOTANIQUE	ÉCONOMIE RURALE

SECTION VII — MINÉRALOGIE

I
1795. Jean Darcet.
1801. Sage.
1824. Beudant.
1852. de Sénarmont.
1862. Pasteur.
1895. *Fauteuil vacant.*

II
1795. Haüy.
1822. Cordier.
1861. Daubrée.

III
1795. Desmarest.
1815. Alex. Brongniart.
1848. Prévost.
1857. d'Archiac.
1869. des Cloizeaux.

IV
1795. Dolomieu.
1802. Ramond.
1827. Berthier.
1861. H. Sainte-Claire-Deville.
1882. Gaudry.

V
1795. Duhamel.
1816. Brochant de Villiers.
1840. Dufrénoy.
1857. Ch. Sainte-Claire-Deville.
1877. Edmond Hébert.
1890. Mallard.
1895. Hautefeuille.

VI
1795. Lelièvre.
1835. Elie de Beaumont.
1857. Delafosse.
1879. Delesse.
1881. Fouqué.

SECTION VIII — BOTANIQUE

I
1795. Lamarck.
1830. P. de Saint-Hilaire.
1854. Moquin-Tandon.
1863. Naudin.

II
1795. Desfontaines.
1834. Ad. Brongniart.
1877. Van-Tieghem.

III
1795. Adanson.
1806. Palisot de Beauvois.
1820. Du Petit-Thouars.
1831. Ad. de Jussieu.
1854. Tulasne.
1886. Bornet.

IV
1795. L. de Jussieu.
1837. Gaudichaud.
1854. Payer.
1861. Duchartre.
1895. Guignard.

V
1795. Lhéritier.
1800. Labillardière.
1834. Ach. Richard.
1853. Montagne.
1860. Trécul.

VI
1795. Ventenat.
1808. Mirbel.
1856. Gay.
1874. Chatin.

SECTION IX — ÉCONOMIE RURALE

I
1795. Thouin.
1824. de Morel-Vindé.
1843. Rayer.
1868. Bouley.
1886. Chauveau.

II
1795. Gilbert.
1806. Bosc.
1828. Flourens.
1833. Turpin.
1840. de Gasparin.
1864. Paul Thénard.
1884. Reiset.

III
1795. Tessier.
1838. Audouin.
1842. Payen.
1872. Hervé-Mangon.
1888. Duclaux.

IV
1795. Huzard.
1839. Boussingault.
1887. Dehérain.

V
1795. Cels.
1806. Silvestre.
1852. Péligot.
1891. Chambrelent.
1894. Aimé Girard.

VI
1795. Parmentier.
1814. Yvart.
1831. Dutrochet.
1847. Decaisne.
1882. Schloesing.

SECTION X	SECTION XI	VI

ANATOMIE ET ZOOLOGIE | **MÉDECINE ET CHIRURGIE** | 1795. Lassus.

<table>
<tr><td></td><td></td><td>1807. Percy.</td></tr>
<tr><td></td><td></td><td>1825. Dupuytren.</td></tr>
<tr><td></td><td></td><td>1835. Breschet.</td></tr>
<tr><td>I</td><td>I</td><td>1845. Lallemand.</td></tr>
<tr><td>1795. Daubenton.</td><td>1795. des Essartz.</td><td>1855. Cloquet.</td></tr>
<tr><td>1800. Olivier.</td><td>1811. Corvisart.</td><td>1883. Charcot.</td></tr>
<tr><td>1814. Latreille.</td><td>1821. Magendie.</td><td>1893. Potain.</td></tr>
<tr><td>1833. I. Geoffroy-Saint-Hilaire.</td><td>1856. Jobert de Lamballe.</td><td></td></tr>
<tr><td>1862. Blanchard.</td><td>1867. Nélaton.</td><td></td></tr>
<tr><td></td><td>1874. Gosselin.</td><td></td></tr>
<tr><td></td><td>1887. Verneuil.</td><td></td></tr>
<tr><td>II</td><td>1895. Fauteuil vacant.</td><td>SECRÉTAIRES PERPÉTUELS</td></tr>
<tr><td>1795. Lacepède.</td><td></td><td>Sciences mathématiques.</td></tr>
<tr><td>1825. de Blainville.</td><td></td><td></td></tr>
<tr><td>1851. Coste.</td><td>II</td><td>1803. Delambre.</td></tr>
<tr><td>1874. Gervais.</td><td></td><td>1822. Fourier.</td></tr>
<tr><td>1879. A. Milne-Edwards.</td><td>1795. Sabatier.</td><td>1830. Arago.</td></tr>
<tr><td></td><td>1811. Deschamps.</td><td>1853. Elie de Beaumont.</td></tr>
<tr><td></td><td>1825. Boyer.</td><td>1874. J. Bertrand.</td></tr>
<tr><td>III</td><td>1834. Roux.</td><td></td></tr>
<tr><td></td><td>1854. Claude Bernard.</td><td></td></tr>
<tr><td>1795. Tenon.</td><td>1878. Marey.</td><td></td></tr>
<tr><td>1816. Duméril.</td><td></td><td>Sciences physiques.</td></tr>
<tr><td>1860. Longet.</td><td></td><td></td></tr>
<tr><td>1871. de Lacaze-Duthiers.</td><td>III</td><td>1803. G. Cuvier.</td></tr>
<tr><td></td><td></td><td>1832. Dulong.</td></tr>
<tr><td></td><td>1795. Portal.</td><td>1833. Flourens.</td></tr>
<tr><td>IV</td><td>1832. Double.</td><td>1868. J.-B. Dumas.</td></tr>
<tr><td></td><td>1843. Andral.</td><td>1884. Jamin.</td></tr>
<tr><td>1795. Broussonet.</td><td>1876. Vulpian.</td><td>1886. Vulpian.</td></tr>
<tr><td>1807. E. Geoffroy-Saint-Hilaire.</td><td>1886. Brown-Sequard.</td><td>1887. Pasteur.</td></tr>
<tr><td>1844. Valenciennes.</td><td>1894. d'Arsonval.</td><td>1889. Berthelot.</td></tr>
<tr><td>1866. Robin.</td><td></td><td></td></tr>
<tr><td>1887. Ranvier.</td><td>IV</td><td></td></tr>
<tr><td></td><td></td><td></td></tr>
<tr><td></td><td>1795. Hallé.</td><td></td></tr>
<tr><td>V</td><td>1822. Chaussier.</td><td>SECRÉTAIRE PERPÉTUEL</td></tr>
<tr><td></td><td>1828. Serres.</td><td>HONORAIRE</td></tr>
<tr><td>1795. Georges Cuvier.</td><td>1868. Bouillaud.</td><td></td></tr>
<tr><td>1803. Pinel.</td><td>1882. Bert.</td><td>1889. Pasteur.</td></tr>
<tr><td>1826. Frédéric Cuvier.</td><td>1887. Bouchard.</td><td></td></tr>
<tr><td>1838. H. Milne-Edwards.</td><td></td><td></td></tr>
<tr><td>1886. Sappey.</td><td>V</td><td></td></tr>
<tr><td></td><td></td><td></td></tr>
<tr><td></td><td>1795. Pelletan.</td><td></td></tr>
<tr><td>VI</td><td>1829. Larrey.</td><td></td></tr>
<tr><td></td><td>1843. Velpeau.</td><td></td></tr>
<tr><td>1795. L.-C.-M. Richard.</td><td>1868. P. Laugier.</td><td></td></tr>
<tr><td>1821. de Savigny.</td><td>1872. Sédillot.</td><td></td></tr>
<tr><td>1852. de Quatrefages.</td><td>1883. Richet.</td><td></td></tr>
<tr><td>1892. Edmond Perrier.</td><td>1892. Guyon.</td><td></td></tr>
</table>

ACADÉMIE DES BEAUX-ARTS

II

1795. de WAILLY.
1799. CHALGRIN.
1811. PERCIER.
1838. HUVÉ.
1853. HITTORFF.
1867. LABROUSTE.
1875. BAILLY.
1892. ANCELET.
1895. *Fauteuil vacant.*

III

1795. P.-A. PARIS.
1796. DUFOURNY.
1818. THIBAULT (*d. n., sect. VI*).
1826. LABARRE.
1833. GUÉNEPIN.
1842. GAUTHIER.
1855. LEFUEL.
1881. GINAIN.

IV

1795. BOULLÉE.
1799. ANTOINE.
1801. HEURTIER.
1822. HUYOT.
1840. CARISTIE.
1863. BALTARD.
1874. Ch. GARNIER.

V

1795. PEYRE.
1823. Th. VAUDOYER.
1846. LESUEUR.
1884. ANDRÉ.
1890. PASCAL.

VI

1795. RAYMOND.
1811. FONTAINE.
1853. GILBERT.
1875. ABADIE.
1884. DIET.
1890. NORMAND.

VII

1815. RONDELET.
1829. MOLINOS.
1831. LECLÈRE.
1854. de GISORS.
1866. DUC.
1879. VAUDREMER.

I.

VIII

1815. BONNARD.
1818. POYET.
1825. DEBRET.
1850. BLOUET.
1853. L. T. VISCONTI.
1854. DUBAN.
1871. QUESTEL.
1888. COQUART.

SECTION IV
GRAVURE

I

1803. BERVIC.
1822. TARDIEU.
1844. FORSTER.
1873. FRANÇOIS.
1888. BLANCHARD.

II

1803. DUMAREST.
1806. DUVIVIER.
1819. GALLE.
1845. GATTEAUX.
1881. CHAPLAIN.

III

1803. JEUFFROY.
1826. RICHOMME.
1849. HENRIQUEL.
1892. JACQUET.

IV

1816. DESNOYERS.
1857. MARTINET.
1878. BERTINOT.
1888. ROTY.

SECTION V
COMPOSITION MUSICALE

I

1795. MÉHUL.
1817. BOIELDIEU.
1835. REICHA.
1836. HALÉVY.
1854. CLAPISSON.
1866. GOUNOD.
1894. Th. DUBOIS.

II

1795. MOLÉ.
1816. CHERUBINI.
1842. ONSLOW.
1853. REBER.
1881. SAINT-SAËNS.

III

1795. GOSSEC.
1829. AUBER.
1872. V. MASSÉ.
1884. DELIBES.
1891. GUIRAUD.
1892. PALADILHE.

IV

1795. GRÉTRY.
1813. MONSIGNY.
1817. CATEL.
1831. PAËR.
1839. SPONTINI.
1851. Ambroise THOMAS.

V

1795. PRÉVILLE.
1796. GRANDMÉNIL.
1816. BERTON.
1844. ADAM.
1856. BERLIOZ.
1869. Félicien DAVID.
1876. REYER.

VI

1795. MONVEL.
1816. LESUEUR.
1837. CARAFA de COLOBRANO.
1873. BAZIN.
1878. MASSENET.

SECTION VI
(*Créée en 1815; supprimée en 1816.*)

1815. DENON (*d. n., sect. I*).
1815. VISCONTI (*d. n., sect. I*).
1815. GRANDMÉNIL (*d. n., sect. V*).
1815. CASTELLAN.
1815. THIBAULT.

SECRÉTAIRES PERPÉTUELS

1803. LE BRETON.
1816. QUATREMÈRE de QUINCY.
1839. Raoul ROCHETTE.
1854. F. HALÉVY.
1862. BEULÉ.
1874. Cte H. DELABORDE.

57

ACADÉMIE

DES SCIENCES MORALES ET POLITIQUES

SECTION I
PHILOSOPHIE

I

1795. Volney.
1832. de Tracy.
1836. Damiron.
1863. Saisset.
1865. Charles Lévêque.

II

1795. Garat.
1832. de Gérando.
1844. Lélut.
1877. Peisse.
1881. Ravaisson-Mollien.

III

1795. Ginguené.
1832. Cousin.
1868. Vacherot.

IV

1795. Deleyre.
1797. de Toulongeon.
1832. Laromiguière.
1837. Jouffroy (d. n., sect. II).
1842. de Rémusat.
1875. Bouillier.

V

1795. Le Breton.
1832. Edwards.
1844. Franck.
1893. Fouillée.

VI

1795. Cabanis.
1832. Broussais.
1839. Barthélemy Saint-Hilaire.

VII

1866. Janet (d. n., sect. II).

VIII

1866. Le Duc Victor de Broglie.
1870. Nourrisson.

SECTION II
MORALE

I

1795. Bernardin de Saint-Pierre.
1832. Dacier (d. n., sect. V).
1833. Jouffroy.
1838. de Tocqueville.
1860. Garnier.
1865. Cochin.
1872. Martha.
1895. *Fauteuil vacant.*

II

1795. Mercier.
1832. Garat (d. n., sect. I).
1834. Lakanal (d. n. Fauteuil V.)
1845. de Villeneuve-Bargemont.
1850. Louis Reybaud.
1880. E. Havet.
1890. Bardoux.

III

1795. Grégoire.
1832. Lacuée (d. n., sect. IV).
1841. de Beaumont.
1866. Bersot.
1880. Beaussire.
1890. de Pressensé.
1891. Roussel.

IV

1795. La Reveillère-Lepeaux.
1832. Roederer (d. n., sect. IV).
1836. Lucas.
1890. R. Bérenger.

V

1795. Lakanal.
1832. Dunoyer.
1863. Jules Simon.

VI

1795. Naigeon.
1832. Droz.
1851. Villermé (d. n., sect. V).
1864. Janet.
1866. Cormenin (d. n., sect. VI bis).
1869. Caro.
1888. Charles Waddington.

VII

1866. Husson (d. n., sect. VI bis).
1875. Gréard.

VIII

1866. Baudrillart (d. n., sect. VI bis).
1892. Guillot.

SECTION III
LÉGISLATION, DROIT
PUBLIC ET JURISPRUDENCE

I

1795. Daunou.
1840. Troplong.
1869. Valette.
1873. Dareste.

II

1795. Le Duc de Cambacérès.
1832. Dupin aîné.
1866. Delangle (d. n., sect. VI bis).
1870. Odilon Barrot.
1874. G. Massé.
1882. Arthur Desjardins.

III

1795. Merlin.
1839. Portalis.
1859. Laferrière.
1861. Renouard.
1879. Larombière.
1893. Bétolaud.

IV

1795. de PASTORET.
1832. Le Duc de BASSANO.
1840. BERRIAT-SAINT-PRIX.
1845. VIVIEN.
1855. Faustin HÉLIE.
1885. BATBIE.
1888. de FRANQUEVILLE.

V

1795. GARRAN-COULON.
1832. A.-M. BÉRENGER.
1866. CAUCHY.
1877. AUCOC.

VI

1795. BAUDIN des ARDENNES.
1799. BIGOT de PRÉAMENEU.
1832. SIMÉON.
1842. GIRAUD.
1882. GLASSON.

VII

1866. de PARIEU (d. n., sect. VI bis).
1893. LYON-CAEN.

VIII

1866. DUMON (d. n., sect. VI bis).
1870. Paul PONT.
1888. COLMET de SANTERRE.

SECTION IV

ÉCONOMIE POLITIQUE
STATISTIQUE & FINANCES

I

1795. SIEYÈS.
1836. ROSSI.
1849. Léon FAUCHER.
1855. de LAVERGNE.
1880. BLOCK.

II

1795. CREUZÉ de LATOUCHE.
1801. LE BRUN, duc de PLAISANCE.
1832. de LABORDE.
1842. DUCHATEL.
1868. LEVASSEUR.

III

1795. DUPONT de NEMOURS.
1832. Ch. DUPIN.
1873. GARNIER.
1882. COURCELLE-SENEUIL.
1892. JUGLAR.

IV

1795. LACUÉE de CESSAC.
1832. VILLERMÉ.
1851. Michel CHEVALIER.
1880. Léon SAY.

V

1795. TALLEYRAND.
1838. Hipp. PASSY.
1881. BONNET.
1886. CUCHEVAL-CLARIGNY.

VI

1795. ROEDERER.
1832. COMTE.
1838. BLANQUI.
1855. WOLOWSKI.
1877. Fréd. PASSY.

VII

1866. d'AUDIFFRET (d. n., sect. VI bis).
1878. Paul LEROY-BEAULIEU.

VIII

1866. VUITRY (d. n., sect. VI bis).
1886. GERMAIN.

SECTION V

HISTOIRE GÉNÉRALE
ET PHILOSOPHIQUE

I

1795. LEVESQUE.
1832. de PASTORET (d. n., sect. VI bis).
1840. THIERS.
1878. G. PICOT.

II

1795. DELISLE de SALES.
1832. REINHARD (d. n., sect. VI).
1838. MICHELET.
1874. ZELLER.

III

1795. RAYNAL.
1797. BOUCHAUD.
1832. NAUDET.
1879. DURUY.
1895. Le Duc Albert de BROGLIE.

IV

1795. ANQUETIL.
1832. BIGNON.
1841. Amédée THIERRY.
1874. GEFFROY.
1895. *Fauteuil vacant.*

V

1795. DACIER.
1832. GUIZOT.
1875. FUSTEL de COULANGES.
1889. SOREL.

VI

1795. GAILLARD.
1798. LEGRAND d'AUSSY.
1801. POIRIER.
1832. MIGNET.
1884. HIMLY.

VII

1866. CLÉMENT (d. n., sect. VI bis).
1871. Henri MARTIN.
1884. CHÉRUEL.
1891. ROCQUAIN.

VIII

1866. TERNAUX (d. n., sect. VI bis).
1872. ROSSEEUW SAINT-HILAIRE.
1889. M. le Duc d'AUMALE.

SECTION VI

GÉOGRAPHIE ET NAVIGATION

(Transférée à l'Académie des Sciences.)

1795. BUACHE.
1795. MENTELLE.
1795. REINHARD.
1795. de FLEURIEU.
1795. GOSSELIN.
1795. de BOUGAINVILLE.

SECTION VI *bis*

POLITIQUE, ADMINISTRATION
ET FINANCES

(Créée en 1855. — Supprimée en 1866.)

I

1855. d'Audiffret.

II

1855. Barthe.
1863. Baudrillart.

III

1855. P. Clément.

IV

1855. de Cormenin.

V

1855. Gréterin.
1862. Vuitry.

VI

1855. Laferrière.
1859. Baude.
1863. Husson.

VII

1855. Armand Lefebvre.
1865. Ternaux.

VIII

1855. Ménard.
1859. Delangle.

IX

1855. Pelet.
1859. Dumon.

X

1856. de Parieu.

SECRÉTAIRES PERPÉTUELS

1833. Comte.
1837. Mignet.
1882. Jules Simon.

LISTE ALPHABÉTIQUE

DES ACADÉMICIENS TITULAIRES

(Les chiffres indiquent les numéros des Notices biographiques.)

TABLE DES MATIÈRES

DU TOME PREMIER

CHAPITRE IV

LE PERSONNEL DE L'INSTITUT

CHAPITRE V

LES ACADÉMIES

12-75. — Tours, impr. E. Arrault et Cⁱᵉ, 5, rue de la Préfecture.

www.ingramcontent.com/pod-product-compliance
Lightning Source LLC
Chambersburg PA
CBHW060950280326
41935CB00009B/676